浙江大学校史编写组

总主编　田正平

成　员　（以姓氏笔画为序）

马景娣　王　东　刘正伟　许高渝　李杭春

肖如平　汪　辉　汪林茂　沈　弘　沈文华

张　凯　张卓群　张焕敏　张淑锵　赵卫平

徐立望　徐雪英　傅天珍　蓝　蕾

田正平　总主编

浙江大学史料

第二卷
（1927—1949）

上

张淑锵　主　编

ZHEJIANG UNIVERSITY PRESS
浙江大学出版社

图书在版编目(CIP)数据

浙江大学史料. 第二卷,1927—1949 / 田正平主编;
张淑锵本册主编. — 杭州:浙江大学出版社,2022.5

ISBN 978-7-308-22486-4

Ⅰ. ①浙… Ⅱ. ①田… ②张… Ⅲ. ①浙江大学—校
史—史料—1927—1949 Ⅳ. ①G649.285.51

中国版本图书馆 CIP 数据核字(2022)第 057879 号

浙江大学史料·第二卷(1927—1949)

张淑锵 主编

责任编辑	蔡 帆	
责任校对	吕倩岚	
封面设计	周 灵	
出版发行	浙江大学出版社	
	(杭州市天目山路 148 号 邮政编码 310007)	
	(网址:http://www.zjupress.com)	
排 版	杭州朝曦图文设计有限公司	
印 刷	杭州宏雅印刷有限公司	
开 本	787mm×1092mm 1/16	
印 张	101	
字 数	2400 千	
版 印 次	2022 年 5 月第 1 版 2022 年 5 月第 1 次印刷	
书 号	ISBN 978-7-308-22486-4	
定 价	698.00 元(全二册)	

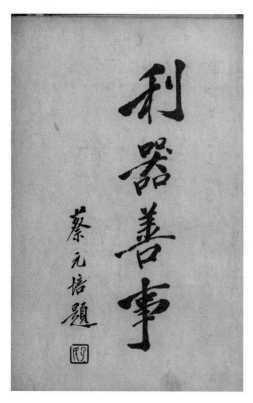

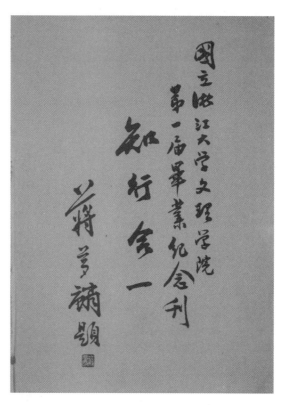

利器善事

蔡元培为国立浙江大学第三届毕业生题词

知行合一

蒋梦麟为国立浙江大学文理学院第一届毕业生题词

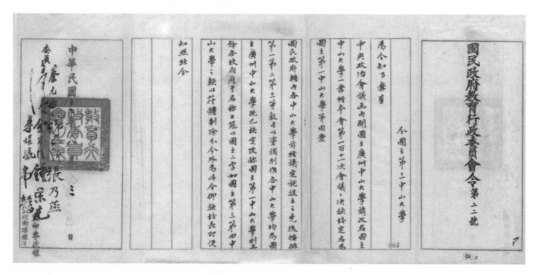

第三中山大学冠名"国立"二字改称"国立第三中山大学"

(1927 年 8 月 3 日)

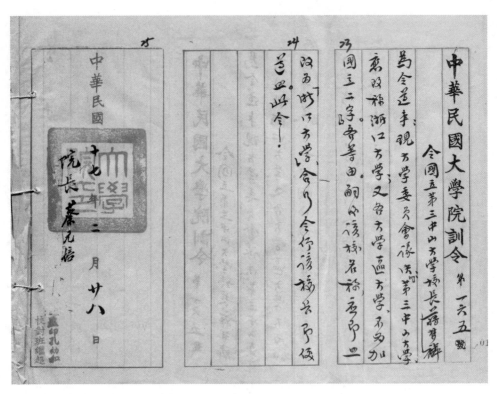

国立第三中山大学改称"浙江大学"

（1928 年 2 月 28 日）

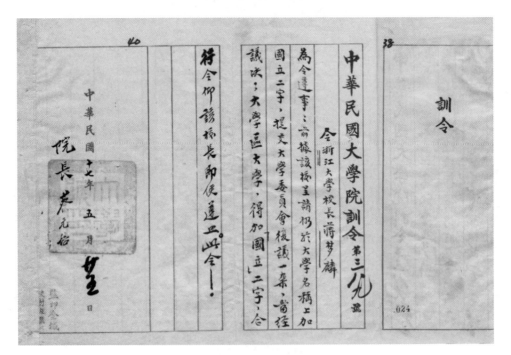

浙江大学冠名"国立"二字改称"国立浙江大学"

（1928 年 5 月 25 日）

国立第三中山大学印

国立浙江大学关防

蒋梦麟（1886—1964）
1927—1930 年任国立第三中山大学
校长、国立浙江大学校长

邵裴子（1884—1968）
1930—1931 年任国立浙江大学校长

程天放（1899—1967）
1932—1933 年任国立浙江大学校长

郭任远（1898—1970）
1933—1936 年任国立浙江大学校长

部分教职员

钟观光(1868—1940)

刘大白(1880—1932)

梁希(1883—1958)

谭熙鸿(1891—1956)

钱宝琮(1892—1974)

陈建功(1893—1971)

李熙谋(1896—1975)

吴耕民(1896—1991)

李寿桓(1898—1995)

顾毓琇(1902—2002)

苏步青(1902—2003)

王国松(1902—1983)

贝时璋(1903—2009)　　　　　　　　　　小见益男

松田义雄

部分学生

赵九章(1907—1968)

钱志道(1910—1989)

施尔宜(1911—)

胡乔木(1912—1992)

吴健雄(1912—1997)

邵象华(1913—2012)

吴浩青(1914—2010)

胡宁(1916—1997)

国立浙江大学全景

国立浙江大学校门

国立浙江大学图书馆

国立浙江大学文理学院院门

文理学院办公室

文理学院普通教室

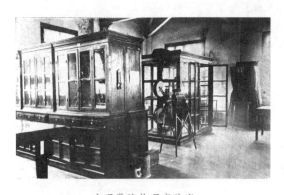

文理学院物理实验室

文理学院化学仪器室

文理学院男生宿舍

文理学院创办之第一届求是暑期学校教职员留影

工学院全景

国立浙江大学工学院院门

工学院办公室

工学院电机实验室

工学院铸工场

工学院篮球队合影

工学院足球队合影

工学院民一八级赴日考察团出发上船时摄影

工学院学生会执行委员会合影

工学院大四（民一九级）毕业生雪泥（私章）

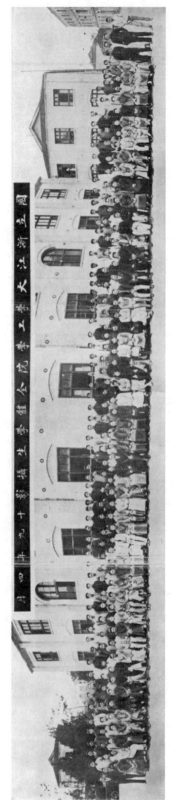

工学院全体学生摄影

国立浙江大学农学院大门

教职员自大学本部乘车进农学院（笕桥）之情形

农学院之农学馆

农学院温室鸟瞰

农学院园艺试验场

农学院昆虫实验室

农学院农业化学实验室

农学院新校舍奠基典礼在华家池举行

1935年夏农业社会系在兰溪调查当地竹筏运米情形

国立浙江大学农学院全体教职员摄影（1936年4月13日）

前　　言

　　作为国内最早创办的现代高等教育机构之一，浙江大学的前身是 1897 年在杭州成立的求是书院。一个多世纪以来，浙江大学的发展经历了晚清、民国和中华人民共和国三个时期，由一所地方性高等学校成长为在海内外具有一定影响的中国著名高等学府，她的成长与中华民族近代以来追求民族独立、国家富强的不懈努力紧紧地交织在一起，在中国现代高等教育的发展历史上留下了浓墨重彩的一页。

　　2017 年 11 月，浙江大学 120 周年校庆后不久，学校成立了《浙江大学史》编写工作领导小组，由学校党委书记和校长任组长，决定正式启动《浙江大学史》编纂与研究项目，组建浙江大学校史研究中心，在多年来校史研究的基础上，对浙江大学的办学历程进行系统梳理与科学总结。为了编写一部能经受住历史检验的《浙江大学史》，为了给海内外各界人士了解和研究浙江大学校史、研究中国现代高等教育史以及中国近现代科技文化史提供基础性的文献和史料，收集、整理、编辑出版一部较为全面、翔实的《浙江大学史料》具有重要的意义。

　　在现代中国高等教育的格局中，浙江大学的历史脉络可能是一种特殊形态。从 1897 年求是书院创办到 1949 年中华人民共和国成立的 52 年期间，学校名称尽管发生过多次变更，但始终是一个主体。1952 年的全国高等学校院系调整，将浙江大学一分为四：以原浙江大学工学院各系科为主，沿用了浙江大学的校名，由一所多科性工科大学，逐渐发展为一所以理、工科为主的综合性大学；以原浙江大学文学院、理学院和之江大学文理学院相关系科为基础，组建成立浙江师范学院，之后又与其他学校一起合并组成以文理学科为主的综合性大学——杭州大学；原浙江大学农学院独立出来成为浙江农学院，后发展成为浙江农业大学；原浙江大学医学院则与浙江省立医学院合并，组成浙江医学院，后发展成为浙江医科大学。浙江大学虽然根据国家建设的需要一分为四，但是，同处一城的四所大学，在努力培养人才为国家建设服务并形成自己特色的同时，由于历史的根脉和现实的需要，四校之间的密切交往从未间断，这种状态延续了近半个世纪。

　　世纪之交，在世界高等教育发生深刻变革和国家"科教兴国"战略引领和驱动下，中国高等教育的发展进入一个新的历史时期，即在继续推进大众化的同时，聚焦更高水平发展，由此，开启了新一轮的院校调整和结构优化。根据中央的战略部署，原浙江大学、杭州大学、浙江农业大学、浙江医科大学合并，组建成新浙江大学。1998 年 9 月新浙大宣告成立，四所同根同源的学校顺应时代潮流重新融为一体，肩负起为实现中华民族的伟大复兴而创建世界一流大学的重要历史使命。正是基于上述历史事实，《浙江大学史料》分为七卷：第一卷（1897—1927）2 册，包括求是书院、浙江大学堂、浙江高等学堂和浙江省立工专、农专；第二卷（1927—1949）2 册，包括第三中山大学和国立浙江大学；第三卷（1949—1998）2 册，四校合并前的浙江大学;第四卷(1952—1998)2 册,原杭州大学;第五卷(1952—1998)2 册,原浙江农业大学;第六卷(1952—1998)2 册,原浙江医科大学;第七卷(1998—2017)2 册,四校合并后的新浙江大学。

《浙江大学史料》在整个编纂过程中自始至终得到浙江大学党委和学校领导的关心和指导。在纪念浙江大学成立 125 周年之际首先和读者见面的是《浙江大学史料》第一卷(2 册)和第二卷(2 册),以后各卷将陆续出版。由于水平所限,我们在史料收集、整理、分类、校核过程中肯定有不少疏误之处,恳请广大读者赐教指正。

浙江大学校史编写组

2022 年 5 月

编辑说明

本书是《浙江大学史料》第二卷，收录1927—1949年间的浙江大学相关史料。

本卷辑为两册，上册收录史料年限是1927—1936年，下册收录史料年限是1936—1949年。各史料条目依其内容分类，以时间先后排序。

收入本卷的史料形成时间几乎都在70年以上，具有明显的时代特征，比如行文方向、文字繁简、标点符号，今昔都有很大差别；史料载体部分存在较大的缺陷，比如页面破损、字迹不清、书法莫辨，难免鲁鱼亥豕。编者在编辑过程中"保持原貌"，同时结合所收史料的特殊情况给以相应的处理。凡来源文献中有缺漏字者，将补字以"〈〉"表示；有错讹字者，将正字以"〔〕"表示；有衍生字者，以"{}"表示。凡来源文献中需要说明者，均以脚注方式予以注明。个别史料或因题名与内容不尽相符，或因史料内容本身存误存疑，或因编排需要调整形式，而由编者予以相应修改，此等情形均以脚注方式予以注明。

收入本卷的史料主体来自浙江大学档案馆藏，兼有来自中国第二历史档案馆、浙江省档案馆、浙江大学图书馆、上海图书馆等机构，以及各种公开出版的书籍等。

本书在编辑过程中得到编者供职单位浙江大学档案馆领导马景娣、王东、蓝蕾等的关心、支持与指导。本卷史料编辑工作始于2019年，编者承担该项编辑任务后，马景娣馆长多次关心史料编辑进展，为编者做好史料编辑工作给予各种必要的便利和帮助。王东继任档案馆馆长后，鼓励编者继续做好本卷编辑工作。王雅琴、沈颖婕、朱惠珏、田款等同事鼎力协助编者收集与利用各种档案史料，毕伟、胡岚、刘新、高楚垒四位同事参与了书稿校订工作，参与校订工作的还有杜冠霖、杨洋、马璐、接月、王晨宇、王翔、杨舒童、吕晨璐等诸位同学。在此，谨致以最为真诚的谢忱！

由于编者学识和能力有限，同时也受时间和条件所限，书稿之中难免存在各种谬误疏漏等问题，诚恳地希望读者赐教指正，或提供资料线索，以便补充完善。

张淑锵

2022年5月

目　录

上编　浙江大学区时期(1927—1929)

中编　早期国立浙江大学(1929—1936)

上编

浙江大学区时期

（1927—1929）

一、体制与沿革

(一)第三中山大学及国立浙江大学的创办

1. 大学区大学筹议

拟议中之浙江大学研究院
(1927 年 5 月 29 日)

浙江大学设立研究院,业由教育厅拟定简章及筹备计画。兹详录如下:

简章

为欲实行总理实业计画,开港、筑路、治运河、造森林、开冶矿产、发展农业,兴起种种粮食、衣服、居室、行动、印刷诸工业,不能不有资〔赖〕于物质科学家之讨论与计画。为欲实行民族主义上增加人口,抵抗外国政治力经济力的压迫,欲实行民权主义上人民的四权与政府的五权,欲实行民生主义上改良社会与工业、公有运输与交通、直接征税、社会化的分配与平均地权,及实行国民党政纲中对外对内各种政策,不能不有赖于社会科学家之讨论与计画。故不可不有一种会〔汇〕集各科学家之机关。而且此等科学家,不仅为政府计画之助而已,彼自身尚有研究学术之义务,冀有所新发明以贡献于吾国及世界,又有指导后进之义务,使尽力于学术之人积久而益多,是以会集各科学家之机关,以设立研究院为最善。今拟简章如下:

一、本院以会〔汇〕集专门学者研究学术,并以时辅助政府计画种种专门事业。故定名为研究院,而分立研究与设计两部。

二、本院为浙江大学之一部。

三、本院研究部所设科目分为四组,每组设若干系如下:

第一组:数理化之属,如数学系、天文系、物理学系、化学系等;

第二组:自然历史之属,如地质学系、生物学系等;

第三组:社会学之属,如教育学、社会学、经济学、政治学、法律学、风俗学、民族学、历史学、考古学、地理学等;

第四组:文学哲学之属,如中国文学、英国文学、法国文学、哲学、美学、心理学等。

其他如农业、工业、医术等所应用之特殊的学术,亦得以其性质所近之组而分隶之。

四、本院研究部各系设立之先后,依时势之需要,与经济之状况而酌定之。

五、各系延聘研究员若干人,其名额视科学之范围而定之。

六、各系设主任一人,任期一年,由本系研究员于正教授与教授中推出一人任之,其仅有研究员二人者,更迭任之;其仅有一人者,即以其人任之。

七、各组设组主任一人,任期一年,由各系主任互出人任之。

八、各组主任合组为本院行政委员会。

九、各系研究员亦得以外国学者任之,但不得被推为主任。

十、各系得招大学或高等学校毕业生为研究生,受本系研究员之指导而从事研究,其名额依学科性质而定。

十一、本院得订聘不能到院之国内或国外著名学者为通讯员。

十二、本院得派遣研究员或研究生,往外国研究,其年限临时定之。

十三、本院须设立实验室、实习工厂、标本室、图书馆、古物美术等陈列所,并于院外设各种博物院、植物园、动物园、水产馆、观象台等,以供研究之资料。

十四、政府建设种种专门事业,得交与本院设计部根据学理审察实情、草拟方案。

十五、政府举行各种考试,得指定适宜之研究员,任评判之责。

十六、本院刊行各种学术杂志,报告研究员与研究生之心得。

筹备计画

本厅本中国国民党中央执行委员会政治会议浙江分会第四次议决设立浙江大学研究院案。兹根据研究院简章,拟订筹备计画如下,请公决:

第一、经费预算

开办费仪器五万元、书籍五万元、标本三万元,其他设备二万元,共十五万元(此就借公共建筑开办而言,若营新建筑,尚需别筹建筑费五十万元),经常费研究员二万元、研究生二万元、通讯员三千五百元、添置书籍仪器等四千五百元,共五万[①]元。

第二、研究员人数

数学一人、天文一人、物理二人、化学二人、地质学一人、植物学一人、动物学一人、人类学一人、生物学通论一人、病理学一人、工程二人、机械二人、矿冶二人、中国文学一人、英文学一人、法文学一人、德文学一人、俄文学一人、日本文学一人、藏文一人、梵文一人、哲学一人、美学一人、美术史一人、学〔教〕育学四人、心理学一人、社会学二人、经济学三人、政治学一人、法律学一人、风俗学一人、民族学一人、历史学二人、考古学一人、地理学一人。研究生人数约四倍于研究员之人数,通讯员人数,每科学一人。此系第一次,将来经费扩充,再增研究人数。

第三、筹备委员

先由省政府指定筹备委员九人组织筹备处,并由筹备委员延聘专门筹备员,共同筹备择定院址,聘定研究员,订购仪器标本书籍等事。

筹备员名单

张人杰　李石曾　蔡元培　马叙伦　邵元冲　蒋梦麟　胡适　陈世璋　邵裴之〔子〕

《新闻报》民国十六年五月二十九日

---

① 估计应为四万八千元。

浙江省务委员会会议纪 决定聘请浙大研究院筹备委员①

（1927 年 6 月 2 日）

浙江省务委员会于五月二十五日开第十三次会议，出席委员蒋梦麟、马叙伦、陈其采、陈希豪、蒋伯诚、程振钧、阮性存、陈屺怀、黄人望、邵元冲、张世杓。主席蒋伯诚。

主席恭读总理遗嘱。

（下略）

十五 浙江大学研究院筹备计画请议决案。（教育厅提议）

（议决）通过开办费十五万元。由财政厅分三个月拨付，经常费每月五万元，并聘请张人杰、李石曾、蔡元培、马叙伦、邵元冲、蒋梦麟、胡适、陈世璋、邵裴之〔子〕为浙江大学研究〈院〉筹备委员。

（下略）

《时报》民国十六年六月二日

国民政府关于粤浙苏三省试行大学区制的训令

（1927 年 6 月 12 日）

国民政府训令（天字第八五号）

令中央教育行政委员会：

为令饬事。案准中央执行委员会政治会议咨开：为咨行事。第一百零二次会议云云。咨请查照办理。等由。计附送教育行政委员会、大学区组织条例各一件、大学行政系统表一纸。准此。查所请变更制度及拟具行政系统表等件，为刷新教育行政，注重研究精神，俾有学术之依据，均甚妥惬，应准其在粤、浙、苏三省试行，合亟令仰该会即便遵照办理。

此令。

中华民国十六年六月十二日

国民政府常务委员胡汉民

〔国民政府档案〕

中国第二历史档案：《中华民国史档案资料汇编·第五辑·第一编（教育）》，

凤凰出版社，2010 年，第 30 页

---

① 题名由编者拟定，原题名尚有文字"水产学校由台州迁定海 留学生暂不补充"。

浙省务委员会之教育决案 聘第三中山大学筹备员 农专医专停招生
(1927 年 6 月 23 日)

十七日浙江省务委员会开二十三次常会。

蒋教育厅长临时提议,加聘研究院筹备员为第三中山大学筹备员。

决议:通过。

蒋教育厅长提议,农业专门、医学专门两校下学年起停止招生,逐年结束,与前次通过法政专门办法相同,工业专门另有办法,待第三中山大学成立后再行提出。

决议:通过。

蒋教育厅长提议,本省派赴欧美日本留学生,本年缺额,拟暂不补充。

决议:通过。

蒋教育厅长提议,汤氏捐款拟据汤氏来呈办理,款交第三中山大学筹备委员保管。

决议:通过。

蒋教育厅长提议,在台州之省立水产学校拟迁至定海,与水产品制造模范工厂合并,其办法由教育建设两厅共同筹划。

决议:通过。

《申报》民国十六年六月二十三日

第三中山大学筹备会
(1927 年 7 月 9 日)

第三中山大学筹备委员蒋梦麟、蔡元培、邵元冲、马叙伦、胡适、邵力〔裴〕子等于七月六日中午,宴于西湖楼外楼,并泛湖中,曾在舟中开会,讨论第三中山大学章程,逐条修正。又于七日清晨溯江而上,游览严滩,亦在舟中开会,续议大学章程。一俟返杭后,即可着手筹备云。

《新闻报》民国十六年七月九日

钱江轮上之第三中大会议 烟篷作会场 铁箱当主席
(1927 年 7 月 10 日)

第三中山大学筹备员七日偕中央教育委员会委员金及魏诸君在钱塘江轮船上开会,已志本报。兹据确悉,是日因水大势急行至窄溪附近,误驶湍中,船突倾斜,随即反轮。各筹备委员在船上开会讨论第三中山大学组织大纲,因人多以烟篷作会场,诸委员席地而坐,蔡子民先生不习,乃假一洋铁箱坐其上,恰好表示主席之意。会议结果草案稍有删并,其中重要之点在除开办研究院之外,同时办一文理科之大学本科,以为高中毕业生之升学地。全案推邵委员裴子整理。一俟完毕，再行探志。

《申报》民国十六年七月十日

关于成立第三中山大学的议案①
（1930 年 6 月）

议案（提案原文）

1.浙江大学中山学院研究院简章及筹备计划请议决案

十六年五月二十三日浙江省务委员会第 12 次会议教育厅提议 省 18

五月二十五日第十三次会议，浙江大学研究院筹备计划请议决案

（议决）通过。开办费 15 万元，由财政厅分三个月拨付，经常费每月 5 万元，并聘请张人杰、李石曾、蔡元培、马叙伦、邵元冲、蒋梦麟、胡适、陈世璋、邵裴子为浙江大学研究院筹备委员。省 19

2.浙江大学开办在即，应设立筹备处，由教育厅长秘书科长等专任筹备事务案

（议决）照办。在筹备处另设浙江大学研究院筹备委员会。

3.将旧高等学堂及陆军小学堂地址拨充浙江大学及浙江大学研究院校舍。

（议决）照办。通知军事厅令驻扎旧高等学堂军队迁让。

——五月三十日第 15 次 省 22

4.罗苑拨充浙江大学研究院筹备处地址。

（议决）准予拨充。

——六月一日省第 16 次 省 23

5.加聘研究院筹备委员为第三中山大学筹备员。

（议决）通过。

——六月十七日省第 23 次 省 36

6.报告国民政府秘书处来函，中央任命本席为第三中山大学校长。应否于就职后即将教育厅并入中山大学。

（决议）由教育厅酌办。

——七月十五日第 35 次 省 57

7.自八月一日起公立工业专门学校改组为国立第三中山大学工学院，公立农业专门学校改为国立第三中山大学劳农学院。

（议决）照办。

8.秘书长报告国民政府教育行政委员会咨为变更大学区制度，附发组织条例及行政系统表各一份，请转饬教育厅遵照筹划办理。

——七月廿九日第 38 次 省 65

---

① 本史料题名系由编者添加，史料成文日期大约在 1930 年 6 月，原文序号采用罗马数字，现按顺序统一为阿拉伯数字。原文尾部有"√指此□卷特别重要"等字样，但文中标志多种，不易判明涵意。从略。

9.提出国立第三中山大学综理浙江大学区教育行政事项条例。

(议决)送政治会议浙江分会核议。

——七月二十七日省政府委员会第 2 次 省 68

10.报告国立第三中山大学办理浙江大学区教育行政事宜权限规程,经过政治会议浙江分会修正后,交政会斟酌办理。

(决议)案照修正案通过。

——八月三日第 3 次 省 76

11.国立第三中山大学办理浙江大学区教育行政事宜权限规程。

(决议)此项规程立即由省政府决定。

——一月三十日政分会第 22 次 省 77

12.秘书长报告第三中山大学校长呈报接收浙江省政府教育厅日期,请备案。

——八月二日政分会第 23 次 省 77

13.秘书长报告国民政府教育行政委员会会令为各中山大学上应加"国立"二字以符体制。

——八月八日教委会第 71 次 省 78

14.政治会议浙江分会议决议设立浙江大学研究院议案。

——十六年六月

补抄(教厅卷宗)

15.筹办杭州大学董事名单

(原抄件仅存候补董事四人之名单,其先议决董事十人之名单尚付阙如,所存一份□□□)

2. 大学区大学创办

国民政府教育行政委员会令（第 22 号）
（1927 年 8 月 3 日）

为令知事。案奉中央政治会议函内开：国立广州中山大学请改名国立中山大学院一案，经本会第一百十一次会议议决，该校定名为"国立第一中山大学"。等因。查国民政府辖内各中山大学前经议定，就设立之先后按排第一、第二、第三等数目，以资识别。惟各中山大学均为国立，广州中山大学既已核定改称国立第一中山大学，则其余各校自应于名称上冠以"国立"二字，如国立第三第四中山大学之类，以符体制。除分令外，此令。仰该校长即便知照。

此令。

委员：蔡元培 汪兆铭 褚民谊 张乃燕

金曾澄 钟荣光 李煜瀛 韦 悫

中华民国十六年八月三日

教育行政委员会印

浙江大学档案馆藏 L053-001-2771

综理浙江大学区之第三中山大学已成立 内部组织情形大学条例公布
（1927 年 8 月 7 日）

国立第三中山大学校日前（一日）正式成立，内部组织：计分研究学院、劳农学院、劳工学院、大学本科、行政处五大部，行政处中设秘书处、普通教育管理处、扩充教育处三处。秘书处中，设会计股、事务所、文书股、注册股、扩充股、介绍股六股。普通教育〔部〕管理处设中等教育部、初等教育部两部。现蒋校长因经费与人才关系，现将行政处中之秘书处及普通教育管理处成立，扩充教育处暂行从缓。劳农、劳工两院系就农专工专改组，研究学院及大学本科系新设立，正在筹备中。其行政处及教育处职员大都系厅中留任，间有十数系新委者，已于昨日发表。探录如次：

行政处秘书长刘大白，秘书赵述庭、陶玄，校长秘书陈石珍，事务主任沈肃文，扩充教育主任郑奠，文书主任周同煌，科员汤鼎梅、张柱中、陈政、胡永声、张行简、沈光烈、胡长风、杨昧余、王子澄、钟孝澄，普通教育管理处处长并文理学院筹备委员邵裴之〔子〕，中等教育部主任施伯侯，初等教育部主任俞子夷，中等教育部处员潘子庚、蔡绍牧、陶竣、赵锵，初等教育部处员朱聂旸、周宗瑛、杨志先、罗迪先、刘藻，事务员方琦、陆宏桢、庄泰观、沈炎臣、高春、斯伦、刘澄、阮又泉、韩鼎、方庚祖、孙敏文、蔡兆墉，书记邢紫光、陈肇祖、李兆烟、萧煜、钟文尧、汤朝与、黄一鸣、沈季伦、林尧民、胡其华。其中会计、介绍、注册三股职员，尚未委定。

又二十七日浙江省政府委员会开第二次会议，第三中山大学校长蒋梦麟提出国立第三

中山大学综理浙江大学区教育行政事项条例案。当经照案通过,备文送呈政治会议浙江分会核示。兹将原条文,照录如左:

第一条　国立第三中山大学承中华民国大学院之命,综理浙江大学区内一切教育行政事项,在中华民国大学院未成立时,承国民政府教育行政委员会之命。

第二条　浙江大学区之辖境以浙江省政府之辖境为范围。

第三条　国立第三中山大学校长,为浙江省政府委员之一。

第四条　国立第三中山大学于必要时,得就浙江大学区内酌划若干中学区,令各省立中学承本大学之命,分理该区内教育行政事项。

第五条　国立第三中山大学为处理或指示浙江大学区内教育行政事项,对于所属各省立、市立、县立、私立之教育机关得发布命令,及转行中华民国大学院或国民政府教育行政委员会之命令。

第六条　国立第三中山大学为综理正将大学区内一切学术及教育行政事项,得径呈中华民国大学院,或国民政府教育行政委员会,及径函各省特别区大学区中山大学或教育厅。

第七条　国立第三中山大学对于左列各事项,由校长提出于浙江省政府委员会,经其议决后以浙江省政府之命令发布之。

(1)各市政府教育局局长之任免;

(2)各省立专门学校校长,中学校长及省立第一中学、第一第二两部主任之任免;

(3)各省立图书馆主任;

(4)公众运动场场长及留日学生经理员之任免;

(5)省立各教育机关之设置变更及废止;

(6)省立各教育机关预算决算之核定;

(7)其他关于省立各教育机关须经浙江省政府委员会决议事项。

第八条　国立第三中山大学对于左列各事项,由校长核准,经浙江省政府主席委员,及常务委员之签字,以浙江省政府之命令发布之:

(1)各县政府教育科长之任免;

(2)各市立、县立中学校长之任免;

(3)各市立、县立私立教育机关立案之认可及撤销;

(4)各市政府、县政府教育行政人员任免之备案;

(5)各市、各县教育经费预算之核准;

(6)各市立、县立私立教育机关主任人员任免之备案;

(7)各省立教育机关经费之收入及支付;

(8)各市立、县立私立教育机关辅助费之支付;

(9)国内外留学经费之支付;

(10)处理或指示各市政府县政府教育行政事项;

(11)其他关于各省立、市立、县立私立各教育机关。

《申报》民国十六年八月七日

呈国民政府、国民政府教育行政委员会
（1927 年 8 月 27 日）

案查前浙江公立工业专门学校改组为国立第三中山大学工学院，前浙江公立农业专门学校改组为国立第三中山大学劳农学院，经本年七月二十日浙江省务委员会第三十七次会议议决照办，并归本大学接收办理，并聘李熙谋为工学院院长，谭熙鸿为劳农学院院长。除各该院院长履历，另文呈送并分呈外，理合先行备文呈请，仰祈钧府、会核准备案。谨呈

国民政府

国民政府教育行政委员会

国立第三中山大学校长蒋〇〇

中华民国教育行政委员会批
（1927 年 9 月 28 日）

国立第三中山大学校长蒋梦麟：

呈一件。呈报改组前浙江公立工业专门学校为工学院，农业专门学校为劳农学院，并聘李熙谋、谭熙鸿为院长由。呈悉。准予备案。仰即知照。

此批。

国民政府指令（第一一二号）
（1927 年 10 月 21 日）

令国立第三中山大学校长蒋梦麟：

呈一件。呈报自十六年八月一日起，前浙江公立工业专门学校改组为国立第三中山大学工学院，前浙江公立农业专门学校改组为国立第三中山大学劳农学院，并聘李熙谋为工学院院长，谭熙鸿为劳农学院院长，请备案由。呈悉。准予备案。

此令。

常务委员：汪兆铭　胡汉民　李烈钧　蔡元培　谭延闿

中华民国国民政府印

中华民国十六年十月廿一日

浙江省政府转南京蔡元培电

(1928 年 2 月 6 日)

杭州浙江省政府委员公鉴:

电悉。第三中大尊意主改国立浙江大学,与条例并无不合,自可照准。

蔡元培鱼印

浙江大学档案馆藏 L053-001-2771

大学院训令(第一七四号)

(1928 年 2 月 22 日)

令江苏、浙江大学校长张乃燕、蒋梦麟:

为令遵事。查二月十五日大学委员会会议关于大学区事件,议决两条:(一)大学区大学均不必加"国立"字样;(二)大学区高等教育、普通教育及扩充教育各部,部改为处,部主任均改名为处长。除分行外,合行录案,令仰该校长即便遵照。

此令。

院长蔡元培
中华民国十七年二月二十二日
大学院印

浙江大学档案馆藏 L053-001-2771

中华民国大学院训令(第一六五号)

(1928 年 2 月 28 日)

令国立第三中山大学校长蒋梦麟:

为令遵事。现大学委员会议决:第三中山大学应改称"浙江大学"。又,各大学区大学不多加"国立"二字。各等由。嗣后该校名称,应即照改为"浙江大学"。合行令仰该校长即便遵照。

此令。

院长蔡元培
中华民国十七年二月廿八日
大学院印

浙江大学档案馆藏 L053-001-2771

呈大学院

（1928 年 2 月 28 日）

案奉钧院训令第一七四号内开：大学委员会会议议决两条：（一）大学区大学，均不必加"国立"字样；（二）大学区高等教育、普通教育及扩充教育各部，部改为处，部主任均改为处长。等因；奉此。查国立各级学校，未有不加立别者。大学区大学对内综理大学区教育行政，对外更有国际上之推崇，尤不可不冠以"国立"字样，以示郑重。且大学名称，现改为浙江大学，如不冠以"国立"二字，易使人疑为浙江省立。请钧院提交大学委员会复议修正，准于大学名称上仍加"国立"字样。至本大学组织，因无设高等教育部之必要，尚未设此次机关；普通教育，本设普通教育管理处管理之，设处长一人；扩充教育，以事务无多，暂设扩充教育主任一人，未设处长，合并陈明。所有拟请提交复议，仍于大学名称上加"国立"字样，及本大学组织情形各节由，理合备文呈请，仰祈钧院察核，令示遵行。谨呈
中华民国大学院

国立第三中山大学校长蒋○○

中华民国 年 月 日

国立第三中山大学印

浙江大学档案馆藏 L053-001-2771

呈国民政府、大学院

（1928 年 3 月 26 日）

案奉中华民国大学院训令第一六五号内开：现大学委员会议决：第三中山大学云云□□□遵于四月一日改称"浙江大学"，启用新印。除分别函令通告外，理合备文呈报，并将截角旧印撤销。仰祈钧府、院鉴核备案，实为公便。谨呈
中华民国国民政府
大学院

附缴旧印一颗（□□□附此一行）

浙江大学校长蒋○○

中华民国 年 月 日

浙江大学印

浙江大学档案馆藏 L053-001-2772

中华民国大学院训令(第三八九号)

(1928 年 5 月 25 日)

令浙江大学校长蒋梦麟:

　　为令遵事。前据该校呈请仍于大学名称上加"国立"二字,提交大学委员会复议一案,当经议决:大学区大学,得加"国立"二字。合行令仰该校长即便遵照。

　　此令。

院长蔡元培

中华民国十七年五月廿五日

大学院印

浙江大学档案馆藏 L053-001-2771

衔秘书处公函

(1928 年 10 月 3 日)

　　查本省施行大学区制后颁布之各项教育法内所有"国立第三中山大学"及"浙江大学"字样均应修正为"国立浙江大学"一案,业经浙江省政府委员会于本月十二日第一百五十五次会议议决照办在案。除分别函令外,相应抄送原议案一份,函请贵学院查照。此致
国立浙江大学文理、工、劳农学院

　　计抄送原议案一份

国立浙江大学秘书长陈○○

中华民国 年 月 日

本省施行大学区制后颁布之各项教育法规内所有国立第三中山大学及
浙江大学字样均应修正为国立浙江大学案

(提议者:委员兼浙江大学校长蒋梦麟)

　　本大学现正遵照大学院令,改定名称曰"国立浙江大学"。查本省在施行大学区后颁布之各项教育法规内,所有"国立第三中山大学"及"浙江大学"字样均已不能沿用,亟应按照现在名称修正为"国立浙江大学"。除由本大学颁布者业已分别修正外,其由本委员会议议决及本省政府公布者自应同时修正,相应提案请公决。

浙江大学档案馆藏 L053-001-2772

行政组织略变后的本大学

(1928 年 7 月 7 日)

本大学行政处,原设秘书处及普通教育管理处两部。高等教育向由校长直接管理,扩充教育则附属于普通教育管理处。除秘书处系为辅助校长处理大学区内教育行政事宜外,普通教育管理处实包括初等教育、中等教育、扩充教育(关于专门学校职业学校留学及一切社会教育事宜)三部。现自本年七月一日起,大学内部组织及主管职务略有变更,大致如左:

一、扩充教育主任改为社会教育主任;

二、本大学三学院、两省立专门学校及留学事件均为高等教育,由校长直接管理;

三、各职业学校由中等教育主任主管;

四、本大学扩充教育由各学院按其性质,分别办理。

《国立浙江大学教育周刊》第十四期,民国十七年七月七日

浙江大学区今后教育改进计画

(1928 年 7 月)

浙江大学呈报(五月十四日),十七年五月十六日到院。

一、大学教育

浙江大学区除就原有省立工业专门学校改组工学院外,尚无大学各科之设置。浙江大学筹备委员会前曾通过大纲,拟设文理、社会科学、艺术、医药、农学、工学等六个学院,以文理包文、哲、自然、教育,以社会包法、商。兹拟于十七年度先办文理学院,以立高等学术之始基。该学院拟并包社会科学,(商法等应用部分除外)并附设医药学院预修科,程度准大学本科前二年。文理本科以高中或大学预科毕业生升学。大学专办本科,不设预科。文理学院四年毕业。医药学院应俟两年以后预修期满,接续开办,连预修共计六年毕业。艺术院业经大学院在杭开办。原拟设立之各学院,尚余农学及社会科学中之法、商两科。农学院将来拟与劳农学院合成一个系统。法、商两科将来拟各别分设单科,统俟经费稍充,再行筹设。其现拟十七年度开办之文理学院经费预算,别具说帖呈核,其组织规程亦在陆续酌拟中。

二、普通教育

甲、中等教育

本大学区对于中学教育内部改良之方案,由认定中学校之两种任务,即(一)为升学之阶梯,(二)为民众之高等教育机关,以厘定初高两级之课程,使其课目、时间、程度均妇〔归〕划一。同时注意其小学及大学程度之衔接,并以大学入学应有之程度为高中毕业程度之标准,如一时尤有不及,则须力谋提高,务使适合而后已。以后并须逐渐提高大学入学程度,以间接谋普通教育程度之提高。提高中学程度,除厘定课程外,并注重中学校图书,仪器标本等之设备,以期增进教学之效率。厘定课程时,于必修各科,则增重其质量,于选修各科,则减少其项目,并偏重职业方面,认为一种辅助普通教育之科目,力杜泛滥及不平均的发展(大学

课程少量的预支)等流奖。

为提高及统一程度计,将来或须将高级中学集中一所,独立办理。设于省城直接在大学本科指导及监督之下,如有弱点易于纠正,其利一也。与大学教育学问密迩,方法之试验,学生之实习均极便利,其利二也。一部分经费集中较易改善,其利三也。优良师资在省会有高级学校之处,较易罗致,设备亦可与大学为一部之通融,其利四也。但此项改革,尚待相当时期实行,非本年度应有之问题也。

行政方面拟根据中央法规酌定细则,令各私立学校一体立案,其有办理未善,不准立案,及延不立案已逾定限者,除照中央规定,得不论其学生在学资格外,并得令其停办以资整顿。

乙、小学教育

对于小学教育拟先注重改良,继事推广。而为改良及推广起见,则师资与视察及指导人员等之养成,均属亟不容缓。养成小学师资办法,详见后(丙)。师范教育,视察及指导员等之养成,拟在省城设一小学视察及指导员之养成所,招收高中师范科毕业生,加以一年或二年之训练(内一部分时间,即在大学普通教育管理处之初等教育部实习),此项人材,即供各市县视察及指导员等职员之用。地方教育行政人员,亦拟加以必须之训练,或设半年或一年期之训练班,或利用假期召集来省讲习(参看后[丁]补充教育),则应视经费之多少决定之。

推广小学,非增加经费不可。现拟先令各市县一律实行一成附捐,并整顿原有教育款产,使小学之成绩能得一般氏众之信仰,再图经费(即民众负担)之增加,不独可以减少推广小学教育之误解及阻力,且亦办理地方教育者所应有事也。一面仍由本大学陆续供给宣传资料,补助学校自身即其成绩之事实的宣传,以促进教育之普及焉。

各县市小学教育之推广及改进,并采暂时容许各地方自由试验之态度。但仍予以严密的指导及监督,庶可尽量得到集思之益。并容纳各地方适合特殊情形之建议,仍不失统一指挥之效。

本大学区现已试行中学区制,即暂以省立中学附小为一种实验小学,研究小学之新方法及新技术,得有良好结果,即传布于区内公私各小学。并于每中学区设教育行政人员联席会议,即以实验小学为本区教育行政指导之中心(省会之指导员等训练成就后,即与附小合作分司各中学区小学指导任务)。俟将来文理学院教育学门成立,再于省会特设一实验小学,直隶教育学门,专作改进小学教育之试验工作。

丙、师范教育

乡村小学之师资,决不可恃在城市之高中师范科毕业生供给之。盖乡村生活已非在城市受教育至高中毕业者所便,而报酬之菲薄,亦为不能吸收高中毕业生之一种原因。若非设法补救,则乡村小学师资决无可以改良之望。现拟筹设乡村师范学校一所,专收乡间小学毕业生,先施以二年的练训,即以充乡村小学之教师,以后再斟酌将其训练期间延长至三年或四年。此项乡村师范即设乡间,学生从前现在及以后之生活始终不离乡间,则无不堪乡村生活之流弊。乡村小学并拟暂以二年为一个段落,则以有二年至四年乡村师范训练之学生为二年至四年乡村小学之教师,亦不致有准备太不充足之感。总之,视私塾塾师及仅仅小学毕业者其师资必较为优良也。完全小学之师资,仍由高中师范科养成之。将来并拟收高中师范科独立于省会,设一个大规模的师范学校,直隶文理学院之教育学门,以谋完全小学师资训练之统一及改良。

中学校师资及管理之训练由文理学院任之。

所有关于中小学师资及行政人员训练之一切问题,俟文理学院成立后,均应由教育学门与普通教育管理处会同统筹详细办法,以次施行。

本大学区师范科学生现免半膳,拟自本年度(十七年第一学期)起,入学新生停止给膳,另定师范生奖学。及担保贷款办法,以救济贫苦学生,并资鼓励。该项经费即以膳费拨充,其详细办法另定之。其已在学学生得仍照向章办理,但免膳学生不得再求贷款,其取得奖金者亦须同时取消其给膳。

丁、补充教育

文理学院成立以后,拟每年筹办暑期学校,专为志愿升入大学及中小学教师、地方教育行政人员与其他志愿者补充学业,并与一般民众以推广知识之机会。十七年度并拟于文理学院开办以前,先行筹办暂专为志愿升入大学者补充学业,以为程度不相衔接之一种临时救济方法。此项暑期学校所需经费,应另制预算作为本年度浙江大学临时费提出。

三、扩充教育

(一)建筑浙江图书馆补充通俗图书馆

现已择定馆址新建浙江图书馆,俟建筑竟,即将大方伯图书分馆专作通俗图书馆加以扩充。西湖馆中以藏中文四库书及备专门学者研究之所。

(二)整顿各县县立图书馆

前时已通令各县造送县立通俗图书馆书目、章程、经费支配及职员履历。未设立各县,今设法定期成立。书目等已造送,顷正审阅,一俟送齐,合辑本大学区各县立图书馆书目汇编。又拟分期偏〔编〕发各县立图书馆应行购置图书目录,其实际状况,另由视察员随地考察指导之。

(三)整顿各县讲演所

前通令各县恢复通俗教育讲演所,并自一月起一律呈送次月讲演稿,及上月讲演周报表。兹除审核所呈送讲演稿并编各县通俗讲演题目一览外,着手编纂讲演材料纲要,发于各县讲演所。

(四)确定各县社会教育经费

于十七年度各县教育经费计画中,将通令各县参酌各县经费实况,确定社会教育经费的数。

(五)筹备暑期社会教育讲习会

通令各县社会教育机关,选派人员于暑期中来本大学讲习社会教育。会期约一月,由本大学聘请于社会教育有研究及经验者主讲。

(六)扩充补习教育

通令(各省、县立中学,市、县立各小学)一律附设平民夜校,又指定数县试办全县小学教育分任全县通俗讲演职务。

由本大学工学院、劳农学院附设农、工补习学校或农、工子第〔弟〕小学。

(七)整顿职业教育

项调查各县立私立职业学校实际状况,更就各县土宜物产概况及地方商品与社会需要情形,统盘规画,或就原有职校整顿,或归并,或新设。

(八)调查各县地方风俗及人文程度等社会事项

浙江省十六年度全省教育状况一览表

项别 校别	学校数	学生数	职教员数	经费数
幼稚园	二四	七四七	四七	五,四三六
初级小学	一〇,一〇五	四五〇,〇五四	二三,〇二四	二,〇六四,四七二
高级小学	九七二	六九,一九九	四,八二六	八九九,五七八
中学	五〇	七,七〇三	九八一	一,一三五,二九六
职业学校	二一	二,〇四一	二五七	一三九,六四九
专门学校	二	五六〇	一〇〇	一四〇,六七三
备考	(一)表内各数,中学及专门学校系据十六年所报,余因报告未集,暂以十五年各数列入; (二)中学栏内学生数有十校未报,职教员数有七校未报,经费数有八校未报,兹仅就已报各校汇编。			

《大学院公报》第一卷第七期,民国十七年七月

3. 大学区结束

电教育部

(1929 年 6 月 21 日)

南京教育部钧鉴:

大学区制业奉二中全会议决,限期停止试行,浙江大学区拟即日开始结束,至本年七月底取消,将职权移交浙江省教育厅接收。敬祈核准。

国立浙江大学叩箇印

教育部电
（1929 年 6 月 25 日）

浙江大学鉴：

　　箇电悉。浙江大学区制应准于本年七月底停止试行。

教育部有（二十五日）

浙江大学档案馆藏 L053-001-3366

教育部训令（第九四三号）
（1929 年 7 月 5 日）

令国立浙江大学：

　　为令知事。分期停止试行大学区制一案，前经本部提出行政会议。兹奉行政院训令开：查本院第二十七次会议转该部长提议，大学区制业由中央二中全会议决定期停止试行。本部拟定浙江大学区及北平大学区限于本年暑假停止，中央大学区限本年年底停止，是否之处，敬请公决一案。经决议照办，并呈报政府。除呈报外，合行令仰该部即便遵照办理。等因。除分行外，合行令仰该厅知。

　　此令。

部长蒋梦麟
中华民国十八年七月五日
教育部印

浙江大学档案馆藏 L053-001-3366

国立浙江大学训令
（1929 年 7 月 20 日）

令各县政府、各县政府教育局、省市县私立中等以上各校：

　　查二中全会议决，定期停止试行大学区制一案。案奉教育部令知，本大学遵即拟定将所有兼浙江省教育行政事宜，于七月三十一日结束，移交浙江省政府教育厅接收办理，并经呈奉核准在案。除分行外，合行通令。仰即知照。

　　此令。

中华民国十八年七月 日
国立浙江大学印

浙江大学档案馆藏 L053-001-3366

电教育部
(1929 年 7 月 22 日)

南京教育部蒋部长钧鉴:

　　巧电奉悉。前上元电曾陈明马日起停止行文,以便办理结束事宜。兹缘尚有未了事件,势难停止行文。可否于未移交前继续办理? 敬祈电示祇遵。

国立浙江大学叩祃印

教育部电
(1929 年 7 月 24 日)

国立浙江大学鉴:

　　祃电悉。该校在未结交前准暂继续行文。

教育部敬

电教育部
(1929 年 8 月 3 日)

教育部钧鉴:

　　本大学兼管浙江省教育行政事宜于七月世日结束,于本月一日将兼管浙江省教育行政事宜,于七月世日结束,于本月一日将□□清册移交浙江省教育厅陈厅长接收。除俟点交清楚再行备文呈报外,理合先行陈请备案,并乞转呈国民政府行政院备案。

中华民国十八年八月 日
国立浙江大学江印

致浙江省政府公函

（1929 年 9 月）

案查本大学遵令将兼管浙江省教育行政事宜，于七月三十一日实行结束，先经函达贵省政府查照在案。嗣后八月一日将应行移交之一切器具文卷等分别造册赍送浙江省教育厅陈厅长接收，旋又将经手款项核算清楚，分别造册，连同剩余现款一并转交。兹准复函内开：案查叠准贵大学公函云云，并即希查照。等由；准此。除会同呈请教育部备案，并转陈国民政府暨行政院备案外，相应函达，即希贵省政府查照备案为荷！此致
浙江省政府

中华民国十八年　月　日

国立浙江大学印

浙江大学档案馆藏 L053-001-3366

呈教育部

（1929 年 9 月 24 日）

呈为呈报移交接收情形仰祈鉴核事。案查本大学遵令将兼管浙江省教育行政事宜，于七月三十一日结束，于八月一日将应行移交本厅接管之一切器具文卷等，分别并造册送交厅长接收情形，先经本大学于八月三日电请钧部备案并转陈国民政府暨行政院备案在案。□余剩款项□□结算清楚，分别造册，连同剩余现款一并移交。所有本大学先行移送本厅接管之件，计前浙江省政府教育厅厅印及厅长小官印各一颗，□□暨新旧文卷清册共二十六本。关于教育行政部分财务案卷一百六十五宗。经手〈各〉项存垫总册一本，分册三本；经征所属省立各教育机关所得捐一览表一纸，又捐表九十二份；汇寄八月份欧美留学费回单三纸；代修房屋承揽清册收据各一纸；并余剩现银九千二百十六元七角八分，业经本厅照册分别点收。除分陈浙江省政府外，理合会同呈报。仰祈鉴核备案，并悉转陈国民政府暨行政院备案，实为公便！谨呈
教育部

衔厅长陈○○

衔校长蒋○○

中华民国十八年　月　日

浙江省教育厅印

国立浙江大学印

浙江大学档案馆藏 L053-001-3366

教育部训令(第一二九一号)
(1929 年 10 月 8 日)

令国立浙江大学:

为令知事。案据浙江省教育厅及该大学会呈移交接收情形到部,当经转呈在案。兹奉行政院指令内开:呈悉。准予备案。等因。除分行外,合行令仰知照。

此令。

部长蒋梦麟

中华民国十八年十月八日

教育部印

浙江大学档案馆藏 L053-001-3366

(二)校长任命

中央执行委员会政治会议咨
(1927 年 6 月 28 日)

为咨行事。本年六月二十七日是本会议第一百零九次会议议决,任命蒋梦麟为第三中山大学校长,张乃燕为第四中山大学校长。相应咨请政府任命。此咨

国民政府

中央执行委员会政治会议

中华民国十六年六月二十八日

中国国民党中央执行委员会政治会议关防

浙江大学档案馆藏 ZD-2021-ZL12-16-7

国民政府令
(1927 年 7 月 15 日)

任命蒋梦麟为第三中山大学校长,张乃燕为第四中山大学校长。

此令。

浙江大学档案馆藏 ZD-2021-ZL12-16-7

呈国民政府、国民政府教育行政委员会、中国国民党中央执行委员会政治会议、中国国民党中央执行委员会政治会议浙江分会

（1927 年 7 月 29 日）

呈为呈报事。案奉国民政府简任状文曰：兹简任蒋梦麟为国立第三中山大学校长。等因；奉此。遵于七月廿五日宣誓就职，并于八月一日成立即日接收浙江省政府教育厅为国立第三中山大学行政处。理合备文，呈请钧府、会鉴核备案。至在国立第三中山大学印未奉颁到以前，暂借用浙江省政府印合并声明。谨呈

国民政府

国民政府教育行政委员会

中国国民党中央执行委员会政治会议

中国国民党中央执行委员会政治会议浙江分会

国立第三中山大学校长蒋〇〇

中华民国十六年七月廿九日

中华民国国民政府浙江省政府印

浙江大学档案馆藏 L053-001-4056

国立第三中山大学公函

（1927 年 7 月 29 日）

案奉国民政府简任状文曰："兹简任蒋梦麟为国立第三中山大学校长。"等因；奉此。遵于七月廿五日宣誓就职，国立第三中山大学行政处定于八月一日成立即日接收浙江省政府教育厅。除呈报暨分函外，相应备文，函请贵省、市政府、大学、公署、厅、会、院查照为荷。至国立第三中山大学印未奉颁到以前暂借用浙江省政府印，合并声明。此致

广东、广西、福建、安徽、河南、陕西、云南、四川、江苏之省政府

上海特别市

广州中山大学

江苏第四中山大学

杭州关监督公署、瓯海关、浙海关之监督公署、盐运使公署

浙江省政府 浙江省政府民政、建设、军事、司法、财政等厅

广东、广西、福建、安徽、河南、陕西、云南、四川等教育厅

浙江省党部改组委员会

浙江省清党委员会

浙江省高等学院

杭县地方法院、杭州市政府、宁波市政府

国立第三中山大学校长蒋〇〇

中华民国十六年七月廿九日

中华民国国民政府浙江省政府印

浙江大学档案馆藏 L053-001-2772

国民政府指令(天字第 237 号)

(1927 年 8 月 13 日)

令国立第三中山大学校长蒋梦麟:

呈报就职日期及接收浙江省政府教育厅,并声明第三中山大学印信未奉颁发以前暂借浙江省政府印,请鉴核备案由。呈悉。准予备案。该大学院印信已饬处迅速刊发矣。仰即知照。

此令。

常务委员:胡汉民　古应芬　伍朝枢　张人杰

中华民国十六年八月十三日

中华民国国民政府印

浙江大学档案馆藏 L053-001-2772

本大学增设副校长

(1928 年 11 月 24 日)

本大学自蒋校长就任国民政府教育部长后,近因校务较繁,有增设副校长一人,以襄理校务之必要。现已聘定本大学文理学院邵院长裴子兼任。除呈报国民政府教育部备案外,邵副校长当于即日起就职视事矣。

《国立浙江大学教育周刊》第三十四期,民国十七年十一月二十四日

（三）校史沿革

从浙江省政府教育厅到国立第三中山大学
（1927 年 10 月 1 日）

刘大白

国立第三中山大学于八月一日成立了。成立以后，依国民政府教育行政委员会所颁的大学区组织条例，总理浙江大学区内一切学术及教育行政事项，于是一面把前浙江教育厅主管浙江教育行政的织〔职〕权接收过来，一面又将前浙江省立工业专门学校和前浙江省立农业专门学校，由浙江省务委员会议议决，改组为国立第三中山大学工学院和劳农学院，而研究院和文理学院，都在筹备之中，这是国立第三中山大学底现状。

大学区的制度是法国所实行的，然而在中国却是一种创举，所以一般人都有点莫明〔名〕其妙。有些人以为这不过是把教育厅换了一个名称，有些人又以为这是在大学里面加入了一个教育厅。其实这两种观察，都是错误的。废止教育厅，设置大学区的用意，是一面使教育行政合〔和〕普通行政系统，虽然不完全脱离关系，而却别成一系统；一面使教育行政，合〔和〕学术打成一片，以学术上研究的结果，供教育行政上的试验和实行，以教育行政上试验和实行的结果，供学术上的研究。换句话讲，就是改官僚胥吏的教育行政，为专门学者的教育行政。所以把国立第三中山大学看作浙江省政府教育厅底变相或替身，固然错误，而带了从前教育厅底传统习惯，来办国立第三中山大学里面的教育行政，也是错误。要知道自负有行政上的经验的，是官僚胥吏，而使中国政治腐化恶化的，也就是官僚胥吏。现在实行大学区制，是要把沉埋于腐化恶化的魔窟中的教育行政，从官僚胥吏底手中救拔出来，可以说是教育行政底革命。

然而大学区的制度，虽然是法国底制度，而我们采用此制，却并非完全抄袭。从来抄袭人家底老文章的，除非在从前科举时代，或许可以缴倖地骗一个功名。……所以我们现在采用大学区制，并不是直抄验方新编式的。我们认定，要把沉埋在腐化恶化的魔窟中的教育行政，从官僚胥吏底手中救拔出来，非采用大学区制不可，这是对症下药。但是我们对于这个药方，并非直抄，而要子〔仔〕子〔仔〕细细地把它斟酌加减一下，所以国立第三中山大学对于大学区制底实行，并非完全合〔和〕法国底大学区制相同。

至于我们在这试办期中，怎样能使大学区制完全实现，这自然要等渐渐地一步一步地脚踏实地地做去。我们不愿意出售出版无期的预约券，我们不愿意开搬不出菜来的菜单子，我们预备把书籍印刷好了才登发行的广告，把大菜材料备足了才开出本日公司菜的菜单。唯一的原因，是因为我们不是什么观瞻主义者。近来有些人喜欢登些大吹法螺的广告，不顾事实上能不能办到。甚至要办几个学校，公然说是"以资观瞻"。这种观瞻主义的教育，不但过去的教育学上找不出来，就是将来的教育学，不论起了怎样的变化，似乎也未必会进步到这一步。然而现在竟有这种观瞻主义的教育家，他们虽然兴会淋漓，大吹大播，我们却依然不敢模仿。不过我们虽然不敢模仿，却无形地受了那些观瞻主义的教育家底影响。因为有些不明白成立国立第三中山大学，试行大学区制的用意的人们，正在那里说什么"没有钱办什么大学"的话,以为我们废止了教育厅,成立了国立第三中山大学,无非是"以资观瞻"罢了。其实这种人不但不曾懂得试行大学区制的用意,而且根本不知道教育底意义和效用。他们虽然反对办大学"以资观瞻",而实际上就是承认教育是"以资观瞻"的东西。这种不知教育为何物的人,也要来插嘴批评教育,我们实在不屑合〔和〕他们辩论。总之,我们一面试行大学区制,一面筹备研究院和大学本科,是要发展浙江底文化,改进浙江底教育,不是拿来妆点湖山,粉饰太平的。

《国立第三中山大学教育周刊》第一期,民国十六年十月一日

国立第三中山大学底八个月

(1928 年 4 月 7 日)

刘大白

国立第三中山大学于十七年四月一日,遵中华民国大学院训令,改称为浙江大学了。从十六年八月一日,实行大学区制,成立国立第三中山大学起,到十七年三月三十一日止,整整八个月。这八个月的经过,在这改称的当儿,应得略略报告一下。

然而在这个标题之下,我不愿意写出一篇类似记账式、结账式的文字,所以所谓报告经过,只是把我们组织底内容报告一下罢了。

试行大学区制底提议,是创于浙江方面,而得中央底赞同的。赞同的结果,江苏、浙江两省,便试行这种制度;而中央也成立中华民国大学院。然而自从江浙两省试行以来,怀疑的颇多,提案反对的也有。怀疑的论调,我们不能一一听到。反对的提案,我们却看到了。虽然有点"莫测高深",但是也觉得难免有点隔靴搔痒。因此,我们不能不把组织底内容报告一下。

怀疑的和反对的,大概都以为这种制度是不好的,都以为这种制度是合〔和〕教育厅、教育部的旧制度是不同的。虽然怀疑得该不该,反对得对不对,是一个问题,但是他们毕竟认识了合〔和〕旧制度不同的这一点。然而除此以外,却还有鲁迅先生小说中"端午节"底主人公方玄绰一流人物,就是"差不多说"底发见〔现〕者。他们说,"大学区大学,实在合〔和〕教育厅差不多,中华民国大学院,实在合〔和〕教育部差不多"。说这话的,并且还是大学区制范围里面的人。因此,我们更不能不把组织底内容报告一下。

我们的紧邻——江苏大学区,它底组织底内容,是合〔和〕我们不大相同的。它底规模宏大,力量充实,范围宽广,断乎不是我们所能比拟。它底位置,恰在首都:一般考察大学区制的,大都首先看到。不论是赞同的或怀疑的、反对的,乃至于发见〔现〕"差不多说"的,也许都从这首先看到的一个大学区着眼,而浙江大学区不曾被看到,也未可知。因此,我们尤其不能不把组织底内容报告一下。

不过在报告以前,这得把管理教育行政的旧机关的制度来说一下。

(一)从前各省区管理教育行政的机关,是教育厅。从形式上看,好像它是握着全省教育行政的最高权的。但是不,它还有一个不出面的本省上司,就是省长公署底第三科。它事事得承省长公署第三科底意旨,时时得受省长公署第三科底掣肘。

（二）从前教育厅一切的文稿底进行，是由下而上的。公文到厅以后，然分发到主管各科，先由科员拟稿，经科长签字，再由秘书和厅长签字，然后缮发。说得明白点，就是最初判断事理，决定意见的是科员。公文到了厅长手上，差不多已经成了照例办的已成之局，要改动也颇费事了。何况厅长是个政务官，有许多政务上的事情要处理；签稿的时候，无非照例画诺罢了，也来不及子〔仔〕细核阅。并且各科没有不办公文稿的；除办公文稿以外，有几科仿佛无事可做。

总之，这（一）（二）两点，都是胥吏的教育行政制度底特征。但是八个月来的国立第三中山大学，却是不然。

还有（三）我们底紧邻——江苏大学区——底教育行政，仿佛完全独立于江苏省行政以外的。不但教育行政独立，而且是把省立各学校，一律取消"省立"二字，给它们戴上顶"国立第四中山大学"的帽子；不但戴上帽子，而且教育经费，也不分什么国税、省税，完全由大学混合支配。关于这一点，我们因为没有那么大的魄力，所以也是不同。

现在可以说到我们组织底内容了。我们底组织，除大学本科的工学院和大学扩充教育的劳农学院外，在校长之下，有秘书处和普通教育管理处。秘书处依大学区组织条例，是辅助校长，办理本区行政上一切事务的机关。设秘书长一人、秘书二人，文书主任、事务主任、财务主任各一人，处员、事务员及书记各若干人。普通教育管理处依大学区组织条例，是管理区内公立中小学校及监督私立中小教育事业的机关，设处长一人，中等教育主任一人，初等教育主任一人，处员、事务员及书记各若干人。依大学区组织条例，本来应该设高等教育管理处，为管理本部各学院及留学事项，并监督区内私立大学及专门学校的机关；设扩充教育管理处，为管理区内劳农学院、劳工学院及关于社会教育之一切事项的机关。但是浙江大学区内的高等教育事业和扩充教育事业，都不很多，所以不设这两个管理处，而只设扩充教育主任一人，暂属于普通教育管理处。大学本科的工学院，由校长自行管理；而劳农学院、各专门学校、各职业学校留学事项、图书馆、运动场及各社会教育之一切事项，归扩充教育主任管理。一切来文，都送秘书处，分为两类：第一类为教育行政诉讼和一切不关于学校制度课程及学理研究的，径由秘书秘书长批明意见，请校长决定办法，发交文书主任室各处员拟稿送签；第二类为关于学校制度课程及学理研究的，由秘书处移送普通教育管理处主任、处长分别批明意见，送回秘书处，由秘书秘书长复核，请校长决定办法，发交文书主任室各处员拟稿送签。所以对于来文判断事理决定意见的，不是拟稿的处员，而是校长、秘书长、处长、秘书及各主任，而除文书主任室、各处员专司拟稿外，其余都不撰拟文稿，可以腾出工夫来做研究、统计、整理、视察、改革……等工作；并且不设视学，一切视察的工作，就由普通教育管理处或秘书处各员随时出发，以免视察和研究统计、整理、改革等打成两橛之弊。这种组织，就是想把胥吏的教育行政制度，改为学术化的教育行政制度的。但是我们却并不以此为满足。老实说，现在这种组织的大学区制，还是不完全的，还是不道地的。

我们觉得完全的道地的大学区制，是应该把教育行政合〔和〕教育学术底研究和试验打成一片。所以我们一面赶紧筹备文理学院，使文理学院中的教育学系得于最近的将来成立。等到教育学系成立以后，才能将教育学者所研究的结果，到教育行政上去实地试验，再将教育行政上所实地试验的结果，供教育学者底研究。如是，才能使教育行政合〔和〕教育学术底研究和试验打成一片，而成为完全的道地的大学区制。不过在这种计划还没成功的时候，我们还想从小学的教育行政方面,略具教育行政学术化的雏形。所以预备于最近期间中试行中学区制。这中学区制底计划,是把初等教育方面的研究、统计、整理、视察、改革……等工作,委托给本大学区内各省立中学,以各省立中学底附属小学为各中学区初等教育底中心,而使各省立中学校长和附属小学主任,担负各中学区内初等教育方面的研究、统计、整理、视察、改革……等工作的责任。这两点虽然不是国立第三中山大学底八个月中所实现,却也是这八个月中所计划的,所以也值得报告一下。

总之,这八个月中,虽然不敢说大学区制底真精神,已经完全地道地地实现了,但是至少有下列两点,已经做到了:(一)把从前省长公署第三科和教育厅底职权和大学底职权合并为一,而教育行政上没有胥吏们掣肘的障碍;(二)把从前由胥吏们判断事理,决定意见的教育行政底弊病革除了一大部分,不是毫无研究的照例办的教育行政。这是我们国立第三中山大学底八个月中所可自慰的。

《国立浙江大学教育周刊》第一期,民国十七年四月七日

沿革概要
(1932 年 12 月)

民国纪元前十五年(公元一八九七年),浙江求是书院成立,为本省新式学术研究机关,并为本省改革高等教育制度之策源地也。求是虽名为书院,实具大学之雏形,后以学制变更,求是书院改为浙江大学堂,嗣又改为浙江高等学堂。民国元年,教育部计划整理学制,决定停办高等学堂,改设大学预科,于是浙江高等学堂遂由结束而至取消。递至民国十年浙江省议会建议筹设杭州大学,浙江高等教育机关遂有复兴之机。惟尔时几经筹备,终未成立。十六年春,国民革命军底定浙江,复有筹设浙江大学研究院及浙江大学之议,研究院后经决定暂缓设置,而大学则于是年八月一日宣告成立矣。故本大学从历史观察,实由求是书院、浙江大学堂、浙江高等学堂蜕化而来,而本身的发展,又可分为三大时期:(一)杭州大学筹备时期(是本大学的发轫时期);(二)浙江大学研究院及浙江大学筹备时期(是本大学的形成时期);(三)大学成立时期。兹将各期情形分述于后。

一、杭州大学筹备时期

民国十年十二月浙江省议会建议筹办杭州大学咨请浙江省长公署执行,其理由为"浙江夙称文物之邦,计公、私立中等学校达三十余所,已、未毕业学生达万余人,而所恃为升学之地者,惟法、医两校,大学之设置,尚付阙如。本议会审度时势,认为本省有设置大学之必要"。当时并即订定《筹办杭州大学大纲》二十二条,经省议会议决三读通过。十一年十二月三十日浙江省议会选举蔡元培等十人为筹办杭州大学董事,翌年一月二十九日董事会成立,同年四月,省议会复选黄人望、冯学壹、邵长光、李定等四人为候补董事。此后政局迭经变更,杭州大学徒具筹备之名而无筹备之实。迄至十五年七月,浙江教育厅呈请浙江省长召集董事会,略谓"杭州大学董事会自民国十二年举行成立会,嗣后以董事散处国内外者甚多,致一时未能集会,现因大学一切事宜,亟待规画,职厅默察情势,似难再缓,拟请钧长定期召集,俾资进行"。时省长公署指令谓"大学董事系有规定任期,现在任期已否届满,应查明再夺"。

而此时各董事任期，依《筹办杭州大学大纲》所规定，多数已届期满，因此董事会遂无形停顿，而杭州大学之筹备，亦云散烟消矣。然筹备杭州大学虽属昙花一现，浙江需要大学之迫切，实已引起一般人之注意，此不啻本大学之发轫时期也。

二、浙江大学研究院及浙江大学筹备时期

国民革命军底定浙江后，对于浙江教育，力事整顿。十六年五月二十五日浙江省务委员会第十三次会议奉中央执行委员会政治会议浙江分会之决议，通过设立浙江大学研究院计划案，并经议决开办费十五万元，由财政厅分三个月拨付，经常费每月五万元，聘请张人杰、李石曾、蔡元培、马叙伦、邵元冲、蒋梦麟、胡适、陈世璋、邵裴子等九人为筹备委员。五月三十日省务委员会第十五次会议议决，设浙江大学研究院筹备委员会及筹备处，以教育厅厅长、秘书、科长等兼任筹备事务，同时并决定将前高等学堂及陆军小学堂旧址为浙江大学研究院院舍。六月一日省务委员会第十六次会议议决，又拨罗苑及文澜阁旧址归浙江大学研究院应用。院址既经确定，筹备工作乃积极进行矣。

嗣因研究院规模宏大，需费浩繁，遂由筹备委员等议决研究院暂缓设立，提先筹办大学。同时中央决定浙江试行大学区制，并定名为第三中山大学。经六月十七日省务委员会第二十三次会议议决，聘研究院筹备委员为第三中山大学筹备委员。七月十五日中央任命蒋梦麟为第三中山大学校长，于七月二十五日宣誓就职。八月一日改组前浙江公立工业专门学校为本大学工学院，前浙江公立农业专门学校为本大学劳农学院，聘任李熙谋为工学院院长，谭熙鸿为劳农学院院长，一面并接收浙江省政府教育厅行政职权，大学遂即宣告成立。此可为本大学之形成时期也。

三、大学成立时期

国立第三中山大学既成立，因试行大学区制，除致力学术研究外，综理浙江大学区内教育行政事宜，校长蒋梦麟仍兼浙江省政府委员。嗣因大学区组织条例第一条之规定："全国依现有之省分及特别区，定为若干大学区，以所在省或特别区之名名之。"遂由大学委员会议决，大学院训令，于十七年四月一日改名为"浙江大学"。当时为划清系统起见，称为"中华民国大学院浙江大学"（简称"浙江大学"）。厥后又奉大学院训令，以案经大学委员会复议，决定"大学区大学得加'国立'二字"，遂于十七年七月一日改称为"国立浙江大学"。此本大学名称之沿革也。

十七年秋文理学院成立，聘邵裴子为院长。十月，实行五院制之国民政府成立，改大学院为教育部，蒋校长就任教育部长，仍兼本大学校长。十一月，以校务频繁，蒋校长一人不及兼顾，聘邵裴子为本大学副校长，仍兼文理学院院长。翌年一月，改原为扩充教育之劳农学院为大学本科之农学院。至是本大学三学院完全成立，而蔚为中国最高学府之一矣。

当浙江试行大学区制时，本大学之组织，除三学院外，设秘书处及普通教育管理处，秘书处为辅助校长办理区内一切行政事务之机关，普通教育管理处为管理区内公立中小学校及监督私立中小教育事业之机关。尔时因区内扩充教育事业及高等教育事业均不甚发达，故仅设社会教育主任一人，管理专门学校、职业学校、图书馆、运动场、演讲所及其他社会教育之一切事项，暂隶属于普通教育管理处。至于高等教育事宜，则由校长自行管理。十八年六月，中央执行委员会第二次全体会议决议停止试行大学区制，于是本大学将浙江省教育行政

职权于是年八月一日移交与浙江省教育厅接管,而本大学以后遂专司大学教育本身事业。

浙江教育行政,既经责有专属,本大学遂将普通教育管理处及其所属各部一律裁撤,秘书处亦缩小范围,专致力于学术文化之发展。十九年七月,蒋校长以部务繁忙,对于校务无暇兼顾,辞职,国府任命邵副校长继任,于八月一日就职。至二十年十一月,邵校长因校中经费困难,本人心力交瘁,辞校长职,国民政府于二十一年三月十八日照准,同时任命程天放为本大学校长,程校长于四月二十一日就职。

程校长就职后,鉴于校中行政散漫纷歧,各院虽各有其历史的关系,而各自为政,不特有碍大学全部的发展,且亦有损大学整个的精神,为统一事权、节省经费、提高办事效率起见,决定本大学行政方面予以改组,遂于二十一年七月二十三日行政谈话会第二十七次会议议决,通过本大学组织规程,并呈报教育部备案,于八月一日起依照组织规程实行改组,其最重要者即为:

一、文理学院、工学院、农学院各院长,由校长聘任,商承校长处理全院教务及学术事项;

二、秘书处设文书、注册、会计、事务、图书、出版六课,秉承校长、秘书长处理各该课事务,所有各学院关于上列各项事务,均由秘书处各主管课处理;

三、设军事训练部,秉承校长办理全校军事训练事项;

四、设体育部,秉承校长办理全校体育事项;

五、设学生生活指导员,秉承校长指导学生在校生活;

六、设校医,办理全校卫生治疗事宜。

行政方面既有改革,学系方面亦有增设,自二十一年度起工学院增设机械工程学系,文理学院恢复政治学系,故现在本大学三学院之学制组织,在文理学院设有外国文学系英文组、政治、教育、数学、物理、化学、生物等七学系;工学院设有电机工程、化学工程、土木工程、机械工程、测量等五学系;农学院设有农艺、森林、园艺、蚕桑、农业社会等五学系。各学系成立时期及设备情况,详载各本院沿革概要中,兹不具述。

国立浙江大学秘书处出版课:《国立浙江大学一览》(二十一年度),民国二十一年十二月

浙江大学中山学院研究院以迄国立浙江大学之沿革
(1947 年 1 月 26 日)

一、民国十六年五月廿三日,浙江省务委员会第十二次会议通过,浙江大学中山学院研究院简章及筹备计划案。

二、十六年五月廿五日,浙江省务委员会第十三次会议通过,浙江大学研究院筹备计划案。开办费十五万元,由财经厅分三个月拨付,经常费每月五万元,并聘请张人杰、李石曾、蔡元培、马叙伦、邵元冲、蒋梦麟、胡适、陈世璋、邵裴子为浙江大学研究院筹备委员。

三、十六年五月卅日,浙江省务委员会第十五次会议通过,将高等学堂及陆军学地址扩充浙江大学及浙江大学研究院校舍。

四、十六年六月一日,浙江省务委员会第十六次会议通过,罗苑扩充浙江大学研究院院舍。

五、十六年六月十七日,浙江省务委员会第廿三次会议通过,加聘研究院筹备委员为第三中山大学筹备员。

六、十六年七月十五日,浙江省务委员会第卅五次会议,蒋委员梦麟报告:奉国民政府秘书处函,中央任命本席为第三中山大学校长。

七、十六年七月十九日,浙江省务委员第卅八次会议通过,自八月一日起浙江公立工业专门学校改组为"国立第三中山大学工学院",浙江公立农业专门学校改组为"国立第三中山大学劳农学院"。

秘书长报告,国民政府教育行政委员会咨为变更大学区制度附发组织条例及行政系统表各一份,请转于教育厅遵照筹划办理。

八、十六年八月三日,浙江省政府委员会第五次会议通过《国立第三中学大学办理浙江大学及教育行政事宜权限规程》(此项规程并经七月卅日政治会议浙江分会第廿二次会议通过)。

九、十六年八月二日,政治会议浙江分会第廿三次会议,秘书长报告第三中山大学呈报接收浙江省政府教育厅日期(十六年八月一日)请备案。

十、十六年八月三日,国民政府教育行政委员会令:国民政府辖内各中山大学,前经议定就设立之先后按排第一、第二、第三等数目,以资识别。惟各中山大学均为国立,广州中山大学院已核定改称"国立第一中山大学",则其余各校自应于名称上冠以"国立"二字,如国立第三、第四中山大学之类,以符体别。

十一、十七年二月廿八日,中华民国大学院令:现大学委员会议决:"第三中山大学"应改称"浙江大学",又各大学区大学,不必加"国立"二字,嗣后"第三中山大学"应即照改为"浙江大学"。

十二、十七年四月一日,"国立第三中山大学"改称"中华民国大学院浙江大学",简称"浙江大学"。

十三、十七年五月廿五日,中华民国大学院令:大学委员会会议议决,大学区大学得加"国立"二字。

十四、十七年七月一日,改称"国立浙江大学"。

十五、十八年七月五日,教育部训令:……分期停止试行大学区制一案,前经本部提出行政会议。兹奉行政院训令开:查本院第二十七次会议接该部长提议,大学区制业由中央二中全会议决定期停止试行,本部拟定浙江大学区及北平大学区限于本年暑假内停止,中央大学区限本年年底停止,是否之处,敬请公决一案。经决议照办,并呈报政府……

十六、十八年七月卅一日,国立浙江大学将所有兼管浙江省教育行政事宜结束,移交浙江省教育厅接收办理。大学区制停止试行。

郑奠教授讲本校成立之前一年

(1948 年 4 月 12 日)

今日为本校成立廿一周年纪念日。当成立之前一年即民国十六年,奠适从乡先进蔡子民师、蒋孟邻、马夷初二先生留杭,从事本省教育,于大学之筹备盖尝有所闻。兹略述数事以备编纂校史者之参考。

忆十六年二月国民革命军底定浙省,其时气象一新,奠以蔡师之命参加政务委员会教育科为股长,职司高等教育,即思次第整顿数专门学校,以为筹备大学之张本。乃月余而清党政变,孟邻先生继任教育厅长。未几,政府改仿法国学制,推行大学区制,以大学统理全省教育,浙省列为国立第三中山大学,内设行政处,孟邻先生任校长,奠被命为扩充教育主任,以职责所在,献议筹备大学,于五月十七日本蔡师初稿,写定浙江大学研究院简章及筹备计划,提出政治会议浙江分会通过,并聘请筹备委员,研究院地址拟在罗苑。旋以研究院规模宏大,一时不易成立,决定先设大学,承蒋校长之命于五月二十八日偕事务主任沈君肃文至蒲场巷(今大学路)高等学堂旧址视察房舍毁败情形暨其时驻军人数,以便接收为大学筹备处,即今之校本部也。自八月一日起遂改工专为工学院,农专为劳农学院,并聘邵裴子先生筹备文理学院,法医二校则自下年度停止招生,逐年结束,至翌年以汤氏捐款在蒲场巷建筑浙江图书馆,又于湖上图书馆内附设古物征存所,四月十五日在万松岭一带曾从事发掘云。自检往岁日记所载,其时农、工、法、医四校情形犹多,兹不具述。

回溯当年蔡蒋诸先生之筹备大学,初就原有数专校改造扩充,目的在于为浙江设立一大学,范围局于一隅,于今二十余载。又遭国多难,播迁流离,乃以竺校长之苦心经营,全校师生之共同努力,竟得发荣滋长,卓然有声于国内外大学之林。今日躬逢庆典,喜何可言。惟念二十年来,世变日亟,国事日非,我国大学之使命,于世界学术亦既多有所取,还须以本国文化之长,有所与于世界人类之和平,深望本校承学之士,发扬求是精神,有体有用,知行合一,各成其专才,并出为通人,以负荷大学之伟大使命,使世之人莫不称而颂之曰:此浙大校风也! 其可庆,宁有涯乎。

《国立浙江大学校刊》(复刊)第一百七十九期,民国三十七年四月十二日

二、章程规制与校务管理

（一）大学章程

大学区组织条例
(1927 年 7 月 13 日)

《大学区组织条例》已经中央教育行政委员会最近会议通过。兹探录其条文如下：

一、全国依现有之省份及特别区定为若干大学区，以所在省或特别区之名名之，如浙江大学区、江苏大学区等；每大学区设校长一人，总理区内一切学术与教育行政事项。

二、大学区设评议会为本区立法机关。

三、大学区设秘书处，辅助校长办理本区行政上一切事务。

四、大学区设研究院，为本大学研究专门学术之最高机关，院内设计部，凡省政府关于一切建设问题、随时可以提交研究。

五、大学区设高等教育部，设部长一人，管理本部各学院及区内其他大学，及专门学校事项，及留学事项。

六、大学区设普通教育部，设部长一人，管理区内公立中、小学校，及监督私立中小教育事业。

七、大学区设扩充教育部，设部长一人，管理区内劳农学院、劳工学院及关于社会教育一切事项。

八、大学区评议会秘书处、研究院、高等教育部、普通教育部、扩充教育部之组织与职权别〔另〕定之。

九、本条例经国民政府核准后，暂在浙江、江苏等省试行之。

《申报》民国十六年七月十三日

第三中山大学条例
(1927 年 8 月 1 日)

二十七日浙江省政府委员会开第二次会议，国立第三中山大学校长蒋梦麟提出国立第三中山大学综理浙江大学区教育行政事项条例案。当经照案通过，备文送呈政治会议浙江分会核示。兹将原条文，照录如左：

（第一条）国立第三中山大学承中华民国大学院之命，综理浙江大学区内一切教育行政事项，在中华民国大学院未成立时，承国民政府教育行政委员会之命。

（第二条）浙江大学区之辖境，〈以〉浙江省政府之辖境为范围。

（第三条）国立第三中山大学校长为浙江省政府委员之一。

(第四条)国立第三中山大学于必要时,得就浙江大学区内,酌划若干中学区,令各省立中学,承本大学之命,分理该区内教育行政事项。

(第五条)国立第三中山大学为处理或指示浙江大学区内教育行政事项,对于所属各省立市立县立私立之教育机关,得发布命令,及转行中华民国大学院或国民政府教育行政委员会之命令。

(第六条)国立第三中山大学为综理浙江大学区内一切学术及教育行政事项,得径呈中华民国大学院,或国民政府教育行政委员会,及径函各省、各特别区大学区中山大学或教育厅。

(第七条)国立第三中山大学对于左列各事项,由校长提出于浙江省政府委员会,经其议决后,以浙江省政府之命令发布之:

一、各市政府教育局局长之任免;

二、各省立专门学校校长、中学校长及省立第一中学、第一第二两部主任之任免;

三、各省立图书馆主任、公众运动场场长及留日学生经理员之任免;

〈四〉(原文缺)

五、省立各教育机关之设置变更及废止;

六、省立各教育机关预算决算之核定;

七、其他关于省立各教育机关须经浙江省政府委员会议决之事项。

(第八条)国立第三中山大学对于左列各事项,由校长核准,经浙江省政府主席委员及常务委员之签字,以浙江省政府之命令发布之:

一、各县政府教育科长之任免;

二、各市立、县立中学校长之任免;

三、各市立、县立、私立教育机关立案之认可及撤销;

四、各市政府、县政府教育行政人员任免之备案;

五、各市、各县教育经费预算之核准;

六、各市立、县立、私立教育机关主任人员任免之备案;

七、各省立教育机关经费之收入及支付;

八、各市立、县立、私立教育机关补助费之支付;

九、国内外留学经费之支付;

十、处理或指示各市政府、县政府教育行政事项;

十一、其他关于省立、市立、县立、私立各教育机关,须经浙江省政府主席委员认可之事项,及与浙江省政府各厅有关之教育行政事项。

(第九条)前两条之命令,均由国立第三中山大学校长副署之。

(第十条)由浙江省政府各厅主稿之公文,有涉及教育行政事项者,须经国立第三中山大学校长之会核、副署而发布之。

(第十一条)国立第三中山大学本身遇有与浙江省安宁有关之事项,须紧急处置者,得由校长或浙江省政府委员提出于浙江省政府委员会,经其议决后,以浙江省政府之名义行之,但事后,须由浙江省政府呈报国民政府,并函达中华民国大学院或国民政府教育行政委员会。

（第十二条）浙江省政府与国立第三中山大学遇有相互咨询商办或请办之事项，无须经省政府委员会议决者，彼此得以公函行之，前项浙江省政府之公函，仍须经国立第三中山大学校长之会核、副署。

（第十三条）国立第三中山大学与浙江省政府各厅为处理教育行政事项，得以公函互相往来。

（第十四条）浙江省政府于国立第三中山大学政策得经省政府委员会之议决有所建议，其建议案由浙江省政府分别函请中华民国大学院或国民政府教育行政委员会及国立第三中山大学，酌量采择施行之。

（第十五条）国立第三中山大学关于大学财产及经费事项与浙江省政府有关者，得由校长提出于省政府委员会议决，并由省政府呈请国民政府核准之。

（第十六条）国立第三中山大学政策与浙江省政府政策相左，或国立第三中山大学校长为处理浙江大学区教育行政事项，在浙江省政府委员会与其余各省政府委员意见相左时，得提出于国民政府及中华民国大学院或国民政府教育行政委员会解决之。

（第十七条）国立第三中山大学遇有教育行政事项，须由国民政府及浙江省政府所属各行政机关紧急处置者，得径以公函或命令行之，但事后仍须分别呈报国民政府或函知浙江省政府。

（第十八条）国立第三中山大学遇有学术或教育行政事项与浙江省行政无关者，对于国民政府及浙江省政府所属各行政机关，得径以公函或命令行之。

（第十九条）前浙江省政府教育厅所管各卷宗及主管各案，均由国立第三中山大学接管之。

（第二十条）本条例经浙江省政府委员会议决，函请中华民国大学院或国民政府教育行政委员会核准，于国立第三中山大学成立之日施行之。

（第二十一条）本条例如有未尽事宜，得由国立第三中山大学校长提出于浙江省政府委员会议决增删修改，呈由省政府函请中华民国大学院或国民政府教育行政委员会核准之。

《申报》民国十六年八月一日

国立第三中山大学办理浙江大学区教育行政事宜权限规程
（1927 年 10 月 1 日）

（浙江省政府委员会第五次会议通过）

第一条　国立第三中山大学承中华民国大学院之命综理浙江大学区内一切教育行政事项。

在中华民国大学院未成立时，承国民政府教育行政委员会之命。

第二条　浙江大学区之辖境以浙江省政府之辖境为范围。

第三条　国立第三中山大学校长为浙江省政府委员之一。

第四条　国立第三中山大学于必要时得就浙江大学区内酌划若干中学区，令各省立中学承本大学之命分理该区内教育行政事项。

第五条　国立第三中山大学为处理或指示浙江大学区内教育行政事项,对于所属各省立、市立、县立、私立之教育机关得发布命令,及转行中华民国大学院及国民政府教育行政委员会之命令。

第六条　国立第三中山大学为处理浙江大学区内一切学术及教育行政事项,除与浙江省政府关系,另条规定外,得径呈中华民国大学院或国民政府教育行政委员会及径函各省、各特别区、大学区中山大学或教育厅。

第七条　国立第三中山大学对于左列各事项由校长提出于浙江省政府委员会,经其议决后,以浙江省政府之命令发布之:

一、各市政府教育局长之任免;

二、各省立专门学校校长、中学校长及省立第一中学、第一第二两部主任之任免;

三、各省立职业学校校长的任免;

四、各省立图书馆主任、公众运动场场长及留日学生经理员的任免;

五、省立各教育机关的设置、变更、废止;

六、省立各教育机关预算之核定;

七、其他关于省立各教育机关须经浙江省政府委员会议决之事项。

第八条　国立第三中山大学对于左列各事项由校长核准,经浙江省政府主席委员及常务委员签字,以浙江省之命令颁布之:

一、各县政府教育科长之任免;

二、各市立、县立中学校长之任免;

三、各市立、县立私立教育机关立案之认可及撤销;

四、各市政府、县政府教育行政人员任免之备案;

五、各市、各县教育经费预算的核准;

六、各市立、县立、私立教育机关主任人员任免之备案;

七、各省立教育机关经费之收入及支付;

八、各市立、县立、私立教育机关补助费之支付;

九、国内外留学经费之支付;

十、处理或指示各市政府、县政府教育行政事项;

十一、其他关于省立、市立、县立、私立各教育机关须经浙江省政府主席委员认可之事项,及与浙江省政府各厅有关之教育行政事项。

第九条　前两条之命令均由国立第三中山大学校长副署之。

第十条　由浙江省政府各厅主稿之公文有涉及教育行政事项者,须经国立第三中山大学校长之会核、副署而发布之。

第十一条　国立第三中山大学本身遇有与浙江省安宁有关之事项,须紧急处置者,得由校长或浙江省政府委员提出于浙江省政府委员会,经其议定后,以浙江省政府之名行之。但事后须由浙江省政府呈报国民政府,并函达中华民国大学院或国民政府教育行政委员会。

第十二条　浙江省政府与国立第三中山大学遇有互相咨询商办或请办之事项,无须经省政府委员会议决者,彼此得以公函行之。

前项浙江省政府之公函,仍须经国立第三中国大学校长之会核、副署。

第十三条　国立第三中山大学与浙江省政府各厅为处理教育行政事项,得以公函互相往来。

第十四条　浙江省政府对于国立第三中山大学政策得经省政府委员会之议决有所建议,其建议案由浙江省政府分别函请中华民国大学院或国民政府教育行政委员会,及国立第三中山大学,酌量采择而行之。

第十五条　国立第三中山大学关于大学财产及经费事项与浙江省政府有关者,得由校长提出于省政府委员会议决,并由省政府呈请国民政府核准之。

第十六条　国立第三中山大学政策与浙江省政府政策相左时,得提出于国民政府及中华民国大学院或国民政府{政}委员会解决行之。

第十七条　国立第三中山大学遇有教育行政事项,须由国民政府及浙江省政府所属各行政机关紧急处置者,得经以公函或命令行之。但事后仍须分别呈报国民政府或函知浙江省政府。

第十八条　国立第三中山大学遇有学术或教育行政事项与浙江省行政无关者,对于国民政府及浙江省政府所属各行政机关得经以公函或命令行之。

第十九条　前浙江省政府教育厅所管各卷宗及主管各案均由国立第三中山大学接管之。

第二十条　本规程经浙江省政府委员会议决,函请中华民国大学院或国民政府教育行政委员会核准,于国立第三中山大学成立之日施行之。

第二十一条　本规程如有未尽事宜,得由国立第三中山大学校长提出于浙江省政府委员会议决增删修改,呈由省政府函请中华民国大学院或国民政府教育行政委员会核准之。

《国立第三中山大学教育周刊》第一期,民国十六年十月一日

中华民国大学院公函(第一四五号)
(1928 年 7 月 4 日)

径复者:

现准大函内开:《浙江大学综理浙江大学区教育行政事宜权限规程》业经本政府委员会第一百零十次会议议决在案,相应缮具该项规程一份送请贵院查照核准见复为荷。等由;准此。该项规程自应准照备案相应函复即希查照为荷。此致
浙江省政府

院长蔡元培
中华民国十七年六月十五日

《浙江省政府公报》第三百四十三期,民国十七年七月四日

修正国立第三中山大学办理浙江大学区教育行政事宜权限规程
(1929 年 1 月 13 日)

第一条　国立浙江大学承中华民国大学院之命,总理浙江大学区内一切教育行政事项。

第二条　国立浙江大学区之辖境,以浙江省政府之辖境为范围。

第三条　国立浙江大学于必要时,得就浙江大学区内酌划若干中学区,令各省立中学承本大学之命,分理该区内教育行政事项。

第四条　国立浙江大学为处理或指示浙江大学区内教育行政事项,对于本大学区内各县政府及所属各省立、市立、县立、区立、私立之教育机关,得发布命令。

第五条　国立浙江大学对于左列事项,由校长提出于浙江省政府委员会经议决后,以浙江省政府命令发布之:

一、市政府教育科长或教育局长之任免;

二、省立专门学校校长、职业学校校长、中学校长及省立第一中学、第一第二两部主任之任免;

三、省立图书馆主任、公众运动场场长、及留日学生经理员之任免;

四、省立教育机关之设置、变更及废止;

五、省立教育机关预算决算之核定;

六、其他关于省立教育机关须经浙江省政府委员会议决之事项。

第六条　国立浙江大学对于左列事项,由校长核准,经浙江省政府主席之签字,以浙江省政府命令发布之:

一、县教育局局长之任免;

二、市立、县立、区立中学校长之任免;

三、市立、县立、区立、私立教育机关立案之认可及撤销;

四、市、县政府教育行政人员任免之核准备案;

五、市、县教育经费预算之核定;

六、市立、县立、区立、私立教育机关主任人员任免之核准备案;

七、处理或指示市政府教育行政事项;

八、其他关于省立、市立、县立、区立、私立教育机关须经浙江省政府主席认可之事项。

第七条　前两条之命令,均由国立浙江大学校长副署之,其与浙江省政府各厅有关者,并由关系厅长副署。

第八条　由浙江省政府各厅主稿之公文,有涉及教育行政事项者,须经国立浙江大学校长之会核、副署。

第九条　国立浙江大学及浙江省政府各厅有相互关系事项,应会衔行文者,须经大学校长及厅长之会核、签字。

第十条　国立浙江大学本身遇有与浙江省安宁有关之事项,须紧急处置者,得由校长或浙江省政府委员提出于省政府委员会,经议决后,以浙江省政府名义行之;但事后须由浙江省政府,呈报国民政府并函达中华民国大学院。

第十一条　浙江省政府与国立浙江大学遇有相互咨询、商办或请办之事项,无须省政府委员会议决者,彼此得以公函行之。

前项浙江省政府之公函,仍须经国立浙江大学校长之会核、副署。

第十二条 国立浙江大学关于财产及经费事项,与浙江省政府有关者,得由校长提出于省政府委员会议决,并由省政府呈请国民政府核准之。

第十三条 国立浙江大学政策与浙江省政府政策相左不能解决时,得呈请国民政府及函中华民国大学院解决之。

第十四条 国立浙江大学遇有教育行政事项,须由国民政府及浙江省政府所属各行政机关紧急处置者,得径以公函或命令行之,但事后仍须分别呈报国民政府,或函知浙江省政府。

第十五条 国立浙江大学遇有学术或教育行政事项与浙江省行政无关者,对于国民政府及浙江省政府所属各行政机关得径以公函或命令行之。

第十六条 本规程经浙江省政府委员会议决,函请中华民国大学院核准施行。

第十七条 本规章如有未尽事宜,得由国立浙江大学校长提出于浙江省政府委员会议决修正,并由省政府函请中华民国大学院核准之。

浙江大学区现行组织系统表

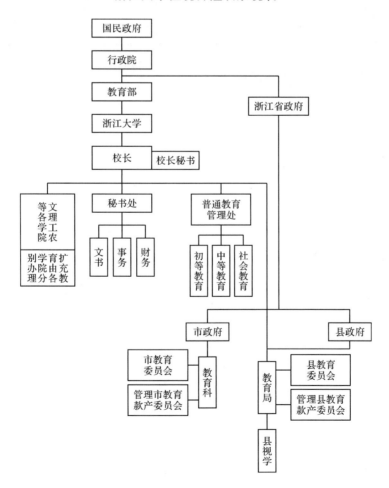

大学区内高等教育由校长直接管理。

在教育科和教育厅的时候,设有省督学或省视学十二人,专事分往各校视察,分别加以指导和改革。到了试行大学区制以后,这个视学制度就废了。此制废除后,学校视察的事务,并归普通教育管理处办理,以求学校行政与视察之一致进行。

《国立浙江大学教育周刊》第四十一期,民国十八年一月十三日

(二)校务会议

第一次校务会议记录
(1929 年 5 月 20 日)

十八年五月二十日下午二时

出席者	李寿恒　王钧豪　朱叔麟　曹凤山　郭善潮　陈俊时　邵裴子　沈肃文　韦琼莹
	孙雅臣　郑天挺　许璇　汤子枚

邵副校长报告本会议之组织,以处理本大学各学院共同事项,以免分歧为目的,与大学区之立法机关性质不同。前曾举行谈话会一次,将本会议组织办法略加商榷,现已拟有本会议规则草案,爰于本日举行成立会,并公决是项规则,以利进行。应请公推临时主席,即行正式开会。

公推邵副校长为临时主席。

开会如仪

邵副校长提出本会议规则草案。

议决:改称简章,修正通过。

主席:邵副校长

记录:杨味余

《国立浙江大学校刊》第二期,民国十九年三月一日

第二次校务会议记录

(1929 年 6 月 18 日)

十八年六月十八日下午二时

出席者	刘大白　郑天挺　许璇　孙从周　郭善潮　李寿恒　朱叔麟　曹凤山 陈俊时　沈肃文　邵裴子　李熙谋

一、讨论编制本大学十八年度学历标准。

议决:遵照国民政府公布之修正各机关及学校放假日期表,暨学校学年学期及休假日期规程各项规定办理。其暑假日期,定为七月十日开始,九月九日终止;寒假日期至多不得过一个月;八月一日为本大学成立纪念日。应请大学秘书处根据本议决案,制定施行。

二、大学秘书处交议工学院函送之评议会章程,免费奖学规则,学生宿舍规程,学生请假规程,及早操规程草案各一件。

议决:评议会章程改称院务会议章程,三学院应一律组织,即请秘书处将未公布之大学条例中,关于评议会及院务会议各条,摘抄分送三学院参考,各拟草案一份送会,交下届会议讨论决定。

免费奖学规则办法应再加详。免费标准定为各科考分均在六十五分以上,总平均分数在八十分以上者,得免学膳费之半数;各科考分均在六十五分以上,总平均分数在八十五分以上者,得免学膳费之全部。三学院应一律办理。即请工学院将原草案修正后,分送文理学院及农学院签注意见,提出下届会议讨论决定。

其余三种规程,可由三学院依本院情形,单独制定施行。

主席:邵副校长
记录:杨味余

《国立浙江大学校刊》第二期,民国十九年三月一日

(三)校部规章

国立第三中山大学职员俸给等级表(大学院第十四号指令核准)
(1927 年 10 月 14 日)

等	级	月薪数	职务		
一	1	$320	秘书长	管理处处长	院长
	2	$280	秘书	管理处处长	院长
	3	$240	秘书主任	管理处处长	院长
	4	$200	秘书主任		
二	1	$180	处员		
	2	$160	处员		
	3	$140	处员		
	4	$120	处员		
	5	$100	处员		
	6	$90	处员		
	7	$80	处员		
	8	$70	处员		
三	1	$60	事务员		
	2	$55	事务员		
	3	$50	事务员		
	4	$45	事务员		
	5	$40	书记		
	6	$35	书记		
	7	$30	书记		

说明:

一、本大学系综理学术及教育行政之机关,与省政府所辖专管行政之各机关性质略有不同,故俸给等级不妨微异。兹特另定本表;

二、本表参照中央颁发省政府所辖各机关官俸表,多分级次,使其富于弹性,惟最高最低之限度仍依原表;

三、本表自 30 至 60,以 5 递进;自 60 至 100,以 10 递进;自 100 至 200,以 20 递进;自 200 至 320,以 40 递进;

四、秘书长支一等一级俸,管理处处长、院长支一等三级至一等一级俸,秘书支一等四级至一等二级俸,主任支一等四级至一等三级俸,处员支二等八级至二等一级俸,事务员支三等四级至三等一级俸,书记支三等七级至三等五级俸。

《国立第三中山大学教育周刊》第三期,民国十六年十月十四日

国立第三中山大学图书室借书规则
（1927 年 11 月 12 日）

一、本室图书仅供本校职员阅览参考之用，非本校职员概不出借。

二、本室已印有暂定书目借阅时，须按照书目上号数填注借书单，并注明自己姓名及月日，交事务室内图书管理员，发书月日及还书月日均由管理员填注。

三、图书管理员就单上所开书号发给后即在单上注明发书月日，留存备查。

四、借阅图书每人每次至多五本，时间以一星期为限，逾期欲续借者应另填借书单交图书管理员得再续一星期，过此不得再续。

五、还书时应向管理员取回所填之借书单。

六、图书上所编之号数不得涂改，号数上如发生破裂或不明了时，应即通知图书管理员以便重贴。

七、无论何项图书不得在书上圈点、批评及损坏割裂（如发现书中错误处，得另纸书明号数、卷数、页数，交图书管理员更正），否则应照原价倍偿。

八、图书管理员借据书单依借书定期索还图书时应即缴还。

九、本规则经校长核准施行。

《国立第三中山大学教育周刊》第七期，民国十六年十一月十二日

国立第三中山大学秘书处办事细则（处理图书规则）
（1927 年 11 月 26 日）

一、本处为办公时参考之用，设置图书馆，归事务主任管理。

二、图书室所有图书均依编定号数存储以便检取或点交。

三、登记图书备目录两种：一、号目；二、类目。

四、号目为基本目录，专备事务室主管人员登记、检查、编辑、点交等用。

五、类目为应用目录，备各职员借阅时检查之用。

六、新置图书到处时依下列手续处理之：

1.编定号次，登入号目，依次储藏；

2.储藏后摘出书名及号数，先行通告各职员，以备借阅；

3.编印类目每月发行一次。

七、各职员借阅图书时须依照借书规则开单，向事务主任室主管职员取阅，俾专职责，并免紊乱弊病，其规则及单式另定之。

八、辞典类书概不出借，另存秘书长室，以便各职员随时查考。

九、各职员见有应购图书时，随时开单交事务主任，以备设法置备。

十、图书有损失时，由主管职员声明事由，报告事务主任，除在目录注明外，须报告秘书长。

十一、本规则经本大学校长核准施行。

《国立第三中山大学教育周刊》第九期，民国十六年十一月二十六日

党化教育讨论会记事

(1927 年 12 月 17 日)

国立第三中山大学的普通教育管理处于十一月十六日,在浙江省政府教育公产保管处召集了一个党化教育讨论会,预先由管理处制成一个《中等以上学校党化教育实施纲要草案》,分送与在省会的十八个中等以上学校,同省党部、杭州市及杭县政府,请各校的校长、教务主任、训育主任、省党部、杭州市及杭县政府的代表到日出席,并各个提出议案,共同讨论;并且请各校报告本校党化教育的实施情形,以供大众的参考、讨论。那日到的机关,国立第三中大共二十个;(学校缺席的三个,却有一个别的团体加入。)出席的人数四十九人;开会三次——从上午九时起(中间有四小时的间断)至下午九时半止,讨论了五六个议案,还有许多意见发表。现在把那天所得的结果,撮要记录于左:

在发表那天会议结果之先,有两点似乎要先说明一下:

(一)何以讨论党化教育,只限于中等以上学校?(二)何以只请在省会的中等以上学校及他种机关参加?我们的答案是:

(一)从学生的年龄上看起来,中等以上学校学生的党化教育,比小学实在是尤关重要。一、因中学生一般的理解,当然比小学生要强,应该及时积极的加意灌输及训练。二、因为中等学校学生判断的能力,还是很差,最容易为反动派利用的目标,消极的防范,尤不可不慎。(防范的意思,固然是属于消极一类的,而防范的方法,却只有积极的为可恃,这就是上文所说的加意为党义的灌输及党的训练,)至于小学方面,一定还得要有相当的规划,不过这次注意之点,是在中学以上。小学方面,须"另案办理"就是了。

(二)何以参加的学校等机关,只限于省会?这是一、因会议的性质;二、因顾到参加方面的便利!这次会议,如果是一种决议的性质,那末,自然应该(并且一定要)全体参加才行!不过这却是一种讨论会;要紧的是知道一点学校当局方面,根据于他们经验的意见,拿来做一个制定统一办法的参考。这种意见当然要多数的,但是不必一定要全体的。现在参加的学校有十五个,数目已不算太少了。并且还有省党部及市、县政府主管教育行政的人们,将他们的意见辅助我们。还有一层,学校的程度相同,情形及所有的问题与解决的方法,大概也就相同。有这十五个学校,也可以勉强代表其余了。

但是,假使省外的学校,可以经济及时间上,没有牺牲,参加这种会议,那是真所谓"多多益善",凡是这次出席会议的,没有不欢迎的。但是程途阻隔,赴会的,一定要化〔花〕川、旅各费,请假(废职)而来,如每校来一个教员,还不大吃劲,现在我们是要请最为"当官负责"的校长及教务、训育主任,这是无异同时拆各校的台。在这反动分子蠢然思动的时候,恐怕还有大大的不便!这是我们不能不就省会各校,先为一次意见交换的苦心了。

现在这种撮要,一半也就为叫省外各学校的校长、主任们,知道这一回事而作的。

一、开会

上午九时,下午四时及七时,共三次,均如仪。

第一次开会,主席(普通教育管理处处长)报告开会宗旨。大要谓:党化教育是一件新的事体,所以大家都没有多少经验,尤其是行政部分,但是党化教育,却应该有划一的办法。第三中山大学在正式颁布划一办法以前，先要想知道一点各校实施的状况，成绩(?)计划，及发见〔现〕的问题与困难，这种都是各校办理党化教育的试验成绩，为行政机关制定统一办法最好的参考。因为行政机关，虽然负了处置这种新问题的责任，却是没有附设的试验场，一味照老法子"闭门造车"，恐怕在"辙"都还没有的时候，就难望其"会"了，因此我们就感觉到有召集这个讨论会的必要。在行政方面，固然可利用各学校已有的经验，来免除或减少"疏漏"及"办不到"各种毛病；在各学校方面，亦可以借此知道别的学校所同〔用〕的方法，所得的成绩(?)，所有的问题，所感的困难，所拟的计划，是怎么样。自己不能解决的问题，或者可以借大家的力量，讨论出一个解决方法来，而且合〔和〕党化教育的关系几乎和学校一般重要的省党部，及非学校的教育机关，当然还有许多好的意见发表，给我们以不少的助力。所以今日我们所希望的：第一，要请各校报告一点办理党化教育的经过，以供大家相互的参考及讨论；第二，请各学校及其他参加的机关，提出实施的议案请大家讨论；第三，请大家讨论出一个可以实行的一致办法来，再由行政方面根据着去通令施行——就是根据一致的意见，去定一致的办法。(这一段文字与口说的免不了互有详略，但是意思却没有出入。)

二、意见的发表

省党部代表略谓：浙江党化教育还很幼稚，学校要和党部接近，校内要有区分部。青年部曾召集各校训育主任及党义教员讨论过，觉得有下面的几种情形：

一、是各校教法不一；

二、是师资缺乏；

三、是教材缺乏，拟在党部设一个党化教育研究会(与第三中大合作)，每周开会一次，补救这类的缺陷。

三、议案

因分各机关发言的人多了些，占的时间长了些，有人就主张提出议案来讨论，把各校报告那一段工作，就无形的取销〔消〕了。这似乎是很可惜的，但是讨论的时候，各校附带提到本校实况的，也领有几个。而且第三中大的普通教育管理处另外还发了一封信，把〔给〕省会内外的各中等以上学校，调查他们实施党化教育的情形。这封信的复信，在开会的时候，到的还很少，现在已络绎的来了好些，但是还没有完全，等到完全，或差不多完全的时候，我们就可以把他们来加以整理，或者也就在这周刊[①]内将调查的结果报告一下。材料想来要比省会的几个学校在会场能够报告的要多些，可以弥补此次不能报告的缺陷了。

提出的议案，可惜还是太少，除第三中大普通教育管理处提出作讨论基本的一个草案外，学校方面只有两个机关提出了四个议案，省党部青年部提出了一个议案，普通教育管理处的俞子夷先生提出了一个临时动议。现在先把他们的标题列在下面，再报告一点讨论的结果：

(1)党化教育实施纲要草案(第三中山大学普通教育管理处提出)

(2)中等以上学校应设立党化教育委员会案

(3)党化教育师资问题

---

① 指《国立第三中山大学教育周刊》。

(4)中等以上学生入学应举行宣誓案(以上皆第三中大工学院提出)

(5)指导各地学生联合会及各校学生会级会建议案(省立蚕桑科职业学校提出)

(6)关于党化教育提案(省党部青年部提出)

(7)临时动议省立学校预算内明定党化教育经费,并请省政府规定的款补助及奖励私立学校实施党化教育案(第三中大普通教育管理处初等教育部主任提出)

(一)经众决定,先讨论第三中大普通教育管理处的草案

这种草案计分1.设备;2.行政;3.教学;4.训练四部分,其三十九条。讨论结果,大部分通过;一部分修正;还有一小部分,决定了办理的方法,由大学去执行。现在正在依照议决办理,等材料齐全了,再经过一道整理,就可以正式公布。如今且先将议决的重要各项,略为报告一点。

1.关于设备方面的

(1)各学校纪念厅、教室、自修室、寝室,应贴的关于党义及党化教育的标语,由省党部制定,知照学校遵用;其由学校自行制定的,应该先请省党部核定。(原一、1、6)

(2)由省党部精印总理遗嘱,并制定及精印反省表,由学校向省党部备价领用。(原一、5)

2.关于学校行政方面的

(1)学校内训导上重要职员,及党义教员,应请本党忠实党员任之;在不能得前项资格职教员时,得以合于三民主义中心思想者任之。(原二、4)

(2)学校应厉行严格考试。(原二、7)

(3)在本党指导下之民众运动,教职员与学生应共同参加;但以学校当局收到就地党部正式通知者为限。(原二、9)

(4)各校在可能范围内应设平民夜校,由成绩良好之学生担任教科,以期党化教育之普及;但中学师范部,因实习之目的任教之学生,得不受本条成绩之限制。(原二、10)

(5)教员解答学生提出关于本党主义或政策之讯问发生疑义时,除自行集会讨论研究外,并得请党部人员出席解释。(原二、13)

3.关于教学方面的

(1)实行政治训练及军事训练。(原三、1)

(2)一切学科应注意其教材与党义、党的政策及党的精神之关系,其积极方面,能发挥党义、党的精神及阐明党的政策者,应加以注重。其消极方面,凡违反或不合党义、党的政策或精神者,应斟酌此项材料于本科是否有采用之必要,分别加以消毒的处置,(即根据现代及党的立场予以批评及纠正)或删除之。(根据原三、3至6,依讨论之结果修正之)

(3)教科书中去取失当之材料,依前项之标准,分别增入、纠正或删除之。(根据原三、2,依本节讨论之结果修正之)

(4)学校应于相当之教科中,注意培养学生实行三民主义之建设的能力。(根据原三、7,依本节讨论之精神修正之)

4.关于训练方面的(本节系根据原四、1至9,依讨论之精神删正之)

(1)训练之目的

应使学生于在学期内养成完美的国民资格,即:

甲、能明确了解个人与社会之关系,及其对于社会之责任;(根据原四、1、丙)

乙、有牺牲、奋斗、革命的精神;(根据原四、1、庚、辛、壬)

丙、有根据正确标准,明辨是非之能力;(根据原四、1、癸、子、寅)

丁、有求知、励行、守纪律的习惯;(根据原四、1、己、丑、而加以扩充)

戊、有相当之发表、组织及建设的能力。(根据原四、1、乙、丁)

(2)训练之方法

①各种思想误谬之纠正。(根据原四、2)

甲、纪律不是压制;

乙、监督与指导,不是干涉;

丙、自由不是放任;

丁、捣乱不是革命;

戊、革命仍旧还要读书;

己、打破旧礼教,仍旧要建设新道德,受新道德之制裁。(参原四、3)

②学生与教职员,学生团体与学校当局,各个地位及相互关系之确定。(根据原四、4及议决)

甲、学生在校个人及团体之行为,应受教职员之监督与指导(否则,学校就失去了效率的保证;学校就没有存在的理由);(原四、4、甲及参饬二、8)

乙、学生自治的组织应以培养学生自治的能力为目的及范围(不是一种对抗教职员的敌体机关;是一种自动的辅助学校训育的机关);(原四、4、乙、丙参二、9)

丙、学校对于学生,除一般的监督指导外,应对于校务为必要的公开,以免除学生方面无谓之误会;学生方面对于教职员,应有相当之信仰;如对于校务有意见时,得陈述其意见,但不得取干涉的态度,及胁迫或其他敌对的行为。(原四、4、丙参二、14)

③其他关于训育应注意之点。

甲、训育应以教职员学生精神之合一为成功。可以助成教职员学生精神合一之方法为:

一、鼓励教职员学生之共同作业。如教职员指导及参加学生之运动,及其他课外活动;

二、增进教职员及学生课外接触的机会,使教职员于教授及训育之范围外,有使学生认识其个人人格,及知道学生的各个生活之机会。(原四、8、9)

乙、训育应注意改良学校社会的环境,学校之力有不足时,可以政府及社会之力助成之;(原四、7)

丙、训育应注意纠正学生不良(凡不合卫生、道德,及最高尚的生活者皆是)之习惯,最好与学生自己同样目的的组织协力。(原四、7)

以上为本案议决之要点。其已由大学根据议决办理者,有下列各项:

(1)请省党部会同本校规定各学校具备关于党义的书报;

(2)请省党部(甲)制定学校内张贴关于党义,及党化教育之标语;(乙)规划党义教员训练班事宜;(丙)规定学校教职员学生缺席总理纪念周办法,通知第三中山大学转行;(丁)通令各市县党部,学生参加群众运动,应由党部用正式公文通知学校,转知办理;不宜由党部直接通知学生,并不许其他机关直接通知学生或学校参加运动。

(附注:省会中等以上学校,由省党部通知第三中山大学,转知各校照办,并已经浙江省政府通令各校在案。)

(3)通令中等以上学校组织党化教育实施委员会,其正在办理中者,为(子),呈请大学院明定学生组织大纲(确定学生会之性质,及其与学校行政之关系)公布施行。

(二)依次讨论其他议案。

甲、工学院提出:中等以上学校应设立党化教育委员会案。

议决:原则通过。原拟组织大纲,交各校参考。(已由大学通令各校组织委员会。)

乙、工学院提出:党化教育师资问题。

因已有议决,由原提案人撤回。

丙、工学院提出:中等以上学生入学,应举行宣誓案。

议决:通过。誓词由省党部制定颁行。(已由大学通知省党部照行。)

丁、省立蚕桑科职业学校提出:指导各地学生联合会及各校学生会级会案。

因已有议决,由原提案人撤回。

戊、省党部提出:

(子)组织党化教育委员会;

(丑)党化教育委员会与直辖第五区党部每周开联席会议一次,青年部派人参加。

议决:以上二项,请省党部拟定办法后,主持召集。

(寅)迅速审查各校教职员,有反动嫌疑及不十分明了党义者,均当裁汰。

议决:请省党部办理。

(卯)成立党义教职员训练班。

议决:请省党部先就杭州市开办,以后再推行各县。

(辰)统一政治训练大纲。(由委员会定之。)

议决:通过。在委员会未成立以前,请省党部制定颁行。

(巳)各校训育主任,每周开联席会议一次。

议决:请省党部召集。

(午)成立党义图书馆。

议决:请省党部联合省立图书馆办理。

(未)通令各学校一律组织党童军,并统一其组织。

议决:由省党部会同第三中山大学办理。

(申)计划成立各校学生军。

(酉)注重学生行动必须党纪化。

以上二项,因须另筹办法,由省党部代表撤回。

(三)临时动议

此外还有一个临时动议。

建议于省党部及第三中山大学,请设法于明年度省立学校预算内,明定关于党化教育之经费,并由省政府决定,自明年度起,每年规定的款作补助并奖励私立学校实施党化教育之用。

议决:通过。

《国立第三中山大学教育周刊》第十二期,民国十六年十二月十七日

致三学院公函

(1930 年 6 月 4 日)

工、文理、农学院院长台鉴：

案据秘书处陈报，校务会议第九次常会提议助教升级增薪办法一案，业经议决修正通过。又如实验室及农场工场之管理员（或助理）兼任助教事务而成绩优良者，得升为助教一案，并业经议决通过，请核准施行等情，自可照办。除分函外，相应录同办法一件，函达贵院，即希查照办理为荷！

附助教升级增薪办法一份

校长蒋〇〇启
国立浙江大学关防

助教升级增薪办法

（校务会议第九次常会议决通过）

一、助教薪额最低为六十元，最高为一百六十元。初任助教者，不限支最低额薪给。

二、助教增薪以十元为一级。

三、助教增薪不以服务年期为标准，但服务每满二年，至少须增一级，以增至一百六十元为限。

四、助教服务有特殊成绩者，每次加薪，不限于一级。

五、助教任讲授功课在一年以上而成绩优良者，得由科、系主任推荐，经院长同意，升为讲师。

六、各实验室及农场工场之管理员或助理，兼任助教事务，而所任成绩优良者，得升为助教。

浙江大学档案馆藏 L053-001-2737

三、院系与教学

（一）文理学院

1. 成立经过

浙江省政府第九十三次会议录 浙江大学将设文理学院
(1928 年 3 月 27 日)

　　浙江省政府于本月二十三日举行第九十三次会议，出席委员为蒋伯诚、程振钧、双清、蒋梦麟、陈其采、马寅初、朱家骅（杨子毅代）。代理主席蒋伯诚。是日议决要点如下：

　　（甲）报告事项

　　（以下略）

　　（六）第三中大拟设文理学院说帖。

　　（决议）原则通过，所需开办费五万元，由财政厅自四月份起，按月筹垫一万元。

　　（以下略）

《中央日报》民国十七年三月二十七日

筹设文理学院计划
(1928 年 3 月 31 日)

　　查浙江向无大学各科之设置，大学区成立后，即就旧省立工业专门学校改组工学院、农业专门学校改组劳农学院。劳农学院系属扩充教育，只工学一院系属大学本科。浙江大学筹备委员会前曾通过大学组织大纲，拟设之学院，计有文理学院、社会科学院、艺术科学院、医药学院、农学院、工学院等六个学院。除工学院业经成立，艺术学院业由大学院在杭设立外，其余各学院以经费关系势难一时并设，而文理学院实为学术之总汇，所包最广，凡文学、科学、哲学、教育学，均在囊括之中，即社会科学（中除各应用部分，如法、商之类）于独立设院之前亦在笼罩之列。现在物质建设百端待举，而莫不有资〔赖〕于自然科学，则科学人材之养成为不可缓；心理建设实以教育为管钥，而教育之效率全视乎师资，中学校为民众的学府，升学之阶梯，其师资之训练尤为重要，则教育学与中学主要课程各科之研究为不可缓；且党国及社会服务人材之养成与一般省民知识程度之提高，咸有资〔赖〕于文、哲、社会各科，则文、哲、社会各科之设置为不可缓。综此数端，则文理学院之亟须筹办，已无待烦言。惟该学院包涵既广，所费自多，求其尽善，财力犹有未逮，而过于苟简则势必多所缺漏，实不副名，又乖慎始之道。兹特再三斟酌，于各学科苟为训练所必须悉予设置，而酌分主、副、普通三科（详见附件），师资设备视科别重轻，则中心确立、羽翼辅成，散漫偏狭之弊庶几可免。俟统一以后,经费较裕,再求各学科之平均发展。谨本此旨,并依最低限度,拟具开办及第一年常年经费数目各如左方,请裁决焉。

一、开办费

款目	数目	说明
图书		拟暂就汤氏捐助图书馆经费营造余款指购必需参考书籍,同时供公众及大学教员学生阅览,不再在开办费内开支。
仪器标本	三〇,〇〇〇元	物理、化学设备拟暂以足供第一年教授及实验之用为率,实验室暂不建筑,即借用工学院之实验室,仪器及用具之设备则由文理学院补充之。
物理	一五,〇〇〇元	工学院原有设备,化学较善,故物理仪器置备较多。
化学	一〇,〇〇〇元	
其他及标本	五,〇〇〇元	此数决不敷用。只可暂时择要购置,余俟历年补充。
营缮	一〇,〇〇〇元	就蒲场巷高等学堂旧址加以修葺作为校舍,并须平砌河岸、架设水门汀基木桥二座以通工学院及图书馆。如有余款,并拟建造雨天操场一所。本款及下款均难预定确数,有余不足,应许流用。
校具	一〇,〇〇〇元	教室、宿舍、图书阅览室及运动用具。
合计	五〇,〇〇〇元	开办费所列各项仅足谋始之用,均须历年增加,又次年应增之设备,其经费于本年即须络绎支出,合并声明。(参看后经常费设备项)

二、经常费 第一年

款目	月计	年计	说明
教员薪水	三,八八〈〇〉	四六,五六〇	计国文、英文、哲学、数学、物理、化学、史学、卫生(兼校医)各学门,第一年即须成立,应各聘主任副教授一人,英文必须添聘讲师一人,女生体育应专聘讲师一人,军事训练应聘讲师一人,国文、物理、化学或须聘助教,史学门第一年课程或非一人所能兼授则尚须添聘讲师一人。又文理学院院长支副教授俸,作增聘副教授一人计算,共计副教授九人、讲师四人、助教三人。副教授月薪以二分为率,惟江苏大学副教授薪水高去三六〇,为罗致优越人物计,应以四员作三四〇计算,讲师以一八〇为率,以一员作二〇〇计算,助教以一二〇为率,以一员作一四〇计算,共合如上数。

续 表

款目	月计	年计	说明
职员薪水	一,二四〇	一四,八八〇	院长秘书一人一六〇,文牍一人六〇,教务员二人共一四〇,注册员二人共一八〇,打字、书记各一人共一〇〇,缮校二人共八〇,图书室管理员一人照讲师初级俸支一六〇,图书室助理员二人共一〇〇,舍监一人照助教俸支一二〇,共合如上数。院长以副教授兼,事务主任、财务主任以浙江大学行政处同职各员兼,图书主任以院长兼,仪器主任以副教授兼,实验室管理员以助教兼,校医以卫生学副教授兼,均不另支薪。
办公费	四六四	五,五六八	细数分列如后。
文具	一〇〇		
邮电	五〇		
消耗	一二〇		
杂支	五〇		
工役	一四四		计一二人,各支一二,合如上数。
设备	三,七〇八.三三四①	四四,五〇〇	本项系以全年数目十二分之一作每月经费,故有另数。
图书	一,二五〇	一五,〇〇〇	汤氏捐款供建筑图书馆及一次购书以后已全数无余,每年应由本学院经费逐年添购图书如上数。
仪器	二,〇八三.三三四②	二五,〇〇〇	
校具	二五〇	三,〇〇〈〇〉	
修缮	一二五	一,五〇〇	
合计	九,二九二.三三四③	一二,五〇八	

(一)浙江大学文理学院拟设各学门一览表

学门序次	学门名称	学门类别	备考
(一)	国文学	主科	凡学生可选为肄习之主要科目者为主科。学生应择定一科为主科,一科或二科为副科。学生肄习之主科应就本表所列各主科内选出之,副科得就本表所列主副各科内选出之。

---

① 本栏月计大于年计,原文如此。
② 本栏月计大于年计,原文如此。
③ 本栏月计大于年计,原文如此。

学门序次	学门名称	学门类别	备考
（二）	外国文学		一门内包涵数门者暂只设一主任教授,俟将来各部分扩充再改为独立,各别设主任教授。
	（甲）英文	主科	
	（乙）日文	普通科	凡仅供应用而不能选作主、副科者为普通科,序次作（ ）为记者,为第一年不设科目。
	（丙）法文	普通科	
	（丁）德文	普通科	
	（戊）俄文		缓设
	（己）梵文		缓设
	（庚）希腊		缓设
	（辛）拉丁		第一年缓设,第二年医预科生选修。
（三）	哲学	副科乙	凡副科复以甲乙次第之,甲为应提前扩充升作主科者,乙次之,丙则但有副科不升主科。
（四）	数学	主科	
（五）	物理	主科	
（六）	化学	主科	
（七）	地质学	副科甲	
	甲、地质		
	乙、地文		
	丙、矿物		
（八）	生物学	副科甲	
	甲、生物		
	乙、植物		
	丙、动物		
	丁、生理		
	戊、解剖		
（九）	心理学	副科甲	
（十）	人类学与社会学	副科乙	
（十一）	历史学与政治学	主科	
	甲、地理		
	乙、历史		
	丙、政治		

续　表

学门序次	学门名称	学门类别	备考
	(丁)法学		
(十二)	经济学	主科	
(十三)	教育学	主科	
(十四)	图画	副科丙	此门为造就中学师资而设,以用器画及科学画附焉。
(十五)	体育	副科丙	此门为造就中学师资,列作副科。
(十六)	军事	普通科	

(二)各学门类别及设置先后比较表

学门总数 (连子目总计)	主科总数	副科总数	普通科总数	缓设学门 (子目)总数	第一年 应设门数	第二年 应增设门数
二二	一一	一三(甲九、 乙二、丙二)	四	四	九	一〇

《国立浙江大学教育周刊》第二十五期,民国十七年三月三十一日

浙江大学校长蒋梦麟来呈 为筹设文理学院拟具简章呈请鉴核由
(1928 年 5 月)

(大学院来文第一四六九号,十七年四月六日到)

呈为筹设文理学院,拟具简章,呈请鉴核事;窃浙江文物夙著,学校之设,远在维新之初,乃三十年来,迄无大学之设置。省民高等教育,只限于三数专门学校。学子欲求深造,必须负笈省外,近则吴会幽燕,远则日本欧美。亘历年岁,重费增劳,非甚有力及志趋坚卓者,往往逡巡无适,旋入他途。盖二十年来,本省人才之消歇,于高等教育之缺乏,若树竿之见影焉。民国十二年,始有筹设杭州大学之议,固已聘董事,定计划,增赋税,集基金矣。乃以军阀坛〔擅〕政,于提高民智,振兴学术,了无诚意,争夺起赴之际,大学基金盗用无余。国军入浙,百度更始,首议倡设研究院,由省府聘任委员,从事规画。嗣定浙省设立国立第三中山大学试行大学区制,由委员等悉心筹划,以为大学应设研究院,及文理、社会科学、艺术、医药、农学、工学各学院。工学、农学两院,业就前省立工业、农业两专门学校改组成立;艺术学院业经钧院在杭州设立,其余部分,范围广大,需费浩繁,同时并设,际此北伐尚未告成,财力委有未逮。窃以文理学院,原拟包括文学、科学、哲学、教育各科,而社会科学别为一院。倘两院可同时并设,则彼此相资,不然,则历史、社会、经济、政治各科均不能与文、哲、教育,划疆分界,各为区宇。校长慎权缓急,以为宜将社会科学中应用部分,如法律、商业等,暂时除外,与医药学院之年期较长,筹备需时者,统俟稍缓,再行分别筹办。而以其余社会科学各科,并入文理学院,首先开办。盖物质建设,威〔实〕以科学为始基;心理

建设,实以教育为津逮。文、哲、社会各科,所以造成健全之社会中坚,为党国培养优越之服务人材,为民众推广生活之必须知识,则文理学院者,实学术之总汇,庶政所取资,设立宜先,谁云非当! 惟是包函既广,资用自繁,求其大备,则物力犹有未逮;而姑谋具体,图始又嫌非计。兹将各科之缓急,量为饰备之重轻,以渐而几,庶易周洽,各学科苟为训练所必须,悉予设置,而先以尤要者八门,列为主科:曰国文,曰英文,曰数学,曰物理,曰化学,曰历史政治,曰经济,曰教育,师资设备,力求完美。别以七门,列为副科,曰地质,曰生理,曰心理,曰哲学,曰人类学与社会学,曰图画,曰体育,完备亚于主科。学生修习之主要科目,暂限于此所谓主科者八门;而辅助科目,则主、副各科,皆可以供选择。其余各科,暂时仅供应用,不为深造之资。一俟经费稍裕,则当求各副科内容之充实,以次升作主科,再以次及于普通各科。如此则先有确定之重心,徐图平均之发展,偏狭散漫,庶可免荫。谨本此旨,并依最低限度,先行拟具开办费及第一年经常费各数目预算,折呈钧核,并请迅将预算核准,咨送财政部转函浙江省政府并令行浙江省政府财政厅于国税项下就近照拨! 其文理学院详细章程,容俟妥拟再行呈核。所有筹设文理学院,拟具预算,并请转咨财政部各缘由,理合呈请钧院迅赐鉴核,指令遵行! 谨呈

中华民国大学院

附大学院指令浙江大学校长蒋梦麟

(大学院指令第三四八号,十七年四月十一日)

呈及预算书,均悉。所拟办法,尚属切实可行,惟开办时期,已否确定? 第一年经常费,究应自何月起支? 社会科学院将于何时完全成立? 仰即详细呈复,以凭核对。预算书存。

此令。

《大学院公报》第一卷第五期,民国十七年五月

浙大文理学院先设预科
(1928 年 5 月 3 日)

浙江大学文理学院业已开始筹备,定本年暑假后开学,先设预科。现蒋校长拟定在文理学院教育系未成立以前,先设立指导员养成所,训练视学指导员等合式人才,以便各县教育有适当领袖,易于改良推广,将来此项养成所之训练专重实地工作云。

《新闻报》民国十七年五月三日

浙大文理学院筹备就绪

(1928 年 7 月 15 日)

国立浙江大学文理学院院长闻已经蒋梦麟校长聘请该院筹备委员邵裴子担任,各科教授亦已分别聘请得人,校舍亦大致修葺完竣,大约于九月十日左右开学云。

《新闻报》民国十七年七月十五日

浙大学文理学院开学

(1928 年 10 月 3 日)

浙江大学文理学院于十月一日上午举行开学典礼,出席者计有财政厅长程〔陈〕其采、建设厅长程振钧、省党部指导委员会代表叶某等十二人。由文理学院院长邵裴之〔子〕主席,先全体肃立,向国旗、党旗、总理遗像行礼。次由主席恭读总理遗嘱,全体静默三分钟,乃由邵院长率全体职员刘大白、沈肃文等三十余人宣誓。誓毕。主席报告筹备经过情形,并说立文理学院之旨趣暨设备上事宜。又云本学期以创设伊始,仅招生八十人,取五十一人,明年再行添招。次由大学校长蒋梦麟致训词。次由来宾马夷初、陈宝林等后先致词。复由主席致答谢词,致职员等演说。散会后并进茶点,由教职员领导来宾参观。

《新闻报》民国十七年十月三日

2. 概况

设学宗旨

(1929 年 1 月 13 日)

文理学院系于十七年秋间开办。其设立之目的为:(一)提倡科学方法,以革新自来思想之习惯;灌输科学知识,以确定高等学术之基础;致力学术研究,以推广知识之界限;(二)注重教育之研究,及教育方法制度之试验,以改进浙江全省之中小学及社会教育;(三)搜集及整理浙江省自然及社会方面之材料,使全省事物,均可于最短期内,有一正确之测量;(四)养成忠实勤敏之士风;(五)造成通达明敏之党国及社会服务人才;(六)提高一般民众之知识。其设立之经过,亦略有可言,先是十六年四月间,蔡子民先生提议设立浙江大学研究院,定开办费十五万元,常年费六十万元,经政治会议浙江分会通过,并由省政府聘请筹备委员九人,筹备进行。后来筹备委员会议决,大学院应设研究院,及文理、社会科学、艺术、医药、农学、工学等六个学院,除农、工两院已由前省立专门改组成立外,应于十七年度先办文理学院。文理学院呈请设立时提出之第一学年预算为十一万余元,因经费支绌,其开办费只五万元,略事修葺房舍,及购置第一年应用之仪器而已。

《国立浙江大学教育周刊》第四十一期,民国十八年一月十三日

课程

(1929 年 1 月 13 日)

十七年度文理学院教程如左：

科别	学程	每周时数	学期	每学期学分数	说明
文科	党义	一时	两学期	一	
	国文	三时	两学期	二	本学程一部分系补充中学训练，故作二学分计算。
	英文	四时	两学期	三	本学程一部分系补充中学训练，故作二学分计算。
	数学	三时	两学期	二	本学程一部分系补充中学训练，故作二学分计算。
	世界近世史	三时	两学期	三	
	心理学	三时	第一学期	二	本学程一部分系补充中学训练，故作二学分计算。
	论理学	三时	第二学期	二	本学程一部分系补充中学训练，故作二学分计算。
	卫生学	一时	两学期	一	
	体育	三时	两学期	一	
	军事训练	三时	两学期	一	
	共计	二四时		十六	
理科	党义	一时	两学期	一	
	国文	三时	两学期	二	本学程一部分系补充中学训练故作二学分计算。
	英文	四时	两学期	三	本学程一部分系补充中学训练故作二学分计算。
	数学	四时	两学期	三	本学程一部分系补充中学训练故作二学分计算。
	物理	讲演四时、实验三时	两学期	五	学生之选物理为主科学门者，第一年应选此科，不选化学。
	化学	讲演四时、实验三时	两学期	五	学生之选化学为主科学门者，第一年应选此科，不选物理。
	卫生	一时	两学期	一	
	体育	三时	两学期	一	
	军事训练	三时	两学期	一	
	共计	二六时		一七	

《国立浙江大学教育周刊》第四十一期，民国十八年一月十三日

学门

(1929 年 1 月 13 日)

院内学科设左列各门:

(一)中国语文学门(包括国故)

(二)外国语文学门(包括英、日、法、德、俄各近世语文及梵文、希腊、拉丁各古语文)

(三)哲学

(四)数学

(五)物理学

(六)化学

(七)地质学

(八)生物学(包括解剖学、组织学、生理学、卫生学)

(九)心理学

(十)人类学与社会学

(十一)史学与政治学(包括人文地理及法学)

(十二)经济学

(十三)教育学

(十四)图画

(十五)体育

(十六)军事

第一学年先成立:

(一)中国语文学

(二)外国语文学

(三)哲学

(四)数学

(五)物理学

(六)化学

(九)心理学

(十一)史学与政治学

(十五)体育

(十六)军事

十个学门。

第二学年继续成立:

(七)地质学

(八)生物学

(十二)经济学

(十四)图画

四个学门。

第三年成立：

（十）人类学与社会学

（十三）教育学

两学门。

至第三年各学门设置完竣（教育学门于必要时，或提前成立之）。文理学院学生应就上列（一）至（十三）各学门中，选定一门为主科，（一）至（十五）各门中选定一门或二门为副科，于主科学程修满四十学分，副科及必修、选修各学程修满八十学分，共一百二十学分时为毕业，平均约须四年。（除实验外，学生上课一时，至少应有预备时间二时，每周以上课十五时计，连预备至少应有四十五时，每日读书时间平均约七时半。）

《国立浙江大学教育周刊》第四十一期，民国十八年一月十三日

科别

（1929 年 1 月 13 日）

文理学院设置之科别如左：

一、文理学院本科（四年毕业。文理学院，以高中或同等学校毕业，为必须之入学资格，不设预科。）

二、医药预备科（二年毕业，为专治医药之预备，其入学资格，与本科同。）

三、研究科（于本科学生毕业后设置之。）

四、暑期学校（每年暑假期内办理之。）

五、扩充部（拟先设公开讲演，再谋逐渐推广工作。）

《国立浙江大学教育周刊》第四十一期，民国十八年一月十三日

十七年度教职员

（1929 年 1 月 13 日）

文理学院十七年度教职员人数及职务之分配如左：

院长一人；国文副教授一人，助教一人；英文副教授一人；

数学副教授一人，助教一人；物理〈学〉副教授，助教一人；

化学副教授一人，助教一人；心理学副教授一人，助教一人；

史学与政治学副教授一人；体育（兼卫生）副教授一人，助教一人；党义讲师一人；军事训练讲师一人。

院长室事务员一人；文牍一人；教务员二人；注册员二人；事务员二人；会计员一人；书记二人；宿舍管理员一人；图书室管理员一人；助理员二人。

十七年度学生共三十九人,计文科二十八人,理科十一人。

《国立浙江大学教育周刊》第四十一期,民国十八年一月十三日

国立浙江大学文理学院十七年度第一学期招生简则
(1929 年 1 月 13 日)

本大学筹设文理学院,业经呈奉大学院核准,于十七年度第一学期开学。兹招考本科一年级及附设之医药预修科一年级学生,男女兼收。

投考资格:限高中或二年期之大学预科毕业。

入学试验科目:(一)检查体格;(二)三民主义;(三)国文;(四)英文;(五)数学(平面几何高等代数),理科生加试立体几何、平面三角及解析几何;(六)物理;(七)化学,文科生可就(六)(七)两门中选考一门;(八)历史(本国史世界史);(九)地理(中国地理世界地理),理科生可就(八)(九)两门中选考一门,(十)生物、心理、论理、伦理,以上四门中选考一门,(十一)口试。医药预修科学生试验科目与理科同。

报名日期:七月十六日至二十八日。报名时随缴毕业证书,及最近四寸半身相片一纸,报名费二元,相片、报名费概不给还。

检查体格:定七月三十日至三十一日。

入学试验:定八月一日至三日。口试日期再定。

报名及试验地点:杭州蒲场巷本院。

另有简章函索附邮票一分。

《国立浙江大学教育周刊》第四十一期,民国十八年一月十三日

国立浙江大学文理学院十七年度第一学期学生应缴各费清单
(1929 年 1 月 13 日)

费别		数目	说明
学费		一二.〇〇	
实验费	物理	五.〇〇	盈还亏补。
	化学	五.〇〇	
讲义费	文科生(约)	二.五〇	以每学程半元为则,文科生约四五门计最多如上数,理科生约三门计如上数,讲义费依实发讲义之学程数收取,以上约计之数有余找还,不足补缴。
	理科生(约)	一.五〇	
体育费		一.〇〇	
杂费		五.〇〇	通学生二元。

续　表

费别		数目	说明
＊膳费		三〇.〇〇	通学生只用午膳者十五元,不用膳者不缴。暂以五个月计算,有余找还。
＊制服费	制服、军服(约)	八.〇〇	有余找还,不足补缴。
	大衣	(欲制者可另询价目)	
＊书籍	文科(约)	三〇.〇〇	有余找还,不足补缴。
	理科(约)	四〇.〇〇	

附注:

(1)＊号各项为学校代收代办性质;

(2)学生团体费由各该团体自定,并由学生径向各该团体缴纳;

(3)连学生平日自用零费,全学期约须一百五十元之谱。

《国立浙江大学教育周刊》第四十一期,民国十八年一月十三日

3. 章则

教授会议规则

(1929 年 1 月 13 日)

第一章　会员

第一条　教授会议以院长及全体教授(包括教授及副教授以下准此)为会员。

第二条　凡各主、副科学门无教授及副教授者,于必要时得由院长请该学门任教之教员代表该学门列席。

前项代表学门列席之教员有提案权,无表决权。

第三条　会员因故不能出席时,得以书面提出意见,并得请其他教员一人代表列席,但无表决权。

第四条　教授会议于讨论某种事项时,如感有必要,得请其他教职员列席会议。

前项列席教授会议之教职员,对于请其参加之事项得发表意见,但无正式提案及表决之权。

第二章　开会

第五条　教授会议以院长为例定主席。

第六条　院长缺席时应由院长委托教授一人代理主席。

第七条　教授会议由主席以左列各方式召集:

(1)依前次开会时预定之日期召集之;

(2)临时召集;

(3)由教授四分之一联署声请召集。

第八条　主席召集开会,应将讨论事项先期通知,但各会员于开会时仍得提出临时动议。

第九条　教授会议讨论事项,以出席会员过半数之同意议决之,但出席者不满全体三分之一时,不得开会。

第十条　教授会议决定之事项,由院长或其他之主管部分执行之。

第三章　职权

第十一条　凡学校重要政策及计划,院长应于教授会议提请讨论,出席会员过半数不赞同时,院长得缓其实行;有四分之三不赞同时,院长应停止其实行。

第十二条　凡重要校务,院长应向教授会议报告,并得提请讨论。

第十三条　教授会议对于校务得提出意见。

第十四条　教授会议得以出席者过半数之同意,议决设立各种委员会。

第十五条　本规则于必要时,得由教授会议修正之。

《国立浙江大学教育周刊》第四十一期,民国十八年一月十三日

聘任教员规则
(1929 年 1 月 13 日)

一、浙江大学文理学院聘任教员,由浙江大学校长主聘,文理学院院长副署。

二、文理学院聘任教员由大学致送正式聘书,同时由学院致函,叙明待遇及期限。

三、应聘教员接受正式聘书,即为承诺。

四、文理学院教员之等级及薪数,依大学院之规定。

五、文理学院教员不得兼任本大学以外各职,但教员之受中央及本省政府委任为某种调查研究或设计者及特别讲师,不在此限。

六、文理学院于必要或便利时,得聘任特别讲师,但每学门特别讲师至多以二人为限。

七、特别讲师为兼任职。

八、特别讲师之薪俸,依其资格及所在教程之性质时数定之。

九、文理学院专任教员之薪俸,每年按十二个月致送。兼任教员,每年按十个月致送;一月、七月各送半个月,八月不送,余月照送。

十、专任教员授课时间,以每周十二小时至十五小时为率。但因特别原因,学校得减少某一教员授课之时数。指导实验时数,视讲演时数折半计算。

兼任教员授课时数,平常以每周不过十小时为限。

十一、教员缺课至一星期以上时,应与院长商定办法。教员如不与院长洽商时,院长得单独为适当之处分。

十二、聘约期满不再继续时,双方均应于期满两个月前向对方表示。但双方均无声述理由之责任。

十三、教员聘任期间,由文理学院决定之。双方同意时,期满得续约,续约次数无

限制。

十四、聘约未满以前，教员非因疾病不能任事，不得辞职。

十五、聘约未满以前，学校对于教员，非因下列原因，不得解约：

（一）因政治上之关系，有不能任其继续在职之理由者；

（二）因学校名誉上之关系，有不能任其继续在职之理由者；

（三）教员对于学校有危害之行为者；

（四）不照约担任职务者；

（五）不能称职者。

学校因上列（一）（二）（三）（四）四种原因，得随时解除教员聘约。但因第五种原因解约，须于学期终了时行之。

《国立浙江大学教育周刊》第四十一期，民国十八年一月十三日

任用职员规则

（1929 年 1 月 13 日）

一、浙江大学文理学院职员，由院长聘任之。

二、文理学院职员不得兼任其他公、私各职。

三、职员应照学院规定之时间办理公务。

四、职员应轮流值日，轮值之日应住宿校中。

五、职员请假应指定其他职员一人代理其职务，如未有相当之人代理，或继续请假至两星期以上者，得由学院请人暂代其职务。

由学院请人代理者，代理期内之薪水，由学院致送代理人。

六、职员聘约期满，不再继续时，双方均应于期满一个月前通知对方。但双方均无声述理由之责任。

七、职员聘约未满以前辞职，应于一个月前通知学院。

八、职员经手事务未完及交待未清时，无论期满或辞职，均不得离校。

九、职员聘任期间，由院长决定之，双方同意时，期满得续约，续约次数无限制。

十、聘约未满以前，学院对于职员因下列之原因得解除其聘约：

（一）因政治上之关系不能任其继续在职者；

（二）因学校名誉上之关系不能任其继续在职者；

（三）职员对于学校有不忠实之行为者；

（四）不照约担任职务者；

（五）不能称职者；

（六）学院认为人地不宜者。

《国立浙江大学教育周刊》第四十一期，民国十八年一月十三日

学生通守规则

(1929 年 1 月 13 日)

一、学生应遵守学校一切规程条教。

二、学生在校之行为,由院长及对于学生行为负有专责之教职员指导并监督之。

三、学生应以善意接受各教职员之指导、劝告及规诫。

四、学生对于教职员、同学及勤务工役,均应有适当之礼貌。

五、学生在校衣服,务须整齐洁净,不宜华美怪异。规定校服、军服及体育用服,均须遵照置备服用,不得歧异,致失观瞻。

六、学生得组织以自治、研究、运动、修养、娱乐、恳亲,及辅导民众为目的之各种团体,惟为对于学生组织负责起见,所有学生团体之目的及规则,均应呈经院长核准;集会之时,并应有学校教职员列席旁听。如此项列席职员认为所议事件或言词有不合时,得视情形之轻重提请会员注意,或停会。

七、学校为学生团体便利起见,设有学生团体及集会用室。学生集会,应在指定之集会用室,不得在其他校舍及场地任便举行。

八、学生损坏校具,应照价赔偿。其损坏之校具,仍归学校所有。

九、本学院学生禁止吸烟饮酒、赌博、斗殴、诟谇,及携带违禁书籍、华服、异饰、多量金钱、危险、贵重,及其他在校无正当用途之物品。违者得酌量情事之轻重,分别予以申诫,或令其退学。

十、学生课余散步、游戏、娱乐,应在室外场地或指定之俱乐场所,不得聚集走廊、庭院等处。娱乐事项,非每日校课完毕以后,不得举行,且应维持适可之限度,使不致妨碍课业,并不得延长至就寝时间以后。

十一、学生膳食暂由学校代办。膳食之美恶,全视代价之多少。经管之学校职员,只能注意膳食之质量,与代价是否相当,不能必其廉美。如有食物不合卫生,可请经管员主持办理,不得自行处置,或起纷扰,致碍秩序。

《国立浙江大学教育周刊》第四十一期,民国十八年一月十三日

文理学院试验规则

(1929 年 1 月 13 日)

有几条普通的试验规则,不但入学试验时应该遵守,就是入学以后,也要一样的遵守。志愿入学者,在入学试验的时候,就得要首先注意,成立一种遵守这种规则的新习惯。不遵守这种规则的罚则,就是所应的试验无效! 这一点要请大家注意。

一、试验时绝对不许与同受试验者有任何交通(如说话,借用东西,等等)。

二、规定的时间满了,听得摇铃或是打钟,就要立刻交卷,不管有没有完卷。

三、如觉得题目有疑义,就凭自己的判断力去决定做法,如果你确信题目里面有了错误,你就凭你的判断力,负起责任,认他里边的事实或理论是错的,如果你认出里面文字上有了

错误,那改正之责,也就由你自己担负。不必问人,并且不许问人(监试的,同试的,都是一样)。

四、卷子、稿纸都是学校预备,只要带自来水笔或钢笔、墨水(所备的卷子,都可用钢笔写的),及数学时应用的器具,不能带字典及其他书本、纸张!

五、交卷之后,立即退出试场。

六、未交卷前,不得出场,如往厕所,须在入场以前,或出场以后! 此点于入场前注意为要。

以下还有专适用于入学试验之规则几条,也须同样遵守。

七、报名手续完备以后,即发准考证第一种。此纸为体格检查允许证,由报名处盖印,方为有效。投考者持此往指定地点,受体格检查。检查体格及格者,由学校榜示。及格诸生,给予准考证第二种。此纸为入学试验允许证,投考者凭此证入场试验。

此证应置考桌上,以便检查。考毕携出。口试时仍须凭此证入场!

八、赴试者,须先经监试员查验准试证,核对相片,再给卷入场。监试的得随时查看准考证,相片及卷面号数。

九、照卷面所标的号数,依号入座。

十、交卷时应连黏附卷内之稿纸及题纸,一同缴入。不然,试卷无效。

十一、答案每条之前,只要写题目的号数,不必抄上题目原文。

十二、交卷出场之后,如本日尚有他种试验,须在指定处所休息等候,不得出门。

十三、午膳由学校代备,不须出费。

十四、试验日程、地点于试验前三日在杭州《民国日报》布告之。

《国立浙江大学教育周刊》第四十一期,民国十八年一月十三日

学生请假规则
(1929 年 1 月 13 日)

一、学生缺课,及寄宿生因特别事故须在校外住宿时,均须请假。

二、学生缺课,应向教务处请假;因故须在校外住宿但无须缺课者,应向宿舍管理员请假。

三、学生缺课期间连续不过二日,在外住宿不过一日者,除有特别情形外,得由教务处及宿舍管理员分别审核准驳之。如超过上定限制时,应分别由教务处及宿舍管理员转陈院长核定准驳之。

四、学生请假理由不充分者,管理请假事务之职员得不予许可,其理由之是否充分,依各该管理员之判断定之。

五、学生未经准假缺课者,以旷课论;未经准假在校外住宿者,依其情形处分之。

六、学生旷课及未经准假在外住宿者,应负陈述理由之责任,除因不能避免之原因事前不及请假者,得酌量准予补假外,概依本规则第七条及第八条之规定办理。

七、学生旷课一次者,予以告诫,旷课至三次者,予以儆诫;至二次以后仍有旷课行为者,

予以严重儆诫,并同时函请其家长及保证人予以儆诫;如再有旷课,即认为学校无法纠正,得令其退学。

八、学生未经准假在外住宿者,酌量情形分别予以儆诫或退学处分。

九、学生请假经许可者,应于销假时将请假单缴还注销,否则自假满之翌日起,仍以未经准假论。

十、学生非因疾病亲丧每学期请假达二星期者,应予警告;达一月者,应令休学。但因疾病、亲丧请假过久时,亦得暂令休学。

《国立浙江大学教育周刊》第四十一期,民国十八年一月十三日

通学生休息及自修室规则
(1929 年 1 月 13 日)

一、本学院为便利通学生起见,特设通学生休息及自修室。(通学生休息室及自修室,合设一处。)

二、学生在室,应注意整洁,并须肃静。

三、通学生自用物件,应随身携带,不得留置室中。

《国立浙江大学教育周刊》第四十一期,民国十八年一月十三日

学生会客规则
(1929 年 1 月 13 日)

一、访问学生之来宾,须填写通知单,交由传达处传知欲见之人,静待出见。

二、除日曜日外,学生会客时间,定为上午七时十五分至八时,下午四时至六时,但如讲堂、实验室、运动或军事训练各课业尚未完毕时,仍不得见客。

三、日曜日会客时间,定为上午九时至十一时,下午二时至四时。

四、来宾会晤请作简要之谈话,勿涉闲谈,并请勿高声喧笑。

五、来宾于未见学生前,应在应接室等候,晤毕即行出校,勿在校内往来游行。

六、学生不得导客游观各处;来宾如欲参观本校,应照参观规则办理。

七、学生概免送客。

八、如有紧急事故,来宾非时欲见学生者,须由传达处将情由代陈,经宿舍管理员许可后,方得通知接见,但此项谈话,不得逾十分钟。

《国立浙江大学教育周刊》第四十一期,民国十八年一月十三日

教室规则

(1929 年 1 月 13 日)

一、学生在教室内,无论上课或休息时间,均应注意秩序,不得喧哗。

二、每学期教员第一次上课时,学生应起立致敬。但余时及问答之际可以毋庸起立。惟听讲及问答时,态度均须整肃。

三、学生上课退课,概以鸣钟为号。闻上课钟号,即到教室,但闻退课钟号时,非俟教员讲毕,不得遽退。

四、教室坐次经编定后,不得乱座。

五、教室用具不得移出室外或在室内任意移动。

六、教室内应注意整洁,不得损污及涂抹墙壁、黑板、桌椅,抛掷纸屑或其他弃物,及随意涕唾。

七、学生在上课时间,除与教员问答外,绝对不许谈话。

八、学生在上课时间,非因疾病及其他不得已事故,经声请教员许可者,不得先时退去。

九、学生落课后,除下一时在同教室有课者得在教室暂憩外,均应退出,不得在教室逗遛。

十、每日课毕以后,教室即行锁闭,学生无论因何原因,均不得擅自开入。

《国立浙江大学教育周刊》第四十一期,民国十八年一月十三日

参观规则

(1929 年 1 月 13 日)

一、参观人应将姓名、职业及参观目的,以书面通知本学院,经本学院认可后,派人引导参观。

二、参观人不得进入教室及宿舍,如欲参观仪器、设备,应得关系学门之教员许可。

三、参观人同来之人,本学院认为非适宜时,得谢绝其随同参观。

四、男宾欲参观女生宿舍,女宾欲参观男生宿舍者,引导人得斟酌许可、谢绝之。

五、团体参观须先期通知,以便届时招待。

六、学生家属临时请求参观宿舍者,应先问宿舍管理员声明,经许可后,得由该生自行引导参观,但不得入宿舍坐谈,致妨他生课业。

七、男生不得引导家属参观女生宿舍,女生不得引导家属参观男生宿舍。

八、知名之教育家参观本校,由院长或教授引导者,得不受本规则第二条及第四条之限制。

《国立浙江大学教育周刊》第四十一期,民国十八年一月十三日

宿舍规则

(1929 年 1 月 13 日)

一、寄宿学生应遵守宿舍规则。其不遵守规则者,得令其退出宿舍。

二、宿舍规则由宿舍管理员执行之。

三、住宿学生,每日上午六时起身,七时早膳,十二时午膳,下午六时晚膳,十时就寝,十时二十分息〔熄〕灯。但因适应时令,上定时刻,得酌予变更。

四、住宿学生,即在宿舍自修。凡在上课及自修时间,均须肃静。即在休课时间,亦不得在舍中喧哗,致碍他人安适。

五、住宿各生应彼此以礼相待,力戒争吵。

六、住宿生入学时,由宿舍管理员支配其居住室号铺位,不得因任何缘由,请求改变。

七、学生关于宿舍生活,遇有疑问,得请管理员指示,以便遵行。

八、管理员如有劝诫或警告,学生均应善意接受。

九、住宿生应就同舍各生中互选斋长一人,有必要或便利时,并得互选副斋长一人,辅助管理员处理舍务。

副斋长于斋长不能行使职务时,代行其职务。

十、学生如有疾病,应直接或由斋长、副斋长即时报告管理员斟酌情形,指示就医。

十一、勤务工原为照料及清洁宿舍而设,非为服事〔侍〕学生,除以时预备茶水及收送洗涤之衣服等事外,学生琐事,能自理者,悉应自理,并不得差勤务工出外购物。

十二、每室规定住宿人数,均有一定,所置用具均有定数,各人应就指定之用具使用,不得自带器具及灯泡等物。

十三、宿舍用物,如有损坏时,凡同室之人,均有调查损坏人及报告管理员之义务。损坏物之赔偿,照《通守规则》第八条之规定办理。

十四、盥洗便溺,均有指定地方,不得随意。

十五、每室应轮流以二人值日,注意室内整洁及其他关于本室公共生活事项。如有在舍行为不合者,值日者得制止之;不服制止时,得请斋长或副斋长制止之。必要时,得请管理员制止之。如不服管理员制止,管理员得请院长核办。

十六、本学院与杭州医院(在花市路)订有特约。凡本校员生工役患病前往诊治,可免门诊及减收住院手术药物各费。住宿学生,如有疾病,可就该院诊治。诊药各费,由病者自理。其愿另就他医或回家调治者,亦听自便。

十七、学生如患重病或传染病,应即移出校外。如无家属在杭者,应由保证人负责妥为处置。

《国立浙江大学教育周刊》第四十一期,民国十八年一月十三日

文理学院院务会议规则

(1930 年 3 月 1 日)

（十八年一月七日第四次校务会议通过）

第一条　本学院依大学组织法第十八条之规定设院务会议。

第二条　院务会议以院长、各学系、学门主任、事务主任及副教授以上教员为会员。

凡未设有教授、副教授各学门之事项，由院长代表提出，但于必要时，得请该学门任教之教员列席说明。

第三条　院务会议以院长为主席，以院长秘书兼任常务秘书。

第四条　主席缺席时，由主席指定会员一人代理；如主席不及指定代理时，由会员临时推定一人代理主席。

第五条　院务会议由主席依下列方式召集之：

一、常会：每月一次，于每月校务会议开会前，由主席召集之；

二、临时会：于必要时，由主席或由会员五人以上连署声请主席召集之。

第六条　主席召集开会，应将讨论事项先期通知各会员。

第七条　开会时，以会员总数二分之一以上为法定出席人数，以出席会员二分之一以上为法定表决人数。

第八条　会员缺席时，得以书面提出意见，并得请其他会员或非会员之教员一人代表陈述，但此项代表无表决权。

第九条　院务会议遇讨论某项事件有必要时，得请其他相关教职员列席，发表意见，并得于该项议决后请其退席。

第十条　院务会议之职权，为计划本学院学术设备各事项，及讨论一切进行事宜：

一、本学院预算；

二、学系之增设或变更；

三、各系课程之设立或停止；

四、本院重要设备；

五、本院重要规则；

六、关于学生试验事项；

七、关于学生训育事项；

八、院长交议事项。

第十一条　院务会议得设各种委员会。

第十二条　院务会议决议，以不与校务会议之决议相抵触为限。

第十三条　院务会议决定之事项，除应提请校务会议审议者外，由院长交各主管部分执行之。

第十四条　本规则于必要时，得由本会议修正，提请校务会议通过，转陈校长核准备案。

第十五条　本规则由校务会议通过，经校长核准后施行。

（二）工学院

1. 概况

新聘教员

（1928 年 3 月）

本学期新聘教员有杨季璠先生、张水淇先生、孟心如先生、浦逊生先生、陈庆堂先生、梅云台先生、朱洁华先生、陆阁臣先生，均为博学著名之士，且多数为国外留学、极有名望者。至吴玉麟、吴馥初二先生，前有第四中大延聘之说，但二先生对于本院感情至深，只以四中大延请之殷，情不能却，且为两大学合作起见，故在本院请假一学期，前往南京，设备一切。定于暑假后仍回本院，所有本学期关约，均蒙收受，并未辞职云。

《国立第三中山大学工学院月刊》第一期，民国十七年三月

组织国立浙江大学工学院发展运动委员会

（1928 年 6 月 12 日）

本院全体同学为发扬校誉，扩大组织起见，特于六月七日在大礼堂开临时大会，当场举出委员十五人，候补委员五人，组织国立浙江大学工学院发展运动委员会，专办其事。闻该会组织分秘书处、宣传处、交际处三处，每处各设委员五人。现正积极进行，以严密的步骤，郑重的态度，俾早日达到最后的目的云。兹将委员姓名列右：

李荷生　洪西青　陈毓麟　胡鸣时　徐幼初　胡二瑗　张稼益　张振华
朱缵祖　孙启朱　孙潮洲　裴桂元　方朝樑　萧正民　范敬平

《浙大周刊》第二期，民国十七年六月十二日

教学情形

（1929 年 1 月 13 日）

改组后①，每周授课钟点大率自二十二至二十九（军训、党训在外），视以前工专减少，而自修、研究时间则增多并将大寝室隔为二人一间小房，俾高年级生兼作静修研究之处。专任教员人数亦增，现毕业欧美大学得学位者共三十七人，授课钟点最少为十小时，各备课前预备房间，以资参考群籍。

---

① 指 1927 年 8 月，浙江公立工业专门学校改组为国立第三中山大学工学院。

此外高年级生限作论文，务令多阅书籍每学期内必请名人讲演数次，以广知识。

课程纲要
（1929 年 1 月 13 日）

自改组后，课程一律提高，并规定预科须修完三十六学分，本科一百四十四学分，其军训、党义、政治、晨操，另立学分。

预备学生将来需要起见，在大学高年级时，多设选科，惟未习指定之先修学程者，不得选习，俾有循序。

今将各科所授课程列举如下：

甲、预科

国文 英文 物理 高等代数 解析几何 无机化学

乙、电机工程科

国文 英文 物理及实习 微积分 投影几何 机械画 工场实习 应用力学 微分方程 机械运动 电工原理 电磁测验 材料强弱 水力学 德文 经济原理 电机实习 机械设计 热力工程 材料试验 工业经济 簿记 原动实习 杂志报告 工厂管理 毕业论文 军训 党义 晨操

（选科）建筑理论 测量 电机设计 电报 电话 无线电及实习 磁电理论 原动厂设计 发电所设计 电光学 内燃机 汽轮机 电力铁道

丙、化学工程科

国文 英文 物理及实习 无机化学 化学实习 微积分 德文 应用力学 材料强弱 机械运动 定性分析 定量分析 有机化学 矿物 物理化学 工业化学 工业分析 电机大意 热力学 杂志报告 化学工程 经济学 热机关 化工设计 工场管理 论文 军训 党义 晨操

（选科）高等无机化学 高等有机化学 高等物理化学 电气化学 染色 有机分析 冶金 试金及高温测定 制纸 制革 油脂 陶瓷工业 燃料学

丁、土木工程科

国文 英文 物理及实习 微积分 投影几何 机械画 工场实习 应用力学 最小二乘方 机械运动 平面及水流测量 测量实习 材料强弱 工程材料 图形力学 大地测量（附天文学）地质学 水力学 德文 经济原理 结构原理 屋架计画 铁道测量及土工学 铁道测量实习 水力实习 钢筋混凝土学 土石结构及基础学 材料试验 道路学 钢桥计划 电机工程 电机实习 热力工程 工程经济 工程管理 铁道建筑学 沟渠学 钢筋混凝土计划 河海工程学 工程合同及规程 给水工程 水力计划 毕业论文 房屋建筑学 军训 党训 晨操

再将各科每学期授课或实习时数及学分数列表如下：

科别	电机工程科				化学工程科				土木工程科			
学年	第一学年	第二学年	第三学年	第四学年	第一学年	第二学年	第三学年	第四学年	第一学年	第二学年	第三学年	第四学年
每周授课或实习时数 上学期	二八	二四	二五	约二五	二八	二八	二九		二八	二七	二八	二七一三〇
每周授课或实习时数 下学期	二八	二六	二七	约二一	二八	二八	二六		二八	三〇	二九	一四一二七
学分数 上学期	一八	一九	一八	一八	一八	一八	一八	一八	一八	一九	一八	一八一一九
学分数 下学期	一八	一八	一九	一六	一八	一八	一九	一八	一八	一九	一八	一六一一七
备注	军训、党义、晨操学分不计在内,但为必修。	军训、党义、晨操学分不计在内,但为必修。	内下学期选科六学分。	内上学期选科八学分,下学期选科九学分。	军训、党义、晨操学分不计在内,但为必修。	军训、党义、晨操学分不计在内,但为必修。	内下学期选科三学分。	内上学期选科八学分,下学期选科八学分。	军训、党义、晨操学分不计在内,但为必修。	军训、党义、晨操学分不计在内,但为必修。		内上学期选科三至四学分,下学期选科五至六学分。

《国立浙江大学教育周刊》第四十一期,民国十八年一月十三日

过去成绩

(1929 年 1 月 13 日)

在此一年半中,物质方面,限于经济,未有充分发展,只收回军用借地后,有楼房二所、平房二所可以修缮应用。此外新辟操场一所,网球场四个。添砌围墙六十丈,石驳岸四十五丈,建造浴室,改进头门,又陆续购置仪器化学物品,中西书籍,共计银三万另一百元。

至体育方面,尚有进步,今岁杭垣中等以上各学校举行足球比赛时,竟得锦标,实为工校创设后第一次。他如兵操、晨操、国技、党童军等亦均努力进行。

又十七年七月,大学及附设高中第一次毕业后,短时间内各生多有相当职务,且有工厂函嘱派人而无人可派者。兹将十七年七月毕业各生服务处所列表于下:

姓名	科别	服务处所
方朝檠	大学电机工程科	浙省长途电话
孙潮州	大学电机工程科	平院助教
陈瑞炘	大学电机工程科	杭州市工务局

姓名	科别	服务处所
陈昌华	大学电机工程科	广东兵工厂
裘猷尊	大学电机工程科	本院图书馆事务员
楼兆绵	大学电机工程科	浙省广播电台
张绳良	大学电机工程科	本院图书馆事务员
吴兴生	大学化学工程科	上海交通大学助教
陈建启	大学化学工程科	暨南大学助教
许国光	大学化学工程科	南京首都电厂（积劳病故）
方寿钜	大学化学工程科	诸暨贫民习艺所所长
杨道锭	大学化学工程科	宁海中学教员
汤兆裕	大学化学工程科	本大学文理学院助教
王瑞龙	大学化学工程科	本院图书馆事务员
王良初	高中电机科	天津无线电台
韦雍启	高中电机科	甘肃平凉无线电台
姚泽森	高中电机科	甘肃兰州无线电台
金宪初	高中电机科	上海永安纱厂
朱吉佑	高中电机科	甘肃兰州无线电台
张家仁	高中机械科	上海江南造船所
颜本乾	高中机械科	江西无线电台
蔡甲朗	高中机械科	吴淞中国铁工厂
叶庄渭	高中机械科	上海商务印书馆
谢玉珂	高中机械科	上海商务印书馆
孙功煦	高中机械科	未详
钱荣渠	高中机械科	纱厂
吴隆绪	高中机械科	未详
蒋嘉瑄	高中染织科	湖北申新纱厂
周钟本	高中染织科	上海美艺染练厂
徐正	高中染织科	升学
胡哲	高中应化科	杭州市公安局卫生科
周寿年	高中应化科	杭州惠兴女中附小教员
夏廷杰	高中应化科	上海美艺染练厂（未往）
沈宗基	大学电机工程科	上海无线电台

续　表

姓名	科别	服务处所
赵陈风	大学电机工程科	浙省广播无线电台
汤兆恒	大学电机工程科	广东兵工厂
莫培才	高中电机科	自营新闻业
凌浚	高中电机科	西安无线电台
阮伊文	高中电机科	福州电业公司
马彩虹	高中电机科	甘肃平凉无线电台
杨德惠	高中电机科	升学
汪振祥	高中电机科	浙省广播电台
周经钟	高中机械科	广东兵工厂
经明	高中机械科	上海申新纱厂
钟敬善	高中机械科	上海江南造船所
曹汝廷	高中机械科	上海益中机器厂(因病未往)
蔡炳文	高中机械科	上海铸亚铁工厂
柴绍武	高中机械科	上海商务印书馆
蔡起猷	高中机械科	铁工厂
徐幼奎	高中染织科	上海申新纱厂
陈翰鹏	高中染织科	上海申新纱厂
王震元	高中染织科	湖北申新纱厂
高崇尧	高中染织科	自修美术
章则汶	高中应化科	上海三友实业社
蔡润德	高中应化科	自营化营工业

《国立浙江大学教育周刊》第四十一期,民国十八年一月十三日

将来计划

(1929 年 1 月 13 日)

(甲)一院内合设大学、高中、初中三校,教职员错伍兼任,事既复杂,管教尤难。现初中已停止招生,逐年结束外,其高中一部,拟自十八年度起仍改为省立,冀与大学逐渐分立,各施其程度适宜之管理。

(乙)高中工科,现分电机、化学、土木、机械、染织五科,其中化学一科,自民七开办以来,毕业七次,而社会化学工业甚属有限,需用人才无几,毕业诸生,往往学非所用,转入他途。

刻下此科人数亦少,故拟自十八年度起,将在校各级逐年结束后,暂行停止开班。

（丙）现大学本科分四年级,惟各处高中毕业程度不齐,为增高程度计,自后大学预科,仍特设一级,其高中预科及补习班,俟在校各生升级后,即行停止。

《国立浙江大学教育周刊》第四十一期,民国十八年一月十三日

国立浙江大学工学院大学部及附设高级工科中学十七年度第一学期招生简章
(1929 年 1 月 13 日)

一、学额

（甲）大学本科

	四年级	三年级	二年级	一年级
电机科	不招	三名	三名	六名
化学科	不招	五名	五名	十名
土木科	不招	不招	十名	八名

（乙）大学暂设预科　十名

（丙）附设高级工科中学

电机科一年级　十五名

土木科一年级　七名

化学科一年级　二十名

机械科一年级　十名

染织科一年级　二十名

高中暂设预科及二三年级,均不招收新生。

（丁）三年期初级工科职业学校

自十七年度起改为工场艺徒班,管教等事一切依照工厂办法,故本年并不招生。如工场设备能容纳时,依商厂通例,得由负责之保荐人介绍,经本院审查考问合格,即可入院,年岁须在十六岁以上,三十岁以下,国文算术稍有程度者。

二、修业年限

大学本科四年,暂设预科一年。

附设高级工科中学本科三年。

三、试验科目

（甲）大学本、预科

除检查体格及口试外,其考试科目如左:

科别	课本及试验范围	各科受试年级
国文	作文一篇问答题若干条	本科一、二、三年级
英文一	(a)Rhetoric (b)Composition	本科二、三年级
英文二	Analysis of sentences from(1)Irving's Sketch book;(2)Vicar of Wakefield;(3)Gullivers Travels. Short Essay of 200 or more Words.	本科一年级
英文三	Analynsis of sentences. Short Composition of no less than 100 words.	预科
代数	Hawkes,Luby,Tcutcn:Advance Course in Algebra	预科
几何	Wentworth and Smith:Plan and Solid Geometry	预科
三角	Rothrock:Plan and Spherical Trigonometry	预科
高等代数	Hawkes:Advanced Algebra	本科一年级
解析几何	Osgcod and Granstein:Analytic Geometry	本科一年级
微积分	Granville:Differential and Integral Calculus	本科二年级
微分方程	Murary:Differential Equations	本科三年级
应用力学	Poormau:Applied Mechanics	本科三年级
材料强弱	Boyd:Strength of Materials	电机本科三年级
机械运动	Keown:Mechanism	本科三年级
物理一	Gortoa:High School Course in Physics	预科及本科一年级
物理二	Duff:Text book of Physics	本科二年级
化学一	Mc Pherson and Henderson:First Course in Chemistry	预科
化学二	Kendall Smith:General Chemistry for Colleges	本科一年级
投影几何	Kenison and Bradley:Descriptive Geometry	本科一年级
磁电线路	Timbie and Buh:Principles of Electrical Engineering	电机本科三年级
直流电机	Langsdorf:Principles of D. C. Machanics	电机本科三年级
物理实验	呈验实习报告	本科二年级
无机化学实习	呈验实习报告	本科一、二年级
有机化学实习	呈验实习报告	化学本科三年级
定量化学学习	呈验实习报告	化学本科三年级
定性化学实习	呈验实习报告	化学本科二年级
定性分析	Noyes:Qualitative Chemical Analysis	化学本科二年级
机械画	呈验成绩	本科二年级
电力测定	呈验实习报告	电机本科三年级
直流电机实习	呈验实习报告	电机本科三年级
有机化学	Cohen:Theoretical Organic Chemistry	化学本科三年级
定量分析	Talbot:Quantitative Chemical Analysis	化学本科三年级

（乙）附设高级工科中学

除检验体格及口试外，其考试科目如左：

国文	作文一篇，问答题若干条	高工一年级
英文	模范读本第二册（商务出版）	高工一年级
代数	现代初中教科书·代数学（商务出版）	高工一年级
几何	现代初中教科书·几何（商务出版）	高工一年级
物理	民国新教科书·物理学（商务出版）	高工一年级
化学	新撰初级中学化学教科书（商务出版）	高工一年级

四、应试资格（男女兼收）

（甲）在国内同等之大学肄业二年以上者，得投考大学本科三年级。

（乙）在国内同等之大学肄业一年以上者，得投考大学本科二年级。

（丙）高中毕业者，得投考本科一年级。

（丁）高中毕业程度较差者，及旧制中学毕业、或五年期工科职业毕业者，或曾在高中肄业二年以上者，均得投考大学预科。

（戊）初中毕业者，得投考附设高级工科中学。

五、试期及地点

大学本预科自七月二十日起至二十三日止，在杭州本院及上海徐家汇第一交通大学两处同时举行试验，报名时认定某处者，受试时不得更改。

附设高级工科中学试期为七月二十六、二十七两日，在杭州本院一处举行之。

六、报名日期及地点

大学本预科报名日期：自七月一日起至七月十九日止。

附设高级工科中学本科报名，自七月十五日起至七月二十四日止。

大学本预科及高级工科中学之报名地点，均规定在杭州报国寺本院一处。

七、报名手续

凡通函报名或亲赴本院报名者，均须具备下列之手续：

（甲）书明投考者之（一）年龄；（二）籍贯；（三）父兄名字；（四）详细通讯处；（五）以前毕业及肄业之学校及年期；（六）愿入何科；（七）投考大学本预科者，须注明愿在杭州本院或上海第一交通大学受试。

（乙）呈缴投考者最近四寸半身照片一张。

（丙）报名费

大学本预科二元；附设高级工科一元。

通函报名者，须购邮政汇票，以挂符信寄院，并须附邮票九分。

（丁）投考大学二、三年级插班者，须呈验前肄业大学各学期各科功课分数单及在学证书；投考本科一年级者须呈验高中毕业文凭；投考大学预科者，须呈验高中或旧制中学或五年期工科职业文凭，或高中二年以上肄业证明书。投考附设高级工科中学者，须呈验初中毕业文凭。通函报名者,须持文凭证书及功课分数单,由邮政挂号封寄本院审查。

(戊)上项手续完备后,由本院给与准考证,受试时,统以执有准考证为凭;无证者,不得与试。给与准考证后,不论应考及录取与否,报名费概不发还。

八、费用

(甲)大学本预科

每学期学费十二元,膳费二十六元,杂费五元。预备费三元五角,体育费五角,学生会费一元,新生制服费十元。

(乙)附设高级工科中学

每学期学费六元,膳费二十六元,杂费五元,讲义费四元,预备费三元,体育费五角,学生费五角,新生制服费十元。

(丙)住院外指定宿舍者,除膳宿费每月八元自行付给寄宿舍办理人外,其他各项费用,与住校生同,须缴付本院会计处。

(丁)通学生附午膳者,膳费减半,杂费二元,其他各费与住校生同。

(戊)通学生不附午膳者膳费不收,杂费收一元,其他各费与住校生同。

九、入学手续

(甲)新生到院时,先至教务处填写志愿书,并邀同居住本城现有职业而能负责者二人为保证人,来院填写保证书。

(乙)填写保证书志愿书后,须至会计处缴清各项费用,即持取会计处收据赴训育处报到,分配宿舍,并至教务处领取上课证。

十、附则

凡询问招考事项,或索取招考章程,须附邮票四分并开明详细地址。

《国立浙江大学教育周刊》第四十一期,民国十八年一月十三日

国立浙江大学致中华教育文化基金董事会公函
(1929 年 4 月 9 日)

案准○○贵董事会函开:查贵校去年向敝会请求补助,曾寄来创设化学研究所及材料试验所中文建议书数本,现敝会所存仅余一本,新董事都未涉目。拟请补寄十一本,以便将来开会时讨论。等由;准此。备见○○贵会关怀敝校之盛意。兹谨补印十一本,备函送上。即希○○查收转送为荷。此致
中华教育文化基金董事会
　　计送建议书十一本

国立浙江大学校长蒋○○
国立浙江大学工学院院长李○○

浙江大学工学院创设化学研究及材料试验所之建议

一、导言

无论何种科学,如无潜心之深究,决不能有何进步;而无一完备之研究所,则对于科学亦无从深究。西方各大学中均有高深研究之机会,开洛不云"教育不能离高深研究而生存"吾人岂能达其言哉？此时中国各大学中岂乏好学之士？徒以无处研究,致不能与西方各大学相提携。在此种情形之下,无论吾人对于近代科学之进步如何注意,终不能不相形见拙〔绌〕。故欲使科学在中国有可观之进步,首在于有声望之诸大学中设立研究所。此即本建议之主旨也。浙江大学工学院即前浙江工业专门学校,创办迄今将二十载,逐年均有发展。今苟能有相当之援助,可望于极短期内与西方诸大学相伯仲。如参观附录内本学院化学各部已有之设备及诸教授之姓名履历,即可证明吾人对创设研究所已有所筹备。

在创设之先,首在解决经济问题,此则不得不有望于贵会之辅助。本建议之主旨既与贵会之目的无不符合,极望贵会能允其所请,与〔予〕以经济上之援助,使研究所得早日成立。

吾人深信在研究所成立数年后,稍具成绩,浙江政府必可担任其常年经费,而吾人此时所望于贵会者,仅资助创办时期中一切费用耳。

二、计划

甲、目的

本建议之目的为:

(a)使大学教授能有高深研究之机会;

(b)使学生练习解决科学上各种问题及使其明了高深研究之重要;

(c)提倡及奖励学生深研科学;

(d)为社会或工业界关于科学咨询机关。

乙、组织内容

本所组织可分为二部:(一)研究部;(二)分析部。

兹将各部工作大概分述如左:

1.关于研究部者

分析及检定本国各种天产物品;

改良旧有应用方法;

搜求及创设新用途;

纯粹科学研究。

2.关于分析部者

普通工业分析及材料试验;

代工业界解决各种问题。

丙、预算

第一年预算可分为二项。第一项开办费,包括购置一切设备、书籍、药品等;第二项经常费,包括薪金、工资、煤电以及一切消耗。分列于左:

1.开办费

元为单位

(a)设备	
普通化学仪器(如玻杯、烧瓶、坩埚等)	三,〇〇〇
工业分析器具	三,〇〇〇
天平及法〔砝〕码	二,〇〇〇
白金器具	一,五〇〇
节温器及变阻器	三,〇〇〇
唧筒及马达	二,〇〇〇
电灯及高温测定器	三,〇〇〇
烙炉及附属件	一,五〇〇
打碎机及研磨机	二,〇〇〇
真空干燥器压滤机及离心机	二,〇〇〇
真空蒸发器及蒸馏器	四,〇〇〇
(b)机械装置及运输	三,〇〇〇
(c)书籍及杂志	三,〇〇〇
(d)化学药品	三,五〇〇
(e)办公室及实验用具	二,〇〇〇

共银三八,五〇〇元。

2.经常费

元为单位

(a)薪工	
主任一人支半薪(月支一百六十元)	二,〇〇〇
研究生二人(月支一百元)	二,四〇〇
书记一人(月支八十元)	九六〇
仆役二人(月支十五元)	三六〇
(b)煤及电气等	五〇〇
(c)杂支	五〇〇

共银六,七二〇元。

第一年预算二项合计银四五,二二〇元。

第二年及以后预算与第一年微有不同,除修理、添制、消耗等项外,更拟添研究员一人,襄助主任指导研究分析等工作,如左:

元为单位

(a)普通化学仪器	二,〇〇〇
(b)化学药品	三,〇〇〇
(c)机械添制及修理	三,〇〇〇
(d)书籍及杂志	二,〇〇〇
(e)薪工	
主任支半薪	二,〇〇〇
研究员一人(月支二百四十元)	二,八八〇
研究生二人	二,四〇〇
书记一人	九六〇
仆役二人	三六〇
(f)办公室及实验用品(信笺、邮票等)	五〇〇
(g)杂用	五〇〇

共银一九,六〇〇

三、附录

(甲)本校化学工程科设备现状

本科实习室及工场占用房屋四幢,水管、蒸汽管、煤气以及通风室均完备,可容学生一百五十八人同时工作。药品室备有大宗仪器药品,如析光镜、分光镜、偏光器等无不备具。另有煤气发生室二,所制成之气先入贮藏塔,然后分布各室。兹将各实习室、各工场略分述之:

(a)无机化学实验室面积一千六百七十六方尺,有桌位七十二个,可容学生三十六人同时工作;

(b)分析室在无机极实验室对面,面积一千二百八十方尺,桌位四十八个,天平室位于其傍有小门出入;

(c)有机实习室面积一千四百四十方尺,桌位三十二个;

(d)理论化学实验室面积一千七百二十二方尺,桌位三十二个,并附有天秤室;

(e)制纸工场有打浆机二架,压煮浆器、手工制纸器具备仿造各种纸张供本校缮写讲义之用;

(f)制革工场有打光机一,刮肉机一,回旋鼓一,打水轮槽一,石灰槽及脱灰槽多具,制造底〔皮〕革箱、皮马鞍、皮羊皮等销售市上;

(g)油脂工场系一小规模之肥皂厂,各种器具均完备,所制品有洗衣皂、香皂等类,颇受社会欢迎。现在筹添设榨油及油之精炼等部分焉;

(h)染色工场分染色及印花二部分,各色颜料均完备,并代外界染印各色布匹,取价极廉。

（乙）本校化学工程科教授名单及其履历（以姓字笔划为序）

王钧豪	美国哥伦比亚大学哲学博士,无机化学及冶金学教授,曾任天津工业专门化学教授十余年。
朱昊飞	德国哥廷根大学毕业,并在该校研究院研究三年,无机化学及油脂科学教授,曾任武昌中山大学理科主任及化学教授。
吴敬直	美国麻省理工大学学士,德国柏林大学研究工业化学教授,曾任前浙江公立工业专门学校化学科主任。
李寿恒	美国伊利诺大学哲学博士,化学工程科主任及工业化学教授,曾任国立东南大学化学教授及伊利诺大学工程研究院助理二年。
孟心如	德国柏林大学哲学博士,工业化学教授,曾任国立同济大学校长。
胡安恺	美国米希干大学学士,工业化学教授,曾任支〔芝〕加哥煤气公司副工程师三年。
陈承弼	英国理治大学毕业,染色化学教授。
张子高	美国麻省理工大学学士,理论化学教授,曾任美国麻省理工大学理论化学研究院助理、国立东南大学化学教授、金陵大学化学教授。
葛祖良	美国邓伯耳大学药学博士,有机分析化学教授。
赵廷炳	北京大学毕业,分析化学教授,曾任北京女师大化学教授兼化学系主任、仪器部主任及北京大学化学讲师。
潘承圻	美国麻省理工大学学士,梅恩大学硕士,分析化学及制纸科教授,曾任苏州工业专门化学教授。

浙江大学档案馆藏 L053-001-3277

2. 章则

评议会章程

(1928 年 3 月)

一、定名

本会定名为国立第三中山大学工学院暨附设省立高、初二级工科职业学校评议会。

二、宗旨

本会之宗旨在讨论各种建设之计划,确定教育行政之方针,以促进本院各部处之通力合作。

三、组织

本会评议员由院长及大学高级、初级教务主任三人,注册事务主任各一人,大学科主任四人,高级电机、染织科主任各一人,会计文牍主任各一人,暨教职员中推选三人合组之。

四、职员

本会主席于开会时临时推定，又常务书记一人，由评议员中互选之。

五、职权

本会所负之职权如下：

甲、本会得随时接受院长交下之教务会议或事务会议之议决案而审查之，其审查所得之结果得陈请院长交由各该会议复议。

乙、本会得依本院需要情形建议院长组织各种委员会，并得受院长之委托，随时督促各委员会之工作或审查之。

丙、本会得就本院财政之状况，审察本院事务之需要缓急，建议各种款项之支配。

丁、本会得斟酌情形建议其他各种计划。

六、法定人数

本会开会时以会员总数三分之二以上为法定出席人数，以出席会员三分之二以上为法定表决人数。

七、会期

本会每三星期举行常会一次，如有会员二人以上之联署，得举行临时会议，均由常务书记通知召集之。

八、附则

本简章如有末〔未〕妥之处，得由法定出席人数三分之二以上之同意修改之。

《国立第三中山大学工学院月刊》第一期，民国十七年三月

图书馆公开阅览规则
（1928 年 3 月）

一、本馆图书无论何人均可阅览。

二、本馆阅览时间除寒暑假停止外，每日上午七时十五分起至十时四十分止，下午十二时起至五时止，晚间六时起至九时止，例假上午同前，下午停阅。

三、本馆图书除本院教职员、学生以外，只能在内披阅，不准携出馆外。

四、本馆倘有特别事故须暂行停阅时，另行通告。

五、阅览人到馆须先至填券处，在阅书薄上填明姓名、年龄、籍贯、职业、分类号数、书名、册数，交管理员检发，阅毕缴还。

六、每次借阅图书，华装以两种四本为限，西装以一种二本为限，图书卷轴大者以一幅为限，小者以一册为限。阅毕欲换他种图书时，须另填阅书簿交与管理员检发，但掉〔调〕换书籍以二次为限。

七、阅览人指阅某种图书，如因借出未归，或先已有人取阅时，得由管理员声明换阅他种书籍。

八、凡阅览人暂须出馆时,应将所阅图书暂交管理员保存。

九、阅览人在图书或杂志上如有圈点、涂抹、折皱、污损及破毁、遗失时,应照原价赔偿。

十、本馆所揭阅览人注意事项须各遵守,倘有违背规则及注意事项,经本馆职员劝告不从者,得令出馆。

十一、有传染病、精神病或酗酒者,不得入馆阅览。

十二、阅览人对于本馆置备图书,或关于阅览上设施事项,倘有意见时,得随时函知本馆,当斟酌行之。

十三、本院教职员、学生借阅规则另订之。

十四、本规则自公布之日起施行之。

附则:本规则若有未妥处得随时修正之。

《国立第三中山大学工学院月刊》第一期,民国十七年三月

浙江大学工学院学生会章程
(1928 年 6 月 6 日)

第一章　总纲

第一条　本会定名为浙江大学工学院学生会。

第二条　本会以发扬大学精神、改良学生生活、实行学生自治、促进社会进化为宗旨。

第三条　本会会址设在本院。

第二章　组织

第四条　本会由本院全体学生组织之有组织系统如下:

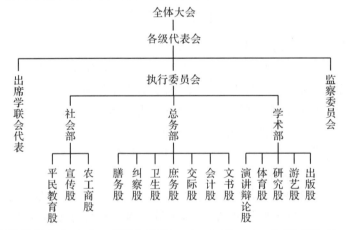

第五条　各级代表会十二人,正副主席各一人,文书二人,自行互选之。

第六条　执行委员会委员十八人,候补执行委员五人,主席由总务部长专任,记录由文书股任之。

第七条 监察委员会委员十二人,正副主席、书记各一人,自行推举之。

第八条 执行委员会各部设部长一人,各股设股长一人,均由执行委员自行分任之。各股股员若干人,由各该股长负责聘请,交执行委员会正式任命之。

第九条 出席学联会代表二人,候补代表一人。

第三章 职权

第十条 全体大会为本会最高机关,有解决一切事件之权。

第十一条 全体大会闭会后,各级代表会为本会最高机关,有议决会务进行方针之权,遇重要事件之紧急处置,有请求大会追认权。

第十二条 执行委员会为本会执行机关,有执行全体大会及各级代表会议决案、详定进行办法及工作步骤、负责办理会务之权。

第十三条 执行委员会各部股分别办理所属事项,有详细办事细则自定之。

第十四条 监察委员会之职权如下:

1. 本会职员有不尽职或腐化或非法或越权者,得检举弹劾,或请代表会议决罢免之;

2. 得审查本会一切章程;

3. 审查本会一切账目。

第十五条 出席学生联合会代表负责出席学生联合会一切事宜,并随时报告情形。候补代表除正式代表出缺递补为正式代表外,别无职权。

第四章 选举

第十六条 候补执行委员除执行委员出缺递补为正式执行委员外,在执行委员会有出席权而无表决权及投票权。

第十七条 各级代表二人由各级用记名式选举之。

第十八条 执行委员十八人,候补执行委员五人,及出席学联代表二人,候补代表一人,均由全体会员用记名式选举之。

第十九条 监察委员十二人,由每级所用记名式选举二人任之。

第二十条 由全体会员选举之法定票数为全体会员二十分之一,如票数不足重选之,但以一次为限。

第二十一条 职员改选在每学期第二次常年大会闭会三日内举行之。

第五章 开会

第二十二条 常年大会每学期初末各开一次,由总务部召集之。

第二十三条 全体大会须有全体会员五分之三以上之出席方能成会,议案须有出席人数半数以上之赞成方能通过。

第二十四条 执行委员会每星期开常会一次,各级代表会及监察委员会每二星期开常会一次,其成会及遇过议案之法定人数均与全体大会相同。

第二十五条 全体大会遇必要时得由各级代表会之议决,或由全体会员四分之一以上之请求,由执委会总务部召集临时大会。

第二十六条　大会主席及记录临时推举之。

第六章　任期

第十二七条　执行委员及监察委员之任期为半年,出席学生联合会代表之任期为一年,连举得连任,但不得过二次,亦不得兼职。

第七章　会员之权利及义务

第二十八条　会员均有选举权、被选权、表决权、建议权、要求开会权及一切应享之权利。

第二十九条　会员有担任会费、遵守会章及一切决议案之义务。

第八章　经费

第三十条　本会经费来源如下:

1. 经常费每学期每人一元,于开学时随同学费缴纳;
2. 本院清〔消〕费合作社纯益百分之二十补助;
3. 临时费由大会决定临时征收之。

第九章　附则

第三十一条　本章程自经本会第一次全体大会通过施行之。

第三十二条　本章程有未妥处得于大会时经会员三人之提议,经出席人数三分之二以上之赞成,修改之。

《浙大周刊》创刊号,民国十七年六月六日

本院练习生暂行简则
(1928 年 9 月 26 日)

一、凡农民子弟曾在小学以上学校毕业,志愿在本院各场实习,而求将来实地经营者,经本院检验合格,得为本院练习生。

二、练习生除在各场实习外,并由本院按照各生程度分别授以普通知识及农业知识等各种功课。

三、练习生之具有初中毕业以上程度者,经本院之许可得,选修本院各种相当程度之功课。

四、练习生实习年限至少一年,满期后经本院认为合格者,得给予证书。

五、练习生入院实习,其时间及项目之支配由本院规定之。

六、凡高小毕业程度之练习生,实习期间在三年以上,经本院认为及格者,给以初中实科毕业证书。

七、练习生之膳食概归自理。

八、练习生之成绩优良工作勤恳者,得由本院补助其膳费。

九、练习生应遵守本院一切规则。

职工工资及赏罚规则
(1929 年 1 月 13 日)

一、本条例以确定本院职工工资,揭明赏罚程序为宗旨。

二、本院工场依工作之艰易性质之类别,拟分为子、丑、寅、卯四类:

子、金工、发电;

丑、锅炉、木工、原动;

寅、油脂、染色、铸工、锻工、手织、力织、制革;

卯、制纸、捻丝、纹工。

三、工场织工分为四等,其工资之区分如下:

	一等	二等	三等	四等
子	四十至六十	二十五至三十九	十六至二十四	九至十五
丑	三十八至五十	二十五至三十七	十六至二十四	九至十五
寅	三十六至四十五	二十六至三十五	十六至二十五	九至十五
卯	三十四至四十	二十五至三十三	十六至二十四	九至十五

四、一等职工须经验丰富,技术精良,确能领袖其他工人指导艺徒者,二等、三等职工视工场情形及技术区别之,次者属于四等。

五、职工隶属何等,由工场主任商同事务处,陈明院长决定之。

六、职工成绩优良者,主任得随时胪举事实,陈明院长酌加工资,以示鼓励。

七、职工技术进步成绩特殊优良时,得由主任陈明院长升迁等级。

八、增加工资每次一元,其成绩特殊者不在此限。

九、职工工作不力时,重者斥退,轻者降级,减少工资。

体育委员会章程草案
(1929 年 1 月 13 日)

一、本会定名为浙江大学工学院体育委员会。

二、本会为谋本院学生体育之发展及普及而设。

三、本会委员七人,由院长于教职员中选聘之;学生代表四人,由大学及高初级学生会各派二人充任之。

四、本会设委员长一人,由委员及学生代表推选之。

五、本会之职务如下:

a 关于运动场之设备事项;

b 普及体育之设计事项;

c 关于体育费之征收及分配事项;

d 关于体育用器之添置及改革事项。

六、本会每月至少开会一次,由委员长召集之。

七、本会决议案交体育股执行。

八、本简章由院长公布施行。

《国立浙江大学教育周刊》第四十一期,民国十八年一月十三日

图书馆借阅图书规则
(1929 年 1 月 13 日)

第一条　本校教职员、学生均得向本馆借阅图书。

第二条　借阅图书分长期、短期两种,长期得借至馆外,短期只能在本馆阅览。

第三条　各种图书除短期借阅者外,均可长期借阅,短期者规定如下:

(一)百科全书

(二)二十四史

(三)四部丛刊

(四)字典及辞源

(五)精美图画及图案(但教员须作教本及参考用时亦得长期借阅)

(六)新到之杂志

(七)丛书及卷帙完全、装订成册之杂志(但教员作教授上参考用时亦得长期借阅)

(八)善本书籍

第四条　借阅图书须用借书证,每学期之始由本校发给之。

第五条　借书证倘有遗失欲补给者,须声明事由,经本馆职员认为正当时,方得补给。

第六条　长期借阅图书者,应注意下列各项:

(一)借阅图书时应先就目录中选定某种书籍,然后填写本馆所备之借书券交管理员检发,同时须缴本人之借书证以便检查(该证于还书时发还);

(二)借期以一星期为限,借出之日算起;倘届期尚须续借者,亦应将至本馆声明,另填借书券;若已有人预定,则不得续借;

(三)逾期日而不归还者,不准其续借;

(四)每人每次借出图书,中文者以三册为限,外国文以一册为限;

(五)教员借用教科书及教授用之参考书,得增加册数,延长借期,惟届学期终了时,仍须于放假前归还本馆。

第七条　短期借阅图书者应注意下列各项：

（一）借阅图书时，应先就目录中选定某种书籍，然后将借书证交与本馆职员取阅欲借之图书；

（二）杂志之陈列架上者，得任意取阅，惟阅后须置原处，勿使凌乱；

（三）陈列架上之杂志及借阅之图书，均不得携出馆外；

（四）阅览时不得朗诵、高谈、吸烟及随地涕唾；

（五）阅览时如作记录，应自携纸笔，本馆概不供给。

第八条　阅览图书时应注意下列各项：

（一）勿污损；

（二）勿圈点、勿批注；

（三）勿蘸唾翻页；

（四）勿折角。

第九条　借出图书倘有遗失、污损等事，照原价赔偿（此项纳金由本馆送总务部转交会计股掣付收条）。

第十条　借出图书倘有剪裁等事发生，除照第九条办理处，停止其借书一学期。

第十一条　贮藏图书之处，非经认为必要时，不得任意入内。

第十二条　本馆在整理期间，无论何书概不借出。

第十三条　本馆每日开放时间上午自 时 分起至 时 分止，下午 时 分起至 时 分止，例假上午照前，下午停阅。

第十四条　本馆在寒暑假期停止借阅。

第十五条　本规如有未妥处得随时修正之。

《国立浙江大学教育周刊》第四十一期，民国十八年一月十三日

出版股办事规则

（1929 年 1 月 13 日）

（一）出版事务，由院长于教授教职员中请定主任分别进行。

（二）出版股事务如左：

1.月刊

以公布院闻，提倡工业学术、发表言论及沟通毕业同学状况为宗旨。

2.年刊

以发表教授、教职员撰著、译著或研究心得及学生著作为宗旨。

3.不定期刊物及一览、概况、同学录等。

（三）本股设下列二组：

1.编辑组

设年刊主任、月刊主任各一人，编辑员由两主任于各科各处各系中各指定一人，由院长具函延请之。

2.事务组

设事务主任二人,任收缮、付印、校对、发行及同学通讯、演讲记录、招揽广告等事。各事务员由主任自行指定,由院长具函延请之。(缮写得请资雇员。)

(四)除编辑主任、编辑员自行撰作外,全院同事于每一学期中至少须担任稿件一篇。(任教务者担任学术,任事务者担任院闻或所管职务内之报告,兼任教职者得自由撰述一种。)在校同学及前任教职员毕业同学均自由投稿。

(五)编辑主任、编辑员对于来稿得自由去取删润之。

(六)各科、各系、各处之编辑员,对于本科、本系、本处各同事之稿件,负按期催集之责。

科、系、处之分类如左:

电机科 化学科 土木科 机械科 染织科 国文系 英文系 数学系 物理系 体育系

非上列各科系之教员稿件,由教务处负责催集之。

教务处 训育处 事务处 会计处 文牍处 图书馆

非上列各处馆之职员稿件,由事务处负责催集之。

在校同学之投稿柜,安置训育处,由训育处随时检送编辑主任。至前任教职员、毕业同学之稿件,均直接送交编辑组。

(七)月刊出版不得逾封面所刊月份,年刊出版不得逾学年度终了时。

逐月银钱收支由事务组按月开单报告会计处,余存刊物及编辑组编余之稿件亦须负责保存。

(八)需用经费,除售价及广告费供给外,概由工学院弥补之。

(九)本规则未妥善处,得随时于评议会中提出修正之。

《国立浙江大学教育周刊》第四十一期,民国十八年一月十三日

免费奖学规则草案
(1929 年 1 月 13 日)

一、免费生分免缴学费与兼免膳费二种。

二、免费之准许与否,由奖学委员会决定之。

三、奖学委员会由院长及教务部注册部人员组织之,但开会时,得于科主任、工场主任、各科教员、宿舍指导员、自修指导员、管理员内指请临时委员。

四、凡经奖学委员会之准许,具下列各项成绩者,得免学费:

甲、热心院内公共事务者;

乙、体育运动具有成绩者;

丙、各科考分均在七十分以上,总平均在八十五分以上者;

丁、一学期内缺席不满十小时者。

五、凡经奖学委员会之准许且具有下列各项成绩者,得兼免膳费:

甲、热心院内公共事务者;

乙、体育运动具有成绩者；

丙、曾受前条免费奖励一次以上者；

丁、各科考分均在七十五分以上，总平均在九十分以上者；

戊、一学期内缺席不满五小时者。

六、免费奖励以一学期为有效期间。

《国立浙江大学教育周刊》第四十一期，民国十八年一月十三日

艺徒通守规则

(1929 年 1 月 13 日)

一、艺徒应养成勤恳耐苦之习惯，练习精良切实之技术，不得稍涉浮跨〔夸〕，致失工人美德。

二、每日工作八小时，如有不得已事故，须向所在之工场管理员请假，并将核准之假条陈由艺徒主任注册。如非工作时间，则径向艺徒主任请假。

一学期内请假逾三百小时者，延长其实习年月一学期。

三、早晚及午膳前后进出工场，悉以放汽笛为号，不得迟到早退；如有迟到早退，作旷课论，授课时亦同此计算。

一学期内旷课逾六十小时者除名。

四、在工场内须服从主任教员、管理员职工之指导，非实习时间，亦应遵守本院一切规则，并服从艺徒主任、教职员职工之指导。

五、工场内一切工具物件之整理、揩擦等事，须随同职工尽力工作。

六、在工场内工作惰懒，或浪费材料，或有一切不合规则不听指导之行为者，由管理员分别轻重立时予以警告记过之处分，并知照艺徒主任注册。如在工场外违反规则，由艺徒主任立时直接处分，应除名者，均报告院长核准办理。

七、在工场内有犯规行为，而管理员未及觉察时，职工有报告管理员之责任。

八、实习分数由管理员咨询职工意见，按月严格填注（凡制品之良窳及所费时间、所耗材料等须以职工能力为标准严定分数），报告艺徒主任注册，至一学期终加入学科平均之。其平均计算时，实习占五之四，学科占五之一，惟实习分数比例不能及格时（不满四十八分），虽加入学科分数超过六十分，仍作为不及格。成绩过劣或连续两学期不及格者，令其退学。

《国立浙江大学教育周刊》第四十一期，民国十八年一月十三日

（三）劳农学院

1. 概况

第三中山大学劳农学院在沪招生
（1927 年 7 月 15 日）

浙江公立农业专门学校自谭熙鸿同志长校以来，内部组织焕然一新，下学期始添办第三中山大学劳农学院，内设专门、中等两部，提倡半日作工、半日读书，以资革新农业教育，造就各项农业社会及技术专门人材，实地指导工作，力求发展新农业为目的。兹闻该院除在杭招收新生外，复定阳历八月二十四、五、六日在上海举行入学考试，特由李剑农同志来沪，主持招生事宜，并借本埠南车站大同大学为报名、考试地址。

《新闻报》民国十六年七月十五日

旧农专未便恢复
（1927 年 11 月 12 日）

前浙江公立农业门学校经前省务委员会第三十七次会议议决，于八月一日起，改组为国立第三中山大学劳农学院。是项学制变更，原为提高学术程度，注重实际工作，使占全国人口百分之八十五之农民有良好之导师，而实现农业学术化。故劳农学院之一切设施务须深合农业教育之原则。讵前农业专门学校全体学生以为时间与经费，劳农学院与农业专门大相悬殊，于是起而为恢复农专年级运动，上书国立第三中山大学行政处，请求恢复农业专门旧校。此案经当局详加考虑，认为未便照准。即发批令一件文云：

书悉。查本大学接管前浙江省政府教育厅卷内，据浙江公立农业专门学校农科、林科一、二年级全体学生，于本年七月三日呈请解散农专，编入劳农学院一案，经浙江省政府教字第五八〇号令，令饬该校代理校长拟具办法，呈候核夺去后，嗣据该前代理校长拟具农专原有学生编入劳农学院办法，呈请鉴核前来，业由本大学核定准予照办在案。兹据呈称，指前农、林一、二年级之呈请为"捏称"，出尔反尔，殊属不合！查改组前浙江公立农业专门学校为本大学劳农学院，系本大学夙定之计划，即无该校专门部农、林一、二年级全体学生之呈请，亦事〔势〕在必行。盖以该校虽揭橥专门，而实习功课不多，不切实用，且学生稀少，成绩欠佳，徒耗巨款，有裨于本省农业者鲜，久为诟病之所丛，欲图改革，非变更学制不可。专门部农、林一、二年级全体学生，前呈所称昔日学制偏重理论，而忽于实际，致农校与农村不能融合。是则学制之改革，实为当今之急务。又称专门之制，不切实用，纸上谈兵，与农民痛痒无关，则与革命旗下事重实际之主义不合等语，诚属不为无见。至农专原有学生编入劳农办法，经本大学核准者：（一）甄别办法视上年学生试验成绩及缺席时间之多寡，分别升留，编入劳农学院相当班次。（二）课程补救办法。按照劳农课程，将农专已授各课规定学分，其不足之数，令其补足。核与该专门部农、林一、二年级全体学生前呈所称，专门部原有学生之处置实为重大之问题。诚以专门学生程度不齐，若严行入学考试，则优秀固无不可，其奈次劣者乎？故惟有依原有班次，编入劳大，实行学分制，以促其努力，励行严格考试，以定其去留。自好者，固肯发奋上进；自暴者，定必淘汰无遗等语，亦正差相符合。现在该生等既经依照此项办法，分别编入该院肄业，于学业方面，自无已经学过或较浅近之弊。即学科间有重复，而劳农学制，重在实习，该院实习课程约占全部课程之半数，该生等纵于光阴、经济两方面，略有牺牲，而能获得实习之益，是岂专门学制所能有乎？至该生等以资格为言，则专门劳农学制系统不同，自不能援专门学校与劳农学级强相比附。求学目的在能实际应用，胡得空谈资格。该生等果能努力奋勉，则以本省农业实用人材之缺乏，毕业而后，定能为人重视，又岂在区区专门之资格乎？该专门部农、林一、二年级全体学生前呈曾有生等意志坚决，能否毕业升学，在所不问。惟入学之勇气则有之；工作之努力，其所愿也等语，何至前后自相矛盾，甚且否认前呈，实属不成事体！所请应毋庸议。除由谭院长面加晓谕外，仰即知照！此批。

《国立第三中山大学教育周刊》第七期，民国十六年十一月十二日

中华民国国立第三中山大学秘书处公函（第二八○号）
（1927 年 12 月 13 日）

奉校长谕：

据本大学劳农学院请改该院高等科为本科，应准将该院高等科名称取销〔消〕，改为劳农学院本科。等因。相应函达。即希查照为荷。此致
国立第三中山大学劳农学院

国立第三中山大学秘书长刘大白
中华民国十六年十二月 日

《浙江省政府公报》第一百七十九号，民国十六年十二月十三日

中国国民党浙江省党部临时执行委员会公函（农字第十号）
（1928 年 1 月 9 日）

敬启者：

案据本党部前全省农民运动视察员孔雪雄、张渭斌等呈称：窃视察员等奉前改组委员会之命计划萧山湘湖为第三中山大学劳农学院场所，所有经过情形及结束日期业经先后呈报在案。查萧山湘湖土质精良、物产繁多、水量充裕、风景佳美，以之为建设劳农学院场所在，吾浙疆域之中可称首屈一指之适宜地点。且开垦流浚之后，与九乡水利绝无妨害于沿湖居民生计，文化大有改良发展之处。今摘述其理由于次：

一、证明现在预备开垦之湖地三千亩，完全为高阜地段，开垦后与全湖水量绝无减少之影响。

此次测得结果锭山附近有三千一百二十一亩二分八厘湖地,虽湖水平东汪坝顶时尚高出水面,绝非湖面畜〔蓄〕水部分,故开垦后决无减少全湖水量之虞。(参看湘湖调查报告书第一十三、第十七各篇)

二、比较从前需用湖水之田亩及现在需用湖水之田亩,证明全湖水量有剩余。

据萧山县志所载:从前需用湖水之九乡田亩共十四万六千八百六十八亩。惟现在调查所得仅五万八千七百四十七亩,其减少之原因由于坟堰山开通,地形变迁,麻溪、三江两闸建筑完固,来苏、崇化、昭明三乡完全用西小江之水灌溉,比较以前有八万八千一百二十一亩之余剩水量。

三、现在湘湖之水量及每亩平均所得之水量与垦浚后之比较,证明沿湖需用湖水之田亩及新垦田亩,虽在大旱之年亦无水量缺乏之虞。

此次测得湘湖水量在常时有一百八十三万七千八百六十七平方,若分配五万八千七百四十七亩,每亩可得三十一平方零三方寸。当然有一大半水量之余剩,若浚在〔去〕湖泥一百万平方可增加水水量一百平方,共得水量三百二十三万七千八百六十七平方。若开垦湖田七千亩,合计九乡需用湖水之田共六万五千七百四十七亩,每亩平均可得湖水五十平方零八方寸。虽在大旱之年,亦无缺少湖水之虞。(参看湘湖报告书第三篇)

四、疏浚后湖底之平均高及与塘外田平均高之比较,证明湖外田亩仍可引放湖水灌溉。

据测量之结果,上湘湖底之平均高为一七.一米达,下湘湖底平均高为一七.一米达,比塘外沿湖田亩之平均高,不过若一二米达,若浚去湖泥一百万平方,不过减低一米达左右,比塘外沿湖田亩之平均高不过差二三米达,而已仍高于内河河底甚多。故垦浚后九乡田亩仍可引放湖水以资灌溉。(参看湘湖调查报告书第十四、十八篇)

总上四端观之,垦浚湘湖与九乡水利绝无妨害也。视察员等爱拟具其一步工作计划及预算书先行经营湘湖之部分作为基础,自后逐渐推广,俾壮〔庄〕严伟大之劳农学院得早日实现于湘湖,为全浙农业科学化之发动机关,其造就于党国必甚可观也。兹将此次调查报告书第一步工作计划书暨以后工作大纲第一步工作预算书等先行呈报,是否有当,尚祈察核施行。至于各种图表正在印刷之中,未能一并呈报。特此申明。附录湘湖调查报告书一册、第一步工作计划书一份、第一步工作计划预算书一份、第一步工作后之计划大纲一份等情前来,据此查该员等调查测量各节,颇为正亏,所拟各项计划及预算尚属适当,相应函达贵政府,即希查照办理以利民生,是属至要。此致

浙江省政府

中华民国十六年十月

《国立浙江大学农学院周刊》第五期,民国十七年一月九日

中华民国国立第三中山大学公函(第八三号)
(1928 年 2 月 8 日)

案查本大学劳农学院应设立桑园及棉业试验场,因无相当地点,前经本大学校长商准蒋代主席,将笕桥陆军大营操场境内划出无用隙地六百余亩,作为该学院设立桑园及棉业试验

场之用。现在该学院对于此项隙地亟待筹画建设,相应函请贵厅查照、派员会同本大学劳农学院履勘划定界址,俾便进行,至纫公谊。此致
浙江省政府军事厅

国立第三中山大学校校长蒋梦麟
中华国民十七年二月八日

《浙江省政府公报》第二百二十四号,民国十七年二月十一日

第三中山大学劳农学院湘湖农业场第一步工作计划大纲（浙江省党部拟）

（1928 年 2 月 27 日）

时期	十六年十月下半个月起至十七年四月上半个月止
地点	锭山西南淤地最高处种各作三千亩,白马湖、东湖部分养鱼十万尾。
步骤	一、成立湘湖农业场工作委员会,详密订定各项办法并计划一切; 二、于萧山先设办事处,招工收种籽、购买鱼秧,派人赴湖中布置宣传; 三、于锭山之西建筑房屋设备一切应用工具;（参看第一步工作计划预算书） 四、开始开垦地亩,筑鱼箔、养鱼、造船; 五、按期施工训练工人; 六、预备结束; 七、计划第二步工作。

《国立浙江大学农学院周刊》第八期,民国十七年二月二十七日

国立第三中山大学秘书处公函（第一四六号）

（1928 年 3 月 12 日）

查浙江省政府委员会于十六年十二月三十日第六十三次会议,议决拨西湖凤凰山为造林场,由本大学办理,本年二月二十二日第八十二次会议,复议决凤凰山造林办法,均准。浙江省政府秘书处先后函请查照办理前来,除由本大学令饬杭县县长迅行遵照,将该县造林事务所移交贵学院管理,并饬向该县清理官产委员会调取关于该所所辖山地各种图表,送交贵学院参考外,相应抄同议决案并原件,函请贵学院派员前往接收办理为荷！此致
国立第三中山大学劳农学院。
计抄送议决案并原件三份

国立第三中山大学秘书长刘大白
〈中华民国十七年〉三月一日

浙江省政府委员会十二月三十日六十三次会议议决案通知

（案由）第三中山大学提议请拨西湖凤甡〔凰〕山为造林场由国立第三中山大学办理案。
（议决）通过。

浙江省政府委员会二月二十八日八十二次会议决议案通知

（案由）蒋委员梦麟报告调查凤凰山造林场现况，并提出办法，本年度拟先造林五百亩。
（决议）照所拟办法，每亩应予津贴工洋二圆，合计一千圆，由财政厅照发。

附原件

凤凰山乃系总其邻近诸山，如孔家山、小九华山、胜果山、将台山、栖云山等荒地，均包括在内，若单指狭义的凤凰山，面积不过数百亩耳，故本山范围，应如左表：

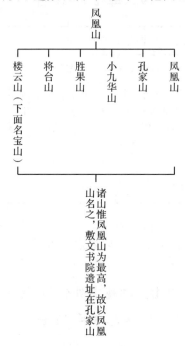

现况

杭县造林事务所设在扫帚湾，离山半里许，有房屋六间，今已停办。惟尚有林夫四人，技术员一人，斋夫一人。场长杨耀文，早就他职，问其经费来源，则云由杭县清理官产委员会支给，是否属实，尚待究查。

办法

一、应请省政府令杭县公署转饬杭县造林事务所办理移交，由劳农学院接替，经理造林事务。
二、杭县造林场管辖山地，其各种图表，存杭县清理官产委员会，应令杭县公署调取该会关于本山各种境界图表，交由劳农学院，以备参考。
三、劳农学院接办之后，本年度规定造林五百亩，俟造林事等完竣，始施行测量订正界域。

《国立浙江大学农学院周刊》第十期，民国十七年三月十二日

中华民国大学院浙江大学秘书处公函（第二号）
（1928 年 4 月 9 日）

径启者：

　　查贵学院学生免费运动委员会呈请准予免费一案，业由校长提交浙江省政府委员会核议，经第九十七次会议议决，碍难照准，并由本大学依浙江省政府委员会议决此案理由，详予批示。相应录批函达贵院长。请烦迅即揭示该会知照。实纫公谊！此致
中华民国大学院浙江大学劳农学院院长
　　计附送批词一则

中华民国大学院浙江大学秘书长刘大白
中华民国十七年四月三日

批词一则

　　批本大学劳农学院学生免费运动委员会呈一件，为呈请准予免费由。

　　呈悉。查本大学及各学院经费虽系国税项下支出，惟现由浙江省库垫发，且免费办法与浙江大学区全区教育政策有关。故经本大学校长据呈提交浙江省政府委员会核议，兹经第九十七次会议议决，碍难照准。其理由为：（一）现值军事孔殷，库储奇绌，势难支出此项给膳巨款；（二）即军事终了，库储较裕，浙省亦无此财力，行此给膳制度；（三）给膳之制，是否与现采教育方针相合，殊费研讨；（四）该院学生业经免收学费，已足以减负担而示优遇；（五）据呈免费理由三种均属牵强，无论何校均可引为口实。据呈前情，合行批仰知照！

　　此批。

中华民国大学院浙江大学校长蒋梦麟

《浙江大学劳农学院周刊》第一卷第十四期，民国十七年四月九日

浙江大学劳农学院浙江省蚕业试验场蚕业指导事业
（1928 年 4 月 16 日）

　　养蚕事业中国最古。浙江之气候土质尤为养蚕所最适应，农民除从事农作之外大都经营养蚕。故中国之蚕丝品，浙江为最著名，其成败得失不仅私人生计极有关系，于国家经济亦有莫大影响。乃近年之养蚕进步何如？中国之蚕丝与后进之日本相较又何如？养蚕原为农家副业，农家之知识简单，饲养方法大多墨守古训，罔知改进。纵有学术机关试验研究，然与农家隔阂殊深，不相关切，非有实地指导机关，技术不能改进；技术不能改进，发展之希望颇难。

　　蚕业为小企业之一种。小企业之资本薄弱,经济竞争之结果,小企业每受大资本之压迫。吾国蚕家因受茧行丝行之垄断,至不能充分发挥者,经济的关系也。欲免大资本家之经济压迫,非提倡共同合作方法不可。蚕家既不能自动的技术改良,又不能合力的共同组织,则生产品质既难进步,经济之收入亦为损失。循斯以往,中国之蚕业前途殊堪殷忧。吾蚕业机关不能辞其责也。本部成立伊始,设备未周,应办事业不遑枚举。谨就关于技术上之指导改良及组织上之提倡共同合作二义努力进行,未知有当否乎?

一、共同修养事项

(一)讲习会、谈话会

(二)团体视察

(三)图书杂志之阅览

二、桑园设置及改良事项

(一)桑园基本调查

(二)整理改善

(三)品种桑园

(四)试验桑园

(五)接穗桑园

(六)共同苗圃

(七)共同早生桑

(八)劳力组合

(九)采种桑园

三、共同设备事项

(一)消毒场

(二)干茧场

(三)贮茧仓

(四)蚕种贮藏库

(五)催青器及催青室

(六)蚕具制造

(七)制丝场及制绵场

四、共同设施事项

(一)技术员之设置

(二)共同催青

(三)稚蚕共同饲育

(四)共同蚕种制造

(五)蚕病预防

(六)桑之病虫驱除

(七)木炭之共同制造

五、共同购买事项

(一)蚕种购买

(二)肥料购买

(三)蚕具购买

(四)木炭购买

(五)桑苗购买

六、组合互助事项

(一)桑叶之需给

(二)劳力之调节

(三)灾厄之救助

(四)共同信用借款

(五)生产品共同出售

七、组合改良事项

(一)饲育竞技会

(二)上簇改良会

(三)经营品评会

(四)茧丝、蚕种、桑苗品评会

(五)组合之奖励

八、组合团结事项

(一)基本财产之造成

(二)养蚕改善讲话

(三)规约贮金

(四)慰安会

《国立浙江大学农学院周刊》第十五期,民国十七年四月十六日

浙大劳农学院招生办法、考试科目及日期

(1928 年 6 月 15 日)

　　浙江大学劳农学院十七年度,招收大学本科一年级及高中农科一年级新生。本科四年毕业,投考资格以高中毕业、或大学预科毕业、或农专本科修业一年以上者,为合格。试验科目:与〔分〕体格检验、国文、外国文(英、法、德任选一种)、数学(高等代数、三角解析几何)、理化、生物、矿物、常识测验及口试。高中农科三年毕业,投考资格以初中毕业,或旧制甲种农校毕业者为合格。试验科目分体格检验、国文、数学、理化、博物、英文、常识测验及口试,一律定于七月十六、十七、十八三日,在杭举行云。

《中央日报》民国十七年六月十五日

国立浙江大学劳农学院招生(男女兼收)简章(十七年度)
(1928 年 6 月 18 日)

本学院招考大学部本科一年级及高中农科一年级新生,其办法如左:

(甲)大学部本科

一、修业年限

四年毕业

二、招生名额

五十名

三、招考资格

(一)高中毕业者;

(二)大学预科毕业者;

(三)农业专门学校本科修业一年以上者。

四、试验科目

第一日	上午	体格检验(体格不及格者不得与试)
	下午	国文
第二日	上午	数学(高等代数、三角解析几何)　物理
	下午	外国文(英、法、德、日任选一种)
第三日	上午	生物学及矿物学　化学(有机及无机)
	下午	常识　测验　口试

(乙)高中农科

一、修业年限

三年毕业

二、招生名额

五十名

三、投考资格

1.初中毕业者;

2.旧制甲种农业学校毕业者;

3.与初中毕业程度相等、得有修业证书者。

四、试验科目

第一日	上午	体格检验(体格不及格者不得与试)
	下午	国文
第二日	上午	数学　理化
	下午	英文(如有愿考德、法、日文者,须报名时预先声明)。

第三日	上午　博物　常识　测量
	下午　口试

投考手续

投考者须于报名期内向本学院指定报名处报名,并须呈验毕业证书或证明书,并缴纳试验费(大学部二元,高中部一元)(录取与否概不发还)及四寸半身相片一张。

入学手续

凡经录取新生于九月十号开学时将保证人亲笔签字盖章之保证书,连同本人亲笔填具之入学志愿书,一并送交本学院(杭州沪杭线笕桥),并向本学院指定之杭州中国银行(杭州城内三元坊)缴纳各费。如开学后十日内未行此项规定者,取销〔消〕其入学资格。保证人须在杭州确有职业,于学生身份一切能担保者为合格。

费用

第一学期	大学部本科	高中农科
学费	十二元	六元
膳费	二十六元	二十六元
杂费	五元	五元
讲义费 (如有应购书籍由学生另行自备)	四圆〔元〕	四圆〔元〕
制服费	八元	八圆〔元〕
工作衣费两套	八元	八元
体育费	一元	一元
预备费	三元	三元
总计	六十七元	六十一元

报名及考试地点

杭州马坡巷法政学校　上海江湾劳动大学

报名日期

阳历七月七日至十四日止

考试日期

阳历七月十六、十七、十八日

附则

凡向本学院询问招考事项或索取招考简章,须附邮票四分,并开明详细地址。录取揭晓登杭州《国民日报》、上海《民国日报》。

《浙江大学劳农学院周刊》第二十四期,民国十七年六月十八日

浙大劳农学生免费运动
(1928 年 11 月 17 日)

国立浙江大学劳农学院自去岁改组成立后,本有免收学费一项,以示奖励。学生方面鉴于中国农业前途之重要,援上海江湾劳动大学陈例,有免费之运动。教育当道以所陈理由,尚合情理,当即准许免费。故自十六年度起,凡以后劳农学院大学、中学全体学生只收膳费,其余一切杂费均予免收,以示优待劳农。乃今夏以来,浙大对于十七年度招收新生,忽明令停止免费办法,并将旧时规定免收之学费重复增加,顿成新旧待遇之不平。该院本学期新同学对此不甘忍受,故于十月五日由全体新生组织新生免费运动会,正式宣告成立,具文呈向浙江大学呼吁;同时陈请浙江省党务指导委员会予以援助。而全体旧同学亦在筹划援助方法,预备一致合作,庶不失当时免费运动之目的,而不愿新同学受此不平等之待遇云。

《民国日报》民国十七年十一月十七日

浙大劳农学院明年改称农学院
(1928 年 12 月 29 日)

浙大蒋校长以大学各科均应养成手脑并用、心力兼劳之人才,不独农业一科宜以劳著,故决定自十八年元旦起,将浙大劳农学院改称农学院,一切办法悉仍旧贯,并无变更云。

《新闻报》民国十七年十二月二十九日

过去成绩及将来计划
(1929 年 1 月 13 日)

本学院自成立后,学业方面分设大学、高中两部。大学部分为农艺、森林、园艺、社会、蚕桑五系,高中部分为农艺、森林、农业社会三系。场务方面分设农场、林场、制造场、园艺场、畜牧场、棉场、蚕桑场七场。推广方面,分设农民子弟日校、农民子弟夜校、农民茶园种种。兹将各部场系及推广事业之过去成绩及将来计划,胪列于下:

一、学业方面

甲、大学部

(1)农艺系

现设农艺系四年级一班,农艺系三年级一班,农艺系二年级一班,共计三班。

(2)森林系

现设森林系四年级一班,森林系三年级一班,森林系二年级一班,共计三班。

(3)园艺系

现设园艺系三年级一班,园艺系二年级一班,共计两班。

（4）社会系

现设社会系二年级一班。

（5）蚕桑系

现设蚕桑系二年级一班。

乙、高中部

现设高中补习科一班,高中一年级新、旧二班,高中农艺系二年级一班,共计四班。

本学院自成立后,因格于经费,未能大事扩充。大学部方面现仅分设五系,将来经费稍裕,拟逐渐添设畜牧、生物、农艺化学、农业工程四系,以适应社会之需要。

二、场务方面

甲、农场

本院农场现分第一农场（就浙江公立农业专门学校原有农场改设）,第二农场（就省立农事试验场改设）,第三农场（设在湘湖）三场,专供各种农作物及副产物之试验研究。就稻作而言,过去一年间,已征得各地之稻种共一千零四十四种;计早稻一百八十三种,中稻二百八十六种,晚稻二百八十四种,糯稻六十四种,日本稻五种,纯系一百六十五种,陆稻十二种。经几番试验,已选得数种优良种籽,就中最佳者,如早稻品种中之崇德广籼、永嘉早京;中稻品种中之江阴木樨球芦花白;晚稻品种中之兰溪金黄、临海长红;糯稻品种中之太仓稀紫糯、永嘉白壳糯;日本稻之曲玉北部等。此项良种,拟再赓续试验一二次,使之繁殖,即可推广。关于稻作上将来之计划,今后拟更注重于原种育成,及原种普及两端。原种育成计划,其应施手续,如品种特性调查,品种比较试验,品种耐肥性试验,纯系淘汰试验,人工交配试验,然后组织原种审查会,拟设原种圃,作大规模之繁殖。已经决定之原种,分发于各县或各村之共同采种圃,并设法指导各县或各村设立共同采种圃,专司繁殖。原种圃发给之原种,以分发于一县或一村之农民,此本院农场进行稻作之大概情形也。其他麦作方面,亦已征集品种八九百种,各项试验,正在进行中,兹暂不赘述。

本院农场除稻作、麦作外,并特辟一药圃,将笕桥所产各种药材,及本省各县所有之特产药材,采集多种作大规模之试验,将来拟将栽培试验之优良药品,播种繁殖,就其风土所宜,分别推广。又拟将各省区之特产,如吉林人参、四川大黄、茅山仓术、天津黄麻、象山贝母、怀庆山药、富阳半夏、诸暨之海金沙、东阳之延胡索等,尽力搜求栽植试验。此外又拟将所产药品原料实施制造,如薄荷之制薄荷脑、薄荷油;玫瑰之制玫瑰精,丁香之制丁香油,橙皮之制橙花油等,以谋药用作物之利用,此本院药圃进行之大略情形也。

本院第三农场即湘湖农场,地居萧山县之西偏周围约八十里,两岸山脉连绵如长蛇,中央为湖,形如葫芦,湖中可耕之地约二三万亩,十六年九月经本院派员踏勘,旋于锭山之西,建筑房屋,设备一切应用工具,着手进行,并购办各项开垦机器,实行开垦,截至现在,为时不及一年,计已开垦三千余亩。经试验结果,该地种植稻、玉蜀黍、豆、菱、茅、茭白等类,均可获相当成效,尤以水生植物之成绩为最佳,唯棉、粟等因土质稍黏,肥料缺乏,生长未见良好,现正赓续开垦,并于院中设立湘湖农场设计委员会,筹划进行,所有垦熟之地,将来除留四五千亩充作本院试验育种及学生实习外,余拟悉行放佃,俾附近居民,均有地可耕云〔耘〕。

至病虫害一端,在农业上颇占重要位置,本院在过去一年间,颇努力于病虫害标本之采集,现在已得之害虫标本约千余种,病害标本约二百种,惟因限于经费,设备保存两端未臻完

善。至将来设计,可分二类:

(一)调查及采集

先事调查,并采集本省重要病虫害及一般农业生物标本,然后推及邻省与国外,期于数年内,创一农业生物馆,以解决中国病虫害问题,及一般农业问题之基础。

(二)研究及推广

先事研究各病虫害之实际问题,俟得有确切之成绩,乃报告于大众,并随时发行宣传品,使被害区域,均知驱除预防,不致罹及大害。此则本院对于病虫害问题计划之大概情形也。

乙、林场

本院林场现分第一林场(就浙江公立农业专门学校原有林场改设),第二林场(就省立农事试验场森林科改设),第三林场(在临平山),第四林场(在凤凰山)四场。第一林场毗连院址,专事储育树苗,及供学生实习用地。十七年植树节前后,分发各县及省会各机关各项苗木,共计十一万二千七百余株,均由本场出产。第二林场,现分两部,一部专供培育行道树用苗木,一部培育观赏树用苗木,惟面积有限,仅三十余亩,将来拟更扩充。第三林场在临平山,面积约一千六百余亩,造林业已完竣,现分四林班,树种以松栎为主,大者已拱把,迟二三年,开始实行疏伐。其他树种,如柳杉、侧柏、花柏、乌桕、油桐、檫树及各种竹类,均略有栽植,惟不成整片林相。第四林场在凤凰山,濒近西湖,原为杭县造林场场址。十六年十二月,省政府委员会议决,拨归本院接替办理造林事务。十七年三月,本院着手进行造林,计植松二十余万株,其附近义葬地点均由本院代为种植,分为六区,栽植洋槐、麻栎、白杨、乌桕、马尾松等,总计八千余株。此外并于凤凰山麓拓地一百零六亩有奇,由省会各机关学校团体植树五万三千余株,建为中山纪念林。同年四月,政府复颁发凤凰山林场禁令十条,严加保护。十月本院购办橡子二百石,就山腹以下土层深厚地带,实施播种造林,并进行测绘全山面积,订正界址,今后拟于一二年内,努力造林工作,期于最短期间,完全成林,并拟推及全湖四围山地;其附近民有山地则限期强迫植树、所需苗木,由本院发给。此本院林场进行之大概情形也。

丙、园艺场

本场成立时仅年余,以限于经济,未能扩充。兹将过去之事实,分述于下:(一)征集国内外园艺品种以供研究试验之材料;(二)收集各地特产园艺品,调查其固有栽培之方法,从事研究改良,使之繁殖以资推广;(三)设立经济果园,以为果树品种之母本繁殖,现已于留下镇设立。至将来计划:(一)设备园艺上应需之房屋及物品,如园艺图书室、园艺研究室、园艺品陈列室、新式温室、模范苗圃、园艺用之各种仪器标本模型等;(二)编印园艺书报,以谋园艺知识之普及;(三)繁殖各项优良种苗分送各地借资推广;(四)举办园艺品展览会,以引起社会上对于园艺之兴味;(五)派遣优秀毕业生赴国外或各省园艺机关研究实习;(六)拟与浙省各地之市县政府合作,指导改进各地之风景美;(七)拟设园丁学校,以培植管理全省公私庭园之园丁。

丁、蚕桑场

本场于过去一年间已征集各地桑秧品种,广为栽培。因场地狭小,曾函请军事厅拨放笕桥营地百余亩,分别垦种,兼行栽桑各项试验,至制种一项,尤特别注意。近年将制成之改良种分发乡民试养,成绩颇为显著。现拟与蚕桑改良场合作,于各县各地派员演讲,并指导乡民实地养蚕,务期蚕丝业之发展,增进国家与人民大宗之利益。

戊、棉场

本场棉种,美棉有爱字棉、脱字棉及大学第一棉;中棉有百万华棉、江阴白籽棉、鸡脚棉、小白花棉及南翔棉数种。经品种比较试验,其所得结果,以中棉中之百万华棉、江阴白籽棉及南翔棉三种最为优良,现正赓续试验,从事育种繁殖,以资推广。将来拟择适当地点,设一棉作改良场,并于各产棉区域,设立分场。

己、畜牧场

本场现设牛、羊、猪、鸡、蜂五部:

(一)牛部内分乳用、役用两种,乳用牛为荷兰种,役用牛为本地之黄牛及水牛;

(二)羊部内分乳用及兼用两种,乳用羊为美国种,每日每头能产乳七八磅;

(三)猪部内有上等波克夏公猪一只,现在与本地猪交配,从事异种繁殖;

(四)鸡部内分卵用、兼用、肉用三种,卵用种有意大利白色来格洪,兼用种有美国芦花鸡及路州红鸡,肉用种有吐绶鸡、萧山鸡等,此外尚有玩用鸡数种;

(五)蜂部内有意大利蜜蜂多箱,专为学生实习、研究、繁殖之用。

上列五部,除分别试验饲养繁殖外,更实施鸡卵孵化人工与天然比较试验,各种幼雏育成试验,饲料质量多寡试验,杂种繁殖与近亲繁殖试验等,现拟改良本地胡羊及将金华猪种改良繁殖。

庚、农产制造场

本场专事农产物之制造工作,在过去一年间,制成之物品,有如薯酒、薯烧、薯酱、薯馅、特制薯块、大头菜、樱桃酒、笋干、桑椹酒、梅酱、梅酿酒、大豆曲、酱饼、薯曲、板粕曲、梅香酐、果胶、梨酒、梨酱、双发曲酒、白药、梨胶、麦烧、柿酒、绍酒曲、白曲、糟萝葡、腌干萝葡、酱油曲、改良酱油、豆腐、越酒等,品类甚多。至将来计划,约有数端:

(一)设备上,急须建造曲室、菌类研究室、冷藏室、发酵室、制品检查分析室、原料调制室及应用新式机械,如罐头制造器、电气粉碎器、水力压制器、精细天平、高度显微镜、菌类培养器、消毒器等;

(二)原料供给上,应辟特种园圃,栽培制造上特用之植物,如啤酒用之忽布,椹酒用之实桑,调味用之香料,浸渍用之药草,以及特用农产品制造之茶叶、虫菊、烟草、药材等,皆须就近种植,便利学生之实习;

(三)工作上,拟开农制实习班,招农民子弟入场练习制造;

(四)教育上,应注重农制,盖世界农业之竞争始之以收量之增加,继之以品质之优美,量增质美,则竞争于加工上,所谓事有必至者也。本场应世界农业之趋势,为加工之竞争,添置场屋,延揽专材,分股研究,以精国产,而抵外货,实为当务之急。

三、推广方面

本院自成立后,鉴于教育事业与社会息息相关,故特设推广部及社会系。凡关宣传、指导、推广事项,均由部系、会同进行。兹将过去成绩及将来计划,分述于次:

甲、过去事业

A.关于调查事项

(一)百户农家调查统计第一报告(十六年十二月);

(二)百户农家调查统计第二报告(十七年七月)。

B. 关于宣传事项

(一)化妆演讲

曾在杭嘉绍萧等处举行除螟、除蝗化妆演讲;

(二)农业展览会

曾于十七年双十节在农事试验场举行一次;

(三)农民联欢会

曾于宣家埠、丁桥、乔司及机神庙等处举行;

(四)宣传用印刷品

已出《农业浅说》《治螟浅说》《小麦栽培浅说》《植树须知》《肥田粉说明》《菊花栽培浅说》《除蝗浅说》《养蚕浅说》《农民画报》(已出三期)《农家历》(十六年、十七年共两期)《农事标语》(三十种)。

C. 关于教育事项

(一)已设农民子弟日校三所,农民子弟夜校八所,在学学生共计五百另七人。另夜校已毕业者共计四十人;

(二)农民茶园一所(在宣家埠)。

D. 关于指导事项

(一)设立信用合作社;

丁桥、火烧址、半山、浜河头四处,由本部系派员指导设立,业已粗具规模。

(二)协助萧山自治会办理地方自治事业;

(三)协助中央研究院社会调查所调查杭嘉湖二十县农村状况;

(四)协助浙江农民银行办理合作指导事宜;

(五)协助地方自治专校讲授农政上主要科目;

(六)协助合作指导人员养成所讲授各种合作科学;

(七)协助浙江省佃业理事局讨论佃业纠纷案件。

乙、将来事业

A. 调查

(一)农家类别统计调查

(二)农村合作事业调查

(三)农家经济调查

(四)农村教育调查

(五)浙江粮食统计调查

(六)农歌农谚调查

(七)浙江及中国耕地面积统计调查

(八)浙江土地收获统计调查

(九)浙江主要农产物统计调查

(十)农业金融机关统计调查

(十一)农产物价格统计调查

（十二）肥料统计调查

（十三）农具统计调查

（十四）中国农产物输出入统计调查

（十五）中国农业教育统计调查

B. 宣传

（一）刊物

（二）演讲

（三）展览

C. 教育

（一）农民学校

（二）农事讲习

（三）农民茶园

（四）农民俱乐部

D. 奖励

（一）农产品评

（二）种苗配布

（三）农村合作

以上所列拟办事业中,其已办者,从而扩充;未办者,逐次推行。他如未列事业,其与农民直接或间接有关者,当视经济状况,随时设置。

《国立浙江大学教育周刊》第四十一期,民国十八年一月十三日

2. 章则

国立浙江大学农学院组织大纲
（1929 年 1 月 13 日）

第一章　目的

第一条　本院目的如左:

一、造就农业高深学术研究人材;

二、造就农业技术改良人材;

三、造就新农业实际经营人材;

四、造就农业行政及推广人材。

第二章　方针

第二条　本学院依照三民主义规定教育方针如左:

一、增进学生之农业学识技术,务使造就之人材有改良生产并实际工作之能力;

二、注重农业社会问题之研究，务使造就之人材，能顺应时势，有改良农村社会及指导各种农民事业之能力。

第三章　教科及编制

第三条　本学院分大学、高中两部，大学部招收高中毕业生，修业期限四年；高中部招收初中毕业生，修业期限三年。

第四条　大学部现设五系：农艺系、森林系、园艺系、蚕桑系、农业社会系。高中部现设三系：农艺系、森林系、农业社会系。

第五条　大学部暨高中部均于第一学年修习基本科目，第二学年起，分入各系肄业。

第六条　基本科目纲目如左：

(一)大学部

党纲三民主义 军事训练 外国语 高等数学 高等物理 分析化学 植物 动物 地质 土壤 肥料 气象 田野实习

(二)高中部

党纲三民主义 军事训练 国文 英文 数学 物理 化学 植物 动物 矿物 气象 经济 图画 田野实习

第七条　大学部暨高中部分系学程规定如左：

(甲)大学部

(一)大学部农艺系

党纲三民主义 军事训练 农艺化学 植物生理 植物病理 测量学 农具学 农业工程 昆虫学 经济昆虫学 园艺学 森林学 蚕桑学 畜牧学 普通作物 特用作物 作物育种 农产制造 农业细菌 棉作学 棉作育种 麦作学 稻作学 作物研究 谷类品评 茶业论 经济学原理 农业经济 合作论 兽医学 论文制作

(二)大学部森林系

党纲三民主义 军事训练 德文 森林植物 森林动物 应用力学 测量学 园艺学 经济学原理 法学通论 财政学 造林学 树病学 木材性质学 森林利用学 森林保护学 森林工学 沙防学 测树学 林价算法 较利学 林产制造学 庭园学 林政学 林业经济 森林经理学 森林管理学 森林法律 合作论 统计学 林业讨论 论文制作

(三)大学部园艺系

党纲三民主义 军事训练 法文 测量学 作物学 昆虫学 植物分类 植物生理 果树 蔬菜 农具 农艺化学 花卉园艺 温室园艺 促成栽培 园艺制造 经济昆虫 植物病理 观赏植物 园艺苗圃学 庭园学 柑橘栽培 园艺品种改良 合作论 农业经济 园艺讨论 论文制作

(四)大学部农业社会系

党纲三民主义 军事训练 外国文 测量学 森林学 园艺学 养蚕学 畜产学 作物通论 经济学 社会学 作物各论 农业工程 教育学 法学通论 财政学 心理学 社会政策 合作论 农业经济 农村社会学 农政学 农业史 农村教育 农业金融论 农业劳动论 农产物贩卖论 农业评价 农业簿记 农业法规 农民问题 统计学 论文制作

（五）大学部蚕桑系

党纲三民主义 军事训练 法文 测量学 昆虫学 养蚕学 显微镜学 微菌及寄生虫学 遗传学 蚕体组织及生理 建筑及制图 农业概论 栽桑及桑树病虫害 蚕茧及纤维论 生丝整理及检查 制丝学 蚕种冷藏学及催青 苗床及蚕具论 干茧杀蛹 屑茧制丝 制造夏秋蚕种及人工孵化 桑之品种研究 桑之冷藏及温室研究 机织及染色学 农蚕业经营学 农业簿记 合作论 农村社会{会} 经济学原理 蚕业法规 原蚕种育成法 夏秋蚕桑园之研究 土壤肥料与桑树之研究 教授指导实验室之研究 论文制作

（乙）高中部

（一）高中部农业系

党纲三民主义 军事训练 国文 外国语 数学 化学 测量 地质 土壤 肥料 作物通论 食用作物学 特用作物学 育种学 病虫害学 农业土木学 农具学 农产制造学 农业经营学 园艺学 森林学 畜牧学 农村社会学 合作论

（二）高中部森林系

党纲三民主义 军事训练 国文 外国语 数学 化学 测量 地质 土壤 造林学 保护学 森林植物 森林昆虫 森林利用学 森林数学 森林工学 林产制造 林政学 森林管理学 森林法规 森林经理 农学大意 农村社会学 合作论

（三）高中部农业社会系

党纲三民主义 军事训练 国文 外国语 地质及土壤 肥料 作物 园艺 养蚕 畜牧 病虫害 社会学 法学通论 财政学 农业经营学 农村社会论 农村教育论 农业政策 合作论

第八条 大学部、高中部均依照本院规定教育方针，注重实际工作，其项目如左，由各部各系分别修习之。

甲、实验室工作

物理实验 化学实验 博学实验 养蚕制种 缫丝 制茶 农产制造 林产制造 图画摄影 标本制作 菌类实验 病理实验 育种实验

乙、田野工作

食用作物栽培 特用作物栽培 果树栽培 花卉栽培 蔬菜栽培 庭园布置 造林伐木 家畜饲养 家畜管理 病虫防除 测量制图 标本采集 育种实习

丙、社会工作

乡村学校教授及管理之练习

各种农业合作社经营之练习

农村演讲 农村调查

农业统计

农林业技术指导之练习

第九条 本学院为提高农民知识及传播农业技术起见，设立推广部，依社会需要，随时举行下列各种推广教〈育〉：

农民成人学校 农民子弟学校 农民半日学校 农民巡回学校 农民冬期学校 农民暑期学校 稻作讲习会 麦作讲习会 蚕桑讲习会 园艺讲习会 森林讲习会 棉作讲习会 畜产讲习会 农产制造讲习会 各种农产展览会 土壤肥料讲习会 病虫害讲习会

第四章　设备

第十条　本学院为研究农业学术及发展社会工作,逐年筹设下列各项设备:

(一)各种农业试验场

1 稻作试验场

2.棉作试验场

3.麦作试验场

4.蚕业试验场

5.茶业试验场

6.园艺试验场

7.畜牧试验场

8.演习林场

9.森林苗圃

10.药圃

11.植物园

(二)实验室及制造室

1.物理实验室

2.化学实验室

3.博物实验室

4.农艺实验室

5.病虫害实验室

6.养蚕室

7.制丝室

8.农产制造室

9.林产制造室

10.畜产制造室

11.制图室

12.标本制作室

13.育种实验室

(三)模范农村

(四)各种模范经济农场

(五)农具制造陈列所

(六)各种农业合作社(生产 信用 消费 贩卖)

(七)农业博物馆

(八)农事讲演所

(九)图书馆

(十)编辑所

(十一)印刷所

第五章　组织

第十一条　本学院组织系统如下：

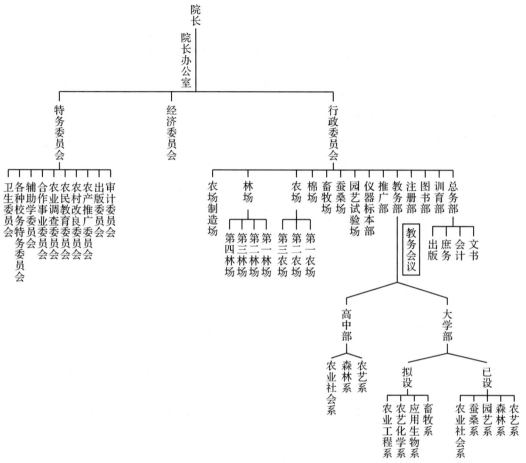

本学院设院长一人，负全院行政之责，由大学校长延聘之。

本学院行政组织分设七部七场，各设主任一人。高中部设主任一人，各系设系主任一人，分掌各该部、场事宜。

本学院设行政委员会，由各部系场主任组织之，规划一切行政事宜。

关于本学院特种事业，分别设立委员会，委员由院长聘请，协助院长计划处理。

第六章　附则

第十二条　本学院各部分细则另定之。

《国立浙江大学教育周刊》第四十一期，民国十八年一月十三日

国立浙江大学农学院院务总则
(1929 年 1 月 13 日)

第一章 总纲

第一条 本院院务总则,依据本院组织大纲第五章第十一条之规定订定之。

第二章 院长

第二条 院长总理全院一切事务。

第三条 院长办公室设秘书一人,办理院长委办事项;于必要时,得设编译若干人。

第三章 行政委员会

第四条 行政委员会由院长、总务部主任、教务部主任、注册部主任、系主任、高中部主任、场主任、训育部主任、图书部主任、仪器标本部主任、推广部主任及院长办公室秘书组织之。其职权如左:

一、议决本院教育方针;

二、议决本院兴革事宜;

三、议决本院各种规程;

四、议复校长及院长咨询事项。

第五条 行政委员会委员长由院长任之。

第六条 行政委员会每月开常会一次,由委员长召集之;遇必要时,委员长召集临时会议,开会时,以委员长为主席;委员长缺席时,由委员长委托委员一人代理之。

第七条 凡经本会议决之案件如于实施时遇有重大困难提请本会复议者,经本会认有必要时,得复议之。

第四章 场部

第八条 本院设总务、教务、注册、训育、推广、图书、仪器标本七部,农、林、园艺、蚕桑四场,协助院长办理本院各种事宜。

第五章 总务部

第九条 总务部设主任一人,文牍员、会计员、庶务员、出版员、书记各若干人,办理总务事项。

第六章 教务部

第十条 教务部设主任一人,高中部主任一人,每系主任各一人,教务员二人,讲义管理员一人,书记若干人,办理教务事项。

第十一条 教务部设教务会议,由教务主任、注册部、总务部主任、高中部主任、各系主任、各场主任、训育部主任、图书部主任、仪器标本部主任及由教员中互选举出之代表六人,共同组织之。其职权如左：

一、议决课程编制事项；

二、议决学业成绩事项；

三、学生毕业之核定；

四、议决其他教务事项。

第十二条　教务会议每月开常会一次，由教务主任召集之；遇必要时，得召集临时会议。开会时以教务主任为主席。

第十三条　各科各系会议由各科各系主任及教员组织之，以系主任为主席。

第十四条　教务部于学期之始末，召集全体教员讨论及咨询教务上兴革事宜。

第七章　注册部

第十五条　注册部设主任一人，注册员二人，办理注册事宜。

第八章　训育部

第十六条　训育部设主任一人，训育员二人，于必要时得设助理若干人，办理训育事项。

第九章　图书部

第十七条　图书部设主任一人，管理员若干人，办理图书之购置、保管、编目、阅览等事宜。

第十章　仪器标本部

第十八条　仪器标本部设主任一人，技术员及助理若干人，办理仪器标本之购置、管理、采集及制作等事宜。

第十一章　推广部

第十九条　推广部设主任一人，推广员及助理员若干人，办理各项农业、林业推广事宜。

第二十条　推广部得推荐农林界著有声誉者，由院长聘请为赞助员，以协赞推广事业之发展。

第十二章　各场

第二十一条　各场设主任一人，技术员及管理员若干人，管理场务并协助实习教员指导学生学习工作。

第二十二条　各场设场务会议，由各该场主任、技术员、管理员及有关系之教员组织之。每月开常会一次，由各该场主任召集之，商议各该场进行事宜。

第十三章　附则

第二十三条　各部办事细则由各部编订提交行政委员会通过施行。

第二十四条　本总则经本院行政委员会议决施行。如有未尽事宜，于行政会议开会时提议修改之。

国立浙江大学农学院行政会议议事简章

(1929 年 1 月 13 日)

第一条　本会议依据本院院务总则第四条之规定组织之。

第二条　本会议每月举行常会一次;遇必要时,得开临时会议,均由院长召集之。

第三条　本会议以议员过半数之出席为法定人数。

第四条　本会会议时,以院长为主席;院长缺席时,应由院长委托议员中之一人为临时主席。

第五条　本会议议决案以出席议员三分之二以上之表决方为有效,但无异议通过时,亦为有效。

第六条　本会开会时,如逾规定时间半小时后,出席议员仍不足法定人数,应即停会。会议时间以二小时为度;遇必要时,得酌量延长之。

第七条　本简章经行政会议通过施行。

国立浙江大学农学院教务会议议事简章

(1929 年 1 月 13 日)

第一条　教务会议依据本院院务总则第六章第十一条之规定组织之。

第二条　教务会议每二星期开常会一次,由教务主任召集之;遇必要时,得召集临时会议。开会时以教务主任为主席,如教务主任因故不能列席,得推临时主席代理之。

第三条　教务会议有过半数之出席人数方得开会;议案以到会过半数之同意表决之;无异议者,亦作通过论。

第四条　本会会员如有提议事项,应于会议三日前提出议案送交教务部汇编议程。

第五条　所有提出议案,应于开会一日前汇编、印发各会员。

第六条　本会议事简章经行政委员会通过施行。

农场办事细则

(1929 年 1 月 13 日)

第一条　本场依据本院院务总则第七章第十五条之规定,设农场主任一人,技术员及管理员若干人,掌理农场场务,并协助各实习教员指导学生实习工作。

第二条 本场暂分作物、园艺、畜牧、管理四股,逐渐扩充。

第三条 作物、园艺、畜牧等股之职务列举如左:

一、协助实习教员准备及管理学生实习事项;

二、各股设备及设计事项;

三、试验研究事项;

四、农业调查事项;

五、标本制作、陈列事项;

六、育种事项;

七、栽培及饲育之管理事项;

八、农产品调制事项;

九、病虫害驱除、预防事项;

十、其他兴革事项。

第四条 管理股之职务:

一、农工进退及工役勤惰之督察、考核事项;

二、气候观测事项;

三、购售事项;

四、修缮事项;

五、储藏、保管事项;

六、收支报告及统计事项;

七、不属于其他各股之事项。

第五条 本场事务除各股分别担认〔任〕外,如遇必须共同合作事项,共同进行之。

第六条 各股进行计划于农场会议时提交讨论议决施行(会议细则另定之)。

第七条 本场经常费遵本院实施预算之规定,经主任签字,向本院会计处支取,每月秒〔抄〕具四柱〔本〕清册,连同发票报销会计处,并另列收支对照表一份送院长存查。

第八条 本场特别费,由农场会议议决之后请求院长核准,经院长农场主任签字,向会计处支取。

第九条 本场办公时间遵本院所规定者外,遇必要时,得延长钟点。

第十条 职员因事请假,其所任职务须委托本院同人代理。

第十一条 农工服务细则另定之。

第十二条 本场办事细则经行政委员会通过施行。

《国立浙江大学教育周刊》第四十一期,民国十八年一月十三日

国立浙江大学农学院农场场务会议细则

(1929 年 1 月 13 日)

第一条 本会议依据本院院务总则第十二章第二十二条之规定,由农场主任、农艺系主

任、园艺系主任,农艺系、园艺系教员及农场技术员等组织之。

第二条　本场会议,须由过半数以上之出席方得正式开会。

第三条　本会议分常会及临时会两种,由农场主任召集之。

第四条　常会每月十五日举行一次,星期日及假日顺延。

第五条　临时会议无定期,由农场主任于必要时,或有三人以上之提议召集之。

第六条　本场各股之进行计划,及本月份之设计等,由各股具计划书提交会议通过施行。

第七条　各级学生农场实习项目,由实习教员会同本场职员先期拟定,经常会通过施行之。

第八条　每学期末次常会,应将本学期内各项进行事项结束报告,并议定假期内农场办公事项。

第九条　本会议细则经行政委员会通过施行。

《国立浙江大学教育周刊》第四十一期,民国十八年一月十三日

国立浙江大学农学院林场场务会议细则

(1929 年 1 月 13 日)

第一条　本会议依据本院院务总则第十二章第二十二条之规定,由林场主任、森林系主任、林学教员及林场技术员、管理员组织之。

第二条　本会议每两星期开常会一次,由林场主任召集举行;但于必要时,得开临时会议;开会时,以林场主任为主席。

第三条　本会议须用过半数以上之出席,方得正式开会。

第四条　本会议应议事项如左:

一、关于场务进行事项;

二、关于场中设备事项;

三、关于学生林场实习事项;

四、关于林业推广事项;

五、答复外界关于林业咨询事项;

六、关于林场经费支配事项。

第五条　本会议议决事项如执行有困难时,得提出复议。

第六条　本会议以林场事务所为会议地点。

第七条　本会议细则经行政委员会通过施行。

《国立浙江大学教育周刊》第四十一期,民国十八年一月十三日

林场办事细则

(1929 年 1 月 13 日)

第一条 本场依照本院院务总则第七章第十五条之规定,设林场主任一人,技术员及管理员若干人,管理林场场务并协助实习教员指导学生实习工作。

第二条 场中进行方针依照本场场务会议议决之计划办理之。

第三条 本场雇用长工若干名,专司场内一切工作;遇繁忙时,得酌量添雇短工,其服务规则另定。

第四条 本场应办事项如左:

一、关于采集种子事项;

二、关于播种事项;

三、关于移植事项;

四、关于苗木保护事项;

五、关于苗圃试验事项;

六、关于采集林学上各种标本事项;

七、关于造林补植及林地整理事项;

八、关于森林副产物之培养及利用等项;

九、关于规定学生实习地点事项。

第五条 林夫工作之勤惰,每日由管理员考核,其奖罚规则另定之。

第六条 场中经常费遵照本院实施预算之规定,每月由林场主任签,字向会计处支领,于每月月底造具收支清册,连同发票,向会计处报销,并另制收支对照表一份送院长存查。

第七条 场中特别费由本场场务会议议决后请求院长核准,经院长及林场主任签字,向会计处支取。

第八条 本场办公时间遵本院所规定者外,遇必要时,得延长钟点。

第九条 本场办事细则经行政委员会通过施行。

《国立浙江大学教育周刊》第四十一期,民国十八年一月十三日

学生奖惩规则

(1929 年 1 月 13 日)

奖励办法

第一条 学生具下列各条之一者,给褒奖状,或其他实物奖励,但有特殊成绩者,其奖励办法临时酌定之:

(一)一学期内未曾缺课,操行分数最优等者;

(二)学行俱优,服务忠实者;

(三)操行列优等,对于一种或数种学科有深邃研究、成绩昭著者。

惩戒办法

第二条　惩戒分训导、记过及开除学籍三种。惟记过及开除学籍须公布之。

(一)具下列各项之一者,施以训导:

1.过失轻微者;

2.成绩欠佳尚可造就者;

3.不勤功课及实习者;

4.假出逾限不续假者。

(二)具下列各项之一者记过:

1.屡经训导不悔悟者;

2.不顾行检屡戒不悛者;

3.违犯规则情节较重者;

4.藐视学业者。

(三)具下列各项之一者开除学籍:

1.一学期中品行分数不及格者;

2.性情骄纵,行为悖谬者;

3.行事有伤本院名誉者;

4.屡犯规则难期造就者;

5.记过三次者。

第三条　训导由教职员随时执行之,记过由教务、训育两部单独或联合公布之,开除学籍由院长名义公布之。

第四条　凡学生犯规或有不名誉行为未经第二条各项规定者,得酌量其过失之轻重惩戒之。

第五条　本规则因学生科别之不同,得由教务、训育两部斟酌处理。

第六条　考查操行标准以八十分以上为甲等,七十分以上为乙等,六十分以上为丙等,不满六十分为不及格。考查方法及各科学生操行等第于每学期终了时,教务、训育两部会议决定之。

第七条　本规则经行政会议通过施行。

《国立浙江大学教育周刊》第四十一期,民国十八年一月十三日

练习生暂行简则
(1929 年 1 月 13 日)

一、凡农民子弟曾在小学以上学校毕业、志愿在本院各场实习、而求将来实地经营者,经本院检验合格,得为本院练习生。

二、练习生除在各场实习外,并由本院按照各生程度,分别授以普通知识及农业知识等各种功课。

三、练习生之具有初中毕业以上程度者,经本院之许可,得选修本院各种相当程度之功课。

四、练习生实习年限至少一年,期后经本院认为合格者,得给予证书。

五、练习生入院实习,其时间及项目之支配,由本院规定之。

六、凡高小毕业程度之练习生实习期间在三年以上经本院认为及格者,给以初中实科毕业证书。

七、练习生之膳食,概归自理。

八、练习生之成绩优良工作勤恳者,得由本院补助其膳费。

九、练习生应遵守本院一切规则。

《国立浙江大学教育周刊》第四十一期,民国十八年一月十三日

学生暑假长期实习规则
(1929 年 1 月 13 日)

一、本院学生暑假长期实习于毕业前一年举行之。

二、长期实习期间至少六星期。

三、在实习期内,除例假休息外,每日工作至少六小时;如因病或特别事故不能工作时,须向指导员告假。

四、缺席总数至十二小时以上者,须于适当时期内补足;超过七十二小时者,本次实习作为无效,须于次年重行补习之。

五、学生实习时须听指导员之指挥。

六、每人须将逐日工作之情形,详载于工作日记簿,并须于实习期满后,编成工作报告连同日记簿提交指导员。

七、学生之工作成绩,由指导员考查其勤惰及工作报告会同系主任评定之。

八、实习细则由各系另订之。

《国立浙江大学教育周刊》第四十一期,民国十八年一月十三日

转学规则
(1929 年 1 月 13 日)

第一条　本院高中部大学部二年级以上,遇有余额时得酌收转学生,但最高年级除外。

第二条　转学生请求转学时,必须呈验转学证书及历年成绩证明书。

第三条　转学生经本院编级试验及格后,方准入学。

第四条　转学生有左列情事之一者,本院得拒绝其转学:

甲、学年不相衔接者;

乙、非同种之学校及学系者;

丙、学生因犯党纪、校规而退学者。

第五条　转学生入学时,必须备具左列之手续:

甲、缴费；

乙、填志愿书；

丙、邀同保证人填保证书（保证人以有职业而居住学校所在地为合格）；

丁、缴最近半身四寸照片一张。

第六条 转学生转学期间以在本院学年开始时为限，不得中途插入。

第七条 本规则经行政会议通过施行。

旁听生规则

（1929 年 1 月 13 日）

第一条 本院有志农业者求得相当知识及技能起见，得斟酌情形招收旁听生。

第二条 旁听生资格规定如左：

一、须在中等农业学校以上毕业者；

二、具有同等学力有志学习农业者；

三、曾在农业机关服务或于农业上有相当经验者。

第三条 旁听生修学年限至多不得过两年。

第四条 旁听生入学时，须经教务部审查资格学业，编配旁听级次，不得越级随意旁听。

第五条 旁听生无论选习何科，须自学年开始时入院旁听，不得中途插入。

第六条 旁听生须在本院指定处所住宿，愿意通学者听。

第七条 旁听生须遵守本院一切规则。

第八条 旁听生不得请给修业证书。

第九条 本规则经行政会议通过施行。

四、师生名录

浙江大学大学行政处名录
(1928 年 5 月)

（1928 年 5 月秘书处编）

职别	姓名	别号	籍贯	任职日期	通讯处
校长	蒋梦麟	孟邻	余姚		本大学
秘书长	刘大白	大白	绍兴		平海路四二号
秘书	赵述庭		杭县		青年会
	陈伯君	伯君	湖南长沙		平海路崇德里三号
校长秘书	陈石珍	石珍	江苏江阴		羊市街紫金桥如意里四号
事务主任	沈肃文	肃文	萧山		湖滨路九弄一号
文书主任	周同煌	俊甫	湖北黄梅		城站福缘福庆弄七号
扩充教育主任	郑奠	介石	诸暨		缸儿巷五一号
处员	汪志青	志青	杭县		瑞坛巷口马牙街
处员兼财务主任	汤鼎梅	子枚	诸暨		湖滨路九弄一号
处员	孙祥治		绍兴		东柴木巷三号
	杨味余	味余	江苏吴县		湖滨路九弄一号
	钟孝澄	晓澄	福建闽侯		大车桥长寿路一八号
	陆灵祯	子桐	绍兴		下羊市街一〇八号
	章微权	微权	诸暨		石牌楼金钩弄一号
	陈政	仲瑜	绍兴		银枪板巷五号
	胡永声	伦清	海宁		兴武路二八号
	张行简	稚鹤	杭县		花市路一八号
	沈光烈	柏民	绍兴		兴武路二八号
	胡长风	嗣宗	绍兴		佑圣观巷三三号内二四号
	王子澄	缁尘	绍兴		九曲巷一〇号
普通教育管理处处长	邵裴子		杭县		金鸡岭三七号
中等教育主任	施伯侯	伯侯	萧山		下羊市街一〇八号
初等教育主任	俞子夷	子夷	江苏吴县		西浣沙路六弄九号

职别	姓名	别号	籍贯	任职日期	通讯处
处员	潘之赓	胤初	绍兴		本处
	蔡绍牧	仲谦	诸暨		本处
	方祖桢		淳安		金钱巷一四号
	朱聂旸		海盐		横河桥一中二部附小
	周宗瑛	翠芬	湖州		女青年会
	杨志先	志先	江苏江阴		交俞子夷转
	罗迪先		慈溪		万安桥北河下三三号
	刘澡	涤非	江苏无锡		横河桥小河下二九号
事务员	高春	秉初	杭县		新民路二八八号
	刘澄	怀清	上虞		本处
	阮又泉	志健	诸暨		缸儿巷五一号
	庄泰观	博华	杭县		奎垣巷
	何伯虚	伯虚	诸暨		杭县县政府
	方祖庚	振之	杭县		斗富三桥西弄二一号
	孙敏文	聪甫	杭县		马市街一一四号
	方琦	诗僧	安徽绩溪		三桥址直街二八号
	韩鼎	韶生	杭县		章家桥道院巷二八号
	蔡兆塘	筱城	德清		兴忠巷二六号
	邢紫光	紫光	金华		本大学
	吴文秉	文秉	杭县		圣塘路二〇号
书记	汤朝兴	哲人	诸暨		本处
	陈肇祖	幼祥	杭县		仁和路九号
	李兆煃	少亭	杭县		青莲巷二九号
	萧煜	友三	杭县		下城赵庙巷二号
	钟文尧	文尧	上虞		火药局弄口镜花缘照相馆
	黄一鸣		杭县		许衙巷马弄一二号
	沈季伦	纪仑	绍兴		本处
	胡其华	鹤汀	东阳		太庙巷口三一号
	赵同	君异	江苏武进		本处
	施采韵	缦如	余姚		本处
	李汝青		杭县		箭道巷五奎弄一一号

续　表

职别	姓名	别号	籍贯	任职日期	通讯处
书记	陆善谦	和伯	杭县		横紫城巷二二号
	宋士璋	渭泉			浙江省政府教育公产保管处

秘书处编：《浙江省政府职员录》，民国十七年五月

毕业生名单（十六年度）

（1928 年 7 月）

本院大学部第一班十七名

电机工程科十三名

方朝櫟	沈宗基	孙潮洲	赵陈风	陈瑞炘	汤兆恒	陈昌华
许国光	裘献尊	方寿钜	楼兆绵	杨道锭	张绳良	

化学工程科四名

汤兆裕	吴兴生	王瑞龙	陈建启

本院附设高级工科中学第一班三十八名

电气机械科十一名

莫培才	王良初	凌浚	韦雍启	阮伊文	姚泽森	马彩虹
金宪初	杨德惠	朱吉佑	汪振祥			

机械科十五名

张家仁	周经钟	颜本乾	经明	蔡甲朗	钟敬善	叶庄渭
曹汝廷	谢玉珂	蔡炳文	孙功煦	柴绍武	钱荣渠	蔡起猷
吴隆绪						

染织科七名

徐幼奎	蒋嘉瑄	陈翰鹏	周钟本	王震元	徐正	高崇尧

应用化学科五名

胡哲	章则汶	周寿年	蔡润德	夏廷杰

本院附设初级工科第一班十五名

金工科六名

钱梦庚	钱高恒	陈善	蔡同	计宗圻	王林生

续 表

纹工科二名						
王克俭	洪士祥					
手织科三名						
钱序葆	许 寅	贾贵卿				
力织科四名						
钱高星	竺凤云	竺邦运	陆大荣			

《浙江大学工学院月刊》第五期,民国十七年七月

大学部录取新生

(1928 年 8 月)

土木工程科二年级二名						
茅绍文	陈允明					
化学工程科二年级一名						
蔡敦基						
电机工程科一年级五名						
汪汝霖	李兆源	蒋家仁	徐达书	戴志昂		
土木工程科一年级四级〔名〕						
潘碧年	刘古杰	季兆槐	钱元爵			
化学工程科一年级三名						
孙云沛	王洲荪	江乃枢				
许云泉	董梦鳌	(未曾认入何科)				

预科

正取十四名						
胡英才	王丕承	周宝恩	朱酉生	童隆福	姜挚	项云舫
胡道济	吴经德	李绍林	毛以泉	刘猛	程松生	徐学嘉
备取四名						
夏守正	侯维德	李莘林	吴锦安			

《浙江大学工学院月刊》第六期,民国十七年八月

国立浙江大学毕业生名录

（1928 年、1929 年）

民国十七年

工学院

电机工程学系	张绳良　方朝樑　沈宗基　汤兆恒　陈昌华　许国光　方寿巨　孙潮洲　杨道锭 裴献尊　陈瑞炘　赵陈风　楼兆绵
化学工程学系	陈建启　王瑞龙　汤兆裕　吴兴生

农学院劳农本科

农艺学系	周部　赵缢元　庄正经　杨行良　徐国桢　应际康　赵璧城　王祖堂　叶季和 黄骅　贾泽遂
森林学系	朱允逮　盛耕南　姚新

工学院附设高级工科中学

王良初　韦雍启　马彩虹　凌浚　汪振祥　杨德惠　阮伊文　姚泽霖　莫培才　金宪初　朱吉佑
蔡炳文　周经钟　颜本乾　张家仁　钟敬善　吴隆绪　谢玉珂　钱荣渠　柴绍武　经明　蔡起猷
蔡甲朗　叶庄渭　孙功煦　曹汝廷　蔡尔刚　徐幼奎　陈翰鹏　蒋嘉瑄　王震元　周钟本　高崇尧
徐正　周寿年　夏廷杰　章则汶　胡哲　蔡润德

民国十八年

工学院

电机工程学系	倪镇南　钱高信　潘炳天　余瑞生　方巽山　王朝陛　朱缵祖　冯宗蔚
化学工程学系	张钟玥　徐幼初　陈毓麟　闵任　裴桂元　朱学祖

农学院

农艺学系	周鄡　赵继元　庄正经　杨行良　徐国桢　应际康　赵璧城　王祖堂　叶季雅
森林学系	朱允述　盛耕南

农学院劳农本科

农艺学系	陈贯一
森林学系	滕咏延　卢经崧
园艺学系	蒋乃斌　章安菜

工学院附设高级工科中学

张志因　郑炳　吾廷铨　郭维璠　夏健　贾白期　赵懿涛　何云书　许以华　许儒杰　金述贤
皇甫艺　潘振纶　王关增　周象昌　徐銮　董秉璇　袁振瑜　李烨　平伯骎　江瀛　袁开先
孙家谷　江树滋　顾彭年　陈秉衡　尹才生　骆正潮　王观呈　詹凤纪　曹文发　杨允中
吴景铨　薛塘　王亚田　余嘉道　胡齐贤

国立浙江大学秘书处出版课：《国立浙江大学一览》，民国二十一年年十二月

五、总务与经费

(一)总务

大学院致国立第三中山大学函
(1928 年 1 月 19 日)

径启者:

　　据本院艺术教育委员会函称:兹准本会第二次委员会议议决,建议钧院在西湖设立国立艺术院一所,以资研究高深艺术,而便提倡。等因。业经函请院长察核施行在案。查杭州第三中山大学所辖西湖哈同花园,颇合本校临时校址之用,拟请钧院函知该大学,将所管哈同花园全部移借应用,以便进行一切筹备事宜,实为公便。等语。查西湖哈同花园如以之借作该院临时校址,自属适宜。相应据情奉商,祗希查酌见复为荷。此致
第三中山大学蒋校长

中华民国大学院

中华民国十七年一月十九日

浙江大学档案馆藏 L053-001-3517

致大学院复函
(1928 年 2 月 4 日)

径复者:

　　接诵大函,祗悉书□。承□将本大学所辖西湖哈同花园备作国立艺术院临时院址,〈当〉可照办。惟须酌给最少数之租金,即请转知艺术教育委员会派员来本大学商洽一切可也。
此致
中华民国大学院

国立第三中山大学谨启

中华民国十七年 月 日

国立第三中山大学印

浙江大学档案馆藏 L053-001-3517

致浙江省政府军事厅函
(1928 年 2 月 11 日)

径启者：

案查西湖旧罗苑前由省政府委员会议决，拨归本大学。现国立艺术学院请以该处为院址，业经省政府委员会第七十一次会议议决，准予租借，并由贵厅与现驻该苑之一军一师留守部商请迁让在案。查艺术院现正在积极筹备，该院院址不敷应用，务请贵厅查照是项决议案，即与一军一师留守部接洽，择地另迁，该院得早日成立，并希见复，至纫公谊。此致
浙江省政府军事厅

中华民国 年 月 日
国立第三中山大学印

浙江省政府委员会关于腾出罗苑为国立艺术学院地址的决议案

国立第三中山大学蒋校长报告，西湖旧罗苑本已由省政府议决拨给与中山大学。现国立艺术学院请以该处为校址。艺术学院在本省西湖开办当为本省所欢迎，故拟将该苑租借与该学院，其办法由中山大学与艺术学院双方商酌定之。惟该苑现尚有一军一师留守部驻扎，可否请军事厅与之磋商迁让？

议决：由军事厅特向接洽迁让。

浙江大学档案馆藏 L053-001-3517

立租用房屋合同
(1928 年 3 月 9 日)

浙江省政府 国立艺术院

缘中华民国大学院艺术教育委员会议决，设国立艺术院于杭州西湖，即经派员到杭筹备，并租定国立第三中山大学研究院为艺术院院舍。惟尚缺讲堂与学生宿舍，查有照胆台、三贤祠及苏公祠、白公祠均系浙江省政府所有公产，堪以租用。当经浙江省政府议决，委托国立第三中山大学租与国立艺术院，爰将双方议定租借条件订明如左：

一、租用地界所有三贤祠、照胆台、苏公祠、白公祠固有全部房屋、台阁、空场、池荡、林木均出租与艺术院。

二、界内房屋因中间隔有徐烈士墓，天然划成两部，即东为苏公祠与白公祠，西为三贤祠与照胆台。

（一）东部苏公祠大门平房三门，东首楼房三栋计大间，二门平房一间，左右走廊共十间，侧厢共六间，正面祠堂平房五间，西首廊二间，看守人住平房两间，前后左右天井六方，白公祠台门披廊三间，西面前后走廊十一间，中间白公祠堂三间，后楼三栋作六间，东面侧厢三

间,走廊三间,前后天井共四方,合计平屋大小共二十三间。楼屋两所六栋,共十二间,披廊二十九间,天井十方,碑石十四方,树二一四株。简图如下:

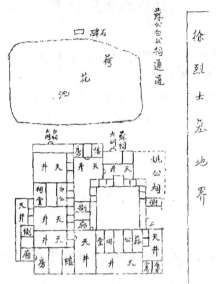

（二）西部三贤祠台门平房一间,第二楼楼房三栋计六间,第二进楼廊三间,孔道遂明平房四间,后面第三进左右侧厢九间,正屋五间,第四进左右侧厢六间,正面神堂屋五间,第五进即前伪杭县知事周六介窃据堂屋五间(此屋前后有新建墙筑,住西面另开一门通忠烈祠,中门供前伪巡按使屈文六时代伪杭县知事周六介神位,按照地形原系窃楼。三月十五晚经查房屋时发觉,后即交警通知忠烈祠看守者,令即让还)。最后操场一方前后共天井五方,照胆台台门平房三间,第二进三义阁大堂三间,第三进万世人极殿三间,第四进左右厢房八间,正面照胆台楼房三栋作大间,后面厢房小平屋四间,前后天井四方,三义阁东西墙外水阁三间,南北走廊八间,竹篱一丛,池荡一口,车路横直两带,操场一块,场东北隅灶披三间。简图如下:

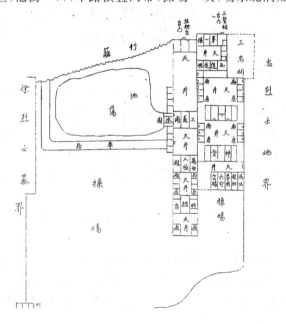

合计平房大小共五十九间,楼房大小六栋作十二间,披廊十四间,石碑一三一方,树七二株。

三、租用期间,以五十年为限,限满亦得续租,但遇国立艺术院决定迁移,或停办或建有新院舍时,即在期限内亦即停止租用。

四、租金全年国币一元,每年三月间缴纳。

五、房屋修理须由国立艺术院负担。

六、屋内外装置如有变动时,须先期通知国立第三中山大学,经国立第三中山大学勘明函复允后开工,将来退租时亦不得拆毁。

七、所有园林古迹须照旧保存,定期开放。

八、本合同经双方协定后即发生效力。

中华民国十七年三月 日
立合同人　浙江省政府代表国立第三中山大学
国立艺术院

浙江大学档案馆藏 L053-001-3517

军用借地及附近公地之收回
(1928 年 3 月)

本校于宣统三年开办时,由前清增抚奏准,以停办之铜元局基地房屋机器,作为工校基金。辛亥光复时,校舍暂驻军队。次年春季开学,迤南一部分仍为军士借用;迨北军入浙,选为第四师补充团第二师工兵营所盘踞,几成鹊巢鸠占之局,虽经前任校长、全体教职员及在校学生、毕业学生迭请收回,而历年军阀充耳不闻,侵占逾十六年之久。而工校自升为工专后,师生人数增多,校舍不容,反须出资另租宿舍,早暮上课来往需时,暑雨祁寒,倍增劳苦。同学方面,既负担宿舍之租金,而学校方面,又有管理为难之感,盖痛苦有不胜列举者。去年李院长任事后,商请蒋校长设法收回,于省政府第三十五次会议中,议决归还驻在该处之一军补充队,即于数日内全数开拔。除东南一角,设有军械修理工场,仍由军械局管理外,余地一概收回。现将破坏不堪之小屋一律拆去,辟为球场、操场,其较为完善之楼房二所、平房二所重加修缮,改为办公室、图书室、调养室及宿舍、膳厅之用,以现在同学人数论,则下学期内,可取消校外宿舍一处矣。

又毗邻工学院之土山、河荡,依照原案,应为工校所有。但在满清时为防营哨长萧某占据,私人收息。辛亥光复后,选为军人霸管。近则军械局租与陈某,内有平屋若干间,有与工校同一大门者。故历年以来,工校只能关闭二门。今蒋校长为扩充院舍计,已向省政府提议,决定收回,并分别令知本院及军械局会勘界址,取消陈某租约,其自建房舍,给价收还。从此院舍外部,得庆完全,且与大学本部亦仅一河之隔,可以架设津梁,联成一气云。

《国立第三中山大学工学院月刊》第一期,民国十七年三月

本院设备之扩充

(1928 年 3 月)

上学期开学后,即建筑自来水浴室,其热水由锅炉室蒸气管传达,内分洗浴、淋浴两种。又以院门外之饮食小贩多售不卫生之物,故由院内自办一消费合作社,先设一贩卖部。成立后门外小贩自行收歇。现又拟添印刷部,将来印刷讲义,定能收便利之效。至调养室、球场等,亦正在扩充改良。其尚在计划进行中者,一为扩充发电室,增加电力,自装电灯,并拟收买一商办之电料制造厂机械。至无线电试验仪器,前以军事损坏,现向上海军委会无线电制造厂磋商让购。此外各种图书及化学药品试验品,亦各有三四千元之增购云。

《国立第三中山大学工学院月刊》第一期,民国十七年三月

无线电试验室之新设备

(1928 年 4 月)

本试验室新添精细电压及电流表七只,值价约千元,其中量百万之一安培电流表,乃从前所无有者,其余真空管、积电器、锐电周率,及成音周率、变压器等,共购数百元。又自制一七个半瓦特短波发报器,及一短波收报器。现正计划添购他项仪器,务期设备更为完全也。

自去年设收发电报一课,即请杭州无线电站王先生教授,学生练习甚为认真,收发纯熟者颇多。年假内学生王良初、韦雍启、姚泽森等在本地无线电站实习,现在各人仍继续学习,暑假毕业后,如有收发职务,彼等当能胜任也。

《浙江大学工学院月刊》第二期,民国十七年四月

浙大筹建大规模运动场 已经省府会议通过

(1929 年 4 月 25 日)

(杭讯)国立浙江大学蒋校长以杭州市内原有省立公众运动场地积狭小,仅有篮球场一处,足球、网球场各二处。近虽新筑跑道,然以该处地临湖滨,游人繁多,不便于运动者之练习,且妇孺运动场所亦地狭未设。当此提倡体育之际,似亟须添辟广大运动场,以应需要。近查清波门双吊坟与拱三段汽车之间,有空地约一百余亩可以适用,提出于省政府二百十九次会议通过。刻正草拟计划,估计建筑,一俟确定,即着手建筑云云。

《民国日报》民国十八年四月二十五日

致国立艺术院函（第七四三号）

（1929 年 7 月 13 日）

径复者：

　　案准贵院函解租用罗苑及照胆台、三贤祠、苏白公祠十八年份租金各一元，当经照收无误，除分别转解外，相应检同收据二纸，送请贵院查收为荷。此致

国立艺术院

　　附收据两纸（略）

中华民国 年 月 日

浙江大学档案馆藏 L053-001-3517

（二）经费

教育经费

（1929 年 1 月 13 日）

　　本大学处理本省教育经费以统筹统支为原则。因各机关设立者之不同，而确定经费之所从出。现在计所支出者有国款、省款、市县款三项，其概况及预算，分列如下：

　　（一）经费概况

　　甲、国款

　　国立浙江大学经费由本省国税收入项下支出，照十六年度预算，约占全省国家岁出百分之五弱。照十七年度预算虽略有增加，然仍照旧（十六年度）预算实支，故其比率不变。

　　乙、省款

　　省立各教育机关经费，留学经费及各市、县私立学校补助费等，均由省税项下支出，照十七年度预算，约占全省岁出百分之十强。

　　丙、市、县款

　　各市、县教育经费由各该市、县在地方岁入项下支出。自本大学厉行整理旧有款产，增加教育附税后，各地方教育经费，已有相当之增益。将来省库稍裕时，复拟设法补助各市、县，并增高教育行政人员之俸给，加优小学教职员之待遇，以俾地方教育事业，有充分之发展。

　　（二）经费预算

　　甲、中央教育经费

　　在国税项下支出之中央教育经费中之一部分，即为本大学之行政费及事业费，其预算如下：

项别		十七年度预算数	十六年度预算数	比较	附注
行政费		一四二,一二八	一〇二,〇四七	增四〇,〇八一	
事业费	文理学院	一一一,五〇八			文理学院始于十七年度成立,系新增之款。
	工学院	二六九,一六九	一八五,三〇三	增八三,八六六	
	农学院	一九七,九五二	八三,七三二	增一一四,二二〇	
	农学院湘湖农场	一九,四四〇	一四,二八〇	增五,一六〇	
	总计	七四〇,一九七	三八五,三六二	增三五四,八三五	

*十七年度本拟稍事发展,故行政费与事业费均略有增加。惟因现在国库支绌,除文理学院经费照本年度预算支给外,其余行政费,工、农两学院及湘湖农场经费,均仍照十六年度旧预算数支领。

乙、省教育经费

照十七年度新预算,省教育经费经、临两项合计共银一,五九〇,八二五元。分配如下:

岁出经常门

项别	十七年度预算数	十六年度预算数	比较	附注
省立医药专门学校	一〇〇,九五五	一〇二,〇一二	减一,〇五七	
省立法政专门学校	三一,一五六	三八,六六一	减七,五〇五	
省立第一中学第一部	一一三,七〇九	一一四,一四八	减五三九	
省立第一中学第二部	一〇二,四〇三	九九,七三二	增二,六七一	
省立第二中学	六四,四八四	六一,〇七〇	增三,四一四	
省立第三中学	五五,〇四八	五八,六〇八	减三,五六〇	
省立第四中学	九五,九九二	九四,三七八	增一,六一四	
省立第五中学	六九,〇一五	六〇,六四二	增八,三七三	
省立第六中学	五三,四四七	五三,七二〇	减二七三	
省立第七中学	一〇四,七六五	一〇四,四五七	增三〇八	
省立第八中学	六〇,一五二	五七,〇九七	增三,〇五五	
省立第九中学	五八,六六五	六一,〇九三	减二,四二八	
省立第十中学	九四,八三五	九二,五四三	增二,二九二	
省立第十一中学	五九,一四三	六一,四三四	减二,二九一	
省立高级商科中学	五二,三二六	四八,二五三	增四,〇七三	
省立高级蚕桑科中学	五〇,〇一一	五〇,一八四	减一七三	
省立女子产科职业学校	二四,五七八	一九,八三七	增四,七四一	
省立乡村师范	一二,二九〇			新增之款

续　表

项别	十七年度预算数	十六年度预算数	比较	附注
浙江地方教育指导员养成所	五，五〇〇			新增之款
浙江市县私立学校补助费	七四，〇〇〇	六四，〇〇〇	增一〇，〇〇〇	
国立浙江大学及省立中等以上各校学生补助费	二八，二四三			新增之款
国立省立专门学校以上毕业生参观补助费	二，〇〇〇			新增之款
省立图书馆	三七，五七五	三〇，五七四	增七，〇〇一	
农事试验场	三三，四六六	二二，三三八	增一一，一二八	
省立公众运动场暨附设通俗图书馆讲演所	一三，四〇六	一一，一九九	增二，二〇七	
省政府教育公产保管处	一，九八〇	一，八一五	增一六五	
留学经费	一五三，一五五	一五〇，八二九	增二，三二六	
总计	一，五五二，二九九	一，四五八，七二四	增九三，五七五	

岁出临时门

项别	十七年度预算数	十六年度预算数	比较	
留学经费	三四，四二四	二三，一九二	增一一，二二二	
省立乡村师范	二，一一二			
省立农事试验场	一，九九〇		增一，九九〇	
总计	三八，五二六			

岁出经常临时合计一，五九〇，八二五元

丙、市、县教育经费

据各市、县所呈报者，其十七年度预算数，约如下表：

项别　市县别	行政费			事业费
	教育局经费	教委会经费	教款产会经费	各种教育事业经费
杭州市		二四〇		一八一，三五六
杭县	七，二六〇	一〇〇	四〇〇	五五，四六六
海宁	二，六七六	一六八	六四八	五七，二四七
富阳	二，〇九二	一二〇	八七三	一四，二九四
余杭				
临安	一，九四四	二〇四	三七二	一三，〇八二

项别 市县别	行政费			事业费
	教育局经费	教委会经费	教款产会经费	各种教育事业经费
於潜				
新登	一,三八〇	一五六	五二二	一一,五九〇
昌化	九〇一	一二〇	三二七	五,七一一
嘉兴	四,三五一	五四〇	一,五一〇	一〇五,三五一
嘉善	三,五三一		四〇〇	五二,八五〇
海盐	三,三四八	二四〇	四〇〇	四一,九八四
崇德	二,五九二	六三六		四二,七〇一
平湖				
桐乡	一,二八四	三〇〇	一八〇	四〇,三八六
吴兴	五,八一八	二二〇	八一二	七五,七六〇
长兴	三,九五二	四八〇	五七二	三二,五三二
德清	五,二八〇	三八四	九三六	四六,七九二
武康	一,九〇八	四八〇	五二四	一二,一七五
安吉	一,四二二 *			七,七四一
孝丰	一,三二〇	三一四	四三二	一五,九二二
鄞县	五,三四六	三〇〇	六九六	四八,〇九三
慈溪	三,七四八	四八〇	四三八	三三,四四二
奉化	二,三八二	三二四	三三六	二四,八〇七
镇海	三,八〇四	四〇八	六〇〇	三八,五〇一
定海	二,一六六	二〇〇		一三,五六二
象山	一,七九四	二五八		一一,一四一
南田	四四四	一〇八		二,〇九九
绍兴	五,四〇〇	二八八	九六〇	九六,〇七二
萧山				
诸暨	二,八八二	一八〇	一八〇	三一,三八七
余姚	三,〇二六	四〇八	一,一四〇	四八,〇八六
上虞				
嵊县				
新昌	一,三五〇	三四〇	八九〇	一八,五七一
临海	一,七九二	一二〇	九〇八	一七,七八〇

项别 市县别	行政费			事业费
	教育局经费	教委会经费	教款产会经费	各种教育事业经费
黄岩	二,二七六 *			二四,一七四
天台	七二〇	四五六	一八〇	一六,九〇七
仙居				
宁波市				
宁海	一,四四〇		二七六	一一,八四〇
温岭	二,九四四		八四二	二〇,二六九
金华				
兰溪	三,七三二	二八八	五五二	二六,〇五六
东阳	二,二八六	四五六	五〇〇	二五,七五五
义乌				
永康	三,一〇八	二二四		二五,〇九六
武义	二,一五六	二三四	七五〇	一三,四三六
浦江	一,五四四	二六四	五二六	一七,四九七
汤溪	一,二六八	一二〇	五一六	一一,六七七
衢县	二,五〇八	一四四		三一,六四五
龙游	一,八一二	四一四		一一,九〇七
江山	二,三一八	五九五	八六三	二七,五二一
常山	二,四九四	五〇四	三二七	一三,五一九
开化	六一八 *	九六		六,九八七
建德				
淳安	一,一二八	四三二	八〇四	一〇,三一六
桐庐	一,三八三	九六	二五二	一二,二七二
遂安	一,一七二	三三六	一三二	八,六四三
寿昌	九四〇	三〇〇	四九二	九,〇七三
分水	六八四	七二	八〇	六,三八八
永嘉	三,二〇四	五〇四	一,一〇四	四七,九八三
景宁	九五四	一六〇	一五八	五,五三二
瑞安	二,一六〇	五一六	八五二	二八,三九四
乐清	二,二一四	三九六	七八四	二八,六七五
平阳				

续　表

项别 市县别	行政费			事业费
	教育局经费	教委会经费	教款产会经费	各种教育事业经费
泰顺				
玉环	九二〇	二六四	三三六	一一,四〇七
丽水	一,一八二	四一二	三〇〇	一一,四六二
青田	一,二三五	一〇二	一一五	一〇,〇五七
缙云	一,三三〇	二一六	三六六	一三,六一六
松阳	二,七六四	三〇〇	八八〇	一〇,九五三
遂昌	一,四九一	三二六	一,〇五二	一六,三七七
龙泉	一,六九八	一一二	八七四	一一,〇〇七
庆元				
云和				
宣平	一,〇二〇	一六〇	一七七	七二,一九一

*　系因本年度预算尚未呈报或已呈报而正在发还修正者,故以十六年度预算数列入。

《国立浙江大学教育周刊》第四十一期,民国十八年一月十三日

中编

早期国立浙江大学

（1929—1936）

一、校长变更与章程修订

（一）校长变更

行政院训令（第一五五四号）

（1930 年 4 月 19 日）

（十九年四月十九日）

令教育部：

　　为令发事。

　　案准国民政府文官处函开：现奉国民政府颁国立浙江大学铜质关防一颗，文曰：国立浙江大学关防；铜章一颗，文曰：国立浙江大学校长。等因。相应函送，即查收见复转发领用，并饬将启用日期呈转本府备查。等由；准此。合行令仰该部即便遵照查收转发启用，并饬将启用日期呈报备查。

　　此令。

　　计发铜质关防、小章各一颗。

　　　　　　　　　　《行政院公报》第一百四十五号，民国十九年四月二十六日

国民政府令

（1930 年 7 月 12 日）

国立浙江大学校长蒋梦麟呈请辞职。蒋梦麟准免兼职。

　　此令。

　　任命邵裴子为国立浙江大学校长。

　　此令。

　　　　　　　　　　《行政院公报》第一百六十八号，民国十九年七月十六日

行政院训令（第二六八五）

（1930 年 7 月 23 日）

（十九年七月十八日）

令教育部：

　　为令知事。

　　准国民政府文官处第四五六六号函开：案奉国民政府令开；国立浙江大学校长蒋梦麟呈

请辞职,蒋梦麟准免兼职。此令。又奉令开:任命邵裴子为国立浙江大学校长。此令。各等因;奉此。除填发任状并公布外,相应并案录令缄达查照转饬遵照。等由;准此。合行令仰该部知照。

此令。

《行政院公报》第一百七十号,民国十九年七月二十三日

教育部训令(第七四九号)
(1930 年 7 月 25 日)

令国立浙江大学:

案奉行政院第二六八五号训令开:准国民政府文官处第四五六六号函开:案奉国民政府令开:国立浙江大学校长蒋梦麟呈请辞职,蒋梦麟准免兼职。此令。又奉令开:任命邵裴子为国立浙江大学校长。此令。各等因;奉此,除填发任状并公布外,相应并案录令函达查照转饬遵照。等由;准此。合行令仰该部知照。等因;奉此。合行令仰知照。

此令。

浙江大学档案馆藏 ZD-2021-ZL12-16-3

新任校长视事
(1930 年 9 月 7 日)

本大学蒋前校长以部务殷繁,殊难兼顾,于七月间呈请国民政府辞去本大学校长兼职,以便专理部务,当奉国民政府令准,并简任邵副校长兼文理学院院长继任本大学校长。邵校长遵已于八月一日接收视事,定于九月十五日补行宣誓,已呈部并分函各机关、各大学查照矣。

《国立浙江大学校刊》第二十一期,民国十九年九月七日

浙大校长定期宣誓
(1930 年 9 月 14 日)

国立浙江大学校长邵裴子定于九月十五日举行宣誓典礼,教育部派浙江教育厅长陈布雷代行监誓云。

《民国日报》民国十九年九月十四日

邵校长向教育部辞职 工学院李院长亦引咎辞职 工学院教授挽留校长院长
（1931 年 11 月 7 日）

本月四日农学院学生以院中经费困难,院务委员会未能直接负经费之责,于下午一时全体来见校长,面请指示办法,当由校长召集该生等在大礼堂谈话,旋工学院学生亦来加入,后竟酿成不幸之事故。邵校长当晚电教育部辞职,次日又补备正式辞呈。工学院李院长亦引咎辞职,邵校长以本人已向部辞职,并经陈明自即日起,不再履行校长职务,无法接理,即将原呈退还。工学院教授赵曾珏先生等多人,则函请校长即日打销〔消〕辞意,并请即日令李院长到院视事,亦经校长函复。兹将邵校长辞电辞呈、李院长辞呈、工学院教授函,分志于左:

（一）邵校长辞电

急。

南京教育部钧鉴:

裴子承乏浙大校长,一载于兹,德薄能鲜,愧无建树! 复值经费愆期,较前更甚,并有一部分尚无着落,维持至感困难! 本日农学院学生为经费事,集合来城请愿,正解释间,工学院一部分学生临时加入中间,因要求校长各别谈话,侮及农院教员,极肆无礼! 裴子及工院李院长在场均无力制止,当时裴子愤激之至,加以斥骂,遂群起大哄呼打,秩序益乱,扶出李院长,不令干涉,击毁办公室玻璃门。学校风纪败坏至此,均裴子奉职无状之所致,非解职不足以蔽辜,除另备辞呈随即寄发外,特此电呈辞职,并自即日起不再履行校长职务,务祈立予核准,即日遴员接替以重校务,至为公便!

国立浙江大学校长邵裴子呈叩支

（二）邵校长辞呈

窃校长以本大学发生风潮,无法维持,业于前日电请辞职在案。兹将此次风潮经过情形,为钧部详晰陈之。上月中本大学农学院院长谭熙鸿函请辞职,意极坚决,虽经校长及农学院教职员一再恳切挽留,未允回院,校长以院务不可一日停顿,经即一面商请该院前教务主任许璇继任院长职务,一面聘请该院各学系及农林、园艺各场主任暨在院副教授,组织院务委员会,在新院长未经到院以前,暂行维持。自该委员会成立以来,关于该院经费问题,均随时由各委员商请校长办理,而现在本大学经费,以本年一、二两月份尚未领到,浙省拨发部分,六月份亦未领齐,九月份起仅领到一万元,困难情形,匪可言喻。农学院学生以院务委员会未能直接负经费之责,特于本月四日下午,全体前来面请指示办法,校长当即召集该生等在礼堂谈话,由该生等提出三项要求:

（一）各学院经常费应三院一致按时支付;

（二）中华教育文化基金董事会补助之三万元,由三学院平分;

（三）秘书处节余经费三万六千元,匀拨三学院。

经校长答复:第一项原系如此办理,第各院领去后发薪多少,各有不同,亦以各院情形而异,事实上不能由校长使之齐一;第二项系中华教育文化基金董事会指定补助文理学院设备之用,不能由校变更;第三项因文理学院历年年级班次递进,而预算未尝有丝毫之增益,亏短之数,已达十九万元以上,非予赶筹周转之资,势必陷于停顿,因将秘书处开支竭力撙节,而以该项余款拨助该院,俾得勉维进行,但亦可再请校务会议加以讨论。

正解释间,有工学院学生义勇军第一、第二大队学生突入会场,初系列席旁听,嗣校长因事暂行离场与农学院教授接谈,工学院有一部分学生亦即离场,前来要求校长各别谈话,校长即予允许。其时农学院教授未闻校长对该生等之答复,深恐该生等借农学院学生来校与校长谈话机会,别生枝节,即面嘱该生等俟农学院学生退出后,再与校长谈话,而该生等反谓农学院教授不应干涉。遂利用学生义勇军之组织,请求大队长立将农学院教授逐出,并称勿使校长脱逃等语。校长以该生等竟肆意侮辱师长,愤激之余加以斥骂,乃该生等遂即高声呼打,在会场中之该院学生亦即蜂涌而来,校长及工学院李院长在场均无力制止,校长因即为农院教授数人掖入办公室,犹冀俟该生等理智稍复,再予开导,而该生等复将办公室重重包围,一面并派队看守电话机关,如临大敌;一面将李院长扶出,不令干涉,继竟将办公室门玻璃及插销敲击破断,涌入与校长理论,其为存意掀动风潮,已属显而易见。校长至此,知已无理可喻,且无法再行维持,遂即宣布立即辞职,该生等又集议多时,始呼口号而退。此风潮经过实情也。窃维中央对于整饬学风,告诫谆谆,而本大学此次风潮,校长事前既未能预防,临时又无法制止,校长奉职无状,实深惶悚,非解职无以蔽辜,务恳钧部鉴核,立即准予辞职,遴员接替,以免停顿而图整饬,并恳勿予慰留,以为不能称职之诚。临呈不胜迫切待命之至!
谨呈
教育部

国立浙江大学校长邵裴子

（三）李院长辞呈

呈为管训失宜,滥竽负疚,谨祈开去熙谋院长职务,迅派贤能接替事。窃熙谋自充任院长以来,倏逾四年。受任伊始,适承以前工专学校革新风潮之后,纽解网绝,办事困难。幸蒙蒋前校长暨我校长随时指示,渐有纪律,诸生均能向学,学科逐渐提高,方期始终追随,勉求寸进。乃以时局影响事方越轨,受国难方殷之痛,助学生血气之刚。昨日工院诸生,乘农院诸生进城开会,向校长要求经费之际,同时加入开会,语言失态,罔知礼节,此皆熙谋平日教训无方之故。私心内疚,负罪至深,若再因循恋栈,不即辞职,罪将益重。为此掬诚恳请,务祈校长即时照准,开去熙谋工学院院长职务,并迅派干员莅院接事。实为公便。谨呈
国立浙江大学校长

国立浙江大学工学院院长李熙谋

(四)工院教授函

裴子校长钧鉴：

　　顷阅本市各报，惊悉本月四日本校学生为经费请愿发生不幸事项，致校长遽萌高蹈之志，向教育部拍电辞职。同人闻之不胜惋异！窃本校久值拮据飘摇之会，亟宜同舟共济，渡过难关，任劳任怨，不后于人，务恳先生即日打消辞意，到校视事，肥遁之志应所不取也。匆促贡臆，敬希察纳，即颂大安！

　　　　工学院副教授：赵曾珏　李寿恒　朱叔麟　吴钟伟　倪　俊　陈大燮　葛祖良

　　　　　　　　　　　曹凤山　陈承弼　沈三多　邵祖平　魏海寿　朱瑞节　李绍德

　　　　　　　　　　　张祖荫　丁人鲲　殷文友　张谟实　徐忠杰　杨耀德　王光钊

再启者：

　　本院院长李熙谋先生亦因此次事变陷于绝端困难地位，引咎辞职。本院主持乏人，群情惶急，务希校长即日令其到院视事，打消辞意，本院前途实利赖之！

同人再启

《国立浙江大学校刊》第七十一期，民国二十年十一月七日

教育部叠电慰留邵校长
(1931 年 11 月 14 日)

　　邵校长于本月四日电教育部，其原电已志本刊(第七十一期)，旋奉教育部鱼电，望勉为其难，勿萌去志。邵校长又于八日再发一电恳辞，续奉教育部佳电，仍望照常任事，万勿固辞，兹将各电刊载于左：

教育部鱼电

浙江大学邵校长鉴：

　　支电悉。该校支日为首滋事之学生亟应查明惩办，浙大校务重要，切望勉为其难，勿萌去志为要。

教育部鱼印

邵校长齐电

南京教育部钧鉴：

　　奉鱼电饬仍继续任职，并查明为首滋事学生惩办。等因。理应恪遵办理。惟裴子薄德寡能，无以奉行钧部整饬学风之至意。前据工学院李院长呈，以平日管训失宜，引咎辞职，裴子以已电呈钧部辞职，并经陈明自即日起不再履行校长职务，无法接理，即将原呈送还。奉

电前因,除由秘书处抄送各学院外,务祈即将裴子辞呈立予批准,即日遴员接替,不胜屏营待命之至!

邵裴子叩齐

教育部佳电

浙江大学邵校长鉴:

　　齐电悉。校务诸赖维持,学风尤待整顿,切望勉为其难,照常任事,万勿固辞。

教育部佳印

《国立浙江大学校刊》第七十二期,民国二十年十一月十四日

教育部训令(字第一九二三号)
(1932 年 3 月 23 日)

令国立浙江大学:

　　案准行政院秘书处第七〇八号函开:案查本院第十二次会议据教育部部长朱家骅提议,国立浙江大学校长邵裴子恳请辞职,拟予照准,并请任命程天放为国立浙江大学校长一案,经决议通过,记录在卷。除由院转请任命外,相应函达查照。等因。合行令仰知照。

　　此令。

朱家骅
中华民国二十一年三月二十三日

浙江大学档案馆藏 ZD-2021-ZL12-16-4

程新校长来校视察 就职之期尚未确定
(1932 年 4 月 9 日)

　　本大学新校长程天放先生于四月四日下午三时会来校视察,先至秘书处,即由陈秘书长陪同参观一周,次至文理学院晤邵校长,并参观该院教室、实验室、图书馆等,继至工学院晤李院长,并参观该院工场、实验室、原动室、图书馆等,后又回至秘书处,略谈经费问题,及至五时半,始返西湖小杨庄寓所云。

　　又程校长以本大学经费积欠甚巨,此后非得源源接济,不足以资维持,拟俟接洽有办法后,再行来校就职。故邵校长之移交事务虽已由秘书处准备完竣,迄未前来接收。现程校长对于本大学经费之省款部分,已与浙江省财政厅周骏彦厅长有一度之接洽,至中央部分,亦

已于八日晨由京杭国道专车晋京前往接洽矣。

《国立浙江大学校刊》第八十七期,民国二十一年四月九日

程校长宣誓就职
(1932 年 4 月 23 日)

本大学校长程天放先生于四月二十一日上午八时在大礼堂宣誓就职。其秩序为:(一)开会;(二)奏乐;(三)全体肃立;(四)唱党歌;(五)向党旗国旗及总理遗像行最敬礼;(六)主席恭读总理遗嘱;(七)静默;(八)校长宣誓;(九)监誓员训辞;(十)来宾惠辞;(十一)校长答辞;(十二)奏乐;(十三)摄影;(十四)散会。

行政院及教育部均派浙江省教育厅厅长陈布雷先生代表监督。来宾到者甚多,有省党部代表许绍棣,县党代表童蒙圣,省政府代表杨绵仲,民政厅厅长吕苾筹,财政厅厅长周骏彦,高等法院院长郑文礼,检察长郑畋,杭州市市长赵志游,杭县县长叶凤虎,教育厅科长陆殿扬、张任天,杭江铁路局局长杜镇远,国术馆副馆长苏景由,中国银行协理寿毅成,杭县律师公会代表张韬,省立图书馆馆长陈训慈,之江文理学院院长李培恩,民众教育实验学校校长尚仲衣,地方自治专修学校校长马巽,高级中学校长叶溯中,复旦实验中学主任徐文台,前省政府委员方策等数十人。本大学教职员及文理、工两院学生(农学院学生因正在举行考试,未及参加)济济一堂,颇极一时之盛。是日来宾演说者,有杨绵仲、杜镇远、苏景由、叶凤虎等。兹将监誓员训辞及校长答辞分志于左:

监誓员陈布雷先生训辞

诸位先生、诸位同学:

今天程校长宣誓就职,兄弟奉行政院及教育部电令,代表监督,得以参加盛典,甚为荣幸!浙江大学在国立各大学中比较为后起,而其办理之谨严,学风之朴质,教授人才之整齐,常为一般所称道,此皆历任校长、各院长及各教职员,辛苦努力之成绩。而邵前校长主持之时期较久,其所供〔贡〕献之功绩为尤多。浙大有此良好基础,又处于优美之环境,国府对于浙大,实具有无限之殷望。此次因邵前校长迭请辞职,意极坚决,中央慎重甄选,任命程天放先生来长斯校。程校长为一极笃实之学者,极努力之革命者,而其积极负责,一丝不苟之精神,仅就其主持安徽教育时期之成绩言,至今皖省教育界犹口碑载道。程校长少年时生长于杭州,对于浙江在文化上的地位,亦有深切之认识,敢信浙大此后必有长足之进步,堪为贵校庆贺!近来一般对于中国之大学教育,常多怀疑与批评,政府、学校当局、及大学生交受责备,有时或互相不满。究其所以受诟病之由,固然一言难尽,但大学教育有充分改进之必要。而良好大学之必受社会之爱重,则可以断言。目前国家丁此忧患,百事艰绌,已设立之大学,欲求物质设备之充实,固非易易,有时或且不免以经费关系,影响一切之进行。此唯有希望大学本身以精神力量补助物质之缺陷,自校长、院长、教职员以及同学一致省察对于国家民族所负之责任,在艰难困苦之状况下,维持学术文化于不敝。"先天下之忧而忧,后天下之乐而乐",是国学大师所应提倡的风气,是大学生所应砥砺的精神,敢信程校长必能积极领导,

使浙大成为社会所爱重之一个良好大学。敬祝浙大前途无量！

程校长答辞

监誓员、各位来宾、各位教职员、各位同学：

在近代文明国家中，大学校长在社会上是占一个极重要、极高尚的地位的。这次中央任命兄弟来担任国立浙江大学校长，兄弟自审学识、资望都不够，很觉有点惭愧，但是一方面裴子先生辞意非常坚决，一方面中央又不容易找到相当的人选，所以一定要叫兄弟来承乏。国府命令发表已经很久，兄弟却很踌躇，不敢贸然来接事。但是迟到现在，如果再不接事，恐怕于大学的进行会发生影响。各方一再来催促，兄弟不敢因个人的疑虑而妨碍大学的前途，所以才在今天举行就职礼。将〔刚〕才蒙监誓员和省党部、省政府的代表，各界来宾，致了许多有价值的训勉，可以做我们的〈指〉南针，兄弟一定敬谨接受，诚意奉行。

我们常常称大学做最高学府，大学教育当然是教育当中最高的一级了。但是这种最高级的教育，应该包括些什么东西在里面呢？大学应该陶镕出怎么样的人才呢？关于这个问题，当然可以有许多答案。依兄弟个人看起来，大学教育应该具备三种性质，能够具备这三种性质，然后一个大学才不愧为最高学府，所造成的人才才足以应国家社会的需要。那三种性质呢？

第一种我们可以勉强叫它做人格教育。这个教育，任何国家都需要，而在中国现在需要最为迫切。大家都知道，中国现在是非常的贫，非常的弱，非常的乱，非常的危险。研究其何以如此？原因自然很多，但是过去的教育，太忽略了人格的熏陶，实在是一个大原因。因为人格教育的缺乏，所以受过教育自命知识阶级的人，一样的可以腐化堕落，一样的可以贪污卑劣，一样的可以争权夺利，一样的可以祸国殃民，甚至于知识愈高，作恶的程度也愈大。所以我们现在要使中国由贫而富，由弱而强，由乱而治，由危险而安全，非先由大学中造成一般能够牺牲，能够奋斗，能够团结，不贪污，不腐化，有远大的志趣，而又有热烈的情感的青年出来领导人民转移风气不可。这就是兄弟所谓的人格教育。这种教育，中国从前本来是很注重的，《大学》里讲"大学之道，在明明德，在亲民，在止于至善"，是极端的注重人格，而大学的途径，是由格物、致知、正心、诚意、修身、齐家，以至治国、平天下，又完全是人格的推广。周朝的大师，如孔子、墨子，与他们弟子的关系，都着重人格的陶镕，而不仅是学说的传授。到了后来东汉的太学，宋朝朱晦庵、陆象山，明朝王阳明，清朝罗罗山，诸人的讲学，还保存着这种风气。这种风气，在社会上影响是很大的。东汉风俗之美，气节之盛，为史家所赞美。明朝亡国时候，江浙一带的士子起兵抗清，前仆后继，视死如归，虽都归失败，而这种精神，彪炳天壤，实种下民族复兴的种子。罗罗山虽则是忠于满清，以民族眼光看起来，是件憾事，然而受他感化的人，都能杀身成仁。曾左诸人能够讨平太平天国，很得他和他们弟子的帮助，这都是人格教育的成效。自废科举、兴学校后，西洋新知识固然灌输进来，对于人格教育，却太觉漠视。学校变成吃饭领文凭的地方，教员与学生的关系，变成了上教室、改试卷、打分数的关系。结果就连在大学内也只有知识的传授，而没有人格的陶冶了。真正的大学教育，一定要顾全到人格教育方面。在大学里面，造成良好的风气，使大学里出来的学生，在国家是良好的公民，在社会是健全的分子。不过我们所谓人格教育，与宋明儒者所谓人格教育，范围又有点不同。宋明儒者偏重静的修养，谈性谈心，往往流于玄虚，无补世事。我们所谓人格，应该注重动的生活，一切图书馆、体育场及公共集会的地方，都是陶冶人格的场所。日常的生活，一定要有纪律、有规律，尤其是团体生活，要处处流露协作互助的精神，而不可显出冲突分裂的现象。譬如两个学校的球队比赛足球，胜的球队，一定不许骄矜，败的球队也就不作兴因失败而迁怒对方或评判员，甚至发生殴打的情事。在一个学生团体里，多数派的学生不应该压迫少数派的学生，使得他们连发表意见的机会都没有，而少数派的学生在讨论决定以后，也就决不可因自己的主张没有贯彻，就暗中破坏，使得大家解体。我们不要认为这种是小事，一国政治社会事业之能否走上正轨，都可在这些事件里面看出来。如果大学生因为比球失败而殴打对方，那就假定这班大学生在政治上握权力时，一定可以因政争失败而称兵作乱。如果大学学生团体多数压迫少数，而少数又暗中破坏，那就这班大学生在社会上办事时，一定得意时就压迫他人，失意时就要捣乱，民权政治终无法养成。政治社会人才都要由大学造成，大学所造成的人才如此，政治社会如何不乱哩！但是大学里面如何能养成这种整齐严肃、团结协作的精神呢？那就要靠教职员等与学生共同生活，以身作则，不仅在学问上做学生的导师，并且在人格上做学生的模范。大学师生不仅在教室上发生关系，处处都要发生一种关系，如孟子所讲"时雨之化"一样，久而久之，自然养成一种良好的学风。经过这种学风熏陶的人，不但个人具备高尚的人格，并且可以转移社会。因大学学生的团结，而转移社会涣散的风气；因大学学生的振作，而转移社会懈惰的风气；因大学学生的廉洁，而转移社会贪污的风气；这是兄弟认为大学教育第一种的性质。

第二种我们可以叫它做学术教育。这种教育，是要养成为学问而学问 Learning for Learning's Sake 的精神。大学里面，有这种精神，大学师生能够向这方面努力，一国的学术文化，才会进步。我们知道有些学问是与一班〔般〕人生活有关的，有些学问尤其是高深的学问，与普通生活是几乎毫无关系的。譬如我们学数学，加减乘除的方法，立刻有用处，我们记账算账，都离不了它；但是高等代数、解析几何、微积分，就与日常生活不发生影响了。初步的物理、化学知识，于我们的生活有点帮助，高深的物理化学，于日常生活又不发生影响了。我们学了园艺学，可以种菜；采矿学，可以开矿；电机学，可以管理电机；但是植物学、矿物学的研究，电学原理的探讨，又和日常生活不相关了。这些高深的学术，既然与日常生活无关，我们又何必在大学里研究它呢？这是有两种原因：第一是因为人类有好奇心，有求知欲。一个问题，不能够解决，一件事情不知道内容，就想去研究明白，研究明白了，精神上就得到很大的快乐。人类之所以为万物之灵，能产生一切文明文化，大部分靠这一点，如果人类没有好奇心和求知欲，我们现在一定还是和几千年前的老祖宗一样，不识不知，过穴居野处、茹毛饮血的生活了。中国读书人从前常讲"一物不知，儒者之耻！"这句话当然有点夸大，因为一个儒者，要想遍知天下的事物，是不可能的。但是我们如果改为"一物不知，学术界之责！"那就很对了。因为有一件事物我们不知道性质，有一个现象我们不知道原因，学术界都应负起责任来去探讨、去研究，自然世界所有的现象完全能够解释，所有的问题完全能够答复，恐怕永远没有那一天，但是我们总是孜孜汲汲往前走，愈研究愈有兴趣，愈困难愈有勇气，这就是文明进化的大源泉，否则文明就要停滞退步了。第二是因为高深的学术，直接致用于日常生活是不可能，而看不出来的。间接之用，却是非常之大。譬如哥白尼费了多少年的研究，才确定行星绕日而行的学说；达尔文费了多少年的研究，才证明了物种进化的原理。自常人看来，照哥白尼所说地球绕日，或照从前宗教家所说日绕地球，照达尔文所说物种进化，或照从前宗教家所说上帝造人,于我们日常生活同一不发生影响。然而因为哥白尼的学说,使得人类思想得一个大解放。因为达尔文的学说,又使人类思想得一大解放。这两次大解放,使得一切学术都因之进步,一切政治经济组织,都随之改变。于是农工商业都连带的发达,全世界人的生活,都受它们的影响。那种间接之用,是何等的伟大呢?所以一个纯粹学理的探讨,或者一个新的发现,在当时毫不切实用而往往在数十年后,影响整个的人类社会,连研究的人,发现的人,都会出乎意料之外。假使当时哥白尼、达尔文因为急于致用之故,抛弃了天文学、天演学的搜求,而另外努力有关日常生活的事物,那岂不是世界的大损失吗!我们可以看出一个最高学府一定要有为学问而学问的精神去探讨真理,然后一切学术才会进步,人类的生活也才会进步。这是兄弟所认为大学教育第二种的性质。

第三种我们可以叫它做技能教育。一个国家,一个民族,不能够专注重精神方面的生活,而忽略物质方面的生活。一个个人也不能够专研究学理而置衣食住行等需要于不问,所以大学一方面就国家讲,要造就农、工、商、矿、教育、政治的中坚分子,使得各种事业,均能臻臻〔蒸蒸〕日上;一方面就个人讲,要使得受过大学教育的学生,个个都有独立谋生的技能,才算尽了大学的责任。然而中国过去的教育,对于这一点是异常忽略。在科举时代,士子专心致志于八股,只要八股做得好,就可以做官,一切农、工、商视为贱业,不屑过问。所以往往有读了十年以上的书,甚至进过学,中过举的人,不辨菽麦,不知加减乘除,连日常生活的知识都没有,更谈不到技能了。废科举设学校,大家知道农工商矿都是专门事业,不是一种贱业,于是乎学校里面都设科研究,表面上似乎狠〔很〕注重了。但是实际上三四十年来,所谓新教育,还是偏重纸面上工作,对于专门技能的训练,非常缺乏。由此所生弊害,在学生个人方面讲,则不论所学何科,毕业之后,只有向政界或教育界挤,挤不进去或进去而又出来,便立刻有失业的危险;在国家方面讲,那就各项事业都感觉人才缺乏的苦痛。而失业的知识分子一多,社会到处呈露不安的现状,更是隐隐然伏着危机。所以政府固应该积极提倡各种生产事业,使得受过高等教育的人有出路可寻,而大学本身,也一定要注重实际技能的训练,使得学生一出校门,便可有专业,或做农,或做工,或经商,或开矿,或任教员,或做律师。总而言之,大学毕业生不仅他的学问应该较普通人为高,他的技能也应该较普通人为高。这种教育才不致成为纸面上教育,这种教育才不致养成废物。这是兄弟所认为大学教育第三种的性质。

一个大学对于这三种教育都能够完全做到,平均发展,一方面培植健全的人格,造成良好的学风,一方面研究高深的学理,促学术文化的进步,另一方面又使学生受实际技能的训练,人人能营独立生活,那就可称为完善的大学了。不过,这种大学是理想中的大学,实际上不独中国的大学离这个标准狠〔很〕远,就是欧美教育发达的国家,他们的大学因历史文化风尚等关系,也往往各有所偏。譬如英国的牛津、剑桥等大学,很注重人格的陶冶,师生的共同生活,对于高深学术的研究,也相当注重,而技能方面的训练,就狠〔很〕忽略。美国大学最注重专门技能的训练,而学术的研究,人格的陶冶,学风的培养,就较英国为逊了。但是我们不能因为离理想标准太远,就甘心落后,不求进取,应该格外的努力,格外的猛进。欧美大学的长处,我们尽量采纳;欧美大学的缺点,我们力求避免;然后我们一年一年可以接近我们的理想。兄弟虽然能力薄弱,然而责任心很强,一定尽我绵薄的力量,帮助浙江大学向这个方向前进。不过浙江大学不是个人的大学,是国家的大学,所以兄弟极诚恳的希望党、政、学各界的领袖,极力指教我们,极力帮助我们,以促浙江大学的发展,也极希望各院长、教授、职员、学生一致与兄弟共同努力,然后将来有达到我们目的的一天。

（完了）

朱家骅辞教长　内定程天放继任
（1933 年 2 月 6 日）

（本报南京六日下午二时专电）政息。朱家骅向中央辞教长,俾可专心交通。闻中央已内定程天放继任教长云。

改组湖北省府　夏斗寅仍兼主席　程天放长教厅　昨行政院会通过马良上将参议
（1933 年 2 月 8 日）

（南京七日下午八时本报专电）行政院七日开八六次会议,出席罗文干、朱家骅、陈树人、石青阳、陈公博、顾孟余、刘瑞恒、陈绍宽,主席顾孟余。决议要点如下:

（一）改组鄂省府。原任该省委兼主席夏斗寅,委员兼民厅长朱怀冰,委员兼财厅长沈肇年,委员兼教厅长夏元瑮,委员兼建厅长李书城,委员孔庚、杨在春、陈达勋、晏勋甫一并免职。任命夏斗寅、李书城、贾士毅、李范一、程天放、范熙绩、杨在春、陈达勋为该省府委〈员〉,并以夏斗寅兼主席,李书城兼民厅,贾士毅兼财厅,程天放兼教厅,李范一兼建厅。

（下略）

程天放辞鄂教长
（1933 年 2 月 9 日）

（杭州八日专电）程天放八日电政院辞教长,俾竭力整理浙大,调养病体。程应蒋召,九日赴赣,三周返杭。

本大学程校长电辞鄂教长新命
（1933 年 2 月 11 日）

行政院于七日行政会议议决,改组湖北省政府,任本大学程校长为鄂省府委员兼长教育。程校长以此次调鄂,事前毫无所闻,本人失眠症最近又发,正宜在杭调养。本大学整顿甫有头绪,亦不愿半途离去,已向行政院辞职。兹将致行政院电文照录如下:

致行政院电文

南京行政院钧鉴:

顷阅报载钧院八十六次会议,决议任命程天放为湖北省政府委员兼教育厅长。等因。窃思天放前年冬季,曾一度拜江苏教育厅长之命,当时以病恳辞,幸蒙鉴其愚诚,予以照准。去春养病西湖,后蒙钧院以国立浙江大学校长相委,明令初颁,亦曾辞谢。旋以浙江大学非行政机关,事务较简,而身在杭垣,或于养病之初衷不背,始于四月就职。承乏以来,瞬已十月,浙大整理,正在进行,个人体健,暂臻康复。若于此时舍浙赴鄂,于公于私,均感不便。再四筹思,惟有请示新命,伏祈准予辞职,另简贤能接充,不胜感祷之至。

程天放叩庚

《国立浙江大学校刊》第一百二十一期,民国二十二年二月十一日

全体学生恳切挽留程校长
(1933 年 2 月 18 日)

程校长自调鄂令下,即电中央辞职,电文已志上期校刊。顷全体学生见报载中央有拟浙大继任人选之说,深恐程校长不克如愿、继续留浙。各院乃于十一日晚分别开全体大会,议决一方电中央恳切请收回成命,一方电程校长表明挽留决心。兹将二电,分录于后:

致程校长电

一、南昌省政府转程天放校长钧鉴:

传校长将辞去浙大,莫胜惶骇,除两电中央恳留外,特电乞示真相,并望顾全浙大前途、生等学业,万勿离去。临电惶急。

浙大全体学生叩

致行政院电

二、南京行政院钧鉴:

前电计达。昨报载钧院有将任浙大新校长息,生等闻讯彷徨,特再电恳收回成命,俾程校长得继谋发展浙大,否则惟有热烈恳请,以遂所愿。

国立浙江大学全体学生叩

《国立浙江大学校刊》第一百二十二期,民国二十二年二月十八日

郭校长就职

（1933 年 3 月 18 日）

本大学新校长郭任远先生于三月十六日到校接事。郭校长到校后，即视察全校一周，遂即回至办公室办公。翌日并召集全体教职员学生谈话，大旨计分下列数点：

（一）浙大行政统一后，当再做进一步的工作，专力于办事效能上的改进；

（二）整理经费当先检查学校内部有否浪费；

（三）学校当以教务为主，行政部分不过辅助教务而已；

（四）主张极力节省经费；每年至少可以节省四万元，专为三学院增加图书、设备之用；

（五）对于三院之发展一律并重，并主张三院之教务应有相当之联络；

（六）对各学系主张充实内容缩小范围，并拟于最短时间内将行政改组云。

《国立浙江大学校刊》第一百二十六期，民国二十二年三月十八日

浙大郭校长之计划

（1933 年 3 月 20 日）

浙大新校长郭任远于十七日召集全体教职员学生训话。大旨计分下列数点：

（一）浙人行政统一后，再当做进一步的工作，专力于办事效能上的改进；

（二）整理经费当先检查学校内部有否浪费；

（三）学校当以教务为主，行政部分不过辅助教务而已；

（四）主张极力节省行政费，以其款项专为三学院增加图书、设备之用；

（五）对于三学院之发展一律并重，并主张三学院之教务，应有相当之联络；

（六）对于各系主张充实内容缩小范围，郭氏预计行政费极力紧缩后，每年至少可以节省四万元，决把此款留为三院之设备，则三院之设备当有可观。

郭氏又于昨日宣布将行政改组，浙大原有行政组织为秘书处，设秘书长一人、秘书二人，分文书、注册、事务、会计、图书、出版六课，各课设课主任一人，课员助理员若干人；又设学生生活指导员，校医处、军训部、体育部等皆直隶于校长。现在郭校长将秘书处改组为秘书处及总务处，秘书处设文书、注册、图书、军训、体育五课（原有出版课取消），总务处设事务、会计、医务三课，将秘书长名义取消，原有秘书二人减为一人。又将学生生活指导员裁撤。如是每月经费可以节省不可少。闻秘书内定为王世颖，总务主任已聘定章鼎崎云。

《申报》民国二十二年三月二十日

教育部训令（第二四二七号）

（1933 年 3 月 22 日）

案奉行政院第二八四号令开：案准国民政府文官处第一〇四四号公函开：奉国民政府令

开:命郭任远为国立浙江大学校长。此令。各等因;奉此。除填发任状并公布外,相应录案函达查照转饬教育部遵照,并查取该校长履历赍呈备查。等由;准此。合行令仰该部知照。等因。合行令仰该大学知照,并即缮送该校长履历,以凭转呈。

　　此令。

朱家骅

中华民国廿二年三月二十二日

教育部印

浙江大学档案馆藏 ZD-2021-ZL12-16-6

郭校长补行宣誓

(1933 年 4 月 29 日)

　　本大学郭校长于本月(二十四日)上午十时在大礼堂补行宣誓典礼,仪式甚为隆重肃穆。行政院及教育部均派教育厅陈布雷厅长代表监督。其秩序为:(一)开会;(二)全体肃立;(三)唱党歌;(四)向党旗、国旗及总理遗像行最敬礼;(五)主席恭读总理遗嘱;(六)静默;(七)校长宣誓;(八)监誓员训辞;(九)来宾惠辞;(十)校长答辞;(十一)摄影;(十二)散会。

　　来宾到者有保安处处长俞济时代表曾拒强,财政厅长周骏彦,省政府秘书长鲁岱,省党部委员许绍棣、王廷杨,市长赵志游,电话局长赵曾珏,艺术专科学校校长林风眠,自治专修学校校长马巽,教育厅科长陆殿扬,国术馆副馆长苏景由,杭州师范校长章颐年等,及本校全体教职员、学生济济一堂,颇极一时之盛。省党部代表王廷杨、省政府代表鲁岱均有极诚挚之演说(辞从略)。兹将陈监誓员训辞及郭校长答辞载于后:

监誓员训辞

　　今天贵校校长郭任远先生宣誓就职,行政院及教育部命兄弟就近代表监督,得以参加盛典,非常荣幸。去年贵校邵校长因病坚决辞职,中央郑重简择,任命程天放先生继任。程校长到校以后,以人格教育、人才、教育、技能教育兼顾并重为方针,提高学术研究的空气,改善学校内部的组织,使贵校学风益趋笃实,校务日见进展,成绩之优良,不仅为中央所嘉慰,全国学术界所公认,我辈同在浙江的人,所见尤为亲切。其后中央……以程校长遇事尽瘁负责,行政经验尤富,调任湖北教育厅长,当时贵校同学纷起挽留,情辞恳切,中央实以鄂事重要,未能允诸同学之请求,但是中央爱重浙大,一方面调程校长赴鄂,一面即以家长替佳子弟物色良师的精神,多方征聘,卒以此种诚挚的精神,感动了埋头研究室中的郭先生,出来担当贵校校长的职务。郭校长深湛的学问,高超的人格,在座的同学知道的很详细,不待兄弟再来介绍。郭校长和程校长,真可以说后先媲美。几年以来,我们常见国立大学中校长更迭,动辄虚悬到三五个月或是半载以上,虽然有人代理负责,但学校的损失是无可补偿的。我们浙大在一个月中间,去一个好校长,来一个好校长,固然是中央所喜慰,也未始不是诸同学的幸福。

国难一天一天的严重起来,尤使我们不能不想到立国的根本,一个家庭在家运艰屯的中间,但使家有良子弟,人家一看便知道这个中落的旧家,必有复兴门闾的希望,也就不敢过于轻视。我们国事艰危到此地步,除了全国团结奋发,备所有的精神物质一切力量拼死奋斗以外,更没有第二条生路,但根本之计的教育是不可以一日松懈的,目前要务不外乎学术上的迎头赶上,与乎颓靡散漫的风习之矫正,提倡气节与昌明学术,是目前中国各大学不可偏废的两大任务。浙江大学的特点是优秀的气质与笃实的校风的总和。如今得到这样一位有热情、有血性、有学问、有独立特行的人格的郭校长来主持校务,凡是中央所希望于今日大学教育的一切理想,敢信必能一一达到。至于物质设备的欠缺,为浙大当局多年以来所最焦心策划的一个大问题,国家经济枯绌,未能弥补此种缺陷,实为遗憾。但是浙大只要内容上一天天充实进步,国家和社会必不有负此良好的学府,这又是兄弟所敢断言的。

今天除了携满腔欢愉的心情特来祝贺以外,没有别的意思可以贡献。敬以十分诚款,祝贵大学前途无量,全体教授学生刻苦勤勉,教学相长,为多难的中华民国培养新生的基础。

郭校长答辞

监督员、各位来宾、各位同事、各位同学:

本大学自从程前校长长校以来,在一年中为本大学做了不少改革,并且确立起本大学良好的基础。今次兄弟在程校长已经确立了基础之后,来浙大服务,在办事上要比较容易些,这是要感谢程前校长的。此后关于校务的进行,仍旧照着这个良好的基础,按步〔部〕就班的进行,现在择要向各位报告一下。

现在国家严重万分,财政极度困难的时期,我们仍旧能够在国立大学里继续求学,我们不能不感谢政府的努力。中央为什么在国家严重万分,财政极度困难时,仍旧维持全国教育,尤其是大学教育呢? 中央之所以维持教育,是认定教育是救国的唯一根本良法。现在在大学求学的同学应该体谅中央的苦心,努力向学,以作将来报国之用,才不辜负中央维持大学的深意。

目前一般国人以为中国最严重的问题,是抗日问题,似乎这个问题不解决,一切都没有办法,兄弟的意思不大为然。我以为日本不足怕,……我们只怕学校没有优良的学风,知识阶级没有高尚的气节。中国古来的学者一向注重气节的,中国学者注重气节,欧美学者注重人格,气节与人格实际是两名一物。中国历代向多气节的学者,宋明两代尤为显著。这些有气节的学者,不单为学术界努力,而且为民族增光荣。现在中国人尤其是知识阶级,正需要这高尚的气节,所以我们在大学里要养成这种气节。浙大自成立以来,学风向来是优良的,以后除了保持和发扬原有之优良学风外,我们还要养成有主张、有目的,为公不为私,不为威迫,不为利诱的学风。兄弟希望和诸同事及同学对于这一点努力提倡。

浙大师生的研究空气本来非常浓厚的,以后我们想进一步做些实际的工作。兄弟到校后,极力节省行政方面的费用,也是为想添置设备,使各位研究的机会稍为增加。至于研究的方针,兄弟以为除了学理研究之外,应当注重实用方面。学校的经费是国库支付的,国库的税收是人民的汗血,所以学校也可以说是人民设立的。学校既然是人民设立的,那末〔么〕学校在能力所及的范围内,应该为人民尽些力,如此我们以后研究,应该着重有关系人民实用的事业。除了研究方面要注重实际之外,在教务方面也须合作。本来大学之所以分设学院,全为便利管理,实际上各院无论在事务上、教务上都有密切关系。以浙大论,三院教务更有联络合作的必要,工农两院的基本学科应在文理学院学习,如此则工农可以各从各种专门课程方面发展。

刚才陈厅长讲过,本大学最感困难的是物质及财政。工学院的房屋已经很旧,文理、农两学院的校舍,旧到几乎不可修理。仪器、图书也都不足为大学师生研究之用。浙大经费虽则困难,我想在一年内,一方面向中央及省府请求援助,一方面内部极力节省,拿余款来扩充图书、仪器等。几年努力,浙大在物质方面,或者也可以构立起一个相当的基础。

还有一点,兄弟以为大学的工作,应能对社会上有实际利益。浙大既在浙江省,又受省府的补助,故兄弟觉得浙大以后的工作,也应以能使浙江省得到实际的利益为原则。

今天承诸位参加,并给兄弟许多勉励的话,感谢之余,兄弟以后当益加努力,使不负诸君之望。

《国立浙江大学校刊》第一百三十一期,民国二十二年四月二十九日

国民政府指令(第八四八号)
(1933 年 5 月 11 日)

令行政院:

呈据国立浙江大学校长郭任远呈报补行宣誓就职日期请转报备案,除指令准予备案外,转呈鉴核由。呈悉。

此令。

主席林　森
行政院院长汪兆铭
二十二年五月九日

《国民政府公报》第一千一百二十七号,民国二十二年五月十一日

浙大校长郭任远昨辞职
(1935 年 12 月 23 日)

(本报念二日杭州电)浙大学生自治会二十二日午,假青年会招待记者,报告同学最近情况、请愿真相。该校校长郭任远突向教部请辞,校务由李德毅代。教部已急电挽留。

(中央社念〔廿〕二日杭州电)浙大校长郭任远宣布辞职离校后,该校全体学生念〔廿〕二日午推派代表五人赴京向教部陈述郭校长辞职真相,请即准其辞职,同时并将请求立委妥人继长该校云。

《民报》民国二十四年十二月二十三日

教部未接浙大校长郭任远辞呈

(1935 年 12 月 24 日)

(南京电)报载浙大校长郭任远辞职,闻教部尚未接得辞呈,目前亦无表示。

《新闻报》民国二十四年十二月二十四日

浙大校务将组校务会议处理 教部准郭任远请假

(1935 年 12 月 27 日)

浙大校长郭任远辞职,教部现已准郭氏请假,校务暂由该校农学院长李德毅会同各系主任组校务会议处理。

《中央日报》民国二十四年十二月二十七日

浙大校长郭任远辞职照准 继任人选今政院通过后发表

(1936 年 4 月 7 日)

(本报六日南京电)浙大校长郭任远迭请辞职,均经教部慰留,惟郭辞意坚决,六日又呈辞,以便往欧考察。教部六日照准,继任人选已内定。

(央中社六日南京电)浙大校长郭任远,呈教部恳请辞职,并拟赴欧考察,教部已照准,继任人选亦内定,提七日政院会议通过后发表,郭不久即将出国。

《民报》民国二十五年四月七日

(二)章程修订

国立浙江大学组织规程

(1932 年 9 月 3 日)

第一章　总则

第一条　本大学定名为国立浙江大学。

第二条　本大学依据中华民国教育宗旨及其实施方针,以阐扬文化、研究学术、养成健全品格、培植专门人才为宗旨。

第二章　学制

第三条　本大学暂设下列各学院学系:

（一）文理学院　内设文学、政治、教育、数学、物理、化学、生物等学系。

（二）工学院　内设电机工程、机械工程、化学工程、土木工程等学系。

（三）农学院　内设农艺、森林、园艺、蚕桑、农业社会等学系。

第四条　本大学修业期限定为四年，学生毕业后得称某学士。

第五条　本大学受浙江省政府之委托，设代办高级工科中学、高级农科中学，附属于工农两学院，其规程另定之。

第三章　职制

第六条　本大学设校长一人，总辖校务，由国民政府任命之。

第七条　本大学设秘书长一人，由校长聘任，商承校长处理全校事务。

第八条　本大学各学院各设院长一人，由校长聘任，商承校长处理全院教务及学术设备事项。各学院各得设副院长一人，襄助院长处理院务。

第九条　本大学各学系各设主任一人，教授、副教授、讲师、助教若干人，由院长商承校长聘任之。

第十条　本大学工场、农林场等各设主任一人，技师若干人，由校长就教授、副教授、讲师中聘任，商承校长、院长处理工场、农场或林场事务。

第十一条　本大学工场、农林场及各系实验室得设技术员、管理员或助理员，由院长商承校长聘任或任用。

第十二条　本大学设秘书一人或二人，秉承校长、秘书长襄理全校事务。

第十三条　本大学秘书处分设文书、注册、会计、事务、图书、出版六课，每课设主任一人，由校长聘任课员、助理员若干人，由校长任用，秉承校长、秘书长处理各该课事务。

秘书处及各课办事细则另定之。

第十四条　本大学设军事训练部，置主任一人，教官、助教若干人，由校长聘任，秉承校长办理全校军事训练事项。

第十五条　本大学设体育部，置主任一人，讲师、助教若干人，由校长聘任，秉承校长办理全校体育事项。

第十六条　本大学设学生生活指导员若干人，由校长聘任，秉承校长指导学生在校生活。

第十七条　本大学设校医若干人，由校长聘任医务员三人，由校长任用，办理卫生治疗事宜。

第十八条　本大学秘书处设缮写室，置书记若干人，由校长委任之，办理缮写事务。

第四章　会议

第十九条　本大学设校务会议，以校长、秘书长、各学院院长、各系主任及教授、副教授代表组织之。

第二十条　军事训练部主任、体育部主任及秘书处秘书、各课主任、各学生生活指导员得由校长邀，请列席校务会议。

第二十一条　本大学各学院设院务会议，以各学院院长、副院长、各系场主任、教授、副教授组织之。

第二十二条　本大学秘书处设处务会议，以秘书长、秘书、各课主任组织之。

第二十三条　校务会议、院务会议、处务会议规程另定之。

第五章　委员会

第二十四条　本大学设左列各种委员会，其委员由校长于大学教职员中聘任之。

（一）招生委员会

（二）出版委员会

（三）审计委员会

（四）建筑委员会

（五）训育委员会

（六）卫生委员会

（七）讲演委员会

（八）学术设备委员会

第二十五条　本大学依据校务上之需要得增设其他委员会。

第二十六条　各委员会规程另定之。

第六章　附则

第二十七条　本规程由校长核定施行并呈报教育部备案。

第二十八条　本规程如有未尽事宜，得由校长随时修改并呈报教育部备案。

《国立浙江大学校刊》第一百○一期，民国二十一年九月三日

程天放任校长时期组织系统图
(1932 年)

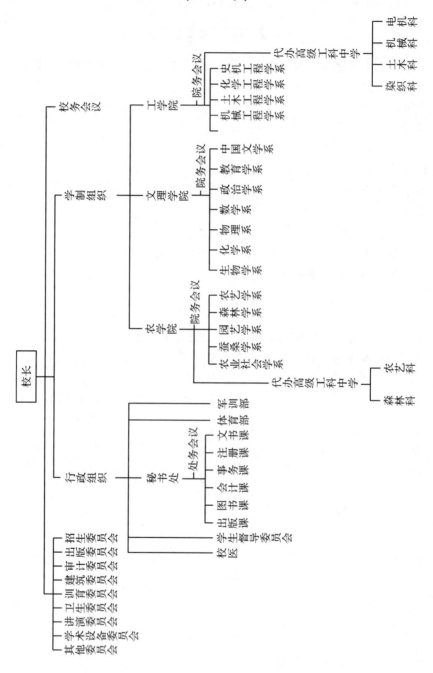

修正国立浙江大学组织规程
（1935 年 2 月 16 日）

第一章　总则

第一条　本大学定名为国立浙江大学。

第二条　本大学依据中华民国教育宗旨及实施方针，以阐扬文化、研究学术、养成健全品格、培植专门人才为宗旨。

第二章　学制

第三条　本大学暂设下列各学院、学系：

一、文理学院　内设外国文学（英文组）、教育、数学、物理、化学、生物等六学系；

二、工学院　内设电机工程、化学工程、土木工程、机械工程等四学系；

三、农学院　内设农业植物、农业动物、农业社会等三学系。

第四条　本大学修业期限，定为四年，学生毕业后，得分别称文、理、工或农学士。

第五条　本大学受浙江省政府之委托，设代办高级工业职业学校及高级农业职业学校，分别附隶于工、农两学院。其规程另定之。

第六条　本大学设校长一人，总辖校务，由国民政府任命之。

第七条　本大学设秘书长一人，由校长聘任，秉承校长处理校务。

第八条　本大学设教务长一人，由校长聘任，秉承校长、秘书长办理教务处事务。

第九条　本大学设总务长一人，由校长聘任，秉承校长、秘书长办理总务处事务。

第十条　本大学各学院各设院长一人，由校长聘任，商承校长处理院务。

第十一条　本大学设一年级主任一人，由校长聘任，商承校长处理一年级教务、学术、设备及训育事项。一年级得设副主任一人，襄助主任，处理一年级事务。

第十二条　本大学各学系各设主任一人，教授、副教授、讲师、助教若干，由院长商承校长聘任之。

第十三条　本大学工场及农林各场，得各设主任一人，技师若干人，由校长就教授、副教授、讲师中聘任，商承校长处理工场及农林各场事务。

第十四条　本大学工场、农林各场及各系实验室，得设技术员、管理员、助理员若干人，由主管院院长商承校长聘任或任用。

第十五条　本大学教务处设体育部、军事训练部、图书馆、注册课。体育部设主任一人，讲师、助教若干人，由校长聘任；助理员若干人，由校长任用。军事训练部设主任一人，教官若干人，由校长聘任。图书馆设主任一人，由校长聘任；课员、助理员、书记若干人，由校长任用。注册课设主任一人，由校长聘任；课员、技术员、助理员、书记若干人，由校长任用。秉承校长、秘书长、教务长处理各本部馆课事务。

教务处各部馆课办事细则另定之。

第十六条　本大学总务处设文书、会计、事务、医务四课。文书、会计各课各设主任一人，由校长聘任，课员、助理员、书记若干人，由校长任用；事务课设主任一人，由校长聘任，课员、事务员、助理员、书记若干人,由校长任用;医务课设主任一人,校医若干人,由校长聘任,医务员、护士若干人,由校长任用;秉承校长、秘书长、总务长,处理各本课事务。

总务处各课办事细则另定之。

第十七条 各学院及一年级主任室得酌设课员及助理员。教务处、总务处得酌收练习生。

第三章 会议

第十八条 本大学设校务会议,以校长、各学院院长、各系主任、秘书长及教授、副教授代表组织之。

第十九条 本大学各学院设院务会议,以各院院长、各系场主任组织之。

第二十条 本大学教务处、总务处各设处务会议。

第二十一条 校务会议、院务会议、处务会议细则另定之。

第四章 委员会

第二十二条 本大学设左列各种委员会,其委员由校长于大学教职员中聘任之:

1.招生委员会

2.出版委员会

3.审计委员会

4.建筑委员会

5.训育委员会

6.卫生委员会

7.演讲委员会

8.游艺指导委员会

9.体育委员会

10.奖学金委员会

第二十三条 本大学依据校务上之需要,得增设其他委员会。

第二十四条 各委员会规则另定之。

第五章 附则

第二十五条 本规程由校长核定施行,并呈报教育部备案。

第二十六条 本规程如有未尽事宜,得由校长随时修改,并呈报教育部备案。

《国立浙江大学校刊》第二百〇一期,民国二十四年二月十六日

国立浙江大学布告(第六十四号)
(1934 年 10 月 27 日)

本大学行政组织自即日起改为于校长之下,设秘书长一人,下分设教务、总务两处;教务

处设教务长一人,下设体育、军训两部,及图书馆、注册课;总务处设总务长一人,下设文书、会计、事务、医务四课。所有教务、总务两处下之各部、馆、课各设主任一人;主任以下,体育部设讲师、助教若干人,军训部设教官若干人,各馆、课设课员、助理员若干人;主任以上各职员及讲师、教官、助教均由校长聘任之,课员、助理员由校长任用之。合行抄发修正行政组织系统图,布告周知。

此布。

(附黏修正行政组织系统图)

校长郭任远
中华民国二十三年十月二十二日

修正国立浙江大学行政组织系统图

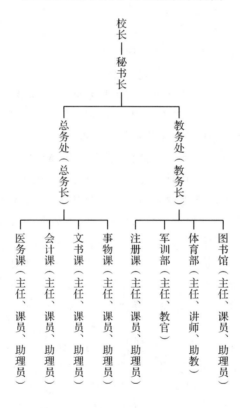

《国立浙江大学校刊》第一百八十八期,民国二十三年十月二十七日

二、行政体制调整与校务管理

(一)行政体制调整

浙大变更组织规程——将集中行政权于秘书处 军训、体育两部直隶校长
程天放谈经费七月份起十足发给
(1932 年 7 月 27 日)

(杭州通讯)记者因浙大校长程天放新近返杭,昨特往叩其在京接洽经费情形,比由程氏接见。据云专科以上校长会议关于经费问题,本决定有三项办法,呈行政院,即:

(一)自七月份起十足发给;

(二)本年度积欠从速发清;

(三)以后教育经费须指定专款,如关税庚款等。

后由汪院长正式答复,承认自七月份起经费决不再欠,亦不打折扣;旧欠清还,原则上亦承认,惟何时能发,则未定;至第三项则行政院未肯赞同。各校最注重者,本在七月以后之按月发清,不再折扣,今此层既由行政当局负责承认,均认为相当满意,此接洽经费之大概情形,谈至此。记者本拟兴辞,程氏谓君来甚善,余适有关于浙大变更组织之意见发表,即请君披露如何? 记者遂复坐,听其言。程氏谓:余来浙大三月,最觉奇特者,即浙大过去无一整个的组织规程,各院之组织,彼此不同,异常复杂,而学院文书、会计、事务、训育、图书等各自独立,不相统属,缺点甚多,如各院均须设此项职员人数众多,因之薪额甚大,颇为浪费,而各自为政,于大学行政上,又发生种种困难。秘书处与各院有事接洽,须以公文来往,与大学对校外机关无异,既费时间,又不经济。余来浙大后,教职员学生中颇多献议改革者,此次在京与朱部长谈及,朱部长亦主改革,庶与其他各国立大学一致。而校长会议时,各校长亦主张大学组织宜力求简单。因此故,余在京遂参酌其他各大学成案,拟有浙江大学规程二十余条。朱部长深表同意,本日开行政谈话会,略加修正通过,即日实行。

此规程最重之点为:

(一)集中行政权于秘书处,以秘书长统其成,分设文书、注册、会计、事务、图书出版六课,办理校务,各院院长以后只司教务及学术设备等事项,照此办法,职员薪水及办公经费,必可节省不少,此项节省之款,将用诸扩充大学之设备,至原来各院之职员,凡努力职务者,必继续延揽,容纳于秘书处,各院之设备费用则仍归各院之用,决不变动,至办事之敏捷,必较前大进,盖一切事务,秘书处可直接处理,不必再与各院公文来往也。

(二)军事训练部、体育部均直隶校长,庶全校得受统一之军事及体育训练。

(三)废训育处而代以学生生活指导员,盖国立大学现均不设训育处。生活指导员之性质则系与学生同共生活,以导引其入于正轨,与训育处稍不同也。程氏谈毕,复以组织规程一份交记者,嘱为发表。兹录如下,想关心教育者所乐于先睹也。

（组织规程略）

《中央日报》民国二十一年七月二十七日

浙大秘书处扩大组织
（1932 年 7 月 29 日）

（杭州通讯）国立浙江大学,包括文理、工、农三院,因历史关系,三院行政各自独立,虽设有秘书处,然仅办例行文件而已。最近校长程天放感及事权散漫,措施不灵,因决定集中行政权于秘书处,至各院院长以后则专致力于教务及学术之设备研究,秘书处分设文书、注册、会计、事务、图书、出版六课,课各设主任一人,而由秘书长总其成。秘书长已聘就教育学专家、前广西教育厅长黄华表君,并暂兼文书课主任,秘书俞子夷兼注册课主任,秘书欧阳仙贻兼图书课主任,事务课主任孟广照,会计课主任汤子枚,出版课主任胡昌骐,现秘书处内部组织已大致就绪,日内正忙于接管各院中之行政部分。该校新聘工学院院长薛绍清君,已于日昨来杭,现已莅院接事、薛君曾在美国康奈尔大学得电机工程师学位,返国任中央大学电机系主任四年,近复膺建设委员会专门委员之聘,学识、经验两俱丰富,到院后全院师生均极表欢迎。该校本届招考新生,第一次在沪举行,投考者达八百人,可云踊跃。现考试已竣事,试卷送杭阅看,结果大约日内即可发表,并将于八月二十左右在杭举行第二次入学试验。

《中央日报》民国二十一年七月二十九日

浙大改组的意义及将来的希望 程校长在本学期第一次纪念周报告
（1932 年 9 月 10 日）

各位教职员、各位同学:

时间过得真快,短短的五十天暑假已经完了！我们今天又在这里见面,不单是旧同学都回来了,而且增加了不少新同学,兄弟个人觉得非常愉快,想必各位一定也有同样的感想！本大学在九月一日正式开学,照许多大学的习惯,应该在大学开学的时候举行开学典礼;兄弟觉得这种形式的开学典礼没有一定举行的必要,而且三天后就要举行第一次纪念周,要向各位讲的话,都可以在第一次纪念周的时候报告,所以在九月一日那天没有举行开学典礼。现在想把暑假中关于学校行政各种事务,对各位简单报告,使各位知道学校的近况。

在暑假五十天中间,浙江大学经过了一度改革,最主要的就是将全校行政组织统一起来,所有关于行政方面的各种事务统归秘书处办理,其他各种应该统一的事,也是一律统一了。兄弟现在把改组的意义,简单说明如下:

本年四月兄弟刚到浙江大学的时候,就觉得浙江大学行政组织的太不统一了,由于行政的不统一,使办事上遇到许多困难和障碍。后来有许多同学和兄弟说到关于学校行政组织的情形,他们也认为过去浙大的组织不大适当,请求改革的。当时兄弟初到浙大,对于内部情形,不大明了,所以没有立刻决定;到了暑假之后,兄弟和各院长以及其他负责人员仔细研究,认为浙大行政组织上有改革的必要,有改革的可能,所以就在暑假期中把秘书处改组,行政集中了。改组秘书处有什么便利呢? 秘书处改组之后,有三点便利的地方:

(一)表现整个大学精神

过去本大学的教务、注册、图书、会计、文书、事务,都是各院自行办理的,而且组织各各不同,大学秘书处成为一个承转机关。因此故,整个大学的精神无法表现,学生只注重他所入的院,而忘记了整个的浙大。社会上也只听见人讲浙大某院如何,某院如何,而忘记了整个的浙大,这种情形,于大学学风的养成,大学前途的发展,都是很不好的。改组以后的秘书处分设文书、注册、出版、图书、会计、事务六课,把全校各种事务统归秘书处办理。这样办理,全校行政便统一起来。全校行政统一了之后,才可以使人知道有整个浙大,才可以表现出整个浙大的精神。

(二)办事敏捷

改组以后办事上的迅速,在秘书处职员,都已经感觉到了。各位将来也会感觉到的,以前秘书处完全是一个承转机关,譬如教育部或在教育厅有一件事要大学办或请大学查复,他们的公文都是送到大学秘书处,而大学秘书处因为各院行政独立,所以要答复教育部的公事,先要行公文到各学院,各学院再回文给秘书处,然后再由秘书处呈复教育部或函知教育厅。这样一转再转,所费的手续时候很多。各位试想,单单因为大学行政不统一,一件公事,往往要多耽搁一礼拜;现在行政集中了以后,教部或教厅或任何机关、任何人有公文来浙时,秘书处便可以立刻答复,秘书处与各学院,根本不必再办公文,不但手续上敏捷得多,而且减少许多困难问题。

(三)经费节省

以前各学院在不统一的组织下,都是各办各的注册、文书、事务、会计等事,职员自然需要得很多。现在本大学行政统一,所有全校事务,统由秘书处处理。凡是有成绩的旧职员,我们都留他们在秘书处办事,其余一部分职员,因为经费关系不能全部容纳,只得裁去。本来各院部全体职员总数在一百以上,现在秘书处连各院写讲义书记在内只有七十余人。七十多人所办理的事,就是上学期一百多人所办理的事。单就事务课一方面而论,以前秘书处及各院要二十几个职员,现在只要十二三人就足够了。因此故,职员薪金在这次改组以后,按月可节省不少。不过本学期因为班次和学生人数的加多,教员薪水却增加了许多。此外关于纸张、笔墨等办公费,改组后,也节省不少,因为以前许多公文,现在根本就不必办了,以前三院一处办公费总数达五千元,行政统一以后,每月可节省两千元。由此看来,过去有许多钱实在足〔是〕浪费了。浙江大学正在经济困难时代,自然应该在这种可以节省的地方尽量节省。

总而言之,这次改组的利益是:(一)表现整个精神;(二)办事敏捷;(三)经费节省。秘书处在过去一个月中,已经有相当成绩,以后我们还是本着这几个目标做去。

第二件要报告的是大学经费问题。虽然各位同学到大学里来的目的是在求学,虽然学校经费有校长去筹划,可是兄弟相信各位同学对于大学经费一定很留心的,因为大学欠缺经费,一切事业都不能进行,一切计划都不能实现,这样情形当然会影响到各位同学的学业。上学期本大学经费困难的情形,各位旧同学都知道的。教育部教育厅欠本大学的经费前后共计三十余万,原来本大学全年经费为七十八万,而部厅一年来所欠经费,差不多有一半。

上学期本大学就在这种困难情形中勉强渡过。现在学校欠发教职员薪水有的是二个月,有的是三个月,也有的欠到四个月(这是因为过去组织不统一,各院发薪不一致的缘故)。兄弟希望以后没有这种情形发生。兄弟抱定了这个目的,所以七月九日举行毕业典礼之后,十日立刻动身到南京去参加全国国立专科以上学校校长会议,在会议席上兄弟首先提出经费问题。讨论结果,大家认为如果中央财政不足而不能将各国立大学经费按月发清,不如停办几个大学,如果认为某个大学是应该办的,那就核准了的经费,一定要按月筹发。因为大家都觉到过去各大学校长以及院长都是忙于经费的筹划,因此对于学校的发展几乎无暇顾及。而且学校风潮,往往也由于经费问题而起,在这种情况,大学不如停办。决定了之后,各校长就向中央负责任的几位领袖说明这种情形,汪院长、朱部长、宋部长等校〔对〕于各大学校长的苦心非常了解,他们也觉得学校经费一定要确定。经几度洽商之后,汪院长口头书面都答复从七月份起教育经费按月十足发清。本大学七月份的经费,在七月底八月初二次领到,八月份的经费在月底也已领到五成。照过去七、八两月的情形看,可以看出中央对于维持大学经费的诚意。所以以后关于中央经费是不成什么问题了。可是本大学与其余各国立大学,除了一二如中山大学与浙大一样有特殊情形者外,有些不同。其余各国立大学的全部经费都由中央拨发,而浙大因为历史关系,一半经费是由财政厅省款项下发给的。以后本大学由中央负担的经费,固然不成问题,但是浙江财政厅拨发的经费是否能够像中央一样按月发给?还是一个问题。教育部款七月份已发清,八月份已发了一半,而浙江财政厅对于本校六月份经费到现在还只付极少一部分。但是经费虽然困难,兄弟总是负责筹划。兄弟曾对教职员说过,以后当尽兄弟的力量达到不欠薪金的目的,兄弟言出信随,担任校长一天,定负一天责任。我相信教职员同事们在经费有办法之后,一定会更加负责教书,专心办事,而同学们也可以在学校安定状态中用功求学。至于其他设备方面能不能够积极扩充,那就要看学校经费,除了发薪外,尚余若干再为分配了。

暑假期中秘书处改组了,行政统一了,除此以外,新设立一个体育部,一个军事训练部,及生活指导员。何以设这二种组织及生活指导员的理由,现在向各位解释一下。

一、体育部

过去浙大因为在行政上不统一,所以体育一方面也不统一。有的学院采用早操制,有的学院则每周上操场二小时,各各不同。就是举行运动会,也只能举行某一院的运动会,从来没有举行过一次浙江大学运动会。现在各院体育统统在体育部指导之下,以后各院的办法可以一致,举行运动会一定是浙江大学运动会,参加外面的运动比赛,一定要用浙江大学名义。同时我们觉得在中国提倡体育,应该注意到普遍性,我们希望浙大的同学个个参加运动,至少是要大多数同学参加运动。体育的目的是要训练个个学生的身体,并不是在养成几个特殊选手为学校出风头的。中国有些学校只想造成几个选手,来争自己学校的名誉。这种办法,我们认为不妥当的。一个学校假如专养成几名选手,而忽略百分之九十五六学生身体的训练,这决不是提倡体育的本旨。我们看到了一般的错误,认定了我们的目的,组织这个体育部来负责去达到我们的目的。我们希望各位在学校四年中,要锻炼成康强的身体,充满的精神,以便为将来国家社会服务。新来同学,体育功课是必修科,其余同学虽然不是必修,兄弟希望各位多多选修体育功课,至少要请各位参加课外运动。有许多学校学生参加运动,认为是对于学校尽特别义务,因此而要求学校给予特殊权利——学校考试可以不参加,每天早晨还要要求牛奶、鸡蛋——这种观念是很错误的。因为学校提倡体育不是为学校,是为在校的学生。所以希望各位认清楚:各位参加学校运动,不是为浙江大学,是为各位自己的身体。

二、军事训练部

浙江大学军事训练也是不统一,各院军事教官不相统属,这是很不合宜的。我们试想军事训练的意义何等伟大,军事训练的目的何等重要。军事训练最要紧的是统一指挥,假使军事训练尚不能统一,这种军事训练是会成为儿戏的军事训练的。浙江大学以后要施行严格的军队式的军事训练,决不可以成为儿戏式的军事训练。各位同学在"九一八"日军强占东三省及"一·二八"日军蹂躏淞沪后,大家都义愤填胸,愿意到沙场上与敌人拼命。这种热诚,这种志愿,是很好的,是青年们应该有的,但是单是热诚,单是志愿,没有训练预备,还是空的。现在国难,并没有过去,日本要侵略我们,随时可以侵略,人为刀俎,我为鱼肉,是异常可痛的事!我们应该努力准备,假使到一天国家需要各位的力量,而各位没有训练,那真是"力不从心"!有枪械不知什〔怎〕么样放,有手榴弹不知什〔怎〕么样掷,不知道怎样集合,不知道怎样作战,没有养成受指挥听命令的习惯,那就虽有满腔热血也无从来表现了。这次上海作战,有不少学生军愿意参加十九路军随同杀敌,结果因为缺乏训练,不能上阵作战,只可以在后方工作。这些学生军之所以不能上阵杀敌,并不是没有勇气,完全因为训练不够。如果使这些训练不够的学生军去作战,不单害了他们自己,而且要牵动全部阵线。从这一件事,我们可以知道军事训练的重要了!兄弟以为军事试验是青年爱国心的试金石。自从"九一八"事件发生以后,全国学生都是很激昂慷慨的,但是假如有个学生满口讲爱国,而叫他参加军事训练,他便吃不了那种苦,耐不住那种劳,而要退出。那就很显明的表示他的激昂慷慨有些靠不住的了!我希望各同学照章应受军事训练的,固然非参加不可,并且非认真操〈练〉不可,就是已受军事训练的同学,也可以再来参加,多受一点训练,多做一点积极的准备。

三、生活指导员

以前各院有的设训育处,有主任,有训育员,有的则根本不设训育处,兄弟以为训育处一类的组织,不适宜于大学,我们对于大学生希望他们能自治,希望他们注重自己的人格,因为大学同学不久就要离开学校加入社会,假使对于大学同学而仍施用中学校的训育方法,是不能得到好结果的。因此本大学将训育处取消,改设生活指导员。生活指导与训育主任有点不同,他们不是板起面孔教训各位,是与各位同学做朋友的。他们要帮助各位同学解决困难,举例说他们可以帮助各位出版各种刊物,组织各种团体,举行各种集会,各位同学或有错误,他们应该尽他们的力量来领导各位到正当的地位。至于《学生生活指导纲领》,在报纸上已经登载过,本期校刊因为时间关系未能载入,下期校刊上一定登出。在此纲领上各位可以看到生活指导的内容和性质,学生生活指导是一个新的制度,我们试验结果能否成功,要看将来的情形。这是很明显的,这个新制度,不单是生活指导员几个人可以试验成功的,一定要全体同学共同协力合作。各位同学对于生活指导员固然不要像中学生对于训育主任的那样怕惧,但是也得要有相当礼貌,并且诚意的接受他们的指导。这样,将来才有好结果。各位要知道,在本大学将这个制度颁布以后,就有别的大学来问关于生活指导的办法。我们就将纲领寄去。将来如果这个制度我们行得通,办得好,是可以供别的大学采用的。

现在还有一点要对各位新来的同学说说,我们知道现在中国青年能够进国立大学是很不容易得到的一个机会。就以这次本大学招考的情形讲,两次招考报名的总数在一千四百以上,而两次录取的新生,只有二百余名。招考者、录取者的比例不足五分之一。换句话讲,你们是从五个人中间选出来的一个,也可以知道你们的进浙大也不是一件容易的事。再看看全国的情形什么样? 全国有多少人可进小学校? 有多少人能够进中学? 有多少人能够进大学? 据教育部统计全国大学生不够四万,是每一万人口才有一人在大学受教育。各位的机会,是万人中才有一个的机会。这是何等难得! 中国的大学生是这么少,而国家民族的地位又是如此危险,各位的责任是何等的重大呢? 所以我希望各位要充分利用这个好机会,在四年内充分的做准备工夫,发展你们的体格,充实你们的学识,增加你们的能力,将来毕业出来,把救民族救国家的责任担负起来。如是,才不辜负国家设立大学的苦心,才不辜负这万分之一的机会。否则把这四年光阴浪费了,把这机会牺牲了,是非常可惜的! 不单为各位可惜,也是为国家可惜。所以希望各位自今日起,就要立定决心,努力进取。完了。

《国立浙江大学校刊》第一百○二期,民国二十一年九月十日

本大学行政改组
(1933 年 3 月 25 日)

本大学郭校长就职后,认定学校应以教务为重,行政部分不过为教务之辅助,对于行政费用拟力求紧缩,预计每年必可节省四万元,专为文理、工、农三学院增加图书设备之用。故于三月十八日上午十时宣布本大学行政改组,即设秘书处及总务处。秘书处取消秘书长,仅设秘书一人(原有秘书二人),下分文书、注册、图书、军训、体育五课。总务处设总务主任一人,下分事务、会计、医务三课。取消出版课,裁撤学生生活指导员。出版事宜交由出版委员会主持,训育事宜暂由各院长及各学系主任负责兼理。现在秘书兼文书课主任王世颖先生已于本星期一就职,总务主任兼事务课主任已聘定章鼎崎先生,未到校以前,由萧家幹先生暂代云。

《国立浙江大学校刊》第一百二十七期,民国二十二年三月二十五日

今后之浙江大学
(1934 年 1 月 1 日)
郭任远

民国纪元前十五年(公元一八九七年),浙江求是书院成立,是为本省改革高等教育制度之嚆矢。求是虽名为书院,实具大学之雏形,后以学制变更,求是书院改为浙江大学堂,嗣又改为浙江高等学堂。民国元年,教育部计划整理学制,停办高等学堂,改设大学预科。递至民国十年,浙江省议会建议筹设杭州大学,浙江高等教育机关遂具复兴之机。惟尔时几经筹

备,终未实现。十六年春,国民革命军底定浙江,复有筹设浙江大学研究院及浙江大学之议,研究院后经决定暂缓设置,而大学则于是年八月一日宣告创立矣。

浙江大学创立后,先后成立三院,曰工学院,曰农学院,曰文理学院。工学院系浙江省立工业专门学校改组而来,为现时国内设备良好工学院之一,计分四系:一、电机工程系;二、土木工程系;三、化学工程系;四、机械工程系。该院复设有高级工业职业学校,系受本省教育厅之委托而代办者,计分土木、染织、机械、电机四科,其训练偏重于浙省所需要之中等工业人才。

农学院系就浙江公立农业专门学校改组而来,向分森林、农艺、园艺、蚕桑及农业社会五系,以后将按农业性质,分为农业动物、农业植物及农业社会三系。该院亦附设代办高级农业职业学校一所,计有森林、农艺二科。

文理学院创立于民国十七年,虽历时未久,然设备尚称完好。现时计有六系:一、教育学系;二、外国语文学系(英文组);三、生物学系;四、物理学系;五、化学系;六、数学系。

任远受命忝长浙大以来,十月于兹。受命伊始,察校内一切设施,经前任各校长之努力,规模已大具。深觉前贤功业,缔造非易,兢兢守成,良深惶悚。顾凡百事业,不进则退,用是不敢自弃,颇欲于前贤功业之外,别辟蹊径,谋浙大之发展,使浙省之最高学府日进于至善。窃以为浙大今后之发展,应就下列诸端加以注意:

一、注意理、工、农各系之发展,俾符政府提创自然及应用科学之旨趣。理科各系,除作纯料科学之研究外,并负责训练农、工两院学生之基本科学;

二、广聘专家教授,供给其便利,为专门问题之研究;

三、注重教授学生对于本省农、工等方面之特殊问题之研究,而谋所以解决之道;

四、注重造就各种实用人才,俾若辈出校以后,得适合本省农、工等方面之实际需要;

五、提高程度并划一三院之录取新生标准,注重人才教育,将各种课程逐年增改,以符此鹄的;

六、注重各科基本原理之训练;

七、注重学生人格之培养,造就有学问、有思想、有志尚、有气节的勇敢有为之青年。

今后三院之改进,必将循此标的以行,兹分别简述之。

农学院之革新,实为最要之图。夫复兴农村,不特有赖于良法,抑且有赖于英才。值此农村破产之际,欲求打开难境,自非力图农院之革新不可,良以农院为良法英才所自出也。故该院今后之政策,拟多量吸收本省农家子弟,养成彼等对于局部的地方问题,有独立研究之能力。其四学年之教程分配,第一年授一般基本科学,第二年授农业基本科学,第三四年则每一学生应选一主科,及一科或二科之副科。在最后二学年中,每一学生之主科,由一教授从事个人之指导。此种导师制度,在我国尚属初试,拟于此种导师制度之下,训练农家子弟,使成为科学的农业者。

农业社会系为科学研究与农民生活之沟通关键,亦为养成农业组织人才之场所,故于农村经济调查、农村合作运动、农业推广、农村教育、农村卫生诸端,今后必将一一切实从事之。

农学院附设之代办农业职业学校现时属高中程度,今后拟增设一初中程度之初级农业职业学校。增设之目的,在训练具有农业科学知识的新农夫。课程分三学年修毕,但各学年可自成一段落,俾中途辍学者,亦得以所习致用,且以后仍可继续来校习毕各学年。每学年终了时,其成绩优异之学生,由校中给予证书。该校学生拟免收学费,经济倘属可能,则膳食衣被等费,亦均由校供给。学生在校生活情形,务期与彼等实际之农家生活相吻合。学生卒业之后,有归农之义务。该校复拟与大学部工学院切实连络,使学生于习农之暇,并习得一二项半手工业之技术,庶将来归农之后,得兼事农村工业之经营。吾人深信,倘能按此目标循序以进,必能完成其任务,且可供农学院农业社会系推行工作之便利也。

文理学院除谋已有各系之充实外,尚拟于可能范围内筹办卫生学系,以造成城乡各项卫生工作人员。

教育学系拟筹设实验学校,自幼稚园以迄高中成一系列。该系复拟与工、农两院及本院之理科各系密切联络,以养成良好之中等学校理科之师资。

我国自有新式学校以来,一切仪器设备,除极简单者外,类都购自外国,每年漏卮,苟加统计,为数至足惊人。即修理损毁仪器,亦多假手外人。本校文理学院物理学系早年有鉴于此,曾设有仪器修理部,兹拟扩充范围,成一略具规模之仪器制造部。现已得美国洛氏基金团之助,从事筹办,并拟于该部内附设一玻璃用具制造厂。此项仪器及玻璃用具之制造,不特可供全校之需,且可以其余力,逐渐谋浙省中等学校仪器设备之供给。此种创举,其含义至大,故附及之。

毒气制造为国防上之重要设备。今远东风云,已日紧一日,吾人欲谋应付,自非力求此种国防上之置备不可! 化学系于本年度开始,即着手于是项毒气化学之研究,冀于国防上有所贡献云。

生物学系注重实验生物学之研究,并与农学院切实合作,作种种应用生物学之检讨。

工学院之各系均为我国工业教育上最重要之部分。吾人自当分别求其内容之充实与发展,如化学工业系,最近拟从事国产煤之研究,现正在计划进行中,计年需要费一万余元。又如土木工程系,将设法增设水利工程、卫生工程及道路工程诸教程,俾应我国现时工业上之急切需要。

机械工程系系属初办,设备简陋,非力事增置不可。吾人所希冀于该系者,即能为国家造就若干人材,不仅有使用舶来机械之能力,且具自行制造机械之能力,我国机械工程上最大之需要,要莫过于此矣。至电机工程系,因创设甚早,设施略备,然新陈代谢,亦自非力事添备不可,而电力与交通,尤拟极力补充,举凡最新式之仪器机械,一一加以罗致,俾更臻完密之境。

以上所述,乃就各院分别言之。至于建筑校舍及补充仪器设备,则为三院一般的需要。任远于本学年度开始时,拟有四年建筑计划,及各学院补充设备三年计划各一。建筑计划中第一期拟建之校舍,为数理、生物、化学、工程、农业及图书等馆,计需一百二十万元,分四年完成之,年需三十万元。至补充仪器设备计划,计文理学院各系十六万元,工学院各系十五万元,农学院各系十六万元,于三年内设法完成之。

虽然,上述诸种设施,欲求其实现,□□□则有赖于公私机关,与社会人士之赞助,庶浙江大学不特□为国内课程完美设备良好之最高学府,抑□可跻于世界著名大学之林。此则任远所日夜馨香颂祷者也。

《民国日报》民国二十三年一月一日

本大学行政组织系统略有变更 校长之下设秘书长一人
其下分设教务、总务两处 教务长由校长兼 各部课主任仍蝉联
(1934 年 10 月 27 日)

校长办公室于本月二十二日,分致各处部课院系馆室场通告云:

径启者:

顷奉校长谕:本大学行政组织,自即日起,改为于校长之下,设秘书长一人;下分设教务、总务两处;教务处设教务长一人,下设体育、军训两部及图书馆、注册课;总处〔务〕处设总务长一人,下设文书、会计、事务、医务四课;所有教务、总务两处之各部、馆、课,各设主任一人;主任以下,体育部设讲师、助教若干人,军训部设教官若干人,各馆课设课员、助理员若干人;主任以上各职员及讲师、教官、助教,均由校长聘任之,课员、助理员,由校长任用之。所有依照新组织应行聘请之主任以上各职员,除教务长由校长兼任外,经聘定如次:秘书长,王世颖先生;总务长,章鼎峙先生;其余各部、馆、课主任,仍聘原任各课主任继任。等因。除分函外,相应录同修正行政组织系统图一份,函达贵处,即希查照为荷!

校长办公室启

〈二十三年〉十月二十二日

《国立浙江大学校刊》第一百八十八期,民国二十三年十月二十七日

(二)校务会议

校务会议第三次会议记录
(1929 年 9 月 18 日)

(十八年九月十一日下午二时)

出席者	孙从周　王钧豪　李寿恒　郭善潮　韦琼莹　李熙谋　朱叔麟　沈肃文　陈伯君 曹凤山　许容卿　邵裴子

主席恭读总理遗嘱

讨论事件

一、校务会议章程草案

议决:修正通过。

二、校务会议议事规则草案

议决:修正通过。

三、国立浙江大学组织系统草案

议决:修正通过。再由秘书处征集各院组织系统,另制详图。

四、院务会议简章草案（工学院拟稿）

议决：由秘书处将原草案印送文理学院、农学院签注意见，并送工学院复签后，整理文字，提出下届会议讨论。

五、免费奖学规则草案（工学院拟稿）

议决：改为奖学规则。奖学金分甲、乙两种：甲种，大学四十元，高中三十元；乙种，大学二十五元，高中二十元。给奖标准内各科考分总平均，甲种改为在八十五分以上者。又奖学委员会组织员额，依各院情形分别规定；即由秘书处将原草案整理文字，分送三学院复签后，提出下届会议讨论。

六、本大学应否招收旁听生及应如何限制案

议决：各院均得招收旁听生，其限制办法如下：

（一）在正式公共机关长期服务，经该机关具函证明者；

（二）经关系学院院长及关系教授之许可者；

（三）不得超过两种学程，其志愿听讲之功课程度，须与本人相当者；

（四）须照章缴纳各项费用（本大学教职员，除实习费外，均免缴）；

（五）不给学分；

（六）不得享受正式生一切权利。

七、增订及修改本大学各项章则案

议决：由各学院将各本院各项章则检齐送交秘书处查明，将应行增改者，拟具草案，提案讨论。

八、编印本大学一览案

议决：请校长派员组织委员会办理。

九、汇印现行各项教育法令案

议决：交工学院照办。

十、大学注册及编制统计图表案

议决：由秘书处知照办理此项事务人员，分赴各院接洽办理。

十一、本大学应否发行定期刊物案

议决：交秘书处拟具具体办法，提出下届会议讨论。

临时提案

一、主席提议学生转院应否照准案

议决：不准。

二、工学院提议浙江大学教职员养老储蓄金制及子女教育储蓄办法大纲案

三、工学院提议改建本院一部分校舍案

四、工学院提议本院拟添置校具案

议决：以上三案，本日时促，不及讨论，均提交下届会议公决。

主席：邵裴子

记录：杨味余

《国立浙江大学校刊》第二期，民国十九年三月一日

校务会议第四次会议记录

(1929 年 11 月 7 日)

（十八年十一月七日下午二时）

出席者	邵裴子　沈乃正　袁敦礼　范赉　钟观光　张绍忠　王守竞　孟宪承　佘坤珊 钱宝琮　孙雅臣　蔡邦华　程延庆　郑宗海　李寿恒　吴馥初　潘承圻　朱叔麟 陈伯君　谭熙鸿
列席者	曹凤山　王钧豪　郑天挺
主席	邵裴子

主席恭读总理遗嘱

讨论事件

一、院务会议章程草案

主席报告：本案上届会议议决，由秘书处将工学院原拟草案，印送各学院签注意见后，整理文字，提出本届会议讨论。等语。即经秘书处分函请各学院签复。现除工学院业已复签外，农学院尚未复到。文理学院复函：以是项章程关系院内事务至为密切，各学院各有特殊情形，恐难完全一律，似以由各学院参照原草案，自行拟定，提出校务会议通过，较为妥便。等由。故本届提会之草案，仍系工学院原拟草案，应否仍照上届议决案办理，抑照文理学院意见办理，请公决。

议决：由各学院依据相类原则，分别拟定，提出木会议公决。

二、奖学金给予规则草案

议决：修正通过。

三、旁听生规则草案

议决：由秘书处参酌文理学院旁听办法，另拟草案，提出下届会议公决。

临时提案

四、文理学院院务会议规则草案

议决：修正通过。

五、主席提议，本大学学生，应否许其同时承受本大学奖学金及他种公、私补助费或奖学金案

议决：不加限制。

六、主席提议本大学奖学金应于何时实行案

议决：陈请校长追加预算，俟通过后实行。

七、主席提议本大学应否每年举行运动会案

议决：每年举行一次，办法俟下届会议讨论。

主席：邵裴子

记录：杨味余

《国立浙江大学校刊》第二期，民国十九年三月一日

校务会议第五次会议记录

(1929 年 11 月 27 日)

（十八年十一月二十七日下午二时）

出席者	孟宪承　钱宝琮　沈乃正　张绍忠　佘坤珊　程延庆　郭任远　王守竞　许璇 谭熙鸿　陈伯君　袁敦礼　李寿恒　张可治　朱叔麟　潘承圻　蔡邦华　顾毓琇 李熙谋
列席者	汤子枚　曹凤山　俞子夷　孙雅臣　郑天挺
主席	陈伯君

主席恭读总理遗嘱

讨论事项

一、旁听生规则草案

议决：修正通过。

二、每年举行运动会办法案

议决：推大学秘书长、各学院院长及体育主任，会同草拟办法，提交本会议公决。

三、工学院提议改建本院一部分校舍案

议决：由工学院于编制十九年度预算时列入。

四、工学院提议本院拟添置校具案

议决：由工学院于编制十九年度预算时列入。

五、改革大学行文程式案

议决：通过。

六、本大学印行刊物案

议决：印行周刊、一览、丛刊三种。其详细办法、由秘书处指派一人，各学院各指派二人，会同拟定后、提交本会议公决。

临时提案

一、本大学十九年度预算案，须于本年底以前编竣送部，应否组织十九年度预算编制委员会案

议决：由各学院及秘书处分别编造，再由秘书处汇编总预算，提交本会议公决。

二、中国国民党浙江省执行委员会来函，以据杭州民众慰劳前方将士劝募委员会呈请，咨请本大学停课二日，令全体学生出发劝募捐款，转请核办。等由。应如何办理案

议决：本大学以本月三十日及十二月一日为各院学生出发劝募日期，三十日停课一日。

三、确定本大学及各学院英文译名案

议决：本大学英文译名用 University of Chekiang 各学院英文译名用 College of Arts and Science，College of Engineering，College of Agriculture.

四、农学院院务会议规程草案

议决：修正通过。

主席:陈伯君

记录:杨味余

《国立浙江大学校刊》第二期,民国十九年三月一日

校务会议第六次会议记录

(1929 年 12 月 30 日)

(十八年十二月三十日下午二时)

出席者	李寿恒　张可治　朱叔麟　袁敦礼　蔡邦华　顾毓琇　李熙谋　邵裴子　陈伯君 刘大白　许璇
列席者	曹凤山　孙雅臣　郑天挺　俞子夷　王福熙
主席	李熙谋

主席动议:本日会议不足法定人数,拟改为谈话会,所有议决事项,俟下届会议时再请追认。

议决:通过。

报告事件

一、本大学设置校警办法。

二、编辑十八年度大学一览情形。

讨论事项

一、十八年度大学一览内容,可否即照编辑委员会所拟附表编定案

议决:摄影栏内,除校长象片外,其余个人及学生全体相片均删。又各院设备及学生实习可合摄者应合摄。又校规应注意整理。又前任教职员录及毕业学生录,均自本大学成立之日编起,归入附录栏内,原有前工专、农专校友录应删。

二、学生用费问题

议决:由秘书处邀集三学院代表,商定具体办法,提交下届会议讨论。

三、筹设科学咨询处案

议决:设在秘书处,请校长指定秘书一人处理日常事务;一切咨询问题,商请各院教员解答之。

四、印行刊物办法案(起草报告)

议决:通过关于季刊、类刊、丛书内容审查事宜,另组审查委员会处理之。又类刊英文名改为 *Publications in University of Chekiang.*

五、每年举行运动会办法案(起草报告)

议决:原则通过。公推大学秘书长、三学院院长,及体育教员组织体育委员会,依据原则计划实行。

六、浙江大学教职员养老储蓄金制及子女教育储蓄办法大纲

议决：缓议。

七、校友会组织大纲草案

议决：缓议。

八、工学院院务会议规程草案

议决：规程应改称规则。又第一条括号内各句应删去，括弧移作第七条第二项。又第二条括弧内各句应删去，括弧列为本条第二项。

临时提议

一、省立高级中学公函，该中学为本大学实验中学，请明定用该中学各科毕业生，除职业班外，均得免试升入本大学各科系一年级肄业；并请拟订一切旅行细则，应否照准案

议决：照准。公推三院院长及蔡邦华、张荩谋、李寿恒、佘坤珊、章廷谦、朱叔麟六教授，由邵院长召集，会同草拟详细办法，并推俞子夷先生列席讨论。

二、工学院提议物理、化学（无机部）由文理学院全部主持案

议决：由两院院长及关系教授接洽办理。

三、工学院提议组织考试委员会案

议决：缓议。

四、工学院提议举行体格检查案

议决：由大学专聘一人，主持全校健康事宜。此项人选，公推袁敦礼先生负责介绍。

五、工学院提议由校审查学生会章程案

议决：通过。凡本大学及各院学生会订定之各项章则，均须由校务会议加以审核；一面由本大学呈请教育部转催中央党部迅速颁布学生团体组织法，以资遵守。

主席：李熙谋
记录：杨味余

校务会议第七次会议记录
（1930 年 3 月 7 日）

（十九年三月七日）

出席者	邵裴子　朱叔麟　张绍忠　袁敦礼　王守竞　张可治　钱宝琮　陈伯君　沈乃正 郑宗海　吴馥初　李熙谋　李寿恒　孟宪承　顾毓琇　范肖岩　于矿
列席者	俞子夷　沈肃文
主席	陈伯君

本次会议应轮由农学院院长主席，谭院长因事不能出席，托大学秘书长代行主席。

主席恭读总理遗嘱

报告事项

一、主席报告第六次会议,因不足法定人数,改开谈话会,所有议决各案应请追认。

议决:追认通过。

二、主席报告体育委员会议决本大学参加浙江全省运动会办法。

袁敦礼先生附带报告三月二日甄选各种球类选手,农学院选手均未参加情形。

讨论事项

一、编制本大学十九年度预算案

议决:先请校长规定各院、处、场应占本大学预算总额之百分数,再各就规定百分数重行编制,由秘书处汇编总册送部,将来如有核减,即依原定百分数支配。

二、工学院提议,请于十九年度预算内,增列教职员留学经费案

议决:本案应以(一)本大学教职员服务若干年后,得由大学派遣留学;(二)本大学教职员服务若干年后,得休假若干时期为原则。公推沈乃正、邵裴子、陈伯君、张荩谋、顾毓琇、郑晓沧、李寿恒七先生,依照原则,会拟详细办法,提交本会议公决。

三、工学院提议请规定各院助教升级增薪办法案

议决:原拟办法内讲师以上薪级不在本案范围之内,不必订入,即请三学院院长并转邀有关系教授另拟详细办法,提交本会议公决。

临时报告

一、袁敦礼先生报告:第六次会议委托介绍主持全校健康事宜人员,兹介绍协和医科大学毕业,现任该大学校医之贾魁先生担任此职。

二、邵院长报告:拟定省立高级中学毕业生免试升入本大学肄业办法一案,协商尚未结束情形。

三、邵院长报告:物理、化学由文理学院全部主持一案,业经接洽,暂难实行情形。

四、秘书长报告:规定学生用费一案,业由秘书处邀集三学院代表商定办法,俟下届会议时提请公决。

临时提案

一、主席提议:本大学参加浙江全省运动会一案,事实上已不能按照体育委员会所定办法进行,应否将原定办法加以修正。

议决:修正通过

主席:陈伯君

记录:杨味余

《国立浙江大学校刊》第四期,民国十九年三月十五日

校务会议第八次常会议事录
（1930 年 4 月 13 日）

（十九年四月十三日下午二时）

出席者	朱叔麟 吴馥初 程延庆 沈乃正 袁敦礼 张绍忠 余坤珊 李寿恒 王守竞 邵裴子 陈伯君 顾毓琇 李熙谋 郑宗海
列席者	孙雅臣
主席	陈伯君

主席恭读总理遗嘱

报告事项

一、上次会议录。

二、报告工、农两院附设高中均自十九年度起停止招生。

讨论事项

一、十九年招生各项章则草案

议决：

（一）招生办法草案除二、三两项招生日期及名额，交由招生委员会议定施行外，余均照案通过。又补习科停止招生，但各学院得为录取新生及附设高中毕业有志升学者，设立补习班。

（二）招生委员会组织法草案第二、三、六三项通过。惟第二项常务委员，应改为由大学秘书长任之；其一、四、五三项交由招生委员会斟酌办理。

二、十九年度校历草案

议决：通过。惟各项革命纪念日，除放假各日外，均无庸胪列；另于表末说明各该纪念日及仪式均遵照中央规定办法办理。

三、规定学生用费案（起草报告）

议决：通过。

四、工学院提议预备十九年分秋季招生规则案

第一案已有决定，本案撤回。

五、工学院提议确定本大学校长、院长、秘书长、教务主任等西文名称案

议决：除校长英文译名应用 Chancellor or President，应请校长决定外，其余各项译名议定如次：

院长 Dean of the college of...

副院长 Asistant Dean of the college of...

秘书长 Chief Secretary

秘书处 Secretariat

教务主任 Dean of the Faculty of the college of...

训育主任 Dean of students

大学事务主任 Business Manager of the university of chekiang

各学院事务主任 Business Manager of the College of...

校医 Health officer

系主任 Chairman of the Department of...

临时报告

一、秘书长报告:编制本大学十九年度预算一案,第七次会议议决,应先请校长规定各院、处、场应占本大学预算总额之百分数,再各就规定百分数,重行编制。嗣经陈奉校长核定,以各院、场、处十九年度预算,未便以百分数支配,应即由各院、处、场会商重编,等因。业经会同各院长商定,根据十八年度预算,重编完竣,总数为九十九万九千八百五十七元。计文理学院较上年度增五万余元,工学院增四万余元,农学院约增四万元;又另列浙江图书馆预算一千余元;秘书处则减八百余元,湘湖农场无增减。其原拟列入十九年度预算之派遣教职员留学、扩充出版物及奖学金三项经费,因秘书处预算有减无增,无从列入,拟俟将来再行追加预算。

二、邵院长报告:拟定派遣教职员留学办法一案,业经一度集议情形。

临时提案

一、李院长提议:第七次会议提议请规定各院助教升级增薪办法一案,议决请三学院院长并转邀有关系教授另拟详细办法,未经指定由何人召集会议,应否补准案

议决:由李院长召集会议。

二、主席提议:各项纪念日仪式,各院处应否会同举行案

议决:嗣后除应行放假各项纪念日仪式,各院、处应会同举行外,余均分别举行,仍由秘书处于期前分别通知。

主席:陈伯君

记录:杨味余

《国立浙江大学校刊》第九期,民国十九年四月二十六日

校务会议第九次常会记录

(1930 年 5 月 24 日)

(十九年五月二十四日下午二时)

出席者	陈伯君　邵裴子　孟宪承　郑宗海　李寿恒　朱叔麟　佘坤珊　程延庆　范肖岩 王守竞　梁希　袁敦礼　谭熙鸿　于矿
列席者	孙雅臣　曹凤山　沈肃文　俞子夷
主席	邵裴子

主席恭读总理遗嘱

报告事项

一、报告招生委员会组织成立及进行情形。

讨论事项

一、本大学特许浙江省立高级中学毕业生免试升学办法草案（起草报告）

议决：第一条末应加"及格后准予入学"七字；又第三条"将保送手续办理完竣"以下各句均删。余照原案通过。

二、助教升级增薪办法草案（起草报告）

议决：第二条"薪给"二字改"增薪"二字；第三条末句改为"但服务每满二年，至少须增一级，以增至一百六十元为限"；第五条"教课"二字改为"讲授功课"四字；第六条删。余照原案通过。

三、本大学各院或分科或分系，名称不一，应按照大学组织法一律改称学系案

议决：照办。

四、工学院提议预科停办后暂设补习班，可否特招新生案

议决：毋庸特招新生，即将投考各生程度少有不足应俟补习一年后再行准予升学者，附开榜尾，准其补习。

五、工学院提议各院教授由浙江省教育厅派遣留学后，能否仍在各院支薪案

议决：陈请校长决定。

六、工学院提议拟试办电机科合作班案

议决：通过。

临时报告

一、秘书长报告本大学遵照教育部令传习注音符号办法，第一步全体教职员、学生、工人一律传习，第二步学成各员设法在校外传习。

临时提案

一、各实验室及农场、工场之管理员或助理兼任助教事务而成绩优良者，得升助教案

议决：通过。

二、本大学特许浙江省立高级中学保送毕业生免试升学应另订保送手续案

议决：交招生委员会订定施行。

主席：邵裴子
记录：杨味余

《国立浙江大学校刊》第十四期，民国十九年五月三十一日

校务会议第十次常会记录

(1930 年 6 月 17 日)

（十九年六月十七日）

出席者	李寿恒　吴馥初　潘承圻　钱宝琮　孟宪承　佘坤珊　顾毓琇　邵裴子　李熙谋 张绍忠　袁敦礼　王守竞　陈伯君　程延庆
列席者	孙雅臣
主席	李熙谋

主席恭读总理遗嘱

报告事项

一、报告浙江省立高级中学保送免试升学学生手续业经招生委员会订定。

讨论事项

一、浙江省民政厅、财政厅函送浙江省政府委员会议决：朱委员兼民政厅长提议，商请国立浙江大学工学院增设测量系，并酌贴经费案，业经工学院草拟办法请公决案

议决：工学院自十九年度起，增设测量学系；所有该系各学年课程及经费预算，即由该院邀集专家讨论决定。

临时提案

一、提议浙江省立高级中学本届保送之免试升学学生举行体格检查及口试，应否确定日期案

议决：定七月二日举行。

二、提议十八、十九两年度学历编制，标准各有不同。本年暑假为期较短，关于下年度事务筹办不久，应否将十九年度第一学期开学及暑假开学日期均改迟一星期举行案

议决：照呈教育部备案。

主席：李熙谋

记录：杨味余

《国立浙江大学校刊》第十九、二十期合刊，民国十九年七月十五日

校务会议第十一次常务会议记录

（1930 年 10 月 21 日）

（十九年十月二十一日下午二时）

出席者	于矿　吴耕民　王金吾　孟宪承　纪育沣　邵裴子　沈乃正　唐庆增　佘坤珊　陈伯君　张绍忠　赵曾珏　钱宝琮　张谟实　郑宗海　陈大燮　王钧豪　顾毓琇　李熙谋
列席者	曹凤山　俞子夷　沈肃文
主席	邵裴子

主席恭读总理遗嘱

报告事项

一、报告本年度校务会议出席、列席各员名单。

二、报告本年度招生情形。

三、报告本大学拟出版年报案。

讨论事项

一、按照本大学转学生规则，转学生除呈验合格之转学证书及成绩单外，并须同时呈验合格之高中或同等程度学校毕证业书。经招生委员会第九次会议议决：新生有超过高中毕业程度之证明文件者，无须再缴高中毕业证书，请追认案

议决：照案追认。转学办法第二项第一括弧内各字句均删。

二、请规定本大学各种刊物出版手续案

议决：出版手续暂仍照旧办理，另组出版计划委员会，草拟具体计划，提交下届会议公决，并推定顾毓琇、孟宪承、俞子夷、张绍忠、纪景云五先生为委员；开会时并请校长出席，第一次会议由顾委员召集。

临时报告

一、报告催发本大学积欠经费经过情形。

主席：邵裴子

记录：杨味余

《国立浙江大学校刊》第二十九期，民国十九年十月二十五日

校务会议第十二次常会会议录

(1930 年 12 月 19 日)

（十九年十二月十九日）

出席者	顾毓琇　陈大燮　赵曾珏　李寿恒　王钧豪　邵裴子　郑宗海　王金吾　杨靖孚 梁希　谭熙鸿
主席	邵裴子

主席动议：本日会议不足法定人数，拟改为谈话会，所有议决事项，俟下届会议再请追认。

议决：通过。

讨论事项

一、本大学出版计划案（起草报告）

议决：原则通过。季刊编辑六人，改由三学院各推二人，不限于出席校务会议各员；常务编辑一人，决定由秘书处人员担任，统俟下届提请校务会议通过。又季刊征稿事，即由秘书处通告全体教职员。

二、组织推广教育计划委员会，并会同浙江省立民众教育实验学校及浙江省广播无线电台设立民众学术讲座请追认案

议决：提请下届会议追认。

临时报告

一、主席报告催发本大学积欠经费最近经过情形。

二、主席报告本大学组织大纲前曾拟订未经公布，业已着手修订，原拟提出本届会议讨论，现以各院组织大纲草案尚未送齐，不克汇订，其业经起草部分，亦当在审核中，应俟下届会议时再行提出。

临时提案

一、主席提议代办高级工科、农科中学学则应否提交校务会议议决。

议决：由工、农两院分别拟订送候校长核定，无庸提出本会议。

主席：邵裴子

记录：杨味余

《国立浙江大学校刊》第三十八期，民国二十年一月二十四日

校务会议第十三次常会会议录
（1931 年 1 月 21 日）

（二十年一月二十一日）

出席者	谭熙鸿　于矿　杨靖孚　吴耕民　王金吾　佘坤珊　许璇　贝时璋　沈乃正 盛斯民　张绍忠　钱宝琮　程延庆　王守竞　陈伯君　邵裴子　陈大燮　李寿恒 顾毓琇　吴馥初　张谟实　王钧豪　李熙谋　赵曾珏
列席者	沈肃文　俞子夷
主席	邵裴子

主席恭读总理遗嘱

讨论事项

一、第十二次因不足法定人数改开谈话会，所有议决各案，应请追认案

议决：追认通过。

二、主席提议季刊编辑应如何推举案

议决：编辑六人，由三学院各就本院教职员中推定二人陈报校长。推举方法由各院自定。常务编辑一人，由校长就秘书处职员中指定之。

临时报告

一、主席报告本大学组织大纲仍未送齐，且本届会议提早举行，故仍不克提出讨论。

二、主席报告本大学经济状况。

三、陈秘书长报告本日杭州国省立教育机关主任联合会向省政府及财、教两厅催发积欠经费情形。

主席：邵裴子
记录：杨味余

《国立浙江大学校刊》第三十九期，民国二十年一月三十一日

校务会议第十四次常会会议录
（1931 年 2 月 27 日）

（二十年二月二十七日）

出席者	王金吾　郑宗海　吴耕民　王守竞　张绍忠　佘坤珊　贝时璋　陈伯君　许璇 杨靖孚　李熙谋　赵曾珏　谭熙鸿　邵裴子　纪育沣
主席	邵裴子

主席动议：本日会议不足法定人数，拟改为谈话会，所有议决事项，俟下届会议再请追认。

议决:通过。

报告事项

报告文理学院数学系主任本学期改请陈建功先生担任,当然出席本会议。又农学院出席本会议之教授、副教授代表王金吾先生,现任农艺学系主任,当然出席;所遗代表一员,由本年度改选得票次多数之黄枯桐先生递补。

讨论事项

一、编制二十年度预算案

议决:通过。

二、请求中华教育文化基金委员会补助案

议决:通过。

主席:邵裴子

记录:杨味余

《国立浙江大学校刊》第四十四期,民国二十年三月二十七日

校务会议第十五次常会记录
(1931 年 5 月 15 日)

(二十年五月十五日)

出席者	纪育沣　佘坤珊　邵裴子　张绍忠　王金吾　谭熙鸿　梁希　杨靖孚　吴耕民 赵曾珏　李熙谋　陈伯君　张谟实
列席者	俞子夷
主席	邵裴子

主席恭读总理遗嘱

讨论事项

一、第十四次会议因不足法定人数,改开谈话会,所有议决各案应请追认案

议决:追认通过。

二、文理学院、工学院各学系相同之课程拟合并教授案

议决:通过其详细办法另行组织委员会讨论决定。

三、二十年度招生办法案

议决:二十年度招生简章暨招生委员会组织及职务分配表均修正通过。

临时报告

一、主席报告本大学经费接洽情形。

二、主席报告本大学毕业证书自十九年度起加附英文译文。

临时提案

一、提议讨论文理学院、工学院相同课程合并教授办法委员会应如何组织案

议决：委员定为五人，由主席指定。当由主席指定邵院长、李院长、张副院长及李乔年、佘坤珊两先生为委员，由李乔年先生召集会议。

主席：邵裴子

记录：杨味余

校务会议第十六次常会议事录
(1931 年 9 月 30 日)

（二十年九月三十日）

出席者	郑宗海　程瀛章　孟宪承　邵裴子　陈伯君　钱宝琮　潘恩霖　贝时璋　陈大燮 倪俊　朱叔麟　吴馥初　李寿恒　张祖荫　赵曾珏　王金吾　张绍忠
主席	邵裴子

主席恭读总理遗嘱

报告事项

一、报告本年度校务会议出席、列席各员名单。

二、报告本年度招生情形。

讨论事项

一、提议修正校务会议议事规则案

议决：第二条修正为"校务会议以校长为主席，校长缺席时由校长于出席各员中指定一人代理之"。第六条修正为"凡提出常会之议案，应尽先将议题送交秘书处编入议程，其有说明文字者，并须同时送交秘书处缮印随议程分发，其不及缮印者作为临时提案"。第七条内"有认为须付审查者"句修正为"经议决付审查者"。

临时报告

一、邵院长报告文理学院经费亏短甚巨情形。

二、工学院土木工程学系吴主任、电机工程学系赵代主任、化学工程学系李主任分别报告各本学系设备〈简〉陋，必须设法添置情形。

主席：邵裴子

记录：杨味余

校务会议第十七次常会记录

(1932 年 5 月 25 日)

（二十一年五月二十五日）

出席者	程天放　张祖荫　程瀛章　许璇　王金吾　梁希　吴耕民　倪俊　钱宝琮　邵裴子 陈伯君　孟宪承　张绍忠　陈大燮　朱叔麟　李熙谋　潘恩霖　佘坤珊　李寿恒 贝时璋　吴馥初　郑宗海
列席者	褚保华　王钧豪　俞子夷　欧阳仙贻
主席	程天放

主席恭读总理遗嘱

报告事项

一、报告订定本大学教员请假代课及补课办法。

二、报告修改聘任教员规则。

三、报告修改二十年度校历,暑假于七月十日开始。

四、报告改订二十一年度招生简章。

讨论事项

一、提议编创二十一年度概算案

议决:照各院处原拟概算数通过。

二、提议二十一年度文理学院增设政治学系,工学院增设机械工程学系案

议决:通过。

三、提议修改学分计算法及修习学分数目案

议决:由秘书处将本日会议中对于教育部规定学分计算法各种意见通知各学院详细研究后再行提出本会议讨论。

四、提议编制二十一年校历案

议决:照原拟草案通过。

五、提议组织二十一年度招生委员会案

议决:照上年度组织加监试组,并将事务组第二分组内监试事务改为助理监试,招生委员会组织及职务分配表暨说明交秘书处依照修正。

临时报告

一、郑晓沧先生报告沈公健先生拟于本大学举行入学考试时,举行科学性质之试验,以为改革入学考试之张本,请保留给予此项试验机会。

临时提案

一、主席提议请决定本年上海招生试场地点案

议决:借用江苏省立上海中学。

主席：程天放

记录：杨味余

《国立浙江大学校刊》第九十五期，民国二十一年六月四日

校务会议第十八次常会记录

（1932 年 10 月 21 日）

（二十一年十月二十一日）

出席者	程天放　许璇　吴钟伟　李寿恒　贝时璋　孟宪承　朱凤美　吴耕民　梁希　孙本忠 郑宗海　张绍忠　程瀛章　沈乃正　吴士栋　王金吾　李绍德　陈之霖　薛绍清 邵裴子　朱叔麟　胡仁源　陈大燮　黄华表　郁秉坚　倪俊
主席	程天放

主席恭读总理遗嘱

报告事项

一、主席报告本年度校务会议出席各员名单。

二、"留"。

三、主席报告修正本大学校务会议规程并订定及修正其他各项章则。

讨论事项

一、提议修正校务会议议事细则案

议决：照案通过。

二、提议各学院院务会议规程草案

议决：照案通过。

三、提议各种委员会通则草案

议决：修正通过。

四、提议招生委员会规程草案

议决：修正通过。

五、提议出版委员会规程草案

议决：修正通过。

六、提议审计委员会规程草案

议决：修正通过。

七、提议建筑委员会规程草案

议决：修正通过。

八、提议训育委员会规程草案

议决：修正通过。

九、提议卫生委员会规程草案

议决:照案通过。

十、提议讲演委员会规程草案

议决:修正通过。

十一、提议图书馆委员会规程草案

议决:提交下届会议讨论。

临时提案

一、"留"。

主席:程天放

记录:杨味余

《国立浙江大学校刊》第一百〇九期,民国二十一年十月二十九日

校务会议第十九次常会会议录

(1933 年 1 月 12 日)

(二十二年一月十二日)

出席	程天放　薛绍清　叶道渊　孙本忠　孟宪承　苏步青　李绍德　邵裴子　李寿恒 许璇　吴耕民　朱凤美　陈大燮　朱昊飞　朱叔麟　程瀛章　郑宗海　张绍忠　倪俊
主席	程天放

主席恭读总理遗嘱

报告事项

一、报告本大学经费情形。

二、报告订定本大学学生操行考查规则。

讨论事项

一、提议图书委员会规程草案

议决:修正通过。

二、提议奖学金及免费学额规则草案

议决:修正通过。

三、提议推举审计委员会委员案

表决:朱昊飞、陈大燮、钱琢如、程寰西、梁叔五五人当选。

次多数:倪孟杰、张荩谋、吴耕民、孟宪承、郑晓沧。

四、提议秘书处处务会议规划草案

议决:通过。

主席：程天放
记录：杨味余

校务会议第一次会议记录
（1935 年 12 月 28 日）

地点	教育厅会客室
时间	〈二十四年〉十二月二十八日下午二时
出席者	蔡堡　周厚复　黄中　闻诗　李寿恒　陈嘉　李德毅　苏步青　梁庆椿　郑宗海　朱一成（沈秉鲁代）　汪国兴
记录	张原絜
临时主席	李德毅

一、李德毅先生宣读教育部径电报告召集宗旨。
二、公推郑晓沧先生主席。（十一票通过）
三、公推李乔年先生副主席。（八票通过）
四、郑晓沧先生就主席座。
五、议决：布告校务会成立。
六、议决：遵照部令恢复常态办法三条并公布之。
（一）不得干涉学校行政；
（二）取消纠察队；
（三）农学院学生回农学院上课。
七、议决：办公地点设总务处前秘书长办公室。
八、议决：明日上午十时在校长公舍开会。

主席：郑宗海
副主席：李德毅

校务会议第二次会议记录
（1935 年 12 月 29 日）

地点	校长公舍会议室
时间	〈二十四年〉十二月二十九日上午十时
到会者	梁庆椿　苏步青　蔡堡　周厚复　闻诗　李寿恒　郑宗海　朱一成（沈秉鲁代）黄中　汪国兴　陈嘉
列席者	李伟超
主席	郑宗海
记录	张原絜

一、议决：请李伟超先生列席接洽并报告。

二、议决：学生纠察队本日下午六时以前撤消，并召集学生代表宣达此意见。

三、议决：明晨九时开会。

主席：郑宗海

《国立浙江大学校刊》第二百三十四期，民国二十五年一月十一日

校务会议第三次会议记录
（1935 年 12 月 30 日）

地点	校长公舍
时间	〈二十四年〉十二月三十日上午九时
到会者	蔡堡　闻诗　李寿恒　周厚复（李代）　陈嘉　黄中　苏步青　汪国兴朱一成（沈代）　梁庆椿
主席	郑宗海
记录	张原絜

一、议决：自本会成立后，学生已能遵照议案，渐复常态，电教育部报告，并将电稿宣读通过照发。

二、议决：学生上课由注册课照常点名，学生因病因事不能上课者应径向注册课请假。

三、议决：教员请假由注册课办理。

四、议决：职员请假由各该部分主任办理后转校务会复核，主任人员请假由校务会办理。

五、军事管理处秘书林一民函辞秘书兼职。

议决：辞函暂留。

六、关于军训检阅、升旗礼等事宜。

议决:暂由军事主任教官办理。

七、关于医务卫生及体育事宜。

议决:由各该部主任负责办理。

八、议决:各院系组购置物品在预算案范围以内者,由各系主任或组指导照例盖章后径送总务处办理。

九、关于代办高工训育事宜。

议决:由沈秉鲁先生负责召集高工各科主任会商办理之。

十、关于代办高农一切事宜。

议决:由校务会函请高、农二科主任会商办理之。

十一、议决:公函通知浙省政府及教育厅本会成立及本校现况以释厘系。

主席:郑宗海

《国立浙江大学校刊》第二百三十四期,民国二十五年一月十一日

校务会议第四次会议记录
(1935 年 12 月 31 日)

地点	校长公舍
时间	〈二十四年〉十二月三十一日下午二时
到会者	梁庆椿　蔡堡　郑宗海　李寿恒　闻诗　黄中　汪国兴　苏步青　朱一成(沈秉鲁代)
主席	郑宗海
记录	张原絜

一、主席报告李德毅先生由京来电。

二、关于二十五年一月十四日行政院召集各校院长及学生代表案

议决:由学生推定代表六人再由本会酌量办理。(二时议决)

三、奉教育部世电。

议决:公布教育部世电,并电复教育部,报告本校现状。

四、高工土木科三年级本定十二月二十九日考试,再行野外实习三星期。现因校内特别情形,考期已过,可否与大学学期考试同时举行案

议决:可与大学学期考试同时举行,实习展缓,并通知注册课查照。

五、议决:高农毕业考试照原定日期进行,通知注册课查照。

六、议决:知照学生会代表:

(一)学生须全体上课,不请假者不得缺课;

(二)须撤消纠察队。

以上二条限一月四日以前实行。

七、学生代表已推定六人，即由注册课查明各生学行、成绩，再征取系主任意见，以凭选定。（五时议决）

主席：郑宗海

《国立浙江大学校刊》第二百三十四期，民国二十五年一月十一日

校务会议第五次会议记录
（1936 年 1 月 4 日）

地点	校长公舍
时间	〈二十五年〉一月四日下午
到会者	蔡堡　苏步青　李寿恒　黄中　周厚复（储润科代）　郑宗海　闻诗　汪国兴　陈嘉　梁庆椿
主席	郑宗海
记录	张原絜

一、据学生自治会函，前呈上之代表六人因手续未合，请准予撤回，另选陈迟、江希明、曹寅亮三人为代表。

议决：查新选陈迟等三代表经本会审核，与教育部所定标准尚为符合，准予将前选六人撤回，由新选代表晋京。

二、公推郑宗海先生率领学生代表陈迟、江希明、曹寅亮三人赴京听训。

三、关于本届学期考试因校中发生风潮，课业无形停顿约及旬日，是否应在本届学期考试期间继续补课，而将学期考试移至下学期开始举行案

议决：电教育部请示。（电稿当场通过）

四、学生自治会发行二百三十四期校刊案

议决：仍由本会刊行二百三十四期校刊，并声明由自治会发行之校刊系自治会假借名义，本会不负责任。

五、严济宽先生来函辞高工训育专任委员兼英文教员。

议决：辞函留存。

六、高农教务办法案

议决：

（一）高农毕业考试照原定日期举行，如有功课不能结束者亦得酌量展延，但以在本学期内（即一月十八日前）办竣为原则；

（二）非毕业各班考试等事，概候大学办法决定后一同依照处理；

（三）关于日常教务，请二主任暂负全责处理之。

《国立浙江大学校刊》第二百三十四期，民国二十五年一月十一日

校务会议第六次会议记录
(1936 年 1 月 7 日)

地点	校长公舍会议室
时间	〈二十五年〉一月七日下午
到会者	陈嘉　苏步青　李寿恒　周厚复　闻诗　汪国兴　黄中　梁庆椿　朱一成(沈秉鲁代)
主席	郑宗海
记录	张原絜

一、高工学生关于训育之建议。

议决:查照本会前议决案办理。

二、注册课报告处理学生告假问题。

议决:函告注册课,学生不得随意告假,以重学业。

三、关于学生自治会假借名义编印二百三十四期校刊应再登报声明案

议决:

(一)登报郑重声明事实(稿附);

(二)慰问被牵涉之个人;

(三)呈报教育部。

四、本会应请教育部早日卸除本会对学校重任案

议决:撰呈文稿于明日开会公决。

主席:郑宗海

《国立浙江大学校刊》第二百三十五期,民国二十五年一月十八日

校务会议第七次会议记录
(1936 年 1 月 8 日)

地点	校长公舍
时间	〈二十五年〉一月八日下午三时
到会者	李寿恒　黄中　闻诗　蔡堡　朱一成(沈秉鲁代)　陈嘉　汪国兴　苏步青　梁庆椿　郑宗海
主席	郑宗海
记录	张原絜

一、主席报告教育部关于本校本学期学期考试移至下学期开始举行案复电,准如所拟办理。

议决:布告全校并通知各课及各教员。

(一)本学期补课至一月十七日为止,十八日起放寒假;

(二)下学期二月一日开学,一、二日两天缴费注册,三日至九日补行本学期学期考试,十日选课,十一日开始上课;

(三)如有学期考试不及格者于开课后二星期内补考。

二、主席报告教育部支电查询纠察队情形。

议决:快邮代电复。

三、代办高工土木科因仪器支配关系拟仍在寒假内举行。

议决:照办。

四、审查呈教育部请早日卸除本会对学校重任稿。

议决:修正照发。

主席:郑宗海

《国立浙江大学校刊》第二百三十五期,民国二十五年一月十八日

校务会议第八次会议记录
(1936 年 1 月 11 日)

地点	校长公舍
时间	〈二十五年〉一月十一日上午九时
到会者	蔡堡　李寿恒　周厚复　黄中　陈嘉　梁庆椿　闻诗　郑宗海　汪国兴
主席	郑宗海
记录	张原絜

一、议决:升旗礼因学期结束在即,暂停举行。

二、议决:冬季劳动服役暂缓举行。

主席:郑宗海

《国立浙江大学校刊》第二百三十五期,民国二十五年一月十八日

校务会议第九次会议记录
(1936 年 1 月 14 日)

地点	校长公舍
时间	〈二十五年〉一月十四日下午二时
到会者	闻诗　蔡堡　苏步青　朱一成(沈秉鲁代)　黄中　汪国兴　周厚复 梁庆椿　李寿恒　陈嘉
主席	李寿恒
记录	张元絜

一、总务处提议寒假中寄宿学生例收宿费本届应否照收案

议决:照章办理。

二、高农章、孙二主任函辞维持高农课务案

议决:高农课务仍请二主任勉为其难,如遇课程有困难情形,可与农院各系主任或组指导会商办理。

三、董助教若芬来函报告离校情形。

议决:函复慰问,原函留。俟正式负责当局办理。

四、据郑晓沧先生来函,教育部有需本会继续维持过寒假说。

议决:电郑先生向教育部郑重申请卸除重任。

主席:李寿恒

《国立浙江大学校刊》第二百三十五期,民国二十五年一月十八日

校务会议第十次会议记录
(1936 年 1 月 18 日)

时间	〈二十五年〉一月十八日
地点	校长公舍
出席者	李寿恒　梁庆椿　黄中　周厚复　闻诗　汪国兴　朱一成(沈代) 蔡堡　苏步青
主席	郑宗海
记录	张原絜

一、主席报告晋京谈话经过。

二、议决:学生各项刊物应经本会审查,其未经审查而擅自发行者,如发生意外问题,即查究严办。

三、议决：

1.停止《浙大学生》刊物；

2.该刊创刊号编辑委员及各投稿者姓名开单存本会备案；

3.将所有未发之该项刊物悉数交本会销毁。

四、代理工学院土木工程系主任黄君理函请辞代理主任职。

议决：辞函留存备案。

主席：郑宗海

《国立浙江大学校刊》第二百三十六期，民国二十五年二月八日

校务会议第十一次会议记录
(1936 年 1 月 20 日)

时间	〈二十五年〉一月二十日
地点	校长公舍
到会者	蔡堡　黄中　李寿恒(潘代)　闻诗　朱一成(沈代)　梁庆椿　苏步青　汪国兴
主席	郑宗海
记录	张原絜

议决：快邮代电复教育部黄司长来电。

议决：通知各教授、主任、职员明晨八时到校长公舍开谈话会，并听蒋院长训话。

主席：郑宗海

《国立浙江大学校刊》第二百三十六期，民国二十五年二月八日

校务会议第十二次会议记录
(1936 年 1 月 21 日)

时间	〈二十五年〉一月二十一日
地点	校长公舍
到会者	李寿恒(潘代)　闻诗　苏步青　汪国兴　朱一成(沈代)　梁庆椿　蔡堡
主席	郑宗海
记录	张原絜

一、主席报告教育部号电。

议决：立即公布并照来电执行。

1.施尔宜、杨国华两生除名；

2.寒假期内，留校学生，一律离校。

二、议决：通告全校，寒假期内，学生不得在校开会。

三、主席报告：蒋院长表示，开除二生施尔宜、杨国华，如能悔过，可告教育部恢复学籍，予以自新之路。

议决：将此意传知施、杨两生，并令具悔过书。

四、知照李总务长以上第一、二两议决案，并请其特别注意校内治安等项。

五、议决：电呈教育部，蒋院长于本日莅校，并报告已遵号电办理。

主席：郑宗海

《国立浙江大学校刊》第二百三十六期，民国二十五年二月八日

校务会议第十三次会议记录
(1936 年 1 月 22 日)

时间	〈二十五年〉一月二十二日
地点	校长公舍
到会者	闻诗　梁庆椿　李寿恒（潘代）　汪国兴　蔡堡　朱一成（沈代）　黄中
主席	郑宗海
记录	张原絜

一、主席报告今晨蒋院长召集学生代表谈话，由主席领导晋见情形。

二、据总务处报告，寒假学生离校有困难之处，拟将寄宿办法略加变更。

议决：

1.凡远道不能回家学生，限二十三日十二时前，到斋务股登记；

2.不登记者，不得留校；

3.农院三、四年级生，及代办高农学生登记后，即回农院宿舍；

4.其余学生各照指定宿舍寄宿。

三、据主席报告，李德毅先生到杭。

议决：函请李先生销假来校，共襄会务。

四、学生家长姚和清来函，关于女生芳英为学生自治会侮辱事。

议决：函复，并由主席在报章发表谈话。

主席：郑宗海

校务会议第十四次会议记录

(1936 年 1 月 25 日)

时间	〈二十五年〉一月二十五日
地点	校长公舍
出席者	苏步青　梁庆椿　郑宗海　闻诗　蔡堡　朱一成(沈代)
主席	郑宗海
记录	张原絜

一、主席报告:李德毅先生复函,俟私事完毕,即来校视事。

二、议决:寒假留校学生,不照章登记者,应记过一次。

三、闻诗先生书面报告,兼任副教授杨得云改为专任副教授,并介绍王德称君任助理。

议决:俟校长销假后,尽先请办。

四、议决:呈请教育部恢复施、杨二生学籍,并通知全体学生,一律遵照部令免究。

主席:郑宗海

《国立浙江大学校刊》第二百三十六期,民国二十五年二月八日

一月二十九日校务会议记录

(1936 年 1 月 29 日)

地点	校长公舍
出席者	周厚复　李寿恒(潘承圻代)　闻诗　苏步青　黄中　蔡堡　梁庆椿　汪国兴
代理主席	郑宗海
记录	张原絜

一、代理主席报告:

(1)郭校长已销假。现根据教育部梗电,组织校务会议,并暂由前校务会各员执行校务会议职务,俟开学后,再依据校章,补充人员正式成立;

(2)宣告校务会结束。

二、浙省党执委会来函,查询学生出版刊物。

议决:函复该会,并布告周知。

三、议决:解散学生自治会。(全体通过)

四、议决:明晨八时,在大礼堂,召集留校学生训话。

代理主席:郑宗海

二月三日校务会议记录
(1936 年 2 月 3 日)

地点	校长公舍
出席者	闻诗　朱一成　黄中　周厚复　蔡堡　李寿恒　梁庆椿　苏步青　柴志明　汪国兴
代理主席	蔡堡
记录	张原絜

一、代理主席报告:为学生注册事召集会议,并请李总务长伟超、徐主任谷麒列席。

二、议决:

(1)本月十日下午五时,为各生缴费注册截止期,如不请假者除名;

(2)因事因病请假学生,限本月二十日下午五时前到校,二十日以后仍未到校者除名;

(3)本月廿三、廿四、廿五三天,为补考期;

(4)凡请假学生,应同本届补行上学期考试不及格各生,同时考试;如不及格,不得请求补考。

三、凡已缴费各生,于本月十日前请求休学者,除按日扣除伙食费外,各费一律退还。

代理主席:蔡　堡

二月六日校务会议记录
(1936 年 2 月 6 日)

地点	校长公舍
出席者	黄瑞纶　李寿恒　蔡堡　苏步青　闻诗　黄中　陈嘉　朱一成　梁庆椿　柴志明　汪国兴
主席	校长〈郭任远〉
记录	张原絜

一、主席报告:召集会议讨论:1.学校组织之变动;2.公共科目教员隶属问题;3.惩戒学生问题。

二、议决:关于开除、退学、停学三项,须经校务会议议决。

三、议决:公共必修课目教员,属于教务处。

四、议决:体育部改隶教务处,并呈请教育部备案。

五、议决:直隶教务处之教授、副教授、讲师,于专任教授、副教授中,选举代表一人,出席校务会议。

主席:郭任远

《国立浙江大学校刊》第二百三十七期,民国二十五年二月十五日

本大学校务会议正式成立 十九日在校长公舍召开该会首次会议
已呈报教育部备案 原有之校务会议撤销

(1936 年 2 月 19 日)

本大学校务会议,除以校长、院长、教务长、总务长暨各系主任等为当然会员外,并由教授、讲师中选择专任教授、副教授代表十人,其名额之支配为文理、工、农三院每院各三名,公共科目直隶教务处者一名。本届文理学院选定代表为储润科、陈建功、许骧三先生,工学院为潘承圻、张德庆、沈秉鲁三先生,农学院为程复新、陆大京、周明样三先生,教务处为顾谷宜先生。

本月十九日下午四时,在校长公舍召集第一次会议,出席者计有闻诗、李寿恒、顾谷宜、周厚复、黄中、柴志明、储润科、张德庆、朱一成、程复新、许骧、陈嘉、陆大京、李伟超、郑宗海、梁庆椿、潘承圻、黄瑞纶、苏步青、蔡堡、沈秉鲁诸先生,由郭校长主席,张原絜先生记录。行礼如仪后,即讨论修正本大学校务会议规则,暨议事细则两草案,逐条宣读修正,并分别通过校务会议规则十二条,议事细则十条。次讨论校务会提议,改定本届补考日期案,照原案通过。再次临时动议,组织特种教育编订委员会,暨本大学章则修改委员会,均经通过。七时散会。

正式会议成立后,本大学即于二十二日呈报教育部备案。兹照录该项呈文如下:

案奉钧部上月梗电内开:在正式校务会议未依大学组织法产生以前,准以现时校务会议代行校务会议职权,惟应照章由校长主席。又正式校务会议应早日成立。等因;奉此。遵于二月一日开学后,即着手筹备选举教授代表事宜,于十五日办理完竣,同月十九日,校务会议正式成立,召集首次会议,执行职权。至原有之校务会,即日同时撤销云云。

《国立浙江大学校刊》第二百三十九期,民国二十五年二月二十九日

第二次校务会议

（1936 年 3 月 6 日）

地点	校长公舍
时间	三月六日下午四时
出席者	黄中 朱一成 苏步青 郑宗海 储润科 闻诗 李寿恒 梁庆椿 黄瑞纶 蔡堡 李伟超 顾谷宜 沈秉鲁 陈嘉 潘承圻 柴志明 周厚复 张德庆 程复新
主席	郑宗海
记录	张原絜

一、开会如仪。

二、宣读上届会议记录。

三、郑教务长、李总务长报告校务。

四、讨论本大学学生自治会议请求准予备案。

议决：本大学学生自治会请求备案事宜，应依法办理并组织小组委员会审查该会章程等项是否合法，其委员人数、人选由主席决定之。

五、讨论本大学劳动服务案。

议决：本大学劳动服务期限展至四月底为止。

六、讨论浙教育厅函请本大学设立学术问询处案。

议决：浙教育厅请本大学设立学术问询处案交教育系会议审查。

七、讨论本大学代办高农请求准予继续招生案。

议决：本大学代办高农请求准予继续招生案已由本校转函教育厅、俟该厅回信办理。

八、讨论学生旅行参观案。

议决：本大学学生旅行参观应遵照教育部廿四年一月廿二日规定，公立专科以上学生出外实习及参观旅行原则训令办理。（原训令附录于后）

《国立浙江大学校刊》第二百四十一期，民国二十五年三月十四日

（三）校部组织及相关规则

各项会议委员名录

（1930 年 2 月 12 日、3 月 15 日、4 月 12 日）

一、大学

1.校务会议

蒋梦麟 邵裴子 陈伯君 李熙谋 谭熙鸿 王守竞 袁敦礼 孟宪承 张志拯
潘承圻 朱叔鳞 许叔玑 蔡邦华 钟宪鬯 刘大白 佘坤珊 钱宝琮 张绍忠

程延庆　郭任远　沈乃正　郑宗海　顾毓琇　李寿恒　吴馥初　朱渭芳　范肖岩
葛运成

（附列席者）

汤子枚　俞子夷　郑毅生　沈肃文　王均豪　曹凤山　孙雅臣

2.体育委员会

陈伯君　邵裴子　袁敦礼　李振吾　张子常　谭仲逵　王福熙

3.大学一览编辑委员会

陈伯君　郑天挺　金公亮　杨味余　孙祥治　陈　政　范允之　王钧豪　邵祖平
孙虹颀　韦皓如

二、文理学院

1.院务会议

邵裴子　刘大白　佘坤珊　陈建功　钱宝琮　张绍忠　王守竞　程延庆　陈之霖
郭任远　章　嵚　沈乃正　郑宗海　孟宪承　袁敦礼

2.课程委员会

刘大白　张绍忠　郭任远　沈乃正　邵裴子

3.仪器标本委员会

张绍忠　程延庆　郭任远　郑宗海　袁敦礼　邵裴子

4.图书委员会

刘大白　佘坤珊　钱宝琮　张绍忠　程延庆　郭任远　沈乃正　郑宗海　袁敦礼
邵裴子　冯汉骥

5.学业委员会

佘坤珊　陈建功　袁敦礼　孟宪成　邵裴子

6.训育委员会

张绍忠　王守竞　钱宝琮　钟敬文　袁敦礼　陈之霖　邵裴子

三、工学院

1.院务会议

李振吾　李寿恒　王均豪　曹凤山　顾一樵　吴馥初　张志拯　杨耀德　陈承吾
朱叔麟　胡次珊　潘承圻　张子常　陆佛农　陆缵何　胡蒙子

2.教务委员会

李寿恒　顾一樵　吴馥初　张可治　徐忠杰　徐仁铣　朱叔麟　王均豪　朱慧生
陈俊时

四、农学院

1.湘湖农场设计委员会

（经济组）汤子梅　万秀岳

（农化土壤组）戴　弘

（农工组）彭　起

（生物及病虫害组）蔡邦华　于　矿

（作物组）卢亦秋

（森林组）王沛棠

（园艺组）范　赘

（畜牧组）彭　起　金成九

（农业社会组）许叔玑

2.学术设备及材料会议

许叔玑　葛敬中　钟宪鬯　陆水范　蔡邦华　孙虹颀　范肖岩　韦皓如　余泽棠

黄枯桐　沈紫岩　朱艺园　孙雅臣　王沛棠　曾吉夫

3.出版委员会

许叔玑　钟观光　范肖岩　余泽棠　韦皓如　蔡邦华　林渭访　陆水范　朱会芳

沈紫岩　葛敬蘧　孙雅臣　卢亦秋　金善宝　孙逢吉　王沛棠　李可均　雷　男

乐患知　孙虹颀　王希成

4.学生补助委员会

许叔玑　沈肃文　钟宪鬯　孙虹颀　韦皓如　孙雅臣　沈紫岩　陆水范　薛常怀

《国立浙江大学校刊》第一、四、七期，民国十九年二月二十二日、三月十五日、四月十二日

国立浙江大学设置校警办法

（1930 年 3 月 15 日）

一、本大学设置校警，办理全校公安、警卫、卫生、消防等事宜。

二、关于校警事务由秘书处主管之。

三、校警暂设两队：一队分驻本大学及理学院、工学院；一队分驻农学院及临平凤凰山及湘湖各农林场。

四、每队设队长一人，由本大学聘请，负教练、督察、指挥、管理之责；副队长一人，由杭州市公安局委派，秉承队长处理队务。

五、各队组织支配及各种规则均由秘书处事务部会同各队正、副队长拟定，经秘书长核定后实行之。

六、本办法经校长核准施行。

《国立浙江大学校刊》第四期，民国十九年三月十五日

各院分科一律改称学系自十九年度起实行

（1930 年 6 月 14 日）

本大学各学院或分科或分系，名称不一，校务会议第九次常会提议，按照大学组织法一律改称学系，业经议决照办，并已由校长核准施行。所有工学院现设各科将一律改称学系；文理学院及农学院现有学系名称与大学规程第六条所举稍有出入者，由各学院斟酌厘定，均自十九年度起实行云。兹录原提案如下：

本大学各学院或分科或分系名称不一应按照《大学组织法》一律改称学系案

查《大学组织法》"第五条　凡具备三学院以上者,始得称为大学。不合上项条件者,为独立学院,得分两科。""第六条　大学各学院或独立学院各科,得分若干学系。"是独立学院分科,大学各学院则分学系,规定至为明白。

又查《大学规程》"第六条　大学文学院或独立学院文科分中国文学、外国文学、哲学、史学、语言学、社会学、音乐学,及其他各学系;大学理学院或独立学院理科分数学、物理学、化学、生理学、生物学、心理学、地理学、地质学,及其他各学系,并得附设药科。……大学或独立学院之有文学院或文科而不设法学院或法科,及设法学院或法科而专设法律学系者,得设政治、经济二学系于文学院或文科。……大学或独立学院之有文学院或文科而不设教育学院或教育科者,得设教育学系于文学院或文科。大学农学院或独立学院农科分农学、林学、兽医、畜牧、蚕桑、园艺,及其他各学系。大学工学院或独立学院工科分土木工程、机械工程、电机工程、化学工程、造船学、建筑学、采矿、冶金,及其他各学系。各学系遇必要时得再分组。""第七条　大学各学院或独立学院各科学生(医学院除外),从第二年起,应认定某学系为主系,并选定其他学系为辅系。"是大学各学院应分各学系,亦已大略胪举。

本大学文理学院及农学院现分学系,而工学院则分科,似应遵照大学组织法之规定,一律改称学系。又文理学院、农学院现有学系名称与大学规程第六条所举亦有出入,应否重加厘定,并请公决。

《国立浙江大学校刊》第十六期,民国十九年六月十四日

致教育部高等教育司便函
(1930 年 7 月)

径复者:

接准台函,请将本大学习用之外国文译名开明函复。等由。查本大学英文译名业经校务会议议决如后:

国立浙江大学　　University of Chekiang

文理学院　　　　College of Arts and Science of University of Chekiang

工学院　　　　　College of Engineering of University of Chekiang

农学院　　　　　College of Agriculture of University of Chekiang

相应函复,即希查照为荷! 此致

教育部高等教育司

衔启
十九年七月
国立浙江大学印

国立浙江大学校务会议规程

(1932 年 9 月 3 日)

(二十一年八月修正)

第一条　本大学依国立浙江大学组织规程第十九条之规定,设校务会议。

第二条　校务会议以左列各员组织之:

校长,大学秘书长,各学院院长、副院长,各学院各学系主任,各学院教授、副教授代表。

第三条　军事训练部主任、体育部主任、秘书处秘书,各课主任、各学生生活指导员,得由校长邀请列席校务会议。

第四条　各学院教授、副教授代表之名额,依左列之规定:

教授、正〔副〕教授人数十人以下者,代表二名;十一人至二十人者,代表三名;二十一人以上,每多十人增加代表一名,但至多不得过十名。

第五条　各学院教授、正〔副〕教授代表由各学院全体教授、副教授于每学年开学后一星期内,就各本学院教授、副教授中选举之,以得票最多数者为当选,票数相同时以抽签定之。

第六条　各学院教授、副教授代表之任期为一学年,连选得连任,中途离职者以得票次多数之人递补。

第七条　校务会议以校长为主席。

第八条　校务会议审议左列各事项:

一、大学预算;

二、各学院学系之设立及废止;

三、各学院课程;

四、大学内部各种规则;

五、关于学生试验事项;

六、关于学生训育事项;

七、校长交议事项。

第九条　校务会议每月开会一次,但因特别事务,得由校长临时召集之。

第十条　校务会议记录及文书事宜,由秘书处派员办理。

第十一条　校务会议议决事件,经校长核准后施行之。

第十二条　校务会议议事规则另定之。

第十三条　本规程由校长核准施行。

《国立浙江大学校刊》第一百〇一期,民国二十一年九月三日

学制组织 行政组织 经费状况①

(1932 年 9 月 5 日)

(杭州通讯)国立浙江大学已于本月一日开学。记者以该校为全浙最高学府,且亦为华东著名大学之一,特于昨日前往该校调查最近状况。第因开学伊始,百端待理,一切统计尚须时日,爰先将该校最近学制组织、行政组织、经费状况探录如下:

(甲)学制组织

该校分三院:

一、文理学院

现设外国语文学系(英文组)、政治学系、教育学系、数学系、物理学系、化学系、生物学系(实验生物组)。

二、工学院

现设电机工程学系、化学工程学系、木土工程学系、机械工程学系。

三、农学院

现设农艺学系、园艺学系、森林学系、蚕桑学系、农业社会学系。

此外,该校自此学期起,受浙江省政府之委托,代办各科高级中学,计有:

一、高级工科中学

由工学院主办,设电机、机械、土木、染织四科。

二、高级农科中学

由农学院主办,设农艺、森林二科。

三、工学院附设艺徒班

分金工、染色、力织、纹工、手织、油脂六科。

四、农学院附设女子蚕桑讲习科

五、农学院附设农民子弟小学

(乙)行政组织

大学全部行政自本学期起集中于秘书处、各院院长仅管各该院教务及学术事宜。

一、秘书处

设秘书长、秘书、事务课、会计课、文书课、注册课、出版课、图书课。

二、军事训练部

三、学生生活指导部

四、体育部

(丙)经费

大学全部经费每年七十八万元,财政部拨发三十六万元,浙江省协款四十二万元,预算如是。但部、省两方均不能按月拨发,积欠甚巨云。

(九月二日)

《中央日报》民国二十一年九月五日

---

① 本文题名由编者拟定,原名《浙江大学最近新设施》。

浙大秘书处图书课工作分配办法

（1932 年 9 月 17 日）

1.文理学院图书馆

邵名鹤　　任管理事宜

姚估林　　任出纳登记诸事宜

曹礼德　　任出纳登记诸事宜

2.工学院图书馆

邵名鹤　　兼任管理事宜

陈逸云　　任出纳登记诸事宜

王松泉　　任出纳登记诸事宜

3.农学院图书馆

陈凤威　　任管理事宜

张东光　　任出纳登记诸事宜

张雪梅　　任出纳登记诸事宜

以上均在各该馆办公。

4.孙述万、胡正支、徐晓林、曹礼奎，以上均在图书课办公，其工作随时分配之。

5.孙述万现担任图书总编目及征集并农学院图书整理事宜，胡正支、徐晓林、曹礼奎分任编目征集及其他事宜。

6.晚间及星期轮流值日。

文理学院及工学院每馆每次轮值一人，其轮值表另定之。

邵名鹤　姚估林　徐晓林　陈逸云　王松泉　曹礼德

农学院图书馆现暂由驻在该馆人员轮值。

7.农学院旧藏图书编目限三个月完竣。

8.三院图书馆联合目录应分卡片式、簿式二种，分别着手编制务于短期间编完。

9.每日办公得在各该办公处分别签到，每周连同工作报告将签到簿送课核阅。

10.以上办法业由秘书处陈经校长核准，自二十一年九月八日起实行。

《国立浙江大学校刊》第一百〇三期，民国二十一年九月十七日

修正校务会议议事规则

（1932 年 10 月 29 日）

（二十一年十月二十一日第十八次校务会议议决通过）

第一条　本规则依校务会议规程第十二条之规定订定之。

第二条　校务会议以校长为主席，校长缺席时，由左列各员依次代理之：

一、大学秘书长；

二、文理学院院长;

三、工学院院长;

四、农学院院长。

第三条　常会由校长于三日前以书面通告召集,临时会由校长随时通告召集之。

第四条　常会应先行编造议程,随开会通告分发,其议案排列之顺序,校务会议规程第八条审议事项之顺序,同一事项之议案在两案以上者,其顺序如左:

一、校长交议;

二、文理学院提议;

三、工学院提议;

四、农学院提议。

临时会议案在两案以上者,其讨论之顺序亦同。常会及临时会议之临时提案,以提出之先后为讨论之顺序。

第五条　前条顺序开会时,依议事手续得变更之。

第六条　提出本月常会之议案,应于前月终将议题送交秘书处编入议程,其有说明文字者,并须同时送交秘书处缮印,随议程分发,但临时提案,不在此限。

第七条　凡讨论议案有认为须付审查者,得由主席指定或公同推举审查员审查后,再行付议。

第八条　校务会议以校务会议组织员数二分之一以上出席,为法定开会人数,以出席人数二分之一以上之同意,为法定表决人数。

第九条　校务会议因事不能出席者,应先行以书面通知秘书处。

第十条　每次校务会议之记录,经主席核定后,由秘书处缮印分发。

第十一条　本规则由校务会议通过,由校长核准施行。

《国立浙江大学校刊》第一百〇九期,民国二十一年十月二十九日

国立浙江大学各学院院务会议规程

(1932 年 10 月 29 日)

(二十一年十月二十一日第十八次校务会议议决通过)

第一条　本大学各学院依照本大学组织规程第十九条之规定设院务会议。

第二条　院务会议以各学院院长、副院长,各系主任、教授、副教授组织之。

第三条　院务会议以院长为主席,各学院教务员为记录,院长因事缺席由副院长〈为〉主席,未设副院长之学院,则由出席者公推一人〈为〉主席。

第四条　本会审议左列各事项:

1.建议于校务会议事项;

2.关于校务会议交议事项;

3.计划关于教授方针及课程等事项;

4.关于学生试验及审核成绩事项;

5. 关于转学、转系、升级、留级、补考及毕业等事项；

6. 关于学术设备及出版事项；

7. 院长交议事项。

第五条 本会议于每学期开学之始及学期之终，各开常会一次，必要时得开临时会，由院长召集之。

第六条 院务会议决定事项由院长执行之，其有关全校者，须经校长核准。

第七条 本规程于校务会议通过后，由校长核准公布施行，如有未尽事宜，由校务会议随时修正之。

《国立浙江大学校刊》第一百○九期，民国二十一年十月二十九日

国立浙江大学各种委员会通则
（1932 年 10 月 29 日）

（二十一年十月二十一日第十八次校务会议议决通过）

第一条 本大学各种委员会，除另有规程规定者外，均适用本规则所规定。

第二条 委员会各设主席一人，由校长就委员中聘定。

第三条 委员会开会，由主席召集，或由校长函请主席召集之。

第四条 委员会委员于学年开始，由校长聘任之，其任期为一年。

第五条 委员会以各该会委员总数过半数为法定人数，以出席过半数之同意行使表决。

第六条 委员会记录亦由委员推定，担任会场记录，并保管之。

第七条 委员会通过议案，由主席转陈校长核定，分交主管职员办理。

第八条 本通则于校务会议通过后，由校长核准公布施行，如有未尽事宜，由校务会议随时修改之。

《国立浙江大学校刊》第一百○九期，民国二十一年十月二十九日

国立浙江大学建筑委员会规程
（1932 年 10 月 29 日）

（二十一年十月二十一日第十八次校务会议议决通过）

第一条 本委员会依照本大学组织规程第二十二条之规定组织之。

第二条 本委员会委员人数，定为五人至七人，由校长于大学教职员中聘任之。

第三条 本委员会之职权如左：

一、勘定校舍建筑地位；

二、审定工程图样；

三、审定包工及施工细则；

四、决定投标手续及得标者；

五、视察及验收工程。

第四条　本大学一切建筑工程价值在五千元以上者,均应先由本委员会审核,始得招人投标。

第五条　本规程于校务会议通过后,由校长核准公布施行,如有未尽事宜,由校务会议随时修正之。

《国立浙江大学校刊》第一百〇九期,民国二十一年十月二十九日

国立浙江大学讲演委员会规程
(1932 年 10 月 29 日)

(二十一年十月二十一日第十八次校务会议议决通过)

第一条　本委员会依照本大学组织规程第二十二条之规定组织之。

第二条　本委员会委员人数定为五人至七人,由校长于大学教职员中聘任之。

第三条　本委员会职务如左:

一、敦请名人演讲;

二、规定演讲时间;

三、规办学生演讲竞赛及辩论会等事项;

四、审查演讲记录。

第四条　本委员会延请讲演人选,须先商得校长同意。

第五条　演讲记录经审查后,由本委员会主席送交秘书处出版课转发各刊物登载。

第六条　本规程于校务会议通过后,由校长核准公布施行,如有未尽事宜,由校务会议随时修改之。

《国立浙江大学校刊》第一百〇九期,民国二十一年十月二十九日

国立浙江大学审计委员会规程
(1932 年 10 月 29 日)

(二十一年十月二十一日第十八次校务会议议决通过)

第一条　本委员会依照本大学组织规程第二十二条之规定组织之。

第二条　本委员会委员人数定为五人至七人,由校务会议于大学教职员中推请校长聘任之。

第三条　本委员会之职权如左:

一、稽核账据;

二、审查决算报销册;

三、审核发单上之数量、价值及其用途;

四、稽核其他银钱事项。

第四条　本委员会每月开常会一次，由会计课主任将上月份收支账据，汇交稽核。

第五条　本委员会稽核账据或物品，遇有疑义时，得请经手人说明，如发现有不实不符之处，应报告校长追究。

第六条　本委员会得推委员列席校务会议，报告稽核情形。

第七条　本规程于校务会议通过后，由校长核准公布施行，如有未尽事宜，由校务会议随时修正之。

《国立浙江大学校刊》第一百〇九期，民国二十一年十月二十九日

国立浙江大学秘书处文书课办事细则
(1932 年 11 月 5 日)

第一条　本课设主任一人，秉承校长、秘书长综理全校文书事宜；课员、助理员若干人，分任本课一切事务，其工作由主任分配之。

第二条　本课之职务如左：

一、办理校长、秘书长交拟之文件；

二、办理各课送拟之文件；

三、办理关于学生贷金、津贴免费等文稿及其他证明文件，并填发旅行证、护照等项；

四、办理学生毕业证书、修业证书、休业证书、学籍证明书等项；

五、收发文件；

六、翻译往来文电；

七、校印各项文件；

八、各项会议记录；

九、管理各项文卷编号、归档及装订、整理；

十、其他关于文书事项。

第三条　本课每星期将已办、未办各文件数目造表送呈校长、秘书长核阅。

第四条　各项案卷每日分类登记，每月整理一次。

第五条　调阅案卷须签条备查，俟归还时注销之。

第六条　本细则由校长公布施行，如有未尽事宜，得由秘书长陈请校长修正之。

《国立浙江大学校刊》第一百一十期，民国二十一年十一月五日

国立浙江大学秘书处注册课办事细则
(1932 年 11 月 5 日)

第一条　本课设主任一人，秉承校长、秘书长综理本校注册事宜；课员、助理员若干人，分任本课一切事务，其工作由主任分配之。

第二条　本课之职务如左：

一、教职员、学生各项统计表格之编制；

二、教职员、学生履历、通讯，学生家长职业、通讯等项之调查；

三、学生入学、退学、休学、复学、转学、毕业等项之登记；

四、办理学生及外界讯问关于本课主管事项。

第三条　学生试验成绩分数、转学生编级及学生补考成绩分数，由各院院长于各该项试验举行后一星期内通知本课登记结算之。

第四条　学生中途休学或退学，得准许后，须到本课登记。

第五条　教职员、学生请假或缺课，由各院院长每星期列表送本课登记。

第六条　本细则由校长公布施行，如有未尽事宜，由秘书长陈请校长修正之。

《国立浙江大学校刊》第一百一十期，民国二十一年十一月五日

国立浙江大学秘书处出版课办事细则

(1932 年 11 月 5 日)

第一条　本课设主任一人，秉承校长、秘书长综理全校出版事宜；课员、助理员若干人，分任本课一切事务，其工作由主任分配之。

第二条　本课之职务如下：

一、编印本校校刊；

二、编印本校行政概况；

三、汇印各学院概况稿件；

四、编印教职员录、学生录；

五、编纂本校大事记；

六、撰拟校闻，送登本外埠各报；

七、管理本校丛书之印刷及发行；

八、管理各学院季刊之印刷及发行；

九、管理本校教务、注册、图书、招生各种表册之印刷事宜；

十、与其他各学术机关交换刊物；

十一、选存各报之有关高等教育记录；

十二、其他关于出版事项。

第三条　本课出版各种刊物须将原稿呈校长或秘书长核准始得付印。

第四条　本细则由校长公布施行，如有未尽事宜，由秘书长陈请校长修正之。

《国立浙江大学校刊》第一百一十期，民国二十一年十一月五日

国立浙江大学秘书处事务课办事细则

(1932 年 11 月 5 日)

第一条　本课设主任一人，秉承校长、秘书长综理本课事务；课员、助理员若干人，分任

本课一切事务。其工作由主任分配之。

第二条　本课之职务如下：

一、全校校舍之支配、布置、管理及修缮；

二、道路园场之整理；

三、各项集会会场之布置事项；

四、卫生、警卫及消防事项；

五、校具之置备、登记、保管、支配及修理；

六、采办定制各项学校用品；

七、学校用品之转运、邮递、报关、提货事项；

八、编制每月用品收付报告；

九、其他不属于各课事项。

第三条　本课除购买物件及其他工程一切付款手续另有规定者外,得向会计课预领洋二百元,以备垫付临时款项之用,每周过账一次。

第四条　关于一切工程及修理事项由本课招匠估计,经主任审核转陈校长、秘书长签字后,方准动工。

前列一切工程及修理事项之估价,至少须有二家以上,其估价单由承办者固封,亲交主任拆阅,转陈秘书长决定之。

第五条　凡价目在一千元以上之工程及修理应公告投标,其图样说明及施工细则除有特约工程师拟定者外,得由本课拟办。

第六条　凡关于建筑修理工竣后由本课按照承揽〔揽〕验收。

第七条　校中所需各种校具,均应由本课定购,惟因使用上有特别情形者,应由各院课自定图样,交本课办理。

第八条　各院、课有须交本课制办特种器具或修缮事项,应开具详细工程单,经各该院课主管人员签字,交由本课转陈校长、秘书长批准办理。

第九条　凡关于工匠领款手续,应开具收据,经本课查核陈送校长、秘书长察阅签字后,由工匠向会计课直接领款。

第十条　凡各院、课应行购置非办公普通日常物品,先由各院课主管人员填写购物通知单,经签字后,送交本课转陈校长、秘书长批准办理。

第十一条　凡各院、课通知本课购办物品在本市可办者,约在接到通知后二日内办就;须在外埠购办者,约一星期至二星期内办就;须在国外购办者,日本约二十日,欧美约三个月至四个月为限。遇有特别情形不能如期办到者,应分别先向各处声明理由;如须预定者,其购到日期须临时视情形酌定。

第十二条　本课收到之购物通知单,应依照时期顺序装订成册,以备查考。

第十三条　凡关于办公日常用品由本课审察情形填具请购单,陈经秘书长批准再行购办。

第十四条　购入物品须由本课购置经手人将物品购置单、商店发票连同所购物品交由本课保管人验收无讹后,须在发票上签字,仍将原购置单、商店发票交还购置经手人,陈送主任核转秘书长签字,交会计课支付。

第十五条　各院、课请领办公用品，应由领用人填写物品领用单，由本课转陈秘书长批准后，再行发给。领用人收到物品后，应于领用单第二联签字盖章，仍交还本课备查。其领用单第一联由领用人自行保存，其领用特殊物品者，并须陈经校长核准。

第十六条　本课购进一切物品时，均须将品名、数量、价目登入物品购入、支给总簿，每日发出用品亦须一并登入。

第十七条　每月终依据物品购入支给总簿填造消耗月计表，并查明现存物品除支给外是否相符，报陈校长、秘书长察核。

第十八条　本课对于个人需用之物品，概不发给。

第十九条　全校校舍应由本课统筹支配，并于各室编订号数及牌帜，遇有变动，应随时更正。

第二十条　每学期开始一个月内，将各座房屋分别绘具校舍支配平面图。

第二十一条　每学期开始二个月内，由本课造送住宿学生名册，排印备用。

第二十二条　全校财产除仪器、器械、机器及图书等项别有主管人员外，所有一切校具应由本课分别名称，逐件编号，登入校具支配簿(非校具范围以内之杂件亦应附带登入)。

第二十三条　凡未经使用之各项校具杂物，应置储藏室保存，并登入校具存置簿。

第二十四条　每学期终，所有全校校具应按照校具支配簿检查一次，如有遗失或损坏者，即行分别注明登册。

第二十五条　凡私人移出物件，须由本课检查，并开具出门证，方准移出，如系校内财产，须由本课开具特种运物单，并经秘书长签字后方准放行。

第二十六条　全校电灯之启熄时期，应由本课严格执行，并防止及取缔一切私接电线行为。

第二十七条　全校校工之职务，由本课审察各方情形斟酌支配，并指导一切工作方法。

第二十八条　校工到校时，须填具保结，其保人须为本市开有殷实商店之商人。

第二十九条　全校校工之勤惰，由本课随时查察，分别奖惩。

第三十条　每月终由本课编造校工工食名册，送秘书长批准，向会计课支给。

第三十一条　校内自营工如厨工、理发工等，均由本课管理，并须取具保结。

第三十二条　每学年终应将全校各项财产价值依据各项簿册缮就统计表，报告校长、秘书长。

第三十三条　全校地亩由本课分别地点面积，造具详细地亩登记册，并绘具略图。

第三十四条　本课如有临时发生特别事项需人襄办时，得由主任陈明校长或秘书长指定他课职员协助之。

第三十五条　各种例假日，本课应派课员或助理员一人轮流值务。

第三十六条　本细则由校长公布施行，如有未尽事宜，得由秘书长陈请校长修正之。

《国立浙江大学校刊》第一百一十期，民国二十一年十一月五日

国立浙江大学会计课办事细则

（1932 年 11 月 5 日）

第一条　本课设主任一人，秉承校长、秘书长综理全校会计事宜。课员、助理员若干人，分任本课一切事务，其工作由主任分配之。

第二条　本课之职务如左：

一、校款之稽核；

二、校款之出纳；

三、校款之登记；

四、旬报、月报之编造；

五、预算、决算之编造；

六、其他关于会计事宜。

第三条　本课应分备各种账簿如左：

一、现金出纳日记簿；

二、支出分类簿；

三、收入分类簿；

四、各种辅助簿；

五、编制决算底册；

六、银行来往簿。

第四条　每年度预算书应于每会计年度开始前四个月造就分别呈送。

第五条　每年度决算书应于每会计年经过后三个月分别造报。

第六条　决算及单据簿经编制后，送交本校审计委员会审核，再陈送校长鉴核。

第七条　凡现款收付及款项转账，须由出纳员检同该项收据证书并检发传票送请主任核定收付讫，再交记账员登记。

第八条　记账员应按旬将收支账目核算无误，制成收支对照表，送交主任查核后，分送校长、秘书长核阅。

第九条　记账员应将日记簿结算转过分类簿，以凭稽核。

第十条　每日登记之后，将收支凭证、单据及传票分别编号保存之。

第十一条　凡各课购置及工、农场收支，须由各该主任签陈校长核准并检发传票检同发票、收据及关系证明单件，送交本课核算支付。

第十二条　本课每月收到教育部及浙江财政厅拨发之款项，即以"国立浙江大学"之户名存放银行。

第十三条　每学期学生缴费由本课呈报校长指定银行代收，但为学生便利起见，得请银行派员来校代收。

第十四条　每月发放工饷应由事务课开列名册，送交本课放发。

第十五条　本校一切款项均存银行，本课所存现金以不过一千元为度，支付款项在五十元以上者由校长签定，五十元以下者由秘书长签定，零星用款以现金支付，支款在五十元以上者均发支票，但有特别情形时亦得用现款支付。

第十六条　本细则由校长公布施行,如有未尽事宜,得由秘书长陈请校长修正之。

《国立浙江大学校刊》第一百一十期,民国二十一年十一月五日

事务课职员及斋务员轮流值夜细则
(1932 年 11 月 19 日)

一、各院处事务课职员至少有一人住校。

二、除住校者外每日应有一人值夜。

三、值夜时间自下午六时起至十时止。

四、值夜时间内应注意于消防及各处视察。

五、值夜人员应将值夜情形登入日记簿。

六、值夜人员排定后不得变更,如有特别事故应请人代理,事前并须向事务主任声明。

《国立浙江大学校刊》第一百一十二期,民国二十一年十一月十九日

国立浙江大学秘书处处务会议规程
(1932 年 11 月 26 日)

第一条　本大学秘书处依照本大学组织规程第二十二条之规定,设处务会议。

第二条　处务会议以秘书长、秘书、各课主任组织之。

第三条　秘书处其他各职员得由秘书长指派列席处务会议。

第四条　处务会议以秘书长为主席,由主席指定一人为记录。

第五条　本会审议下列各事项:

一、建议校务会议事项;

二、商榷本大学事务进行方针;

三、审定各课工作计划;

四、秘书长交议事项。

第六条　本会议每月开会一次,必要时得开临时会议,由秘书长召集之。

第七条　处务会议决定议案,由秘书长呈请校长核准执行之。

第八条　本规程于校务会议通过后,由校长核准公布施行,如有未尽事宜,由校务会议修正之。

《国立浙江大学校刊》第一百一十三期,民国二十一年十一月二十六日

本大学各种委员会委员名单

（1932 年 11 月 26 日）

招生委员会委员（十三人）

黄二明（主席）（当然委员）	邵裴子（当然）	许叔玑（当然）	薛宇澄（当然）	张芝谋（当然）
李乔年（当然）	俞子夷（当然）	程瀛章	郑晓沧	陈大燮
潘承圻	王直青	朱昊飞		

出版委员会委员（九人）

沈公健（主席）	贝时璋	陈建功	吴锦铨	郁秉坚
徐南骀	孙本忠	汤惠荪	胡昌骐（当然）	

建筑委员会委员（七人）

吴馥初（主席）	李范蔺	张云青	陈之霖	徐仁铣
蒋芸孙	汤子枚			

讲演委员会委员（七人）

朱凤美	吴士栋	苏步青	倪孟杰	曹凤山
黄枯桐	吴耕民			

训育委员会委员（十七人）

邵裴子（主席）（当然委员）	黄二明（当然）	许叔玑（当然）	薛宇澄（当然）	胡次珊
朱叔麟	沈仲端	孟宪承	梁叔五	蔡邦华
邱横祖（当然）	甘家馨（当然）	徐震池（当然）	唐丽玲（当然）	余子安（当然）
何昌荣（当然）	李乃常（当然）			

卫生委员会委员（十七人）

黄问羹（当然委员）	鲁介安（当然）	袁可仕（当然）	王铭桐（当然）	钱琢如
范赟	丁人鲲	林熊祥	叶贻哲	薛良叔（当然）
邱横祖（当然）	甘家馨（当然）	徐震池（当然）	唐丽玲（当然）	余子安（当然）
何昌荣（当然）	李乃常（当然）			

三、教职员

（一）教职员聘任

工农二院新聘教职员

(1930 年 3 月 8 日)

工学院本学期新聘教授章名涛先生担任电机科教程,叶风虎、陈大受、张仲柔、沈昌诸先生担任化学、地质学、采矿学、水力学、材料学等诸教程,又聘沈家茂、赵劼翔二先生任图书馆办事员,孟垫陈、陈宗孟二先生任讲义室办事员。农学院新聘艾荣先先生任体育教员,方焘先生为专任教员兼化学研究室技术员,冯紫岗、周桢、葛敬邃、朱凤美四先生为兼任教员。

《国立浙江大学校刊》第三期,民国十九年三月八日

工学院新聘教员

(1930 年 3 月 15 日)

最近新聘教员章名涛先生任电机工程科副教授,叶如松先生任高中工科染织科兼任教员,黄志诚先生任电气测定室助教,聘书均已先后寄发矣。

《国立浙江大学校刊》第四期,民国十九年三月十五日

农学院增聘教职员

(1930 年 3 月 15 日)

农学院森林系主任梁希先生前因考察未返,主任职务由朱会芳先生代理,现已事峻〔竣〕返校接任。农艺系主任原由谭仲逵院长兼任,现请卞矿先生接任。此外又聘请教职员多人。计有军事训练教员王伯兆先生,图书馆职员张雪梅先生,文牍股职员路振夏先生,体育指导员艾荣先生,庶务股主任戴锡元先生,文牍股职员沈奕因先生,院长室职员邢嘉良先生,皆已到院办公矣。

《国立浙江大学校刊》第四期,民国十九年三月十五日

本学期新聘辞聘教职员

(1930 年 9 月 13 日)

十九年度上学期工学院教职员除续聘外,其新聘及辞聘者之姓名职务,分别照录于下:

新聘

吴锦庆	土木工程科副教授
柳叙平	土木工程科副教授
徐均立	物理副教授
魏海寿	物理襄教授
姚颂馨	机械襄教授
叶啸谷	化学教员
朱一成	物理兼任教员
胡瑞祥	电话兼任教员
沈律葭	德文兼任教员
汤拥伯	化学科兼任教员
崔东伯	高中数理教员
陈叔任	高中英文教员
胡凤来	土木助教兼高中土木科教员
钱乃桢	机械助教兼高中机械科教员
过黼卿	电机助教兼发电原动锅炉等室管理员
张方洁	物理助教
范静仁	电机助教
宋仲彬	化学助教
高荫华	教务处兼化学工程科事务员
任旭圆	秘书室事务员
蔡逸卿	事务处事务员

辞聘

辞聘者,有陈俊时、朱吴飞、王铭彝、徐仁、陈可甫、张仲柔、沈昌、张卧峰、顾明彦、梅卓然、吴本智、戴渠卿、江仁寿、洪铁琴、傅五乔、胡蒙子、胡近仁、周抱经、裘杰三等诸先生云。

《国立浙江大学校刊》第二十二期,民国十九年九月十三日

工学院本学期新聘辞聘教职员

(1930 年 9 月 13 日)

本学期工学院教职员除柳克准、钱乃桢、张子常、张绳良、何子久、叶慎微、孙叔然、张企、沈家茂诸先生辞聘外,所有新聘教职员姓名、职务兹录如下:

裴特生	土木工程系特约兼任副教授
陈子博	土木工程系兼任副教授
余石帆	土木工程系兼任副教授
黄蔼如	土木工程系兼任副教授
李绍德	土木工程系副教授
秦竞	化学工程系副教授
倪则舜	体育教员
徐渭三	土木工程系助教兼高工教员
王师羲	土木工程系助教兼高工教员
杜清宇	机械助教兼高工教员
郑抱天	高工党义教员
陈星垣	事务处收发员
曹礼德	图书馆事务员

《国立浙江大学校刊》第二十二期,民国十九年九月十三日

文理学院十九年度教职员名单
(1930 年 9 月 27 日)

姓名	职别
佘坤珊	外国语文学副教授
朱澄	史学副教授
钱宝琮	数学副教授
陈建功	数学副教授
张绍忠	物理学副教授
王守竞	物理学副教授
徐仁铣	物理学副教授
程延庆	化学副教授
陈之霖	化学副教授
纪育沣	化学副教授
郭任远	心理学副教授
沈乃正	政治学副教授
唐庆增	经济学副教授

续　表

姓名	职别
孟宪承	教育学副教授
郑宗海	教育学副教授
黄翼	教育学副教授
盛斯民	哲学副教授
贝时璋	生物学副教授
陈锡襄	国文讲师
潘恩霖	英文讲师
朱重光	德文兼任讲师
梅占元	法文兼任讲师
朱叔青	党义兼任讲师
漆士昌	日文讲师
徐英超	体育讲师
徐恩培	经济学兼任讲师
谢文秋	体育兼任讲师
朱内光	卫生学兼任讲师
田钟璜	军事教官
杨景才	数学助教
毛信桂	数学助教
朱福炘	物理学助教
顾功叙	物理学助教
吴学兰	物理学助教
汤兆裕	化学助教
裘桂元	化学助教
陈运煌	化学助教
梁培德	心理学助教
沈霁春	心理学助教
陈子明	教育学助教
宋秉琳	体育助教
陈政	院长秘书
戴克让	文牍主任
刘锦仁	文牍员

续　表

姓名	职别
范允兹	注册兼教务员
宋鼎钧	注册员
金宗书	教务员
沈郋	教务员
杨景桢	主任事务员
陆灵祯	事务员
袁瘦僧	会计员
王梦生	会计助理员
冯汉骥	图书室主任
孙述万	图书室主任编目员
马家骧	图书室管理员
曹礼奎	图书室助理员
夏鹤年	图书室助理员
马宗裕	宿舍管理员
王懋赓	事务员
桑沛恩	校医
钟惠康	事务处书记
钟健	书记
袁玢演	书记
陈信达	心理学系技手

《国立浙江大学校刊》第二十四期,民国十九年九月二十七日

军事教官改为专任

(1930 年 11 月 22 日)

　　文理学院军事教官田钟璜,原兼浙江省立医药专门学校及省立民众教育实验学校军事教官。顷奉教育部训令,转准训练总监部咨略以田钟璜专任浙江大学文理学院军事教官,其浙江省立医药专门学校及省立民众教育实验学校两校军事教官,改委本届考取教官邓辟海充任,等因过部。事关军事教育,自应专任以专责成,合行信仰知照。等因。并附令田教官文一件。本大学奉令后,已函转文理学院及田教官查照矣。

《国立浙江大学校刊》第三十二期,民国十九年十一月二十二日

本大学聘定文理学院副院长

（1931 年 1 月 24 日）

本大学自十九年度第二学期起，聘定张荩谋先生为文理学院副院长。按，张先生原系该院副教授兼物理学系主任，此次聘膺斯职，对于该院前途之发展，必有甚多之贡献也。

《国立浙江大学校刊》第三十八期，民国二十年一月二十四日

浙大数学系欢迎新教授

（1931 年 4 月 11 日）

国立浙江大学文理学院数学系新聘教授苏步青博士，于春假中到杭就职。四月七日该系全体同学特开茶话会欢迎，并请苏教授演讲最近几何学之发展。苏博士负笈日本十有三年，在东京帝大专攻几何学，于微分几何学尤多心得，著作甚富云。

《新闻报》民国三十年四月十一日

农学院许叔玑院长就职

（1931 年 11 月 21 日）

农学院许叔玑院长已于本星期一（十一月十六日）到院就职。是日先至秘书处晤秘书长，即由陈秘书长与汤主任陪同前往。车至半途，农学院全体学生列队相迎，并燃放爆竹，许院长即下车对欢迎者表示谢意，复登车，到院后即举行纪念周，同时宣告就职。是日下午，该院全体学生复举行一茶话会，欢迎许院长云。

《国立浙江大学校刊》第七十三期，民国二十年十一月二十一日

薛绍清任浙大工学院长

（1932 年 7 月 18 日）

（本报十七杭州电）浙大工学院长李熙谋因事辞职后，由程校长暂兼。程此次赴京，出席校长会议，即邀薛绍清继任院长。薛氏现任中大教授、建设委员会委员。闻薛将辞去一切兼职，专任院长，该校秘书长陈伯君辞职，由黄华表接充。

《民报》民国二十一年七月十八日

浙大新气象 添设研究室 增聘名教授

（1932 年 10 月 9 日）

（杭州通讯）国立浙江大学自本学期行政权统一于秘书处后，各院院长专致力于教务。故教务方面，日有进展，如课程内容之厘订，各系研究室之添设，务便于学生之自动研究。各院复增聘著名教授多人，计文理学院添聘饶孟侃、林玉霖为英文学副教授，鲁潼平为史学副教授，郦堃厚、束星北为物理学副教授，范赉为生物学副教授，工学院添聘郁秉坚为电机副教授，兼电机系主任，尤佳章为电信副教授，黄中为土木副教授，朱彦祖为讲师，农学院添聘孙本忠为蚕桑副教授兼蚕桑系主任，汤惠荪为农艺副教授，蔡邦华、周桢、林熊祥为森林系副教授，冯肇传为作物育种副教授，周士礼为园艺系副教授，顾莘〔蓥〕、曹诒孙、周汝沅、许康祖、黄复健、薛德焴等为讲师。该大学为灌输文化、提倡学术普及起见，本学期对于出版事业亦极注意，定期刊物方面，有季刊与校刊二类，季刊前本发行《浙大季刊》一种。从本学期起，定每学院单独印行季刊一种，专载专门学术文字。至校刊则每周出版一次，专纪载学校行政、学生生活，间以学术著作、文艺作品，以增读者兴趣。专书方面，现正计划刊行《浙大丛书》，闻已有相当成书，即可陆续出版。关于该大学行政方面，该大学出版课现已编印《浙大一览》一书，内容包含有沿革概要、组织规程、组织系统图、各学院概况及课程内容、训育概况、体育概况、军训概况法规、学则、职教员录、学生录以及各项统计，并附校景插图四十余幅，颇足以供研究大学教育者之一参考云。（十月七日）

《中央日报》民国二十一年十月九日

土木科添聘名教授

（1932 年 10 月 22 日）

本校土木科近聘请水利专任教授徐南骈先生，担任讲授大土四水工计划及土三高等水力学两课程。徐教授系国内水利工程专家，历任河海工程大学、中央大学等校教授凡十余年，学识经验，均极丰富，今夏被请考察西北，新近归来，即允掌我校教席，业于昨日（十七日）来校，闻本周起开始上课矣。又该科曾于上月中旬添聘专任教授黄君理先生，担任高等力学、钢筋混凝土、铁道测量、木架屋计划等课程。黄先生早年留学美国意利诺大学，毕业后，复入麻省理工大学研究院专攻土木工程，极有心得，且擅长英语，讲说明晰易解，洵不可多得之良师也。（静）

《国立浙江大学校刊》第一百〇八期，民国二十一年十月二十二日

新聘秘书长

（1933 年 2 月 11 日）

本大学秘书长黄华表先生寒假中因事辞职，现由程校长改聘沈履先生担任。沈秘书长

字苇斋,曾留学美国芝加高、哥仑比亚等大学,专攻心理教育社会学五年,返国后曾历任大同、中央、暨南、大夏各大学教授及科主任,曾先后主持上海浦东中学、南京中学校务六年,并曾任江苏教育厅、浙江教育厅科长秘书等职,已于二月一日到校视事。注册主任一职亦由沈秘书长兼任,俞子夷秘书则改兼文书主任矣。

《国立浙江大学校刊》第一百二十一期,民国二十二年二月十一日

国立浙江大学布告(第六十四号)
(1934 年 10 月 27 日)

查本大学变更行政组织业经公布在案。所有依照新组织应行聘请之主任以上各职员,除教务长由校长兼任外,经聘定如次:秘书长王世颖先生,总务长章鼎峙先生,其余各部、馆、课主任仍聘原任各课主任继任。合行布告周知。

此布。

校长郭任远
中华民国二十三年十月二十二日

《国立浙江大学校刊》第一百八十八期,民国二十三年十月二十七日

工学院朱院长已正式到校视事
机械系陈主任、高工部钮主任辞职,经校长聘由工院朱院长分别兼代
(1935 年 2 月 16 日)

工学院院长朱一成先生自本月起正式到校视事。工学院机械工程学系主任陈大爕先生,及代办高工部主任钮因梁先生,均因事辞职,另由校长聘请朱院长兼代机械工程学系主任及代办高工部主任云。

《国立浙江大学校刊》第二百〇一期,民国二十四年二月十六日

蔡堡副教授继任生物学系主任
(1935 年 2 月 16 日)

文理学院生物学系主任原由郭校长兼代,本学期已聘该系副教授蔡堡先生为该系主任云。

《国立浙江大学校刊》第二百〇一期,民国二十四年二月十六日

军训主任教官由韩治先生继任 原任刘教官被调往北平

(1935 年 3 月 2 日)

军训部主任教官刘文涛先生,于日前奉到训练总监部训令,调往北平供职。遗缺由原任教官之韩治先生升充云。

《国立浙江大学校刊》第二百〇三期,民国二十四年三月二日

衔任用状

(1935 年 4 月 8 日)

兹任用王荫先生为军事管理处军事训练总队队附。

此状。

校长

中华民国二十四年十一月 日

浙江大学档案馆藏 L053-001-3492

衔聘书

(1935 年 9 月)

兹聘请朱一诚、李德毅、林一民、苏步青先生为本大学军事管理处军事训练总队副总队长。

此订。

校长

中华民国二十四年九月 日

浙江大学档案馆藏 L053-001-3492

通知书(第六号)

(1935 年 9 月)

通知学生○○○

顷奉校长谕：

　　兹派○○○为本大学军事管理处军事训练总队队长、队附照单填。等因。除公布外，特此通知。

校长办公室

二十四年九月 日

国立浙江大学军事管理处军事训练总队各级队长、副队长、队附名单

总队长	校长
副总队长	朱院长
	李院长
	林秘书
	苏步青教授
总队附	郭建处员
	郭泰嘏处员
	吴贤淼处员
	徐树人教官
总队附	黄云山教官
	邹剑庵教官
	严清宽主任
	杨逸农代理主任

浙江大学档案馆藏 L053-001-3492

王世颖辞浙大秘长入京筹备合作学院
(1935 年 9 月 19 日)

(杭州通讯)中央政治学校为造就高级合作人才起见,拟创办一合作学院,招收大学毕业学生。该校当局特邀合作专家王世颖氏赴京筹备。王现任浙大秘书长,业已向浙大郭校长辞职矣。

《民报》民国二十四年九月十九日

国立浙江大学布告(第一四六号)
(1935 年 9 月 21 日)

查本大学军事管理处大学部训导委员会委员业经聘定,合亟布告周知。
此布。
附粘名单

校长郭任远
中华民国二十四年九月十一日

大学部训导委员会委员名单

苏步青先生(主席) 朱一成先生 李德毅先生 林一民先生 陈嘉先生
郑宗海先生 闻诗先生 周厚复先生 蔡堡先生 李寿恒先生
黄中先生 柴志明先生 汪国兴先生 梁庆椿先生

《国立浙江大学校刊》第二百二十期,民国二十四年九月二十一日

国立浙江大学布告
(1936 年 2 月 8 日)

兹聘郑宗海先生为本大学教务长,蔡堡先生为本大学文理学院院长。郑教务长、蔡院长业于即日起就职视事,合行布告周知。
此布。

校长郭任远
中华民国廿五年一月廿七日

《国立浙江大学校刊》第二百三十六期,民国二十五年二月八日

国立浙江大学布告(第一七六号)

(1936 年 2 月 15 日)

兹聘黄瑞纶先生为农业植物学系主任,汪国兴先生为军事管理处秘书,陈庆堂先生为代办浙江立杭州高级工业职业学校主任,孙章鼎先生为代办浙江省立杭州农业职业学校高级部主任。除分别聘任外,合行布告周知。

此布。

校长郭任远

中华民国廿五年二月五日

《国立浙江大学校刊》第二百三十七期,民国二十五年二月十五日

(二)教职员管理

助教升级增薪办法

(1930 年 5 月 24 日)

(十九年五月廿四日校务会议第九次常会议决通过)

1.助教薪额最低为六十元,最高为一百六十元。初任助教者,不限支最低额薪给。

2.助教增薪以十元为一级。

3.助教增薪不以服务年限为标准,但服务每满二年至少须增一级,至一百六十元为限。

4.助教服务有特殊成绩者,每次加薪不限于一级。

5.助教任讲授功课在一年以上而成绩优良者,得由科系主任推荐,经院长同意升为讲师。

《国立浙江大学校刊》第十五期,民国十九年五月二十四日

浙大校长教职员将宣誓

(1930 年 9 月 12 日)

国立浙江大学定本月十五日上午九时举行成立三周纪念,校长邵裴子同时补行宣誓。大学各学院、农场及秘书处全体教职员亦同时举行宣誓云。

《新闻报》民国十九年九月十二日

教职员人数统计表(十八年度)①

(1930 年 11 月 8 日)

一、教员

项别		副教授	讲师	助教	教员	助理	合计	
文理学院	主任	9					9	28
	专任	5	2	7			14	
	兼任		5				5	
工学院	主任	7	1				8	79
	专任	21	1	15	21		58	
	兼任	3	3	7			13	
农学院	主任	7	1				8	67
	专任	7	17	1	4	8	37	
	兼任	8	8		6		22	
合计	主任	23	2				25	174
	专任	33	20	23	25	8	109	
	兼任	11	16	7	6		40	
	总	67	38	30	31	8	174	

二、职员

项别	秘书处	院长	秘书	各部										合计
				事务	财务	文书	教务	训育	图书	仪器标本	校医	农工林场	其他	
秘书处	1		1	6	2	10								20
文理学院		1	1	2	3	5	4		4					20
工学院		1	1	8	4	6	3	5	6	1	3	7	3	48
农学院		2	2*	6	4	15	8	2	2	2	2	33		78
合计	1	4	5	22	13	36	15	7	12	3	5	40	3	166

全校教职员总计三百十五人。

说明：

1.本表职员 166 人中,内有 25 人系由教员所兼任,故教职员总计实数为 315 人。

2.本表教职员系大学及附设高中两部全体合计者。

---

① 本文中表格系由编者据原表改制。

3.秘书处注册、编辑、出版、统计、办稿等职,均并计于文书一部。工农两学院之技术员及助理员等职,均并计于工农林场部。

4.有 * 记号者系指其中有数员由教员兼任者。

《国立浙江大学校刊》第三十期,民国十九年十一月八日

国立浙江大学教职员人数统计表（二十年度）
（1931 年 12 月 5 日）

项别	校长	秘书处						文理学院						工学院						农学院						合计						总计
		专任		兼任		互兼		专任		兼任		互兼		专任		兼任		互兼		专任		兼任		互兼		专任		兼任		互兼		
		男	女	男	女	男	女	男	女	男	女	男	女	男	女	男	女	男	女	男	女	男	女	男	女	男	女	男	女	男	女	
校长	1																									1						1
秘书长		1																								1						1
秘书兼主任		2																								2						2
院长								1				1		1						1						3				1		4
学制主任												6						3						5						14		14
行政主任														4				3		4				1		8				4		12
场主任																								4						4		4
职员 秘书								1												1						2						2
处员		5																								5						5
教务员								4						2						3						9						9
训育员								1						2	1					3						6	1					7
事务员		3						11						19	4					23	1					56	5					63
技术员																				16				11		16				11		27
工场管理员														16										2		16				2		18
技术助手								4												3	8					7	8					15

续　表

项别	校长	秘书处专任男	秘书处专任女	秘书处兼任男	秘书处兼任女	秘书处互兼男	秘书处互兼女	文理学院专任男	文理学院专任女	文理学院兼任男	文理学院兼任女	文理学院互兼男	文理学院互兼女	工学院专任男	工学院专任女	工学院兼任男	工学院兼任女	工学院互兼男	工学院互兼女	农学院专任男	农学院专任女	农学院兼任男	农学院兼任女	农学院互兼男	农学院互兼女	合计专任男	合计专任女	合计兼任男	合计兼任女	合计互兼男	合计互兼女	总计
校长	1																															
职员　书记		2	1					3						2						8						15	1					16
职员　院医								2						3						2	1					7	1					8
职员　计		13	1					26					7	50	5				10	64	10				21	154	16				38	208
教员　副教授								18	1					26		4				14						58	1	4				63
教员　讲师								4		7				1		3	1									5		10	1			16
教员　助教								15	1					11					11	1						27	1				11	39
教员　教员								1												14		4			2	15		4			2	21
教员　军训教官																				5						5						5
教员　高中教员														22					20	4		6			20	26		6			40	72
教员　计								38	2	7				62		8	1		31	36		10			22	136	2	25	1		53	216
总计		13	1					64	2	7			7	112	5	8	1		41	100	10	10			43	290	18	25	1		91	424
实计	1	14						73						125						121						333						
百分计		4.20						21.92						37.54						36.34						100.00						

说明

1. 总计内有两职或两职以上由一人兼任者。

2. 实计系不计兼职之实在教职员人数。

3. 百分比系秘书处及三学院各部分教职员人数对全校教职员人数所占之百分数。

国立浙江大学教职员学历统计表(二十年度)
(1931 年 12 月 5 日)

项别				学历										
				博士	硕士	学士	国外研究	专门研究	高等毕业	专科毕业	中学毕业	其他	计	计
校长						1						1	1	1
职员	秘书处		专任			3		1		2	5	3	14	14
			互兼											
	文理学院		专任			5			3	2	9	7	26	33
			互兼	3	1	1	2						7	
	工学院		专任		1	6				14	26	8	55	65
			互兼	2	3	2	1				1	1	10	
	农学院	本部	专任			11			1	4	21	5	42	95
			互兼		1		4		1				6	
		各场	专任			10				3	15	4	32	
			互兼			5	6		3	1			15	
	合计		专任		1	36		1	4	25	76	27	170	208
			互兼	5	5	8	13		4	2	1		38	
教员	大学部	文理学院	专任	8	4	25	2					1	40	47
			兼任			6		1					7	
			互兼											
		工学院	专任	3	16	11	6			2		2	40	59
			兼任	1	2	3	2						8	
			互兼			3				4	4		11	
		农学院	专任		2	9	14		3	2		2	32	38
			兼任			4							4	
			互兼			2							2	
		计	专任	11	22	45	22		3	4		5	112	144
			兼任	1	2	13	2	1					19	
			互兼			5				4	4		13	

续　表

项别			博士	硕士	学士	国外研究	专门研究	高等毕业	专科毕业	中学毕业	其他	计	计
教员	高中部	高工 专任			15				5	1	1	22	
		高工 兼任											42
		高工 互兼		4	5	3			6	1	1	20	
		高农 专任			2			2				4	
		高农 兼任			5				1			6	30
		高农 互兼			12	2		4			2	20	
		计 专任			17			2	5	1	1	26	
		计 兼任			5				1			6	72
		计 互兼		4	17	5		4	6	1	3	40	
	合计	专任	11	22	62	22		5	9	1	6	138	
		兼任	1	2	18	2	1		1			25	216
		互兼		4	22	5		4	10	5	3	53	
总计		专任	11	23	98	22	1	9	34	77	33	308	
		兼任	1	2	18	2	1		1			25	424
		互兼	5	9	30	18		8	12	6	3	91	
实计			12	25	116	24	2	9	35	77	33	333	333
百分比			3.60	7.50	34.83	7.27	.60	2.70	10.50	23.10	9.90	100.00	

《国立浙江大学校刊》第七十五期，民国二十年十二月五日

国立浙江大学教职员年龄统计表（二十年度）

（1931 年 12 月 5 日）

项别			20—24	25—29	30—34	35—39	40—44	45—49	50—54	55—59	计	计
校长								1			1	1
职员	秘书处	专任	1	4	1	4		2	1	1	14	14
		互兼										
	文理学院	专任	6	4	5	2	3	2	2	2	26	33
		互兼		2		5					7	

续　表

项别			年龄									计	
			20—24	25—29	30—34	35—39	40—44	45—49	50—54	55—59	计	
职员	工学院		专任	6	14	14	9	7	3	1	1	55	65
			互兼	1		6	2		1			10	
	农学院	本部	专任	5	15	7	3	7	3	2		42	95
			互兼			1	3		2			6	
		各场	专任	14	9	7		1	1			32	
			互兼		1	6	5	1	2			15	
	合计		专任	32	46	34	18	18	12	6	4	170	208
			互兼	1	3	13	15	1	5			38	
教员	大学部	文理学院	专任	7	15	9	9					40	47
			兼任		2	3	1		1			7	
			互兼										
		工学院	专任	1	11	18	5	3	1	1		40	59
			兼任		1	5	2					8	
			互兼		6	4	1					11	
		农学院	专任		4	14	9	2	3			32	38
			兼任		1	1	1		1			4	
			互兼			1			1			2	
		计	专任	8	30	41	23	5	4	1		112	144
			兼任		4	9	4		2			19	
			互兼		6	5	1		1			13	
	高中部	高工	专任	1	6	9	3		3			22	42
			兼任										
			互兼		8	8	3	1				20	
		高农	专任		1	1	1		1			4	30
			兼任		4	2						6	
			互兼		6	8	2	2	2			20	
		计	专任	1	7	10	4		4			26	72
			兼任		4	2						6	
			互兼		14	16	5	3	2			40	

续　表

项别			年龄									
			20—24	25—29	30—34	35—39	40—44	45—49	50—54	55—59	计	
教员	合计	专任	9	37	51	27	5	8	1		138	
		兼任		8	11	4		2			25	216
		互兼		20	21	6	3	3			53	
总计		专任	41	83	85	45	23	20	7	4	308	
		兼任		8	11	4		2			25	424
		互兼	1	23	34	21	4	8			91	
实计			41	91	96	49	23	22	7	4	333	333
百分比			12.31	27.33	28.83	14.71	6.91	6.61	2.10	1.20	100.00	

《国立浙江大学校刊》第七十五期，民国二十年十二月五日

国立浙江大学教职员籍贯统计表（二十年度）

（1931 年 12 月 5 日）

项别			籍贯																
			浙江	江苏	江西	湖南	安徽	福建	河北	广东	湖北	河南	广西	山西	四川	云南	法国	美国	计	
校长			1																1	1
职员	秘书处	专任	10	2		1		1											14	14
		互兼																		
	文理学院	专任	19	3							2			2					26	33
		互兼	5	2															7	
	工学院	专任	40	12		1			1		1								55	65
		互兼	3	6			1												10	
	农学院 本部	专任	33	5	3				1										42	95
		互兼	3		1						1	1							6	
	农学院 各场	专任	24	6			1	1											32	
		互兼	10	2			1				1					1			15	
	合计	专任	127	28	3	2	1	2	2		3			2					170	208
		互兼	21	10	1		2				2	1				1			38	

续　表

项别			籍贯																计	
			浙江	江苏	江西	湖南	安徽	福建	河北	广东	湖北	河南	广西	山西	四川	云南	法国	美国		
教员	大学部	文理学院 专任	20	9	1	2	1	2	1	1		1	1					1	40	47
		文理学院 兼任	4	1			1										1		7	
		文理学院 互兼																		
		工学院 专任	11	17	3		3	1	2	1			1		1				40	59
		工学院 兼任	3	4		1													8	
		工学院 互兼	10	1															11	
		农学院 专任	15	8		3	1			2		1			2				32	38
		农学院 兼任	3	1															4	
		农学院 互兼	2																2	
		计 专任	46	34	4	5	5	3	3	4		2	2		2	1		1	112	144
		计 兼任	10	6		1	1										1		19	
		计 互兼	12	1															13	
	高中部	高工 专任	14	6	1							1							22	42
		高工 兼任																		
		高工 互兼	10	5	1		1	1	2										20	
		高农 专任	3	1															4	30
		高农 兼任	6																6	
		高农 互兼	10	3	1	3	2			1									20	
		计 专任	17	7	1							1							26	72
		计 兼任	6																6	
		计 互兼	20	8	2	3	3	1	2	1									40	
	合计	专任	63	41	5	5	5	3	3	4		3	2		2	1			138	216
		兼任	16	6		1	1										1		25	
		互兼	32	9	2	3	3	1	2	1									53	
总计		专任	190	69	8	7	6	5	5	4	3	3	2	2	2	1			308	424
		兼任	16	6		1	1										1		25	
		互兼	53	19	2	4	5	1	2	3		1			1				91	
实计			206	75	8	8	7	5	5	4	3	3	2	2	2	1	1	1	333	333
百分比			61.86	22.52	2.40	2.40	2.10	1.50	1.50	1.20	0.91	0.91	0.6	0.6	0.6	0.3	0.3	0.3	100	

《国立浙江大学校刊》第七十五期，民国二十年十二月五日

国立浙江大学教职员薪修统计表(二十年度)

(1931 年 12 月 5 日)

项别				薪修									计
				不支薪	50以下	51—100	101—150	151—200	201—250	251—300	301—350	351以上	计	
校长												1	1	1
职员	秘书处		专任		3	3	4	1	1	1		1	14	14
			互兼											
	文理学院		专任	1	13	9	3						26	33
			互兼	7									7	
	工学院		专任		25	22	5	2				1	55	65
			互兼	9	1								10	
	农学院	本部	专任		21	13	4	3				1	42	95
			互兼	6									6	
		各场	专任		31	1							32	
			互兼	15									15	
	合计		专任	1	93	48	16	6	1	1		4	170	208
			互兼	37	1								38	
教员	大学部	文理学院	专任	1		14	1	5	1	11	7		40	47
			兼任		2	4	1						7	
			互兼											
		工学院	专任		1	9	2	4	4	12	7	1	40	59
			兼任		3	4	1						8	
			互兼	11									11	
		农学院	专任			3	2	3	7	8	8	1	32	38
			兼任		1	2	1						4	
			互兼	2									2	
		计	专任	1	4	25	6	16	13	31	15	1	112	144
			兼任		6	10	3						19	
			互兼	13									13	

续　表

项别			薪修									计
			不支薪	50以下	51—100	101—150	151—200	201—250	251—300	301—350	351以上	
教员	高中部	高工 专任		2	9	10	1					22
		高工 兼任										42
		高工 互兼	20									20
		高农 专任			2	2						4
		高农 兼任		4		2						6 30
		高农 互兼	20									20
		计 专任		2	11	12	1					26
		计 兼任		4		2						6 72
		计 互兼	40									40
	合计	专任	1	6	36	18	17	13	31	15	1	138
		兼任		10	10	5						25 216
		互兼	53									53
	总计	专任	2	99	84	34	23	14	32	15	5	308
		兼任		10	10	5						25 424
		互兼	90	1								91
	实计		2	109	94	39	23	14	32	15	5	333 333
	百分比		0.6	32.73	28.24	11.7	6.9	4.2	9.61	4.52	1.5	100

《国立浙江大学校刊》第七十五期,民国二十年十二月五日

呈教育部

(1932 年 3 月 28 日)

　　窃本大学前秘书长兼文理学院国文副教授兼中国文学系主任刘大白,于本年二月十三日,因积劳病故。查刘故秘书长于十六年八月本大学成立时任职,至十八年八月任钧部常务次长时退职,其兼任之本大学文理学院教职国文系主任则至十九年一月始行解聘,计在本大学任事两年有六月。当任秘书长职之始,本大学□□初创。因时浙省试行大学区制,本大学又属初创,本大学一面综理浙省教育行政职权,一面筹画校务进行,千绪万端,日不暇给。而刘故秘书长襄助蒋前校长擘画一切,竭尽智虑,倍极勤劳。至十七年八月本大学文理学院开办,又义务兼任该院教职,又受〈聘任〉中国文系主任,案牍之外更□教课两年半间,心力交瘁,而未尝〈有〉一时期之休养,积劳成疾,此其始因,卒以不起。解职后虽经多方调治,殊无

特效,至去冬病乃转剧,终至百药罔效,沉疴不起,曷胜悼惜。查刘故秘书长身后异常萧条,所遗一子四女,尚分别在中小学肄业,教养所需,皆无所出,急待集款救济。本大学追念刘故秘书长在职时之竭尽心力,终以积劳而种疾,同时兼义务担任中国文学系主任、文理学院教职,且尚未受薪脩,达一年又半之久,实非寻常劳绩可比。本大学允准特予抚恤,用酬前功,兼其遗孤待养待教之需,情形至堪怜悯。拟由本大学在本年度预备费项下动支该项抚恤费银一千元,聊赏抚恤,是否可行? 理合备文,呈请钧部仰祈鉴核令遵,实为公便。谨呈
教育部长朱

衔校长邵〇〇〇
中华民国 年 月 日
国立浙江大学印

浙江大学档案馆藏 L053-001-2667

教育部指令
(1932 年 4 月 7 日)

令国立浙江大学:

呈一件。呈为刘故秘书长大白积劳种疾,兼任教职时有未受之薪。拟在本年度预备费项下动支银一千元,以资抚恤,请核示由。呈悉。所请应予照准。

此令。

朱家骅
中华民国二十一年四月七日

浙江大学档案馆藏 L053-001-2667

国立浙江大学聘任教员规则
(1932 年 6 月 4 日)

(二十一年五月十九日修正,五月二十五日校务会议第十七次常会通过)

一、国立浙江大学各学院教员由大学校长主聘,授课学院之院长副署。

二、各学院教员由大学致送聘书。

三、应聘教员应于接到聘书后两星期内寄送应聘书,教员聘约自大学接到应聘书时始即为确定。

四、国立浙江大学教员以专任为原则,但各学院于必要或便利时,得聘任兼任教员。

五、国立浙江大学专任及兼任教员在聘任期内,对于大学或各学院所委托之任务,均有担任之责任。

六、专任教员不得兼任本大学以外各事务,但受中央及本省政府委任为某种调查研究或

设计,由院长陈请校长特许者,不在此限。

七、兼任教员之薪俸,由致聘之学院依其资格及所任教程之性质时数定之。

八、各学院专任教员之薪俸,每年按十二个月致送;兼任教员每年按十个月致送,一月、七月各送半个月,八月不送,余月照送。

九、专任教员授课时间,以每周十二小时至十五小时为率,但因特别原因,学校得减少某一教员授课之时数;指导实验时数,视讲演时数折半计算;兼任教员授课时数,平常以每周不过十小时为限。

十、教员请假,依照本大学教员请假代课及补课办法办理。

十一、教员聘任期间,由各学院决定之;双方同意时,期满得续约,续约次数无限制。

十二、续约由授课学院之院长于约满两个月前通知关系之教员,其致送聘约之手续,与初聘时同。

十三、聘约未满以前,教员非因疾病不能任事,不得辞职。

十四、聘约未满以前,学校对于教员,非因下列原因,不得解约:

(一)因政治或法令上之关系,有不能任其继续在职之理由者;

(二)因学校名誉上之关系,有不能任其继续在职之理由者;

(三)教员对于学校有危险之行为者;

(四)不照约担任职务者;

(五)不能称职者。

学校因上列(一)(二)(三)(四)四种原因,得随时解除教员聘约,但因第五种原因之解约,须于学期终了时行之。

《国立浙江大学校刊》第九十五期,民国二十一年六月四日

国立浙江大学教员请假代课及补课办法

(1932 年 6 月 25 日)

(二十一年五月二十五日校务会议第十七次常会通过)

第一条　教员请假在一星期内者,除因临时发生事故外,须于请假前一日通知本院教务处或注册部。

请假在一星期内者,其缺授之课程于课内补授或另定时间补授,由教员自行酌定;但全学期缺授课程总时数逾所任课程总时数十分之一者,仍须另定时间补授。

第二条　请假在一星期以上者,须先得本院院长同意,并商定补课办法。

第三条　请假在一月以上者,须请定代课人商得院长同意,但代课期不得逾两个月。代课人之薪金不得在学校另行开支,但女教员产期得休息两个月,其代课人之薪金由学校支付。

第四条　凡未照前列各条手续请假而缺课者,院长得为适当之处置。

第五条　本办法经校长核准施行。

《国立浙江大学校刊》第九十八期,民国二十一年六月二十五日

秘书处公函

(1932 年 8 月 8 日)

径启者：

奉校长谕：查本校秘书处改组业已就绪。关于各院原有职员未经继续任用者，应自八月一日解职。除分函外，相应函请查照为荷。此致
文理、农院

秘书长〇〇〇启

〈二十一年〉八月八日

浙江大学档案馆藏 L053-001-2578

国立浙江大学职员服务通则

(1932 年 9 月 3 日)

第一条　本通则凡本大学秘书处及各院职员均应遵守。

第二条　每日办公时间，上午八时至十二时，下午二时至五时；但寒暑假期内，得由校长核定，酌量变更。

第三条　每星期一纪念周，职员均须出席。

第四条　秘书处及各院应各备考勤簿，职员到校办公应在簿上签名，上下午各一次。

第五条　每日上午九时，下午三时，处院主管者，在考勤簿上签阅字。逾此时间始签名者，应作为迟到，并须在备考栏中书明理由。

第六条　每月月初，应将考勤簿，汇送校长室复核。

第七条　职员因事或因病请假者，秘书长及各院长应向校长请假；其余处院职员向秘书长及院长请假并报告校长。但课员、助理员请假，并须经该管主任之许可。

第八条　职员请假，须填请假书请核准后，始得离校，续假时亦须以书面通知。

第九条　职员请假须托同人代理，或由该管主任派人代理，但自行托人代者，须得该管主任之同意。

第十条　职员事假，每年总时不得逾二周，病假不得逾一月，逾限应按日扣薪。但因特别事故，经校长特许者，不在此限。

第十一条　职员非经校长特许，不得在校外兼职。

第十二条　职员得因主管主任之陈请，调至他处院办公或兼任他职务。

第十三条　例假及放假日处院应派人轮值。

第十四条　本通则由校长核准施行，若有未尽事宜，得随时由秘书长陈请校长酌核修正之。

《国立浙江大学校刊》第一百〇一期，民国二十一年九月三日

秘书处裁减职员

(1933 年 2 月 11 日)

程校长以本大学经费困难,行政费用不得不力图紧缩,故自本学期起秘书处各课职务较简人员均予停职,计文书课二人,注册课二人,会计课三人,出版课一人,缮写室一人。被裁各员之职务,则由各该课室人员分别兼任云。

《国立浙江大学校刊》第一百二十一期,民国二十二年二月十一日

注册课发表本大学教职员各项统计

(1934 年 5 月 19 日)

浙江大学全体教职员人数表

大学部教员		高中教员		职员	合计
教授	2	讲师	2	119(内教员六人兼职)	
副教授	65				
讲师	27	教员	31		
助教	44				
助理	2	助理	3		
共计	140	36		119	295

(教职员调查之一)

浙江大学全体男女教职员调查表

大学部教员			高中部教员			全体职员		
教授	男	2	讲师	男	2	男	109（内六人为教员兼职）	
	女							
副教授	男	63		女				
	女	2						
讲师	男	25	教员	男	31	女	10	
	女	2						
助教	男	43		女				
	女	1						
助理	男	2	助理	男	3			
	女			女				
共计	男	135	36			109		
	女	5				10		
合计		140	36			119		295

（教职员调查之二）

国立浙江大学全体教职员籍贯调查表

国别	中国														美国	德国	未详	合计
省别	浙江	江苏	福建	四川	江西	山西	河南	河北	安徽	广东	湖南	山东	贵州	云南				
大学教员	53	46	5	2	4	1	1	1	7	6	6	1			1	1	5	140
高中教员	18	9	2	1	2				4									36
全体职员	52	26	5	1	6			3	3	4	2	1	1	1			8	113
共计	123	81	12	4	12	1	1	4	14	10	8	2	1	1	1	1	13	289

（教职员调查之三）

《国立浙江大学校刊》第一百七十三期，民国二十三年五月十九日

注册课发表本大学教职员各项统计(续)
(1934 年 5 月 26 日)

国立浙江大学全校教职员年龄调查表[①]

年龄	大学部教员	高中部教员	全校职员	共计
16			1	1
17				
18				
19			2	2
20			2	2
21	1		2	3
22	3		2	5
23	2	5	4	11
24	8		6	14
25	9	4	6	19
26	3	3	12	18
27	8		5	13
28	6	3	9	18
29	8		6	14
30	15	1	5	21
31	5	3	4	12
32	11	1	5	17
33	13	1	6	20
34	8	4		12
35	3	2	3	8
36	3		6	9
37	5	1	3	9
38	4	2	2	8
39	2	1		3
40	2		1	3

① 本表系由编者据原表改制。

续　表

年龄	大学部教员	高中部教员	全校职员	共计
41	4	2	2	8
42	2		1	3
43	1		1	2
44	1		1	2
45	1		2	3
46			2	2
47	1			1
48	1			1
49			2	2
50	2			2
51		2		2
52				
53				
54				
55		1		1
56				
57				
58				
59			1	1
60			1	1
未详	8		8	16
共计	140	36	113	289

（教职员调查之四）

国立浙江大学全校教员学历调查表

		大学部					高中部			总计
教员	名称	教授	副教授	讲师	助教	助理	高农教员	高工教育	高工助理	
	人数	2	65	27	44	2	9	24	3	
学历	国内大学		1	16	37		9	21		78
	英		6							6
	美		43	1						44
	德		1							1
	法		6	2						8
	日	2	3	10				3		18
	外国教员		1	1						2
	其他		3	1	6	1			3	14
	未详		1	2	1	1				5
共计	国内大学		1	10	37		9	21		
	国外大学	2	60	14				3		
	其他		3	1	6	1			3	
	未详		1	2	1	1				
合计		2	65	27	44	2	9	24	3	
总计		140					36			176

（教职员调查之五）

《国立浙江大学校刊》第一百七十四期，民国二十三年五月二十六日

注册课公布国立浙江大学暨代办省立高工、高农全校教员统计表
(1934 年 6 月 9 日)

	类别	正教授	副教授	讲师	教员	助教	助理	共计	总计各院	总计全校
文理学院	外国文学系		5	1		2		8		
	教育系		5			2		7		
	数学系	2	2	1		3	1	9		140
	物理系		3	1		7		11		
	生物系		3	2		4		9		

续 表

	类别	正教授	副教授	讲师	教员	助教	助理	共计	总计各院	总计全校
文理学院	化学系		3			5		8		140
	公共必修学程		5	8				13		
	共计	2	26	13		23	1	65		
工学院	电机系		8			3		11		140
	化工系		4			4		8		
	土木系		6	1		2		9		
	机械系		4	2		5	1	12		
	共计		22	3		14	1	40		
农学院	各系		17	11		7				35
	共计		17	11		7		35		
代办高工	电机科				3		1			36
	土木科				3					
	机械科				4					
	染织科				2		2			
	国文				3					
	英文				3					
	数学				2					
	其他				4					
	共计				24		3	27		
代办高农	国文			1						
	森林			1						
	其他				7					
	共计			2	7			9		
总计		2	65	29	31	44	5			176

（二十二年度下学期）

《国立浙江大学校刊》第一百七十六期，民国二十三年六月九日

注册课发表教职员学历、籍贯统计(二十三年度)
(1934 年 12 月 1 日)

全校教职员学历调查表

		大学部					中学部			总计
教员	名称	教授	副教授	讲师	助教	助理	高工教员	高初农教员	助理员及其他	
	人数	2	76	20	60	1	24	9	2	
	国内大学		2	11	56		21	9		99
学历	英		5							5
	美		42							42
	德		1							1
	法		9	1						10
	日	2	4	7			3			16
	外国籍教员		1							1
	其他		3						2	5
	未详		9	1	4	1				15
共计	国内大学		2				21	9		
	国外大学		62				3			
	其他		3							
	未详		9							
合计		〈2〉	76	20	60	1	24	9	2	
总计		159					35			194

(二十三年度上学期)

全校教职员籍贯统计表

国别	省别	大学教员	中学及其他教员	全体职员	共计
国内	浙江	53	15	50	118
	江苏	55	10	26	91
	福建	7	2	2	11
	安徽	7	5	2	14
	湖南	6		9	15
	江西	4	2	3	9

续　表

国别	省别	大学教员	中学及其他教员	全体职员	共计
国内	广东	4		3	7
	四川	2	1	1	4
	山东	2		1	3
	广西	2			2
	山西	1			1
	河北	1		3	4
	河南	1		1	2
	辽宁	1			1
	云南			1	1
	贵州			1	1
德国		1			1
未详		12		3	15
合计		159	35	106	300

（二十三年度上学期）

《国立浙江大学校刊》第一百九十三期，民国二十三年十二月一日

本大学全校教职员统计表

(1935 年 12 月 7 日)

大学部	教授		副教授		讲师		助教		助理		其他教员		军训		共计		合计	总计
	男	女	男	女	男	女	男	女	男	女	男	女	主任	教官	男	女		
	3		69	3	21		62	7	1	1	1	1	1	4	162	12	174	

工职	教员				助理													
	男		女		男		女											
	(B)22		1												22	1	23	

农高职	男		女		男		女											
	(C)5														5		5	

农初职	男		女		男		女											
	5				1										6		6	

培育院	男		女		男		女											202
			(A)2												2		2	

全体职员	男				女													90
	78				12										78	12		

| 共计 | | | | | | | | | | | | | | | | | | 292 |

备注：
(A)培育院女二人，一人列入助教内，一人列入其他教员内。
(B)工职教员内三人，为大学部副教授兼任，已列入大学部教员内计算；内一人兼任大学部职员，已列入职员内计算
(C)农高职教员内一人为大学讲师，已列入大学部教员内算；一人兼大学部职员，已列入职员内计算。

（二十四年度第一学期）

《国立浙江大学校刊》第二百三十一期，民国二十四年十二月七日

注册课发布本大学教员人数统计

(1936 年 3 月 28 日)

类别	教授		副教授		兼任副教授		特约副教授		讲师		兼任讲师		军训		助教		兼任助教		助理		其他教员		共计		合计
	男	女	男	女	男	女	男	女	男	女	男	女	主任	教官	男	女	男	女	男	女	男	女	男	女	
外国文学系			5	2					1										1				6	3	9

续　表

类别	教授		副教授		兼任副教授		特约副教授		讲师		兼任讲师		军训		助教		兼任助教		助理		其他教员		共计		合计
	男	女	男	女	男	女	男	女	男	女	男	女	主任	教官	男	女	男	女	男	女	男	女	男	女	
教育系			6												2	1	1						9	1	10
培育院																						1		1	1
数学系	2		3						1						5								11		11
物理系			3		1										3	2							7	2	9
化学系			4						2						6	1							12	1	13
生物系			4						1						5								10		10
共计	2		25	2	1				5						21	4	1			1		1	55	8	63
电机系			4				1		1						6								12		12
化工系			4		1										6								11		11
土木系	1		5		1				1						3								11		11
机械系			4						3						5								12		12
共计	1		17		2		1		5						20								46		46
植物系			9						4						10	1							23	1	24
动物系			4						1						3	1							8	1	9
农社系			5												4								9		9
共计			18						5						17	2							40	2	42
公共学程			4				1		2		3											1	10	1	11
体育部			1						1						3	1			1				6	1	7
军训部													1	4									5		5
共计			5				1		3		3		1	4	3	1			1			1	21	2	23
总计	3		65	2	3		2		18		3		1	4	61	7	1		1	1		2	162	12	174

备注:副教授兼任高职教员者一人,兼任高职科主任三人;讲师兼任高职教员者三人;助教兼任高职教员者三十八人,兼任高职职务者一人。

《国立浙江大学校刊》第二百四十三期,民国二十五年三月二十八日

(三)教职员名录

二十三年度教员题名
(1934 年 9 月 15 日)

本大学二十三年度文理、工、农三学院各学系教授业经分别聘定,于六日正式上课。兹探得各学院、各学系教授名单,纪之如次:

学院	学系	职称	姓名
文理学院	外国语文学系	英文副教授兼系主任	熊正瑾
		副教授	陈逵 何汇莲 张继英 冯建维 俞素青
		讲师	施友忠
		兼任讲师	陆步青
		德文副教授	米协尔
	教育学系	副教授兼系主任	郑宗海
		副教授	黄翼 沈有乾 庄泽宣 俞子夷 胡寄南
	数学系	教授兼系主任	苏步青
		教授	陈建功
		副教授	朱叔麟 曾炯 钱宝琮
		讲师	毛信桂
	物理学系	副教授兼系主任	张绍忠
		副教授	束星北 何增禄 郑衍芬
		讲师	朱福炘
	化学系	副教授兼系主任	周厚复
		副教授	储润科
	生物学系	主任	郭任远(兼)
		副教授	贝时璋 许骧 范贇 陈炳相
		讲师	蒋天鹤
		兼任讲师	董聿茂
工学院	电机工程学系	副教授兼系主任	胡汝鼎
		副教授	杨耀德 沈秉鲁 王国松 毛启爽 朱缵祖
		特约副教授	沈嗣芳

续　表

工学院	化学工程学系	副教授兼系主任	李寿恒
		副教授	潘承圻　吴锦铨　陈承弼
	土木工程学系	副教授兼系主任	吴钟伟
		副教授	张谟实　徐南骀　黄中　余勇
		兼任副教授	周镇伦　刘崇汉
		讲师	陈仲和
	机械工程学系	副教授兼系主任	陈大燮
		副教授	殷文友　沈三多　钮因梁
		讲师兼高工教员	阮性咸　朱亮臣
农学院		土壤学副教授兼农业植物系主任	刘　和
		园艺副教授兼园艺组指导	程世抚
		森林副教授兼森林组指导	程复新
		农艺化学副教授兼农化组指导	黄瑞纶
		植物病理副教授兼植物组指导	陆大京
		昆虫学副教授兼农业动物系主任及昆虫组指导	周明牂
		蚕桑学副教授兼蚕业组指导	顾　銮
		畜牧副教授兼畜牧组指导	汪国兴
		农业社会学副教授兼农业社会系主任	王世颖
		园艺学副教授	钟俊麟
		农业经济副教授	彭师勤　冯紫岗
		植物病理副教授	陈鸿逵
		作物学副教授	萧　辅　彭先泽
		昆虫学副教授	柳支英
		蚕桑学副教授	夏觉民
		麦作兼任副教授	莫定森
		合作兼任副教授	陈仲明
		农业社会系讲师	徐曰琨
		蚕桑学讲师	张自方
		园艺学讲师	沙凤护
		森林学讲师	朱大猷

续　表

农学院	作物学讲师兼农场副主任	颜纶泽
	园艺学讲师兼园艺实验场管理	章文才
	日文兼任讲师	戎莪畦
大学公共科目教员	政治学副教授	费　巩
	史学副教授	鲁潼平
	国文副教授	徐蔚南
	哲学法文副教授	毛　起
	家事经济兼任副教授	何静安
	经济学兼任副教授	谢颂芳
	国文讲师	邵祖平
	史学讲师	苏毓棻
	党义兼任讲师	朱叔青

《国立浙江大学校刊》第一百八十二期,民国二十三年九月十五日

廿四年度上学期本大学教职员题名[①]

(1935 年 9 月 14 日)

廿四年度上学期本大学教职员略有更动。高级职员方面,除心理学副教授兼一年级副主任胡寄南先生因出长浙江省立民众教育实验学校,遗缺另聘化学副教授林一民先生继任并兼任军事管理处秘书外,其他并无更迭。兹将各院、各系、各校、各科主任及教员姓名,详志于后:

文理学院	外国语文学系	英文副教授兼系主任	陈嘉
		英文副教授	熊正瑾　陈迻　何汇莲　McAllister　俞素青
		英文讲师	施友忠
		德文副教授	米协尔
		德文助理	米协尔夫人

---

①　文中表格系由编者据原表改制。

续　表

文理学院	教育学系	副教授兼系主任	郑宗海
		副教授	黄翼　沈有乾　庄泽宣　俞子夷 胡寄南
		助教	杨衔锡　费景湖　陈学恂
		兼任助教	吴志尧
		培育院教师	戴芇初
	数学系	教授兼系主任	苏步青
		教授	陈建功
		副教授	朱叔麟　钱宝琮　曾炯
		讲师	毛信桂
		助教	方德植　冯乃谦　许国容　姜渭民 夏守岱
	物理学系	副教授兼代理系主任	闻诗
		副教授	张藕舫　谢子梅
		助教	徐昌权　任树德　杨明洁　羊锡康 孙德铨
	化学系	副教授兼系主任	周厚复
		副教授	储润科　于文蕃　李相杰
		讲师	张润庠　陈词虞
		助教	王以德　李世瑨　董若芬　吴浩青 钱志道　倪圣时　温端
	生物学系	副教授兼系主任	蔡堡
		副教授	贝时璋　许骧　范贲
		讲师	蒋天鹤
		助教	沈霁春　朱壬葆　王曰玮　吴长春 许承诗
工学院	电机 工程学系	主任	朱一成（兼）
		副教授兼高工电机科主任	沈秉鲁
		副教授	杨耀德　王国松　毛启爽
		特约副教授	沈嗣芳
		讲师	孙潮洲
		助教高工教员	程祖宪　沈善澄　丘伟　唐世博　高凌
		助教工场管理员	万诵震

工学院	化学工程学系	副教授兼系主任	李寿恒
		副教授	潘承圻　吴锦铨　林一民
		兼任副教授	王箴
		助教兼高工教员	王凤扬　臧尔康　张启元　沈博渊　蒋孙谷　施梅坊
		助教兼工场管理员	吴子耕
	土木工程学系	副教授兼代理系主任及高土木科主任	黄中
		教授	麦利奥特
		副教授	吴锦庆　张馨山　卢宾侯　唐凤图
		兼任副教授	周镇伦
		讲师	陈仲和
		助教兼高工教员	王文炜　徐仁烨　吴睿
	机械工程学系	副教授兼系主任及高工机械科主任	柴志明
		副教授	沈三多　张德庆
		讲师兼高工教员	阮性咸　朱亮臣　周元谷
		助教兼高工教员	杜清宇　纪士宽　钟兴锐　谢国栋
农学院	农业植物学系	主任	李德毅(兼)
		副教授兼农化组指导	刘和
		副教授兼园艺组指导	程世抚
		副教授兼森林组指导	程复新
		副教授兼植病组指导	陆大京
		副教授兼作物组指导	萧辅
		副教授	黄瑞纶　钟俊麟　陈鸿逵　彭先泽
		讲师	沙凤护　朱大猷
		讲师兼湘湖实验农场主任	孙章鼎
		讲师兼农场副主任	颜纶泽
		助教兼农业职业学校教员	王明远　钱树培　沈梓培　官熙光　杨致福　覃泽夏　孙贻谋　刘讽吾　金作栋　王松玉　杨新美

续　表

农学院	农业动物学系	副教授兼系主任	汪国兴
		副教授兼畜牧组指导	汪国兴（兼）
		副教授兼昆虫组指导	周明牂
		副教授兼蚕业组指导	顾荦〔䘵〕
		副教授	柳支英
		讲师	张自方
		助教兼农业职业学校教员	林郁　缪炎生　胡瑜　陈钟亮
	农业社会学系	副教授兼系主任	梁庆椿
		副教授	彭师勤　冯紫岗　徐日琨　王世颖（兼）
		兼任讲师	戎菽畦
		助教兼日文教员、农业职业学校教员	陈寿衡
		助教兼农业职业学校教员	刘端生　卞贻牟　郑厚博
公共科目教员		政治学副教授	费巩
		国文副教授	徐蔚南
		哲学及法文副教授	毛起
		副教授兼高工教员	顾谷宜
		家事经济兼任副教授	何静安
		史学讲师	苏毓棻
		党义兼任讲师	朱叔青
		国文兼任讲师	陈大慈
		讲师兼高工教员	曾钦英
		音乐教员	王政声
代办浙江省立高级工业职业学校		电机科教员	姚卓文　徐开源
		机械科教员	龚洪年　陈熹
		土木科教员	郭会邦　吴承祺
		染织科主任	陈庆堂
		教员	陈君石　曹泳川
		国文兼党义教员	方志超
		英文教员	严济宽　俞雍衡　徐民谋　张儒秀
		数学教员	虞叔芳　廖念怡
		化学教员	乔守为

续　表

代办浙江省立 高级农业职业学校	农艺教员	杨逸农　顾辛汉
	森林教员	孙羲
	园艺教员	章文麟
	国文教员	周惕
初级农艺班	主任教员	冯慰农
	教员	刘家驹　黄永枢
	助理	汪廷礼

附注：

1.高工、高农之教员，其由大学讲师或助教兼任者，不另列入；

2.高工教员兼教高农功课者，亦不另分列。

《国立浙江大学校刊》第二百一十九期，民国二十四年九月十四日

四、学生

（一）学生管理

浙江大学整顿学风之通令
（1929 年 4 月 3 日）

浙江大学对于各县有整顿学风之通令，注意严格训练校纪如军，各学生受国家培养之深，分父兄血汗之余利，为他日作社会之中心，谋人类之幸福，青年责任，宜怀古人思不出位之戒，遵总理努力学问之训，率循校则，务能学风不变，蔚成良模等云。

《福建教育周刊》第二十二期，民国十八年四月三日

国立浙江大学工学院学则
（1930 年 1 月）

第一章 总纲

第一条 本院以研究工业上之高深学术养成专门人才为宗旨。

第二条 本院现分电机工程、化学工程、土木工程三科，其修业时间为四学年，本院暂设大学预科，修业时间为一学年。

第二章 学年、学期及休假时间

第三条 本院以秋季始业时为第一学年之开始，并以八月起至翌年一月为第一学期，翌年二月起至七月为第二学期。

第四条 休假日期依学历所定。

第三章 入学、在学、休学、退学

第五条 每学年秋季始业时为新生入学之期。

第六条 凡高中毕业年在十八岁以上二十四岁以下身体健全、品行端正者，得投考本科一年级，其考试科目如左：

体格检查 党义 国文 英文 高等代数 三角 解析几何 物理 化学 口试

第七条 高中毕业之应考新生，自审学力不及，或系高中文科、师范科毕业，暨本院以前附设之高级工科职业学校毕业，或旧制中学毕业者均得投考大学预科，其考试科目如左：

体格检查 党义 国文 英文 代数 几何 三角 物理 化学 口试

第八条 本院除最后一学年外，得于每学期开始时，斟酌情形招收本科插班生。

第九条　愿受本院入学考试者,应缴毕业证书,及最近四寸半身照片一张,试验费二元,试验费无论录取与否,概不发还。

第十条　录取诸生应填入学愿书,并邀同保证人填具保证书各一通。愿书及保证书式样另行规定。

第十一条　保证人须在杭州市确有职业,经本院认可对于学生在校一切均可担保者,如保证人住所有改变时应由该生通知本院。

第十二条　学生有不得已事故,必须退学者,须邀同保证人陈请本院核准。

第十三条　每学期自开学之日起经一个月后尚不来院受课,并不具函请假者,以退学论。

第四章　考试、升级、毕业

第十四条　考试分平时考试、学期试考二种,平时问答及月考由各教授各自记录其成绩而平均之,为平时分数,以其分数二乘之,加入学期考试分数再以三除之,作为学期分数。合两学期分数平均之,作为学年分数。合各学年分数,以学年数除之,作为毕业分数。

第十五条　每学科分数以百分为满点,六十分为及格。

第十六条　凡因特别事故,不及参与各种考试,事先陈经教务主任准许,或患病经医生证明确实者,均得请求补考,如每学科之学期分数不及格,而在五十分以上者,亦得请求补考一次。凡补考及格其分数概为六十分。

第十七条　一学科之缺席时数如超过该科一学期内授课总时数三分之一,即停止该学科之考试。

第十八条　本院采用学分制,视自修、复习之繁简定各学科学分之多寡,每一学期除军训、党义、晨操外,至多学习二十一学分,至少须习十五学分。

第十九条　任何一学期中所习学分如有五分之二以上不满四十分,或五分之三以上不满五十分者,均令退学。

第二十条　除军事训练、党义、晨操三项学分外,本科一年级生必修满三十学分后升入二年级,修满六十八学分后升入三年级,修满一百零八学分后升入四年级,修满一百四十六学分为毕业,给予毕业证书。预科以修满三十六学分为毕业。凡必修科目在第七章内规定之。

第五章　奖励儆戒

第二十一条　凡学行俱优者,分别给予奖励。其奖励办法另定之。

第二十二条　除学业成绩不良,依第十九条所定令其退学者外,若犯有过失或已经训诲警告仍不悛改者依情节之轻重施以下列之惩戒:

(一)记过;

(二)退舍;

(三)退学;

(四)开除学籍。

第六章 纳费

第二十三条 每学期学费十二元,膳杂、讲义、制服等费临时酌定,每学期开学之始必须缴清方准入院。

第七章 学程大纲

第二十四条 各科学程分订如下:

大学预科课程表

学程	学程号数	学分		每周时数		先修学程
		上学期	下学期	上学期	下学期	
国文	国1	2		4		
国文	国2		2		4	国1
英文	英1	3		5		
英文	英2		3		5	英1
物理	理1	4		4		
物理	理2		4		4	理1
高等代数	数1	3		3		
同上	数2		3		3	数1
解析几何	数3	3		3		
同上	数4		3		3	数3
无机化学	201	3		3		
同上	202		3		3	201
总计		18	18	22	22	

大学本科第一学年课程表(各科同)

学程	学程号数	学分		每周时数		先修学程
		下学期	上学期	下学期	上学期	
国文	国3、4	1	1	2	2	国1、2或同等程度
英文	英3、4	2	2	3	3	英1、2
物理	理3、5	3	3	3	3	理2
物理实习	理4、6	1	1	3	3	理(3)(5)
无机化学	203、204	4	4	5	5	201—202
无机实习	205、206	1	1	3	3	(203)(204)
微积分	数5、6	4	4	4	4	数3、4

续 表

学程	学程号数	学分 下学期	学分 上学期	每周时数 下学期	每周时数 上学期	先修学程
投影几何	图4、5	1	1	3	3	
机械画	图1、2	1	1	3	3	
木铸工	机1	1		3		
锻金工	机2		1		3	机1
党义	政1、2	1	1	1	1	
军事训练	军1、2	1½	1½	3	3	
总计		21½	21½	36	36	

括号表明可先读或同读

大学土木工程科第二学年课程表

学程	学程号数	学分 上学期	学分 下学期	每周时数 上学期	每周时数 下学期	先修学程
英文	英5	2		3		英4
物理	理7	3		3		理4,理6
物理实习	理8	1		3		理4,理6(理7)
应用力学	力1	4		4		理3,理6
最小二乘方	数8	2		2		数6
机械运动	力6	2		2		理3,图2
平面测量	101	2		3		(104)
测量实习	104	2		6		(101)
平面及水流测量	102		2		3	(105)101
测量实习	105		1		3	(102)104
大地测量(附天文学)	103		2		2	101
材料强弱	力4		4		4	力1
建筑材料	191		1		2	(力4)
图形力学	121		1		3	力1
地质学	171		2		3	
水力学	131		3		3	力1
德文	德1		2		3	
经济原理	经1		1		2	

续 表

学程	学程号数	学分		每周时数		先修学程
		上学期	下学期	上学期	下学期	
党义	政 3、4	1	1	1	1	政 2、3
军事训练	军 3、4	1½	1½	3	3	军 2、3
总计		20½	21½	33	32	

大学土木工程科第三学年课程表

学程	学程号数	学分		每周时数		先修学程
		上学期	下学期	上学期	下学期	
结构原理	122	4		4		力 4
屋架计划	124	1		3		力 4
铁道测量及土工学	141	2		2		(142)101
铁道测量实习及土工计算	142	1		3		104 (141)
水力实验	132	1		3		131
钢筋混凝土学	161	3		3		力 4
材料试验	力 11、12	1	1	3	3	191,力 4
热机关	机 11	3		3		理 4
德文	德 2、3	2	2	3	3	德 1、2
工场管理	经 21		1		2	经 1
土石结构及基础学	172		2		3	力 4
道路学	151		2		3	101
钢桥计划	125		3		6	122
电机大意	351		3		3	理 4,数 6
电机实习	352		1		3	(351)
铁道建筑	143		2		3	141
钢筋混凝土计划	162		1		3	161
簿计	经 2	1		2		经 1
总计		19	18	26	32	
野外测量	四	星期				

大学土木工程科第四学年课程表

学程	学程号数	学分		每周授课或实习时数		先修学程
		上学期	下学期	上学期	下学期	
河海工程学	134	3		4		131
沟渠学	136	2		3		151
钢桥计划	126	3		6		122
钢筋混凝土计划	163	3		6		161
工程合同及规程	经3	2		2	2	四年级读
给水工程	135		2		3	131
水工计划	133	3		6		161 131
杂志报告	183 184	1	1	1	1	四年级
房屋建筑学	192		2		3	191 124
选科		2	10	3	18	
总计		19	15	31	26	

土木工程科选科表

学程	学程号数	学分		每周授课或实习时数		先修学程
		上学期	下学期	上学期	下学期	
毕业论文	181—182	1	1			四年级
德文	德4	2		3		德3
铁道管理	经22	2		3		经1 143
高等结构	123	2		3		122
铁道经济	经11	2		3		经1 143
铁道运输学	145		1		2	143
灌溉学	140		2		3	131
水文学	139		2		3	131
市政管理	经23		1		1	经1 135,136
钢桥计划	127		3		6	122 126
钢筋混凝土计划	164		3		6	161

续　表

学程	学程号数	学分		每周授课或实习时数		先修学程
		上学期	下学期	上学期	下学期	
道路计划	152		1		3	141 151
水工计划	138		3		6	131 133
水力工程学	137		2		3	131
铁道计划	144		2		3	143
估计	经4		1		2	四年级

<h3 align="center">大学电机工程科第二学年课程表</h3>

学程	学程号数	学分		每周时数		先修学程
		上学期	下学期	上学期	下学期	
英文	英5	2		3		英4
物理	理7	3		3		理4、6
物理实习	理8	1		3		理4、6(7)
应用力学	力1	3		3		数6,理3
材料强弱	力3		3		3	力1
机械运动	力5		3		3	理3,图2
机械画	图3	1		3		图2
微分方程	数7	3		3		数6
电工演讲	371	1		1		二年级
电工原理	301	4		4		理4,数4
电工原理	302		6		6	301
电磁测验	311		1		3	理8、301
德文	德1		2		3	
金工实习	机3	1		3		机2
测量	101a		1		1	(104a)
测量实习	104a		1		3	(101a)
水力学	131a		2		3	力1
党义	政3、4	1	1	1	1	政2、3
军事训练	军3、4	1½	1½	3	3	军2、3
总计		21½	21½	30	29	

大学电机工程科第三学年课程表

学程	学程号数	学分		每周时数		先修学程
		上学期	下学期	上学期	下学期	
电工原理	303	6		6		302
电工原理	304		6		6	303
电工实习	312	2		4		302,(303)
电工实习	313		2		4	312,(304)
热力工程	机12	5		5		理4
热力工程	机13		5		5	机12
德文	德2	2		3		德1
工业德文	德3		2		3	德2
经济原理	经1	1		2		三年级
簿记	经2		1		2	经1
材料试验	力13	1		3		力3
机械设计	机21	2		3		力3、5
原动实习	机14		1		3	机12,(13)
选科			2		3	
总计		19	19	26	26	

大学电机工程科第四学年课程表

学程	学程号数	学分		每周时数		先修学程
		上学期	下学期	上学期	下学期	
电工原理	305	6		6		304
电工原理	306		6		6	305
电工实习	314	2		4		304、313,(305)
专门报告	383	1		1		四年级
专门报告	384		1		1	383
工场管理	经21	1		2		经1
选科		6	9	9	12	
总计		16	16	22	19	

电机工程科选科表（一）

学程	学程号数	学分		每周时数		先修学程
		上学期	下学期	上学期	下学期	
电报	321		1		2	302
电话	322	2		3		304
无线电	323	3		4		304
无线电	324		3		3	323
无线电实习	325	1		3		304,（323）
无线电实习	326		1		3	323、325,（324）
电力铁道	331	2		3		304
电光学	332		1		2	理7、302
电池学	333		1		2	302
应用电学	334		2		3	305
电机设计	341		3		5	303
电机设计	342		3		4	341、305
发电所设计	343		3		5	305

电机工程科选科表（二）

学程	学程号数	学分		每周时数		先修学程
		上学期	下学期	上学期	下学期	
高等电工学	361		4		4	305
毕业论文	381、382					四年级
汽轮机	机15		2		3	机13
内燃机	机16		2		3	机12,（13）
原动厂设计	机23	3		4		机13
机械设计	机22		2		3	机21
理论磁电	理9	2		3		理7,数7
磁电论	理10		2		3	理9
高等电工数学	数9	2		3		数7
德文	德4	2		3		德3
土木工程大要	128		2		3	三年级
建筑材料	191		1		2	力3

大学化学工程科第二学年课程表

学程	学程号数	学分		每周时数		先修学程
		上学期	下学期	上学期	下学期	
英文	英5	2		3		英4
物理	理7	3		3		理4、6
物理实习	理8	1		3		理4、6、(7)
应用力学	力1	3		3		理3,数6
机械运动	力5		3		3	理3,图2
材料强弱	力3		3		3	力1
德文	德1		2		3	
定性分析	221	2		2		204、206
定性实习	221	2		6		204、206
高等无机化学	207	2		3		204、206
定量分析	222		1		1	221
定量实习	222		2		6	221
有机化学	221—212	3	3	3	3	204、206
有机实习	213—214	1	3	3	9	204、206
矿物	261		1		2	204、206
矿物实习	261		1		2	204、206
党义	政3、4	1	1	1	1	政2、3
军事训练	军3、4	1½	1½	3	3	军2、3
总计		21½	21½	33	36	

大学化学工程科第三学年课程表

学程	学程号数	学分		每周时数		先修学程
		上学期	下学期	上学期	下学期	
德文	德2、3	2	2	3	3	德1、2
物理化学	231—232	3	3	3	3	212,214,222,力6,理8
物化实习	233—234	1	1	3	3	(231—232)
高等分析	223	1		1		222
高等分析实习	223	2		6		222
工业化学	241—242	3	3	3	3	212、222
工化实习	243—244	1	1	3	3	214、222

续　表

学程	学程号数	学分		每周时数		先修学程
		上学期	下学期	上学期	下学期	
杂志报告	283—284	1	1	1	1	三、四年级
工业分析	224		1		2	222
工业分析实习	224		1		3	222
经济原理			1		2	
热机关	机11	3		4		理4
选科			4		10	
总计		17	18	27	33	

大学化学工程科第四学年课程表

学程	学程号数	学分		每周时数		先修学程
		上学期	下学期	上学期	下学期	
化学工程原理	271—272	4	4	4	4	232,机11
杂志报告	282—286	1	1	1	1	四年级
选科		4	8	10	20	
论文	281—282	3	3	9	9	四年级
热力工程实习	机14	1		3		机11
电工大意	351	3		3		理4,数6
电工实习	352	1		3		(351)
工场管理	经21	1		2		经1
总计		18	16	35	34	

化学工程科选科表

学程	学程号数	学分		每周时数		先修学程
		上学期	下学期	上学期	下学期	
制纸	245		2		3	212
制纸实习	246		1		3	214、222
制革	247	2		3		212
制革实习	248	1		3		214、222
油脂	249	2		3		212
油脂实习	250		1		3	214、222

续　表

学程	学程号数	学分		每周时数		先修学程
		上学期	下学期	上学期	下学期	
染色	251—252	2	2	3	3	212
染色实习	253—254	1	1	3	3	214、222
燃料学	255	2		3		222、224
陶瓷工业	257		2		3	222
冶金	262	2		3		222
冶金	263		2		3	262
试金及高温测定	264		2		3	262
化工设计	273	1		2		272
高等有机	215	3		3		212、214
有机分析	216		2		4	212、214
高等物化	235	3		3		232、232
电气化学	236		3		3	232、232
化学史	291		1		2	四年级

第二十五条　凡上课一小时须有三小时之预备者,此种课程每星期上课一小时为一学分,图画工场实习各课实验等每星期上课一次为学分。

第二十六条　全体学生每晨须行晨操二十分钟,每学期作一学分,其详细规则另订之。

第八章　附则

第二十七条　本学则由校长核准施行,如有修改处得由本院院长呈请校长核示。

《国立浙江大学工学院学则》,民国十九年一月

国立浙江大学旁听生规则

(1930 年 2 月 22 日)

(十八年十一月二十七日第五次校务会议通过)

第一条　国立浙江大学各学院,依本规则之规定得酌收旁听生。

第二条　旁听生以在本大学所在地之法定机关有常任职务,经本机关具函证明,而其程度能与旁听之功课相衔接者为限。

第三条　旁听生不得改为正式生,并不给予学分及其他证明文件。

第四条　旁听生旁听之功课至多不得逾两学程。

第五条　旁听生除应用书籍概归自备外,应缴各费如左:

学费　每学期十二元

讲义费　每学程一元

实验费　每学程五元

前项讲义费及实验费,均于学期终了时照实在数目计算,盈还亏找;其旁听之学程,如不发讲义或无须实验者,分别免缴。本大学教职员旁听者免缴学费,但讲义实验各费,仍须照缴。

第六条　志愿旁听者,应填具旁听请求书连同最后学历之证明文件,服务机关之证函,及最近四寸半身照片,送交志愿旁听之各该学院教务处,经院长核准,并转商关系之教员许可后,由教务处通知缴费给证听讲。

第七条　志愿旁听者接到前条通知后,应即邀同居住杭州市有正当职业之保证人一人来院填具保证书,该旁听生入学以后,如发生经济或其他方面各种问题,均由保证人负责。

本大学教职员旁听者,不适用前项规定。

第八条　旁听生须遵守本大学及各本学院一切规则,如各本学院认为有妨碍时,得停止其旁听。

第九条　旁听生除旁听许可之学程随同实习及阅览图书外,不得享受本大学及各本学院为学生设备之一切便利。

第十条　旁听生不得以学生资格参加校院内外之一切活动。

第十一条　本规则由校务会议通过经校长核准施行。

旁听请求书

兹志愿旁听

贵大学　学院　学程,愿遵守

贵大学所订之旁听生规则,特将姓名等项开列如左:

姓名		别字		性别	
年龄		籍贯		通讯处	
学历					
现任职务					

旁听请求人(签名)(盖章)

中华民国　年 月 日

《国立浙江大学校刊》第一期,民国十九年二月二十二日

国立浙江大学学生制服帽章式样

(1930 年 2 月 22 日)

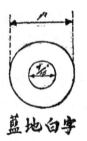

《国立浙江大学校刊》第一期,民国十九年二月二十二日

文理学院布告(一)

(1930 年 2 月 22 日)

查本学院上学期规定:公共必修科党义、军事训练及体育均不计学分,但成绩不及格者,仍不得毕业。现奉教育部令,军事训练二学年应给六学分,自应遵照,其体育及党义二种学程亦应照旧仍行给予学分。惟军事训练及体育分数不与其他学程分数平均计算,其学分数于计算列入五六两等之学分数,是否满半数或三分之一时,看《要览(十五)(2)》亦不列入。又前列三种学程,给予学分后,毕业学分总数亦应照改为一百四十二学分。除修正《要览》中关系各节,并经先于上学期结束前通告各生知照外,特此揭示,仰各知照。

此布。

《国立浙江大学校刊》第一期,民国十九年二月二十二日

文理学院布告(二)

(1930 年 2 月 22 日)

查本学院成绩考查向用等第,其平均成绩,别以绩点计算。兹以各方调查,多需分数,常费折算。经由院务会议第二次全议议决,一律改用分数。但仍照《要览》第十五章之规定,以六十分为及格,五十分至五十九分者应重考,重考及格者,概给六十分,其重考不及格及分数在五十分以下者,应重修。特此揭示,仰各知照。

此布。

文理学院布告（三）
（1930 年 2 月 22 日）

查本学院缺课考查办法，原载要览第十九章，兹经修正如下：

（一）一学期旷课满二十小时者，本学期不给学分；

（二）学期缺课（包括请假及旷课）共满一百小时者，本学期不给学分。

特此揭示，希各知照。

此布。

国立浙江大学文理学院学生转系规则
（1930 年 2 月 22 日）

（一）学生转系应视转入之学系与原学系是否同属一科，分别依甲、乙二项之规定办理之：

甲、学生欲转入同科之他学系者，以书面详陈理由，申请院长核夺，由院长与原学系转入学系之主任商定，分别准驳之；

乙、学生欲转入不同科之学系者，除应遵照甲项之规定办理外，并得由院长及转入学系主任商定，令其依照其转入之科所规定之入学试验科目补受前未受试各科试验，此项补试科目不及格者，仍不准转系。

（二）学生申请转系应于每年结束一个月前行之。

（三）学生因转系关系，不能于四年间修毕规定之各种课程者，应延长其毕业期间，以修毕规定之各种课程为度。

国立浙江大学农学院学生勉学办法
（1930 年 6 月 7 日）

一、勉学额由本院依据学生的请求及院内必要之工作酌定之。

二、补入勉学额须先有学生及家属申请书经本院审查，确系贫寒并适合下列两条件者：

1.学业成绩平均在八十分以上，操行列甲等者；

2.院中确有工作需人担任者。

三、工作时期由学校视学生工作成效及学业进退决定之。

四、工作时间每人每日至少二时至多四时,由学校依学生能力及工作性质决定之。

五、工作种类由学校依需要及学生能力决定之。

六、工作时应与其他职员守同一规律。

七、补助费每学期除未经熟练时外,至少二十四元(每月四元),至多一百三十二元(每月二十二元),由学校依工作之劳逸成绩及时间决定之。差别如后表。

八、勉学生因工作而致学术上、身体上发生退步时,即减少或停止其工作时间。

九、勉学生工作考查法另定之。

十、本办法经院长核定后呈请校长核准施行。

补助费差别表

每日工作	补助费标准	未经熟悉时期		已熟练时期								
				妥当		勤奋		能设法改进				
		1	2	1	2	3	4	5	6	7	8	9
二时	每月四元 每学期二四元	二元	三元	四元	五元	六元	七元	八元	九元	十元	十一元	十二元
				二四元	三〇元	三六元	四二元	四八元	五四元	六十元	六六元	七二元
三时	每月六元 每学期三六元	四元	五元	六元	七元	八元	九元	十元	十一元	十三元	十五元	十七元
				三六元	四二元	四八元	五四元	六十元	六六元	七八元	九〇元	一〇二元
四时	每月八元 每学期四八元	六元	七元	八元	九元	十元	十二元	十四元	十六元	十八元	二十元	二二元
				四八元	五四元	六十元	七二元	八四元	九六元	一〇八元	一二〇元	一三二元

《国立浙江大学校刊》第十五期,民国十九年六月七日

转学生转学手续

(1930 年 7 月 5 日)

志愿转学本大学者,应经程序去年已有成案。兹将原办法照录如下:

一、先声明志愿编入某院某科系之某年级,俟关系各学院查明该科系年级尚有缺额,始准报名。

二、报名时应与新生报名一律办理(必须呈验合格之高中或同等程度学校毕业证书),并须同时呈验合格之大学修业证书、成绩单及转学证书(转学证书得在入学时补缴,但无转学证书者虽经录取不得入学)。

三、志愿编级者,均须一律参加新生入学试验。入学试验及格者,始准参加编级试验。

四、编级试验以该生志愿编入之年级所已经修过之全部学程为范围,例如欲编入二年级

者,须考一年级全部学程。

五、志愿编级者,从前修过之学程在本大学非为必修者,无庸考试,亦不给学分。

六、编级试验及格之学分不及该年级规定应修学分之半数时,不得编级,但得入一年级修学。

七、编级试验于开学后行之。

《国立浙江大学校刊》第十九、二十期合刊,民国十九年七月五日

农学院学生成绩考查规则
(1931 年 1 月 24 日)

（十九年十二月九日院务会议修正通过）

第一条　每学期之试验分学期试验及临时试验两种。学期试验于学期终了时举行之,临时试验由教员按照学科性质随时于授课时间内酌量举行,但至少须每学期须举行临时试验一次。

第二条　各学科考试分数以百分为满点,八十分以上为甲等,七十分以上为乙等,六十分以上为丙等,不满六十分为丁等;在丙等以上为及格,丁等为不及格。

第三条　实习学科应注重练习及记载,由教员按照其实习之勤惰、技能及记载之优劣,评定其分数。

第四条　每学科学期分数之计算,以临时试验平均分数及学期试验分数各占二分之一;但因学科之性质有须注重某种试验者,该学科学对〔期〕分数,由教员自定比例评定之。至实习学科有不能举行试验者,以平时分数之平均分数作为学期分数。

第五条　每学科学期分数及格者,给予学分。

第六条　试验时除有重大事故、疾病准予请假者外,临考不到,不准补试。

第七条　学期试验缺席之补试及某学科学期分数不及格而在五十分以上者之补试,于下学期开课后一星期举行之。如届时确因疾病不能与考而准予请假者,于下学期学期试验前一星期举行补试。

第八条　临时试验之补试须得教员之允准,但无论缺试几次只准补试一次。

第九条　凡补试分数,照学则二十四条计算,须扣缺课分数时,须先扣分数后再行计分。

第十条　一学期内某学科缺课时间超过该学科全学期授课时间三分之一以上者,不得〈参〉与该学科学期考试;在三分之一以下者,其扣分方法如左表。旷课一小时作缺课二小时计。

第十一条　各学科学期分数之总平均分数不算入不及格学科之分数。

第十二条　一学期内不缺课者,加学期总平均分数三分;缺课不逾三小时者,加二分;不逾六小时者加一分。

第十三条　每学期终发给学业成绩单。

第十四条　本规则经院务会议通过院长核准施行。

《国立浙江大学校刊》第三十八期,民国二十年一月二十四日

求学先要立定志向[①]

(1931 年 4 月 16 日)

蒋介石

十六日,公仍在西湖澄庐。上午往浙江大学讲演"求学先要立定志向"。其词如左:

昨天我来参观浙江大学,我看学校里的精神秩序规则,都比我所参观过的旁的学校好,心里非常快乐。本来我今天要离开杭州的,因为这里的同志要我到浙江大学来讲话,所以特留一天,不辜负诸位的热望。

现在我第一要讲的,是浙江大学的经费。本大学经费,本来是浙江所出的。自厘金取消后,浙江财政困难,所以发生问题。我离开南京时已决定办法,就是一半由浙江省出,一半由中央补助。所以请各位同志,不要担心。国家不怕没有经费,只怕没有好的学校,有些大学,只是有名无实,青年能够得益的很少。教职员当作做生意一样,不当学生为自己的子弟看重,不管学生将来的成就如何。这种不负责任的学校,影响到其余的学校。学生出去之后,不能于社会国家有益,成为许多高等流氓。我在南京时,据所得报告,浙江大学学生很能守秩序,很能勤苦用功。不像旁的不好的学校里校规废弛,学风不严,学生放肆,养成{功}一般亡国奴的恶习。去年我到浙江时,就想来考察,后来没有工夫,此番我来考察,觉得教职员的精神很好,学生比较都能守规矩,和从前所耳闻的一样,很是满意!将来这里的毕业生,必定比别的毕业生更为国家、为社会效力造福,这是可以预为祝贺的。

现在所要讲的,就是浙江大学的学生各省人都有,各位从各省来到浙江大学就学,不管是学什么东西,我们应该要明白求学是为的什么?现在一般教职员,只教功课,只注重教而不注重育,更不注意学生衣食住行的人生实际生活。所以学生浪漫放肆,几不成为一个青年。尤其不注意到使学生明白为了学问是做什么用?为个人的,为国家的,还是为社会的,为民族的?我们要晓得求学以前,先要立定志向,如果没有志向,就是方针不定,无论学得怎么好,是无用的。所以我今天到这里来不讲什么高深的,也不讲什么远大的话。我希望各位同志要自己决定,自己明白到浙江大学来求学,是为什么而学,将来毕业后,是为什么用的。古人有句话:"一生事业定于发创之初。"就是我们青年若不决定一个方针,今天就学,明天毕了业,不管国家,不管社会,不管民族,只管自私自利,这样学是没用的。不但没用,即他自己也不能尽个人在社会的职〔义〕务。那么对于社会不但无益,而且有害。

我们中国有四千多年的历史,地大物博,真是"锦绣山河";尤其是浙江,风景优美。在杭州看到岳武穆的坟墓,应当想到我们中国被异族的压迫和我们中国人刚毅不屈的性质,能够恢复我们民族的地位。过了钱塘江就到绍兴,就是越王勾践卧薪尝胆的地方。越王勾践能于国家败亡了之后恢复起来,尤能引起我们奋发自强的精神。此外历朝以来,浙江人无论文武,所做的大事业都是少年时已有一个方针,如王阳明、戚继光等,他们所能成就的历史,不是偶然的。他们是在少年时代皆抱有远大的志向,立定做人的方针。各位在浙江,看了历史上的名人事迹,要晓得所要学的是什么,不可妄费时间。中国已到危亡的时候,我们应该兴

---

① 原文出自《蒋中正总统档案·事略稿本⑩》,系手稿,原藏台湾"国史馆"。

起,如何使国家转危为安,转弱为强,如何为国家社会效劳服务,万不可做我们有四千年历史的国家中的不肖子孙,社会上的一个寄生虫。各位应该注意到此,必能够成功一番历史的事业。

无论什么人,除了下愚的以外,各人都可以使他事业成功,就是要自己立定志向,决定方针,有志气,能自强。成就一生事业,只有四个字,就是"自强不息"!这四个字,学生尤其要紧。如果自己不能自强,要教员督率,要学校管理,这人一定懒慢不能自立。懒慢的人,就是不肯勤劳,不肯孝敬,未有不勤劳孝敬的人而能成事立业的。因之由懒慢而腐败,将来一定不能成就事业,而辜负了他的父母师长的一番苦心。

外国帝国主义者知道我们国民革命将要成功,所以就联合起来,对我们中国为最后的压迫。中国现在的国际地位,就表面上看起来,比三年前增高得多,但实际上现在的民族地位,比以前还要危险。因为帝国主义者知道我们国民革命成功后,于他们是不利的,是他们的致命伤,所以他们联合起来抵抗我们。我们怎样对付这帝国主义的联合战线呢?我有一个很好的比方,譬如一个穷苦人家欠人的债无力偿还,债主逼着催讨,但是他家里有很好的子弟,很能争气,勤劳孝敬,守规矩,有纪律,更能发奋自强,那些债主们虽是土豪劣绅,但是见他家有很好的子弟,就不敢轻视欺侮他家,硬逼着要钱。帝国主义者和土劣是一样的,如果我们家里有好的子弟,就是我们国家有好的青年,能奋发努力,他们就不敢来欺侮,强横压迫。希望将来这些好的子弟来恢复他们的家业,我们要抵抗帝国主义,只有一个方法,不必专要用军队的力量,就是看中国青年的行动、态度、德性如何,便可决定中国的兴和亡,便可决定帝国主义者之敢否压迫我们。就是刚才所讲的家里的情形一样,我们的陆海空军的力量都还有限,但是我们不必专要用陆海空军去抵抗帝国主义,我们有比枪炮还要厉害的,就是我们青年的行动、态度、德性都要好,就是要有秩序,能守纪律。如果学生在校里能听教职员的训导,在家庭里能孝敬父兄,勤苦耐劳,精进不懈,这个力量比枪炮还要厉害千倍万倍。

从前外国兵进来,中国无人抵抗,当我国人民若牛马,就因被他们看破中国人的教育,没有纪律,没有秩序,没有主义,所以没有一件事不被人家看轻欺侮的。一般学生应该要自强自立,要守纪律,守秩序,无论走路、讲话、在校、在家、在团体中,都要严守规则,不可轻浮浪漫。外国人就是他无论士、农、工、商,在他国里都能严格的整齐清洁,都能注重德育体育,不讲空话,不骂别人,都能有条理,守秩序,重纪律,所以能立定他们国家的基础,向外发展。我国社会青年就因没有纪律,没有条理,没有秩序,学问未成,妄想外事,所以被外人看轻欺侮,不当作我们中国是一个国家。因为青年是我们国家的基本部队,亦就是中国未来的主人翁,如果基本部队不良,将来的主人翁不好,这国家自然要灭亡。人家当然不能当作我们一个人看待了!由此看来,帝国主义者敢来压迫我们中国人,简直说,就是看不起我们中国的青年,所以敢如此蛮横放肆。我国青年应该如何振作与奋起,来恢复我们民族地位呢?昨日我到浙江大学校里来,看到讲堂、工场,都是比较的有秩序,能整齐,就是别人来看,也晓得这个浙江大学是很有希望的。

各位应知道,学问固极重要,但生活、行动和德性尤其重要。为国家恢复民族地位,必须德性廉洁,品行端方。如果没有德性品行,就不能立定国家的基础,恢复民族的地位。所以青年个人的德行品行,对于我们国家民族之盛衰,是有这样重要的关系。我希望各位注意到德性品行,来确定自己一生的基础,来达到国家民族平等的基础,来达到国家民族平等的地位。

所谓德性品行,就是要守规矩,有秩序,对同学要切磋学问,相亲相爱,对教职员要尊敬。这是我今天对各位的贡献,很粗浅的谈话,不是很微妙的理论。对于学生的生活、行动和德性,有许多教员不注意到,但这是做人的基础。比如种树,我们必须培养他的根本,德性就是做人的根本,教育必须培养他的根基。如果教育不严,就是根基培养不固,一定不能够为民族为社会效力的,这样学生所学的是全没用的。现在中国救国的方法,就是一个教育,而教育唯一的方针,就是一个"严"字。我们青年学生只怕教员不能严格的来教育,而不怕教员严厉;不单是我们教学生要严,而且教员自守也要严。我们青年学生人人能以严字自律,就是救国的唯一方法,而不平等条约的取消,也即在其中了。

再有一句要紧的话贡献你们青年,就是一个人要有哲学的基础,才能成一个人。就是我刚才所说的,立定志向和决定自己做人的方针,以及做人的根本问题,皆要有一个哲学的基础。所以我很希望各位要决定你们哲学的基础。我还要顺便介绍一部书,就是戴季陶先生著的《孙文主义之哲学的基础》。各位费几点钟的工夫就可看完,看完之后,来决定你们各位哲学的基础,并且能认识我们中华民国创造者的哲学基础,了解我们中国人的天性历史地位,和现在我们民族与个人的需要,来决定我们终始以之择善固执的唯一的方针。这是我今天所希望于我们各位学生的一点,请各位切实研究,来解决你们的人生一切问题。

浙江大学档案馆藏 ZD-2021-ZL12-16-2

本大学订定本学期暂收临时借读生办法

(1932 年 2 月 27 日)

自暴日入寇上海,沪淞等处各大学,颇多因军事关系,不能开学。本大学叠接各该处学生来函,商请准予借读。兹经本大学行政谈话会议定本学期暂收临时借读生办法八条如左:

本大学本学期暂收临时借读生办法

1. 各公立或已立案之私立大学学生,因军事关系,暂时不能在原肄业学校肄业者,本学期得在本大学借读,称为临时借读生,其借读之办法如左。

留日各大学或专门学校学生,得比照前项学生办理。

2. 临时借读生之名额,以本大学各学院、各学系、各年级所能容纳之额数为限。

3. 临时借读生须有原肄业学校或原毕业之中等学校或教育部、教育厅、教育局正式文件证明其上学期在学之资格。

4. 临时借读生须其原习之学科年级与本大学现有之学系年级相当,并须经过试验,不及格者不录。关于试验事宜,由各学院分别办理之。

5. 临时借读生入学手续及缴费,均与正式生一律。

6. 临时借读生受课受试均与正式生一律,其修习之学分,可由本大学给予成绩证明书。

7. 临时借读生不得参加本大学学生自治会工作。

8.临时借读生如欲改为正式生,须照本大学转学规则办理。

国立浙江大学学则
(1932 年)

第一章　应试资格

第一条　本大学于每年暑假时举行入学考试,招收新生,其日期、地点另时公布。

第二条　凡具有下列资格之一者,得报名应试:

1.公立(即国、省、市、县立)或已立案之私立高级中学普通科与农、工、商、家事职业科毕业,得有正式毕业证书者;

2.公立或已立案之私立高中师范科毕业,得有正式之毕业证书,而在学时并未受有免费待遇(全部或一部)者,或受有免费待遇,而毕业后曾在小学或其他教育事业服务满足一年,得有服务证明书者;

3.公立或已立案之私立大学二年期预科毕业,得有正式毕业证书者;

4.尚未立案之私立高级中学或大学二年期预科毕业,经主管之教育行政机关甄别试验及格,得有升学证明书者。

第三条　具有前条 1、2、3 各款资格之一者,如系在应试之学期毕业,尚未领到毕业证书时,得持原毕业学校之证明书报名应试(但录取者于入学时,仍须呈缴正式毕业证书,否则不得入学)

第四条　工业、农业专门学校本科修业一年以上,持有转学证书暨成绩单者,得分别投考工学院、农学院一年级。

第五条　凡不合于第二、第四两条规定之资格者,概不得报名。来函请求通融或明知故问者,均不置答。

第六条　各学院学生男女兼收。

第二章　入学考试科目

第七条　入学考试科目如下:

1.体格检查

2.党义

3.国文

4.英文

5.〈数学〉

a.高等代数,解析几何,三角(文理学院数学系、物理学系、化学系,工学院各学系,及农学院森林学系依此标准)。

b.算术,普通代数,平面几何(文理学院外国文学系、政治学系、教育学系、生物学系,及农学院农艺学系、园艺学系、农业社会学系、蚕桑学系依此标准）。

6. 物理

7. 化学

（6、7两门，文理学院外国文学系、政治学系、教育学系选考一门，余均全考。）

8. 生物学（投考文理、农两学院者，须考此门）

9. 历史（世界、中国）

10. 地理（世界、中国）

（9、10两门，文理学院外国文学系、政治学系、教育学系全考，其余各学系选考一门；工、农两学院不考。）

以上2至10各科试验，均以高中毕业程度为标准。

11. 口试。

第三章　入学手续

第八条　入学手续如下：

1. 录取各生应于开学之三日内，偕同保证人（保证人二人，须有固定职业，其一并须寓在杭州市，对于所保学生，能负一切责任者）前来本大学填写入学愿书及保证书；

2. 将规定应缴各费一次缴清；

3. 凭缴费收据换领入学住宿各证。凭入学证赴考入之学院报到，领取听讲证。住宿生凭住宿证入住宿舍。

第四章　纳费

第九条　每学期应缴各费如下：

学费	十二元
杂费	五元（通学生二元）
体育费	一元
代管各费	（除学生团体费外，均盈还亏补）
制服费	十一元（冬服八元，军衣三元，第二学期须缴夏服费五元）（文理学院另收运动服费十二元）
书籍费	文理学院五十五元，工学院由学生自设委员会经理，农学院三十三元
讲义费	四元
预备费	六元
学生团体费	文理、工两学院各一元，农学院由学生自理

第五章　转学

第十条　先声明志愿编入某院某科系之某年级，俟关系之学院查明该科系年级尚有缺额，始准报名。

第十一条　报名时应与新生一律办理,并须同时呈验合格之大学修业证书成绩单及转学证书(转学证书得在入学时补缴但无转学证书者虽经录取不得入学)。

第十二条　志愿编级者均须一律参加新生入学试验,入学试验及格者,始准参加编级试验。

第十三条　编级试验以该生编入之年级所已经修过之全部学程为范围,例如欲编入二年级者,须考一年级全部学程。

第十四条　志愿编级者从前修过之学程在本大学非为必修者,无庸考试,亦不给学分。

第十五条　编级试验及格之学分不及该年级规定应修学分之半数时,不得编级,但得入一年级修学。

第十六条　编级试验于开学后行之。

第六章　旁听

第十七条　本大学得酌量情形收容旁听生。

第十八条　旁听生不得改为正式生,所修学程不给予学分及其他证明文件。

第十九条　旁听生听讲科目至多不得逾三学程。

第二十条　旁听生应缴各费以学程为单位,每一学程每学期学费三元,实验费五元,讲义费一元。但旁听之学程,如不发讲义或无实验者,实验费及讲义费分别免缴。

第二十一条　志愿旁听者应填具旁听请求书,送往志愿旁听之院,经院长核准,并转商有关系之教员许可后,由注册课通知缴费,给予旁听证听讲。

第二十二条　旁听生得通知书后,应请在本市有正当职业者二人为保证人,来本大学填具保证书。

第二十三条　旁听生不得寄宿本大学宿舍。

第二十四条　旁听生不得以本大学学生资格参加校内外一切活动。

第二十五条　旁听生须遵守本大学一切规则,否则停止其旁听。

第七章　学分及成绩考查

第二十六条　本大学采用学分制,但学生修业期限至少四年。

第二十七条　本大学学科分为必修、选修两种,均于各系学程中详细规定。除各系共同必修科外,学生当按照其本系规定之学程切实习完各科。

第二十八条　各学科以学分为单位,每学期每周上课一小时,并须二小时以上之自习者,或实习二小时至三小时者为一学分。

第二十九条　学生至少须修满学程一百三十二学分(党义、军训、体育除外)始得毕业。

第三十条　每学期学生所修功课不得少于十五学分,亦不得超过二十一学分(党义、军训、体育除外)。

第三十一条　学生前学期成绩总平均不及七十分者,所修功课,除各院有特殊规定者外,不得超过十八学分。

第三十二条　每学程之成绩以六十分为及格,在六十分以下、五十分以上者,得补考一次,补考分数最多以六十分计算;在五十分以下者不给学分,并不得补考;如系必修科,须重习之,但重习以一次为限。

第三十三条　学生全年所修学分,经补考后,尚有五分之二(党义、军训、体育除外)不及格者,即令退学。

第八章　试验

第三十四条　每学期试验次数,由担任各学程之教员酌定之,但至少须举行试验二次以上。

第三十五条　学生关于试验事项,不得有所请求。

第三十六条　除学期学年考试,由各院编定日程外,其临时试验时期,由担任学程教员决定之。

第三十七条　临时试验,学生因故缺席经院长准许者,得请求补考,每学期以一次为限。

第三十八条　学生参加试验时,如不遵守试场规则,其试卷无效,如有舞弊夹带等情,应令其退学。

第九章　请假及缺课

第三十九条　学生缺课及寄宿生因特别事故,须在外住宿时,均须请假。

第四十条　学生缺课应向本院院长请假,因故须在校外住宿者,应向生活指导员请假,均须声明理由,填具请假书。

第四十一条　请假期间在二日以上者,事假〈须〉有家长函件证明,病假〈须〉有医生证明书。

第四十二条　学生未经准假缺课者,以旷课论,未经准假在校外住宿者,酌量情形,分别予以儆戒。

第四十三条　学生旷课一学期内至二十小时者,本学期不给学分。

第四十四条　学生缺课(包括请假及旷课)一学期内共满一百小时者,本学期不给学分。

第四十五条　学生请假准许者,应于销假时,将请假单缴还注销,否则自假满之时起,仍以未经准假论。

第十章　休学

第四十六条　学生如因重病经医生证明或重要事故经家长或保证人之证明,得暂请休学。

第四十七条　休学须经本大学许可。

第四十八条　休学期限以一年为度,期满不来校复学者,以退学论。

第十一章　退学

第四十九条　有下列情形之一者,应予退学:

(1)成绩不及格,照章应予退学者;

(2)逾入学限期不到校注册、又未请假者;

(3)身体欠健全,或得有危险症候,经校医证明,不能求学者;

(4)品行不良、违犯校规者;

（5）因不得已事故自动声请退学者。

第五十条　除（4）项外，凡退学者，学校均给予转学证书，但退学后，不得复请入学。

第十二章　补考

第五十一条　凡学生在一学期内某学科平均成绩在六十分以下、五十分以上者，得准补考。

第五十二条　凡因不得已事故（如亲丧、疾病等），在准假期内未参与学期试验者，得请补考。

第五十三条　准予补考之学科在次学期开学后一星期内举行补考。

第五十四条　补考以一次为限，逾期不考，不得重请补考。

第五十五条　凡未经请假、擅自缺考者，不准补考。

《二十一年度国立浙江大学法规与学则》，浙江省图书馆藏

学生宿舍规则
（1932 年 9 月 3 日）

（一）每一宿舍舍长、副舍长各于每学期开学时由学生自行推举。

（二）舍长、副舍长有辅助大学施行各项规章命令及向大学陈述学生共同意见之义务。

（三）学生在宿舍内不得喧哗歌唱及玩弄乐器。

（四）宿舍电灯启、闭均有定时，学生不得私接电线及燃油烛。

（五）宿舍内概不得留外人住宿，并不得在室内会客。

（六）宿舍内不得存放危险物。

（七）服装用具须随时整理，对于公共物件如有损坏须照价赔偿。

（八）学生患病应即报告生活指导员，同时请校医诊视，病势重者须送疗养室或医院居住。

（九）男女学生须在会客室会见，男生不得入女生寝室，女生亦不得入男生寝室。

（十）寒暑假内学生不得留校住宿，但因特别原因得校长准许者不在此限。

（十一）生活指导员应随时视察宿舍，有违背本规则者予以纠正。

《国立浙江大学校刊》第一百〇一期，民国二十一年九月三日

浙大设置奖学金 订定奖学金及免费学额规则提校务会议通过下学期实行
（1932 年 12 月）

国立浙江大学校长程天放为奖进学生学业及操行起见，特拟订奖学金及免费学额规则，提出校务会议通过，于下学期起开始实行。兹录原文于下：

第一条　本大学为奖进学生学业及操行起见，设立奖学金及免费学额。

第二条　奖学金分大学奖学金、学院奖学金、学系奖学金三种：

（一）大学奖学金一名，奖金一百元；

（二）学院奖学金，以人数为标准，每学院人数在二百人以下者，设置二名，二百人至三百人者，设置三名，奖金每名五十元；

（三）学系奖学金，每学系人数在五十人以下者，设置一名，五十人以上者，设置二名，奖金每名三十元。

第三条　凡受前条奖学金者，并由本大学给予奖学金证书。

第四条　凡本大学正式生合于下列标准者，得受大学奖学金：

（一）操行优良，从未旷课，而一学期内请假时间在十小时以内者（纪念周未请假而缺席，亦作旷课）；

（二）在本大学中，学期总成绩最高，所修科目均在八十五分以上者；

（三）军事训练及体育成绩在七十分以上者（三四年级学生不在此限）。

第五条　凡本大学正式生合于下列各标准者，得受学院奖学金：

（一）操行优良，从未旷课，而学期内请假时间在十小时以内者（纪念周未请假而缺席，亦作旷课）；

（二）在所属学院中学期总成绩比较最高，平均分数在八十五分以上，各科均在八十分以上者；

（三）军事训练及体育成绩在七十分以上者（三四年级学生不在此限）。

第六条　凡本大学正式生合于下列各标准者，得受学系奖学金：

（一）操行优良，从未旷课，而一学期内请假时间在十小时以内者（纪念周未请假而缺席亦作旷课）；

（二）在所属学系中，学期总成绩比较最高，平均分数在八十五分以上，各科均在八十分以上者；

（三）军事训练及体育成绩在七十分以上者（三四年级学生不在此限）。

第七条　凡依照本规则受奖学金之学生，每人每学期以一种为限，每系得学院奖学金者，以一名为限。

第八条　奖金之授予，于每学期终了时，由各学院院长依第五、第六两条之标准，提出人选，由奖学金委员会审定，校务会议议决行之。

第九条　奖学金委员会审查合格之学生，受名额之限制，其较优者得受奖学金，其次优者得免次学期学费。

第十条　奖金委员会之组织另订之。

第十一条　本规则经校务会议议决施行。

《湖北教育厅公报》第十四期，民国二十一年十二月

浙大新订两规章 操行考查与图书委会
（1933 年 1 月 16 日）

（杭讯）浙江大学程校长，于该大学本届校务会议中，曾提出学生操行考查规则及图书委员会规程草案，均经分别通过，原文如左：

国立浙江大学学生操行考查规则

一、操行记分分、甲、乙、丙、丁四等,甲为最优等,乙为优等,丙为平等,丁为劣等。

二、院长、系主任、系专任教授、生活指导员均负有考查学生操行之责任。

三、学生操行成绩,每学期由负责考查者报告一次,交由生活指导员汇集总计之,即为各生学期操行成绩,送交注册课。

国立浙江大学图书委员会规程草案

第一条 本委员会依照本大学组织规程第二十二条之规定组织之。

第二条 本委员会委员人数定为七人至九人,由校长于教职员中聘任之,但图书主任为当然委员。

第三条 本委员会之职务如左:

一、拟订关于图书之计划,供校务会议之采纳;

二、议决关于图书之重要事项。

第四条 本规程于校务会议通过后,由校长核准公布施行。如有未尽事宜,由校务会议随时修改之。

《民报》民国二十二年一月十六日

国立浙江大学布告
(1934 年 1 月 13 日)

查本大学学生宿舍规则业经修正,合亟公布各生周知。

此布。

校长郭任远
中华民国二十三年一月十二日

修正国立浙江大学学生宿舍规则

(1)每一宿舍舍长、副舍长各于每学期开学时由学生自行推举。

(2)舍长、副舍长有辅助大学施行各项规章、命令及向大学陈述学生共同意见之义务。

(3)学生在宿舍内不得喧哗、歌唱及玩弄乐器。

(4)宿舍电灯启、闭均有定时,学生不得私接电线,违者罚洋一元,并不得私燃油烛;违者,斋务员呈请校长予以相当惩戒。

(5)宿舍内概不得留外人住宿,并不得在室内会客。

(6)宿舍内不得存放危险物。

(7)服装用具须随时整理,对于公共物件如有损坏照价赔偿。

(8)学生患病应即报告斋务员,同时请校医诊视;病势重者,送疗养室或医院居住。

《国立浙江大学校刊》第一百六十期,民国二十三年一月十三日

国立浙江大学布告(第四号)
(1934 年 2 月 24 日)

查本大学学则第九章缺席一项,现经修正,兹特公布于后,并自即日起实行,希各生注意!

此布。

校长郭任远

国立浙江大学二十三年二月五日

国立浙江大学学则第九章缺席修正条文

第九章　缺席

第四十一条　缺席分缺课与旷课两种,准假缺席为缺课,未经告假或告假未准之缺席为旷课。

第四十二条　开学时学生不能如期到校注册,来函告假逾一学期授课时间(作二十周计算)之五分之一者,不得入学,惟可改请休学,否则以退学论。

第四十三条　凡学程讲授一小时者,缺课一小时即一次,实习每次或二时、三时不等,作一次算。学生非因亲丧、疾病不得告一日以上之假。告假不满一日者,应于事前至注册课填具请假事由,及缺席学程单。告假在一日以上者,应于事前向所属院长呈验确实证据(如校医发给之患病证明单,或家长签字盖章之来书等),填具请假事由及缺席学程单,待经核准,转知注册课登记,始准缺课,不照上项手续请假及事后补请者,均无效(如因病本人不能办理,可请人照此手续代为请假)。

告假期内,不论有无例假,不论教员缺席与否及有无学生缺席报告,请假之课程,概作缺课论。

第四十四条　上课时学生在点名后到堂者,概为迟到,迟到三次,以缺课一次论。

教员迟到时,学生须在教室内静候十分钟,过时教员不到,始可下课,凡未满十分钟即行退席者,以旷课论。

第四十五条　旷课一次等于缺课二次。

第四十六条　全校、全院、全系、全级、全班等团体请假,一概不准。

第四十七条　学生缺席(兼指缺课旷课)达下列期限者,照下列规定分别惩处:

(一)凡在一学期内,在各学程之缺席总数达全学期授课时间之五分之一者(即四星期,等于其每周所修学分数之四倍),所修学程概无学分;

（二）凡在一学程内，缺席次数满该学程授课时间之五分之一者，该学程不给学分；

《国立浙江大学校刊》第一百六十一期，民国二十三年二月二十四日

国立浙江大学布告（第二号）
（1934 年 3 月 3 日）

查本大学学则第三十二条载："学生全年所修学分，经补考后，尚有五分之二（党义、军训、体育除外）不及格者，即令退学。"等语。兹修正为："学生每学期所修学分经补考后，尚有五分之二（党义、军训、体育除外）不及格者，即令退学。"等语。自本学期起实行。合行布告通知。

此布。

校长郭任远

中华民国二十三年二月廿七日

《国立浙江大学校刊》第一百六十二期，民国二十三年三月三日

国立浙江大学布告（第十号）
（1934 年 3 月 31 日）

兹修正本大学奖学金及免费学额规则，公布之。

此布。

校长郭任远

中华民国二十二年三月二十二日

修正国立浙江大学奖学金及免费学额规则

第一条　本大学为奖进学生学业及操行起见，设奖学金及免费学额。

第二条　每系人数在五十人以下者，设置一名；五十人以上者，设置二名。奖金每名五十元。

第三条　凡受前条奖学金者，并由本大学给予奖学金证书。

第四条　凡本大学正式生，合于下列各标准者，得受奖学金：

1.操行优良，从未旷课，而一学期内请假时间，在十小时以内者（纪念周未请假而缺席，亦作旷课）；

2.在所属学系中，学期总成绩最高，平均分数在八十五分以上，各科在七十五分以上者；

3.党义、军事训练及体育成绩，在七十分以上者。

第五条　奖学金之授予，于每学期终了时，由注册课按照标准，提出人选，由奖学金委员会审定，呈由校长核准之。

第六条　成绩次优之学生,受名额及规定之限制,得由奖学金委员会呈准校长酌免次学期学费。

第七条　奖学金委员会之组织另定之。

第八条　本规则由校长核准施行。

《国立浙江大学校刊》第一百六十六期,民国二十三年三月三十一日

国立浙江大学布告(第十九号)
(1934 年 4 月 21 日)

查修正国立浙江大学奖学金及免费学额规则业经公布在案。兹据本大学奖学金委员会陈请,将是项规则第六条条文,再行修正如左:

"第六条　品行优良成绩次优之学生,受名额及规定之限制,得由奖学金委员会审定,呈准校长,酌给奖金或免除次学期学费。"

业予照准。合再布告周知。

此布。

校长郭任远

中华民国二十三年四月十一日

《国立浙江大学校刊》第一百六十九期,民国二十三年四月二十一日

秘书处通告 校长接见学生时间 每星期二、三、四、五上午十时至十一时
地点在新教室内一年级主任办公室
(1934 年 9 月 22 日)

秘书处于日昨发出通告云:兹查校长接见学生时间,业奉规定为每星期二、三、四、五各日上午十时至十一时,地点在一年级主任办公室。特此通知。

秘书处启

《国立浙江大学校刊》第一百八十三期,民国二十三年九月二十二日

本大学教职员规定接见学生时间及地点 以备学生质疑问难 目的在增教学效能
(1935 年 3 月 2 日)

本大学各院院长、系主任、教授、副教授、讲师及代办高职部各主任,规定办公暨接见学生时间与地点业经校长办公室分别函请查复,以便公布,各情已志上期本刊。截至本刊发稿

之日止,该室收到复函多件,兹特列表揭载如左。嗣后倘有所得,再行续登。

姓名	接见学生时间	接见学生地点
郭校长	每星期二、三、四、五各日上午十时至十一时	校长办公室
俞素青先生	每星期二、四各日下午二时至四时,星期三、五上午九时至十二时	外语文系办公室
张绍忠先生	每星期三上午十一时至十二时,星期五上午十时至十一时,并可随时另约时间	物理学系办公室
周厚复先生	每星期一、二、三、四、六各日上午十时至十一时	化学系办公室
蔡堡先生	每星期二、四、五各日上午十时至十二时	生物学系办公室
李寿恒先生	每星期一、二、五各日上午十时至十一时,下午二时至四时,每星期三、四、六各日上午九时至十时	化学工程系办公室
王世颖先生	每星期二、五各日下午二时至五时	农业社会系办公室
苏毓菜先生	每星期一、三、五各日下午二时至四时	工院西斋二楼十七号
毛起先生	每星期二上午八时至九时,每星期五上午九时至十时	总教室教员休息室
冯建维先生	每星期一、二、三、四、五、六各日上午九时至十二时	外语文系
陈逵先生	每星期一、三、五各日下午二时至三时	外语文系
庄泽宣先生	每星期一上午九时至十时,每星期四上午十时至十一时	教育学系
胡寄南先生	每星期一、三、五各日上午九时至十二时,每星期二、四、六各日上午十一时至十二时,每星期一、二、三、四、五、六各日下午二时至四时	一年级主任办公室
朱叔麟先生	每星期一上午十一时至十二时,每星期二、四、五各日上午九时至十时	数学系办公室
吴锦铨先生	每星期二、四、五各日上午十一时至十二时,下午一时至四时,每星期六上午十一时至十二时	化学工程系
王国松先生	每星期一、二、三、四、五各日上午十一时至十二时	工院西斋二楼十四号
毛启爽先生	每星期一、三、五各日下午二时至四时,星期二、四、六各日上午九时至十一时	电信办公室
沈秉鲁先生	每星期一、二、三、四、五、六各日上午,每星期三、四、五各日下午	电信办公室
杨耀德先生	每星期一、二、三、四、五、六上午十一时至十二时	电机工程系
殷文友先生	每星期一、二、四、五各日下午	机械科办公室
潘承圻先生	每星期一、二、三、四、五各日上午八时至九时,每星期一、二、三、四各日下午二时至五时	化学工程系试验室
朱缵祖先生	每星期一、三、五各日上午十时至十一时,每星期二、四、六各日上午十一时至十二时	电工系办公室或工院西斋二楼12号
程世抚先生	每星期二、四各日上午九时至十时	农学馆或园艺试验场

续　表

姓名	接见学生时间	接见学生地点
黄瑞纶先生	每星期一、二、三、四、五、六各日上午九时至十时	农学院
钟俊麟先生	每星期二、四各日上午十时至十一时	农学院
程复新先生	每日上午八时至九时,下午四时至五时	农学院
颜纶泽先生	每日上午八时至十二时,如有特殊事件,随时定期接见	农学院
汪国兴先生	每星期一、二、三、四、五各日下午二时至四时	农学院
朱福炘先生	每星期二、三、四、五、六各日上午十时至十二时	物理学系
蒋天鹤先生	每星期一、三、五各日下午二时至四时	刀茅巷生物学系
陈鸿逵先生	每星期一、二、五、六各日上午八时至十二时,下午一时半至五时,每星期二、四各日上午九时至十二时	农学院
陶玉田先生	每日除上课时间外,余均为办公及接见学生时间	高农主任室
陈庆堂先生	每日上午十时至十一时	高工染织科
郭会邦先生	每星期一、三各日上午十时至十一时,星期六上午十一时至十二时	高工土木科
龚洪年先生	每星期一、三、五各日上午十一时至十二时	高工机械科

《国立浙江大学校刊》第二百〇三期,民国二十四年三月二日

本大学教职员接见学生时间及地点续志

(1935 年 3 月 9 日)

本大学各学院院长、系主任、教授、副教授、讲师、及代办高职部各科主任,规定接见学生时间与地点,详情已志上期本刊。兹将续得函件,再行列表公布如左:

姓名	接见学生时间	接见学生地点
黄翼先生	每星期一、三、五各日上午九时至十时	教育系
沈有乾先生	每星期一、三、五各日上午九时至十时	教育系
俞子夷先生	每星期四、五、六各日上午九时至十时	教育系
储润科先生	每星期一、二、三各日下午二时至五时,每星期四、五各日上午十时至十二时	工学院无机化学实验室
李德毅先生	每星期一至六各日上午九时至十时	农学院院长办公室
刘和先生	每星期三上午十时至下午四时	农学院
萧辅先生	每星期二、四、六各日上午八时至十二时	农学院
陆大京先生	每星期一下午二时至五时	农学院

续　表

姓名	接见学生时间	接见学生地点
周明祥先生	每星期三、五各日上午十时至十二时	农学院
顾蓥先生	每星期二、四、六各日上午九时至十二时,下午二时至五时	农学院
彭先泽先生	每星期二、四、五各日下午二时至五时	农学院
陈鸿逵先生	每星期一、四各日上午八时至十二时,下午一时至四时	农学院
柳支英先生	每星期五上午八时至十二时	农学院
夏振铎先生	每星期五下午一时至四时,每星期六上午八时至下午四时	农学院
彭师勤先生	每星期二、四各日上午十时至十一时	农学院
张自方先生	每星期二、三、四各日上午十时至十二时	农学院
徐曰琨先生	每星期三上午九时至十一时,每星期五下午二时至三时	农学院
朱大猷先生	每星期一至五各日上午十时至十一时,下午三时至四时	农学院
沙凤护先生	每星期二上午十时至十一时,每星期四下午二时至三时	农学院
孙章鼎先生	每星期二、四、五各日下午一时至四时	农学院
冯紫岗先生	每星期一、二、四各日下午二时至四时	农学院
章文才先生	每星期一、六各日上午七时半至十二时	农学院

《国立浙江大学校刊》第二百〇四期,民国二十四年三月九日

国立浙江大学助学金原则
(1935 年 3 月 23 日)

一、助学金分甲、乙两种,甲种四十元,乙种二十五元(每学期一次)。

二、助学金之等第及核准与否,以学业及家境清寒程度为标准(详章另订之)。

三、助学金名额暂定甲种五名,乙种十名;额满为止。

四、领受助学金学生,在课余及假日,有为学校服务之义务。

五、声请者应备具声请书,于学期开始后一个月中,送达本大学。

六、助学金之决定,由奖学金委员会办理之,不另设委员会。

《国立浙江大学校刊》第二百〇六期,民国二十四年三月二十三日

自本月十七日起学生请假由军管处办理
教员请假在一周以内者可直接径向注册课办理
(1936 年 2 月 22 日)

本大学校务会议于本月十一日在校长公舍举行,出席者计有:苏步青、陈嘉、黄瑞纶、梁

庆椿、朱一成、黄中、郑宗海、闻诗、蔡堡、柴志明、李寿恒、汪国兴诸先生,由郑宗海先生代理主席,张原絜先生记录。决议要案如下:

(一)议决:

1.关于学生请假事项,由军事管理处直接办理,勿庸由院长室核转。再,学生有病时,可径向医务卫生部就医,即由医务卫生部转报军事管理处本部备案;

2.上项请假办法,自二月十七日起实行。

(二)议决:教员请假在一星期以内者,可径向注册课办理。

(三)代理主席报告:因正式校务会议成立在即,讨论结束问题。

议决:将本会经过情形,呈报校长。

代理主席郑宗海

《国立浙江大学校刊》第二百三十八期,民国二十五年二月二十二日

(二)学生统计

历年学生人数比较表(大学部)
(1930 年 11 月 8 日)

项目		十七年度				十八年度				十九年度				
		人数		合计			人数		合计			人数		合计	
		男	女	各系	各科	各院	男	女	各系	各科	各院	男	女	各系	各科	各院
文理学院	中国语文学系	7		7			1		1							
	外国语文学系英文部	2		2			1	2	3			7	4	11		
	史学与政治学系	14		14			15		15			21	2	23		
	教育学系	4	1	5			8	2	10			21	5	26		
	经济学系			—			4		4			11	—	11		
	数学系	3		3	40	40	5		5	60	60	10	—	10	113	113
	物理学系	4	1	5			14		14			19	2	21		
	化学系	2	2	4			5	2	7			3	3	6		
	生物学系						1		1			3	—	3		
	心理学系								—			1	—	1		
	医药预修科								—			1	—	1		

续表

项目		十七年度					十八年度					十九年度				
		人数		合计			人数		合计			人数		合计		
		男	女	各系	各科	各院	男	女	各系	各科	各院	男	女	各系	各科	各院
工学院	电机工程学系	63		63	144	231	87		87	213	246	89	1	90	254	291
	化学工程学系	34		34			38		38			42	1	43		
	土木工程学系	47		47			86	2	88			99	2	101		
	测量学系			—					—			20	—	20		
	补习班	86	1	87	87		30	3	33	33		36	1	37	37	
农学院	农艺学系	17		17	61	72	7		7	60	86	4	—	4	88	93
	森林学系	7	1	8			4	1	5			4	1	5		
	农业社会学系	10		10			10		10			11	—	11		
	蚕桑学系	16	1	17			16	1	17			14	2	16		
	园艺学系	9		9			6		6			7	—	7		
	本科一年级			—			14	1	15			42	3	45		
	补习班	11		11	11		25	1	26	26		5	—	5	5	
合计		336	7	343			377	15	392			470	27	497		

注：

1.工学院补习班在十七、十八两年度均称预科，十九年度起改用此名；

2.文理学院十九年度有旁听七人不计在内。

《国立浙江大学校刊》第三十期，民国十九年十一月八日

国立浙江大学历年学生人数比较表

（1931 年 11 月 28 日）

项别			十六年度	十七年度	十八年度	十九年度	二十年度
文理学院	本科	男		36	54	90	123
		女		4	6	13	15
	计			40	60	103	138
工学院	本科	男	106	143	211	236	269
		女	—	1	2	4	4
	预科或补习班	男	320	86	30	30	—
		女	4	1	3	—	—
	计		430	231	246	270	273

续　表

项别			十六年度	十七年度	十八年度	十九年度	二十年度
农学院	本科	男	66	59	57	82	92
		女	2	2	3	6	8
	补习班	男	—	11	25	5	—
		女	—	—	1	—	—
	计		68	72	86	93	100
附设高中	工学院附设高级工科中学	男	395	264	290	124	68
		女	3	1	9	1	1
		计	398	265	299	125	69
	农学院附设高中部	男	53	82	94	68	28
		女	1	1	2	1	—
	计		54	83	96	69	28
代办高中	代办浙江省立高级工科中学	男				35	59
		女				7	8
	代办浙江省立高级农科中学	男				92	184
		女				7	10
		计				99	194
	计					42	67
合计	本科		174	245	333	431	511
	预科及补习班		324	98	59	35	—
	中学		452	348	395	335	358
	共计		950	691	787	801	869

说明:

(一)文理学院系于十七年度成立;

(二)代办高中系于十九年度成立,同时附设高中自该年度起逐年结束;

(三)工学院预科于十九年度起停止招生,同时投考该院一年级生之程度稍次者录为补习班。

《国立浙江大学校刊》第七十四期,民国二十年十一月二十八日

国立浙江大学二十年度学生分系统计表（大学部）
(1931 年 11 月 28 日)

院别	学系	总数	一		二		三		四		计		百分比
			男	女	男	女	男	女	男	女	男	女	
文理	史政	9			1		1		7		9		1.76
	经济	4							4		4		0.78
	外国语文	16	5		7	2		2			12	4	3.13
文理	教育	38	17	1	7	1	3	1	8		35	3	7.43
	数学	20	9	1	5		3		2		19	1	3.93
	物理	25	9	2	3	1	7		3		22	3	4.89
	化学	21	12		2	1	3		1	2	18	3	4.10
	生物	5	3	1			1				4	1	0.98
	小计	138	55	5	25	5	18	3	25	2	123	15	27.00
工	电机工程	99	34		28	1	20		16		98	1	19.37
	化学工程	59	19		18	1	9		12		58	1	11.54
	土木工程	98	26		17		25	2	28		96	2	19.18
	测量	17			17						17		3.32
	小计	273	79		80	2	54	2	56		269	4	53.42
农	农艺	31	14	1	14		2				30	1	6.07
	园艺	25	13	1	8	1	2				23	2	4.89
	森林	18	7		9		2				18		3.52
	蚕桑	15	5		6	1	2	1			13	2	2.95
	农业社会	11	4	2	1	1	3				8	3	2.15
	小计	100	43	4	38	3	11	1			92	8	19.58
总计		511	177	9	143	10	83	6	81	2	484	27	100.00
			186		153		89		83		511		

《国立浙江大学校刊》第七十四期，民国二十年十一月二十八日

国立浙江大学二十年度学生年龄统计表（大学部）（1931 年 11 月 28 日）

年龄

院别	学系	总数	十六男	十六女	十七男	十七女	十八男	十八女	十九男	十九女	二十男	二十女	二十一男	二十一女	二十二男	二十二女	二十三男	二十三女	二十四男	二十四女	二十五男	二十五女	二十六男	二十六女	二十七男	二十七女	二十八男	二十八女	计男	计女
文理	史政	9									1		1		1		3		2		1								9	
	经济	4															1		2				1						4	
	外国语文	16			1		1	1	1		1	2	4	1	1		2				1								12	4
	教育	38							4		5	1	7	1	6		2	1	8				2				1		35	3
	数学	20			1				4		4	1	1		5		3				1								19	1
	物理	25					2		2		5	1	2	1	4	1	5		1		1								22	3
	化学	21					3	1	1	2	2		2		8		1						1						18	3
	生物	5									3		1									1							4	1
	小计	138			2		6	2	12	2	21	5	18	3	25	1	17	1	13		4	1	4				1		123	15
工	电机工程	99			1		2		9		24	1	19		18		17		3		3		2						98	1
	化学工程	59	1				2		6		14		13		11		7		1		2	1	1						58	1
	土木工程	98			1		6		7		17		17		19		12		10	2	6				1				96	2
	测量	17							1		2		4		4		6												17	
	小计	273	1		2		10		23		57	1	53		52		42		14	2	11	1	3		1				269	4
农	农艺	31	1		2		2		3		6	1	2		12		3												30	1
	园艺	25	1		1		1	1	2		8		4	1	5		2												23	2

续　表

年龄

院别	学系	总数	十六 男	十六 女	十七 男	十七 女	十八 男	十八 女	十九 男	十九 女	二十 男	二十 女	二十一 男	二十一 女	二十二 男	二十二 女	二十三 男	二十三 女	二十四 男	二十四 女	二十五 男	二十五 女	二十六 男	二十六 女	二十七 男	二十七 女	二十八 男	二十八 女	计 男	计 女
农	森林	18			1		1		1		5		2		3		3		2		1								18	
	蚕桑	15			1		1	1			2		3		2	1	2	1	2		1								13	2
	农业社会	11								2	1		4	1	1														8	3
	小计	100	1		2		5	2	6	2	22	1	15	2	11	1	5	1		2		1	1	1					92	8
总计		511	2		6		21	4	41	4	100	7	86	6	99	1	70	2	32	2	16	1	8		1		2		484	27
百分比			0.4		1.17		4.89		8.80		20.94		18.00		19.57		14.09		6.65		3.32		1.57		0.2		0.4		100.00	

国立浙江大学二十年度学生籍贯统计表（大学部）
（1931 年 11 月 28 日）

《国立浙江大学校刊》第七十四期，民国二十年十一月二十八日

籍贯

院别	学系	总数	浙江 男	浙江 女	江苏 男	江苏 女	四川 男	四川 女	安徽 男	安徽 女	福建 男	福建 女	广西 男	广西 女	广东 男	广东 女	江西 男	江西 女	湖南 男	湖南 女	湖北 男	湖北 女	云南 男	云南 女	山西 男	山西 女	计 男	计 女
文理	史政	9	8		1																						9	
	经济	4	1		3																						4	
	外国语文	16	4	3	7	1																	1				12	4
	教育	38	19	2	13				1									1				1					35	3
	数学	20	13	1	4		1								1		1										19	1

续　表

院别	学系	总数	浙江男	浙江女	江苏男	江苏女	四川男	四川女	安徽男	安徽女	福建男	福建女	广西男	广西女	广东男	广东女	江西男	江西女	湖南男	湖南女	湖北男	湖北女	云南男	云南女	山西男	山西女	计男	计女
文理	物理	25	13	2	4			1	1		3				1												22	3
	化学	21	5	2	8				1	1	2				1		1										18	3
	生物	5	1	1	3																						4	1
	小计	138	64	11	43	1		1	3	1	5				3		3						1			1	123	15
工	电机工程	99	46		39	1			2		4		2		1		1		3								98	1
	化学工程	59	21	1	26		3		1				2		3		1		1								58	1
	土木工程	98	53	2	36		2				1		1		1				2								96	2
	测量	17	2		10		4		1																		17	
	小计	273	122	3	111	1	12		5		4		5		5		2		3								269	4
农	农艺	31	6		16	1	2		1				1				1		2				1				30	1
	园艺	25	9	2	4		5				1		2						2								23	2
	森林	18	5		5		2								1						1		1		1		18	
	蚕桑	15	5	1	5	1													1		1						13	2
	农业社会	11	3	3	1				1		1								1		1		2	3	1		8	3
	小计	100	28	6	31	2	12	1	11	1	10	1	9		8		8		8		3		3	3	1		92	8
总计		511	214	20	185	4	25	1	11	1	10		9		8		8		8		3		3			1	484	27
百分比		100	45.79		36.98		5.08		2.35		1.95		1.76		1.57		1.57		1.57		0.59		0.59		0.2		100.00	

《国立浙江大学校刊》第七十四期，民国二十年十一月二十八日

国立浙江大学二十年度下学期学生人数统计表
（1932 年 6 月 25 日）

学院别	科系别	总数	正式生 一男	一女	二男	二女	三男	三女	四男	四女	借读生及旁听生 一男	一女	二男	二女	三男	三女	四男	四女	合计 正式生 男	女	共	合计 借读生及旁听生 男	女	共
大学部（文理）	外国语文	17	4		3	2		2			1	2	3						7	4	11	4	2	6
	教育	48	15	1	7	1	4	1	7		3	3		1	2	2		1	33	3	36	5	7	12
	史政	10			1		1		7		1								9		9	1		1
	经济	4							4										4		4			
	数学	13	4		4		3		2										13		13			
	物理	25	8	3	1	1	6		4		1				1				19	4	23	2		2
	化学	20	10		3		3	2	1		1								17	2	19	1		1
	生物	3	1						1								1		2		2	1		1
	心理	1							1										1		1			
	小计	141	46		23		22		27		12		4		5		2		105	13	118	14	9	23
工	电机	86	28		20		17		14	1	5				1				79	1	80	6		6
	化工	52	17		12		11		10	1			1						50	1	51	1		1
	土木	92	18		30		19	2	17		5		1						84	2	86	6		6
	测量	14			7		4		3										14		14			
	小计	244	63		69		53		46		10		2		1				227	4	231	13		13

续 表

学院别	组别	科系别	总数	正式生一男	一女	二男	二女	三男	三女	四男	四女	借读一男	一女	二男	二女	三男	三女	四男	四女	合计正式男	正式女	正式共	合计借读男	借读女	借读共
大学部	农	农艺	25	9	1	13		2												24	1	25			
大学部	农	森林	16	5		9		2												16		16			
大学部	农	园艺	18	7	1	8	1	1												16	2	18			
大学部	农	农业社会	10	4	2			3	1											7	3	10			
大学部	农	蚕桑	11	3		4	1	2	1											9	2	11			
大学部	农	小计	80	28	4	34	3	10	1											72	8	80			
大学部		合计	465	133	8	120	9	80	6	71	2	17	5	6		3	3	1	1	404	25	429	27	9	36
高中部	工	电机	65	19		22	1	21				2								62	1	63	2		2
高中部	工	机械	46	23		14		9												46		46			
高中部	工	土木	74	20		23		31												74		74			
高中部	工	染织	37	15		12	5	3	1							1				30	6	36	1		1
高中部	工	小计	222	77		71	6	64	1			2				1				212	7	219	3		3
高中部	农	普通	26			26														26		26			
高中部	农	农艺	22	11	1	8	2													19	3	22			
高中部	农	森林	22	9		12		1												22		22			
高中部	农	农业社会	10	5	5															5	5	10			

续　表

学院别	科系别	总数	正式生 一 男	一 女	二 男	二 女	三 男	三 女	四 男	四 女	借读生及旁听生 一 男	一 女	二 男	二 女	三 男	三 女	四 男	四 女	合计 正式生 男	正式生 女	正式生 共	借读生及旁听生 男	借读生及旁听生 女	借读生及旁听生 共
农	小计	80	20	1	24	7	28												72	8	80			
高中部	合计	302	97	1	95	13	92	1											284	15	299	3		3
大学高中合计		767	98		108		93								39				688	40	728	30	9	39

国立浙江大学二十一年度第一学期各项统计图表

（1932 年 11 月）

《国立浙江大学校刊》第九十八期·民国二十一年六月二十五日

一、本大学及代办浙江省立高级工、农科中学学生人数统计表

学院	科系	总计	正式生 一 男	一 女	二 男	二 女	三 男	三 女	四 男	四 女	旁听生及借读生 一 男	一 女	二 男	二 女	三 男	三 女	四 男	四 女	合计 正式生 男	正式生 女	正式生 共	旁听生及借读生 男	旁听生及借读生 女	旁听生及借读生 共
大学部 文理	外国语文	15	5	2	2	2	2	1											9	5	14	1		1
	史学与政治	2			1		1												2		2			
	政治	13	13																13		13			
	教育	56	14	3	19	3	8	1	5	1									46	8	54	1	1	2
	数学	23	7	3	6	3	4		3										20	3	23			

续　表

学院	科系	总计	正式生 一男	一女	二男	二女	三男	三女	四男	四女	旁听生及借读生 一男	一女	二男	二女	三男	三女	四男	四女	合计 正式生 男	正式生 女	正式生 共	旁听及借读生 男	女	共
文理	物理	25	3	3	8	3	1		7										19	6	25			
	化学	25	8	1	8	1	2		4						1				22	2	24	1		1
	生物	14	5		1				1				7						7		7	7		7
	小计	173	55	12	44	6	18	3	21	3									138	24	162	10	1	11
工（大学部）	电机工程	111	29		31		22		19		3		7						101		101	10		10
	化学工程	68	21	3	19		12		9	1			1	1	1				61	4	65	2	1	3
	土木工程	99	28	1	22		17	1	24	1	2		3						91	3	94	5		5
	测量	12					12												12		12			
	机械工程	19	18								1								18		18	1		1
	小计	309	96	4	72		63	1	52	2									283	7	290	18	1	19
农（大学部）	农艺	60	29	1	14	1	13		2										58	2	60			
	森林	20	3		6		9		2										20		20			
	园艺	27	9		6	2	8	1	1										24	3	27			
	农业社会	18	10	1	3		1	1	2										16	2	18			
	蚕桑	13	2		2	1	3	1	3	1									10	3	13			
	小计	138	53	2	31	4	34	3	10	1									128	10	138			

续 表

学部	学院	科系	总计	正式生								旁听生及借读生								合计					
				一		二		三		四		一		二		三		四		正式生			旁听及借读生		
				男	女	男	女	男	女	男	女	男	女	男	女	男	女	男	女	男	女	共	男	女	共
大学部		合计	620	204	18	147	10	115	7	83	6	7	2	19		2				549	41	590	28	2	30
高中部	工	电机	85	31	1	24		24	1			4								79	2	81	4		4
高中部	工	机械	67	30		23		13				1								66		66	1		1
高中部	工	土木	80	31	1	22		25				1								78	1	79	1		1
高中部	工	染织	59	24	6	11		12	5					1						47	11	58	1		1
高中部	工	小计	291	116	8	80		74	6			6		1						270	14	284	7		7
高中部	农	农艺	43	20		10	1	10	2											40	3	43			
高中部	农	森林	33	16		6		11												33		33			
高中部	农	农业社会	8					4	4											4	4	8			
高中部	农	小计	84	36		16	1	25	6											77	7	84			
高中部		合计	375	152	8	96	1	99	12			6		1						347	21	368	7		7
大学、高中合计			995																	896	62	958	35	2	37

附注：休学学生未列入。

二、本大学学生年龄统计表[①]

年龄	文理学院			工学院			农学院			总计	百分比
	男	女	小计	男	女	小计	男	女	小计		
总计	138	24	164	283	7	290	128	10	138	590	
16		1	1							1	0.17
17	1	1	2	5		5	2		2	9	1.52
18	5	4	9	18		18	4	1	5	32	5.42
19	17	3	20	33	1	34	17	1	18	72	12.19
20	18	3	21	37	0	37	13	3	16	74	12.53
21	29	6	35	70	3	73	33	2	35	143	24.22
22	21	4	25	45	1	46	24	2	26	97	16.51
23	21	0	21	39	0	39	14	0	14	74	12.54
24	19	1	20	20	0	20	11	1	12	52	8.81
25	1	0	1	9	2	11	10		10	22	3.73
26	3	1	4	6		6				10	1.69
27	2		2	0		0				2	0.33
28	0		0	1		1				1	0.17
29	1		1							1	0.17

附注:旁听、借读及休学生概未列入。

① 本表系由编者据原表改制。

三、本大学学生籍贯统计表

院别	学系	总数	浙江男	浙江女	江苏男	江苏女	江西男	江西女	四川男	四川女	安徽男	安徽女	福建男	福建女	湖南男	湖南女	广东男	广东女	广西男	广西女	湖北男	湖北女	云南男	云南女	山东男	山东女	山西男	山西女	河南男	河南女	河北男	河北女	陕西男	陕西女	总计男	总计女
文理	外国语文	14	1	3	4	1	3										1							1												9	5
	史学与政治	2	1		1																															2	
	政治	13	6		4		1		1		1																									13	
	教育	54	28	7	14				2				1				1					1														46	8
	数学	23	11	1	7	2	2																													20	3
	物理	25	13	4	2	1					1	1	3																							19	6
	化学	24	7	1	11		1					1	2						1																	22	2
	生物	7	2		5																															7	
	小计	162	85		52		7		3		4		6		1		1		1		1		1													162	
工	电机工程	101	49		38		3		3		2		2		2		1		1																	101	
	化学工程	65	17	2	34	1	2		1			1	1		1		2		2										1							61	4
	土木工程	94	38	2	38	1	3		3		3		1		2		1		1												1					91	3
	测量	12	2		7				1		1								1																	12	
	机械工程	18	3		11				2		2																									18	
	小计	290	113		130		8		10		9		4		5		4		5										1		1					290	

续 表

院别	学系	总数	浙江		江苏		江西		四川		安徽		福建		湖南		广东		广西		湖北		云南		山东		山西		河南		河北		陕西		总计	
			男	女	男	女	男	女	男	女	男	女	男	女	男	女	男	女	男	女	男	女	男	女	男	女	男	女	男	女	男	女	男	女	男	女
农	农艺	60	12	1	25	1	3		4		1		5		2		2		1						1						1		1		58	2
	森林	20	6		6		1		2		1						1				1						1								20	
	园艺	27	11	3	2				4				1		3		1						1		2										24	3
	农业社会	18	5	2	6		2				1				1						1														16	2
	蚕桑	13	4	1	6	1		1																											10	3
	小计	138	45		47		7		10		3		6		6	1	4		1		2	1	2		3		1		1		1		1		138	
总计		590	216	27	221	8	22	1	20	1	15	2	16		11	1	8		8		2	1	2		3		1		1		1		1		549	41
百分比			41.20		38.81		3.9		3.59		2.88		2.71		2.03		1.35		1.35		0.50		0.50		0.50		0.17		0.17		0.17		0.17		100	100

附注：旁听、借读及林学生概未列入。

四、本大学历届毕业学生统计表

院别	总计	民国十六年度		民国十七年度		民国十八年度		民国十九年度		民国二十年度		共	
		男	女	男	女	男	女	男	女	男	女	男	女
文理院	26									24	2	24	2
工院	125	17		14		21		31		42		125	
农院	61	3		14		11		31	2			59	2
总计	212	20		28		32		64		68		208	4

五、本大学历年度学生人数统计表

院别 \ 性别 \ 人数／年度		民国十六年度	民国十七年度	民国十八年度	民国十九年度	民国二十年度	民国二十一年度
文理院	男		36	54	90	123	138
	女		4	6	13	15	24
	共		40	60	103	138	162
工院	男	106	143	211	236	269	283
	女		1	2	4	4	7
	共	106	144	213	240	273	290
农院	男	66	59	57	82	92	128
	女	2	2	3	6	8	10
	共	68	61	60	88	100	138
总计		174	245	333	431	511	590

六、本大学代办浙江省立高级工科农科中学学生年龄统计表

科别 \ 性别 \ 人数／年龄			15	16	17	18	19	20	21	22	23	24	25
高级工科	男	270	6	17	34	60	64	51	24	11	2		1
	女	14		2	3	1	2	3	2	1			
	小计	284	6	19	37	61	66	54	26	12	2		1
高级农科	男	77		5	6	11	16	16	10	4	5	3	1
	女	7		1	1		1	1	1	1		1	
	小计	84		6	7	11	17	17	11	5	5	4	1
总计		368	6	25	44	72	83	71	37	17	7	4	2
百分比		$\frac{100}{100}$	1.62	6.75	11.97	19.58	22.57	19.31	10.06	4.62	1.89	1.09	0.54

附注：旁听、借读及休学生概未列入。

七、本大学代办浙江省立高级工科农科中学学生籍贯统计表

科别	项目	总数	浙江 男	浙江 女	江苏 男	江苏 女	江西 男	江西 女	福建 男	福建 女	安徽 男	安徽 女	湖南 男	湖南 女	广东 男	广东 女	广西 男	广西 女	四川 男	四川 女	共计 男	共计 女
高级工科	电机	81	63	1	10	1	1		2		1				1				1		79	2
	机械	66	62		1		1		1		1										66	
	土木	79	66		7	1	1				1		2				1				78	1
	染织	58	40	7	6	2		2													47	11
	合计	284	231	8	24	4	3	2	3		4		2		1		1		1		270	14
高级农科	森林	33	27		1		4		1												33	
	农艺	43	31	3					3		1		3		2						40	3
	农业社会	8	4	3		1															4	4
	合计	84	62	6	1	1	4		4		1		3		2						77	7
总计		368	293	14	25	5	7	2	7		5		5		3		1		1		347	21
百分比			83.42		8.15		2.45		1.90		1.36		1.36		0.82		0.27		0.27		$\frac{100}{100}$	

八、本大学代办浙江省立高级工科、农科中学历年学生人数统计表

科别	性别\年度	民国十九年度	民国二十年度	民国廿一年度
高级工科	男	92	184	270
	女	7	10	14
	共	99	194	284
高级农科	男	35	59	77
	女	7	8	7
	共	42	67	84
总计		141	261	368

九、本大学及代办浙江省立高级工科、农科中学教职员人数性别统计表

项目		专兼任\性别 总计	专任 男	专任 女	兼任 男	兼任 女	附注
大学部	职员 秘书处	76	71＋	5			1.＋驻文理院者九人,工院十人农院十二人;兼各院教员者二人;
	职员 文理院	7	7				2.⊕兼农院教员者一人,兼工院教员者一人;
	职员 工院	10	10△				3.×兼工院教员者一人,兼高工教员者一人;
	职员 农院	25	23	2			4.＊兼农院教员者二人,兼高工教员者十四人;
	职员 小计	118	111	7			5.⊗兼农院教员者一人;
	教员 文理院	50	43⊕	1	6×		6.。兼高农教员者十八人;
	教员 工院	52	48＊	1	3⊗		7.①兼高农教员者三人;
	教员 农院	44	38。		6①		8.⊖兼高工、高农训育主任者各一人,办理高工、高农斋务者各一人;
	教员 小计	146	129	2	15		9.△兼女生体育教员者二人;
	军训教育	4	4				10.□高中军训、体育及医务等均由本大学军训、体育、医务等各部处教职员兼任;
	体育教员	7	7				11.▽加校长一人,总数即为337;
	生活指导员及斋务员	13	10⊖	3△			12.▽兼高工教职员者各一人。
	务医及医务员	9	8	1			
	合计	297	269	13	15		
			282		15		
□高中部	高工 职员	4	4				
	高工 教员	24	21		3		
	高工 小计	28	25		3		
	高农 职员	2	2				
	高农 教员	9	6		3		
	高农 小计	11	8		3		
	合计	39	33		6		
			33		6		
大学、高中合计		▽336	315	21			

十、本大学及代办浙江省立高级工科农科中学教职员籍贯统计表

项目（大学部）	性别总计	浙江男	浙江女	江苏男	江苏女	江西男	江西女	安徽男	安徽女	湖南男	湖南女	河北男	河北女	福建男	福建女	广东男	广东女	广西男	广西女	湖北男	湖北女	河南男	河南女	四川男	四川女	辽宁男	辽宁女	贵州男	贵州女	美国男	美国女	合计男	合计女
（职员）秘书处	76	42	3	8	1	9	1	2		3		2		1				1		2								1				71	5
（职员）文理院	7	6												1																		7	
（职员）工院	10	7		3																												10	
（职员）农院	25	19	1	3	1									1																		23	2
小计	118	74	4	14	2	9	1	2		3		2		3				1		2								1				111	7
（教员）文理院	50	27		12	1	3		2		2				1		2																49	1
（教员）工院	52	20		23		3		2		1												1		1							1	51	1
（教员）农院	44	25		11		3		1		1						3																44	
小计	146	72		46	1	9		5		4				1		5						1		1							1	144	2
军训教员	4											3										1										4	
体育教员	7	1								2								2								2						7	
生活指导员及高务员	13	3		1	1		2	2						2		1								1								10	3
校医及医务员	9	8	1																													8	1
合计	297	158	5	61	4	18	3	9		9		5		6		6		3		2		2		2		2		1			1	284	13

注：籍贯分"本国籍"（浙江、江苏、江西、安徽、湖南、河北、福建、广东、广西、湖北、河南、四川、辽宁、贵州）与"外国籍"（美国）两类。总计合计 297（男 284，女 13）。

续　表

项目	性别	总计	浙江		江苏		江西		安徽		湖南		河北		福建		广东		广西		湖北		河南		四川		辽宁		贵州		美国（外国籍）		合计	
			男	女	男	女	男	女	男	女	男	女	男	女	男	女	男	女	男	女	男	女	男	女	男	女	男	女	男	女	男	女	男	女
高工	职员	4	3		1																													4	
高工	教员	24	15		8									1																				24	
高工	小计	28	18		9									1																				28	
高农（高中部）	职员	2			1		1																											2	
高农（高中部）	教员	9	6		1		1		1																									9	
高农（高中部）	小计	11	6		2		2		1																									11	
合计		39	24		11		2		1					1																				39	39
大学、高中合计		336	187		76		23		10		9		6		6		6		3		2		2		2		2		1		1		336	336
百分比		100/100	55.65		22.62		6.84		2.97		2.68		1.79		1.79		1.79		0.89		0.6		0.6		0.6		0.6		0.29		0.29		100/100	100/100

国立浙江大学秘书处出版课:《国立浙江大学一览》,民国二十一年十二月

国立浙江大学二十二年度上学期学生人数统计

(1933 年 10 月 7 日)

院系别	级别／性别	一年级		二年级		三年级		四年级		合计		总计	备考
		男	女	男	女	男	女	男	女	男	女		
文理	外国语文学	10	4	3	1	2		2	1	17	6	23	本院政治系四年级一人在北大借读；二年级二人在北大借读。他校学生在本院教育系借读者五人，化学系借读者一人，生物系借读者八人，共计十四人，均不列入。
	教育	14	5	18	3	18	4	8	1	58	13	71	
	政治			2				1		3		3	
	数学	3		4	3	7		3		17	3	20	
	物理	9	5	6	3	8	3	1		24	11	35	
	化学	14	4	9	1	7		2	1	32	6	38	
	生物	7	4	5		2				14	4	18	
	小计	57	22	47	11	44	7	17	3	165	43	208	
工	电机工程	25		28		26	1	24		103	1	104	本院有化学工程系三年级生一名，在广西大学借读。他校学生在本院电机工程系借读者四人，化学工程、土木工程及机械工程各系借读者各一人，共计七人，均不列入。
	化学工程	20	2	23	3	18		12		73	6	79	
	土木工程	24		26	1	20		32		102	1	103	
	机械工程	20	2	16						36	2	38	
	小计	89	4	93	4	64	1	68	1	314	10	324	
农	农艺			20	1	14	1	13		103	7	110	本院一年级学生不分系，内有试读生一名，暂不列入。
	森林			2		6		9		17		17	
	园艺			8		6	2	9		23	2	25	
	农业社会			9	1	4			1	13	2	15	
	蚕桑			2	1	2		4	1	8	2	10	
	小计	52	5	45	3	32	3	35	2	164	13	177	
三院合计		198	31	185	18	140	11	120	6	643	66	709	

《国立浙江大学校刊》第一百四十六期，民国二十二年十月七日

（三）学生团体

1. 学生自治会

部令学生会应改组为学生自治会

（1930 年 4 月 13 日）

本校前奉教育部训令：以奉行政院《令发学生自治会组织大纲》，当经分别转饬遵照在案。所有公私立各级学校原有学生会，应自本学期起，遵照中央新颁《学生自治会组织大纲》，一律改组，仰即遵照办理，等因。当以该项大纲未蒙颁发到校，呈请补发。兹奉部颁发该项大纲并《学生团体组织原则》等八种到校，已分函各院查照办理。兹照录 1. 学生团体组织原则；2. 学生自治组织大纲；3. 专门学校以上之学生自治会组织系统图；4. 中等学校学生自治会组织系统图；5. 文化团体组织原则；6. 文化团体组织大纲于后：

学生团体组织原则

（十九年一月二十三日中央第六十七次常务会议通过）

一、范围

以在学校以内组织为限。

二、目的

本三民主义之精神，作成学生在学校以内之自治生活，并促进其智育、德育、体育、群育之发展。

三、名称

暂定为学生自治会。

四、方式

采委员制。

五、职权

以不侵犯学校行政为限。

六、小学校之学生团体组织不适用本规定。

学生自治会组织大纲

（十九年一月二十三日中央第六十七次常务委员会议通过）

第一条　本大纲根据学生团体组织原则制定之。

第二条　凡中等以上各种学校学生不分性别，皆得在学校以内组织学生自治会。

第三条　各学校学生自治会之名称，须冠以该校之校名。

第四条　学生自治会之组织以本三民主义之精神，作成学生在学校以内之自治生活，并促进其智育、德育、体育、群育之发展为目的。

第五条　学生自治会之权力属于会员全体，由会员大会或以会员总投票之方式行使之。

前项会员总投票之方式另订之。

第六条　学生自治会之权力机关为会员大会,在会员大会闭会期间为代表会,在代表会闭会期间为干事会。

第七条　代表会之代表由各年级或各院科系按照人数比例选出代表若干组织之。

第八条　代表会之代表每学年改选一次,于第一次集会时互选干事若干人组织干事会。

第九条　凡中等学校之学生自治会其干事会之干事定为五人至九人,候补干事一人至三人,并由干事互选常务干事一人。

第十条　凡中等学校之学生自治会其干事会下得设文书、事务、学术、体育、游艺各股,由干事互选分掌之。

第十一条　凡专门学校以上之学生自治会其干事会之干事,定为十一人至十七人,候补干事三人至五人,并由干事互选常务干事一人至三人。

第十二条　凡专门学校以上之学生自治会其干事会下设事务、学术二部,各部之下酌设下列各股,概由干事互选分掌之。

一、事务部

文书股

庶务股

会计股

卫生股

二、学术部

研究股

出版股

游艺股

体育股

第十三条　干事会下得酌量增设合作社,须仿照一般合作社组织,力求节省开销,增进效率。

第十四条　干事会下如遇特殊事项发生,得组织特种委员会,其委员就会员中推任之。

第十五条　学生自治会不得干涉学校行政。

第十六条　全体会员大会每学期开会一次,遇必要时,经干事会或代表会之决议,或会员四分之一以上之建议,由干事会召开临时大会。

第十七条　代表会每三月至少开会一次,遇必要时,经干事会之决议,或代表会代表三分之一,或会员五分之一以上之建议,由干事会召开临时大会。

第十八条　干事会每二星期至少开会一次,遇必要时得开临时会,由常务干事召集之。

第十九条　学生自治会会员在会务范围以内,具有选举、罢免、创制、复决之权。

第二十条　学生自治会之经费以会员会费及其他捐款充之,必要时得请求学校补助。

第二十一条　学生自治会章程须遵照本大纲制定,呈请当地高级党部核准后,呈报主管官署备案。

第二十二条　本大纲由中国国民党中央执行委员会议决施行。

专门学校以上之学生自治会组织系统图

（十九年一月二十三日中央第六十七次常务委员会议通过）

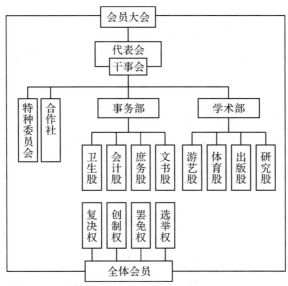

文化团体组织原则

（十九年一月二十三日中央第六十七次常务会议通过）

一、凡具增进学术、教育，或改良风俗、习惯等性质之团体，皆属文化团体。

二、文化团体之目的，在增进中国文化，发扬民族精神，以促成社会之进步。

三、文化团体不得于三民主义及法律规定之范围以外为政治运动。

四、文化团体之活动不得有妨害社会之公共利益。

五、文化团体之名称须与其组织之宗旨相符。

六、本原则于宗教团体准用之。

文化团体组织大纲

（十九年一月二十三日中央第六十七次常务会议通过）

第一条　本大纲根据文化团体组织原则制定之。

第二条　凡具有增进学术、教育或改良风俗、习惯等性质之团体，皆属文化团体。

第三条　文化团体之目的在增进中国文化，发扬民族精神，促成社会之进步。

第四条　文化团体之名称，须与其组织之宗旨相符。

第五条　有左列情事之一者，不得为文化团体之会员：

一、违背三民主义之言论或行为；

二、褫夺公权；

三、患精神病；

四、嗜好赌博或吸食鸦片。

第六条　文化团体不得于三民主义及法律规定之范围以外为政治运动。

第七条　文化团体之活动不得妨害社会公共利益。

第八条　文化团体之组织方式得按其性质及地方情形规定之。

第九条　文化团体于必要时得组织临时或特种委员会,但须先呈请当地高级党部及主管官署备案。

第十条　文化团体之经费以会员自行负担为原则。

第十一条　各文化团体之章程须遵照本大纲自行制成,呈请当地高级党部核准后,须呈报主管官署立案。

第十二条　本大纲于宗教团体准用之。

第十三条　本大纲如有未尽事宜,由中国国民党中央执行委员会修正之。

第十四条　本大纲由中国国民党中央执行委员会议决施行。

《国立浙江大学校刊》第九期,民国十九年四月十三日

学生自治会成立
(1930 年 5 月 17 日)

文理学院学生会,自奉部令改组为学生自治会后,即积极筹备,兹该会业经改组完竣,于五月四日,正式成立,改称学生自治会。内部职员如下:

代表会主席	顾文渊
秘书	朱壬葆 宋钟岳
干事会常务干事	顾文渊
文书股长	陆景模
庶务股长	斯芳
会计股长	蒋铭新
学艺股长	黄肇兴
娱乐股长	朱宗英
卫生股长	何紫玉
运动股长	方震乾
交际股长	韦保泰

《国立浙江大学校刊》第十二期,民国十九年五月十七日

国立浙江大学文理学院学生自治会会章
(1930 年 9 月 7 日)

第一章　总纲

第一条　本会定名为国立浙江大学文理学院学生自治会。

第二条　本会以三民主义之精神，作成同学在本学院内之自治生活，并促进其智育、德育、体育、群育之发展为目的。

第三条　本会会址设于本学院内。

第二章　组织

第四条　本会以本学院全体同学组织之。

第五条　本会组织系统如左表：

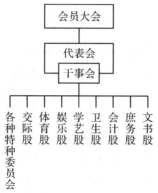

第六条　本会之最高权力机关为会员大会，在会员大会闭会期间为代表会，在代表会闭会期间为干事会。

第七条　代表会由各系代表组织之，每系人数在三人以下者产生代表一人，四人至六人者二人，七人至九人者三人，余类推。

第八条　代表会设主席一人，秘书二人，由各代表互选之。

第九条　代表会之代表，每学期改选一次于第一次集会时，互选干事九人组织干事会，候补干事三人，并由干事互选常务干事一人。

第十条　干事会各股设长一人，其职务由干事互选分掌之。

第十一条　干事会各股遇必要时，得聘股员若干人，由各该股股长提出人选，经干事通过聘请之。

第十二条　本会于必要时，由会员大会或代表会之议决，均得设立特种委员会隶属于干事会下。

第三章　职权

第十三条　代表会有议决本会进行工作大纲及审查预算、决算之权。

第十四条　代表会主席有召集代表会及会员大会之权。

第十五条　代表会秘书司记录及保管印信等事项。

第十六条　干事会有执行会员大会及代表会之议决案之责。

第十七条　干事会常务干事有处理日常事务及召集干事会之权。

第十八条　干事会各股之职权如左：

文书股掌理会议记录，起草文电，及保管印信等事项；

庶务股掌理购办、布置等事项；

会计股掌理收费、保款、收支、记账等事项；

卫生股掌理膳食、清洁及一切关于卫生等事项；

学艺股掌理出版刊物及一切学术研究等事项；

娱乐股掌理娱乐、游艺等事项；

体育股掌理各运动及比赛事等事项；

交际股掌理一切对外交际等事项。

第十九条　本会职员除规定外，不得兼职，但特种委员会职员不在此例。

第四章　会议

第二十条　会员大会每学期始末各开一次，在开学后二周内及放假前二周内举行之。

第二十一条　会员大会主席及记录，由代表会主席及秘书兼任之。

第二十二条　会员大会须有会员二分之一以上出席方能开会。

第二十三条　临时会员大会遇必要时，得由会员五分之一以上连名之要求，成代表会之议决，由代表会主席召集之。

第二十四条　代表会每月开会一次，遇必要时经干事会之请求，或代表会代表三分之一，或会员五分之一以上之建议，由主席召集临时会议。

第二十五条　干事会每二星期开会一次，遇必要时得开临时会，由常务干事召集之。

第五章　任期

第二十六条　本会职员任期以一学期为，连选得连任之。

第二十七条　本会经常费每学期每会员缴会费银洋一元，遇必要时，得由会员大会议决，向会员另征临时费，或请求校中补助之。

第二十八条　附则

1.本会职员遇被弹劾时，该员在会议上无表决权；

2.本会章程遇有不妥处，得于学期开始时，在会员大会中修改之；

3.本会章程经会员大会通过后施行。

《国立浙江大学校刊》第二十一期，民国十九年九月七日

文理学院学生自治会代表会会议细则

（1930 年 9 月 7 日）

第一条　本会依学生自治会章程第七条规定组织之。

第二条　本会讨论范围，依学生自治会章程第十三规定之。

第三条　本会常会每月举行一次，由主席召集之。时间、地点由主席先期酌定。临时会议遇必要时，经干事会之请求或代表三分之一以上或会员五分之一以上之建议，由主席召集之。

第四条　本会会议以全体代表二分之一以上法定出席人数，以出席人数二分之一以上法定表决人数。

第五条　本会主席因故缺席时暂由秘书代理。

第六条　本会主席之提议权与其他代表相同，惟自己提议时须离开主席地位。

第七条　本会开会以举手或投票为表决方式。

第八条　本会议案之次要者，得由主席用通函法征求各代表意见。

第九条　本会为改正草率之表决，得有复议之动议，凡代表皆可提出，惟限于在本次或下次会议提出，主席当先将可否复议付表决，然后复议该案内容。

第十条　本会开会时同学得列席旁听，但须得主席之允许。

第十一条　本会议程由主席及秘书在开会前编定通知各代表，重要者并须公布。但经出席人过半数之同意，得临时变更之。

第十二条　本会于需要时得设特种委员会，其组织法另定之。

第十三条　本会于需要时，得设临时审查会，由代表互选若干人组织之。

第十四条　本会之议决案，如未经本会之特别规定，其公布之方式及其时间得由主席酌定。

第十五条　本会议决事项交干事会执行之。

第十六条　本细则有未尽善处，得随时由本会自行修正。

《国立浙江大学校刊》第二十一期，民国十九年九月七日

国立浙江大学布告（第十八号）

（1932 年 9 月 17 日）

查本大学学生自治会亟应统一组织，除代办高中部学生自治会应另行组织外，兹规定大学部学生自治会之筹备事宜，由各学院学生分别推举本院学生代表五人，会同生活指导员协商办理。合行布告。务各于九月二十四日以前，将推定代表姓名，开报各本院生活指导员，以便定期会商。

此布。

校长程天放

中华民国二十一年九月十四日

《国立浙江大学校刊》第一百○三期，民国二十一年九月十七日

学生自治会筹备经过之另一报告

(1932 年 11 月 19 日)

　　九月中旬,校长布告,每院派代表五人,组织浙大学生自治会筹备会,着手进行。至九月二十九日,由学校方面代为召集,于下午五时假校长公舍开第一次会议,到会代表工院七人、农院三人、文理院五人,列席者指导员等六人,并由校长致词。因为工院代表提出人数问题,即由校长拟议改为谈话会。十月十日,学校方面又替我们定妥了开会日期,即由谈话会临时主席发出通告定于十三日召集第一次会议惟因开会前一日,接农院通知,不能出席,请求改期,于是延会。及至十月二十一日再召集会议,当时会场讨论之中心为各院代表之人数问题。嗣经议决,筹备会设一主席团,由各院代表中推代表一人组织之,其任务负责起草、审查各项提案,审查后再交本会(筹备会)出席各代表讨论表决,并轮流担任本会主席。二十三日主席团集议,草成会章草案——惟闻会章草案工院同学不能同意,筹备会遂亦停止进行。总之,此次大会成立阻碍之焦点,一方则为事实,一方则为法律。深望各方消除成见,使大会早观厥成也。(祥棽)

　　　　　　　　　　　　　《国立浙江大学校刊》第一百一十二期,民国二十一年十一月十九日

浙大学生自治会成立

(1933 年 11 月 9 日)

　　杭州国立浙江大学为浙省唯一最高学府,校风纯整,设备优良,内分文、理、农工三院,有学生八百余人。过去因三院成立先后历史关系,加以农院远在笕桥,以致三院分立,精神上形式上具成各自为政之状。去年程天放长该校时曾会努力于三院一统运动,卒告成功。而现在校长郭任远亦继其原有主张,将程前校长任内未能促成之学生自治会极力合作。结果三院原有之自治会代表均愿合作。乃于七日上午在该大学秘书处举行成立大会。当即推定屠潼为主席,先筹备经过详为报告,继则通过详章,最后大部分学生以该会成立之难,特提出于新职员完全产生后举行就职典礼,并同时筹备一盛大之游艺会以资庆祝。

　　　　　　　　　　　　　　　　　　　　　《新闻报》民国二十二年十一月九日

国立浙江大学学生自治会会章

(1933 年 11 月 11 日)

第一章　总纲

　　第一条　本会定名为国立浙江大学学生自治会。
　　第二条　本会本三民主义之精神,作成同学在本大学内之自治生活,并促进其智育、体育、群育之发展为目的。

第三条　本会会址设于本大学内。

第二章　组织

第四条　本会以本大学全体同学组织之。

第五条　本会组织系统如左表：

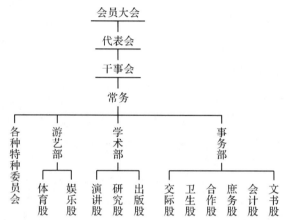

第六条　本会之最高权力机关为会员大会，在会员大会闭会期间为代表会，在代表会闭会期间为干事会。

第七条　代表会由各院代表组织之，每院人数在二百人以下者产生十五人，二百人以上者，每二十人增加一人。

第八条　代表会设主席一人，秘书二人，由各代表互选之。

第九条　代表会之代表每学期改选一次，于第一次集会时提出，干事会候选干事三十人（其中每院至少须八人），再由全体会员总投票产生干事十五人，组织干事会，但每院至少须有干事四人；候补每院各二人。

第十条　干事会设常务干事一人，各部设部长一人，各股设股长一人，其职务由干事互选分掌之。

第十一条　干事会各股遇必要时，得聘股员若干人，由各股股长提出人选，经干事会通过聘请之。

第十二条　本会于必要时，由会员大会或代表会之议决，均得设立特种委员会，隶属于干事会下。

第三章　职权

第十三条　代表会有议决本会进行工作大纲及审查预算之权。

第十四条　代表会主席有召集代表会及会员大会之权。

第十五条　代表会秘书司记录及保管印信等事项。

第十六条　干事会有执行会员大会及代表会之议决案之责。

第十七条　干事会常务干事有处理日常事务及召集干事会之权。

第十八条　干事会各股之职权如左：

文书股掌理会议记录，起草文电，及保管印信等事项；

庶务股掌理购办布置等事项；

会计股掌理收费、保款、收支、记账等事项；

卫生股掌理膳食清洁及一切关于卫生等事项；

合作股掌理一切合作事项；

交际股掌理一切对外交际等事项；

出版股掌理出版刊物事项；

研究股掌理学术研究等事项；

演辩股掌理演说辩论等事项；

娱乐股掌理娱乐、游艺等事项；

体育股掌理各种运动及球类比赛等事项。

第十九条　本会职员除规定外，不得兼职，但特种委员会职员不在此例。

第四章　会议

第二十条　会员大会学期始末各开一次，在开学后二周内及放假前二周内举行之。

第二十一条　会员大会主席及记录，由代表会主席及秘书兼任之。

第二十二条　会员大会须有会员二分之一以上出席为法定人数。

第二十三条　临时会员大会遇必要时，得由会员五分之一以上连名之要求经代表会之议决，由代表会主席召集之。

第二十四条　代表会每月开会一次，遇必要时经干事会之请求，或代表会代表三分之一，或会员五分之一以上之建议，由主席召集临时会议。

第二十五条　干事会每二星期开会一次，遇必要时得开临时会，由常务干事召集之。

第五章　任期

第二十六条　本会职员任期以一学期为限，连选得连任之。

第六章　经费

第二十七条　本会经常费每学期每会员缴会费银一元，遇必要时，得由会员大会议决，向会员另征临时费，或请求学校补助之。

第二十八条　附则

1.本会章程遇有不妥处，得于学期开始时，在会员大会中修改之；

2.本会章程经会员大会通过后施行。

《国立浙江大学校刊》第一百五十一期，民国二十二年十一月十一日

学生自治会本届代表产生

(1934 年 10 月 27 日)

学生自治会本届代表选举结果业已公布，其详情如后：

文学理院——代表计十六人

江希明	六二票	王承绪	五三票
王凯基	四三票	赵端英	四二票
王惠熹	四〇票	杨明洁	三七票
胡鼎新	三三票	王作民	三三票
徐瑞云	三二票	江芷	三〇票
任应淦	二九票	吴作邦	二九票
何志行	二八票	周鸿本	二四票
孙佣	二二票	朱光仕	二二票
次多数			
张克勤	二一票	姚国伟	二一票
王友沄	二一票	卢梦生	二〇票

工学院——代表计廿一人

王以仪	四一票	华忠	三九票
戴昌楫	三五票	汪乾	二九票
雷积	二八票	汪业镕	二七票
唐光勋	二五票	张全元	二五票
钮其如	二三票	许邦友	二三票
江从道	二一票	李剑青	一九票
许兴潮	一八票	孙观汉	一八票
卞华年	一八票	李培基	一七票
彭中甫	一七票	严怡和	一六票
王青娥	一六票	陈祖谋	一六票
宋廷幹	一六票		
次多数			
万钟英	一五票	潘尚贞	一五票
吴翼民	一五票	徐世功	一五票
王天一	一五票		

农学院——代表计十五人

陈克新	五〇票	许超	四四票
姚慧英	三九票	李时慎	三五票

续　表

蔡淑莲	二九票	熊良	二八票
丁汉臣	二七票	蒋书楠	二七票
杨守仁	二六票	程松生	二五票
萧泽	二三票	魏夏泉	二二票
陈钟亮	二二票	焦龙华	二二票
杨新美	二一票		
次多数			
沈静贞	二〇票	寿宇	二〇票
楼春梧	一九票	李文周	一八票

《国立浙江大学校刊》第一百八十八期,民国二十三年十月二十七日

2. 学生社团

国立浙江大学土木工程学会总章

(1930 年 3 月)

第一章　总纲

第一条　本会定名为国立浙江大学土木工程学会。

第二条　本会以研究土木工程,促进本大学土木工程科之发展,并协助社会建设为宗旨。

第三条　会址暂设国立浙江大学工学院内。

第二章　组织

第四条　凡本大学土木工程科同学皆为本会当然会员,土木工程科教授为本会特别会员,他科师生之对土木工程学有兴趣者,得会员三人以上之介绍,经理事会通过,亦得加入。

第五条　本会组织系统如下:

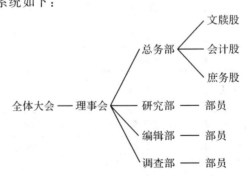

第六条　理事会设理事十一人，主席由总务部长专任，记录由文牍任之。总务部长缺席时，由文牍召集，主席临时推举之。

第七条　理事会各部股各设长一人，由理事互选之，各部部员由各该部部长负责聘请，交理事会通过之。

第三章　职权

第八条　全体大会为本会最高机关，有解决一切事务之权。

第九条　全体大会闭会后，以理事会为本会最高机关，理事会有议决会务方针之权，并执行大会议决案。

第四章　选举

第十条　理事会改选，在每学期常会时举行之。

第五章　开会

第十一条　常会每学期举行一次，由理事会定期召集之，有特别事故，得由理事会召集临时大会。

第十二条　全体大会须有在校会员五分之三以上出席，方能成会。

第十三条　理事会议由该会自行酌定之。

第十四条　大会主席及记录临时推定之。

第六章　任期

第十五条　任期为一学期，连举得连任之，但不得过二次。

第七章　经费

第十六条　每学期当然会员及特别会员皆应各纳会费一元。

第十七条　临时费由理事会决定，临时征收及募集之。

第八章　附则

第十八条　各部办事细则由各该部自行议定，交理事会通过之。

第十九条　本章程有不妥处，经十人以上提议，由大会出席会员过半数通过得修改之。

第二十条　本章程自经第一次全体大会议决，公布后施行之。

第一任理事

胡鸣时　徐邦宁　李恒元　洪西青　吴锦安　刘俊杰　徐学嘉（辞职，由张德锠递补）　李兆槐　丁守常　徐世齐（辞职，由戴顗递补）　金学洪

第一届职员

总务部长	胡鸣时		
文牍	吴锦安		
会计	洪西青		
庶务	李兆槐		
研究部长	刘俊杰		
译述主任	罗元谦		
实习主任	茅绍文		
参观主任	孙经楞		
讲演主任	胡鸣时		
调查部长	李恒元		
主任	胡鸣时	徐邦宁	宋梦渔
编辑部长	丁守常		
编辑主任	丁守常		
事务主任	徐邦宁		

《土木工程》一九三〇年第一卷第一期,民国十九年三月

国立浙江大学农学院益智社简章
(1930 年 5 月 3 日)

第一章　定名及宗旨

第一条　本社定名为国立浙江大学农学院益智社。

第二条　本社遵奉中国国民党党纲党义,研究关于农业艺术上政策上之种种问题,以期增进学识为宗旨。

第二章　入社资格

第三条　凡本院同学之表同情者,由本社社员一人以上之介绍,并经本社执行委员会之通过均得为本社社员。

第四条　本社得聘本院教职员为名誉社员。

第三章　组织

第五条　本社由本社社员组织之。

第六条　本社设执行委员会以进行本社事务,其委员由各部、股之主任充之。

第七条　本社执行委员会设常务委员三人,由各部主任充之。

第八条　本社设社务、学艺、推广三部,各部各设主任一人,总理各部事宜。

第九条　社务部设文书、交际、庶务、会计、图书五股,学艺部设农艺、森林、园艺、畜牧、蚕桑、农具、病虫害、农艺化学、农业社会、农业经济十研究股,推广部设编辑、出版两股。各股各设主任一人。

第十条　本社各部主任及社务、推广两部所属各股主任,由全体社员记名票选之;学艺部所属各股主任,由各该股自行选举之。

第十一条　各部股主任任期以半年为限,但连举得连任。

第四章　权利及义务

第十二条　本社社员得各随其性之所近,加入学艺部中某一研究股研究之。

第十三条　凡本社社员均有缴纳社费之义务。

第十四条　凡本社社员均有借阅本社所备之图书及选举与被选举之权利。

第五章　经费

第十五条　本社经费分入社费、常年费、特别费三种,入社费每人小洋一角,常年费每年每人小洋四角,分两期缴纳,特别费于必要时筹募之。

第六章　会别及会期

第十六条　会议分四种:

1.大会每学期一次,于开学后四星期召集全体社员举行之;

2.临时会于必要时召集全体社员举行之;

3.执行委员会每两星期一次,由全体执行委员举行之;

4.研究会每两星期一次,由各研究股主任召集,各研究股研究员各自举行之。

第七章　附则

第十七条　开执行委员会及研究会时,有请名誉会员列席之可能。

第十八条　各股细则由各股另定之。

第十九条　本简章如有不妥处,得在大会中提出,经三分之二以上社员之同意得修改之。

第二十条　本简章自通过之日起发生效力。

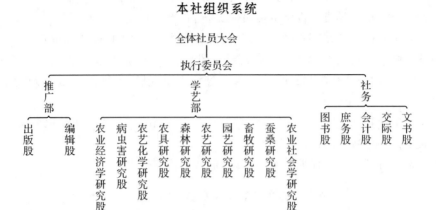

《国立浙江大学校刊》第十期,民国十九年五月三日

农村社会研究会概况

(1930 年 5 月 8 日)

农村社会研究会为农学院学会之一种,由农业社会系员生所组织,创设于民国十七年十二月廿四日,以依据学术的研究,解决农村社会问题为宗旨。创立之始,会员不过廿二人,以后本院各系同学亦有加入,现已增至卅五人。本会工作超重实际研究而外,复重调查,并每周举行讲演(讲演规则另附)。且与本院益智社社员联络,按期分赴宣家埠本院推广部所设之农民茶园讲演,颇得一般农民之信仰。惟成立伊始,经费维艰,对于文字上之宣传(出版刊物)尚嫌欠缺,犹幸去年西湖博览会开幕,本会略制出品于农业馆内,另辟农村社会部以陈列之,此为本会区区之贡献,未足为本会之事业也。至于内部组织,以会员全体大会为最高机关,大会闭会时,由执行委员会执行会务。执行委员除主席外,分事务、学艺、推广三大股,事务股之下又设文书、会计、干事各一人,每周开执行委员会一次,以讨论本会一切进行事务。此本会之概况也。兹附简章及讲演规则如左:

国立浙江大学农学院农村社会研究会简章

第一条　本会定名为农村社会研究会。

第二条　本会以依据学术的研究解决农村社会问题为宗旨。

第三条　本会由本院教职员学生有志研究农村社会者组织之。

第四条　本会事业暂定左列各项:

甲、举行讲演习及讨论会;

乙、实地调查(调查事项另定之);

丙、发行刊物;

丁、其他关于农村社会事项。

第五条　本会设执行委员会,由全体会员中选举执行委员会七人组织之,互推一人为

主席。

　　第六条　执行委员每学期改选一次,但得连举连任。

　　第七条　本会规定每学期开大会一次,由执行委员会召集,遇必要时得开临时大会。

　　第八条　本会会员每学期纳会费大洋二角,遇必要时得向会员募捐之。

　　第九条　本会办事细则另定之。

　　第十条　本简章如有不妥处得在大会中提出修改之。

《国立浙江大学校刊》第十一期,民国十九年五月八日

农学院森林学会概况

(1930 年 5 月 24 日)

　　该会成立于十八年秋,距本校之设立期二年,旨在团结精神,共同研究,以平日所学所得,作实地之试验,期有所供〔贡〕献于国人,同时对于民间之造林事业,亦尽力宣传指导,使之发展。该会会员分为二种:(一)赞助会员。凡森林系同学以外之有志林业或愿赞助该会之进行者,均得为该会赞助会员;(二)普通会员。系森林本系同学及本院教职员愿入该会者充之。现在会员共计四十余人,内赞助会员十人。经费方面甚属有限,因此对于事业之发展,未能畅所欲行。兹将工作概况与简要如下:

　　(1)关于研究者

　　本院林场占地甚广,地均平沃,更有分林四处,第三林场之演习林,现已蔚然可观,故既有地积可供插条、插种、移植、接木等之试验,对于森林抚育及经理测树保护,亦均已堪供相当之试验。插条则如杨类、柳类、法国梧桐之倒插试验;插种则在我浙所产之重要树种,均已搜集殆全。又该会会员奉省府派赴德国考察之杨靖孚君,最近由德国寄到该国重要树种六十余种,现均已划区播种,一俟试验有效,即可分发各地栽植。移植、接木则均就本院林场固有之苗木分别试验。此外,试验之已有报告者,有会员朱允述之《油桐与乌桕之研究》,盛耕南之《竹类之研究》,正在研究者有会员滕咏延之《樟之研究》。至抚育、保护、经理,刻亦均在进行中。

　　(2)关于宣传者

　　年来浙省政府对于林业设施,极加提倡,一年一度之植树节,更有大规模之运动,本会会员除任植树运动筹备外,又另组宣传队到民间宣之,宣传品之已刊发者,有会员杨靖孚传《造林须知》,滕咏延之《植树节之认识》,朱允述之《植树须知》;正在付梓者有王相骥之《植树的方法》,李守藩之《浙江造林树种志略》。此外会员中之研究心得及小品文字、森林常识等,在各种杂志及本院院刊上发表者亦甚多。新近该会又议决出版定期刊物,专载森林上之重要学说,定名《林钟》,不日即可出版。

　　(3)关于指导者

　　指导本为提倡造林之最要工作,成效亦最易见。该会同人极愿与民众直接发生关系,然事与愿违,每难兼顾,仅于每年省会植树运动大会及常时在本院附近随时指导民众外,实少远出之可能。

(4)关于会务者

该会年开大会二次,成立时会员仅十一人,到了第二次大会时,骤增至四十余人。执委五人,年选一次,第一届执委为林渭访、孙虹顾、滕咏延、朱允述、王沛棠,主席为王沛棠。第二届执委为孙虹顾、邵维坤、林渭访、王沛棠、朱允述,主席为王沛棠。

(5)会员在外服务之情形

该会会员在本院大学部毕业者,十八年夏有三人。

《国立浙江大学校刊》第十四期,民国十九年五月二十四日

工学院演说竞赛会简则
(1930 年 5 月 24 日)

(十九年五月十三日院务会议修正通过)

(一)演说竞赛分国语、英语两组,各设指导委员会。

(二)大学、高工两部于每年五月二十日前每级由级预赛或推举法选定同学十六人,为国语、英语二组,正副竞赛员各四人,参加全院预赛;如不能全数产出时,由教务、训育二处派定以足每级每组正副八人之数。

(三)各级竞赛员一经举出或派定,不经院方许可而不参加竞赛者,照课外作业竞赛总规则办理。

(四)正竞赛员及副竞赛员产出后以两个月为训练时期。

(五)每年双十节举行全院预赛,大学、高中分别举行。

(六)每年三月下旬举行决赛,大学、高中分别举行。

(七)竞赛员得随时向指导委员会请求指导。

(八)奖品分二种:一系个人分数最多者之第一名,奖绣旗锦标,由院永远保存;一系个人分数最多者之前三名,奖银爵、银盾、银牌。

(九)指导员由院长聘请院内教授、院外名人任之。

(十)评判员聘请院外名人任之。

(十)本会一切筹备事宜由教务、训育两处共同办理。

《国立浙江大学校刊》第十四期,民国十九年五月二十四日

国立浙江大学农学院学生体育会简章
(1930 年 6 月 7 日)

一、定名

本会定名为国立浙江大学农学院学生体育会。

二、宗旨

以促进体育联络感情为宗旨。

三、入会资格

凡本院学生均得为本会会员。

四、组织

本会分会员大会及常务委员会。

常务委员下设行政部、技术部。兹列系统及人数表于下：

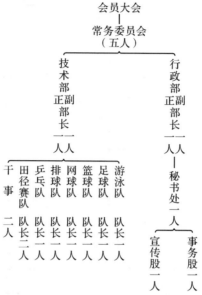

（一）常务委员五人中得互推一人为主席；

（二）各部长由常务委员中四人兼充之；

（三）遇必要时得由行政部组织啦啦及看护等队。

五、职权

A. 本会最高之权为会员大会，在会员大会闭会期间为常委会；

B. 行政部专管一切行政事宜；

C. 技术部专理一切技术上之事宜。

六、会期

会员大会以学期开始时开会一次，如遇必要时或会员四分之一之请求，得由常委召开临时大会。

常委会每二周开会一次，如遇必要时得开临时会议。

七、任限

本会之职员以一年为任限，常委会之五人连选不得连任。

八、选举

本会一切选举均采记名投票法，每学年开始时举行改选。

九、义务

凡本会会员均宜具革命之热忱，努力体育之发展，以完成青年尚武之精神。

十、会费

本会无常年费，只入会费，如不敷时得实行特别捐款补充之。本会入会费定每人大洋一角。

十一、附则

（一）常务委员可兼一球队队长，但球队队长不得兼任他队队长；

（二）本会会章如有未尽妥善处，得由全体会员大会中提出修改之。

职员名单

主席	张受天
行政部	
正部长	王兆泰
副部长	王先之
秘书	赵婉苹
事务股	陆守仁
宣传股	陆年青
技术部	
正部长	吕福和
副部长	杨柏青
田径赛队队长	张勔新　吴天幹
游泳队队长	张树梓
足球队队长	章恢志
篮球队队长	杨柏青
网球队队长	金德祥
排球队队长	钱鼎
台球队队长	张端祥
干事	秦翊　张曾天

《国立浙江大学校刊》第十五期，民国十九年六月七日

文理学院教育学会成立

(1931 年 10 月 10 日)

文理院教育学系学生本学期发起组织之教育学会业于十月九日举行成立大会。计到院长邵裴子，教授郑晓沧、孟宪承、俞子夷、黄翼、沈有乾及会员等三十余人。由陆景模临时主席报告发起经过，次由邵院长训词，复次由各教授先后叙述"教育与国家之关系""三十年中教育办理之失败"，以及"将来应走之途径"，末由吴志尧、吴家谟演说，略谓该会于此国难中成立，将更有重大使命云。兹将该会会章志后：

国立浙江大学文理学院教育学会会章

一、本会定名为国立浙江大学文理学院教育学会,会址设于国立浙江大学文理学院内。

二、凡本校教育系同学皆为本会会员,本院长暨本系各教授为本会之名誉会员。

三、本会宗旨在使会员间于知识上能互相攻错,于行谊上能互相砥砺,以期养成精神的理知的结合。

四、本会重要事务暂定如下:

A. 聘请专家举行学术讲演(必要时得联合会外教育团体进行);

B. 指定会员作专题研究或读书报告;

C. 参观;

D. 举行定期茶会及郊游;

E.(于经济,时间可能时)对外发表本会研究成绩。

五、本会内各项事务由会员大会推举执行委员三人办理之,执行委员得互推主席一人,对外代表本会,对内召集会议,及商同委员计划会务进行办法。

六、本会职员任期以一学期为限,连选得连任之。

七、本会经常费每一会员每学期缴纳大洋五角,遇必要时,得酌量情形征收临时费。

八、本会章经全体会员大会通过施行。

《国立浙江大学校刊》第六十七期,民国二十年十月十日

文理学院物理学会成立
(1931 年 12 月 12 日)

文理学院物理系学生蒋铭新、黄缘炘、王谟显等发起物理学会加入者甚多,经呈请学校立案照准,业于十一月二十日下午七时开成立大会。首由筹备会蒋铭新报告筹备经过,次由张副院长致辞,其后通过会章,选举委员三人。结果王谟显(主席)、蒋铭新(总务)、王善同(秘书)当选。十时散会。

又闻该会于十二月五日,开茶话会,由委员会分配各会员工作为编集物理学译名,于六日开始进行,期于本学期完成云。

国立浙江大学文理学院物理学会会章

一、本会定名为国立浙江大学文理学院物理学会。

二、凡本学院物理系同学皆得为本会会员,本学院教职员皆得聘为本会名誉会员。

三、本会以攻磋学问、联络感情为宗旨。

四、本会工作暂定如下:

甲、聘请专家举行学术讲演;

乙、编集译名常数及表式等;

丙、报告会员研究成绩;

丁、举行定期茶会及郊游。

五、本会各项事务由会员大会选举委员三人办理之。委员互推主席一人,对外代表本会,对内召集会议及商同委员,计划会务进行办法。

六、本会职员任期以一学期为限,但连选得连任之。

七、本会全体大会于每学期开学后二星期内举行一次,惟遇重要事宜,经会员三分之一以上之要求,或主席认为必要时,得临时召集之。

八、本会经费每学期每人一元,必要时经全体大会议决得征收临时费。

九、本会章有未妥善处,得在全体大会中修正之。

物理学会名誉会员

邵裴子　张绍忠　徐仁铣　程瀛章　马宗德　朱福炘　顾功叙　吴学兰　李立爱

《国立浙江大学校刊》第七十六期,民国二十年十二月十二日

国立浙江大学学生团体组织通则
(1932 年 9 月 24 日)

第一条　本大学各种学生团体之组织除另有规定者外,概依本通则办理。

第二条　本大学学生团体分为学生自治会、级会、各系学会及其他各种会社等。

第三条　本大学各种学生团体概须先向生活指导员声请登记,经生活指导员转陈校长核准后始得组织。

第四条　各种学生团体之活动均应请生活指导员参加。

第五条　各种学生团体之活动,生活指导员认为有疑难时得转陈校长作最后决定。

第六条　各系学会及其他学术团体组织时应先得本系主任或院长之同意,开会时应请院长、系主任或其他教授参加指导一切。

第七条　各种学生团体之组织规章须报由生活指导员核转校长备案。

第八条　本通则由校长公布施行,如有未尽事宜得临时修改之。

《国立浙江大学校刊》第一百〇四期,民国二十一年九月二十四日

农艺学会志盛
(1932 年 11 月 5 日)

本月廿五日晚七时半,农艺学会在生物教室开常年大会,到会八十一人,许院长、何指导员均出席参加,主席王金吾(农艺学系主任),记录施华麟。行礼如仪后,首由主席介绍由欧洲回国汤惠荪、蔡邦华、林谓访三教授演讲留欧情形,为引起听讲者兴趣起见,三先生均采用幻灯讲解方法,汤先生讲农村合作状况,蔡先生讲沿途风景,林先生讲森林,口讲指画,颇饶兴趣,演讲后,通过会章,并改选朱凤美、汤惠荪、蔡邦华、周汝浣、孙逢吉、王先之、丁文霖七

人为执行委员,十时半散会,是会除农艺系学生大部分加入外,各系教授加入者甚多,是诚一最佳之学会也,兹探录新通过之会章,公布如次:

国立浙江大学农学院农艺学会章程

第一条　定名

国立浙江大学农学院农艺学会。

第二条　宗旨

研究农艺学术,解决农业问题。

第三条　会员

本会会员分为普通与永久两种:

(一)在校教职员及同学为普通会员;

(二)离校教职员及同学为永久会员。

第四条　事业

(1)举行演讲会、讨论会;

(2)实地调查;

(3)发行刊物;

(4)研究其他属于农艺事项。

第五条　组织

本会执行委员七人组织执行委员会,推常务委员一人,总理本会一切事务,其余六人掌文书、会计、庶务、出版、演讲、调查等事宜,开会时以常务委员为主席。

第六条　任期

每学期改选一次,于每学期开始时举行大会时选举之,但连举得连任不得超过一次。

第七条　大会

每学期举行两次,由执行委员会定期召集之,遇必要时得召集临时会。

第八条　会费

永久会员征永久会费大洋五元,普通会员缴常年费大洋五角,特别捐遇必要时得由全体大会通过向会员募集之。

附则一、本会办事细则另订之。

附则二、本会简章有未妥处得由大会提出。

《国立浙江大学校刊》第一百一十期,民国二十一年十一月五日

国立浙江大学电机工程学会草章
(1933 年 1 月)

第一章　总纲

第一条　本会定名为国立浙江大学电机工程学会。

第二条　本会以联络感情、研究学术并促进本大学电机工程科发展为宗旨。

第三条　本会会址设国立浙江大学工学院内。

第二章　组织

第四条　凡本大学电机工程科同学皆为本会当然会员,本科教授及本科毕业同学为特别会员。

第五条　特别会员由干事会征求之,其权利与义务与当然会员同特别会员。

第六条　本会组织系统如下:

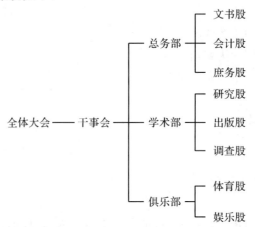

第七条　本会设干事十一人,由全体大会产生之,主席由总务部长兼任,记录由文书任之。总务部长缺席时,由文书召集,主席临时推举之。

第八条　干事会各部股各设长一人,由干事互选之,各股股员由各该股股长负责聘请,交干事会通过之。

第三章　职权

第九条　全体大会为本会最高机关,有解决一切事务之权。

第十条　全体大会闭幕后,以干事会为本会最高机关,干事会有议决会务方针之权,并执行大会议决案。

第四章　选举

第十一条　干事会改选每学期常会举行之

第五章　开会

第十二条　常会于每学期开始时举行一次,由干事会定期召集之,遇有特别事故,得有会员十人以上联名提议,经干事会认可得召集临事大会。

第十三条　全体大会须有在校会员五分之三以上出席方能成会。

第十四条　干事会常会每二星期举行一次,其日期由该会自定之。

第十五条　大会主席及记录临事推定之。

第六章　任期

第十六条　任期为一学期,连举得连任但不得过二次。

第七章　经费

第十七条　每学期当然会员应各纳会费半元。
第十八条　临时费由干事会决定临时征收之。

第八章　附则

第十九条　各部分办事细则另定之。
第二十条　本章程有不妥处,经十人以上提议由大会出席会员过半数通过得修改之。
第二十一条　本章程自经第一次全体大会议决公布后施行之。

《电机工程》一九三三年第一卷第一期,民国二十二年一月

民二三级筹办求是暑校

(1933 年 5 月 13 日)

求是暑期学校系于民国二十年创设,以利用暑假期间推行补习教育及指导升学为目的,向由文理学院高年级学生主办。本年暑期转瞬即届,文理民二、三级决定继续开办,现在业已开始筹备,定于七月一日开学云。

《国立浙江大学校刊》第一百三十三期,民国二十二年五月十三日

生物学会成立纪事

(1933 年 5 月 20 日)

文理学院生物学系同学本探讨学术重在互相切磋之旨趣,特发起组织生物学会,公推王福桢君召集筹备会议,推举郁永伜、顾恒德、江希明三君为会章起草委员,于五月十四日在刀茅巷生物实验室举行成立会。除该系全体同学出席外,并邀请本系主任教授及助教等参加,通过会章后,当即推选干事会职员,结果如后:

主席　　郁永伜
文书股　孙定昌
会计股　王福桢
学术股　朱壬葆　金维坚　顾恒德　王凯基
事务股　涂钟琦　江希明

并议决议案多起。闻日内拟请西湖博物馆动物部主任兼本系讲师董聿茂先生主讲"考察西北经过",同时演映幻灯影片助兴。兹将该会会章揭录于后:

国立浙江大学生物学会会章

一、定名

本会定名为国立浙江大学生物学会。

二、宗旨

本会以促进研究兴趣、讨论学术心得为宗旨。

三、会员

凡浙江大学文理学院生物学系之教员及同学均为本会会员。

四、组织

本会组织表述如左：

本会职员于每学期第一次开大会时，选举之任期为一学期，连选得连任。

五、会费

每学期每人纳会费一元，遇必要时得由全体大会议决征收临时费。

六、会期

每学期举行全体大会两次，如遇特别事故，得由主席或三分之一以上会员之请求召集之。干事会每月举行常会一次，遇必要时得由主席或三分之一以上之干事之请求召集之。

七、附注

本会会章自公布日起施行，如有未尽善处得由全体大会之通过修改之。

《国立浙江大学校刊》第一百三十四期，民国二十二年五月二十日

国立浙江大学农学院农业社会学会会章

（1933 年 11 月 18 日）

第一条　定名

本会定名为国立浙江大学农业社会学会。

第二条　宗旨

本会以依据学术的研究解决农业社会问题为宗旨。

第三条　会员

凡本校农业社会系教职员及同学均为本会会员。

第四条　组织

本会设执行委员,由全体会员中选举执行委员五人组织之,推一人为主席,执行委员会设下列各股,各股设股长一人,由执行委员分任之,遇必要时得酌设股员若干人。

(一)总务股

(二)出版股

(三)演说股

(四)推广股

第五条　事业

本会事业暂定左列各项:

(一)举行演讲会及讨论会;

(二)出版刊物;

(三)实地调查;

(四)推广农村教育;

(五)推广其他农村事项;

(六)其他。

第六条　任期

本会职员每学期改选一次,连选得连任。

第七条　会期

本会每学期开大会二次,在开学后及放假前各二星期举行,由执行委员会召集之,遇必要时得开临时大会。执行委员会每月开会一次,遇必要时得开临时会。

第八条　会费

本会会费分左列各项:

(一)入会费——每会员大洋二角;

(二)常年费——每学期每会员大洋五角;

(三)临时费——于必要时得征收或募集之。

第九条　附则

本会会章有不妥处得由大会修改之。

《国立浙江大学校刊》第一百五十二期,民国二十二年十一月十八日

农业社会学会执委会第一次会议记录

日期:十月廿八日

地点:社会系办公室

出席者:郑厚博 彭师勤 林志豪 夏得仁 沈蕙英

主席:沈蕙英

讨论:

(1)推定彭师勤先生为主席。

林志豪为总务股股长。

夏得仁为出版股股长。

沈蕙英为演讲股股长。

郑厚博为推广股股长。

（2）应否置备印章案

议决：应置备。会章式样，规定正四方形字样"国立浙江大学农业社会学会"，篆文；执行委员会章式样，规定横长方形，字为"国立浙大农社学会执行委员会"，第一行小字，第二行小字，第三行大字（普通文字）。

（3）会费及常年会费征收法案

议决：先向会员签名征收，凡不现交者由院会计处照扣。

（4）规定初步工作案

议决：先由各股自拟计划，然后送由本会通过再行核议（并连同细则亦各股自拟）。

（完）

《国立浙江大学校刊》第一百五十二期，民国二十二年十一月十八日

农社学会创办民众夜校
（1933 年 11 月 25 日）

宗旨：推广农村教育，改进生产效能。

学制：暂分高级、中级、低级、孩童四组。

课程：依各组之需要及其能力而定。

教材：注重基本知识解决实际问题。

本大学农学院农业社会学会，为提高附近农民知识，救济失学民众，推广农村教育，改进生产效能，特于最近创办民众夜校一所，借代办农业职业学校之教室，为民校教室，已于十一月六日开学。到校学生人数总计一百二十八人，共分四级教授，于各级中更用复式教授法。兹将该校之组织、级别、课程、各级报名学生人数及到校学生人数之统计等调查记载如次：

（一）组织

该校之组织如左表：

校长由推广股股长兼任,各主任暨全体教员均由校长聘请之。各教职员之姓名及职务如下:

职别	担任者
校长	郑厚博
教务主任	杨福如
训育主任	沈蕙英
事务主任	卢琰
孩童组级任	沈蕙英 卢琰
低级组级任	夏得仁 郭泰嘏
中级组级任	方亚宏 黄桂山
高级组级任	杨福如 储椒生
孩童组各课教员	沈蕙英 卢琰
低级组国语教员	夏得仁 郭泰嘏 丁文霖
中级组国语教员	方亚宏 黄桂山
高级组国语教员	储椒生
高级组应用国文教员	杨福如
低级组算术教员	钱英男
中级组算术教员	金绮云
高级组算术教员	袁东
低中高级常识教员	郑厚博
低中高级公民教员	林志豪
高级英文教员	赵以福
中级习字教员	冯曾华
各级音乐教员	杨福如
教员	彭兆骐
教员	杨诵经
教员	周树藩

(二)学期

据农业社会学会推广股之计划,民众夜校于每学期中开办一期,四个月毕业。本学期为第一期开办,于十一月六日开学,七日开始上课,故本期民校将延至廿三年三月初结束。该校上课时间为每晚六时半至七时廿分,七时卅分至八时廿分。除本大学大考期间外,星期及例假均照常上课。

(三)级别

该校共分四级即:

(甲)高级组

(乙)中级组

(丙)低级组

(丁)孩童组

凡已读书三年以上,或程度相当者,均编入高级组。程度较低,已读书一年以上者,均编入中级组。不识字之成人或较年长之孩童均列入低级组。不识字之孩童列入孩童组。以上之分法,高级组及中级组为救济的补习教育,低级组为农村文盲教育,孩童组即农村蒙童教育是也。

(四)课程

各级课程虽大同小异,但其教学目标略有不同。兹分别记述该校各级课程及教学目标于后:

(甲)高级组

高级课程有八门:

1.国语:本课目每周三小时,目的在使学生能了解通俗之文言文及语体文,训练其有阅读报纸及写字之能力,作文及习字均于本课目中教授之;

2.应用国文:每周两小时,本课目与普通国文之目的相仿,所以另设一门者,在使学生对于此课程能特别注意,教授写借据,租田单,期票,便条及书信等日常必须应用之文字;

3.常识:每周两小时,本课目着重农事常识,辅之以普通常识;

4.算术:每周两小时,使学生懂得加减乘除,尤重应用问题及珠算,日常记账的方法,亦于本课目中教授;

5.公民:每周一小时,使明了集会及选举之规定,公共道德及礼貌,使成一完全之公民;

6.音乐:每周一小时,教授音乐之目的在陶冶学生之身心,改良其娱乐方法,使农院附近居民于工作之暇,高歌一曲,以调济其一日之疲劳,教材着重平民化与民众实际有关之歌曲;

7.英文:每周三小时,民众夜校教授英文,似有不当,但因高级组一部分学生,有本课目之需要,目的在能懂得简单之英文,能辨别普通之西文商标及农业上之学名。高级组一部分学生选读此课;

8.特别常识课程:每周三小时,高级组不读英文者选读此课,教材偏重于各课目实用上之材料。

(乙)中级组

中级组各课程之目标与高级相仿但无英文及特别常识课,每周增加习字一小时。其课程如下:

1.国语:每周七小时;

2.常识:每周两小时;

3.算术:每周两小时(包括珠算);

4.公民:每周一小时;

5.习字:每周一小时;

6.音乐:每周一小时。

高级组及中级组近于农村补习教育,一般学生大都不能再升学,故各课之教材均近于职业教育及生产教育方面。

农社学会创办民众夜校(续)
(1933 年 12 月 2 日)

农业社会学会创办民众夜校详情已志上期本刊,兹将该校各级课程等续载于后:

(丙)低级组

低级组课程虽与中级组相仿,但该组近于农村文盲教育,故教材及教学方法略有不同,课程如左:

1. 国语:每周七小时,本课程包括写字等在内;

2. 算术:每周三小时,包括珠算及记账法等;

3. 常识:每周两小时;

4. 公民:每周一小时;

5. 音乐:每周一小时。

(丁)孩童组

孩童组课程有国语、常识、算术、公民、卫生及习字等。各课程不规定每周教授时数,由沈蕙英、卢琰两教员负责担任各课,临时斟酌情形而教授之。目的在使学生多识字,略知普通常识,为将来良好公民之基础。

(五)学生

该校学生以附近之农家子弟占最多数,远自笕桥街来者亦有十余人之多,农院之校工及农夫,报名注册者亦达廿余人以上,但开学后能来校入学者,仅十余人,只占到校学生人数百分之十左右。其原因因农院大部分之农夫被裁解雇,故不能入校求学。兹将该校各级学生报名及到校之人数,到校学生之年龄,职业等统计表转录如次:

表一:各级报名注册人数与到校学生人数统计(略)

表二:各级学生年龄统计表(略)

求是暑期学校组织大纲
(1934 年 5 月 5 日)

(一)本校定名为求是暑期学校,由国立浙江大学文理学院民二四级级会主办之。

(二)本校以利用暑期,实施补习教育,并指导升学为宗旨。

(三)本校以国立浙江大学文理学院民二四级级会为校董会。

(四)本校课程以适合高初中,暨小学五年级以上学生程度为标准。

(五)本校校长暨各处主任,由校董会聘任之,其他职员,由行政会议任用之。

(六)本校教员由校长协同教务主任,以校董会名义聘任之。

(七)本校设校务会议,由全体教职员组织之。其职权如左:

(a)拟定本校预算;

(b)审议本校内部各种规则;

(c)审议本校课程;

(d)议定本校进行计划;

(e)决议行政会议提议事项。

(八)校务会议以校长为主席,其会议规程另定之。

(九)本校设行政会议,由校长各处主任,暨各种委员会主席组织之。其职权如左:

(a)向校务会议建议;

(b)审议校务会议交议事项;

(c)襄助校长处理行政事宜;

(d)任用本校处、主任以下之职员;

(e)处理具有时间性之特殊事项;

(f)组织特种委员会。

(十)行政会议以校长为主席,其会议规程另订之。

(十一)本校设校长一人,其职权如左:

(a)主持全校行政事宜;

(b)监导各处处理校内一切事务;

(c)拟定本校进行计划;

(d)执行校务及行政会议之议决案;

(e)公布各种规则;

(f)对外为本校代表。

(十二)本校设下列各处:

(1)秘书处

(2)总务处

(3)教务处

(4)训导处

各处设主任一人。

(十三)秘书处分设文书、出版等课,每课设主任一人。

(十四)秘书处处理本校文书出版等事项。

(十五)总务处分设庶务、会计、卫生等课,每课设主任一人。

(十六)总务处处理本校庶务、会计、卫生等事项。

(十七)教务处分设注册、教具等课,每课设主任一人。

(十八)教务处处理本校一切教务事项。

(十九)训导处设训育委员会,处理本校训育,并指导学生自治事业之进行。

(二十)各处遇必要时得聘请干事、书记若干人。

(二十一)遇有特种事项时,得由行政会议组织特种委员会处理之。

（二十二）本大纲由校董会通过，公布施行之。

（二十三）本大纲有未妥处，由校务会议提出修正案，经校董会核准修正之。

求是暑期学校组织系统表

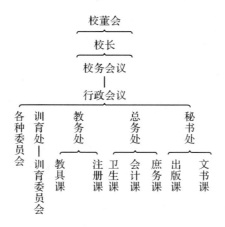

求是暑期学校校董会章程

（一）本会定名为求是暑期学校校董会。

（二）本会宗旨在促进校务，力图教育效率之增益。

（三）本会由国立浙江大学文理学院民二四级级会组织之。

《国立浙江大学校刊》第一百七十一期，民国二十三年五月五日

浙大校友会筹备缘起
（1934 年 6 月 16 日）

时代之巨轮飞逝地赓继地转动，形成了广泛的衍曼的人类，刻划着纵横的轨迹。但，一般地无疑地，人生是被搬弄在〔操〕纵的，人类历史或横的人类社会，是反映着重复的聚散的现象。自然，在我们这一个环境里，"聚散"也同样地决定了我们相互间的一切。

熙洽地揭开了学术的序幕，孜孜地相互观摩着，愉悦地确定了工作的动向，兢兢地相互切蹉〔磋〕着。凡是会在我们这一个环境中无论是短促的年月相聚或较久的时日栖止的人们，同样地不但是这般的体念过，并也信念着这儿是有淳朴的风尚和坚毅的精神！虽说漫漫的千几百日夜的长住，也许使我们感到时漏是这样的徐缓，年月是那样的悠久然而，我们并不感得些微的烦腻或些微的厌倦。可是，当这消逝了的往事重现在离开了这儿的人们底脑际，逗起了怀旧的意念——离开了学校的师友间，与仍留在学校的师友间。已是随时空的转变而寖渐疏散了相互间的情谊，游离了相互间的关系。这是怎样一般的怅惘深啮在寂寞的心头！一般地在仍蔽翼于母校妪煦之下的我们，也深深地这样感到。遥念着离开了我们的先生和同学们，散居异地是怎样一般的生活——学术，是深湛地探讨；服务，是辛勤地工作。新的启示的惠予，总是我们求知服务所凭借的圭臬吧？惯常地我们是这样期望着！同时，我

们更信念着国家作育专门人材的旨趣,决定了我们应负的使命,而我们既感受了高等教育,也自知加重了对人类役服的责任。然而有限的绵薄的个人的力量,是远不及有组织的集团的力量为人类服务之富有强大的效力。必然地我们责任的负担,使命的实践,是应有团体的组织,集中我们的力量,一致的行动跟着同情的共鸣,在我们相互间反映出来,毋使对于人类有效用的我们的动能,消失或浪费在散漫的无组织的各个分子的独自工作上。

这一切,尖锐化地连续地刺激着我们,于是在各方代表迭次的倡导与集议之后,有了校友会筹备会的产生。但,这组织是初苗的脆弱的嫩芽,灌溉与栽护的工作决不是少数人所能负担得起的,合作、互助和指导,凡是和浙大发生过关系的先生们(教职员)同学们都闻风向往的吧! 如果先生们、同学们还没有淡忘了西湖之滨有这一所淳朴的风尚坚毅的精神、研究学术的场合——浙大的话,你们必然是欣跃地深愿倡导这种风尚、阐扬这种精神、在衰替的式微的中国民族行将没落的前夜! 如果先生们、同学们,也没有因"离散"而疏懒了昔年朝夕相聚的师友间的情谊的话,你们必然是愉悦地期望着大家相互联络起来,共同组织起来,恳挚地实践我们伟大的使命!

并且,我们不仅是希望我们间有这一个组织,更深望在这组织成立之始,奠定一个远的基础——建筑会所。在这方面,我们得预先感谢学校当局——郭校长曾答应我们在建会所时,可以给予大部分经济上的资助!

《国立浙江大学校刊》第一百七十七期,民国二十三年六月十六日

国立浙江大学农学院蚕桑系同学会简章
(1935 年 1 月 1 日)

第一章 总则

第一条 本会定名为国立浙江大学农学院蚕桑学系同学会。

第二条 本会以联络感情、研究学术促进中国蚕丝之发展为宗旨。

第三条 本会会员分左列三种:

1.当然会员

以本院蚕桑学系之同学为当然会员;

2.名誉会员

以本校校长及本院院长、教授、讲师暨蚕业专家,由本会聘请之;

3.特种会员

凡赞助本会宗旨者经本会会员二人以上之介绍,经执行委员会认可者,得为特别会员。

第四条 本会会址设本院内。

第二章 组织

第五条 本会于会员大会时选举执行委员五人组织执行委员会。

第六条 执行委员会推常务委员一人,执行日常事务。

第七条　本会为谋事业之发展起见,以设左列各股处理之:

1. 文书股

2. 编译股

3. 推广股

4. 事务股

第八条　前条各股每股设主任一人,由执行委员互选之。

第九条　各股遇有重大事宜,得由各股主任提请执行委员会聘请股员协同办理之,或组织特种委员会办理之。

第三章　经费

第十条　本会经费分入会费、经常费、特别捐三种:

一、入会费大洋一元;

二、常年费每学期大洋五角;

三、特别捐。

第十一条　名誉会员不收入会费及常年费用,必要时得由本会请求补助特别捐。

二、特别会员之义务与当然会员同。

第十二条　本会收支每学期由执行委员会造具详细清册,于大会时报告于会员。

第四章　职权

第十三条　执行委员会之职权如下:

1. 代表本会对外关系;

2. 执行大会议决案;

3. 讨论各股各工作。

第十四条　本会事业如左:

1. 刊行杂志及报告;

2. 译著蚕业书籍;

3. 实地调查蚕业状况以供蚕家之研究;

4. 敦请名人学术演讲。

第五章　会议及会规

第十五条　本会会议分左列三种:

1. 全体大会于每学期开始后及终了前一月内举行之,由执行委员会召集之;

2. 执行委员会每月举行一次,由常务委员定期召集之;

3. 如有重大事故发生或有当然委员三分之一以上之请求经执行委员会认可后,由常务委员召集之。

第十六条　凡会议时以出席过半数表决之。

第十七条　执行委员由全体大会选举之任期为一学期,连选得连任。

第十八条　凡会员有不履行本会义务,或假本会名义破坏本会名誉及不遵守议决案者,得劝告或通知其自动退出。

第六章　权利及义务

第十九条　会员有选举权及被选举权,但名誉会员、特别会员或当然会员之已离院而服务他处者,不得有被选举权。

第七章　附则

第廿二十一条　执行委员会及各股之办事细则另订之。

第廿二十二条　本简章如有未妥善处,得提出理由于全体大会时取决之。

第廿二十三条　本简章自全体大会通过后施行之。

《蚕声》第三卷第二期,民国二十四年一月一日

京剧研究社正式成立
(1935 年 3 月 30 日)

本校自游艺指导委员会设立以来,课外的娱乐团体日见增加。本月二十一日(星期四)下午七时,京剧研究社在工学院第五画图教室开成立大会,到社员三十余人。首由临时主席报告筹备经过,继则讨论章程及临时动议,并选举职员,最后举行余兴,皆十分精彩。其中尤以姚积尧君之《乌盆计》,李斯达君之《捉放曹》,冯元瑞君之《空城计》,及刘馥英君之《汾河湾》为最佳。至十时许,始尽欢而散。预计该社将来之发展,必不可限量也。(侍羽)

《国立浙江大学校刊》第二百○七期,民国二十四年三月三十日

教育部指令(第五○九六号)
(1935 年 5 月 5 日)

令国立浙江大学:

呈一件。为呈询学生团体名称内不标明同乡字样,而其性质类似同乡会者,是否并在取缔之列,祈核令由。呈悉。依照本部十八年一月第二一○号取缔各学校同乡会之组织之训令,凡各校类似同乡会之组织,虽未标明同乡字样,并应予以取缔。仰即知照。

此令。

廿四年四月二十四日

附原呈

案查取缔各学校学生所设之同乡会一案,业于十八年一月间,奉钧部第二一○号训令,

饬遵在案。兹据本大学四川省籍学生呈报,拟在校内组织四川同学会,请予核准。等情。据此,查该会会章内规定以联络感情,砥砺学行,并谋增进桑梓利益为宗旨;会员以本大学及本大学代办浙江省立高级工、农业职业学校之川籍教职员学生为限。此项组织似与同乡会名异而实同。凡此名称内不标明同乡字样,而其组织类似同乡会之学生团体,是否并在取缔之列,理合呈请钧部鉴核,指令饬遵,实为公便! 谨呈

教育部

《教育部公报》第十七、十八期,民国二十四年五月五日

农学院组织农艺化学学会
(1936 年 3 月 21 日)

农艺化学组学生任家骅等,有鉴于本组同学缺少共同研究之机会,是以发起组织农艺化学学会,以共同研究农艺化学与生物化学为目的。已于上星期三(十一日)下午七时,假农学院会客室开筹备会。到会者有植物系主任兼农化组指导黄瑞纶先生,暨同学等十一人。首由临时主席任家骅报告,后惟〔推〕定陈迟、任家骅、孙羲等负责起草本会会章,旋互相交换意见。首由黄主任授意云:本会应以敦请名人作学术演讲,或各会员轮流演讲为基本工作。继由各同学建议甚多。最后定于本星期三(十八日)晚七时,假农业馆三楼 420 教室,召开成立大会,并请该院土壤肥料学教授铁明先生作首次学术演讲云。

《国立浙江大学校刊》第二百四十二期,民国二十五年三月二十一日

(四)学生运动

浙江大学之反日风潮
(1931 年 10 月 3 日)

日来各地反日工作非常紧张,而尤以学生更为热烈。前有友人自杭州来,述及浙大学之反日风潮。该校农学院长谭熙鸿几被学生游街示众,幸谭见形势不佳,辞职离杭未受羞辱。兹将事实纪之如次:

日前该学〈校〉开全体反日大会,议决案中有全体学生,除病假外,应一律出外从事反日宣传。翌日有农学院学生二名,因夜间担任饲工作,彻夜未眠,次日精神疲乏,故〈未〉参加宣传。全体学生认为该二生有意违抗反日会命令,召集临时会议,议决使该二生在礼堂静坐半日,以示儆诫,且将强制执行。该二生见群情惶惶,不容置辩,遂哭诉于农学院院长谭熙鸿之前,求为缓额。谭以二生确系因夜间工作太劳,未得充分休息,故未参加宣传,殊属情有可谅,乃出而向全体学生代表声明不参加宣传工作原因,请群众谅解。而学生等认为谭系左袒二生,哗然反对,空气紧张,且有高呼打到卖国贼谭某者。谭见形势不佳,即退入校长室以避

其锋,而全体学生又复召开临时会议,一致议决将谭熙鸣游街示众,以示儆诫,且满遍贴反谭标语。谭见学生形势如此激昂,恐受羞辱,遂立即出走,逃避来沪,一面已向学校当局,提出辞职矣。

《世界晨报》民国二十年十月三日

浙大愿收容东北大学生 张学良复电到杭
(1931 年 10 月 4 日)

(杭讯)国立浙江大学以东北大学此次在暴日横占沈阳后,全校被毁,数百学子失学,特电北平张副司令,愿为收容该校学生。昨已接副张复电,兹分录如下:

浙大去电

北平张副司令勋鉴:

日兵入寇,豕突狼奔,哀我东北,腥膻遍地,痛深创巨,固不待言,御侮救亡,责犹艰大,仅以血忱,敬致慰问。闻东北大学学生现已分往平沪,如他校一时难尽收容,敝校愿特为设法,并以奉闻。

国立浙江大学叩勘印

副张复电

国立浙江大学公鉴:

艳电奉悉。承示热忱御侮,并为东北学子筹计求学前途,义愤激昂,至为欣佩。此事刻正为全盘筹议,俟决定办法,再当专浼助力也。特复。

张学良冬象秘印

《民国日报》民国二十年十月四日

工学院抗日救国会之组织
(1931 年 10 月 17 日)

暴日入寇,占我辽吉,消息传来,国人莫不痛愤!对此兽行,同抱誓灭此獠之慨!各地抗日救国会于是相继成立,中华民气激厉奋发,我民族当尚有盛强之一日也!本大学工学院自得凶耗,学生会即首先组成反日会,计有大学附设高工及省立高工三部分立,对于宣传工作均极努力,纪律亦佳。而教职员部分亦拟筹备组织,以尽国民职志,从事救国抗日运动。惟一院之内,反日团体分至三四,办事必致重复,诚恐成效减少,且步骤不能一致,亦易淆乱闻听。李院长有鉴及此,遂召集各部代表,于九月二十五日先开谈话会,议决:(同时结束各部反日会)团结一致,努力工作,并制定该会组织大纲、代表名额等。嗣经各部选定代表,遂于二十七日正式成立,举行第一次代表大会,通过组织法,分配职务,各部股即日起开始工作。兹将《工学院抗日救国会组织总纲》等详录如下:

(一)国立浙江大学工学院抗日救国会组织总纲草案

第一章　总则

第一条　本会由浙江大学工学院全体教职员学生、艺徒职工组织而成,定名曰:浙江大学工学院抗日救国会。

第二条　本会计划及实行各项方法,以抵抗日本帝国主义之侵略政策,与救护中华民国领土主权之完全独立为宗旨。

第二章　组织

第三条　本会由全体教职员、学生及艺徒职工分别由各个团体内自行推选计教职员代表八人,大学部学生代表十六人,附设高中部学生代表六人,代办高中部学生代表十人,艺徒班代表二人,职工代表一人,共代表四十三人,为本会委员,掌各部事务,分部选举由全体委员互推,各部职务由各该部委员互选。

第四条　本会分总务、宣传、经济绝交、军事训练、监察五部,每部分若干股,并设部长一人以委员分任之。

第五条　本会各部如遇事务繁多,委员不敷分配时,得由各部分别聘请职员协助之。

第三章　职权

第六条　总务部掌理本会之文书、庶务、会计、交际等事及属于各部之其他事务。

第七条　宣传部掌理本会对外之各项宣传事务,研究日本之政治等等为抗日之学术准备。

第八条　经济绝交部掌理本会会员与日经济绝交事务,并研究改良国货替代日货之方法及协助本市抗日救国联合会检查各商店日货。

第九条　军事训练部专掌本会会员之军事训练,组织义勇军团,为抗日救国之武装准备。

第十条　监察部专司纠察风纪及督促进行,遇职员渎职及会员奉行不力时,得提出弹劾及惩戒。

第四章　各部组织

第十一条　各部之组织如左:

1.总务部分文书、会计、事务、交际、印刷、统计六股;

2.宣传部分设计、讲演、事务三股;

3.经济绝交部分设计、检查二股;

4.军事训练部设秘书室及直辖义勇军团,团内分团长、教官及参谋、军需、军法、救护四处;

5.监察部分纠察、审查、惩戒三股。

第十二条　各股各处之工作细则由各部自定之。

第五章　会议

第十三条　本会以全体会员大会为最高权力机关,在大会闭会时委员为最高机关,在委员会闭会时部长会为最高机关。遇有重要事务,经部长会议议决,或会员五十人以上之请求,得随时召集之。

第十四条　会员大会及委员会闭会时,一切事务由部长会议议决执行,部长会议每星期至少二次。

第十五条　各部事务由各部部务会议议决执行之。

第六章　经费

第十六条　本会经费之来源分下列数项:

(1)会员捐;(2)特别捐;(3)学生会费;(4)学校补助等。

第七章　附则

第十七条　本总纲如有未尽事宜,得由会员大会修改之。

(二)组织系统表

工学院教职员、学生、
艺徒、职工全体大会
｜
代表大会
会议部长
｜
监察部　经济绝交部　宣传部　军事训练部　总务部

(三)代表大会组织表

代表大会
职工一人　艺徒二人　代办高工部学生十人　附属高工部学生六人　教职员八人

（四）各部组织

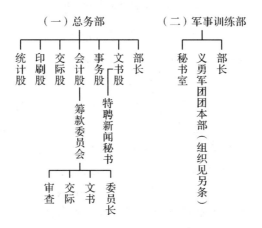

工学院组织义勇军

（1931 年 10 月 17 日）

工学院自抗日救国会成立以后,对于各项工作莫不努力进行。又鉴于暴日横蛮,非用武力抵抗,实不足图我自存,故同学纷纷请组织义勇军,以备效力前驱,为国牺牲。经救国会军事训练部详细规划,义勇军即于旬日前正式成立。凡教职员、学生、艺徒、职工全数加入,编成三大队;女性教职员、学生等,则另组织救护队。操练时间在此二星期内,第一、二两大队每日自下午一时至五时（除星期日）,第三大队每逢星期一、三、五下午一时至五时。因原有军事教官赖蓄久、徐倬云二人不敷分配教导,特商请国府警卫军第二师官佐多名担任教练。其编制图示于下:

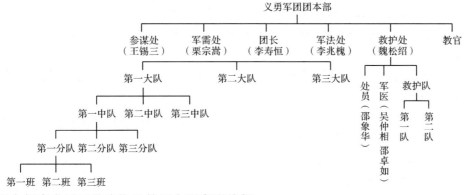

团本部直隶于工学院抗日救国会军事训练部。

队员每班八人,班长在内,每大队计士兵二百十六人、官佐十三人,共计二百二十九人。

学生义勇军教育纲领

(1931 年 10 月 24 日)

中央执行委员会制定,国民政府第四七六号训令通饬施行。

二十年十月十七日教育部第一七三八号训令颁发。

日本在数十年来,肆行横暴,先灭琉球,继并高丽,夺我台湾,占我澎湖,更逞野心,侵我东土,今乃乘我内乱未平,天灾突起,全国人民创巨痛深之日,出兵辽宁,略城数十,占地千里,残酷暴虐,亘古罕闻。此不仅为国家之奇辱,实为民族生死存亡之关键。我国民当此危局,务须人人奋发,一心同体,下雪耻之决心,坚救国之志气,而国家基础,民族生命所寄之青年,其责任则尤为重大,必有强固之团结,切实之训练,继续不断之努力,而后能达雪耻救国之目的。兹特制定义勇军教育纲领九条,颁行全国,所望全体教员学生痛自淬厉,下卧薪尝胆之决心,作举国同仇之团结,切实努力,继续奋斗,国脉民命,所托在此矣。

第一条 全国高中以上各学校一律组织青年义勇军,初中以下各学校一律组织童子义勇军,实施军事训练,宣誓信奉三民主义,振兴中国民族,矢忠矢信,雪耻救国,并守以下规律:

(一)牺牲自己,爱护民国,永为忠勇之国民;

(二)服从命令,严守纪律;

(三)养成自治习惯,实行团体生活;

(四)随时随地扶助他人,服务公众。

第二条 全国各学校教职员应与学生为同样之宣誓,切实负责,在教学及管理上遵奉下列条款:

(一)以总理所定忠、孝、仁、爱、信、义、和平为道德纲领,切实注意学生思想、人格之训练;

(二)切实与学生协同一致造成整个团体生活,并应注意自身言行,以为学生模范。

第三条 全国各学校在课程上应实行下列条款:

(一)注重本国历史、地理特别注意外交史及国防地理关于日本侵略我国之事实,尤须切实教授;

(二)对于女生之不能加入义勇军者,应特别注重体育,养成刻苦耐劳之习惯,并教以战时看护救伤等知识;

(三)关于文学、艺术等课程,必须注重发扬民族精神,造成雄壮、勇敢之风尚,一切浪漫堕落、萎靡不振之文艺绝对禁止。

第四条 学生应加紧努力学业,不得罢课。

第五条 学校教职员学生应宣誓不买日货。

各学校教员、学生应切实研究替代日货之工业制造,并努力宣传各种替代日货之方法。

第六条 学生在不妨碍课程之时间,须依据本教育纲领之精神,组织宣传队,努力于唤起民众之工作。

第七条 凡义勇军教官、学生应在左胸前佩带蓝底白字"团结奋斗 雪耻救国"八字符号。

第八条　全国各学校每晨应举行朝会,高呼下列口号:

永为忠勇国民

誓雪中国国耻

恢复中国领土

振兴中国民族

三民主义万岁

中华民国万岁

第九条　本纲领由中国国民党中央执行委员会制定,送由国民政府通令全国一致举行。

《国立浙江大学校刊》第六十九期,民国二十年十月二十四日

浙大起风潮 邵校长愤然辞职
(1931 年 11 月 6 日)

国立浙江大学农学院学生四日下午为经费问题入城请见校长,由邵校长在大礼堂接见谈话。农学院学生请求三点:

①本年中华教育文化基金董事会议决补助文理学院理科部分之科学研究设备费三万元,应分给农学院一万元;

②秘书处二十年度余款应分给农学院三分之一;

③以后农学院经费应由校长负责不能再拖欠。

当时邵校长答复,以第一点因碍于中华文化基金董事会章程,既经该会议决指定之后,未便作主。第三点则校中经费,校长当然负责。惟国库、省库均极支绌,往往不能如期拨发,且本年一、二两个月份经费分文无着。故校中经费愈感困难,至于以后不再拖欠,实属不能保证,但本人自当努力做去。至于第二点,秘书处余款原已拨归文理学院。现当于本月六日召开校务处会议,再行决定办法。农院学生要求正将解决,工学院学生临时入场。适农学院教授数人请校长暂时离席谈话,突有工学院一部分学生包围校长,要求临时谈话,并声言将农院教授逐出,不许参加,声势汹汹,秩序大坏。邵校长遂即退至办公室。而该生等竟蜂涌〔拥〕而来,击破办公室玻璃门。邵校长见学生风纪败坏至此,痛心已极,即至大礼堂宣告辞职,并于当晚教育部,请即派员接替云云。

《民国日报》民国二十年十一月六日

浙大工院学生招待记者谈话 报告请愿情形
(1931 年 11 月 8 日)

浙大工学院学生今日下午二时余,招待新闻记者,到吴经伯、常瘦谷、潘凤子、楼维秋等。当由工学院学生代表致辞招待,报告当日请愿真相后,略谓浙大自校长邵裴子辞职后,报载

事实略有不符。兹有数点须向诸位说明者:

(一)同学等进秘书处礼堂前,曾由代表面请校长,当蒙允许后始入座静听农院讨论。历二时后,始终保守秩序,并无紊乱情形;

(二)报载击碎玻窗亦非实情。按此时校长发怒、肆骂"放屁"后,始略有拥挤情形,致将玻窗一角挤破。尔时学生有数百人,若存心捣乱,当不止击破璃窗一角。此显系捏造事实,淆乱听闻;

(三)校长辞职显系完全出诸自动。缘当时校长在礼堂自认失言,向众道歉,并宣称辞职,从容谈论,显无被迫之意。至此次略有拥挤情形,系完全由校长"放屁"二字所激动,校长自应负其全责。至于要求秘书处余款三万六千元均分三院,系工院全体同学之意见,且农院亦有同样要求,更无所谓主动与被动;

(四)农院请愿与工院相同。工院欲达其目的,与农院携手之不暇,何致有冲突之行为,明眼人自能想见。是以侮辱农院教授一节,显系挑拨离间之词。至于工院内部,现仍照常上课,安静如常云云。

散会时已五点钟矣。

《民国日报》民国二十年十一月八日

教育部电诚学生 勿率尔进京请愿
(1931 年 11 月 14 日)

教育部以现在和平统一,在沪集议已有具体结果,学生均应安心学业,勿得率尔进京,特电本大学遵照。兹将原电揭载于后:

教育部齐电

分送教育厅、浙江大学览:

近查各地学生纷纷来京请愿,虽出爱国热诚,实与政府重视学业之训令相背,现在和平统一,在沪集议已有具体结果,各校学生均应安心学业,遵守秩序,以作外交之后盾,勿得率尔来京,荒废学业。合亟电仰即遵照转知所在地私立专科以上学校,并饬所属各校一体遵照。

教育部齐印

教育部佳电

教育厅、浙江大学览:

庚电发后,旋奉国民政府主席谕:现在内政外交均已筹有妥善办法,各校学生应遵照政府迭令安心求学,毋得纷纷来京请愿,致荒学业,仰饬各厅、局长及各校校长切实负责制止。等因。查自辽吉事起,政府对全国学生屡予告诫,本部言之谆谆,务望各厅局校劝诫学生安心学业,毋得率尔来京请愿,是为至要! 奉谕前因,合亟电仰遵照转知各公立及未立案之私立专科以上各学校,并饬所属一体遵照。

教育部佳印

《国立浙江大学校刊》第七十二期,民国二十年十一月十四日

国民党中央训练部杨立坦关于到南京学生请愿团名称、人数、负责人及主要活动情况的报告(1931 年 11 月 7 日—12 月 22 日)(节录)
(1931 年 12 月 22 日)

为报告事。自暴日侵占辽吉,全国鼎沸,尤以青年为最,纷纷来京请愿,职奉命招待。兹将各请愿团名称、人数、组织负责人、请愿之点及到京后之行动,按日分述于后:

十一月二十三日

晨七时去下关,迎续到之杭州学生。七时半全体下车,整队由总指挥朱淑青领导,在月台上行纪念周礼后高呼口号,整队步行入城,先至金陵大学休息,后闻四全会尚未开幕,复整队往四全会请愿,由蒋主席接见训话,至一小时以上,乃返金陵大学休息。

1. 名称

杭州学生请愿团。

2. 人数

男女一千六百十六人(浙大农学院一百六十人,之江大学一百八十五人,之江大学附中二百七十人,国立艺专一百三十人,省立高中八十三人,浙大文理学院二十一人,中医学校二十一人,中山中学一百五十人,杭州师范三十人,民众实验学校四十八人,省立第一中学三十五人,蕙兰中学一百人,浙大工学院三百六十人,杭州中学二十二人)。

3. 组织

各校推代表一人,互选主席五人,组织主席团,各校另推指挥一人,组织指挥团,设总指挥一人,各校秩序由各校指挥负责维持。

4. 负责人

主席团朱淑青、洪西青、邱玺、施尔宜、戴幼和,总指挥朱淑青。

5. 请愿之点:

(1)唤起民众,自动奋起,准备奋斗;

(2)要求国府立刻实行援助黑军,以恢复失地;

(3)督促国府惩办不尽职责而致丧地辱国之边防长官,并令戴罪立功;

(4)拥护蒋主席北上宣言,并限日兼程出发;

(5)拥护四全大会决议案,并促其实现;

(6)促成党内团结,消灭一切意气的权利的内争,以积极履行救国之责;

(7)请求政府即日拨发义勇军枪械。

6. 到京后之行动

蒋主席训话毕,本拟即行返杭复课,因有少数份子坚持蒋主席训话并非答复所请求各点,晚间召集各校代表商讨此事。当即报告部长,请示晚间开会,张委员道藩来,逐条答复。各代表认为圆满,决明日下午返杭。

十一月二十四日

上午九时,杭州学生请愿团全体赴总理墓谒陵。之江大学代表王守伟、浙江大学农学院代表施尔宜,欲借谒陵机会,召集全体大会,推翻昨晚决议今日返杭之议决案。当即商之与陵园,警卫处值日官借陵园不准集会之辞以破坏其集会之议。原定下午二时返杭,一部分学生已先往下关,而施尔宜、王守伟坚持不能负责,必须招集大会解决之。是时职去下关车站,照料一切,久候不至,一部分学生向职催促开车,无何,复返金陵大学催促成行,各校学生正在礼堂集会,并拒绝职入内旁听,经多方解劝,直至五时余,始允返杭。千六百人共预备客车十六辆,每辆照容百人计,足敷用。农学院学生及国立艺专学生复借口劳顿不堪,拥济〔挤〕不肯登车,要求加挂二等客车二辆。是时已夜十一时,开沪之快车入站,该二校学生不问青红皂白,一涌而将头二等客车完全占据,而下午先行登车之学生催促开行甚急。该二校学生既不听劝解,只得先将专车开出,余任自便,同商之路局,勿再售二等客票,防与乘客发生冲突也。事后闻局云:二等车全为若等占去,方能如时开行。借爱国美名,而破坏交通,至此可叹也。

(以下略)

尾语

先后经职招待请愿之学生约万余人,普遍南北各地,衣服北方为朴质,且能吃苦耐劳,北方学生身体较为强健,而南方学生则较为活泼,惟团体服务精神及服从力似不若北方学生耳。

附宣言传单

1.南开中学请愿团为津变告同胞书
2.杭州学生请愿团宣言
3.杭州学生请愿团请愿的目标和口号
4.民国学院学生赴京请愿团宣言
谨呈
主任王转呈
秘书杨
部长苗、方

职杨立坦谨呈
(二十年十二月二十二日)

杭州学生请愿团宣言

自九一八沈阳惨变迄今,我东北数千里之国土瞬息在日军铁蹄蹂躏之下,遭遇之痛,有逾亡国！幸我黑省爱国忠勇之孤军，尤能誓死抵抗，奋勇杀贼，保留我半壁河山，独力撑持，苦战旬日，以弹尽援绝呼救不及，不得不退守克山，而所谓边防长官仍复保持其劣根性，镇静自守，坐视我爱国忠勇同胞的牺牲而无动于中，消息传来，举国悲愤！吾人苟具灵性，觍为人类，对此当作何感想耶！

夫时至今日，实力援助抵抗暴寇，已成全国一致之要求。目前四全大会亦以实力援助马占山及其将士之提案，全体一致通过。昨日蒋主席代表主席团向大会亦有重要报告，大意是：国难外侮，与日俱增，革命同志负有领导革命之责，亟应一致奋发，共谋御侮，本党有革命历史之同志，应力求团结，应站在国民前面，积极担负救国责任，表示与国存亡决心，同时又表示其个人决心北上，竭尽职责，以效命党国。是则我全国民众与政府已有一致的行动和决心，吾侪小民是当一致奋发，信任政府，在革命领袖领导之下，以努力杀贼，效死党国。但当我议论未终，全国民众呼声未了之时，而不幸的消息继续传来，多议论而少成功，种种议案和要求，不过成为一种原则上的具文，宋人议论未终而金兵已渡河，这种悲痛之现象，实为吾人目前唯一之办法，只有急起自救，应将以前"坐而言"者从速痛改"起而行"，吾人应自己掌握自己之命运，因〔应〕从速兴起履行吾人的责任，不因〔应〕徒持依赖以供他人之牺牲。吾人的办法是：

一、唤起民众自动奋起，准备奋斗；

二、要求国府立刻实行援助黑军以恢复失地；

三、督促国府惩办不尽职责而致丧地辱国之边防长官，并令戴罪立功；

四、拥护蒋主席北上宣言，并请限日兼程出发；

五、拥护四全大会议决案并促其实现；

六、促成党内团结，消灭一切意气的权利的内争，以积极履行救国之责；

七、请求政府即日拨发义勇军枪械。

同仁等要达到以上诸办法，不顾一切，毅然决然抱最后牺牲之决心，作大规模的悲壮热烈之请愿行动，以督促政府履行其责任，同时唤起全国民众之注意，以发奋其自救的能力。不达目的，誓不生还。唯全国同胞共鉴之。

杭州学生请愿团请愿的目标和口号

我们请愿的目标是：

（一）唤起民众一致奋发，共图自救；

（二）要求政府立刻援助黑军，恢复失地；

（三）督促国府惩办不尽职责而致丧地辱国之边防长官，并令其戴罪立功；

（四）拥护蒋主席北上宣言，并请限日实行；

（五）拥护四全大会议决案，并促其实现；

（六）促成党内团结，消灭意气的权利的内争，以积极负起救国之责；

（七）请求政府从速发给各校义勇军枪械。

我们的口号是：

（一）民众一致团结起来；

（二）援助忠勇爱国的黑军；

（三）拥护革命领袖蒋介石同志；

（四）打倒自相残杀拥兵自卫的份子；

（五）拥护四全大会议决案；

（六）打倒日本帝国主义；

（七）抗日救国共谋御侮；

（八）中华民国万岁；

（九）中华民族万岁。

杭州学生请愿团

中国第二历史档案馆编：《中国民国史档案资料汇编第五辑 第一编 政治（四）》，
江苏古籍出版社，1994 年，第 309—340 页

浙大工院学生反对赖琏长院
（1932 年 6 月 26 日）

　　现任南京市政府秘书长赖琏曾任中央日报编辑。赖本一汽车工程师，缺乏新闻学识，因未能将中央日报办理完善，故即撤职。自任市秘书长后，以上不能见信于市长，下不能指挥其所属，于是光棍秘书长之雅号，一时腾笑于京都。职是之故，赖乃有浙江大学工学院院长之谋。事为该院学生所悉，一时群起反对，于念〔廿〕二日上午十时召开会议，经出席大多数学生议决，认为赖氏人格欠缺，政治色彩太浓，且于工程界上毫无声望，故一致拒绝长院，并一致推定陈体诚、顾毓琇、徐佩璜三人中，择一任命。赖既得此讯，即驱车晋谒教部次长段锡朋，商量办法，段以一时未能决定，允先与程校长接洽再说。故赖于市政府秘书长一职，究竟辞职与否，尚犹豫未决云。

《福尔摩斯》民国二十一年六月二十六日

国立浙江大学布告（第六号）
（1932 年 9 月 3 日）

　　案奉教育部第五九三三号训令内开：案准行政院秘书处第二五三六号函开：现奉行政院第十四号令开：十余年来，教育纪律，愈见凌替，学校风潮，日有所闻，学生对于校长，则自由选举，如会议之推举主席；对于教授，则任意黜陟，如宿舍之雇用庖丁；甚至散传单以谩骂，聚群众以殴辱，每有要求，动辄罢课以相挟持。及至年终，且常罢考以作结束，弦歌停歇，簧舍骚然，谈者每扼腕而太息，国外将传播为笑柄。而此等事件，其关系方面，实为思想最优秀之知识阶级，与爱国最热烈之求学青年，此而无法解决，则将何以言吏治之澄清？将何以责军纪之整饬？推原学潮发生之因，固有多种关系。迭年以来，政府方面因种种窒碍，致学款常有延稽；各级教育机关对于办学人员及教师之选择，亦每欠审慎，以致身为教师，而操纵学

生,播弄风潮之事,数见不鲜。此固政府当局所引为深疚。两项情形,互为因果,教育行政不积极改良,学生之风纪将无法整顿;然学生之风纪不切实整顿,则洁身自爱者将皆视教育为畏途,办学与教师人选将愈加困难。

回溯历年之学潮,其最受牺牲者,厥为学生,轻则旷误学业,辜负光阴,重则酿成惨案,丧失生命。青年血气方刚,思虑未熟,徒以风气所播,率尔效尤,遂令其失足一时,遗恨千古。抚循陈迹,曷胜痛念。更思师道,本属尊严,教职向称清苦,从事教育者,其工作备极烦劳,其报酬比较啬薄,所持以聊自慰藉者,惟在学生之造就与地位之清崇耳!今若学校既罕成绩之表现,而个人复有受辱之危险,则凡自重自爱者,皆将另图职业,远引以去,教育前途,岂复堪问!尤念我国入学儿童仅占人口百分之十七,至于大学学生更不及全民总数万分之一。此少数学生实为国民中最幸运之部分,而每年用以培植此极少数学生之教育经费,皆为父老之膏血。恃此艰难之经费,教养极少之学生,若不善为维持,国民教育即可完全破产,朽索六马,险迫眉睫。

政府有鉴于此,爰议定以最大之决心,励行整顿,对于经费,决予宽筹,务期不致延欠,并于可能范围内逐渐求独立保障之宽现;同一区内学院、学系之重复,亦逐渐谋其合理化集中力量,以图各校院之发展与充实;对于教育行政人员与教师,则饬各机关各大学慎重遴选,务求确能称职;至于学生管理方针,亦决力矫宿弊,不事姑息放任,以逢长少数份子之嚣张,实行严格监督,以维持多数学业之安定。在此暑假期间,饬令各学校详慎审查,其有屡犯校规言行越范者,宜分别惩戒,其有习气太深,不堪裁成者,宜断然开除。若有狃于习气,违犯法律,或企图作大规模之破坏行动者,则授权当地军警,严厉制止,学校当局,不得曲为回护。在政府当局对于青年自属期望殷切,深冀其努力造就,蔚为国用,决不愿峻法严绳,恝然舍弃。然积重必图所返,除暴即以安良,风气败坏,至于今日,倘再因循俯仰,坐令病毒日深,匪为国民之戚,亦实学生本身之害。全国教育界人士对于教育状况,耳闻目睹,素极明切,而于积极整顿之必要,尤众口一词,倡之已久。所望合力匡济,广为解说,俾各方了解整顿之用意,为教育开发一线之生机。政府职责所在,当努力执行,纵令遭若何之反对,任若何之劳怨,决所不顾。国难危急,时不我与,愿与我国人共图之。此令。等因;奉此。相应录令函达查照。除分行外,合行令仰该大学遵照,并布告学生一体周知。等因;奉此。合行布告各生周知。

此布。

校长程天放

《国立浙江大学校刊》第一百〇一期,民国二十一年九月三日

本校函请省府释放被捕同学

(1932 年 9 月 10 日)

连日本校学生有突被浙江省政府及公安局拘捕者,传闻被捕原因均系查有反动嫌疑。程校长闻此,即嘱秘书处函达浙江省政府,请将被捕同学提前讯问,如果尚无不能宽宥之证据,请其立予释放,并派生活指导员邱缵祖、甘家馨二君,亲持校函前往省政府及公安局接

洽。闻已允该生等在押中,予以优待。兹将二函附录于后:

致浙江省政府函

查敝校学生近来突被贵省政府及公安局拘捕者已有数人。传闻被捕原因均系查有反动嫌疑。敝校对于贵省政府严防反动分子混迹各校活动之意,极表同情!惟年青学子意识不尽坚定,不免有因一时之刺激,发为越分之言行者,所有被捕各生,务请贵省政府提前讯问。如果尚无不能宽宥之证据,并请立予释放,俾得续学,并希见复。至纫公谊!此致
浙江省政府

国立浙江大学校长程天放

致公安局函

径启者:

查本大学有学生数人,因系反动嫌疑,于日前被贵局捕去羁押待讯。在本案未判定以前,应请贵局对该生等予以优待。兹派本校学生生活指导员邱缵祖、甘家馨两君前来接洽,希查照为荷。此致
杭州市公安局

国立浙江大学秘书处启

《国立浙江大学校刊》第一百〇二期,民国二十一年九月十日

浙大抗日军事通讯队组织成立
(1933 年 3 月 18 日)

热事突变,国难日亟,工院电机系四年级同学深悉空口高呼,究属无济于事,刻苦励行,乃是救国之道,爰有浙大抗日军事通讯队之组织。闻该队已于八日正式成立,凡无线电通信、军用电话与电力在军事上之应用等,皆在研究之列。公推周洪涛君为队长,张振华君为干事,胡道济、楼世武两君为组长,并请尤佳章、汪世襄及沈秉鲁诸先生为顾问。现于每日下午四时至五时,由周君教授无线电报务实习、万国通信规则及军事通信之设施等。同时各组同学在最近一星期内,尽量搜集关于军用电话及装置无线电通信器械之材料,以便来日实习之用。闻周洪涛君前曾毕业中央陆军军官学校交通科,且曾供职于总司令部交通处无线电通信队,于军用电讯深有研究,现任斯职,定能努力为抗日之先导。该队前途,实未可限量也。

《国立浙江大学校刊》第一百二十六期,民国二十二年三月十八日

浙大学潮平议

（1934 年 11 月 2 日）

　　浙江大学学风素以沉静纯良为社会所称道,学生尤勤朴好学,与沪上诸大学之学生较,显有此贤乎彼之概。校长郭任远氏为海内知名之学者,长校年余,建树不少。而其所持严格办学之方针,无论该校内外,均极赞许。乃最近数日,忽起学潮。吾人素日爱护浙大,尤爱"勤朴好学""沉静纯良"之浙大学生,闻此"学潮"二字不祥之名词,良觉深痛,不欲有言! 顾为恢宏树人规模计,为维护师道尊严计,为爱惜青年前途计,吾人终不敢不略贡所怀,惟浙大当局与同学察之,尤望政府与社会有识之士对于"学潮"消弭之道共起而注意也。

　　考浙大此次风潮,起于学生王君与讲师施君争网球场之应否退出,其事本至微细,乃遂至口角,继以谩骂,终以施君之悻悻怒诉于教职员,而遂酿成王、卢两生开除学籍之事。吾人平心论之:当球场发生争执时,王生及中途加入质问施君之卢生,其言语行动,固属缺欠礼貌,而施君之态度,亦似难免幼稚之讥。至于事后,一部分教授竟以去就向校长力争,尤失之"小题大做"。然浙大当局对此事处置,究竟是否过当,殊难断言。纵令稍有过当,而在学生方面,只应善意的陈述意见,要求重予考虑,今竟威胁校长,决议开除教授,行动越轨,一至于斯。浙大同学诸君无论逞如何辩辞,固终不能讳饰其错误。且进一步言之,上庠学府为何□太学诸生为何人? 当此国难严重之时,复值厉行新运之际,浙大诸同学乃不能以礼义规律之旨自勉勉人,努力于复兴民族之基本工作,而徒坚持细故,掀起学潮,试问此种行为,欲获各方之同情,又安可得哉!?

　　抑窃谓晚岁以还,学风日敝,大抵学生愈浮薄空疏,则师道亦日即于偷诡,益以学校之官衙化、教员之政客化,反复勾结,入主出奴,于是黉舍寖成战场,弦歌化为鬼啸,滔滔汩汩,孰遏横逆?! 然而此种常见之态,过去之浙大固未丝毫蹈之。颇闻此次风潮,仅系极少数野心分子从中策动。大多数学生虽一时迫于环境,卷入漩涡,旋复保持其纯洁向学之态度。且全体教职员既电教部挽留郭校长于前,而教育部复迭电慰留并主严办于后,则是该校风潮最近期内必可获得解决。吾人切望浙大少数行动越轨之同学从速幡然改图;而教职员本身亦宜修己安人以隆师道。对于郭校长,则吾人尤望其勿遽以一时无谓之小挫,遂弃全校来日之宏图。盖以今日海内学风之窳败观之,则浙大之多数学生究不失为优良分子。郭氏试体最高教育当局倚任之诚,继续负责苦干,贯彻其严格教育之精神,一面不咎学生之既往,益竭其辅导教化之功,使浙江大学重入正轨,以蔚为全国最有希望之学府,则其所造于国家民族者大矣!

　　退之《师说》曰:"弟子不必不如师,师不必贤于弟子。"前一语在道德方面言,为学生自勉应有之义,所谓"当仁不让",愿为浙大诸同学诵之。后一语则拥皋比者当力矫其失,至少在品德方面不宜使其不贤于弟子,愿浙大诸教授先生三致意焉。至若明教者与学者相需之切与相厄之危,而谋所以善处之者,则学校行政当局所有事。观于浙大今次之学潮,则郭任远氏必当有以善处,而副吾人之望者也。

《东南日报》民国二十三年十一月二日

浙江大学风潮始末 教部主惩滋事学生 该校内仍照常上课
(1934 年 11 月 17 日)

浙大于宥日学生二人,因拦入教职员网球场。英文系讲师某君,适在场劝令退出。二生不听,并出言侮辱。有数教授以去就力争。校长郭任远为维护学校风纪,将二生开除。不料次晨学生召开大会,排队拥至校长公舍,胁逼校长收回成命,郭校长当允二生暂行回校。并□电教部辞职。教部已于三十一日去电挽留郭校长,并对于浙大一部分学生,偶因细故,演成越轨行动,深为痛惜。现已责成该校负责人员惩治滋事学生。并对其他各生,严重劝戒,倘仍有越轨情事,即采取较严之处置,惟现在浙大仍照常上课,至于郭校长已遵令回校视事,而浙大风潮亦告平息矣。

《摄影画报》第十卷第三十四期,民国二十三年十一月十七日

浙大学生会通电 同情平学生爱国运动
(1935 年 12 月 13 日)

国立浙江大学学生会十一日通电,对于平学生爱国运动,表示同情云。

《中央日报》民国二十四年十二月十三日

驱郭任远宣言
(1935 年 12 月 23 日)

值兹北土变色,国步艰危之际,我校全体同学竟毅然以驱郭闻,实有其万不得已之苦衷在焉!今请掬诚详告,庶白真相,免滋各方误会。

慨自九一八后,国土沦陷,主权丧失,全国朝野,正宜精诚团结,渡此厄运,乃迩来华北自治之声,又嚣然尘上,凡我同胞,莫不惶惕,平市学生乃有游行示威之举,然当局不察,反加无理处置,流血惨剧,又呈目前。浙大学生觉国势如此,更非埋头苦功之时,二十日晚,由全体大会之议决,赴京请愿,祈政府当局,明讨乱逆。顾宗旨纯正,本于一片爱国之热忱者也!讵知出发前夕,杭地军警,突围校舍,所有代表咸遭拘捕,当搜捕之时,校方人员,率领指挥。据来捕军警所云,系奉校长之命(有警士签名之证明文件)。夫丁此国势凌替,民气销沉之际,一切爱国热情,正扶植之不暇,宁容更事摧残?且学生宗旨纯正,行动确当,何用拘捕?即稍有不妥,亦宜导之以理,乃不此之图,竟指使军警,擅捕代表,国法何在?校体安存?此风一张,则全国学校机关,顿成危地;而学生生命安全,亦无确实保障。郭氏亦深知处置乖谬,电呈辞职。然郭氏固一反复小人,言辞无信。犹忆去年今日,因卢、王二同学与其党羽稍有龃龉,遂被开除,激起公愤。郭氏乃使狡辞职,阴则贿赂同党,假名挽留。驽马恋栈,迄今一载。殷鉴若此,思之寒心,吾全体同学,所以于郭氏辞职之后,更明加驱逐者以此。

计郭氏长校三年,罪恶昭彰,诸多劣绩,罄竹难书。吾人请更于此简赅述之:

(一)关于校务方面者

曰校务之独断也:浙大本有校务会议之组织,各院亦有院务会议。然自郭氏长校后,大权独揽,名存实亡。三年来,从未有正式之会议。他如课程学分之添设,一任己意。今举一例以明之:按哲学一科,本定三学分。本学期注册之时,校长突谓须增至六学分,转询注册课,答谓未知有此项规定,然郭氏固执己见,声称"自今日起我已定为六学分!"其武断之情,可见一斑。

曰植党营私也:浙大新进教职员,多为郭氏学生或前后同学。大有非复旦者去,凡复旦者来之势。故校中有"旦复旦兮"之喻。此种包办垄断情形,可以一例说明之:如代办高中英文教员徐民谋先生,本已解约,后知其曾在复旦肄业,郭氏复自动为之复职。更如会计课二女职员,才资相同,徒因一系郭妾之友,厚其薪给,相差三倍。他如李某等,均因循私缘,高位丰爵。

曰任意退斥学生也:郭氏长校后,遇事立威,动以细故,开除学生学籍。亦有仅以"衣冠不正"四字,着令退学者。统计三年来,大学及代办高中之勒令退者已近百人矣!然其子郭耀明则未经合法手续,特准入学试读,且旋即成正式生并私改分数,致使升级。

(二)关于经济方面者

曰中饱公款也:郭氏在复旦大学时,本以翻造校舍发财著名,自入浙大后,即截断多项正当用款(如停闭工场等),大兴土木,仍以复旦时之老工程师为包工,驾轻就熟,从容中饱,最近学生秋季制服,并未投标招制,悄着李伟超往上海觅工定做,其中心用意,不会而喻。

曰朋比为奸也:有胡独鸣者,系李伟超所介绍,吞没公款,业经教部停聘,后李氏又介绍谢家沅,不数月,又以舞弊被控闻。而郭氏仍倚李如左右手,其朋比为奸,亦可知矣!

曰妄设名目坐领公费也:浙大校长历来未闻除薪给及办公费外尚有特种费者,然郭氏甘冒不韪,擅自设立,会计课某职员稍违其意,即遭解职。

曰垄断经济也:浙大本有经济委员会之组织,郭氏因其有碍手足,故迄今无声阒,徒等虚设。

(三)关于私德方面者

曰蹂躏女性也:查我国法律,规定一夫一妻制已久,知识阶级尤宜力行,乃郭氏正式娶妻之后,复奸占中大学生太仓人凌葵芳女士为妾,前者既未异离,后者则未经合法之结婚手续,用意所在,实堪深思。

曰趋炎附势也:浙大旧教职员如系要人介绍前来者,必仍旧蝉联,不敢更动。前浙省主席鲁涤平介绍鲁潼平教授前来,教学甚优,近因鲁涤平中风逝世,鲁潼平即突遭解约之待遇。

曰言行不符欺瞒学生也:此次爱国运动,郭氏于历次会议均深表赞许且谓因地位关系,或稍有违心之语,实际上当竭力帮助。讵言犹在耳,而阴已行其借刀杀人之计矣!

曰行为卑鄙也:郭氏自知举措乖方,必遭物议,乃私雇间谍多名,实行侦察全校教职员及学生行动。此种间谍,以其同党郭太嘏、严济宽为之头目。其他造谣威吓拢络之事,不堪条述。

夫"师严道尊",古之明训,且浙大乃浙省之最高学府,郭氏既长斯校,宜如何惕励整饬,克为万人师表,乃郭氏明目张胆,毫不自敛,其祸害青年,曷堪宣言。

上述诸端,仅为荦荦大者,若必详举缕述,则滔滔数日,不能尽也。

吾全体同学,本均勤学勉行,故虽处此逆境,仍默默容忍。深冀郭氏翻然猛省,痛改前衍。讵料其每况愈下,变本加厉,吾一千纯洁学子,为本身之幸福计,为学校之未来计,为教育之前途计,乃毅然决然,团结一致,拒其长校。深望教育当局,体念难言之苦衷,并望全国爱护浙大之同胞,攘臂援助,则吾全体同学将感激无已矣!

国立浙江大学暨代办高工农全体学生谨告

〈二十四年〉十二月二十三日

浙江大学馆藏档案 ZD-2021-ZL12-16-5

浙大学生代表来京请愿 由王世杰等接见

(1935 年 12 月 25 日)

浙江大学校长郭任远突然离校辞职后,该校学生特派代表三人来京向当局说明情形。昨(廿四)日王教长、翁秘书长相继接见。谓浙大情形业已熟知,但在未得到郭氏正式辞呈以前,当未便作具体决定,希转告各同学安心上课,政府必以迅速妥当之办法处理。故浙大校务必可早复常态。

《中央日报》民国二十四年十二月二十五日

宣誓驱郭、驱李及其同党严扬并签名盖章

(1935 年 12 月 27 日)

我今慎重签名盖章于下,负责表示不达驱郭、驱李及其同党严杨之目的不止,纵牺牲至最后一人,亦必坚持到底。此誓!

大中华民国二十四年十二月二十七日立誓

教育系

王承绪	邵瑞珍	计克敏	章襄	李承恕	高寿衡	张锦潮	朱润瑜
潘凤韶	蒋廷黻	承宗绪	黄中宁	边迪林	朱宝璠	张克勤	朱庆年
华巽	姜容熙	竺型更	吴祥駼	戎涓之	王百龄	王益良	谢武鹏
胡绳系	邱壁光	赵端英	周鸿本	姚方瀛	朱光仕	沈瑞和	陶秀良
何志行							

英文系

陈怀白	朱清和	沈婉贞	杨霞华	唐淑昭	陆素心	姚询闾	施庆积
冯斐	郑炜						

续　表

数学系

祝修智	朱良璧	徐月书	赵保惠	熊全治	胡　鹏	郑锡兆	彭慧云
陈宗尧	周茂清	黄继武	徐绍唐	侯希忠	恽鸿昆	徐大顺	卢庆骏
颜家驹	徐瑞云	何章陆	程民德	张素诚	方淑姝	周仙英	周佐年
楼仁泰							

生物系

应广鑫	董悯儿	周蕙生	吴宝华	傅育英	陈士怡	向　涛	吕家鸿
姚　鑫	胡步青	盛伯梁	华冰寒	沈春祥	李述明	庄雍熙	

物理系

刘导涝	张　栩	朱鉴明	端木镇康	阮名成	洪宝三	刘晋燧	马启义
葛果行	沈慧珍	周纪善	孙吉生	孙　沩	夏登宗	林绍豪	朱光世
徐佩璜	施莲香						

化学系

姚国伟	胡　媖	蒋慰芬	胡　颐	郭大智	蒋天骥	华国桢	李德埧
汪天民	仇荫昌	张南陔	朱谱章	李琼华	顾学民	钱人元	叶之蓁
胡毓庆	周志瑞	李建奎	于同隐	许孝同	裴善扬	沈仁湘	张复生
潘祖麟	王进生	沈静贞	姚佩璠	汪　济	纪纫容	顾嗣康	姚慧英
朱鸿年							

大电二、四

刘纯倓	杨治平	潘家吉	吴怡庭	吴翼民	张时霖	曹西林	谢志公
张世璘	徐启发	谢增福	周志良	许兴潮	何桂馨	江德曜	汪乾
陈宗德	李乙	罗秉衡	陈世昌	朱纶	段毓瑾	黄德福	汪闻涛
谢斯馨	曹盛应	刘长庚	翁赓庆	王鼎华	萧永成	姜渭贤	徐世功
张泗民	樊盛坤	林丽川	邵培梓	阮炳贤	徐铎民	雷绩	陈宠锦
黄福寰	王懋鋆	沈曾荫	金倬章				

大电一、三

王以仪	刘奎斗	华拱华	沈环	陶镇勋	龚圻	华宏德	虞正光
蓝履安	黄延豫	汤家和	苗树腴	张镇仁	汤兰九	程羽翔	萧心
王文望	魏宗宏	史汝楫	洪鲲	王仁滓	彭日和	王家珍	孙吉生
吴钟琦	刘礼敬	丁邦平	徐学镛	俞懋旦	余文瑞	李子白	许懋勋
卞华年	陈梦麟						

大化工二、四

陈仁悦	陈登华	徐觉民	韦人骝	金效祖	李继强	徐如愿	姜乙梅
陈仰圣	许莲荪	沈金鳌	王　烈	顾振军	姚元恺	谢和一	刘馥英
胡文焕	沈一懿	倪昌祖	许乃茂	赵则优	沈邦儒	冯修吉	汪显
孙观汉	余柏年	黄广富	沈一鸣	姚玉林	徐植礼	顾传沂	王勤增

大化工一、三

陈汝铨	邹元曦	吴珣	余文玖	谢宗德	蔡思齐	林建鋐	陆福臻
陈　东	陈国符	夏子中	范允宋	许　平	钱家昌	张宝书	黄钟华
张禄经	李庆懔	俞念祖	许宝骏	谢龙文	韩葆玄	张格	徐嘉森
严怡和	王承明						

大土二、四

杨国华	周存国	朱世璜	钱克仁	马淑闲	金亮方	周　冕	严　望
俞大奎	金鸿畴	马家振	李如南	陆钦侃	蒋荫松	金鼎元	温钧衡
许志修	严自强	吴元猷	金　琛	陆筱丹	李　杰	姜　劢	蔡锡常
熊友松	陈良勋	叶孝仁	虞升堂	贺季恭	马君寿	彭申甫	胡杰安
瞿懋宁	朱焕锡	徐士荣	陶承杏	花瑞瑛	张文忠		

大土一、三

刘作霖	龚千章	谭天锡	吴立卓	李斯达	吉上宾	张哲民	刘达文
杨文彬	陶荣金	丁而昌	顾仁康	梁　涛	董　通	凌熙鼎	叶圣淳
侯焕昭	许灼芬	施汉章	陈公矩	许成熔	王仁铸	张毓静	邓舒庆
钱　万	陈祖梅	沈儒鸿	陈隆焜	杨筱栎			

大机二、四

孙士宏	陈葭生	李保森	庞曾淮	章树贤	林循经	胡天爵	张信伯
姚积垚	陈令宣	范梅芳	韩文藻	沈乃斌	文佑彦	李彼得	郑椿年
王基才	孙赓年	韩云岑	许邦友	吴维正	黄羽吉	章　□	

大机一、三

李永焀	薛秋农	李培金	胡广家	顾金梅	沈宗铺	范兆伦	孙聘三
龙家浩	吴廷环	陈宗元	陈道明	陈克宣	江厚渊	储钟祥	朱沅浦
冯元端	缪　梣	戴成钰	余伯祺	马文农	周善鈖	薛止众	冯辅晋

大农四

施尔宜	王弘法	钱英男	杨福如	陈　迟	顾冠群	方亚宏	黄天宽
徐荫增	祁开寅	储椒生	凌乐尧	李益年	宫玉廖	张志澄	陈克功

大农四

邰寿峒	孙玺堂	李哲	冯曾华	任家骅	赵德本	洪长铭	李钧贤
李维庆	郭益进	张元万	黄桂山	孙启修	卜慕华	万绍吉	

大农三

胡式仪	杨守仁	龚弼	夏定友	黄怀官	叶德盛	李西开	黄肇曾
魏夏泉	陈鹤轩	许超	张蕴华	周慧明	蔡淑莲	钟杏珍	李文周

大农二

张祖声	解翼生	楼恩泽	冯福生	刘赓汉	包敦朴	张慎勤	张堂恒
王洪章	徐传夔	朱祖祥	彭增材	章景瑞	盛水湘	徐守渊	陈飞景
吕高超	叶鸣高	谢吟秋	归绀珠	黄有馨	过鑫先	冷福田	李庆赓
赵明强	夏安瑾	张蓉英					

大农一

吴俭农	邱午庭	林远镛	冯嘉保	梅啸轩	徐达道	谭文萱	万恩寿
郑蘅	陈锡臣	彭照龙	张道南	陆徵琳	张羽生	邱鸿钧	

高电二、三

沈以定	章发亚	林志华	吴生寿	徐绍生	俞祖廷	孙奏音	林玉声
陈海鸣	潘振声	罗祖鉴	徐奕颖	徐士胡	薛秋和	陈乃宁	朱美池
倪诚学	陈主臣	徐曾忻	吴瑞	韩梦玉	陈天保	戴式曾	沈运峰
吴在琰	张文海	王同珍	姜凤翥	朱滋榛	朱学樊	张本厚	马本超
李纬太	余卓生	冯蕙芳	叶善勋	徐淦	孔庆炜	张善道	裘益锺
俞祥雯	王宏绪						

高电一

周乃长	杨声	裘维章	杨启元	张景普	叶正时	石几风	包为忠
李顺官	耿炤	朱日珩	余品珍	吴冠中	邵盘康	吴康侯	竹柏林
徐昌洪	陈继贤	翁开润	丁衍昌	许良英	程正修	金德椿	陈建元
祝冠群	夏祖彬						

高机二、三

叶维四	郭武勉	顾世淦	俞仲俊	余国钧	龚泽宝	李植业	范汉斌
毛宗清	吴大明	解俊民	毛开敏	郑可鍠	柳克令	林西堂	金德宁
张家肥	何顺康	叶正度	宗敦义	周启赓	包本族	凌懋新	楼维照
童景炎	金天齐	康宝锵	俞中和	杭永成	赵桂芬	沈克谨	路茂荣
詹本立	周谊呈	何士达	董绍庸				

续　表

高机一

杨永铭	翁家潮	冯绍庭	钱念祖	郑炳寿	蒋舜年	韦人骥	翁　镜
孙　琦	赵振华	邵美济	沈云龙	倪寿璋	丁景高	陶宝庆	朱宜峻
史奎俊	梅之红	马荫铨	胡钱训	张　纯	黄敦慈	陈以德	汪正烈
王茂芬							

高土二、三

徐鸿逵	伍　沂	俞世法	冯嘉猷	颜泽霖	宋尤龙	杭趾祥	马祖寿
董史良	王福润	范文河	施祖铭	沈耀琳	姜兰芳	阮镜清	郑锡湘
夏克铨	王景铭	徐正源	朱补年	陈业清	徐光遹	郭耀松	刘德明
赵人龙	楼玉堂	张世奇	华　志	吴金才	吴廷珞	陈建和	姚仲卿
纪云炎	马维駬	周淮水	骆锦奎	金标庭	吴　瑛		

高土一

马友信	陈寿春	姚源金	汪学良	韩吉生	蔡桂林	何承模	叶　铮
蒋祖荫	季友孙	盛家梁	诸克昌	陈棣鑫	方茂容	张慕良	沈震东
杨修纯	周维德	朱沛霖	戴学训	许哲民	梁荣庚	黄敦彬	朱维新
邢定一	詹　敏	来汝福	张盛林	周仁樟			

高染织

周　西	林静好	沈玉梅	虞玉佩	陈孝存	王同芳	应永荣	程日赞
田锡恩	许六贞	李卓琴	李佑梅	陈贤仁	朱祥江	汪永干	蔡作物
王镇生	张景伊	徐林逵	徐乃斌	林鸿翔	高崇恩	沈善奎	窦凤楼
裘颂其	俞邦模	香在梅	罗瑞俊	赵希曾	马福奋	陈永道	洪绍梁
沈载仁	余桂芬						

高农春三

王　皋	姜瑞璋	蔡寿卿	程志澜	姜秉曦	陈亨利	李伯文	林春虬
林受春							

高农三

方瑞堂	丁德泽	蔡致模	严为椿	刘定聪	杨平澜	李家钦	丁梦华
吴其玉	钱增新	刘定云	陈鼎章	周传班	刘荷珠	杭承德	魏芳
虞胜华	史　璞	腾伯英	王维山				

续 表

高农二

陈毓祥	张一鸣	任以通	周德高	吴应祥	叶 栋	章宗江	项公传
问绾曾	盛铣达	李锦生	陈金华	罗来科	陈冠球	金孟武	宋国云
王 政	彭 馨	周捷高					

浙江大学馆藏档案 ZD-2011-ZL12-59-15

浙大学生之驱郭运动 发表告国人书拒郭到校
（1936 年 1 月 7 日）

国立浙江大学学生突起反对校长郭任远及农学院院长李德毅、高工训育主任严济宽、高农代理主任杨逸农四人。郭氏已表示辞职，但当局则在挽留中。学生方面恐郭卷土重来，故最近于驱郭运动渐趋激烈，发表告国人书，指郭为摧残爱国运动的国贼，指李、严、杨三人为郭之党羽，并谓千余学生中，只要有一人在，决不许郭等踏进浙大校门，纵牺牲至最后一人，亦必坚持到底云云。此等拒绝校长之情绪，一若具有不共戴天之仇。惜乎！在告国人书中，对于郭任远所谓摧残爱国运动之事实，未有列举，颇有徒事谩骂之嫌。窃谓该校学生应发挥此等勇气，多从学业上进取也。（跃马）

The Dianmond 民国二十五年一月七日

本校赴京听训代表人选已决定 校方代表为校务会郑宗海主席
学生代表为陈迟、江希明、曹寅亮
（1936 年 1 月 11 日）

行政院为使教育界人士对于国事情况更深明了起见，召集交通较便各省及直辖市专科以上各校校长（或由教务长或由重要教授为代表）晋京会谈，俾得聆悉政府方针，贡献维护国家意见。各省及直辖市专科以上学校之学生，每校得赴京一人至三人，随同校长于二十五年一月十五日在首都会见，由院长说明时局及政府方针并得由该生等陈述意见，以达一德一心共同救国之目的。各大学学生代表由学生推定或由校院指定，均须以平素学行优良者充之，限于二十五年一月十四日以前赴教育部报到，所有往返川资，由各校院负担，在京食宿则由教育部供给。各代表并应各备二寸半身相片三张于一月八日前汇寄教育部，以便稽核。本大学校方代表业由校务会第五次会议议决公推郑宗海先生赴京，学生代表亦由学生自治会选出并经校务会核定为陈迟、江希明、曹寅亮三人。各代表姓名及相片业于日昨呈送教育部备案矣。

《国立浙江大学校刊》第二百三十四期，民国二十五年一月十一日

国立浙江大学学生救国意见书

(1936 年 1 月 15 日)

吾中华民国国势之岌危,至今极矣,主权日丧,国土日失,稍有爱国热忱,安得熟视无睹乎?

北平学生目击大好河山又沦敌手,热情激蒸,沸血腾射,游行示威,借申中华国民忠诚之民意。然横遭压迫,惨罹殴逐,伤心怵目,莫此为甚!

吾浙大全体学生遥聆噩耗,义愤填膺,乃于去岁十二月十一日,集合杭市学生万余人,游行示威,虽风雪交加,不稍畏缩。游行后,深冀能潜心学业,勤加训练,待他日大难临头,献身邦国。讵料北平学生又以流血被捕闻矣。吾浙大全体学生乃觉存亡关头已至,更非埋头苦攻、偷安苟生之日,除进行实际之救亡工作外,便有请愿之举,按其用意,实有下列数点:

一、俾举世知吾中华民国之大众均具忠诚之心肠;

二、俾举世知此次华北自治企图,非吾中华民国大众之意见;

三、促政府抱抗敌牺牲之决心;

四、予卖国汉奸以精神上之打击;

五、唤醒全体民众爱国之热忱。

固宗旨纯正,行动正当者也。孰知北平学生之遭遇,重演杭地,吾浙大全体学生之代表,亦竟以被捕闻矣!事后,知系郭某指使,新有驱郭之举,值此国步艰厄之际而有此种举动者,实有其万不得已之苦衷在也。(详见《驱郭宣言》)

虽然,吾全体同学之真正目标,仍未丝毫转移,吾全体同学之真正敌人,仍坚印胸臆。趁此抵京听训之日,谨将吾人之态度,掬诚简告于政府当局与诸公之前:

一、反对日本帝国主义操纵下之一切傀儡组织;

二、请政府立刻出兵,扫荡伪组织,收复失地;

三、请政府宣布华北事件交涉之经过;

四、开放言论、集会、结社、出版之绝对自由;

五、保障爱国运动,并明令不得于学校内任意拘捕学生;

六、请政府注意大学校长人选问题;

七、组织并武装民众,抗敌救亡;

八、武装学生。

凡此均吾全体同学所久存于心而未言者也。刍荛之献,深望政府当局并贤达诸公,豁然采择,毅然施行,吾浙全体同学,伫立以待,誓为后盾。

国立浙江大学暨代办高工农全体学生

〈二十五年〉一月十一日

《浙大学生》创刊号,民国二十五年一月十五日

教部严惩浙大校潮 郭任远销假视事
（1936 年 1 月 27 日）

（中央社念二日南京电）浙大校潮经教部迭电严查惩办，并将情节最重学生二名撤消〔销〕学籍。现校内已复常态，校长郭任远亦正销假回校。

《民报》民国二十五年一月二十七日

国立浙江大学教务处布告
（1936 年 2 月 22 日）

案查学生爱国表示，不得以任何方式妨碍学业，否则不给学绩，迭经行政院及教育部通令，并经本大学公布，仰全体学生一律遵照在案。兹查本大学一部分学生，因闻上海方面有某纱厂工人事件，乃发起出外募捐，以事救济情事。本人除一面亲自劝导，嘱再郑重考虑外；为明了事实真相起见，经以长途电话，向上海暨南大学方面调查。据报工厂事件已有相当解决，上海各校亦极安谧。据此，特将详情公布，仰诸生纳感情于理智之中，维护教育之生命，勿得阳奉阴违，自遗咎戾。凡参加此项工作而缺席者，一律遵奉政令，以旷课论，仰即周知。

此布。

教务长郑宗海
中华民国廿五年二月十二日

《国立浙江大学校刊》第二百三十八期，民国二十五年二月二十二日

五、教学活动

(一)招生组织

招生委员组织及职务分配表
(1930 年 5 月 17 日)

说明:招生委员会以各学院院长、副院长及大学秘书长组织之,主持关于招生一切事务。设常务委员一人,由大学秘书长任之,依委员会之决议,处理一切事务。

招生委员会之下分设事务、典试两组。

《国立浙江大学校刊》第十二期,民国十九年五月十七日

国立浙江大学十九年度招生简章

(1930 年 5 月 21 日)

一、招生之学院科系及名额

(一)本大学本年度招考新生之学院及科系如左:

文理学院

1. 文科

(1)外国语文学系之英文部;(2)史学与政治学系;(3)经济学系;(4)教育学系

2. 理科

(5)数学系;(6)物理学系;(7)化学系;(8)心理学系

3. 医药预修科(大学本科一二年级程度,为志愿研究医药者而设。)

工学院

1. 电机工程科

2. 化学工程科

3. 土木工程科

农学院

1. 农科

(1)农艺系;(2)园艺系

2. 林科

(3)森林系

3. 蚕科

(4)蚕桑系

4. 农政科

(5)农业社会系

文理学院自一年级起分系,工学院自一年级起分科,四年级起分系;农学院自二年级起分系。

(二)以上三学院各科系本年度招收一年级学生名额如左:

文理学院

1. 文科,2. 理科,共十六名;

3. 医药预修科,三十名。

工学院

1. 电机工程科,二十名;

2. 化学工程科,二十五名;

3. 土木工程科,十五名。

农学院:共六十名。

(三)投考本大学各生应注意于报名单上填明投考某学院某科系(投考工学院者不必填系),否则认为报名手续不完,不生效力。

二、修业年限

各学院各科系除文理学院医药预修科二年毕业外,余均四年毕业。

三、应试资格

(一)投考和学院各科系一年级,以公立(即国、省、市、县立)或已经立案之私立高级中学普通科或二年期大学预科毕业,得有正式毕业者为合格(在十八年度下学期毕业尚未领得毕业证明书者,得持原毕业学校之证明书及成绩单报名投考,但录取者于入学时仍须呈缴正式毕业证书,否则不得入学)。

(二)工业、农业专门学校本科修业一年以上,持有修业及转学证书暨成绩单者,得投考工学院、农学院一年级。

(三)凡不合于五〔一〕、六〔二〕各项规定之资格者,一概不得报名。来函请求通融或明知故问者,均不置答。

(四)各学院学生男女兼收。

四、入学试验科目

本大学入学试验科目如左:

1.体格检查

2.党义

3.国文

4.英文

5.a 高等代数、解析几何、三角(文理院理科、医药预修科,及工农两院依此标准。)

5.b 普通代数、平面几何、三角(文理学院文科依此标准。)

6.物理

7.化学(6、7两门,文理学院文科生选考一门,余均全考。)

8.生物学(志愿入文理、农两学院者,须考此门。)

9.历史(世界、中国)

10.地理(世界、中国)(9、10两门,文理学院文科全考,理科选考一门,工、农两院不考。)

11.口试

文理学院医药预修科应考科目与理科同。

以上各科试验均以高中毕业程度为标准。

五、报名日期及地点

报名分通信及亲到两种办法,其日期及地点如左:

报名日期:

1.通信报名

自七月一日起至十四日止。

2.亲到报名

自七月十四日起至十七日止。

报名地点:

杭州市蒲场巷国立浙江大学

六、报名手续

（一）报名手续如左：

1.填写报名单；

2.呈缴毕业证书及最近四寸半身相片一张，报名费二元。照片及报名费，无论录取与否，概不退还。

（二）通信报名，应先期索取报名单照填后，连同前条第 2 项开列各件，由邮局挂号寄至报名地点，并附邮票一角六分。

（三）审查。凭证合格准予报名者，即填给缴入各件收据及准考证，凭证届时到场受试。其通信报名者，前项据证，寄至报名人所在之地址。

七、试期及地点

（一）本年度入学试验日期规定如左：

七月十八日上午（八时至十二时，下同），检查体格。检查体格不及格者，不得参与笔试。

十八日下午（二时至五时，下同）至二十一日上午，各科笔试（笔试日程临时布告之）。

二十二日上午，口试。

（二）各试在杭州、上海同时举行。报名时认定在何处应试不得更改。

八、入学手续

本大学入学手续如左：

1.录取各生应于开学之日，偕同保证人（保证人二人，须有固定职业，其一并须寓在杭州市，对于所保学生，能负一切责任者）前来本大学填写入学愿书及保证书；

2.将规定应缴各费一次缴清，掣取收据；

3.凭缴款收据换领入学住宿各证。凭入学证赴考入之学院报到，领取听讲证。住宿生凭住宿证入住宿舍。

九、应缴各费

一年级学生第一期应缴各费如左：

学费	十二元
杂费	五元，通学生二元
体育费	二元
代管各费	（盈还亏补）
膳费	文理学院三十二元五角，工学院三十四元（半膳减半），愿自理者听，农学院由学生自理。
制服费	十六元（冬服八元，夏服五元，军衣三元）
书籍费	文理学院五十元，工学院由学生自备，农学院三十元。
讲义费	文理学院四元，工学院四元，农学院三元。
实验费	文理学院六元，工、农两学院不收，但校外实习费由学生自理。
预备费	文理院不收，工学院六元，农学院五元。
学生团体费	文理学院一元，工学院一元，农学院由学生自理。

综计:文理学院学生应缴一百二十八元五角,工学院学生应缴八十元,农学院学生应缴七十三元。

十、补助费

(一)浙江省籍学生成绩在七十五分以上,家境贫寒,经前肄业学校校长及本籍教育局局长证明者,得于经过一学期后,取得省款补助。(详见浙江省补助学生办法)

(二)农学院毕业学生毕业成绩总平均在七十分以上;在学时努力公共作业,具有相当成绩;身体健全;在学时并无重大过失者;得受浙江省款补助赴国外考察研究,但回国后须于五年内为浙江省农业服务。(详见浙江省补助国立浙江大学农学院学生办法)

函索本简章及报名单者,须附邮票四分。

《国立浙江大学校刊》第十三期,民国十九年五月二十一日

浙江省立高中得保送毕业生免试升学 严格限制学业成绩
每次只以十名为限 仅予免除各科笔试 口试并须从严举行
(1930 年 6 月 28 日)

浙江省立高中学以改组时原定为本大学之实验中学,浙江省政府会议决议通过在案。来函请明定凡该校各科毕业生,除职业班外,均得免试升入本大学各科系一年级肄业,并请拟订一切施行细则。当经第六次校务会议议决照准,公推三院院长及蔡邦华等六人草拟详细办法,提由第九次校务会议修正通过,并议决毕业生免试应另订保送手续,交招生委员会订定施行。现保送手续已经招生委员订定,函复该中学查照。复经第十次校务会议议决,本届保送手续,须于六月三十日以前办理完竣,于七月二日上午八时起举行检查体格及口试云。兹将高中来函、本校复函,及特许浙江省立高中保送毕业生免试升学办法暨保送手续照录于后:

浙江省立高级中学来函

径启者:

查敝中学为贵大学之实验中学,在预算中明白规定,由省政府会议议决通过在案,其性质即大学本科之预科,其学程当力求衔接。敝中学自改组以来,本此方针进行,务期各科学生于毕业后能升入贵大学肄业,程度毫无扞格。惟关于此层手续尚无规定,应请贵大学明定,凡敝中学各科毕业生,除职业班外,均得免试升入贵大学各学院各科系第一年级肄业。其免试升学之成绩标准与名额,以及敝中学各班举行毕业试验时,应否由贵大学派员监试,以昭郑重。一切施行细则,应否由贵大学拟订,以示直接系统之中,仍寓限制滥竽之意,并候酌核施行。此项办法,名实相符,其他公私立学校,断难援例要求。敝中学本年度新生多系为大学之实验中学而来,志存深造,各班旧生,亦皆抱有同样希望,如毕业后仍需经过试验,始能入学,则与其他各校之无直接关系者同等待遇,不但辜负梓梓〔莘莘〕学子向学之情,亦殊非贵大学提议改组敝中学之本旨。为此函请核办见复,以便遵行为荷! 此致
国立浙江大学

本大学复函

案准贵中学公函,略开:敝中学为贵大学之实验中学,业经浙江省政府委员会议决通过有案,应请明定,凡敝中学各科毕业生,除职业班外,均得免试升入贵大学各学院各科系第一年级肄业。其免试升学之成绩标准与名额,以及各班举行毕业试验时,应否由贵大学派员监试,以昭郑重;一切施行细则,应否由贵大学拟订,以示限制。请酌核见复。等由;准此。兹经订定国立浙江大学特许浙江省立高级中学毕业生免试升学办法及浙江省立高级中学保送免试升学学生手续各一种,相应连同本大学十九年度招生简章及新生报名单函送贵中学,即希查照办理! 此致
浙江省立高级中学

附办法、手续各一份,简章、报名单各十份

国立浙江大学特许浙江省立高级中学毕业生免试升学办法

(十九年五月廿四日第九次校务会议通过)

1.浙江省立高级中学毕业学生在三个学年内,学业成绩总平均分数在八十分以上,志愿升入本大学者,得由浙江省立高级中学保送,免除笔试。但口试及体格检查,仍须定期举行,及格后准予入学。

2.前条保送免试学生,每次以十名为限。

3.浙江省立高级中学每次保送免试学生,须在本大学新生入学考试以前,将保送手续办理完竣。

4.本办法试行发生障碍时,本大学得随时变更之。

浙江省立高级中学保送免试升学学生手续

浙江省立高级中学保送免试升学学生,应具备正式公函,连同各该生各学年成绩分数(分数单上应加盖学校图记)及各该生自行填写之报名单及缴验之毕业证书(如保送时毕业证书尚未印发,应由该校于本大学开学以前补缴),最近四寸半身相片,于本大学举行新生入学试验一星期以前送达本大学。

《国立浙江大学校刊》第十八期,民国十九年六月二十八日

历年招生比较表(一)大学部

(1930 年 11 月 8 日)

十七年度

投考资格	报名人数 文理本科	报名 工本科	报名 工预科	报名 农本科	报名 补习科一年级	报名 补习科二年级	报名 合计	取录人数 文理本科	取录 工本科	取录 工预科	取录 农本科	取录 补习科一年级	取录 补习科二年级	取录 合计
大学肄业	1	8	2	3			14	1	3	1			1	6
大学预科毕业	1	3	1	2		2	9		1			1	2	4
高中毕业	94	21	29	14	2	3	163	50	12	12		1	4	74〔79〕
高中(二年)肄业			28	2	1		31			10		1		11
旧制中学毕业			21	8	1		30			4		4		8
职业学校毕业		1	4				5							
专门学校毕业		8			1		9		2					2
师范毕业						2	2							
其他					6		6					2		2
合计	96	41	85	19	18	10		51	18	27		9	7	
合计	96	126		47	(补习28)			51	45		16			
	本科 156		预科 113					本科 69		预科 43				
	269							112〔117〕						

十八年度

投考资格	报名人数 文理本科	报名 工本科	报名 工预科	报名 农本科	报名 补习科一年级	报名 补习科二年级	报名 合计	取录人数 文理本科	取录 工本科	取录 工预科	取录 农本科	取录 补习科一年级	取录 补习科二年级	取录 合计
大学肄业	2	6	2	1	7		18		1					1
大学预科毕业	17	9	21	4	15		66	5	1	3	3	4		16
高中毕业	216	96	46	21	15		394	43	23	11	8	12		97

续　表

投考资格	文理 本科	工 本科	工 预科	农 本科	农补习科 一年级	农补习科 二年级	合计	文理 本科	工 本科	工 预科	农 本科	农补习科 一年级	农补习科 二年级	合计
	报名人数							取录人数						
高中(二年)肄业		71			3		74			16		10		26
旧制中学毕业		30			1		31			8		2		10
职业学校毕业			6	1	1		8			1		1		2
专门学校毕业	1			2			3							
师范毕业	7				4		11					2		2
其他					5		5							
合计	243	111	176	29	51 / 51			48	25	39	11	31 / 31		
合计	243	287		80				48	64		42			
	本科 383			预科 227				本科 84			预科 70			
	610							154						

投考资格	文理	工	农	合计	文理	工 本科	工 补习班	农 本科	农 补习班	合计
	报名人数				取录人数					
大学肄业	7	16		23	1	8	1	1		11
大学预科毕业	17	43	4	64	5	8	2	1		16
高中毕业	150	320	52	522	59	74	38	21	9	201
高中(二年)肄业										
旧制中学毕业										
职业学校毕业	3	2	3	8	2	1				3
专门学校毕业		10		10						
师范毕业	5	1		6						
其他										

续　表

年度				十九年度					
人数 / 院别 / 投考科系别	报名人数				取录人数				
投考资格	文理	工	农	合计	文理	工		农		合计
						本科	补习班	本科	补习班	
合计	182	392	59		65	92	42	23	9	
						134		32		
		633				本科 180		补习班 51		
							231			

《国立浙江大学校刊》第三十期,民国十九年十一月八日

历年招生比较表(二)大学部
(1930 年 11 月 8 日)

年度			十七年度							
院别			文理学院		工学院		农学院		合计	
项别	性别	数别	人数	%	人数	%	人数	%	人数	%
报名数	男		88	92	125	99	47	100	260	97
	女		8	8	1	1	—	—	9	3
	计		96	100	126	100	47	100	269	100
录取数	男		47	92	44	98	16	100	107	95
	女		4	8	1	2	—	—	5	5
	计		51	100	45	100	16	100	112	100
百分比	各院报名人数之百分比		36		47		17		100	
	各院录取人数之百分比		46		40		14		100	
	录取人数对报名统一数之百分比		19		17		6		42	
	本院录取人数对本院报名人数之百分比比		53		36		34			
	本院录取男生对本院报名男生之百分比		53		35		34			
	本院录取女生对本院报名女生数之百分比		50		100		0			

注:本表百分数小数点以下四舍五入。

项别	性别	年度	十八年度							
		院别 数别	文理学院		工学院		农学院		合计	
			人数	%	人数	%	人数	%	人数	%
报名数	男		228	94	279	97	76	95	583	96
	女		15	6	8	3	4	5	27	4
	计		243	100	287	100	80	100	610	100
录取数	男		45	94	59	92	39	93	143	93
	女		3	6	5	8	3	7	11	7
	计		48	100	64	100	42	100	154	100
百分比	各院报名人数之百分比		40		47		13		100	
	各院录取人数之百分比		31		42		27		100	
	录取人数对报名统一数之百分比		8		10		7		25	
	本院录取人数对本院报名人数之百分比比		20		22		53			
	本院录取男生对本院报名男生之百分比		20		21		51			
	本院录取女生对本院报名女生数之百分比		20		62		75			

注:本表百分数小数点以下四舍五入。

项别	性别	年度	十九年度							
		院别 数别	文理学院		工学院		农学院		合计	
			人数	%	人数	%	人数	%	人数	%
报名数	男		148	81	384	98	54	91	586	93
	女		34	19	8	2	5	9	47	7
	计		182	100	392	100	59	100	633	100
录取数	男		54	83	132	98	28	87	214	93
	女		11	17	2	2	4	13	17	7
	计		65	100	134	100	32	100	231	100
百分比	各院报名人数之百分比		29		62		9		100	
	各院录取人数之百分比		28		58		14		100	
	录取人数对报名统一数之百分比		10		21		5		36	

续　表

项别	性别	数别\年度\院别	十九年度							
			文理学院		工学院		农学院		合计	
			人数	%	人数	%	人数	%	人数	%
百分比	本院录取人数对本院报名人数之百分比比		35		34		54			
	本院录取男生对本院报名男生之百分比		34		34		52			
	本院录取女生对本院报名女生数之百分比		32		25		80			

注:本表百分数小数点以下四舍五入。

《国立浙江大学校刊》第三十期,民国十九年十一月八日

历年招生比较表(三)大学部
(1930 年 11 月 8 日)

项目	十七年度		十八年度		十九年度	
	报名人数之百分比	取录人数之百分比	报名人数之百分比	取录人数之百分比	报名人数之百分比	取录人数之百分比
高中毕业	60.59	70.54	64.59	62.99	82.62	87.01
大学预科毕业	3.35	3.57	10.82	10.39	10.10	6.92
大学肄业	5.20	5.35	2.95	0.65	3.63	4.77
专门学校毕业	3.35	1.78	0.49	—	1.58	1.30
职业学校毕业	1.85	—	1.31	1.29	0.95	—
师范学校毕业	0.74	—	1.80	1.29	1.12	—
高中(二年)肄业	11.52	9.82	12.13	16.90	—	—
旧制中学毕业	11.15	7.15	5.01	6.49	—	—
其他	2.25	1.78	0.90	—	—	—
合计	100.00	100.00	100.00	100.00	100.00	100.00

注:高中二年肄业,旧制中学毕业,及其他学校毕业或肄业者,均系投考预科或补习科之第一年级。

《国立浙江大学校刊》第三十期,民国十九年十一月八日

浙大规定免试入学办法

（1931 年 8 月 10 日）

浙江省教育厅为督促学生在学期内砥砺学行起见，函请国立浙江大学准予浙省各高中选送成绩优良之毕业生一名或二名，免试入学，借以鼓励学生向上之志行。现已接到浙大复函，允为照办，并订立办法如次：

浙江省教育厅保送省立各中学高中普通科毕业生免试升学国立浙江大学办法

一、浙江省教育厅（以下简称厅）于国立浙江大学（以下简称大学）每届招生时，得保送省立各中学高中普通科毕业生每校二名，免试升入大学肄业，但仍须受体格检查，不及格者不得入学。

二、前项保送学生以毕业时在本班分数最多，而历年总平均分数在八十分以上，操行在乙等以上者为合格。

三、前项保送之学生得志愿升入大学各学系，但遇必要时，大学得限制升入某学系之最多名额。

四、前项保送之学生，每名应预缴一学期学费国币十二元，经保送而不入学者，其预缴之学费不予追还。

五、前项保送之学生，由厅于大学举行新生入学试验一星期以前，将各该生各学期各科分数单（分数单上应加盖原毕业学校钤记）及各学生填具之报名单（报名单由大学预行送厅转发）及最近二寸半身照照片二张，连同预缴之学费核转至大学。

六、前项保送之学生入学手续与大学录取新生同样办理。

《新闻报》民国二十年八月十日

国立浙江大学二十一年度招生简章

（1932 年）

（一）招生之学院学系及名额

一、本大学本年度招收新生之学院学系如左：

文理学院

1. 外国文学系英文组
2. 政治学系
3. 教育学系
4. 数学系
5. 物理学系
6. 化学系
7. 生物学系实验生物组

工学院

1.电机工程学系

2.化学工程学系

3.土木工程学系

4.机械工程学系

农学院

1.农艺学系

2.园艺学系

3.森林学系

4.蚕桑学系

5.农业社会学系

文理学院工学院自一年级起分系,农学院自二年级起分系。

二、以上三学院各学系本年度招收一年级新生名额如左:

文理学院

各学系共八十名

工学院

1.电机工程学系　四十名

2.化学工程学系　三十名

3.土木工程学系　三十名

4.机械工程学系　三十名

农学院

各学系共六十名

三、各学院二、三年级均酌收转学生,但须先向各学院陈明业经修毕之课程成绩,经核准后始可报名。

四、投考各生应于报名单上填明投考某学院某学系,否则认为报名手续不完,不生效力。

(二)修业年限

五、各学院各学系均四年毕业

(三)应试资格

六、凡具有左列资格之一者,得报名投考:

1.公立(即国、省、市、县立)或已立案之私立高级中学普通科与农、工、商、家事等职业科毕业,得有正式毕业证书者;

2.公立或已立案之私立高中师范科毕业,得有正式毕业证书,而在学时并未受有免费待遇(全部或一部)者;或受有免费待遇,而毕业后曾在小学或其他教育事业服务满足一年,得有服务证明书者;

3.公立或已立案之私立大学二年期预科毕业,得有正式毕业证书者;

4.尚未立案之私立高级中学或大学二年期预科毕业,经主管之教育行政机关甄别试验及格,得有升学证明书者。

七、具有前条1、2、3各款资格之一者,如系在二十年度下学期毕业,尚未领到毕业证书时,得持原毕业学校之证明书报名投考。(但录取者于入学时,仍须呈缴正式毕业证书,否则不得入学。)

八、工业农业专门学校本科修业一年以上,持有转学证书暨成绩单者,得分别投考工学院农学院一年级。

九、凡不合于第六、第八两条规定之资格者,概不得报名。来函请求通融,或明知故问者,均不置答。

十、各学院学生男女兼收

(四)入学试验科目

十一、入学试验科目如左:

1. 体格检查

2. 党义

3. 国文

4. 英文

5. a. 高等代数、解析几何、三角(文理学院数学系、物理学系、化学系,工学院各学系,及农学院森林学系依此标准。)

b. 算术、普通代数、平面几何(文理学院外国文学系、政治学系、教育学系、生物学系,及农学院农艺学系、园艺学系、农业社会学系、蚕桑学系依此标准。)

6. 物理

7. 化学

(6、7两门,文理学院外国文学系、政治学系、教育学系选考一门,余均全考。)

8. 生物学(投考文理、农两学院者,须考此门。)

9. 历史(世界、中国)

10. 地理(世界、中国)

(9、10两门,文理学院外国文学系、政治学系、教育学系全考,其余各学系选考一门;工、农两学院不考。)

以上2至10各科试验,均以高中毕业程度为标准。

11. 口试

(五)报名日期及地点

十二、报名分通讯及亲到两种办法,其日期及地点,第一次招生规定如左,第二次招生另行公布。

1. 通讯报名

日期:自七月一日起至十三日止

地点:杭州市大学路本大学

2. 亲到报名

日期:自七月十五日起至十七日止

地点:上海小西门内尚文路

苏省立上海中学初中部

(六)报名手续

十三、报名手续如左:

1. 填写报名单;

2. 呈缴学业证书(或证明文件)及最近四寸半身像片三张,报名费二元。像片及报名费,无论录取与否,概不退还。

十四、通讯报名,应先期索取报名单照填后,连同前条第2款开列各件,由邮局挂号寄至报名地点,并附邮票一角八分,备复信之用。

十五、审查文凭合格准予报名者,即填给缴入各件收据及准考证,凭证届时到场受试。其通信报名者,前项据证,由邮局挂号寄达。(通信报名,务须注意信件来往所需时日。)

(七)试期及地点

十六、入学试验分两次举行,第一次在上海,第二次在杭州。第一次试验日期如左,第二次试验日期,另行公布。

七月十八日上午(七时三十分至十二时),检查体格。(体格不及格者不得参与笔试。)

十八日下午(二时至六时)至二十一日上午,各科笔试及口试。(详细日程,另有考试期间表分发。)

十七、第一次试验在内举行。

(八)入学手续

十八、入学手续如左:

1. 录取各生应于开学之前三日内,偕同保证人(保证人二人,须有固定职业,其一并须寓在杭州市;对于所保学生,能负一切责任者)前来本大学填写入学愿书及保证书;

2. 将规定应缴各费一次缴清;

3. 凭缴费收据换领入学住宿各证。凭入学证赴考入之学院报到,领取听讲证。住宿生凭住宿证入住宿舍。

(九)应缴各费

十九、一年级学生第一学期应缴各费如左:

学费	十二元
杂费	五元(通学生二元)
体育费	二元
代管各费	(除学生团体费外,均盈还亏补。)
膳费	文理学院三十三元(以五个月计算);工学院招商承办会食堂,听学生自由赴膳;农学院招商承办农村饭店,听学生自由赴膳。
制服费	十一元(冬服八元,军衣三元。第二学期须缴夏服费五元。)
书藉〔籍〕费	文理学院五十五元,工学院由学生自设委员会经理,农学院三十三元。
讲义费	四元
预备费	六元
学生团体费	文理、工两学院各一元,农学院由学生自理。

附录

国立浙江大学收考转学生办法

一、先声明志愿编入某院某科系之某年级，俟关系之学院查明该科系年级尚有缺额，始准报名。

二、报名时应与新生报名一律办理，并须同时呈验合格之大学修业证书成绩单及转学证书（转学证书得在入学时补缴，但无转学证书者虽经录取不得入学）。

三、志愿编级者均须一律参加新生入学试验；入学试验及格者，始准参加编级试验。

四、编级试验以该生志愿编入之年级所已经修过之全部学程为范围，例如欲编入二年级者，须考一年级全部学程。

五、志愿编级者从前修过之学程在本大学非为必修者，无庸考试，亦不给学分。

六、编级试验及格之学分不及该年级规定应修学分之半数时，不得编级，但得入一年级修学。

七、编级试验于开学后行之。

试场规则

一、投考者应随带准考证，每次均凭证入场受试。

二、投考者应受监试员之指示，依次入场，不得拥挤。

三、笔试时只许携带自来水笔或钢笔墨水（本校所备试卷均可用钢笔书写，及考数学时应用之器具，此外任何书本及纸张，均不得携带入场。

四、投考者于笔试时应先查阅试场外揭布之座位表，认明本人座位号数入场，按号归座。

五、归座后应将准考证置于考桌上，候监试员查验及核对相片、发卷给题。

六、作题时如须先拟草稿者，即在试卷内所附之稿纸上起草，此项稿纸绝对不得撕毁。

七、受试者如觉试题内有疑义或文字有错误，均应由自己判定做法或改正，不得向任何人询问或请求解释。

八、试验时绝对不得与同受试验者有任何交通（如说话、借用器物等）。

九、未交卷前不论有何事故，中途出场后，即不得再行入场。

十、交卷时应将试题附入卷内。

十一、交卷后应立即退出试场。

十二、规定时间满后，无论解答完毕与否，均须交卷。

十三、笔试时违反第三条至第十二条之规定者，其试卷无效。

函索本简章及报名单者，须附邮票二分。

国立浙江大学二十一年度招生统计表

(1932 年 10 月 15 日)

(一)投考及录取人数

院系别	统计项别	投考总数	录取总数	投考细数 第一次 男	第一次 女	第二次 男	第二次 女	合计 男	合计 女	经两试者 男	经两试者 女	录取总数 第一次 男	第一次 女	第二次 男	第二次 女	合计 男	合计 女	经两试始录取者 男	经两试始录取者 女	备考
文理学院	外国文学系英文组	68	13	27	6	31	4	58	10	4		3	2	7	1	10	3			
	政治学系	114	16	63	2	46	3	109	5	8		8		8		16			1	
	教育学系	134	18	52	15	55	12	167	27	5	7	1	3	12	2	13	5	1		
	数学系	12	5	1	5	6		7	5	2			3	2		2	3			
	物理学系	22	10	5		10	5	15	7	5	5		1	5	4	5	5	2	3	
	化学系	28	10	4	3	17	4	21	7	8		1	2	6	1	7	3	4	1	
	生物学系实验生物组	16	3	8	1	6	1	14	2	4	1	1			2		3	2		
	小计	394	75	160	34	171	29	331	63	36	14	14	11	42	8	56	19	10	4	
				194		200		394		50		25		50		75		14		
工学院	电机工程学系	181	40	158	8	15		173	8	1		38	1	1		39	1			
	化学工程学系	124	37	105	10	6	3	111	13		1	33	2	1	1	34	3		1	
	土木工程学系	245	37	114	1	130		244	1	35		20	1	16		36	1	3		
	机械工程学系	194	35	41	4	139	10	180	14	45	5	11		24		35		7		
	小计	744	149	418	23	290	13	708	36	81	6	102	4	42	1	144	5	10	1	
				441		303		744		87		106		43		149		11		
农学院	农艺学系	93	25	51	1	41		92	1	9		8		17		25		4		
	园艺学系	41	9	16	2	21	2	37	4	2		3		6		9		1		
	森林学系	7	3	2		3		5	2	2				3		3		2		
	蚕桑学系	14	4	7		3	4	10	4	1	1	2		1	1	3	1	1	1	
	农业社会学系	53	12	25	4	21	3	46	7	7	1	4	1	7		11	1	2		
	小计	208	53	101	9	89	9	190	18	21	2	17	1	34	1	51	2	10	1	
				110		98		208		23		18		35		53		11		
合计		1346	277	679	66	550	51	1229	117	138	22	133	16	118	10	251	26	30	6	
				745		601		1346		160		149		128		277		36		

（二）投考人数之比较

院系别	投考总数	投考者 在全校考生数内所占百分数 〈男〉	〈女〉	〈共〉	在全院考生数内所占百分数 男	女	共	在本系考生数内所占百分数 男	女	在全校同性考生数内所占百分数 男	女	经两试者 在全校考生数内所占百分数 共	在全院考生数内所占百分数 共	在本系考生数内所占百分数 共	在全校同性考生数内所占百分数 男	女	备考
文理学院 外国文学系英文组	68	4.31	0.74	5.05	14.72	2.54	17.26	85.29	14.71	4.72	8.55	0.3	1.01	5.88	0.3	0	
政治学系	114	8.1	0.37	8.47	27.67	1.27	28.94	95.61	4.39	8.87	4.27	0.59	2.03	7.02	0.65	0	
教育学系	34	7.95	2	9.95	27.15	6.85	34	79.85	20.15	8.7	23.07	0.89	3.05	8.96	0.41	5.98	
数学系	12	0.52	0.37	0.89	1.78	1.27	3.05	58.33	41.67	0.57	4.27	0.15	0.51	1.67	0.16	0	
物理学系	22	1.11	0.52	1.63	3.81	1.78	5.59	68.18	81.82	1.22	5.98	0.74	2.54	45.45	0.41	4.27	
化学系	28	1.56	0.52	2.08	5.33	1.78	7.11	75	25	1.71	5.98	0.67	2.28	32.14	0.65	0.85	
生物学系实验生物组	16	1.04	0.15	1.19	3.55	0.5	4.05	87.5	12.5	1.14	1.71	0.37	1.27	31.25	0.33	0.85	
小计	394	24.59	4.67	29.26	84.01	15.99	100			26.93	53.83	3.71	12.69		2.94	11.95	
工学院 电机工程学系	181	12.85	0.6	13.45	23.25	1.08	24.33	95.58	4.42	14.08	6.84	0.07	0.13	0.55	0.08	0	
化学工程学系	124	8.25	0.97	9.22	14.92	1.75	16.67	89.52	10.48	9.03	11.11	0.07	0.13	0.81	0	0.85	
土木工程学系	245	18.13	0.08	18.21	32.79	0.14	32.93	99.59	0.41	19.85	0.86	2.6	4.7	14.29	2.85	0	
机械工程学系	194	13.37	1.04	14.41	24.19	1.88	26.07	92.78	7.22	14.65	11.97	3.72	6.73	25.77	3.66	4.27	
小计	744	52.6	2.69	55.29	95.15	4.85	100			57.61	30.78	6.46	11.69		6.59	5.12	

续　表

统计项别　院系别/系别	投考总数	投考者											经两试者					备考
		在全校考生数内所占百分数			在全院考生数内所占百分数			在本系考生数内所占百分数		在全校同性生数内所占百分数		在全校考生数内所占百分数	在全院考生数内所占百分数	在本系考生数内所占百分数	在全校同性生数内所占百分数		
		〈男〉	女	〈共〉	男	女	共	男	女	男	女	共	共	共	男	女	
农艺学系	93	6.84	0.08	6.92	44.23	0.48	44.71	98.92	1.08	7.49	0.86	0.67	4.33	9.68	0.73	0	
园艺学系	41	2.75	0.29	3.04	17.79	1.92	19.71	90.24	9.76	3.01	3.42	0.15	0.96	4.88	0.16	0	
森林学系	7	0.37	0.15	0.52	2.4	0.96	3.36	71.43	28.57	0.41	1.71	0.15	0.96	28.57	0.16	0	
蚕桑学系	14	0.74	0.29	1.03	4.81	1.92	6.73	71.43	28.57	0.81	3.42	0.15	0.96	14.29	0.08	0.85	
农业社会学系	53	3.42	0.52	3.94	22.12	3.37	25.49	36.79	13.21	3.74	5.98	0.59	3.85	15.09	0.57	0.85	
小计	208	14.12	1.33	15.45	91.35	8.65	100			15.46	15.39	1.71	11.06		1.7	1.7	
合计	1346																

《国立浙江大学校刊》第一百〇七期，民国二十一年十月十五日

国立浙江大学二十一年度招生统计表（续）

（1932 年 11 月 12 日）

（三）录取人数之比较

院	系别	投考总数	录取人数	在全校录取数内所占百分数（男）	（女）	（共）	在全院录取数内所占百分数（男）	（女）	（共）	在本系录取数内所占百分数（男）	（女）	在全校考生数内所占百分数（男）	（女）	（共）	经两试始录取者 在全校录取数内所占百分数（男）	（女）	在全系经两试人数所占百分数（共）	在全院经两试人数所占百分数（共）	在全校同性两试人数所占百分数（男）	（女）	备考
文理学院	外国文学系英文组	68	13	3.61	1.08	4.69	13.33	4.00	17.33	76.92	23.08	0.74	0.22	0.96	0	0	0	0	0	0	
	政治学系	114	16	5.78	0	5.75	21.33	0	21.33	100	0	1.19	0	1.19	0.36	0	12.50	2.00	0.72	0	
	教育学系	134	18	4.69	1.81	6.5	17.33	6.67	24.00	72.22	27.78	0.97	0.37	1.34	0.36	0	8.33	2.00	0.72	0	
	数学系	12	5	0.72	0.058	1.80	2.67	4.00	6.67	40.00	60.00	0.15	0.22	0.37	0	0	0	0	0	0	
	物理学系	22	10	1.81	1.81	3.62	6.67	6.67	13.34	50.00	50.00	0.37	0.37	0.74	0.72	1.08	50.00	10.00	1.45	13.67	
	化学系	28	10	2.53	1.08	3.61	6.67	6.67	13.33	70.00	30.00	0.52	0.22	0.74	1.44	0.36	55.56	10.00	2.90	4.55	
	生物学系实验生物组	16	3	1.08	0	1.08	9.3	4.00	13.33	100.00	0	0.22	0	0.22	0.72	0	40.00	4.00	1.45	0	
	小计	394	75	20.22	6.86	27.08	74.66	25.34	100.00	74.66	25.34	4.16	1.40	5.56	3.60	1.44	18.67	28.00	7.24	18.22	
工学院	电机工程学系	181	40	14.08	0.36	14.44	26.18	0.67	26.85	97.50	2.50	2.89	0.07	2.96	0	0	0	0	0	0	
	化学工程学系	124	37	12.27	1.08	13.25	22.82	2.01	24.83	91.89	8.11	2.52	0.22	3.74	0.36	0.36	100.00	1.15	0	4.55	
	土木工程学系	245	37	13.00	0.36	13.36	24.16	0.67	24.83	97.30	2.70	2.68	0.07	2.75	1.08	0.08	8.57	3.45	2.17	0	
	机械工程学系	194	35	12.64	0	12.64	23.49	0	23.49	100.00	0	2.60	0	2.60	2.52	0	20.00	8.04	5.07	0	
	小计	744	149	51.99	1.80	53.79	96.55	3.35	100	96.55	3.35	10.69	0.36	11.05	3.97	0.40	14.00	20.02	7.24	4.55	

本表根据第一表统计

续 表

录取者

院系别	报考总数	录取分数	在全校录取数内所占百分数 共	男	女	在全院录取数内所占百分数 共	男	女	在本系录取数内所占百分数 男	女	在全校同性录取数内所占百分数 男	女	在全校考生数内所占百分数 共	男	女	在全院考生数内所占百分数 共	男	女	在本系考生数内所占百分数 男	女	在全校同性考生数内所占百分数 男	女
农艺学系	93	25	9.03	9.03	0	47.17	47.17	0	100.00	0	9.96	0	1.86	1.86	0	12.02	12.02	0	26.88	0	2.03	0
园艺学系	41	9	3.25	3.25	0	16.98	16.98	0	100.00	0	3.59	0	0.67	0.67	0	4.33	4.33	0	21.95	0	0.73	0
森林学系	7	3	1.08	1.08	0	5.66	5.66	0	100.00	0	1.20	0	0.22	0.22	0	1.44	1.44	0	42.86	0	0.24	0
蚕桑学系	14	4	1.44	1.08	0.36	7.55	5.66	1.89	75.00	25.00	1.20	3.85	0.29	0.22	0.07	1.92	1.44	0.48	21.43	7.14	0.24	0.08
农业社会学系	53	12	4.33	3.97	0.36	22.64	20.75	1.89	91.67	8.33	4.38	3.85	0.89	0.82	0.07	5.77	5.29	0.48	20.75	1.89	0.90	0.08
小计	208	53	19.13	18.41	0.72	100.00	96.22	3.78			20.33	7.70	3.93	3.99	0.14	25.48	24.52	0.96			4.14	0.16
合计	1346	277	100.00	96.22	3.78				100.00				25.48	20.33								

经两试始录取者

院系别	在全校录取数内所占百分数 共	男	女	在全院录取数内所占百分数 共	在本系录取数内所占百分数 共	在全校同性录取数内所占百分数 男	女	在全校经两试人数内所占百分数 共	在全院经两试人数内所占百分数 共	在本系经两试人数内所占百分数 共	在全校同性两试人数内所占百分数 男	女	备考
农艺学系	1.45	1.44	0	7.55	16			2.50	18.18	44.44	2.90	0	
园艺学系	0.36	0.36	0	1.89	11.11			0.62	4.55	50.00	0.72	0	
森林学系	0.72	0.72	0	3.77	66.67			1.25	9.09	100.00	1.45	0	
蚕桑学系	0.72	0.36	0.36	3.77	50.00			1.25	9.09	100.00	0.72	45.55	
农业社会学系	0.72	0.72	0	3.77	16.67			1.25	9.09	25	1.45	0	
小计	3.97	3.60	0.36	20.75				6.87	50.00		7.24	4.55	
合计					50.00			50.00					

本表根据第一统计表

（四）考生年龄

考生年龄 ＼ 统计项别	投考						录取						备考
	一二两次合计			经两试者			一二两次合计			经两试始录取者			
	男	女	共	男	女	共	男	女	共	男	女	共	
16	6	1	7	2		2	3	1	4	1		1	
17	32	7	39	8	5	13	17	3	20	3	1	4	
18	127	16	143	16	1	17	47	8	55	4	1	5	
19	202	21	223	45	5	50	56	6	62	12	1	13	
20	272	22	294	30	3	33	58	4	62	5	1	6	
21	219	17	236	18	5	23	40	3	43	4	1	5	
22	142	6	148	15	3	18	21	1	22		1	1	本表根据第一表统计。经两试者，在投考项一二两次合计数内，只列一次。
23	49	2	51	1		1	4		4				
24	24	1	25	2		2	4		4	1		1	
25	9	1	10	1		1							
26	4	1	5				1		1				
27	3		3										
28	1		1										
29													
30													
31	1		1										
总计	1091	95	1186	138	22	160	251	26	277	30	6	36	
平均年龄	20.25	19.70	20.21	19.75	19.50	19.71	19.60	18.85	19.54	19.17	19.50	19.23	

招生统计表说明

本大学二十一年度招生统计表（一）（二）两表中应行说明之事项如左：

一、第二次投考及录取数内，尚有农学院附设高中部普通科毕业经补试录取之男生二名未及列入；

二、第二次录取数内，有浙江省教育厅保送之免试升学生七名（男五、女二）；

三、经两试始录取者内，有浙江省教育厅保送之免试升学女生一名。

《国立浙江大学校刊》第一百一十一期，民国二十一年十一月十二日

国立浙江大学招生委员会规程

(1932 年 10 月 29 日)

(二十一年十月十一日第十八次校务会议议决通过)

第一条　本委员会依照本大学组织规程第二十二条之规定组织之。

第二条　本委员会委员人数定为九人至十三人,由校长于大学教职员中聘任,但秘书长、各学院院长、副院长、秘书处注册主任为当然委员。

第三条　本委员会开会时以秘书长为主席,注册课主任为记录。

第四条　本委员会负责主持招生一切事宜,惟每届招生简章须经校务会议通过。

第五条　本委员会评判投考生之考试成绩,其拟定取录时,应请校长出席为主席,并请各学系主任或其代表列席。

第六条　本规程于校务会议通过后,由校长核准公布施行,如有未尽事宜,由校务会议随时修改之。

《国立浙江大学校刊》第一百〇九期,民国二十一年十月二十九日

国立浙江大学二十二年度招生简章

(1933 年)

招生之学院、学系及名额

各学系一年级新生,计文理学院八十名,工学院一百三十名,农学院六十名。各学院二三年级均酌收转学生。详见表一。

修业年限

各学院各学系均四年毕业。

应试资格

具有下列资格之一者,得报名投考:

一、公立(即国、省、市、县立)或已立案之私立高级中学普通科,或农、工、商、家事等职业科毕业者;

二、公立或已立案之私立高级中学师范科毕业,而在学时并未受有免费待遇(全部或一部)者;或受有免费待遇,而毕业后曾任小学教员或其他教育事业服务满足一年者;

三、公立或已立案之私立大学二年期预科毕业者;

四、尚未立案之私立高级中学或大学二年期预科毕业,经主管之教育行政机关甄别试验及格者;工业、农业专门学校本科修业一年以上者,得分别投考工学院、农学院各学系一年级。

入学试验科目

见表一。

报名考试之期间地点

次第	报考别	时地	期间 日期	期间 时间	地点	说明
上海	报名		七月十七日至二十日	上午八时至十二时 下午二时至五时	上海江湾复旦大学	一、检查体格时，先女生，后男生，各以到达先后为序。届时另发号券。 二、笔试日程，及上海考试时间，均载在准考证背面。 三、口试名单，临时公布。
上海	考试	检查体格	七月二十一日		上海江湾复旦大学	
上海	考试	笔试	七月二十二日至二十四日		上海江湾复旦大学	
上海	考试	口试	七月二十三日及二十四日		上海江湾复旦大学	
杭州	报名		八月十七日至二十日	上午八时至十二时 下午二时至五时	杭州市大学路本大学	
杭州	考试	检查体格	八月二十一日	上午七时至十一时 下午一时至五时	杭州市大学路本大学	
杭州	考试	笔试	八月二十二日至二十四日	上午七时至十一时 下午一时至五时	杭州市大学路本大学	
杭州	考试	口试	八月二十三日及二十四日	上午七时至十一时 下午一时至五时	杭州市大学路本大学	

报名手续

报名时应呈缴下列各件（参看报名注意事项）：

一、报名单；

二、证明文件；

三、最近四寸半身相片三张；

四、报名费三元。

报名各件缴齐，经审查合格后，即填给准考证，凭证届时到场受试。准考证遗失，绝对不补。

入学手续

一、录取各生应于九月一日至三日三日内，偕同保证人（保证人二人，须有固定职业，其一并须寓在杭州市，对于所保学生能负一切责任者，前来本大学注册课填写入学愿书及保证书。逾期不到，且未经呈准给假者，取消入学资格。

二、呈缴证明文件（参看报名注意事项）。不缴齐者，不得入学。

三、将规定应缴各费一次缴清。详见表二。

四、凭缴费收据，换领入学住宿各证。

附录

收考转学生办法

一、先声明志愿编入某院某学系之某年级,俟关系之学院查明该学系年级,尚有缺额,始准报名。

二、报名时应与新生报名一律办理,并须同时呈验合格之大学修业证书成绩单及转学证书。(转学证书得在入学时补缴,但无转学证书者,虽经录取,不得入学。)

三、志愿编级者均须一律参加新生入学试验;入学试验及格者,始准参加编级试验。

四、编辑试验以该生志愿编入之年级所已经修过之全部学程为范围,例如欲编入二年级者,须考一年级全部学程。

五、志愿编级者从前修过之学程,在本大学非为必修者,无庸考试,亦不给学分。

六、编级试验及格之学分不及该年级规定应修学分之半数时,不得编级,但得入一年级修学。

七、编级试验于开学后行之。

试场规则

一、投考者应随带准考证,每次均凭证入场受试。

二、投考者应受监试员之指示,依次入场,不得拥挤。

三、笔试时只许带自来水笔或钢笔墨水(本校所备试卷,均可用钢笔书写),及考数学时应用之器具,此外任何书本及纸张,均不得携带入场。

四、投考者于笔试时,应先查阅试场外揭布之座位表,认明本人座位号数,入场按号归座。

五、归座后应将准考证置于考桌上,候监试员查验及核对相片,发给卷题。

六、作题时如须先拟草稿者,即在试卷内所附之稿纸上起草。此项稿纸,绝对不得撕毁。

七、受试者如觉试题内有疑义或文字有错误,均应由自己判定做法或改正,不得向任何人询问或请求解释。

八、试验时绝对不得与同受试验者有任何交通(如说话借用器物等)。

九、未交卷前,不论有何事故,中途出场后,即不得再行入场。

十、交卷时应将试题附入卷内。

十一、卷面浮签绝对不得撕去;卷角弥封,绝对不得揭破。

十二、交卷后应立即退出试场。

十三、规定时间满后,无论解答完毕与否,均须交卷。

十四、笔试时违反第三条至第十三条之规定者,其试卷无效。

赴复旦大学乘车办法

一、公共汽车

在上海宝山路口上车,到江湾跑马场下车,步行或再乘人力车到校。(人力车价,约铜元十二枚。）

二、火车

在上海宝山路口淞沪车站上车,至江湾站下车,步行或再乘人力车到校。（人力车价,约小洋一角左右。）

三、人力车

自上海北站直达复旦大学,车价约小洋三角左右。

本简章向本大学招生委员会函索,须附邮票二分。

表一 招生之院系名额及考试科目

招生之院系学系	体试	应试科目 — 笔试										口试	招收一年级新生名额	可酌收转学生之年级
	体格	党义	国文	英文	代数学	数学乙/数学甲（几何学·解析几何学）	三角法	物理或化学选考一门／物理	化学	历史/地理	生物学	口试		
文理学院 外国文学系英文组	检查体格	党义	国文	英文	代数学	数学乙 几何学	三角法	物理或化学选考一门		历史或地理选考一门	生物学	口试	80	2,3
政治学系	检查体格	党义	国文	英文	代数学	数学乙 几何学	三角法	物理或化学选考一门		历史或地理选考一门	生物学	口试		3
教育学系	检查体格	党义	国文	英文	代数学	数学乙 几何学	三角法	物理或化学选考一门		历史或地理选考一门	生物学	口试		
数学系	检查体格	党义	国文	英文	代数学	数学甲 解析几何学	三角法	物理	化学		生物学	口试		2,3
物理学系	检查体格	党义	国文	英文	代数学	数学甲 解析几何学	三角法	物理	化学		生物学	口试		
化学系	检查体格	党义	国文	英文	代数学	数学乙 几何学	三角法	物理	化学		生物学	口试		
生物学系实验生物组	检查体格	党义	国文	英文	代数学	数学乙 几何学	三角法	物理	化学		生物学	口试		
工学院 电机工程学系	检查体格	党义	国文	英文	代数学	数学甲 解析几何学	三角法	物理	化学	不考	不考	口试	40	2,3
化学工程学系	检查体格	党义	国文	英文	代数学	数学甲 解析几何学	三角法	物理	化学	不考	不考	口试	30	
土木工程学系	检查体格	党义	国文	英文	代数学	数学乙 几何学	三角法	物理	化学	不考	不考	口试	30	
机械工程学系	检查体格	党义	国文	英文	代数学	数学乙 几何学	三角法	物理	化学	不考	不考	口试	30	2
农学院 农艺学系	检查体格	党义	国文	英文	代数学	数学乙 几何学	三角法	物理	化学	不考	生物学	口试	60	2,3
园艺学系	检查体格	党义	国文	英文	代数学	数学乙 几何学	三角法	物理	化学	不考	生物学	口试		
蚕桑学系	检查体格	党义	国文	英文	代数学	数学乙 几何学	三角法	物理	化学	不考	生物学	口试		
农业社会学系	检查体格	党义	国文	英文	代数学	数学乙 几何学	三角法	物理	化学	不考	生物学	口试		
森林学系	检查体格	党义	国文	英文	代数学	数学乙 几何学	三角法	物理	化学	不考	生物学	口试		

说明：

一、各学院均男女兼收；

二、文理学院、工学院均自一年级起分系，农学院自二年级起分系；

三、笔试各科目均以高级中学毕业程度为标准；

四、体格检查不及格者不得参与笔试；

五、凡认考两志愿学系各生，试验科目应照本表规定该两学系应试科目完全受试；惟科目相同者，只试一次。又数学一门，如一种志愿应考甲种，又一种志愿应考乙种，则只考甲种；结算总平均分数时，均以甲种成绩列入计算。

表二 新生应缴各费

应缴各费 银数 住宿或通学	学费	杂费	体育费	代管各费					合计
				制服费	运动服费	讲义费	预备费	学生团体费	
住宿	一二	五	二	一一	八	四	六	一	四九
通学	一二	二	二	一一	八	四	六	一	四六

说明：

一、本表以元为单位；

二、代管各费，除学生团体费外，均盈还亏补；

三、制服费，计冬服八元，军服三元。第二学期须缴夏服费五元；

四、膳费及书籍费，均归学生自理。

报名注意事项

一、报考学系，一经认定，不得变更。

二、报名时应缴证明文件，如下表之规定：

投考者资格		应缴证明文件	说明
公立或已立案之私立高级中学毕业	普通科	毕业证书 每学期军训成绩及格之证明书	在二十二年暑假毕业各生，尚未领到毕业证书者，得持原毕业学校发给之毕业证明书报名投考；但录取入学时，仍须呈缴正式毕业证书，否则不得入学； 服务证明书须载明所任职务及任职时期。委任状及聘书等均无效。
	职业科	毕业证书 每学期军训成绩及格之证明书	
	师范科	毕业证书 在校时未受免费待遇（全部或一部）之证明书，或毕业后曾任小学教员或其他教育事业服务满足一年之证明书 每学期军训成绩及格之证明书	
公立或已立案之私立大学二年期预科毕业		修业证明书 每学期军训成绩及格之证明书	修业证明书无修业期满成绩及格字样者无效。
尚未立案之私立高级中学或大学二年期预科毕业		主管教育行政机关发给之升学证明书 每学期军训成绩及格之证明书	
转学生及工业农业专门学校本科修业一年以上者		修业证书 成绩单 转学证书 每学期军训成绩及格之证明书	转学证书得于入学时补缴，但无是项证书者，虽经录取，不得入学。

三、四寸半身相片三张，与如左之规定不符者，不准报名。

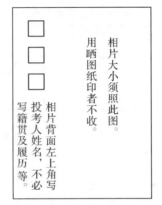

四、证明文件呈验后即发还。报名费及相片,无论录取与否,概不发还。

五、请求转学生须先向志愿转入之学院陈明业经修毕之课程成绩,经核准后,始可报名。

六、此次招生,无通信报名,切勿将报名各件邮寄为要。

浙江大学档案馆藏 L053-001-4124

国立浙江大学二十二年度续招生简章

(1933 年)

续招生之学院,学系及名额

各学系一年级新生,计文理学院四十名,工学院四十名,农学院三十名。各学院二三年级均酌收转学生。详见表一。

修业年限

各学院各学系均四年毕业。

应试资格

具有下列资格之一者,得报名投考:

一、公立(即国、省、市、县立)或已立案之私立高级中学普通科,或农、工、商、家事等职业科毕业者;

二、公立或已立案之私立高级中学师范科毕业,而在学时并未受有免费待遇(全部或一部)者;或受有免费待遇,而毕业后曾任小学教员或其他教育事业服务满足一年者;

三、公立或已立案之私立大学二年期预科毕业者;

四、尚未立案之私立高级中学或大学二年期预科毕业,经主管之教育行政机关甄别试验及格者;工业农业专门学校本科修业一年以上者,得分别投考工学院农学院各学系一年级。

入学试验科目

见表一。

报名考试之期间地点

报考别　　时地	期间		地点	说明
	日期	时间		
报名	八月十七日至二十日	上午八时至十二时下午二时至五时	杭州市大学路本大学	一、检查体格时，先女生，后男生，各以到达先后为序。届时另发号券。二、笔试日程载在准考证背面。三、口试名单，临时公布。
考试　检查体格	八月二十一日			
考试　笔试	八月二十二日至二十四日	上午七时至十一时下午一时至五时		
考试　口试	八月二十三日及二十四日			

报名手续

报名时应呈缴下列各件（参看报名注意事项）：

一、报名单；

二、证明文件；

三、最近四寸半身相片三张；

四、报名费三元。

报名各件缴齐，经审查合格后，即填给准考证，凭证届时到场受试。准考证遗失，绝对不补。

入学手续

一、录取各生应于九月一日至三日三日内，偕同保证人（保证人二人，须有固定职业，其一并须寓在杭州市，对于所保学生能负一切责任者）。前来本大学注册课填写入学志愿书及保证书。逾期不到，且未经呈准给假者，取消入学资格。

二、呈缴证明文件（参看报名注意事项）。不缴齐者，不得入学。

三、将规定应缴各费，一次缴清。详见表二。

四、凭缴费收据，换领入学住宿各证。

附录

收考转学生办法

一、先声明志愿编入某院某学系之某年级，俟关系之学院查明该学系年级，尚有缺额，始准报名。

二、报名时应与新生报名一律办理，并须同时呈验合格之大学修业证书成绩单及转学证书。（转学证书得在入学时补缴，但无转学证书者，虽经录取，不得入学。）

三、志愿编级者均须一律参加新生入学试验；入学试验及格者，始准参加编级试验。

四、编级试验以该生志愿编入之年级所已经修过之全部学程为范围，例如欲编入二年级者，须考一年级全部学程。

五、志愿编级者从前修过之学程,在本大学非为必修者,无庸考试,亦不给学分。

六、编级试验及格之学分不及该年级规定应修学分之半数时,不得编级,但得入一年级修学。

七、编级试验于开学后行之。

试场规则

一、投考者应随带准考证,每次均凭证入场受试。

二、投考者应受监试员之指示依次入场,不得拥挤。

三、笔试时只许带自来水笔或钢笔墨水(本校所备试卷,均可用钢笔书写)及考数学时应用之器具,此外任何书本及纸张,均不得携带入场。

四、投考者于笔试时,应先查阅试场外揭布之座位表,认明本人座位号数,入场按号归座。

五、归座后应将准考证置于考桌上,候监试员查验及核对相片,发给卷题。

六、作题时如须先拟草稿者,即在试卷内所附之稿纸上起草。此项稿纸,绝对不得撕毁。

七、受试者如觉试题内有疑义或文字有错误,均应由自己判定做法或改正,不得向任何人询问或请求解释。

八、试验时绝对不得与同受试验者有任何交通(如说话借用器物等)。

九、未交卷前,不论有何事故,中途出场后,即不得再行入场。

十、交卷时应将试题附入卷内。

十一、卷面浮签绝对不得撕去;卷角弥封,绝对不得揭破。

十二、交卷后应立即退出试场。

十三、规定时间满后,无论解答完毕与否均须交卷。

十四、笔试时违反第三条至第十三条之规定者,其试卷无效。

本简章向本大学招生委员会函索,须附邮票二分。

表一　招生之院系名额及考试科目

招生之院系学系		应试科目												招收一年级新生名额	可酌收转学生之年级
		体试	笔试										口试		
			党义	国文	英文	数学（代数学・几何学・三角法）	物理	化学	历史	地理	生物学			
文理学院	外国文学系英文组	检查体格	党义	国文	英文	数学乙	物理或化学选考一门		历史或地理选考一门		生物学	口试		2
	教育学系													不收
	数学系	检查体格	党义	国文	英文	数学甲	物理	化学			生物学	口试	40	2,3
	物理学系						物理	化学			生物学	口试		2,3
	化学系	检查体格	党义	国文	英文	数学乙	物理	化学			生物学	口试		
	生物学系实验生物组						物理	化学			生物学	口试		2,3
工学院	电机工程学系	检查体格	党义	国文	英文	数学乙	物理	化学	不考					2
	化学工程学系						物理	化学	不考		生物学	口试	40	2,3
	土木工程学系	检查体格	党义	国文	英文	数学乙	物理	化学	不考					3
	机械工程学系													2
农学院	农艺学系	检查体格	党义	国文	英文	数学乙	物理	化学	不考		生物学	同上	30	2,3
	森林学系													
	园艺学系													
	蚕桑学系													
	农业社会学系													

说明：
一、各学院均男女兼收；
二、文理学院、工学院均自一年级起分系，农学院自二年级起分系；
三、笔试各科目均以高级中学毕业程度为标准；
四、文理科各科均不参与笔试；体格检查不及格者，不得参与笔试；
五、凡应考两志愿同系各学系各生试验科目，应照本表规定该两学系应试科目完全受试，惟科目相同者，只试一次。又数学一门，如一种志愿应考甲种，又一种志愿应考乙种，则只考甲种；结算总平均分数时，均以甲种成绩列入计算。

表二 新生应缴各费

银数\应缴各费\住宿或通学	学费	杂费	体育费	代管各费					合计
				制服费	运动服费	讲义费	预备费	学生团体费	
住宿	一二	五	二	一一	八	四	六	一	四九
通学	一二	二	二	一一	八	四	六	一	四六

说明：

一、本表以元为单位；

二、代管各费，除学生团体费外，均盈还亏补；

三、制服费，计冬服八元，军服三元。第二学期须缴夏服费五元；

四、膳费及书籍费，均归学生自理。

报名注意事项

一、报考学系，一经认定，不得变更。

二、报名时应缴证明文件，如下表之规定：

投考者资格		应缴证明文件	说明
公立或已立案之私立高级中学毕业	普通科	毕业证书 每学期军训成绩及格之证明书	在二十二年暑假毕业各生，尚未领到毕业证书者，得持原毕业学校发给之毕业证明书报名投考；但录取入学时，仍须呈缴正式毕业证书，否则不得入学；
	职业科	毕业证书 每学期军训成绩及格之证明书	
	师范科	毕业证书 在校时未受免费待遇（全部或一部）之证明书，或毕业后曾任小学教员或其他教育事业服务满足一年之证明书 每学期军训成绩及格之证明书 每学期军训成绩及格之证明书	服务证明书须载明所任职务及任职时期。委任状及聘书等均无效。
公立或已立案之私立大学二年期预科毕业		修业证明书 每学期军训成绩及格之证明书	修业证明书无修业期满成绩及格字样者无效。
尚未立案之私立高级中学或大学二年期预科毕业		主管教育行政机关发给之升学证明书 每学期军训成绩及格之证明书	
转学生及工业、农业专门学校本科修业一年以上者		修业证书 成绩单 转学证书 每学期军训成绩及格之证明书	转学证书得于入学时补缴，但无是项证书者，虽经录取，不得入学。

三、四寸半身相片三张，与如左之规定不符者，不准报名。（第一次未录取各生，此次重行报考，照片亦须重缴。）

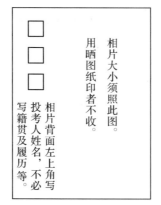

相片大小须照此图。

用晒图纸印者不收。

相片背面左上角写投考人姓名，不必写籍贯及履历等。

四、证明文件呈验后即发还。报名费及相片，无论录取与否，概不发还。

五、请求转学生，须先向志愿转入之学院陈明业经修毕之课程成绩，经核准后，始可报名。

六、此次招生，无通信报名，切勿将报名各件邮寄为要。

杭州市大学路国立浙江大学寄

浙江大学档案馆藏 L053-001-4124

修正国立浙江大学招生委员会规程
(1933 年 4 月 1 日)

第一条　本委员会依照本大学组织规程第二十二条之规定组织之。

第二条　本委员会委员人数定为九人至十五人，由校长于大学教职员中聘任，各学院院长、副院长、秘书、总务主任、秘书处注册主任为当然委员。

第三条　本委员会开会时以秘书为主席，注册课主任为记录。

第四条　本委员会负责主持招生一切事宜；惟每届招生简章，须经校务会议通过。

第五条　本委员会评判投考生之考试成绩，其拟定取录时应请校长出席为主席并请各学系主任或其代表列席。

第六条　本规程于校务会议通过后，由校长核准公布施行，如有未尽事宜，由校务会议随时修改之。

附招生委员会委员姓名

王世颖先生　章鼎峙先生　邵裴子先生　薛宇澄先生　许叔玑先生　张荩谋先生

李乔年先生　俞子夷先生　陈大燮先生　潘承圻先生　王直青先生　朱昊飞先生

贝时璋先生　苏步青先生　黄问羹先生

《国立浙江大学校刊》第一百二十八期，民国二十二年四月一日

国立浙江大学招生简章(二十三年度)

(1934 年)

一、各学院、各学系招收一年级生名额

甲、文理学院外国语文学系英文组、教育学系、数学系、物理学系、化学系、生物学系、每系十名,共六十名。

乙、工学院电机工程学系二十五名,化学工程学系十五名、土木工程学系二十五名、机械工程学系十五名,共八十名。

丙、农学院农业动物学系、农业植物学系、农业社会学系,共三十五名。

各学系均男女兼收。

二、修业年限

各学系均修满四年毕业。

三、应试资格

具有下列资格之一者,得报名投考:

甲、公立(即国、省、市、县立)或已立案之私立高级中学普通科,或农、工、商、家事等职业科毕业者;

乙、公立或已立案之私立高级中学师范科目毕业,而在学时并未受有免费待遇(全部或一部)者;或受有免费待遇,而毕业后曾任小学教员或其他教育事业服务满足一年者;

丙、公立或已立案之私立大学二年期预科毕业者;

丁、尚未立案之私立高级中学或大学二年期预科毕业,经主管之教育行政机关甄别试验及格者;

戊、工业农业专门学校本科修业一年以上者,得分别投考工学院、农学院各学系一年级。

四、入学试验科目

甲、体格检查

乙、口试

甲、乙两项有一项不及格者,不得参加笔试。

丙、笔试党义、国文、英文、数学(外国语文学系英文组试初等代数学、平面几何学、三角法;其余各学系一律试高等代数学、解析几何学、三角法)、物理、化学、历史(世界、中国)、地理(世界、中国)。

五、报名考试之期间地点

报考别 \ 时地别		期间		地点	注意：
		日期	时间		子、本大学此次招生，沪、杭同时报名，同时考试；
报名		八月二日起至四日止	上午八时至十二时 下午二时至五时	上海江湾复旦大学 杭州大学路本大学	丑、上海检查体格及口试期间有变更时，于报名开始之日，布告周知； 寅、检查体格及口试，均以到达先后为序，届时另发号券； 卯、笔试日程载在准考证背面； 辰、本届录取新生案于八月十三至十五三日内登日报公布。
考试	体格检查	八月十日	上午七时至十一时 下午一时至五时		
	口试				
	笔试	八月六七两日			

六、报名手续

报名时应呈缴下列各件（参看附录二）：

甲、报名单，同式两纸；

乙、各项证明文件；

丙、最近四寸半身相片三张；

丁、报名费三元。

报名各件缴齐，经审查合格后，即填给准考证，届时凭证到场受试。准考证遗失，绝对不补。

七、入学手续

甲、录取各生应于九月三日起八日内，偕同保证人（保证人二人，须有固定职业，其一并须寓在杭州市，对于所保学生能负一切责任者）前来本大学注册课填写入学愿书及保证书，如因有重大事故，不能如期入学，须先以书面向本大学注册课陈明理由，声请给假（该项请假信，须挂号寄发）；其迟至九月十日既不到校，又未呈准给假者，即行取消入学资格。

乙、呈缴各项证明文件（参看附录二）。不缴齐者，不得入学。

丙、将规定应缴各费一次缴清（缴费数见附录一）。

丁、凭缴费收据，换领入学住宿各证。

附录一　新生应缴各费

住宿或通学	学费	杂费	体育费	医药费	代管各费						合计		注意:
					冬季制服费		书籍费	讲义费	预备费	学生团体费			子、本表为第一学期应缴各费;
					男生	女生					男生	女生	丑、本表中银数,以元为单位;
住宿	一〇	五	一	一	二〇	五	二五	四	六	一	七四	五九	寅、代管费除学生团体费外均盈还亏补;卯、男生制服费,包括军服、运动服在内。第二学期仍须加缴夏季制服费,男生五元,女生三元;辰、膳费归学生自理,每学期约四十元。
通学	一〇	二	二	一	二〇	五	二五	四	六	一	七一	五六	

附录二　报名注意事项

甲、每一考生,得报考两学系,一经认定,即不得再行变更。

乙、报名应缴各项证明文件,如下表之规定(录取入学时同):

投考者资格		应缴证明文件
公立或已立案之私立高级中学毕业者	普通科	毕业证书
	职业科	毕业证书
	师范科	毕业证书 在校时未受免费待遇之证明书,或毕业后曾任小学教员,或其他教育事业服务满足一年之证明者
公立或已立案之私立大学二年期预科毕业		修业证明书
尚未立案之私立高级中学或大学二年期预科毕业		主管教育行政机关发给之升学证明书
转学生及工业、农业专门学校本科修业一年以上者		修业证书 成绩单 转学证书

注意:

子、在二十二年度暑假毕业各生,尚未领到毕业证书者,得持原毕业学校发给之毕业证明书投考。是项毕业证明书上,须(一)盖有学校关防或钤记;(二)粘贴相片,加盖钢印;(三)载明有效时期(依照教育部之规定,有效日期,至多以六个月为限);(四)载明是项证明书于换领毕业证书时收回"注销"字样者;(五)载明"会考及格"字样者(曾经教育部特准暂免会考者,并须注明)方为有效;

丑、服务证明书须载明所任职务及任职时期,委任状及聘书等均无效;

寅、修业证明书无"修业期满成绩及格"字样者无效。

丙、四寸半身相片三张,与如下之规定不符者不收。

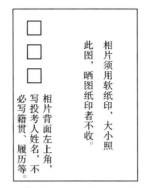

丁、证明文件呈验后即发还，录取入学之时，仍须呈缴。

戊、报名费及相片，无论录取与否，概不发还。

已、请求转学各生，须依照本大学收考转学生办法甲项之规定，于七月三十一日以前，将声请函件及应缴证明文件等，一并寄到本大学（逾期不收），以凭核办。无本大学发给之准予报考凭证，及临时请求报名者，概不通融。

庚、通讯报名不收。

辛、本大学本年度不举行续招生。

附录三　试场规则

甲、投考者应随带准考证，每次均凭证入场受试。

乙、投考者应受监试员之指示依次入场，不得拥挤。

丙、笔试时只许带自来水笔或钢笔墨水（本大学所备之试卷，均可用钢笔书写）及考数学时应用之器具，此外任何书本及纸张，均不得携带入场。

丁、投考者于笔试时，应先查阅试场外揭布之座位表，认明本人座位号数，入场按号归座。归座后应将准考证置于桌上，候监试员查验及核对相片。

戊、作题时如须先拟草稿者，即在试卷内所附之稿纸上起草，此项稿纸，绝对不得撕毁

已、受试者如觉试题内有疑义或文字有错误，均应自行判定做法或改正，不得向任何人询问或请求解释。

庚、试验时绝对不得与同受试验者有任何交通（如谈话及借用器具等物）。

辛、交卷时应将试题附入卷内。卷面浮签绝对不得自行撕毁；卷角弥封绝对不得自行揭破。

壬、交卷后应立即退出试场未交卷前，不论有何事故，中途出场后，即不得再行入场；规定时间满后，无论解答完毕与否，均须立即交卷出场。

附录四　赴复旦大学乘车办法

甲、公共汽车

由上海北站宝山路口或天通庵乘华商四路汽车直达校门。

乙、火车

在上海宝山路口淞沪车站上车，至江湾站下车，步行或再乘人力车到校。（人力车价，约小银元一角左右。）

丙、人力车

自上海北站直达复旦大学,车价约小银元三角;由天通庵乘车,约小银元二角。

本简章向杭州市大学路本大学招生委员会函索须附邮票二分。

本大学最近要览业已出版函索须附邮票五分。

浙江大学档案馆藏 L053-001-4124

国立浙江大学招生简章(二十四年度)

(1935 年)

本简章各项规定,均须严格执行,报名投考各生,务须切实注意,以免自误,甚为至要!

一、各学院、各学系招收一年级生名额

甲、文理学院

外国语文学系英文组、教育学系、数学系、物理学系、化学系、生物学系,每系以十名为限,共六十名。

乙、工学院

电机工程学系、化学工程学系、土木工程学系、机械工程学系,共以一百名为限。

丙、农学院

农业植物学系、农业动物学系、农业社会学系,共以四十名为限。

各学系均男女兼收。转学生及旁听生一律不收。

二、应试资格

具有下列资格之一者,得报名投考:

甲、公立(即国、省、市、县立)或已立案之私立高级中学普通科,或农、工、商、家事等职业科毕业者;

乙、公立或已立案之私立高级中学师范科毕业,而在学时并未受有免费待遇者;或受有免费待遇全部或一部者,而毕业后曾任小学教员或其他教育事业服务满足一年者;

丙、公立或已立案之私立大学二年期预科毕业者;

丁、未经立案之私立高级中学或大学二年期预科毕业,经主管之教育行政机关甄别试验及格者;

戊、工业、农业专门学校本科修业一年以上者,得分别投考工学院、农学院各学系一年级。

三、入学试验科目

甲、体格检查

乙、智力测验

体格检查不及格者,不得参加笔试。

丙、学科试验

党义、国文、英文、数学(外国语文学系英文组试初等代数学、平面几何学、三角法;其余各学系一律试高等代数学、解析几何学、三角法)、物理、化学、历史(世界、中国)、地理(世界、中国)、生物学(生物学一科,除投考文理学院生物学系及农学院各学系者,均须受试外;投考其余各学系者,一律不试)。

五、报名考试之期间地点[①]

时地别 报考别		期间		地点	注意:
		日期	时间		子、本大学此次招生,沪、杭同时报名,同时考试;
报名		八月二日起至四日止	上午八时至十二时下午二时至五时	上海江湾复旦大学杭州大学路本大学	丑、检查体格及口试期间有变更时,于报名开始之日,布告通知; 寅、检查体格及口试,均以到达先后为序,届时另发号券; 卯、笔试日程载在准考证背面; 辰、本届录取新生案于八月十五日登《申报》《新闻报》公布。
考试	体格检查	八月四五两日	上午七时至十一时下午一时至五时		
	口试				
	笔试	八月六七两日			

六、报名手续

报名时应呈缴下列各件(注意附录二):

甲、报名单,同式两纸;

乙、各项证明文件;

丙、最近四寸半身相片三张;

丁、报名费三元。

报名各件缴齐,经审查合格后,即填给准考证,届时凭证到场受试。准考证遗失,绝对不补。通讯报名不收。

七、入学手续

甲、本大学定于九月二日开课,所有正取各生,一律须于八月三十日、三十一日两日内,偕同保证人(保证人二人,须有固定职业,其一并须寓在杭州市,对于所保学生能负一切责任者)前来本大学注册课填写入学愿书及保证书,如因病或因重大事故,不能如期入学,须于八月三十一日以前,以书面向本大学注册课陈明理由,声请给假(该项请假信,须挂号寄发);假期至多以九日为限(即自八月三十日起,至九月七日止),开课后照章按日扣分。凡至八月三十一日既不到校,又未呈准给假者,或请假截至九月七日犹不到校者,一律取消入学资格。

乙、新生在第一学期不得请求休学。

丙、呈缴各项证明文件(见附录二之丁项),不缴齐者,不得入学。

丁、缴清规定应缴各费(缴费数见附录一)。

戊、凭缴费收据,换领入学住宿各证。

---

① 原文缺"四",在"三、入学试验科目"后即为"五、报名考试之期间地点"。

附录一　新生应缴各费

住宿或通学	学费	杂费	体育费	医药费	制服费	运动服费	书籍费	膳费	讲义费	洗衣费	被单枕套费	预备费	合计
住宿	一〇.〇〇	五.〇〇	二.〇〇	一.〇〇	一七.〇〇	五.〇〇	二〇.〇〇	三二.〇〇	四.〇〇	四.〇〇	一.五〇	六.〇〇	一〇七.五〇
通学	一〇.〇〇	二.〇〇	二.〇〇	一.〇〇	一七.〇〇	五.〇〇	二〇.〇〇		四.〇〇			六.〇〇	六七.〇〇

（银数，应缴各费；代管各费）

注意：

子，本表为第一学期应缴各费；

丑，代管费均盈还亏补；

寅，制服费包括军服费在内，男女生须一律照缴；第二学期仍须缴制服费，男生十七元，女生五元；

卯，膳费得分两次缴纳，第一次于入学时缴十六元，第二次于十一月一日缴十六元；

辰，实验费包括在预备费内。

附录二　报名注意事项

甲、每一考生得报考两学系，认定后不得再行变更。

乙、凡认考两志愿学系，一为外国语文学系，而一为其他学系者，其数学一科，应试高等代数学、解析几何学、三角法，不试初等代数学、平面几何学、三角法；又认考两志愿学系，一为生物学系或农学院各学系，而一为其他学系者，仍须试生物学一科。

丙、报名单两纸，均须用毛笔或钢笔，以正楷填写。

丁、报名应缴各项证明文件，如下表之规定：

投考者资格		应缴证明文件
公立或已立案之私立高级中学毕业者	普通科	毕业证书
	职业科	毕业证书
	师范科	毕业证书 在校时未受免费待遇之证明书，或毕业后曾任小学教员或其他教育事业服务满足一年之证明者
公立或已立案之私立大学二学期预科毕业		修业证明书
未经立案之私立高级中学或大学二年期预科毕业		主管教育行政机关发给之升学证明书
工业或农业专门学校本科修业一年以上者		修业证书 成绩单 转学证书

注意：

子、在二十三年度暑假毕业各生，尚未领到毕业证书者，得持原毕业学校发给之毕业证明书投考；是项毕业证明书上，须（一）盖有学校关防或钤记；（二）粘贴相片，加盖钢印；（三）载明有效时期（依照教育部之规定，有效时期至多以六个月为限）；（四）载明"是项证明书于换领毕业证书时收回注销"字样者；（五）载明"会考及格"字样者（曾经教育部特准暂免会考者，并须注明）方为有效；

丑、服务证明书须载明所任职务及任职时期，委任状及聘书等均无效；

寅、修业证明书无"修业期满成绩及格"字样者无效。

戊、四寸半身相片三张，与如下之规定不符者不收：

```
┌─────────────────────────┐
│  □                       │
│                          │
│  □      相片须用软纸印，  │
│         此图，晒图纸印    │
│  □      者不收。大小照    │
│                          │
│  相片背面左上角，写投考   │
│  人姓名，不必写籍贯、     │
│  履历等。                 │
└─────────────────────────┘
```

己、证明文件呈验后即发还，录取入学之时，仍须呈缴。

庚、报名费及相片，无论录取与否，概不发还。

辛、本大学本年度不举行续招生。

附录三　试场规则

甲、投考者应随带准考证,每次均凭证入场受试。

乙、投考者应受监试员之指示依次入场,不得拥挤。

丙、笔试时只许带自来水笔或钢笔墨水(本大学所备之试卷,均可用钢笔书写)及考数学时应用之器具,此外任何书本及纸张,均不得携带入场。

丁、投考者应随时记明本人准考证号数,笔试时入场按号归座;归座后应将准考证置于桌上,候监试员查验及核对相片。

戊、作题时如须先拟草稿者,即在试卷内所附之稿纸上起草。此项稿纸,绝对不得撕毁。

已、受试者如觉试题内有疑义或文字有错误,均应自行判定做法或改正,不得向任何人询问或请求解释。

庚、试验时绝对不得与同受试验者有任何交通(如谈话及借用器具等物)。

辛、交卷时应将试题附入卷内;卷面浮签绝对不得自行撕毁;卷角弥封绝对不得自行揭破。

壬、交卷后应立即退出试场;未交卷前,不论有何事故,中途出场后,即不得再行入场;规定时间满后,无论解答完毕与否,均须立即交卷出场。

附录四　赴复旦大学乘车办法

查以下列三种办法较为经济或简捷:

甲、公共汽车

由上海北站宝山路口或天通庵乘华商四路汽车直达校门;

乙、人力车

自上海北站直达复旦大学,车价约小银元三角;由天通庵乘车,约小银元二角;

丙、复旦校车

在西藏路白克路口,搭复旦大学校车直达校门,车价小银元二角。(自八月四日起,至七日止四日,每日上午六时开专车一次。)

本简章向杭州市大学路本大学招生委员会函索,须附邮票二分。

本大学招生委员会组织及职务分配表

（1935 年 5 月 18 日）

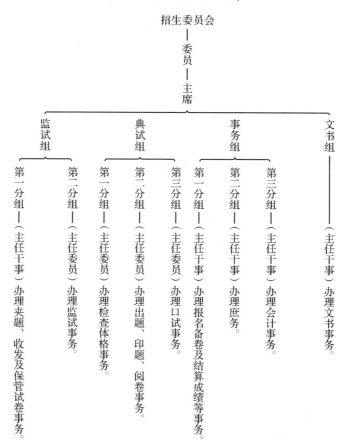

说明:

一、招生委员会依招生委员会规程第二条之规定组织之,主持关于招生一切事务。

二、招生委员会主席依委员会之决议,处理一切事务。

三、招生委员会之下分设文书、事务、典试、监试四组。

四、文书组设主任一人,干事若干人,办理关于文件之收发、拟稿、缮校、记录、印刷及其他关于文书事务。

五、事务组分设第一、第二、第三三分组,各设主任一人,干事若干人。

第一分组　办理验收报名单、证明文件、相片、预备试卷、编制考生座号、结算考生成绩事务。

第二分组　办理布置应用场室、路签、预备考生膳食、维持秩序及其他关于庶务事务。

第三分组　办理收报名费及其他关于会计事务。

六、典试组分设第一、第二、第三三分组,各设主任一人,委员若干人。

第一分组　办理关于检查体格事务。

第二分组　办理关于出题、印题、阅卷事务。

第三分组　办理关于口试事务。

七、监试分设第一、第二二分组。

第一分组　设主任一人,干事若干人,办理试卷之夹题、收发、保管事务。

第二分组　设主任一人,委员若干人,办理核验准考证、相片、及监试事务。

八、各组主任委员由校长就教职员中聘请之,干事由招生委员会主席就教务总务两处职员中指派之。

《国立浙江大学校刊》第二百一十三期,民国二十四年五月十八日

(二)课程管理

国立浙江大学文理学院十八年度特设学程听讲办法
(1930 年 2 月 22 日)

一、学程名目

健康教育实施之研究。

二、讲员

本学院体育卫生副教授袁敦礼。

三、听讲资格

(a)现任公私立小学教员;

(b)高中师范科教员;

(c)教育行政机关人员。

四、教学方法

(a)讲演次数多寡视听者之需要临时定之;

(b)讨论;

(c)实地试验由听讲者在其任课之学校实施(即以其步骤及结果为讲演及讨论之材料);

(d)参观各种卫生及教育机关及听讲者实地试验之状况;

(e)研究;

(f)报告。

五、成绩考查

不用试验。凡有研究或实施之书面报告经讲员认为满意者即为及格。

六、授课时间

星期二、四晚七时半至九时。

七、费用

每人收听讲费二元,于第一次听讲前缴入(本学程除讲义、电灯等费外,尚须酌收听讲费)。

八、报名手续

(a)志愿听讲人应于报名函上声明本人前在何校何科毕业,现在何校或何机关服务,现任何事及有老师经验几年;

(b)报名时应附服务机关主任人员之介绍书。

九、报名日期

即日起至十月二十一日止,依照报名手续径函本学院教务处报名。

附注:本学程如志愿听讲者不及五人时不开讲。

《国立浙江大学校刊》第一期,民国十九年二月二十二日

工学院训育处布告
(1930 年 3 月 1 日)

本学期国术分太极拳、少林拳、太极推手、剑术四种。有志练习者,务于本月二十八日上午十二时以前,来本处报名,以便排定时间开始教授。

此布。

《国立浙江大学校刊》第二期,民国十九年三月一日

文理学院新设特种学程
(1930 年 3 月 15 日)

文理学院于学生课程以外,常有特种学程之设置。如十七年度第二学期由郭任远先生主讲心理学,十八年度第一学期由袁敦礼先生主讲健康教育。杭垣教育界人士报名听讲者,颇不乏人。本学期复由物理学系各位教授组织一研究会,请王守竞先生演讲新量子论,听讲者约三十余人,皆为文理学院、工学院及省立高级中学之数理教员。

《国立浙江大学校刊》第四期,民国十九年三月十五日

教部训令增授国术
(1930 年 4 月 26 日)

本校奉教育部训令内开:案准中央执行委员会秘书处第四五七〇号公函内开:顷据上海特别市执行委员会呈(会字四五七〇号),为据第六区党部呈,请转饬令行全国各学校添设国术一科。等情到会。奉常务委员批:"交教育部核办。"特抄同原呈,函达查照。等由。并抄送原呈过部。准此。查提倡国术足以锻炼青年体魄,增进国民健康,自应注意练习。惟国术

系体育课程中作业事项之一,未便另立专科,应于体育课程内酌量增授,以资练习。除分令外,合行令仰该大学遵照。等因。已分函各学院查照办理矣。

《国立浙江大学校刊》第九期,民国十九年四月二十六日

工学院合作科暂行课程
(1930 年 10 月 25 日)

本大学工学院与浙江省电气局合办合作科情形,数志本刊。兹该科暂行课程,亦经工学院拟定,并已得电气局同意。兹照录如下:

一年级

照常上课(工学院)。

二年级

第一学期:照常上课(工学院)。

第二学期:照常上课(工学院)。

暑假(七月及八月):实习(电气局)。

三年级

第一学期:照常上课(工学院)。

第二学期(二月一日至六月二十三日):实习(电气局)。

实习期间应修下列各课程:

(一)电工原理 304　每星期六小时(电气局或工学院)

(二)热力工程机 13　每星期六小时(电气局或工学院)

(三)电工实习 313　每星期三小时(工学院)

暑假(七月及八月):实习(电气局)。

四年级

第一学期:照常上课(工学院)。

寒假(一月):参观工厂(由电气局指定)。

第二学期:实习(电气局)。

实习期间应修下列各课程:

(一)电工原理 306　每星期六小时

(二)论文(不上课)

暑假:赴日参观(由工学院指定)。

《国立浙江大学校刊》第二十九期,民国十九年十月二十五日

工学院十九年度学程一览①

（1930 年 11 月 22 日）

学程号数	学程名称	组	学分数	上课日期（星期）		上课钟点		教室	教员	可选的年级
国1	国文		2	3、5	3	11—12	1—3	20	邵潭秋	补习班
英1	英文		3	2、3、4、5、6		10—11		20	徐惠文	补习班
理1	物理		4	1、2、3、4、5		9—10		20	魏海寿	补习班
数1	高等代数		3	1、3、5.		8—9		20	郭善潮	补习班
数3	解析几何		3	2、4、6.		8—9		20	郭善潮	补习班
201	无机化学		3	2、4、6.		11—12		阶级教室	叶啸谷	补习班
政1	党义	A	1	1		2—3		大讲堂	朱叔青	补及本一
		B	1	3		11—12		大讲堂	朱叔青	补及本一
军1	军训		11	2	4	4—5	4—6	大讲堂	赖蓄久	补及本一
国3	国文	A	1	2、4		11—12		1	邵潭秋	本一
		B	1	3、5		9—10		1	邵潭秋	本一
		C	1	2、4		9—10		1	邵潭秋	本一
英3	英文	A	2	1、3、5		9—10		2	徐惠文	本一
		B	2	2、4、6		9—10		2	徐惠文	本一
		C	2	2、4、6		9—10		6	倪夫人	本一
英4	英文		2	1、3、5		11—12		3	倪夫人	本一及本二
英5	英文	A	2	1、3、5		9—10		6	倪夫人	本二
英5	英文	B	2	2、4、6		10—11		6	倪夫人	本二
		C	2	1、3、5		11—12		1	徐惠文	本二
理3	物理		3	1、3、5		8—9		大讲堂	徐均立	本一
	物理练习		1	2、4		8—9		分组另室	徐均立	本一
理4	物理实验	A	1	5		1—4		物理实验室	徐均立	本一
		B	1	3		1—4		物理实验室	徐均立	本一
		C	1	1		1—4		物理实验室	徐均立	本一

---

① 本表系由编者据原表改制。

学程号数	学程名称	组	学分数	上课日期(星期)		上课钟点		教室	教员	可选的年级
203	无机化学		3	2、4、6		10—11		阶级教室	王均豪	本一
	无机练习		1	3、5		10—11		分组另定	王均豪	本一
205	无机实验	A	1	1		1—4		无机室	叶啸谷	本一
		B	1	5		1—4		无机室	叶啸谷	本一
		C	1	3		1—4		无机室	叶啸谷	本一
数5	微积分	A	4	2、4、6	1	9—10	11—12	8	朱叔麟	本一
		B	4	2、4、5、6		11—12		6	郭善潮	本一
		C	4	2、4、5、6		11—12		7	朱叔麟	本一
图5	投影几何	A	1	4		1—4		第三画室	胡次珊	本一
		B	1	2		1—4		第三画室	胡次珊	本一
图1	机械画	A	1	2		1—4		第一画室	姚颂馨	本一
		B	1	4		1—4		第一画室	姚颂馨	本一
机1	工场实习	A	1	3		1—4		工场	阮季侯	本一
		B	1	1		1—4		工场	阮季侯	本一
		C	1	5		1—4		工场	阮季侯	本一
理7	物理		3	2、4、6		8—9		大讲堂	朱一成	本二
	物理练习			5		8—9		分组另定	朱一成	本二
理8	物理实验	A	1	2		1—4		物理实验室	魏海寿	本二
		B	1	4		1—4		物理实验室	魏海寿	本二
力2	应用力学		4	1、2、4、5		9—10		7	柳叔平	土二
力9	机械运动		2	3、5		10—11		7	胡次珊	土二
101	平面测量		3	2、4、6		11—12		2	脑门	土二
104	测量实习	A	2	1、5		1—4			脑门	土二
		B	2	3、6		1—4			脑门	土二
数8	最小二乘方		2	3	6	8—9	9—10	7	钱琢如	土二
政3	党义	A	1	3		9—10		大讲堂	朱叔青	二年级
		B	1	2		11—12		20	朱叔青	二年级
军3	军训		11	5	3	4—6	4—5	大讲堂	赖蓄久	二年级
207	高等无机化学		2	5、1、3		10—11	8—9	4	李寿恒	化二

续　表

学程号数	学程名称	组	学分数	上课日期（星期）		上课钟点		教室	教员	可选的年级
221	定性分析		2	1、3		9—10		19	潘承圻	化二
231	定性实习		2	1、2		1—4		分析室	潘承圻	化二
211	有机化学		3	2、4、6		10—11		4	葛祖良	化二
213	有机实习		2	3、5		1—4		有机室	葛祖良	化二
力1	应用力学		3	2、4、6		9—10		19	胡次珊	电、化二
数7	微分方程		3	1、3	6	8—9	10—11	5	朱叔麟	电二
371	电工演讲		1	5		11—12		2	顾毓琇	电二
301	电工原理		4	2、3、4、5		10—11		5	顾毓琇	电二
图3	机械画		1	1		1—4		第一画室	沈三多	电二
机3	金工实习		1	2		1—4		金工场	阮季侯	电二
德3	德文		2	2、4、6		11—12		19	周伯勋	二、三年级
德3	德文	A	2	1、3、5		11—12		2	沈律葭	二、三年级
		B	2	2、4、6		11—12		大讲堂	沈律葭	二、三年级
德4	德文		2	1、3、5		11—12		19	周伯勋	三、四年级
122	结构原理		4	1、2、4、6		8—9		6	柳叔平	土三
141	铁道测量		2	3、5		8—9		6	张云青	土三
142	铁道测量实习	A	1	2		1—4			张云青	土三
		B	1	4		1—4			张云青	土三
161	钢筋凝土学		3	2、4、6		9—10		10	张云青	土三
124	屋架计划		1	3		1—4		第一画室	柳叔平	土三
131	水力学		3	1、3、5		11—12		10	吴锦庆	土二、三
132	水力实验	A	1	2		1—4		水力测量室	吴锦庆	土二、三
		B	1	4		1—4		水力测量室	陈仲和	土二、三
力11	材料试验	A	1	1		1—4		材料试验室	柳叔平	土三
		B	1	5		1—4		材料试验室	柳叔平	土三
力13	材料试验		1	3		1—4		材料试验室	陈仲和	电三
经2	簿记	A	1	3、5		9—10		8	朱飏廷	三年级
经2	簿记	B	1	1		1—3		6	朱飏廷	三年级

学程号数	学程名称	组	学分数	上课日期(星期)		上课钟点		教室	教员	可选的年级
经 21	工场管理		1	3、5		10—11		6	朱飏廷	四年级
经 1	经济原理		1	3、5		11—12		8	朱飏廷	三年级
机 1	热机关		3	2、4、6		10—11		1	胡次珊	化土三
241	工业化学		3	1、3、5		8—9		9	吴锦铨	化三
243	工化实验		1	4		1—4		有机室	吴锡铨	化三
231	物理化学		3	1、3、5		9—10		9	王钧豪	化三
233	物化实验		1	5		1—4		物化室	王钧豪	化三
223	高等分析		1	3		10—11		19	潘承圻	化二、三
223	高分实习		2	1、2		1—4		分析室	潘承圻	化二、三
351	电机大意		3	2、4、6		8—9		1	章名涛	土化三、四
352	电机实习		1	3		1—4		电机实验室	杨耀德	土化三、四
283	杂志报告		1	4		9—10		大讲堂	吴锦铨	化三
285	杂志报告		1	4		9—10		大讲堂	吴锦铨	化四
303	电工原理		6	1、2、3、4、5、6		9—10		5	倪孟杰	电三
312	电工实习	A	2	2	6	1—4	10—11	电机室 3	章名涛	电三
312	电工实习	B	2	4	6	1—4	10—11	电机室 3	章名涛	电三
机 12	热力工程		5	1、2、3、4、5		8—9		3	陈大燮	电三
机 21	机械设计		2	5		1—4		第二画室	陈大燮	电三
321	电报		2	2、4	6	10—11	8—9	3	赵曾珏	电三
333	电池		1	3、5		10—11		3	赵曾珏	电三
134	河海工程		3	1、3、5、6		8—9		10	吴锦庆	土四
经 3	工程合同		1	2、4		8—9		10	陆漱芳	土四
136	沟渠学		2	1、3、5		9—10		10		土四
183	杂志报告		1	3		10—11		1	吴馥初	土四
126	钢桥计划		3	2、4		1—4		第二画室	吴馥初	土四
163	钢筋凝土计划		3	3、5		1—4		第三画室	张云青	土四
133	水工计划		3	4、6		9—12		第一画室	吴锦庆	土四
经 11	铁道经济		2	1、3、5		11—12		5	吴馥初	土四
145	铁道运输学		1	2、5		10—11		19	吴馥初	土四

续　表

学程号数	学程名称	组	学分数	上课日期(星期)		上课钟点		教室	教员	可选的年级
271	化工原理		4	1、2、3、5		9—10		4	吴锦铨	化四
245	制纸		2	1、3、5		8—9		1	潘承圻	化四
251	染色		2	2、4、6		8—9		4	陈承弼	化四
253	染色实习		1	3		1—4		染色工场	陈承弼	化四
247	制革		2	2、4、6		10—11		9	李寿恒	化四
248	制革实习		1	2		1—4		制革工场	汤拥伯	化四
215	高等有机		3	2、4、6		11—12		9	葛祖良	化四
215	高等有机实习		1	1		1—4		有机室	葛祖良	化四
机14	热力工程实习		1	4		1—4		发电室	沈三多	四年级
305	电工原理		6	1、2、3、4、5、6		9—10		3	曹凤山	电四
314	电工实习	A	2	1	2	1—4	1—2	电机实验室3	顾毓琇	电四
		B	2	2	5	1—2	1—4	电机实验室3	顾毓琇	电四
383	专门报告		1	6		10—11		2	顾毓琇	电四
343	发电所设计		2	2、4、6		8—9		5	倪孟杰	电四
机23	原动厂设计		3	2	4	2—3	1—4	第四画室	倪孟杰	电四
341	电机设计		3	2	3	10—11	1—4	第二画室	章名涛	电四
331	电力铁道		2	1、3、5		11—12		4	章名涛	电四
332	电光		1	3、5、		8—9		8	倪孟杰	电四
323	电话		3	2、3、4、5		8—9		2	胡瑞祥	
327	无线电		3	2,4、6	1	11—12	8—9	8 2	赵曾珏	
329	无线电实习	A	1	1		1—4		无线电室	赵曾珏	
		B	1	5		1—4		无线电室	赵曾珏	
理11	电报与电波		3	1、3、5		11—12		9	顾毓琇	
理13	传音学		1	2、4		10—11		10	徐均立	

国立浙江大学文理学院二十年度各年级学程一览

(1931 年)

说明

毕业学分数及其分配看本院一览第二〇之〔至〕二一页(十一)(3)(4)(5),学生于任何学年所修学分之数不及标准时(一览[十一][3]),可于以后各学年补足之,其能于四年内修满一四二学分者,仍于满四年时毕业;不能于四年内修满一四二学分者,于修满一四二学分时毕业。

主副系及必修选修各学程之学分分配标准

毕业学分:一四二

必修学程(详见附表)

      文科各主系:五四

      理科各主系:四二

主系学程:四〇至六〇

副系学程:二〇至三〇

选修学程

      文科:负二至二八(选修学程以不属于主系及副系者为宜)

      理科:一〇至四〇

附必修学程标准学分表

公共必修		文科必修		理科必修	
党义	四	数学	四	文明史	六
军训	六	自然科学	一〇	社会科学	六
体育	六	文明史	六	哲学	六
国文	四	哲学	六		
英文	四	英文	四		
共计	二四	共计	三〇	共计	一八
		文科必修共计五四		理科必修共计四二	

选课注意

一、二年以上各生均须选定(至少)一个副系,其所选之副系应得主系主任及院长之认可。附各主系之适当副系举隅:

主系	副系
英文	1.国文　2.法文　3.德文　4.哲学　5.教育
数学	1.物理　2.教育
物理	1.数学　2.化学　3.教育　4.哲学
化学	1.物理　2.生物　3.教育
生物	1.化学　2.教育
教育	1.国文　2.英文(法文、德文、日文)　3.哲学　4.数学　5.物理　6.化学　7.生物

二、第二外国语虽暂不定为必修学程,但在选修学程中应占最重要之位置。本学院希望所有毕业生均能阅读两种外国文字,其有志修习德文者(连续三年)应于第二年即行开始,法文、日文(均连续二年)如于第二年开始,则第四年可以应用,但至迟至第三年必须开始。各主系生选读第二外国语时,如不知何种与该科最关重要,可以该系学程中所列各第二外国语排列之次序为选择之参考(较要者次较在前)。

三、如学生拟选修之学程,有未经列入其主系学程表者,可分商系主任及院长,于得到许可后选修之。

四、如学生在某一学期所修之学分总数超过或不及标准学分数时(一览[十一][3]),应声叙理由,请院长核准其增。

五、各主系学程中必修及选修学程之学分总数,常有较标准学分稍有出入之处,此因学分数之不能恰合标准,学生应注意此点,视其不及或超过于来学年增减其修习之学分,以资调剂,总期四年可合毕业标准一四二学分之总数。

二十年度各级学程一览

一年级　第一组　英文及教育学主系

学程序次	学程	每周时数	学分数		附注
			上学期	下学期	
1	国文	三	二	二	
2	英文	四	三	三	英文主系
		三	二	二	教育主系
3	数学	三	二	二	
4	文明史	三	三	三	
5	近代自然科学	五	五	五	
6	论理学	三	三		
7	普通心理学	讲三实二		四	

续　表

学程序次	学程	每周时数	学分数		附注
			上学期	下学期	
8	党义	一	一	一	党义、军训应于一、二两年修毕；体育应于一、二、三三年修毕者，未及格者，应于次年补修，至第四年尚未及格者，不得毕业。
9	军训	三	一.五	一.五	
10	体育	二	一	一	
共计		上学期二七 下学期二九	二一.五	二二.五	英文主系
		上学期二六 下学期二八	二〇.五	二一.五	教育主系

一年级　第二组　数学、物理学、化学各主系

学程序次	学程	每周时数	学分数		附注
			上学期	下学期	
1	国文	三	二	二	
2	英文	三	二	二	
3	微积分	五	四	四	
4	物理	讲五实三	五	五	数学、物理主系生习物理不习化学。
5	化学	讲四实三	四	四	化学主系生习化学不习物理。
6	论理学	三	三		
7	普通心理学	讲三实二		四	
8	党义	一	一	一	党义、军训体育应于一、二两年修毕，未及格者，应于次年补修，至第四年尚未及格者，不得毕业。
9	军训	三	一.五	一.五	
10	体育	二	一	一	

学程序次	学程	每周时数	学分数		附注
			上学期	下学期	
共计		上学期二八	一九.五	二〇.五	数学、物理主系
		下学期三〇			
		上学期二七	一八.五	一九.五	化学主系
		下学期二九			

一年级　第三组　生物学主系

学程序次	学程	每周时数	学分数		附注
			上学期	下学期	
1	国文	三	二	二	
2	英文	三	二	二	
3	化学	讲四实三	四	四	
4	普通动物学	讲三实二	四		
5	普通植物学	讲三实二	四		
6	动物分类学	讲三实二		四	
7	植物分类学	讲三实二		四	
8	文明史	三	三	三	
9	党义	一	一	一	党义、军训应于一、二两年修毕,体育应于一、二、三三年修毕,未及格者应于次年补修,至第四年尚未及格者,不得毕业。
10	军训	三	一.五	一.五	
11	体育	二	一	一	
共计		上学期三二	二二.五	二二.五	
		下学期三二			

二年级　英文主系

学程序次	学程	每周时数	学分数		附注
			上学期	下学期	
1	二年英文	四	三	三	
2	英文文学大纲	三	三	三	
3	英文抒情诗	三	三	三	

学程序次	学程	每周时数	学分数		附注
			上学期	下学期	
4	党义	一	一	一	
5	军训	三	一.五	一.五	
6	体育	二	一	一	
	以上必修学程共计	一六	一二.五	一二.五	
7	英国史	三		三	本系应修但亦得于第三年修习之。
8	法文	三	三	三	本系学生第二外国语以法文为宜。
9	德文	三	三	三	如拟以德文为第二外国语者本年必须修习。
10	哲学通论	三	三		
11	教育概论	三	三		拟以教育为副系者可选11、12。
12	教育原理	三		三	
13	中国文艺论	三	三	三	拟以国文为副系者可选13、14、15。
14	中国文学史	三	三	三	
15	诗名著选	三	三	三	

以上每学期选学八分，全年共选一六学分。

注意：上学年必修之普通心理学因故展缓未修者本年必须修习。

二年级　教育学主系

学程序次	学程	每周时数	学分数		附注
			上学期	下学期	
1	教育概论	三	三		
2	教育原理	三		三	
3	教育社会学	二	二		
4	教育统计	三		三	
5	二年英文	三	二	二	
6	党义	一	一	一	
7	军训	三	一.五	一.五	

学程序次	学程	每周时数	学分数		附注
			上学期	下学期	
8	体育	二	一	一	
	以上必修学程共计	上学期一四	一五.五	一六.五	
		下学期一五			
9	哲学通论	三	三		本系应修且以早修为便。
10	德文	三	三	三	主系生有志深造者应选一第二外国语。
11	法文	三	三	三	
12	日文	三	三	三	
13	英文文学大纲	三	三	三	
14	中国文学史	三	三	三	
15	诗名著选	三	三	三	
16	中国史（一）	三	三	三	
17	政治原论	三	三		本系应修但不限于本年修习。
18	中国政府	三		三	

以上每学期选八学分，全年共选一六学分。

二年级　数学主系

学程序次	学程	每周时数	学分数		附注
			上学期	下学期	
1	高等微积分	三	三	三	
2	高等代数	三	三	三	
3	综合几何	二	二	二	
4	力学理论	三	三	三	
5	文明史	三	三	三	
6	党义	一	一	一	
7	军训	三	一.五	一.五	
8	体育	二			
	以上必须学程共计	二〇	一七.五	一七.五	
9	二年英文	三	二	二	
10	德文	三	三	三	有志深造者应选一第二外国语。

续　表

学程序次	学程	每周时数	学分数		附注
			上学期	下学期	
11	法文	三	三	三	
12	政治原论	三	三		
13	中国政府	三		三	
14	电磁学	讲三(实三)	三或(四)	三或(四)	不修实验者,每学期给三学分,其兼修实验者,仍各给四学分。
15	哲学通论	三	三		
16	教育概论	三	三		
17	教育原理	三		三	

以上每学期选三学分,全年共选六学分。

二年级　物理学主系

学程序次	学程	每周时数	学分数		附注
			上学期	下学期	
1	力学理论	三	二	三	
2	电磁学	讲三实三	四	四	数学及化学系主系生选修本学程时,得不修实验,上下学期各给三学分。
3	高等微积分	三	三	三	
4	化学	讲四实三	四	四	
5	文明史	三	三	三	如志愿习第二外国语及选教育为副系者,得将文明史展至第三年修习,另选第二外国语或教育学程代之。
6	党义	一	一	一	
7	军训	三	一.五	一.五	
8	体育	二	一	一	
	以上必计学程共修	二八	二〇.五	二〇.五	

如拟增选其他学程者应得主系主任及院长之许可。

二年级　化学主系

学程序次	学程	每周时数	学分数		附注
			上学期	下学期	
1	定性分析	讲二实九	五		
2	定量分析	讲二实九		五	
3	初等有机化学	讲二实三	三	三	
4	物理	讲五实三	五	五	
5	文明史	三	三	三	如志愿习第二外国语及选物理或教育为副系者,得将文明史展至第三年修习,另选第二外国语、高等微积分或教育学程代之。
6	党义	一	一	一	
7	军训	三	一. 五	一. 五	
8	体育	二	一	一	
	以上必修学程共计	三三	一九. 五	一九. 五	

如拟增选其他学程者应得主系主任及院长之许可。

三年级　英文主系

学程序次	学程	每周时数	学分数		附注
			上学期	下学期	
1	英文作文	二	二	二	
2	英文小说史	三	三	三	
3	沙氏乐府	三	三	三	
4	体育	二	一	一	
	以上必须学程共计	一〇	九	九	

副系及选修每学期九学分,全年共计十八学分。
副系学程就各该系学程中选出之。
选修学程于二年级本主系选修学程中未选各种及下列各种中选出之。

5	哲学史	三	三	三	
6	中国史	三	三	三	
7	政治原论	三	三		
8	中国政府	三		三	

三年级 教育学主系

学程序次	学程	每周时数	学分数		附注
			上学期	下学期	
1	教育心理	讲三实二	四		
2	儿童心理	三		三	
3	普通教学法	三	三		
4	测验	三	三		
5	初等教育	三		三	
6	教育史	二	二	二	
7	英美教育书报	二		二	
8	体育	二	一	一	
以上必修学程共计		上学期一五	一三	一一	
		下学期一二			

副系及选修上学期六学分,下学期九学分,全年共计十五学分。

副系学程就各该系学程中选出之。

选修学程分(一)主系选修(在主系范围以内而非属必修者选此者其学分加入主系学分计算)及(二)一般选修。

选修学程于后(一)(二)各类中选出之。

(一)主系选修

9	高等测验法	三		三	

(二)一般选修

10	阅读心理	二		二	
11	变态心理	三	三		
12	动物心理	三		三	
13	哲学史	三	三	三	
14	伦理学(一)	三	三		本系应修但亦可于第四年修习之。
15	论理学(二)	三		三	
16	中国史(一)或(二)	三	三	三	
17	三年英文作文	二	二	二	
18	列入本主系第二年选修学程中之未修各种				

三年级　数学主系

学程序次	学程	每周时数	学分数		附注
			上学期	下学期	
1	高等代数	三	三	三	
2	复变数函数论	三	三	三	
3	综合几何	二	二	二	
4	体育	二	一	一	
	以上必修学程共计	一〇	九	九	

副系及选修每学期九学分,全年共十八学分。

副系学程就各该系学程中选出之。

选修学程分(一)系主选修(在主系范围以内而非属必修者选此者其学分加入主系学分计算)(二)一般选修。

选修学程于后(一)(二)各类中选出之。

(一)主系选修

5	数学史	二	二		
6	数学教授法	二		二	

(二)一般选修

7	哲学史	三	三	三	
8	论理学(二)	三		三	
9	普通心理学	讲三实二		四	
10	列入本主系第二年选修学程中之未修各种。				

注意:第二年尚未修习近世史者,本年必须修习文明史。

三年级　物理学主系

学程序次	学程	每周时数	学分数		附注
			上学期	下学期	
1	光学	讲三实三		四	
2	热力学	三	三		
3	体育	二	一	一	
	以上必修学程共计	上学期五	四	五	
		下学期八			

副系及选修上学期十四学分,下学期十三学分,全年共二十七学分。

副系学程就各该系学程中选出之。

选修学程分(一)主系选修(在主系范围以内而非属必修者选此者其学分加入主系学分计算)及(二)一般选修。

选修学程于后(一)(二)各类中选出之。

学程序次	学程	每周时数	学分数		附注
			上学期	下学期	
（一）主系选修					
4	近世物理学（一）	三	三		
5	近世物理学（一）	实验三		一	
6	近世物理学（二）	三		三	
7	高等电磁学	三	三	三	
（二）一般选修					
8	德文	三	三	三	
9	法文	三	三	三	
10	二年英文	三	二	二	
11	物理化学	讲三实三	四	四	
12	复变数函数论	三	三	三	
13	政治原论	三	三		
14	中国政府	三		三	
15	哲学通论	三	二		
16	哲学史	三	三	三	
17	论理学（二）	三		三	
18	普通动物学	讲三实二	四		
19	教育概论	三	三		
20	教育原理	三		三	

注意：第一年必修之论理学因故展缓未修者，本年必须修习。第二年尚未修习近世史者，本年必须修习文明史。

三年级　化学主系

学程序次	学程	每周时数	学分数		附注
			上学期	下学期	
1	有机化学	讲三实六	五	五	
2	物理化学	讲三实三	四	四	
3	体育	二	一	一	
	以上必修学程共计	一七	一〇	一〇	

副系及选举〔修〕每学期八学分，全年共一六学分。

副系学程就各该系学程中选出之。

选修学程分（一）主系选修（在主系范围以内而非属必修者选此者其学分加入主系学分计算）及（二）一般选修。

选修学程于后（一）（二）各类中选出之。

续　表

学程序次	学程	每周时数	学分数		附注
			上学期	下学期	
(一)主系选修					
4	高等无机化学	讲三实三	三		
5	高等定量分析	讲一实六		三	
6	化学史	二		二	
(二)一般选修					
7	德文	三	三	三	
8	法文	三	三	三	
9	二年英文	三	二	二	
10	电磁学	讲三(实三)	三或(四)	三或(四)	不修实验者每学期给三学分,其兼修实验者仍各给四学分。
11	热力学	三	三		
12	普通动物学	讲三实二	四	四	
13	教育概论	三	三		
14	教育原理	三		三	
15	哲学通论	三	三		
16	政治原论	三	三		
17	中国政府	三		三	

注意:第一年必修之论理学因故展缓未修者,本年必须修习;第二年尚未修习近世史者,本年必须修习文明史。

三年级　生物学主系

学程序次	学程	每周时数	学分数		附注
			上学期	下学期	
1	普通动物学	讲三实二	四		化学主系生以生物为副系者必修。
2	动物分类学	讲三实二		四	
3	动物组织学	讲二实三	三		
4	动物生理学	讲二实四	三		化学主系生以生物为副系者必修。
5	内分泌	讲一实二		二	化学主系生以生物为副系者必修。

学程序次	学程	每周时数	学分数		附注
			上学期	下学期	
6	普通植物学	讲二实三	四		化学主系生以生物为副系者必修。
7	物物分类学	讲三实二		四	
8	植物解剖与组织或植物生理学	讲二实三		三	化学主系生物为副系者必修。
	以上必修学程共计	上学期二一	一四	一三	
		下学期一八			

副系及选修每学期五学分,全年共计十学分。

9	德文	三	三	三	
10	二年英文	三	二	二	
11	物理	讲五实三	五	五	
12	普通心理学	讲三实二		四	
13	动物心理学	三		三	
14	哲学通论	三	三		
15	哲学史	三	三	三	
16	政治原论	三	三		
17	中国政府	三		三	
18	教育概论	三	三		
19	教育原理	三		三	

注意:第二年尚未修习近世史者,本年必须修习文明史。

四年级　教育主系

学程序次	学程	每周时数	学分数		附注
			上学期	下学期	
1	小学学科教学法	讲三实习三	四		
2	中等教育	三	三		
3	中学学科教学法	讲三实习三		四	
4	教育行政	三		三	
5	比较教育	二		二	
6	教育学说	二	二		

学程序次	学程	每周时数	学分数		附注
			上学期	下学期	
7	教育问题	待定	一或二	一或二	
	以上必修学程共计	上学期二以上	一〇或一一	一〇或一一	
		下学期二以上			

副系及选修每学期六至九学分，全年共计十二至十八学分。

副系学程就各该系学程中选出之。

选修学程分（一）主系选修（在主系范围以内而非属必修者选此者其学分加入主系学分计算）及（二）一般选修。

选修学程于后（一）（二）各类中选出之。

（一）主系选修

8	高等测验法	三		三	

（二）一般选修

9	阅读心理	二		二	
10	变态心理	三	三		
11	动物心理	三		三	
12	三年英作文	二	二	二	
13	列入本主系第二、三年选修学程中之未修各种				

四年级　数学主系

学程序次	学程	每周时数	学分数		附注
			上学期	下学期	
1	实变数函数论	三	三	三	
2	微分几何	三	三	三	
3	综合几何	二	二	二	
4	数学研究	每周一个下午	不计		
	以上必修学程合计	上学期八	八	八	
		下学期八			

副系及选修每学期十学分，全年共二十学分。

副系学程就各该系学程中选出之。

选修学程分（一）主系选修（在主系范围以内而非属必修者选此者其学分加入主系学分计算）及（二）一般选修。

选修学程于后（一）（二）各类中选出之。

（一）主系选修

5	数学史	二	二		
6	数学教授法	二		二	

学程序次	学程	每周时数	学分数		附注
			上学期	下学期	
(二)一般选修					
7	列入本主系第二、三年选修学程中之未修各种				

四年级　物理学主系

学程序次	学程	每周时数	学分数		附注
			上学期	下学期	
1	近世物理学(一)	三	三		
2	近世物理学(一)	实三		一	
3	近世物理学(二)	三		三	
4	电工大意	三	三		
5	物理学论文或译书	全年	三	三	
以上必修学程共计		上学期六	九	七	
		下学期六			

副系及选修上学期九学分,下学期十一学分,全年共计二十学分。

副系学程就各该系学程中选出之。

选修学程分(一)主系选修(在主系范围以内而非属必修者选此者其学分加入主系学分计算)及(二)一般选修。

选修学程于后(一)(二)各类中选出之。

(一)主系选修					
6	电工实习	实三	一		
7	高等电磁学	三	三	三	
(二)一般选修					
8	列入本主系第二、三年选修学程中之未修各种				

四年级　化学主系

学程序次	学程	每周时数	学分数		附注
			上学期	下学期	
1	化学史	二		二	
2	工业化学	三	三	三	
3	化学论文或译书	全年	三	三	
以上必修学程共计		上学期三	六	八	
		下学期五			

续　表

学程序次	学程	每周时数	学分数		附注
			上学期	下学期	

副系及选修上学期十二学分,下学期十学分,全年共计二十二学分。

副系学程就各该系学程中选出之。

选修学程分(一)主系选修(在主系范围以内而非属必修者选此者其学分加入主系学分计算)及(二)一般选修。

选修学程于后(一)(二)各类中选出之。

学程序次	学程	每周时数	学分数		附注
			上学期	下学期	
(一)主系选修					
4	有机化学选论	二	二		
5	军用化学	二		二	
6	胶质化学	三	三		
7	高等物理化学	三	三	三	
(二)一般选修					
8	列入本主系第二、三年选修学程中之未修各种				

《国立浙江大学文理学院二十年度各年级学程一览》(20)

国立浙江大学布告(第一三六号)

(1935 年 9 月 14 日)

兹规定:

(一)凡自二十二年度起入学之学生,必须修习英文二年,体育四年,并须依照后列各项,修习第二外国语二年:

甲、文理学院理科各学系,修德文二年;

乙、教育学系,修德、法或日文二年;

丙、外国语文学系,修德文或法文二年;

丁、工学院各学系,修德文二年;

戊、农学院各学系,照二十四年度要览内所载办法办理。

(二)文理学院各学系学生,必须修习哲学课程满足六学分。

(三)凡自二十四年度起入学之学生,并须经过后列科目考试及格,始得毕业:

甲、党义;

乙、世界及中国政治大势;

丙、世界及中国经济现状;

丁、世界及中国历史;

戊、世界及中国地理。

以上乙项至戊项各科考试办法另订之。

(四)文理学院各学系学生,除第三项所列考试科目外,并应加修社会科学课程六学分至九学分。

(五)二三年学生,本年度应修军训术科,定为每二周一小时。

合行布告各生周知。

此布。

校长郭任远

中华民国二十四年八月三十一日

《国立浙江大学校刊》第二百一十九期,民国二十四年九月十四日

本大学近三年度所开学程数统计表

(1936 年 6 月 6 日)

院别	系别及学程数	民国二十二年度		民国二十三年度		民国二十三年度	
		上学期	下学期	上学期	下学期	上学期	下学期
文理学院	外国语文系	15	15	18	18	17	19
	教育学系	11	10	14	16	15	16
	数学系	14	13	12	13	15	14
	化学系	7	9	9	10	10	14
	物理学系	7	9	8	10	11	12
	生物学系	6	7	7	8	7	8
	公共必修	18	18	15	19	19	21
	统计	78	81	83	94	94	104
		159		177		198	
工学院	电机工程系	15	19	19	21	15	25
	机械工程系	12	10	18	15	21	22
	土木工程系	20	25	20	22	20	25
	化学工程系	10	9	10	12	8	8
	公共必修	1	1	1		1	1
	统计	58	64	69	70	65	81
		122		139		146	

续　表

年度 系别及学程数	民国二十二年度		民国二十三年度		民国二十三年度	
院别	上学期	下学期	上学期	下学期	上学期	下学期
农业动物系	6	9	13	21	12	12
农业植物系	32	39	23	41	24	18
农业社会系	8	10	9	20	12	14
统计	46	58	45	82	48	44
	104		127		92	
三院统计	182	203	197	246	207	229
	385		443		436	

（二十四年度下学期）

《国立浙江大学校刊》第二百五十期，民国二十五年六月六日

（三）体育、军训与训育

1. 体育

国立浙江大学体育选手规则
（1930 年 2 月 22 日）

（十八年十二月三十日第六次校务会议通过）

一、本大学为发扬及训练学生之良好社会行为起见，得令学生参加各种对外体育竞赛。

二、本大学正式学生经体育教员认为体育成绩优良，征得本人同意后，得为选手，代表本大学参加校外各种竞赛。

三、本大学对于体育选手无任何方式之特殊待遇。

四、本大学学生有下列情形之一者，不得充当选手：

甲、在本大学修业不满一学期者；

乙、最近学期或学年平均成绩在六十五分以下者；

丙、在校内比赛有违背运动道德之行为者；

丁、经校医检查认为不适于所参加之运动者；

戊、不按照规定之时间及方法练习者；

己、有不良嗜好者。

五、各种对外比赛之参加与否,由体育委员会决定之,学生不得干预。

六、各种选手队均由队员中选举队长一人、干事一人,在体育教员之指导下办理各该队事务,其选举方法及日期,由体育教员规定之。

七、选手在比赛时如有违背运动道德之行为,得由各院院长予以相当之惩戒。

八、本大学对外竞赛时,本学院学生得前往欢呼助兴,但不得有违背竞赛规则及道德之行为。倘有越轨行为,得由该院院长予以相当之惩戒。

九、本学院运动衣服、鞋袜之式样,由体育委员会规定之,此项衣服、鞋袜,选手于竞赛时一律穿着,不得参差,竞赛完毕,仍行交还,以便清洁。

十、遇竞赛地点较远时,参加之川旅费由本大学供给之。

十一、如有临时发生之事故,未经本规则明订办法者,由体育教员商同体育委员会处理之。

十二、本规则经校务会议通过,校长核准施行。

《国立浙江大学校刊》第一期,民国十九年二月二十二日

国立浙江大学体育选手训练办法
(1930 年 2 月 22 日)

(十八年十二月三十日第六次校务会议通过)

一、本大学为准备选手心、身两方面之体育技能及行为,特设各项选手练习组。凡本大学对外比赛之队员即依照选手规则,由指导员于练习组选择之。

二、凡本大学正式学生得自行报名加入,或由体育教员认为成绩优良,征得本人同意者,令其加入,但均须由校医证明所加入之运动确与本人身体无妨碍者方可。

三、一经加入练习组,则一切练习时间及方法均听指导员之指导,否则取消其组员资格。

四、在训练组之学生于必要时得免除他项体育课程。

五、各学院之选手练习组每星期会合练习一次,其练习之地点及时间另订之。

六、各选手队之指导员由体育委员会于各学院体育或其他教员中推聘之。

七、同一学生不得同时加入两项之练习组。

八、练习组所需要之个人用具,均由学生自备。

《国立浙江大学校刊》第一期,民国十九年二月二十二日

本大学参加浙江全省运动会办法
(1930 年 3 月 1 日)

浙江全省运动会定于三月十六日在本市梅东高桥举行,本大学已决定参加。经体育委员会第二次常会议决参加办法十条。兹将办法录下:

参加浙江全省运动会办法

一、以本大学名义参加。

二、足球队以农学院选手为基本,篮球队以工学院选手为基本,排球队以文理学院选手为基本,加入其他各学院选手组织之。

三、各球队选手由各学院体育主任按照体育选手规则初次选定,将名单送交各队指导员,再由指导员决定最终参加之选手。

四、足球队推王福熙先生为指导员,篮球队推傅五乔先生为指导员,排球队推徐英超先生为指导员。

五、文理学院、工学院足球队初次选手,于三月二日上午八时在本大学门首集合,乘汽车赴农学院。农学院篮球队初次选手即乘原车来文理学院、工学院,候指导员决定最终参加之选手。午膳由各学院供给,下午仍乘汽车各回本院。

六、网球、田径、全能三种选手,于三月九日上午八时起举行比赛决定之。

七、网球比赛地点,在文理学院、工学院网球场;田径、全能比赛地点假定公众运动场。

八、网球与赛人数,每学院至多以十二人为限,田径、全能,自由报名。

九、网球、田径、全能与赛人报名期,于三月三日截止。

十、关于网球比赛一切事项,推袁敦礼先生主持,关于田径、全能比赛一切事项,推张子常先生主持。

《国立浙江大学校刊》第二期,民国十九年三月一日

体育委员会第一次会议录
(1930 年 3 月 8 日)

时期:十九年一月七日下午二时

地点:校长公舍

出席者:张子常　李振吾　王福熙　袁志仁　邵裴子　陈伯君

主席:邵裴子

议决事项

一、寒假期内设置各种选手练习组办法案

议决:

甲、本届寒假期内,设足球、篮球、队球及田径运动四种选手练习组;

乙、各组练习场所

足球、田径两组:农学院

篮球组:工学院

队球组:文理学院

丙、各组指导员

足球、田径两组:农学院体育教员

篮球组:工学院体育教员

队球组:文理学院体育教员

丁、各种选手练习组报名日期,自即日起至十五日止。各院学生志愿加入练习者,不论加入何组,均应于期内向各本院体育教员处报名,并于二十一日上午九时集合本大学大礼堂,由体育委员会训话,并检查体格;

戊、各组练习生,应寄宿于各本组训练场所所在之学院,其膳食及个人用具,概归自备;

己、请各学院于选手练习期内,在学生洗浴室内设置火炉。

二、第六次校务会议通过之体育选手规则及体育选手训练办法,应否请校长提前核准施行案

议决:应请校长提前核准施行。

三、拟定本大学体育设备分年筹办计画案

议决:由各学院体育教员各就本院需要,分别拟定后,再行提出下届会议讨论。

《国立浙江大学校刊》第三期,民国十九年三月八日

体育概况

(1932 年)

自本学期起,本大学特设体育部,办理全校体育事宜,其设施目的,则注意休育之普遍化,务使个个学生有康强的身体,充满的精神,以便将来为国家社会服务,初非养成少数特殊选手而已也。兹将本年度体育学程及实施办法详载于左:

一、目标

1.供给全校学生身体活动之机会,施行适合教育原则之体育学科,培养侠义勇敢、团结合作之精神,练成健全之体格及适应环境之能力。

2.使学生明了体育之意义及价值,增进其技能及兴趣,俾养成以运动为娱乐之习惯。

二、学科

1.竞赛运动

此科为体育学科之最主要者,注重各种竞赛运动技能及精神之养成,其中包括各种球类游戏及田径赛运动。

2.个人体操

凡身体姿势不良需特别矫正者,或因病不能作激烈运动,经体育教员与校医商同检查并得体育部主任之许可者,得选修之。

3.重器械操

此科专授单杠、双杠、木马及其他器械上之活动。

4.垫上运动

此科包括简易之率〔摔〕角〔跤〕、翻筋斗、叠罗汉及其他个人或团体之技巧活动。

5.游泳

6.国术

7.舞蹈及团体游戏

8.于必要时得增设其他体育学科

三、实施办法

本校体育实施办法分体育正课及课外活动两种。

甲、体育正课

1.大学体育正课定为必修三年,每周两小时,每学期一学分(本学年农、工两院暂由一年级起始必修,其余各年级得自由选修,照给学分),第三学年不能达到毕业标准者,必须续修,第四学年仍不及格者,不得毕业。

2.高中体育自本年起各年级一律定为必修科,每周两小时,每学期一学分,第三学年必须达到毕业标准,否则不得毕业。

3.本校体育原拟分科选修,但在设备未足用以前暂时按季教练各种球类游戏及田径赛运动。

4.本校体育以分组上课为原则,按照学生身体强弱、技术优劣分为若干组,以便上课时各得其适当之活动机会,而易于发生兴趣。

5.上课时必须一律穿着运动服及软底鞋。

6.必要时在教室上课讲授各种运动规则方法、及体育常识。

7.学生体育成绩分平时考查及学期试验两种,平时考查注重上课之精神及技术之进步,学期试验用技术测验(其标准另定之)二者平均作为学期成绩。

附则

1.每学年全校学生各举行体力试验一次,以便考查学生之体力。

2.每学年之始举行健康检查一次,考查学生身体之情形,以便指导其对于体育方面及日常生活上应注意之点。

乙、课外活动

课外活动亦为体育学程中之重要部分,因学生每日皆须运动,而体育正课每周两小时仅能指导各种运动方法。故在体育正课之外,应有各种课外活动,使全校学生皆参加运动比赛,各年级各学系有互相接触之机会,如此则全校学生有一种普遍而继续不断之活动,其办法分校内及对外两种,分述如左:

(一)校内体育课外活动

1. 本校学生得自由组织各项球队或其他运动团体,在课外时间内练习或比赛;

2.本校每学年之中按季举行各种校内比赛;

3.各种校内比赛分期举行如左:

九月至十月:网球

十一月至一月:足球越野赛跑

三月:篮球、竞走

四月:田径赛运动会

五月:排球、垒球

六月:游泳

4.本校于每学年中举行运动会一次,其主要项目为田径运动,并其他体育之表演及游艺;

5.校内运动会及各种比赛皆不分院际;

6.凡本校学生每学年至少须参加一种校内运动比赛;

7.各种比赛单位视比赛之性质而定;

8.各种比赛之评判、检查、宣传等事务,均由体育教员领导学生办理之;

9.各种比赛之获胜者得由本校给与纪念奖品,其办法由体育部主任商承校长订定之;

10.各种比赛均照最近全国通用规则,遇有特殊情形,必须变更时,由体育部规定之。

(二)对外体育活动

1.本校为训练学生良好社会行为及增进运动兴趣起见,得令学生于相当训练后,用本校名义参加各种对外运动比赛,及其他体育表演;

2.凡由各年级学系或私人组织之球队,未经相当训练或未得体育部之许可者,不得作对外比赛;

3.遇有对外比赛时,本校学生得前往欢呼助兴,但不得有违背运动道德之行为,如有越规举动,即照校章予以严格之惩诫;

4.对外比赛除增进体育效能外,尚有教育及社会之价值,但在一般社会所提倡者,往往目的错误、办法不良、以至流弊甚多,本校对此自当慎重从事。兹将本校参加对外比赛之宗旨列左:

a.借对外比赛以训练学生之良好社会行为,并增进其运动技术及兴趣;

b.以高尚之精神影响社会一般之体育。

四、本办法经校长核准后施行之,遇必要时得由校长及体育部主任商酌修正之。

浙江大学档案馆藏 L053-003-0016

大二成立体育部

(1933 年 3 月 4 日)

工院民廿四级对于体育向富兴趣。现该级为发扬团结精神与保持已往比赛之光荣起见,特立体育部,以从事有计划的普通训练。已举出下列职员,积极进行。

总干事　郑炳
篮球队长　张全元
排球队长　骆腾
网球队长　俞其型
田径队长　戴昌楫

该部成立后即排定练习时间,并向校中接洽场地、指导诸问题。均获满意答复。闻最近期内即将与农学院各级比赛云。(炳)

《国立浙江大学校刊》第一百二十四期,民国二十二年三月四日

文理学院体育概况

（1933 年 6 月）

徐英超

本院自民国十七年开办以来，于体育活动已特别注意，特定为必修科，目的在谋全体学生体育之普遍发展，使全体皆得到运动的机会，具正当的运动的精神，并培养其以运动为娱乐之习惯。盖社会环境太恶，即多数学校对体育亦未深切了解，往往目的错误，方法乖谬，只顾及少数选手对外比赛之胜负，忽略为多数学生之设备及训练。此等举措，近年来虽为识者所反对，然而积重难反〔返〕，率多故态依然。本院成立伊始，即期务矫此弊，培植好的体育基础，养成优美活泼的体育风尚与环境。五年以来，虽因学校经济艰窘，未能逐渐实现理想的设备，而全体学生概能聆会学校的措施，从未竞竞于对外的比赛，但无不知努力于实际的自身活动。我们的学校代表队虽未曾"夺得锦标归"，其对内对外的运动精神与态度，大可证明代表队训练的成绩。至本院全体学生各个的运动成绩，很可与国内任何大学作全体的比较，或可显示本院对体育努力之效果。故就现状看来，殊与吾等从事于体育者以莫大之兴奋。较为详明的概况，分述于下：

一、学程及实施状况

1. 课程

原订学科为球类游戏、田径运动、国术、舞蹈、重器械操及技巧活动等，学生在第一学年受普通体育训练之后，得自由选修上列科目在民十九曾试行之。惟当时以人数尚少，设备不充，未能全数开班。嗣后依学生最大之兴趣，按季教练各种球类游戏及田径运动，至每年新生则因本省以及邻近各省之中等学校所受之体育训练未佳，本院新生之发育与健康缺陷甚多，而各人体育活动之习惯又未能养成，对体育观念，亦多错误。据吾人所知，至今日尚有中等学校不列体育为必修课程，或规定体育课程以蒙蔽官厅，实际则无正式体育教员。因此本院对新生体育尤为注意。为详尽考查其入本校前所受之体育训练，并培养其对于身体活之兴味，在上课之前，先令其填写体育调查表（表附后），上课之前数小时，并讲述本院体育方针与设施状况，务使彻底明了本院情形。上课后先与以体能及田径赛测验。凡人数在二十以上者即按身体强弱与技术优劣分组上课，俾各得适当之活动，而易于发生兴趣。上课时则必须着运动服及软底鞋，并强迫其用力活动。

浙江大学新生体育状况调查表

姓名	
性别	
年龄	
籍贯	
曾在何校毕业	
考入本院之学系	

	全体学生必修体育	
	只有课外运动	
毕业学校之体育状况	强迫上课	
	随意参加	
	体育教员是何校毕业	
	体育教员曾授何种教材	
自己最喜好之运动		
对于体育之见解如何		

2.成绩考查

本院成绩考查分平时与学期测验两种,而尤注重平时。平时考查以运动之精神及技术之进步为主,学期测验乃考查技术成绩,其标准由历年成绩测验统计制成。所谓本院学生体育成绩,乃指以上二者平均而言。

3.课外活动

甲、院内

按体育正课每周两小时,仅能指导运动方法。其实学生每日皆应运动,故体育部按季举行课外运动比赛,以年级或学系为单位。或用代表比赛,或用全体对抗,使各年级各学系之间常时有运动比赛之活动。学生自治会与各级会亦时自动举办各种比赛,如级际、分科及个人比赛等,最近三年级曾举行文理科大规模对抗运动会,球类及田径赛项目皆备,且于技术方面,竞争异常剧烈,而在精神方面,则极端遵守规则,服从裁判,其结果虽技术上无惊人之记录,而精神上则得到极光荣之批评。

乙、对外

本院体育注重全体学生之活动,对外比赛之选手组织,尚在其次。因近来社会上一般所提倡之锦标比赛及选手组织,时因目的错误办法不良,发生许多流弊。本院体育基础尚未稳固,恐受校外不正当之影响,故对选手规则,限制至为严格。凡选手之学业操行及训练均极注意,至运动技术,不过为选手资格之一耳。

附选手规则(按即本大学现行选手规则)

一、凡本校学生经体育部主任及各体育教员认为成绩优良、品行端正者征得本人同意后,得为本校运动选手。

二、本校各种选手队分正式队及预备队两种(田径赛无预备队),正式队在参加对外比赛前,临时由预备队中选择组织之。预备队对外只能作友谊比赛,不能代表本校参加任何正式比赛。

三、本校各种选手队纯为运动兴趣而组织,对于选手并无任何特殊待遇。

四、本校学生有左列情事之一者,不得充当选手:

甲、最近学期学业成绩,不满六十五分者;

乙、经校医检查,认为不适于所参加之运动者;

丙、违反选手规则及不服从指导员者;

丁、技术虽佳,而精神不良者(本校对于选手,首重精神优劣,技术次之)。

五、凡在本校修业不满一学期者,不得参加对外比赛。

六、正式队对外比赛之参加与否,由体育部主任商承校长决定之。预备队对外比赛,由各该队指导员决定之。

七、各选手队每队应选举队长一人、干事一人,在体育教员指导之下,办理各该队事务。

八、选手在比赛时,如有违背运动道德之行为,由体育部主任或指导员警告之。如仍有越规行动,当照校章予以严格之惩诫。

九、各队选手运动服暂由学校预备,编定号数,归体育部保管,遇比赛时,得按规定号数,临时取用。用毕立即交还,平时不得穿着。

十一、足球、棒球及田径赛选手用鞋,暂由学校预备,但必须照原价半数纳费,每年一次,得归选手个人保存,以便随时练习应用。

十二、正式选手队参加校外比赛,遇地点较远时,其旅费由学校供给之。预备队对外友谊比赛,遇特殊情形,可由学校酌备车费。

十三、本校各项选手每学期改组一次,在每学期之终,各项选手队即告结束。

十四、各队选手得以练习时间代替体育正课,但必须按时出席,否则以旷课论。

十五、凡充本校正式选手,曾代表本校参加对外比赛二年以上,且精神纯良,严守选手规则者,于毕业时,得由学校给与纪念奖品,以资奖励。

十六、如有临时发生事故,未经本规则订明者,由体育部主任商承校长处理之。

十七、本规则遇必要时,得由体育部主任商承校长修正之。

4. 身体检查

每学年之始及学年之终,各举行身体检验一次。检查分为测量及医药两部,医药部归校医负责;测量部分归体育教员于每年六月九月举行,对学生身体之缺陷疾病及应注意之点,随时告知之。

二、设备

本院因限于经费,故设备未充,民十七〈年〉仅就院内空地设置篮球场二、网球场三、排球场一及田赛场地,检查身体、体力测验及其他体育用具亦粗备。惟当时学生人数尚少,差可足用。至民国廿年后,又将刀茅巷空地购修,成足球场一,廿一年又添置篮球场四,排球场二,径赛跑道亦拟本年内筑成。

三、将来计划

自去年本校体育三院合并,故本院将来体育计划,亦即全校计划之一部。兹简分数则述之:

1. 课程

为适应学生个人之兴趣,将来仍拟试行分门选修制度,试设球类游戏、田径赛运动、国术、舞蹈、重器械操及技巧活动等,在二年级以上之学生,得自由选修,每满相当人数,即可开班,并为养成学生卫生的运动习惯,学生一律做运动衣服,在上课与课外活动必须穿着。

2.设备

现在本院体育上之急务,实为扩充设备问题。目前之设备,虽场地及普通各种竞赛游戏等用具,在每日每人均可得体育活动机会,但在具有极大之体育价值与效果之各种重器械、游泳池及体育馆等,亦实为一大学设备之不可缺者。此外如浴室之扩充与改造,亦为急需,良以运动与沐浴同为个人健康与卫生之根本,现在学校经济状况,可望渐佳,且对于各事均有彻底的计划,犹注意各科之基本设备,则未来体育计划之实现,当在不远也。

《文理》第五期附刊(浙大投考指南),民国二十二年六月

国立浙江大学布告(第四十八号)
(1934 年 9 月 22 日)

本大学体育委员会规则业经制定,合亟连同委员名单一并布告各生周知。

此布。

附粘规则名单各一纸

校长郭任远

中华民国二十三年九月十三日

国立浙江大学体育委员会规则

第一条　本委员会依照本大学组织规程第二十三条之规定组织之。

第二条　本委员会人数定为九人至十一人,由校长与大学教职员中聘任之。

第三条　主席委员,由校长就委员中指定之。

第四条　本委员会之职务如左:

(一)计划全校体育事项;

(二)编订体育预算事项;

(三)议定学生体育方面之训育事项;

(四)指导及监督学生课外运动事项。

第五条　本委员会决议案由主席转陈校长核定后,分交主管部分办理。

第六条　本规则由校长核准公布实行。

国立浙江大学体育委员会委员名单

刘　和(主席)　许　骧　舒厚信　黄瑞纶　胡寄南　冯建维　严济宽
李伟超　钮因梁

《国立浙江大学校刊》第一百八十三期,民国二十三年九月二十二日

体育部公布本学期体育测验标准 分球术测验及田径赛测验两种

(1934 年 12 月 15 日)

体育成绩考查较任何学科为难。一方面须有科学之根据,一方面须避免事实之困难。经若干次之统计试验,方有一理想合用之标准。国内各大学有此种规定者,寥寥无几。国外所定,又不适宜于吾国青年之身体情状。本大学体育部深知此中困难,故已几经筹议,审势酌情,规定本学期暂行测验标准,分最高、及格、最低三级,程度并不甚高。若稍加练习,即可达到及格标准。倘平日成绩优异者,即最高限度,亦不难达到。兹将全部标准,抄录如下:

暂行球术测验标准及说明

项目		男生
		大学、高工及高农
拍球投篮(一分钟)	说明	以篮球场端线中间为中心,以二十尺为半径,向场内画一半圆,受测量者由半圆外,向篮拍球,至相当地点,投篮不中,续投投中后,仍拍球至半圆外,再向篮拍球投篮。照此继续进行,试于一分中〔钟〕内投中若干次。
	标准	投中五次为及格(60 分);每多一次加五分,每少一次减五分。
足球绕栏运球	说明	以低栏或高栏五架,置于一直线上,每栏距离十码,受测验者自距第一栏十码处运球,须由不同方向,绕过第一、二、三、四各栏。(如第一栏向左绕,第二栏须向右绕)。至第五栏时,须绕栏一周,然后再由不同方向,绕至起点。试计其时间若干。
	标准	三十九秒为及格(60 分),每快 1/2 秒加二分,慢 1/2 秒减二分。
项目		女生
		大学、高工及高农
篮下投篮(半分钟)	说明	在篮下用任何姿式投篮,不中续投;试于半分钟内,投进若干次。
	标准	投中五次为及格(60 分),每多一次加十分,每少一次减五分。
垒球掷准	说明	用六吋、一呎、一呎六吋、二呎、二呎六吋五种不同半径,绘五圆周于木板上。板之中心,距地面三呎六吋。受测验者于距板十五呎处,共掷十次,计其总分若干。
	标准	1. 掷中六吋半径圆周者十分; 2. 掷中一呎半径圆周者八分; 3. 掷中一呎六吋半径圆周者六分; 4. 掷中二呎半径圆周者四分; 5. 掷中二呎六吋半径圆周者二分。

暂行田径赛测验标准及分数对照表

	大学		高工与高农		女生		分数
	千五百公尺〔呎〕	推十六磅铅球	千五百公呎	推十二磅铅球	五十公尺〔呎〕	推八磅铅球	
最高标准	5′分	10 公尺〔呎〕	5′分 4″秒	11 公尺〔呎〕	8″秒	8 公尺〔呎〕	100 分
	5′分 4″秒	9.80	5′10″	10.80	$8\frac{1}{10}$ ″	7.80	98
	5′10″	9.60	5′16″	10.60	$8\frac{2}{10}$ ″	7.60	96
	5′18″	9.40	5′24″	10.40	$8\frac{3}{10}$ ″	7.40	94
	5′26″	9.20	5′32″	10.20	$8\frac{4}{10}$ ″	7.20	92
	5′34″	9.00	5′40″	10.00	$8\frac{5}{10}$ ″	7.00	90
	5′42″	8.80	5′48″	9.80	$8\frac{6}{10}$ ″	6.80	88
	5′50″	8.60	5′56″	9.60	$8\frac{7}{10}$ ″	6.60	86
	5′58″	8.40	6′4″	9.40	$8\frac{8}{10}$ ″	6.40	84
	6′6″	8.20	6′12″	9.20	$8\frac{9}{10}$ ″	6.20	82
	6′14″	8.00	6′20″	9.00	9″	6.00	80
	6′22″	7.80	6′28″	8.80	$9\frac{1}{10}$ ″	5.80	78
	6′30″	7.60	6′36″	8.60	$9\frac{2}{10}$ ″	5.60	76
	6′38″	7.40	6′44″	8.40	$9\frac{3}{10}$ ″	5.40	74
	6′46″	7.20	6′52″	8.20	$9\frac{4}{10}$ ″	5.20	72
	6′54″	7.00	7′00	8.00	$9\frac{5}{10}$ ″	5.00	70
	7′2″	6.80	7′8″	7.80	$9\frac{6}{10}$ ″	4.80	68
	7′10″	6.60	7′16″	7.60	$9\frac{7}{10}$ ″	4.60	66
	7′18″	6.40	7′24″	7.40	$9\frac{8}{10}$ ″	4.40	64
	7′26″	6.20	7′32″	7.20	$9\frac{9}{10}$ ″	4.20	62

	大学		高工与高农		女生		分数
	千五百公尺〔呎〕	推十六磅铅球	千五百公呎	推十二磅铅球	五十公尺〔呎〕	推八磅铅球	
及格标准	7′34″	6.00	7′40″	7.00	10″	4.00	60
	7′42″	5.80	7′48″	6.80	$10\frac{1}{10}$″	3.80	58
	7′50″	5.60	7′56″	6.60	$10\frac{2}{10}$″	3.60	56
	7′58″	5.40	8′4″	6.40	$10\frac{3}{10}$″	3.40	54
	8′6″	5.20	8′12″	6.20	$10\frac{4}{10}$″	3.20	52
	8′14″	5.00	8′20″	6.00	$10\frac{5}{10}$″	3.00	50
	8′22″	4.80	8′28″	5.80	$10\frac{6}{10}$″	2.80	48
	8′30″	4.60	8′36″	5.60	$10\frac{7}{10}$″	2.60	46
	8′38″	4.40	8′44″	5.40	$10\frac{8}{10}$″	2.40	44
	8′46″	4.20	8′52″	5.20	$10\frac{9}{10}$″	2.20	42
最低标准	8′54″	4.00	9′00	5.00	11″	2.00	40

说明：

1. 成绩超过最高标准者仍以 100 分计；

2. 成绩不及最低标准者无分；

3. 成绩在两组距之中者，以较低成绩计算。例如铅球成绩 7.32，仍须按 7.20 计算。余类推。

《国立浙江大学校刊》第一百九十五期，民国二十三年十二月十五日

国立浙江大学布告(第九十九号)

(1935 年 3 月 23 日)

　　本大学及本大学代办浙江省立高级工、农业职业学校学生所修体育课程有不及格者,应于毕业以前补修完足,否则不予毕业。其补修办法,由体育部拟定公布。合行布告,仰各遵照。

　　此布。

校长郭任远

中华民国二十四年三月十三日

《国立浙江大学校刊》第二百〇六期,民国二十四年三月二十三日

各级体育课程教材内容表

(1936 年)

年级	课别季节	游泳		田径		球类		技巧	
		科目	测验	科目	测验	科目	测验	科目	测验
第一学年	一	俯侧背漂浮基本姿势训练	姿势	跳高、短跑(□□)基本姿势训练	姿势	篮球基本姿势训练	姿势	吊环、垫子(□□)基本姿势训练	姿势
	二	全部实习	成绩	全部实习	成绩	排球基本姿势训练	姿势	联合动作训练	成绩
第二学年	一	侧游、俯游基本姿势训练	姿势	跳远、中跑(接力)基本姿势训练	姿势	篮球成队训练	成绩	(吊绳)跳板、双杠基本姿势训练	姿势
	二	全部实习	成绩	全部实习	成绩	排球基本姿势训练	成绩	联合动作训练	成绩
第三学年	一	背游救急、蛙式基本姿势训练	姿势	铁饼、低栏大团体游戏	姿势	足球基本姿势训练	姿势	木马跳架基本姿势训练	姿势
	二	全部实习	成绩	全部实习	成绩	垒球基本姿势训练	姿势	联合动作训练	成绩
第四学年	一	水上游戏基本训练	姿势	标枪、长跑大团体游戏	姿势	足球成队训练	成绩	跳箱单箱基本姿势训练	姿势
	二	水上游戏	成绩	全部实习	成绩	垒球成队训练	成绩	联合动作训练	成绩

浙江大学档案馆藏 L053-001-2729

2. 军训

本学期实施军训近况

（1931 年 3 月 28 日）

本大学对于军事教育素极注意。工学院自本学期开学后，军训进程无不依表实施，故成绩甚为可观。兹将两月来该院学术科预定实施表录载于后：

工学院第二学年第二学期第一月（二月份）学术科预定实施对照表

军事教官：赖蓄久订，徐倬云校

区分		二月二日至二月八日 第一周 兵器趋势	二月九日至二月十五 第二周 兵器趋势	二月十六至二月廿二 第三周 兵器趋势	二月廿三至三月一日 第四周 兵器趋势	附记
学科	预定	各国战车	飞机与气球之发明	飞行机	毒瓦斯	1. 表之预定课目根据十九年十二月份预定进度表而填者；2. 学术科外之情形另详报告。
	时间分配	1.00	1.00	1.00	1.00	
	实施	假期内未上	照表实施	照表实施	照表实施	
术科	课目	射击预行演习	射击预行演习	班之战斗教练	班之战斗教练	
	预定	立姿瞄圆靶法	立姿瞄三角法	班之前进及冲锋	排之卧射及利用地形地物法	
	时间分配	2.00	2.00	2.00	2.00	
	实施	假期内未上	天雨未上	天雨未上	天雪未上	
	备考					

工学院第二学年第二学期第二月(即二十年三月份)学术科预定度表

教授者:赖蓄久订,徐倬云校

区分		三月二日至三月八日 第一周 地形学摘要	三月九日至三月十五 第二周 地形学摘要	三月十六至三月廿二 第三周 地形学摘要	三月廿三至三月廿九 第四周 地形学摘要	附记
学科	细目	地形之义解与军事上之价值及地图一般之解说	1.地形图之素质; 2.比较表面; 3.地形图之分别。	比例尺	比例尺之编成	1. 本表细目系据据高中以上军事教育方案附表之学术科课目预定进度表而定者; 2. 本表细目须与军事讲话及典范令参照研究; 3. 本表所定之术科(即操场)如遇天雨时一律改上讲堂; 4. 本表细目自二十年三月一日起施行。
	时间分配	1.00	1.00	1.00	1.00	
	备考	以明地图之见解为限	以明地图之见解为限	以明平面图之见解为限	以明平面图之见解为限	
术科	课目	射击预行演习	射击预行演习	班之战斗教练	排之战斗教练	
	细目	复习立姿瞄环靶法	复习立姿瞄三角法	班之前进及冲锋法	排之卧射及利用地形地物法	
	时间分配	2.00	2.00	2.00	2.00	
	着眼点	1. 眼心指须有一致之动作为主。	1. 眼心指须有一致之动作为主。	前进时可重叠及取回路且须常对敌方,虽有障阻亦不可绕避为主。	利用地形时不必拘于四步之间隔,总以当时之地形为度,若在射击时须精密瞄准观测弹着。	
	教育方法	1.先使学生就架上瞄定后教者,再检查其瞄准点当否,如有错时立予修正,再令其就正瞄之。	1. 教者先瞄以模范,使学生瞄有所仿,瞄定后即计其各不良者,令其多瞄。	先在平地分段教育之,然后使学生就各种地形实施之。	就各种地形假设各种目标,务求近于实战之演习。	
	备考					

《国立浙江大学校刊》第四十七期,民国二十年三月二十八日

工学院实施军训步骤

(1931 年 9 月 19 日)

工学院军事教育实施步骤已经该院军事教官订定大纲,揭载于左:

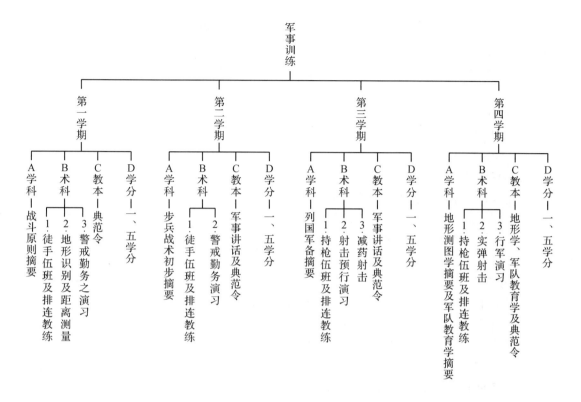

《国立浙江大学校刊》第六十四期,民国二十年九月十九日

本大学军训实施实弹射击

(1932 年 5 月 21 日)

本大学军事训练向极注意。自程校长到校后,以实弹射击甚属重要,因特备具公函向在浙驻军商借快枪二十支,子弹二千五百发。现此项枪弹均已领到,实弹射击即将开始练习矣。

《国立浙江大学校刊》第九十三期,民国二十一年五月二十一日

军训新计划

(1932 年 9 月 10 日)

第一、方针

一、本校军训原为造就征兵制中之下级干部(连排班长)人材而设,故训练中之一切应与军队同化,并决采用严格之主义。

第二、组织

一、为促进本校各院军训统一起见,特设军事训练部,以总其成。

二、军事训练部直隶校长。

三、军事训练部设主任一人,得由教官兼任之,秉承校长综理全部一切事宜,其下设教官四人,助教二人,分任各院军训事宜。

四、军事训练部由秘书处指派书记一人掌理文书收发保管事宜。

五、军事训练部设号兵二名,专司课操号令及勤务事宜。

第三、服务

其一、权责

一、主任

1.主任承校长之命负全校军训事宜之责;

2.主任负督率本部各职员及分任事务之责;

3.主任于对于所属员兵有呈请惩处之权;

4.主任对于所属职员有考核勤惰为呈请赏罚之权;

5.主任有指挥本校各院军训之权。

二、教官

1.教官承校长、主任办理本院军训一切事宜;

2.教官对于所属助教有考量成绩、分别勤惰呈请察核之权;

3.教官对于干部(即排班长)学生有考核成绩、分别勤惰呈请赏罚任免之权。

三、助教

1.助教负辅佐教官、分任教授之责;

2.助教对于所属干部学生有考量成绩、分别勤惰呈请教官赏罚之权。

四、排长(学生充之)

1.排长秉承教官或助教之命,有指挥本排班长及考量勤惰呈请赏罚之权。

五、班长(学生充之)

1.班长承排长之命,有指挥本班同学在训练时之责,及考核同学在训练时之勤惰呈请赏罚之权。

其二、办公规定

一、本部每日办公时间以校定时间为标准,但下午以各教官均须上操课,故不办公。

二、本部设考勤簿一本,除例假外,每日须于考勤簿上书明到部时刻,以备校长核阅。

三、在办公时间内非因公来宾不得延见。

四、在办公厅内各职员须保持肃静态度并禁吸烟。

五、各案上之文件、文具务须整洁,尤宜爱护公物。

其三、告假规定

一、各教官、职员如有特别事故,或因病不能到部办公时,应具假单经校长或主任之批准,方得离席。

其四、值日规定

一、本部值日官由文〈理〉、工两院教官、助教及部书记分任之,星期一、二两日由主任充任,星期三由文〈理学〉院教官充任,星期四由高工教官充任,星期五由工院助教充任,星期六由部书记充任。

二、本部设值日官一员、随同值日官服务书记一员、勤务兵(号兵轮充)一名。

三、值日官辅佐主任指挥本部例行事项,重要者,须报请校长或主任办理之。

四、值日官值日时间内须将经过要事记入日记簿,呈送校长察阅。

第四、服装

一、军帽用软边帽,章椭圆形,中刻"浙大"二字,高中部中刻"浙大高中"四字。

二、制服夏用黄色一套,冬用黑色一套,均西装裤。

三、皮带用帆布带,草绿色,铜扣椭圆形,中刻"浙江大学"四字。

四、绑腿冬略夏用草绿色两副。

第五、设备

(除原有外现已先行添购者)

一、教育用枪	五十枝
二、枪架	五座
三、携带画板	二块
四、带环指北针	二个
五、比例尺	二条
六、测斜照准仪	二架
七、标杆	四根
八、小圆锹	十二根
九、十字镐	十二把
十、经始尺	二把
十一、水壶	一百只
十二、干粮袋	一百只

《国立浙江大学校刊》第一百〇二期,民国二十一年九月十日

军事训练的意义和重要——程校长在浙大农学院讲

(1932 年 9 月 17 日)

(二十一年九月九日)

今天是农学院新同学开始军事训练的第一天,兄弟趁这个机会和各位谈谈军事训练的意义和重要。

军事训练在中国是最近几年来才实行的。为什么从前没有军事训练,而现在全国各大中学校的学生一定要有二年的军事训练呢?当然,学校实施军事训练是有重大的意义的。我们试看最近几十年来国际间的大势,无论是政治方面、经济方面,都充分表示出国际间弱肉强食的现象。各位都是高级中学的毕业生,对于世界的历史,尤其是最近几十年的现代史应该是明了的,兄弟在这里也不必细说!从世界各国国家兴亡、民族盛衰的历史,我们可归纳出一个总原则,就是一个民族一个国家丧失了它作战的勇气,没有作战的能力,不能武装自卫,这个民族一定要被人征服,这个国家一定不能存在,即使暂时勉强维持,也不过是苟延残喘罢了!一部世界史所记载的都证明这个原则。许多国家屹然独立,许多国家归于灭亡。

为什么如此呢？这完全是系乎这个民族之能否武装自卫，有没有作战的决心和能力。这种例子很多。譬如最近几十年的亚洲已经有安南、朝鲜、缅甸等几个国家灭亡了，他们灭亡的原因当然非常复杂，然而人民的不肯武装自卫、不愿作战，不敢与敌人拼命，是他们的致命伤。因为他们没有这种勇气，一旦受人侵略压迫，只有俯首下心受人宰割，以至于亡国为止。同时在最近几十年中也有许多或者已经亡了国的，或者衰弱到将要亡国的，忽然复兴起来，或亡而复存或弱而复兴。譬如意大利自罗马灭亡以后直至七十年前尚未成一个国家，其后出了英杰，领导国民完成建国大业，最近在墨索里尼领导之下，不但成为世界上一等强国，而且正在做他的统一全欧的迷梦。德国百年前受拿破仑铁蹄的蹂躏四分五裂，当时情形还不如现在的中国，中国现在有一个统一的政府，当时的德国连一个统一的政府都没有。然而在一八七〇年普法战争胜利之后，全国统一了，统一了的德国立刻转弱为强，欧战以前德国陆军之位甲于世界，欧洲的国家对于德国都有些恐惧。最近更有二个转弱为强的好例，第一是波兰，第二是土耳其。波兰亡国已经有很长的时期，欧战以后，恢复独立，成为欧洲的大国，现在法国都竭力与波兰拉拢以防德、俄。土耳其一向被西方人称为病夫，世界上被称为病夫的有两国，一个远东病夫是中国，一个近东病夫是土耳其。土耳其经过欧战的刺激，有基玛尔等出来领导国民一战而胜希腊，不但没有亡国，反而复兴，近东病夫的名称现在无形中取消了，不平等条约也重订了，治外法权是收回了，土耳其在国际间的地位是提高了。意大利、德意志、波兰、土耳其几个国家，有的是已经亡了国的，有的是四分五裂的，有的是衰弱已极的。为什么他们能够建国的建国、复兴的复兴呢？这全靠他们的国民能够恢复作战的勇气，能够牺牲他们的生命来为国家争光荣，有了这种精神，方能转弱为强、转危为安。无论是意大利也好，德意志也好，波兰、土耳其都好，他们的复兴都是经过一度血战，以铁与血的代价去换来的。

从上面的几个例子看起来，学校实施军事训练的意义是非常重要的了。以中国而论，如果全国人民大家愿意受严格的军事训练，吃得这种苦，耐得这种劳，那末〔么〕国家一旦有事，全国人民个个都愿意、个个都能够上前线去拼命杀敌，能够这样做，国家虽是危险！还可以〈有〉得救的希望；不能这样做，无论中国有怎么多的人口，怎么大的土地，怎么久的历史，怎么高的文化，结果还是会被人家分割灭亡的。宋朝为什么会亡于蒙古呢？明朝为什么会亡于满清呢？宋朝的文化在中国文化史上占有相当地位的，宋朝一代出了不少文学家、美术家、哲学家，宋朝的文化，真是蔚然可观，然而宋朝亡在蒙古人手里，是不是因为宋朝的文化不及蒙古，宋朝的人口不及蒙古多呢？当然不是的。那时候的蒙古人还是半开化的游牧民族，以这样一个民族能够灭亡文化这样高一个国家，是什么道理呢？就是因为宋朝的人民文弱过甚，平时没有训练作战的能力，临时又没有作战的勇气。蒙古人的文化虽然低，但是他们的人民个个都有强健的身体，有作战的能力，处处能够表现出不怕死的精神，就把很大的一个中国灭亡了。明之亡于满清的道理，也是如此。由此可以知道一个国家的兴亡，一个民族的盛衰，全看人民有卫国的能力没有，有了这种能力，民族才不至衰弱，国家才不至灭亡。中国现在正需要人民有这种勇气，有这种能力。假使现在中国的人民没有作战的决心，没有作战的能力，那末〔么〕不论中国的文化如何高，中国的事业进步如何速，中国还是要亡国的。

从历史的事实得到了一个结果，"凡是不能抵抗外侮、不能作战的国家，一定要灭亡"；再从现代实际的情形来看，也是如此。中国在过去百年中间受尽了列强的欺侮，到现在情势更危险了！各位试想中国是有几百万〈平〉方〈公〉里土地、四万万人口、物产异常丰富的一个大国家，而时常要受土地不足几十万〈平〉方〈公〉里、几千万人口的国家欺侮，是不是奇耻大辱？中国自一八四〇年鸦片战争失败以后，经过多少次的失败，受过多少次的耻辱，最使我们痛心的就是去年"九一八"的事件，日本军队在几天内把整个东三省强占了。东三省土地，有欧洲德、法这种大国二三个大，比之比利时这些小国要大几十倍。以这样大的东三省，我们在几天内送给日本了，这是何等痛心的一件事！日本在强占东三省之后方〈还〉要得寸进尺，不久就派海军到上海来造成"一二八"的沪战。上海是中国最重要的商场，也是世界闻名的大都市。长江是中国中部各省交通的命脉，日本人焚烧上海，捣乱长江，心目中早已没有了中国这个国家，虽赖有十九路军和第五军的抵抗，给日本一个打击，得以减少了许多危险。然而日本军队随时可以再占领中国沿海或是长江一带的都市口岸，这种情形是何等的可耻，是何等的危险！

从一般原则以及最近事实，都证明了一个不能作战的国家决不能存在。中国现在有没有这种作战的能力？大家都不敢说现在中国人民已经有作战的能力，所以现在中国随时可以亡国，中国亡不亡差不多权〔全〕在人家的手里，他们要我们早一天亡，我们就早一天亡，真是所谓人为刀俎我为鱼肉。我想凡是有血气的中国人，尤其是青年们看到了这种情形，一定是替国家忧虑的，一定是在想如何去挽救亡国的危险的。各位受过教育的青年，当然不愿意中国就这样的亡国灭族的，一定是希望中国能够发奋图强与世界各国处在平等地位。有了这种志愿，那末〔么〕我们就要准备我们作战能力，培养我们作战的勇气。准备是需要相当时间的，现在再不从事开始等待何时呢？因此原因，教育部特别规定大、中学校的学生一定要受二年的军事训练，以为全国实施军事训练的初步。如果现在的大学生不愿意在学校的时候受严格的军事训练，不能为国家尽一些作战的义务，那末〔么〕中国还有什么希望呢？

讲到近年来世界各国的军事训练，不单衰弱倒霉像中国一样的国家应该实施军事训练，就是世界上一等强国，也在那里注意军事训练。试看世界各国对于军事训练是怎样情形呢？现在举一个例讲，美国是世界上一等强国，美国的海军在世界上是占第一位置，只有英国与他差不多，但是美国对于军事训练是非常的注意。欧洲大战以前美国对于陆军一向不大注意，而且美国不是实行全国皆兵的征兵制，是采的募兵制，平时美国全体陆军只有十万左右，自从经过了欧战之后，美国当局知道专靠这小〔少〕数军队是不够的，非普及一般人民的军事训练不可。当欧战初开始的两年内，美国不愿意加入战争漩涡，后来因为种种关系，迫到美国不能不加入作战。欧战后期，美国军队在前线作战的总数在二百万以上，而当时正在国内训练的还有二百万，全体动员是在四百万以上。一年半的工夫就出了两百万大兵，在我们看已经很多，但是美国军事当局觉得在将来的战争上还是不够。德国能够在欧战中维持几年血战，全靠他们军队组织完备，全国人民个个受军事训练，所以有事时，只要再加三个月的短期训练就可以加入前线作战。德国之所以能够作战四年，全赖国民有作战能力。美国的情形就不同了，美国要训练一队能够作战的军队，非一年半不可。欧战中美国军队能够在战场耀武扬威，战胜德国，一则德国的军队已经筋疲力尽，美国是生力军；二则德国受了列国的封锁，粮食发生恐慌。德国在这二种情形失败了！假使美国与德国，一开始大家都以二百万军队在战场上作战，照当时的情形，美国一定是失败的。美国经过了这次的教训，知道平常的军事训练是非常重要，所以规定全国学校的学生一定要受严格的军事训练。欧战以前，美国学校是没有军事训练的,欧战以后,情形完全不同了。兄弟现在将美国在欧战以后学校军事训练的情形向各位报告,使各位知道人家是何等的努力!兄弟到美国去的时候,欧战刚刚停止。兄弟进的是伊利诺大学,各学院的学生有一万以上,而此一万人中加入军事训练的有五千人,完全照着军队编制,五千人编成一旅,分为步骑、炮、工、辎各队,凡是军队所有的武器,他们都有。他们的规则悉照军纪,他们的动作完全军队化。所有军事教官,全由陆军部派下来的。平常出操的时候,假使有人不知道这是学生军,一定会认为是正式军队在操练。美国是这样富、这样强的一个国家,而且是欧战的战胜国,尚且这样预备着,因为他们知道以后世界的潮流非有作战能力不能保持国家的地位。我们中国的情形当然远不及,中国是这样贫弱的国家,我们还不注重军事训练预备作战能力,那末〔么〕我们只有低头俯首受人家的欺侮。所以希望各位有这样一个觉悟、了解。大学的军事训练不是敷衍门面,至少兄弟在浙大的时候,不愿意见浙大的军事训练敷衍了事。如果各位不愿意为国家尽一分国民的责任,那末〔么〕我们没有话说,如果大家认为我们自己应该为国家出一分力,尽一些义务,那末〔么〕在学校受〈军〉事训练的时候应该绝对严格。所有一切动作规则,都要照着正式军队一样,一毫一丝不能松懈,军事训练固然不单是在操场操练立正的开步走、向左转、向右转,等等。但是各位知道,立正开步走、向左转、向右转的几个动作正是军队的基本动作,这些动作不练习纯熟,几千人几万人不能动作一致,那真遇见事时的一定会惊惶失措的,所以希望各位不要以为这些动作简单,在几分钟可以学会的而忽略才好。我们现在施行军事训练的目的,是在准备着将来一旦有事,国家需要我们牺牲的时候,去拼命作战的。这样才可以表示出我们真正爱国的精神,才可以表示我们愿意为国牺牲的决心。认清楚军事训练目的之后,我相信各位在受军事训练的时候,不论怎么样劳,怎么样苦,都愿意受的。

现在顺便讲最近的一个单有热血没有训练的例子。这次日军在上海造成"一·二八"事变之后,有许多大学的学生都是义愤填胸的愿意加入十九路军随同杀敌。这种精神、这种气概是值得我们佩服的。但是十九路军的司令部因为他们缺乏训练,只能派在后方苏州一带工作,而没有准许他们加入前线。十九路军派他们到后方去,并不是不许他们爱国,实在是因为如果使这些训练不够的学生军去作战,不单害了他们自己,而且要牵动全部阵线。从这一件事看,我们可以知道平常军事训练的重要了。现在本大学全部已经开始军事训练了,希望各位在军事教官指导之下努力操练,将来方可以拿着军械去与敌人拼命。照现在国际间的情势看,也许是在不久的将来,就会有这种机会,各位等着罢。今天许多同学的服装很不整齐,现在因为制服没有做好,可以愿〔原〕谅你们,以后就不能这样了!军事训练一定要注意服装的整齐。服装不整齐的军队,就不能表现出军队的精神;没有精神的军队那里能上战线去作战、去杀敌呢?

最后兄弟希望军事训练成为大学生生活中的重要部分,军事训练对于个人、学校的关系小,对于国家、民族的关系大,希望各位常常记着这一点!兄弟前天在大学纪念周讲过军事训练是青年爱国的试金石……假如一个学生满口讲爱国,而叫他参加军事训练,他便吃不了那种苦,耐不住那种劳,那就表现出他的爱国是靠不住的了!兄弟希望个个同学都是心口如一的爱国青年。

《国立浙江大学校刊》第一百○三期,民国二十一年九月十七日

积极进行中之军事教育

（1932 年 9 月 24 日）

本大学军事训练主任教官赖蓄久自兼代军事训练部主任后，连日与萧、吴两教官计划军事教育之进行，闻已拟定具体计划及实施进度表，并决定三学院军事训练由三教官分别负责掌理。赖主任担任工学院军训事宜，萧教官担任农学院军训事宜，吴教官担任文理学院军训事宜，现正分别积极推行云。

《国立浙江大学校刊》第一百〇四期，民国二十一年九月二十四日

校长注意军事训练及清洁卫生

（1933 年 2 月 11 日）

程校长以军事训练关系国家、民族至为重大，希望军事训练成为大学生生活中的重要部分，特于二月六日下午三时召集本校全体军事教官，在校长公舍谈话，指出过去一学期军训之缺点，并嘱以后对于军训务必严格。程校长又以清洁卫生关系学校生活、同学健康至巨，故于同日下午四时召集全体校医亦在校长公舍谈话，注意此后清洁卫生事项云。

《国立浙江大学校刊》第一百〇三期，民国二十二年二月十一日

文理学院军训概况

（1933 年 6 月）

吴敬群

本校自二十一年度上学期起，特设军事训练部，办理全校军训事宜。然对于各院学术科进度，仍按各院情形酌量实施，以期实行训练总监部之军事教育方案暨本校军训部之计划为主。兹将本院军训学程及实施办法详载如后：

一、目的

1.在锻炼学生心身，涵养纪律、服从、负责、耐劳诸观念，提高忠勇爱国之精神，以增进国防之能力。

2.使学生明了军训之意义及价值，增进其军事学术技能，实施以严格训练，俾达到学校军队化。

二、学科

1.军事讲话

各兵种之性能及战斗一般之要领；军队生活、军队教育、各种兵器机能之概要、筑城及军事交通之概要；国防、军制、列国军备之趋势；兵器及军用器材趋势之概要；战史、战术初步，

并酌量进度得授外国军制之要纲,诸兵种联合部队运用之初步,及作战计划原则、战斗纲要。

三、术科

1. 制式教练

由徒手各个教练至连教练,再由持枪各个教练至连教练;酌量情形,实施简易之营教练,至敬礼演习尤属重要,此科为军训主要科。

2. 技术

徒手体操、器械体操、应用体操、国技、劈刺。

3. 射击

射击预行演习、减药射击、实弹射击。

4. 阵中勤务

各个步哨、侦探、传令、连络兵、递步哨等教育;旅次行军、尖兵、前兵、侧卫、后卫、宿营、排哨配备等演习。

5. 战斗教练

步兵各个战斗教练,及步枪班、排、连、战斗教练。

6. 旗信号

手旗信号、单旗信号。

7. 距离测量

步测、目测、音响测量、器械测量。

8. 测图

地形地物之现示法、地图之读法、写景图、要图、断面图、路上测图。

9. 其他

兵器之处理、补修、保存法、结绳法,及卫生、救急法、手榴弹之投掷法。

以上各科按学校之设备酌量预定进度实施。

四、实施办法

1. 军事训练之时间及限制:

(1)每军训班每星期实施三小时;

(2)每年度暑假期内,连续实施三星期之严格军事训练;

(3)第一学年至第二学年之男生,一律受军事训练;

(4)军训期满,不能达毕业标准者,不准升级,并不得补考。

2. 本院军训分为第一学年、第二学年两军训班。

3. 上课时必须一律着全套制服,不整齐者,作为缺课论。

4. 学生军训成绩分为平时考查及学期试验两种。平时考查注重上课时之纪律服从精神热心及进步如何;学期试验分为学、术两科(标准按进度而定)。

5. 附则

(1)课外得举行有兴趣之军事演习,或参加驻军野外演习,以增进其技能经验;

(2)课外得到驻军各兵营,或军事教育机关参观,请其指导,以增进军队生活纪律等学识。

附录投考本院学生军训试验须知

凡大学招考新生均应加试军事学术科(此项乃根据二十二年二月六日,总监部教字第一零四七号训令办理)。故特录此项,以便投考者借资参考。兹举纲要如左:

(一)学科

各兵种之性能及战斗一般之要领;军队生活、军队教育之目的;国防、筑城及军事交通之概要,列国军备之概要;军制、步枪之性能及典范令等(选定试题均以简易者为主);

(二)术科

持枪各个教练,分为步法、操枪法、转法、射击姿势,及口试操场野外各种课目之动作要领。

《文理》第五期附刊(浙大投考指南),民国二十二年六月

国立浙江大学布告(第十一号)
(1934 年 4 月 14 日)

查本大学及代办高级工、农科中学二年级生军事训练已届演习实弹射击之期。兹规定自本月二十五日起,分班演习。合将该生等应行遵守事项,先行布告周知。

此布。

一、期间

文理学院二年级生:五月二十九日

工学院二年级生:五月二十六日

农学院二年级生:五月二十九日

代办浙江省立高级工科中学二年级生:五月二十五日

代办浙江省立高级农科中学二年级生:六月二日

出发时间及集合地点,由各该院教员自行规定。

二、服装

黄色制服及军帽、皮带、裹腿须穿着整洁。

三、射击

须严守军纪。每人射弹五发。

校长郭任远

中华民国二十二年五月二十三日

《国立浙江大学校刊》第一百三十五期,民国二十三年四月十四日

庄严隆重之国庆纪念日中本大学第一次军事训练检阅纪
郭校长勖以刻苦努力必要时得自卫卫国 郑委员解释军训意义并告以诚意受训练
李院长谓思想动作为成事条件同须注意

(1934 年 10 月 20 日)

本年国庆纪念日,郭校长鉴于失地未复,国难日深,庆祝之余,正青年学生应淬励奋发之时,是以特定是日举行本大学第一次军事训练总检阅,借资表示而发深省,并经军训课拟具检阅典礼计划大要各节业志上期本刊。兹更将是日检阅详情,追记于次:

会场鸟瞰

十月十日上午九时,大学部一、二年级及代办高工一、二年级全体受军训学生共四百十四人,齐集工学院大操场整队,广场平坦,极便骋驰。检阅台东向,居场之西边中点,布置简朴。全体编为步兵一营,营长由刘文涛主任教官充当,营分四连,连长由韩治、徐树人、邹剑庵、诸教官分任之。全体穿着黄色军装,整齐划一,极有精神。第一连全副武装(持枪、束子弹盒),尤见健儿身手。营、连长均佩指挥刀,以示隆重而便指挥。旗帜鲜明,行列整饬,健儿济济,军乐洋洋,兼以是日天朗气清,寒燠宜时,仿佛初秋天气,惜无马队,不然,旧小说中之"秋高气爽,马壮人肥"两语,用以赞美此良好的检阅时令与青年队伍,允称得当也。九时十分,整队完毕。

预演检阅式一次

由营长自任检阅官,连长撇刀示敬,第一连一、三两排上刺刀,结果营长认为阅兵式已属满意,而行列式与步伐,尚欠确实整齐,特再提出要领数点,嘱示全体员生注意。预演完毕,即由招待驰往敦请。

检阅官进场

此次除由郭校长自任检阅官外,同时被邀请为检阅官者,有浙江省国民军训会主任委员郑炳庚先生,浙江省国民军训会专任委员萧祖光先生,暨本校农院院长李德毅先生,一年级副主任胡寄南先生……等。九时三十分,军号一声,全体立正敬礼,郭校长遂偕检阅官于军乐声中迈步进场,由营长驰往报告人数后,诸检阅官始联袂登检阅台,略事休憩。不三分钟,司仪

宣布开会

当由郭校长主席,行礼如仪后,即开始检阅。一为阅兵式,各连前后三排,一一详细审阅,全体精神,均属饱满;二为行列式,步伐较预演时已有进步,操作尤为认真。开学月余,有此成绩,说者已表示满意。检阅后,全体自原地开拔至检阅台前,首由

郭校长致训词

略谓:"自九一八事变以来,东北四省,沦于敌手,迄未收复,而华北形势,复日趋严重。在此危殆现状之下,环顾国内,民气消沉,实可寒心! 就如几年来各学校之军事训练,所得成绩几何? 学校当局每多漠不过问,学生本身亦皆敷衍上课,此实为最大之错误。受高等教育的大学生,受国家特殊的培植,照理应有如何热烈的爱国勇气与救国决心,可是上海事变的

时候,最先逃难到南京的,就是一般大学生。学生如此,国家还有什么办法?什么希望?我国的外交,除了抗议与妥协外,没有第三条路。说国联吗?几年来所得的教训也已足够了。须知失地的收复,民族的复兴,关键全在民族的本身上。我们要认清贴标语、喊口号的时代,应该已经过去了!只有让我们实地努力:爱国的思想,健全的体魄,恪遵纪律及严守秩序的习惯,都要从军事训练中培养出来。今天国庆日举行军训检阅的意思,并不是来表演浙江大学军训的成绩有怎样好——我们的动作还有许多需要纠正的地方!今天举行检阅的意义,是让我们来下最大的决心,从今日起,我们对军训要施行更严格的训练,你们也要更刻苦的努力,希望能做到浙江大学的学生人人都能够于必要时起来自卫卫国。"云云。校长致训时,语调极沉着,前后二十分钟,全场立正听训,始终不懈,颇为难得。其次由

郑委员致训词

先即对于此次军训检阅成绩,深致赞美。其次从历史教育宗教及国际现况各方面,解释国民军事教育之意义,逐类引证,语极详尽。再则认定武力为收复失地,复兴民族之重要要素,谓德国铁血宰相俾士麦之成功,与印度甘地独立运动之失败,即为有无武力准备关系成败之明证。并谓"今日之万里长城,已非复我中华民族所有,我极愿诸位能以诸位的学识与精神,热血与头颅,团结成第二条万里长城——全国的长城"数语,尤为精彩。最后并谓"希望在贵校郭校长领导之下,诸位教官能尽其最大责任,诸位学生能诚意接受严格之训练"云云。旋有

李院长演说

言简意赅,而语语着力,大意云"做事须有二个条件:一是思想,二是动作。只有思想,不成其为事实;单有动作,也不成一件有意义的事实。军事训练也同样有这二个条件,希望诸同学言行合一,对军训能真切做到这二个条件"云云。

李院长演说后,全体合摄一影,第一、二连在右,第三、四连在左,检阅官及来宾居中。摄影后,恰已十一点钟,即宣告礼成。全体致敬,欢送检阅官离场后,始分别解散。按,是日为国庆假期,全体参加,并无请假;又此次检阅前后计二小时,全体精神一贯。仅此二点,已足资吾人之眷怀不忘矣。

《国立浙江大学校刊》第一百八十七期,民国二十三年十月二十日

全体军训学生第一次总会操纪盛 庆祝本大学统一周年纪念精神奋发
郭校长慰勉有加
(1934 年 12 月 29 日)

本月廿二日(上星期六)下午三时,本大学暨代办高职全体军训学生,会集于工学院大操场,举行第一次总会操,以示庆祝本大学统一周年纪念。所有此次会操计划,早由军训部拟定,并经详志于第一九五期本刊。兹将是日会操情形,略记于后:

宪兵布防戒备森严

会场布置与双十节第一次检阅时无异。检阅台东向,位于场西中点。台上罗列盆栽,淳

朴无华。惟会场四周由特务队(大农二)之宪兵组担任岗位,往来巡逻,为会场紧张空气不少。

点名集合整队神速

原定下午三时检阅,二时五十分,吹号集合,由各教官分别点名,不数分钟,即已整队完毕。三时十五分,检阅官郭校长先生、国民军训会主任委员郑炳庚先生及本大学王秘书长世颖先生、钮主任因梁先生、严主任济宽先生连袂进场。总指挥刘主任教官文涛即报告人数后,先到之检阅官陶主任玉田先生,旋亦随同登检阅台。司仪报告秩序,第一为

阅兵式及分列式

按,全体军训学生三百五十人,共编为三连及一特务队。阅兵式用营横队,分列式用班纵队,各区队长喊"向右看""向前看"时,精神之贯注,心绪之紧张,溢于言表。第二节目为

徒手体操

由刘主任教官文涛指挥,采德式体操,注重确实敏捷,不务整齐。每节首由刘主任教官指示要领,自三时三十分至四时,几历半小时之久。其次则为

基本教练

共分四节:一为连教练,由刘主任教官指挥,第一连表演;二为排教练,由韩教官治指挥,第一连第一排表演;三为班教练,由徐教官树人指挥,第二连第一排第一班表演;四为各个教练,由邹教官剑庵指挥,第三连第一排第一班表演。每节各摄一影,以留纪念。至四时五十分,始行结束。于是最后节目

四百米武装竞走

遂于暮色苍茫中开始比赛。大二组参加选手六人,一路由李斯达君领先,到达终点,成绩一分十一又五分之二秒。大一组选手七人,均属新来俊杰,竞争甚烈,前二百米内,速度即已达最高点,故成绩一分九秒,造成本届最高记录。高职组选手六人成绩一分十三又五分之一秒。兹将各组优胜选手,分列如左:

组别	第一名	第二名
大二	李斯达	龚圻
大一	沈增荫	金亮方
高职	郭武勉	问绥曾

武装竞赛后,补行本学期实弹射击优胜者

给奖式

由郭校长亲自给奖,第一次、第二次第一名各得名誉旗一面,第二名、第三名各得奖状一纸。得奖同学姓名如次:

次别	第一名	第二名	第三名
第一次	陈梦麟	缪棪	刘江岷
第二次	周光荣	张毓静	施汉章
			陈隆琨

给奖后,首由

郭校长致训词

从双十节检阅以后,原想每隔二三礼拜举行一次,只因功课冲突,所以搁到现在。如今二、三个月以来,应有很大的进步,今天检阅的结果,进步的地方很多,但是尚未达到我人的理想。譬如服装方面,有许多人的钮扣没有齐全,有许多人的里衣领也露在外面,并且还有少数人在检阅时精神不专注,动作方面,也有欠敏捷的地方。不过从大多数讲,当然仍是进步的。你们要明了军训的重要,不能就此满足,从今天起以至到了下学期,对于军训要格外努力。有进步的更求进步,没有进步的尤其要精神上的努力。须晓得浙江大学的军训是一门很重要的功课。完了。

郑委员训词

今天兄弟代表军训会来参加贵校的会操,结果比前二月进步很大,足见校长领导有方、各位教官的努力、学生的注意。刚才校长所说各点,尚望教官同学都应该注意。我们知道蒋委员长很注意全国的军国民教育,因为军国民教育是寓兵于农、寓将于学,明耻教战,培养国民对于国家的观念,明白"国家兴亡,匹夫有责"的古训,知耻近乎勇,有勇然后肯牺牲,肯牺牲而后可以教战。浙江大学是浙江的最高学府,希望浙江大学的军训,也能为全省之冠。军训非但要注重技术动作方面,纪律方面尤其要注意。务望诸位同学明了委员长所注意的国民军事教育的意义,以及校长领导的苦衷,多加努力!

训话后,黑幕已罩满大地,及待解散归来,已是灯火辉煌,钟鸣六下矣。(金全)

《国立浙江大学校刊》第一百九十七期,民国二十三年十二月二十九日

军事训练部总队部业经组织成立 办公处设于第一宿舍内 各级队长、队附名单一览
(1935 年 4 月 13 日)

军事训练部总队部业已组织成立,办公处设于第一宿舍。该部已自本月八日起,开始办公。其各级队长、队附名单,照录如下:

职别	姓名	备考
总队长	郭任远	
副总队长	王世颖	
	李一成	
	李德毅	
总队附	韩治	
	胡寄南	
	陶玉田	
	严济宽	

续　表

职别	姓名	备考
军乐队队长	韩治	
区队长	刘作霖	
区队附	朱建霞	
第一分队长	吴廷怀	
第二分队长	吴立卓	
第三分队长	刘江岷	
第一队队长	徐树人	
队附		
第一区队长	卞华年	
区队附	徐祖谋	
第一分队长	黄继武	
第二分队长	朱懋荣	
第三分队长	陈梦麟	
第二区队长	王以仪	
区队附	陈文彬	
第四分队长	潘凤韶	
第五分队长	周光荣	
第六分队长	薛秋农	
第三区队长	谢武鹏	
区队附	陈公矩	
第七分队长	胡绳系	
第八分队长	萧心	
第九分队长	王克钧	
特务区队长	李永炤	
分队长	吴珣	
	周志瑞	
	方本炉	
第二队队长	黄云山	
队附		
第一区队长	潘家吉	
区队副	俞大奎	

职别	姓名	备考
第一分队长	彭日知	
第二分队长	徐启发	
第三分队长	金亮方	
第二区队长	黄中宁	
区队副	谢增福	
第四分队长	顾振军	
第五分队长	朱鉴明	
第六分队长	周冕	
第三区队长	解翼生	
区队副	郑椿年	
第七分队长	冷福田	
第八分队长	陈飞景	
第九分队长	林祖坝	
第三队队长	邹剑庵	
队附		
第一区队区队长	章发亚	
区队附	包本族	
第一分队长	林西堂	
第二分队长	赵乾中	
第三分队长	郭武勉	
第四分队长	解俊民	
第五分队长	沈以定	
第六分队长	柳克令	
第二区队区队长	刘德明	
区队附	王福润	
第一分队长	汤新久	
第二分队长	夏克铨	
第三分队长	余卓生	
第三区队区队长	陈冠球	
区队附	吴应祥	
第一分队长	彭馨	
第二分队长	问绶曾	

国立浙江大学布告(第一五一号)

(1935 年 10 月 5 日)

兹将本大学军事管理处军事训练总队各级队长、副队长、队附姓名公布之。

此布。

附黏名单

校长郭任远

中华民国二十四年九月二十八日

军事训练总队各级队长、副队长、队附名单

总队长	校长
副总队长	朱院长
	李院长
	林秘书
	苏步青教授
总队附	郭坚处员
	郭泰嘏处员
	吴贤淼处员
	徐树人教官
	黄云山教官
	邹剑庵教官
	严济宽主任
	杨逸农代理主任

军事训练总队学生充任各级队长、队附名册

队别	职别	姓名
特务队	队长	卞华年
	队附	陈祖谋
军乐队	队长	刘作霖
	队附	朱建霞

续 表

队别	职别	姓名
特务军乐队	一分队长	李斯达
	二分队长	吴庭怀
	三分队长	谭天锡
	四分队长	陈东
第一中队	队长	李永焰
	队附	王以仪
第一区队	区队长	陈公矩
	区队附	胡绳系
第一分队	分队长	黄继武
第二分队	分队长	吴立卓
第三分队	分队长	萧心
第二区队	区队长	谢武鹏
	区队附	潘凤韶
第四分队	分队长	陈梦麟
第五分队	分队长	张禄经
第六分队	分队长	梁涛
第二中队	队长	潘家吉
	队附	盛水湘
第一区队	区队长	解翼生
	区队附	沈增荫
第一分队	分队长	马家振
第二分队	分队长	俞大奎
第三分队	分队长	谢增福
第二区队	区队长	冷福田
	区队附	吴怡庭
第四分队	分队长	陈飞景
第五分队	分队长	顾振军
第六分队	分队长	金亮方
第三区队	区队长	徐启发
	区队附	黄中宁
第七分队	分队长	郑椿年

队别	职别	姓名
第八分队	分队长	李庆赓
第九分队	分队长	范梅芳
第三中队	队长	李建奎
	队附	彭日知
第一区队	区队长	徐达道
	区队附	刘达文
第一分队	分队长	梅啸新
第二分队	分队长	盛伯梁
第三分队	分队长	俞懋旦
第二区队	区队长	郭志嵩
	区队附	洪鲲
第四分队	分队长	顾金梅
第五分队	分队长	朱元浦
第六分队	分队长	程羽翔
第三区队	区队长	彭照龙
	区队附	汤兰九
第七分队	分队长	谭文萱
第八分队	分队长	刘奎斗
第九分队	分队长	徐宗铨
第四中队	队长	詹本立
	队长	包本族
	队附	郭武勉
第一区队	区队长	姜兰芳
	区队附	路启蕃
第一分队	分队长	顾时希
第二分队	分队长	马祖寿
第三分队	分队长	徐正源
第二区队	区队长	俞祖庭
	区队附	张家肥
第四分队	分队长	沈运峰
第五分队	分队长	汤新久

续　表

队别	职别	姓名
第六分队	分队长	颜泽霖
第三区队	区队长	陈业清
	区队附	王宏绪
第七分队	分队长	徐士明
第八分队	分队长	刘德明
第九分队	分队长	朱学樊
第五中队	队长	章发亚
	队附	沈以定
第一区队	区队长	李顺官
	区队附	甘陈西
第一分队	分队长	祝冠群
第二分队	分队长	翁开润
第三分队	分队长	吴康候
第二区队	区队长	罗瑞俊
	区队附	朱宜俊
第四分队	分队长	胡钱训
第五分队	分队长	朱沛霖
第六分队	分队长	邵善济
第三区队	区队长	丁益昌
	区队附	魏瑞庸
第七分队	分队长	詹敏
第八分队	分队长	陈永道
第九分队	分队长	魏瑞庸

《国立浙江大学校刊》第二百二十二期,民国二十四年十月五日

致杭州防空司令部公函(第 793 号)

(1935 年 12 月)

案据第一防护团陈称:奉杭州防空司令部令,以此项联合防空演习关于杭州方面之经过详情,亟须汇编演习记事,以留成绩,附发演习经过详报纲目一份。令仰克日依照纲目将演习经过详情具报。等因。此项报告,现已编制完竣,敬祈鉴核转达。等情。据此,相应检同

该项报告一份,函送贵部。希查照为荷。此致

杭州防空司令部

　　附送第一防护团报告一份

衔校长郭〇〇

第一防护团防空演习报告

(二十四年十二月三日,于第一防护团团本部)

一、时间

十一月廿八日

二、地点

庆春路刀茅巷普安街大学路大学本部

三、主要演习课目

防毒、消防、救护、警备、交通整理、避难统制、警报、通信、灯火管制

四、演习经过

(A)防毒

团本部先于校内及指定所担任防控区域中之各要道,密派学生,限定时刻,施放毒气,然后令防毒队出发,施行侦毒及消毒等工作,然后以各种手段,标明毒气到达之范围。

(B)消防

事前先于校内空地分别建筑茅屋数座,然后秘密派人派人前往纵火,俟火势渐起,即令消防队出动扑灭。复因考察消防人员于事前是否有控制一切人员以防不测之准备,交于他处纵火,下令往救。

(C)〈救护〉

在防毒消防等处,于事前已分别密令一二工作人员,假作受伤或中毒,使救护队到达,即有工作表现。有时更于工作之际,假使情况,俾各演习人员,相机处理。

(D)警备

在空袭警报业已发出时,即命警备队出动,复以少数人员密藏爆竹,至指定服务区域内做种种反动行为,使警备人员演习镇压反动之各种手段。

(E)交通整理

在警备队施行反动镇压或敌机来袭时,即令交通整理队迅速出发,整理交通,以便行人;或竟断绝交通,俾便利工作。

(F)避难统制

先在学校附近选一适当地点,暂充避难收容所,然后假设令各服务人员均停止工作,前往避难。复于避难人员到达避难所时,检该所之各要道,预置瓦斯,使避难人员咸得尝试瓦斯之威力,而知有所避克焉。

(G)警报

凡演习中之各项课目,无论大小情况,均须经警报队报告,团本部始能下令动作。因之,

此次演习,警报人员极感缺乏,并深觉警报适当之可贵,与夫警报失时之可惜。

(H)通信

此项课目,在通信器材缺乏之机关,极为重要。因传达失时或途中遇害敌,所得结果,比战败尤甚。故于此次演习中,对通信一门极为注意,并常预伏敌人于各处大路口,图劫文件,使通信人员临机处理之。

(I)灯火管制

晚间灯火管制,因警戒严密,秩序极佳。惟仍有少数居民,不遵规定,擅燃烛火,透光户外。此经纠正,亦即熄灭。

5.演习时之所见

此度防空演习,各项工作人员,均极热心服务,努力将事。惟缺乏敌人观念,颇为抱憾!但以初次演习,犹有如此成绩,殊可庆幸。

第二日(廿九日)

本日上午奉令避难湖滨,借得参观实弹投掷,及机枪射击,与烟幕施放之战时动作。事毕返校。午后遵命停止演习。晚间仍施行灯火管制,所有情况与第一日夜大概相同,故不赘述。

第三日(三十日)

是日,为杭市各校防护团联合演习之期,因所有各该课目均须于一日内演习完毕。以故虽风雨交加,气候寒冽,然参加人员之踊跃,较之昨日并无逊色。本市各校学生具有如此强毅之精神,诚属难能而可贵矣!

第一防护团团长 林一民

3. 训育

工学院训育委员会规则
(1930 年 3 月 29 日)

第一条　本会依据院务会议第十三条之规定制定之。

第二条　本会由训育主任、副主任,教务主任,事务主任,体育主任,训育员及院务会议推定之教职员三人组织之。

第三条　本会开会时,训育主任为主席,如因事缺席时,副主任代理之。

第四条　主席召集开会时,应先期将讨论事项通知各委员。

第五条　本会之职权如左:

一、确定训育方针及实施方法;

二、订定训育上各项规则;

三、订定学生操行成绩考查之标准;

四、商决学生重大之奖惩事项；

五、商决学生团之建议事项；

六、订定学生健康之指导方法；

七、发展及计划学生之课外作业事项；

八、其他训育上偶发之重大事项。

第六条　本会每月开常会一次，遇必要时，得开临时会。

第七条　本会以全体委员三分二以上为出席法定人数，出席委员三分二以上为通过议决之法定人数。

第八条　本会之议决案，除应提交院务会议审核外，由训育主任分别执行之。

第九条　本规则如有未尽事宜，得由院务会议随时修正之。

第十条　本规则经院务会议通过后施行。

《国立浙江大学校刊》第六期，民国十九年三月二十九日

工学院训育方针及实施方案

(1930 年 4 月 11 日)

本院训育方针系依据中国国民党党义养成学生急公守法之精神，勤朴耐劳之习惯，及科学家之态度，建设家之热忱，劳动者之身手，使成为党治下一个健全之公民及工程师。

根据右列方针，本院训育实施概举于下：

(一)指导学生研究党义实行自治

1.指导组织学生会；

2.在学生会内指导练习四权之使用；

3.指导学生假设会议练习民权初步；

4.指导学生研究党义；

5.领导学生参加省、市党部召集之各项民众团体会议；

6.组织党童子军；

7.协助学生会开办平民学校及举办公益事业。

(二)厉行早起及劳作

1.实行早操；

2.各寝室自修室清洁由学生自己负责；

3.组织消耗协作社；

4.校内及附近或家乡建设设计及实际工作(此节与教务处会同办理)。

(三)提倡课外调查及研究

1.设各科研究会；

2.组织参观团；

3.雄辩会；

4.学术讲演。

（四）各项体育设施

1. 足球

2. 篮球

3. 排球

4. 队球

5. 网球

6. 棒球

7. 拳术

8. 督促参加运动比赛

（五）考核学生品行及注重团体生活

1. 考查学生平日之心性行为；

2. 实施奖惩；

3. 注重团体生活、限制个人自由，又尚有数端恒为大学教育训育上所不甚注意者，本院认为重要，切实办理，概举于下：

（1）认真举行总理纪念周、国庆、国耻及革命纪念，有不出席者，予以警告；

（2）严厉执行各项规则及命令，违犯者分别惩戒；

（3）调和同学间之感情，使其亲爱，实行大团结，而劝止其某同乡或某学会之小结合；

（4）联络学生家属及保证人之感情，使注意学生之操行。

《国立浙江大学工学院现行规则》，浙江省图书馆藏

训育概况

（1932 年）

本大学以前各学院训育设施各不相同，有设训育处、训育主任及训育员专办训育事宜者，有不设训育处而将训育事宜由院长兼办者。程校长以为训育处一类之组织，不适宜于大学，盖大学生应能自治自重，若仍施以中学之训育方法，殊欠妥善。故自本学期起，将训育处取消，改设学生生活指导员。学生生活指导员与训育主任之不同点，以其在友谊之地位领导并辅助学生进行各种正当之活动，非若训育主任之专以监督学生为原则也。兹将指导学生生活纲领录载于后，以示本大学训育设施之一般。①

一、关于大学者

1. 养成优美朴实、勤劳刻苦之学风；

2. 养成各学院学生合作互助之习惯。

二、关于学生个人生活者

1. 养成学生自动遵守学校各种规则之习惯；

---

① 本段文字之后，原文条目顺序号与今人不同，现按今人习惯调整。

2.养成学生对于教员敬爱互助之观念;

3.养成学生有秩序、有条理、整齐清洁之日常生活;

4.养成学生自动研究学术之兴趣;

5.养成学生喜勤劳、爱运动之习惯;

6.养成学生读杂志报章、注意时事之习惯;

7.养成学生爱护公物之习惯;

8.养成学生服务社会、勇敢牺牲之精神;

9.养成学生独立自尊、爱学校、爱国家、爱民族之观念;

10.矫正学生放肆浪漫卑劣之行为、不良之嗜好与习惯、偏激之思想、谬误之言论行动;

11.在可能范围内尽量帮助学生解决各种困难问题。

三、关于学生团体生活者

1.应用民权初步,切实提倡学生自治事业,并养成学生遵守公约及服从公意之习惯;

2.矫正学生孤僻不合群之习惯,使人人尽量参加团体活动;

3.鼓励学生在法律范围内参加一切爱国运动;

4.辅助学生组织各种学术研究会;

5.辅助学生出版各种刊物;

6.辅助学生组织讲演会、辩论会,以练习言语技能;

7.鼓励学生参加运动会、军事训练会操、远足队、野外宿营等以锻炼身体;

8.辅助学生设立正当娱乐团体,举行各种游艺会、音乐会等,使闲暇时身心有所寄托;

9.利用各种集会结社,以养成学生办事能力;

10.利用假期组织旅行团、参观团,以明了社会情形、人民疾苦。

浙江大学档案馆藏 L053-003-0016

训育委员会举行第一次会议

(1932 年 12 月 17 日)

训育委员会于十二月七日下午三时在校长公舍举行第一次会议,出席者有黄秘书长、邵院长、薛院长、许院长、胡次珊、孟宪承、沈乃正、朱叔麟诸教授,及邱缵祖、李乃常、甘家馨、余子安、唐丽玲、徐震池各生活指导员。议决大学训育方针,依照"指导学生生活纲领"之规定。并闻对于纪念周略有意见贡献,即农学院纪念周照常在本院举行,文理、工两院纪念周分(A)分院举行及(B)合并举行两种办法,轮流在本大学秘书处大礼堂举行,以便各院长对于各该院学生作特别报告云。

《国立浙江大学校刊》第一百一十六期,民国二十一年十二月十七日

（四）学籍管理

学生缴费及领入学证归秘书处办理 十九年度起实行
（1930 年 6 月 21 日）

本大学学生每学期缴费及领取入学证向由各学院分别办理，于稽查每学期到校学生及征收学费数目等事，殊费周折。兹定自十九年度起，所有前项缴费发证事宜，概归秘书处办理。业经分函各学院查照，于六月三十日以前将各生应缴费用开列清单，送达秘书处，一面并布告学生周知云。

《国立浙江大学校刊》第十七期，民国十九年六月二十一日

学生应修学分及成绩考查法
（1932 年 9 月 24 日）

（二十一年九月修正）

一、本大学采用学分制，但学生修业期限至少四年。

二、本大学学科分为必修、选修两种，均于各系学程中详细规定。除各系共同必修科外，学生当按照其本系规定之学程切实习完各科。

三、各学科以学分为单位，每学期每周上课一小时，并须二小时以上之自习者，或实习二小时至三小时者为一学分

四、学生至少须修满学程一百三十二学分（党义、军训、体育除外）始得毕业。

五、每学期学生所修功课，不得少于十五学分，亦不得超过二十一学分（党义、军训、体育除外）。

六、学生前学期成绩总平均不及七十分者，所修功课，除各院有特殊规定者外，不得超过十八学分。

七、每学程之成绩以六十分为及格；在六十分以下，五十分以上者，得补考一次，补考分数最多以六十分计算，在五十分以下者不给学分，并不得补考；如系必修科，须重习之，但重习以一次为限。

八、学生全年所修学分，经补考后，尚有五分之二（党义、军训、体育除外）不及格者，即令退学。

《国立浙江大学校刊》第一百〇四期，民国二十一年九月二十四日

学生成绩计算一律以学分为单位

(1933 年 1 月 14 日)

本大学各学院学生成绩平均分数计算法,从前并不一律。现由注册课提经校长核定,统以学分为单位。例如某学程三学分的,该学程分数用三乘,……全体加起来,以学分数除结果是平均分数。并在学生应修学分及成绩考查法第六条"学生前学期成绩总平均"下加一括弧,注以(以学分为单位)六字云。

《国立浙江大学校刊》第一百二十期,民国二十二年一月十四日

国立浙江大学布告(第二十六号)

(1933 年 10 月 7 日)

查近来每有学生任意旷课后,复向注册课补假者,殊属有背校章,亟应取缔。自此次布告之日起,除因病缺课者,得于病后带同校医或家长证明书补请注册课给假外,凡请事假者,概须于事前向注册课声请给假,其于事后补行请假者,不论因何事故,一律不予照准。合行布告周知。

此布

校长郭任远

中华民国二十二年十月四日

《国立浙江大学校刊》第一百四十六期,民国二十二年十月七日

注册课发表二十二年度下学期学生休学、复学、退学、借读、试读、旁听人数表

(1934 年 6 月 2 日)

学生类别		休学	复学	退学	借读		试读	旁听	特旁	共计
					出	入				
文理学院	外国文学系	3	2	1						
	教育系	7		3		2				
	物理系	4								
	化学系	3		2		1				
	生物系	1	1			8				
	政治系				3					
	共计	18	2	7	3	11		5	1	47

续 表

学生类别		休学	复学	退学	借读		试读	旁听	特旁	共计
					出	入				
工学院	电机系	5	1	1		3				
	化学工程	5	1			1				
	土木工程	6	1	2		1				
	机械系	6				1				
	共计	22	3	3		6				34
农学院	园艺系	1								
	蚕桑系		1							
	农艺系			3						
	一年级	8		6			1			
	共计	9	1	9			1			20
	总计三院	49	6	19	3	17	1	5	1	101
代办高工	电机科	13		6						
	机械科	4		6			1			
	土木科	6	2	5						
	量线科	3		5						
	共计	26	2	22			1	4		55
代办高农	农艺科	5		5		1				
	森林科	2								
	共计	7		5		1		3		16
	总计高中	33	2	27		1	1	7		71
	总计全校	82	8	46	3	18	2	12	1	172

《国立浙江大学校刊》第一百七十四期，民国二十三年六月二日

布告
（1936年1月25日）

　　查本校此次风潮为首学生施尔宜、杨国华二名业经遵照教育部电令开除学籍，并于本月二十一日布告周知在案。兹据施尔宜、杨国华呈请悔过，并对本校暨全体教职员及校长分别缮具悔过书。本会秉承蒋院长爱护学生之至意，业将该两生悔过实情，备文呈请教育部鉴核恢复学籍，予以自新之路，其余参加此次风潮各生，自应遵照部令一律免究。嗣后各生安心

学业,蔚成大器,为民舟楫,为国干城,务希自爱,服从校纪,尊敬师长,勿再遗误,本会有厚望焉。

此布。

国立浙江大学校务会主席郑○○

浙江大学档案馆藏 L053-001-2045

呈教育部

(1936 年 1 月 25 日)

案奉钧部号电,以此次本大学风潮,学生举动越轨,施尔宜、杨国华两生情节最重,应即撤销学籍,其余各生从宽免究,令仰遵办。等因;奉此。正遵办间,适蒋院长莅校视察,对在校学生训话,告以严守纪律,恪遵校规,并对本会表示,开除之施尔宜、杨国华二生如能悔过,可以恢复学籍,予以自新之路。当将施、杨二生开除学籍布告周知,并经马日电呈在案。兹据施尔宜、杨国华二生分别缮具悔过书,呈送前来。本会察核情词,尚无不合。拟仰望蒋院长爱护学生之至意,将施、杨二生恢复学籍,俾予自新之路。理合抄附该生等悔过书两份,备文呈送钧部。仰祈鉴核示遵,实为公便。谨呈
教育部
　　附呈施尔宜、杨国华悔过书共两份计六纸

衔校务会主席郑○○

浙江大学档案馆藏 L053-001-2114

教育部指令(廿五年发国玖 19 第 01088 号)

(1936 年 1 月 31 日)

令国立浙江大学:

二十五年一月廿八日呈一件,呈请恢复施尔宜、杨国华二生学籍请鉴核示遵由。呈件均悉。该生等姑予留校察看,仍仰于一学期后将该生等品行呈部备核。附件存。

此令。

部长王世杰
中华民国二十五一月三十一日
教育部印

浙江大学档案馆藏 L053-001-2045

衔布告
（1936 年 2 月 3 日）

　　案查施尔宜、杨国华二生因已悔过，曾经呈请教育部准予恢复学籍并经公布在案。兹奉教育部廿五年发国玖 19 第一〇八八号指令内开：呈件均悉。该生等姑予留校察看，仍仰于一学期后，将该生等品行呈部备核。附件存。此令。等因；奉此。除通知各该生姑予留校察看外，合行布告周知。

　　此布。

校务会议代理主席郑〇〇
中华民国二十五年二月三日

浙江大学档案馆藏 L053-001-2045

（五）教学实践

工学院规定赴日参观旅行费办法
（1930 年 5 月 13 日）

（十九年五月十三日院务会议修正通过）

一、本年度赴日学生每名津贴九十元，如全体赴日，以二千元为限制。

二、赴日各生应每人作报告一篇，其不去者应作论文一篇。

三、旅行日程中一切举动及用款等事，由同行教授随处监督。

四、在旅行中购办之团体公用物品，归校时应缴存学生会保管，留作下届旅行之用。

《国立浙江大学校刊》第十四期，民国十九年五月十三日

工学院赴日参观团出发
（1930 年 6 月 7 日）

　　大学部四年级生前定春假时赴日本参观工厂学校，后院务会议决定，先举行毕业试验，遂将出发日期展缓。兹毕业试验已于五月二十九日完竣，三十日由朱叔麟、曹凤山、吴锦铨三教授领导赴沪，六月二日乘长崎丸出海，拟考察三星期，约二十四五日返杭云。

《国立浙江大学校刊》第十五期，民国十九年六月七日

农学院补助毕业生出洋考察委员会会议录
(1930 年 6 月 21 日)

六月九日下午三时在会议室

主席:谭熙鸿

出席:沈肃文　许叔玑　孙雅臣　于蕴荪　梁叔五　范肖岩

议决事项

一、派遣人数决定五人。

二、考察时间至少半年。

三、考察地点及计划由学生于本月十六日前按照下开各项填送院长室:

考察地点　考察项目　考察方法　考察期间　出国时期　预备经费数　附记

四、款项分配。

四年毕业生二人,每人六百元;三年毕业生三人,每人四百三十三元。

五、支款于出国日期确定时支半数,至出国后三个月领齐。

六、出发时间须于本院领到省款后三个月内出发,逾期由其他毕业生递补。

《国立浙江大学校刊》第十七期,民国十九年六月二十一日

农学院省款派遣毕业生赴日考察研究
(1930 年 11 月 15 日)

浙江省政府为奖进农业学校毕业生之学术经验,及改善本省农业之生产状况起见,自十八年度起,每年划拨省款二千五百元,作为补助本〈大〉学农学院毕业生赴国外考察研究之用,早经省府议决在案。本年遣派出外考察研究之农院毕业生为周长信、马开化、缪天纲三君,皆系派赴日本。周君系农艺系毕业,专考察稻作、麦作、棉作,并拟留东京帝国大学,或中央农事试验场研究育种。马君系农业社会系毕业,此次拟专调查日本之合作事业及农业经济,亦拟考察后入东京帝大研究班继续研究。缪君系蚕桑系毕业,拟考察日本各地蚕丝业情形,并拟入制种场实习研究。现在各人应得省款已如数领到,日内即预备放洋东渡矣。

《国立浙江大学校刊》第三十一期,民国十九年十一月十五日

六、图书与设备

（一）图书管理

图书统计表（十八年度）

（1930 年 11 月 8 日）

类别 \ 文字册数 \ 院别	文理学院			工学院			农学院			合计
	本国文	西文	日文	本国文	西文	日文	本国文	西文	日文	
总类		46		145	20	4	8,413	37	310	8,975
哲学		368		2,384	10		18			6,780
宗教		57		146	3					206
社会科学		1,140		374	60		164	14	142	1,894
语言学		104		1,814	58	5	30	12	2	2,025
自然科学		1,803		80	993	130	95	45	257	3,403
应用科学		413		952	1,378	185	120	68	513	3,634
艺术		181		82	20	52				335
文艺		380		2,854	30		30	2	1	3,297
史地		506		507	35		80		3	1,131
小说		158	4							158
未分类者	11,684						1,080			12,768
	11,684	5,156	4	9,338	2,607	376	10,030	178	1,233	40,606
	16,844			12,321			11,441			

《国立浙江大学校刊》第三十期，民国十九年十一月八日

日本东京出品协会寄赠图书与工学院

（1931 年 2 月 27 日）

　　工学院图书馆承日本东京出版协会寄赠该国三省堂、同文馆、古今书院等书店三十一家，关于政、法、史、地、农、工、商、医、文、教、英、算，以及地图、年鉴、辞典等图籍，计共三百二十九种，交由六甲丸转运到沪。业经该院向沪提到，并去函道谢矣。

《国立浙江大学校刊》第四十三期，民国二十年二月二十七日

本大学经营浙江图书馆之经过及今后之计划

(1931 年 3 月 14 日)

　　故浙江都督绍兴汤蛰仙先生于中华民国六年,捐资二十万元为浙江省教育事业之用,由前浙江教育会保管其赀。十六年六月,汤氏嗣子拙存具呈浙江省政府,请以其赀建筑浙江图书馆。经浙江省政府委员会第二十三次及六十九次会议,先后议决通过,捐赀交国立第三中山大学筹备委员会保管,并指拨杭州市大学路旧武备学堂操场为馆址。同年七月八日,国立第三中山大学筹备委员会接收保管前项捐赀,计共本息银二十二万零五百五十一元。十七年八月,经浙江省政府委员会第一百四十二次会议议决,组织建筑委员会及工程监察委员会员〔负〕指挥建筑工程之责。两委员会均隶属于本大学。该馆即于是年十二月兴工建筑,经本大学决定,前项捐赀,以三万元选购图书,余悉为建筑之用。十八年六月,复经浙江省政府委员会第二百三十三次会议议决,大学区制停止试行后,该馆仍委托本大学代为管理,并以建筑经费不敷,同时议决另拨银三万元以资补助。所有建筑经过及经费收支情形均经本大学分期函报浙江省政府备案。现在该馆全部建筑工程不日完成,拟即于本学期内整理开馆。惟查前项捐赀,业经支配无余,该馆开幕后,本年度内所需经费以本大学十九年度预算,支绌万状,无从另拨专款。爰经决定该馆职员本年度即就本大学文理学院及工学院图书室原有职员聘请担任,各该员薪水均照各本院原额,仍在原院支领。该馆图书室除业经选购之三万元,并即以文理学院及工学院原有图书悉数移存。其办公费用则于本大学秘书长经费项下酌量移拨,以资开办。候二十〈年〉度起,再于本大学预算内另列专款。惟图书一项仍以文理学院及工学院所购图书存馆,不另列款购置。至该馆负责人员则已由校长聘定冯汉骥为主任兼中文编目股主任,陆秀副主任兼参考股主任,孙述万为西文编目股主任云。

《国立浙江大学校刊》第四十五期,民国二十年三月十四日

国立浙江大学工学院图书馆借出图书及阅览人数每月统计表（1932 年 1 月 9 日）

1931 年 11 月份借出图书

日月	总类 人数	总类 册数	哲学 人数	哲学 册数	宗教 人数	宗教 册数	社会科学 人数	社会科学 册数	语文学 人数	语文学 册数	自然科学 人数	自然科学 册数	应用技术 人数	应用技术 册数	艺术 人数	艺术 册数	文学 人数	文学 册数	史地 人数	史地 册数	总计 人数	总计 册数	阅览人数
1																							92
2	1	1									3	3	5	11			7	7			15	21	152
3	1	1							1	1	5	5	6	8	1	1	3	8			17	19	126
4	2	2									10	10	5	5	1	1	5	10			23	28	124
5																							
6	1	1									4	4	3	5	1	1	4	5			12	15	143
7	3	3					2	2			6	6					10	12			22	24	97
8																							82
9	1	1									6	8	3	3	1	1	5	5			15	17	142
10	1	1							2	2	9	13					3	3			15	19	123
11	4	5							2	2	5	6	6	6	1	1	15	17			31	35	142
12																							
13	3	3	1	1			2	2	2	2	5	8	1	1			10	12	1	1	21	26	165
14	1	1									1	1	6	6			11	11			23	23	112
15																							73
16	1	1									2	3	6	8			10	10			19	22	145

续　表

1931 年 11 月份借出图书

日月\类别	总类 人数	总类 册数	哲学 人数	哲学 册数	宗教 人数	宗教 册数	社会科学 人数	社会科学 册数	语文学 人数	语文学 册数	自然科学 人数	自然科学 册数	应用技术 人数	应用技术 册数	艺术 人数	艺术 册数	文学 人数	文学 册数	史地 人数	史地 册数	总计 人数	总计 册数	阅览人数
17											2	3	3	3			6	6			11	12	109
18		1									1	2	4	4			10	13			15	19	124
19	1	1							1	1	2	2	5	6			5	5			15	16	126
20	4	4									3	3	9	14			8	10			24	31	126
21													1	1			7	8			8	9	28
22																							31
23	1	1	1	1							1	1	1	1			5	9			8	12	44
24	2	2											2	2			12	17			16	21	103
25	1	1					1	2			2	2	8	11			4	4			16	20	66
26							1	6			2	2	2	2			8	8			13	18	78
27											5	6	1	5			10	12			17	24	98
28	2	3	1	1							5	5	3	3	1	1	12	15			23	27	95
29																							67
30	1	1									2	2	3	3			5	5			11	11	103
31																							
总计	30	32	3	3			7	13	6	6	80	90	83	108	5	5	175	207	1	1	390	469	2,916

国立浙江大学工学院图书馆借出图书及阅览人数每月统计表

（1932 年 4 月 16 日）

一九三二年三月份借出图书

日月	总类		哲学		宗教		社会科学		语文学		自然科学		应用技术		艺术		文学		史地		总计		阅览
人数及册数	人数	册数	人数	册数	人数	册数	人数	册数	人数	册数	人数	册数	人数	册数	人数	册数	人数	册数	人数	册数	人数	册数	人数
1																							10
2																							18
3																							16
4																							18
5																							22
6																							16
7																							
8																							23
9																							18
10																							12
11																							12
12																							
13																							
14																							
15																							26
16																							32

续 表

一九三二年三月份借出图书

日月	总类		哲学		宗教		社会科学		语文学		自然科学		应用技术		艺术		文学		史地		总计		阅览人数
	人数	册数	人数	册数	人数	册数	人数	册数	人数	册数	人数	册数	人数	册数	人数	册数	人数	册数	人数	册数	人数	册数	
17																							39
18																							32
19																							65
20																							83
21																							
22			2	2							3	3	5	7			6	10			16	22	132
23	1	1							2	2	2	3	7	9			9	22			21	37	121
24			1	1			1	4	1	1	5	7	5	6			4	5			17	24	133
25	1	1					1	4			5	8	5	6			8	22			20	41	127
26											2	2	3	3			3	6			3	11	97
27							1	1			1	1	3	4			4	4	1	1	10	11	106
28																							41
29											4	4	3	3			1	2	1	1	9	10	72
30																							
31																							
总计	2	2	3	3			3	9	3	3	22	28	31	38			35	71	2	2	101	156	1,271

《国立浙江大学校刊》第八十八期，民国二十一年四月十六日

国立浙江大学教职员借书规则
(1932 年 10 月 8 日)

第一条　教职员借书证由本大学秘书处图书课制发,以后每次向各院图书馆借还书籍时须将此证缴验,此项借书证借书人须留意保存,倘有遗失应立即通知图书课转告各院图书馆作废,否则他人拾得冒借之书,仍归原领借书证人负责。

第二条　教职员借阅图书,西文书以十册为限,中文书以三十册为限,在前书未还之先不得再借他书(图书之装成幅帙者以一幅一帙为一册)。

第三条　教职员借阅图书以一个月为限,惟因编述讲义而须常用参考者借用期限得与各该馆管理员另行商定之,但仍受本规则第四条及第五条之限制。

第四条　每届寒暑假时借出图书必须缴还以备清理。

第五条　教职员所借各书因特别原因各院图书馆得随时通知取还。

第六条　教职员借阅图书须遵守本大学各院所订之通则。

第七条　图书借出以每日上午九时至十二时,下午二时至五时为限,星期日及休假日均停止出借。

《国立浙江大学校刊》第一百〇六期,民国二十一年十月八日

国立浙江大学学生借书规则
(1932 年 10 月 8 日)

第一条　各学院学生于每学期开始时须将注册证送至图书课领取借书证,然后方可向各院图书馆借阅图书。此后每次借阅图书均须缴验此项借书证,借书人须留意保存,倘有遗失应立即报告图书课转知各院图书馆作废,否则他人拾得所借之书,仍归原领借书证人负责。

第二条　借阅图书以四册为限,在前书未还之先不得再借他书(图书之装成幅帙者以一幅一帙为一册)。

第三条　借阅图书以二星期为限,倘届期而仍未阅完时可续借一次,续借期限与第一次同。

第四条　无论何人,借书期内不缴还者概不得另借他书,经该馆管理员催索后仍不缴还得没收其保证金全部或一部。

第五条　借出图书至寒暑假假期前三日或接各该馆索书通知时,无论已未满期,均须缴还。

第六条　图书借出时借书人须仔细检查,如有污损、脱落或已有涂改之处可向各该馆办事人员声明,以免借出后负责。

第七条　图书借出以每日上午九时至十二时,下午二时至五时为限,星期日及休假日停止出借。

《国立浙江大学校刊》第一百〇六期,民国二十一年十月八日

国立浙江大学各院图书馆通则
(1932 年 10 月 8 日)

第一条　本大学各院图书馆之藏书室除本大学教职员外,任何人不得擅入,如有必须入室参考者,须先得各该馆管理员之许可,并由其引导。

第二条　本大学各院图书馆书籍分通常与特殊二种,通常书籍可随时出借,特殊书籍仅限于各该馆内阅览,概不出借。特殊书籍之种类如下:

(1)珍本及稿本;

(2)通用参考书;

(3)教员指定之参考书;

(4)捐赠图书(经捐赠人声明不出借者);

(5)寄存图书;

(6)新闻纸及杂志。

第三条　借阅图书如借阅者有圈点、批改、涂抹、割裂、污损或遗失等项情形之一,应照全书之原价赔偿,原书除系遗失者外仍须缴还。

第四条　阅览人在各院图书馆中均不得朗诵、谈话、吸烟、饮食、随地涕唾,及作其他一切妨害他人之举动,否则各该馆管理员得制止之,或报告本大学图书课,停止其应用本大学所有各院图书馆之权利。

第五条　本大学各院图书馆所设各室之开放时间另订之。

第六条　本通则由校长核定施行,如有未尽事宜得随时修改之。

《国立浙江大学校刊》第一百〇六期,民国二十一年十月八日

国立浙江大学各院图书馆阅览室规则
(1932 年 10 月 8 日)

第一条　各院图书馆阅览人取阅书报杂志时,须用各该馆印制之索书卷,按条填明,交存阅览室职员,阅毕缴还时须将索书券取回。

第二条　参考书应就专设之书台检阅,如有长篇须归坐摘录者,录毕即须归还原处,以免凌乱。

第三条　新到陈列架上之杂志均可自由取阅,但阅毕仍须归还原处。

第四条　取阅之书报、杂志、参考书均不得携出室外。

第五条　阅览人所阅书籍如未阅毕而因事离室时应先缴还。

第六条　各院图书馆阅览室职员得随时索验阅览人之借书证。

第七条　各院图书馆阅览室开放时间如下:

每日　　上午　八时至十二时

　　　　下午　一时至五时

　　　　　晚间　七时至九时
　星期日　上午　九时至十一时
　　　　　晚间　七时至九时
　第八条　寒暑假期中各院图书馆阅览室开放时期：
　每日　上午八时至十二时
　星期日　停止阅览

《国立浙江大学校刊》第一百〇六期，民国二十一年十月八日

国立浙江大学大学图书馆概况
（1932 年 11 月 5 日）

（一）沿革

　　国立浙江大学凡分三学院，故图书馆亦分设三处，通常称为文理学院图书馆、工学院图书馆、农学院图书馆。其沿革可分述如下：

　　文理学院系民国十七年筹备设立，同时并创办图书馆，职员凡五人，主任为冯汉骥君。至二十年度主任为孙述万君。后先继轨，成绩斐然。工学院原为工业专门学校，自民国十七年六月奉部令改办大学后，图书馆组织亦随之而定。十八年度前大学校长蒋梦麟先生欲革新馆务，聘陆秀{依}女士为主任。厥后陆去职，由胡正支君代理之。农学院远在笕桥，专门图书庋藏较少。民国十三年前尚为甲种农校，继改农业专门。前农专校长高维魏先生鉴于学术发扬不能无图书馆，慨赠私人藏书多帙，修葺原作业场、房屋充馆址，又介金安生先生捐款三千元。故即名安生图书馆，以志不忘。至民国十七年改组大学图书馆，规模未广。今春因馆址不敷，且年久失修，倾圮堪虞，乃移至前蚕业改良场场长住屋暂时充用。

　　至本年暑假中，程校长为统一全校行政起见，特将本大学秘书处改组，集中事权增进效率，分设文书、注册、事务、会计、图书、出版六课，其图书课设主任一人，综理全校图书事宜，由秘书欧阳仙贻君兼任课员，助理员若干人，或留本课办公，或派至三学院图书馆分任管理、登记、出纳诸事宜，其工作支配均力求联络统一，以矫从前精神散漫之弊，且为将来设立整个图书馆之准备。

（二）馆舍及设备

　　图书馆首须改进者厥惟馆舍及设备问题。斟酌目前经费状况及需要情形，文理学院图书馆则扩充阅览室及书库，添制阅览用椅，重新布置，使藏书册数及阅览人数均可多量容纳。工学院图书馆原为新式楼房，暂仍其旧。农学院则择定前生物研究室为馆址，大加修葺，使合图书馆之用，阅览室同时可容六十人，书库可容一万余册。出纳处位于二者之间，阅报室位于阅览室间壁，各室位置适当，互相联络管理使用经济，并定制图书馆用标准器具八十余件，布置陈列焕然一新。

（三）经费

　　图书馆经费可分为三项：（一）薪俸工资；（二）图书设备；（三）公杂费，均由秘书处开支。

目前财政支绌,全校经费积欠甚巨,故无法添购大宗图书。惟各种外国专门杂志为研究各科所绝不可少之参考,现拟先向英、德、美、日四国分别定购,以慰快睹,而免中断。共计三百零四种,全年约值国币一万元。

(四)藏书编目

据最近统计,文理学院图书馆藏书一八八七一册,工学院图书馆藏书一〇九一〇册,农学院图书统计虽亦列一万余册,惟于高深之学术研究尚欠完备,现选出五千余册先行整理,采用杜威十进分类法及爱克斯编目法改编一字典式目录及分类目录。不久即可编竣,并着手编制各学院图书馆联合目录。

(五)阅览及借书

图书馆通则以及阅览规则、借书规则等均经详为规定,其阅览开放时间除星期日午后停止外,每日午前八时至十二时、午后二时至五时,晚间七时至九时,专为便利学生自修,及参考阅览室陈列普通参考书,以便随时检阅,概不借出馆外。凡本大学教职员学生自本学期起,均由图书课制发新式借书证,持此借书证可向各院图书馆照章借书,教职员为白色,学生为黄色,俾易识别。

(六)职员考勤

图书课职员工作均由本课支配。每日各员办公在各办公处分别签到,每周送课核阅,晚间及星期轮流值日,每馆每次轮值一人,逐日工作状况每周报告一次,月终列统计表。至职员办事信条,并由课员邵名鹤君制定:(一)忠实敏捷;(二)抖擞精神;(三)始终如一;(四)公私分明;(五)态度谦和;(六)服从指挥;(七)遵守规则;(八)制止嗜好,洵足为办理图书事务者之座右铭也。

《国立浙江大学校刊》第一百一十期,民国二十一年十一月五日

国立浙江大学图书委员会规程

(1933 年 1 月 14 日)

(二十二年一月十二日校务会议第十九次常会通过)

第一条　本委员会依照本大学组织规程第二十二条之规定组织之。

第二条　本委员会委员人数定为七人至九人,由校长于教职员中聘任之,但图书课主任为当然委员。

第三条　本委员会之职务如下:

一、拟订关于图书之计划,供校务会议之采纳;

二、议决关于图书之重要事项。

第四条　本规程于校务会议通过后,由校长核准公布施行,如有未尽事宜,由校务会议随时修改之。

《国立浙江大学校刊》第一百二十期,民国二十二年一月十四日

订购图书仪器

（1933 年 2 月 11 日）

各学院仪器设备除将旧有者充分利用外，每学期总就必不可省者量力购置若干。本学期本大学经费虽竭蹶尤甚，程校长仍认为经费之分配，教职员薪修固甚重要，而学校之仪器设备亦复万不可省，故于经济极度困难中筹拨国币八千元，向国外订购仪器图书，不日即可到校应用云。

《国立浙江大学校刊》第一百二十一期，民国二十二年二月十一日

刘大白氏藏书让与本大学

（1933 年 9 月 30 日）

本大学故秘书长兼文理学院前中国文学系主任刘大白氏，学问渊博，造诣宏深，而藏书极富。民国十八年任教育部常务次长，后调政务次长，以公务繁剧，积劳成疾，于民国二十一年二月病殁。遗书三千九百五十三部，计一万六千六百三十三册。本大学以刘氏生前不特对于中国文艺上有极大之贡献，而于本大学之创办，尤有特殊之功绩，爰商准刘氏家属，将全部藏书以极低廉之代价让与本大学（共计银三千元，分十二期付款，每年两期，每期二百五十元，六年付清），此项书籍业已清楚点交。闻图书课现正计划特辟一专室，以志纪念云。

《国立浙江大学校刊》第一百四十五期，民国二十二年九月三十日

刘大白氏藏书点收完竣 实计一万六千二百五十九册

（1933 年 11 月 4 日）

刘大白先生藏书让与本大学一节，已志本刊。兹悉该项书籍业由图书课点收完竣，实计一万六千二百五十九册。双方契约亦经成立，图书课现正计划庋藏云。

《国立浙江大学校刊》第一百五十期，民国二十二年十一月四日

国立浙江大学布告（第一四五号）

（1935 年 9 月 21 日）①

案准浙江省立图书馆来函：请自本学期起，将本大学学生向该馆借书之证明部分指定。等由；准此。自当照办。兹经分别指定如左：

大学四年级生，由教务处图书馆证明；

---

① 此件布告登载校刊时，文号注明为第一四四号。据查证，该文号系误登，应为第一四五号。

大学一、二、三年级生,由军事管理处证明;

代办高工各级学生,由高工部训导委员会证明;

代办高农各级学生,由高农部训导委员会证明。

除函复并分行外,合行布告,仰各生一体遵照!

此布。

校长郭任远

中华民国二十四年九月十二日

《国立浙江大学校刊》第二百二十期,民国二十四年九月二十一日

(二)刊物出版

《国立浙江大学校刊》发刊词

(1930 年 2 月 22 日)

蒋梦麟

浙江大学最初成立的时候(民国十六年八月,名称尚为国立第三中山大学),因为试行大学区制,就兼管了浙江省的教育行政。到去年七月底大学区制结束,中间整整地经过了两年。在这个时期内,我们虽出版过一种教育周刊,但是性质重在行政方面政令的宣达和教学的指导,没有把本大学内部的情形记载上去。此外,工学院和农学院虽各自有他们的半月刊和旬刊等等,可是记载的范围又只能限于本院。所以在这个校刊出版以前,本大学还没有一种纪载整个内部的情形的刊物。上学期将近终了的时候,校务会议决定了一个本大学的出版计划,这个校刊,便是那个计划中的出版物之一种。

这个校刊,我们早已感觉到是必要的。因为这两三年来,外间注意本大学的,不断的来询问我们内部的各种情况。有了这个校刊,自然比随时随事地说明要详备一点,就是本大学各学院的教职员和学生,因为三个学院分处在两个相离很远、交通又不很便利的地方,平日又忙于各自的工作,除了本院的情形时时接触以外,对于其他各院的一切详细情形,不免也具有不甚明了的地方。这个校刊出版以后,各方面的情形便可随时互相传达了。

这个校刊,现在还是一种周刊。我们希望在很短时期内,依于材料的充实,能够改为三日刊。将来要发表的材料愈多了,或许改为日刊也说不定。

在这个校刊里面,我们只是一些片段零星的记载,恐怕不会有什么鸿篇大著,也不想拿什么理想上的计划,作纸面上的宣传。本来,浙江大学怀抱的一点希望,就是不尚虚华,不装门面,切切实实地一步一步地做去,替中国的大学教育多立下一个实在的基础。我们的校刊,自然也本着这种精神,只有一些朴实的纪述了。

我们希望在这个校刊里面,能够看得出一点本大学内部的逐渐充实,一点一滴地在那里进步,使得外间同情于本大学、愿意赞助本大学发展的,看了这一点一滴进步的方向,充分地

加以助力;全校的教职员和学生,都本着这个一点一滴进步的方向,共同朝着这个方向努力,使得本大学怀抱的一点希望,能够逐渐实现。那便是中国教育之幸,也便是我们发行这个校刊的本意了。

大学一览编辑委员会第一次会议录

(1930 年 2 月 22 日)

会期	十八年十二月十四日下午二时
会地	校长公舍
到会者	孙祥治　范允之〔兹〕　邵祖平　王钧豪　郑毅生　金少英　杨味余　陈伯君
主席	陈伯君

议决事项

一、议决:本会定名曰"国立浙江大学一览编辑委员会"。

二、议决:本会设常务委员一人。

三、议决:公推陈伯君先生为常务委员。

四、议决:一览"名称""内容""搜辑材料者""应收集之材料""编辑方法""集稿期限"如附表。

五、议决:十二月三十一日下午二时举行第二次会议。

大学一览编辑委员会第二次会议记录

(1930 年 2 月 22 日)

会期	十八年十二月三十一日下午二时
会地	校长公舍
到会者	王钧豪　孙虹颎　孙祥治　金公亮　陈仲瑜　范允兹　郑天挺　陈伯君　杨味余
列席者	陈伯君
主席	陈伯君

提议事项

一、议决:绘制校舍、院舍平面图事,请沈肃文先生主持。

二、议决:摄影栏内,除照校务会议议决,所有副校长、院长、副院长、秘书长等个人照片均不列入外;其余各项照片俟汇齐后再行审择。关于学生活动实习一项,请各学院注重本学院学生之各别活动:如文理学院之理化实习,工学院之工场实习,农学院之农林场实习等。

此项照片能与设备合摄者,应合摄。又工学院注重军训,农学院注重体育照片。

三、议决:校规栏内,加大学及各院学生会各项章则。

四、校友录栏内现任职员录之编制,校长、院长均独立一表,教职员并列一表。表内"学历"一项,改为"经历"。又在学学生录,每院一表,均依姓字笔画简繁为先后。表内"年级"之上,加"科系"一项。集稿期限,均改为十九年一月十五日以前。又前任教职员录及毕业学生录,均照校务会议议决归入附录栏内;原有前工专农专校友均删。又毕业学生录表式项目,与在学学生录同,惟"年级"一项应改为"毕业时期"。

《国立浙江大学校刊》第一期,民国十九年二月二十二日

大学一览编辑委员会第三次会议记录
(1930 年 2 月 22 日)

会期	十九年一月十五日下午二时
地点	校长公舍
到会者	陈仲瑜　范允兹　邵祖平　金公亮　郑天挺　陈伯君　孙祥治
主席	陈伯君

议决事项

一、下次会期原定一月三十一日,因适在寒假期内,展期至二月二十八日。

二、校友录内同姓者,以其姓下第一字之笔划简繁为先后之次序。

《国立浙江大学校刊》第一期,民国十九年二月二十二日

拟定印行刊物办法
(1930 年 4 月 11 日)

第六次校务会议通过本大学印行刊物办法如左:

一、周刊,定名《浙江大学校刊》,内容注重消息;

二、推广的,定名《浙江大学推广集》,可分文学类、教育类、农业类、工业类……等等,印行小册;

三、季刊,定名《浙江大学学报》,每期约八篇至十篇,约共十万字,定价每年二元,学生廉价对折,稿费每千字约四元,并印送单行本二十份,预计每年须款二千四百元;

四、学术的类刊,定名《浙江大学学术类刊》,得抽季刊中有价值的专门著作印作单行本类刊,亦得专用外国文著作出版,英文名定:Publications in University of Chekiang;

五、丛书,定名《浙江大学丛书》,与书店订约出版。

《国立浙江大学校刊》第七期,民国十九年四月十一日

本大学出版品、代售出版品
（1930 年 11 月 8 日）

A. 本大学出版品

刊物名称	编辑者	售价	备注
农院周刊第一卷		实洋四角	
农院周刊第二卷		实洋四角	
蚕声第一期	蚕声社	实洋一角	
蚕声第二期	蚕声社	实洋一角	
农业丛刊		实洋二角	第一卷第一期
螟虫	吴和叔	非卖品	农业浅说第一种
小麦栽培浅说	金善宝	非卖品	农业浅说第二种
肥田粉不可滥用的理由	包容	非卖品	农业浅说第三种
植棉须知	许罗云	非卖品	农业浅说第四种
桃树栽培浅说	童玉民	非卖品	农业浅说第五种
植树须知	杨靖孚	非卖品	农业浅说第六种
家庭改造与提倡家庭园艺	李可均	非卖品	农业浅说第七种
肥田粉之应用及防弊	戴弘、许植方	非卖品	农业浅说第八种
植棉浅说	孙逢吉	非卖品	农业浅说第九种
稻熟病及其防除法	贾泽遂	非卖品	农业浅说第十种
实用小麦选种法	孙逢吉	非卖品	
塘栖枇杷调查报告	园艺系	非卖品	
小麦开花时期之研究	金善宝	非卖品	作物研究报告
农学院产品售价表		非卖品	

以上由农学院发行

刊物名称	编辑者	售价	备注
初等教育辅导丛书		实洋二元	计四类、共四十册，现已再版出书
校刊		全年实洋四角	全年四十期

以上由秘书处发行。

B. 代售出版品

刊物名称	编辑者	售价	备注
中央大学半月刊	中央大学	每期二角	全年十六册,现已出至第二卷第二期
人文月刊	人文编辑所	每期二角	全年一册,现已出至第一卷第八期

以上秘书处代售。

《国立浙江大学校刊》第三十期,民国十九年十一月八日

出版计划委员会拟定出版计划 候提出下次校务会议讨论
(1930 年 11 月 15 日)

校务会议第十一次常会提议组织出版计划委员会,经议决推举顾毓琇、孟宪承、俞子夷、张绍忠、纪景云先生为委员,开会时并请校长出席。十月二十四日举行出版计划委员会第一次会议,出席者有邵裴子、孟宪承、俞子夷、纪景云、顾毓琇。经议决刊物分四项:

甲、季刊

(一)民国二十年春即出版《国立浙江大学季刊》,预算支出每期稿费四百元,印刷费二百元,全年二千四百元;

(二)季刊编辑部常务编辑一人,编辑六人,由校务会议产生,经理部由秘书处派员兼任。

乙、丛书

(一)由大学负责向书局交涉订立契约,代印本大学丛书,各丛书付印时由书局及著作人另订详细合同;

(二)组织丛书委员会主持一切关于丛书审查及接洽事宜;

(三)丛书性质译、著均可。

丙、学术类刊

(一)电机方面,工学院已出九种,各学院可以照办;

(二)以后收集本大学季刊精华,及各教授在外发表各重要文字印复印本;

(三)重要论文得由各学系负责审查,自印专刊。

丁、推广集

(一)各院负责出版;

(二)各学系负责编订及审查。

至丛书接洽各书局拟先向(一)世界(二)中华(三)开明接洽。稿费条件约为每千字四五元或抽版税百分之十五。此项计划已预备报告下次校务会议讨论云。

《国立浙江大学校刊》第三十一期,民国十九年十一月十五日

国立浙江大学出版委员会规程

（1932 年 10 月 29 日）

（二十一年十月二十一日第十八次校务会议议决通过）

第一条　本委员会依照本大学组织规程第二十二条之规定组织之。

第二条　本委员会委员人数定为七人至九人，由校长于大学教职员中聘任，但出版主任为当然委员。

第三条　本委员会之职务如左：

一、计划本大学丛书之编纂；

二、计划本大学定期学术专刊之印行；

三、审定本大学关于学术之刊物；

四、审定本大学学生用团体名义出版之刊物。

第四条　本委员会得陈请校长聘请专家参加审定事宜。

第五条　本委员会关于各种刊物征稿之酬金，得商请校长另规定之。

第六条　本规程于校务会议通过后，由校长核准公布施行。如有未尽事宜，由校务会议随时修改之。

《国立浙江大学校刊》第一百〇九期，民国二十一年十月二十九日

教育系发刊《教育园地》

（1932 年 12 月 3 日）

教育学系鉴于教育事业必与社会沟通始生实效，特附《民国日报》发刊《教育园地》，借以研究所得，贡献社会。兹附录程校长发刊词于后，以见该刊旨趣之一斑：

大学对社会处指导地位，大学之工作与社会各种事业打成一片，然后学与用乃不致歧而为二。先进各国之大学恒与社会发生极密切之关系，盖以此也。吾国则不然。大学自大学，社会自社会，截然两事。大学不顾社会之情况，恒闭门造车。社会不得大学之指导，率停滞不进。良可慨矣。浙大教育学系师生有鉴于此，爰假《民国日报》之篇幅，发行《教育园地》周刊。以大学研究所得贡诸社会，求社会之批评，兼唤起社会对大学之注意。着眼于沟通大学与社会，用意甚善。故于发刊之始，为志数语于篇首。

《国立浙江大学校刊》第一百十四期，民国二十一年十二月三日

《化工杂志》创刊辞

（1932 年 12 月 31 日）

程天放

化学工程之在今日，可谓盛矣！其属无机者，多取材于矿物界；其属有机者，多取材于

动、植物界。夺造化之神奇,增人类之福祉,无一非专门学者苦心焦思、研究发明之结果,故实验中天平、乳钵、坩埚、漏斗、试验管、酒精灯诸具,实足以表现近代之文明。试举数例以明之:自人造丝兴,蚕桑失利,浙民生计,影响尤巨。语其原料:无非低度硝化绵之溶液,加以强压使通过毛细管而成,或以绵直接深于铜安母尼亚液中,再于酸性液中压出而已。天然染料蓝草茜根,久擅其利,今则人造色素,几达千种,色彩缤纷,鲜艳夺目。然其初不过制造石灰瓦斯之一种副产物,为色黑而有恶臭且穷于处置之粘液体而已。象牙、鳖甲代用诸品,或儿童玩好,或妇女装饰,充牣市场,究其实不过硝化纤维素与樟脑之混合物而已。爆炸猛药,为诺贝尔(Nobel)所发明。今诺贝尔奖金,驰名世界;初未料其发明炸药,意在贡献于和平建设事业者,乃用之为杀人灭国之利器。然究其实亦不过将雷酸水银装入爆管中,以导引绵火药之爆发而已。故学以钻研而日精,术以推阐而日密。有热带橡树之液汁,混以硫黄,使成弹性,则其应用之途广矣。有钢骨混凝土,则土木建筑诸工程,划然成一新时期矣。有二种以上熔融凝固之合金,则其成分多寡随宜配合,而人生种种需要可得而满足矣。乃至酸碱肥料、石油煤铁、制纸、制革、玻璃磁器,以及各种食物,各科药品,举凡利用厚生之所需,御侮同仇之所急,何一非受化学工程之赐。岂独镭锭之发明,为近代一大奇迹已哉。

顾返视我国:一切文化实业,停滞不进。自海通以迄今日,消费群仰给于舶来,生产犹未脱手工业状态。不谋积极振兴国产,而欲消极杜塞漏卮,其收效能几何?夫工业必以科学为本原,理论应用,互为表里。仅有学者之研究,而社会环境不足以副之,亦不能为长足之发展。彼人造色素,首推英人培尔金(Perkin)所发明,而颜料工业乃盛于德而不盛于英者,德人化学之素养,尤较英人为普遍而深邃故也。矧我国学术幼稚,故武自封,自甘谫陋,徒羡他人成功之美,而忘其缔造之艰。不知科学进步,不啻举吾人所居之世界,延广其时间、空间之范围。譬如温度:低温渐近绝对零度,可使轻〔氢〕养〔氧〕二气悉成固态,高温有三千五百度乃至三千八百度之电气炉。而吾人日跼蹐于常温之中,真所谓夏虫井蛙之见耳。故吾国今日,振兴工业,与研究学术,必须兼程并进。毋骛空谈而疏实用,毋贪近效而昧远图。凡我同人,皆宜起而负此使命。此浙大化学工程学会诸君,所以有刊行《化工杂志》之盛举也。精神所赴,跬步千里,锲而不舍,金石可镂。爰于其刊行之始,书数语以勖之,且为吾国化学工程前途祝!

《国立浙江大学校刊》第一百十八期,民国二十一年十二月三十一日

(三)教学设施与设备

浙大农院试办经济林场

(1930 年 1 月 19 日)

(杭州通信)浙大农院于育蚕制种、稻麦育种、畜牧造林等事业,均已有极好成绩,且尽力引导社会的改造,供给社会的需求;举凡蚕种、稻种、麦种、猪种、鸡种等,无不努力准备,求作尽量之供给。现农院谭院长以农业为国家之根本事业,必须经济的方法经营,使其发展,始

有补于国家,决将现有之农、林、蚕园等业均各办一经济场,先从经济林场着手,就原有之临平、凤凰山两场,合组经济林场,以为社会提倡,备社会之模仿,而促进私有林场之发达云。

《农业周报》民国十九年一月十九日

浙大农院湘湖农场之进行

（1930 年 1 月 20 日）

（萧山通信）国立浙江大学农学院湘湖农场第二期进行办法,第一在改良水利,第二在改良土壤。(一)先行测定全湖地面高低,湖底深浅,然后改进水利,务使全湖有美丽之风景为目标。(二)依据设计图,计算应浚、应垫之泥土方数,将来高低垫平,全湖禾稻豆麦必有极好成绩,预计荒凉之湘湖,不久将成麦秀黍油之胜境矣。

《农业周报》民国十九年一月二十日

工学院建筑水力实验室

（1930 年 3 月 15 日）

工学院土木科增设以来,各种实验室逐渐设备。本学期添教水力学程,应需水力实验室,业已雇匠开工,计平屋六间,长三十呎,阔七十呎,地面铺水泥。另建水塔一座,约四月中旬可以竣工云。

《国立浙江大学校刊》第四期,民国十九年三月十五日

园艺场新建温室落成

（1930 年 6 月 14 日）

本院园艺场于今春新建温室两座,开工以来已经两月,刻已完成,内外设备亦大致装置就绪。全部面积共计二千一百八十四平方尺,计分繁殖室、高温室、中温室、育种试验室四部,所有温室植物现正广事搜集及繁殖,年内当不难蔚然可观也。

《国立浙江大学校刊》第十六期,民国十九年六月十四日

各机关公司捐赠电机仪器扩充试验室

（1930 年 9 月 13 日）

工院为发展电机工程科计,曾向各处捐募仪器,以利学生实习。各机关各公司均愿赞

助,络续捐赠到院者已有多处。兹列表如下:

捐赠机关	仪器名称	件数
上海兵工厂	直流马达	三只
又	蒸汽引擎	一具
浙江省电话局	墙机	一具
又	麦宜多发电机、铃机、听筒及复音圈等	多件
西门子洋行	一百门自接电话机	全部
中国电气公司	旋转式自接电话模型	一具
国际奇异公司	最新式赛来屈浪蒸汽整流管	四具
大华科学仪器公司	马可尼火花发报机	一具
得力风根无线电公司	五级真空管中和式收音机	一座
又	四极五极真空管	多具

该院之无线电试验室,现正竭力扩充,将改为电信试验室云。

《国立浙江大学校刊》第二十二期,民国十九年九月十三日

农学院建筑曲室
(1930 年 11 月 22 日)

曲室为制造曲类所必需,是农制研究之重要部分。农院因经济关系,尚无是项设备。本学年辗转设法,权其轻重与缓急,乃腾空器具室,分为内外二间,外间为拌曲场,内间作大形〔型〕之曲室,下改水泥地,四围及顶上俱夹层,实以谷壳,为保湿之装置。室顶倾斜,使水气依堕流下,避去悬空之水滴;上开天窗,资随时之调节。重门可密闭,对角设窗,为排除浊气之用,亦可随时启闭。前壁嵌入玻面木箱,装入寒暖燥湿计,可随时在室外检查室内之寒暖燥湿,而调节以适其度。室内装电灯,下设电炉。附制杉木曲框数十只,木架两座,拌曲台一座。盖为限于经费,但就普通房屋略为更改,以求应用耳。

《国立浙江大学校刊》第三十二期,民国十九年十一月二十二日

邵校长为请求中华教育文化基金董事会事赴平 携带请款书亲往接洽
(1931 年 5 月 23 日)

本大学拟向中华教育文化基金董事会请求补助科学研究设备及赠与教席研究席各节,已志本刊。兹因该会本届常会将于六月间在北平开会,邵校长特于本月二十日携带请款书及各种研究计画调查表等启程赴平,亲往接洽,约两星期后遄返。兹将本大学致基金会中英

文函揭载于后：

案查本大学自成立以来，即以从事科学研究及使科学得应用于社会事业为职志。文理学院各学系，除自始即决定招收少数学生为高深之研究外；一面并尽力使各教授得有时间与物质上之凭借，进行其研究之工作，其中如物理学、化学、生物学等科学之研究，及教育心理学之科学的研究。均于逐年内尽可能的增加其设备，以便于研究工作之进行。同时对于此数种学科之科学教学亦极注意，如前年与贵会合办之科学教员暑期讲习会，及本年决定与浙江教育厅合办之教育服务人员暑期进修讲习会，即为此项努力之对外表现。工学院之电机工程学系，现在已颇为社会各方面所重视，如上海华洋得律风公司及德商西门子电厂，均将价值颇巨之电气机械捐赠该系，该系学生于毕业后，即得有机会在各地经营电气事业，或设有电气事业之各公私机关服务，其志愿赴国外者，并常得著名电气工厂之善意的赞助，特许其前往实习。该院之土木工程学系亦颇具有规模，其水力试验室，要为国内各大学中较为优良之设备。农学院几年来从事于改良蚕丝之研究，使浙江之蚕丝事业受其良好影响。现养蚕之家竞用改良蚕种，而出产之品质大为精进。该院复研究改良棉花、稻、大麦等种，其所征集之名种遍及全国，而对于农林产制造之研究亦颇获有相当结果。本大学现有之学生，其所有之籍贯已达十余省，南至两广，西至四川，北至山西，远及海外之华侨子弟亦纷纷来就学。就本大学以往言，虽不能谓已有成绩及实效已著，但本其已有之基础而扩充之，对于科学研究、科学应用，及科学教学，当能更尽其至善之努力，以蕲有所贡献，则颇堪自信。

顾本大学由国家赋与之经费，三年来未有增加，依于事业本身之自然的进展与扩大，其所需之经常费逾多，致欲继续扩充其研究设备，恒苦不逮。能得贵会予以可能的赞助，则本大学最近之企图，不难使其圆满实现。前曾电达贵会请求补助研究设备费，及赠与教席研究席，蒙复电允俟请款书寄到后，列入本届常会讨论在案。本大学预定如所请求者得贵会通过，当极力节省其经常费之一部分，提供所定计划之需，其赠与之教席及研究席，亦当将该席每月腾出之薪金额数，作为增加该科学术研究设备之用。本大学现于前电之外，复增加水力研究室设备、道路材料研究室设备、电力电信研究仪器设备等三项计划，及请求赠与研究席道路工程吴钟伟、结构工程张谟实两席。兹将本大学各项科学研究计划，及请求赠与教席研究之教授履历，连同各项调查表，备函送达，并向贵会正式请求：

1. 对于左列各研究设备费予以最大之补助。计

物理学研究设备：二万元

化学研究设备：二万元

生物学研究设备：一万元

教育心理学研究设备：一万元

高温实验室设备：一万四千八百五十元

煤气发生室设备：一万四千八百元

水力研究室设备：二万五千元

道路材料研究室设备：一万三千元

电力电信研究仪器设备：六万六千四百八十三元五角

病虫害研究室设备：二万元

恒温恒湿研究室设备:二万元

2.赠与教席四人,即

物理学 王守竞

有机化学 纪育沣

生物学 贝时璋

教育心理学 黄翼

3.赠与研究席十人,即

无机化学 李寿恒

物理化学 王钧豪

工业化学 潘承圻

电机工程 顾毓琇

电信工程 赵曾珏

道路工程 吴钟伟

结构工程 张谟实

昆虫学 蔡邦华

植物病理 朱凤美

林产制造 梁希

以上关于本大学之诸求,务希贵会察核列入本年六月间常会讨论,无任公感!此致

中华教育文化基金董事会

计附送请求赠与科学教席、研究席之教授履历表及科学研究计划十八函(略)

调查总表一纸,附表十种(略)

本大学致基金会英文函(略)

国立浙江大学校长邵裴子

《国立浙江大学校刊》第五十五期,民国二十年五月二十三日

内政部公告

(1931 年 9 月 4 日)

为公告事。案准教育部咨以国立浙江大学呈请扩充农学院运动场及林产制造场,勘定与该院毗连之民地,计陈子发十四亩二分五里四毫,徐明标二亩一分八厘九毫,马姓二亩二分八厘三,共十八亩七分二厘三毫,用以建筑运动场及推广林产制造场最为适宜。拟即征收。附计划书二份,地图两种,请查照核准等因。准此。核与《土地征收法》第二条第七款上半段之规定相符,应予核准。除咨复查照,仍请转饬依法办理外,合亟依同法第九条之规定,将应行公告事项开列于后,俾众咸知。特此公告。

计开

一、兴办事业人:教育部

二、事业之种类：教育学术事业

三、兴办事业之地域：杭州市笕桥地方

中华民国二十年八月二十七日

《内政公报》第四卷第二十二期，民国二十年九月四日

中华教育文化基金董事会补助本大学理科设备
拨洋三万元专为文理学院理科部分购置设备之用
（1931 年 9 月 5 日）

本大学请求中华教育文化基金董事会补助科学研究设备及赠与教席研究席事，曾于二月间电致该会，并于五月间由校长携带请款书亲赴北平，前往接洽各情，迭志本刊。兹本大学接该会来函以经六月二十六日第七次董事年会议决，补助本大学三万元，以一年为期，以为理学院购置设备之用，嘱将是项计划书及预算修正后检寄过会，以凭审核发款。等语。本大学以无独立之理学院，当经函询该会，所指之理学院是否即为文理学院，仰系专指文理学院之理科部分？现准函复，略谓：敝会所称"以为理学院购置设备之用"一节，系专指贵校文理学院之理科部分。现文理学院理科各系正在赶造计划预算，以便前向具领云。

《国立浙江大学校刊》第六十二期，民国二十年九月五日

农院植物园的过去和将来
（1933 年 2 月 25 日）
季次（吴中伦）

绪言

研究自科学专靠几本书籍的话，你虽怎样的孜孜矻矻，所获得的总不过是前人遗下的老古董。那有什么价值呢？试观过去的一般发明家，谁不是实地试验，实地观察而得的；那有一个专看书籍而能发明的？植物学为自然科学之一，当然也不逃了这个律。

我们研究化学，可将化学试品集于一室，以供研究者的研究；但植物是有生命的，它必须载以土地，润以雨露，一旦离开了土地立刻便要死亡。一部分的纤小草木，固然可用盆栽摆列一室，但是高大巍峨如松、柏、樟等可就无法了。虽然也可制成标本，但标本只能代表那千变万化的生长期中的一幕罢了，况且制成标本的植物，无论它的颜色、形态……等究竟不能十分真确明显。至于它的生长情形、四季变化那就更不必说了，要补救这种种缺点和弊病，那只有创设植物园。

所谓植物园（Brtenic garden）者，是将各地植物在可能范围内收罗一处，按进化的顺序，分区栽培之，并定以各国所公认的学名。这样研究植物学的人也可像研究化学的进了化学室一般的去认识和研究，就是教授们也可毫无困难的去采取他们所要的实验材料了。不过

我国科学落后,虽以农立国,但农业上最重要的植物研究植物最需须的植物园,至今还是寥寥无几。这不是我吹嘘,我国植物园方面历史最悠久,而有相当成绩的,恐怕还是我们农学院的吧!现待我将它的过去和将来的希望约略述之于后:

一、缘起

十六年冬,前任院长谭熙鸿聘钟观光为农院植物学教授。钟教授不但才深学博,且办事热忱,莅院后见植物园的重要,即商得谭院长的同意,于经济困难中突然创此伟举,不辞艰辛,其大无畏的精神,诚堪令人钦服。当时预算如下:

临时费	一三,〇二〇元
温室	九,一〇〇元(房屋七,〇〇〇元,器具三〇〇元,蒸汽装置一,六〇〇元,帘幕蓬盖二〇〇元)
全区范围	三〇〇元
各区范围	四〇〇元
花架阴棚	二五〇元
池河堤桥等	七〇〇元
道路沟渠水管	三〇〇元
植物名汇印刷物	一〇〇元
肥料	三〇元
工薪(花匠二人 短工三百六十工 长工三人)	八〇〇元
添置器具	四〇元
各项修缮费	一五〇元
煤炭	八〇〇元
名牌	一二〇元
照相材料	八〇元
普通种苗购运费	一五〇元

经常费	二,七三〇元
长年采集旅行费	六〇〇元
肥料	一〇〇元
工薪	一,〇〇〇元
架盆添补	三〇元
名牌添补	三〇元
盆栽用混合土	一〇〇元
温室燃料	八〇〇元

但那时财政困难,那有如许巨款? 所以实际上用去的钱仅预算中之十一而已。然它的结果虽不十分完美,但也很可观,这都是钟教授的努力奋斗,和诸先生的再接再厉,勤恳热心的结果吧!

二、栽植系统和区分

谈到植物的系统问题,众说纷纭,各执一说,诚所谓"莫衷一是"。这当然是因进化一学未臻十分精详的缘故。其中较为人所信仰而近于事实的当推郝经生(J. Hutchinson)、任德尔(Rendle)及摩司(Moss)诸家。但他们所著的书往往失之太简,或仅植物的一部分,使人不易采用。至著述最详细而完全的,那就首推德国的恩格尔(Engler)。因此,现在最盛行的还是恩氏所定的分类法。农院植物园所采用的即恩氏的分类法,兹将恩氏关于种子植物的分类纲要摘录于左:

甲、裸子植物门

乙、被子植物门

(1)单子叶植物区

(2)双子叶植物区

(a)被始花被亚区(Archichlamydaceae)

(b)后生花被亚区(Metachlamydaceae)

将全部种子植物(即显花植物)划为四大区,各区立有标牌,隔以绿篱,毫不紊乱。每区又用各式花坛分为若干科,花坛或圆或方或平或凸,它的周围或用瓦围之,或植以书带草(又沿阶草),都很自然而雅美。每科立一名牌,该科的学名、华名俱书其上。至每种则另有较小的名牌表明。牌的左角书该种所属科名的简写,如菊科(Compositae)则书(Comp.),中行书学名,汉名的下角附注取其名的书名,或取名人的姓名,或呼其名的地域,如(诗)即此名自《诗经》而来,(恭)即先取其名者为苏恭,(杭俗)即杭州所呼俗名。阅者即可一目了然,又可便于查考。

兹将其写法举一例于左:

Labia

Ocimum basilicum,L

薰草　　零陵香　　罗勒

　　(别)　(开)(考)　(嘉一纲)

说明:

(A)Labia 即唇形科(Labiatae)之略;

(B)Ocimum basilicum,L 即该植物之学名;

(C)薰草下角(别)意即薰草一名来自《名苑别录》一书;

(D)零陵香下角之(开)(考)意即零陵香名先著其名者为开宝《本草》,而著录者为《名实图考》;

(E)罗勒下之(嘉一绸)即罗勒之名,先著录者为嘉祐《本草》,而阐名者为《本草纲目》。

(注:所举例为异名同物)

三、现有植物

农院植物园因经济的关系,不能广行采集;又限于设备未得尽数栽培。然本着"聚沙成塔"的宗旨,用种种方法培育之,逐年增添,至今也将有二千种之夥,约含百余科。中如茜草科的玉叶金花一种(Mussaenda Wilsonii Hutch.)、木兰科的重瓣辛夷(Magnoliastellata, Max.)都很难得。其他如在裸子植物区的矮桧(Juniperus Chinensis, L. Vav.)周围二三丈,蓬蓬勃勃,枝叶紧密,宛如一堆黛色锦缎。在单子叶植物区的几丛秀竹,迎风弄姿,绿阴斑斑。至双子叶植物区则精采尤多,不胜枚举。且布置神妙,道途迂回曲折,十分幽雅。每值春风送爽之时,百花争放,万紫千红;蜂蝶翩翩,往返飞舞。至夏则嘉木葱茏,茨荷送郁。届秋则芙桂竞芬,黄花吐秀。残冬则有岁寒三友的峨峨威风,蜡梅的馥郁可爱。诚可谓"四时之景,无时不宜"焉。所以植物园不但学植物者必需地,还可作诗人画家的处处哩。

四、未来的希望

植物园的需要,已在绪言中简略述及。试观欧西各国,那一国没有几个规模宏大、设备完美的植物园。如英国的邱植物园、德国的大莱植物园、法国的巴黎植物园、瑞士的培伦植物园等都是面积广袤,收容极富的;并且由此而造成了许多植物学家,和无数有用的植物。所以植物园不但可以获得学术上的进步,并且对国家的经济也很有裨益。况植物学为研究园艺、森林、作物等农业科学的门槛;换言之即不知植物即不能研究园艺、森林、作物等学。因此我们农院的植物园实有改进和扩充的必要。况且它已有这样的基础,稍予培植即可收改良之效。兹将改良方针,以鄙见所及简单的分述于左:

(一)扩充面积

植物园现有面积仅五十亩许,而园内大小植物不下二千种,故有若干科区已拥挤非常。如菊科、禾本科、蔷薇科及十字花科等区,均已毫无添种的可能,一旦采得新种即无从安插。

因此,欲改进植物园必须先扩充面积。

(二)长期采集

我国地跨热温寒三带,高山峻岭无所不有,植物的繁富,无待赘累,但政府无采集研究的机关,致埋没了无数很有价值的植物,竟有许多植物在国内尚无人发现,而已为欧美人采去栽培了。这是多么可惜可愧呀!若要挽回这些弊病和使植物园日趋兴旺,莫非采集。但植物四季各异,甚有朝生暮死者,因此采集必须无时或辍,方不致遗漏珍奇。

(三)温室建造

热带及亚热的许多有用植物,或研究上的必需的植物,皆因限于气候不能收罗栽培,研究者未能实际观察研究,仅以纸上谈兵,不知真谛,自然难得良果。要纠正这个弊病,这只有用温室栽培,所以添设温室实为植物园万不容缓的急务了。

《国立浙江大学校刊》第一百二十三期,民国二十二年二月二十五日

七、总务与经费

（一）经费

1. 经费预算

呈送十九年度预算书

（1930 年 4 月 17 日）

本校前奉教育部训令，摘抄中华民国十九年度试办预算章程重要条文，令仰遵照办理。业经遵照条文规定，编写本大学十九度岁出入预算书，呈部鉴核。兹将预算书总说明录左：

国立浙江大学十九年度预算总说明

本大学于十六年八月成立，所有工、农两学院系就前浙江省立工业、农业两专门学校改组，但两校设备原均不甚充实，改组以后程度增高，原有设备自属简陋过甚。当工学院改组之时，仅核定设备临时费四万九千六百三十六元，农学院改组之时，仅核定开办临时费二万四千六百元。此外亟待逐年扩充。而此项临时费两院各仅领到一万元。至文理学院，系于十七年八月创立，除校舍暂就前浙江高等学校校舍修葺应用外，一切俱无可据之基础。且该院虽属一个学院，而兼办文、理两科，其性质已等于两个学院，加以本大学未设有教育、社会等学院，关于教育、社会诸学科，为文理科学生所必须肄习，或为社会上需要最切者，均与该院设置讲座，是实际上更不止等于两个学院；而该院之开办临时费仅有五万元，此外亦亟待逐年扩充。此本大学以往之基础也。

本大学编制十六、十七、十八各年度预算时，均只就当年必需开支，撙节开列，一切扩充计划，多未遑顾及，乃十六年度预算，工学院短发设备临时费三万九千六百三十六元，农学院短发开办临时费一万四千六百元。十七年度预算至十八年三月始得起支。以前八个月，文理学院共短发九千零二十七元，工学院共短发四万五千四百三十七元，农学院共短发六万七千八百三十七元。十八年度预算迄今尚未奉核准实行，仍照十七年度预算旧额具领，算至年度终了，文理学院共应补发五万四千零二十二元。工学院共应补发七万一千三百六十六元。农学院共应补发二万零三百零九元，各学院之临时费尚不计在内。而各学院逐年因年级进展，学生班次增加，事实上诸多项目不能不照本年度预算开支，也致积至今兹，亏垫甚巨。此本大学逐年预算领支及实在困难情形也。

此次编制十九年度预算，仍只就下半年度必须开支，撙节开列，各款项目均属最低限度，其余扩充计划，置制缓图，稍有减消即跬步难行矣。所有预算全部详细理由，具见各款说明，兹不赘述。

《国立浙江大学校刊》第八期，民国十九年四月十七日

中央政治会议核定二十年度国家岁出教育文化费类概算表
(1931年)

岁出经常门

类别及单位		核定概算数		备考
教育部及所属机关		一四八,五〇四	〇〇	
1	教育部	五一六,〇〇〇	〇〇	
2	北平天然博物院	四三,二〇〇	〇〇	
3	南京古物保存所	三,九六〇	〇〇	
4	国语统一筹备委员会	二〇,〇〇〇	〇〇	
5	古物保管委员会	一二,〇〇〇	〇〇	
6	北平档案保管处	六,七四四	〇〇	
7	留学生监督处	六二,六〇〇	〇〇	
8	中央教育馆	六〇,〇〇〇	〇〇	
9	两广地质调查所	四八,〇〇〇	〇〇	
10	电影检查委员会	二四,〇〇〇	〇〇	
11	故宫博物院	二五二,〇〇〇	〇〇	
国立各院校		一三,二二二,七七九	〇〇	
1	中央大学	二,一〇〇,〇〇〇	〇〇	声请追加之蒙藏□经常费,核定研究费为五〇,〇〇〇,□经并计在内。
2	暨南大学	六三〇,六六四	〇〇	
3	劳动大学	六〇〇,〇〇〇	〇〇	
4	同济大学	六二五,九〇〇	〇〇	
5	浙江大学	七六九,〇九五	〇〇	
6	武汉大学	七八〇,〇〇〇	〇〇	
7	青岛大学	四八〇,〇〇〇	〇〇	
8	中山大学	一,五五五,〇〇〇	〇〇	
9	中法国立工学院	九〇,〇〇〇	〇〇	
10	艺术专科学校	一二〇,〇〇〇	〇〇	
11	音乐专科学校	七〇,〇〇〇	〇〇	
12	北平大学	一,六一七,一〇八	〇〇	
13	北京大学	一,〇二〇,〇〇〇	〇〇	
14	北平师范大学	九二六,八九二	〇〇	

	类别及单位	核定概算数		备考
15	北洋工学院	二七六,〇〇〇	〇〇	
16	南京蒙藏学校	一一〇,〇〇〇	〇〇	
17	清华大学	一,二五七,三八八	〇〇	
18	丽江康藏师资养成所	八,八三二	〇〇	
19	中央国术馆体育传习所	四六,九〇二	〇〇	
20	南京蒙藏学校	一三八,九九八	〇〇	由内务费内剔出,提并本项。
21	康定蒙藏学校			
其他		一,七二三,九九六	〇〇	
1	中央研究院	一,三三〇,〇〇〇	〇〇	
2	北平研究院	三六〇,〇〇〇	〇〇	
3	留学经费	三三,九九六	〇〇	
国家补助费内教育部经费		二,三六八,七三六	〇〇	
1	北平中法大学	二四〇,〇〇〇	〇〇	
2	北平中国学院	一二〇,〇〇〇	〇〇	
3	学术文化机关费	六〇,〇〇〇	〇〇	
4	中央国术馆	八〇,〇〇〇	〇〇	
5	香山慈幼院	一五六,〇〇〇	〇〇	
6	南开大学	七八,〇〇〇	〇〇	
7	□□大学	一二,〇〇〇	〇〇	
	武汉大学	三〇〇,〇〇〇	〇〇	
	厦门集美□校	六〇,〇〇〇	〇〇	
	贫儿第一教养院	二二,八〇〇	〇〇	
	中法大学上海部	二一〇,〇〇〇	〇〇	
	浙西□□小学	七,八〇四	〇〇	
	广东留学生经费	四,三二〇	〇〇	
	西藏班禅驻京办事处附设补习学校	一七,八〇八	〇〇	
	华侨教育经费	五〇〇,〇〇〇	〇〇	
	蒙藏教育经费	五〇〇,〇〇〇	〇〇	
第二预备费		七九九,〇〇〇	〇〇	

共计核定经常费概算数为一九二六三,〇一一元正。

注:

一、中央政治会议核定二十年度国家岁出教育文化费概算总额为一千六百七十九万四千二百七十九元。外加国家岁出补助费项下教育部分补助费二百三十六万八千七百三十二元。是以共计核定经常费概算总额为一千九百十六万三千零十一元;

二、注音符号讲习所经费系属短期临时性质,列入第二预备费内支给,并未另案核定。

岁出临时门

类别及单位		核定概算数		备考
国立各院校		一,三二五,四一六	○○	
1	中央大学	五,〇〇〇	○○	声请追加之蒙藏□临时费□□□
2	暨南大学	七〇,〇〇〇	○○	
3	同济大学	五三,〇〇〇	○○	
4	青岛大学	二六,〇〇〇	○○	
5	中山大学	一八〇,〇〇〇	○○	
6	艺术专科学校	三〇,〇〇〇	○○	
7	音乐专科学校	六〇,〇〇〇	○○	
8	北平大学	五〇,〇〇〇	○○	
9	北平师范大学	五〇,〇〇〇	○○	
10	北洋工学院	一八〇,〇〇〇	○○	
11	清华大学	五三〇,九一六	○○	
12	丽江康藏师资养成所	二,〇〇〇	○○	
13	中央国术馆体育传习所	一六,五〇〇	○○	中央政治会议第二八四次会议前核定。
14	南京蒙藏学校	七二,〇〇〇	○○	由内务费内剔出剔出,提并本项。
15	康定蒙藏学校			
其他		五三八,八四一	○○	
1	中央研究院	五〇〇,〇〇〇	○○	
2	中央国术馆第二届国考费	三八,八四一	○○	中央政治会议第二八五此会议提前核定。

共计核定临时费概算数为一,八六四,二五七元正。
注:一、中央教育馆、浙江大学、武汉大学临时费,均经剔除。

郭任远致雪艇部长函

(1933 年 9 月)

雪艇部长勋鉴:

　　查本大学二二年度经费,奉七月十八日钧部令知,业经中央政治会议核定为五十五万余元,平均月支四万六千余元。任远奉令之下惶急万状。查本大学院经费历来均年列七十六万余元,平均每月六万四千余元。自十八年三月份起,至二十年正,均按期照数拨领。但以各学系年级进展亦仅止于足敷最低限度之需要而已。一·二八事变以后□未获照顾领足,遂致欠薪累累,一切设备均不能添置,校舍亦无从修理。任远接事以还,力事节流原期于暑假后将各学系设备择要添置,校舍赶行修理。此次飓风过沪,杭州风势亦甚猛大。本大学建筑奔倒二次,校舍之破坏程度不言而喻,而经费之周展困难达于极点。是以于八月二十一日备文呈请转咨财政部,准予自二十二年度起每月加拨银一万元。顾本年度预算若仅就中央原拨额数暨本校岁入据以核定,一经核减,则中央加拨固失根据,即浙省协款亦无法定基础,是非,请更正预算,〈否〉则本大学将立陷于无办法之绝境。除另文呈请转呈中央准予将本大学二十二年度预算更正,仍照旧将预算以七十六万元九千零九十五元列支外,兹再开录历年实领经费概况一份,委托王秘书世颖赍呈部长,务请鉴核,迅予转呈核准更正,俾维进行,实所厚幸。敬请

崇安

　　概况附一份

郭○○谨启
二十二年九月 日

教育部令
(1933 年 10 月 20 日)

令国立浙江大学:

　　案准浙江省政府咨开:案准贵部第一零零二八号咨:以国立浙江大学请继续补助经费一案,经商允自七月份起由箔税项下每月实拨一万元,请将七八两月各一万元于拨付月份款时,一并补拨。等由;准此。当于本政府委员会第六二二次会议提出,经议讨论如下:(一)本年度七月份起在箔类税应解教育部款项下,移拨浙江大学经费一万元。(二)第六百十六次会议议决,拨借浙江大学修缮校舍费用六万五千无,毋庸拨借。等因。除令财政厅遵照办理外,相应咨复贵部查照。等由;准此。合行令仰知照。

　　此令。

王世杰
中华民国廿二年十月二十日
中华民国教育部印

令国立浙江大学
(1933 年 11 月 7 日)

令国立浙江大学:

案准国民政府主计处函开:查预算章程第二十一条载,各机关编造各机关次年度岁入岁出概算书(第一级概算)各缮具三份,限十一月三十日以前送达各该主管机关,又第二十二条载:"各主管机关审核第一级概算,应分别加具审核意见,汇编各分类岁入岁出概算书(第二级概算)各缮具三份连同第一级概算书各二份,限一月十五日以前送达国民政府主计处。"各等语。现在二十三年度第一级概算瞬届送达之期,应由主管机关从速严令催办。至各主管机关应行编送第二级概算,亦应遵章如期编送,以便本处早日核转,俾二十三年度预算得于年度开始以前正式成立,依法执行。除分行外,相应函请贵部查照办理,并饬属遵照为荷。等由;准此。除分行外,合行令仰遵照。

此令。

王世杰
中华民国廿二年十一月 日
中华民国教育部印

教育部令
(1933 年 11 月 10 日)

令国立浙江大学:

案奉行政院第五二三三号训令开:案奉国民政府第五四五号训令开:为令饬事。案准中央政治会议函开:案准政府核转,教育部转据国立浙江大学呈,以二十二年度预算,请予仍照旧预算数,继续列支一案。经交财政组审查去后,旋据报告称,案缘该校旧预算,原为七十六万九千零九十五元,本年度核定为五十五万八千五百七十六元,系据会查拟列。兹据转请更正前来,经主计处声明,向未准该校造送收支计算书拟列之数,谨据国库月拨及教育部汇报该校收入,合计拟列。而该校原呈所称历年由国、省分拨各情,查浙江省地方二十年度预算第十三项协助费第四目列有该校年拨四十二万元一款,与所称月拨三万五千元时期数目相合,足证该校经费向非仅由国库拨给,拟列之数,既非收支实况,显有错误,自应予以更正。本年度核定假预算,对于国立各大学均□□□□预算旧案,既无虚列,似应仍准照旧案予以恢复。至分拨来源,系地方协助中央数款问题,应由财政部与该省政府协商妥定,改列收入。再,该校收支计算书,不依法造送,遂至有此错误,亦属不合,应由政府注意督饬。等□。复经本会议第三七九次会议决议:照审查意见通过,相应录案函达,请烦查照转令饬遵。等由;准此。自应照办。除函复并分令外,合行令仰该院转饬财政、教育两部遵照。此令。等因;奉此。除分行外,合行令仰该部遵照。等因。该校收支计算书类,应按月造报,并仰遵照。

此令。

王世杰

中华民国廿二年十一月十日

中华民国教育部印

中央核定本年度教育文化经费 经常费一千七百六十五万
临时费一百三十七万六千

(1934 年 9 月 5 日)

行政院顷将中央政治会议核定二十三年度国家普通岁出总概算分表,分别令行各部会遵照。其中关于教育部分第七款教育文化经费数目,探录于下:

岁出经常门

第七款教育文化费计一七,六五八,二三三元,分为六项:

第一项教育部及所属机关二,〇二五,七九二元,分十五目:

①教育部	五二八,〇〇〇元
②东北勤苦学生救济费	三三〇,〇〇〇元
③北平图书馆	三五五,四三二元
④国立编译馆	一四四,〇〇〇元
⑤国立中央图书馆筹备处	四八,〇〇〇元
⑥国立博物院筹备处	二四,〇〇〇元
⑦驻日留学生监督处	二一,六〇〇元
⑧国语统一筹备委员会	二〇,〇〇〇元
⑨古物保管委员会	一二,〇〇〇元
⑩教育部北平档案保管处	三,六〇〇元
⑪南京古物保存所	三,九六〇元
⑫中国童子军总会	八四,〇〇〇元
⑬故宫博物院	三六〇,〇〇〇元
⑭北平天然博物院	四三,二〇〇元
⑮两广地质调查所	四八,〇〇〇元

第二项国立各学校一三,六七四,七四一元,分二十目:

①中央大学	一,七二〇,〇〇〇元
②上海商学院	一一五,六九二元
③上海医学院	二二九,八〇四元
④暨南大学	六三〇,六六四元
⑤同济大学	六七五,八八〇元
⑥浙江大学	七六九,〇九五元
⑦武汉大学	八五七,一〇〇元
⑧山东大学	五三二,七八二元
⑨中山大学	一,七七六,〇〇〇元
⑩杭州艺术专科学校	一二〇,〇〇〇元
⑪音乐专科学校	七二,〇〇〇元
⑫北平大学	一,四五七,一八〇元
⑬北京大学	九〇〇,〇〇〇元
⑭北平师范大学	八九七,七一二元
⑮北洋工学院	二九六,〇〇〇元
⑯北平艺术专科学校	一二〇,〇〇〇元 (由北平大学艺术学院原有经费划拨)
⑰北平蒙藏学校	七二,〇〇〇元
⑱清华大学	一,一三六,二六四元
⑲清华大学留美经费	五九六,六四〇元
⑳四川大学	七二〇,〇〇〇元

第三项国立各研究院一,五六〇,〇〇〇元,分二目:

①中央研究院	一,二〇〇,〇〇〇元
②北平研究院	三六〇,〇〇〇元

第四项蒙藏教育费一二〇,〇〇〇元。

第五项革命功勋子女专案留学经费一六,八〇〇元。

第六项第一预备费二六〇,九〇〇元。

岁出临时门

第七款教育文化费计一,三七六,二四八元,分为二项:

第一项教育部所属机关一二七,八七二元,分二目:

①国立编译馆	四,五六〇元
②故宫博物院	一二三,三一二元

第二项国立各学校一,二四八,三七六元,分七目:

①上海商学院	一,〇〇,〇〇〇元
②浙江大学	一二〇,〇〇〇元
③武汉大学	二〇〇,〇〇〇元
④杭州艺术专科学校	四二,〇〇〇元
⑤音乐专科学校	八〇,〇〇〇元
⑥清华大学	一〇六,三七六元
⑦建设西北农林专科学校	六〇〇,〇〇〇元

《申报》民国二十三年九月五日

呈教育部

(1935 年 11 月 11 日)

　　案奉钧部廿四年发总国玖1第一四二一六号指令,为本大学遵令呈送二十四年度岁出预算分配表祈核转由,内开:呈件均悉。□□□□以凭存转。等因。并发还原送预算分配表三份。奉此。兹遵令经依照定式重行编造二十四年度预算分配表,一式四份,备文呈送钧部,仰祈鉴核,分别存转,实为公便! 谨呈
教育部
　　附呈预算分配表四份

中华民国廿四年　月　日
国立浙江大学印

预算分配表
支付经常门

中华民国二十四年度自二十四年七月一日起至二十五年六月三十日止

编制机关　教育部国立浙江大学　　　　　　　　　　　第 1 页

款	项	目	节	科目	全年预算数	七月份	八月份	九月份	十月份	十一月份	十二月份	一月份	二月份	三月份	四月份	五月份	六月份
1				国立浙江大学经费	769,095												
	1			俸给费	528,000	44,000.00	44,000.00	44,000.00	44,000.00	44,000.00	44,000.00	44,000.00	44,000.00	44,000.00	44,000.00	44,000.00	44,000.00
		1		俸薪	468,000	39,000.00	39,000.00	39,000.00	39,000.00	39,000.00	39,000.00	39,000.00	39,000.00	39,000.00	39,000.00	39,000.00	39,000.00
			1	职薪	99,000	8,250.00	8,250.00	8,250.00	8,250.00	8,250.00	8,250.00	8,250.00	8,250.00	8,250.00	8,250.00	8,250.00	8,250.00
			2	教薪	369,000	30,750.00	30,750.00	30,750.00	30,750.00	30,750.00							
		2		工饷	60,000	5,000.00	5,000.00	5,000.00	5,000.00	5,000.00	5,000.00	5,000.00	5,000.00	5,000.00	5,000.00	5,000.00	5,000.00
			1	饷项													
			2	工资	60,000	5,000.00	5,000.00	5,000.00	5,000.00	5,000.00	5,000.00	5,000.00	5,000.00	5,000.00	5,000.00	5,000.00	5,000.00
	2			办公费	66,996	5,583.00	5,583.00	5,583.00	5,583.00	5,583.00	5,583.00	5,583.00	5,583.00	5,583.00	5,583.00	5,583.00	5,583.00
		1		文具	7,800	650.00	650.00	650.00	650.00	650.00	650.00	650.00	650.00	650.00	650.00	650.00	650.00
			1	纸张	4,800	400.00	400.00	400.00	400.00	400.00	400.00	400.00	400.00	400.00	400.00	400.00	400.00
			2	笔墨	960	80.00	80.00	80.00	80.00	80.00	80.00	80.00	80.00	80.00	80.00	80.00	80.00
			3	簿籍	600	50.00	50.00	50.00	50.00	50.00	50.00	50.00	50.00	50.00	50.00	50.00	50.00
			4	杂品	1,440	120.00	120.00	120.00	120.00	120.00	120.00	120.00	120.00	120.00	120.00	120.00	120.00
		2		邮电	2,700	225.00	225.00	225.00	225.00	225.00	225.00	225.00	225.00	225.00	225.00	225.00	225.00
			1	邮费	720	60.00	60.00	60.00	60.00	60.00	60.00	60.00	60.00	60.00	60.00	60.00	60.00
			2	电费	1,980	165.00	165.00	165.00	165.00	165.00	165.00	165.00	165.00	165.00	165.00	165.00	165.00
		3		消耗	28,200	2,350.00	2,350.00	2,350.00	2,350.00	2,350.00	2,350.00	2,350.00	2,350.00	2,350.00	2,350.00	2,350.00	2,350.00
			1	灯火	15,000	1,250.00	1,250.00	1,250.00	1,250.00	1,250.00	1,250.00	1,250.00	1,250.00	1,250.00	1,250.00	1,250.00	1,250.00
			2	茶水	3,000	250.00	250.00	250.00	250.00	250.00	250.00	250.00	250.00	250.00	250.00	250.00	250.00
			3	薪炭	6,900	575.00	575.00	575.00	575.00	575.00	575.00	575.00	575.00	575.00	575.00	575.00	575.00
			4	油脂	3,300	275.00	275.00	275.00	275.00	275.00	275.00	275.00	275.00	275.00	275.00	275.00	275.00
		4		印刷	4,200	350.00	350.00	350.00	350.00	350.00	350.00	350.00	350.00	350.00	350.00	350.00	350.00
			1	刊物	1,800	150.00	150.00	150.00	150.00	150.00	150.00	150.00	150.00	150.00	150.00	150.00	150.00

编制日期　中华民国 24 年 11 月 11 日

机关长官　校长郭　　　　总务长　　　　会计主任　孙恒

预算分配表
支付经常门

第 2 页

编制机关 教育部国立浙江大学

中华民国二十四年度自二十四年七月一日起至二十五年六月三十日止

款	项	目	节	科目	全年预算数	七月份	八月份	九月份	十月份	十一月份	十二月份	一月份	二月份	三月份	四月份	五月份	六月份
			2	杂件	2,400	200.00	200.00	200.00	200.00	200.00	200.00	200.00	200.00	200.00	200.00	200.00	200.00
	5			租赋	2,076	173.00	173.00	173.00	173.00	173.00	173.00	173.00	173.00	173.00	173.00	173.00	173.00
		1		房屋	1,560	130.00	130.00	130.00	130.00	130.00	130.00	130.00	130.00	130.00	130.00	130.00	130.00
		2		土地	240	20.00	20.00	20.00	20.00	20.00	20.00	20.00	20.00	20.00	20.00	20.00	20.00
		3		场圃	276	23.00	23.00	23.00	23.00	23.00	23.00	23.00	23.00	23.00	23.00	23.00	23.00
	6			修缮	13,500	1,125.00	1,125.00	1,125.00	1,125.00	1,125.00	1,125.00	1,125.00	1,125.00	1,125.00	1,125.00	1,125.00	1,125.00
		1		房屋	10,500	875.00	875.00	875.00	875.00	875.00	875.00	875.00	875.00	875.00	875.00	875.00	875.00
		2		车辆	1,800	150.00	150.00	150.00	150.00	150.00	150.00	150.00	150.00	150.00	150.00	150.00	150.00
		3		器械	1,200	100.00	100.00	100.00	100.00	100.00	100.00	100.00	100.00	100.00	100.00	100.00	100.00
	7			交通	3,060	255.00	255.00	255.00	255.00	255.00	255.00	255.00	255.00	255.00	255.00	255.00	255.00
		1		旅费	2,400	200.00	200.00	200.00	200.00	200.00	200.00	200.00	200.00	200.00	200.00	200.00	200.00
		2		运费	660	55.00	55.00	55.00	55.00	55.00	55.00	55.00	55.00	55.00	55.00	55.00	55.00
	8			杂支	5,460	455.00	455.00	455.00	455.00	455.00	455.00	455.00	455.00	455.00	455.00	455.00	455.00
		1		广告	960	80.00	80.00	80.00	80.00	80.00	80.00	80.00	80.00	80.00	80.00	80.00	80.00
		2		报纸	900	75.00	75.00	75.00	75.00	75.00	75.00	75.00	75.00	75.00	75.00	75.00	75.00
		3		杂费	3,600	300.00	300.00	300.00	300.00	300.00	300.00	300.00	300.00	300.00	300.00	300.00	300.00
3				购置费	120,000	10,000.00	10,000.00	10,000.00	10,000.00	10,000.00	10,000.00	10,000.00	10,000.00	10,000.00	10,000.00	10,000.00	10,000.00
	1			器具	19,200	1,600.00	1,600.00	1,600.00	1,600.00	1,600.00	1,600.00	1,600.00	1,600.00	1,600.00	1,600.00	1,600.00	1,600.00
		1		家具	12,000	1,000.00	1,000.00	1,000.00	1,000.00	1,000.00	1,000.00	1,000.00	1,000.00	1,000.00	1,000.00	1,000.00	1,000.00
		2		器皿	500	125.00	125.00	125.00	125.00	125.00	125.00	125.00	125.00	125.00	125.00	125.00	125.00
		3		机件	900	75.00	75.00	75.00	75.00	75.00	75.00	75.00	75.00	75.00	75.00	75.00	75.00
		4		杂件	2,400	200.00	200.00	200.00	200.00	200.00	200.00	200.00	200.00	200.00	200.00	200.00	200.00
		5		车辆	2,400	200.00	200.00	200.00	200.00	200.00	200.00	200.00	200.00	200.00	200.00	200.00	200.00
	2			学术设备	100,800	8,400.00	8,400.00	8,400.00	8,400.00	8,400.00	8,400.00	8,400.00	8,400.00	8,400.00	8,400.00	8,400.00	8,400.00

编制日期 中华民国 24 年 月 日　机关长官　总务长　会计主任

第 3 页

预算分配表
支付经常门

编制机关 教育部国立浙江大学　　中华民国二十四年度自二十四年七月一日起至二十五年六月三十日止

款	项	目	节	科目	全年预算数	七月份	八月份	九月份	十月份	十一月份	十二月份	一月份	二月份	三月份	四月份	五月份	六月份
			1	图书	33,000	2,750.00	2,750.00	2,750.00	2,750.00	2,750.00	2,750.00	2,750.00	2,750.00	2,750.00	2,750.00	2,750.00	2,750.00
			2	仪器	60,000	5,000.00	5,000.00	5,000.00	5,000.00	5,000.00	5,000.00	5,000.00	5,000.00	5,000.00	5,000.00	5,000.00	5,000.00
			3	机械	4,800	400.00	400.00	400.00	400.00	400.00	400.00	400.00	400.00	400.00	400.00	400.00	400.00
			4	标本	1,500	125.00	125.00	125.00	125.00	125.00	125.00	125.00	125.00	125.00	125.00	125.00	125.00
			5	体育用品	1,500	125.00	125.00	125.00	125.00	125.00	125.00	125.00	125.00	125.00	125.00	125.00	125.00
4				营造费	9,000	750.00	750.00	750.00	750.00	750.00	750.00	750.00	750.00	750.00	750.00	750.00	750.00
		1		房屋	6,000	500.00	500.00	500.00	500.00	500.00	500.00	500.00	500.00	500.00	500.00	500.00	500.00
			1	房屋	6,000	500.00	500.00	500.00	500.00	500.00	500.00	500.00	500.00	500.00	500.00	500.00	500.00
		2		场圃	3,000	250.00	250.00	250.00	250.00	250.00	250.00	250.00	250.00	250.00	250.00	250.00	250.00
			1	场圃	3,000	250.00	250.00	250.00	250.00	250.00	250.00	250.00	250.00	250.00	250.00	250.00	250.00
5				特别费	9,915	826.25	826.25	826.25	826.25	826.25	826.25	826.25	826.25	826.25	826.25	826.25	826.25
		1		特别办公费	2,400	200.00	200.00	200.00	200.00	200.00	200.00	200.00	200.00	200.00	200.00	200.00	200.00
			1	特别办公费	2,400	200.00	200.00	200.00	200.00	200.00	200.00	200.00	200.00	200.00	200.00	200.00	200.00
		2		汇兑费	150	12.50	12.50	12.50	12.50	12.50	12.50	12.50	12.50	12.50	12.50	12.50	12.50
			1	汇兑费	150	12.50	12.50	12.50	12.50	12.50	12.50	12.50	12.50	12.50	12.50	12.50	12.50
		3		医药费	300	25.00	25.00	25.00	25.00	25.00	25.00	25.00	25.00	25.00	25.00	25.00	25.00
			1	医药费	300	25.00	25.00	25.00	25.00	25.00	25.00	25.00	25.00	25.00	25.00	25.00	25.00
		4		招待费	600	50.00	50.00	50.00	50.00	50.00	50.00	50.00	50.00	50.00	50.00	50.00	50.00
			1	招待费	600	50.00	50.00	50.00	50.00	50.00	50.00	50.00	50.00	50.00	50.00	50.00	50.00
		5		奖赏费	600	50.00	50.00	50.00	50.00	50.00	50.00	50.00	50.00	50.00	50.00	50.00	50.00
			1	奖赏费	600	50.00	50.00	50.00	50.00	50.00	50.00	50.00	50.00	50.00	50.00	50.00	50.00
		6		其他	5,865	488.76	488.76	488.76	488.76	488.76	488.76	488.76	488.76	488.76	488.76	488.76	488.76
			1	其他	5,865	488.76	488.76	488.76	488.76	488.76	488.76	488.76	488.76	488.76	488.76	488.76	488.76
6				实验费	35,184	2,932.00	2,932.00	2,932.00	2,932.00	2,932.00	2,932.00	2,932.00	2,932.00	2,932.00	2,932.00	2,932.00	2,932.00

编制日期 中华民国 年 月 日　　机关长官　　总务长　　会计主任

预算分配表
支付经常门

中华民国二十四年度自二十四年七月一日起至二十五年六月三十日止

第 4 页

编制机关　教育部国立浙江大学

款	项	目	节	科目	全年预算数	七月份	八月份	九月份	十月份	十一月份	十二月份	一月份	二月份	三月份	四月份	五月份	六月份
		1		实验用品	17,304	1,442.00	1,442.00	1,442.00	1,442.00	1,442.00	1,442.00	1,442.00	1,442.00	1,442.00	1,442.00	1,442.00	1,442.00
			1	实验用品	17,304	1,442.00	1,442.00	1,442.00	1,442.00	1,442.00	1,442.00	1,442.00	1,442.00	1,442.00	1,442.00	1,442.00	1,442.00
		2		实验消耗	17,280	1,440.00	1,440.00	1,440.00	1,440.00	1,440.00	1,440.00	1,440.00	1,440.00	1,440.00	1,440.00	1,440.00	1,440.00
			1	实验消耗	17,280	1,440.00	1,440.00	1,440.00	1,440.00	1,440.00	1,440.00	1,440.00	1,440.00	1,440.00	1,440.00	1,440.00	1,440.00
		2		研究费	600	50.00	50.00	50.00	50.00	50.00	50.00	50.00	50.00	50.00	50.00	50.00	50.00
			1	研究费	600	50.00	50.00	50.00	50.00	50.00	50.00	50.00	50.00	50.00	50.00	50.00	50.00
				总计	769,095	64,091.25	64,091.25	64,091.25	64,091.25	64,091.25	64,091.25	64,091.25	64,091.25	64,091.25	64,091.25	64,091.25	64,091.25

编制日期 中华民国 年 月 日

机关长官　总务长　会计主任

第一款第一项第一节说明

校长一人支 600 元(教务长、军事管理处处长均由校长兼任,不支薪),总务长一人支 350 元,秘书一人支 300 元;文书、事务、会计、医疗、图书馆主任六人平均各支 260 元;军事管理处处员四人平均约各支 90 元;六课课员二十二人,平均约各支 100 元;助理员十九人,平均约各支 50 元;书记十七人,平均约各支 40 元;各系、各场、室技术及管理员 25 人,平均约各支 50 元;合计每月共支 8250 元。

第一款第一项第二节说明

□文理学院院长由校长兼任,不支薪;工、农两学院院长各一人,各支 450 元;文理学院内分外国语文学、教育、数学、物理、化学、生物六学系,聘请教授、副教授、讲师、助教计六十五人,约支 11,000 元。工学院内分电机工程、化学工程、土木工程、机械工程四学系,聘请副教授、讲师、助教约计四十八人,约共支 8,500 元;农学院内分农业植物、农业动物、农业社会三学系,聘请副教授、讲师、助教约四十五人,约共支 7,800 元。三院公共学科教员约共 10 人,约共支 1,320 元;军训、体育教官约共 10 人,约共支 1,250 元。合计每月共支 30,750 元。

第一款第一项二目二节说明

全校普通勤务工约计 170 人,平均约各支 14 元,共支 2380 元。工院各实验工场职工及□工工资约共支 1,100 元。农院暨湘湖农场职工□□□工资共支 1,520 元。合计每月共支 5,000 元。

浙江大学档案馆藏 L053-001-3686

2. 经费困难

积极进行中之本大学经费问题

(1931 年 2 月 21 日)

本大学经费向由浙江省财政厅就代征国税项下按月划拨,自全国裁厘后,本大学经费是否仍归浙江省财政厅划拨,业经一再呈请教育部转咨财政部核办一节,已志本刊第三十八期。兹奉教育部两次指令谓本大学经费划拨机关已先后据情准催财政部迅予核办,一俟咨复过部再行遵饬云云。现一月已经过去,本校经费枯窘万状,学校当局及教职员竭力设法,谋速解决。最近进行事项,约分三端:

一、请财部指定浙江省印花烟酒税局为本校拨费机关

本校当局见本月四日报载,三日行政院行十一次国务会议据教育部呈为拟定保障教育经费独立办法,凡向由国家正税或附税项下指拨之教育专款,如厘金及盐烟酒等税附捐,在未筹定确实抵补办法以前,应指定当地国税机关照原定实数拨给,免致教育停顿,当应请鉴核示遵案,决议令财政部照办。是本大学经费应由浙江省何项国税机关划拨,自应静候财政部予以指定。惟本校经费异常竭蹶,急待指定机关拨款救济。近查浙江省印花烟酒税局成立已久,收数亦旺,若指定该局按月划拨本大学经费,殊属轻而易举。故特呈请教育部转咨财政部,请即指定本大学经费按月由浙江省印花烟酒税局划拨,并将一月份应领经费克日拨给。此事已奉教育部指令第四五九号谓业经据情咨请财政部查核办理矣。

二、在财部未确定办法以前本校经费仍请浙省府照常拨给

中央在浙各机关如军政部、浙江陆军监狱、参谋本部浙江陆地测量局、镇海区要塞司令部、军政部驻杭陆军医院、军政部驻浙军械局等，亦因裁厘之后，经费发生问题，以有同舟之谊，来函邀请本大学派员共筹妥善办法。当由本大学陈伯君秘书长前往出席，议定除电军政部、参谋本部、教育部沥陈经费困难情形，并积欠请期江省政府迅予补给外，再具节略于浙江省政府张主席，恳予维持继续拨发。

致参谋本部、军政部及教育部电

首都参谋本部总长朱，军政部部长何，教育部兼部长蒋钧鉴：

窃查职局等之经费，向由浙省府分别划拨，历经办理在案。兹准浙财厅函开：现当裁厘之后，国税已无代收，自本年一月份起，关于贵处应领经费，已呈请省政府转咨财政部核办。等由。职局等之经费，自上年起，或积欠二三月或四五月不等，现状均难维持，一月份以后经费如何划拨，若不迅速解决，势必陷于停顿。理合电请钧长迅予会商财政部、从速核定办法，在未确定办法以前，先行电令浙省财厅照常筹发。肃电谨呈，并乞电令祗遵。

> 参谋本部浙江陆地测量局长王雍皡
> 军政部镇海要塞司令孙星环
> 驻杭陆军医院长孙序裳
> 浙江陆军监狱长陆宗贽
> 驻浙军械局长周承稷
> 国立浙江大学校长邵裴子
> 同叩冬印

致浙江省政府张主席节略

谨略者：

案查敝校等之经费，向由浙财厅按月在征收国税项下划出，分别由贵政府或由厅径行拨发，历经办理在案。兹准浙财厅函开：现当裁厘之后，国税部分已无代收款项，自本年一月起，关于贵处应领经费，已呈请省政府转咨财政部核办。等由。查敝校等六处机关，所领经费，由贵政府划拨以来，历有年所，向来均按月具领，自上年起或积欠二三月或四五月不等，现状均属难以维持。兹准前由，自应静候核转遵照。惟敝校等在未奉中央直辖长官司命令以前，所有经费，仍请主席设法继续办理，并恳迅予补拨以资周转而维现状。所有敝校等经费困难缘由，兹特缮具节略，送请主席察照示复，俾便遵办，实深公感，谨陈

浙江省政府主席张

> 国立浙江大学校长邵裴子
> 军政部镇海区要塞司令孙星环

参谋本部浙江少陆地测量局长王雍皞
军政部驻杭陆军医院院长孙序裳
军政部浙江陆军监狱长陆宗赟
军政部驻浙军械局长周承稷
中华民国二十年二月四日

三、请浙省府拨发本校十九年度欠费及历年欠积

　　浙省于十九年度截至二十年一月三十一日止欠发本校经费尚有三个月之多,至历年短发经费共达银二十六万余元。此次文理、工、农三学院教职员代表及秘书处职员代表郑宗海、王钧豪、朱昊飞、陈伯君等于一月二十五日,在大学俱乐部开会讨论救济本校经费办法,佥谓在二十年一月份起本大学发费机关未经财部指定以前,应请浙江省政府饬令财政厅将本大学十九度应领之经费尽先筹发,并将历年短发之经费分期补发,以济眉急。当即拟具节略前往省政府请愿,结果允将十九年度应领欠费尽先筹拨而已。节略原文摘录於后:
谨略者:
　　查教育为立国之大本,现值国家统一之初,政府规划久远,首重教育,公私言论,莫不以此为言,凡在教育界同人,咸知感奋,兢兢业业,欲以佐国家无穷之休。顾如整顿及发展教育,必须宽筹经费,按时发给,使为教职员者不致以生事之忧分其心力,学校得有相当之图书仪器等设备,以供师生教学之资,然后朝研夕讨,纯朴之学风可以养成,而人才蔚起,足以供国家之用。主席前在湖北财政厅任内,关怀教育,对于教育经费,绝不蒂欠,并将以前积欠,完全清理,同人逖听下风,凤深佩仰!关于教育经费之重要,固早在洞察之中,不待深述。浙江教育经费,年来每延欠一二个月,去年则常欠至三四个月,而每次发给率不过一个月之二成五,学校领得一个月之四分之一经费,既欲发给教职员薪俸,又欲购办图书仪器及为其他日常行政之需,诚为杯水车薪,无济于事,此其困难情形,不可言喻。现在各学校甫于前日领到去年十月份最后之二成五经费,而本月份已届终了,仍积欠至三个月。省政府于财政万分困难之中,格外重视教育,对于教育经费之筹发,除军警费外,常居最先,主席履任月余,亦已筹发一个月之经费,闻省政府以下各行政机关之经费,尚有未领至去年十月份者,省政府及主席之盛意,教育界全体感劭同深。但各行政机关之经费,虽有欠发,而各机关或因本身自有收入,或因历年颇有节余款项,得资周转,对于职员薪俸,尚能按月垫发。学校预算之大部分为教职员薪俸,而教职员薪俸系按照学生班数及授课钟点计算,无可减省;此外可以流用之经费,除日常行政必需外,对外增加敬〔教〕学上切要之设备,常苦不足,遑论节余?近来金价昂涨,学校向国外购买图书仪器,其价值骤增数倍,故尤感困难。加以学校本身为绝对消费之机关,除每学期开始时征收学生学费为数有限外,别无何等收入,全恃政府按时发给经费,以为开支。种种情形殊有未可与各行政机关比量齐观者。于此更欲为主席陈明者:浙江大学现有三学院及附设之高中部及工场、农林场,现行岁出经常费预算,全年为七十六万九千另九十五元,就表面言之,仍亦不为过少。但浙江大学为新办之学校,开办之时,工农学院仅各领到开办费一万元,文理学院仅领到五万元,所有种种必需之设备,均须逐年购办。现学生已逐年增多,而预算亘两年未有增加,即预算内之经费,逐年亦均有积欠,东移西补,学校当局实已穷于应付,故现在学校经费虽已领到去年十月份,而如文理学院教职员之薪俸,

则仅发至九月份,各院负欠国内外厂店之款项,积券盈尺,催索之函电,纷至沓来,致使同人供职国家学府,时不能不以仰事俯畜为忧,而学校之设备简陋,尤足使教育之效率减低,学校之本身,更如才马不可终日,此诚同人所为惶悚而万分不安者也。现在本学期即将终了,正值学校结束之时,同人迫于自身之困难,懔于应有之职责,仰体政府重视教育之热心,怵于学校危险之情状,不得已推举代表,谨具节略,渎陈主席,务恳俯念所陈困难情形,准予饬令财政厅,于本学期结束以前,将浙江大学应领之三个月经费,尽先筹发并将历年短发浙江大学之经费分期补发,以济急需而维教教〔育〕,实为公德两便! 至浙江大学历年短领之经费数目,另纸开列。谨呈

浙江省政府主席张

国立浙江大学教职员代表

郑宗海 王钧豪 朱昊飞 陈伯君 谨具

中华民国二十年一月三十日

　　注:按本大学历年照核定预算数短发经费共计银二十六万四千四百二十九元四角六分八厘。

《国立浙江大学校刊》第四十二期,民国二十年二月二十一日

浙大学系因费影响进展

(1931 年 2 月 23 日)

　　国立浙江大学以受预算不敷及经费延欠之影响,所有□□之学院学系其依年级进展应添设之课程与设备,均不能如期完成,尤以文理学院之史学与政治学及经济学系为尤甚,并以预计十九年度经常费预算,即使能照教育部核定数通过,文理学院今年所增不过六万元。各学系既均有待于扩充,对于该两学〈系〉仍不能有充足之课程与设备。大学为顾全该两学系学生学业计,已令三年级学生分往其他各国立大学之设有这样学系而课程较为丰富、设备较为完全者借读。照该大学规定办法,在借读学校修满主副各科学分,由借读学校各将各该生成绩报告该大学,浙江〔大〕照章核给毕业证书,其一、二年级生已令举行转学其他国立大学。惟此项转学与自愿转学者情形不同。故特由浙大呈请教育部令此两学系各学生所愿借读或转入之各国立大学,将已有之年级与已修之学分予以承认,如转入之学校一、二年级课程,该生等尚有缺少,自可令其补习。万一别有窒碍难行之处,则一律作为借读,与三年级同样办理。此事已奉教育部指令照准,并已分别令饬各该大学遵办矣。闻该两学系学生转入国立北京大学者四人,转入国立中央大学者二十五人,转入中央大学商学院者一人云。

《新闻报》民国二十年一月二十三日

本大学教职员电请中央迅即指定本校发费机关
(1931 年 3 月 14 日)

本大学经费虽迭经电呈中央核示办法,迄今尚无着落。教职员全体佥认经费无着,关系学校前途至大,近特电呈蒋主席请转财政部迅即指定发费机关,并将本年一月份起本校应领经费迅即拨发,以资应用。原电照录如左:

南京蒋主席钧鉴:

浙江大学经费向由浙江省财政厅就代收国税项下按月划拨,自本年一月裁厘后,财厅以无代收国税款项,不再继续划拨,迭由校长呈请教育部转请财政部从速指定发费机关,并曾赴京及径电财政部请示办法,教职员代表亦曾电呈教育部钧兼部长,沥陈危急情形。呼吁数月,不得要领。学校经费无着,已频绝境。浙江大学办理数年,兢兢焉以造成一完善之高深学术研究机关,为国家培植确切有用之人才是务,现在基础已立,学风亦尚称纯朴。虽限于经费,不能迅速发展,而日积月累,前途极有良好之希望。钧座重视教育,亲兼部务,必不忍见一有希望之国立大学,因经费无着陷于停顿。浙江开办大学,为全省有识人士多年一致之想望。幸国军底定浙江后,即设一国立大学,为国家研究高深学术之机关,即所以提高本省文化。钧座桑梓之邦,亦必不忍见其半途而废,致辜全省人民之望。特用电请钧座,务恳迅即饬下财政部,即日确定发费机关,将一月份起经费拨发应用,俾得继续进行,不胜迫切待命之至。

国立浙江大学文理学院、工学院、农学院,秘书处、院长、副院长、秘书长、各主任

李熙谋	谭熙鸿	张绍忠	陈伯君	佘坤珊	郑宗海
陈建功	程延庆	贝时璋	郭任远	李寿恒	吴馥初
赵曾钰	王钧豪	张祖荫	陈大燮	许璇	于矿
吴耕民	王金吾	孙从周	杨靖孚	周应璜	钟观光
		孙信	俞子夷	汤子枚	等同叩(真)

《国立浙江大学校刊》第四十五期,民国二十年三月十四日

本大学经费问题
(1931 年 3 月 28 日)

浙财厅说省库艰窘,无力负担,营业税又完全为省地方税,系补裁厘后省方之损失,现且尚未开征。本大学经费由浙江省营业税项下筹备详情,曾载本刊第四十六期。兹将财厅复函,以本省库储艰窘,无力负担为辞,并云已呈请省政府转咨财政部另行指拨,以免无着。至其呈省府文中,略说"国立浙江大学及所属各院、场,为中央直辖之教育机关,其经费向就本省代征国税项下划拨,自裁厘以后,不独国税已无代征之款,即省税方面,损失附加等项,收入亦大为减少。现在省库艰窘,达于极点,且营业税完全为省地方税,现在尚未开征,将来开征之后,收入税款,以之抵补裁厘损失,相去悬殊。在省府言,方请求补助之不遑,安有余力可以负担。所有国立浙江大学及所属各院、场经费,应仍请中央另行指拨,以免无着"云云。

现在校中经济情形,已达无可维持之境,本校邵校长特又亲自赴京,与中央当局解决此项问题。希望于最短期内指定拨款机关及拨发本年一月份起各月应领经费。最近校中复电财、教两部吁请迅予解决。俾免陷於停顿。原电分载如左:

电财政部

南京财政部宋部长勋鉴:

元电奉悉。敝校经费,承令浙江财政厅由浙省营业税项下筹拨,比与财厅接洽,并函达去后,顷准函复,以现在省库艰窘,达于极点,营业税尚未开征,将来收入税款亦无余力负担敝校经费,应仍请中央另行指拨,以免无着。等语。呈请省府转咨大部核办。敝校经费,久悬无着,需用急迫,已届无可维持,务请迅赐解决,俾免陷于停顿。不胜盼祷!

国立浙江大学叩样印

电教育部

南京教育部钧鉴:

奉钧部令知,准财部咨属校经费已令浙江财政厅在浙省营业税项下按月筹拨。等因。并先奉财部电同前因,嘱就近接洽。比与财厅接洽,并函达去后,顷准函复,以现在省库艰窘,达于极点,营业税尚未开征,将来收入税款,亦无余力负担属校经费,应仍请中央另行指拨,以免无着。等语。呈请省政府转咨财政部核办。属校经费,久悬无着。需用急迫,已届无可维持,务恳就商财政部,迅赐解决,俾免陷于停顿。不胜盼祷!

国立浙江大学叩样印

《国立浙江大学校刊》第四十七期,民国二十年三月二十八日

财政部最近对于本大学经费之办法
(1931 年 4 月 11 日)

本大学经费自奉财政部元电(载本刊第四十六期)已令浙江省财政厅在浙江省营业税项下筹拨后,节经函准财政厅函复以省库艰窘,无力负担,已呈请省政府转咨财政部另行指拨等情已志本刊。兹奉财政部冬电,原文如左:

浙江大学公鉴:

漾电悉。贵校经费顷已与教育部议定,自三月份起,按月由部拨发三万元,不足之数,由省方筹拨。一俟浙省营业税开办,再全数由营业税项下拨抵。除已分别咨令教育部及浙江财政厅外,希即查照洽办。

财政部冬印

本大学奉电后,即就近分别与浙江省财政厅及浙江省政府接洽,谅不难圆满解决也。

《国立浙江大学校刊》第四十九期,民国二十年四月十一日

浙大经费定有办法
(1931 年 4 月 22 日)

(南京)浙大经费每月六万五千元,因裁厘影响无着落。惟以浙大办理成绩尚佳,该校经费已定由国、省各半负担,财长王潋莹日内将来京商洽该校经费问题。

《新闻报》民国二十年四月二十二日

浙大经费将由国省分担
(1931 年 4 月 23 日)

浙江大学校长邵斐子为该校经费无着,特于一月前来京向教育部请示。缘该校每月经费约六万五千元,向由浙省府于国库项下拨付。自国府通令裁厘后,校费即无着落。现闻蒋兼代部长以浙大办理三年,成绩尚佳,其经费决由国省各半负担。浙江省财政厅厅长王潋莹将于日内应召来京,商洽该校经费问题云。

《新闻报》民国二十年四月二十三日

浙大经费已拨 教潮可望解决
(1932 年 6 月 11 日)

(本报十日南京电)浙大罢教后,经教部电浙财厅速拨款接济,该部顷接杭息,财厅已拨二万元,教潮可望解决。

《民报》民国二十一年六月十一日

浙大经费有望
(1932 年 10 月 23 日)

(中央社杭州通讯)国立各大学经费上学期因国难紧急,政府减成发给,均感困难。六月中校长会议时,各校长面向汪院长、宋部长陈述,深得谅解,面允自本年七月起十足发放,不再拖欠。七月以后,中央已实践前诺,七、八、九三月经费均如期发放,各大学得以循轨进展。惟浙大情形稍有不同。因浙大经费由中央拨发者只三万元,由财政厅拨发者三万五千元,中央之一部分虽按月汇来,而财政厅方面则迄今只到七月份之一半。以此其他国立大学经济

情形已稍裕，而浙大则困难犹昔。此次财政厅周厅长赴汉谒蒋委员长，面商救济浙江财政办法。浙大程校长乃电致蒋委员长，请其面嘱周厅长，将浙大经费按月拨清，俾大学设备可以充实，学风得以蒸蒸日上。昨程校长接蒋委员长复电，谓已照办。似此浙大经济情形，或可渐入佳境也。

《中央日报》民国二十一年十月二十三日

经费交涉的经过和本校最近应注意的事件：程校长在纪念周报告
（1932 年 11 月 26 日）

兄弟因为交涉本大学经费到南京去，所以前二次纪念周没有参加。现在将兄弟到南京去交涉经费的情形以及本校最近应注意的事向各位简单的报告一下。

（一）自民国二十一年度起，本大学由教育部拨发的一部分经费，都是按月汇到。这种情形，不但浙江大学如此，全国各国立大学莫不如此。自从汪院长、宋部长在今年夏天允许各大学按月拨发经费之后，从没有失过信用。本大学由财政部拨发的经费，固然按月有把握，但财政厅的三万五千元，还是不能按月拨发，这是由于浙江财政的困难。所以不单是本大学的经费不能发给，就是其余浙省各机关也是同一情形。过去几个月全国各国立大学因为能按月领到经费，所以内部安定，都可有相当的进展；而本大学因为不能按月领到浙江财政厅经费，还是时时觉到困难。现在本大学的情况与全国任何国立大学相比较，真觉得有相形见拙〔绌〕之概。因此兄弟与本校负行政责任的诸先生商议，认为惟有请求财政部负担本大学全部经费，才能解除本校的困难，兄弟这次到南京去就是负着这个使命的。

本来浙江大学是国立的大学，国立大学的经费由国库拨给是很有理由的，不过照现在中央财政状况，而请求中央财政部按月多发三万五千元经费，也不是一件容易的事。浙江的财政固然是困难，中央目前的财政未始不困难。我们固然知道中央财政是困难的，然而我们总相信请求中央按月增加三万五千元为浙大经费不是绝对不可能的事。兄弟抱着这个希望到南京去交涉，可是兄弟刚到南京那一天，宋代院长已经动身到汉口去了，当时财政部没有负责的人，不得已只有候宋院长回南京后再行面请。兄弟在没有会到宋代院长以前，顺便与朱部长——朱部长虽然新任交通部部长，但是教育部新部长未就职以前，仍由朱部长兼任——谈及浙大经费困难的情形，以及请求的希望，当时朱部长告诉兄弟说："现在中央财政困难，不要说浙江大学请求增加三万五千元，就是国立编译馆请求拨发五千元经常费，交涉了好多时，现在还没有着落。现在浙江大学来请求增加三万五千元，恐怕是不易如愿的。"

本月十五日宋部长由杭州回南京出席行政院会议，会议完毕后，兄弟就面谒宋代院长，说明浙江大学二十一年度四个月的财政情形，以及请求中央财政部增加浙大经费的希望。宋部长一听到请求增加经费之后，连连摇头，表示中央在目前是不能增加的；同时说，浙江财政是困难，中央也是一样困难。第二日在中央政治会议遇到宋部长，兄弟又将浙大的情形和希望重复说明，并且说明全国各国立大学的经费都由财政部发给，而浙江大学因为历史关系有些特殊，按理也应该由中央负担的。全国各国立大学校因为按月能领到中央所发给的经费,财政一方面的难题是解决了,财政问题一解决,一切事业都容易上轨道,容易求进步。现在惟有浙江大学因为浙江财政厅不能按月发〔拨〕发,以至浙大每月必须要的开支,不能按月发〔拨〕付,其他一切迫切的设备,也无法建设,因此请求财政部按其他国立大学的例将全部浙江大学的经费由中央财政部拨发。经兄弟几次说明,宋部长略有转意,但是表示要财政部立刻将浙江大学全部经费负担起来是不可能的。兄弟接着就要求,如果财政部不能将浙江大学的经费全部负担起来,那末〔么〕在三万元以外,至少增发若干。当时宋部长允许自本月份起每月由部加发一万五千元。本大学原由财政部每月发三万元,现在增加一万五千元,合计四万五千元。此次请求,虽然没有达到我们原有的希望,但是已经增加了一万五千元有把握的款项,于大学经济前途很有补助。

(下略)

《国立浙江大学校刊》第一百一十三期,民国二十一年十一月二十六日

财部加拨浙大经费万五千

(1932 年 12 月 3 日)

教部昨指令浙江大学,以该校经费经财部允自十一月份起加拨一万五千元,余款仍向浙财厅请领。特令。仰遵照。

《民报》民国二十一年十二月三日

财部宋部长复程校长函

(1932 年 12 月 3 日)

天放先生惠鉴:

接奉手书,只悉种切。浙大经费困难,重以台嘱,自应设法维持! 现已饬司自本月份起按月增拨一万五千元! 借资应用。专此复闻,即希察照,顺颂勋绥!

宋子文启

十一月二十五日

《国立浙江大学校刊》第一百一十四期,民国二十一年十二月三日

浙大经费待筹划

(1933 年 1 月 31 日)

浙江大学经费向由国省分担。近年来省地方收入不敷支出、逐月拖欠甚巨。兹浙江省政府对于各种经费大事紧缩,对于浙江大学经费在省地方支出项内予以删除,将来归财政部

支付。惟中央财政亦同感困难,骤增数十万支出,仍有难于应付之困苦。校长程天放曾于日前赴京,与教育、财政两部接洽经费问题,尚无结果。盖目下省方对于是费已有裁撤之主张,尚未呈报中央,须俟中央作最后之决定后再筹办法云。

《新闻报》民国二十二年一月三十一日

浙省府接济浙大经费
(1933 年 3 月 6 日)

(中央五日杭州电)浙大经费拮据,现省府已定自一月份起按月接济万元。

《民报》民国二十二年三月六日

省府拨补本校经费每月万元
(1933 年 3 月 11 日)

本大学经费自沈秘书长连日与省政府及财政厅商洽后,颇得各方之赞助。兹悉省政府委员会于三月三日会议议决,自一月份起,每月暂拨本大学经费一万元,以济急需。此数虽距本大学每月经常需要相差尚多,然省府财厅能于本省财政万分困难之际,有此毅然相助之举,其赞助教育之热忱,殊堪钦佩云。

《国立浙江大学校刊》第一百二十五期,民国二十二年三月十一日

洛氏基金会资助研究
(1933 年 5 月 13 日)

洛氏基金董事会副会长耿士楷博士曾于三月三十日来校参观,当时因时间关系,仅参观文理学院一院。耿氏对于我校研究精神极表赞许,闻拟捐款六千元补助本大学专门研究之用。耿氏并拟于五月十五十六两日来杭,参观工学院及农学院,届时当又有所讨论也。

《国立浙江大学校刊》第一百三十三期,民国二十二年五月十三日

3. 笕桥农学院迁让费

教育部令(第一三七四四号)

(1933 年 12 月 28 日)

令国立浙江大学:

　　呈一件。呈报本大学农学院作价让与军政部航空署情形,请鉴核备案由。呈件均悉。应予备案。附件存。

　　此令。

部长王世杰

中华民国廿二年十二月 日

教育部印

浙江大学档案馆藏 L053-001-2114

呈教育部

(1934 年 8 月 21 日)

　　案查本大学笕桥农学院作价让渡与军政部航空署情形,经于二十二年十二月呈奉钧部,准第一三七四四号指令准予备案,所有该处范围内之本大学代办浙江省立高级农业职业学校实习农场暨浙江省建设厅房屋作价银数并经于文内呈明,俟分别协商妥定,再行呈报在案。兹查前项场、屋,除高农实习农场易地后仍附设在本大学农学院外,所有浙江省建设厅房屋经叠次磋商,决定按照中央航空学校估计作价银八万四千四百三十六元四角五分。理合录同估价单一份呈报钧部。仰祈鉴核备案,实为公便。谨呈

教育部

　　附呈估价单一份

衔校长郭○○

浙江大学档案馆藏 L053-001-2114

教育部令

(1934 年 9 月 2 日)

令国立浙江大学:

　　呈一件。呈报本大学农学院让渡与航空署案。内代办高农农场仍附设该院,浙江省建设厅房屋作价八万余元请核备由。呈悉。

此令。

部长王世杰
中华民国廿三年九月二日
教育部印

电中央航空委员会

（1934 年 10 月 1 日）

南昌中央航空委员会勋鉴：

本校农院新舍全仗奉发迁让费挹注。现末期款迄未见拨，工程无法结束。本日该院开学，一部分学生上课寄宿难腾屋宇，迫不获已，仍以笕桥旧院舍之一部分暂行应用，以免停顿。特电奉达，请台洽。

浙大东

航空委员会函

（1935 年 9 月 10 日）

案准贵校本年八月二十九日第六七六号函，请拨发农学院末期迁让费。等由；准此。查此案应请径向航校接洽，交接书面手续，由航校呈复到会，即行照发。相应函复查照办理为荷。此致
国立浙江大学

中华民国廿四年九月十日

呈教育部

（1935 年 10 月 21 日）

案查前准军政部航空署函，以本大学农学院在中央航空学校附近，现航校须在此扩建学校，航空署须在此筹设工厂，将来必成为航空教育及军事区域，于农学教育之安全不无影响。农学院在此已不相宜，航校及航署正堪利用，以广建设。遵委座命，向本大学商洽农学院迁

让事宜,请派员来署,会商一切正式手续。等由。窃以事关空军建设,自应照办,径即派员,并由浙江省教育厅陈厅长居间洽商,议定本大学农学院院舍院地,及在农学院范围内之本大学代办浙江省立高级农业职业学校实习农场,暨浙江省建设厅房屋,一并自二十三年二月起,陆续迁让,至同年九月底点交完竣。前项迁让房地,合共作价银二十三万元,由航空署自本年十月份起,至二十三年七月底止,分十个月缴清。兹经双方依照前项议决办法,于本月十九日签订合同,农学院新院址正在加紧寻觅。除代办浙江省立高级农业职业学校实习农场暨浙江省建设厅所有房屋作价银数,俟分别协商妥定,农学院新院址俟寻勘确定后,再行分别呈报外,理合先将本大学农学院作价让与航空署情形,呈录同合同及所附农学院院地图暨院舍清单各一份,一并备文呈报钧部,仰祈鉴核备案,实为公便! 谨呈
教育部

　　附呈合同暨附图、附单各一份

衔校长郭〇〇

立合同议据

　　航空署(以下简称甲方)

　　国立浙江大学(以下简称乙方)

　　今因甲方筹办飞机制造厂,商准乙方将乙方所属之农学院院址作价让渡与甲方作厂址之用。兹双方协议迁让办法载明于左,共同遵守,欲后有凭,立此合同存照。

　　一、乙方让与甲方之地亩房屋为座落笕桥之农学院院址及附近熟地暨院舍全部(地亩四至界址及全部房屋位置详附件)。

　　二、前条所开院址熟地校舍由乙方分四期点交甲方接收。

　　第一期 第一、第二林场于合同签定后立即点交。

　　第二期 农场全部于二十三年二月底点交,惟届时经双方同意,甲方得以农场之一部调用乙方之园艺系办公室。

　　第三期 农学院本部及蚕场全部于二十三年五月中旬开始迁移,五月底点交完毕,惟届期育蚕工作尚未结束,故蚕室须除外。

　　第四期 园艺场及蚕室全部于二十三年九月底点交。

　　三、迁让范围内所有种植物乙方得自由移植,其为甲方所必要者,得商由乙方酌量保留。

　　四、甲方应缴乙方之迁让费计国币二十三万元。

　　五、前条所开迁让费归甲方,自二十二年十月起至二十三年七月底止,分十个月缴清,计按月缴国币二万三千元。

　　六、在迁让事务未经全部结束以前甲方应予乙方以迁让时之充分便利,所有乙方搬运物件及尚未点交之房屋及种植物等,甲方应尊重乙方之临时主权。

　　七、任何一方中途不克履行合同上所规定之义务时,应赔偿对方之一切损失。

　　八、院舍内所有窗板壁俱与院舍同时点交,其他一切附设物件,如电灯、水管之类均归乙方自行处理。

九、本合同议据照缮两纸，各执一纸存照。

民国二十二年十二月 日

立合同议据 航空署代表人　国立浙江大学代表人
证人：浙江教育厅厅长

电航空委员会（第二二一号）
（1935 年 11 月 30 日）

南昌航空委员会鉴：

罔字（2280）号公函敬悉。贵会拨发本大学农学院末期迁让费迄未收到，系交何处汇下？盼查明电复。

浙江大学世

航空委员会电
（1935 年 12 月 6 日）

〈国立浙江大学〉鉴：

世电悉。农学院末期迁让费已于十二月感日由农民银行汇出。特复。

航委会鱼罔

航空委员会函
（1935 年 12 月 20 日）

案据航校呈转贵校更正农学院地屋文契及图单等前来。经核相符，所有末期迁让费二万三千元，自应如数汇请查收，以清手续。即希收到后补据寄会备报。除指令航校知照外，相应函达，查照办理为荷。此致
国立浙江大学

附另汇大洋二万三千元正

二十四年十二月二十日
国民政府军事委员会航空委员会关防

(二)校舍

农学院研究室与教室开始建筑
(1930 年 4 月 11 日)

高中部宿舍移入新屋后,旧有房屋开始拆卸,瓦木等料择其佳者,再添造平屋八间,供研究室及博物教室之用。已于三月二十六日开工,大约四月下旬即可竣工矣。

《国立浙江大学校刊》第七期,民国十九年四月十一日

国立杭州艺术专科学校致国立浙江大学函
(1930 年 6 月 1 日)

径启者:

兹奉上敝校租借罗苑十九年租金大洋一元正。即希查收,并请给据为荷。此致
国立浙江大学
　　计附钞洋一元正

国立杭州艺术专科学校启
中华民国十九年六月卅日

致国立杭州艺术专科学校便函
(1930 年 7 月 3 日)

径启者:

准贵校函缴租用罗苑十九年份租金大洋一元,业已照收无误,并填给收据一纸,函送贵校。希即察收为荷。此致

国立杭州艺术专科学校
　　附收据一纸

国立浙江大学启

农学院学生宿舍落成
（1930 年 7 月 5 日）

　　农学院新建学生宿舍自去冬开工以来，初因雨云〔雪〕交加，致工程进行稍形迟缓。入春以来，加工赶造，现已完全，计二层楼十七幢，大料及地脚均用钢骨水泥混凝土所制，故坚固异常。内部设施如卫〈生工〉程、电气工程亦均已看手装设，并由沪购到大批铁床及单人自修用书桌数百张，日内均已布置完毕，下学期开学时学生即可迁入寄宿矣。

《国立浙江大学校刊》第十九、二十期合刊，民国十九年七月五日

工学院增设院外宿舍 分配学生住宿
（1930 年 9 月 13 日）

　　工学院本学年因学生人数增多，院内宿舍不敷容纳，特商借用文理学院院外宿舍（在大学路）房屋若干间，作为工院院外宿舍，经过修缮粉刷，装配布置，业已焕然一新矣。又本学期各级学生住宿斋舍，经训育处分配定妥如下：

　　大学部四年级住义斋上层及中层，三年级住义斋中层及下层，二年级住仁斋全部，一年级住礼斋全部，测量系新生住院外宿舍，补习班住智斋下层，高中部三年级住智斋上层及中层，二年级住智斋下层、信斋上层，一年级住院外宿舍，女生全体则仍借本大学秘书处余屋住宿云。

《国立浙江大学校刊》第二十二期，民国十九年九月十三日

内政部咨
（1931 年 9 月 4 日）

　　为咨复事。案准贵部第一零六六号咨，以国立浙江大学农学院原有运动场及林产制造场均不敷用，兹拟扩充，并勘定与该院毗连陈子发、徐明标、马姓等三户土地，计共十八亩七分二厘三毫，最为适宜，拟即征收，兴工建筑，附计画书二份、地图两种，嘱查照核准到部。核与土地征收法第二条第七款上半段之规定相符，应予核准。除依法公告外，相应检同公告一张，咨复查照。饬贴征收地点，俾众咸知，仍希转饬，依法办理为荷。此咨

教育部
　　附公告一张(见公告)

内政部长刘尚清

中华民国二十年八月二十七日

《内政公报》第四卷第二十二期,民国二十年九月四日

秘书处致顾銮、陶玉田便函

(1934 年 3 月)

径启者:

　　顷奉校长谕:加聘顾銮、陶玉田两先生为本大学农学院迁让委员会委员。等因。除分函外,相应录同名单一纸,函达台端。即希惠允担任为荷! 此致
○○○先生
　　附送名单一份

秘书处启

二十三年三月　日

国立浙江大学农学院迁让委员会委员名单

李近仁先生(主席)

王世颖先生　　章鼎峙先生　　刘　和先生　　程世樵先生

黄瑞纶先生　　周明祥先生　　顾銮先生　　陶玉田先生

浙江大学档案馆藏 L053-001-2114

浙大计划新建校舍　全部定四年内完成　共计经费一百廿万

(1934 年 3 月 2 日)

　　浙江大学以现有大学路校舍湫隘不敷应用,且四周均系民房,拓展颇感不易,因有将大学全部迁至太平门外集中建设之议。现在校址已经勘定,农学院院舍定三月间动工,九月底完竣,其实验室、课堂、宿舍及其他建筑物等费,约共需银三十万元。农院之舍落成后,其余各馆舍即将次第兴筑。闻该校建筑计划分为两期,第一期为数理馆、生物馆、化学馆、农业馆、图书馆,期于四年内完成,预定经费一百二十万元。第二期为大礼堂、体育馆、办公厅、疗养室、教职员宿舍、学生宿舍及膳堂等,于第一期建筑完竣后,开始进行。至于建设经费,除

由校内行政方面竭力紧缩外，并向中央及各机关请求补助云。

《申报》民国二十三年三月二日

浙大农院奠基礼志盛 王部长世杰主席 朱部长家骅奠基
(1934 年 4 月 23 日)

国立浙江大学前以览桥农学院校舍农田价让于航空学校，须另建新校舍，业志前报。兹悉浙大为将来三院合并计，于杭州市太平门外华家地征收土地千亩，先建农学院，业已设计图样，投标开工，于昨日（二十二日）上午举行大学新校舍奠基典礼，到有教育部王部长，交通部朱部长，中英庚款董事会各董事，省党部委员罗霞天、胡建中、方青儒，省政府委员吕宓筹、王澂莹、曾养甫，高等法院院长郑文礼，教育厅代表钱家治，杭州市长周象贤，省立医院院长陈万里等，来宾数十人。浙大各院系教授、男女学生及当地农民千余人，准时开会。由王部长主席，领导行礼后，致开会辞。大致谓浙大在国内大学中有特点二：一为少年的大学；二为文化中心区之大学，希望浙大与地方政府充分合作。其途径可分二种：一为各科目地域性之研究；二为地方公私建设之参加与设计。勖勉学生者亦有二点：一除课业外，注意社会国家实际情形而研究之，不但为思想之先驱，并为建设之人才；二勿因国家难严重而流于浪漫悲观，国家所受一时之压迫不足畏，民族精神之消沉始为可畏耳。末谓教部对于浙大极为重视，必尽力赞助其建设云。次由校长郭任远报告购地建筑经过情形，略谓所收航空学校价款二十三万元，除属于教、建两厅者外，大学实得无几。征收田地千亩，已购入六百亩，尚有四百亩正在收买中，每亩给价七十元，得政府之赞助，农民之牺牲，始底于成。惟全部建筑约须二三百万元，不敷尚多。希望中央多多赞助，使大学新校舍得以陆续完成。校长报告毕，请朱部长奠基。基石文曰：

国立浙江大学于杭之东郊拓地千亩，营新校址，农院院舍，其权与也。

中华民国二十三年四月十五日

敦请朱家骅先生奠基

校长郭任远敬志

奠基毕。朱部长致辞，谓浙为农业之省，丝茶前为我国出口之大宗，今则杭绸用舶来之人造丝织成，杭州大旅馆中用印度锡兰茶饷客，此为浙江之大耻，希望浙大农学院负起复兴农村之责，有以雪此耻。等语。

最后由省党部代表罗霞天、省政府代表曾养甫，及中英庚款董事马歇尔次第演说，语多勖勉，至十二时摄影散会。

《新闻报》民国二十三年四月二十三日

浙江大学编送建筑新教室概算 业经主计处核准 国府已令饬知照
(1935 年 2 月 9 日)

国立浙江大学以该校校舍窳败,亟须改建。经于上年呈奉教部派员莅校视察属实,当将改建办法详加计划。最为急要者,为大教室工程,初尚拟俟二十三年度临时费奉拨后,再行兴工,继以复查一部分教室破旧日甚,如再勉强应用,难保其不突然倾圮,致蹈国立北京大学之覆辙。爰经该校校长郭任远一再考虑,决将该项建筑提前兴办,期于本年一月内完成内部工程,以便第二学期得以应用,所需建筑经费,核计连水电工程一并在内,约共银六万八千余元。此项建筑经费系由该校校长先行设法借移,一面就经常费项下再度紧缩,陆续筹还,以资挹注。此项建筑亦于上学期开始时,即已完成应用。现该校以此项支出尚未补备法案,特依照教部抄发之中央政治会议通过结束二十二年度收支办法第一条之规定,编送建筑费概算书,呈由教部转送国府主计处备案。经该处审核,以该校建筑新教室编送二十二年度岁出临时概算,计列六万八千三百七十元,既系由该校原有经费内撙节开支,认为尚无不合,业经呈准国府备案。国府顷已训令行政院转饬财、教两部及监院,转饬审计部知照。

《中央日报》民国二十四年二月九日

外观壮丽设备新颖 本大学健身房落成 费时五月所需
约一万五千元 布置适宜运动工具应有尽有
(1935 年 4 月 20 日)

本大学为提倡体育起见,特于去冬在孟麟桥东,辟地庀材,建筑健身房一座,业于日昨落成,兹纪其详情如次:

概观

兴建健身房需时五阅月,全部工程所费共约一万五千元,一切新式设备,应有尽有,美轮美奂,为其他大学健身房所罕睹。

内容

该房左侧有正式篮球场一及练习篮球场二,右边楼上有办公室二大间,体格检查室一大间,会客室一大间楼下则有更衣室、浴室、厕所等。设备周密,布置适宜,允推为健身房之最新式者。

设备

健身房内部计备有助跃板二块,双杠四架,活动单杠三个,吊单杠一个,垫子十方,吊绳六条,行走吊环六具,吊环一具,木马三只,跳箱一个,畅胸器一具,木棒八十对,哑铃五十对,高跷十对,药球八个,仙人担两副,石锁二具。

《国立浙江大学校刊》第二百〇九期,民国二十四年四月二十日

校长办公室迁入校长公舍内办公 原址充秘书长及总务长办公室
（1935 年 4 月 20 日）

校长办公室自本月十二日起迁入校长公舍楼下办公，该室电话为二七二九号。校长专用电话为三〇五三转十四号分机。所遗原址即充秘书长及总务长办公室云。

《国立浙江大学校刊》第二百〇九期，民国二十四年四月二十日

（三）卫生健康

文理学院设置疗养室
（1930 年 10 月 11 日）

文理学院为便利教职员学生治疗起见，本年度起特设疗养室一所。请桑沛恩先生为医师，王懋赓先生为医务员。兹录疗养室治疗规则及病房规则如下：

文理学院疗养室治疗规则

（一）凡本学院之教职员、学生及勤务工遇有疾病得至本室受诊，概免诊金。如系外科，得收绷带费每个大洋六分，外用药每次大洋五分，中瓶每只大洋四分，小瓶每只大洋三分（寻常价贱灭菌药水、药粉及纱布、棉花免予收费）。病理检查及施行手术、局部麻醉等另行取费。

（二）本室诊察规定时间（除星期日及例假日外）：每日下午一时至二时，须先至本室登记，然后依时亲到本室挨〔按〕时受诊，但遇临时发生及重笃疾病，当立即通知本室，以便随时诊治。

（三）本室附设药房，备有普通药品，每一方剂观其价值收大洋二、三、四角三种，其他昂贵及针射各品酌收原价。

（四）凡患病状况必须住本室病房疗养者，须先经医师察定后方可迁入。

（五）凡住病房疗养者应受医师及医务员之指导及遵收病房规则。

（六）凡已受本室医治之病人，非有医师之许可，不得擅用其他任何药品。

（七）凡遇急性传染病，应送地方传染病院医治，俾免传染，一切费用由病者负担。

文理学院疗养室病房规则

凡经医师准许入病房疗养之病人，均须遵守下列各项：

1. 须受医师及医务员之指导；
2. 绝对禁止烟酒；
3. 少用脑力，如戒阅多种书报；
4. 应安静调养，不得稍涉喧哗；

5. 禁止自由出入,如有特别事故应得医师或医务员之许可;

6. 不得随意涕唾及污损墙壁;

7. 亲友接见除必要外一概禁止;

8. 不得擅用非经医师指示之药物及饮食物;

9. 衣服被褥须清洁适宜;

10. 病人饮食由医师指定何种,由勤务工送至病房服用,不得另带小食。

《国立浙江大学校刊》第二十六期,民国十九年十月十一日

文理学院疗养室十月份治疗统计
(1930 年 11 月 15 日)

病名＼日期／人数	1	2	3	4	5	6	7	8	9	10	11	12	13	14	15	16	17	18	19	20	21	22	23	24	25	26	27	28	29	30	31	病别统计
神经系病							1								1					1												4
疟疾						1	1							1		1	3			3	1	1									1	13
贫血症	1		1			1	1				2		2	2																		9
咳嗽							1																									1
感冒	1			1		1	1				1						1	1	1	1											1	10
心脏病																								1								1
肺病·初期	1	1		1		1							1		2																1	8
肺病·二期																																
沙眼·重																																
沙眼·轻	1								1			2	1		1							2			1	1		3	2	2	3	20
眼炎																								1		1						2
胃病												1	1							1	1	1						1		1		7
泻痢			1		1	1			1	1								1	1		1		1						1			10
大便秘结										1										1			1				1			1		5
各种创伤		1	1		2	3	3	1	1	1	2		3	2			2				1	2			2	1		1				29
各项肿病			1	1	1	1	1				1				2	3	1	1		1					1							17
耳鼻口喉齿各病			1	1		1					1											2			3						1	12
肠寄生虫病																								1	1	1	1				1	5

续　表

病名＼日期　人数	1	2	3	4	5	6	7	8	9	10	11	12	13	14	15	16	17	18	19	20	21	22	23	24	25	26	27	28	29	30	31	病别统计
疮疡癣疥		3		2		1	1	3	1			1	1	3	3	1	2	2	1	2	2	3	1		1		1	3	3		1	42
淋巴腺病																				1	1											2
各种注射			3			1		3			2		2	1	4		4	2	1	5	2	5	3	2	3		4	1	3	2	1	54
各种病理检查																	1				1			1					1			4
初复诊　初	1	4	2	5	2	8	1	2	1	2	6	2	3	8	6	3	4	3	2	8	5	5	2	3	5	1	1	5	2	3	6	111
初复诊　复	3	1	4	2	1	5	9	7	3		6	1	6	2	10	2	8	4	2	11	6	8	4	7	5	2	6	4	8	2	4	144
本月份初复诊总数	共二五五次																															

国立浙江大学文理学院疗养室民国二十年份治疗统计表
(1932 年 1 月 16 日)

月份	神经系病	咽喉病患	一般眼疾患	沙眼	听道疾患	口腔病患	齿牙疾患	鼻腔疾患	呼吸器病	肺结核	循环器病	消化器病	淋巴腺疾患	骨节疾患	一般感冒	肠伤寒	原虫细菌性赤痢	泌尿器病	生殖器病	各种创伤	疮疡疥癣	各种免疫预防注射及接种牛痘	每月受诊次数	备注
一	2	2	3	11	9	2			4		1	5	4		4			1		6	23	46	123	一、沙眼本为眼疾之一,因患者较多,肺结核本为呼吸器病,因系最易传染之疾病,故与法定传染病如肠伤寒、赤痢各分列一项;二、各种免疫预防注射及接种牛痘亦一并列入;三、本室治疗规则所定凡遇法定传染病须送传染病院隔离医治,本表所载系起初受诊或移入病房后尚未诊断明确者。
二	1	1	8	21	2	2	1	3	1		7	3	2		2					14	11	61	140	
三	2	4	1	19	4	3	2		7	2	20	6	5		15			5		38	40		173	
四	17	3	5	28	2	2		4	9	4	30	18	5	2	9			4	5	20	10	46	223	
五	32	6	23	23		4	3	3	1	1	16	9	7	2	3					17	20	6	180	
六	21	3	17	43	1	3			4		30	18	3	4	3					23	44	2	221	
七	8	1	2	4	3						20	4	2		2					7	8		61	
八	29		5	8	4						6	8	1	1	1					11			74	
九	7	3	18	38	11	2			5	3	16	31	11	6	2					16	50	2	221	
十	17	9	12	34	4	3			1		25	17	10	6	1					48	39		226	
十一	13		11	52	5	1	2	4	1	3	12	28	1	3				1	1	27	8	3	176	
十二	10	1	4	73	4	2			3	5	11	17	7		15			1		12	26		191	
病别统计	159	33	109	354	48	18	10	16	36	17	168	146	76	16	79	6	5	21	8	239	279	166	全年受诊次数总计 2,009	

《国立浙江大学校刊》第八十期,民国二十一年一月十六日

国立浙江大学诊疗室规则

(1932 年 10 月 15 日)

一、凡本大学之教职员、学生及公役遇有疾病得至本室受诊,概免诊金。

二、本室诊疗时间除星期日及例假日外,规定每日下午二时至五时(农学院诊疗室下午二时至四时),但临时发生重病可立即通知本室以便随时诊治。

三、凡来本室求诊者须先就诊病签名簿上签名。

四、病人经校医诊察给方后得向本室附设之领药处领药。

五、诊疗室内之处方由校医签字负责,调剂给药由医务员签字负责。

六、诊疗室之诊疗器械由护士整理保管之,领药处内之药品由医务员保管之。

七、本室附设之领药处备有普通药品,每一方剂视其价值酌收大洋一角至四角之药金,贵重药品须收原价。

八、药费收取手续由求诊者向校医领取处方后,先向驻院事务员缴费盖章,领药处凭已盖章之处方配给药料,其未经缴费盖章之处方概不给药。

九、本室内之器械及药料不得移动,以免污染。

十、本室附设之领药处除医务人员外不得入内,以免妨碍工作。

十一、凡学生因病不能上课向校医请发请假证明书者,须先经校医之诊察方得给证。

十二、学生如有重症经校医诊察后认系有传染性者或因诊疗室内设备上之关系不能妥为治疗者,得由校医通知生活指导员或其本人径向其他医院诊治。

十三、凡经诊察之病人,其疾病经过及治疗方法须由主治校医及医务员按日记载诊疗记录上,以备查考。

十四、每届月终校医须填写疾病统计表分送秘书处及生活指导员存查。

十五、领药处内所有药品每届月终由医务员填写出纳数量送秘书处查核。

十六、诊疗室内之诊疗记录及处方等由医务人员共同保管之。

十七、如有外来农民向本诊疗室求诊者亦适用上列各项之规则(本条仅用于农学院)。

十八、本规则如有未尽善处得随时提交卫生会议修改之。

十九、本规则由校长核准公布施行。

《国立浙江大学校刊》第一百○七期,民国二十一年十月十五日

国立浙江大学卫生委员会规程

(1932 年 10 月 29 日)

(二十一年十月二十一日第十八次校务会议议决通过)

第一条 本委员会依照本大学组织规程第二十二条之规定组织之。

第二条 本委员会委员人数定为十三至十七人,由校长于大学教职员中聘任之,但事务主任、校医、学生生活指导员为当然委员。

第三条 本委员会就校医委员中推举一人为主席,另推委员一人为记录。

第四条　本委员会之职务如左：

一、监督全校清洁事项；

二、办理全校防治传染病事项；

三、办理全校健康检查事项；

四、改良全校卫生设备；

五、检查全校饮食。

第五条　本委员会每月开常会一次，如有特别事件，得由主席召集临时会议。

第六条　本规程于校务会议通过后，由校长核准公布施行，如有未尽事宜，由校务会议随时修改之。

《国立浙江大学校刊》第一百〇九期，民国二十一年十月二十九日

医务处组织成立

(1932 年 11 月 5 日)

本大学为注重学校卫生起见，医务处在大学组织系统上，为一独立机关。兹悉已由校长聘任黄问羹为医务处主任，鲁介易为副主任，处所即设立于第一宿舍，负责筹划全校公共卫生及师生疾病治疗事宜。

《国立浙江大学校刊》第一百一十期，民国二十一年十一月五日

医务课报告九月份医务状况

(1933 年 10 月 7 日)

本大学医务课，最近将九月份诊疗状况，编成报告，因其对于本校同学之健康颇有关系，爰特揭载于左：

	院别	病类	号数
九月份普通病	文〈理〉工两院	内科	七百五十三号
		外科	九百〇八号
		眼科	二百九十号
		耳鼻咽喉科	一百十九号
		皮肤科	九十二号
		共计	二千一百七十一号
	农院	（病类未分）	一千四百四十二号
	三院共计		三千六百六十三号

九月份传染病	院别	病名	人数
	文〈理〉工两院	沙眼	一百十三人
		疟疾	九十四人
		痢疾	三十五人
	农院	伤寒	一人
		霍乱	一人
		肺结核	一人
九月份住院病人		病名	人数
		疟疾	十五人
		恶性疟疾	二人
		痢疾	四人
		急性肠炎症	二人
		肺结核	一人
		急性眼膜炎	一人
		伤寒	一人
		共计	二十六人
九月份出诊		共计	三十九次

《国立浙江大学校刊》第一百四十六期，民国二十二年十月七日

医务课十一月份诊疗报告

(1933 年 12 月 9 日)

医务课本年十一月份诊疗事务，统计如左：

院别	科别	号数
文理	内科	一百四十三
	外科	一百八十八
	眼科	七十一
	皮肤科	十九
	耳鼻喉科	三十二

续　表

院别	科别	号数
工院	内科	二百十八
	外科	二百七十一
	眼科	九十一
	皮肤科	三十九
	耳鼻喉科	二十六
农院	内科	一百九十
	外科	一百八十六
	眼科	一百六十三
	皮肤科	五十二
	耳鼻喉科	八十六
高工	内科	一百二十三
	外科	一百五十四
	眼科	一百十一
	皮肤科	三十六
	耳鼻喉科	十二
高农	内科	一百十九
	外科	一百〇九
	眼科	八十
	皮肤科	三十一
	耳鼻喉科	四十
		共计二千五百九十五号
传染病统计	疟疾	七十四
	痢疾	十四
	沙眼	五十二
	白喉	一
	肺结核	二
		共计一百四十三
	住院	七人
	手术	二十六次
	出诊	三十一次

《国立浙江大学校刊》第一百五十五期,民国二十二年十二月九日

医务课报告全校诊务统计

（1934 年 3 月 17 日）

二十二年上学期

国立浙江大学医务课民国二十二年上学期全校诊务统计

科别	号数
内科	三八八一
外科	四八五一
眼科	二一八七
耳鼻喉科	八九二
皮肤科	七八四
	总计一万二千五百九十五号
住院	六十九人
出诊	一百四十四次
手术	二十三次

	痢疾	五十七人
	伤寒	七人
	痢疾	一百六十九人
传染病	沙眼	一百十三人
	白喉	一人
	肺结核	十人
	痧子	二人

二十三年一月份

院别	科别	号数	备考
文理学院	内科	八十三	
	外科	一百七十一	
	眼科	三十四	
	耳鼻喉科	二十六	
	皮肤科	九	

续　表

院别	科别	号数	备考
工学院	内科	八十	
	外科	一百六十九	
	眼科	三十九	
	耳鼻喉科	三十五	
	皮肤科	二十三	
农学院	内科	一百五十一	
	外科	二百十三	
	眼科	一百十七	
	耳鼻喉科	四十九	
	皮肤科	二十五	
高农	内科	三十九	
	外科	一百〇七	
	眼科	二十六	
	耳鼻喉科	十六	
	皮肤科	九	
高工	内科	四十六	
	外科	一百〇六	
	眼科	三十九	
	耳鼻喉科	十三	
共计一千五百九十号			
	住院	四人	
	出诊	十五次	
	手术	一次	
传染病	疟疾	十九人	
	痢疾	五人	
	肺结核	六人	
	痧子	四人	
	流行性感冒	二人	
	沙眼	三十五人	

《国立浙江大学校刊》第一百六十四期,民国二十三年三月十七日

医务课发表四月份诊务统计

（1934 年 5 月 12 日）

院别	科别	号数	备考
文理学院	内科	一百七十三	
	外科	一百七十三	
	眼科	一百七十七	
	耳鼻喉科	二十八	
	皮肤科	二十二	
工学院	内科	二百二十七	
	外科	二百二十	
	眼科	一百九十七	
	耳鼻喉科	二十八	
	皮肤科	三十六	
农学院	内科	三百七十九	
	外科	一百八十四	
	眼科	一百七十二	
	耳鼻喉科	六十八	
	皮肤科	五十五	
高工	内科	一百五十三	
	外科	八十	
	眼科	八十三	
	耳鼻喉科	十三	
	皮肤科	十五	
高农	内科	八十六	
	外科	五十五	
	眼科	八十五	
	耳鼻喉科	二十三	
	皮肤科	二十二	
		共计二千七百八十一号	

续　表

院别	科别		号数	备考
	传染病	流行性感冒	十九人	
		疟疾	八十三人	四十一人笕桥乡民
		百日咳	一人	笕桥乡民
		肺结核	四人	三人笕桥乡民
		肠寄生虫病	十八人	十六人笕桥乡民
		沙眼	六十四人	八人笕桥乡民
		眼结膜炎	十一人	
		疥癣	三人	
	病理检查	大便	十三次	
		小便	六次	
		痰	三次	
		血液	十二次	
		喉部分泌	二次	
	检查体格	男生	一百五十二人	
		女生	十人	
	手术		六次	
	出诊		五十四次	
	住院		十二人	
	注射脑筋髓膜预防针		一百七十次	
	种痘		七十五人	

《国立浙江大学校刊》第一百七十一期,民国二十三年五月十二日

医务课发表本大学学生体格检查结果

(1934 年 6 月 30 日)

　　医务课为研究学生健康起见,特于本学期进行体格检查。因时间局促,农院方面拟俟下学期举行。文理、工两学院业已检查完竣,编制统计列后:

文理、工二学院

男女生年龄体重身长比较表	男生	年龄	最小	十七岁
			最大	二十九岁
			平均	二十.九岁
		体重	最轻	四十一公斤
			最重	七十七公斤
			平均	五十五.一公斤
		身高	最短	一百三十七公分
			最高	一百八十二公分
			平均	一百七十公分
	女生	年龄	最小	十七岁
			最大	二十三岁
			平均	二十岁
		体重	最轻	三十九.五公斤
			最重	六十六.五公斤
			平均	四十九公斤
		身高	最短	一百四十八公分
			最高	一百六十八公分
			平均	一百五十八公分

文理、工二学院学生健康表

学生总数 五百三十六	受检查者 三百四十	齿龋	百分之十六.二
		近视	百分之三十六.八
		沙眼	百分之四十五
		扁桃体肿胀	百分之二十.三
		肺脏不健全	百分之六
		心脏不健全	百分之十五.三

附注:一人患进行性肺结核,已于上月起休学矣。

《国立浙江大学校刊》第一百七十八期,民国二十三年六月三十日

医务课发表六月份诊务统计

(1934 年 9 月 15 日)

院别	科别	号数	备考
文理学院	内科	二百二十三	
	外科	九十九	
	眼科	二百十三	
	皮肤科	二十六	
	耳鼻喉科	三十三	
工学院	内科	三百〇一	
	外科	二百〇四	
	眼科	二百七十二	
	皮肤科	六十二	
	耳鼻喉科	三十八	
(工院号数包含笕桥、华家池二处)共计一千四百七十号			
代办高工	内科	一百六十四	
	外科	一百三十三	
	眼科	一百八十一	
	皮肤科	二十	
	耳鼻喉科	二十五	
共计五百二十三号			
传染病	疟疾	五十七人	
	痢疾	七人	
	肺结核	一人	
	沙眼	三十九人	
	结膜炎	六人	
	流行性感冒	三人	
病理检查	血液检查	二十三次	
	大便	一次	
	小便	一次	

续 表

预防注射	霍乱单纯	初次	二百七十三人	
		二次	二百人	
		三次	一百二十四人	
	霍乱伤寒混合	初次	四十一人	
		二次	三十人	
		三次	二十四人	
	体格检查		一百〇三人	
	手术		三人	
	出诊		三十二次	
	住院		二十三人	

《国立浙江大学校刊》第一百八十期,民国二十三年九月十五日

医务课公布二十三年七、八月份诊务统计

(1934 年 10 月 13 日)

院别	科别	号数	备考
文理学院	内科	一百三十八	
	外科	一百六十六	
	眼科	一百二十八	
	皮肤科	三十三	
	耳鼻喉科	十六	
工学院	内科	二百八十六	
	外科	三百三十七	
	眼科	三百四十八	
	皮肤科	五十九	
	耳鼻喉科	五十三	
	共计一千五百六十五号 (工院号数包含农院高工)		
传染病	痢疾	十一人	
	沙眼	二十九人	
	疟疾	四十二人	

续　表

院别	科别		号数	备考
	病理检查	大便	二次	
		小便	二次	
		血液	二十次	
	住院病人		八人	
	出诊		三十二次	
	手术		一次	
	防疫注射	霍乱单纯	五十六次	
		霍乱伤寒混合	三次	

《国立浙江大学校刊》第一百八十二期,民国二十三年十月十三日

医务课发表九月份诊务统计

(1934 年 10 月 20 日)

院别	科别	号数	备考
文理学院	内科	一百三十八	
	外科	一百十五	
	眼科	一百〇二	
	皮肤科	四十二	
	耳鼻喉科	二十三	
工学院	内科	二百〇一	
	外科	一百四十六	
	眼科	一百〇一	
	皮肤科	四十九	
	耳鼻喉科	十八	
农学院	内科	六十四	
	外科	二十五	
	眼科	二十三	
	皮肤科	八	
	耳鼻喉科	五	

续　表

院别	科别		号数	备考
高工	内科		一百七十七	
	外科		一百六十五	
	眼科		一百四十	
	皮肤科		二十六	
	耳鼻喉科		二十六	
教职工及家族	内科		一百二十	
	外科		二百〇	
	眼科		五十一	
	皮肤科		二十一	
	耳鼻喉科		十六	
共计二千〇十七号				
传染病	伤寒		三人	
	痢疾	阿米巴	三十四人	
		杆菌	一人	
	疟疾		三十七人	
	流行性感冒		一人	
	沙眼		三十九人	
	眼结膜炎		五人	
病理检查	血液		二十五次	
	大便		二次	
	小便		九次	
住院			二十九人	
出诊			六十次	
手术			三次	
送医院	伤寒		三人	
	杆菌痢疾		一人	
	急性肠炎		一人	
体格检查			男女生共计二百七十五人	

《国立浙江大学校刊》第一百八十六期,民国二十三年十月二十日

医务课发表十月份诊务统计

(1934 年 11 月 17 日)

院别	科别	号数	备考
文理学院	内科	一百三十四	
	外科	一百三十三	
	眼科	七十五	
	皮肤科	九	
	耳鼻喉科	十八	
工学院	内科	一百七十一	
	外科	一百四十七	
	眼科	一百十二	
	皮肤科	三十一	
	耳鼻喉科	二十四	
农学院	内科	一百二十	
	外科	九十六	
	眼科	八十六	
	皮肤科	三十	
	耳鼻喉科	三十四	
高工	内科	一百六十六	
	外科	一百六十四	
	眼科	一百十	
	皮肤科	二十五	
	耳鼻喉科	十一	
高农	内科	五十二	
	外科	三十九	
	眼科	二十	
	皮肤科	十	
	耳鼻喉科	十九	
初农	内科	四	
	外科	九	
	眼科	三	
	皮肤科		
	耳鼻喉科	二	

续　表

院别	科别		号数	备考
教职工及家族	内科		二百十八	
	外科		二百三十九	
	眼科		一百三七	
	皮肤科		四十五	
	耳鼻喉科		三十三	
培育院	内科		一	
	外科		五	
共计二千三百六十号				
	传染病	伤寒	一人	
		痢疾	三十人	
		疟疾	三十四人	
		流行性感冒	一人	
		肺结核	二人	
		沙眼	四十一人	
		眼结膜炎	五人	
	病理检查	血液	二十四次	
		大便	八次	
		小便	十一次	
		痰液	二次	
		胃液	一次	
	出诊		二十四次	
	住院		十九人	
	手术		五次	
	体格检查		高农	四十六人

《国立浙江大学校刊》第一百九十期，民国二十三年十一月十七日

医务科发表十一月份诊务统计

(1934 年 12 月 15 日)

院别	科别	号数	备考
文理学院	内科	一百〇六	
	外科	七十	
	眼科	一百〇三	
	皮肤科	十一	
	耳鼻喉科	二十五	
工学院	内科	一百三十一	
	外科	一百四十六	
	眼科	一百	
	皮肤科	二十	
	耳鼻喉科	二十八	
农学院	内科	八十五	
	外科	八十三	
	眼科	四十一	
	皮肤科	二十一	
	耳鼻喉科	二十	
高工	内科	九十三	
	外科	一百四十	
	眼科	六十六	
	皮肤科	十五	
	耳鼻喉科	十四	
高农	内科	九十二	
	外科	四十八	
	眼科	三十四	
	皮肤科	二十六	
	耳鼻喉科	二十四	
初农	内科	十五	
	外科	十六	
	眼科	一	
	皮肤科	二	
	耳鼻喉科	一	

续　表

院别	科别		号数	备考
培育院	内科		二	
	耳鼻喉		一	
教职工及家族	内科		六十六	
	外科		九十二	
	眼科		四十二	
	皮肤科		一	
	耳鼻喉科		十五	
共计一千九百九十四号				
传染病	伤寒		二人	
	痢疾		八人	
	疟疾		二十五人	
	沙眼		五十五人	
	眼结膜炎		十二人	
病理检查	大便		二十七次	
	小便		十次	
	血液		二次	
住院			十二人	
出诊			十三次	
手术			三次	
体格检查	农学院	大学部	四十五人	
		高农	三十三人	
		初农	二十三人	

《国立浙江大学校刊》第一百九十五期,民国二十三年十二月十五日

医务课发表去年十二月份诊务统计

(1935 年 1 月 12 日)

院别	科别	号数	备考
文理学院	内科	九一	
	外科	九六	
	眼科	九六	
	皮肤科	一五	
	耳鼻喉科	一五	
工学院	内科	一四〇	
	外科	一五一	
	眼科	七三	
	皮肤科	一二	
	耳鼻喉科	一四	
农学院	内科	八九	
	外科	一三四	
	眼科	五三	
	皮肤科	一四	
	耳鼻喉科	一四	
高工	内科	一二五	
	外科	一四二	
	眼科	四〇	
	皮肤科	二二	
	耳鼻喉科	二二	
高农	内科	五一	
	外科	一〇五	
	眼科	四一	
	皮肤科	三〇	
	耳鼻喉科	二一	
初农	内科	六	
	外科	一九	
	眼科	一一	

续 表

院别	科别		号数	备考
初农	皮肤科		三	
	耳鼻喉科		二	
培育院	内科		二	
	皮肤科		一	
教职工及家族	内科		一五一	
	外科		一九一	
	眼科		一〇四	
	皮肤科		二八	
	耳鼻喉科		三二	
共计 二千一百六十六号				
	体格检查	培育院学生	八人	
	出诊		一一次	
	住院		九人	
	手术		二次	
	传染病	伤寒	一人	
		痢疾	六人	
		流行性感冒	三人	
		疟疾	二二人	
		痧〔沙〕眼	四一人	
		眼结膜炎	六人	
		疥癣	六人	
	病理检查	血液	四次	
		痰液	一次	
		大便	三〇九次	

《国立浙江大学校刊》第一百九十九期,民国二十四年一月十二日

本年度第一学期全校诊务统计 医务课发表
(1935 年 2 月 16 日)

院别	科别	号数	备考
文理学院	内科	五八二	
	外科	五八〇	
	眼科	五〇四	
	皮肤科	一一〇	
	耳鼻喉科	九七	
工学院	内科	九二九	
	外科	九二七	
	眼科	七三四	
	皮肤科	一八一	
	耳鼻喉科	一三七	
农学院	内科	五九九	
	外科	五九七	
	眼科	三五八	
	皮肤科	一三三	
	耳鼻喉科	一五二	
高工	内科	五六一	
	外科	六一一	
	眼科	三五六	
	皮肤科	八八	
	耳鼻喉科	七三	
高农	内科	一九五	
	外科	一九二	
	眼科	九五	
	皮肤科	六六	
	耳鼻喉科	六四	
初农	内科	二五	
	外科	四四	
	眼科	一五	
	皮肤科	五	
	耳鼻喉科	五	

续 表

院别	科别		号数	备考
培育院	内科		五	
	外科		六	
	眼科		一	
	耳鼻喉科			
教职工及家族	内科		七七六	
	外科		一〇〇〇	
	眼科		四六一	
	皮肤科		一五七	
	耳鼻喉科		一六三	
共计一万一千五百七十五号				
	病理检查	血液	七五次	
		痰液	六次	
		大便	四一八次	
		小便	三二次	
	传染病	伤寒	八人	
		痢疾	六二人	
		肺结核	五人	
		疟疾	一〇二人	
		沙眼	一一五人	
		眼结合膜炎	三六人	
		流行性感冒	六人	
	体格检查	各院学生	四三〇人	
	出诊		一三三次	
	住院		七九人	
	手术		一四次	

《国立浙江大学校刊》第二百〇一期,民国二十四年二月十六日

医务课公布一月份诊务统计

(1935 年 2 月 23 日)

院别	科别	号数	备考
文理学院	内科	六八	
	外科	四七	
	眼科	五四	
	皮肤科	五	
	耳鼻喉科	四	
工学院	内科	六一	
	外科	四二	
	眼科	三五	
	皮肤科	四	
	耳鼻喉科	五	
农学院	内科	九〇	
	外科	八四	
	眼科	一四	
	皮肤科	二五	
	耳鼻喉科	二四	
高工	内科	五四	
	外科	五六	
	眼科	三二	
	皮肤科	五	
	耳鼻喉科	一	
高农	内科	八一	
	外科	一〇七	
	眼科	五三	
	皮肤科	一三	
	耳鼻喉科	一九	
初农	内科	一七	
	外科	一五	
	眼科	一	
	皮肤科		
	耳鼻喉科		

续　表

院别	科别		号数	备考
培育院	内科			
	外科			
	眼科			
	皮肤科			
	耳鼻喉科			
教职工及家族	内科		一二一	
	外科		一〇三	
	眼科		五四	
	皮肤科		一四	
	耳鼻喉科		二五	
共计一千三百七十四号				
	病理检查	血液	一次	
		大便	一〇三次	
		小便	一次	
	传染病	肺结核	一人	
		痢疾	七人	
		痧〔沙〕眼	一四人	
		流行性感冒	一人	
		丹毒	一人	
	出诊		二二次	
	住院		六人	
	手术		三次	

《国立浙江大学校刊》第二百〇二期，民国二十四年二月二十三日

医务课发表二月份诊务统计

(1935 年 3 月 23 日)

院别	科别	号数	备考
文理学院	内科	八二	
	外科	五〇	
	眼科	六五	
	皮肤科	七	
	耳鼻喉科	八	
工学院	内科	一四五	
	外科	一二八	
	眼科	八三	
	皮肤科	一七	
	耳鼻喉科	一〇	
农学院	内科	七二	
	外科	五〇	
	眼科	二九	
	皮肤科	六	
	耳鼻喉科	一七	
高工	内科	八五	
	外科	八二	
	眼科	六五	
	皮肤科	三	
	耳鼻喉科	一四	
高农	内科	二三	
	外科	三二	
	眼科	二一	
	皮肤科	二	
	耳鼻喉科	一四	
初农	内科	七	
	外科	六	
	眼科	一七	
	皮肤科	一	
	耳鼻喉科	一	

院别	科别		号数	备考
培育院	内科		一	
	外科		一	
教职工及家族	内科		四一	
	外科		八四	
	眼科		四五	
	皮肤科		九	
	耳鼻喉科		五	
共计一千三百二十八号				
	传染病	痢疾	四人	
		疟疾	一七人	
		流行性感冒	五人	
		沙眼	三四人	
		眼结膜炎	六人	
		疥癣	二人	
	病理检查	大便	一〇次	
		小便	四次	
		血液	五次	
		痰液	一次	
		喉分泌	二次	
	出诊		九次	
	住院病人		九人	
	手术		三次	
	接种牛痘		八三人	

《国立浙江大学校刊》第二百〇六期,民国二十四年三月二十三日

医务课发表三月份诊务统计

(1935 年 4 月 13 日)

院别	科别	号数	备考
文理学院	内科	九六	
	外科	六七	
	眼科	八八	
	皮肤科	一五	
	耳鼻喉科	一四	
工学院	内科	一四〇	
	外科	一六五	
	眼科	九七	
	皮肤科	一〇	
	耳鼻喉科	一五	
农学院	内科	四九	
	外科	六一	
	眼科	三二	
	皮肤科	三	
	耳鼻喉科	二一	
高工	内科	七〇	
	外科	六六	
	眼科	七八	
	皮肤科	三	
	耳鼻喉科	九	
高农	内科	六三	
	外科	六五	
	眼科	五一	
	皮肤科	一二	
	耳鼻喉科	二五	
初农	内科	三	
	外科	四	
	眼科	三	

续　表

院别	科别	号数	备考
乡村诊疗所	内科	六八九	
	外科	三八二	
	眼科	一三二	
	皮肤科	八五	
	耳鼻喉科	五六	
教职工及家族	内科	八六	
	外科	一六二	
	眼科	一一七	
	皮肤科	四五	
	耳鼻喉科	二六	
共计三千一百零五号			
传染病	痢疾	四人	
	疟疾	十五人	
	流行性感冒	五人	
	耳下腺炎	一人	
	眼结膜炎	六人	
	沙眼	四十四人	
	疥癣	四人	
病理检查	血液	六次	
	大便	九次	
	小便	二次	
疾病预防	接种牛痘	九十六人	
	预防注射	一百六十二次	
住院		二十人	
出诊		十三次	

《国立浙江大学校刊》第二百〇八期，民国二十四年四月十三日

医务课发表四月份诊务统计

(1935 年 5 月 11 日)

院别	科别	号数	备考
文理学院	内科	六〇	
	外科	三一	
	眼科	五四	
	耳鼻喉科	一一	
	皮肤科	二	
	共计	一五八	
工学院	内科	八一	
	外科	一二〇	
	眼科	五二	
	耳鼻喉科	一一	
	皮肤科	一〇	
	共计	二七四	
农学院	内科	六六	
	外科	七〇	
	眼科	四六	
	耳鼻喉科	一八	
	皮肤科	一二	
	共计	二一二	
高工	内科	四九	
	外科	六六	
	眼科	三七	
	耳鼻喉科	四	
	皮肤科	八	
	共计	一六八	
高农	内科	四一	
	外科	六八	
	眼科	四三	
	耳鼻喉科	一〇	
	皮肤科	一〇	
	共计	一七二	

续 表

院别	科别	号数	备考
初农	内科	一〇	
	外科	一五	
	眼科	一二	
	耳鼻喉科	三	
	皮肤科		
	共计	四〇	
教职工及家族	内科	八四	
	外科	三九	
	眼科	九二	
	皮肤科	二六	
	耳鼻喉科	二六	
	共计	二六七	
华家池乡村诊疗所	内科	一六四六	
	外科	四六三	
	眼科	三三六	
	耳鼻喉科	一三〇	
	皮肤科	二三八	
	共计	二八一三	

总计四千一百零四号

传染病	伤寒	一人	
	痢疾	三人	
	白喉	一人	
	耳下腺炎	三人	
	肺结核	三人	
	流行性感冒	二人	
	疟疾	十一人	
	沙眼	三十七人	
	眼结膜炎	三人	
	疥癣	四人	

续　表

院别	科别		号数	备考
	病理检查	大便	四次	
		小便	一次	
		血液	一次	
	住院		二十一人	
	出诊		十二次	

《国立浙江大学校刊》第二百一十二期,民国二十四年五月十一日

医务课发表五月份诊务统计

(1935 年 6 月 15 日)

院别	科别	号数	备考
文理学院	内科	一一二	
	外科	九〇	
	眼科	九〇	
	耳鼻科	四	
	皮肤科	三	
工学院	内科	一四〇	
	外科	一五二	
	眼科	一〇八	
	耳鼻科	九	
	皮肤科	一七	
农学院	内科	八八	
	外科	九〇	
	眼科	七二	
	耳鼻科	一二	
	皮肤科	一九	
高工	内科	五八	
	外科	八一	
	眼科	七四	
	耳鼻科	六	
	皮肤科	四	

续　表

院别	科别	号数	备考
高农	内科	四一	
	外科	八六	
	眼科	三八	
	耳鼻科	一六	
	皮肤科	一六	
教职工及家族	内科	七三	
	外科	一一一	
	眼科	九五	
	耳鼻科	八	
	皮肤科	一二	
华家池乡村诊疗所	内科	一六一五	
	外科	四一二	
	眼科	三六五	
	耳鼻科	一四〇	
	皮肤科	三三二	
初农	内科	一四	
	外科	二九	
	眼科	八	
	耳鼻科	三	
	皮肤科		
共计四千六百四十三号			
传染病	肺结核	一人	
	痢疾	五人	
	耳下腺炎	二人	
	疟疾	一九人	
	感冒	四人	
	沙眼	五九人	
	眼结膜炎	一〇人	
	疥癣	五人	

续　表

院别	科别		号数	备考
	病理检查	大便	三次	
		小便	二次	
		血液	一二次	
		痰液	一次	
	防疫注射		三〇八次	
	体格检查		八〇人	
	出诊		一一次	
	住院		二五人	
	手术		三次	

《国立浙江大学校刊》第二百十七期,民国二十四年六月十五日

医务课发表六、七两月份诊务报告
(1935 年 10 月 12 日)

科别	号数
内科	五二四
外科	五三七
眼科	四五三
皮肤科	三七
耳鼻喉科	四一

总计 一千五百九十二号

传染病	种类	人数
	痢疾	一三
	流行性感冒	二一
	疟疾	五八
	沙眼	五三
	眼结膜炎	九
	疥癣	四

续 表

科别		号数
病理检查	大便	九次
	小便	三次
	血液	二〇次
防疫	防疫	二〇人
健康检查		七〇人
出诊		一八次
疗养室		四三人
手术		六次

《国立浙江大学校刊》第二百二十三期,民国二十四年十月十二日

二十三年度下学期医务课诊务统计

(1935 年 10 月 19 日)

科别	号数
内科	二九二三
外科	三二〇三
眼科	二三九二
皮肤科	四七三
耳鼻喉科	四六七

总计 九千四百五十九号

传染病	种类	人数
	白喉	一
	伤寒	一
	痢疾	二九
	肺结核	五
	流行性感冒	三八
	丹毒	一
	耳下腺炎	六
	疟疾	一二七
	沙眼	一二一

续　表

科别		号数	
传染病	种类	人数	
	眼结膜炎	三四	
	疥癣	一五	
病理检查	种类	次数	
	血液	四五	
	痰	二	
	喉部分泌	二	
	大便	一三八	
	小便	一三	
防疫	种痘	一七九人	
	防疫注射	三一八人	
出诊			六七次
疗养室			一二二人
手术			九次
转送校外医院			四人

《国立浙江大学校刊》第二百二十四期,民国二十四年十月十九日

医务卫生部发表八、九两月份诊务统计

(1935 年 11 月 2 日)

科别	八月份门诊号数	九月份门诊号数
内科	二〇一	六二七
外科	二五一	六二〇
眼科	一二五	二七七
皮肤科	一九	一〇七
耳鼻喉科	七五	二八
	总计六二四	总计一七〇九

科别		八月份门诊号数	九月份门诊号数
传染病	分类	八月	九月
	疟疾	三〇人	四四人
	痢疾	一一人	一六人
	白喉	无	一人
	伤寒	无	二人
	流行性感冒	七人	二人
	肺结核	无	四人
	沙眼	一一人	三七人
	疥癣	二人	三人
	眼结膜炎	二人	无
病理检查	小便	四次	
	血液	三〇次	
	痰	二次	
住院		一六人	五二人
出诊		九人	一二次

科别	华家池乡诊疗所	
	八月份号数	九月份号数
内科	二五二七	二四二七
外科	一〇三九	七九一
眼科	四六三	三五三
皮肤科	一六〇	三〇二
耳鼻喉科	三八二	一〇九
	总计四五七一	总计三九八二

《国立浙江大学校刊》第二百二十六期,民国二十四年十一月二日

（四）募捐

本大学捐助东北义勇军 教职员学生踊跃输将
（1932 年 11 月 19 日）

本大学日前于行政谈话会讨论，以东北义勇军转战数月，弹尽衣单，吾侪既不能执干戈亲追随义勇军转战于白山黑水间，物质上殊不可不加以援助。因决定即日发起向全校师生募捐集腋成裘，稍尽国民份子义务之万一。现先由程校长认捐五十元，黄秘书长认捐三十元，同时更由各院院长分向各院教职员募集，各院学生自治会代表向各院学生募集。秘书处则由秘书长负责募集。预料结果定有可观。兹附录募捐启及集款、寄款办法于后：

国立浙江大学救国义捐募捐启

东北义勇军转战白山黑水间，誓复旧疆，再接再厉，而关外苦寒，衣裳尚单，弹饷莫继，弱敌伺隙，强其淫威。我以血肉之躯与冰雪战！与枪炮战！与飞机坦克战！揆被发缨冠之义，懔同仇御侮之心活呼吸存亡，岂容坐视？杭州市各中等以车〔上〕学校校长爰于十月二十一日集会于教育，决从马寅初先生提议，速分头募集救国上捐，以尽棉薄。我浙江大学同人当仁不厅〔让〕，知必踊跃解囊。认捐若干，请署芳名义集款办法，附陈后方。于最短期间集成让数，即设法汇寄朱子桥将军。

蝼蚁负垤，势成邱山；

精卫衔石，志填沧海。

义旗北望，神魂飞越；

慷慨杀敌，仁听捷音！

附集款办法

一、教职员捐款请勿付现，由会计课暂垫，于下次发薪时扣除。

二、同学捐款，请径交秘书处会计课，或交驻各院事务课，或交学生自治会筹备会。

三、捐款除由经手人填发收据外，并在本大学校刊上发表。

国立浙江大学秘书处启

《国立浙江大学校刊》第一百一十二期，民国二十一年十一月十九日

救国义捐募集报告
（1932 年 11 月 26 日）

本大学捐助东北义勇军之救国义捐，连日征募，成绩极佳。兹将集者，先行公布于后：

程校长五十元

秘书处

唐数躬先生三元	潘波慈先生五角
邵名鹤先生二元	张东光先生一元
陆缵何先生五元	薛德焴先生十五元
马宗裕先生二元	徐晓林先生二元
胡昌骐先生十元	王崇波先生五角
邱缵祖先生十元	徐震池先生十元
何昌荣先生十元	余子安先生十元
金宗书先生五元	高廷模先生
周惠选先生一元	刘素先生五角
朱焕祖先生五角	沈培照先生五角
沈定珠先生二角	蒋理斌先生五角
范允兹先生三元	郭伯珍先生半元
钟孝澄先生三元	刘怀清先生三元
眭镇辉先生三元	汤朝兴先生一元二角
孙祥治先生三元	周佩菊先生一元
鞠霖三先生二元	赖蓄久先生四元
金学煊先生一元	周藻春先生一元
赵承庸先生一元	路振夏先生一元
戴湘生先生三角	蒋绪耿先生五角
李瑞先生二角	李凤棠先生一元
严鸿渐先生一元七角	曹礼德先生五角
袁瘦僧先生二元	田嘉荣先生二元
黄觇之先生一元	杨味余先生五元
李兆煜先生半元	杨起森先生三元
徐英超先生十元	陈崇伊先生半元
萧健先生二元	沈邕先生一元
徐学尧先生一元	戴熙民先生五角
朱传荣先生五角	黄华表先生三十元
范尔耆先生五角	孙述万先生四元半
叶筠先生一元	富骥先生二元
张雪梅先生一元	蔡正先先生一元
陆子桐先生一元	虞凤韶先生半元
胡式军先生三元	王懋赓先生半元
郭澄先生一元半	邓强先生二元
宋秉琳先生六元	陈志亮先生五角
陈朝鹏先生一元	钟健先生一元
邵孝瑛先生一元	俞子夷先生十元

任旭圆先生五角　　汤子枚先生十元
沈奕因先生五角　　金容先生一元半
戎传耀先生五角　　王子澄先生二元
谢养若先生五角　　熊子涵先生一元
陈朱绂先生一元　　黄问夔先生三元
李乃常先生十元　　甘家馨先生十元
张澹泉先生一元　　吴敬群先生五元
钱助民先生五角　　席凤阁先生半元
胡其华先生五角　　周铨元先生一元
杜恩霖先生二元　　章玢演先生五角

文理学院

邵裴子先生三十元　　佘坤珊先生十元
何汇莲先生三十元　　饶孟侃先生五元
林玉霖先生五元　　吴士栋先生五元
苏步青先生五元　　陈建功先生五元
钱宝琮先生五元　　张绍忠先生十元
徐仁铣先生五元　　束星北先生十元
郦堃厚先生五元　　程瀛章先生五元
纪育沣先生五元　　陈之霖先生十元
程延庆先生五元　　贝时璋先生五元
范赉先生十元　　沈乃正先生十元
鲁潼平先生五元　　郑晓沧先生五元
孟宪承先生五元　　黄翼先生五元
沈有乾先生十元　　储皖峰先生二元
戴静山先生五元　　周学普先生二元
徐秩文先生五元　　苏毓棻先生二元
朱福炘先生三元　　吴敬群先生五元
朱叔青先生二元　　朱稚舒先生三元
唐丽玲先生十元　　毛信桂先生二元
姜渭民先生二元　　周恒益先生二元
顾功叙先生二元　　李立爱先生二元
郑昌时先生二元　　郑一善先生二元
戴学炽先生二元　　盛耕雨先生二元
黄德溥先生二元　　马集铭先生二元
田遇霖先生二元　　王启汾先生二元
金维坚先生二元　　朱壬葆先生一元
陆景模先生二元　　鞠恩澍先生二元
金宗书先生五元　　周藻春先生一元

金学煊先生一元　　　陈翰鹏先生一元

张澹泉先生一元

工学院

薛绍清先生三十元　　　李寿恒先生十元

潘承圻先生十元　　　　丁人鲲先生五元

倪安曼先生五元　　　　吴承祺先生二元

毛宗英先生二元　　　　沈开圻先生二元

杜清宇先生二元　　　　朱之光先生二元

汪永龄先生一元　　　　陈庆堂先生三元

章蔚然先生二元　　　　曹凤山先生五元

陈大燮先生十元　　　　胡仁源先生三元

陈崇礼先生五元　　　　王圣扬先生二元

汪世襄先生二元　　　　张润庠先生二元

虞开仕先生二元　　　　钟兴锐先生二元

夏公辅先生二元　　　　陈煦庵先生五元

郁秉坚先生十元　　　　张谟实先生十元

殷文友先生五元　　　　吴锦铨先生五元

过文黻先生二元　　　　邵祖平先生五元

汪宪毅先生二元　　　　崔文璧先生二元

何炳汉先生二元　　　　方志超先生二元

倪俊先生五元　　　　　徐民谋先生二元

朱叔麟先生五元　　　　李绍德先生五元

沈三多先生三元　　　　杨耀德先生五元

朱苍许先生五元　　　　朱亮臣先生二元

张元培先生一元　　　　徐渭三先生二元

徐南骀先生十元　　　　尤佳章先生五元

方恩绶先生二元

农学院

许叔玑先生三十元　　　黄枯桐先生五元

梁希先生十五元　　　　朱昊飞先生五元

吴耕民先生五元　　　　孙本忠先生五元

王金吾先生五元　　　　叶道渊先生二十元

周桢先生五元　　　　　黄通先生五元

朱凤美先生十五元　　　林新墀先生二元

贾泽逐先生一元　　　　沈养厚先生四元

彭起先生三元　　　　　施华麟先生三元

曹贻孙先生三元　　　　孙从周先生二元

吴曙东先生二元	林汝瑶先生三元
张垕民先生三元	汤惠荪先生五元
蔡邦华先生十五元	周士礼先生十元
林熊祥先生五元	蒋芸生先生五元
雷男先生十元	孙信先生五元
邵均先生五元	顾鋈先生二元
沈焘先生五元	郑运贵先生一元
周季豪先生三元	周汝沅先生五元
孙逢吉先生二元	金绎如先生二元
吴昌济先生一元	王相骥先生三元
滕泳延先生二元	陈自新先生一元
杜修昌先生一元	杨行良先生一元
黄齐望先生一元	求良儒先生一元
赵继元先生一元	林心佛先生二元
蔡经铭先生一元	陈樾先生二元
胡作民先生一元	

文理学院教育学系一年级生孙修爵君捐洋三元。此外,同学对于此次救国义捐闻均极为踊跃云。

《国立浙江大学校刊》第一百一十三期,民国二十一年十一月二十六日

浙大热烈捐助义军
(1932 年 12 月 7 日)

(杭州)浙大教职员捐助东北义勇军合洋一千一百余元,已先汇朱庆澜将军。学生方面正在捐募中。

《新闻报》民国二十一年十二月七日

本大学职教员捐薪助赈 九月份薪修扣捐半月 于十月、十一月发薪时
平均扣解薪额在五十五元以上者概照捐
(1935 年 10 月 5 日)

本大学总务处,于上月二十三日,分函全体教职员云:

径启者:

案奉教育部廿四年发总柒第一二七八二号训令内开:案奉行政院第四八一一号训令内开:案奉国民政府二十四年九月七日第六七三号训令内开:为令遵事。案准中央政治会议本年九月五日函开:准中央执行委员会函开:本会第一八六次常会,以本年水灾惨重,经决议,

（一）发行救灾公债，其数目与办法，交财政部拟议。（二）公务员捐俸助赈，原则通过，其详细办法，交政治会议拟订。除发行公债一项，已径函国民政府转行遵照外，特录案，函请查照办理。等因。当经本会议第四七三次会议决，中央公务员捐俸助赈办法如下：

（一）中央公务员月支薪俸在五十五元以上者，概照本年度九月份薪额扣捐半个月，在五十四元以下者，由主管机关规定办法，酌量捐助；

（二）收捐办法，由财政部核发各机关经费支付命令时，照捐额分九、十两月（京外机关分十、十一两月）扣发之。其经费在收入内坐支者，由主管机关分九、十两月（京外机关分十、十一两月）负责扣缴；

（三）党务工作人员，及一切国营事业、教育行政、学术文化、警察各机关、国立中等以上学校人员，概行照捐；

（四）军事机关人员之捐助办法，由军事委员会订定之。

除函中央执行委员会外，相应函达查照办理。等由；准此。自应照办。除函复并分行外，合行令仰遵照，并转饬所属一体遵照。此令。等因；奉此。除分行外，合行令仰该部遵照，并转饬所属一体遵照。等因；奉此。自应遵办。查该校系在京外，应尽十月十五日以前，按照规定，将应扣薪额，造册送部，以凭咨送财政部照扣。如该项册报逾期不到，财政部或径停发全部经费，应即注意。除分行外，合行令仰遵照。等因。自当遵办。经陈奉校长核定：本大学职教员月支薪修在五十五元以上者，概照本年度九月份薪修额扣捐半月，于十月、十一月致送薪修时，平均扣解。除分函并知照会计课遵办外，相应函达台端，即希查照为荷！

《国立浙江大学校刊》第二百二十二期，民国二十四年十月五日

浙大的援绥运动
（1936年1月27日）
陈常省

（杭州通讯）自从匪伪军公然侵绥的消息披露后，浙大全体师生个个愤怒异常。大胆的××竟敢如此欺中国如无人，视括地如探囊。再看到守土将士在弹雨炮火之下，冰天雪地之中，奋不顾生地抵抗敌人不由得同声感激泪下。为保卫国土计，为爱护前线将士计不约而同的全体师生都高呼起援绥运动。现在，不佞来作一个简括的报告：

一、全体教职员以一日所得献国援绥。教职员站在能生产的地位，自动的首先把各人一天所得的薪金，捐助援绥。全体教职员约三百余人，为数也就不少了。

二、工学院一年级发起募捐援绥运动。为响应清华同学，特发起援助前线将士募捐运动，闻候全体签名赞成后，即拟组织救亡募捐会，向校内、校外人士劝募云。又闻于签名之中，有数同学拟提议绝食一餐，将所得之款援绥云。

三、机械工程学会也发起援绥募捐运动，校内四处张贴着激昂慷慨的宣言，宣言中有这样触目惊心的两句话：

抵抗是生，不抵抗是死！

非举国上下戮力同心，保卫国土，则国亡无日！

见者莫不有动于中〔衷〕,同声赞助。

四、文理学院民二八级同学,鉴于绥东、绥北战事紧迫,援助有待,特由该级会干事会议决,全体会员自动捐助云。

五、农学院的援绥运动。这要算是浙大最精采而有成效的了,农院全体学生除每人捐助国币一圆外,并由农院级联会商请学校当局,将校内全部菊花,自十一月廿日起,移至省立民众教育馆,扩大展览,公开求售,并陈列珍奇之热带植物若干种。以入场券资与售金所得,悉数捐助援绥,场内布置和一切管理工作,皆由农院同学轮流馆班。工作虽苦,但因参观者异常拥挤,收入亦复可观,颇觉自慰,同时新发行赞助券五百张,每张一圆,赞助者各赠以佳菊一盆,聊申谢忱,真是既赏菊而养志,又捐款而犒军,一举两得,莫斯若矣。开幕方二日,赞助券已大部发出,名菊亦已售去三分之一。此可见该菊展会之成效,而知杭垣人士爱国心之热烈矣。并闻该菊展会不限日期,以全部名菊售完为止。

六、学生自治会代表会也决议发起校内募捐运动,援助前线抗敌将士,代收个人或团体的捐款,汇集汇交前线云。

《中国学生》第三卷第十四期,民国二十五年一月二十七日

田正平　总主编

浙江大学史料

第二卷
（1927—1949）

下

张淑锵　主　编

ZHEJIANG UNIVERSITY PRESS
浙江大学出版社

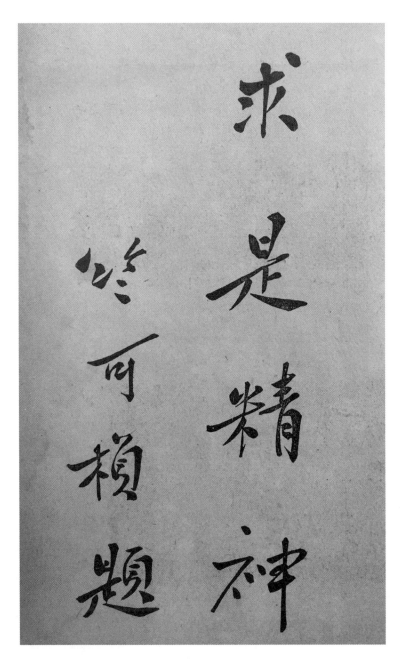

竺可桢题"求是精神"

竺可桢(1890—1974)

1936—1949 年任国立浙江大学校长

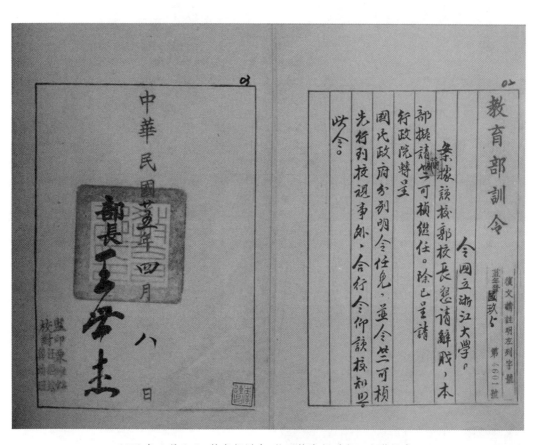

教育部訓令

令國立浙江大學。

案據該校郭校長懇請辭戲，本
部擬請竺可楨繼任。除已呈請
行政院鑒呈
國此政府分別明令任免，並令竺可楨
先行到校視事外，合行令仰該校知照

此令。

復文請註明左列字號
五年度國玖字 第4601號

中華民國廿五年四月八日

部長王世杰

1936年4月8日，教育部训令，竺可桢先行到浙江大学视事。

部分教职员

马一浮（1883—1967）

王琎（1888—1966）

梅光迪（1890—1945）

胡刚复（1892—1966）

郑晓沧（1892—1979）

叶良辅（1894—1949）

孟宪承（1894—1967）

钱穆（1895—1990）

张绍忠(1896—1947)

丰子恺(1898—1975)

费巩(1898—1945)

张其昀(1900—1985)

王驾吾(1900—1982)

陈训慈(1901—1991)

陈立(1902—2004)

蔡邦华(1902—1983)

黄翼(1903—1944)

张荫麟(1905—1942)

涂长望(1906—1962)

王淦昌(1907—1998)

束星北(1907—1983)

谈家桢(1909—2008)

谭其骧(1911—1992)

卢鹤绂(1914—1997)

部分学生

施雅风(1913—2011)

朱祖祥(1916—1996)

叶笃正(1916—2013)

钱人元(1917—2003)

程开甲(1918—2018)

陈述彭(1920—2008)

谷超豪(1926—2012)

李政道(1926—)

天目山分校校址——禅源寺

天目山分校教职员宿舍

建德牌坊

建德乌龙山林场

江西吉安白鹭洲头校舍

江西吉安青原山临时校舍

江西泰和上田村

部分浙大教师在泰和上田村浙大图书馆前合影(1938 年 4 月 3 日)

广西宜山标营校舍

广西宜山坝头村新建校舍

国立浙江大学龙泉分校新建校舍全景

龙泉分校生物实验室

贵州遵义国立浙江大学校本部

贵州遵义浙大工场

贵州湄潭浙大图书馆

贵州湄潭永兴浙大一年级校舍

贵州湄潭浙大教授宿舍

贵州贵阳青岩古城城门

贵州湄潭士绅欢迎浙大

别兮遵义

国立浙江大学黔省校舍碑记（1945 年 6 月）

国立浙江大学杭州开学典礼(1945 年 11 月 8 日)

复员回杭后迅速修复兴建的教学大楼

美国教育学家孟禄来访浙大，竺可桢、郑晓沧与之合影(1937 年 5 月)

章俊之教授追悼会(1940 年 5 月)

贵阳地母洞存放文澜阁《四库全书》

浙江大学战地服务团在贵州青岩合影（1945年）

贵州湄潭举行中国科学社年会(一)(1944 年 10 月)

贵州湄潭举行中国科学社年会(二)(1944 年 10 月)

国立浙江大学化工研究所师生合影（1944 年 1 月 1 日）

苏步青、陈建功教授赴台湾接管"台湾帝国大学"（1945 年）

竺可桢出访欧美前与浙大同仁合影（1946 年 10 月 30 日）

胡适在浙大演讲后与诸教授合影（1948 年 10 月 20 日）

浙大学生为于子三烈士出殡游行出发前集合场面（1948 年 1 月 4 日）

北京大学、清华大学等校学生在北大民主广场举行于子三追悼大会

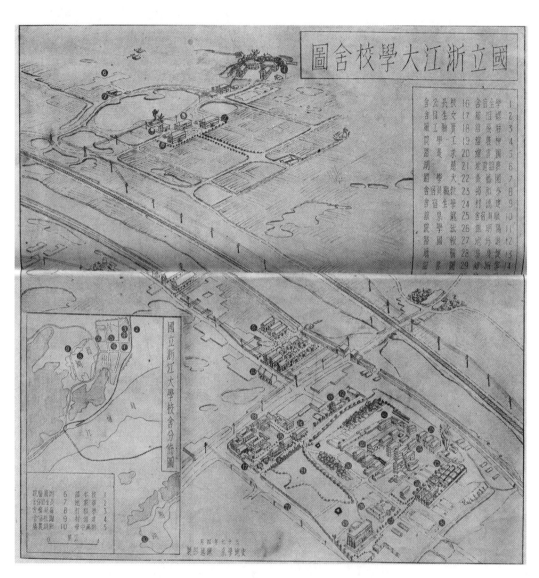

国立浙江大学校舍图(1948 年 4 月)

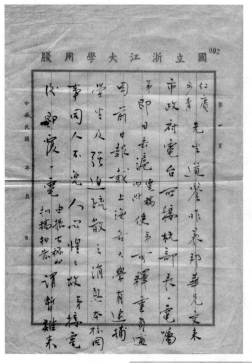
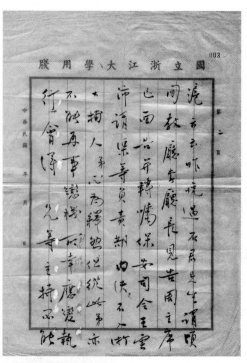
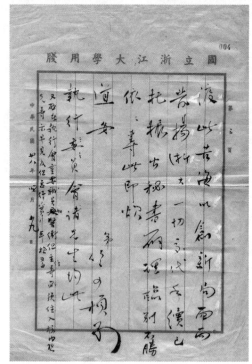

竺可桢致应变委员会正副主席严仁赓、苏步青教授函（1949 年 4 月 29 日）

目　　录

下编　后期国立浙江大学(1936—1949)

下编

后期国立浙江大学

（1936—1949）

一、校长变更与校务管理

（一）竺可桢出任国立浙江大学校长

教育部训令（第 4601 号）
（1936 年 4 月 8 日）

令国立浙江大学：

案据该校郭校长恳请辞职，本部拟请竺可桢继任。除已呈请行政院转呈国民政府分别明令任免，并令竺可桢先行到校视事外，合行令仰该校知照。

此令。

部长王世杰

中华民国廿五年四月八日

浙江大学档案馆藏 ZD-2021-ZL12-16

竺可桢就浙大校长业已定期
（1936 年 4 月 13 日）

（中央社杭州十二日电）浙大新校长竺可桢定二十六日来浙视事。该校学生对竺氏长校甚表欢迎。又闻该校工学院院长朱一成现由交通部委为专员，已决定离浙大赴京就交部新职，其继任人选，闻竺氏正在慎重物色中云。

《中央日报》民国二十五年四月十三日

大学教育之主要方针①
（1936 年 4 月 25 日）
竺可桢

诸位同学：

这次中央任命本人来担任本校校长，我个人以前对大学教育虽也有相当渊源，但近年潜

---

① 原文注：本文刊于《国风月刊》8 卷 5 期（1936 年 5 月）145—155 页，原文标题下记有"二十五年四月〔二〕十五日第一次对浙江大学学生训话纪录"。此前曾以《竺校长训词》为题载于《国立浙江大学校刊》第 248 期（1936 年 5 月 9 日）。此后载于《浙大学生》复刊第 2 期（1941 年 9 月）。

心研究事业,深恐对于这样重大的责任,不胜负荷,因当轴责以大义,才毅然来担任了。今天与诸同学第一次见面,就来略谈本人办学的主要方针和我对于本校与诸同学的希望。

(一)

明了往史与现势二条件

大概办理教育事业,第一须明白过去的历史;第二应了解目前的环境。办中国的大学,当然须知道中国的历史,洞明中国的现状,我们应凭借本国的文化基础,吸收世界文化的精华,才能养成有用的专门人才;同时也必根据本国的现势,审察世界的潮流,所养成人才才能合乎今日的需要。可是我们讲过去的历史,一方面固然绝不能忘了本国民族的立场,也不能不措意于本地方的旧事和那地方文化的特色。本校诚然是国立的大学,可是办在浙江,所培植的学生又多数是浙江人,诸位将来又大致多在浙江服务,所以我们也应得注意本省学术文化的背景。

(二)

浙江的开化与学术的发达

我们回溯浙江的往史,就容易联想到浙江省是越王勾践的故地,他那兴国的事业,雪耻自强的教训,深深地印入浙人的脑际。自东晋民族南迁,五代时吴越钱氏保浙,于是浙水东西开发日广,浙江文化与江南相并进。南宋定都杭州以后,浙江尤成为衣冠人文荟萃之邦,学风盛极一时。这期间既然发生许多极有贡献的学者,而如南宋浙人的匡业与捍卫,明代于谦的定边与浙海的抗倭,以及明季的匡复运动,常以一省的人文关系民族的安危存亡,尤足见本省的特殊精神。这些远的姑不具论,只就近三百年的浙江学术史中,我们就可举出两位杰出的人物。

黄梨洲和朱舜水

他们承晚明风习败坏之余,而能矫然不阿,以其宏伟的学问,光明的人格,不但影响浙江,且推及于全国,甚至播教于海外,并且影响不限一时,而且及于身后几百年,这就是我们共知的黄梨洲先生(宗羲)和朱舜水先生(之瑜)。黄梨洲因为图谋抗满复明,被清廷指名缉捕至十一次之多。匡复之谋不成,乃奋志著书讲学。他那部《明夷待访录》,包含了浓厚的革命思想。《原君》之作,早于卢梭的《民约论》一百年,实为近代民权思想的先觉。他所至讲学,著述极富,弟子光大其教,影响吾浙学风甚深。朱舜水与梨洲是余姚的同乡,并且同是复明运动的健将,曾到安南、日本运动起义,事既不成,就隐遁日本,立誓不复明就不回国,因此终其身于异国。那时日本人已传入我们浙江大儒王阳明先生的学说。他的伟大人格也就引起他们的重视,日本宰相德川光国尊之为师,讲学论艺,启导极多。所以梁任公先生说,日本近二百年的文化,至少有一半是他造成的。

致力学问与以身许国

梨洲、舜水二位先生留给我们的教训,就是一方为学问而努力,一方为民族而奋斗。因为他们并不仅为忠于一姓,推其抗满的热忱,就是抵抗侵略的民族精神。我们不及详说浙江其他伟大的学者,单说这二位先贤,已足为今日民族屈辱中我们所以报国的模范。我们生在文化灿烂的中国，又是生在学术发达先型足式的浙江，应如何承先启后，以精研学术，而且不忘致用实行为国效劳的精神！

中国目前环境的艰危

其次讲到中国"目前的环境"。我们有知识有血气的青年早已感到今日国家情势的危迫。近百年来列强侵略进行不息，中国不能发奋自强，以致近几年国家已到了最严重的危机。内乱的频仍，外患的迫切，一般人民风习之不振，较之明清间更有过之。现在国内诚已统一，兵患逐渐肃清，可是野心国不愿见我们的统一进步。他们可说是抱着"两重标准"的观念来任意行动。所谓"两重标准"，从前是指中国社会里的男女道德问题，因为本着男女不平等的传统观念，所以法律容许男子纳妾，而风教强迫女子于夫死守节。这可说是两重标准。现在国际关系也是如此，弱国要受公法的限制，不平等条约的束缚，而强国就可不必，矿产、铁路可以任意租借或敷筑，关税可以强人协定，以及进一步的任意私运，飞机、炮舰可以任意横行，甚至人家的土地也可任意借口而攘夺！这种国际形势的存在，就是隐存着二种的标准，显然是只有强权没有公理。所以国际联盟对中日问题终于束手旁观，最近对于意大利横行侵〈菲〉〔阿〕①也只空言制裁，我们至今完全可以明白，国际间还绝对谈不到公道与和平。中国民族虽说是重〔崇〕尚和平，可是我们尽可祝望将来世界的和平，而在今日则应确信国际间只有武装才能讲和平，并且为了取得和平的保障不能不增厚国力。中国以往因为不明白这种国际关系，所以受了奇耻大辱，今后惩前毖后，必须急起直追。我们应知一国的强弱盛衰，并非偶然而致，而有积久的自取的理由。人和别的生物一样，一定要适应环境，才能生存，否则就趋于衰败或归淘汰。现在这世界是机械的世界，是科学的世界。中国人对于科学研究，虽有深远的渊源，可是不久中衰，清季兴学以来也继起不力。今后精研科学，充实国力，大学生固然应负极重大的责任，而尤其重要的是养成一种组织和系统的精神。我们知道现今的世界一切事物最重组织，可是中国社会的旧习惯与此很难契合。中国人民积习最喜个人放任无拘的自由，家庭街市随意吐痰小便，就是一个最简明的实证。这种自由对于个人生活自然便利，但对社会国家的影响便十分不利。试问我们以散沙一般的许多个人来和有组织有〈规〉〔纪〕律的现代国家来对敌，真似螳螂当车，必无胜理。近代中国外交、军事的着着失败，总因在此。

民族自由重于个人自由

今后我们的问题，就是："个人的自由要紧呢？还是全民族自由要紧？"我们大家对此应加以深切考虑。如果明白了"民族没有自由，个人合理的自由也失去保障"，我们就必然以实心实力共来完成民族的自由。现在中央决定在学校里实施军事训练，就是要先使全国学生实现纪律化组织化，以期进而推播于全民众，也就是要谋我们全民族适应现世界的环境，以恢复民族的自由，保障民族的生存。本校经历届校长教授的努力，学风素称纯正而有规律，而前校长郭任远先生对于推行军训的毅力，就因深切认识其客观的重要，要使学生都能纪律化组织化，我觉得很钦佩与同情的。可是本校学生未能完全接受，实是可惜，尤其是近数月来，听说学校里的纪律竟渐渐的松懈，如生活的严肃，衣冠的整齐，渐不及前，这决不是小节，

---

①　原文注：作者所藏《浙大学生》载文上有作者订正手迹，改为"侵略阿比西尼亚"。

而是一件极不幸的现象。

军训与组织化的重要

今后校内军事管理的组织,自应从详规划,以更谋其健全与安定;而组织化纪律化的精神,必须求其贯彻的。要而言之,中华民族今后复兴的途径,须全国一致,遵守孙中山先生的遗教,在中央领导之下,共同努力,而大学生在这个大业上所负的责任甚大。浙江在中国政治经济文化的地位都极重要,浙江大学的学生就"目前的环境"一层上着想,尤应刻苦砥砺,才无负本省过去光荣的地位,与今后神圣的使命。

(三)

以上就过去历史和目前环境二方面来讨论中国和浙江省的地位,来证明本校所负的历史的和时代的使命,而同时也已将我对于本校训育方面的宗旨和趋向说明了。现在再从学校教科等各方面来略说我个人的意见,并且就此提及我们今后想走的途径。

教授人选的充实

一个学校实施教育的要素,最重要的不外乎教授的人选,图书仪器等设备和校舍建筑。这三者之中,教授人才的充实,最为重要。(一)教授是大学的灵魂,一个大学学风的优劣,全视教授人选为转移。假使大学里有许多教授,以研究学问为毕生事业,以作育后进为无上职责,自然会养成良好的学风,不断的培植出来博学敦行的学者。我们中国之有现代式的大学,虽还只是近四十年间事,但历史上的国子监实际上近乎国立大学,而许多大书院也具有一时私立大学的规模。南宋国子监就在杭州城西纪家桥,而万松岭的万松书院,到清代改敷文书院,源深流长,并可见浙省大学渊源之早。书院教育,最有"尊师重道"的精神,往往因一二位大师而造成那书院的光彩,例如讲到白鹿洞书院就令人联想到朱晦庵,鹅湖书院就因陆象山讲学而出名。近代的大学也正是如此,例如英国剑桥大学 Cavendish 实验室之所以出名,就因有 J. J. Thomson、Sir. Rutherford 几位教授。三十年前美国哈佛大学之所以能吸引了许多国内外的学生去研究哲学,就因为有 J. Royce、Satayana、William James 诸教授的主讲。俄国出了一位 Pavlov 教授,使俄国的生理学闻名于世。所以,有了博学的教授,不但是学校的佳誉,并且也是国家的光荣;而作人才以为国用,流泽更是被于无穷。现在中国的大学太缺乏标准,但几个著名的大学也多赖若干良教授而造就甚宏。不过要荟萃一群好教授,不是短时期内所能办到,而必须相当的岁月,尤须学校有安定的环境。因为教授在校有相当的年份,方能渐渐实现其研究计划,发挥其教育效能;而且对学校感情日增,甚至到终生不愿离开的程度,这才对学术教育能有较大的贡献。反之,若学校不幸而有学潮,不但使学者大师裹足不前,就是原来好教授也容易离去,学校就大伤元气。所以无论学潮的原因如何复杂,为学校前途计不得不想法去消灭他。今后本校惩前毖后,必先谋学校安定,然后方可网罗人才。本人决将竭诚尽力,豁然大公,以礼增聘国内专门的学者,以充实本校的教授。尤希望学生对于教师,必须有敬意与信仰,接受教师的指导,方能发挥教师诲人不倦的精神。

图书仪器设备的重要

(二)其次讲到设备。人才诚然重要,可是图书仪器等设备也是学校所不能忽视的,尤其是从事高深研究的大学。一个大学必有众多超卓的学者,才能感得图书设备的重要,而且会扩充合用的图书;也唯有丰富的图书,方能吸引专家学者,而且助成他们的研究与教导事业。简言之,人才与设备二者之间必然辅车相依、相得益彰的。俗语说"工欲善其事,必先利其器",所以教授学生欲利其研究,必须充实其图书仪器各项的设备。现在中国许多大学有一共通的弊病,即在经常费中,教职员薪给之比例太高,而图书设备费的比率太低。在这种情形之下,就是有优良教授也无所施其技,且设科太繁,或职员人数太多,结果连一个院或系都不能健全发展。我们听到一部分大学近年颇致力扩充其图书馆,固为可喜的现象,然而图书设备究是一般的贫薄。据我所闻知,除清华大学藏书二十八万余册,中山大学、燕京大学各约二十七万册,北京大学二十三万册,已算最多,次则中央大学、金陵、岭南、南开也都在十五万册以上。此外则图书在五万册以上的大学,已是寥寥,甚至还有图书不及万册的也居然称学院或专校了。我们若就欧美举一二个例,柏林大学图书馆藏书达二百万册,且得普鲁士邦立图书馆(藏书二百五十万册)的协助。哈佛大学图书馆现有图书三百七十万册,去年一年增加新书五万余册。当意军初侵阿比西尼亚的时候,美人对阿的情形大都茫然,哈佛图书馆乃检取关于阿比西尼亚的书,就有五百册之多,以供给师生与外界的参考。这样的图书馆,才不愧为一国的学府。可惜中国大学多不知重视图书之充实,而犹诩然自负为"最高学府"。十九世纪英国文学家加莱尔(Thomas Carlyle)说"一个好的图书馆就是大学",公共图书馆尚且如此,大学图书馆自更有高尚的学术价值了。所以我以为大学经常费,关于行政费应竭力节省,教职员薪金所占不能超过百分之七十,而图书仪器设备费应占百分之二十或至少百分之十五。本校因扩充成立为时尚近,听说图书仅六万册之谱,虽说省立图书馆近在咫尺,可助应用,但那边究以旧书为多,所以专门的中西文新书以及基本名著,本校实大有充实之必要。本人已在考量扩充图书馆的地位,下年度起并将谋增加购书经费。就是各系仪器,也当陆续添补,以发挥增高研究实验的效率。至于如何酌减学生上课的时间,促进利用图书馆和自由研究的习惯,或增进教师对学生课外的指导,凡此种种,还得和各教授共同研究,力谋以图书馆、实验室来辅助大学教育的成功。

校舍的最低标准

(三)复次是校舍问题。我们对于现今社会之过重屋宇的建筑,固然有些怀疑,如大学校舍已有相当基础,而竟不知充实设备,只求大规模的兴筑新宇,我曾谓为是缺乏办学的常识。可是一个大学的环境原也重要,相当完整的校舍也是决不容忽视的。我今天视察了本校文理学院、工学院房子之后,才觉得浙大校舍需要改建和添建的迫切。大概要建筑校舍:第一,须有具体的计划,计划既定,步步进行。这样,建筑的形式才能调和,而不致互相枘凿。第二,房屋要求其坚固合用,最好更能相对的顾及美观,但不必求其讲究奢华。目前全国各国立大学中,浙大的校舍恐怕要算最简陋,除一小部分外,大都是陈旧不整齐而且不敷应用。郭校长在任的时期,在华家池新建了农学院新舍、文理学院里的新教室和其他几所小房子,终算立了相当的基础,但为适应目前的需要,修建的要求还很迫切。现在中央财政的艰绌,在此非常时期中教育经费开源诚极不易,然而一个大学,如欲使其存在、发展,最低限度的校舍建筑是不可少的。我来杭之前对当局接洽,虽还没有具体的结果,但我此刻却已感到校舍修理和增筑的必要,此后自当设法进行〔筹措〕临时费,从事规划,以逐渐实现最低限度的本校校舍,改善诸君读书的环境。

（四）

贫寒子弟的求学机会

此外，为了奖励贫寒好学的子弟，我已订定了在本校设置公费生的办法。对此一事，我以为有极充分的理由。在从前科举取士及书院通行的时代，中国的教育还可说是机会均等的，所以我们在历史上常听到由寒士登科而成名立业的，在清代书院养士制度下也造就了不少的贫寒子弟。自从学校制兴，有学费的明白规定，情形就渐渐不同了。近来国民经济的低落，与学校收费及生活费的提高，恰恰成了反比例，因此这问题就更见严重。中学读书已非每年五十元或一百元不办，等到一进大学，每年连个人日用有需四五百元以上者，至少也得要二三百元之则。我记得江苏当局曾有省民经济的调查，得知百分之六十六的人民每年收入不到九十元，这就可见百分之三十的人家不易进中学，没有机会进大学的恐有百分之九十九以上。江苏平均富力大概高于浙江(尤其是江苏南部)，那么浙江贫寒而优秀的子弟被剥夺了入中学、大学受教育的机会，其数必更可惊。在这样情形之下，大学变成有资产的子女所享受，聪颖好学但是资力不足的人家完全没有同样机会。这样的教育制度不但是对人民不公允，并且因为埋没了许多优良青年，对于社会与国家更是莫可挽回的损失。我以为天才尽多生在贫人家，而贫困的环境又往往能孕育刻苦力学的精神，所以如何选拔贫寒的优秀学生使能续学，实在是一国教育政策中之一种要图。浙大虽已有免费生的办法，但所免的只是局部的学费，每年所省只自廿五元至五十元之则，贫家还是不得实惠，根本上仍惟有裹足不前。上月间教育部在院会提出通过奖学金的办法，前几天在报上看到清华已有公费生办法的公布。

本校决定设置公费生

根据当局宏奖人才的意旨，体察本省实际情形的需要，我已决定自来学期起，即规划公费生的设置，尚须详定办法。大概公费生入学〔考〕试要比较严格，并须经审查家境情形合格。录取以后，只要学业达到预定的优良标准，就继续由学校供给他四年中的费用。为谋由根本选拔起见，并当与本省教育厅联络，促早实行中学酌设公费生的办法，俾贫苦的人才也有入大学的机会，不致埋没无所表见〔现〕。同时现行的补助费、奖学金仍当酌定存在，庶几广育英才，更可推广大学教育的成效。

（五）

关于诸同学的学业指导和人格训练的各方面，个人虽还有许多意见，可是匆促之间，不能充分讲明，并且必须多方观察现状的得失，方可逐步从事改善的设施，现在可暂不说。

运用自己思想的重要

不过有一点在此刻不能不一提的，就是希望诸君能运用自己的思想。我们受高等教育的人，必须有明辨是非，静观得失，缜密思虑，不肯盲从的习惯，然后在学时方不致害己累人，出而立身处世方能不负所学。大学所施的教育，本来不是供给传授现成的知识，而重在开辟基本的途径，提示获得知识的方法，并且培养学生研究批判和反省的精神，以期学者有自动求知和不断研究的能力。大学生不应仍如中学生时代之头脑比较简单，或者常赖被动的指示,而必须注意其精神的修养,俾能对于一切事物有精细的观察,慎重的考量,自动的取舍之能力。我们固不肯为传统的不合理的习惯所拘束,尤不应被一时情感所冲动,被社会不健全潮流所转移,或者受少数人的利用。今后赖许多教授的指导和人格感化,希望诸位更能善于运用自己的思想,不肯作轻率浮动的行为。中国今日的国难,其严重性与复杂远过于五四或革命北伐的时期,解救之道,非短时间可以为力,也非一部分人所应独负,最重要的却是统一全国的团结,齐一全国的步趋,共同树起对民族的自信力、对政府领袖的信仰,重视本身的责任,从事基本准备的努力。当然我们要严密注意时事,并且发扬抵抗强暴捍卫国家的热忱,但我决不愿学生作浮夸无效的行动,而应作沉着应变的准备。

以沉着的准备代盲从

半年来的学生运动,固然热情可佩(少数另有作用者是另一问题),但其方式之无当,实为可怜。诸君既受高深知识,决不应再有贸然的盲从,而宜深切考量一切的行动,惟有能思想才不至于盲从,亦惟有能思想才能作有效的行动,应付我们艰危的环境。十年、廿年以后的诸君,都可成为社会的中坚分子,而中国今后正是最需要头脑清楚善用思想的人物。

总之,我希望诸位同学要深切体念在今日中国受高等教育者的稀少,因此益自觉其所负使命的重大,努力于学业、道德、体格各方面的修养,而尤须有缜密深沉的思考习惯。一个学校的健全发展,自然有赖教授校长之领导有方,同时尤需要全体学生有深切的自觉与实际的努力。

全校合作以谋本校的进展

本人愿以最大的诚意与专注的精神,来力谋浙江大学的进展,而要达到相当的成功,必然期待诸位的合作和努力。

民国二十五年四月二十五日

《竺可桢全集》(第二集),上海科技教育出版社,2004 年,第 332—338 页

国立浙江大学布告(第一号)
(1936 年 5 月 2 日)

案奉教育部转奉国民政府令开:任命竺可桢为国立浙江大学校长。此令。等因;奉此。本校长业于本日上午九时,到校视事。除呈报并分函外,合行布告周知。

此布。

校长竺可桢
中华民国二十五年四月二十五日

《国立浙江大学校刊》第二百四十七期,民国二十五年五月二日

就任浙江大学校长誓词[①]

(1936 年 5 月 18 日)

余敬谨宣誓:

余恪遵总理遗嘱,服从党义,奉行法令,忠心及努力于本职,余决不妄费一钱,妄用一人,并决不营私舞弊,及接受贿赂。如违背誓言,愿受最严厉之处罚。

此誓。

国立浙江大学校长竺可桢

《竺可桢全集》(第二集),上海科技教育出版社,2004 年,第 349 页

国民政府令(第八四四号)

(1936 年 5 月 19 日)

任命竺可桢为国立浙江大学校长。

此令。

二十五年五月十九日

《教育部公报》第八卷第二十一、二十二期合刊,民国二十五年五月三十一日

大学学生之责任

(1937 年 10 月 29 日)

竺可桢

诸位同学:

在这国难期中,全国的大学和专门学校被敌人炮火、飞机所毁坏的,据教部统计,已经有二十三所,上海、北平和南京是中国教育三个中心点,现在这三个教育中心的大学大多数不能上课,惟有我们浙江大学总算能依期开学,这在诸位不能不算一桩幸事。就是以杭州而论,连大学本部在内,因为敌机警报的关系,虽云开课,但实际上讲堂的时间,在过去五星期当中,不过百分之六十,其中也有教员两星期上不到一堂课的。

诸位在天目山,能安谧地天天上课,这更是不幸中之大幸。禅源寺是我国东南各省的有名大丛林,西天目山参天夹道的柳杉,更是中国各地所少见,在这种心旷神怡的环境之下,我们应该能够树立一个优良的学术空气。中国向来的高等教育,除了太学或国子监以外,就要

---

① 原文注:本文刊于《国立浙江大学校刊》第 250 期(1936 年 5 月 23 日),《校闻·竺校长补行宣誓典礼纪》中,原标题为"誓词全文",现篇名为编者所加。此誓词亦见于作者当日日记中。

算书院。有宋一代,书院之制更是盛行一时,如白鹿、岳麓、应天、石鼓、东林其尤著者。书院制的特点,就在熏陶学生的品格。我们只要看朱晦庵、陆九渊或是王阳明的遗书,就可以知道当时师生中切磋砥砺的状况。自从我国创设学校以来,已逾卅年。这卅年当中,在设备和师资方面,不能不算有进步,但是有个最大缺点,就是学校并没有顾到学生品格的修养。其上焉者,教师传授他们的学问即算了事。下焉者,则以授课为营业。在这种制度下,决不能造成优良的教育。所以近年来教育部又有训教合一的主张,这话虽然说来已有两三年,但是能实行训教合一或是导师制的还没有。他的原因是学生与教员很难有接触的机会。天目山是个小地方,诸位老师和同学统在一处,导师制的实行,就没有十分的困难。以我个人所晓得,实行导师制的,浙江大学要算第一个。至于导师制的结果如何,全看诸位教授的指导方法,和学生努力的程度。依据目前的推想,应该可以得到很好的效果,即如在这很短的期中,据各方的报告,统说天目山浙大的精神特别好,学生非常用功,师生间融融一堂,统力合作,这是一桩可喜的事情。

但是有人可以问为什么我们要行导师制?所谓熏陶人格,这句话还是空的。对于这问题,我可以简单的回答:我们行导师制是为了要每个大学学生明了他的责任。在中国有许多人,以为大学是一家百货商店,学生好像是买主。要读工的去读工程,如电机、机械之类。要读文的就到文学院百货商店,去读他的历史、哲学、戏剧之类。这类买卖式教育的结果,只配称为贩夫客商,不配称为大学生。诸位在大学一年所化〔花〕的不过二三百元,而国家为诸位所化〔花〕的每年却要到一千五六百元。所以国家所化〔花〕的钱,比诸位自己所化〔花〕的要多到七八倍。国家为什么要化〔花〕费这么多钱去培植大学生,为的是希望诸位将来能做社会上各业的领袖。在这国难严重的时候,我们更希望有百折不挠、坚强刚果的大学生来领导民众,做社会的砥柱。所以诸君到大学里来,万勿存心只要能懂了一点专门技术,以为日后谋生的地步就算满足。这正是像一个商人到了百货商店费十元钱去买一只电火炉一样。大学生求学的态度,《中庸》里边有十五个字说得最好,就是"博学之,审问之,慎思之,明辨之,笃行之"。

"博学之,审问之",这两句看来容易,因为在大学里是来求学,学而不解,请教于教师。可惜普通大学生,连博学、审问的工夫还办不到,譬如读外国文,他的目的是在增加一种工具。我们学习了一国的言语,就能读到那一国的最好的历史、哲学、小说或是科学。没有教育的人们,好像是《红楼梦》里的刘老老〔姥姥〕进大观园,东张西望,到处碰壁,虽有珍珠宝贝,但是没有钥匙,进不去,只好望门兴叹。外国语,就是进入堂奥的钥匙。我们学会了英文,就可以看现今英国报章、杂志,了解英国现状,以及古代英美文学上的杰作,如莎士比学府之类。学了德文,就可以欣赏康德的哲学,或是哥德的诗文。这是何等能增人们的愉快,扩大人们胸襟的事情。但是现在一般学生,读了一年德文以后,化学系的学生,就要读德文化学,电机系的学生,就想读德文电机,这种眼光,正是所谓坐井观天,是要不得的。审问之,是要详细的问询。现在许多学校里边教员,一下课,反转背就不见影踪,在这种制度下,也决不能有详细问答的机会,所以审问的工夫也没有了。要行导师制,就想革除这些弊窦,使大家能扩大胸襟,大家有机会来审问。我们一年级的导师制,是不分系的,这可使你们同学放开眼界和旁科旁系教员有接触的机会,系的界线太分明,太严格,不是好的现象。假使物理系的教员,只顾到物理系的学生,化学系的教授只顾化学系的,其余全校各系的学生,简直视同路人,这样割裂分据,就失了大学教育的目的。所以在大学求学,第一步是要做到能博学,能审问。但单做这步还不够,果真能博学、审问,至其极不过养成几个学者。

一个大学的任务还不止乎此,须做到第二步,就是使学生"慎思之,明辨之"。一个大学顶要紧的任务,是能使学生知道如何运用他的思想。英文所谓 How to think。人是有思想的动物,单是课室里边的讲义或几本参考书求学问,学问是很有限的,大学定要举一反三,自己运用自己的思想那才行。十九世纪美国哲学家 Thorean 说道:一个人能享受自己的思想者才可以配称为富翁。孔夫子的大弟子颜回一箪食,一瓢饮,在陋巷,人家皆引以为苦,但颜回觉得很快乐。孔子说:饭疏食饮水,曲肱而枕之,乐在其中矣,不义而富且贵,于我如浮云。Thorean 和孔子颜回能这样看得开,无非是他们能认定人生主要的目的在求精神上的愉快,至于物质上的享受,是无关宏旨的。换言之,就是能辨别 essential 和 non-essential,信仰物质享受的人们就可以问,富有思想既胜于富有金钱,那么思想可以当饭吃罢。无疑的,审思熟虑是谋生的要着。譬如以小孩的玩具而论,中国近卅年来毫无进步,遂使舶来品充斥于市场,但是日本的玩具不但比从前进步,而且行销于全世界了。这就是肯用思想和不肯用思想的分别。我国的手工业若是要在外洋谋销路,我国的商品若要想在世界市场上占了个地位,统要靠我们工商界的领袖能运用他们的思想。国家希望大学学生将来毕业以后,能在社会上做一番事业。而一个国家最危险的事情,是他的领袖没有眼光,不能应用他的脑筋。我们试看中外各国的历史,每次到了一个国家民族或是朝代要亡的时候,那时的皇帝或主脑人员总是昏黯糊涂,如西汉末年的桓、灵,北宋末年的徽、钦,明朝末年的万历、天熹〔启〕,法国的鲁意(今译路易)十五等。而在一国一朝新兴的时候,须有眼光远大、脑筋敏捷的领袖为之统率,如汉光武、唐太宗、俾士麦(今译俾斯麦)、彼得大帝一类人物。所以大至国家,小至一个公司、商店,他的兴衰存亡决不是偶然,而一个大学,若能造就一班脑筋清醒的人才,比培植几个专门学者至少有一样的重要。

无论是一个学者,或是一个富于常识、脑筋清醒的人物,他还得有大的胆量毅力去实践,所以第三就要笃行之。王阳明说知而不行与不知等,有了渊博的学问、周密的思想,然而没有魄力去做是不行的。诸位晓得欧洲近世科学是怎么兴起? 全靠了少数有志的学者。在中世纪即明朝末年的时候,欧洲宗教势力笼罩一切,迷信人和一切是上帝所造,地球位于宇宙中心,日月星辰统绕地球而转,可说完全是神权世界。为了主张真理,信仰地球绕日,意大利的 Galileo 被幽禁在牢狱,Bruno 被烧死在十字架上。到了十九世纪中叶,达尔文为了主张进化论,被当时人们所唾骂。但是唾骂自唾骂,幽禁自幽禁,而泰西少数学者,仍能先仆后继的奋斗,结果真理终于战胜迷信,才产生了近世科学文明,这是笃行的结果。在我国也不乏同样的例子,我们读了诸葛武侯的《出师表》、岳武穆的《满江红》词、文文山的《正气歌》,忠义之气,溢于宇宙。他们不但有嘉言,而且统有懿行。虽则他们统失败了,不过中华民族之所以屡次被外族征服而每次尚能于困苦中奋斗出来,恢复我们民族的自由,何莫非我们历史上几位笃行志士所遗留下来的一点民族精神的力量。我们若能保持扩充这种民族精神,则中华民族决不是日本的飞机大炮所能毁灭,将来世界上正义终有战胜强权之一日。近来《大公报》登了一篇张菊生先生批评中国大学教育的文章,他说大学应该是贫民化,不应该贵族化;内地化,不应该外洋化;乡村化,不应该城市化。这话是很对的。中国受教育的人们,有两种很迫切的欲望,一种是领袖欲,一种是享受欲,大学之所以城市化、外洋化、贵族化,多半是要满足享受,但是具享受欲的人们,在现今是不配做领袖,中国三千年以来的传统观念,士大夫阶级是领袖阶级,所以有"万般皆下品,惟有读书高"这种见解。同时士大夫阶级也是享受阶级,士为四民之首,劳心者役人,劳力者役于人。但同时并无固定职业,是社会上的寄生虫,在孟夫子的时候,就已经提出士何事的问题了。在一般人民教育不普及、科学不发达的时候,认识几个字已经算出类拔萃的了不得,无疑的可称为天之骄子,但到如今,无论农工商统得识字,统得要技术化,在此时代我们单把大学生牌子拿出来,到社会上去要他们承认领袖的地位是不行的,必得到社会去服务,去奋斗,而使社会一般人士能信服大学学生确实服务的成绩比没有进大学的人来得好,学问既渊博,思想又周密,行为更笃实,惟有这样才能证明我们大学生是有真实才力,能造福于社会的。若是在大学的时候,还是以从前士大夫这种传统的眼光来看待外界,只顾自己的享受而不顾自己服务的精神和能力,则岂但学生个人没有能满足他领袖欲的希望的一日,而且大学也永远不能完成他的任务了。

《国立浙江大学日刊》第二百六十五期,民国二十六年十月二十九日

王阳明先生与大学生的典范[①]
(1938 年 11 月 1 日)
竺可桢

本校以时局之影响,奉令西迁,自赣来桂,今日得在宜山正式开课,旧学生皆已到齐,新生人数骤增。在此外侮严重、国步艰危之际,本校犹得如常进行,实为幸事。而迁校中备承广西省政府及宜山县政军当局协助,尤可感谢。当此抗战形势日紧,前方牺牲惨重的今日,国家犹费巨款而维持若干大学,一般社会已有责备非难之声。此虽由一般人不明高等教育作育培本之重,然我们反躬自省,正应借此种批评,以增进其责任的自觉,共作加倍的自策。必如何而后能培植真正之学问技术,将来贡献国家,无负国家作育之至意,与社会期望之深厚,正是每一个大学生所应深省力行者。而在今日艰苦流离之中,将欲增进自觉自奋,尤觉应回溯古来先哲志士之嘉言懿行、丰功伟绩,以资吾人之矜式。因地思人,我觉得王阳明先生正是今日国难中大学生最好的典范。

阳明先生生于余姚(生明宪宗成化八年,卒世宗嘉靖七年,即西历 1472—1528 年),在浙江本省讲学之外,其一生事业在江西、广西两省为最大,又谪居贵州两年,也去广西不远。浙江大学原址在浙江,学生不少浙人,先生是我们乡贤;本校迁江西半载,今又来广西,这二省正是与阳明先生关系最多之地。先生十七岁即来江西贵州龙场谪居以后,三十九岁做一任庐陵(今吉安)知府;吉安青原山,尚有他讲学的遗迹。自四十六岁至五十岁凡四年余,继续在江西服官,剿匪平乱。他巡抚南赣及汀漳(在福建)等处,先后平漳寇和江西境之横水桶冈大帽浰头诸匪寇,其间江西中部发生宁王宸濠之变,又全赖先生奏平乱之功。在用兵布政之中,又兴学校,举讲会,四方从学最盛。因此论者称"姚江之学,惟江右为得其传"。至今吉安

---

① 原文注:此文系作者 1938 年 11 月 1 日在广西宜山开学式上的讲话。原载《国立浙江大学校刊》(复刊,第一、二、三期),民国二十七年十二月五日、十二日、十九日

一带,民间犹有流行所谓"阳明饭"者,其流风之久而广可见。自江西来桂之水路,可经由赣州入粤而行,其间必道出大庾。赣州是先生常到之地,而大庾(古南安)正是他病逝所在。其次说到广西,嘉靖初年,先生以功蒙特召及退籍讲学数年以后,因朝臣妒功害能,以广西艰难的官缺与平乱之责来加到他的身上。先生受命不辞,高年跋涉,经江西广东至梧州,以都察使兼巡抚两广,进驻南宁,亲自深入督战,不两月而平思恩(今武鸣县属之北部旧治,在郁江支流象江之源,非今柳江流域之思恩)与田州(今桂西百色、恩隆、恩阳三县地,府治在百色东,当时乱民与其东思恩相结)瑶民流贼之乱。值桂西之八寨(今上林县北)、断藤峡(今桂平县北)诸蛮贼亦叛,又用官兵与投降贼目卢苏王受之众以平定之。因其恩威并施,所至奏功。观其兴学于南宁,抚辑柳庆诸瑶(庆即庆远,宜山旧即庆远府治),则知宜山土民也曾沐先生德泽。而广西许多地域,都是先生遗惠所在之邦。今浙大以时局影响而侨江西,而入桂,正是蹑着先生的遗踪而来;这并不是偶然的事,我们正不应随便放过,而宜景慕体念,接受他那艰危中立身报国的伟大精神。

通常学者往往有一种误解,以为理学是一种不可理解的东西,又或以为理学家是迂阔、不切实际的。岂知学术本无畛界,以理学知名的学者,往往有他的应世的学识和彪炳的事功;他所讲的学问又很多为无论科学专家或事业家所都应体验实行的。真正理学不但不迂阔,并且有许多话是切合人生实用的。专家专其所学,果能再来诵习体会古人立身处世之微言大义,最是有益于为学与做人之道。而阳明先生才高学博,无论在学问、道德、事业与其负责报国的精神,都有崇高的造就;在此国家蒙难、学府播迁之中,他那一段艰苦卓绝穷而益奋的精神,更是我们最好的典范。我们在迁校以后,起居生活当然不能如平时的舒适,各人因家人离散与经济的困难而起之心理的不安又必不少。然这次民族战争是一个艰苦的长征,来日也许更要艰苦,我们不能不作更耐苦的准备。孟子所谓"天之将降大任于斯人也,必先苦其心志,劳其筋骨,饿其体肤,空乏其身,行拂乱其所为,所以动心忍性,增益其所不能",阳明先生平桂乱与谪贵州,正是赖非常的艰苦来成全他,结果果然动心忍性,增长他的学问,造成他的伟大。现在又届孟子这话之严重地试验了,有志气的人就可从此艰苦锻炼出更伟大的前途,没出息的人就不免因此没落。诸君都受高等教育,是国家优秀的分子,也是国民中幸运的人;当然都要抱定以艰苦的环境"增益其不能"为目标,而准备来担当国家许多"大任"。这就不能苟且因循,而应以阳明先生的精神为精神了。

现在想从阳明先生一生事迹和学说的精义,采其尤可为青年体验取法者,分为四层来说。先说他对于"致知"的见解,以次说他内省的工夫,艰苦卓绝和效忠国家的精神。这些都是希望诸君深刻体验,随时随地切实力行,幸勿仅仅当一场话说才是。

(一)

先从做学问方面来说,我们都知道阳明先生学说的精粹是"心即理""知行合一"和"致良知"三要点。在哲学上他是宋儒传统的说法之修正者,所以有人称他集心学之大成,我们姑置不说。所谓知行合一,他的意思是"行之明觉精察处,便是知。知之真切笃实处,便是行。若行而不能明觉精察,便是冥行,便是学而不思则罔。所以必须说个知。知而不能真切笃实,便是妄想,便是思而不学则殆。所以必须说个行。原来只是一个工夫。"故"未有知而不行;知而不行,只是未知。"所以说"知是行的主意,行是知的工夫,知是行之始,行是知之成。"

把知行打成一片,不容学者稍存苟且偷惰之心。其鞭辟近里,极有功于后学。先生五十岁在江西以后,始明白揭出"致良知"之教,正是前说之扩大。其所谓"致",要义是"致吾心良知于事事物物,则事事物物皆得其理"。这意义绝不玄虚,而很切实际。从近代科学的立场讲,这样的知在一方面正是真知灼见的"知",另一方面又是可以验诸行事的"知"。我们做学问,理论上重在求真工夫,实用上则求在能行,正合先生之教。又有一事:后世程朱和陆王之辩,闹得纷纭不堪。实则阳明为真理之故,于朱子学说固曾多发异议,但仍然尊重朱子,而又非偏狭的曲从象山之教。他答学者之问,尚有一段很有意义的话:"君子之学,岂有心乎同异,惟其是而已。吾于象山之学,其同者非是苟同,其异者自不掩其为异;吾于晦庵之论,有异者非是求异,其同者自不害其为同也。"所谓无心同异,推求其是,正是阳明的博大不立门户的精神,后之以攻朱为张陆王之学者,决非先生之所取。本校推原历史的渊承(本校前身是前清的求是书院),深维治学的精义,特定"求是"二字为校训。阳明先生这样的话,正是"求是"二字的最好注释、我们治学做人之最好指示。因为我们治学行己固要有宗旨,决不要立门户。目前一般知识分子往往只顾利害,不顾是非,这完全与阳明先生的"致知"和本校校训"求是"的精神相背谬的。

(二)

次说内省力行的工夫。行阳明"心即理"之说,本于陆象山之教而光大之。他尝说:"心外无理,心外无事";又以为不能"外吾心而求物理",亦不能"遗物理而求吾心",这可看作他的知识论,也就可见他的重视反己内省的工夫。他以为知行所以有不能合一之时,就因为有私欲隔了,所以"克制私欲"是"致良知"的前提,也是"知行合一"的第一步。其吃重处尤在一"致"字。良知即天理,致即行,知此理即行此理,故曰知行合一。若使私欲梗住,使不能致良知,更何能知行合一。至若行之不力,便是知之不彻,此尤先生吃紧为人处。先生又常说到"立诚""诚意",视为格物致知之本,其极则即以内心之"诚",为一切学行事业之始基。现在大学教育,注重各种专门知识之传授,而忽略品性德行之陶冶,积重难返,流弊甚深。社会道德与政治风气之败坏,此为要因。教育部有鉴于此,决定于中学大学尽力推行导师制,本校早已实行,本学期更要加以推进。惟导师只处于辅导启示的地位,而修养毕竟须用自己的工夫。大学生理性已很发达,不久出而应世,尤必须及时注意内心的修养。如多读记述先哲嘉言懿行的书,固为有助,而更要体会先儒的工夫,深思力行;祛私欲而发良知,励志节而慎行检,明是非而负责任。而先生所示的教训,和其受害不愠、遇险不畏的精神(此种精神之根本全在修养工夫),都是我们最好的规范。

(三)

复次我们再来看先生的艰苦卓绝的精绝。不畏阳明先生一生的学说,是渐渐递嬗而光大的,故至晚年学问始底于大成。我们知道他在远谪与征蛮之中,所以能履险如夷,固赖其修养工夫之湛深;而其良知学说之醇化与大成,又莫非从艰苦生活中体验出来。他因直言被谪为龙场驿丞,实际可说是一个小小的公路站长。在这贵州西部(今贵阳北修文县境)万学〔山〕丛棘的小镇之中,当时更是地荒人鲜;先生在破庙中,生活之艰苦,非我们所能想象,而他竟能安之若素者二年,且从此创造出来此后的新学说与新生活。他尝自问:"倘使圣人处此,更有何法?"沉思之余,忽然中夜大悟,呼跃而起,从此发明他的知行合一的学说。此后十年,他在江西先后奏平匪靖乱的功绩,但正因功高遭忌,朝臣张忠、许泰等多方诬陷,这可说是他一生第二次的挫折。论者以为自经此变,他益信"良知真足以忘患难,出生死",而此后他的学说才自立宗旨,卓然成一家言。我们设想当时情形,宸濠交通内外,称兵犯上,先生竟能迅速加以平定;而朝臣忌功妒能,诬他谋反,武宗又是昏昧之主,几乎听信而加以不测,他又能处之夷然,卒以至诚感格而免祸。后来在广西平乱,又由于当时廷臣桂萼阻公起用,致以五十六岁之高年,深入当时蛮荒之域,而督战抚辑,具著功绩,初不畏难而退。他在那时,真是与叛乱匪盗斗,与瘴疠疾病斗,又对着权臣小人与种种不良环境之阻挠来奋斗,以一介文人而敢于蹈险至此,非具有修养过人之大无畏精神者,何克臻此!

当先生在龙场时,见有远方吏胥父子与仆三人同毙道旁,既加掩埋,特作《瘗旅文》以告之。此主仆三人,实即同时死于瘴气。当时尚不知瘴气为何物,即在西洋所谓"马拉里亚"(Malaria)的病,其原意亦为恶气。至近代之科学的医学研究,始证明瘴气即恶性疟疾,在桂黔二省甚多,本校同学近亦有罹此病者。可见当时此疾在西南甚流行。阳明先生畏暑热,其在桂之得病以至不起,亦因气候不宜以及过于劳顿而牺牲。今日许多大学先后迁西南,虽没有以前校舍之宽适,但校舍经修建以后,都还有相当设备,更有师生的相聚相助;同时西南各省比明代已大见开辟与进步。先生当年谪黔居桂,才是孤身深入荒僻之地;以我们今日比他的当年,已是十分舒服。而今日中国所临大难之严重,则远过当时之内叛与匪乱。我们溯往处今,如何可不加倍刻苦奋励?假使偶有横逆拂意之事,便当设想先生当年之胸襟,唤发他那强矫无畏的精神,自然能处变若定。更进一层说:诸君将来出以应世,不知要遇到社会上多少教育不一、性情不一的人,当然免不了种种困难与磨折。若能体验先生的精神,在学生时代时先有一番切实的精神准备,那么将来必然能克服困阻,成就我们的学问和事业。

(四)

处现在外海深入、固步、艰危的时候,阳明先生的伟大处,更应为学者所取法者,尤在他那公忠报国的精神。先生生当衰明,朝政废弛:武宗之时,内则阉宦窃柄,直士遇祸;外则官贪吏污,民怨思乱。他在三十五岁时,以御史戴锐斥权宦刘瑾遇祸,抗疏营救,武宗竟用阉言,罚他下诏狱,廷杖四十,绝而复苏,就因此被谪贵州。其后在江西与广西之平乱事业,慷慨赴难,不辞劳瘁,主要都由于忠君报国一念而来。有此信心,就能发挥他意外的力量。赣匪与广西之乱,多由以往驻兵官吏处置不当,他主张剿抚并施,临以至诚,故巨贼往往一遇兵威,旋即投诚,因此收事半功倍之效。宸濠之变,虽是宗室争君位的一种内乱,但在那时代是犯上大逆的行为。宸濠蓄谋已久,阴结内应,而且兵力颇强,故各方观望不敢动。先生正赴闽途中,此事本非其职责所在,独奋励勤王,先后只四十六天,便奏靖难之功,以此被权奸诬陷,亦所不顾。当时有一位黎龙称此事不难于成功,而难于倡议,而尤难于处变。原他所以能如此,只是一腔忠诚,扶国济民之心。晚年受命赴桂,疏辞而中枢不许,竟以高年投荒而不惧,尤可见其鞠躬尽瘁、死而后已之精神。现在我们的国家,所遇不是内变,而是外侮,且是空前严酷、危急万状的外祸。要救此巨大的劫难,必须无数赤诚忠义之士之共奋共力。我们要自省:敌寇如此深入无已,将士与战区同胞如此捐躯牺牲,为什么我们还受国家优遇,有安定读书的余地?这决不是我们有较高的知识,就没有卫国的义务;只说明我们要本其所学,准备更大更多卫国的义务。王阳明先生受出征广西之命,上疏有言:"君命之召,当不俟驾而行,矧兹军旅,何敢言辞?"学高望重、卓然成家的大儒,当国家需要他的时候,亦得冒险远征而不辞,甚至隔了一年而积劳丧身!我们今日虽认大学生自有其更大的任务,但亦不阻止知识分子之从戎杀敌,至于力学尽瘁甚至舍身为国的精神,更是国家所切迫期望于大学生的。须知在这样危急的时代求学,除出准备贡献国家为当前和将后抗敌兴国之一个大目标外,更有何理由可说?记得有人统计世界上战争之年远过于和平,就是一百年中没有国与国的战事之年(内战不计),只有十五年。今后国际组织不能即有根本改变,至少在我辈身上看不到世界大同。只有富有实力准备足以御侮之国家,才能免于被侵略,才有资格享受和平。对日抗战,实在是极艰巨的工作;不但最后胜利有待于更大的努力,并且日本始终还是一个大敌,我们殊不能武断以为这次抗战结束,就可一劳永逸。诸君此时正在努力培植自己的学问和技术,尤其要打定主意将这种学问技术,出而对国家作最大的贡献。大学教育的目标,决不仅是造就多少专家如工程师、医生之类,而尤在乎养成公忠坚毅,能担当大任,主持风尚,转移国运的领导人才。阳明先生公忠体国、献身平乱的精神,正是我们今日所应继承发扬,而且扩之于对外抗战与进一步的建国事业。必然在现在埋头刻苦于报国的准备,在将来奋发贡献于雪耻兴国的大业,方才对得起今日前方抗战牺牲的将士,方才对得起父兄家长与师长作育的期待,方才对得起国家社会对于大学生的优待和重视。

综观阳明先生治学、躬行、艰贞负责和公忠报国的精神,莫不足以见其伟大过人的造诣,而尤足为我们今日国难中大学生的典范。学者要自觉觉人,要成己成物,必须取法乎上,而后方能有所成就。当然我们所可取法所应取法的先哲很多,不过这里只举王阳明先生一人之居常处变立身报国的精神,已足够使我们感奋,而且受用不尽了。最后还有一句话:阳明先生在广西、贵州各约二年,其流风余韵,至今脍炙人口〔久〕而不衰。现在浙大迁来广西,同时还有许多大学因战事而迁西南各省,将来当然都要回到原处。如果各大学师生皆能本先生之志,不以艰难而自懈,且更奋法于自淑淑人之道,协助地方,改良社会,开创风气,那么每个大学将在曾到过的地方,同样的留遗了永久不磨的影响,对于内地之文化发展,定可造成伟大的贡献。

《竺可桢全集》(第二集),上海科技教育出版社,2004年,第451—456页

求是精神与牺牲精神
(1939年2月4日)
竺可桢

诸位同学:

诸君进到本校,适值抗日战争方烈,因为统一招生,发表较迟,又以交通不便,以致报到很是参差不齐,比旧同学迟到了一个月,才正式开课。诸君到浙大来,一方面要知道浙大的历史,一方面也要知道诸位到浙大来所负的使命。浙江大学本在杭州,他的前身最早是求是书院,民国纪元前十五年(一八九七年,即光绪二十三年)成立,中经学制更变,改名为浙江大学堂,浙江高等学堂。到民国十年,省议会建议设立杭州大学,但迄未能实现,到民国十六年

国民革命军底定浙江,始能成立。合前浙江公立工业专门学校和公立农业专门学校而成,所以浙大从求是书院时代起到现在可说已经有了四十三年的历史。到如今"求是"已定为我们的校训。何谓求是? 英文是 Faith of Truth。美国最老的大学哈佛大学的校训意亦是求是,可谓不约而同。人类由野蛮时代以渐进于文明,所倚以能进步者全赖几个先觉,就是领袖;而所贵于领袖者,因其能知众人所未知,为众人所不敢为。欧美之所以有今日的物质文明,也全靠几个先知先觉,排万难、冒百死以求真知。在十六世纪时,欧美文明远不及中国,这不但从中世纪时代游历家如马哥孛罗到过中国的游记里可以看出,就是现代眼光远大的历史家如威尔斯,亦是这样说法。中世纪欧洲尚属神权时代,迷信一切事物为上帝所造,信地球为宇宙之中心,日月星辰均绕之而行。当时意大利的布鲁诺(Bruno)倡议地球绕太阳而被烧死于十字架;物理学家伽利略(Galileo)以将近古稀之年亦下狱,被迫改正学说。但教会与国王淫威虽能生杀予夺,而不能减损先知先觉的求是之心。结果克卜尔(Kepler)、牛顿(Newton)辈先后研究,凭自己之良心,甘冒不韪,而真理卒以大明。十九世纪进化论之所以能成立,亦是千辛万苦中奋斗出来。当时一般人尚信人类是上帝所创造,而主张进化论的达尔文(Darwin)、赫胥黎(Huxley)等为举世所唾骂,但是他们有那不屈不挠的"求是"精神,卒能得最后胜利。所谓"求是",不仅限为埋头读书或是实验室做实验。求是的路径,中庸说得最好,就是"博学之,审问之,慎思之,明辨之,笃行之"。单是博学审问还不够,必须审思熟虑,自出心裁,独著只眼,来研辨是非得失。既能把是非得失了然于心,然后尽吾力以行之,诸葛武侯所谓"鞠躬尽瘁,死而已",成败利钝,非所逆睹。我再可以用历史上事实来做几个笃行的引证。十六世纪时,一般人士均信地是平的,地中海是在地之中,所以叫地中海,意大利人哥伦布(C. Columbus)根据希腊哲学家的学说,再加上自己的研究,相信地是圆的。他不但相信,而且能根据他的信仰以达到新大陆。哥伦布的一生梦想就是想到新大陆。但意大利王和欧洲一般人都不热心,最后还是西班牙王给他钱,装了三船的囚犯,向大西洋冒险出发,卒达美洲,这才可称为"求是"。中国的往史,不乏这样例子,最近的就是中山先生。满清以数百万文化低落游牧部队,灭亡明朝,奴使汉族,以少数制多数,以低文化的民族,来压迫文化高的民族,这是不得其平。但一般人都不敢讲,若有人敢提到兴汉灭满,就是极大的危险。雍正、乾隆两代文字狱是一个明证,至于实行革命,更是难能。唯有中山先生不但鼓吹革命,而且实行革命,这革命精神,正是源于求是的精神。

浙江大学原在杭州。诸位到过杭州的,晓得杭州苏堤南端有一古墓,是明末张苍水先生(名煌言)的墓。自李闯入京,崇祯缢死煤山,吴三桂请清兵入关。张苍水是宁波一举人。明亡屡起义兵,及鲁王亡,张名振亦殁,而郑成功居海上抗清,受桂王册封,公亦遥奉桂王。其时桂王已势衰走云南,清军方致力于西南。张公遂乘机和台湾郑成功联军攻长江,下芜湖等二十七州县,从镇江直逼南京,以成功轻敌深入,败于南京。公知事不可为,乃潜居于南田小岛上,为汉奸所卖被逮,劝降不屈,从容就义于杭州。他给劝降的赵廷臣说道:"盖有舍生以取义,未闻求生以害仁。"又说到:"义所当死,死贤于生。"像张苍水这样杀身成仁,也是为了求是。

以上是讲到浙大校训"求是"的精神,这是我们所悬鹄的,应视为我们的共同目标。其次就要讲诸位到本校来的使命。在和平时期我国国立大学每个学生,政府须费一千五百元的费用。在战时虽是种种节省,但诸位因沦陷区域接济来源断绝的同学,还要靠贷款来周济,所以每个学生所用国家的钱，仍需一千元左右。现在国家财源已经到了极困难的时候，最大的国库收入，以往是关税，现在大为减色，其次盐税，因为两淮和芦盐区的陷落，以及两浙及两粤交通的不方便，亦已减收大半。在这国家经费困难的时候，还要费数百万一年的经费来培植大学的学生，这决不仅仅为了想让你们得到一点专门学识，毕业以后可以自立谋生而已。

而且现在战场上要的是青年生力军，不叫你们到前线去，在枪林弹雨之中过日子，而让你们在后方。虽则各大学校的设备不能和平时那样舒服，但是你们无论如何，总得有三餐白饭，八小时的睡眠，和前线的将士们不能比拟。就和我们同在一地的军官学校的学生相比，也要舒服多了。他们常要跑到野外练习战术，有时四十八小时没有睡眠，整个白天没得饭吃，行军的时候，一天要跑到一百二十里，背上还要负荷二、三十斤的粮食军需。国家既如此优待诸君，诸君决不能妄自菲薄，忽视所以报国之道。国家给你们的使命，就是希望你们每个人学成以后将来能在社会服务，做各界的领袖分子，使我国家能建设起来成为世界第一等强国，日本或是旁的国家再也不敢侵略我们。诸位，你们不要自暴自弃说负不起这样重任。因为国家用这许多钱，不派你们上前线而在后方读书，若不把这种重大责任担负起来，你们怎能对得起国家，对得起前方拼命的将士？

你们要做将来的领袖，不仅求得了一点专门的知识就足够，必须具有清醒而富有理智的头脑，明辨是非而不徇利害的气概，深思远虑，不肯盲从的习惯，而同时还要有健全的体格，肯吃苦耐劳，牺牲自己，努力为公的精神。这几点是做领袖所不可缺乏的条件。去年英国全国学生联合会，在诺亭亨（Nottingham）开会，他们报告已经出版，在新出的《民族》杂志上，就有一篇简单的节略。从这报告可看到英国的学生觉到，在现时欧洲群雄争长，有一触即发之势。他们所需要：第一是专门技术，使他们一毕业即在社会上成为有用的分子；第二是要养成清醒头脑，对于世界大事有相当认识。这固然是不错的，但我以为第三点要能吃苦耐劳和肯牺牲自己，是更不可少的要素。去年九月的明兴（München）〔慕尼黑〕会议就可以作一个很好的例子。明兴会议的结果，无疑的是希特勒很大的成功，而是英法两国的可耻的失败，白白牺牲了英法的与国捷克斯拉夫。但是为什么英法尤其是英国会甘心屈服的呢？一般人以为英、法、俄、捷四国合起来的军备不及德意两国，这是大大不然。据去年十二月份《十九世纪》（*The Nineteenth Century*）杂志上沙卜德少校所发表的统计，就可知欧洲各大国陆军数如下：

国别	常备军	后备军
德国	二，〇〇〇，〇〇〇	二，〇〇〇，〇〇〇
意国	五〇〇，〇〇〇	一，〇〇〇，〇〇〇
法国	六六〇，〇〇〇	五，〇〇〇，〇〇〇
捷克	七五〇，〇〇〇	二，〇〇〇，〇〇〇
英国		一，〇〇〇，〇〇〇
俄国	一，三三〇，〇〇〇	一四，〇〇〇，〇〇〇

海军则英国三倍于德意志，而意国海军尚不及法，俄国姑不论。空军则战争开始，德国

可出三千架飞机,意大利二千五百架,后备者两国合计约三千架。而英、法、俄最初即可加入七千架,后备三千架。英、法既在海陆空三方都占到绝对优势,何以张伯伦会忍耻受辱作明兴之盟。果然如沙卜德所云,德国可以于三个月内征服捷克,而英、法、俄三国均鞭长莫及。因为俄国须取道于罗马尼亚或波兰,而英、法欲救捷克,则非征服德国北部不可,但如假以时日,英、法终能取得最后之胜利。而英、法为什么竟至屈服,甘弃捷克于不顾呢? 这是很显明的。由于英国保守党和一般有资产阶级的人们不肯牺牲自己的安全舒适的生活,来为国家保持威信。所以当八月间欧洲各国剑拔弩张一触即发的时候,英、法诸国统下了动员令。起初民气很激昂,但不久因为母别其子,妇别其夫,物价高涨;儿童防德国飞机来袭,统移乡下去;一般人民眼看到伦敦、利物浦纸醉金迷、笙歌太平的世界,一刹那间就要变成德国飞机轰炸的目的物,于是不到两星期民气就消沉下来。所以等到张伯伦从明兴得到和平回来,英国人民如释重负,甚至感激流涕,而大英国的威信如何,在所不顾了! 法国威根将军说,德国这样狂妄自大,着实可恶,而其人民之能万众一心,公而忘私,却值得法国人之钦佩与模仿的。所以做领袖的人物,不但要有专门技术,清醒头脑,而且要肯吃苦,能牺牲一己,以卫护大众与国家的利益。中国现在的情形,很类似十九世纪初期的德意志。德意志自从大腓烈特(Frederick the Great)为国王以后,渐有国家的观念。不久法国拿破仑当国,自从 1766〔1799〕—1810 年十余年间侵略德意志,得寸进尺,不但尽割莱茵河以西之地,并且蚕食至于易北河以西沿海一带尽归法国之版图。爱国志士如费希德(Fichte)等大声疾呼,改良德国教育制度,废除奴籍,整顿考试制度,卒能于短期间造成富强统一之德意志。费希德在其告德意志民众的演说中有云:"历史的教训告诉我们,没有他人,没人〔有〕上帝,没有其他可能〈的〉种种力量,能够拯救我们。如果我们希望拯救,只有靠我们自己的力量。

诸位,现在我们若要拯救我们的中华民国,亦惟有靠我们自己的力量,培养我们的力量来拯救我们的祖国。这才是诸位到浙江大学来的共同使命。

《竺可桢全集》(第二卷),上海科技教育出版社,2004 年,第 461—464 页

当以服务为主旨[①]

(1940 年 6 月 15 日)

竺可桢

在此动荡的大时代中,诸君毕业出校,意义更大,而责任亦更重。吾人所应深切的认识时代和自身,警惕奋勉,庶几可尽大学毕业生的责分。但所谓大学毕业,与职业学校不同。社会上多以"钱"来决定个人的劳力应得的代价,然大学毕业生不当以钱为目的,要当以服务为主旨。不仅要学得技术方面的进步,而且要有科学的精神。

《竺可桢全集》(第二卷),上海科技教育出版社,2004 年,第 502 页

---

① 原文注:摘自《国立浙江大学校刊》复刊第四十七期(1940 年 6 月 22 日)"校闻·校长招待本届应毕业同学茶会记略"中有关校长讲话的报道。篇名为编者所加。

科学之方法与精神①

（1941年5月9日）

竺可桢

在新近出版英国裴纳（Bernal）著《科学在社会上之功用》一本书里，有一章专讲各国科学发达的现况。讲到中国，他说："在最近几年来，中国在科学上才有独立的贡献。在历史上大多数时候，中国是全球三四个伟大文化中心之一，而且以艺术和政治论，常为这几个文化中心最进步的一个。但何以近代科学和工业革命不首见之于中国，而反见之于西欧呢？这是很饶兴趣的一个问题。"继续他又说："中国文化的背景加以略微的改造，可成为非常良好科学工作的园地。以中国人治学谨严的态度，忍耐的习惯，中庸的德性，可以预期中国将来对于科学的贡献，决不在欧美之下。"②这段话好像太恭维中国了。对于历史之事实，裴纳赞扬中国并未超出实在情形，这是吾人当仁不让，居之无愧的。但是近代科学必能在中国有远大的前程吗？要回答这问题，就不能不回溯近代科学在西洋发达的历史，和其精神与方法。

近代科学的起源，在西洋亦不过三百年前的事。在十六世纪以前，一部《圣经》和亚理士多德的著作，控制了欧洲人的一切行动与思想。这时候欧洲的人生观，以为宇宙内一切乃上帝所创造，人为万物之灵，地球在宇宙之中，日月五星及恒河沙数的星宿，统绕地球而行。凡是怀疑这类人生观，以及违背《圣经》和亚理士多德之主张者，就是大逆不道。从纪元二世纪以迄十六世纪，"地球为万物中枢说"成了牢不可破的信仰，无人敢置一词。直到十六世纪初，波兰人哥白尼（一四七三—一五四一〔一五四三〕）始创了"日为中枢"说。当时宗教和神权势力弥漫全欧，哥白尼《天体的运动》这部书，到他去世才敢出版，但哥白尼并没确实证据可以打破地球为万物中枢的学说，他断定地球绕太阳而行，是一种推想，一种理论。推翻"地球为万物中枢"的学说，掀起欧洲思想界革命，全靠十六七世纪几位先知先觉的科学家。其中最重要的四位，是开白儿（John Kepler，1571—1630），倍根（Francis Bacon，1561—1626），伽列里（G，Galileo，1564—1642）和牛顿（Isaac Newton，1642—1727）。

在叙述上面几位科学先驱的工作以前，不得不一讲近世科学的方法。所谓科学方法，就是科学上推论事物的分类。亚理士多德分推论为三类，就是（一）从个别推论到个别。如说这物有重量，就推想到那物也有重量，这称类推法。（二）从个别推论到普遍。如说这物有重量，那物也有重量，就推论到所有物件统有重量，这称归纳法。（三）从普遍推论到个别。假如我们断定凡物统有重量，就推论到某一物亦必有重量。这称演绎法。这三种推论中，第一种用不着多少理智，而第二、三种却因为有概括的观念，必须用理智。高等动物如猫狗之类，

---

① 原文注：本文系在浙江大学训导处与自然科学社遵义分社合办的"科学近况讲演"中的第一讲讲稿（当时拟题为《近代科学之精神》），后刊于《思想时代》1期（1941年8月1日）1—7页。其节选文以《科学家应取的态度》为题，刊于《科学画报》8卷4期。后又收入《科学概论新篇》（正中书局，1948年2月）及《现代学术文化概论》（华夏图书公司，1948年3月）二书。编者作了参校。演讲时间见于作者当日日记。

② 原文注：J. D. Bernal, F. R. S. "The Social Functions of Science," George Routledge and Sons, London，1938，pp. 209—210.

和年幼的小孩,统能类推,但不能演绎或归纳,这期间的分别,十九世纪英国哲学家穆勒(John Stuart Mill)已经指示我们了。[①] 科学方法可说只限于归纳法与演绎法。以大概而论,数学上用的多是演绎法。而实验科学如化学、生理等所用的多是归纳法。二加二等于四,二点之间最短的距离是直线,统是显而易明的原则。从这原则可以推论到个别的事物。亚理士多德和千余年来他的信徒,均应用演绎法以推论一切,这种方法一推论到数目字以外天然复杂现象即有困难。如亚理士多德以为天空星球皆为天使,必能运动不息而循正轨,惟运行于圆周上,始能循环不息。从上两项原则,因得结论所有星辰的轨道必为正圆的圆周[②]。亚理士多德的信徒断定日月五星等各循一正圆圆周以绕地球,就是从这样演绎法推论得来的。最初主张用归纳法的人,要算法兰司·倍根。他并主张观测以外加以有系统的试验,详尽的纪录,梓行出版,以公诸世,此即倍根之所谓新法(Novum Organum)。倍根虽提倡归纳和试验,但他自身并未实用。首先用归纳法来证明亚理士多德错误的,是开白儿。他的老师泰哥倍来(Tycho Brahe)在丹麦和波兰天文台尽毕生之力,测定星辰的位置。泰哥倍来死后,开白儿继续他老师的工作。从他们师生三十多年所观测火星的位置,决定火星的轨道,决非为正圆而为椭圆。太阳并不在轨道中心,而在椭圆焦点之一。这才使开白儿怀疑亚理士多德权威的不足恃,而成为哥白尼"日为中枢"说的信徒,开白儿的行星运行的三大定律,不久也就成立了。

同时在当时科学的发源地意大利,伽列里正用自造的望远镜以视察天体,发现了木星之外有四座卫星和金星之有盈亏朔望,与古代传统学说,全不相符。他在比萨塔上的试验,更是哄动一时的。据亚理士多德的学说,凡事物自空中落下,重大者速,而轻微者缓。伽列里的试验,证明了一磅重的铅球和一百磅重的铅球,从一百七十九呎高的塔顶落下,是同时到达地面的。伽列里的实验不但证明了亚理士多德的错误,而且发现物体下降时之加速度是有一定规例的。这类收获完全是归纳法和应用实验的成效。牛顿更进一步,在一六八二年将开白儿的行星运行三条定律和伽列里的动力定律综合起来,成立了万有引力的定律[③]。亚理士多德许多学说之不足信,和地球为万物中枢学说之不能成立,到此已无可疑义了。二千年来传统思想的遗毒,到此应可一扫而空。不过思想革命和政治革命一样,要收效果必得要相当年代。从哥白尼的《天体的运行》一书问世(一五四一〔一五四三年〕),迄牛顿万有引力定律的成立,中间经过了一百四十一〔一百三十九〕年。欧洲人的宇宙观可说到此才拨云雾而见青天,近世科学的基础亦于此时奠定了。

近世科学又称归纳科学(inductive science),或实验科学,但是科学家从事工作,演绎法与归纳法必得并用。有许多结果,一定要用演绎法才能得出来。譬如讲到日蚀的预告吧,从归纳法我们可以断定一个不透明的物体,走到一无光体与一有光体之间,则无光体上必将投有黑影。但是几百年以前天文学家就可以算出民国卅年九月廿一中午左右,我国沿海从福建福鼎一直到西北兰州、西宁这一条线上,统可以见到日全蚀,那是要应用演绎法算出来的。

---

① 原文注:Lectures on the Method of Science "Lecture1. Thomas Case, *Scientific Methodasa Mental Operation*, pp. 1—3, Oxford, 906.

② 原文注:同上第八页。

③ 原文注:Harvey-Gibson, *2000 years of Science*, pp. 28—32, Black, 1931.

又如开白儿何以能知火星轨道非正圆而为椭圆，牛顿何以能从开白儿的三条定律来发现万有引力定律，这都是从演绎法得来的。[①] 相反，数学上有许多简单方程式，如甲加乙等于乙加甲，须得用归纳法来证明的。[②] 从此可以晓得近世科学，须是归纳、演绎二法并用，才能收相得益彰之效。至于有计划的实验，是归纳法最有效的工具，而为我们中国所没有的。实验和单纯的观测法不同。单纯的观测是要靠天然的机缘。譬如日全蚀，我国黄河、长江流域从明嘉靖廿年（西历一五四一年）以来，到如今没有见过，四百年来，本年是破天荒儿第一遭。若是全靠天然的机遇的话，天文学家要等四百年之久，不然就得跑遍全球，但至多也不过隔二三年才见到一次。天文学家往往跋涉数千里以求得几分钟的观测，遇到日全蚀的时候，刚巧阴翳蔽日，废然而返，这是常有的事。自从前数年李侯（B. Loyt）发明了冠层器（coronagraph）后，日全蚀可以用人工制造了。[③] 人为的实验，不特可以将时间次数随意增加，而且整个环境亦可以操诸吾人之手。譬如要证明疟疾是蚊子传带来的，我们一定要控制环境，使我们不但能确定所有生疟疾的人统曾经某一种疟蚊咬过，而且要晓得疟蚊所带的微菌〔寄生虫〕，从蚊子身上传到人身血液中的循环、发育的步骤，和对于病人生理上的影响。惟其这样，才能断定病的来源，对症下药。自从十九世纪中叶魄司徒（Louis Pasteur）、柯息（Robert Koch）几位微菌学专家把几种重要的传染病祸根弄清以后，接着李斯德发明消毒方法，以及近三四十年来人造药品的发现，欧美人口的死亡率大为减退。美国人在华盛顿时代平均寿命三十六岁，一八五〇年为四十岁，一九〇〇年四十八岁，到一九四〇年便增到六十五岁。英法德各国近百余年来平均寿命亦有同样的增进。若是我们相信寿长是一种幸福的事，那这就是实验科学对于人类幸福最显著效果之一了。

但是提倡科学，不但要晓得科学的方法，而尤贵乎在认清近代科学的目标。近代科学的目标是什么？就是探求真理。科学方法可以随时随地而改换，这科学目标，蕲求真理，也就是科学的精神，是永远不改变的。[④] 了解得科学精神是在蕲求真理，吾人也可悬揣科学家应该取的态度了。据吾人的理想，科学家应取的态度应该是：（一）不盲从，不附和，一以理智为依归。如遇横逆之境遇，则不屈不挠，不畏强御，只问是非，不计利害。（二）虚怀若谷，不武断，不蛮横。（三）专心一致，实事求是，不作无病之呻吟，严谨整饬，毫不苟且。这三种态度，我们又可用几位科学先进的立身行己来证明的。

在十六、七世纪地球为万物中枢学说之被推翻，是经过一番激烈的论战，牺牲了多少志士仁人，才能成功的。西历一六〇〇年勃鲁纳（Bruno）因为公然承认哥白尼太阳为中枢的学说，而被烧死于十字架上，即其一例。伽列里为了撰著《两种宇宙观的论战》一书偏袒了哥白尼学说，而被罗马教皇囚禁于福禄林，卒以古稀之年，失明而死。[⑤] 开白儿相信太阳为中枢之说，终身贫乏，死无立锥之地。这是近代科学先驱探求真理的代价。这种只问是非不计利害

---

① 原文注：Thomas Case, *Loc. cit*, pp. 14—18.

② 原文注：Henri Poincaré, *The Foundation of Science*, p. 40.

③ 原文注：Harlow Shapley, *New Tools and New Researches*, Proceedings of the Associated Harvard Clubs, 1940, p. 171.

④ 原文注："Lectures on the Method of Science", Lecture 2. F. Gotch, *On Some Aspects of Scientific Method*, p. 27, Oxford, 1906.

⑤ 原文注：Harvey-Gibson, *Loc. cit*. p. 32.

的精神,和我们孙中山先生的革命精神很相类似。认定了革命对象以后,百折不挠,虽赴汤蹈火,在所不辞。这种求真的精神,明代王阳明先生亦曾剀切言之。他说道:"学贵得之于心。求之于心而非也,虽其言之出于孔子,不敢以为是也,而况其未及孔子者乎? 求之于心而是也,虽其言之出于庸常,不敢以为非,而况其出于孔子者乎?"①他与陆元静的信里,又曾说道:"昔之君子,盖有举世非之而不顾,千百世非之而不顾者,亦求其是而已,岂以一时之毁誉而动其心哉。"此即凡事以理智为依归之精神也。但阳明先生既有此种科学精神,而何以对于近世科学无一贡献呢? 这是因为他把致知格物的办法,完全弄错了。换言之,就是他没有懂得科学方法。他曾说:"众人只说格物依晦翁,何曾把他的说用去。我着实曾用过工夫。初年与钱友同论作圣贤,要格天下之物,如今安得这等大的力量。因指亭前竹子去格看。钱子早夜去穷格竹子的道理,竭其心力至于三日,便致劳成疾。当初说是他精力不足,某因自去穷格,早夜不得其理,七日亦以劳致疾。遂相与叹圣贤是做不得的。无他大力量去格物了。"②从现在看来,不懂实验科学的技巧,专凭空想是格不出物来的。但是科学方法与科学精神比,则方法易于传受,而精神则不可易得。阳明先生若生于今世,则岂独能格竹子之物而已。

科学家的态度一方面是不畏强御,不受传统思想的束缚,但同时也不武断,不凭主观,一无成见,所以有虚怀若谷的模样。世称为化学鼻祖的濮尔(Robert Boyle)说他真确能知道的东西,可说是绝无仅有。③ 有人问牛顿,他在科学上的发明那一件最有价值。他答道在自然界中,他好像是一个小孩,在海滨偶然拾得一块晶莹好看的石片,在他自己固欣赏不释手,在大自然界,不过是沧海的一粟而已。但是有若干科学家的态度,并不是那么虚心。十九世纪末叶英国物理学家的权威凯尔文(Lord Kelvin)就是一个例。在那时凯尔文与其侪辈以为物理学上重要的理论与事实统已大体发现了,以后物理学家的工作,不过是做点搜残补缺而已。他自认为生平杰作《地球年龄》④这篇论文里,他以太阳辐射的力量,来估计太阳和地球的年龄,若是太阳里面发热的力量和煤一样强,地球的年龄至多也不得过四千万年。当时地质学家以海水所含的盐分和地面上水成岩的厚度来估计,生物学家以动植物进化的缓速作估计,统以为地球年龄非数万万年不为功。凯尔文很武断的把他们的论断加以蔑视。到了一八九五年仑德勤(Rontgen)发现了 X 光线,一八九八年居里夫人(Madame Curie)发现了镭,不久物理学上大放光明,新发明之事实迄今不绝。据近来物理学家的估计,原子的能力,若能利用的话,要比同量的煤大五百万倍。所以地球的年龄可以尽量的延长,而凯尔文的估计不得不认为错误了。

妄自尊大的心理,在科学未昌明时代,那是为各民族所同具的。我们自称为中华,而把四邻的民族,称为南蛮、北狄、东夷、西戎,从虫从犬,统是鄙视的意思。欧西罗马人亦有这类轻视傲慢的态度。到如今欧洲民族中尚存有斯拉夫(Slav)、塞比雅(Serbia)等名称,这在古代文化先进的民族藐视后知后觉的民族,夜郎自大,并不足怪。但在人类学已经昌明的今

---

① 原文注:见阳明先生《答罗整庵书》。
② 原文注:见阳明先生全集《黄以方录问答》。
③ 原文注:F. Gotch, *Loc. cit.*
④ 原文注:J. J. Thomson, *Recollections and Reflections*,Cambridge,1936.

日,竟尚有人埋没了科学的事实,创为优等民族的学说,如德国纳粹领导下所提倡的诺提种学说,而若干科学家尚起而附和之,则是大背科学精神了。

科学家的态度,应该是知之为知之,不知为不知,丝毫不能苟且。近代科学工作,尤贵细密,以期精益求精,以〔与〕我国向来文人读书不求甚解、无病亦作呻吟的态度却相反。这于我国古代科学之所以不能发达,很有关系的。如以诗而论,诗人之但求字句之工,不求事实之正确,我国向来司空见惯不以为奇。如杜工部《古柏行》"孔明庙前有古〔老〕柏,柯如青铜根如石。霜皮溜雨四十围,黛色参天二千尺",想来杜甫生平不曾用过量尺。又唐人钱起诗"二月黄莺飞上林",唐代首都在长安,黄莺是一种候鸟,至少要阴历四月底才到长安,这句诗里的景色,无疑是杜撰的。唐诗如此,现代的诗何尝不如此。诗固然要工,但伟大的作品,无论是诗文、音乐或是雕刻,必须真善美三者并具。法国科学家邦开莱(Hemi Poincaré)说道"惟有真才是美"。照这样的标准看来,明清两代的八股文没有一篇可称美的。我国八股遗毒害人不浅,到如今地方政府做户口农产的调查,各机关的地图测量,往往是向壁虚造,敷衍法令,犹是明清做八股的态度。这种态度不消灭,近代科学在中国决无生存之理。试看西洋科学家态度何等谨严,开白儿的怀疑亚理士多德,只在火星轨道不为正圆而为椭圆,在中国素来就没有这种分辨。牛顿的万有引力定律,一六六五年已胸有成竹了。可是因为那时地球经纬度测量的错误,以为每度只有六十英里,因此他估计地球直径只有三千四百三十六哩,而地球吸引月亮之力〔所生的加速度〕[1],只有每分钟十三呎九,而非理想上应有的每分钟十六呎,所以他就不敢发表。直等到一六八二年法国人毕卡(Picard)测定地球上一度的距离为六十九哩一,使牛顿所估计地球吸月亮之力正与其理想相吻合,他才敢把万有引力的定律公诸于世。[2] 所幸近年来教育注重理工,受了科学训练洗礼的人们,已经慢慢地转移风尚。各大学研究院科学作品固希望其多,而尤希望其能精。因惟有这样,才能消灭我们固有的八股习气,亦惟有这样,才能树立真正的科学精神。

邦开莱在他的《科学之基础》一书里有这样一番话:"科学事业之目的在于求真理。只有求真理,才值得科学家的一番努力。当然我们应该拼命去解脱人生的痛苦,但解脱痛苦是消极的,世界若是灭亡,不是我们的痛苦统解脱了么? 科学家之所以欲人人衣暖食饱者,无非欲使人人能有闲工夫去审思熟虑,以求真理耳。"[3]邦开莱于民国初年去世了,迄今三十年,两经欧洲大战,科学的发明,使欧亚两洲不在战线上的人也饱尝了颠沛流离逃避轰炸的痛苦。邦开莱如能复活于今,不知作何感想。香港大学工程教授司密斯氏近在《远东工程杂志》上著文谓"言念将来,中国人爱好和平与崇尚学术之风气不致改变,则在中国科学与工程之发达,不特能惠及一国,亦且大有造于世界"[4]云云。其所期望于吾人者正与裴纳相似。爱好和平为中国人之特性,而科学愈发达,则战争愈狰狞可怕,愈使世界不得不实现和平。如何能使将来的世界,一方面近代科学仍能继续发达,而一方面却又可实现和平,这是目前极严重

---

① 原文注:"所生的加速度"几字依据《科学概论新篇》所载补充。

② 原文注:Harvey-Gibson, *Loc. cit.* pp. 36—37.

③ 原文注:HenriPoincaré, *Loc. cit*, p. 205.

④ 原文注:C. A. M-Smith. "Inventions and Natural Resources of Asia", *Far Eastern Engineer January*, 1941, p. 19.

的一个问题,而亦是我们中国应该有特殊的贡献的一个问题。

《竺可桢全集》(第二卷),上海科技教育出版社,2004 年,第 539—544 页

大学之使命[①]

(1942 年 9 月 28 日)

竺可桢

遵义总校本学期以文、工两院学生集中,多所增加,本部教授多所调动,并分别介绍新聘教授。设备方面,自缅抢运入口美金所预购之外货百余箱,属诸浙大者过半。

大学之使命有三:其一,希望造就完人。完人必具智、仁、勇三达德,而涵濡于六艺之中。仁者爱人,故其上者必其有所成仁,而忠恕次之。欧美大学教育之缺点,斯为道德教育之疏忽,礼貌虽小节,谦虚虽小德,而弥具真义,必其发乎衷。其二,学有专长,而于大学中植其基。大学学生对各项基本知识,固应多所明了,欧美大学真正专门功课无多,而德国大学,必修课程甚少。中国教育制度,仿自美国,今美国大学已多所改良,而中国仍因陈莫变,驯至支离破碎,浪费心力。歌德读书驳杂,以赫德尔勉其详诵《莎士比亚集》,而有所成就。巴斯德初攻化学,以国难而研究微生学,皆以专而有所成。其三,养成自己能思想之人,而勿蕲教师逐字释义。思想同与肌肉,多予训练,并能发达。歌德深服拿破仑,以其视天下无难事,用兵深思,合于精密之学。

《竺可桢全集》(第二卷),上海科技教育出版社,2004 年,第 563 页

访问东方的剑桥大学——浙江大学

(1946 年 12 月 6 日)

查良镛

国际著名的生物学者密克教授前年参观了我国内地各□高等教育机关之后,在归国时发表演说称:"中国的浙江大学与西南联大,在校园、教授及学生的程度各方面,决不稍亚于牛津、剑桥或其他世界著名的大学。"浙大素以纯粹科学的研究知名于世,在这方面,是更似剑桥而不似牛津,如果有人称交通大学为东方的麻省理工学院,则称浙大为"东方剑桥大学",似不是一种夸张的说法。

踏着薄薄的积雪,记者到大学路浙大去访问代理校长王季梁先生。王先生是一位六十岁的学者,但精神还是旺盛得很,他现在是代理校长,代理理学院院长并化学系主任,浙江黄岩人。他温和地说因为归来还不久,一切都还没有十分上轨道,他先谈到这学期新聘的教授。教授是大学的灵魂,一个大学的知名于世或是默默无闻,几乎百分之八十是决定于它的

---

① 原文注:摘自《国立浙江大学校刊》复刊第 112 期(1942 年 10 月 10 日)"校闻·三十一年度第一学期本校一、二两次纪念周纪事"中有关报道。篇名为编者所加。

教授。

"因为诸种困难,有几位新聘的教授还没有到校",王先生说:"文学院新聘的教授有丰子恺,(丰先生在中国几乎是孺妇所皆知的人物)、□□□、周则孟、李春芬诸位先生,理学院有卢嘉锡先生(卢先生是有名的物理化学家),工学院有张德庆先生,农学院有□□□先生、许道夫先生,法学院有李浩培、沈乃正、严仁赓、陈令仪诸位先生。"从王先生给我的□□名单看来,浙大的□名决不是偶然的事,而新加入教授群阵容的□□更象征着浙大前途的光明。

谈到校舍的破坏,王先生很是感叹,大学路差不多被毁一半,华家池的农学院全部夷为平地。本来农学院的建筑全部是钢骨水泥,设备极为完备,战前日本东京帝国大学□□□□时极为赞誉,日本的学者们对之称赞流连,日本的军阀们却将这文化的代表毁灭无遗,想不到同一国人类的思想,有这样重大的分野。现在要恢复原状,最低的估计也需要四十万万元。

这时校工送上茶来,给记者是一杯茶,给王先生的却是一杯白开水,从这里可以看出王先生平时的生活是如何的朴实与简单。这时话题转到教授的待遇与同学们的生活上去。在目前,愈是"清高",愈是"清洁",就愈是"清苦",这是各地皆然。拜访王先生前,曾先去看几位在校里读书的老同学,他们二十几个人挤在一个寝室,上下床。这简直比迁入重庆的各大学还不如。最近在上海时常到各大学去玩,在寝室中所见的总是桃乐·珊拉摩的照相、无线电、西装与红红绿绿的领带,叫着 Spade Club 的 Dvidge 团体,在有几个学校里甚至遇见过四人一桌的卫生麻将。但在浙大里,第一个印象就是拥挤着的同学,其次看见的是算尺、英文书、仪器……与王先生谈起,他很得意于学生们的用功,他高兴地说,"学生们就是想不用功也不行,因为功课逼得很紧。"对于学生们的用功,教授先生有不感到骄傲的吗?

记者问到竺校长回来的日期。王先生说竺校长在巴黎开过联合国文教大会后,要到华盛顿去出席国际气象会议,美国去后还要到英国一行,所以回校总须在明年三月以后。谈到师范学院院长郑晓沧先生(大家对于这位学者熟悉,恐怕不是由于他在教育科学上的造诣,而是由于他所译的《小妇人》与《好妻子》),王先生说郑先生本来已可回校,因为美国工人的罢工,影响了船只的航行,所以还□□在美国。仅仅是为这个理由,我也愿意联邦法院的法官高斯格尔将工人领袖鲁易斯定一个监禁的判决。

讲到今后的发展计划时,王先生说:"浙大现在有文、理、工、农、师范、法六学院,医学院正在筹备中,本学期已有新生。浙大战前学生仅四五百人,现在增加到二千三百余人,校舍极感不敷。可是一切限于经济。法学院现在只有法律一系,本来想增设政治、经济两系,因为浙江的学生很感需要,可是教育部亦因经费困难,于添系□□目前宜添设,所以短期内恐难以实现。最□□□建造一个科学馆,因限于经费,只好造一个范围较小的科学实验馆。附中现在盐桥大街吴牙巷,是购的民房,校舍虽然简陋,但因为教员很多是大学中的教授,所以师资极为优良。现在计划在庆春门外建筑新校舍,并扩充班级,正呈请教育部中。"至于校中的图书仪器,虽然经过到浙东,到广西宜山,到贵州遵义等数度的迁移,由于校中的筹划维护,总算没有大损失。

怀着□敬的心情,向王先生告别,心里想着一方面有许多人在□□无耻,一方面也有许多人在艰苦地作育英才,研究学术。本想去拜访一下数学系的苏步青先生、陈建功先生,因时间不及,只好把这事留在心中暂时作为一种愿望了。

《东南日报》民国三十五年十二月六日

"东方剑桥"——实事求是的国立浙江大学①
(1947 年 12 月 8 日)

夏菲

浙大,在战争中也许是个幸运儿。虽然同样遭受着迫害和摧残,却更坚强地站起来了,从战前几百人增加到二千五百多。组织上,除了扩充文、理、工、农四学院系别外,又添上了医、法、师范三个单位。研究所相继成立的有化工、数理、史地、教育四个。这是竺校长十多年来惨淡经营的成就,"东方剑桥"的令誉决不是偶然得来的。

浙大的校舍分在二处:大学路称为本部,总办公厅、校长公舍,以及二、三、四年级的同学全在这里;华家池是农学院以及一年级新同学的所在。每当朝阳初升,晨钟未响的时候,同学们已很多的起来了:在甬道上看书,在操场上打球,一切显得那末兴奋活泼。上下课钟响起时,在文、理学院到工学院的路上全是挟着洋装书、笔记簿的同学。教室分布各处,这十分钟的"休息"倒是我们的"课间赛跑"呢!

下午,大多是实验的时间:工场里引擎在转;学校周围土木系在测量;实验室里,更是人头攒动,倒药品,看细菌——做实验报告。这就是浙江大学引以自傲的学习空气,实事求是的研究精神。晚上呢,那座暂归学校应用的省图书馆里,日光灯照耀如同白昼,挤满了同学在翻参考书,看杂志。

这里的教授大多是第一流的:竺校长是国际著名的气象学权威;翻译《小妇人》《好妻子》的郑晓沧先生主持着师范学院;教育家有孟宪承、俞子夷、王承绪诸先生;数学系有陈建功、苏步青二位,当然不会错;主持文学院的是史地专家张其昀先生;外文系的张君川先生则是国内研究莎士比亚的权威;顶老资格的工学院主持人是王国松先生;素负盛名的化工系则由李寿恒先生(兼教务长)负责……虽然他们的生活是那样清苦,但还是认认真真、切切实实地教导着我们。

同学们的活动,除了每级每系各有组织外,同乡会、研究社、读书会真是多不胜举,每学期开始,在广场边的"民主墙"上,迎新、联谊真是红绿缤纷。出版刊物的空气也很□,经常的是自治会的"生活壁报",在那里,可以自由批评、建议和申诉。

公费伙食前些时随着"调整"而加到每月二至五万,但物价跑在前面,每天三餐永远是青菜、豆腐、萝卜、咸菜,因之我们的面孔也有"菜色"了。

住的大多是三层楼洋房,分仁、义、礼、智、信、忠、恕、西一、西二等斋。八个人一间,四张双层的钢丝床和两张自修桌一放,就变得狭小了。而邻室打桥戏、劈兰和《你是我的灵魂》的歌声,真使你哭笑不得。

但是,这里终究是个研究学术的好学校,代替奢华虚荣的是刻苦求是的学习精神,这是

---

① 原文题名处文字尚有:"校舍分两部 图书仪器多 教授皆一流 同学二千五"。

浙大的特质呵!

海盐同学在这里的有宋蝶英(理化系)、宋仰成(农经系)、陈尔玉(农化系)、王愤强(化工系)、钱天祺(土木系)、王自强(教育系)、任树仁(电机系)等七人,最近有一个"浙大海盐学友会"的组织。

《学报周刊》一九四七年第一期,民国三十六年十二月八日

教育部长杭立武电转竺可桢①
(1949 年 4 月 27 日)

俞市长:

烦速转浙大竺校长,望早莅沪。教授愿离杭者,到沪后可设法。晓峰已到。

杭立武
三十八年四月二十七日

浙江大学档案馆藏 L053-001-0581

竺可桢致应变委员会正副主席严仁赓、苏步青教授的信
(1949 年 4 月 29 日)

仁赓、步青先生道鉴:

昨晨邦华兄交来市政府电台所接杭部长电,嘱弟即日去沪(电稿内附),使弟可释重负。适因前日报载,上海各大学有逮捕学生及强迫疏散之消息。本校同事、同人不免人心惶惶。故弟接电后即复一电(由振公秘书拟稿拍发)谓暂难来沪云云。昨晚遇石君先生,谓顷间教厅李厅长见告周主席,已面告并转嘱保安司令王云沛,谓渠等负责期内决不入浙大捕人。弟心为释然,但从此弟亦不能再事恋栈。所幸应变执行会得兄等主持,必能渡此苦海,以创新局面而发扬浙大。一切交代手续,已托振公秘书办理。临别不胜依依。专此即颂道安。

弟竺可桢顿首
卅八年四月廿九日

执行委员会诸先生均此。

---

① 本电文系由时任教育部长杭立武自上海拍发杭州市长俞济民转浙大校长竺可桢,来电号数 RP12827,收电号数 13,收电日期三十八年四月二十七日二时三十分。

又启者:

执行会重要职员如警卫组主任等必须住入校内,想兄等亦早见及,但急待实行耳。

桢又白

(二)组织大纲与校部规章

本大学组织规程
(1937 年 3 月 23 日)

第一章　总则

第一条　本大学定名为国立浙江大学,直隶于教育部。

第二条　本大学依据中华民国教育宗旨及实施方针,以阐扬文化,研究学术,养成健全品格、培植专门人才为宗旨。

第二章　组织

第三条　本大学之组织如左:

一、学制组织

文理学院设外国语文学、教育学、史地学、数学、物理学、化学、生物学等七学系;

工学院设电机工程、化学工程、土木工程、机械工程等四学系;

农学院设农艺、园艺、病虫害、蚕桑、农业经济等五学系;

各学院之学系,有必要时,得再分组。

二、行政组织

教务处设注册、图书、体育等三课;

总务处设文书、事务、会计、医务等四课;

训育委员会设训育、军训等两部。

第四条　本大学受浙江省政府之委托,设代办浙江省立杭州高级工业职业学校及代办浙江省立杭州农业职业学校,分隶于工、农两学院,各该校之组织规程另订之。

第五条　本大学得添设研究院及其他学院或学系。

第六条　本大学因学术及行政上之需要,得添设其他部分。

第三章　教员及职员

第七条　本大学设校长一人,总理全校校务,由国民政府任命之;校长办公室,设秘书一人,秉承校长,处理本室及校长所指定事项,由校长聘任之。

第八条　本大学各学院各设院长一人,商承校长,总理各该院院务,由校长聘任之。

各学院得各设副院长一人,襄助院长处理院务。各学系各设系主任一人,教授、副教授、讲师、助教各若干人,由各该院院长商请校长聘任之。各学系之分组者,得设组主任,由各该院院长就该系教授、副教授中,商请校长聘请兼任之。

第九条　本大学教务处设教务长一人,秉承校长,处理教务及本处事务,由校长聘任之。

注册、图书、体育三课各设主任一人,秉承校长、教务长,分别处理注册、图书、体育事宜,由校长聘任之。

第十条　本大学总务处设总务长一人,秉承校长处理本处事务,由校长聘任之。文书、事务、会计、医务四课,各设主任一人,秉承校长、总务长,分别处理文书、事务、会计、医务事宜,由校长聘任之。

第十一条　本大学训育委员会委员人数定为十三至十七人,由校长聘任之;计划及审核本大学学生一切训导事宜,交训育部或军训部执行之。训育部设主任一人,秉承校长、训育委员会处理训育事宜;训育员若干人,协助训育部主任处理训育事宜。

军训部设主任教官一人,秉承校长、训育委员会处理学生军事管理及军事训练事宜;教官若干人,协助主任教官分别处理军事管理及军事训练事宜。

第十二条　本大学因事务上之需要,得在各部分设主任、处员、课员、文牍员、助理员、书记等;主任由校长聘任,处员等由校长任用之。

第十三条　本大学各部分办事细则另订之。

第四章　会议及委员会

第十四条　本大学设校务会议,以校长、各学院院长、副院长、教务长、总务长、训育委员会主席、各学系主任及教授、副教授所选出之代表若干人组织之,以校长为主席。

第十五条　本大学各学院各设院务会议,以院长及各学系、各学组主任组织之,以院长为主席。

第十六条　本大学各处各设处务会议。

第十七条　本大学因校务上之需要,得设各种委员会;各种委员会委员均由校长就教职员中聘请兼任之。

第十八条　本大学校务会议及其他各种细则另订之。

第五章　附则

第十九条　本规程呈请教育部核准后,由校长公布施行。

第二十条　本规程如有未尽事宜,得由校长随时呈请教育部核准修正之。

浙江大学组织系统图

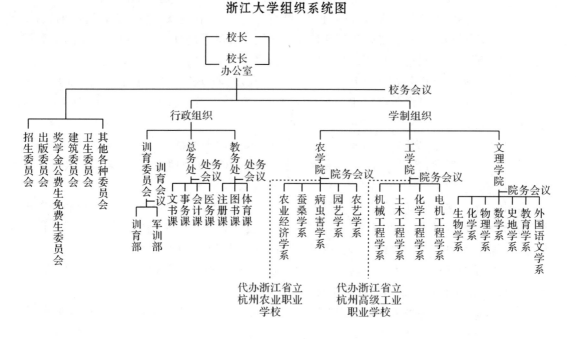

《国立浙江大学日刊》第一百四十六期,民国二十六年三月二十三日

国立浙江大学学则

(1937 年 6 月 23 日)

第一章　应试资格

第一条　本大学于每年暑假时举行入学考试,招收新生,其日期及地点临时公布。

第二条　凡具有下列资格之一者,得报名应试:

(一)公立(即国、省、市、县立)或已立案之私立高级中学普通科与农、工、商、家事等职业科毕业,得有正式毕业证书者;

(二)公立或已立案之高中师范科毕业,受有免费待遇,而毕业后曾在小学或其他教育事业服务满足一年,得有服务证明书者(其有在学时并未受免费待遇全部或一部者,应随缴未受免费待遇证明书);

(三)公立或已立案之私立大学二年期预科毕业,得有正式修业证书者;

(四)尚未立案之私立高级中学或大学二年期预科毕业,经主管之教育行政机关甄别试验及格,得有升学证明书者;

(五)各种专门学校本科修业一年以上持有转学证书及成绩单者,得分别投考各学院一年级。

第三条　具有前条(一)(二)两款资格之一者,如在应试时尚未领到毕业证书,得持原毕业学校之毕业证明书报名应试。毕业证明书上须粘相片,盖钢印,并须载明有效期间(查教育部规定有效期间以六个月为限）及"是项证明书,须于换领正式毕业证书时收回注销"字样者,方为有效。

第四条　各学院学生男女兼收。

第二章　入学考试科目

第五条　入学考试科目如左:

(一)智力测验或口试;

(二)学科试验——分组照下表办理;

(三)体格检查——不及格者不得入学。

第一组

一、公民或党义

二、国文

三、本国史地

四、英文

五、数学(乙)(初等代数、平面几何、三角法)

六、于下列三科中任选其一:生物、物理、化学

七、外国史地

第二组

一、公民或党义

二、国文

三、本国史地

四、英文

五、数学(甲)(高等代数、平面几何、解析几何、三角法)

六、物理

七、化学

第三组

一、公民或党义

二、国文

三、本国史地

四、英文

五、数学(乙)(初等代数、平面几何、三角法)

六、生物

七、于下列两科中任选其一:物理、化学。

附注:

1.学科试验科目中:第一组文理学院文组各系属之;第二组工学院及文理学院理组文〔各〕系(生物系除外)属之;第三组农学院各系及文理学院理组之生物系属之;

2.以上入学试验科目,仅示范围大概,其详细办法,另见每年招生简章。

第三章　入学手续

第六条　新生入学,依下列之规定:

(一)新生应于规定入学期内,偕同保证人一人(保证人须有固定职业,并须寓在杭州市,对于所保学生能负一切责任者),前来本大学填写入学志愿书及保证书,呈缴证明文件,并缴纳应缴各费,逾期取消入学资格,由备取生递补(如在应试时尚未领到毕业证书者,须先缴报名时呈验之毕业证明书。是项证明书得于换领毕业证书时,请求发还,惟须由原毕业学校备具正式公函领取)。

(二)新生因病或因事不能于规定日期内到校者,应先照章缴纳应缴各费,并书面向本大学注册课呈明理由,声请给假(其不入学者,将来只退还讲义费、预备费,及新生加缴各费)。

第七条　新旧生入学迟到者,一律照奖惩规则科罚。

第四章　缴费

第八条　每学期应缴各费如下:

(一)学费:十元;

(二)杂费:寄宿生五元,通学生两元;

(三)体育费:一元;

(四)医药费:一元;

(五)讲义费:四元;

(六)损失赔偿费:五元;

(七)新生加缴各费:制服费,第一学期男女生各十七元;第二学期男生十七元,女生三元;运动服费五元;讲义费、损失赔偿费及新生制服费,均盈还亏补。

第五章　转院转系

第九条　本大学一、四年级生不得转院或转系。

第十条　本大学二、三年级学生,有欲转院或转系时,依下列之规定办理:

(一)志愿转院或转系之学生须于学期考试前一星期内,具呈教务长,声明志愿转入某学院某学系,经教务长审核认为可能后,给求转院转系申请书;

(二)如请求转院或转系学生之入学考试科目及成绩经审查后,认为须加考试者应令该生经过相当试验,但该项试验只能在本校暑假入学考试时,同时举行之;

(三)学生持请求转院或转系申请书,请原在学院院长及系主任批准,再往志愿转入学院院长及系主任处,经其认可后,将申请书送呈教务长转发注册课登记(如属同院,仅须两有关系主任之许可,再经院长核准,将申请书送呈教务长转发注册课登记);

(四)转院或转系之学生,转入某学系某年级,凡于该年级以前所规定必修之科目有未修习者,须尽先修习;

(五)学生转院或转系,以一次为限。

第六章　学分及成绩考查

第十一条　本大学采用学分制,但学生修业期限至少四年。

第十二条　本大学学科分为必修选修两种,均于各系学程中详细规定,除各系共同必修科外,学生当按照其本系规定之学程习完各科。

第十三条　各学科以学分为单位,每学期每周上课一小时,并须二小时以上之自习者,或实习二小时至三小时者,为一学分。

第十四条　学生至少须修满一百三十二学分(党义、军训、体育除外),始得毕业。

第十五条　每学期学生所修功课,除特殊情形外,不得少于十四学分,亦不得超过二十学分(党义、军训、体育除外)。

第十六条　学生前学期成绩总平均不及七十分者,所修功课,除各院有特殊规定者外,不得超过十八学分。

第十七条　学生对于选定之学程,如欲改选,须于开课后一星期内声请之,逾期不得更改。

第十八条　学生对于所选之学程,如欲退选者,须于开课后一月内声请之,逾期不得退选,其未经退选手续擅自放弃者,该学程成绩以零分论。

第十九条　各学程之成绩以六十分为及格,在六十分以下、五十分以上者,得补考一次,补考分数以实得分数九折计算;在五十分以下者,不得补考,亦不给学分;如系必修科,须重修之,重修经补考后再不及格,不得再行重修。

第二十条　学生每学期所修学分倘有五分之二(党义、军训、体育除外)不及格者,即令退学,不得补考。

第七章　考试

第二十一条　学期及毕业考试由注册课编定日程,临时考试时间由担任该学程之教员决定之。

第二十二条　每学期临时考试次数由担任各该学程之教员酌定之,但至少须举行试验二次以上。

第二十三条　学生参加考试时,如不遵守试场规则,其试卷无效;如有舞弊夹带等情,应令其退学。

第八章　缺席

第二十四条　缺席分缺课与旷课两种,准假缺席为缺课,未经告假,或告假未准之缺席为旷课。

第二十五条　凡学程讲授一小时者,缺课一小时为一次,实习每次或二时、三时不等,作一次算;惟病假经校医证明者,扣分两次作一次算。

第二十六条　学生告假,依照本大学学生请假规则办理。

第二十七条　告假期内,不论教员缺席与否,及有无学生缺席报告,请假之课程,概作缺课论。

第二十八条　上课时,学生在点名后到堂者,概为迟到,迟到三次,以缺课一次论。教员迟到时,学生须在教室内静候十分钟,过时教员不到,始可下课,凡未满十分钟即行退席者,以旷课论。

第二十九条　旷课一次,等于缺课五次。

第三十条　全校全院全系全级全班等团体请假,一概不准。

第三十一条　一学期授课时间作十八周计算,学生缺席(兼指缺课旷课)照下列规定,分别办理:

(一)凡在一学期内,在各学程之缺席总数达全学期授课时间之三分之一者,所修学程概无学分(本条系遵照部定章程办理,病假亦不在例外,惟病假扣分,则照二十五条办理);

(二)凡在一学程内缺课次数,满该学程授课时间之三分之一者,该学程不给学分;

(三)凡在一学程内缺课一次,应扣分几何,照下列缺课扣分表办理。

缺课时数 / 每周时数 一学期总时数 扣分	1 18	2 36	3 54	4 72	5 90	6 108
1	0	0	0	0	0	0
2	3	0	0	0	0	0
3	5	1	0	0	0	0
4	11	3	1	0	0	0
5	16	4	2	1	0	0
6	23	6	3	1	1	0
7		8	4	2	1	1
8		10	5	3	2	1
9		13	6	3	2	1
10		16	7	4	3	2
11		20	9	5	3	2
12		23	10	6	4	3
13			12	7	4	3
14			14	8	5	4
15			16	9	6	4
16			18	10	7	5
17			21	12	7	5
18			23	13	8	6
19				15	9	7
20				16	10	7
21				18	11	8
22				20	13	9

续 表

每周时数　一学期总时数　缺课时数　扣分	1	2	3	4	5	6
	18	36	54	72	90	108
23				21	14	10
24				23	15	10
25					16	11
26					18	12
27					19	13
28					20	14
29					22	15
30					23	16
31						17
32						18
33						20
34						21
35						22
36						23

说明：

1. 一学期实际授课时间，作十八周计算；

2. 设 T＝授课总时数，A＝缺课时数，D＝扣分数，D＝210（A/T)2，上表扣分，照此公式计算；

3. 扣分最高额下之一格，不再填应扣分数，因缺课如已逾上课时间三分之一者，该学程即不给予学分。

第九章　补考

第三十二条　凡学生一学期内，某学程成绩在六十分以下、五十分以上者，得准补考。

第三十三条　凡因不得已事故（如亲丧、疾病等），在准假期内未参与学期试验者，得准补考。

第三十四条　准予补考之学程，在次学期开学前三日内举行之。

第三十五条　补考以一次为限，逾期不考，不得重请补考。

第三十六条　凡未经请假，擅自缺考者，不准补考，其成绩以三十分论。

第十章　休学

第三十七条　学生如因重病，经医生证明，或重要事故，经家长或保证人之声请，得暂请休学。

第三十八条　一年级在第一学期入学后一月内，概不得请求休学，学生请求休学，须经各本院院长许可。

第三十九条　休学期限以二年为度;期满不来校复学者,以退学论。

第十一章　退学

第四十条　有下列情形之一者,应予退学:

(一)成绩不及格,照章应予退学者;

(二)身体欠健全,或得有危险症候,经校医证明,不能求学者;

(三)品行不良,违犯校规者;

(四)违背规定入学手续者;

(五)休学期满不来校复学者;

(六)因不得已事故,自动声请退学者。

第四十一条　凡退学者,除前条第(三)款外,学校均给予转学书;但退学后,不得复请入学。

第十二章　奖惩

第四十二条　本大学学生奖惩办法,依照本大学学生奖惩规则办理。

第十三章　附则

第四十三条　本学则经校务会议通过暨校长核准后,公布施行。

《国立浙江大学日刊》第二百二十至二百二十五期,民国二十六年六月二十三至二十九日

国立浙江大学特种教育执行委员会简章
(1937 年 9 月 18 日)

一、本委员会系根据校务会议之决议组织之。

二、本委员会办理非常时期特种教育一切事宜。

三、本委员会以校长为主席,由校长于本校教职员中聘请副主席一人,常务委员及委员若干人。

四、本委员会分设总务、警卫、消防、救护、防毒、工程、研究等若干股,聘任本校教职员分别办理,各股细则另订之。

五、本委员会对于特种教育有关事项,有指导监督教务处、总务处所属各课,及训育委员会所属各部之权,并得指挥全校员生,作临时紧急之处置。

六、本委员会得直接指挥由校任用之全体职员,工作勤奋或惰怠者,校长酌加奖励或警告及解职。

七、本简章经校长核准公布施行。

《国立浙江大学日刊》第二百三十期,民国二十六年九月十八日

特教执委会前日通过天目山分会简则六条
（1937 年 10 月 20 日）

特教执委会常务委员会前日举行第五次会议，通过天目山分会简则六条，兹附刊于后。

又，对于二五五期本刊专载栏警卫队服勤细则略加补订，计为两处：

一、《警卫队服勤细则》名称改为《战时后方服务队警卫训练班服勤细则》；

二、"五、本细则得随时修改通告施行"一条，改为"本细则经特种教育执行委员会常务委员会通过施行"。

又，《学生警卫队服勤经过报告表》表前，应列"附报告表式"字样云。

国立浙江大学特种教育执行委员会天目山分会简则

一、本分会系受本大学特种教育执行委员会之委托组织成立，办理天目山临时校舍特种教育事宜。

二、本分会就环境之需要，先成立警卫、消防、救护、防毒四股，并得随时增设其他各股。

三、本分会以一年级主任为主席，由主席聘任驻天目山职员参加各股工作。

四、本分会主持办理天目山本分校战时后方服务队之训练及服勤事宜。

五、凡本校特种教育执行委员会所规定之各种章则，本分会均适用之。

六、本简则经本校特种教育执行委员会通过，校长核准施行。

《国立浙江大学日刊》第二百五十七期，民国二十六年十月二十日

国立浙江大学训导会议议事细则草案
（1939 年 11 月）

（二十八年十一月拟）

第一条　本细则依照训导会议第九条之规定订定之。

第二条　训导会议以校长为主席、训导长为副主席，校长因事缺席时，由训导长代理主席。

第三条　训导会议及常务委员会议均由校长于三日前以书面通告召集，临时会议由校长随时通告召集之。

第四条　训导会议及常务委员会议均应先行编造议事日程，随开会通告分发；其议案排列之程序，依照训导会第四条审议事项之顺序；同一事项之议案在两案以上者，其顺序如左：

一、校长交议；

二、教务长、训导长暨总务长提议；

三、主任导师暨讲师提议；

四、训导员暨训导处各组主任提议。

临时会议案在两案以上者，其讨论之顺序亦同。

常会及临时会议之临时提案，以提出之先后为讨论之顺序。

第五条　前条顺序开会时依议事手续得变更之。

第六条　提出本月常会之议案,应于前月终将议题送交校长办公室编入议事日程;其有说明文字者,并须同时送交校长办公室缮印,随议事日程分发;但临时提案,不在此限。

第七条　凡讨论议案有认为须付审查者,得由主席指定或公同推举审查委员审查后,再行付议。

第八条　训导会议及常务委员会议以各该会议组织员数二分之一出席为法定开会人数,以出席人数二分之一以上之同意为决定表决人数。

第九条　训导会议或常务委员会议因事不能出席者,应先行以书面通知校长办公室。

第十条　每次训导会议或常务委员会议之记录,经主席核定后,由校长办公室缮印分发。

第十一条　本细则由校长核准后公布施行。

浙江大学档案馆藏 L053-003-0021

国立浙江大学训导处处务会议规则及议事细则草案
(1939 年 11 月)

(说明)本规则及议事细则,除依照本会议所固有之特殊的组织(见本处规则第十一条)与任务(一)建议训导会议事项,(二)商榷本处事务进行方针,(三)审定各组工作计划,(四)训导长交议事项,(五)训导员暨各组主任等提议事项办理外,余均可适用训导会议规则及其议事总则各条条文规定,不另订定。每届开会时,请翻阅训导会议规则及其议事细则,便知其详,合并声明。

浙江大学档案馆藏 L053-003-0021

国立浙江大学组织大纲
(1940 年 8 月 31 日)

(二十九年五月十七日第三十一次校务会议通过)

(教育部二十九年八月十二日参字第二六二五四号指令准予备案)

第一章　总则

第一条　本大学依据中华民国教育宗旨及实施方针,以阐扬文化、研究学术、养成健全品格、培植专门人才为宗旨。

第二章　组织

第二条　本大学设下列各部分:

一、学制组织

文学院	设中国文学、外国语文学、史地学等学系。
理学院	设数学、物理学、化学、生物学等学系。
工学院	设电机工程、化学工程、土木工程、机械工程等学系,并附设工厂。
农学院	设农艺、园艺、农业化学、植物病虫害、蚕桑、农业经济等学系,并附设农场、林场。
师范学院	设教育、国文、史地、英语、数学、理化等学系,并附设第二部史地学系、实验学校。
研究院	文科研究所设史地部。理学研究所设数学部、生物学部。

各学系、学部,有必要时得再分组。

二、行政组织

教务处	设注册组及图书馆。
训导处	设生活指导、军事管理、体育卫生等组。
总务处	设文书、庶务、出纳、医务等组。

另设会计室。

第三章　教职员

第三条　本大学设校长一人,综理全校校务,由国民政府任命之。校长办公室设秘书一至二人,秉承校长处理本室及校长所指定事项,由校长聘任之。

第四条　本大学各学院各设院长一人,由教授兼任,秉承校长综理各该院院务,由校长聘任之。各研究所各学部、各学系各设主任一人,由教授兼任,教授、副教授、讲师、助教各若干人,均由各该院院长商请校长聘任之。工厂、农场、林场、实验学校各设主任一人,由各该院院长就教授、副教授中商请校长聘请兼任之,分别秉承校长、各该院院长掌理各该厂、场、校事务。

第五条　本大学得设一年级主任一人,秉承校长并商承教务长、各学院院长、训导长,处理一年级教务及训导事宜,由校长就教授中聘请兼任之。

第六条　本大学文科研究所史地部、理科研究所数学部各设主任一人,由校长就教授中聘请兼任之。

第七条　本大学教务处设教务长一人,由教授兼任,秉承校长主持全校教务事宜,由校长聘任之。

注册组及图书馆各设主任一人,秉承校长、教务长分别处理各该组、馆事宜,由校长聘任之。

第八条　本大学训导处设训导长一人,由教授兼任,秉承校长主持全校训导事宜,由校长聘任之;生活指导、军事管理、体育卫生等组各设主任一人,由教职员兼任,秉承校长、训导长分别处理各该组事宜,由校长聘任之。训导人员应遵照训导人员资格审查条例办理。

第九条　本大学总务处设总务长一人,由教授兼任,秉承校长主持全校总务事宜,由校长聘任之。文书、庶务、出纳、医务等组各设主任一人,秉承校长、总务长分别处理各该组事宜,由校长聘任之。

第十条　本大学会计室设会计主任一人,由国民政府主计处任用,依法受校长之指挥,办理全校岁计会计事宜。

第十一条　本大学因事务上之需要,得在各部分设处员、组员、馆员、文牍员、助理员、书记等,由校长任用之。

第十二条　本大学各部分办事细则另定之。

第四章　会议及委员会

第十三条　本大学设校务会议,以全体专任教授、副教授所选出之代表若干人(每十人至少选举代表一人),及校长、教务长、训导长、总务长、各学院院长、各研究所各学部主任、各学系主任、会计主任组织之,校长为主席,讨论全校一切重要事项。前项会议,校长得延聘专家列席,但其人数不得超过全体人数五分之一。

第十四条　本大学设教务会议,由教务长、各学院院长、一年级主任、各学系主任,各研究所各学部主任,及教务处各组、馆主任组织之。教务长为主席,讨论全校一切教务事宜。

第十五条　本大学各学院各设院务会议,以院长、各学系主任,或各研究所各学部主任,全体教授、副教授及附属机关主管人员组织之,院长为主席,计划本院学术设备事宜,审议本院一切进行事项。各学系设系会议,各研究所各学部各设所务会议或部务会议,由系主任及本系教授、副教授、讲师组织之,主任为主席,计划本系学术设备及一切进行事宜。

第十六条　本大学设训导会议,由校长、训导长、教务长、各学院院长、各主任导师、全体导师及训导处各组主任组织之,校长为主席,讨论全校一切训导事宜。

第十七条　本大学设总务会议,由总务长及总务处各组主任组织之,总务长为主席,讨论全校一切总务事宜。

第十八条　本大学因校务上之需要,得设招生、公费免费奖学金、学生贷金、建筑、章则整理、出版、学术工作咨询、社会教育推行及其他委员会,各种委员会委员均由校长就教职员中聘请兼任之。

第十九条　本大学校务会议规则及议事细则、其他各种会议规则、各种委员会规则另订之。

第五章　入学资格及修学年限

第廿条　本大学各学院学生入学资格须曾在公立,或已立案之私立高级中学,或同等学校毕业,经入学试验及格者。

第廿二十一条　本大学学生之修学年限:师范学院五年,余均四年。

第六章　附则

第廿二十二条　本大纲经校务会议通过,校长核准呈请教育部备案后,由校长公布施行。

第廿二十三条　本大纲如有未尽事宜,得依照第廿二条规定之手续修改之。

第廿四条 本大学因抗战期间事实上之需要,设龙泉分校,其章则另订之。

国立浙江大学组织系统图

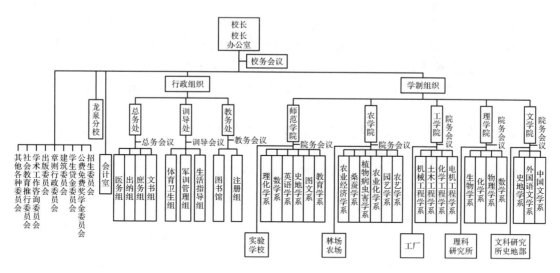

《国立浙江大学校刊》复刊第五十七期,民国二十九年八月三十一日

国立浙江大学校务会议规则
(1943年2月20日)

(三十二年二月二十日第四十次校务会议修正通过)

第一条 本规则依本大学组织大纲第十二条订定之。

第二条 校务会议以左列各员组织之:

校长、教务长、训导长、总务长、各院院长、一年级主任、各学系主任、各研究所主任及各学部主任、会计主任、专任教授副教授代表。

第三条 专任教授、副教授代表每十人至少选举代表一人,由全校专任教授、副教授于每学年上课后一星期内,用记名投票选举之;每票得选人数与代表数同,以得票最多数者为当选人,票数相同时,应由其学院教授、副教授人之尚无代表者尽先当选,余以抽签定之。

第四条 专任教授、副教授代表之任期为一学年,连选得连任,中途离校者以得票次多数者递补。

第五条 本大学教职员以校务会议有咨询事项,得由主席邀请列席,但列席之总人数不得超过全体出席人数五分之一。

第六条 校务会议以校长为主席。

第七条 校务会议审议左列各事项:

(一)本大学预算;

(二)学院、学系、研究所、学部、学组之预立之及废止;

(三)本大学内部各种重要规则;

(四)全校重要教务事项;

(五)全校重要训导事项;

(六)校长交议事项。

第八条　校务会议决案,经校长核准后施行,如校长认为有修正之必要时,得交复议。

第九条　校务会议为大学最高议事机关,其议决案经校长核准施行后,凡教务、训导、总务、院务、系务、各种委员会之议决事项,如与校务会议议决案有冲突时,均不发生效力。

第十条　校务会议每月开常会一次,必要时得由主席或由本会议出席会员三分之一以上之提议,申请主席召开临时会议。

第十一条　校务会议记录及文书事宜,由校长办公室办理。

第十二条　校务会议议事细则另订之。

第十三条　本规则经校务会议通过,校长核准公布施行。

第十四条　本规则如有未尽事宜,得依照第十三条之规定手续修改之。

浙江大学档案馆藏 L053-001-0610

国立浙江大学校务会议议事细则

(1943 年 2 月 20 日)

(三十二年二月二十日第四十二次校务会议修正通过)

第一条　本细则依校务会议规则第十二条之规定订定之。

第二条　校务会议以校长为主席,校长缺席时,由校长指定一人代理之。

第三条　常会于每月初旬举行,由主席于开会前三日以书面通知召集,临时会由主席随时通知召集之。

第四条　常会应先编造议程,随开会通知分发。其议案顺序,依校务会议规则第七条审议事项之顺序排列之;但前项顺序开会时,依议事手续,得变更之。

第五条　提出常会之议案,应于开会前一星期将议案送交校长办公室编入议程;其有说明文字者,并须同时送交校长办公室缮印,随后径分发,但临时提案不在此限。

第六条　凡讨论议案有认为须付审查者,得由主席指定或公推审查员审查后,再行付议。

第七条　校务会议以全体会员五分之三以上出席为法定人数,以出席人数过半数之赞成为法定表决人数。

第八条　校务会议会员因故不能出席时,应先用书面通知校长办公室,并得请人代表出席,惟须先得主席同意;出席本会议之会员不得为其他会员代表。本会议会员除会员之代表外,须满法定人数五分之四,方得开会。

第九条　校务会议之每次校务会议之记录,经主席签字后,由校长办公室缮印,分送出席及列席人员,其中议决案经校长核准施行,或提交复议,或暂予保留者,并应分别加以注明。

第十条　本细则经校务会议通过,校长核准公布施行。

第十二条　本细则如有未尽事宜,得依照第十条之规定手续修改之。

浙江大学档案馆藏 L053-001-0610

国立浙江大学各学院院务会议规则

(1943 年)

第一条　本大学各学院依照本大学组织规程第十九条之规定设院务会议。

第二条　院务会议以各学院院长、副院长,各系、场主任,教授、副教授及讲师组织之。

第三条　院务会议以院长为主席,院长因事缺席,由副院长主席,未设副院长之学院则由出席者公推一人主席。

第四条　本会审议左列各事项:

一、建议于校务会议事项;

二、关于校务会议交议事项;

三、计划关于教授方针及课程等事项;

四、关于学生试验及审核成绩事项;

五、关于转学、转系、升级、留级、补考及毕业等事项;

六、关于学术设备等事项;

七、院长交议事项。

第五条　本会议于每学期开学之始及学期之终,各开常会一次,必要时得开临时会,由院长召集之。

第六条　院务会议决定事项由院长执行之,其有关全校者,须经校长核准。

第七条　本规则由校长核准公布施行。

浙江大学档案馆藏 L053-002-0011

国立浙江大学教务会议规则[①]

(1944 年 2 月 26 日)

第一条　本规则依本大学组织大纲第十三〔四〕条订定之。

第二条　教务会议以左列各员组织之:

教务长、各院院长、一年级主任,各学系、各研究所、各学部主任,教务处各组、馆主任。

第三条　本大学教职员如教务会议有咨询事项,得由主席邀请列席。

第四条　教务会议以教务长为主席。

第五条　教务会议审议左列事项:

(一)全校教学方针;

---

① 　本规则系由 1944 年 2 月 26 日举行的章则整理委员会第一次会议讨论通过。

（二）全校课程；

（三）全校学术设备；

（四）关于学生考试及成绩之考核事项；

（五）关于学生入学转学、转院、转系、休学、复学及退学(除因操行外)等；

（六）关于学生毕业事项；

（七）校长或校务会议交议事项；

（八）建议于校长或校务会议事项；

（九）出席人员提议事项；

（十）其他关于全校教务上重要事项。

第六条　教务会议议决案由教务执行之,其同系重要者须经校长核准。

第七条　教务会议于每学期开始及结束时各开常会一次,必要时得由主席或全体会员三分之一以上提议申请,主席召集临时会议。

第八条　教务会议以全体会员过半数之出席为法定人数,以出席人数过半之赞成为法定表决人数。

第九条　教务会议会员因事不能到会,得请代表出席。

第十条　本规则经校务会议通过,校长核准公布施行。

第十一条　本规则如有未尽事宜,得依照第十条之规定手续修改之。

浙江大学档案馆藏 L053-001-0610

国立浙江大学训导会议规则[①]

(1944 年 3 月 4 日)

第一条　本规则依本大学组织大纲第十五条订定之。

第二条　训导会议以左列各员组织之:

校长、训导长、教务长、总务长、主任导师(各院院长暨师范学院特别主任导师)、全体导师、训导处各组主任。

第三条　训导会议以校长为主席,训导长为副主席。

第四条　训导会议审议左列各事项:

一、训导计划;

二、导师之分配及学生训导之分组;

三、训导处各组规章及表册;

四、关于学生奖惩事项;

五、校长交议事项;

六、教务长训导长暨总务长提议事项;

七、主任导师暨导师提议事项;

---

① 本规则系由 1944 年 3 月 4 日举行的章则整理委员会第二次会议讨论通过。

八、训导处各组主任提议事项；

九、其他。

第五条　训导会议每学期开始与终了时各开会一次，但因特别事务，得由校长临时召集之。

第六条　训导会议为谋议事便利计，得设常务委员会议，由校长、训导长、教务长、总务长、各院院长、师范学院特别主任导师及训导处各组主任组织之，每月开会一次，以校长为主席；校长因事缺席时，得由训导长代理主席。

第七条　训导会议及常务委员会议记录与文书事宜，均由校长办公室秘书负责办理。

第八条　训导会议议决事件经校长核准后施行之。

第九条　本规则经校务会议通过，校长核准公布施行。

第十条　本规则如有未尽事宜，得依照第九条之规定手续修改之。

浙江大学档案馆藏 L053-001-0610

国立浙江大学总务会议规则①
（1944 年 3 月 4 日）

第一条　本规则依本大学组织大纲第十六条订定之。

第二条　本会议以总务长、总务主任及总务处各组主任组织之，必要时得邀请其他人员列席。

第三条　本会议以总务长为主席，由主席指定一人为记录。

第四条　本会议审议左列各事项：

一、本处各组事务计划及进行事项；

二、总务长交议事项；

三、建议校务会议事项。

第五条　本会议每月开会一次，必要时得开临时会议，均由总务长召集之。

第六条　本会议议决案由总务长执行之，其关系重要者，须经校长核准后施行。

第七条　本规则经校务会议通过，校长核准公布施行。

第八条　本规则如有未尽事宜，得依照第七条之规定手续修改之。

浙江大学档案馆藏 L053-001-0610

---

① 本规则系由 1944 年 3 月 4 日举行的章则整理委员会第二次会议讨论通过。

国立浙江大学各种委员会通则[①]

(1944 年 3 月 4 日)

第一条　本规则依本大学组织大纲第十七条订定之。

第二条　本大学各种委员会除另有规定者外,均适用本通则之规定。

第三条　各种委员会委员均由校长就教职员中聘请,兼任之。

第四条　委员会分常设、特设两种;常设委员会任期一年,特设委员会视需要临时聘任之,任务终了即行结束,惟任期至多一年。

第五条　委员会种设主席一人,由校长就委员中指定之。

第六条　委员会开会由主席召集之。

第七条　委员会以该会委员总数过半数为法定人数,以出席者过半数之赞成为法定表决人数。

第八条　各委员会工作告一段落时,应拟定报告或建议,由主席转陈校长;其少数委员别有意见者,亦得一并转陈。

第九条　委员会建议经校长核准后,分交主管人员办理之。

第十条　本通则经校务会议通过、校长核准,公布施行。

第十一条　本通则如有未尽事宜,得依照第十条之规定手续修改之。

浙江大学档案馆藏 L053-001-0610

国立浙江大学组织概况

(1948 年)

甲、行政组织

全校于校长之下设教务、训导、总务三处及会计室,由教务长、训导长、总务长及会计主任、秉承校长意旨分别主持各处室之事宜。教务处设注册组与图书馆。训导处设生活指导与体育卫生二组。总务处设文书、庶务、出纳与医务等四组,另设人事组,直隶校长,掌理全校人事事项。

校务会议主持全校校务,为全校最高评议机关,每月开会一次。另设(1)预算;(2)章则;(3)聘任;(4)校舍;(5)课程;(6)训育;(7)出版;(8)体育;(9)福利;(10)经费稽核;(11)图书设备;(12)文化合作;(13)教员升等审查等委员会,审议计划或推行各有关事项。各委员之人选以选举为原则。又另设行政会议,由各院院长、处长及教授代表七人组织之,每周开会一次,处理日常行政事项。

乙、学制组织

(A)学院学系及研究所

[①]　本规则系由 1944 年 3 月 4 日举行的章则整理委员会第二次会议讨论通过。

文学院	设中国文学、外国语文学、史地、哲学、人类学等五学系,及中国文学研究所、史地研究所。
理学院	设数学、物理、化学、生物、药学等五学系,及数学研究所、物理研究所、化学研究所、生物研究所。
工学院	设电机工程、化学工程、土木工程、机械工程、航空工程等五学系,并附设工场及化工研究所。
农学院	设农艺、园艺、农业化学、植物病虫害、蚕桑、农业经济、森林等七学系,并附设农事试验总场及农业经济研究所。
师范学院	设教育学系而于文学院中国文学、外国语文、史地三学系及理学院数学、物理、化学、生物四学系中各设师范生。另设附属中学及教育研究所。
法学院	设法律学系(混合制及法律学系司法组)。
医学院	另设附属医院。

(B)研究室

教育部为编纂史地学科教材、图表及参考资料起见,特令本大学设立史地教育研究室。

浙江大学档案馆藏 L053-001-3825

一九四九年国立浙江大学组织系统图
(1949 年)

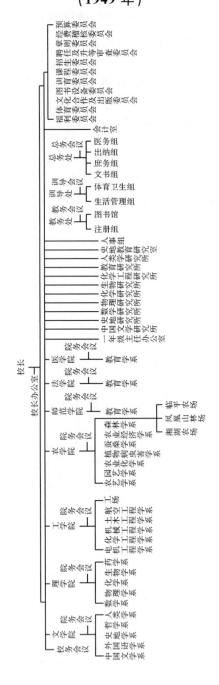

《浙江大学简史(第一、二卷)》,浙江大学出版社 1996 年。

（三）校务会议

校务会议第一次会议记录

（1936 年 5 月 9 日）

日期	二十五年五月九日下午四时
地点	校长公舍会议室
出席	陈建功　陆大京　柴志明　黄瑞纶　王国松　张德庆　储润科　胡刚复　黄中　吴福桢　李寿恒　顾谷宜　陈嘉　潘承圻　蔡堡　梁庆椿　周厚复　程复新　倪尚达　郑宗海　周明祥　沈秉鲁　苏步青
主席	竺〈可桢〉校长
记录	诸葛麒

甲、报告

一、校长报告

校长首先阐明办学方针,约举数点:

1. 本大学过去由专校合并而成,今后当顾名思义,各方平均发展,使学生既得基本训练,又能各具专长,俾成全才;

2. 联络省政府建教各厅及中央机关,参照社会之需求,造就致用之人才;

3. 节省行政费,扩充仪器设备,以有限之经费,为最经济之支配,俾臻完善;

4. 施经济公开,借收集思广益之效。

二、总务长报告

倪总务长报告郭任〈远〉移交经济状况,制成表格,分项说明。所有现款七万余元,实能动交者,仅有一万七千余元,而定购仪器图书亟待提付者,则有三万元。收支两抵,实属不敷。本年度内请各院、系勿再有重大购置,且国内外数年前所买图书仪器债款,约为六万元,须于四年内还清。至本年度临时费八万元,已移用于农学院建筑,故工学院、文理学院建筑经费均待另筹。

目前亟待之事约有三项:(一)统一购置;(二)裁减校工;(三)整顿用电。目今每月电费达二千余元,亟宜整项节减。接收后经费统计表二件,附后。

乙、议案

一、文理学院增设中国文学系案

通过。

二、文理学院增设史地学系案

通过。

三、各院一年级不分系案

本案经详密之讨论,分为三案通过:

1.本届招生得由各院自定名额不分学系案

通过。

2.报考学生得照本校所设学系,选填第一第二志愿案

3.组织公共必修课程委员会案

通过。主席当场推定教务长文、理、工、农三院长及苏步青教授等五人为委员。

四、组织训育委员会案

决议:原案通过。详细办法交下届会议讨论。

五、关于学生印刷品津贴办法案

决议:学生刊物概不津贴。

六、上届校务会议待议各案

1.浙江教育厅请本校设立学术问询处案

决议:由教务处暂行试办。

2.文理学院民二六级呈请续办求是暑期学校案

决议:该暑期学校须由文理学院指导,并以服务为目的。

《国立浙江大学校刊》第二百五十期,民国二十五年五月二十三日

校务会议第二次会议记录
(1936 年 6 月 6 日)

日期	二十五年六月六日下午四时
地点	校长公舍会议室
出席	周明牂　王国松　储润科　闻诗　李寿恒　沈秉鲁　顾谷宜　周厚复　陈嘉　倪尚达(沈思玙代)　潘承圻　苏步青　胡刚复　蔡堡　梁庆椿　程复新　陆大京　吴福桢　郑宗海　陈建功　黄中
列席	蒋振　黄云山
主席	竺〈可桢〉校长
记录	诸葛麒

一、训育委员会规程案

议决:修正通过。(全文另载)

二、学生代表会是否合法案

全场一致通过学生自治会既经解散,代表会当然不合法,应无庸讨论。

三、由本会召集全体学生谈话,商讨关于国难时期应如何准备案

决议:通过。

四、本校各系下年度酌收二、三年级转学生案

决议:通过。

五、下星期六增开第三次校务会议,讨论本届未议各案案

决议:通过。

《国立浙江大学校刊》第二百五十三期,民国二十五年六月十三日

校务会议第三次会议记录
(1936 年 6 月 13 日)

日期	二十五年六月十三日下午四时
地点	校长公舍会议室
出席	陈建功　郑宗海　程复新　黄中　张德庆　沈秉鲁　储润科　闻诗(储〈润科〉代) 周厚复　倪尚达(沈思玛代)　王国松　苏步青　李寿恒　潘承圻　陈嘉　蔡堡 黄瑞纶　梁庆椿　周明䭿
主席	竺〈可桢〉校长
记录	诸葛麒

开会如仪

公共必修科课程委员会报告

郑宗海先生报告,并提出第一次会议记录,计议决事项六件,请付讨论。

决议:修正通过。

附录修正议决案全文

(一)关于博通考试办法,请沈有乾教授研究起草(偏重"Honor System")。

(二)关于绩点制或毕业学生至少限度之成绩,请徐谷麒主任研究起草。

(三)关于毕业总学分,应如何规定案

议决:毕业总学分仍照原规定,除军训、看护、体育及党义外,须修毕一百三十二学分,并请农、工两学院加以注意。

(四)关于公共必修科目之项目、学分、及修习办法,应如何规定案

议决:

1.国文、英文。

国文:每学期二学分,每周三小时,修习一学年,共四学分。

英文:每学期二学分,每周三小时,修习两学年,共八学分。

国文、英语两科目举行会考,必须在升入三年级前修习完毕、不及格者,应令补习至及格为止。考试办法及最低及格标准,另组考试委员会规定之。

2.第二外国语

第二外国语以必修为原则,时间规定为两学年,如一年级英文不及格者,不得修习。

3.党义

共二学分,一年级修习。

4.体育

第一、二、三学年每学期一学分。

5.军训

共三学分,一年级男生修习。

6.看护学

共二学分,一年级女生修习。

7.民族健康问题

本问题甚为重要,请训育委员会及医务卫生部,加以注意,但不另设科目。

8.人文学科中及自然学科中,以至少各选九学分为原则。

(五)原订一年级社会学科考试,应否举行案

议决:本年一年级社会学科考试,照常举行;不及格者,应选习人文学科六学分补足之。其及格一门者,选三学分;及格两门者免修。

(六)关于主系及辅系办法,应如何规定案

议决:主系学分至少四十学分;辅系学分至少二十四学分。

因个别需要,转系科目,可不限于一系,但须各有关联,经系主任与院长之认可。又此项声明与认可,至少须在四年级开始以前,方为有效。(工学院另行办理)

《国立浙江大学校刊》第二百五十四期,民国二十五年六月二十日

校务会议第四次会议记录

(1936 年 9 月 25 日)

日期	二十五年九月二十五日下午四时
地点	校长公舍会议室
出席	竺可桢　陆大京　卢守耕　程世抚　郑宗海　蔡堡　贝时璋　黄翼　周明拚　黄中　萧辅　张闻骏　黄瑞纶　张绍忠　潘承圻　吴钟伟　王国松　李寿恒　周厚复　张其昀　沈思玙　冯言安　顾鋆　苏步青　共计二十四人。
列席	蒋振
主席	竺〈可桢〉校长
秘书	诸葛麒

开会如仪

提案

一、农学院改变系组追认案

决议:通过。

二、本校设训育处隶属于训育委员会案

决议:通过。

三、训育处改为训育部案

决议:通过。

四、学生转院转系办法案

决议:交章则修改委员会审议后报告本会议。

五、学生必修科两次不及格除名案

决议:交章则修改委员会审议后报告本会议。

六、本校制校歌定校色案

决议:

暂拟下列四色交染织科设计再行决择:

1.蓝与深红;

2.蓝与橙;

3.蓝与金黄;

4.蓝与白。

校歌登载日刊征求。

七、本校出版学报案

决议:

1.本大学规定出版中文季刊;

2.组织出版委员会统筹本大学一切出版事宜;

3.委员定为七人由校长指定。

《国立浙江大学日刊》第六十一期,民国二十五年十一月十一日

校务会议第五次会议记录
(1936 年 10 月 23 日)

日期	二十五年十月二十三日下午四时
地点	校长公舍会议室
出席	竺可桢 黄翼 费巩 蔡堡 贝时璋 冯言安 黄瑞纶 陆大京 卢守耕 潘承圻 王国松 李寿恒 吴钟伟 杨耀德 苏步青 梅光迪 庄泽宣 梁庆椿 郑宗海 沈思玙 黄中 共计廿一人。
列席	徐树人
主席	竺〈可桢〉校长
秘书	诸葛麒

甲、校长报告

报告蒋行政院长来校视察经过情形,承面允拨军械局为校址。

乙、章则修改委员会主席李乔年先生报告

本委员会第一、第二两次会议情形(记录见日刊第 3445 号)。

上项第一次记录无异议通过。

第二次记录修改两点：

1.（一）改为："本大学一、四年级学生不得转院或转系。"（二）改为："本大学二、三年级学生有欲转院或转系时，依下列之规定办理（以下如原文）。"（三）并入（一）条，取消。

2.本大学学生必修科两次不及格除名案原议决案为："应予取消是项规定"改为"本大学学生必修科两次不及格者，不得重读"。

丙、出版委员会主席郑宗海先生报告（详见记录）

1.季刊

议决：内容经费等项，并请校长聘编辑委员会办理之。

2.科学报告

议决：继续进行，及规定编辑经费等项。

3.日刊、大学丛书、专刊、学生刊物等

报告讨论情形，无议决案。

丁、复议训育处名称案

否决。

戊、训育处名义维持至寒假案

决议：通过。

己、复议训育部隶属于训育委员会案

决议：通过。

庚、训育主任出席校务会议案

决议：按照出席。

《国立浙江大学日刊》第六十二期，民国二十五年十一月十三日

校务会议第六次会议记录
(1936 年 11 月 27 日)

日期	二十五年十一月二十七日下午四时
地点	校长公舍会议室
出席	郑宗海　蔡堡　沈思玙　梅光迪　黄中　周厚复　费巩　贝时璋　周明祥　黄瑞纶　萧辅　程世抚　潘承圻　陆大京　王国松　吴钟伟　李寿恒　卢守耕　张其昀　黄翼　庄泽宣　梁庆椿　顾銮　竺可桢　胡刚复
列席	黄云山
主席	竺〈可桢〉校长
秘书	诸葛麒

开会如仪

甲、校长报告

乙、议案

一、援绥问题至关切要,由本会议推举代表与学生代表会会商进行办法案

决议:通过。公举三院院长为代表,嗣续举张晓峰、梁庆椿两教师为代表。

二、征求校歌案

决议:由校长指定三人,组织校歌委员会办理之。

三、决定校色案。

决议:白与绯红。

四、废除副教授名义案

公请校长决定,本案不讨论。

五、教授星期年给假案

公请校长斟酌经费情形决定,本案不讨论。

六、大学二、三、四年级不代收膳费案

决议:以尽量减少代收各费为原则。

《国立浙江大学日刊》第七十八期,民国二十五年十二月二日

校务会议第七次会议记录
(1936 年 12 月 25 日)

日期	二十五年十二月二十五日下午四时
地点	校长公舍会议室
出席	竺可桢　张绍忠　梅光迪　胡刚复　张其昀　沈思玙　萧辅　张闻骏(周承佑代)　蒋振(陈柏青代)　潘承圻　李寿恒　王国松　卢守耕　蔡堡　苏步青　陈建功(苏步青代)　冯言安　黄中　郑宗海　周明祥　梁庆椿
列席	徐树人
主席	竺〈可桢〉校长
秘书	诸葛麒

开会如仪

甲、校长报告

乙、沈思玙先生报告捐款援绥办法

丙、章则修改委员会主席李寿恒先生报告《本大学组织规程》,请通过:

一、三院以上加"学制组织",三处以上加"行政组织"案

决议:通过。

二、各学系得再分组案

决议:第三条三院后加注条文:"各学院之学系有必要时得再分组。"

三、本大学得添设其他部分案

决议:增加第六条:"本大学因学制及行政上之需要得添设其他部分。"

丁、季刊编辑委员会主席梅光迪先生报告

四、季刊不给稿费案

决议:季刊不给稿费,改送单行本五十份。

(季刊简章曾载本刊)

戊、校歌委员会主席梅光迪先生报告

(原征稿宗旨及办法曾载本刊)

《国立浙江大学日刊》第一百四十一期,民国二十六年三月十七日

校务会议第八次会议记录

(1937 年 3 月 11 日)

日期	二十六年三月十一日下午四时
地点	校长公舍会客室
出席	胡刚复　沈思玙　卢守耕　费巩　潘承圻　蔡堡　黄翼　张绍忠　吴钟伟　庄泽宣　黄瑞纶　张其昀　李寿恒　周厚复　童玉民　王国松　梁庆椿　郑宗海　梅光迪　竺可桢　张闻骏　黄中　苏步青　周明祥　顾鋆　蒋振(黄云山代)
列席	黄云山
主席	竺〈可桢〉校长
秘书	诸葛麒

开会如仪

甲、校长报告本年度预算概数及建筑计划

乙、议案

一、修正校务会议议事细则案

决议:

规定下列三项原则交章则修改委员会整理:

1.本会议会员因故不能出席时,得请代表,惟须用书面征得主席同意;

2.本会议会员出席会议时,不得为其他会员之代表;

3.本会议会员除代表外,须满法定人数五分之四,方得开会。

二、追认上届议案

决议:通过。

三、章则修改委员会报告修正本大学学则请通过案

决议:留交下届会议讨论。

四、规定教职员劳动服务办法案

决议:请校长规定办法通告施行。

五、交换留德学生案

决议：

规定下列五项原则并推校长、教务长、三院院长组织审查委员会办理之：

1.曾任本大学教职员二年以上者；

2.由本学系或有关学科之教授两人负责推荐者；

3.德文读写考试及格者；

4.体育检查合格者；

5.本委员会审查合格者。

规定三月底为报名截止时期。

校务会议第九次会议记录

（1937 年 4 月 21 日）

日期	二十六年四月二十一日下午四时
地点	校长公舍会议室
出席	苏步青　蒋振　梁庆椿　胡刚复　王国松　童玉民　李寿恒　卢守耕　周明祥　陆大京　黄中　潘承圻　黄翼　吴钟伟　冯言安　顾菉　张其昀　黄瑞纶　周厚复　贝时璋　庄泽宣　沈思玙　郑宗海　梅光迪　竺可桢　共二十五人。
主席	竺〈可桢〉校长
秘书	诸葛麒

开会如仪

甲、校长报告下年度增加经费情形及本届拟与中大、武大联合招生办法

乙、议案

一、上届交议修正本大学学则案

议决：修正通过。

二、下年度与中大、武大联合招生案

议决：中大、武大、浙大联合招生办法大纲修正通过。

校务会议第十次会议记录

（1937 年 5 月 29 日）

日期	二十六年五月二十九日下午四时
地点	校长公舍会议室

续　表

出席	郑宗海　庄泽宣　张闻骏　吴钟伟　程世抚　冯言安　顾鋆　童玉民　黄翼　陆大京　潘承圻　卢守耕　李寿恒　王国松　张绍忠　周厚复　梅光迪　张其昀　沈思玙　苏步青　蒋振(陈柏青代)　胡刚复　梁庆椿　竺可桢　共二十四人。
列席	王庸
主席	竺〈可桢〉校长
秘书	诸葛麒

开会如仪

甲、报告

一、校长报告

1. 中大、武大、浙大联合招生委员会五次会议情形

2. 军械局地基八九月可接收建筑计划正绘制中

3. 律师公会请设法学院经过。

二、建筑委员会主席张绍忠先生报告

乙、议案

一、上届交议学则第二十条退学标准案

决议:恢复旧规定,每学期学分五分之二不及格者,退学。

二、贷学金总则及公费生补充办法案(郑宗海先生说明)

决议:修正通过(全文附贴)。

三、审查本大学校歌案(梅光迪先生说明)

决议:交校歌委员会预选两则,再提本会议讨论。(李乔年提议,陈胡青附议)(校歌稿附夹)

四、修正图书馆借书规则案

决议:

(一)学生借书依照章则修改委员会修正案通过;

(二)教职员借书应于每学期终了,概行交还图书馆一次,以资整理;倘不交还,以遗失论,扣薪购书代偿。(苏步青提议,沈思玙附议)

五、通过训育委员会规程案

决议:修正通过。

六、请修改一年级公共国文为每学期三学分案(郑宗海临时提议,胡刚复附议)

决议:原则通过,交下届会议讨论。

浙江大学档案馆藏 L053-001-4045

校务会议第十一次会议记录

(1937 年 7 月 27 日)

日期	二十六年七月二十七日下午三时
地点	校长公舍会客厅
出席	卢守耕　竺可桢　梁庆椿　沈思玙　王国松　李寿恒　梅光迪　贝时璋　张绍忠　陈建功　杨耀德　黄中　黄瑞纶　蔡堡　庄泽宣　郑宗海　共十六人。
主席	竺〈可桢〉校长
秘书	诸葛麒

主席报告出席委员不足法定人数,改开谈话会。

1.本大学经临各费,教育部已明令发布。

2.时局消息,及庐山各大学校长会谈意见。

各委员商讨非常时期之紧急准备,决定办法如下:

1.会同省政府敦促军政部,限令军械局速即迁移;

2.凤凰山建筑临时储藏室,造价约二三千元。分函各系,将贵重仪器图籍,应予储藏者,开送详单,以便统筹办理;

3.增购消防器具,先事试验练习;

4.请体育课、军训部、事务课将留校学生及全体校工编组队伍,分隶于特种教育委员会各组指挥,以备非常;

5.请医务课预备急救防毒药品一千份,以应急需;

6.用全体教授名义,通电拥护蒋委员长　月　日庐山谈话会之主张。

浙江大学档案馆藏 L053-001-4045

校务会议第十二次会议记录

(1937 年 8 月 23 日)

日期	二十六年八月二十三日
地点	校长公舍
出席	顾蓥　卢守耕　沈思玙　苏步青　陈建功　吴钟伟　蔡堡(贝〈时璋〉代)　贝时璋　周厚复　陈柏青　黄翼　张其昀　王国松　郑宗海　庄泽宣　梁庆椿　竺可桢　张绍忠　胡刚复　共十九人。
主席	竺〈可桢〉校长
秘书	诸葛麒

(因地址变更退回通知者六人:贾秀曾　黄中　周明祥　黄瑞纶　程世抚　陆大京)

（因离职未补者三人）

报告

一、校长报告

1.本届三大学联合招生经过。

2.本大学经费状况。

3.教育部对于下学期开学之意见。

4.本大学筹备迁退地址之拟议。

5.特种教育及借读办法应注意事项。

二、特种教育执行委员会张绍忠主席报告

1.特种教育执行委员会之组织及警卫、消防、防毒、救护各组进行状况。

2.视察湘湖农场及农业人员养成所情形。

3.视察西天目山禅源寺情形。

议案

一、本大学开学是否延期案

决议：展期至九月十六日开学，二十日上课。

二、本大学应择定准备迁移地址案

决议：择定湘湖为迁移地址。

三、规定借读办法案

决议：推教务长、三院院长、注册课主任组织委员会规定之，由教务长召集。

浙江大学档案馆藏 L053-001-4045

校务会议第十三次会议记录
(1937 年 9 月 11 日)

日期	二十六年九月十一日下午三时
地点	校长公舍会议室
出席	竺可桢　李乔年(诸葛麒代)　沈思玙(陆代)　张绍忠　梁庆椿　张其昀　顾莖　黄瑞纶　蔡堡　王国松　周厚复　卢守耕　黄中　周明祥　黄翼　胡刚复　庄泽宣　梅光迪　郑宗海(代签)　共十九人。
列席	陈柏青　朱庭祜　杨浚中
主席	竺可桢
秘书	诸葛麒

（因住址更退回通知者　人，离职未补者　人）

主席报告

1.本大学迁校计划。

（1）大学本部迁天目山禅源寺，定九月二十日以前先迁一年级，至二、三、四年级俟后续迁。已聘定潘承圻先生为天目山临时办事处主任，朱庭祜先生为一年级主任。

（2）高工部迁湖湘农场，预定九月十六日迁竣。

2.经费状况。

八月份经费顷得部电已汇出。

3.特种教育执行委员会进行状况及防护设备情形。

议案

一、本校教职员推销救国公债案

决议：本大学教职员认购救国公债，依照部定办法办理，并请月薪百元以上之教职员照此办法续购三个月，其愿多购或不愿续购者，得来函声明。

二、二、三、四年级定双十节以前迁禅源寺临时校址上课案（张绍忠提议，蔡堡附议）

决议：通过。

三、特种教育委员会改组为特种教育执行委员会案

决议：通过。其详细办法，交现有委员会议订。

四、本会议对于特种教育执行委员会表示感谢案（郑晓沧先生提议）

决议：通过。

浙江大学档案馆藏 L053-001-4045

校务会议第十四次会议记录
（1937 年 10 月 5 日）

日期	二十六年十月五日下午四时
地点	校长公舍会议室
出席	竺可桢 张绍忠 张其昀 杨耀德 黄中 吴钟伟 庄泽宣 沈思玙 周厚复 蔡堡 顾鋆 周承佑 苏步青 李寿恒 黄翼 王国松 贝时璋 卢守耕 梁庆椿 梅光迪 周明祥（柳支英代） 陆大京 郑宗海（黄瑞纶代） 黄瑞纶 胡刚复 共廿四人。
列席	潘承圻
主席	竺〈可桢〉校长
秘书	诸葛麒

开会如仪

报告

主席报告本大学经济实况，及奉部令折扣发薪办法。

议案

一、本大学经费奉部令减折发放后应如何发薪案

决议：除本大学必需用款外，应比照部发各月经费折扣发薪。

二、复议本大学二三四年级迁地上课案

1.天目山临时办事处潘承圻主任报告天目分校情形。

2.胡刚复院长报告视察严州房屋情形。

决议：

1.迁离杭州；(十四票通过)

2.二、三、四年级改迁建德。(十四票通过)(黄翼提议,陆大京附议)

浙江大学档案馆藏 L053-001-4045

校务会议第十五次会议记录
(1938 年 3 月 11 日)

日期	二十七年三月十一日下午三时
地点	江西泰和大原书院会议室
出席	李寿恒　郑宗海　卢守耕　胡刚复　梁庆椿　孙逢吉　张闻骏　梅光迪　舒鸿　陈柏青　张其昀　黄中　沈思玙　周承佑　吴钟伟　张绍忠　王国松　顾鋆　贝时璋　周厚复(储代)　陈鸿逵　陈建功　蔡堡　竺可桢　冯言安(陈代)
主席	竺〈可桢〉校长
秘书	章诚忘

开会如仪

一、校长报告

1.校务会议久不召集与召集特种教育执行委员常务委员会议之缘由。

2.本校有鉴于此间每届夏季洪水泛滥,已成立一水利委员会,筹划一切防水事宜。

3.课室与宿舍内所缺之桌椅等件已责任事务课迅予置备。

4.本校现住临时校舍散布各处,所有来往道路颇多不便行走者,已责任校系委员会负责整理。

5.本校处此新环境内,应设法与附近人士有密切之联络。

二、经费问题

1.校长报告:本校虽一再播迁,费用浩繁,唯仍力求节省,故校中原有存款仍未动用;嗣后如教部经费不能如期拨发,至每月二十五日,当由校中垫付上月份薪给之一部分,以安定同人等之生活。垫付标准如左:

薪额	预支费甲	预支费乙
301 元以上	100	50
131—300	70	40

续 表

薪额	预支费甲	预支费乙
51—130	50	30
31—50	30	20
30 以下	原薪	20

2.郑教务长提议:本校救济经济来源断绝,学生办法,以工读为最要原则,如不得已时,不给贷金案。(张其昀先生附议)

决议:如原案通过。

三、实验室支配问题

1.胡院长报告以前开实验室支配会议经过。

2.本问题决定由校长指组一泰和临时校舍支配委员会处理。

四、植树节动员问题

1.本问题决定由校景委员会处理。

浙江大学档案馆藏 L053-001-4045

校务会议第十六次会议记录

(1938 年 4 月 2 日)

日期	二十七年四月二日下午三时
地点	江西泰和大原书院会议室
出席	梅光迪　李寿恒　黄中　毛启爽　储润科　吴钟伟　顾毂　贝时璋　沈思玙　梁庆椿　卢守耕　陈鸿逵　张其昀　胡刚复　冯言安　竺可桢　陈建功　共到十七人,缺额未补者五人,缺席者八人。
列席	唐凤图　陈柏青　蔡堡　夏济宇
主席	竺〈可桢〉校长
秘书	诸葛麒

开会如仪

报告

主席报告

1.国文会考办法。

2.严格考试之重要。

临时校舍支配委员会李寿恒先生报告

议案:应规定各系预备室与图书室详细支配办法案

决议:仍交原委员会拟订。

工读委员会梁庆椿先生报告

卫生委员会蔡堡先生报告

水利委员会唐凤图先生报告

校景委员会卢守耕先生报告

议案

组织招生委员会筹办下年度招生事宜案（李寿恒提议，沈思玛附议）

决议：通过。请校长指定七人组织之。

校长申述下列各问题内容，留待下届会议讨论：

1.特种教育委员会改组问题；

2.下年度预算问题；

3.暑期学校问题；

4.修改章则问题。

浙江大学档案馆藏 L053-001-4045

校务会议第十七次会议记录

（1938 年 5 月 6 日）

日期	二十七年五月六日下午三时
地点	江西泰和大原书院化学实验室楼上
出席	吴钟伟　苏步青　陈建功　张其昀　周厚复　周承佑　陈鸿逵　李寿恒　毛启爽　冯言安　蔡邦华　顾蓥　沈思玛　卢守耕　储润科　张绍忠　王国松　舒鸿　黄本立　王琎　郑晓沧（梅光迪代）　梅光迪　孙逢吉　梁庆椿　竺可桢　张闻骏　胡刚复　共到二十六人，缺席三人。
列席	陈柏青
主席	竺〈可桢〉校长
秘书	诸葛麒

开会如仪

校长报告

本人此次历经南昌、长沙、武汉、重庆等地，与各方晤商之事甚多，择要报告如下：

1.部讯。本大学经费自下月份起，将改发七折九扣（合六三折）。又浙江省协款一万元，本年一月以后已停止，现由教部径商浙省续拨中；

2.部讯。本届暑期讲习班决停止。一、二年级学生集中军训，则改在下年度八月至十月举行；

3.部发借读生，各校情形不一，中央大学除仅收山东大学借读生，余均拒绝。湖南大学则收受较多。又外人汇款救济战区学生者，月约一万元，由顾毓琇、杭立武与某外人组委员会办理将分于西安、昆明、重庆三地，浙大或可获得一部；

4.湖南大学被炸后,部拨二十万为建筑费。惟战区各大学丧失校舍者甚多,部定拨款统筹支配。本大学正编造预算中;

5.本大学防水堤二月内完成,并已筹备避水地道。沙村农垦事业则由委员会进行开办。

议案

一、改组特种教育委员会案

决议:特种教育委员会继续存在,原有任务暂予停止,另组委员会筹议改组办法,并以原委员会七执行委员为改组委员(竺校长、胡刚复、李乔年、卢守耕、郑宗海、沈思玙、张绍忠)。

二、下年度招生办法案

招生委员会代表李乔年先生报告第一次会议议决案

决议:修正通过。

修正:

1.招生地点:浙江定永康,樟树改吉安;

2.日期俟后酌夺;

3.考试科目:四组各加"3.文本国史地",可与"公民""党义"合试。"中外史地"改"外国史地";

4.第二组改:"6.下列三种科目中,选考二种:物理、化学、生物",加"生物";

5.第四组改:"6.下列两种科目中,选考一种:物理、化学",去"中外史地"。

(修正会议记录附后)

三、增设农业化学系案(卢守耕说明由农艺系分设,可不增加经费)

决议:通过。(二十票)

四、增设航空工程学系案(周承佑提议,吴馥初附议)

决议:通过

浙江大学档案馆藏 L053-001-4045

校务会议第十八次会议记录

(1938 年 6 月 6 日)

日期	二十七年六月十一日下午四时
地点	江西泰和大原书院化学实验室楼下
出席	竺可桢 郑宗海 储润科 周厚复 贝时璋 梅光迪 舒鸿 吴钟伟 陈鸿逵 蔡邦华 冯言安 张闻骏 王国松 杨耀德 毛启爽 沈思玙 孙逢吉 苏步青 胡刚复 李寿恒 王琎 周承佑 陈建功 黄本立 张其昀 顾鋈(卢〈守耕〉代) 卢守耕 共到二十六人,缺席三人,列席二人。
列席	陈柏青 夏济宇
主席	竺〈可桢〉校长
秘书	诸葛麒

开会如仪

主席报告

1. 对于时局之意见及必要之准备。

2. 提前发给五月份薪修〔脩〕。

议案

一、招收新生案

校长报告:本届新生,业奉部令,由教育部统筹支配,仍俟部令办理。(附令文。按:此处暂略)

二、处理成绩不及格学生案(郑宗海提议,梅光迪附议)

决议:

1. 一学期成绩五分之二以上不及格之学生,如因时局关系,道路梗阻,无家可归者,得酌允留校察看一学期;

2. 但同样情形之借读生,有原校可归者,仍予退学;

3. 如第二学期仍有五分之二不及格者,即予退学;

4. 本决议案限于非常时期适用之。

三、借读生转为正式生案(李寿恒提议,郑宗海附议)

决议:凡借读生具备正式请求手续,经审查委员会审查合格后,得转为正式生,仍须参与编级试验,编定年级。审查标准规定如次:

1. 曾在本大学借读二学期者;

2. 每学期各课成绩均及格,或仅有一课不及格,而成绩仍在五十分以上者;

3. 品行端正者。

附审查委员会名单:郑教务长、胡院长、李院长、卢院长、注册课徐主任

四、规定下年度校历案

决议:俟教部规定开学日期后再议。

五、特种教育委员会改组案

决议:原委员会议决案,修正通过。

浙江大学档案馆藏 L053-001-4045

校务会议第十九次会议记录

(1938 年 11 月 19 日)

日期	二十七年十一月十九日下午三时
地点	广西宜山工读学校总办事处会议室

续　表

出席	竺可桢　梅光迪　郑宗海　黄翼　孟宪承　张绍忠　吴钟伟　蔡堡　李寿恒　舒鸿　顾㲋　冯言安　蔡邦华　陈鸿逵　梁庆椿　周厚复　张其昀　孙逢吉　郭斌龢　卢守耕　杨耀德
列席	夏济宇　马裕蕃
主席	竺〈可桢〉校长
记录	章诚忘

报告事项

一、校长报告

1.本校此次迁桂之缘由与经过。

2.图书、仪器运输之现况。

3.本年度收容新生(考生与借读生)之情况与人数。

4.院系增设与各院系院长与主任聘定之经过。

5.本年度校历之排定(全场无异议)。

二、会计室主任马裕蕃先生报告二十八年本校概算(全场无异议)

三、建筑委员会主席吴钟伟先生报告本校在宜添建校舍之目下情形与将来之计划

讨论事项

一、导师制之实施问题案

决议:俟拟定方案后,再行讨论。

二、防空问题案

决议:组织一防空委员会负责处理之,当场由主席推定李寿恒先生为委员兼主席,吴钟伟、胡家健、夏济宇、滕熙等四先生为委员。

三、校训校歌问题案

决议:校训定"求是"——由竺校长提议,郑教务长、郭主任附议,全场通过。校歌请马一浮先生制定后,再行讨论。

四、师范学院专任教授、副教授校务会议代表案

决议:由章则修改委员会将原有章则修改后,再行讨论。

五、本校校址问题案(郑教务长提议,张其昀、郭斌龢、黄翼先生等附议)

决议:派员计划调查后,再行讨论。

校务会议第二十次会议记录

(1938 年 12 月 8 日)

日期	二十七年十二月八日下午三时
地点	宜山总办事处会议室
出席	竺可桢　卢守耕　张其昀(王庸代)　储润科　费巩　孟宪承　郭斌龢　郑宗海　蔡堡　顾谠　陈鸿逵　廖文毅　杨守珍　周厚复　王季梁(周厚复代)　王国松　吴钟伟　陈建功　梅光迪　贺昌群　孙逢吉　张绍忠　冯言安　蔡邦华　李寿恒　张闻骏　黄中
列席	夏济宇
主席	竺〈可桢〉校长
记录	章诚忘

报告事项

一、校长报告

1.本校预备校址之接洽与寻觅。

2.本校图书仪器运输之现况。

3.经上月二十六日行政谈话会议议决,将以前募集之慰劳前方将士所余之二千一百六十八元七角五分提作慰劳伤兵与制送前方将士寒衣之用。(全场无异议)

4.本校社会事业之进行(如成立成人班等)。

二、建筑委员会主席吴馥初先生报告(详见所附建筑委员会会议录)

三、章则修改委员会主席李乔年先生报告(详见所附章则修改委员会会议录)

讨论事项

一、制定校歌案

决议:将马湛翁先生所撰歌辞请国内音乐家制谱后再行讨论。

二、空袭救护案

议决:

1.请医务课在空袭时派员分驻标营、文庙、工读学校等三处之预定地点,以便万一遇不幸时,就近救护;

2.请医务课将所有药物分标营、工读学校等数处存放,以免万一遇不幸时,药物或全部被毁;

3.函宜山区指挥部索空袭通行证,分发医师、看护等佩用。

三、师范学院教授、副教授出席本会议代表案

决议:

1.本届师范学院教授、副教授出席本会议代表,由文理学院三代表兼任,惟每代表仅代表一席;

2.凡兼职两院或两部分之本会议当然代表(如文理学院系主任兼师范学院系主任等)仅代表一席。

四、本校主任导师出席本会议案

决议：本校主任导师与本校师范学院主任导师，为出席本议会之当然代表。

五、公共科目教授、副教授出席本会议代表案

决议：本届本会议不设公共科目代表。

六、修改本大学组织系统案

决议：交章则修改委员会再度缜密计划后，重行讨论。

校务会议第二十一次会议记录
（1939 年 1 月 20 日）

日期	二十八年一月二十日下午三时
地点	宜山总办事处会议室
出席	竺可桢 蔡堡 杨耀德 王国松 郑宗海 吴钟伟 李寿恒 储润科 蔡邦华 冯言安 郭斌龢 陈鸿逵 卢守耕 顾谷宜 杨守珍 廖文毅 孙逢吉 张其昀 胡刚复 沈思玙 张闻骏 黄中 张绍忠 王琎 雷沛鸿 周厚复 梅光迪 贺昌群 陈建功
列席	夏济宇 苏毓荣 徐谷麒 张孟闻
主席	竺〈可桢〉校长
记录	章诚忘

报告事项

一、校长报告

1.上月底及本月在重庆与教部接洽增加经费、解决浙省协款与添设农化及航空工程两系之经过情形，及途经昆明与贵阳，便觅预备校址之情形，与教部对于本校迁移之意志。

2.本校作息时间，以本地午炮开放时间时有迟早，经上次训育委员会议决，自本月廿三日起，改用重庆中央广播电台所广播之时间为标准，唯时区仍用中原时区。

3.本校为救济失学青年计，经上次行政谈话会决定，于本年二月底，添招冬季新生至多以百名为限。（全场无异议）

二、张晓峰先生报告与张孟闻、张清常两先生赴黔在安顺、镇宁、黄果树、乌当等地勘觅本校预备校址之各种情形。

三、建筑委员会主席吴馥初先生报告本校在宜添建校舍之各种情形（附第四次校舍建筑委员会会议录）。

四、胡刚复先生提出实施实验课程及添建校舍方案（附原方案）。

五、李乔年先生主张先添建茅竹屋顶、芦席墙之课室七座与简单合用实验室。

六、梅迪生先生临时提议本校有成立文学院之需要，拟请变更本日议程，先将此问题付讨论。

讨论事项

一、梅迪生先生提议,请变更本日议程,先行讨论本校应成立文学院案。(贺昌群先生附议)

决议:依原案通过。(赞成者十五票)

二、梅迪生先生提议,本校应成立文学院案。(贺昌群先生附议)

决议:依原案通过。

三、郑晓沧先生提议,本校文理学院应改组为文学院(即梅迪生先生所提之文学院)与理学院,文学院包括现文理学院所属之中国文学系、外国语文学系、史地学系与教育学系,理学院包括现文理学院所属之数学系、物理学系、化学系、与生物学系案。(梅迪生先生附议)

决议:依原案通过。

四、梅迪生先生提议,文理学院改组应自二十八年秋季始案。(贺昌群、郭洽周两先生附议)

决议:依原案通过。

报告事项二

一、校长说明本人到校后,于文理学院较前较为重视之缘由。

二、章则修改委员会主席李乔年先生报告上次章则修改委员会开会之议决事项(附章则修改委员会之议程、讨论事项)。

三、梅迪生先生提议,现时间已迟,其他事项留待下届本会议讨论案。(费香曾先生附议)

决议:依原案通过。

浙江大学档案馆藏 L053-001-1168

校务会议第二十二次会议记录
(1939 年 2 月 7 日)

日期	二十八年二月七日下午三时
地点	宜山总办事处
出席	竺可桢　雷沛鸿　张其昀　黄中　周厚复　储润科　蔡堡　陈建功　费巩　孟宪承　卢守耕　冯言安　梁庆椿　陈鸿逵　王国松　孙逢吉　梅光迪　廖文毅　李寿恒　郑宗海　杨守珍　吴钟伟　沈思玙　王琎　张闻骏　胡刚复　贺昌群　张绍忠　共到二十八人,列席二人。
列席	夏济宇　苏毓桊
主席	竺〈可桢〉校长
记录	诸葛麒

开会如仪

主席报告

1.本大学二月五日被炸情形及学生损失约数。

2.救济情形。

3.此后安全疏散办法。

议案

一、本校亟应分部疏散案

决议:通过。

二、规定分部疏散办法案

决议:分一年级、农、工、文理、师范等四部,部内分组,每组以百人为原则。

三、更改定上课时间案

决议:每课缩短为四十分钟,上午三课,自7:40至10:00时;下午五课,自2:30至6:30时;十时至二时半,请导师尽量利用为指导时间。

四、成立校舍委员会案

决议:通过。委员九人,由校长指定,并以校长为主席。

五、成立战时课程调整委员会案。

决议:通过。聘郑宗海、胡刚复、李寿恒、卢守耕、梅光迪、雷沛鸿、孟宪承等七人为委员,并以郑教务长为主席。

六、请本校同人捐实支月薪十分之一救济被灾同学案

决议:通过。惟月薪五十元以下者,不在此限。

浙江大学档案馆藏 L053-001-1168

校务会议第二十三次会议记录
(1939 年 2 月 17 日)

日期	二十八年二月十七日下午三时								
地点	宜山总办事处								
主席	竺可桢								
记录	诸葛麒								
出席	竺可桢	吴钟伟	沈思玙	张其昀	费巩	李寿恒	孙逢吉	卢守耕	陈鸿逵	王国松
	梁庆椿	雷沛鸿	蔡邦华	陈建功	蔡堡	廖文毅	黄中	周原复	贺昌群	杨守珍
	杨耀德	张绍忠	胡刚复	张闻骏	郭斌龢	冯言安	共到二十九人,其中列席三人。			
列席	夏济宇	胡家健	舒鸿							

开会如仪

主席报告

1.校舍委员会于小龙乡上间、下间、莫村坝头一带察勘校址以备疏散,约拟分配如下:

(1)文理学院居中,莫村附近;

(2)农学院偏东,岩下附近;

(3)工学院偏南,坝头村附近;

(4)一年级西南,下间附近。

2.本大学赶装电话,小北门赶建浮桥以利交通。

3.部令本大学在浙南设立分校,已派郑晓沧、陈叔谅两先生赴浙接洽。

议案

一、择定疏散校址案

决议:暂定小龙乡莫村、坝头村一带。

二、恢复特种教育委员会案

决议:通过。先成立总务、警卫、救护三组,委员定七人,由主席指定组织之。

三、修改校务会议代表选举办法案

决议:除大学组织法规定之当然代表外,应由全体教授、副教授普遍选举十人为代表。

四、修改本大学组织系统案(二十一次会议留交)

附系统图表,章则修改委员会提议。

抄章则修改委员会报告(二十一次会议)

第十次会议议案

1.修改本大学组织规程训导组织。

决议:照章则修改委员会提案通过。惟"训导会议"改"导师会议",训导部主任并由主任导师兼任。

此时不足法定人数,改为谈话会。

章则修改委员会提交体育课程案二件,"请变更体育课现有行政地位及名称"案,佥意将体育课改称体育部,并改隶训育委员会,交下届会议通过。记录备查。

第四案通过本大学组织系统表。

国立浙江大学组织系统表

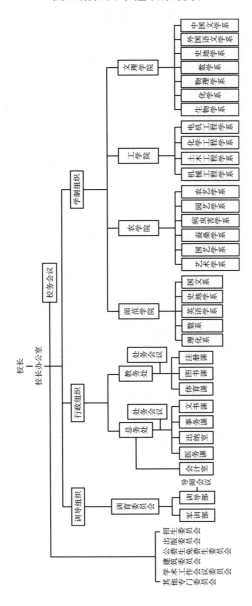

浙江大学档案馆藏 L053-001-1168

校务会议第二十四次会议记录

(1939年4月8日)

日期	二十八年四月八日下午七时半(原定三时,警报改期)
地点	校长办公室会议室
出席	竺可桢 李寿恒 胡刚复 沈思玙 雷沛鸿 苏步青 陈鸿逵 储润科 张其昀 夏振铎 杨守珍 吴钟伟 卢守耕 梁庆椿 蔡堡 蔡邦华 孙逢吉 冯言安 杨耀德 廖文毅 黄中 郭斌龢 费巩 贺昌群 梅光迪 张闻骏 王国松 周厚复 王珇 张绍忠 出席三十八人,列席二人。
列席	郑奎轶 陈训慈
主席	竺可桢
记录	诸葛麒

开会如仪

宣读上届记录

主席报告

1.出席全国教育会议与教育部接洽情形。

2.浙江分校决定设立,由教部拨款办理,本年秋季开始招收一年级及先修班。

3.浙江协款将由教育部扣发。

4.中央大学罗校长函请本校列名电请美国国会修正中立法,应分别侵略国与被侵略国办理。

5.本大学西南校址亟应择定,从事建筑,以为久长之计。

并说明川、滇、黔、桂各地环境交通情形。(附气候记录)

张晓峰先生报告察勘云南建水、石屏详情。

校长说明教育部陈部长对于本大学迁移之意见。

议案

一、决定本校校址案

决议:

1.决定迁移校址;(廿五票通过)

2.拟选云南建水,即日进行准备工作。(全体通过)

二、组织迁校委员会案

决议:通过。委员九人由校长指定。

迁校委员会委员名单:竺校长(主席)、沈思玙先生、冯言安先生、梁庆椿先生、吴馥初先生、张孟闻先生、张晓峰先生、雷宾南先生、程耀椿先生

浙江大学档案馆藏 L053-001-1168

校务会议第二十五次会议记录
（1939 年 4 月 11 日）

日期	二十八年四月十一日下午二时
地点	宜山总办事处会议室
出席	竺可桢　沈思玙　王国松　黄中　张绍忠　吴钟伟　陈鸿逵　梁庆椿　雷沛鸿　廖文毅　费巩　郭斌龢　梅光迪　李寿恒　冯言安　储润科　蔡堡　孙逢吉　杨守珍　张闻骏　苏步青　贺昌群　卢守耕　王琎　郑奎轶　胡刚复　张其昀　出席二十七人，列席二人。
列席	周厚复　陈训慈
主席	竺〈可桢〉校长
记录	诸葛麒

开会如仪

宣读上届记录

主席报告

本届会议系续议上届移下各案。

关于救济被灾同学，因部款已到，教职员捐款照数发还。

议案

一、举行宣誓与抗战公约案

决议：全校师生于下星期一纪念周中举行之。

二、修改本校训导组织系统案

交章则修改委员会讨论。

三、筹设浙江分校案

陈叔谅先生报告赴浙接洽经过

决议：遵照部令筹设。

浙江大学档案馆藏 L053-001-1168

校务会议第二十六次会议记录
（1939 年 5 月 10 日）

日期	二十八年五月十日下午二时
地点	广西宜山总办事处会议室
出席	竺可桢　蔡堡　吴钟伟　储润科　张闻骏　杨耀德　沈思玙　王国松　王琎　胡刚复　杨守珍　黄翼　张绍忠　夏振铎　廖文毅　雷沛鸿　费巩　孙逢吉　黄中　梁庆椿　郭斌龢　冯言安　苏步青　陈鸿逵　出席二十四人，列席四人。

续　表

列席	陈训慈　郑奎联　苏毓荚　徐谷麟
主席	竺〈可桢〉校长
记录	诸葛麒

开会如仪

主席报告

1.梅迪生先生电告赴部接洽迁校情形。

2.本校本年度经费已奉最高国防会议通过,增加三万三千余元。

3.龙泉分校经费,教部约可年发五万元,定本月内派员筹备。

4.精神总动员应多方推进,望本校同仁负责参加。

5.部令暑假仍设中学教育讲习班,本校担任贵阳讲习班教课。又广西教育厅请本校匡襄广西教育之改进,统请本校同仁参加。

章则修改委员会胡刚复先生报告

1.本委员会复议训导组织系统,修订如下:

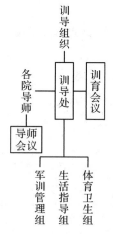

2.修订"国立浙江大学图书馆教职员借书规则""国立浙江大学图书馆学生借书规则

议案

一、通过章则修改委员会修订各案案

决议:

1.尽先成立训导处;

2.国立浙江大学图书馆教职员借书规则及学生借书规则分别修正通过。

二、厘定本学期结束事宜案

(张绍忠、储润科提议维持原订学历。)

付表决:八票(少数),反表决十五票,未通过。

决议:本学期大考提前于六月廿六日开始。凡在大考以前不能结束之课程,仍应照授至七月二十四日为止。

浙江大学档案馆藏 L053-001-1168

校务会议第二十七次会议记录
(1939 年 6 月 5 日)

日期	二十八年六月五日下午三时
地点	宜山总办事处会议室
出席	冯言安　张绍忠　沈思玙　王国松　梅光迪　杨守珍　周厚复　费巩　陈鸿逵　卢守耕　廖文毅　孙逢吉　蔡邦华　储润科　黄中　王琎　杨耀德　张闻骏　蔡堡　雷沛鸿　李寿恒　张其昀　竺可桢　胡刚复　出席二十四人,列席二人。
列席	郑奎轶　张孟闻
主席	竺〈可桢〉校长
纪录	诸葛麒

开会如仪

主席报告

1. 迁校问题,部主移黔,仍俟察勘地址再定。黔桂陆路交通甚艰,尤待努力洽商。

2. 本届学年考试,应组织考试或监试委员会。

梅副院长报告

1. 旅途概况及重庆被炸惨状。

2. 向教育部接洽迁校经过。

3. 归途在桐梓与刘专员接洽湄潭校址经过。

议案

章则修改委员会主席李乔年先生报告修订本大学组织系统案

决议:照章则修改委员会决议案通过。惟教务处下加体育组,训导处"体育卫生组"改为"健康指导组"。校务会议教授代表暂定十人。

浙江大学档案馆藏 L053-001-1168

校务会议第二十八次会议记录

（1939 年 11 月 21 日）

日期	二十八年十一月二十一日下午五时
地点	宜山总办事处会议室
出席	竺可桢　王国松　黄翼　杨耀德　苏步青　钱钟韩　储润科　徐陟　杨守珍　梁庆椿　蔡邦华　马裕藩　张绍忠　张其昀　郭斌龢　缪钺　胡家健　钱宝琮　陈建功　姜琦　舒鸿　胡刚复　夏振铎　陈鸿逵　贺熙　周厚复　顾谷宜　出席共二十八人。
主席	竺〈可桢〉校长
记录	诸葛麒　章诚忘

甲、报告事项

主席报告

1.本届校务会议教授代表选举经过。

2.本年度本大学组织系统变更情形，及增设浙东分校、实验学校、数学、史地研究部、史地教育研究室等部分。

3.本大学经济概况，并说明浙省协款自明年度起改由部拨。

4.大学应有研究精神，及仪器图书经费之重要，以及抗战时期各教授应各本所长供应社会所急需之物品。

教务长张绍忠先生报告

1.本年度课程概况。（警报状态见附表二）[①]

2.注册课图书馆近况。

3.本年度新旧学生概况。（新、旧学生人数见附表一）[②]

4.本年度学历草案。

训导长姜琦先生报告

1.训导方针。

2.训导处之组织。

3.训导处之任务。

4.导师训导方案之拟订。

5.训导、教务、总务三处之联系。

6.编印《训导须知》。（原件附后）（略）

总务长贺熙先生报告

1.总务处之现状。

2.非常时期之困难。

---

① 附表此处暂略。

② 附表此处暂略。

3.新校舍建筑进行状况。

会计主任马裕蕃先生报告

1.二十八年度经常费预算及实收约数。(见附表五)①

2.浙省协款扣发情形。

3.本年度收支概况。

4.历年暂付款约数。

5.建设专款支配概数。

乙、讨论事项

议案

一、组织教职员待遇委员会案(李熙谋提议,黄翼附议)

1.本委员会应讨论教职员请假、补课、扣薪等问题

2.本委员会人数与人选由校长决定

决议:通过。

附注:委员五人:张绍忠(主席)、杨守珍、王劲夫、张其昀、黄翼。

二、规定本大学廿八年度学历案

决议:照教务处原案通过。(见附表六)②

浙江大学档案馆藏 L053-001-4045

校务会议第二十九次会议记录
(1939 年 11 月 28 日)

日期	二十八年十一月二十八日下午四时
地点	宜山总办事处会议室
出席	郭斌龢　张其昀　缪钺　杨耀德　黄翼　钱钟韩　王国松　王琎　陈鸿逵　舒鸿　陈建功　梁庆椿　吴钟伟　胡家健　姜琦　徐陟　李寿恒　贝时璋　蔡邦华　马裕蕃　卢守耕　周厚复　苏步青　夏振铎　杨守珍　顾谷宜　贺熙　张绍忠　李熙谋　钱宝琮　胡刚复　竺可桢
主席	竺〈可桢〉校长
记录	诸葛麒　章诚忘

开会如仪

宣读上届记录

主席报告(略)

---

① 附表此处暂略。

② 附表此处暂略。

讨论事项

一、请先讨论应付时局问题案

决议:通过。

二、本大学应如何应付时局案

决议:

1.决定迁校即日组织迁校委员会,进行准备工作。委员定为七人,由校长聘请之;

2.迁校委员会应迅即拟定紧急应付办法,万一敌军侵入宾阳、武鸣一线,即予施行;

3.为紧急处置计,暂以南丹为第一站,独山为第二站;

4.仪器图书由各系酌分为急用与不急用两类,其不急用者,先行设法起运。

三、最近学生越规行动应如何处置案

决议:最近学生擅自通告停课,举动谬误,本会议同人异常痛心,姑念非常事变,勉予从宽处置,公请训导长严予纠正。

浙江大学档案馆藏 L053-001-4045

校务会议第三十次会议记录
(1940 年 4 月 27 日)

日期	二十九年四月二十七日下午二时
地点	遵义江公祠校长办公室会议室
出席	钱宝琮　苏步青　胡刚复　顾谷宜　吴耕民　徐陟　王国松　陈鸿逵　钱钟韩　费巩　梅光迪　缪钺　王琎(朱正元代)　储润科　舒鸿　周厚复　卢守耕　彭百川　张其昀　姜琦　胡家健　吴钟伟　李寿恒　张绍忠　李熙谋　郭斌龢　陈剑翛　王琎(陈剑翛代)[①]　陈建功　夏振铎　梁庆椿　贺熙　竺可桢　出席共二十二人。
主席	竺〈可桢〉校长
记录	诸葛麒　章诚忘

开会如仪

宣读上届记录

甲、报告事项

一、校长报告

1.本年度经费概况。

计共八十九万三千三百八十四元,其分配项目如左:

(1)经常费;

(2)增级增班费;

(3)建设专款;

---

① 原文在王琎二字边有"重出"字样。

(4)增薪费及低薪教职员津贴费(实薪二百元以下,津贴二十元);

(5)先修班补助及研究所补助费等。

2.校址及湄潭概况。

3.龙泉分校近情。

4.教职员改善待遇要点。

二、张教务长报告

1.迁校期间课务概况。

2.代行校长期间校务概况。

三、姜训导长报告

1.迁校期间训导概况。

2.拟订训导章则要点。

四、贺总务长报告

1.迁校运输概况。

2.宜山建筑结束概况。

五、一年级彭百川主任报告

1.青岩分校校舍设备概况。

2.一年级学生生活概况。

3.分校经费及预算概况。

六、教职员待遇委员会张荩谋主席报告

1.拟改订教员授课时数要点。

2.拟改订教员分级给薪办法要点。

3.拟改订教员请假扣薪及代课补课办法要点。

4.拟改订职员分级给薪办法要点。

乙、讨论事项

一、行政会议组织办法案

决议:本大学为便利学校行政起见,应成立一种会议,其名称、组织、职权等一切办法由本校务会议选举委员五人,起草章程,仍送本会议通过施行。

当场记名投票,选举结果如下:

费巩十九票(当选)

张其昀十八票(当选)

李熙谋十五票(当选)

梅光迪十四票(当选)

吴馥初九票(抽签当选)

(陈剑脩、张绍忠、胡刚复同为九票)

二、本大学学则第二十条如何执行案

决议:暂缓执行,交教务会议讨论。

校务会议第三十一次会议记录
(1940 年 5 月 27 日)

日期	二十九年五月二十七日下午二时
地点	遵义江公祠图书馆
出席	竺可桢　吴钟伟　杨守珍　陈剑翛　周厚复(杨守珍代)　王国松　徐陟　张绍忠　夏振铎　贺熙　贝时璋　舒鸿　蔡邦华　姜琦　梁庆椿　胡刚复　李熙谋　缪钺　马裕蕃　胡家健　钱钟韩　卢守耕　王琎　梅光迪　李寿恒　费巩　吴耕民　顾谷宜　张其昀　郭斌龢　出席共二十九人。
主席	竺〈可桢〉校长
记录	诸葛麒　章诚忘

开会如仪

宣读上届记录

校长报告

1.视察湄潭校址情形。(附湄潭图、永兴图)

(1)现有校舍;

(2)筹建教职员住宅;

(3)派胡建人教授赴湄筹备;

(4)八训处移湄交涉经过。

2.部令规定学生成绩补考、重读、留级、退学办法。

3.拟定三十年度经费概算分配情形。

附教职员薪俸比较表[①]

廿八年度实支与卅年概算比较表

	二十八年资交数	三十年预算数	(注)本届会议改定数
俸给	395,000	560,000	560,000
办公费	103,000	175,000	125,000
购置费	11,000	16,000	26,000
营造费	7,300	300,000	300,000
学术研究	16,000	165,000	305,000
特别费	29,000	83,680	84,000
共计	636,184 (-38,000)	1,300,000	1,400,000

议案一:拟定本大学三十年度预算概数案

---

① 附表此处暂略。

决议:改定如下表:

俸给	560,000
办公费	125,000
购置费	26,000
营造费	300,000
学术研究	305,000
特别费	84,000
共计	1,400,000

张教务长报告教务会议议决案(附记录)

议案二:教务会议报告学则第二十条应另订临时办法案

1.一年级学生每学期所修学分,倘有五分之二(党义、军训、体育除外)不及格者,不得补考,即令退入先修班。

2.二、三、四年级学生每学期所修学分,倘有五分之二(党义、军训、体育除外)不及格者,不得补考。

决议:通过。

附注:自二十八年度第二学期起,遵照部令办理。

章则修改委员会张绍忠主席报告修正"本大学组织大纲"条文

议案三:修正本大学组织大纲案

决议:修正通过。

散会(不足法定人数)

浙江大学档案馆藏 L053-001-4045

校务会议第三十二次会议记录

(1940 年 6 月 20 日)

日期	二十九年六月二十日下午三时
地点	遵义江公祠图书馆
出席	竺可桢　张其昀　张绍忠　陈鸿逵　梁庆椿(程耀椿代)　舒鸿　蔡邦华　姜琦　费巩　陈剑翛　胡建人(王同祖代)　贺熙　李熙谋　吴钟伟　李寿恒　郭斌龢　王国松　顾谷宜　钱钟韩　胡刚复　王琎　贝时璋　缪钺　马裕蕃　梅光迪　杨守珍　周厚复　杨耀德　陈建功　出席共二十九人,内代表二人
主席	竺〈可桢〉校长
记录	章诚忘

开会如仪

宣读上次记录

报告事项

一、校长报告

1.办理教育部公立专科以上各院校统一招生贵阳区招生情形。

2.办理教育部规定学生学业竞试本校初试情形。

3.支配部发本校购置图书仪器设备费八千美金之计划。

二、费巩先生报告第一次行政会议组织起草委员会会议议决案之要点。

三、蔡邦华、汪同祖两先生先后报告农学院迁湄潭及在该处筹备情形。

四、张绍忠先生报告教职员待遇委员会拟定各级教员薪额及加薪办法之要点。

讨论事项

议案一:本大学除龙泉分校外,以全部迁移湄潭为原则案(费香曾先生提议,钱钟韩先生附议)

决议:大多数通过。

议案二:请在湄潭筹备人员会同总务处,拟一本校于九月底在湄潭实可应用房屋详细之估计,提出下届本会议,以为讨论本校为何迁湄之根据案(钱钟韩先生提议,陈剑脩先生附议)

决议:大多数通过。

议案三:审议教职员待遇委员会报告中各级教员薪额及加薪办法部分案

决议:修正通过

附修正文(即墨笔改者)(略)

议案四:公共科目教员是否应视其所授科目之性质,分归各院案(章则修改委员会提议)

决议:分归各院(例如,政治、经济、哲学,归文学院;体育、艺术、党义,归师范学院;余类推)。

校务会议第三十三次会议记录
(1940 年 8 月 15 日)

日期	二十九年八月十五日下午三时
地点	遵义柿花园一号教职员俱乐部
出席	竺可桢　李熙谋　马裕蕃　贝时璋　李寿恒　陈建功　舒鸿　王琎　吴钟伟　王国松　蔡邦华　贺熙　杨守珍　费巩　张其昀　缪钺　梅光迪　张绍忠　郭斌龢　钱钟韩　胡刚复　出席二十一人,不足法定人数。
主席	竺〈可桢〉校长
记录	诸葛麒　章诚忘

主席宣告不足法定人数,改开谈话会。

宣读上届记录

报告事项

一、校长报告

1.湄潭校舍建筑计画。

2.贵阳区统一招生成绩概况。

3.下年度增办电机、机械双班经费。

4.聘费巩先生代理训导长。

5.实验中学招考高、初中新生。

二、蔡邦华院长报告湄潭校舍情形

1.湄潭中学合并于实验中学情形。

2.校舍建筑材料收购情形。

3.征收农场情形。

4.教职员住宅困难情形。

5.一年级新生拟迁永兴场情形。

三、教务会议张绍忠主席报告该会议审查本届毕业生成绩情形。

讨论事项

一、规定下学年学历案

决议:下学年定十一月一日开学,四日上课,三十年七月十二日暑假。全年学历,仍交教务处按照编制。

(记录)下列三点,交一年级主任注意:

1.部令一年级生训练二星期,或将授课时间缩短,或呈请教部免训,应酌定;

2.一年级生在开学后三个月内,不准贷金,或改贷金为工读,应酌定;

3.一年级生应先在遵义校本部报到、收容。

浙江大学档案馆藏 L053-001-4045

校务会议第三十四次会议记录
(1940 年 12 月 14 日)

日期	二十九年十二月十四日下午二时
地点	遵义柿花园一号
出席	竺可桢　叶良辅　涂长望　张其昀　顾谷宜　佘坤珊　胡刚复　王国松　钱钟韩　吴钟伟　马裕蕃　郭斌龢　胡家健　张绍忠　黄翼　蔡邦华　李熙谋(沈尚贤代)　梅光迪　王琎　陈剑翛　苏步青(孙泽沄代)　诸葛麒　杨耀德　朱正元　何增禄　费巩　杨守珍　孙逢吉　贝时璋　夏振铎(舒鸿代)　出席卅人,内中代表三人,列席一人。

列席	周克英
主席	竺〈可桢〉校长
记录	章诚忘

开会如仪

宣读上届谈话会记录

追认上届谈话会决议案(全场无异议)

报告事项

一、校长报告

1. 本会议本年度专任教授、副教授代表选举之结果。

2. 本校本年度经费情形。

3. 本席最近赴渝与教育部接洽经费情形——教育部准追加廿九年度临时费廿一万元，迁移费六万元，另拨廿八年度建筑费四万元，防空设备费二万五千元。

4. 管理中英庚款董事会允续拨促进科学研究工作设备费二万五千元，建筑设备费各三万元。

5. 明年度(三十年)经常费已定者，依本年度预算增一成，约八十万元。

6. 目前调整机构节省费用之必要。

7. 湄潭建筑之现状：二幢学生宿舍约于本月内可完成，其他二幢学生宿舍及饭厅事约于明年一月间可完成。

8. 湄潭有眷教职员住宅问题。

二、会计室马主任报告本校本年收支概况。

廿九年度内中央拨来之各项经费，除购置图书仪器之美金约一一，一一二.五五元不计外，计一，八二一，七七〇.六六元，至本月十二日为止，其中未收到者约五二四，〇〇〇.〇〇元，库存约一〇〇，〇〇〇.〇〇元(校本部本年度一至十月份经常支出情形见附表)[①]

三、教务长报告

1. 本年度学生数及新生之各种统计。(详附表及第八次教务会议记录报告事项一)

2. 第八次教务会议之重要决议案。(详该次教务会议记录决议案一与四)

四、图书馆周代主任报告整理图书馆及图书损失情形。

五、湄潭筹备处胡主任报告该处工作及经济概况。(详附表)

讨论事项

一、改组现有图书委员会，并由新委员会规定本身之职权，以利进行案(黄翼先生提议，王国松先〈生〉附议)

决议：否决。

二、请现有图书委员会规定办法辅导图书馆工作之进行案(胡刚复先生提议，蔡邦华先

---

① 附表此处暂略。

生附议)

决议:通过。

三、厘定本大学除龙泉分校外以全部迁移湄潭为原则案

讨论结果:湄潭筹备处所有工作仍依原议,全部继续进行。

浙江大学档案馆藏 L053-001-4045

校务会议第三十五次会议记录
(1941 年 2 月 1 日)

日期	三十年二月一日下午二时
地点	遵义柿花园教职员俱乐部
出席	竺可桢 诸葛麒 张其昀 黄翼 陈建功(孙泽沄代) 梅光迪 涂长望 吴钟伟 郭斌龢 钱钟韩 陈剑脩(卫士生代) 王国松 顾谷宜 王琎 周厚复(吴微铠代) 佘坤珊 杨耀德 王伊曾 何增禄 苏步青 胡刚复 叶良辅 张绍忠 李寿恒 李熙谋 马裕蕃(曲日淳代) 出席二十八人,代表四人。
主席	竺〈可桢〉校长
记录	章诚忘

开会如仪

宣读上届会议记录

报告事项

一、校长报告

1.中央各机关除低薪人员二十元生活补助费外,现行之两种普遍生活补助费办法,教育部所颁之米贴办法及中央其他各机关所行之临时生活补助费办法。

2.本校办报服务十年及十年以上专任教员之经过情形。

3.湄潭校舍建筑情形。

4.五年来本校预算过去情形及目前本人对于编列预算之意见。

讨论事项

一、本校本年度各院系学术研究费应成立预算案(钱钟韩提议,黄翼附议)

决议:通过。

二、本校本年度各院系学术研究费预算,应依据全校教学上最低限度之需要,在经常费内规定消耗费及维持费之数目案(钱钟韩提议,黄翼附议)

决议:通过。

三、本校本年度学术研究费,除上列第二决议案规定者外,应规定各院系间分配比例,以为分配标准案(钱钟韩提议,黄翼附议)

决议:通过。

四、本校应成立本年度预算委员会案(李熙谋提议,郭斌龢附议)

决议:通过。

五、本年度预算委员会请五院院长、三处之长及会计室主任等九人为委员案(苏步青提议黄翼附议)

决议:通过。

六、本校本年度预算问题,除于学术研究费之决议二原则外,均请预算委员会拟定草案,提出本会议审议案(涂长望提议,李熙谋附议)

决议:通过。

浙江大学档案馆藏 L053-001-4045

校务会议第三十六次会议记录
(1941 年 4 月 26 日)

日期	三十年四月二十六日下午二时
地点	遵义教职员俱乐部
出席	竺可桢　陈剑翛　陈建功　王国松　蔡邦华　顾谷宜　黄翼　钱钟韩　梅光迪　朱正元　王琎　周厚复(吴微铠代)　杨耀德　胡刚复　李寿恒　吴钟伟　涂长望　贝时璋(王淦昌代)　马裕蕃　郭斌龢(王驾吾代)　苏步青　张其昀　储润科　李熙谋　张绍忠　何增禄　胡家健　王伊曾　佘坤珊　夏振铎　吴耕民　卢守耕　陈鸿逵　孙逢吉　出席卅四人,其中代表三人。
主席	竺〈可桢〉校长
记录	章诚忞

开会如仪

宣读上届会议记录

报告事项

一、校长报告

1.在渝出席教育部第二次学术审议会情形:

(1)三十年度购置设备美款之分配概状;

(2)部聘教授之资格、名额及薪额;

(3)大学教员之审查问题;

(4)大学规程之修正要点。

2.中央研究院评议会第二届第一次年会议决案之与各大学有关事项:

(1)明年举行全国学术会议;

(2)出版学术概要。

3.在渝出席浙大、中大、联大、武大三十年度联合招生会议情形。(详所附会议记录)

4.龙泉分校增设二年级问题。

5.研究与设备问题。

6.教职员待遇调整问题。

7.本校经济概况。

8.成立合作社问题。

9.湄潭新校舍建筑情形。

二、张教务长报告

1.廿九年度第二学期注册学生人数。（详所附统计表）①

2.廿九年度第一学期各院系可予毕业之学生。

3.廿九年度第二学期毕业考试实施总改制问题。

4.暑期招收新生名额问题。

5.暑期招收转学生问题。（以上四项详所附第九次教务会议记录决议案一至四）

三、张训导长报告（详所附四月十六书面报告）

四、王总务长报告最近总务处概况

五、会计室马主任报告明年度预算问题

六、三十年度预算委员会李主席报告先后召开二次会议之结果（详所附二次会议记录）②

七、章则修改委员会张主席报告本校校务会议规则及议事细则修正草案（见所附廿九年七月十三日该会修正通过之草案）

八、胡家健先生报告：

1.湄潭筹备处情形：

(1)修理工程；(2)建筑工程；(3)置备校具；(4)日常事务；(5)经费概况。

2.附属中学概况。

讨论事项

一、廿九年度第一学期可予毕业学生，文学院教育学系：阮春芳、萧治渭、邬仲卿；理学院化学系：虞德麟、罗家琅；工学院土木工程学系：顾仁康、陈家谟、龚先芬、朱昭锷、吴廷琛、陈家谟、胡泰成、周邦立；机械工程学系：俞态旦、朱沅浦、余柏旗、陆颂强、涂翔甲；农学院农艺学系：谭文萱；蚕桑学系：张钮枢；植物病虫害学系：蔡淑莲、徐道觉；农业经济学系：庆善卿等二十二人，请予通过案

决议：通过。

二、湄潭新建校舍下年度如何支配问题，暂可不付表决，由校长参酌各方意见，视建筑实际进行程度，全权决定案（储润科提议，朱正元附议）

决议：否决。（十三票对十九票）

三、湄潭新建学生宿舍下年度以拨归新招一年级生住用为原则案（李熙谋提议，涂长望附议）

决议：未通过。（第一次表决十五票对十四票，第二次表决十五票对十六票，第三次表决十六票对十六票，均未过出席议员之半数）

浙江大学档案馆藏 L053-001-4049

———————————

① 附表此处暂略。

② 会议记录此处暂略。

校务会议第三十七次会议记录

(1941 年 6 月 21 日)

日期	三十年六月二十一日下午
地点	遵义教职员俱乐部
出席	竺可桢　张绍忠　胡家健　何增禄　吴钟伟　胡刚复　贝时璋　佘坤珊　张其昀　黄翼　蔡邦华　陈鸿逵　叶良辅(黄尊生代)　夏振铎　吴耕民　涂长望　顾谷宜　卢守耕(陈家祥代)　周厚复(吴徵铠代)　李寿恒　王国松　孙逢吉(熊同龢代)　苏步青　杨耀德　杨守珍　陈剑翛　钱钟韩　朱正元　梁庆椿(李相勖代)　储润科　李熙谋　马裕藩　郭斌龢　王琎　梅光迪　陈建功
列席	诸葛麒
主席	竺〈可桢〉校长
记录	竺士楷

开会如仪

宣读上期会议记录

报告事项

一、校长报告

1.本大学经济困难情形。

自本年一月至四月每月平均已用去约二十万元,而每月透支约六万元,现已向教育部呈请追加预算五十三万元(七成)。

米价飞涨,本校拟向遵义动员委员会提案,设立米粮平价委员会。

本月二十四日遵义动员委员会开会,届时拟提出此案讨论,以防将来发生米荒。

2.下学年本校教员聘书待发。

请各院系主任将应聘教员名单务于六月底以前送校长办公室。

3.本大学学生成绩平均分数近年有低减趋势,一年级学生不及二年级优良成绩之多,二年级不及三年级,而三年级又不及四年级,应请注意。

4.本校毕业同学来函询问校歌,本校校歌早请马湛翁先生制就,现正函请应尚能先生试谱。

二、教务长报告

1.毕业生总考制详行状况,照部令办理。

2.学业竞试办法。去年由校内举行初试,本年部试情况选学年成绩优良者报部复试。

三、训导长报告

附书面报告

四、预算委员会主席李振吾先生报告

1.预算数字尚未确定,拟请校长核定,并表示辞去主席职务。

五、招生委员会主席张荩谋先生报告

1.本届招生名额暂定五百名。

2.龙泉分校定另招新生一百五十名。

3.考试地点为成都、重庆、贵阳、合川、遵义、昆明、丽水、衡阳、上海、屯溪等处。

4.考试时间,每课均以两小时为限。

5.先修班学生在一年级正取名额外,择优选拔。

6.转学生办法仍照去年办理,本校下年度拟招转学生(文、理、师范)共六十五名。

六、永兴分部主任报告

1.现在学生人数四百四十五人。

2.教员三十八人。

3.职员十人,校工三十五人。

七、主席报告因时间局促,议程上之第九至第十一三项不列入本届会议讨论。

讨论事项

一、三十年度学历应如何规定案(教务处拟定学历表二张)(略)

决议:十月六日开学,七月五日放假,其余请教务处拟定

二、学业竞试办法应如何规定案

决议:二年级应学业竞试学生由各系选拔,一年级应学业竞试学生则由一年级主任会同国文、英文、数学各主任教授分别选拔之。

浙江大学档案馆藏 L053-001-4049

校务会议第三十八次会议记录
(1942 年 1 月 31 日)

日期	三十一年一月三十一日下午一时半
地点	遵义柿花园一号教职员俱乐部
出席	竺可桢　苏步青　陈建功　王师义　王国松　黄翼　涂长望　顾谷宜　吴钟伟　杨耀德　何增禄　吴静山　王琎　钱宝琮　孙逢吉　郭斌龢　沈尚贤　李熙谋(马师亮代)　吴耕民　卢守耕　夏振铎　储润科　李寿恒　梁庆椿(吴文晖代)　王葆仁(张其昀代)　彭谦　叶良辅　胡刚复　梅光迪　罗宗洛　杨守仁(谈家桢代)　胡家健　蔡邦华　张绍忠　诸葛麒　张其昀　计出席三十六人。
列席	竺士楷
主席	竺〈可桢〉校长
记录	诸葛麒

开会如仪

宣读上届会议记录

报告事项

校长报告

1.本会议延展举行之原因。

2.本大学三十一年度预算支配,及与三十年度之比较。[①]

3.本年度经济困难情形。

4.本年暑假办理暑期学校计画。

5.一月十六日本校遵义一部分学生越轨游行,及处分为首学生经过。

6.湄潭发现反动传单,牵连职员潘家苏、学生滕维藻情形。

张教务长报告

1.本学年招生经过。

2.本学年教员学生人数。

3.本学年上学期毕业生人数及成绩。

4.本届教务会议决案要点:

(1)学生对于学期考试,非因亲丧大故及重病,一律不准请假。

(2)学生上课已逾每学期三分之二者,一律不准休学。

5.永兴分部开学较迟,改订学校历情形。

6.油印讲义、印刷之困难与糜费情形。

张训导长报告

1.训导会议定二月一日举行。

2.训导工作详细情形,提训导会议报告。

胡总务长报告

1.本年遵义、湄潭、永兴三部修建工程。

2.购置概况。

3.消耗概况。

4.运输概况。

储一年级主任报告

1.永兴分部一年级教职员学生概况。

2.教课及实验概况。

3.训导概况。

讨论事项

一、本学年度第一学期应届毕业学生计廖慕禹、王兴蔚、吉上宾、姜维宁、任葆珊、蒙钜株、梁鹗、张逊言、胡泽民、姜仁、方蕲等十一人请通过案

决议:通过。

二、规定永兴分部本学年学校历请通过案

决议:通过。

---

① 此处附表暂略。

三、龙泉分校应否增办三年级案

决议：

1.龙泉分校现设八系，下学年不办三年级；

2.推请校长、教务长、五院院长组织委员会，讨论龙泉分校进行方针。

四、改善教职员待遇案（全体教职员提出）

决议：

1.赶速筹办消费合作社；

2.教职员家属人数超过五人者，由校呈部按照人数增发米贴，在未核准以前，交总务处设法补助；

3.教职员子弟肄业附属中学者，宽予贷金。

浙江大学档案馆藏 L053-001-4049

校务会议第三十九次会议记录
（1942 年 7 月 12 日）

日期	三十一年七月十二日下午三时
地点	柿花园一号俱乐部
出席	竺可桢 蔡邦华 王师羲 黄翼 顾谷宜 杨守珍 陈建功 李相勖 李熙谋（马师亮代） 吴静山 彭谦 杨耀德 吴耕民（林汝瑶代） 吴钟伟 夏振铎 卢守耕（沈文阳代） 诸葛麒 吴文晖 何增禄 陈鸿逵 王国松 沈尚贤 郭斌龢 钱钟韩 张其昀 李寿恒（苏元复代） 叶良辅 王琎 梅光迪 计出席二十九人，列席二人。
列席	赵凤涛 卫士生
主席	竺〈可桢〉校长
记录	诸葛麒

开会如仪

宣读上届会议记录

报告事项

校长报告

1.本届会议原定六月三十日举行，以车运阻滞展期。

2.龙泉分校因浙局紧急，已提前于六月八日考试。拟迁闽北松溪或三元，正呈部请拨迁移费五十万。下学年势难续办三年级，所有二年级生入黔旅费，已由部径汇十五万元。

3.本校经费困难，二月份起教职员加薪四分之一，现已借款补发，至续加生活补助费，据教育部〈消〉息，须视各地生活指数再定。

4.本校本年仍承受各方补助，如中英庚款之于史地系，中美文化基金之于化学系，资源委员会之于机械系，农业促进会之于农学院推广事业等。

5.本校四研究所应合组为研究院。

6.本届招生分二次办理:

(1)贵阳区招生;

(2)四大学联合在遵义、重庆、昆明、乐山、成都招生及桂林、恩施招生。

7.学业竞试照常定期举行。

8.本年十月,本校拟参加贵州全省运动会。

教务长报告(梅迪生院长代表)(附会议记录)

本届教务会议(第十二次会议)开会经过:

1.通过本届毕业生;

2.通过合格借读生改为正式生;

3.师范学院学生最后一学期,部令改为实习期间,拟于暑假加开补习班。

张训导长报告

训导工作分日常公务与精神指导两方面:

1.日常例行公务分生活指导、体育卫生、军事训练三组,以贷金、工读两事最为繁重;

2.精神指导分德、智、体、美、群五项:

(1)德育:注重负责任,守纪律,如学生自治会修正会章、壁报规定办法等;

(2)智育:出版《浙大学生》,举办演说竞赛、论文竞赛等;

(3)体育:举办夏令营、春季运动会等;

(4)美育:举办艺术展览会、浙大音乐会、及浙大剧团、京剧、话剧等;

(5)群育:学生自治会、各院系学会及各种文艺壁报团体。

吴会计主任报告

本校经济情形。(详见附表)①

讨论事项

一、三十年度第二学期应届毕业学生胡品清等一百七十七人请审查通过案

决议:照教务会议议决案,分别审查通过。(名单见附录)②

二、本大学成立研究院案

决议:本大学成立研究院,呈部备案,并推请校长,文、理、工、农四院院长,史地、数学、化工、农经四研究学部主任组织研究院章则委员会,起草章则。

三、附属中学校长得列席校务会议案

决议:通过。

浙江大学档案馆藏 L053-001-4049

---

① 附表此处暂略。

② 附录名单此处暂略。

校务会议第四十次会议记录
(1943 年 2 月 20 日)

日期	三十二年二月二十日下午二时至二十一日下午八时
地点	遵义柿花园街一号教职员俱乐部
出席	竺可桢　诸葛麒　谢家玉　储润科　胡刚复　郭斌龢　陈鸿逵　梅光迪　王琎　张其昀 钱宝琮　杨耀德　叶良辅　杨守珍　吴耕民　王焕镳　夏振铎　苏步青　孙逢吉 吴静山　卢守耕　吴文晖　王国松　贝时璋　陈建功　吴钟伟　沈尚贤　樊平章 钱钟韩　李寿恒　蔡邦华　黄翼　朱正元　顾谷宜　佘坤珊　何增禄〈束星北代〉 张绍忠　计出席会员三十七人。
主席	竺〈可桢〉校长
记录	诸葛麒

开会如仪

宣读上届会议记录

报告事项

校长报告

1.龙泉分校自浙赣变定后,已由松溪迁回原址,于三十一年十月十六开学,现有学生三百余人。

2.校本部一年级分设永兴,费用浩繁,仍拟迁回湄潭,集中办理。

3.教育部明令规定各院系教员、助教人数标准及工警人数标准。

部定教员人数标准与本校现有人数比较表(三十二年二月)①

4.教育部明令裁减员工,限发食粮代金办法。

5.本年经常费预算四百〇六万,仅敷薪工、办公两项费用实况。

6.中央补助教职员战时生活各种办法:如食粮代金、生活补助费、甲乙种奖助金、年久教授奖金等,及经费发放迟缓之实况。

7.最近校长,理、工两院院长出席国防科学技术策进会经过。

8.美国邀聘我国六大学教授赴美讲学,本校已奉派张其昀先生出国。

张教务长报告

1.三十一学年度第一学期总校注册人数统计。(附表)②

2.三十一学年度新生录取人数与注册人数比较。③

3.最近五年度录取新生与实到新生比较。④

4.本届教务会议通过本届毕业生及一年级学校历经过。

---

① 附表此处暂略。

② 附录此处暂略。

③ 附录此处暂略。

④ 附录此处暂略。

张训导长报告

1. 本年训导设施概况。

2. 学生自治会代表由训导处定期举行谈话概况。

谢总务长报告

1. 增辟校舍统计。

2. 各项消耗统计。

3. 医药设备统计。

4. 校工人数统计。

吴会计主任报告

1. 本校三十一年度经费收入概况,及中央发放延缓情形。

2. 三十一年度经常费各月支出概况。①

3. 三十二年经常费四〇六万,除支龙泉附中经费外,支配薪工、办公各费困难情形。

讨论事项

一、三十一学年第一学期,应届毕业学生,有卢湛高、张泽涟、黄德昭、姜昌炽、邹建中、马逢周等六名,请予审查通过案

决议:俟成绩齐全,审查合格,准予毕业。

二、规定三十一学年度永兴分部一年级学校历,请予追认案

决议:准予追认。

三、龙泉分校续办三年级案

决议:龙泉分校不办三年级。

四、除原有校务会议外,在遵、湄两地各开校务分会,至少每月一次案(佘坤珊、王焕镳提议)

决议:原则通过。除原有校务会议外,校务会议得在遵义湄潭每月分别举行一次,其结果由校长核定公布之。

(参考记录)两地相反之决议案,仍为悬案。

五、请变更议程,将"请学校设法改善教授生计案"提前讨论案(佘坤珊提议)

决议:通过。

六、请学校设法改善教授生计案(佘坤珊、黄翼提议)

决议:

1. 本校经费请校长亟筹开源之法;

2. 组织节约委员会,研究节流办法,并推举黄翼(35票)、钱钟韩(32票)、杨守珍(28)、佘坤珊(27)、沈尚贤(24)、胡刚复(23)、王国松(23)等七人为委员,黄翼为召集人;

3. 教职员薪津由教职员待遇调整委员会妥议改善办法。

七、本校预算请学校按项目、按院际予以大体规定案(张其昀、王国松提议)

决议:由校长、三处处长、五院院长、一年级主任、会计主任、组织预算委员会制定预算,提交校务会议通过之。

---

① 附表此处暂略。

八、凡学校建筑在一万元以上者须先经校务会议审核决定案（吴钟伟、王国松、沈尚贤提议）

决议：通过。

九、下学年一年级应迁离永兴案（校长交议）

决议：通过。

十、组织聘任委员会案（王国松、黄翼提议）

决议：原则通过。遇必要时，由校长聘请委员组织之。

十一、组织招生研究委员会案（梅光迪、张其昀提议）

决议：由校长聘请委员组织之。

十二、规定院务会议章则细则案（黄翼、梅光迪提议）

决议：交章则修改委员会拟订，提下届校务会议通过之。

十三、拟请转呈教育部救济本大学教职员留居沦陷区家属案（吴耕民、谈家桢、孙逢吉、卢守耕提议）

决议：原则通过。

十四、请增设政治经济系案（梅光迪临时提议，郭斌龢、吴文晖附议）

决议：通过。（当时在场三十一人，赞成者十八票多数通过）

十五、湄潭实验研究需要电力，请校长即拨十万元作建设湄潭发电厂之用案（束星北、陈鸿逵临时提议）

决议：原则通过。交预算委员会通盘筹画。

十六、修订本大学校务会议规则及校务会议议事细则案（章则修改委员会提议）

决议：修正通过。

浙江大学档案馆藏 L053-001-4049

校务会议第四十一次会议记录
(1943 年 4 月 10 日)

（遵义部分）

日期	三十二年四月十日下午二时
地点	遵义柿花园一号教职员俱乐部
出席	梅光迪　张绍忠　沈尚贤　谢家玉（高学洵代）　叶良辅　吴钟伟　王焕镳　佘坤珊　吴静山　李寿恒　王琎（王倜代）　郭斌龢　王国松　诸葛麒　顾谷宜　杨耀德 遵义部分出席会员十六人。
主席	梅代校长〈光迪〉
记录	诸葛麒

开会如仪

宣读上届会议记录

报告事项

梅代校长报告

1.本届会议系根据上届会议议决案,分于今日在遵义、湄潭两地同时举行。

2.校长因公赴渝,校务由本人暂代至经济事项,系请王劲夫先生主持。

3.四月份起,本校员生食米,奉令改发实物,米质粗糙,转输困难,正呈部设法改善。

张教务长报告

1.本校教务一般情形。

2.学生选课逾限,规定取缔办法。

3.图书馆整理情形及湄潭分馆改组情形。

4.注册组地位狭隘,不敷展布情形。

郭训导长报告

1.遵义训导处及湄潭、永兴各训导分处改组,及分别成立遵义、湄潭训导委员会情形。

2.遵义寄宿校外学生举行详细登记情形。

3.视察遵义各学生宿舍及调整各膳厅情形。

4.审查豫灾赈款情形。

高代总务长报告

1.员生膳食改发实物。

2.学生限发灯油。

3.医药设备困难情形。

吴会计主任报告

1.本年校款困难情形。

2.校款垫支教职员生活补助费及学生贷金,师范生、公费生等公膳费情形。

节约委员会主席王劲夫先生报告

1.节约委员会开会经过。

2.议决五项原则,请负责部分执行:

(1)请学校实行教员授课钟点规则;

(2)调整各部职员工作,以期增加办事效率而减开支;

(3)设法将各部分及各院系集中地点办公;

(4)请总务处调查工级情形,以定裁减标准;

(5)请全校各部分精诚合作,以求尽量减少办公费用。

章则修改委员会主席张荩谋先生报告

1.本届会议经过。

2.本届会议通过之院务会议规则,与原有院务会议规则不同之点。

讨论事项

一、部令组织校舍建筑委员会案

决议:依照部颁《各级学校建筑校舍暂行规则》第十二条之规定,票选七人组织之。俟湄潭校务会议选票到齐,开票。

二、呈请教育部大学职员应援照教员办法准给医药贷金案

决议：通过。

三、物价继续上涨，请学校增发研究费案（佘坤珊、顾谷宜提议）

四、请教育部发给教职员家属医药贷金案（同上）

五、请教育部发给教职员及家属衣服贷金案（同上）

以上三案合并讨论。

决议：通过。（并请校长就近呈部于原有预算外拨发专款）

六、请切实实行流通遵、湄、永三地图书案（朱正元、何增禄提议）

办法：

1.遵、湄、永三地互借之图书，除校车随时带运外，应雇夫定期挑送，以免稽迟而利阅读。

2.凡非三地均有又为共同阅读之期刊，除旧有者应设法陆续运送流通外，新到者应于一地阅览一定期间后，从速运送他处阅览，以便机会均等。

3.新到之图书，为某院某系而买者，应于收到后即送该院系所在地之分馆陈列，不得径留于总馆，以昭公允。

决议：原则通过。交教务处、总务处会同商酌办理。

七、请学校赶速彻查假借本校名义私运货物案（佘坤珊提议，沈尚贤附议）

决议：通过。

八、修订《国立浙江大学各学院院务会议规则》案（章则修改委员会提）

决议：修正通过。

（湄潭部分）

日期	三十二年四月十日
地点	校长室
出席	胡刚复　杨守珍　王琎　吴文晖　胡家健　夏振铎　徐瑞云　朱正元　贝时璋　何增禄　吴耕民　孙逢吉　卢守耕　苏步青　蔡邦华(祝汝佐代)　陈鸿逵　储润科　王葆仁
列席	孙祁　翁寿南
主席	胡刚复
记录	孙祁

报告

一、主席报告

略述现在学校经费概况及湄潭分部经费概况。

二、孙祁先生报告

略述湄潭分部训导工作情况。

三、储润科先生报告

略述永兴分部之现状。

讨论

一、如何健全湄潭分部医务案（杨守珍、王葆仁先生提）

议决：

1. 充实医药设备，按月指定确款，购置急需药品；

2. 增添医师一人；

3. 尽量与当地医务机关及本校有关部门取得连系。

二、员工食粮代金改发食物后如何处理事实上所发生之困难案(胡健人、苏步青先生提)

议决：食粮代金改发食物后，遇必要时请学校负责将食米变卖，按实价折发代金，详细办法由总务处另定之

三、部令组织校舍建筑委员会案

议决：遵照办理。

四、呈请教育部大学职员援照教员办法准给医药贷金案

议决：通过。(惟原案须修改为"呈请教育部大学各级教职员得一律申请准给医药贷金案")

五、物价继续上涨，请学校增发研究费案(佘坤珊、顾谷宜先生提)

议决：原则上通过。

六、请教育部发给教员家属医药贷金案(佘坤珊、顾谷宜先生提)

议决：原则上通过，请校长审核办理。(惟原案上"教员家属"须改为"教职员家属")

七、请教育部发给教员及家属衣服贷金案(佘坤珊、顾谷宜先生提)

议决：原则上通过。请校长斟酌办理。(惟原案须修改为"请教育部发给教职员及家属衣服代金案")

八、请学校转呈教育部将战时生活补助金之加成津贴一律改为五成外，并将底数酌量增加，以维生计案(胡健人、苏步青先生提)

议决：通过。

九、请切实实行流通遵、湄、永三地图书案(何增禄、朱正元先生提)

办法：

1. 遵、湄、永三地互借之图书，除校车随时带运外，应雇夫定期挑送，以免稽延而利阅读；

2. 凡非三地均有又为共同阅读之期刊，除旧有者应设法陆续运送流通外，新到者应于一地展览一定期间后，从速运送他处展览，以便机会均等；

3. 新到之图书，为某院某系而买者，应于收到后先送该院系所在地之分馆陈列，不得径留于总馆，以昭公允。

议决：照原案办法通过。

十、建议校长请在湄潭设置分部主任一人及总务、教务、训导主任各一人，处理校务及总务、教务、训导事宜案(王葆仁、朱正元先生等提)

议决：通过。

十一、请学校从速请部核发乙种奖助金案(苏步青、孙逢吉先生等提)

议决：通过。

查第十案在开会时原分两案通过，其中总务、训导主任已设(总务主任虽设未到)，余尚缺。

完

刚志四、十。（胡院长）

胡刚复

〈三十二年〉四月十五日

浙江大学档案馆藏 L053-001-4049

校务会议第四十二次会议记录
（1943 年 7 月 6 日）

日期	三十二年七月六日正午二时
地点	遵义柿花园一号教职员俱乐部
出席	谢家玉（高学洵代） 钱宝琮 朱正元 胡刚复 黄翼 李相勖 吴耕民 卢守耕 梅光迪 陈建功（江希明代） 佘坤珊 张绍忠 王焕镳 苏步青 王琎 王国松 杨守珍 徐瑞云 郭斌龢 何增禄 蔡邦华 杨耀德 孙逢吉 竺可桢 陈鸿逵 顾谷宜 诸葛麒 李寿恒 吴静山 吴文晖 贝时璋 罗登义 吴钟伟 夏振铎 叶良辅
主席	竺〈可桢〉校长
记录	诸葛麒

开会如仪

宣读上届会议记录

报告事项

校长报告

1. 本席出席重庆学术审议会，国防科学技术策进会，中央训练团、青年团第一次全国代表大会经过。

2. 中央对于三民主义青年团之重视及发展之方针。

3. 部令龙泉分校专设师范学院，及本校对于分校之措施。

4. 本年度经费困难情形及中央之意旨。

5. 部令限制教职员工役数额之标准。

6. 本校教、授副教授申请乙种奖助金经过及重新分配之拟议。

7. 国防科学技术策进会函部分令各大学研究国防必需品十二种项目。

8. 教职员待遇调整委员会议决案，规定教员任课时数，决自下学期起实行。

9. 本校学生生活规律未尽严肃，希全体导师协力整顿。

张教务长报告

1. 本届教务会议经过及重要议决案。

2. 四年级学生所修学分如有二分之一以上不及格，或有重修不及格者，得申请留校试读一年，惟最后一年所修学分，全部取消，并以一次为限。

3.本学年应届毕业学生张叶芦等三百三十四名,如于七月十五日以前,各科成绩皆全,应准毕业,请付审查。

郭训导长报告

1.本校训导方针。

2.训导委员会组织经过。

3.最近训导工作。

高代总务长报告

1.谢总务长因公留渝。

2.最近总务进行概况。

3.部令裁减工役办法。

一年级钱主任报告

1.一年级教务训导总务进行概况。

2.本学期永兴分部经费支出概况。

3.本学期举行训导会议情形,及重要训导事件。

吴会计主任报告

1.三十一年度经费亏累概况。

(1)经常费;(2)教职员生活补助费及食粮代金;(3)学生工读费。

2.本年度一月至五月经费收支概况。

3.一月至五月公差旅费仍达十二万元。

4.三十一年度国库积欠生活补助费,致本校在银行透支已达五十万元。

讨论事项

一、审查三十一学年度第二学期应届毕业学生成绩案

决议:本届毕业生张叶芦等三百三十四人其成绩合格者,准予毕业,其成绩不全者,应俟下届毕业。(毕业生名单附后)

二、规定下学年学校历案

决议:规定下学年上、下两学期各授课十八星期,其开课放假等详细日期,交由教务处编排。

三、请任课教员于每次上课自行点名案

决议:仍由注册组负责点名,任课教授亦同时点名。

四、重行分配教育部乙种奖助金案

撤消。

五、同人生活艰困,拟请学校自八月份起增发研究补助费二成,以资维持案(梅光迪、叶良辅、郭斌龢提议)

决议:原则通过,列入追加预算。

六、本校教职员子女入本大学或附设学校肄业,手续上应尽量予以便利案(佘坤珊、黄翼提议)

决议:原则通过。详细办法交招生委员会讨论,并在遵义校本部招考新生。

七、建议校长请在湄潭设置分部主任一人及教务、训导、总务主任各一人,处理校务及教

务、训导、总务事宜案(上届校务会议湄潭部分议决案)

决议:原则通过。送请校长参考。

八、修订国立浙江大学各学院院务会议规则案(上届校务会议遵义部分议决案)

决议:依照上届会议遵义部分议决案全文通过。

浙江大学档案馆藏 L053-001-4049

校务会议第四十三次会议记录
(1943 年 11 月 13 日)

日期	三十二年十一月十三日下午二时
地点	遵义柿花园一号教职员俱乐部
出席	竺可桢　诸葛麒　王琎　余坤珊　顾谷宜　叶良辅　孙逢吉　张绍忠　蔡邦华　杨耀德　郭斌龢(缪钺代)　郑宗海　吴文晖　何增禄　黄翼　卢守耕　贝时璋　钱宝琮　钱钟韩　朱正元　储润科　陈鸿逵　沈尚贤　吴静山　梅光迪　费巩　吴耕民　夏振铎　王焕镳　杨守珍　苏步青　谢家玉(高学洵代)　万一　吴钟伟　王国松　陈建功　李寿恒　共计出席三十七人。
主席	竺〈可桢〉校长
记录	诸葛麒

开会如仪

宣读上届会议记录

报告事项

校长报告

1.龙泉分校现状及中央注重师范学院意旨。

2.中央对调查各校损失极为重视,将为战后各校补充设备之根据,本校亦即将以此表为各系补充标准。

3.中美交换教授中印交换学生情形。

4.四月间留渝十八校长呈委座条陈经费七项办法,均蒙核准实施情形。

5.本年度追加预算数额,及部定分配设备费研究费等成数。(附表)

6.教职员宿舍食堂建筑费二十万元,按照遵、湄、永人数分配办法。

7.部令筹设公利互助社、补助教职员子女就学及贫苦学生医药办法。

8.本届临时费,遵、湄建筑实验室及教室等工程进行情形。

张教务长报告

1.本届招生经过及审查入学办法。

2.本学年学生人数(附表)①

---

① 附表此处暂略。

3.一年级学校历微有变更情形。

诸葛代训导长报告

1.本学年遵、湄、永三部分训导人员更动情形。

2.各院系导师导生分配标准。

3.学生膳宿拥挤、营养不良、疾病骤多,亟应设法补救情形。

湄潭训导委员会杨守珍主席报告

1.学生生活状况。

2.学生医药状况。

高代总务长报告

1.各部工程修建状况。

2.师生食米运发状况。

3.物价腾涨购置困难状况。

一年级钱主任报告

1.永兴分部经费情形。

2.本届新生拥挤情形。

3.各院公费名额不均,分配困难情形。

龙泉分校郑前主任报告

1.分校历年受军事影响,师生不安情形。

2.各院系状况。

3.教职员学生生活状况。

吴会计主任报告

1.本年度经常费收支亏欠已达五十万元,计至年终将超过七十万元。

2.教职员食米代金收支概况。

3.学生贷金收支概况。

讨论事项

一、永兴分部一年级学校历日期略有变更,请审查案

决议:照原拟通过。

第一学期:十月十八日至二月十二日上课(共十七周);二月十四日至二月十九日考试。

第二学期:三月六日至七月一日上课(共十七周);七月三日至七月八日考试。

二、本年度追加预算支配办法案

三、机械系航空组实验设备缺乏,请在追加预算项目下补拨国币十万元作为航空实验费用,拟附预算,请公决案(机械工程学系提)

以上两案合并讨论。

决议:交预算委员会核议分配办法。

四、请学校整理学则即行分发案(梅光迪、费巩提)

决议:交章则修改委员会,赶速整理印行,报告于下届校务会议。

五、请援照训导委员会例组织教务委员会,随时审议有关学生学籍(例如入学注册、转学、借读、转院、转系、休学、退学等事)及其他教务事宜案(费巩、佘坤珊提)

决议:由教务会议分组遵义、湄潭常务委员会审议之,遵义常务委员会由教务长、院长、系主任组织之,以教务长为主席;湄潭常务委员会由院长、系主任等七人组织之,公推一人为主席。

六、请学校整理各种委员会并推进其工作案(黄翼、顾谷宜提。)

决议:通过。

(参考记录)常设委员会每年发聘一次。特设委员会任务终之,即行结束,至多以一年为限。

七、拟请将农场地租列入明年度预算案(蔡邦华提,吴耕民附议)

决议:农场收支仍然一并列入预算。

八、请学校借给同人煤水案(王焕镳、储润科、朱正元、诸葛麒提)

决议:按照同人家属人口多寡津贴煤水费用。其详细办法交福利委员会核议。

九、下届校务会议应在湄潭举行案(储润科提,沈尚贤附议)

决议:原则通过。

散会。

以上议案均经呈奉校长核准施行。

浙江大学档案馆藏 L053-001-4049

校务会议第四十四次会议记录
(1944 年 5 月 9 日)

日期	三十三年五月九日下午二时
地点	遵义柿花园俱乐部
出席	竺可桢　王琎　张绍忠　诸葛麒　贝时璋(江希明代)　黄翼　胡刚复　陈鸿逵　朱正元　何增禄(孙宗彭代)　钱钟韩　郭斌龢　沈尚贤　叶良辅(李絜非代)　孙逢吉　蔡邦华　郑宗海　王葆仁(王承基代)　梅光迪　钱宝琮　储润科　陈建功　李寿恒　高学洵　吴静山　吴文晖　卢守耕　费巩　吴耕民　夏振铎　王焕镳　苏步青　杨守珍　王国松　杨耀德　吴钟伟　万一　佘坤珊　共计出席三十八人,列席三人。
列席	舒鸿　孙恒　李天助
主席	竺〈校长〉校长
记录	诸葛麒

开会如仪

宣读上届会议记录

报告事项

校长报告

1.本年度教育经费扣成发放,本校经费特别困难情形。

2.中央改善教授待遇之拟议。

3.中央扩充研究院之拟议。

4.本大学本年暑期招生办法。

5.译员训练班续招第三批译员办法。

高代总务长报告湄潭总务分处先后任交接经过。

吴会计主任报告上年度及本年度经费收支概况。

讨论事项

一、审查三十二学年度第一、二两学期应届毕业学生成绩案(教务会议提)

决议:本学年应届毕业学生第一学期吴渌影等二十二名,第二学期宋祚胤等三百四十九名,研究生杨怀仁等十名,依照教务会议规定,其成绩齐全者,准予毕业。(名单附贴)

(眉批:照办。竺可桢。卅三.五.廿二)

二、呈请教育部拨款集中本大学校址案(何增禄、储润科提)

决议:原则通过。永兴分部迁至遵义或湄潭。

(眉批:二、即呈部)

三、请校长彻底核定各院系各处组预算案(卢守耕、何增禄、王葆仁、朱正元、孙逢吉提)

决议:通过。

(眉批:三、已在进行)

四、请准尚未设立研究学部各系酌收成绩优异本校毕业生二、三名在系继续研究,视研究生一律待遇案(杨守珍、卢守耕、何增禄、王葆仁、朱正元、孙逢吉提)

决议:呈请教育部,准予酌收,比照研究生待遇。

(眉批:四、须说明此次研究生之公费须由部拨)

五、请学校向教育部请求改善同人待遇案

1.援西南联大例,请政府拨发周转金及救济金;

2.生活津贴应按照物价指数调整;

3.增加研究补助费。(沈尚贤、佘坤珊提)

决议:呈请教育部。

1.按照物价指数调整生活津贴;

2.扩充乙种奖助金名额及款额;

3.按照教职员家属人数核发实物,以资救济。

六、请学校成立经济设计委员会案(杨耀德、费巩提)

本案经原提议人撤消,改遵新颁部令组织经费稽核委员会。当场票选王国松、黄翼等五人为委员。全部名票如下:

竺校长(主任委员)　高学洵代总务长

(以上二人为当然委员)

王国松二十票

黄翼十七票(教授代表)

费巩十五票(教授代表)

储润科十四票(教授代表)

钱钟韩十四票(教授代表)

(以上五人当选委员会)

另补:杨耀德(十二票)、佘坤珊(十一票)、沈尚贤(十票)、孙逢吉(八票)、杨守珍(七票)

七、请本大学各部分审慎对外行文案(诸葛麒、高学洵提)

本案经原提议人撤消。

八、审查本大学重要章则案(章则整理委员会提)

决议:

修正通过下列各章则:

1.国立浙江大学组织大纲

2.国立浙江大学校务会议规则

3.国立浙江大学校务会议议事细则

4.国立浙江大学各院院务会议规则

附启:以上议案均经呈奉校长核准施行。

校长办公室启

浙江大学档案馆藏 L053-001-4049

校务会议第四十五次会议记录
(1944 年 12 月 2 日)

日期	三十三年十二月二日下午二时
地点	遵义柿花园一号教职员俱乐部
出席	竺可桢　诸葛麒　王国松　吴钟伟　杨耀德　王淦昌　易鼎新　钱宝琮　贝时璋 郭斌龢　王琎　卢守耕(沈文辅代)　舒鸿(江希明代)　孙宗彭　胡刚复(王葆仁代) 李寿恒　张绍忠　李絜非(严德一代)　蔡邦华　佘坤珊　黄尊生　叶良辅　梅光迪 郑宗海　吴文晖　王焕镳　费巩　吴耕民　陈鸿逵(祝汝佐代)　王福山　吴静山 钱钟韩　储润科　高学洵　陈建功　杨守珍(谈家桢代)　顾谷宜　朱正元 共计三十八人,列席二人。
列席	孙恒　胡哲敷
主席	竺〈可桢〉校长
纪录	诸葛麒

开会如仪

为故教授黄羽仪先生静默志哀

宣读上届会议记录

报告事项

校长报告

1. 本校本年度奉令增设航空工程系、药学系及土木化工、机械农艺四系双班。

2. 本年度经济困难,本校曾呈请追加经费及依照生活指数改善教职员待遇。

3. 龙泉分校经费承浙江省政府黄季宽主席按月垫付二十万元。

4. 理化系主任朱正元先生辞去附属中学校长兼职,业聘胡哲敷先生继任。

5. 教育部令派本校理工教员各一人出国研究。

6. 本校学生志愿从军报名情形。

7. 战局紧张,敌军已迫黔边,请本会议妥筹应变办法,各课实验并暂停举行。

张教务长报告

1. 本学期本校注册学生人数。

2. 部令颁布公费生办法。

3. 部令颁布课程标准。

吴会计主任报告本校本年度各种经费收支概况。

孙出纳主任报告现金收支概况。

学生自治会代表支德瑜报告

1. 本校同学慰劳过境军队情形。

2. 慰劳物品不敷,每人只香烟两支,而士兵极为感动。

3. 继续并加强慰劳工作。

当场由本会议全体会员一致捐助慰劳金约达万元,并定于次日清晨七时,齐集狮石桥,参加慰劳。

绥阳县长韩续初到会说明绥阳城乡交通情形。

讨论事项

一、战局严重,组织临时校务委员会以资应付案

决议:通过。分组遵义、湄潭、永兴三委员会。

1. 遵义委员九人:

竺校长、张绍忠(教)、郭斌龢(训)、高学洵(总)、梅光迪(文)、王国松(工、通信)、钱钟韩(粮食)、费巩(交通)、吾舜义(警卫)

2. 湄潭委员九人(当场选举):

胡刚复(廿四票)、蔡邦华(廿四票)、舒鸿(廿四票)、郑宗海(廿二票)、江希明(廿一票)、王淦昌(二十票)、胡哲敷(二十)、王葆仁(十八)、王季梁(十二票)

3. 永兴委员会七人:

储润科、钱宝琛、高尚志、冯乃谦、陈庸哲、丁绪宝、费培杰

二、本校宣布紧急状态时如何结束学生学业案

决议:

1. 在校各生俟将来由本校规定办法,补足课业再给学分;

2. 从军各生提前于十二月廿五日举行学期考试,如因紧急疏散不及举行时,得以平时成绩作学期成绩。

三、本年度是否改组经费稽核委员会案

决议:本年度不改组。

四、部令组织教员升等审查委员会案

决议:交下届会议讨论。

附启:以上议决案均经呈奉校长核准施行。

校长办公室

校务会议第四十六次会议记录
(1945 年 6 月 2 日)

日期	三十四年六月二日下午二时
地点	柿花园一号教职员俱乐部
出席	竺可桢　王国松　叶良辅　黄尊生　李絜非　吴耕民　卢守耕　孙宗彭 储润科(高尚志代)　吴钟伟　胡哲敷　贝时璋(江希明代)　王焕镳　罗登义　陈鸿逵 沈文辅　王福山　蔡邦华　张绍忠　佘坤珊　钱宝琮　郭斌龢　胡刚复　杨耀德 苏步青　王琎　王淦昌(卢鹤绂代)　吴静山　易鼎新　李寿恒　诸葛麒　顾谷宜 钱钟韩　舒鸿　高学洤(孙恒代)　陈建功　共计出席三十六人。
主席	竺〈可桢〉校长
记录	诸葛麒

开会如仪

宣读上届记录

报告事项

校长报告

1.上届校务会议迄今已有半年,当时战局紧张,今则胜利在望,至可庆幸。

2.本席参加重庆校长会议情形及重要议决案。

(1)各大学复员后应为适当之分布勿过集中;

(2)本届各大学分区联合招生。

3.本席参加学术审议会,教育部提案,注重教授治校情形。

4.本年度本校经常费、临时费,及追加预算各费概数。

5.本校历年教职员人数统计。(附表)[①]

6.本校教职员待遇将提高,自五月份起,基数增至一万元,成数增至五百成,六月食米亦可照发。

7.最近遵义、湄潭、永兴三部,分设电灯、木油、公灯,为学生自修之用,业已完成。

---

① 附表此处暂略。

8.为本校故退休教授朱叔麟先生及前军事学及史地学系副教授齐学启将军殉国仰光志哀。

张教务长报告

1.本学期注册学生人数(附表)

2.本届教务会议议决案:

(1)通过本学年度第一、二两学期毕业生;

(2)通过本学年度第一、二两学期毕业研究生;

(3)通过从军及应征译员学生本届应届毕业办法。

3.拟订下学年度学校历要点。

郭训导长报告

1.最近学生为灯、油、副食费问题一度停课经过。

2.本校学生参加知识青年从军者一百三十七人,参加译员训练班者亦一百三十七人。

3.本校学生组织慰劳团及战时服务队情形。

吴会计主任报告

1.本年度经费现况。

2.每月各项支出概数。

3.本年一至四各月平均每月亏六十五万元。

讨论事项

一、审查三十三学年度第一二两学期应届毕业生案(教务会议提案)

决议:

1.三十三年度第一学期张澂修等四十五名,第二学期傅轶群等二百八十二名,如成绩齐全,满足毕业条件,准予毕业;(名册附后)

2.三十三年度第一学期四年级生志愿从军者石剑生等三十六名,三十三年度第二学期应征为译员之四年级生汪积功等十三名,如所缺学程不及二十一学分,而必修科目原可于本学期修毕,倘服务两年期满成绩优良者,仍准作为本届毕业;(名册附后)

3.三十三年度第一学期应届毕业研究生许海津,如成绩齐全,准予呈部审核,授予硕士学位。

二、规定研究生学业成绩报告手续案

决议:研究生成绩,应由指导教授直接报告教务处,照章办理。

三、审订研究院补充章则案

决议:修正通过。

四、通过升等审查委员会委员案

决议:通过敦聘黄尊生(文)、陈建功(理)、杨耀德(工)、陈鸿逵(农)、陈立(师范)五先生为委员。

附注:教务长为当然委员兼主席。

五、教员申请升等应由院系先行审查案

决议:教员申请升等者,除照部定手续由系主任签注意见,经系务会议通过外,并应由本院全体经部核定之教授组织会议,审查通过后,再提升等审查委员会审查。

六、补选校舍建筑委员会及经费稽核委员会委员案

决议:校舍建筑委员会及经费稽核委员会委员均予改选。

当场投票选举。开票结果:

校舍建筑委员会

吴钟伟(二十三票)

胡刚复(十八票)

蔡邦华(十七票)

王国松(十六票)

次多数孙怀慈(八票)

附注:校长(主席)、总务长、会计主任为当然委员。

经费稽核委员会(被选举人须出席校务会议代表,规定教授代表三人及上届委员连选不得连任)

杨耀德(二十一票)

钱宝琮(十六票)

黄尊生(十六票)

佘坤珊(十二票)

吴耕民(九票)

次多数苏步青(八票)

附注:校长(主席)、总务长、为当然委员。

七、改订本校校庆纪念日案

决议:改以第三中山大学改称浙江大学之日期四月一日为本大学校庆纪念日。

八、审订下学年度本大学学校历案

决议:

规定要点如下:

三十四年九月十日开课;

三十五年一月十九日第一学期考试终止;

二月十八日开课;

六月廿九日第二学期考试终止。

九、确立本校教导方针案

校长就各方意见,归纳要点六项,作为参考记录:

1.提倡学术空气;

2.立法贵简,执法贵严;

3.全体导师,负责指导;

4.信赏必罚;

5.壁报必经审查,或用真姓名;

6.罢课悬为厉禁。

十、计画本校复员案

决议:组织复员委员会,积极筹备。

附启：以上议决案均经呈奉校长核准施行。

校长办公室

浙江大学档案馆藏 L053-001-4050

校务会议第四十七次会议记录
（1945 年 9 月 14 日）

日期	三十四年九月十四日上午八时
地点	湄潭理科研究所数学部
出席	竺可桢　谢家玉　胡刚复　王琎　王国松　吴钟伟　祝汝佐　胡哲敷　江希明　李絜非（严德一代）　黄尊生　李寿恒　佘坤珊　苏步青　叶良辅（苏元复代）　易鼎新　陈鸿逵　钱宝琮　蔡邦华　诸葛麒（谢文通代）　王焕镳　储润科　贝时璋　陈建功　王葆仁　张绍忠　孙宗彭　吴耕民　卢守耕　郭斌龢（祝文白代）　罗登义　王淦昌　孙逢吉
列席	舒鸿　萧辅　朱希亮
主席	竺〈可桢〉校长
记录	傅梦秋

开会如仪

宣读上届会议记录

甲、报告事项

校长报告

1.胜利降临，返杭有日，实为至可庆幸之事，惟交通工具困难，何时回杭，目前尚不能预定。

2.此次会议提前举行，即为解决问题。在遵时已进行者：

（1）八月十二日电浙龙泉陆子桐、杨其泳，相机去杭办理接收校址等事项，并转浙省府协助，已汇一百万元作修理费用；

（2）下届新生决在杭办理报到事宜，在最近期间本人拟乘飞机去杭一视，并请公推两人同往驻杭，办理一切；

（3）本年浙大经常费陆续增至二千六百万元，闻尚有增至三千九百万元可能；

（4）去年应变费八百万元，除已发者外，尚存五百万元左右可作复员时用费之一部；

（5）吴会计主任请假去渝不能出席，有会计室经费收支状况报告表三份请传阅（附表另见）；

（6）财产目录复员时至关重要，已印就分发就单位赶填以便汇办；

（7）张荫麟、黄翼病逝遵义，费香曾先生生死未明，吾人行将返浙，思之毋任感怆；

（8）本校留遵湄先后六载，于当地天时、地利、物土、风俗均有调查，将来返杭可印刷成册，以作纪念，并可供两县作志书参考之资。

张教务长报告

1.〈遵义、湄潭两地学生注册人数〉

三十四年九月十二日下午截止,遵义注册人数:

(1)文学院:七二人

(2)工学院:四〇三人

(3)师范学院:六六人

(4)理学院:二人

(5)研究院:十人

总计:五五三人。

三十四年九月十三日截止,湄潭注册人数:

(1)理学院:一一八人

(2)工学院:三人

(3)农学院:一六七人

(4)师范学院:八人

(5)研究部:三人

总计:二九九人。

遵湄总计:八五二人。

三十四年度录取学生人数:

(1)保送审查:九二人

(2)遵筑招考:四一人

(3)中大代取:二五人

(4)交大代取:十一人

(5)保留学籍:二八人

(注)保留学籍内有不分院系者二人,总计:一九七人。

2.本年招生办法稍有变更。

(1)初试——只考国文英文数学三科。

(2)复试——考理化史地公民。

3.图书馆已聘皮高品为馆长,王一元先生为湄分馆主任。

谢总务长报告

1.总务方面各项数字。

2.复员费用预算。

3.迁杭后设备费用。

乙、讨论事项

一、决择杭州校址案

决议:暂不决定。

二、建议学校在第二学期结束后即迁回杭州案

(本案撤销)

三、本学年第二学期何时结束案

决议:二、三、四年级第二学期定本年十二月九日学期考试终了。

四、校中不能以不便运回杭州之资产应如何处置案

五、学校迁移须沿途设站,湄、永均应派人员参加案

六、请组织复员委员会湄潭、永兴分会案

以上三案当场决议并案讨论

决议:

1.就原有复员委员会扩大组织,加入校长及训导长共计十三人如下:竺校长、张总务长荩谋、梅院长迪生、王院长劲夫、佘坤珊先生、李寿恒先生、郭训导长洽周、谢总务长家玉(以上遵部委员),胡院长刚复、蔡院长邦华、王院长季梁、卢守耕先生(以上湄部委员),储润科主任(以上为永兴部委员)并组织遵、湄、永三部分会。遵部竺校长为召集人,湄部胡院长为召集人,永部储主任为召集人,分别负责;

2.杭州方面计划接收人员由校长洽选,从速进行。

七、请校长向教育部请求增进同人复员福利案

决议:

下列五项请求,全体一致通过,呈教育部核示:

1.同人及眷属回杭,所有交通宿费用请政府照同人眷属大小口数供给;

2.同人随抗战西迁,家乡烽火庐舍为墟,八载艰难,衣物耗尽,将来回杭,赤手空空。凡一椽、一室、一厨、一灶之经营,以至一衣、一被、一椅、一桌之重置□□均感束手,政府似应垂念,按照眷属人口予以救济,以酬专心教学、清苦自持之士;

3.同人书籍散失无余,国家应策动文化复员计划,予以补偿。其法中文一部,仿洪杨劫后江南书局之例,择四部中之切要者,大量翻刻发售,略收纸墨之资,不计成本。至西文一部,即请求善后救济总署予以救济,凡专门以上学校教员依其资历,每人予以三百至五百美元之书值,至大学图书馆及公立图书馆则另订办法救济之;

4.杭城校舍阅年甚□□刀兵之□残破堪虞,而现有学生数,在杭时多至四倍,更非旧址所能容纳,宜重建新校以宏久远。而建校教职员住宅应与学生宿舍并重,幸勿置此遗彼;

5.出发时由校提前借走三个月薪津。

八、凡不随学校返杭之员工请学校发给遣散费案

决议:原则通过,呈部办理,详细办法由行政谈话会商定□□□。

九、建议以后向日本索赔,教育机关及公教人员因战事所受之损失案

决议:照原提案通过。

十、复员后呈部请求对于研究费用大量增加以示激励案

决议:照原提案通过。

附启:以上议决案,均经呈奉校长核准施行。

校长办公室
三十四年十二月卅一日

校务会议第四十八次会议记录

（1946 年 2 月 20 日）

日期	三十五年二月二十日下午二时
地点	柿花园教职员俱乐部
出席	竺可桢　胡哲敷　王国松　陈鸿逵　黄尊生　江希明　王淦昌　罗登义　吴耕民 萧辅　孙逢吉　李寿恒　孙宗彭　诸葛麒　朱正元　孙怀慈　王焕镳　储润科　钱宝琮 顾谷宜　杨耀德　易鼎新　张绍忠　贝时璋　谢赓　郭斌龢　佘坤珊　吴文晖　苏元复 陈立　张其昀　王琎　祝汝佐（王福山代）　谢家玉（孙恒代）　苏步青（虞庆骏代） 陈建功（冯乃谦代）　胡刚复（束星北代）
列席	高学洵　朱希亮　皮高品
主席	竺〈可桢〉校长
记录	诸葛麒

开会如仪

宣读上届会议记录

为故文学院梅迪生院长静默志哀

报告事项

校长报告

1.本校筹备东迁,正稍极进行,除复员委员会业已分组湄、永分会外,并加选教授、讲师、助教为委员。

2.教育部业于本月二十五日召集西迁中等以上学校长开迁址校会议,决定各校东迁次序,计自五月起每月可运一万人,内空运一千人,水运六千人,陆运三千人,五个月可以运毕。本人定于二十六二日赴渝参加。本校并已洽定重庆交通大学为员生宿舍,西南公路局派车,资源委员会拨发酒精。

3.杭州校舍异常拥挤,各舍驻军尚未全让,保国寺、军械局仍无让意,杭州新校址亟待决定征用

4.本校奉教育部部长意旨,已于三十四学年度起在杭州设立法学院,招生开学。

5.抗战八年,本校于艰苦中颇有发展,百年大计尤宜建立方针,希同人发抒伟论。

谢教务长报告

1.本学期注册学生总人数,包括杭州校本部共为一千九百二十八人,如附表(永兴增出三人)。

2.杭州校本部学生注册人数为七百廿六人(计文院 80;理院 46;工院 159;农院 71;师范 311,内师专 102;法院 59)。

谢会计主任报告

1.三十四年会计报告

(1)预算概要;

(2)收支概览;

(3)□□□情形;

(4)资力负担及其平衡。

2.三十五年会计报告

讨论事项

一、审查三十四学年度第一、二两学期应届毕业生案

决议:

1.三十四学年度第一学期应届毕业学生严刘枯等三十九名,第二学期应届毕业学生熊嘉骏等二百九十九名,如成绩齐全,满足毕业条件,准予毕业;

2.应征译员照章应作三十二学年度第二学期毕业,□□□等四十八名如成绩齐全,满足毕业条件,准予毕业;

3.三十四学年度第二学期应届毕业研究生史地学部蔡钟瑞,化工学部岑卓卿、陈希浩、陈南阳,农经学部金能旺、左国金、汪经方准予呈部审核授予硕士学位。

二、本校应派员赴杭主持在杭一切复员工作案

决议:组织校舍委员会委员九人,校长为主席,由校长指聘文、理、工、农、师、法六院及总务处各一人,校本部校务主任为委员。

经校长指聘各委员如下:李絜非(文学院)、胡刚复(理学院)、吴馥初(工学院)、蔡邦华(农学院)、王琎(师范学院)、阮毅成(法学院)、沈思玙(总务处)、路敏行(校本部校务主任)

杭州新校址地点参考表决:

1.凤凰山(二十六票)

2.松木场(八票)

3.原校址(十票)

三、请令校拨款在华家池建筑农学院各系临时房屋二百四十方以应急需案

决议:交校舍委员会统筹处理。

四、本校设立医学院案

决议:本校应即呈请教育部拨发款,设立医学院。

五、请增设哲学系案

六、请本校恢复增设畜牧兽医系案

七、请自三十五年度起增设体育、艺术二系案

以上三案合并讨论:

决议:本校应即呈请教育部拨发充分经费,于文学院增设哲学系,农学院恢复森林系,增设畜牧兽医系,师范学院增设体育系、艺术系。

八、请于校务会议设立常务委员会案

决议:为实现教授校治校之精神起见,选举委员七人拟具方案,提请下届总校务会议讨论。

票选记录如下:

当选委员:张其昀(二十二票)、张绍忠(十九票)、王国松(十八票)、杨耀德(十八票)、黄尊生(十七票)、储润科(十七票)、诸葛麒(十六票)

侯补委员：顾谷宜（十四票）、李寿恒（十一票）

九、本校一年级生分院分组不分系案

决议：本校一年级课目分院分组不分系。

十、请实行教授七年休假制案

决议：原则通过。交预算委员会会聘任委员会办理。呈建议中央切实扩充出国进修教员名额。

十一、教授遗族子女公费待遇案

办法如下：

本校教授服务在七年以上，其子女如能考入本大学得享受公费待遇，但须遵守□□□成绩计算，不得有例外。

决议：通过。

十二、改选下年度预算委员会、聘任委员会、经费稽核校委员会委员案

十三、本校图书迁回以后应集中图书馆案

决议：原则通过。

十四、东北局势日趋严重，本会议会员应有严正表示案

决议：发表宣言，推定张其昀、王焕镳、黄尊生三会员起草。

附启：以上议决案均经呈奉校长核准施行。

校长办公室启

三十五年三月十三日

浙江大学档案馆藏 L053-001-4050

校务会议第四十九次会议记录
（1946 年 2 月 25 日）

日期	三十五年一月二十五日下午二时至二十六日下午六时
地点	本校校长公舍会议室
出席者 （第一日）	张绍忠　郑奠　王焕镳　顾谷宜　吴钟伟　张德庆　罗登义　祝文白　朱庭祜　王琎 苏步青　孙宗彭（张耀德代）　王葆仁　舒鸿　贝时璋（吴长春代）　佘坤珊　叶良辅 李絜非　诸葛麒（严德一代）　吴耕民　谢赓　孙逢吉　张其昀　李浩培　董伯豪 谢家玉　蔡邦华　竺可桢　陈鸿逵　萧辅　王国松　计出席会员三十一人。
列席者 （第一日）	沈金相　高学洵　章定安
主席	竺〈可桢〉校长
记录	章定安　高学洵

续　表

出席者 (第二日)	竺可桢　蔡邦华　谢家玉　董伯豪　罗登义　陈鸿逵　李浩培　谢赓　孙逢吉 诸葛麒(严德一代)　李絜非　顾谷宜　吴耕民　王琎　吴钟伟　贝时璋(吴长春代) 王葆仁　孙宗彭(张耀德代)　苏步青　佘坤珊　舒鸿　朱庭祜　祝文白　郑奠　王焕镳 萧辅　张绍忠　王国松　叶良辅　计出席会员二十九人。
列席者 (第二日)	孙祁　高学洵　章定安　林汝瑶

开会如仪

宣读上届会议记录

报告事项

校长报告

1. 本校复员迁运经过情形。

2. 修建杭州校舍经过及建筑费收支概况。

3. 报国寺军械库迁经交涉归还本校经过。

4. 筹设法、医两学院经过。

5. 附中复校情形。

6. 改进学校行政组织之期望。

7. 教育部变更大学研究院组织及计划。

8. 教育部修改大学训导制度之意义。

9. 本校本届招生情形及今后应注意事项。

10. 中央研究院与各大学之合作计划及国际合作交换教授之趋势。

11. 二万四千美金之支配方针。

12. 调整待遇问题之接洽经过。

张教务长报告

1. 本学期学生人数总计二三四七人。

2. 教室之分配计划。

谢总务长报告

1. 第一期员生复员经过。

2. 第二期公物运输及员生循长沙东迁情形。

3. 赴京向教育部接洽学生副食费之结果。

4. 向教育部接洽黄羽仪先生抚恤金情形。

5. 向后方勤务部接洽报国寺军械库房情形。

6. 在沪与两路局交涉请赔偿本校公物,在周王庙覆车之损失约美金十万元。

7. 向行总接洽活动房屋经过。

8. 还都补助费之接洽情形。

林汝瑶先生报告

1. 补充说明周王庙覆车之损失共有 87 箱。

2. 校舍之临时支配。

谢会计主任报告

1.截至十月十日止经常费概况。

2.各项临时费收支概况。

3.复员经费收支概况。

吴馥初先生报告

1.接收及修建校舍之困难及经过。

王季梁先生报告

1.科学馆改变计划缓建,拟以节省之款买美金添置设备。

舒鸿先生报告

1.说明广辟运动场之重要,请速予决定。

朱庭祜先生报告

1.说明一年级校舍不敷情形,请扩充华家池房屋。

讨论事项

一、请自下年度起增设政治、经济两系案(李浩培先生提)

决议:呈请教育部拨发充分经费,增设政治学系及经济学系。(当时在场三十人,赞成者二十二票通过)

二、请汇集以前各项校务会议所通过增设之系组,由所隶各学院拟具具体计划,一并送下届校务会议提出讨论决定案

决议:通过。

三、本校永久校址拟设于大学路至华家池地一带请公决案

决议:通过。(大多数)

四、请订定整个校舍计划案

决议:交校舍委员会拟具详细计划。

五、现在校舍委员会委员是否维持无所更动案

决议:无异议。

六、"校务会议设置常务委员会案"审查委员会审查纪录请公决案

决议:

原审查案修正通过如下:

1.拟订行政会议组织原则案修正如下:

a.设置行政会议;

b.前项行政会议以校长、各院院长及教务训导总务三处长、一年级主任、会计主任为当然委员及其他教授代表七人组织之;

c.教授代表由全校专任教授互选之(当然委员不得被选为代表),于每学年开始与选举校务会议教授代表同时举行,每院至多不得超过二人;

d.行政会议每周举行一次,讨论经常行政事宜。

2.增加校务会议教授、副教授代表人数案修正如左:

a.依最近教育部举行之高等教育讨论会决议(见"教育通讯",校复刊一卷十三期)"校务会议以校长、教务长、训导长、各学院院长为当然委员,及教授代表组织之。以校长为主席,

讨论全校一切重要事项。教授代表之人数至多不得超过当然委员之一倍,但至少亦不得少于当然委员之人数"之规定,议决本校校务会议会员总数为三十五人,以校长、七院院长、三处处长,计十一人为当然委员,教授代表二十二人(各院代表至少不得少于该院教授全数十分之一)及一年级主任、会计主任组织之。

3.整理各种委员会案系分别修正如下:

a.本校设置常务设委员会如下:

(1)预算委员会

各院院长、总务长、会计主任为当然委员,校务会议选举五人。(原案通过)

(2)经费稽核委员会

依照部令规定。(原案通过)

(3)章则委员会

校务会议选举七人。(原案通过)

(4)聘任委员会(包括教职员待遇调整及休假、进修等事宜)

委员会由校务会议选举七人组织之。(原案修正)

当场二十九人,赞成者十五人。

(5)升等审查委员会

依照部令规定。(原案通过)

(6)校舍委员会

依照部令规定。(原案通过)

(7)招生委员会

由校长聘请。(原案通过)

(8)课程委员会

教务长为当然委员,全体教授、副教授选举十人,每院至少一人。(原案通过)

(9)训导委员会

训导长为当然委员,全体教授、副教授选举八人。(原案通过)

(10)图书设备委员会

图书馆馆长为当然委员,全体教授、副教授选举十人,每院至少一人。(原案通过)

(11)出版委员会

全体教授、副教授选举七人。(原案通过)

(12)文化合作委员会

全体教授、副教授选举七人。(原案通过)

(13)公费委员会(包括奖学金)

由校长聘请。(原案通过)

(14)福利委员会

总务长为当然委员,全体教职员选举十人。(原案通过)

b.各委员会委员之产生除有规定者外,以选举为原则。

c.议定各委员会委员会产生方式如下:

(1)由校务会议选举者:

a项第一、二、三、四、五、六等六个委员会。

（2）由全体教授、副教授选举者：

a项第八、九、十、十一、十二等五个委员会。

（3）由全体教职员选举者：

a项第十四委员会。

（4）由校长聘请者：

a项第七、十三等二个委员会。

d.校务会议选举之委员，不限于出席校务会议会员。

e.每人以参加三个委员会为限，其任当然委员会者，以参加五个委员会为限。

f.各委员会委员任期为一年，除有规定者外，连举得连任。

g.各委员会主席除有规定者外，由各委员互选之。

h.各委员会之主席有必要时，由校长邀请，出席于行政会议。

i.各委员会设总办公室，由校长办公室派员办理文书等事宜。

j.各委员会章则另订之。

以上均以原案均通过。

七、拟请设置体育委员会案（舒鸿先生提）

决议：设置体育委员会，由全体教授、副教授选举七人（每院一人），连同体育教授二人共九人组织之。

八、三十五学年度学校历案（教务处提）

决议：

1.二、三、四年级学校历

第一学期	十一月十一日至二月十五日上课
	二月十七日至二月二十二日学期考试
第二学期	三月十日至六月十四日上课
	六月十六日至二十一日学期考试

2.一年级学校历

第一学期	十二月十六日至三月二十二日上课
	三月二十四日至二十八日学期考试
第二学期	四月七日至七月十二日上课
	七月十四日至十九日学期考试

九、拟请呈部设法筹措研究专款国币二十亿元，相当于美金五十万元，以资充实研究设备案（苏步青、王葆仁、贝时璋先生提）

决议：通过，并得同时举行向国内、外筹募。

十、请加强整饬学风案

决议：

1. 实行"求是"精神；

2. 加强学生课外活动(音乐、比赛、体育、讲演)；

3. 提高学生研究学术风气；

4. 加强师生接触；

5. 切实执行校规。

十一、下年招考新生仍采用指定成绩优良中学保送案

撤回。

十二、拟请设法救济复员教职员子女失学案(佘坤珊、诸葛麒先生提)

附中沈金相校长当场说明,已定期举行第三次招生考试。

附启:以上议决案均经呈奉校长核准施行

校长办公室启
〈三十五年〉十月二九日

浙江大学档案馆藏 L053-001-4050

校务会议第五十次会议记录
(1946 年 11 月 30 日)

日期	三十五年十一月三十日
地点	本校校长公舍会议室
出席者	王琎　蔡邦华　李浩培　王国松　苏步青　李寿恒(吴徽铠代)　王葆仁　江希明 王焕镳　顾谷宜　杨耀德　朱正元　祝文白　储润科　孙逢吉　钱宝琮　贝时璋　陈立 李宗恩(李天助代)　费炳坤　陈鸿逵　谢家玉(林汝瑶代)　谢赓 吴钟伟　佘坤珊　吴耕民　朱庭祜　以上计出席会员三十人。
列席	章定安
主席	王〈琎〉代校长
记录	章定安

开会如仪

宣读上届会议记录

报告事项

主席报告

1. 竺校长行踪。

2. 本校开学上课及一年级开学延期上课困难情形。

3.本校购置房屋及最近建筑情形(国防部请免让军械库)。

4.本校增加复员费:

(1)教育部第一次拨到三亿;

(2)教育部第二次拨到三亿;

(3)教育部第三次拨到十亿(扣回透支五亿)。

a.已具呈补请四亿以符原请二十亿之数。

b.再请继续透支五亿。

顾训导长报告

1.训导全赖全体教员协助之理由。

2.学生宿舍及木器分配情形。

吴馥初先生报告

1.目前各处建筑工程之进度。

2.拟添建住宅之计划及将来工程进行工资增加之困难。

朱庭祜先生报告华家池方面工程及设备以目前状态推测,不能于一二个月内完成,在未完成前一年级新生无法前往膳宿,亟须另行设法辟临时教室及宿舍。

谢会计主任报告

1.经常费尚存六千余万元,惟其中俸给费超出。

2.学术研究费尚存三千余万元。

3.代发款超出五百余万元。

4.复员费(包括修建设备费、房租费)共达三十二亿元(透支五亿不在内)。

讨论事项

一、应由校务会议选举之各常设委员会委员请先行选举案(诸葛麒先生临时提议,王国松先生附议)

决议:通过。

二、选举各常设委员会委员请先规定被选举人资格案

三、教员升等审查委员会依部令规定委员人选由校长提,经校务会议通过,及聘任,请主席提出人选案

四、校舍委员会依部令规定,推选职教员五人至七人组织之,是否包括当然委员在内,文义未明,请先决定案。

以上三案诸葛麒先生临时提议,合并讨论。

决议:

1.各常设委员会被选举人资格应与选举人同等;(22票通过)

2.教员升等审查委员会委员请本会议一并选举(王代校长提请),人数定为七人;(19票通过)

3.校舍委员会委员推选七人,当然委员在外。(李浩培先生解释,众无异议)

当场选举六个委员会委员:(1)预算委员会;(2)经费稽核委员会;(3)章则委员会;(4)聘任委员会;(5)教员升等审查委员会;(6)校舍委员会。分六组检票统计结果如下:

（1）预算委员会

当选委员五人：

苏步青（19 票）、李寿恒（16 票）、佘坤珊（15 票）、杨耀德（11 票）、王葆仁（10 票）（同票抽签决定）

候补委员七人：

（1）陈立（10 票）；（2）陈鸿逵（7 票）；（3）吴耕民（4 票）；（4）孙逢吉（4 票）；（5）张绍忠（3 票）；（6）吴钟伟（3 票）；（7）孟宪承（3 票）

（以上同票抽签决定，以次序候补）

（2）经费稽核委员会

当选委员五人：

储润科（13 票）、江希明（12 票）、王葆仁（10 票）、李寿恒（8 票）、苏步青（7 票）

候补委员五人：

（1）吴徵铠（6 票）；（2）孙逢吉（6 票）；（3）贝时璋（5 票）；（4）顾谷宜（5 票）；（5）陈立（5 票）（以上同票抽签决定，以次序候补）

（3）章则委员会

当选委员七人：

李浩培（17 票）、张绍忠（12 票）、诸葛麒（11 票）、张其昀（10 票）、赵之远（9 票）、王焕镳（9 票）、顾谷宜（8 票）

候补委员四人：

（1）陈立（7 票）；（2）杨耀德（7 票）；（3）吴耕民（7 票）；（4）李寿恒（7 票）

（以上同票抽签决定，以次序候补）

（4）聘任委员会

当选委员七人：

孟宪承（19 票）、张其昀（14 票）、王琎（13 票）、李浩培（13 票）、佘坤珊（12 票）、杨耀德（11 票）、蔡邦华（11 票）

候补委员四人：

（1）王国松（10 票）；（2）陈建功（9 票）；（3）王葆仁（8 票）；（4）李寿恒（8 票）

（以上同票抽签决定，以次序候补）

（5）教员升等审查委员会

当选委员六人：

杨耀德（13 票）、陈建功（12 票）、陈鸿逵（11 票）、贝时璋（10 票）、李寿恒（7 票）、顾谷宜（7 票）

候补委员三人：

（1）王国松（7 票）；（2）苏步青（7 票）；（3）孟宪承（7 票）

（以上同票抽签决定，以次序候补）

（6）校舍委员会

当选委员七人：

吴钟伟（26 票）、王国松（16 票）、林汝瑶（14 票）、张绍忠（8 票）、蔡邦华（9 票）、李浩培（7

票）、苏步青（7 票）

候补委员四人：

（1）王葆仁（7 票）；（2）王季午（7 票）；（3）胡刚复（7 票）；（4）张其昀（7 票）

（以上同票抽签决定，以次序候补）

五、本校校舍计划应速决定案（王国松、吴钟伟先生提）

决议：

1. 组织本校校舍委员会既经依法成立，所有以前之修建委员会、教职员住宅支配委员会、水电委员会、建筑工程委员会、校舍建筑委员会、校舍委员会等均即取消，统归现在新成立之校舍委员会议办；（大多数通过）

2. 建筑区域

本校校舍以优先在大学路至华家池一带之校址内分区建筑为原则。

分区办法及及建筑之先后交校舍委员会议拟提出，下届校务会议讨论决定。（张晓峰先生表示意见，朱庭祜先生附议，大多数通过）

六、请以原定计划从速建筑科学馆案（王葆仁、苏步青先生提）

决议：通过。（20 票）

七、一年级学生报到在即，惟华家池新址之设备完成尚须有相当时间，亟宜在大学本部计划临时教室及宿舍，以资推进，是否可行，请予决定案（朱庭祜先生临时提议，顾谷宜先生附议）

决议：原则通过，由总务处会同校舍委员会决定支配。

八、请建筑教职员食堂案（原提案人修正，佘坤珊、王葆仁、林汝瑶先生提）

决议：通过。（一致）

九、教职员宿舍应从速建筑案（王国松先生临时提议，蔡邦华先生附议）

决议：交校舍委员会从速计划建筑。

十、一年级学生众多，担任基本课程各系其教员名额应以部令办理案（原提案人修正）（钱宝琮、佘坤珊、王葆仁、储润科先生提）

决议：通过。（一致）

十一、本校各院系所办各项生产事业，其收入之一部，应请拨归福利委员会案（顾谷宜、钱宝琮先生提）

决议：留交下届本会议讨论。

十二、请建筑师范学院办公室、实验室案（陈立、朱正元先生临时提议）

决议：交校舍委员会讨论。

十三、校舍委员会开会时无代表之学院，应由该院院长或其代表列席案（张晓峰、诸葛麒先生临时提议）

决议：通过。（一致）

十四、请学校从速规定津贴住在校外之教职员房租办法案（朱正元、陈鸿逵、孙逢吉、江希明、祝文白、储润科、吴钟伟、蔡邦华先生临时提议）

决议：原则通过。由总务处会同福利委员会议拟详细办法，提出下届本会议讨论。

附启:以上议决案均经呈奉校长核准施行。

校长办公室启

〈三十六年〉十二月三日

王珽(代)

浙江大学档案馆藏 L053-001-4050

校务会议第五十一次会议记录

(1947 年 2 月 15 日)

日期	三十六年二月十五日上午九时
地点	校长公舍会议室
出席	祝文白 朱正元 陈鸿逵 储润科 谢赓 舒鸿 谢家玉 王焕镳(胡哲敷代) 王葆仁 贝时璋 陈立 孙逢吉 杨耀德(孙怀峦代) 李宗恩(李天助代) 朱庭祜 佘坤珊 吴耕民 钱宝琮 江希明 王珽 李浩培 张其昀 王国松 顾谷宜 张绍忠 郑宗海 诸葛麒 吴钟伟 苏步青 黄炳坤 蔡邦华 以上计出席会员三十一人。
列席	章定安
主席	郑代校长宗海
记录	章定安

开会如仪

宣读上次会议记录

报告事项

主席报告

1.本校现在教学、研究、推广三方面之进行状况。

2.竺校长行踪已去函希望早归。

3.校中农历年底经济困难,已度过,但物价飞涨,艰难犹昔,希望以后各部同人共体时艰,度此难关。

4.各常设委员会均已成立。

各常设委员会主席报告

1.进行程度。

2.重要原则决议案。

教务长提出:

1.三十五学年度第一学期学生注册人数统计表(分送)。

2.第十九次教务会议第一议决案附应届毕业学生名单(分送)。

会计主任提出:

三十五年度会计报告(分送)。

讨论事项

一、物价暴涨,生活愈困,学校经费、校舍等问题亦愈难解决。闻朱部长到沪,请推代表一、二人赴沪面陈,或请部长来杭莅校视察案。(佘坤珊先生临时动议)

决议:

1. 请朱部长偕总务司长来杭莅校巡视,发加急特快电报一通,并以长途电话接由上海市教育局转达;

2. 推三位院长作代表,晋京请愿。(推定蔡邦华、王国松、李浩培三院长)

二、审查卅五学年度第一学期应届毕业生案(教务处提)

决议:通过。

三、聘任委员会职权范围宜不包括职员在内案(苏步青先生提,舒鸿先生附议)

决议:通过。

四、拟请学校切实重视学术研究案(王葆仁、江希明、贝时璋先生提)

决议:

1. 下学期所有实验均应开始;

2. 请预算委员会切实计划,以维持学术研究费占百分之二十五之比例(专款及有指定用途者,不在此限)。

五、在科学馆尚未建立以前,请暂拨新教室为实验室案(理学院提)

决议:原则通过。交校舍委员会妥善计划。

六、请明确解释行政会议之性质系统与其权限,及对于各种常设委员会如何联系或分权案

决议:行政会议讨论行政事宜,并与各种常设委员会取得联系。

七、各种常设委员会之决议案有互相冲突或碍难执行时应如何救济案

决议:有必要时由校长斟酌处理。

八、请明确解释福利委员会之工作范围,以利进行案(福利委员会来函)

决议:福利委员会工作范围暂以大学部教职员为对象。

九、请编纂本校概况案(张其昀先生提)

决议:通过。请出版委员会办理。

十、请依公平待遇原则,从速改善自觅住屋同人之房租负担案(吴耕民、吴钟伟、陈鸿逵、朱正元、孙逢吉、江希明、朱庭祜、祝文白先生提)

决议:交行政会议再行详议办法。

校务会议第五十二次会议记录

(1947 年 4 月 30 日)

日期	三十六年四月三十日下午二时
地点	校长公舍会议室
出席	朱正元　李宗恩(李天助代)　蔡邦华　储润科　江希明　孟宪承　祝文白　舒鸿　陈鸿逵　孙逢吉(萧辅代)　吴耕民　朱庭祜　苏步青　王琎　钱宝琮　李浩培　张绍忠　陈立　王国松　谢赓　黄炳坤　王葆仁　余坤珊　郑宗海　诸葛麒　谢家玉(孙恒代)　杨耀德　贝时璋　顾谷宜　张其昀　以上出席会员三十人。
列席	陈崇礼　章定安
主席	郑代校长宗海
记录	章定安

开会如仪

报告事项

主席报告

1. 三月份本会议例会因筹备校庆,故未举行,此次校庆外界印像〔象〕颇佳。

2. 竺校长尚有数处讲演,约于五月底离美返国。

3. 最近赴京与部中面洽修建设备费情形。

4. 南浔刘氏嘉业堂书价款与部中接洽经过。

5. 同人待遇新调整颇有希望,教员资格亟需送审,学生副食费亦可有新标准。

6. 本校理工方面如有直接关于国防之研究计划可送国防部请求补助,农院如有关于粮食方面计划研究亦可呈送。

7. 京沪路局委托本校代办学术研究工作及设置免费学额,已一次汇到总款六亿二千万元,借补上年周王庙覆车案之损失。

8. 近已购置本市田家园六号、九号房屋为医学院附属医院院舍,价款为三亿五千万元。

9. 上海中国科学图书仪器公司来函征求代印大学用教课书编译稿。

舒鸿先生报告健身房危险堪虞状况。

顾训导长报告

1. 学生生活困难公费不敷。

2. 学生营养不足影响健康。

3. 学生风纪问题。

4. 环境卫生欠缺厕所沟渠亟宜改善。

讨论事项

一、学生张贴壁报案

决议:

1. 重申前令严格执行。

2.请校长于最近期内召集全体学生训话一次。

二、修理健身房以免危险案

决议：请陈仲和先生会同舒鸿先生查勘设计，设法修理。

三、设备浴室估款需七千余万元案

决议：原则通过。请预算委员会设法支配。

四、研究生请参加福利委员会案

决议：维持前议决案原则，本案未便通过。

五、组织招生委员会案

决议：聘请教务长、总务长、一年级主任、各院院长暨陈立先生、储润科先生、吴定良先生为委员，以教务长为召集人。

六、研究所招生案

决议：另由校长召集各研究所主任会议。

七、今年招收新生名额案

决议：请招生委员会详细核议，以"人数不必多、标准不能低"为原则。

八、请确定一年级永久上课地点在大学路，俾接近文理学院以维教学效率案

决议：原则通过。请校舍委员会详细规划。

附启：以上议决案均经呈奉校长核准施行。

校长办公室启

〈三十六年〉五月　日

浙江大学档案馆藏 L053-001-4050

校务会议(临时)第五十三次会议记录
(1947 年 5 月 16 日)

日期	三十六年五月十六日上午七时半
地点	校长公舍会议室
出席	王国松　张其昀　杨耀德　谢家玉(孙恒代)　陈鸿逵　诸葛麒　李宗恩(李天助代)　舒鸿　朱庭祜　孟宪承　孙逢吉　苏步青　佘坤珊　钱宝琮　王琎　谢赓　陈建功　张绍忠　蔡邦华　顾谷宜　江希明　王焕镳　祝文白　李浩培　储润科　吴耕民　王葆仁　以上出席会员二十八人。
列席	章定安
主席	郑〈宗海〉代校长
记录	章定安

开会如仪

报告事项

主席报告学生因需改善关于生活问题，今日总请假开大会，其请求事项现据提出四点如左：

1. 提高教育经费；

2. 提高教职员待遇；

3. 增加副食费；

4. 增加公费名额。

朱庭祜先生报告昨参加学生代表大会情形。代表会提出四点：

1. 增加副食费；

2. 提高教育经费；

3. 提高教职员待遇；

4. 扩充学校设备。

顾训导长报告学生目前动态。

讨论事项

一、本校对于目前学生行动应取态度案

决议：

1. 劝告学生顾全学业，不要罢课，不要有全体请愿的举动，请代校长与训导长向学生大会劝告；

2. 分别请各系主任会同各教授在适当时间召集本系学生谈话；

3. 电部报告学生总请假正开大会中。

浙江大学档案馆藏 L053-001-4050

校务会议（临时）第五十四次会议记录

（1947 年 5 月 24 日）

日期	三十六年五月二十四日
地点	校长公舍会议室
出席	王国松　孟宪承　舒鸿　陈鸿逵　蔡邦华　祝文白　苏步青　朱庭祜　孙逢吉　储润科　李寿恒　谢家玉（孙恒代）　顾谷宜　江希明　王珏　张绍忠　李浩培　王焕镳　朱正元　贝时璋　谈家桢　吴钟伟　佘坤珊　郑宗海　诸葛麒　孙宗彭　李宗恩（李天助代）　杨耀德　吴耕民
列席	章安定
主席	郑〈宗海〉代校长
记录	章定安

开会如仪

报告事项

主席报告

1. 本校学生最近两日内动态及行政当局处理的经过。

2. 助教谢文治先生事。

讨论事项

一、学生因某种印刷品关系,监视某太太并群集校长办公室无理要求,对于师长出言无状,应如何处理案

决议:昨晚及今晨事件认为违法行动,应由学生自治会、代表会及理事会负责(全体通过)。

二、下星期一(五月二十六日)起一律照常上课案

决议:全体通过。

附启:以上议决案均经呈奉校长核准执行。

校长办公室启

〈三十六年〉五月廿五日

校务会议(临时)第五十五次会议记录
(1947 年 6 月 5 日)

日期	三十六年六月五日上午九时
地点	校长公舍办公室会议室
出席	苏步青　李寿恒　王葆仁　朱正元　陈鸿逵　陈立　孟宪承　朱庭祜　王琎　祝文白　储润科　孙逢吉　舒鸿　李宗恩(李天助代)　谢庚　钱宝琮　吴耕民　王焕镳　江希明　黄炳坤　李浩培　蔡邦华　王国松　顾谷宜　谢家玉　佘坤珊　诸葛麒　郑宗海　张绍忠
列席	孙恒
主席	郑〈宗海〉代校长
记录	诸葛麒

开会如仪

主席报告

1. 六月二日学生停止游行改为宣传经过。

2. 六月三日学生自治会代表会议决复课情形。

3. 六月四日学生自治会、代表会、理事会、联席会议复议,继续罢课情形。

4. 竺校长已于五月三十日乘戈登号自美返国,定于六月十六日抵沪。

5. 上届本会议议决自五月廿六日起照常上课,经布告后迄今仍未复课。

讨论事项

一、本校学生罢课已久学业旷费废甚多,应请从速复课。本学年度学校历决仍照章执行案

决议:全体通过。

二、并行规定下星期一(六月九日)照常上课案。

决议:通过。

三、用校务会议名义发劝告同学复课书案

决议:推定孟宪承、王焕镳、李浩培三先生起草。

四、定期举行全体教员谈话会案

决议:定明日(六月六日)上午九时在健身房举行。

五、定期举行下届校务会议案

决议:有必要时于下星期二上午九时再行开会。

浙江大学档案馆藏 L053-001-4050

校务会议(临时)第五十六次会议记录
(1947 年 6 月 8 日)

日期	三十六年六月八日上午九时
地点	校长公舍会议室
出席	王国松　孟宪承　张其昀　陈鸿逵　储润科　祝文白　苏步青　吴钟伟　江希明 吴耕民　王琎　钱宝琮　王焕镳　谢家玉　李浩培　孙逢吉　朱正元 贝时璋(谈家桢代)　蔡邦华　王季午　李宗恩(李天助代)　张绍忠　诸葛麒 郑宗海　佘坤珊　王葆仁　顾谷宜　谢赓　朱庭祜
列席	章定安
主席	郑宗海
记录	章定安

开会如仪

报告事项

主席报告日前学生大会决议继续罢课,但昨有一部分学生以书面请求复课。(书面传观)

顾训导长报告学生大会表决情形,四年级及先修班生决定另行温课结业。

讨论事项

一、学生继续罢课应如何处理案

决议:学潮演变至今,各地大学渐已复课,惟吾校学生屡劝无效,同人等甚为痛心,现本

会议重申前日决议案,并郑重议决以下各条:

1.自六月九日起一律上课,不上课者,以旷课论;

2.倘有阻挠上课者,予以惩处;

3.愿上课并参加本学期学期考试者,须于六月十一日以前亲到各本系办公室签名(先修班学生向一年级主任办公室签名);

4.凡未经准假而不参加学期考试者,不准补考;

5.不复课各生所缺之课本学期及下学期在任何情况之下决不补授;

6.四年级及先修班与本校其他各级学生一律办理。

以上六条同人等坚决主张,严格执行并呈部备案,决不变更。

二、二、三、四年级及先修班学期考试可否延迟举行案

决议:复课后有必要时得由校长斟酌情形将学期考试延迟一周举行,予学生以充分温习时间。

浙江大学档案馆藏 L053-001-4050

校务会议(紧急)第五十七次会议记录
(1947 年 6 月 9 日)

日期	三十六年六月九日上午八时
地点	校长办公室会议室
出席	张其昀　顾谷宜　王琎　储润科　舒鸿　孙逢吉　杨耀德　王葆仁　张绍忠　江希明　郑宗海　蔡邦华　佘坤珊　谢家玉　诸葛麒　谈家桢　王焕镳　祝文白　钱宝琮　朱正元　李宗恩(李天助代)　王国松　陈立　李寿恒　苏步青
主席	郑〈宗海〉代校长
记录	诸葛麒

主席报告

1.本日上午上课情形。

2.学生自治会任意更动教室情形。

浙江大学档案馆藏 L053-001-4050

校务会议(临时)第五十八次会议记录
(1947 年 6 月 19 日)

日期	三十六年六月十九日下午二时三十分
地点	校长公舍会议室

续　表

出席	范绪箕　张绍忠　蔡邦华　朱正元　王季午　谈家桢(代)　孟宪承　杨耀德　舒鸿 钱宝琮　吴钟伟　苏步青　李寿恒　祝文白　吴耕民　王琎　李浩培　王葆仁　江希明 朱庭祜　黄炳坤　佘坤珊　王焕镳　储润科　谢赓　诸葛麒　顾谷宜　谢家玉　郑宗海 张其昀　王国松　竺可桢　以上出席会员三十一人。
列席	孙逢吉　萧辅　罗登义　祝汝佐　何增禄　郑奠　李絜非　赵之远　雷男　孙宗彭 章定安
主席	竺〈可桢〉校长
记录	章定安

开会如仪

宣读上次会议记录

报告事项

主席报告

1.本人出国七阅月,校务由郑代校长暨诸先生维持,表示感谢。

2.联合国教文会议情形。

3.本校毕业同学在英、法、美各大学状况。

4.各处捐赠本校图书及衣服。

5.在国外约聘教员。

6.返校后与本校学生谈话经过。

顾训导长报告近日学生意向。

讨论事项

一、二、三年级学生迄未复课,本学期应否举行考试案

决议:不举行。

二、二、三年级学生照学校历放暑假应如何处理案

决议:

1.放假后一星期内必须离校归家。

2.如确系无家可归或远道者,必须申请,经核准方得留校。

3.凡留校者必须遵守本校暑期留校规则(由训导处拟订)

附启:以上议决案均经呈奉校长核准施行。

校长办公室启
〈三十六年〉六月廿日

校务会议第五十九次会议记录
（1947 年 6 月 25 日）

日期	三十六年六月二十五日下午二时
地点	校长公舍会议室
出席	张其昀　张绍忠　陈建功　王国松　陈鸿逵　蔡邦华　舒鸿　王葆仁　朱庭祜　祝白文　苏步青　钱宝琮　杨耀德　李寿恒　吴耕民　孙逢吉　储润科　李浩培　王琎　陈立　江希明　朱正元　谈家桢（代）　郑宗海　谢家玉（孙恒代）　谢赓　诸葛麒　竺可桢　顾谷宜　以上出席会员二十九人。
列席	王季午　章定安
主席	竺〈可桢〉校长
记录	章定安

开会如仪

宣读上届记录

报告事项

主席报告

1. 一年级学生已决定上课并呈来会议纪录。

2. 文理学院内新建中之两幢房屋包商新金记因要求增加工资，迄未解决，停工情形。

朱庭祜先生报告一年级学生开会议决上课详情。

讨论事项

一、审查三十五学年度第二学期应届毕业生案

决议：本届应届毕业学生黄同书等 378 名，如成绩于七月三十一日以前齐全，满足毕业条件，准予毕业。（名单另附）

又，研究生陈述彭等六名，如成绩齐全，准予呈部复核，授予硕士学位。（名单另附）

二、化学系系务会议通过，请本校呈请教育部准予设立化学研究所案

决议：通过。

三、请将本校教学方针逐渐注重研究所之发展案

决议：

1. 卅六学年度招收新生力求严格，不降低成绩水准以牵就各系名额，并应规定全校录取新生之最高额，交招生委员会妥议；

2. 呈部以校舍不敷，请下年度免予分发青年军，如不得已至多以五十名为限；

3. 组织研究设计委员会，定委员七人（每院一人），由校长聘任之，该会按实际需要情形修订研究所之规程。

附启:以上议决案均经呈奉校长核准施行。

校长办公室启

〈三十六年〉六月 日

浙江大学档案馆藏 L053-001-4050

校务会议第六十次会议记录

(1947 年 7 月 12 日)

日期	三十六年七月十二日下午三时
地点	校长公舍会议室
出席	竺可桢 谢家玉(孙恒代) 谢赓 王国松 王焕镳 江希明 王珏 王葆仁 朱庭祜 李浩培 吴耕民 孙逢吉 储润科 舒鸿 李寿恒 陈鸿逵 祝文白 顾谷宜 苏步青 蔡邦华 张其昀 谈家桢(代) 王季午 李天助 朱正元 诸葛麒 钱宝琮 张绍忠(赵凤涛代) 陈立 以上出席会员二十八人。
列席	庄雍熙 吴定良 章定安
主席	竺〈可桢〉校长
记录	章定安

开会如仪

宣读上次会议记录

报告事项

主席报告

1.本校尚需修建费共二百余亿,闻部中高教费仅准六百亿,不知分配浙大若干,恐与本校所需数距离遥远。

2.部中分配浙大二万六千美金,俟其有款时可拨到。

3.招生事已与中大接洽,不收转学生一节或将由招生委员会复议。

4.部中电知,准设人类学系。

5.下年度学历亟须规定。

吴定良先生报告部准添设人类学系经过情形及其缘由。

福利委员会主席报告第七次会议关于分配节余薪津之决案。

讨论事项

一、规定三十六年下学年度学校历案

决议:

秋季学期:九月十五日——一月十七日上课;一月十九日——一月廿四日考试。

春季学期:二月十六日—六月九上课;六月廿一日——六月廿六日考试。

以上一、二两年级适用。

二、本学期一年级各科上课时间不足,所缺教材得由各系设法于下学期续修课程中或另开班补定之案

决议:通过。

三、二、三年级生下年度应先予甄别试验案

决议:保留俟下次会议讨论。

四、部电通知准设人类学系案

决议:俟呈部拨给适当经费后再行成立、招生。

五、理学院请分所建筑科学馆,在未完成前请续拨实验室案

决议:交校舍委员会讨论。

六、蒋百里先生家属请求拨给凤凰山之地为蒋先生迁葬案

决议:保留。俟下次会议讨论。

附启:以上议决案均经呈奉校长核准施行。

校长办公室启

〈三十六年〉七月 日

浙江大学档案馆藏 L053-001-0458

校务会议第六十一次会议记录

(1947 年 7 月 28 日)

日期	三十六年七月二十八日
地点	校长公舍会议室
出席	王葆仁　钱宝琮　谢家玉(孙恒代)　祝文白　杨耀德　王焕镳　储润科　陈鸿逵 孙逢吉　王琎　吴耕民　陈立　张其昀　朱正元　舒鸿　谈家桢　郑宗海　苏步青 蔡邦华　诸葛麒　王国松　顾谷宜　佘坤珊　李浩培　竺可桢　王季午(李天助代) 朱庭祜　谢家玉。以上出席会员二十七人。
列席	孙恒　章安定
主席	竺〈可桢〉校长
记录	章定安

开会如仪

主席报告本校张教务长绍忠于今晨四点逝世。全体起立,静默志哀。

宣读上次会议记录

报告事项

主席报告

1.张教务长经过病状及在本校服务略历,今本校已为组织治丧委员会,推定委员谢家玉

先生等九人代为筹办丧事。

2. 人类学系案已接教育部周司长函知核定该系经费名额,故已予成立、招生。

3. 最近校舍委员会讨论分配校舍决议事项。

农院蔡院长报告最近赴京到教育部接洽分配经费情形。

讨论事项

一、下学期各院系校舍应照战前各院系面积就现有校舍面积重行比例分配,各自集中为原则案(提案人:王葆仁、王琎、谈家桢、储润科、朱正元)

决议:否决。

二、今秋一年级生拟在华家池教学,俟明秋迁回大学路校本部案

决议:通过。

三、明秋华家池一年级迁回校本部后所遗房屋拟拨作医学院用途案

决议:通过。

四、第四十九次校务会议第四案请订定整个校舍计划,决议交校舍委员会拟具详细计划,应迅速办理案

决议:通知校舍委员会速办。

五、聘任委员会议拟教授休假进修办法草案及助教、讲师、副教授出国进修办法草案请审议案

决议:

1. 教授休假办法修正通过。(修正案交人事组办)

2. 助教、讲师、副教授出国进修办法可照行政会议所定办法执行,不再讨论。

附启:以上议决案均经呈奉校长核准施行。

校长办公室启

〈三十六年〉七月　日

校务会议第六十二次会议记录

(1947 年 8 月 21 日)

日期	三十六年八月二十一日下午三时
地点	校长公舍会议室
出席	李寿恒　蔡邦华　储润科　王季午(李天助代)　吴钟伟　谢赓(陆缵何代)　舒鸿 谈家桢　黄炳坤　陈立　范绪箕　杨耀德　苏步青　孙宗彭　陈鸿逵　谢家玉(孙恒代) 佘坤珊　孙逢吉　江希明　王葆仁　钱宝琮　张其昀　王琎　李浩培　王国松　诸葛麒 顾谷宜　竺可桢　吴耕民　以上出席会员二十九人。

续　表

列席	祝汝佐　何增禄　萧辅　吴定良　沈金相　章定安
主席	竺〈可桢〉校长
记录	章定安

开会如仪

宣读上次会议记录

报告事项

主席报告

1.昨行政会议决议请电政院教部援例要求配给实物或发差额金。

2.据一部分教职员呈请平均分配节余薪津福利金。

3.依第七次医学院筹备会议决议设置医预科主任一人,由医、理两院会商适当人选荐,请校长聘任,隶属于理学院。现请谈家桢先生兼任医预科主任。

讨论事项

一、电呈院部援例请求配给实物或发差额金案

决议:以本会名义电呈政院教部,援例请求配给实物,将杭州列入配给实物之九大都市。

二、福利委员会前议节余薪津福利金之分配一案是否通过或修正案

决议:原案修正通过。

附录修正案:

1.依行政会议决议,除提留一亿元作员工子女教育、房租津贴及医药、丧葬等补助费外,余以现金分配;

2.凡本校及附中全体员工均为分配对象;

3.工友部分、附中部分俟核算后可另行提出,自行分发;

4.凡本校及附中员工在七月份支薪而系四月一日以前到职者方可分配;

5.依照员工本薪及生活津贴之总数作比例分配;

6.大学部教职员发款至万元整数为止,尾数拨交福利委员会运用(如团体保险等事)。

三、请将华家池农场内之鱼塘十三个划归福利委员会作福利事业案

决议:通过。

四、教员名额分配案

决议:暂行保留所分发之分配表,请由各系审阅,如有意见以书面送预算委员会核议后提出下届本会议讨论。

五、蒋复璁先生函请本校许其叔蒋百里先生迁葬于凤凰山地案

决议:通过。

六、本年度学校历应否修改案

议决:上学期增一星期,下学期减一星期。

七、请学校组织委员会调查附中课程及一切设施并授权该会指导改善案

决议:组织委员会定委员共九人,以师范学院院长及附中校长为当然委员,余七人由师范院长按附中课程向大学有关各系教授接洽一人,师范学院院长为委员会主席。

八、拟定本校各处校舍名称案

议决:修正通过。

附录修正名称单:

1.绿洋房称阳明馆

2.东新建筑称梨洲馆

3.西新建筑称舜水馆

4.南北干线路称求是路

5.48、47教室称报国厅

6.第一新宿舍称忠垒

7.第二新宿舍称恕垒

8.第三新宿舍称仁垒

9.工学院大礼堂称诚朴馆

10.图书馆至子弹库路称报国路

11.求是桥所在池塘称慈湖

12.子弹库称龙泉馆

13.刀茅巷宿舍(自南至北)

1.称建德邨;2.称吉安邨;3.称泰和邨;4.称庆远邨。

附启:以上议决案均经呈奉校长核准施行。

校长办公室启

〈三十六年〉八月 日

浙江大学档案馆藏 L053-001-0458

校务会议第六十三次会议记录
(1947 年 10 月 11 日)

日期	三十六年十月十一日下午三时
地点	校长公舍会议室
出席	蔡邦华　朱庭祜　孟宪承　雷男　苏步青　王葆仁　李寿恒　陈鸿逵　钱宝琮　李天助　萧辅　陈立　江希明　王琎　李浩培　王国松　郑宗海　谈家桢　谢赓　竺可桢　朱正元　孙宗彭　吴钟伟　王焕镳　谢家玉　诸葛麒　张其昀　王季午　范绪箕　顾谷宜　吴定良　舒鸿　以上计出席者会员三十二人。
列席	章定安
主席	竺〈可桢〉校长
记录	章定安

开会如仪

宣读上次会议记录

报告事项

主席报告

1.本年度招收新生情形。

2.校舍不敷分配状况。

3.目前经费状况。

4.关于增进同人生活问题与中央各方面接洽经过。

李教务长报告

1.本年度招收新生数及各年级注册、上课日期。

2.三、四年级生举行学分考试情形。

3.本年度排课困难缘由。

4.各研究所招生情形。

顾训导长报告

1.前学期结束办法对于二、三年级生处置情形。

2.学生自治会组织法推举代表办法之变更。

谢总务长报告

1.本校自迁杭迄今工程费支用数。

2.本年自二月至九月水、电、柴及汽油各费支用数。

3.各院系领物价值数。

谢会计主任报告

1.经常费亏短状况,最近追加预算后计本年度尚须亏短八、九亿元。

2.临时费共已支七十余亿,其中二十余亿尚在暂付账。

3.本校近月教职员生活补助费月需六亿五千万元,学生公费月需二亿三千万元,教员学术研究费月需六千万元(均依九月份未增加数计算)。

讨论事项

一、请于本年度内筹设教育研究所案

决议:通过。

二、请重编本校一览并组织编辑委员会案

决议:请由出版委员会会同章则委员会及教务会议常务委员会负责办理。

三、请于下年度起本校教务长、各院院长及各系系主任均采教授选举制度案

决议:暂行保留。交章则委员会研究利弊报告,下届本会议讨论。

四、请规定医学院院址院舍及经费预算案

决议:医学院院址定在华家池。

五、拟请调整各常设委员会案

决议:

1.各委员会应合并者如下:

(1)聘任委员会与升等审查委员会合并为聘任及升等审查委员会；

(2)出版委员会与文化合作委员会合并为文化合作及出版委员会；

(3)公费奖学金委员会并入训育委员会。

2.当选委员每人以参加两个委员会为限，当然委员每人以参加三个委员会为限；常设委员会隶属于行政会议，行政会议隶属于校务会议；聘任及升等审查委员会设委员九人，每院至少一人；

3.课程委员会、体育委员会取消。

六、改善同人生活案

决议：

1.推苏步青、张晓峰、李浩培、郑晓沧、朱正元五位先生赴京声请；

2.推严仁赓、雷男、吴定良三位先生调查杭州目前物价指数及生活指数，制表连同根据交由前项五位先生带京。

附启：以上决议案均经呈奉校长核准施行。

校长办公室启

〈三十六年〉十月 日

浙江大学档案馆藏 L053-001-0458

校务会议(临时)第六十四次会议记录
(1947 年 10 月 30 日)

日期	三十六年十月三十日下午三时
地点	校长公舍会议室
出席	王国松　谈家桢　杨耀德　萧辅　江希明　孙宗彭　陈鸿逵　李寿恒　王珘　朱庭祜　佘坤珊　雷男　陈立　王焕镳　谢赓(陆缵何代)　李天助　严仁赓　张其昀(李非代)　谢家玉　诸葛麒　范绪箕　竺可桢　王季午　以上计出席会员二十三人。
列席	章定安　赵之远　周子亚　高锡昌
主席	竺〈可桢〉校长
记录	章定安

开会如仪

报告事项

主席报告

1.农院同学于子三、郦伯瑾及毕业校友陈建新、黄世民四人于十月廿五日夜在延龄路大同旅馆被杭州市警察局逮捕及本校闻信查究踪迹及案情之经过。

2.于子三同学于十月廿九晚六点在保安司令部惨死情形。

3.校内学生开大会要求事项。

校医李天助先生报告死者详细状况及伤势。

诸葛麒先生报告日前与顾训导长往看被捕四同学情形。

雷学时同学到会报告

1.关于会学今日上午开会情形及决议。

2.学生大会对于教授先生之请求与愿望。

讨论事项

一、关于同学在校外被捕及其一人在押死亡本校应如何表示案

决议:

1.电报教育部。

2.将本校所知事实经过叙述发表。

浙江大学档案馆藏 L053-001-0458

校务会议(临时)第六十五次会议记录
(1947 年 11 月 10 日)

日期	三十六年十一月十日下午三时
地点	校长公舍会议室
出席	王国松　范绪箕　朱正元　王葆仁　蔡邦华　谈家桢　苏步青　钱宝琮　李寿恒 李天助　孙宗彭(王承基代)　李浩培　杨耀德　王琎　江希明　陈鸿逵　舒鸿 郑宗海　朱庭祜　严仁赓　王季午　竺可桢　诸葛麒　佘坤珊　谢家玉 以上计出席会员二十五人。
列席	沈金相　何增禄　王承基　林汝瑶　祝汝佐　邵均　郑奠　赵之远　谢佐禹　章定安
主席	竺〈可桢〉校长
记录	章定安

开会如仪

宣读上两次会议记录

报告事项

主席报告

1.奉教育部转奉院令,各级学校教职员之休假、请假均不适用公务员请假规则。

2.此次赴京接洽实物配给困难情形及临时费分配约数。

3.顾训导长丁内艰请假请蔡院长替代。

4.近日学生之行动及校方劝阻之经过。

5.此次赴京报告于案经过情形,最高当局已饬浙江高法院长及首席检察官立即回浙赶

速公开案结,并对于案予以彻查。

6.向高法院长询洽保释程序并到狱探视在押之三同学。

讨论事项

一、请以本会议名义通告全体学生,表示学校及同人立场与态度,劝导学生早日复课案

决议:全体通过。

浙江大学档案馆藏 L053-001-0458

校务会议(临时)第六十六次会议记录
(1947 年 11 月 16 日)

日期	三十六年十一月十六日上午九时
地点	校长公舍会议室
出席	蔡邦华 李天助 王国松 苏步青 李寿恒 舒鸿 江希明 李浩培 谈家桢 朱正元 王承基 王葆仁(王承基代) 陈鸿逵 吴钟伟 王焕镳 孟宪承 钱宝琮 佘坤珊 萧辅 郑宗海 朱庭祜 王琎 张其昀 陈立 竺可桢 范绪箕 谢家玉(孙恒代) 杨耀德 以上计出席会员二十七人。
列席	孙祈 孙祥治 谢佐禹 郑奠 赵之远 林汝瑶 祁均 章定安 何增禄 祝汝佐
主席	竺〈可桢〉校长
记录	章定安

开会如仪

宣读上次会议记录

报告事项

主席报告

1.今日校务会议承教育部凌司长到会参加,不胜欢迎,希望有所指示。

2.近日学生动态及其各项要求;本人历经与学生代表谈话劝告之经过。

凌司长报告

1.本人返京后重来杭州缘由及教育部意旨。

2.本人两日来工作。

讨论事项

一、请各委员依照教务会议议决案分别严格执行点名报告教务处,以重课务案

决议:通过。

二、此次所缺之课应如何补足案

决议:交教务会议讨论。

附启:以上议决等均经呈奉校长核准施行。

校长办公室启

〈三十六年〉十一月　日

校务会议第六十七次会议记录

(1947 年 12 月 20 日)

日期	三十六年十二月二十日下午三时
地点	校长公舍会议室
出席	陈鸿逵　江希明　孟宪承　张其昀　王焕镳　谢家玉　钱宝琮　李寿恒　苏步青　王葆仁　谈家桢　朱正元　吴钟伟　孙宗彭　吴定良　陈立　萧辅　王班　谢赓　顾谷宜　李浩培　竺可桢　诸葛麒　王国松　杨耀德　以上出席会员二十六人。
列席	何增禄　林汝瑶　王德崇(许道夫代)　郑奠　赵之远　谢佐禹　陈熹　章定安
主席	竺〈可桢〉校长
记录	章定安

开会如仪

宣读前次常会记录

报告事项

主席报告

1.已故于子三及被押陈建新等三同学案经过情形。

2.关于于子三葬地各方面意见。

3.上次议决上课点名案希望切实执行。

4.前晚北教室电线走火情形。

5.本校经常费积亏状况。

6.一年级生宿舍亟须建筑。

7.关于同人福利事项已准配布。

8.中美教育基金会已成立。

9.元旦须筹备庆祝。

谢总务长报告

1.赴京接洽事项:(1)校内设邮政分局;(2)部拨酒精 100 大桶;(3)配给平价布邀准之经过;(4)中央大学发福利金及办理交通车情形。

2.自二月起本校各院处及体育方面支用款数。

谢会计主任报告

1.本校经常收支概况计至十二月底,约亏十三亿余元。

2.临时费收支概况。

3.学生膳费收支概况。

4.学术研究费收支概况。

讨论事项

一、天气骤寒各办公室需要火盆可否添设案（总务处提）

决议:交行政会议讨论。

二、拟于本校凤凰山公墓划定一区为学生墓地请核议案（训导处提）

决议:通过。

三、章则委员会报告交议教务长、院长及系主任由全体教授选举之利弊一案,一致意见认为不必改弦更张案（李浩培先生提）

决议:准原提案人撤销。

四、拟请急电行政院、教育部,请将杭州与京、沪、平、津一同列入配发实物区,以免偏枯而维生活案（谈家桢、朱正元、王葆仁、苏步青先生提）

决议:通过。

五、预算委员会应请加入校长为当然委员案（王葆仁、张其昀、吴钟伟、陈立、李浩培、王琎、顾谷宜、谢赓先生提）

决议:通过。

六、请从速筹备成立附属小学以济同人子弟就学案（江希明、苏步青、王葆仁、张其昀、李寿恒先生提）

决议:组织筹备委员会负责计划,委员人选请校长选聘之。

附启:以上议决案均经呈奉校长核施行。

校长办公室启

〈三十六年〉十二月二十二日

校务会议(临时)第六十八次会议记录

(1948 年 1 月 5 日)

日期	三十七年一月五日上午九时
地点	校长公舍会议室

续 表

出席	萧辅　谢赓　严仁赓　郑宗海　王国松　陈鸿逵　陈立　江希明　朱正元 李浩培　谢家玉(陆子桐代)　舒鸿　吴钟伟　杨耀德　谈家桢　朱庭祜　李寿恒 王焕镳　苏步青　钱宝琮　李天助　孟宪承　佘坤珊　张其昀　王葆仁　王季午 竺可桢　诸葛麒　以上计出席会员二十八人。
列席	林汝瑶　赵之远　章定安　谢佐禹　王承基　何增禄　孙羲
主席	竺〈可桢〉校长
记录	章定安

开会如仪

宣读上次会议记录

报告事项

主席报告

1.关于于子三葬地及送葬条件,地方当局与学生自治会及校方三方面不同之意见及历次交涉之经过。

2.昨日上午学生开大会时突有暴徒数十人闯入校内殴打情形。

顾训导长报告

1.昨日事件详情及其原因。

2.昨事后学生会议决议要求各项及如何善后问题。

讨论事项

一、如何应付学校当前困难,挽救危局案

决议:

1.向地方当局抗议暴徒侵入学校殴打学生,要求保证此后安全,并恢复学校附近交通;(29票通过)

2.令学生克日上课;(24票通过)

3.如不遵令上课,依照教育部前令解散学生自治会,并呈部请求解散学校。(18票对4票通过)

二、本校除指定公墓外,校内任何地区不作墓地案。

决议:通过。(20票)

附启:以上议决当场经呈奉校长核准施行。

校长办公室启
〈三十七年〉一月 日

校务会议第六十九次会议记录

(1948 年 1 月 9 日)

日期	三十七年一月九日下午三时
地点	校长公舍会议室
出席	钱宝琮　孟宪承　陈立　杨耀德　舒鸿　孙羲　李寿恒　孙宗彭　郑宗海　佘坤珊 谈家桢　李天助　王葆仁　李浩培　王季午　苏步青　严仁赓　吴钟伟　朱庭祐 蔡邦华　江希明　谢家玉　顾谷宜　谢赓　陈鸿逵　王玼　王国松　竺可桢　诸葛麒 王焕镳　范绪箕　朱正元　以上计出席会员三十二人。
列席	谢佐禹　林汝瑶　王承基　邵均　沈金相　何增禄　郑奠　章定安
主席	竺〈可桢〉校长
记录	章定安

开会如仪

宣读上次会议记录

报告事项

主席报告

1.本校呈请配给实物办理情形。

2.教育部派代表程其保先生来校视察,今日莅会,甚望有所指示。

3.本校"一·四"事件与省府交涉情形。

4.学生经劝告后决定休止罢课。

程其保先生报告此次来校使命:

1.察看同人生活之困难状况,目前中央拟调整消息及今年国家教育费之预算;

2.关于本校"一·四"事件,希望大家平心静气寻求解决之途径。

蔡邦华院长报告赴京报告"一·四"事件经过。

讨论事项

一、请推派代表赴京继续交涉实物配给案(苏步青、王葆仁、佘坤珊、张其昀、谈家桢、江希明先生提)

决议:推定代表五人赴京。

张其昀先生(32 票)、谈家桢先生(23 票)、苏步青先生(22 票)、诸葛麒先生(20 票)、江希明先生(19 票)

二、请推定专人负责主持"一·四"事件法律事宜案

决议:推定李浩培、鲍祥龄、徐家齐、蔡邦华、顾谷宜五先生办理。

附启:以上议决案业经呈奉校长核准施行。

校长办公室启
〈三十七年〉一月 日

浙江大学档案馆藏 L053-001-0458

校务会议第七十次会议记录
(1948 年 3 月 6 日)

日期	三十七年三月六日下午二时
地点	校长公舍会议室
出席	竺可桢 钱宝琮 张其昀 王琎 陈立 苏步青 李寿恒 谢赓 李天助 王季午 雷男 王葆仁 佘坤珊 邵均 诸葛麒 李浩培 王国松 朱庭祜 蔡邦华 孙宗彭 谢家玉 王焕镳 萧辅 谈家桢 江希明 朱正元 严仁赓 顾谷宜 郑宗海 杨耀德 以上计出席会员三十人。
列席	何增禄 谢佐禹 郑奠 林汝瑶 章定安
主席	竺〈可桢〉校长
记录	章定安

开会如仪

宣读上次会议记录

报告事项

主席报告

1.关于"一·四"事件状诉情形。

2.请愿分配实物代表未晋京,现煤、米两项已有配给。

3.关于已故同学于子三由校代葬办法。

4.奉部核定本年半年度经常费每月二亿九千余万元,临时费上半年共四十亿款尚未到。

5.奉部核定教职员名额共七百四十二名(连附属医院在内)。

6.全体学生上校务会议书传阅。

李浩培院长报告

1.办理"一·四"事件之经过,法院以伤害部分作互殴起诉,侵入部分不起诉。

李教务长报告

1.上学期应届毕业人数 83 名内 33 人成绩尚未齐。

2.卅六年度第二学期注册人数统计总数为一千八百六十二名,内附各院师范生二百三十五名,上学期退学者七十五人,留级者二十三人。

3.上学期大致情形。

4.退学原因,二分之一不及格者三十八人,余均系自请退学或转学。

顾训导长报告

1.学生本学期选举情形及其依据之部章。

2.学生自治会图书室情形。

谢总务长报告

1.上年一至十二月份本校各单位费用统计数。

2.目前本校经济状况及库存数。

谢会计主任报告

1.截至本年二月底止全校经济状况。

2.本年半年度收支预算之估计,查一、二月份已用去二十八亿元。

讨论事项

一、请审核三十六年度第一学期应届毕业生案(教务处提)

决议:本届应届毕业学生如成绩齐全,满足毕业条件,准予毕业。(名单另附)

二、各院系教员名额分配案(校长会议)

决议:请各院就教员名额分配表提供意见,再交预算委员会讨论修正,提出下届校务会议审核。

三、请规定(一)本年度各院(非各系)购置分配比例,(二)各系购置费分配比例由各院院务会议或系主任会议决定之,(三)预算委员会分配各种临时学术研究费只须以院为单位,其各系分配由各院院务会议或系主任会议决定之案(何增禄、范绪筦、陈熹、王承基、孙宗彭、谈家桢先生提)

决议:请各院就原分配预算百分比提供意见,再交预算委员会讨论修正,提出下届校务会议审核。

四、同人生活困苦、合作社亟待筹办,拟请拨给合作社基金六亿元,以资筹备进行案(朱正元、苏步青先生提)

决议:通过。请预算委员会尽先拨款。

五、请推组合作社筹备委员会案

决议:定筹备委员九人,请由教授会推出三人,讲师助教会推出两人,职员会推出三人,附中推出一人组织之。

六、请于三十七年度起增设中国文学研究所案(中文系提)

决议:通过。呈部申请。

七、请将学校余米全部拨充同人子女就学小学学杂费案(教授会理事会提)

决议:以行政会议议决案通过,限一星期内执行。

附录行政会议议决案

(第 60 次)同人子女教育费补助办法案

决议:交福利委员会在余米款项下除提拨补助雷男先生医药费外,作为补助同人子女之在小学及私立中学之用其分配办法,由福利委员会议定之。

(第 62 次)职员子女亟待入学缴费纷纷向校借款而福利委员会关于分配子女教育费一节延未开会应如何办理案

决议:请总务处速交福利委员会及省银行分别办理。

八、福利委员会请确定原则指拨的款案（福利委员会提）

决议：请预算委员会宽拨经费。

九、附中请列入大学部福利委员会业务范围案（福利委员会提）

决议：

1. 附中列入大学部福利委员会；

2. 附中原有福利委员会连同经费合并于大学部福利委员会。

十、章则委员会请确定校务会议中教授代表人数及各系之主任是否当然会员案（李浩培先生提）。

决议：下年度起系主任为校务会议当然会员，请章则委员会拟订条文提出下届校务会议讨论。

十一、请于久任教授改发长期聘书案（谈家桢、佘坤珊、张其昀先生提）

决议：否决。

十二、请规定下年度教授待遇调整办法案（佘坤珊、谈家桢、张其昀先生提）

决议：保留。

卅七年三月九日

浙江大学档案馆藏 L053-001-0458

校务会议第七十一次会议记录
（1948 年 4 月 13 日）

日期	三十七年四月十三日下午三时
地点	校长公舍会议室
出席	王季午　孟宪承　李浩培　苏步青　竺可桢　王琎　李寿恒　蔡邦华　朱庭祜　王国松　钱宝琮　雷男　江希明　顾谷宜　王葆仁　萧辅　储润科　谢赓　孙宗彭　张其昀　郑宗海　杨耀德　王焕镳　范绪箕　陈立　诸葛麒　以上计出席会员二十六人。
列席	何增禄　陈熹　赵之远　郑奠　谢佐禹　章定安
主席	竺〈可桢〉校长
记录	章定安

开会如仪

宣读上次会议记录

报告事项

主席报告

1. 谢总务长调聘为驻京、沪代表，其总务长职务请储润科先生兼任。

2. 顾训导长辞职，现请李浩培先生兼任。

3.故张教务长拟为安葬于凤凰山。

4.医学院附属医院现可有美款补助修建费为工资、全部料费五分之一,连同本国政府贴补料费五分之四,共约二百亿元。

5.理学院现拟向中美文化教育基金借五万美金,归二年还清,须教育、财政两部担保。

讨论事项

一、下年度一年级学生迁入校本部所遗华家池校舍如何利用案

决议:交校舍委员会详细筹划。

二、修正本校学则请公决案

决议:通过。(学则黏附)①

三、福利委员会自动休止系属无权应请恢复案

决议:通过。

附启:以上议决案均经呈奉校长核准施行。

校长办公室启

〈三十七年〉四月 日

浙江大学档案馆藏 L053-001-0458

校务会议第七十二次会议记录

(1948 年 5 月 18 日)

日期	三十七年五月十八日下午三时
地点	校长公舍会议室
出席	竺可桢　王季午　朱正元　王国松　谢赓　李寿恒　苏步青　江希明　孟宪承　陈鸿逵　罗登义　孙宗彭　储润科　吴钟伟　王葆仁　佘坤珊　杨耀德　李天助　严仁赓　陈立　李浩培　王琎　吴定良　雷男　萧辅　蔡邦华　顾谷宜　郑宗海　诸葛麒　钱宝琮　以上出席会次三十人。
列席	孙祁　何增禄　贝时璋　王承基　陈熹　赵之远　邵均　谢佐禹
主席	竺〈可桢〉校长
记录	诸葛麒

开会如仪

宣读上次会议记录

报告事项

主席报告近日学生壁报捏造事实,攻讦文学院张〈其昀〉院长,佘〈坤珊〉、郑〈奠〉两系主

---

① 学则此处暂略。

任措辞荒谬,亟应处分。

李训导长报告

1.学生壁报漫画无理议评师长情形及处置经过。

2.群报言论涉及本校张〈其昀〉、佘〈坤珊〉诸先生大意及更正、道歉经过。

顾俶南先生报告

1.本校规定审查壁报办法。

2.文学院全体教员谈话会决议挽留、慰问及与张〈其昀〉、郑〈奠〉诸先生同进退各案情形。

讨论事项

一、学生壁报侮辱师长应如何处分案

决议:责成学生自治会壁报主编人刘万甸立即交出各该作者姓名,予以严重处分,否则刘万甸应负全责,着即退学。

二、本校学生景诚之发行之群报毁坏校誉、侮辱师长应如何处分案

决议:景诚之亲呈笔离杭,发表毁坏校誉、侮辱师长文字,应责令其交出本校学生之作者姓名,予以严重处分,景诚之并连带负责,如抗不交出姓名,着即退学。

卅七年五月十九日

校务会议第七十三次会议记录
(1948 年 5 月 25 日)

日期	三十七年五月二十五日下午三时
地点	校长公舍会议室
出席	陈鸿逵　李天助　李寿恒　诸葛麒　江希明　孟宪承　苏步青　朱正元　王焕镳　舒鸿　吴钟伟　王国松　朱庭祜　钱宝琮　王葆仁　竺可桢　储润科　王琎　严仁赓　蔡邦华　杨耀德　郑宗海　顾谷宜　萧辅　雷男　李浩培　孙宗彭　以上出席会员二十七人。
列席	何增禄　罗登义　贝时璋　赵之远　谢佐禹　邵均　王承基　章定安
主席	竺〈可桢〉校长
记录	章定安

开会如仪

宣读上次会议记录

报告事项

主席报告日前一星期内处理学生壁报侮辱师长案经过情形。

李训导长报告审查五月二十日罢课签名单情形。

讨论事项

一、学生壁报侮辱师长案已有学生四人自首，前次议决刘万甸之处分可否减轻案

决议：刘万甸原处分酌予减轻，改处两大过，留校察看。

二、自首学生蔡昌荣、蔡立义、张锡昌、胡润杰四人应如何处分案

决议：各记大过两次，留校察看。

三、如何整饬壁报案

决议：交训导委员会拟具方案。

四、据报学生自治会理事会有谎报签名人数嫌疑，以造成五月二十日罢课，应如何处理案

决议：交训导处彻查。

附启：以上议决案均经呈奉校校长核准。

校长办公室启

〈三十七年〉五月 日

浙江大学档案馆藏 L053-001-0458

校务会议第七十四次会议记录

（1948 年 6 月 10 日）

日期	三十七年六月十日下午八时
地点	校长公舍会议室
出席	竺可桢　诸葛麒　佘坤珊　王琎　吴钟伟　陈鸿逵　江希明　蔡邦华　顾谷宜　张其昀　杨耀德　李寿恒　储润科　舒鸿　谈家桢　王葆仁　范绪箕　王国松　雷男　苏步青　李浩培（赵之远代）　孙宗彭　钱宝琮　以上出席会员二十三人。
列席	陈熹　赵之远　孙祁　孙祥治　邵均　林汝瑶　郑奠　章定安
主席	竺〈可桢〉校长
记录	诸葛麒

开会如仪

宣读上次会议记录

报告事项

主席报告

1.最近学生自治会壁报毁损青年军复员同学名誉（附见六月九日日刊），发生殴伤青年军复员学生罗振南经过情形（六月九日）。

2.训育委员会议决处分壁报负责学生刘万甸、刘忠潮、魏玉田情形（附见六月九日日

刊）。

3. 今日上午,学生百余人集队向训导处质问,并派代表一再赴李训导长家中探视,无理要求李训导长引咎辞职经过情形。

讨论事项

一、审核三十六学年度第二学期应届毕业生案

决议:本届应届毕业学生如成绩齐全,操行及格,满足毕业条件,准予毕业。（名单另附）

二、本会议应推代表慰问李训导长案

决议:全体通过。请王季梁、江希明两先生代表慰问,并表示本会议同人对训导处执行训导方案,一致拥护。

三、学生向李训导长无理要求应予布告申斥案

决议:全体通过。

附启:以上议决案均经呈奉校长核准施行。

校长办公室启

浙江大学档案馆藏 L053-001-0458

校务会议第七十五次会议记录
(1948 年 6 月 12 日)

日期	三十七年六月十二日下午二时
地点	罗苑
出席	竺可桢　诸葛麒　王国松　顾谷宜　王葆仁　谢家玉　江希明　孙宗彭　佘坤珊　李天助　雷男　储润科　萧辅　朱庭祜　陈立　孟宪承　王季午　苏步青　范绪箕　舒鸿　朱正元　严仁赓　李寿恒　钱宝琮　郑宗海　王琎　王焕镳　蔡邦华　张其昀
列席	贝时璋　王承基　林汝瑶　孙祁　郑奠　赵之远　陈熹
主席	竺〈可桢〉校长①
记录	诸葛麒

开会如仪

宣读上次会议记录

报告事项

主席报告

1. 连日本席告诫学生自治会代表经过情形。

---

① 实际主持本次校务会议者为王琎

2.今日学生自治会代表会议决罢课绝食,封锁教室、膳厅,集队二三百人,鹄立校长公舍大门外,请愿收回处分学生成命各情形。

顾俶南、孙□□①两先生补充报告今日上午罢课请愿经过。

王代主席季梁院长报告校长业已赴京,委托本席代为主席。

讨论事项

参考记录(不发表)

指示学生自治会应即实行下列办法:

1.立即恢复常态;

2.向李训导长道歉;

3.遵照学校规定,修正学生壁报办法。

以上三项如能诚意实行,本会议认为满意时,对于此次处分壁报案,可予从长考虑。

浙江大学档案馆藏 L053-001-0458

校务会议第七十六次会议记录
(1948 年 10 月 2 日)

日期	三十七年十月二日下午二时
地点	校长公舍会议室
出席	竺可桢　诸葛麒　苏步青　王琎　萧辅　张其昀　王葆仁　王国松　詹永梅　朱庭祜　江希明　孟宪承　陈鸿逵　吴钟伟　王季午　钱宝琮　郑宗海　吴定良　雷男　蔡邦华　李浩培
列席	吴耕民　邵均　夏振铎　谢佐禹　陈熹　董聿茂　章定安
主席	竺〈可桢〉校长
记录	章定安

开会如仪

宣读上次会议记录

报告事项

主席报告

1.本日召集原校务会议缘由。

2.本学年度回校之老教授及新聘之教授名单。

3.人事方面总务、训导、教务三处长及一年级主任本学年更动缘由。

4.一年级学生已迁回校本部,附中已迁往华家池。

5.建筑存中馆为一年级生教室已落成,现又建筑医学院实验室。

---

① 疑为孙宗彭。

6. 浙省府愿与浙大合作兴办建设事业。

7. 教育部拟明年召开全国教育会议，可预备提案。

8. 训导方面暑假中有学生吴大信被捕，已经判决，近又有女生李雅卿被捕。

9. 浙省府配发食米七斗之议，闻可实现。

王教务长报告

1. 本学期旧生报到人数。

截至九月十五日止，共为 1365 人，计：文 240；理 165；工 532；农 186；师 73；法 131；医 38 人。

2. 新生录取总数 287 人，连各校保送 40 人，及奉〈教育〉部分发者共 350 人，现已报到 229 人。

3. 一年级新生比旧生延期三星期上课，酌量变动新生之学历。

4. 一年级生能力分组办法经教务会议决议取消。

5. 已通过之学则分送各教师查照。

6. 办理补习班情形。

王国松先生报告本校本学期经、临各费暨美金及员工名额预算之分配数。

（预算委员会报告粘附）①

讨论事项

一、据人类学系请自本学期始筹备成立人类学研究所案

决议：通过。

二、本学年度校务会议会员应即改选，依第七十次校务会议第十案决议，下年度起系主任为校务会议当然会员，但是否包括医学院科主任及司法组主任请复议公决案

决议：本学年度校务会议之组织及选举，仍悉照上年度成例办理。（13 票对 8 票通过）

附启：以上议决案均经呈奉校长核准施行。

校长办公室启
〈三十七年〉十月

浙江大学档案馆藏 L053-001-0458

---

① 报告此处暂略。

校务会议第七十七次会议记录

(1948 年 10 月 30 日)

日期	三十七年十月三十日下午三时
地点	校长公舍会议室
出席	竺可桢　王季午　王国松　张其昀　严仁赓　杨耀德　朱庭祜　蔡邦华　李浩培 王琎　吴钟伟　钱宝琮　孟宪承　何增禄　顾谷宜　李天助　赵之远　贝时璋　诸葛麒 江希明　李寿恒　储润科　王葆仁　郑宗海　苏步青　胡刚复　计出席会员二十六人。
列席	谢家玉
主席	竺〈可桢〉校长
记录	诸葛麒

开会如仪

宣读上次会议记录

报告事项

主席报告

1. 近来杭州粮食断绝,造成市民空前恐慌。本校正分洽省、市政府拨借食米,惟本校师生员役每日需米四十石,不易挹注,连日已派员分向富阳、萧山等处洽购柴米,期能暂时济急。

2. 本校常设委员会由校务会议会员选举各会,业已投票,应即开票。

3. 早晨起身钟时间自十一月一日起至二月二十八日止,改订为上午六时半。

朱总务长报告连日洽购食米、食油、木柴情形,及分配存米经过。

苏训导长报告赴富阳洽购木柴情形。

谢家玉先生报告

1.(略)刻接教育部贺司长长途电话,"部定公费生副食费,每生每月暂增加采办费二元。食米超出限价,可作运费报销"云云。

2. 在京与教育部接洽经费报销事项。

3. 在沪与海关接洽提运图书仪器事项。

讨论事项

一、本校亟应购备柴、米、食油应急案

决议:

1. 本校应为师生、工友至少购足半月食粮、木柴、食油,员工部分仍计口分配;

2. 由总务处邀请训导处、福利委员会、教授会、讲师助教会、职员会代表各一人协商办理。

二、审议《国立浙江大学各种委员会通则》案。

决议:修正通过。(第一条到第四条)本规则第一条至第四条修正通过,第五条起以不足法定人数,散会,移下次会议讨论。(附注:第五条至第十二条经七〈十〉八次校务会议修正通过。)

　　附启:以上议决案均经呈奉校长核准施行。

校长办公室启

浙江大学档案馆藏 L053-001-0458

校务会议第七十八次会议记录
(1948 年 12 月 4 日)

日期	三十七年十二月四日下午三时
地点	校长公舍会议室
出席	蔡邦华　胡刚复　王葆仁　苏步青　谈家桢　束星北　储润科　王国松　李寿恒　李天助　诸葛麒　孟宪承　郑宗海　张其昀　贝时璋　李浩培　萧辅　严仁赓　王琎　顾谷宜　吴耕民　赵之远　江希明　何增禄　钱宝琮　竺可桢　朱庭祜　杨耀德　以上共计会员二十九人。
列席	王承基　沈金相　郑奠　王承绪　熊伯蘅　夏振铎　董聿茂　邵均　谢佐禹　孙羲　章定安　黄培福　以上列席十一人。
主席	竺〈可桢〉校长
记录	章定安

开会如仪

宣读上次会议记录

报告事项

主席报告

1.今日因目前时局关系拟先讨论应付环境诸问题。

2.从各方面所得京、沪各大学消息。

讨论事项

一、请推举代表赴京向教育部请示应变方针并接洽经费案

决议:通过。

二、本学期学生申请休学期间应否延长案

决议:准予延长两星期。

三、继续上次审议《国立浙江大学各种委员会通则》第五条至第十二条案

决议:修正通过。(见上次记录后粘附)

附启:以上议决案均经呈奉校长核准施行。

校长办公室启

〈三十七年〉十二月

浙江大学档案馆藏 L053-001-0458

校务会议第七十九次会议记录
(1949 年 1 月 11 日)

日期	三十八年一月十一日下午三时
地点	校长公舍会议室
出席	黄培福 孟宪承 王葆仁 王国松 李寿恒 钱宝琮 李天助 胡刚复 戚叔含 严仁赓 杨耀德 郑宗海 朱庭祜 谈家桢 吴耕民 李浩培 赵之远 吴定良 陈鸿逵 王琎 何增禄 蔡邦华 顾谷宜 张其昀 诸葛麒 竺可桢 苏步青 以上共计会员二十七人。
列席	谢佐禹 孙羲 熊伯蘅 沈金相 夏振铎 董聿茂 陈熹 王承绪 邵均 章定安 以上列席十人。
主席	竺〈可桢〉校长
纪录	章定安

开会如仪

宣读上次会议记录

报告事项

主席报告

1.本学期上课尚属整齐,上课日数能符校历。

2.杭市府检查户口事,本校已为分组代办,迅速完成。

3.经费问题已极严重,本校奉定月仅一万二千元,而上月份水、电、油、柴四项已共需二十八万五千元,借债度日。目前已请郑奠、储润科二教授赴京声请调整。

王教务长报告

1.《全校各院系课程一览》业经付印,教育部亦有新颁课程表到校。

2.寄读问题已经教务会议讨论决定办法。

讨论事项

一、三十七年度第一学期应届毕业生请审核案

决议:本学期应届毕业生五十二名,师范学院十四名。如成绩齐全,操行及格,满足毕业条件,准予毕业或实习。(名单另附)

二、组织临时委员会以应付目前特别严重环境案

决议:定名"安全委员会",以委员七至十五人组织之,先产生七人,由校长遴聘三人,由本会公推四人如左:

1.顾谷宜先生(17票)

2.严仁赓先生(13票)

3.胡刚复先生(11票)

4.蔡邦华先生(11票)

三、本学年度图书设备文化合作及出版、福利三委员会因选举票数未及半数致稽成立应如何促成案

决议:仍行开票作为有效。

四、助教请假规则请审核案

决议:保留。

五、学生借阅图书规则请审核案

决议:本规则交教务会议通过,及校长核准后公布施行。

六、实验课程繁多,请参照中大、厦大等校办法,每一实验课程酌收少数实验费用稍资弥补案

决议:保留。

七、学校经费及同人生活极度困难应如何设法案

决议:分电行政院长及教育部,要点如下:

1.请自十二月份起照生活指数发薪;

2.请自十二月份起将薪俸中六十元基数改发银元硬币;

3.请准收学米;

4.请照京、沪同样发给每人一千元及两个月薪给数之疏散费,并存兑黄金一两。

右电稿推王葆仁、张其昀、孙祥治三先生草拟。

附启:以上议决案均经呈奉校长核准施行。

校长办公室启

〈三十八年〉一月 日

校务会议第八十次会议记录
(1949年2月7日)

日期	三十八年二月七日下午三时
地点	校长公舍会议室

续　表

出席	竺可桢　诸葛麒　王季午　张其昀　储润科　钱宝琮　王国松　李寿恒　束星北　李天助　吴钟伟　王葆仁　朱庭祜　邵均　严仁赓　吴耕民　江希明　贝时璋　李浩培　何增禄　赵之远　陈鸿逵　王琎　谈家桢　杨耀德　孟宪承　苏步青　蔡邦华　以上共计会员二十八人。
列席	谢佐禹　王承绪　郑奠　董聿茂　夏振铎　陈熹　孙羲　章定安　以上列席八人。
主席	竺〈可桢〉校长
记录	章定安

开会如仪

宣读上次会议记录

报告事项

主席报告

1.安全委员会委员由上届校务会议推出四人外,已由本人添聘王国松、苏步青、李天助三先生,合共七人,嗣又由该会添聘朱庭祜、陆子桐两先生为委员。该会建议本人召集各单位组织联合统一安全机构。

2.闻行政院迁穗办公,本校经费原已困难万分,此后催款必更迟滞。

3.现奉教育部陆续分发职员来校工作。

4.据南京来人报告教育部及其他部会现状大略。

浙江大学档案馆藏 L053-001-0458

校务会议第八十一次会议记录
(1949 年 3 月 19 日)

日期	三十八年三月十九日下午三时
地点	校长公舍会议室
出席	储润科　张其昀　苏步青　黄培福　何增禄　江希明　贝时璋　谈家桢　王国松　束星北　李寿恒　蔡邦华　王葆仁　李天助　吴钟伟　陈鸿逵　吴耕民　李浩培　郑宗海　孟宪承　竺可桢　诸葛麒　王琎　朱庭祜　胡刚复　以上共计会员二十五人。
列席	董聿茂　陆子桐　谢佐禹　王承绪　夏振铎　熊伯蘅　范绪箕(万一代)　章定安以上列席八人。
主席	竺〈可桢〉校长
记录	章定安

开会如仪

宣读上次会议记录

报告事项

主席报告

1.最近与上海各校院联合向中央请款,已到各项款数及其性质与分配支发经过。

2.今年毕业生出路极为困难,亟应各方设法。

3.目前本校教职员工人数照比例计算已属过多。

王教务长报告

1.三十七年度第二学期注册学生数之说明。

2.寄读生人数计共五十二人。

3.本校与浙江教育厅合办进修学校情形。

现高中补修班已有学生 183 人,共开七班。用实物缴费,每人共缴米二石八斗。大学进修班人数甚少,尚不开班。

黄会计主任报告三十八年度经临各费收支概况。

讨论事项

一、本年度招生事宜亟须筹备应如何进行案

决议:本年度招生拟采用保送及考试同时进行。

二、请早日确定员工子弟小学校舍案

决议:请小学筹备委员会赶速进行。

附启:以上议决案均经呈奉校长核准施行。

校长办公室启

〈三十八年〉三月 日

浙江大学档案馆藏 L053-001-0458

校务会议第八十二次会议记录
(1949 年 4 月 16 日)

日期	三十八年四月十六日下午三时
地点	校长公舍会议室
出席	诸葛麒　黄培福　孟宪承　王国松　李寿恒　王葆仁　储润科　贝时璋　束星北　江希明　何增禄　陈鸿逵　胡刚复　吴耕民　萧辅　李浩培　郑宗海　顾谷宜　王琎　竺可桢　苏步青　朱庭祜　钱宝琮　李天助　蔡邦华　以上计出席会员二十五人。
列席	王承绪　范绪箕(万一代)　郑奠　孙宗彭　谢佐禹　董聿茂　沈金相　夏振铎　邵均　陈熹　章定安　以上列席十一人。

续　表

主席	竺〈可桢〉校长
记录	章定安

开会如仪

宣读上次会议记录

报告事项

主席报告

1.上海区国立专科以上学校(校长教授联谊会)联席会议决议分配紧急拨款办法,及上海区国立专科以上学校三、四月份经费审核计算分配委员会决议各案。

2.紧急拨款分配各项之总数。

3.教职员一百四十余人联名来函,多有误会,想系不明了实际办事情形所致。

4.本校校务会议佥认对谢家玉先生应申谢意。

诸葛麒先生报告赴沪出席上海区国立专科以上学校三、四月份经费审核计算分配委员会之经过及上海提运款项或购置实物种种困难情形。

王国松先生报告预算委员会决议上年部配五千美金及世界贸易公司结存二千六百八十美金之支配。

王教务长报告小学筹备委员会之决议案。

讨论事项

一、储粮费六千万元如何支配保管案

决议:储粮费系为应变之用,不便先行分散,应由安全委员会统筹办理。

苏步青先生建议,本次校务会议应对谢家玉先生表示谢意,众鼓掌赞同。

附启:以上决议案均经呈奉校长核准施行。

校长办公室启
〈三十八年〉四月　日

浙江大学档案馆藏 L053-001-0458

紧急校务谈话会记录
(1949 年 4 月 30 日)

日期	三十八年四月三十日下午
出席	李寿恒　贝时璋　江希明　孟宪承　王国松　诸葛麒　王琎　谭天锡　李天助　戚叔含　吴定良　陆子桐　郑奠　顾谷宜　王葆仁　储润科　蔡邦华　苏步青　邵均　郑宗海　王承绪　谈家桢　熊伯衡　孙羲　夏振铎　赵之远　钱宝琮　沈金相　吴耕民　陈鸿逵　陈熹　李浩培　张申　杨锡龄　杨耀德　任知恕　朱庭祜　黄焕焜　包洪枢　陆缵何　赵凤涛　严仁赓　周世俊
临时主席	严仁赓
临时记录	黄焕焜

主席报告竺校长离杭情形及留函内容。

一、竺校长离杭校务应请应变执行会负责案

议决：在应变执行会组织与原则下碍难接受。

二、请由全校师生、工友名义电请校长返校主持并请同学会电上海分会派代表劝驾

议决：通过。

三、在校长返校以前校务应否另推人选案

议决：一致公推王季梁先生暂代校务。

四、教部拨透支六十三亿将到应如何分配案

议决：以三万倍基数发放。

五、教部令四年级学生提早结束毕业考试应如何进行案

议决：建议教务会议讨论决定之。

六、对外联络出席参议会应否另推代表案

议决：仍恳蔡邦华院长负责全权代表。

散会

《国立浙江大学日刊》复刊新第一百三十九期，民国三十八年四月三十日

(四)校歌、校训

校歌委员会启事

(1936 年 1 月 11 日)

径启者：

　　兹经本会议决,谨按下列宗旨征求本校校歌,特备重酬用答盛藻。以三月之末为征求稿截止之期,凡我校友务希踊跃应征,毋任盼祷。此致
全体教职员同学公鉴

校歌委员会启

〈二十六年〉一月九日

附录校歌宗旨

(一)时代性
促进民族之复兴。
(二)教育精神
养成博达君子与专门学者。
(三)地方性
阐扬本省历来学风、士气之特色。

《国立浙江大学日刊》第一百一十期,民国二十五年一月十一日

本校自本月起征求校歌 一月至三月为征稿之期

(1936 年 1 月 11 日)

　　本校前经校务会议议决,征求校歌,并请定梅光迪、林天兰、王焕镳三先生为校歌委员会委员。该委员曾经开会一次,拟定校歌宗旨及征求办法数项,已经校务会议通过。闻以一月至三月为征稿之期,俟歌辞审定后,再请专家制谱。深盼本校校友踊跃应征云。

《国立浙江大学日刊》第一百一十期,民国二十五年一月十一日

拟浙江大学校歌附说明

(1938 年 12 月)

马一浮

　　大不自多,海纳江河。惟学无际,际于天地。形上谓道兮,形下谓器。礼主别异兮,乐主

和同。知其不二兮,尔听斯聪。

　　国有成均,在浙之滨。昔言求是,实启尔求真。习坎示教,始见经纶。无曰已是,无曰遂真。靡革匪因,靡故匪新。何以新之,开物前民。嗟尔髦士,尚其有闻。

　　念哉典学,思睿观通。有文有质,有农有工。兼总条贯,知至知终。成章乃达,若金之在镕。尚亨于野,无吝于宗。树我邦国,天下来同。

　　案,今国立大学比于古之辟雍,古者飨射之礼于辟雍行之,因有燕乐歌辞。燕飨之礼,所以仁宾客也,故歌《鹿鸣》以相宴乐,歌《四牡》《皇皇者华》以相劳苦,厚之至也。食三老五更于太学,必先释奠于先师。今皆无之。学校歌诗,唯用于开学毕业,或因特故开会时,其义不同于古所用歌辞。乃当述立教之意,师弟子相勖勉诰诫之言,义与箴诗为近。辞不厌朴,但取雅正,寓教思无穷之旨,庶几歌者、听者咸可感发兴起,方不失《乐》教之义。(《学记》曰:"大学始教,皮弁祭菜,示敬道也。宵雅肄三,官其始也。"此见古者《礼》《乐》之教,浃于人心,然后政成民和,国家以安。明堂为政之所从出,辟雍为教之所由兴,其形于燕飨歌辞者笃厚。深至如此,犹可见政教相通之义,此治化之本也。《论语》曰:"诵《诗》三百,授之以政,不达","虽多,亦奚以为。"今作乐安歌,宜知此意。)

　　今所拟首章,明教化之本。体用一原,显微无间。道器兼该,礼乐并得,以救时人歧而二之之失。言约义丰,移风易俗之枢机,实系于此。

　　次章出本校缘起。以求是书院为前身,闻已取"求是"二字为校训。今人人皆知科学所以求真理,其实先儒所谓事物当然之则,即是真理。(事物是现象,真理即本体。理散在万事万物,无乎不寓。所谓是者,是指分殊;所谓真者,即理一也。)凡物有个是当处,乃是天地自然之序。物物皆是当,交相为用,不相陵夺,即是天地自然之和。(是当犹今俗言停停当当,亦云正当。)序是礼之本,和是乐之本,此真理也。(六经无真字,老庄之书始有之。《易》多言"贞",贞者,正也。以事言,则谓之正义;以理言,则谓之真理。或曰诚,或曰无妄,皆真义也。是字从"正",亦贞义也。以西洋哲学真善美三义言之,礼是善,乐是美,兼善与美,斯真矣。《易》曰:"天下之动,贞夫一者也。"《华严》谓之一真法界,与《易》同旨。)故谓求是乃为求真之启示,当于理之谓是,理即是真,无别有真。

　　《易》曰:"水洊至,习坎,君子以常德行,习教事。"义谓水之洊至,自涓流而汇为江海,顺其就下之性而无骤也。君子观于此象,而习行教化之事,必其德行恒常,然后人从之。本校由求是蜕化而来,今方渐具规模,初见经纶之始,期其展也,大成如水之洊至,故用习坎之义。取义于水,亦以其在浙也。"无曰"四句,是诚勉之词,明义理无穷,不可自足。勿矜创获,勿忘古训,乃可日新。"开物成务","前民利用",皆先圣之遗言,今日之当务。("前民"之"前",即领导之意。)傅说之告高宗曰:"学于古训乃有获。"今日学子,尊今而蔑古,蔽于革而不知因,此其失也。"温故知新",可以为师,教者所以长善而救其失。此章之言丁宁谆至,所望于浙大者深矣。

　　末章之意与首章相应。首言体之大,末言用之弘。"念终始典于学"是《说命》文,典者,常也。久于其道而天下化成,乃终始典学之效。成山假就于始篑,修涂托至于初步,要终者必反始,始终如一也。"思曰睿,睿作圣",是《洪范》文。"观其会通,以行其典礼",是《易·系辞》文。"知至至之,可与几也,知终终之,可与存义也",《易·乾·文言》文。"知至"即始条理事,"知终"即终条理事。"同人于野,亨",《易·同人》卦辞。"同人于宗,吝",《同人》六二爻辞。野者,旷远之地,惟廓然大公,斯放之皆准而无睽异之情,故亨。宗者,族党之称,谓私系不忘,则畛域自封,终陷褊狭之过,故吝。学术之有门户,政事之有党争,国际之有侵伐,爱恶相攻,喜怒为用,皆是"同人于宗"致吝之道。学也者,所以通天下之志,故教学之道,须令心量广大,绝诸偏曲之见,将来造就人才,见诸事业,气象必迥乎不同,方可致亨。又今学校方在播迁之中,远离乡土,亦有"同人于野"之象。(大学既为国立,应无地方限制。若谓必当在浙,亦是"同人于宗",吝道也。)然此之寓意甚小,无关宏旨,他日平定后还浙,长用此歌,于义无失。

又,抗战乃一时事变,恢复为理所固然。学校不摄兵戎,乐章当垂久远。时人或以勾践沼吴为美谈,形之歌咏,以寓复兴之志,亦是引喻失义。若淮夷率服,在泮献功,自系当来之事,故抗战情绪不宜羼入,歌辞文章自有体制,但求是当,无取随人。歌辞中用语多出于经,初学不曾读经者,或不知来历,即不明其意义。又谱入曲调,所安声律亦须与词中意旨相应,故欲制谱之师于此歌辞深具了解,方可期于尽善。因不避迂妄,略为注释,如其未当,以俟知者。

《马一浮全集》第一册(上),浙江古籍出版社、浙江教育出版社,1996年,第84—87页

校歌为一校精神之所附丽[①]

(1941 年 11 月 17 日)

竺可桢

本校渴望有校歌者,积四年之久,后得马一浮先生制词,以陈义过高,更请其另作校歌释词一篇。然词高难谱,直至今春始获国立音乐院代制歌谱焉。考校歌为一校精神之所附丽,其有严肃性可知,故学生必善歌之,即至卒业离校,二、三校友晤对时,亦可于引吭唱和中,依稀前事,永忆弗谖也。次之,则为空军服役之事,事涉报国,同学勿弗后人。其三,湄地环境特佳,尤以运动场为最,至希同学日必从事运动,而注意于康健之道。至于学舍之命名为仁、义、礼、智、信者,盖为沿用杭州时之旧称,以维护其历史性,而诸字涵义俱深,尤富于中国传统之精神与美德,诸同学必予以身体而力行之。

《竺可桢全集》(第二卷),上海科技教育出版社,2004年,第555页

---

① 原文注:摘自《国立浙江大学校刊》复刊第一百〇二期(1941年12月2日)"校闻·湄潭本校第一次总理纪念周竺校长训话"中的有关报道。篇名为编者所加。

本校校歌释义

（1941 年 12 月 10 日）

郭斌龢

大不自多，海纳江河。惟学无际，际于天地。形上谓道兮，形下谓器。礼主别异兮，乐主和同。知其不二兮，尔听斯聪！

国有成均，在浙之滨。昔言求是，实启尔求真。习坎示教，始见经纶。无曰已是，无曰遂真。靡革匪因，靡故匪新。何以新之？开物前民。嗟尔髦士，尚其有闻！

念哉典学，思睿观通。有文有质，有农有工。兼总条贯，知至知终。成章乃达，若金之在镕。尚亨于野，无吝于宗，树我邦国，天下来同！

——马一浮先生

今日承校长之约，来此对本校校歌，作一简明之解释，个人深觉欣幸。一国立大学之校歌，代表一大学及一国之文化精神，事极重大，非同等闲。本校以前尚无校歌，前年在宜山时，由校长敦请马一浮先生拟作一歌，迭经同人商议，决定采用，并请应尚能先生制谱。此次暑假中由歌咏队试唱，成绩良好。现学生中已有一部分人能唱，不久全校师生均能唱校歌矣。对于校歌之意见，据个人所闻，大都赞成。偶有表示异议，感觉美中不足者，不外三点。一以为校歌太庄严，二以为校歌太难懂，三以为训诲意味太浓厚。其实国立大学之校歌，应当庄严肃穆，于纪念周、开学典礼、毕业典礼及因特故开大会时唱之，令人感发兴起，油然生其敬爱之心。如遇球技比赛，欢呼踊跃，情绪激昂，自可仿照外国大学之例，于正式校歌外，另备一种校歌，并行不悖，相得益彰。至第二点，校歌本身，并不甚难，实因吾人对于经籍太不注意，故觉其难。歌辞取材于易经书经及礼记诸书，为先哲嘉言，有至理存乎其间，一经解释便觉豁然贯通。至第三点，此歌与箴诗为近，如韩愈《五箴》，虽称尔汝，实乃自责，师生彼此以最高理想互相勖勉，互相诰诫，而非任何个人训诲其它任何个人也。

此歌分三章。首章说明国立大学之精神。次章说明国立浙江大学之精神、发挥校训"求是"二字之真谛。末章说明国立浙江大学现在之地位，及其将来之使命。

首章起四句，言大学之所以为大，以海象征大学，百川汇海，方成其大。大学为学问之海，与专科学校不同，应兼收并蓄，包罗万有。英文称大学曰 University，源于拉丁字 Universitas，训混一，训完全，引申为宇宙。大学研究之对象为宇宙，凡宇宙间所有之事事物物，大学皆当注意及之，大学本身可称为一小宇宙也。大学学科繁多，然大别之，不外形上与形下两种。形上指体，即讲抽象原则之学；形下指用，即讲实际应用之学。大学生活，礼与乐应当并重。礼是秩序，尊卑长幼，前后上下，各有分际，不宜逾越。乐是和谐，师生相处，有若家人，笙磬同音，诉合无间。《乐记》："乐者，天地之和也；礼者，天地之序也。和故百物皆化，序故万物皆别。"程子曰："礼只是一个序，乐只是一个和。"礼属于智，在别其异；乐属于情，在求其同；形上与形下，礼与乐，皆一事之两面，相反相成，不可偏废。此为我国文化精神之所在，亦即我国国立大学精神之所在。

次章言本校为一全国性之大学。成均为古代国立大学之通称，本校虽在浙省，其地位与古代成均无异。本校前身为求是书院，并已取"求是"二字为校训。"实事求是"一语，出《汉书·河间献王传》,为清代汉学家之口号。即事而求其是,即物而穷其理,乃所以求真。大学最高目的,在乎求真,必先能求真,然后美与善始有所依据。美国哈佛大学之校训为"真"(Veritas),与本校校训"求是"不谋而合。习坎为《易经》坎卦之名,象曰:"水洊至,习坎,君子以常德行,习教事。水之美德为渐,为默,为恒。"徐子曰:"仲尼亟称于水曰,水哉,水哉,何取于水也。"孟子曰:"源泉混混,不舍昼夜,盈科而后进,放乎四海,有本者如是。"浙江大学因浙江而得名,浙江古曰"浙水",亦曰"浙江"。吾校学风,取法乎水,渐进默成,恒久不已,所谓君子之道,暗然而日章。今学校规模已具,前途发展,正未可限量也。无曰四句,乃校训之绝好注解,虚衷体察,弗明弗措,革不忘因,新不蔑故。真理如日月,光景常新,惟其求真,故能日新,抱此日新之精神,方可开物成务,为人民之真正领导者也。

末章言本校使命重大,希望无穷,他日风声所播,可由一国而及于全世界。"念终始,典于学",是《书经·说命》文;"思曰睿,睿作圣",是《书经·洪范》文。"观其会通,以行其典礼",是《易经·系辞》文;"知至至之,可与几也,知终终之,可与存义也,"是《易经·乾文言》文。大学教育,常自始至终,以学术文化为依归。力求学生思想之深刻,识解之明通。本校有文、理、工、农、师范五学院,吾国素尊师道,后汉赵壹《报皇甫规书》曰:"君学成师范,缙绅归慕。"今之师范生,其所肄习,非文即质,质即理也。大学中虽设五院,而实为一整个之有机体,彼此息息相关,不宜自分畛域。大学与专科学校不同之处,即在使每一学生,有自动之能力,系统之知识,融会贯通,知所先后,当行则行,当止则止。资质本美,复经数载之陶冶,毕业出校,自能斐然成章,达不离道,如玉之受琢如金之在镕焉。"同人于野亨",《易经·同人》卦辞;"同人于宗吝",《同人》六二爻辞,言大学教育,应养成一种宽大之胸襟,廓然无垠,有如旷野,而不当局促于一宗一派之私,自生町畦。中华民族之文化,并非狭隘的国家主义,而为广大的修齐治平之理想主义,声名洋溢乎中国,施及蛮貊。本校所负之使命,即我国文化对于世界所当负之使命也。

《国立浙江大学校刊》复刊第一百〇二期,民国三十年十二月十日

二、教职员

（一）聘任与管理

1. 聘任

国立浙江大学布告（第三号）
（1936 年 5 月 9 日）

查生物系主任兼文理学院院长蔡堡先生业已辞去兼职。兹聘胡刚复先生为文理学院院长。合行布告周知。

此布。

校长竺可桢

中华民国二十五年五月二日

《国立浙江大学校刊》第二百四十八期,民国二十五年五月九日

国立浙江大学布告（第四号）
（1936 年 5 月 9 日）

查农学院院长李德毅先生业已辞职。兹聘吴福桢先生为农学院院长。合行布告周知。

此布。

校长竺可桢

中华民国二十五年五月二日

《国立浙江大学校刊》第二百四十八期,民国二十五年五月九日

国立浙江大学布告(第五号)

(1936 年 5 月 9 日)

查工学院院长兼电机工程学系主任朱一成先生业已辞职。兹聘化学工程学系主任李寿恒先生兼代工学院院长,电机副教授王国松先生兼电机工程学系主任。合行布告周知。

此布。

校长竺可桢

中华民国二十五年五月二日

《国立浙江大学校刊》第二百四十八期,民国二十五年五月九日

国立浙江大学布告(第十七号)

(1936 年 9 月 1 日)

本大学农学院吴福桢院长恳请辞职,业予照准。兹聘卢守耕先生为农学院院长。合行布告周知。

此布。

校长竺可桢

中华民国二十五年八月廿六日

《国立浙江大学日刊》第一期,民国二十五年九月一日

梅光迪先生到校

(1936 年 10 月 13 日)

本校外国语文系主任梅光迪先生已于昨日莅杭。梅先生系哈佛大学博士,归国后先后任北京大学、东南大学教授,近数年则在美国哥伦比亚大学讲学,对于文学极富研究,中外蜚声,学界景仰,此次应竺校长之敦聘,回国来本校任职,使同学得沾化雨,诚本校一荣幸事也。

《国立浙江大学日刊》第三十六期,民国二十五年十月十三日

国立浙江大学布告（第五七号）
（1937 年 6 月 30 日）

兹聘朱庭祜先生为本大学一年级主任。

此布。

校长竺可桢

中华民国二十六年九月七日

《国立浙江大学日刊》第二百二十六期，民国二十六年六月三十日

史地系新聘教授
（1937 年 9 月 14 日）

史地系本学期新聘国史教授三位，兹将略历公告如左：

贺昌群，四川马边县人，上海沪江大学毕业，赴日留学，曾为日本中国留学生所组织日本研究会主编《日本研究》杂志。十九年归国，任商务印书馆史地部编辑。廿二年任国立北平图书馆编纂委员会委员，并编辑天津《大公报》图书副刊。廿三年为西北科学考查团考释该团在额济纳河发现之汉代简牍万余片，此项工作之成绩，尚在印刷中。廿五年任北平图书馆舆图部主任，及北京大学史学系兼任教授。现就本系专任教授。著译之书有《西域之佛教》《元曲概论》《中国语言学研究》等，专篇论文散见各杂志。

张荫麟，广东东莞县人，国立清华大学毕业，美国斯丹佛大学硕士，曾任北京大学讲师，清华大学教授，国防设计委员会专员，资源委员会同少将专员。现就本系兼任教授，同时继续为教育部编辑《高中历史》课本。

俞大纲，浙江绍县人，上海光华大学毕业，燕京大学研究院毕业，曾任中央研究院历史语言研究所研究员，于中古史特有心得。现就本系兼任教授，担任《中国中古史》一学程。

《国立浙江大学日刊》第二百二十七期，民国二十六年九月十四日

特教执委会增设课程股 聘郑教务长为主任 三院院长为副主任
（1937 年 9 月 26 日）

本校特种教育执行委员会除原有总务、警卫、消防、救护、防毒、工程、研究、宣传八股外，近添设课程股，系商讨并办理普通学程之酌减，及特种学程、或教材之增加等事宜。已聘郑教务长为该股主任，胡〈刚复〉、李〈寿恒〉、卢〈守耕〉三院院长为副主任云。

又，特教执委会近增聘程耀椿、储润科、陈嗣虞三先生为消防股副主任。

《国立浙江大学日刊》第二百三十七期，民国二十六年九月二十六日

农艺系新聘教授

(1938 年 12 月 5 日)

本校农艺学系农化组本学期新聘杨守珍、彭谦二先生为教授。杨教授系美国意利诺州立大学硕士、欧海欧州立大学博士,曾任南通学院农科教授兼教务主任、前实业部中央棉产改进所化学主任,兼中央农业实验所药剂室主任等职。彭教授系清华大学毕业,美国海渥华农业大学学士,威士康新大学硕士、哲学博士,曾任中央大学教授、中央农业实验所技正、河南大学教授等职。现已先后到校,开始授课矣。

《国立浙江大学校刊》复刊第一期,民国二十七年十二月五日

化学系新聘教授

(1938 年 12 月 12 日)

化学系本学期除原有教授、讲师一致到校外,新聘刘遵宪先生为教授。刘先生籍河南滑县,美国麻省理工大学硕士、斯丹福大学博士,历任岭南大学及国立山东大学教授,已于开课后数日到校授课矣。

《国立浙江大学校刊》复刊第二期,民国二十七年十二月十二日

机械工程系新聘教授续志

(1938 年 12 月 19 日)

机械工程系本学期新聘教授曾志本刊二期。该系又聘万一(字纯士)先生为教授。万先生系意大利都林皇家最高工学院航空工程专科毕业,曾任航空委员会服务员、中央航空学校广州分校学科教官、中央航校第一分校学科教官。现在本校担任《气动力学》《应用力学》等学程云。

《国立浙江大学校刊》复刊第三期,民国二十七年十二月十九日

农学院新聘教授续志

(1938 年 12 月 19 日)

农学院本学期新聘夏振铎先生为蚕桑系教授,熊同龢先生为园艺系副教授。夏先生系日本九州帝国大学毕业,曾任中央大学农学院蚕桑系主任、江苏省立蚕丝试验场场长等职。熊先生系美国明尼苏达大学农学硕士,以前曾在中央大学农学院浙江省农业改良场任事,又曾任福建省农业改进处技正。均于周前到校授课云。

《国立浙江大学校刊》复刊第三期,民国二十七年十二月十九日

机械系新教授续志

（1939 年 1 月 2 日）

工学院机械工程系新聘教授曾两志本刊。兹悉该系又新聘余克缙先生为副教授，担任《汽车学》《内燃机》《机械画》等学程。余先生籍广西永淳，原系本校电机工程学系毕业，美国密西根大学航空工程硕士，加省理工大学航空博士班研究生。现已到校上课多日云。

《国立浙江大学校刊》复刊第五期，民国二十八年一月二日

本学期新聘教师续志

（1939 年 1 月 23 日）

工学院土木工程系本学期新聘竺士楷先生为讲师，担任《平面测量学》。竺先生字培华，籍绍兴，民国十四年毕业于前河海工科大学。历任前杭州市工务局、导淮委员会等职务。最近任经济部江汉工程局第二及第六公务所所长，已历六年之久，甚著劳绩。既应本校之聘，而江汉工务尚有所倚重，一时不易摆脱，至一月中旬，方到校上课。

本校本学期一年级之《普通英文》自本校外国语文系各教授分别兼任外，因人数众多，又以师范学院英语系师资需要，特加聘王培德先生为讲师。王先生字星贤，籍威海卫，早岁毕业于北京大学后，服务教育界甚久。曾任浙省立严州中学校长、省立杭州高中杭州女中英文教师多年。精研英国文学外，对于中国学术亦造诣颇深，在杭时常从马一浮先生问学。马先生来本校讲学，渠不久亦踵来泰和，读书问道不辍。今秋已应某校之聘，旋于十二月杪来校，于一月三日一年级正式开课时上课矣。

《国立浙江大学校刊》复刊第八期，民国二十八年一月二十三日

土木工程系新聘教授志[①]

（1939 年 5 月 1 日）

本校土木工程系教授马利奥特暨唐凤图二先生先后离校后，关于各级课程，急待觅人代授。该系主任吴馥初先生乃去电聘请本校校友屠达先生前来担任。屠先生系江西工专土木科主任，在职时深得该校校长之信任，与同学之景仰，本不易中途脱离，嗣因吴主任数度相催，又以母校关系，不得不勉为其难，乃毅然启程。兹闻已于上星期抵宜并行上课云。按屠先生自毕业后，曾服务江苏建设厅一年，办理水利公路工程。廿四年夏，赴美密歇根大学专攻水利，翌年得硕士学位后，又赴欧洲考察。回国后，历任浙江建设厅水利工程处主任工程师、浙江省水利局工程师兼设计主任、之江文理学院土木系教授。抗战开始，辗转入湘，复任

---

① 原文题名为《土木工程系新聘教授息》，由编者订正为现题名。

军事委员会湘南煤矿局工程师兼宜章公路测量队队长等职,著作有《氯化净水法之研究》,此次惠然来校,对于土木系前途,想定有不少贡献。

又,屠先生在本校所开课程为《高等水力学》《给水工程》及《水工设计》三种云。

《国立浙江大学校刊》复刊第二十一期,民国二十八年五月一日

本校聘胡家健教授任总务长 聘卫士生教授任图书馆馆长
(1941 年 12 月 10 日)

本校今夏曾组织总务委员会,聘胡家健、汪同祖、竺士楷三先生为该会委员,胡家健先生为该会主席委员。本月总务处变更组织,取消该会,仍设总务长,并加聘总务主任,仍聘胡家健先生任总务长,汪同祖先生任总务主任。

又,图书馆改为馆长制,聘教育系教授卫士生先生任馆长。上述两处改组事宜,同于本月四日,布告本、分校周知矣。

《国立浙江大学校刊》复刊第一百〇二期,民国三十年十二月十日

樊平章先生任一年级主任
(1942 年 10 月 10 日)

永兴分校一年级主任储润科先生本年度提出辞职,本校当改聘工学院数学教授樊平草〔章〕先生继任,现已赴永视事。

《国立浙江大学校刊》复刊第一百一十二期,民国三十一年十月十日

郑晓沧先生来遵 改任研究院院长暨教育系主任
(1943 年 8 月 10 日)

本校龙泉分校郑晓沧主任来遵抵筑消息已志上期本刊。郑主任在□于七月八日安抵遵义。九日晚,龙泉分校在本部之同学齐集遵义社会服务处,举行欢迎大会。郑主任虽长途劳顿,但精神极度愉快,会中经过至为融洽。十一日下午三时,师范学院教育学会继之举行欢迎大会,竺校长届时亦来参加,并于会中宣布已聘郑主任改任本校研究院院长暨教育系主任职,在座师生闻听之下,至为兴奋,该会直至下午五时半始行尽欢而散。

又,该院郑先生于来遵后约两周,以届暑假中,当赴湄潭一行。

《国立浙江大学校刊》复刊第一百二十二期,民国三十二年八月十日

本校教职员核定数

（1945 年 10 月 3 日）

本校教职员核定数 442 人（职员部分至多 131 人，附中教职员包括在内）。

本校收文 12157 号，教育部代电高二 7937 号 33 年 6 月 9 日。

本校自三十四年一月份起得增教职员 9 人。

本校收文 15901 号，教育部代电 21660 号 34 年 4 月 26 日。

本大学工役核定为 372 人。

由上列所示，则本大学应有教职员 451 人（附中在内），工役 372 人（附中在内）。

	教职员	工役
大学部	395	341
附中	48	48
〈总计〉	443	389

三十四年三月一日报，三十三年十二月员工人数以 705 号代电报部（本校发文为九〇二一五）。

浙江大学档案馆藏 L053-001-0483

沈思屿致竺可桢函

（1946 年 8 月 26 日）

夫子大人函文：

接马宗裕来电抄附信内，聘钱钟书先生事在接洽中。昨晚潘承圻先生带来汇票三千万元，收到无误。二、三批者将到申，请文书组即办致江海关税务司公函二件，注明第二批 1037 件，由长沙装福申轮运申；第三批 525 件，由长沙装凤昌轮运申，立用快信寄下。专此敬颂

道安

生沈思屿谨上
〈三十五年〉八月廿六日

浙江大学档案馆藏 L053-001-0494

卅五年度第一学期新聘教授、副教授、讲师名单

(1947 年 3 月 3 日)

文学院	教授	戚叔含　周则孟　夏禹勋　朱庭祜　陈训慈　孙蒲　李春芬　吴定良　毛起
	副教授	丰子恺　郑儒针
	讲师	张儒秀
理学院	教授	卢嘉锡　刘宝善　张福修
	副教授	王曰玮　庄雍熙
	讲师	姜淑雁　虞介藩　李琼华
工学院	教授	沈谅　支秉彝　马绍援　张德庆　岳毅
	副教授	丁成章　陈丽嫣　赵仲敏　梁允奇
农学院	教授	沈学年　吴留青　丁振麟　蒋允生　许道夫　刘潇然　沙凤苞　卓宝瑄　孙恒
师范学院	教授	孟宪承　王承绪　董伯豪　李思纯
	副教授	赵端瑛　周愻　胡士煊
	讲师	张义襄　徐振东
法学院	教授	李浩培　赵之远　严仁赓　吴芷芳　黄炳坤　陈令仪
	副教授	王皞
医学院	教授	王季午　李宗恩(筹备主任)

《国立浙江大学校刊》复刊第一百四十三期,民国三十六年三月三日

工院新聘教授到校

(1947 年 5 月 5 日)

工院新聘机械教授聂光墀、柯元恒二先生均已到校上课。聂先生历任铁路机厂工程师及电厂厂长,柯先生历任汽车制造公司及四方机厂工程师及各大学教授,学识经验均极丰富。化工教授陈汝铃先生三月中自英乘船,约五月中可以到校。

《国立浙江大学校刊》复刊第一百五十期,民国三十六年五月五日

国立浙江大学布告（第六十二号）

（1947 年 8 月 15 日）

本校教务长张绍忠先生病故，遗缺兹敦聘化工系主任李寿恒先生兼任。除呈报外，合行布告周知。

竺可桢

〈三十六年〉八月十五日

《国立浙江大学校刊》复刊第一百六十二期，民国三十六年八月十五日

本学期新聘教授计熊十力等十三名

（1948 年 3 月 15 日）

本学期新聘教授、副教授，共十三名。兹开列名单如下：

周天裕（日文副教授）

严钦尚（地形学副教授）

熊十力（哲学教授）

高麒（土木系教授）

史汝楫（机械系兼任副教授）

胡维群（航空系兼任副教授）

戴昌辉（航空系副教授）

陆星垣（蚕桑系教授）

熊伯蘅（农经系教授）

杨行良（湘湖农场主任）

邵勋（法律系教授）

萧卓然（牙科教授）

余德明（牙科副教授）

《国立浙江大学校刊》复刊第一百七十七期，民国三十七年三月十五日

国立浙江大学布告(第九二号)

(1948 年 4 月 12 日)

本校史学教授兼训导长顾谷宜先生请辞训导长职,坚留不获,勉予照准。特聘法学院院长李浩培先生兼任。

此布。

校长竺可桢

〈三十七年〉三月卅一日

《国立浙江大学校刊》复刊第一百七十九期,民国三十七年四月十二日

国立浙江大学布告(第九三号)[①]

(1948 年 4 月 12 日)

兹调聘谢家玉先生为本校驻京、沪代表,所遗总务长一职,聘请化学教授储润科先生兼任。

此布。

校长竺可桢

〈三十七年〉三月卅一日

《国立浙江大学校刊》复刊第一百七十九期,民国三十七年四月十二日

李寿恒先生辞教务长兼职 王葆仁先生继任

(1948 年 9 月 13 日)

本校教务长一职,自去夏请由化工系李寿恒教授兼任以来,迄今已逾一年。顷李先生请辞教务长兼职,竺校长坚留不获。兹已敦请化学系教授王葆仁先生兼任该职。王先生已订于明日起,就职视事云。

《国立浙江大学日刊》复刊新第二十五期,民国三十七年九月十三日

---

① 本布告载于《国立浙江大学校刊》复刊第一百七十九期。同期登载国立浙江大学布告三件,分别注明文号为第九二号、第九二号、第三五号,疑第二份布告为第九三号,即本件布告。故编者将本件布告文号改正为第九三号。

本学期新聘教授介绍

（1949 年 2 月 23 日）

鲍屡平	外国文学副教授
施建生	经济学副教授
金祖同	人类学副教授
任翔千	法律学兼任副教授
朱葆琳	化学工程副教授
李茂之	生理学教授
黄玉珊	航空工程教授
张汇泉	人体组织学教授
金善宝	农艺学教授
项全申	小儿科教授
杜修昌	农业经济学教授

《国立浙江大学日刊》复刊新第一百一十期，民国三十八年二月二十三日

2. 管理

国立浙江大学布告（第六十一号）

（1937 年 11 月）

兹将本大学教职员请假办法，制定公布如左：

（一）本大学教职员请假离职逾两星期者，应予留职停薪；

（二）教员请假应用书面请院长核准，职员应请主管主任核准；

（三）天目山部分教职员请假，应用书面请一年级班主任朱庭祜先生核准。

合亟布告周知。

此布。

校长

中华民国二十六年十一月

浙江大学档案馆藏 L053-001-1006

呈教育部(第 755 号)
(1942 年 5 月 20 日)

案奉钧部三十一年四月三日高字第一二三一〇号训令,着自三十一年年底起办理职员考绩,应将职员待遇及晋级加俸办法呈部,并切实遵行教员资格审查及聘任待遇法规程,令仰遵办具报。等因。自应祗遵。查本校职员待遇规则虽于二十九年四月间拟订一次,兹以生活情形逐渐变更,经参考实际需要,加以修正。奉令前因。理合缮具该项规则,备文呈送。恭祈鉴核。谨呈

教育部
　　附呈职员待遇规则一份

衔校长竺〇〇
中华民国卅一年五月　日

国立浙江大学职员待遇规则

(二十九年四月教职员待遇委员会根据二十三年四月公布之规则修正通过)

第一条　本大学处院长均由教授兼任,其薪俸照职员待遇规则办理。

第二条　本大学秘书及各室组馆主任除以教授兼任者外,其俸给分下列十一级:

等级	1	2	3	4	5	6	7	8	9	10	11
俸额	200	210	220	230	240	250	260	270	280	290	300

初任职务者自第一级至第四级起薪;担任职务者、有成绩者每二年得进一级或二级,至第十一级为止。

第三条　各处、院、室、组、馆之处员、组员、馆员、文牍员俸给分下列十五级:

等级	1	2	3	4	5	6	7	8	9	10	11	12	13	14	15
俸额	60	70	80	90	100	110	120	130	140	150	160	170	180	190	200

初任职务者,自第一级至第五级起薪;担任职务著有成绩者,每二年得进一级或二级至第十五级为止。

本大学技术员助理员之薪俸,由本大学随时酌定之。

第四条　书记薪俸分下列六级:

等级	1	2	3	4	5	6
俸额	30	35	40	45	50	55

初任职务者,自第一级至第二级起薪;工作努力者,每年得进一级,至第六级止。

第五条　练习生之津贴随时酌定之。

第六条　职员住宿得由学校供给之。

第七条　女职员在分娩期间得领原薪二月之休养费。

第八条　本规则由校长核准公布施行。

〈签注〉

第二条　秘书室组馆主任俸给拟改为：

等级	1	2	3	4	5	6	7	8	9	10	11
俸额	200	220	240	260	280	300	320	340	360	380	400

第三条　处员、组员、文牍员俸给拟改为：

等级	1	2	3	4	5	6	7	8	9	10	11	12
俸额	80	90	100	110	120	130	140	160	180	200	220	240

第四条　书记薪俸拟改为：

等级	1	2	3	4	5	6
俸额	40	50	60	70	80	90

浙江大学档案馆藏 L053-001-0879

教职员待遇调整委员会记录第一次

（1943 年 2 月 19 日）

日期	三十二年二月十九日上午十时
地点	校长办公室会议室
出席	佘坤珊　王国松　胡刚复　张绍忠　竺可桢　谢家玉　蔡春华　王琎　张其昀　梅光迪　苏步青
主席	竺〈可桢〉校长
记录	诸葛麒

主席报告

（一）中央补助教职员战时生活各种办法。

（二）食粮代金办法、米价数目均在教育、粮食两部洽商中。

（三）本校去年二月加拨研究津贴办法。

（四）本校本年经常费四〇六万，只敷消耗薪工情形。

（五）本年预拟增加薪津办法。

讨论事项

一、规定本年教职员薪俸加成办法案

决议:自本年二月起,教职员薪酬普加两成,以二十元为最低数;研究补助费不并入薪俸内计算。其薪数在二百元以下者,另加二十元。

二、调整教员授课时数案

决议:

(一)教员授课超过每周十小时以上时,其超过之时数,另发薪酬,教授每小时十元,副教授八元,讲师六元。惟超过时数之课程,如需重复讲授者,折半计算;

(二)教员授课每周不满六小时者,照兼任教员待遇。

以上两项均为战时暂行办法,自三十二学年度起实行。

主席:竺可桢
记录:诸葛麒

浙江大学档案馆藏 L053-001-4006

致本校全体教职员通函
(1943 年 3 月 9 日)

径启者:

自抗战以还,物价高涨,生活压迫,以我教育界同人感受最深,可桢对此之关切,从未一日忘怀。第〔弟〕以本校范围广大,师生众多,耗用纷繁,数目日增,而预算有限,不敷分配,经费迟发,时虞匮乏,如生活津贴改善办法,虽中央于去岁十月早已公布,而生活津贴底数及加成办法于本年一月间始行订定,依新办法生活津贴本校每月须九万余元,而国库迄今仍照旧法,每月仅拨四万二千元,且每三个月一拨,一月份之生活津贴于四五月开始能拨到。校中虽函电催促,迄无效验,至今已拖欠校中达三十余万元之多,以致罗掘俱穷,负债累累,此中困难,端赖我同仁体念时艰,互解互谅,乃能维系不坠。每欲宽筹经费,提高待遇,用慰贤劳,只因中央战费浩繁,难能尽如所期。关于本年本校教职员薪俸加成办法,业经提交本校教职员待遇调整委员会公议,讨论结果,依据教育部所订研究补助费名义,并参照本校经费困难情形,决定按照各位教职员薪额暂行普加两成,以二十元为最低数,其薪额在二百元以下者,另加二十元,此项补助费不并入薪俸内计算,自本年三月份起实行。此数虽属□□,但每年亦近三十万元,实行以后校中购置与学术研究费将无所出。故在校中未能另辟财源以前,一切购置暂时停止,诸维察照为荷。此致

本校全体教职员公鉴

竺○○谨启
卅二年三月

浙江大学档案馆藏 L053-001-0879

代电教育部（第 705 号）
（1944 年 2 月 29 日）

教育部钧鉴：

　　二月齐日统字第五〇一七号代电敬悉。饬将卅二年十二月底教职员人数、薪俸总额、工役人数、工响总额四项数字电复，以便转报。等因。查卅二年十二月底本校大学部教职员计395 人，薪俸计 100400 元，工役 344 人，工饷 35325 元。又附中教职员 48 人，薪俸 7520 元，工役 48 人，工饷 2525 元。理合电复，敬祈鉴核。

国立浙江大学叩（东）

浙江大学档案馆藏 L053-001-0891

教育部代电
（1945 年 4 月）

浙江大学：

　　查各校卅四年度起（会计年度）或因裁撤军训设置训导，或因增加班级添聘教员，所应增加员额业经本部核准。该校自本年一月份起，增设教职员 9 名。除应领生活补助费已函请财政部照拨外，仰即向库洽领，核实支付为要。

教育部

浙江大学档案馆藏 L053-001-0891

教育部训令
（1945 年 5 月 21 日）

令国立浙江大学校长竺可桢：

　　案准行政院秘书处本年五月十二日平人字第一〇二〇四号公函开：国民政府文官处函送竺可桢、罗家伦二等景星勋章到院，相应抄检原件函请查收转发。等由；准此。除分令外，合行检发二等景星勋章一座，清单一份。仰具领报部。

　　此令。

　　附二等景星勋章一座，抄发清单一份

部长朱家骅
中华民国卅四年五月廿一日

浙江大学档案馆藏 L053-001-1161

教育部训令

(1945 年 8 月 29 日)

令国立浙江大学校长竺可桢:

　　该大学校长三十三年年终考绩业由本部咨经铨叙。敝部依照非常时期公务员考绩条例审查,决定应给予年功加俸三十元,月支薪七一○元,准自三十四年一月份起支。仰即知照。

　　此令。

部长朱家骅

浙江大学档案馆藏 L053-001-1161

杭州校本部呈遵义浙大总校

(1946 年 4 月)

遵义浙大总校:

　　奉教部三月发渝高一七七三五号代电开:杭字第一一二号代电书——原文——仰即知照。等因。查此案于上年十二月廿七日以总字第一四一号代电呈请,暂定杭州校本部员额共为一百一十名(抄稿附上),旋奉处转到部复,仍仰遵照前电办理(大学本部收文第一五二一一号)。当以遵照前电,员额总数仍为九十九员名,万难足敷分配。又,上年年底添招法学院新生六十余名,依标准并将请增员额四名,仍祈俯察前呈详情,准予增添员额至一百一十名。于二月九日以杭字第七四号代电呈请之后,旋奉二月廿六日渝高第一一九二四号代电开:杭字第七四号代电悉。该校增设法律学系应增员额,俟本年度员额概算呈奉核定后,再予斟办。等因。遵奉在案。嗣因接南京马小坡先生来示,谓前由总校所提八名内有二名系校工,其教职员额实只增补五名,连原额共为九十六员名。当又以杭字第一一二号代电,径呈南京教部(所呈与杭字七四号代电同)。兹奉前因,应由总校呈部核办。大抵部认师范学院可以独立,前定员额九十六员名,统可为师范学院之员额。即杭校本部文、理、工、农一、二年级及法学院员额,则应并入总校计算,故有此令。相应历叙此案经过,并抄附总字第一四一号代电原稿,送请阅洽。即祈备文切实呈部,增加员额。此案不特关系目前杭校之分配工作,即将来总校迁杭,人员集中,于整个员额亦大有关系。尚祈注意力争为荷!

　　附总字第一四一号代电稿一件

杭州校本部
卯蒸印

浙江大学档案馆藏 L053-001-0013

国立浙江大学教授休假办法

（1947 年 8 月）

（提经六十一次校务会议修正通过，卅六年八月）

第一条　本办法依据教育部颁发《国立专科以上学校教授休假进修办法原则》订定之。

第二条　连续在本校专任教授每满七年者，得申请休假一年。

第三条　含于第二条资格之休假教授，每年每系至多一人，其教授人数八人以上者至多二人，但其先后次序以年资为标准；如年资相同者，由聘任委员会投票决定之。

第四条　各院公共科目合作一单位预算，每年至多一人。

第五条　教授申请休假，其所担任之课程由各该院系同人分担，不得另聘教员抵补。

第六条　已经轮到休假之教授，在应聘期内被选培派出国讲学考察进修或出席国际会议在半年以上仍支薪给者，作休假一次论。

第七条　轮到休假之教授，愿延迟休假者，任便其名额由另一人递补。

第八条　教授在休假期间仍享有教员应得之一切福利。

第九条　本办法经校务会议通过后，由校长核准施行通过。

浙江大学档案馆藏 L053-001-0481

国立浙江大学助教请假规则

（1948 年 3 月 31 日）

（卅七年三月卅一日第六十七次行政会议通过）

第一条　助教暑〔请〕假一个月，其起讫日期及先后次序由各系订定之。

第二条　助教在第一条规定之假期外，非有左列各款情事之一不得请假：

一、因有事故必须本身处理者，得请事假，每年合计准给三星期；

二、因疾病必须疗治或休养者，得请病假，每年合计准给四星期；

三、因结婚者，给婚假二星期；

四、因分娩者，给娩假六星期；

五、因父母、祖父母、翁姑或配偶死亡者，给丧假三星期。

第三条　请假须亲笔填具请假单，送请所属院系核准，校长核准后方得离职；但遇急病，得由他人或医生代为之。请病假在三日以上者，须缴验医生之证明书。请假单另订之。

第四条　请假逾原准期限者，应于假期未满前函请续假。

第五条　请假者须将所任课务、职务委托同事代理，并请系主任核准，或径由系主任派员代理之。

第六条　未经请假获准而擅离职守，或假满未经续假获准而不回校服务者，以旷职论。

第七条　旷职未满二星期者，应按日扣除俸薪，逾二星期者予以解约。

第八条　请事假逾第二条第一款规定之期限者，按日扣除俸薪，但因特别事故经所属院系核转校长核准者，不在此限。

第九条　请病假逾第二条第二款之期限,得以事假抵销,但患重病非短时间所能治愈者,经校长核准得延长之。

第十条　于一学年内未请事假、病假者,于学年终了时酌予奖励。

第十一条　本规则经行政会议通过,校长核准后公布施行。

浙江大学档案馆藏 L053-002-0011

(二)教育部部聘教授

教育部训令(高字第 2200 号)
(1941 年 6 月 2 日)

令国立浙江大学:

查部聘教授候选人前经饬据国立大学及独立学院暨具有全国性之学术团体遴荐合格人选,其未据遴荐各单位亦经本部就各该单位之合格人选择优酌予提出,并由本部分科制成名单分发公、私立专科以上学校教务长(主任)、各学院院长暨各系科主任荐举在案。兹为博采众议起见,特再分发各院校任教授满十年以上者荐举,凡合于规定年资尚未参加上次荐举者,均得就其相关学科于名单中荐举二人,另注以对于被荐举者之意见,并得于原名单另行荐举其他合于原办法第二条规定各条件之人选。惟须详细注明其任国立各院校教授起讫年月及著作名称,以凭核办。除分令外,合行检发部聘教授办法一份,中国文学等廿四科部聘教授候选人名单各一份。令仰复印分发该校合于规定年资各教授荐举,并将该项荐举名单连同该校荐举人名册(注明各该员详细服务经历及在各国立院校任教起讫年月)一并以最速方法报部。兹并规定本年七月十五日为本部截止收受荐举名单之期,逾期不到即作为不参加荐举论。

此令。

附发部聘教授办法一份、中国文学等廿四科部聘教授候选人名单各一份

部长陈立夫
(卅年六月二日发)

教育部设置部聘教授办法

行政院第五一七次会议通过(三十年六月三日)

第一条　教育部设置部聘教授,适用本办法。

第二条　部聘教授须具左列条件:

一、在国立大学或独立学院任教授十年以上者;

二、教学确有成绩声誉卓著者;

三、对于所任学科有专门著作且具有特殊贡献者。

第三条　部聘教授须由教育部提经学术审议委员会全体会议出席委员三分之二以上之可决后聘请之。

第四条　部聘教授候选人除由教育部直接提出者外，国立大学及独立学院或经教育部备案之具有全国性之学术团体，得就各该学校或团体中合于第二条规定之人员，呈请教育部提出之。

第五条　部聘教授任期五年，期满后经教育部提出学术审议委员会通过续聘者，得续聘之。

第六条　部聘教授薪俸以大学及独立学院教员聘任待遇暂行规程第八条规定之专任教员薪俸表教授月薪第三级为最低薪，由教育部拨交指定服务之学校转发。

第七条　部聘教授由教育部于公立及已立案之私立案科以上学校特设讲座，从事于讲学及研究，其服务细则另定之。

第八条　部聘教授讲座设置处所得由教育部根据需要，于学年终了时调动之。

第九条　部聘教授名额暂定三十人。

第十条　本办法自呈准后公布施行。

教育科部聘教授候选人名单

姓名	荐举意见
李建勋	
袁敦礼	
郑宗海	
邓胥功	
黄敬思	
吴蕴瑞	
马约翰	
孟宪承	
常道真〔直〕	

荐举人（盖章签名）

附注：

一、候选人名次之排列以选荐之先后为准；

二、候选人在三人以上各科得荐举二人，不满三人者荐举一人。对于被荐举者，请于其姓名之上加圈，并于荐举意见一栏填注意见。

农科部聘教授候选人名单

姓名	荐举意见
夏振铎	
吴耕民	
丁颖	
冯文光	
邓植仪	
张农	
杨邦杰	
刘荣基	
邹树文	

荐举人(盖章签名)

附注:

一、候选人名次之排列以选荐之先后为准;

二、候选人在三人以上各科得荐举二人,不满三人者荐举一人。对于被荐举者,请于其姓名之上加圈,并于荐举意见一栏填注意见。

地理科部聘教授候选人名单

姓名	荐举意见
张其昀	
胡焕庸	

荐举人(盖章签名)

附注:

一、候选人名次之排列以选荐之先后为准;

二、候选人在三人以上各科得荐举二人,不满三人者荐举一人。对于被荐举者,请于其姓名之上加圈,并于荐举意见一栏填注意见。

心理科部聘教授候选人名单

姓名	荐举意见
高翰	
黄翼	
刘绍禹	
程迺颐	
潘渊	

续　表

姓名	荐举意见
郭一岑	
艾伟	

荐举人（盖章签名）

附注：

一、候选人名次之排列以选荐之先后为准；

二、候选人在三人以上各科得荐举二人，不满三人者荐举一人。对于被荐举者，请于其姓名之上加圈，并于荐举意见一栏填注意见。

化学科部聘教授候选人名单

姓名	荐举意见
丁绪贤	
张贻侗	
邬保良	
李寿恒	
虞宏正	
周建侯	
杨秀□	
刘□	
康辛元	
萧锡三	
冯子璋	
林国镐	
王琲	
曾昭抡	

荐举人（盖章签名）

附注：

一、候选人名次之排列以选荐之先后为准；

二、候选人在三人以上各科得荐举二人，不满三人者荐举一人。对于被荐举者，请于其姓名之上加圈，并于荐举意见一栏填注意见。

生物科部聘教授候选人名单

姓名	荐举意见
钱崇澍	
章韫胎	
贝时璋	
罗宗洛	
金树章	
林镕	
雍尧昌	
董爽秋	
张作人	
陈焕镛	
秉志	
陈桢	
张景钺	
张珽	

荐举人(盖章签名)

附注:
一、候选人名次之排列以选荐之先后为准;
二、候选人在三人以上各科得荐举二人,不满三人者荐举一人。对于被荐举者,请于其姓名之上加圈,并于荐举意见一栏填注意见。

物理科部聘教授候选人名单

姓名	荐举意见
蔡钟瀛	
张绍忠	
郑愈	
□□理	
吴有训	
饶毓泰	
夏元瑮	

荐举人(盖章签名)

附注:
一、候选人名次之排列以选荐之先后为准;
二、候选人在三人以上各科得荐举二人,不满三人者荐举一人。对于被荐举者,请于其姓名之上加圈,并于荐举意见一栏填注意见。

史学科部聘教授候选人名单

姓名	荐举意见
萧一山	
丁山	
顾谷宜	
朱谦之	
陈安仁	
陈寅恪	

荐举人（盖章签名）

附注：

一、候选人名次之排列以选荐之先后为准；

二、候选人在三人以上各科得荐举二人，不满三人者荐举一人。对于被荐举者，请于其姓名之上加圈，并于荐举意见一栏填注意见。

土木水利部聘教授候选人名单

姓名	荐举意见
佘炽昌	
吴钟伟	
罗忠忱	
唐英	
茅以升	
李书田	
卢思绪	
施嘉炀	
俞□	

荐举人（盖章签名）

附注：

一、候选人名次之排列以选荐之先后为准；

二、候选人在三人以上各科得荐举二人，不满三人者荐举一人。对于被荐举者，请于其姓名之上加圈，并于荐举意见一栏填注意见。

电机科部聘教授候选人名单

姓名	荐举意见
杨耀德	
余谦六	
张廷金	
李熙谋	

荐举人（盖章签名）

附注：
一、候选人名次之排列以选荐之先后为准；
二、候选人在三人以上各科得荐举二人，不满三人者荐举一人。对于被荐举者，请于其姓名之上加圈，并于荐举意见一栏填注意见。

数学科部聘教授候选人名单

姓名	荐举意见
何衍璿	
汤璪真	
萧君绛	
苏步青	
陈建功	
钱宝琮	
赵进义	
傅种孙	
张云	
朱叔麟	
江泽涵	
孙鎕	
胡敦复	
刘俊贤	

荐举人（盖章签名）

附注：
一、候选人名次之排列以选荐之先后为准；
二、候选人在三人以上各科得荐举二人，不满三人者荐举一人。对于被荐举者，请于其姓名之上加圈，并于荐举意见一栏填注意见。

英国文学科部聘教授候选人名单

姓名	荐举意见
方重	
佘坤珊	
郭斌龢	
林天兰	
舍尤史	
李儒勉	
黄学勤	
楼光来	
吴宓	

荐举人（盖章签名）

附注：

一、候选人名次之排列以选荐之先后为准；

二、候选人在三人以上各得荐举二人，不满三人者荐举一人。对于被荐举者，请于其姓名之上加圈，并于荐举意见一栏填注意见。

浙江大学档案馆藏 L053-001-1803

部聘教授各科共三十名 教部发表人选
（1942 年 8 月 27 日）

（中央社讯）教育部设置部聘教授一案，前曾拟订办法，呈奉行政院核准实施。现此项人选并已由教育部完全核定，计分中国文学、史学、哲学、英国文学、数学、物理、化学、生物、心理、地理、地质、教育、政治、法律、经济、社会学、农学、土木水利工程、机械航空工程、电机工程、矿冶工程、医学生理解剖学，各科共三十名。并为崇奖师道起见，特于本年教师节发表。其在后方各院校任教或已来后方之各部聘教授姓名，探志如下：

杨树达、黎锦熙（中国文学）

陈寅恪、萧一山（史学）

汤用彤（哲学家）

吴宓（英国文学）

苏步青（数学）

吴有训、饶毓泰（物理学）

曾昭抡、王琎（化学）

张景钺（生物学）

艾伟（心理学）

胡焕庸(地理学)

李四光(地质学)

周鲠生(政治学)

胡元义(法律学)

杨端六(经济学)

孙本文(社会学)

吴利〔耕〕民(农学)

梁希(林学)

茅以升(土木水利工程)

庄前鼎(机械航空工程)

余谦六(电机工程)

何杰(矿冶工程)

洪式闾(医学院)

蔡翅(生理解剖学)

《大公报》民国三十一年八月二十七日

教育部代电(第 14359 号)
(1946 年 7 月)

国立浙江大学：

　　兹核发该校(院)部聘教授苏步青等四员三十五年度七至十二月薪俸及学术研究费总计三万八千四百元,其详细数目列表附发,款另汇。仰于收款后按月转发,具据送部。如有或已前往其他学校或机关服务者,即将应发各费缴还本部。至生活补助费基本数及薪俸加成数,仍依旧例,由该校(院)报领转给。

　　附发部聘教授薪俸术研究费表一纸

教育部印

中华民国三十五年　月　日

国立浙江大学部聘教授三十五年度七至十二月薪俸及学术研究费表

姓名	每月新俸数	每月学术研究费数	六个月薪俸及学术研究费合计数	备注
苏步青	六百元	一千元	九千六百元	
胡刚复	同	同	同	
王琎	同	同	同	

续　表

姓名	每月新俸数	每月学术研究费数	六个月薪俸及学术研究费合计数	备注
吴耕民	同	同	同	
总计		三万八千四百元		

浙江大学档案馆藏 L053-001-0071

教育部训令
（1947 年 2 月 7 日）

令国立浙江大学：

  兹核发该校部聘教授三十六年一至六月份薪俸及学术研究费共计四万八千元，款另汇。应〔仰〕于收款后，按月转发，具据送部。又，部聘教授生活补助费基本数及加成数仍依向例，由该校报领发给。仰即知照。

  此令。

  附发部聘教授卅六年一至六月份薪俸及学术研究费表一份

部长朱家骅

中华民国卅六年二月七日

教育部〔印〕

国立浙江大学部聘教授卅六年一至六月份薪俸及学术研究费表

姓名	薪俸（每月六百元）	学术研究费（每月一千元）	备考
苏步青	三千六百元	六千元	
胡刚复	同	同	
王琎	同	同	
吴耕民	同	同	
孟宪承	同	同	
共计		四万八千元	

浙江大学档案馆藏 L053-001-0071

学术审议会通过部聘人选

(1947 年 8 月 25 日)

(中央社讯)教育部学术审议委员会昨日续开大会,陈部长因感冒未能出席,由蒋委员梦麟主席,通过议案二十三起。其中,重要者有决定部聘教授人选,审议经济建设高级干部人才培养方案初步实施计划大纲、审议国际学术文化合作之初步方案,审议学生志愿服役办法暨修正审查学术奖励作品及给奖标准等案。

通过之部聘教授为:胡光炜(中国文学科)、楼光来(外国文学科)、柳诒徵(史学科)、冯友兰(哲学科)、常道直(教育科)、何鲁(数学科)、胡刚复(物理科)、高济宇(化学科)、萧公权(政治科)、戴修瓒(法律科)、刘秉麟(经济科)、邓植仪(农科)、刘仙洲(工科)、梁伯强(医科)、徐悲鸿(艺术科)等十五人。

(下略)

《中央日报》民国三十二年十二月十七日

教育部训令

(1947 年 8 月 25 日)

令国立浙江大学:

查该校第一届部聘教授孟宪承、苏步青、吴耕民、王琎等四员任期系自三十一年八月至三十六年七月,业已届满。兹经核定续聘五年,自三十六年八月至四十一年七月,该员等讲座仍设该校。除分函外,合行检发本部《设置部聘教授办法》及《部聘教授服务细则》各一份。仰即知照。

此令。

附件如文

部长朱家骅

教育部设置部聘教授办法(略)

部聘教授服务细则

第一条   本细则依照《教育部设置部聘教授办法》第七条之规定订定之。

第二条   部聘教授除在讲座设置之处所从事讲学及研究外,经教育部之委托,应担任与其专长学科有关之左列各事项:

一、辅导全国各专科以上学校对于该学科之教学与研究事项;

二、与该学科有关之学术审议事项;

三、承办专科视察、巡回、讲演及其他咨询事项。

　　第三条　部聘教授讲座设置之处所，由教育部根据本人之志愿，及各专科以上学校之需要指定之。初聘第一年指定服务处所时，其原服务学校得尽先指定。

　　第四条　部聘教授讲座设置之处所，以适当分布于公私立各专科以上学校为原则，但在私立专科以上学校或公私立专科学校设置之讲座，均不得超过总数四分之一。

　　第五条　每学年终了时，教育部得因左列情形之一，调动部聘教授服务地点，但所调往之学校仍以事先征得其本人之同意为原则：

　　一、部聘教授本人之申请；

　　二、所在学校之申请；

　　三、其他专科以上学校之特殊需要。

　　第六条　部聘教授除规定薪给外，由教育部按月另发研究补助费四百元，其半数专作所在学校为部聘教授补充研究设备之用，其拟有特别重要研究计划，需款较多始得完成者，得请教育部另拨专款补助。

　　第七条　部聘教授因调动服务地点所需旅费，准由所调往学校列报。

　　第八条　部聘教授除不在所在学校支领薪俸外，其余所在学校应予一般教授之权益均得享受。

　　第九条　部聘教授应专任教学，惟经所在学校呈准教育部后，得兼任学校行政职务。

　　第十条　部聘教授应与所在学校之教员共守学校之规约。

　　第十一条　部聘教授于学年未终了时，所在学校非经呈准教育部，不得停止其服务。

　　第十二条　部聘教授于每学年终了时，应将教学情形及研究结果报告教育部备案。

　　第十三条　本细则未规定各点，适用大学及独立学院教员聘任待遇暂行规程之规定。

　　第十四条　本细则由教育部公布施行。

浙江大学档案馆藏 L053-001-0071

教育部训令

（1947 年 8 月 25 日）

令国立浙江大学：

　　查部聘教授月薪自三十六年八月起增至六百二十元。兹核发该校部聘教授苏步青等五员三十年度七至十二月薪俸及学术研究费共四万八千五百元，款另汇。仰于收到后依附表所列数额按月转发，并先具据送部。

　　此令。

　　附件如文

部长朱家骅

中华民国卅六年八月廿五日

国立浙江大学部聘教授三十六年七至十二月薪俸及学术研究费表

姓名	每月薪俸数	每月学术研究费数	六个月薪俸及学术研究费数	备注
苏步青	七月六百元、八月六百二十元	一千元	九千七百元	
胡刚复	同	同	同	
王琎	同	同	同	
吴耕民	同	同	同	
孟宪承	同	同	同	
总计	四万八千五百元			

(三)中央研究院院士

国立浙江大学正教授候选国立中央研究院院士名单
(1947 年 6 月 20 日)

姓名	别号	职别	备注
竺可桢	藕舫	校长	
张其昀	晓峰	教授兼文学院长	
祝文白	廉光	教授兼中国文学系主任	
王焕镳	驾吾	中国文学教授	
郦承铨	衡叔	中国文学教授	
萧璋	仲珪	中国文学教授	
胡哲敷		中国文学教授	
佘坤珊		教授兼外国语文学系主任	
方重	芦浪	外国语文学教授	
戚叔含		外国语文学教授	
李祁		外国语文学教授	
李今英		外国语文学教授	
周则孟	芭僧	外国语文学教授	
夏禹勋	文青	外国语文学教授	

姓名	别号	职别	备注
张君川		外国语文学教授	
叶良辅	左之	地质学教授	
朱庭祜	仲翔	地质学教授	
顾谷宜		史学教授	
诸葛麒	振公	史地学系教授	
陈训慈	叔谅	史学教授	
陈乐素		史学教授	
谭其骧		史学教授	
孙㻋	乃鼎	地质学教授	
李春芬		地理学教授	
吴定良	均一	人类学教授	
谢佐禹	幼伟	哲学教授	
毛起	无止	哲学教授	
胡刚复		教授兼理学院院长	
苏步青		教授兼教学系主任	
陈建功	业成	数学教授	
钱宝琮	琢如	数学教授	
徐瑞云		数学教授	
何增禄		教授兼物理学系主任	
张绍忠	莼谋	物理学教授	
丁绪宝		物理学教授	
束星北		物理学教授	
王淦昌		物理学教授	
卢鹤绂	合夫	物理学教授	
朱福炘	家谷	物理学教授	
王琎	季梁	教授兼化学系主任	
王葆仁	爱予	化学教授	
储润科		化学教授	
丁绪贤	庶为	化学教授	
谢家玉	稼渔	化学教授	
吴徵铠		化学教授	

姓名	别号	职别	备注
张其楷		化学教授	
严文兴		化学教授	
贝时璋		教授兼生物系主任	
谈家桢		生物学教授	
仲崇信		生物学教授	
江希明		生物学教授	
汤独新	笃信	生物学教授	
孙宗彭	稚孙	教授兼药学系主任	
刘宝善	楚枋	药学教授	
张耀德		药学教授	
王国松	劲夫	教授兼工学院院长	
杨耀德		电机工程教授	
沈谅	子京	电机工程教授	
支秉彝		电机工程教授	
李寿恒	乔年	教授兼化工工程学系主任	
吴钟伟	馥初	教授兼土木工程学系主任	
张树森	挺三	土木工程教授	
梁永康		土木工程教授	
伍正诚		土木工程教授	
孙怀慈	志城	土木工程教授	
钱令希		土木工程教授	
陈崇礼		土木工程教授	
柯元恒		机械工程教授	
王达生		机械工程教授	
岳劼毅		机械工程教授	
王仁东		机械工程教授	
范绪箕		教授兼航空工程学系主任	
万一	纯士	航空工程教授	
梁守槃		航空工程教授	
蔡邦华		教授兼农学院院长	
萧辅	匡廷	教授兼农艺学系主任	

续　表

姓名	别号	职别	备注
孙逢吉	念慈	农艺学教授	
沈学年	宗易	农艺学教授	
吴留青		农艺学教授	
丁振麟		农艺学教授	
吴耕民	润苍	教授兼园艺学系主任	
蒋芸生	任农	园艺学教授	
林汝瑶	琴熏	园艺学教授	
章恢志		园艺学教授	
罗登义	绍元	教授兼农业化学系主任	
王兆澄		农业化学教授	
王世中		农业化学教授	
陈鸿逵		教授兼植物病虫害学系主任	
柳支英	知行	昆虫学教授	
祝汝佐	芝馨	教授兼蚕桑学系主任	
夏振铎	觉民	蚕桑学教授	
王福山		蚕桑学教授	
雷男	力田	教授兼农业经济学系主任	
王德崇		农业经济学教授	
许道夫		农业经济学教授	
刘潇然		农业经济学教授	
韩雁门	奇	农业经济学教授	
邵均	维坤	林学教授	
沙凤苞	诵匏	畜牧学教授	
孙恒	季恒	经济学教授	
郑宗海	晓沧	教授兼师范学院院长	
孟宪承		教育学系教授	
李相勖		教育学系教授	
陈立	卓如	心理学教授	
王倘	欲为	教育学系教授	
朱希亮	习生	教育学系教授	
潘渊	企莘	教育学系教授	

续　表

姓名	别号	职别	备注
王承绪		教育学系教授	
俞子夷		教育学系教授	
郑奠	石君	教授兼国文学系主任	
夏承焘	瞿禅	国文教授	
徐震堮	声越	国文教授	
胡永声	伦琦	国文教授	
董伯豪		英语教授	
李絜非		教授兼史地学系主任	
毛信桂	路真	数学教授	
孙增光	叔平	数学教授	
周北屏	大昕	理化系教授	
朱工元	善培	教授兼理化学系主任	
陈嗣虞	绳武	理化系教授	
舒鸿	厚信	体育教授	
董聿茂	功甫	生物学教授	
皮高品	鹤楼	图书馆学教授	
李浩培		教授兼法学院院长	
赵之远		教授兼法律学系主任	
徐崇钦	敬侯	经济学教授	
严仁庚		经济学教授	
黄炳坤		政治学教授	
陈令仪		法律学教授	
王季午		医学院教授	

浙江大学档案馆藏 L053-001-0098

国立中央研究院致国立浙江大学公函(36)院选字第 3 号
(1947 年 7 月 11 日)

　　顷准贵校卅六年六月廿一日复字第七八三号公函附送贵校候选院士名单一份,嘱查照办理。等由。查本院院士选举规程定有院士候选人提名表,应请贵校填写,就候选人合于院士资格之规定注明,并由贵校署名。兹附奉该项表四十份,函请查照办理为荷。此致

国立浙江大学

　　附奉提名表四十份（如不敷用，函索即补奉）

　　　　　　　　　　　国立中央研究院第一次院长选举筹备会［印］启
　　　　　　　　　　　　　中华民国卅六年七月十一日

　　　　　　　　　　浙江大学档案馆藏 L053-001-0098

致中央研究院公函
（1947 年 7 月 17 日）

　　案准贵会本年六月廿一日院选字第三号大函，以本校前送候选院士名单一案，应补填院士候选人提名表，附表格四十份，嘱查照办理。等由；准此。自应照办。兹经依式填具提名表十份，连同清单一并函达，即请查照为荷。此致
国立中央研究院
　　附提名表十份清单一份

　　　　　　　　　　　　　　　　　　　　　　校长竺〇〇

国立浙江大学候选国立中央研究院院士提名表

姓名	职别	著作	提名表	备注
叶良辅	地质学教授	无	一份	
王葆仁	化学教授	目录一份	一份	
吴徵铠	化学教授	六篇	一份	
李浩培	法律学教授兼法学院院长	无	一份	
李相勖	教育学教授	无	一份	
王倘	教育学教授	无	一份	
孙逢吉	农艺教授	一篇	一份	
柳支英	昆虫学教授	二篇	一份	
吴定良	人类学教授	两本 七篇 目录一份	一份	著作仅存，审查后请即发还
束星北	物理学教授	四张	一份	说明：两份

共计十名。

国立中央研究院院士候选人提名表

被提名者之姓名	别字	年龄	籍贯	学习学科	简历
叶良辅	左之	五十四	杭州	地质学	国立浙江大学教授

被提名人资格之说明:

一、被提名人合于院士资格中何一项之规定,请详加说明(院士资格条文见附注)。

合于院士资格第一项。

(说明)本表内未填各项详见中国地质学会所提院士候选人名表。

二、被提名人之重要著作中其合于院士资格第一项之规定者,请列举于左,注明出版年及发表处(最好能一并附寄)并加以具体说明。

三、其他有关资格事项之应加说明者。

叶教授在本校服务已届十一年,除教授地质学之外兼任地理研究部地形组指导教授之职。

(以上三项如本页篇幅不足时得另纸补充)

提名人:

(一、如系机关,应由主管者签字加盖机关印信;二、如系评议员,应由五人连署)

中华民国三十六年 月 日

附注:

国立中央研究院组织法第五条文如左:

国立中央研究院置院士若干人,依左列资格之一,就全国学术界成绩卓著之人士选举之:

一、对于所专习之学术,有特殊著作,发明或贡献者;

二、对于所专习学术之机关领导或主持在五年以上,成绩卓著者。

国立中央研究院院士候选人提名表

被提名者之姓名	别字	年龄	籍贯	学习学科	简历
王葆仁	爱予	四十二	江苏江都	有机化学	国立东南大学理学士 英国伦敦大学博士 国立同济大学教授兼理学院院长 国立浙江大学教授兼化学系系主任 现任国立浙江大学教授

被提名人资格之说明:

一、被提名人合于院士资格中何一项之规定,请详加说明(院士资格条文见附注)。

合于第一项规定。

二、被提名人之重要著作中其合于院士资格第一项之规定者,请列举于左,注明出版年及发表处(最好能一并附寄)并加以具体说明。

见附纸。

三、其他有关资格事项之应加说明者。

(以上三项如本页篇幅不足时得另纸补充)

提名人:

(一、如系机关应由主管者签字加盖机关印信;二、如系评议员应由五人连署)

中华民国三十六年 月 日

附注:

国立中央研究院组织法第五条文如左:

国立中央研究院置院士若干人,依左列资格之一,就全国学术界成绩卓著之人士选举之:

一、对于所专习之学术,有特殊著作,发明或贡献者;

二、对于所专习学术之机关领导或主持在五年以上成绩卓著者。

国立中央研究院院士候选人提名表

被提名者之姓名	别字	年龄	籍贯	学习学科	简历
吴徵铠	C. K. WU	34	江苏仪征	物理化学	

被提名人资格之说明：

一、被提名人合于院士资格中何一项之规定，请详加说明（院士资格条文见附注）。

第一项。

二、被提名人之重要著作中其合于院士资格第一项之规定者，请列举于左，注明出版年及发表处（最好能一并附寄）并加以具体说明。

附寄复印本六本，请于选举后寄还。

The Relation between the Force Constant and the Interatomic Distance II. *Phys. Rev.* □□ 1947.

三、其他有关资格事项之应加说明者。

（以上三项如本页篇幅不足时得另纸补充）

提名人：

（一、如系机关，应由主管者签字加盖机关印信；二、如系评议员，应由五人连署）

中华民国三十六年 月 日

附注：

国立中央研究院组织法第五条文如左：

国立中央研究院置院士若干人，依左列资格之一，就全国学术界成绩卓著之人士选举之：

一、对于所专习之学术，有特殊著作、发明或贡献者；

二、对于所专习学术之机关领导或主持在五年以上成绩卓著者。

国立中央研究院院士候选人提名表

被提名者之姓名	别字	年龄	籍贯	学习学科	简历
李浩培		四十	江苏宝山	法律	私立东吴大学法学士，司法院法官训练所毕业 伦敦大学 伦敦政治经济学院研究院毕业 司法官考试及前中英庚款董事会公费留英考试及格 曾任国立武汉大学法律系教授七年，教授兼法律系主任四年 国立浙江大学法律学教授兼法学院院长一年

被提名人资格之说明：

一、被提名人合于院士资格中何一项之规定，请详加说明（院士资格条文见附注）。

第五条第一及第二两款规定。

二、被提名人之重要著作中其合于院士资格第一项之规定者，请列举于左，注明出版年及发表处（最好能一并附寄）并加以具体说明。

《契约实质成立要件及其效力之准据法》，《武大社会科学季刊》第八卷第一期，民三十二年八月；

《国际私法中之公共秩序问题》《国际私法中之法律反致问题》《侵权行为之准据法》《死亡宣告之法律冲突及管辖冲突》《权力能力之准据法》，《中华法学新志》第三卷，以下各期，民三十二年至三十六年。

三、其他有关资格事项之应加说明者。

(以上三项如本页篇幅不足时得另纸补充)

提名人：

(一、如系机关,应由主管者签字加盖机关印信;二、如系评议员,应由五人连署)

中华民国三十六年　月　日

附注：

国立中央研究院组织法第五条文如左：

国立中央研究院置院士若干人,依左列资格之一,就全国学术界成绩卓著之人士选举之：

一、对于所专习之学术,有特殊著作、发明或贡献者;

二、对于所专习学术之机关领导或主持在五年以上成绩卓著者。

国立中央研究院院士候选人提名表

被提名者之姓名	别字	年龄	籍贯	学习学科	简历
李相勖		四十七	安徽桐城	教育	美国哥伦比亚大学教育硕士 曾任东南大学、安徽诸大学教授,厦门大学文学院院长 现任浙江大学教授

被提名人资格之说明：

一、被提名人合于院士资格中何一项之规定,请详加说明(院士资格条文见附注)。

合于院士资格第一项之规定。被提名人所著《训育论》一书为我国创作,又《课外活动》一书亦为教育名著,故在我国教育界有"训育专家"之誉。

二、被提名人之重要著作中其合于院士资格第一项之规定者,请列举于左,注明出版年及发表处(最好能一并附寄)并加以具体说明。

(一)《训育论》(民二四,商务);

(二)《课外活动》(民二五,商务);

(三)《中学课外作业》(民二二,华通);

(四)《德行竞赛》(民三一,正中);

(五)《课外活动的组织与行政》(民二四,商务,译 Millard, *Organization and Administration of extra curricular Activities*);

(六)《中学训育心理学》(民二六,商务,译 Pringle, *Psychology of High School Discipline*);

(七)《教育研究法》(民二八,商务,译 Good, *How to Do Reseach Work in Education*);

(八)《经验与教育》(民三〇,文通,译 Dewey, *Experience and Education*)。

三、其他有关资格事项之应加说明者。

(以上三项如本页篇幅不足时得另纸补充)

提名人：

(一、如系机关,应由主管者签字加盖机关印信;二、如系评议员,应由五人连署)

中华民国三十六年七月　日

附注：

国立中央研究院组织法第五条文如左：

国立中央研究院置院士若干人依左列资格之一,就全国学术界成绩卓著之人士选举之：

一、对于所专习之学术,有特殊著作、发明或贡献者;

二、对于所专习学术之机关领导或主持在五年以上成绩卓著者。

国立中央研究院院士候选人提名表

被提名者之姓名	别字	年龄	籍贯	学习学科	简历
王倘	欲为	四七	江西	教育	国立浙江大学教授

被提名人资格之说明：

一、被提名人合于院士资格中何一项之规定，请详加说明（院士资格条文见附注）。

合于国立中央研究院组织法第五条第一项之规定。

二、被提名人之重要著作中其合于院士资格第一项之规定者，请列举于左，注明出版年及发表处（最好能一并附寄）并加以具体说明。

（一）《美国乡村教育的理论与实际》（中国文化服务总社印刷中）；

（二）《抗战十年来乡村教育》（中华书局三十六年一月）。

三、其他有关资格事项之应加说明者。

（以上三项如本页篇幅不足时得另纸补充）

提名人：

（一、如系机关，应由主管者签字加盖机关印信；二、如系评议员，应由五人连署）

中华民国三十六年七月七日

附注：

国立中央研究院组织法第五条文如左：

国立中央研究院置院士若干人，依左列资格之一，就全国学术界成绩卓著之人士选举之：

一、对于所专习之学术，有特殊著作、发明或贡献者；

二、对于所专习学术之机关领导或主持在五年以上成绩卓著者。

国立中央研究院院士候选人提名表

被提名者之姓名	别字	年龄	籍贯	学习学科	简历
孙逢吉	念慈	四十四	杭州	植物之遗传育种	美国明尼苏塔大学科学硕士 江苏大学农艺学教授

被提名人资格之说明：

一、被提名人合于院士资格中何一项之规定，请详加说明（院士资格条文见附注）。

被提名人《豆属栽培种与品种分类特征之评价及分类系统之订正》一文于卅四年曾获得著作发明二等奖，合乎第一项资格之规定。

二、被提名人之重要著作中其合于院士资格第一项之规定者，请列举于左，注明出版年及发表处（最好能一并附寄）并加以具体说明。

The Evaluation of Taxonomic Characters of Cuhivated.

Brossica with a Key to Species and Varieties.

Bulletin of the Terrey Botanical Club Vol. 73：3：244—281，Vol. 73：4：370—377.

三、其他有关资格事项之应加说明者。

被提名人著有大学用书《棉作学》一部，计分十七章，四十五万字，插图一百一十二幅，由国立编译馆发交正中书局排印，本年九月可出版。

（以上三项如本页篇幅不足时得另纸补充）

提名人：

（一、如系机关，应由主管者签字加盖机关印信；二、如系评议员，应由五人连署）

中华民国三十六年七月七日

附注:

国立中央研究院组织法第五条文如左:

国立中央研究院置院士若干人,依左列资格之一,就全国学术界成绩卓著之人士选举之:

一、对于所专习之学术,有特殊著作、发明或贡献者;

二、对于所专习学术之机关领导或主持在五年以上成绩卓著者。

国立中央研究院院士候选人提名表

被提名者之姓名	别字	年龄	籍贯	学习学科	简历
柳支英	知行	四五	江苏吴县	昆虫学	国立浙江大学教授 国立广西农事试验场技正 国立广西大学教授

被提名人资格之说明:

一、被提名人合于院士资格中何一项之规定,请详加说明(院士资格条文见附注)。

第五条第一项之规定,曾作《中国微翅目昆虫之分类研究》,发现新种,并发现豆薯种子可以制作有效之杀虫剂。

二、被提名人之重要著作中其合于院士资格第一项之规定者请列举于左,注明出版年及发表处(最好能一并附寄)并加以具体说明。

Liu, C. Y. 1939. The Fleas of China order Siphoneptera Philippine. Jour. Sci；70:1-122;

柳支英、徐玉芬,1941,《豆薯(*Pachyrhizas Erosns Urban*)种子之杀虫研究》,《广西农业》,2:28-48、87-108。

三、其他有关资格事项之应加说明者。

美国明尼苏达大学理学硕士,Phi Tan Phi, Siqma Xi, Gamma Siqma Delta 三荣誉学会会员,曾获中国农民银行农学技术发明品奖金,主持广西全省昆虫研究与防治七年。

(以上三项如本页篇幅不足时得另纸补充)

提名人:

(一、如系机关,应由主管者签字加盖机关印信;二、如系评议员,应由五人连署)

中华民国三十六年 月 日

附注:

国立中央研究院组织法第五条文如左:

国立中央研究院置院士若干人,依左列资格之一,就全国学术界成绩卓著之人士选举之。

一、对于所专习之学术,有特殊著作、发明或贡献者。

二、对于所专习学术之机关领导或主持在五年以上成绩卓著者。

国立中央研究院院士候选人提名表

被提名者之姓名	别字	年龄	籍贯	学习学科	简历
吴定良	均一	四十六	江苏金坛	体质人类学	国立中央研究院史语所人类学组主任兼专任研究员(一九三五至一九四四年) 国立中央研究院体质人类学研究所筹备主任(一九四四年至一九四六年) 国立浙江大学人类学教授(一九四六至现在)

被提名人资格之说明:

一、被提名人合于院士资格中何一项之规定,请详加说明(院士资格条文见附注)。

合于第一种资格。

续　表

二、被提名人之重要著作中其合于院士资格第一项之规定者,请列举于左,注明出版年及发表处(最好能一并附寄)并加以具体说明。

另附著作表一纸,论文两卷并单行本七册著作,审查后赐还。

三、其他有关资格事项之应加说明者。

(1)国立中央研究院第一届、第二届评议员(代表体质人类学)

(2)国际人类学社理事会理事

(3)国际人体测量委员会委员

(以上三项如本页篇幅不足时得另纸补充)

提名人:

(一、如系机关,应由主管者签字加盖机关印信;二、如系评议员,应由五人连署)

中华民国三十六年七月一日

附注:

国立中央研究院组织法第五条文如左:

国立中央研究院置院士若干人,依左列资格之一就全国学术界成绩卓著之人士选举之:

一、对于所专习之学术,有特殊著作、发明或贡献者;

二、对于所专习学术之机关领导或主持在五年以上成绩卓著者。

国立中央研究院院士候选人提名表

被提名者之姓名	别字	年龄	籍贯	学习学科	简历
束星北		四十	江苏	物理	浙江大学物理教授

被提名人资格之说明:

一、被提名人合于院士资格中何一项之规定,请详加说明(院士资格条文见附注)。

第一项

二、被提名人之重要著作中其合于院士资格第一项之规定者,请列举于左,注明出版年及发表处(最好能一并附寄)并加以具体说明。

Relativity Transformations Connecting Two Systems in Arbitrary Acceleration

And other relatedpaper:

Nature vol. 158 p. 99(1946)

Nature vol. 157 p. 809(1946)

Nature vol. 155 p. 574(1945)

Nature vol. 157 p. 842(1946)

三、其他有关资格事项之应加说明者。

(以上三项如本页篇幅不足时得另纸补充)

提名人:

(一、如系机关,应由主管者签字加盖机关印信;二、如系评议员,应由五人连署)

中华民国三十六　月　日

附注:

国立中央研究院组织法第五条文如左:

国立中央研究院置院士若干人,依左列资格之一,就全国学术界成绩卓著之人士选举之:

一、对于所专习之学术,有特殊著作、发明或贡献者;

二、对于所专习学术之机关领导或主持在五年以上成绩卓著者。

中央研究院院士候选人 竺校长等当选

(1947 年 11 月 17 日)

中央研究院第一次院士候选人,业经该院第二届评议会第四次大会依法选定,数理组四十九人,生物组四十六人,及人文组五十五人。本校当选者共计六人。兹将人名及合于院士候选人资格之根据列后:

数理组

陈建功　富氏级数,正交函数等研究;曾主持本校数学系分析组。

苏步青　卵型论与投影微分几何等研究;主持本校学数〔数学〕系。

竺可桢　中国气候学、气候区域、风暴生成、水旱分布与天文及地理等研究;曾主持人中央研究院气象研究所。

生物组

贝时璋　细胞学及实验形体学等研究;主持本校生物学系。

吴定良　各族头骨与体骨之比较,及黔苗体质之探讨等研究;曾任中央研究院人类学组主任,现主持本校人类学系。

人文组

李浩培　研究国际公法,主持法律学系多年,现任本校法院院长。

《国立浙江大学校刊》复刊第一百六十八期,民国三十六年十一月十七日

国立中央研究院第一届院士题名录

(1948 年 5 月)

民国三十七年三月二十七日,成立的二十年,中央研究院评议会的年会就全国学术界成绩卓著的人士投票选举院士。选举的对象是要对于所专习的学术有特殊著作、发明或贡献的,或者对于所专习的学术的机关,领导或主持在五年以上有很好成绩的,寓有奖励和推崇的意思。当选的共计八十一人,分成三组:

甲:数理科学组,包括数学、天文学、物理学、化学、气象学、地质学、古生物学、矿物岩石学、地理学、海洋学、工程学等;

乙:生物科学组,包括动物学、植物学、人类学、生理学、心理学、微生物学、医学院、药物学、农学等;

丙:人文社会科学组,包括哲学、史学、语言学、考古学、法律学、经济学、政治学、〔经济学〕、社会学、民族学等。

我们现在把这一张名单抄在下面,让全国爱好科学、志向科学的读者,知道中国科学的最高荣誉给了那些人。对于这张名单,我们是大体上可以满意的,在这些科学家里面,有些科学家是早已脱离了学术研究的岗位,大多数却是坚持勿释、孜孜不倦的,但是我们认为,在荣誉之外,我们还应该给科学家以工作和环境,真正的科学家原是不以任何荣誉为满足的,真正的科学家对于生活的艰苦是不会怨怼的,但是如果我们每个对于全国的学术负有责任

的人忽视了这一点,便是一种罪过。在学术研究的工作上,我们更其〈是〉希望我们的科学家的意见要被尊重,被采纳,让愿意比重致力于中国科学的科学家们能领导、推进中国的科学工作,到更光明、更灿烂的境地!

甲:数理科学组

数学:姜立夫、许宝𫘧、陈省身、华罗庚、苏步青

物理:吴大猷、吴有训、李书华、叶企孙、赵忠尧、严济慈、饶毓泰

化学:吴宪、吴学周、庄吴绪、曾昭伦〔抡〕

地质:朱家骅、李四光、翁文灏、黄汲清、杨钟键、谢家荣

气象:竺可桢

工程:周仁、侯德榜、茅以升、凌鸿勋、萨本栋

乙:生物科学组

动物:王家楫、伍献文、贝时璋、秉志、陈桢、童第周

植物:胡先骕、殷宏章、张景钺、钱崇澍、戴芳澜、罗宗洛

医学:李宗恩、袁昭瑾、张孝骞

药学:陈克恢

体质人类:吴定良

心理:汪敬熙

生理:林可胜、汤佩松、冯德培、蔡翘

农学:李先闻、俞大绂、邓叔群

丙:人文社会科学组

哲学:吴敬恒、金岳霖、汤用彤、冯友兰

中国文史学:余嘉锡、胡适、张元济、杨树远

历史:柳诒徵、陈垣、陈寅恪、傅斯年、顾颉刚

语言:李方桂、赵元任

考古:李济、梁思永、郭沫若、董作宾

美术史:梁思成

法律:王世杰、王宠惠

政治:周鲠生、钱端升、萧公权

经济:马寅初

社会:陈达、陶孟和

致中央研究院院士选举筹备委员会公函(第 1966 号)
(1948 年 12 月 12 日)

案准贵会 37 评字第○一四五号大函,以卅八年度院士选举筹备委员会业经依法成立,即行办理卅八年度院士选举之预备工作。附院士候选人提名表等件,嘱查照提名院士候选人。等由。自应照办。兹经提出人文组张其昀、李浩培、孟宪承,数理组胡刚复、陈建功、王淦昌,生物组蔡邦华、谈家桢等院士候选人共八人。相应检具各院士候选人提名表及论著,函请查照汇办为荷。此致
国立中央研究院院士选举筹备委员会
　　附院士候选人提名表八份、著作两篇,又著作目录一份

校长竺○○

国立中央研究院院士候选人提名表

被提名者之姓名	别字	年岁	籍贯	专习学科	简历
张其昀	晓峰	四十八	浙江鄞县	人文地理	国立中央大学地理学教授十年 国立浙江大学地理学教授十二年 国立中央研究院第一届评议员 曾任中国地理学会总干事与总编辑

被提名人资格之说明:
一、被提名人合于院士资格中何一项之规定,请详加说明(院士资格条文见附注)。
第二项。
二、被提名人之重要著作中,其合于院士资格第一项之规定者,请列举于左,注明出版年及发表处(最好能一并附寄)并加以具体说明。
本人所著多为散篇论文,大都关于人文地理与区域地理,各举一篇以作代表:
《中国气候与人文》,载于美国地理学家协会会志一九四六年三月(附缴);
《中国之自然区域》,载于《中华新志》,国立浙江大学出版(印刷中,容补缴)。
又,国立浙江大学出版之《遵义新志》为本人所主编,其中《历史地理》一章由本人自撰(附缴)。
三、其他有资格事项之应加说明者。

(以上三项如本页篇幅不足时,得另纸补充)
提名人:竺可桢
民国三十七年十二月

附注:
国立中央研究院组织法第三条文如左:
国立中央研究院置院士若干人,依左列资格之一,就全国学术界成绩卓著之人士选举之:
一、对于所专习之学科,有特殊著作、发明或贡献者;
二、对于所专习学术之机关领导或主持在五年以上成绩卓著者。

国立中央研究院院士候选人提名表

被提名者之姓名	别字	年岁	籍贯	专习学科	简历
李浩培		四十二	上海	法律	私立东吴大学法学士 管理中英庚款董事会考取留英公费留学生 英国伦敦大学伦敦政治经济学院研究法律三年 曾任国立武汉大学法学教授并兼法律学系主任共七年 国立浙江大学法学教授并兼法学院院长共三年

被提名人资格之说明：

一、被提名人合于院士资格中何一项之规定，请详加说明（院士资格条文见附注）。

国立中央研究院组织法第一及第二两款。

二、被提名人之重要著作中，其合于院士资格第一项之规定者，请列举于左，注明出版年及发表处（最好能一并附寄）并加以具体说明。

1.《契约实质成立要件及其效力之准据法》，武大《社会科学季刊》，民30；

2.《国际私法总编》，武大出版社，民32；

3.《国际私法中之法律反致与转致问题》，《中华法学杂志》，民33；

4.《国际私法中之公共秩序问题》，同右，民34；

5.《关于侵权行为之国际私法》，同右；

6.《死亡宣告之法律冲突与管理冲突问题》，同右；

7.《权利能力之准据法》，《中华法学杂志》，民36；

8.《物权准据法》，《浙江大学报》，民36；

9.《关于婚姻成立问题之国际私法》，同右，民37；

10.《十九世纪之国际私法学》，《新法学》，民37；

11.《国际私法中之当事人本国法主义》，同右；

12.《关于离婚别居之国际私法》，同右。

各论文就学理与案例探讨国际私法之基本原则及其适用。

三、其他有资格事项之应加说明者。

（以上三项如本页篇幅不足时，得另纸补充）

提名人：竺可桢

民国三十七年十二月

附注：

国立中央研究院组织法第三条文如左：

国立中央研究院置院士若干人，依左列资格之一，就全国学术界成绩卓著之人士选举之：

一、对于所专习之学科，有特殊著作、发明或贡献者；

二、对于所专习学术之机关领导或主持在五年以上成绩卓著者。

国立中央研究院院士候选人提名表

被提名者之姓名	别字	年岁	籍贯	专习学科	简历
孟宪承		五五	江苏武进	教育	美国华盛顿大学硕士 曾任国立东南大学、清华大学、中央大学教授 现任国立浙江大学教授

被提名人资格之说明:

一、被提名人合于院士资格中何一项之规定,请详加说明(院士资格条文见附注)。

二、被提名人之重要著作中,其合于院士资格第一项之规定者,请列举于左,注明出版年及发表处(最好能一并附寄)并加以具体说明。

《西洋古代教育》(二十八年,商务)

此为国内关于希腊罗马教育史最早的著作。

三、其他有资格事项之应加说明者。

所著《教育史》(二十年,中华)、《教育概论》(廿二年,商务,卅六年二十九版)、《教育通稿》(卅七年,商务),虽皆师范用书,对于教育之研究,实不无影响。

(以上三项如本页篇幅不足时,得另纸补充)

提名人:竺可桢

民国三十七年十二月

附注:

国立中央研究院组织法第三条文如左:

国立中央研究院置院士若干人,依左列资格之一,就全国学术界成绩卓著之人士选举之:

一、对于所专习之学科,有特殊著作、发明或贡献者;

二、对于所专习学术之机关领导或主持在五年以上成绩卓著者。

国立中央研究院院士候选人提名表

被提名者之姓名	别字	年岁	籍贯	专习学科	简历
胡刚复		五六	江苏无锡	物理	曾任江苏国立东南大学教授兼物理系主任 第四中山大学区高等教育处处长 国立浙江大学理学院长,现仍在职

被提名人资格之说明:

一、被提名人合于院士资格中何一项之规定,请详加说明(院士资格条文见附注)。

合于第二项之规定。

二、被提名人之重要著作中,其合于院士资格第一项之规定者,请列举于左,注明出版年及发表处(最好能一并附寄)并加以具体说明。

三、其他有资格事项之应加说明者。

(以上三项如本页篇幅不足时,得另纸补充)

提名人:竺可桢

民国三十七年十二月

附注:

国立中央研究院组织法第三条文如左:

国立中央研究院置院士若干人,依左列资格之一,就全国学术界成绩卓著之人士选举之:

一、对于所专习之学科,有特殊著作、发明或贡献者;

二、对于所专习学术之机关领导或主持在五年以上成绩卓著者。

国立中央研究院院士候选人提名表

被提名者之姓名	别字	年岁	籍贯	专习学科	简历
陈建功		五十六	浙江绍兴	数学解析	日本理学博士(一九二九) 浙大教授

被提名人资格之说明：

一、被提名人合于院士资格中何一项之规定，请详加说明(院士资格条文见附注)。

1. 有特殊著作；

2. 主持领导数学解析颇有成绩。

二、被提名人之重要著作中，其合于院士资格第一项之规定者，请列举于左，注明出版年及发表处(最好能一并附寄)并加以具体说明。

论文数十篇，题目详载《国立中央研究院数学研究概况》，但 1948 载在 *Annals of Mathematics* 中一文，不在其内。

三、其他有资格事项之应加说明者。

被提名人最初论文载 *Tohoku Math Journal*(1921)

最近论文载 *Annals of Math*(1948)

相距几卅年。

（以上三项如本页篇幅不足时，得另纸补充）

提名人：竺可桢

民国三十七年十二月

附注：

国立中央研究院组织法第三条文如左：

国立中央研究院置院士若干人，依左列资格之一，就全国学术界成绩卓著之人士选举之：

一、对于所专习之学科，有特殊著作、发明或贡献者；

二、对于所专习学术之机关领导或主持在五年以上成绩卓著者。

国立中央研究院院士候选人提名表

被提名者之姓名	别字	年岁	籍贯	专习学科	简历
王淦昌		四十一	江苏常熟	物理	德国柏林大学博士 国立浙江大学物理学教授

被提名人资格之说明：

一、被提名人合于院士资格中何一项之规定，请详加说明(院士资格条文见附注)。

合于第一项之规定。

二、被提名人之重要著作中，其合于院士资格第一项之规定者，请列举于左，注明出版年及发表处(最好能一并附寄)并加以具体说明。

重要著作名称及发表处见附单，其中民国 1、2、10 三篇尤为重要，美国 Allen 君曾依照王君方法两得重要实验结果。

三、其他有资格事项之应加说明者。

美国 A.A.A.S 本年发行《近百年来科学之进步》纪念刊，其中王君为贡献人之一。

（以上三项如本页篇幅不足时，得另纸补充）

提名人：竺可桢

民国三十七年十二月

附注：

国立中央研究院组织法第三条文如左：

国立中央研究院置院士若干人，依左列资格之一，就全国学术界成绩卓著之人士选举之：

一、对于所专习之学科，有特殊著作、发明或贡献者；

二、对于所专习学术之机关领导或主持在五年以上成绩卓著者。

国立中央研究院院士候选人提名表

被提名者之姓名	别字	年岁	籍贯	专习学科	简历
蔡邦华		47	江苏溧阳	昆虫学	日本鹿儿岛农专毕业 东京帝大及德国慕尼黑大学研究 曾任北京农大及浙大教授 中农所技正 浙江昆虫局局长 现任浙大农学院院长兼昆虫学教授

被提名人资格之说明:

一、被提名人合于院士资格中何一项之规定,请详加说明(院士资格条文见附注)。

合于第一项资格者,在昆虫生态及经济昆虫学方面之研究有:

(1)阐明螟虫猖獗与气候之关系;

(2)昆虫发育上生命最适度现象之确定;

(3)重要害虫防治研究。

在昆虫分类方面之研究有:

(1)蝗虫科之分类及多种新种;

(2)蚜虫类之分类与多种新种之发见〔现〕。

合于第二项资格者:

(1)在大学教授昆虫学前后廿五年;

(2)担任浙大农院院长已十一年。

二、被提名人之重要著作中,其合于院士资格第一项之规定者,请列举于左,注明出版年及发表处(最好能一并附寄)并加以具体说明。

I. Description of Three New Species of Acridids from China, with a List of the Species Hitherto Recorded. *J. Coll. Agr. Imp.* Univ. Tokyo 10(2):139—149. 1929 (内载我国二种重要飞蝗之一竹蝗新种);

II. Zwei Neue Oxya-arten aus China. *Mitt. Zoll. Mus.* Berlin 7(3):436—440. 1931(稻重要害虫蝨螽新种);

III Das Reiszünsler Problem in China. *Zelt. angew. Ent.* 19(4):609—614. 1932(阐明杭州气候与螟虫猖獗之关系);

IV Experimentelle Untersuchungen den □□ Einfluss der Temperatur und Luftfeuchtigkeit auf die Eiablage der Calandra granaria. *Arg. Sini.* Nanking 1(1):1—34 1934(阐明生命最适度 Vitul Optimum 现象);

V.《三化螟猖獗实验》,中农所研究报告,1(9):272—328,1935;

VI.《中国螟虫研究与防治之现状》,中农特刊,1936,1(6):1—95;

(本文已被教育部指定为大学经济昆虫学之必读参考书);

VII.《水稻烟基治螟之原理及应用》,《农报》,4(1):6—19,1937;

VIII.《米象猖獗受营养之影响》,《病虫知识》,1(2):26—31,1941。

三、其他有资格事项之应加说明者。

IX. The Classification of the Chinese Gall Aphids(五倍子蚜) with Descriptions of Three New Genera and Six New Species from Meitan, Kweichow. *Trans. Roy. Ent. Soc.* London. 97(16):405—418. 1946;

X.《江浙两省桑虫防治报告》,利用寄生蜂防治崇德之桑蟥已得显著功效,该报告尚未印刷。

(以上三项如本页篇幅不足时,得另纸补充)

提名人:竺可桢

中华民国三十七年十二月

附注:

国立中央研究院组织法第三条文如左:

国立中央研究院置院士若干人,依左列资格之一,就全国学术界成绩卓著之人士选举之:

一、对于所专习之学科,有特殊著作、发明或贡献者;

二、对于所专习学术之机关领导或主持在五年以上成绩卓著者。

国立中央研究院院士候选人提名表

被提名者之姓名	别字	年岁	籍贯	专习学科	简历
谈家桢		四十	浙江鄞县	生物学	美国加州理工学院哲学博士 杭州浙江大学生物学教授 美国哥伦比亚大学研究员 国际遗传学会议永久委员会委会

被提名人资格之说明：

一、被提名人合于院士资格中何一项之规定，请详加说明（院士资格条文见附注）。

谈先生专门研究遗传学科，长于学理之阐发，具有特殊贡献，尤以性隔离机构及嵌镶显性现象有独到之创见。又，谈先生主持浙江大学生物系遗传细胞研究室达十年以上，领导研究，进行教学，成绩斐然。

二、被提名人之重要著作中，其合于院士资格第一项之规定者，请列举于左，注明出版年及发表处（最好能一并附寄）并加以具体说明。

谈先生著作已在欧美各国及我国著名杂志、发表者约在二十七八篇以上。兹将其重要者略列于后：

一、《杂种不孕性之研究》（一九三六年，第四篇）；

将两种果蝇交配，研究其子代之唾腺染色体，知物种之进化之□位与转位占有重要位置，对进化机构之阐明有不可泯灭之功绩。

二、《瓢虫之嵌镶显性现象》（一九四二年，第三篇）；

瓢虫鞘翅色斑之□是黑极多，为一极好之遗传材料，根据色斑之遗传性状，乃提出嵌镶显性现象，对遗传之机构乃有更进一步之了解，此更为近年来遗传学界中杰作。

三、《果蝇之性隔离机构》（一九四六年，第二篇）；

利用多种不同品系研究二种果蝇之交配行为以探讨性隔离之机构，知性隔离之发生实为基因之作用。此之对新种形成之理论得一种重要之启示。

另附著作目录一份。

三、其他有资格事项之应加说明者。

谈先生自美国加州理工学院毕业获得哲学博士学位后，即返国任浙江大学生物学正教授，迄今已达十年，其间于一九四五年至一九四六年应美国哥伦比亚大学之聘，出国研究一年，又应英国文化委员会之邀，作访问研究数月，所获良多。本年复奉派赴瑞典出席第八次国际遗传学大会，宣读论文多篇，极为外国学者所重视，乃荣膺该会永久委员会委员。

（以上三项如本页篇幅不足时，得另纸补充）

提名人：竺可桢

民国三十七年十二月

附注：

国立中央研究院组织法第三条文如左：

国立中央研究院置院士若干人，依左列资格之一，就全国学术界成绩卓著之人士选举之：

一、对于所专习之学科，有特殊著作、发明或贡献者；

二、对于所专习学术之机关领导或主持在五年以上成绩卓著者。

王淦昌君重要著作

1. A Suggestion on the Detection of Neutrino. *Phys. Rev.* ,61, p. 97,1942.

2. A Suggestion on the Experimental Method in Nuclear Physics and Cosmic Rays. *Science Record* , 1, p. 387, 1945.

3. On Some Chemical Effects of Gamma Rays. *Science Record* , 1, p. 389, 1945

4. Nuclear Field and Gravitational Field. (with H. L. Teao). *Phys. Rev.*, 66, p. 155,1944 and *Nature*, 155, p. 5(2),1945.

5. Radioactivity of Neutron. *Nature*, 155, p. 574, 1945.

6. An Organic Activated Zno-ZnCl2 Phosphor. *Science Record*, in Press.

7. A Five Dimensional Field Theory(with K. □). □□,70,p. 516,1946.

8. Neutron and Negative Proton. *Nature*, 167,□,□.

9. An Investigation on the Calcite, phosph□. □□. □*Chinese J. Physics* 161. ,7,p. 53,194□.

10. Proposed Method of Neutrino Detection. *Phys. Rev.* □. □,□.

浙江大学档案馆藏 L053-001-0098

本校于上月二十一日接得中央研究院三十八年度院士选举筹备委员会通告
(1949 年 2 月 14 日)

本校于上月二十一日接得中央研究院三十八年度院士选举筹备委员会通告"本会前为筹备本院三十八年度院士选举,经通告各大学院校与专门学会或研究机关提名院士候选人,提名期间并定于三十七年十二月十五日截止。兹查提名截止期间已届,各方寄到提名表,亦已有多起,惟受时局影响,本年及院士选举工作,务难于此时顺利进行。经呈奉总统核予延长一年……"云云。

《国立浙江大学日刊》复刊新第一百〇六期,民国三十八年二月十四日

（四）教职员概况

三十年度第一学期国立浙江大学教员数报告简表
（1941 年 12 月 15 日）

院科别	系组别	院长及主任姓名	院科别	共计 计	共计 专任	共计 兼任	教员数 教授 专任	教授 兼任	副教授 专任	副教授 兼任	讲师 专任	讲师 兼任	助教	其他特聘教员 专任	其他特聘教员 兼任	内兼任职员者
总计		梅光迪	计	229	228	1	81	1	26		42	1	78	1		50
	中国文学系	郭斌龢	男	208	207	1	79	1	23		42	1	62	1		49
	外国语文学系	梅光迪	女	21	21		2		3				16			1
各院科共同	史地学系	张其昀	男	16	15	1	5	1	2		7	1	1			9
		胡刚复	女													
文学院	数学系	苏步青	男	40	40		18		6		12		4			8
	物理学系	何增禄	女	5	5		2		1				2			1
理学院	化学系	王葆仁	男	55	55		20		3		12		20			10
	生物学系	罗宗洛	女	8	8				1				7			
	电机工程学系	李熙谋	男	47	47		13		8		4		21	1		6
工学院	化学工程学系	王国松	女	2	2				1				1			
	土木工程学系	李寿恒	男	39	39		17		4		5		13			11
	机械工程学系	吴耕伟	女	5	5								5			
农学院		钱钟韩	男	11	11		6				2		3			5
师范学院		蔡邦华	女	1	1								1			

续 表

三十年十二月十五日填报
校长或院长＿＿＿＿（签章）
主办统计人员＿＿＿＿（签章）

说明：
1. 教员数"共计"系包括"教授""副教授""讲师""助教"或其他"特聘教员"在内，助教暂列在专任项下；
2. "兼任"系指由他校教员或机关职员兼任，不能专任本校服务者而言，至在本校内按照规定应兼任职务之教员，计入本表专任项内；
3. 院、科、系组较多者，得自行仿制增列，但表格大小应照本表。

〈签注〉
说明：
（一）师范学院、国文、史地、英语、数学、理化五系教员与文学院中国文学、史地，外国语文及理学院数学、物理、化学等系相同，已分列文理两院教员数内，不再计入师范学院职员数报告简表。
（二）另有兼任计入职员五人，因目前偏重职务，列入职员数报告简表。

卅一学年度第一学期国立浙江大学教职员数报告简表

（1942 年 10 月 25 日）

卅一学年度第一学期国立浙江大学教员数报告简表

（第一页）

院科别	系组别	院长及主任姓名	性别	教员数 共计 计	共计 专任	共计 兼任	教授 专任	教授 兼任	副教授 专任	副教授 兼任	讲师 专任	讲师 兼任	助教	其他特聘教员 专任	其他特聘教员 兼任	内兼任职员者
	总计		计	234	230	4	86	3	31	1	41		72			47
	总计		男	218	214	4	85	3	28	1	38		63			46
	总计		女	16	16		1		3		3		9			1
文学院	中国文学系（郭斌龢）、外国语文学系（梅光迪）、史地学系（张其昀）	梅光迪	男	19	17	2	7	1	4	1	6					11
文学院			女	1	1				1							
各院科共同			男	43	43		19		10		7		7			5
各院科共同			女	3	3		1		1		1					1
理学院	数学系（苏步青）、物理学系（何增禄）、化学系（王葆仁）、生物学系（贝时璋）	胡刚复	男	56	55	1	22	1	4		11		18			7
理学院			女	7	7				1		1		5			
工学院	电机工程学系（王国松）、化学工程学系（李寿恒）、土木工程学系（吴钟伟）、机械工程学系（王宏基）	李熙谋	男	43	43		15		5		6		11			6
工学院			女	1	1								1			
农学院		蔡邦华	男	44	43	1	15	1	5		4		19			11
农学院			女	4	4						1		3			
师范学院			男	13	13		7				4		2			4
师范学院			女													

续　表

卅一年十月廿五日填报

校长或院长＿＿＿＿＿（签章）

主办统计人员＿＿＿＿＿（签章）

说明:

1. 教员数"共计"系包括"教授""副教授""讲师""助教"或其他"特聘教员"在内,助教暂列在专任项下;

2. "兼任"系指由他校教员或机关职员兼任,不能专在本校服务者而言,至在本校内按照规定应兼任职务之教员,计入本表专任项内;

3. 院、系、科、组较多者,得自行仿制增列,但表格大小应照本表。

〈签注〉

说明:

(一)师范学院、国文、史地、英语、数学、理化五系教员与文学院中国文学、史地、外国语文及理学院数学、物理、化学等系相同,已分列文理两院教员数内,不再计入;

(二)本表所列教员数以应聘者为限,凡目前尚未应聘之教员概未计入;

(三)龙泉分校教员数由该校另行填报,未列入本表。

卅一学年度第一学期国立浙江大学教员数报告简表

（第二页）

院科别	院长及主任姓名	系组别		教员数											其他特聘教员		内兼任职员者
				共计			教授		副教授		讲师		助教			专任	兼任	
				计	专任	兼任	专任	兼任	专任	兼任	专任	兼任						
		总计	计															
			男															
			女															
		各院共同	男															
			女															
	卢守耕	农艺学系	男															
			女															
	吴耕民	园艺学系	男															
			女															
	杨守珍	农业化学系	男															
			女															
	陈鸿逵	植物病害学系	男															
			女															
	夏振铎	蚕桑学系	男															
			女															
	吴文晖	农业经济学系	男															
			女															
师范学院	王琎	教育系	男															
	李相勖		女															
	郭斌龢	国文学系	男															
			女															
	张其昀	史地学系	男															
			女															
	梅光迪	英语学系	男															
			女															
	王琎	数学系	男															
			女															
	朱正元	理化学系	男															
			女															

说明：

1. 教员数"共计"系包括"教授""副教授""讲师""助教"或其他"特聘教员""在内,助教暂列在专任项下;
2. "兼任"系指由他校教员或机关职员兼任,至在本校专任服务者而言,不能专任服务者应照规定兼任职务之教员,计入本表专任项内;
3. 院、科、系、组较多者得自行仿制增列,但表格大小应照本表。

卅一年十月廿五日填报

校长或院长　　　　　（签章）

主办统计人员　　　　（签章）

卅一学年度第一学期国立浙江大学职员数报告简表

(第一页)

处院科	主管人员姓名	职员数																				
		校长或院长室			教务			训导			总务			主计			技术			其他		
		计	男	女	计	男	女	计	男	女	计	男	女	计	男	女	计	男	女	计	男	女
总计	152	4	4		27	23	4	22	16	6	74	69	5	12	10	2	5	5		8	7	1
校长办公室	竺可桢	4	4																			
教务处	张绍忠				27	23	4															
训导处	张其昀							22	16	6												
总务处	谢家玉										42	38	4									
文学院	梅光迪										6	6								4	4	
理学院	胡刚复										7	7					3	3				
工学院	李熙谋										5	5					2	2				
农学院	蔡邦华										3	3										
师范学院	王琎										1	1								1		1
一年级主任办公室	樊平章										1	1										
会计室	吴静山													12	10	2						
工场	李熙谋										2	2										
农场	孙逢吉										3	3										

说明：
1."校长或院长室"包括校长或院长，秘书及在校长室或院长室办公之书记等员；
2."教务"包括注册，出版两组，及图书馆主任及组员，馆员；
3."训导"包括生活指导，军事管理，体育卫生三组主任，及训导员，军事教官，医士及体育指导员等；
4."总务"包括文书，总务，出纳三组组员；
5."主计"包括办理会计统计人员；
6.凡由教员兼任者，均列行计人教员数内，本卷不列。

卅一年十月廿五日填报
校长或院长 ＿＿＿＿（签章）
主办统计人员 ＿＿＿＿（签章）

卅一学年度第二学期国立浙江大学职教员数报告简表（1943 年 4 月 5 日）

卅一学年度第二学期国立浙江大学教员数报告简表

（第一页）

院科别	系组别	院长及主任姓名	性别	共计-计	共计-专任	共计-兼任	教授-专任	教授-兼任	副教授-专任	副教授-兼任	讲师-专任	讲师-兼任	助教	其他特聘教员-专任	其他特聘教员-兼任	内兼任职员者
总计		梅光迪	计	263	259	4	95	4	35		47		82			53
	中国文学系	郭斌龢	男	245	241	4	94	4	31		44		72			50
	外国语文学系	梅光迪	女	18	18		1		4		3		10			3
文学院	各院科共同（史地学系）	张其昀	男	20	19	1	7	1	4		7		1			11
		胡刚复	女	1	1				1							1
	数学系	苏步青	男	48	48		20		12		8		8			4
	物理学系	何增禄	女	3	3		1		1		1					1
理学院	化学系	王葆仁	男	64	63	1	22	1	5		12		24			10
	生物学系	贝时璋	女	8	8								6			1
	电机工程学系	王国松	男	53	52	1	21	1	5		7		19			8
		王国松	女	2	2				1				1			
工学院	化学工程学系	李寿恒	男	47	46	1	17	1	5		6		18			12
	土木工程学系	吴钟伟	女	4	4						1		3			
	机械工程学系	钱钟韩	男	13	13		7				4		2			5

续　表

卅二年四月五日填报

校长或院长 _____ (签章)

主办统计人员 _____ (签章)

说明:

1. 教员数"共计"系包括"教授""副教授""讲师""助教"或其他"特聘教员"在内,助教暂列在专任项下;

2. "兼任"系指由他校教员或机关职员兼任,不能专在本校服务者而言,至在本校内按照规定应兼任职务之教员,计入本表专任项内;

3. 院、科、系,组较多者得自行仿制增列,但表格大小应照本表。

〈签注〉

说明:

(一)师范学院国文、史地、英语、数学、理化五系教员与文学院中国文学、史地,外国语文及理学院数学,物理,化学等系相同,已分列文理两院教员数内,不再计入师范学院,以免重复;

(二)龙泉分校教员数由该分校另行填报,未列入本表。

（第二页）

卅一学年度第二学期国立浙江大学教员数报告简表

院科别	系组别	院长及主任姓名	院科别	共计 计	共计 专任	共计 兼任	教授 专任	教授 兼任	副教授 专任	副教授 兼任	讲师 专任	讲师 兼任	助教	其他特聘教员 专任	其他特聘教员 兼任	内兼任职员者
	总计		计													
			男													
			女													
	各院科共同		男													
			女													
	农艺学系	卢守耕	男													
			女													
	园艺学系	吴耕民	男													
			女													
	农业化学系	杨守珍	男													
			女													
	植物病虫害学系	陈鸿逵	男													
			女													
	蚕桑学系	夏振铎	男													
			女													
	农业经济学系	吴文晖	男													
			女													
师范学院	教育学系	王琎	男													
			女													
	国文学系	李相勖	男													
			女													
	史地学系	郭斌龢	男													
			女													
	英语学系	张其昀	男													
			女													
	数学系	梅光迪	男													
			女													
	理化学系	徐瑞云	男													
			女													
		朱正元	男													
			女													

说明：
1. 教员数"共计"系包括"教授""副教授""讲师""助教"或其他"特聘教员"在内，助教暂列在专任项下；
2. "兼任"系指由他校教员或机关职员兼任，至在本校专任而又在他校兼教者列专任项内，计入本表专任项内；之教员，计入本表专任项内；至在本校内按规定应兼任职务之教员，计入本表专任项内；
3. 院、科、系、组较多者得自行仿制增列，但表格大小应照本表。

卅二年四月五日填报

校长或院长 _____（签章）

主办统计人员 _____（签章）

卅一学年度第二学期国立浙江大学职员数报告简表

(第一页)

处院科	主管人员姓名	校长或院长室			教务			训导			职员数 总务			主计			技术			其他		
		计	男	女	计	男	女	计	男	女	计	男	女	计	男	女	计	男	女	计	男	女
总计	169	4	4		32	28	4	24	18	6	81	79	2	12	10	2	8	8		8	5	3
校长办公室	竺可桢	4	4																			
教务处	张绍忠				32	28	4															
训导处	郭斌龢							24	18	6												
总务处	谢家玉										49	47	2									
文学院	梅光迪										5	5										
理学院	胡刚复										8	8					5	5		4	4	
工学院	王国松										5	5					3	3				
农学院	蔡邦华										3	3										
师范学院	王琎										2	2										
一年级主任办公室	钱宝琮										1	1										
合计室	吴静山													12	10	2						
工场											2	2										
农场	孙逢吉										3	3								3		3

说明:

1."校长或院长室"包括校长或院长,秘书及在校长或院长室办公之书记员;
2."教务"包括注册,出版两股,及图书馆主任及馆员,馆员;
3."训导"包括生活指导,军事管理,体育卫生三组主任及训导员,军事教官,医士及体育指导员等;
4."总务"包括文书,庶务,出纳三组主任及组员;
5."主计"包括办理会计统计人员;
6.凡由教员兼任者均另行计入教员数内,本卷不列;
7.主管人员兼任总务、教务、训导、以及主计、技术者,技术等本计入教员数报告表外,其暂时尚未依规定由教员数报告表数字内。

〈签注〉

(一)内有六人系由教员兼任,因目前偏重职务,故列入本表;
(二)龙泉分校职员未计入本表,由该分校另行填报。

卅二年四月五日填报

校长或院长 ＿＿＿＿(签章)

主办统计人员 ＿＿＿＿(签章)

卅一学年度第二学期国立浙江大学职员数报告简表

（第二页）

处院科	主管人员姓名	职员数																				
		校长或院长室			教务			训导			总务			主计			技术			其他		
		计	男	女	计	男	女	计	男	女	计	男	女	计	男	女	计	男	女	计	男	女
总计																						
史地教育研究室	张其昀										1	1										
研究院											2	2								1	1	

说明：

1."校长或院长室"包括校长或院长、秘书及在校长室或院长室办公之书记等员；

2."教务"包括注册、出版两股，及图书馆主任及组员，馆员；

3."训导"包括生活指导，军事管理，体育卫生三组主任及训导员，军事教官，医士及体育指导员等；

4."总务"包括文书，庶务，出纳三组主任及组员；

5."主计"包括办理会计统计人员；

6.凡由教员兼任者均另行计入教员数内，本卷不列；

7.主管人员除总务，教务，训导依归规定由教员兼任者应计入教员数报告表外，其暂时尚未依归规定由教员兼任者，以及主计，技术等部分主管人员，仍应计入本表数字内。

卅二年四月五日填报

校长或院长　（签章）

主办统计人员　（签章）

三十五学年度第一学期国立浙江大学教职员数报告简表（1947 年）

三十五学年度第一学期国立浙江大学教员数报告简表

系组别	院长及主任姓名	院科别	性别	计	共计专任	共计兼任	教授专任	教授兼任	副教授专任	副教授兼任	讲师专任	讲师兼任	助教	其他特聘专任	其他特聘兼任	内兼任职员者
中国文学系	祝文白	总计	计	356	351	5	153	5	52		41		105			57
外国语文学系	佘坤珊		男	330	325	5	149	5	51		31		94			56
史地学系	张其昀		女	26	26		4		1		10		11			1
数学系	苏步青	各院科共同	男	14	14		2		8		1		3			14
物理学系	何增禄		女	1	1						1					1
化学系	卢嘉锡	文学院	男	47	45	2	27	2	7		3		8			6
生物学系	贝时璋		女	4	4		1		1		2					
药学系	孙宗彭	理学院	男	75	75		29		8		10		28			7
电机工程系	王国松		女	11	11		1				4		6			
化学工程系	李寿恒	工学院	男	76	76		29		10		6		31			9
土木工程系	吴钟伟		女	3	3						1		2			
机械工程系	张德庆	农学院	男	55	54	1	27	1	6		6		15			10
航空工程系	范绪箕		女	5	5						2		3			

续 表

系组别	院长及主任姓名	院科别	男/女	计	共计 专任	共计 兼任	教授 专任	教授 兼任	副教授 专任	副教授 兼任	讲师 专任	讲师 兼任	助教	其他特聘教员 专任	其他特聘教员 兼任	内兼任职员者
农艺学系	萧辅	师范学院	男	49	49		25		12		4		8			7
园艺学系	吴耕民		女	2	2		1						1			
农业化学系	罗登义	法学院	男	10	8	2	8	2								2
植物病虫害学系	陈鸿逵		女	1	1		1									
蚕桑学系	祝汝佐	医学院	男	3	3		2				1					1
农业经济学系	雷男		女													
教育学系	郑宗海		男													
国文学系	郑奠		女													
英语学系	佘坤珊		男													
史地学系	李絜非		女													
数学系	苏步青		男													
理化学系	朱正元		女													
法律学系	赵之远		男													
医学院	李宗恩		女													

三十五学年度第一学期国立浙江大学职员教数报告简表

处院科	主管人员姓名	校长或院长室			教务			训导			总务			主计			技术			其他		
		计	男	女	计	男	女	计	男	女	计	男	女	计	男	女	计	男	女	计	男	女
		24	23	1	32	29	3	8	7	1	48	40	8	14	9	5				2	2	
教务处	张绍忠																					
训导处	顾谷宜																					
总务处	谢家玉																					
会计室	谢庚																					
文学院	张其昀																					
理学院	胡刚复																					
工学院	王国松																					
农学院	蔡邦华																					
师范学院	郑宗海																					
法学院	李浩培																					
医学院	李宗恩																					

三十五学年度第二学期国立浙江大学教职员数报告简表
（1947 年 5 月 1 日）

（第一页）

三十五学年度第二学期国立浙江大学教员数报告简表

院科别	系组别	院长及主任姓名	院科别	性别	教员数												
					计	共计专任	共计兼任	教授专任	教授兼任	副教授专任	副教授兼任	讲师专任	讲师兼任	助教	其他特聘教员专任	其他特聘教员兼任	内兼任职员者
		张其昀	总计	计	355	341	14	131	8	56	1	43	1	111		4	67
		祝文白		男	324	311	13	127	8	54	1	31	1	99		4	66
		佘坤珊		女	31	30	1	4		2		12		12			1
		张其昀	各院科共同	男	25	24	1	9	1	9		2	1	4			11
		胡刚复		女	1	1						1					1
文学院	中国文学系	苏步青	文学院	男	41	38	3	20	3	7		3		8			7
	外国语文学系	何增禄		女	6	5	1	2		1		2	1				
	史地学系	卢嘉锡	理学院	男	77	77		28		9		9		31			10
理学院	数学系	贝时璋		女	12	12		1				6		5			
	物理学系	孙守珍	工学院	男	70	67	3	20	3	9		6		32			8
	化学系	王国松		女	4	4						1		3			
	生物学系	王国松		男	50	50		23		6		6		15			10
	药学系	李寿恒		女	5	5						2		3			
工学院	电机工程学系	吴钟伟		男	47	47		21		13		5		8			8
	化学工程学系	张德广		女	2	2		1		1				1			
	土木工程学系																
	机械工程学系																

说明：
1. 教员数"共计"系包括"教授""副教授""讲师""助教"或其他"特聘教员"在内，助教暂列在专任项下。
2. "兼任"系指由其他校教员或机关职员兼任，不能专任本校服务者而言，至在本校内按照规定应兼任职务之教员，计入本表专任项内；
3. 院、科、系、组较多者得自行仿制增列，但表格大小应照本表。

三十六年五月二日填报
校长或院长签可核（签章）
主办统计人员（签章）

三十五学年度第二学期国立浙江大学教员数报告简表

(第二页)

院科别	系组别	院长及主任姓名	院科别	计/男/女	共计 计	共计 专任	共计 兼任	教授 专任	教授 兼任	副教授 专任	副教授 兼任	讲师 专任	讲师 兼任	助教	其他特聘教员 专任	其他特聘教员 兼任	内兼任者 职员	内兼任者 兼任员
	航空工程学系	范绪箕		计														
		蔡邦华	总计	男														
	农艺学系	萧辅		女														
农学院	园艺学系	吴耕民	各院别	男														
	农业化学系	罗登义	共同	女														
	植物病害虫学系	陈鸿逵	法学院	男	9	7	2	5		1							2	
	蚕桑学系	祝汝佐		女	1	1		1						1				
	农业经济学系	雷男	医学院	男	5	1	4	1	1		1		1			4		
		郑宗海	筹备委员会	女														
	教育学系	郑宗海		男														
	国文学系	郑奠		女														
师范学院	英语学系	佘坤珊		男														
	史地学系	李絜非		女														
	数学系	苏步青		男														
	理化学系	朱正元		女														

说明：

1. 教员数"共计"系包括"教授""副教授""讲师""助教"或其他"特聘教员"在内,助教暂列在专任项下;
2. "兼任"系指由他校教员或机关职员兼任,不能专在本校服务者而言,至在本校内按照规定应兼任职务之教员,计入本表专任项内;
3. 院科系组较多者得自行仿制增列,但表格大小应照本表。

三十六年五月二十一日填报

校长或院长 竺可桢 (签章)

主办统计人员 (签章)

二十五学年度第二学期国立浙江大学教员数报告简表

(第三页)

院科别	系组别	院长及主任姓名	院科科别		教员数													
					共计			教授		副教授		讲师		助教	其他特聘教员		内兼任者职员
					计	专任	兼任	专任	兼任	专任	兼任	专任	兼任		专任	兼任	
法学院	法律学系	李浩培	总计	计													
		赵之远		男													
医学院筹备委员会		李宗恩		女													
			各院科共同	男													
				女													
				男													
				女													
				男													
				女													
				男													
				女													
				男													
				女													
				男													
				女													

说明:
1. 教员数"共计"系包括"教授""副教授""讲师""助教"或其他"特聘教员"在内,助教暂列在专任项下;
2. "兼任"系指由其他校教员或机关职员兼任,不能专在本校服务者而言,至在本校内按照规定应兼任职务之教员,计入本表专任项内;
3. 院、科、系、组较多者得自行仿制增列,但表格大小应照本表。

〈签注〉本校附中职员数由该校另行填报,未列入本表。

卅六年五月一日填报
校长或院长詹可树(签章)
主办统计人员　　　(签章)

三十五学年度第二学期国立浙江大学职员数报告简表

(第一页)

处院科	主管人员姓名	校长或院长室			职员 教务			训导			总务			主计			技术			其他		
		计	男	女	计	男	女	计	男	女	计	男	女	计	男	女	计	男	女	计	男	女
总计	140	4	4		31	26	5	18	11	7	57	53	4	14	9	5	13	13		3	3	
校长办公室	竺可桢	4	4																			
教务处	张绍忠				31	26	5															
训导处	顾谷宜							18	11	7												
总务处	谢家玉										38	35	3									
文学院	张其昀										2	2								2	2	
理学院	胡刚复										5	5					5	5				
工学院	王国松										4	3	1				4	4				
农学院	蔡邦华										3	3					2	2				
师范学院	郑宗海										1	1					1	1				
法学院	李浩培																					
医学院筹备委员会	李宗恩																					
会计室	谢庚													14	9	5						
工场																						

卅六年五月一日填报
校长或院长 竺可桢(签章)
主办统计人员 ____(签章)

说明:
1. "校长或院长室"包括校长或院长、秘书及在校长或院长室办公之书记等员;
2. "教务"包括注册、出版两股,及图书馆主任及组员,馆员;
3. "训导"包括生活指导,庶务,军事管理、体育卫生三组主任及训导员,军事教官、医士及体育指导员等;
4. "总务"包括文书,庶务,出纳三组组员;
5. "主计"包括办理会计统计人员;
6. 凡由教员兼任者均另行计入教员数内,本卷不列;
7. 主管人员除总务,教务,训导依规定由教员兼任者应计入教员数报告表外,其暂时尚未依归规定由教员兼任者计入主管人员,以及主计,技术等部分主管人员,仍应计入本表数字内。

三十五学年度第二学期国立浙江大学职员数报告简表 （第二页）

处院科	主管人员姓名	校长或院长室			教务			训导			总务			主计			技术			其他		
		计	男	女	计	男	女	计	男	女	计	男	女	计	男	女	计	男	女	计	男	女
总计																						
农场	丁振麟										3	3										
湘湖农场	林汝瑶										1	1					1	1				
史地教育研究室	张其昀																			1	1	
史地研究所	张其昀																					
数学研究所	苏步青																					
生物研究所	贝时璋																					
化学工程研究所	李寿恒																					
农业经济研究所	雷男																					

卅六年五月一日填报

校长或院长　竺可桢　（签章）

主办统计人员　　　　（签章）

说明：
1. "校长或院长室"包括校长或院长、秘书及在校长或院长室办公之书记等员。
2. "教务"包括注册、出版两股、及图书馆主任及组员、馆员。
3. "训导"包括生活指导、军事管理、体育卫生及训导主任及组员、军事教官、医士及体育指导员等。
4. "总务"包括文书、庶务、出纳三组及组员。
5. "主计"包括会计统计人员。
6. 凡由教员兼任者均另行计入教员数内,本卷不列。
7. 主管人员除总务、教务、训导依归规定计入教员数内由教员兼任者,本表不列。其暂时尚未依规定由主管兼任者,以及主计、技术等部分主管人员,仍应计入本表数字内。

〈签注〉
说明：本校附中职员数由该校另行填报,未列入本表。

国立浙江大学三十七学年度第一学期教职员人数统计表
(1948 年)

国立浙江大学三十七年〔学〕年度第一学期教员人数统计表

项别		教员数											
		共计			教授		副教授		讲师		助教	内兼任职员者
		计	专任	兼任	专任	兼任	专任	兼任	专任	兼任		
总计	计	408	401	7	148	4	69	2	60	1	124	78
	男	361	354	7	144	4	66	2	45	1	99	68
	女	47	47		4		3		15		25	10
各院科共同	男	13	13		2		8		3			11
	女	1	1						1			1
文学院	男	72	66	6	36	3	17	2	5	1	8	8
	女	8	8		3				3		2	
理学院	男	92	92		31		14		14		33	10
	女	13	13		1				5		7	
工学院	男	73	72		25	1	10		9		28	6
	女	8	8						2		6	
农学院	男	60	60		26		7		10		17	8
	女	7	7				2		2		3	
师范学院	男	15	15		9		2		1		3	2
	女	1	1				1					
法学院	男	16	16		9		5				2	3
	女											
医学院	男	20	20		6		3		3		8	20
	女	9	9						2		7	9

国立浙江大学三十七学年度第一学期职员人数统计表

项别	计	男	女
总计	216	154	62
校长办公室	5	5	
教务处	31	26	5
训导处	9	8	1
总务处	49	41	8
会计室	15	10	5
文学院	4	4	
理学院	13	13	
工学院	7	7	
农学院	10	10	
师范学院	1	1	
法学院			
医学院	1	1	
附属医院	70	27	43
史地教育研究室	1	1	

浙江大学档案馆藏 L053-001-3825

华东区杭州市国立浙江大学教员人数调查表（1949年）

院系科	总计						教授				副教授				讲师				助教		备考
	专任			兼任			专任		兼任		专任		兼任		专任		兼任		专任		
	计	男	女	计	男	女	男	女	男	女	男	女	男	女	男	女	男	女	男	女	
总计	383	336	47	7	4	3	126	4	4		59	3		1	47	13		2	104	27	
文学院	56	51	5	4	1	3	23	2	1		10			1	8	1		2	10	2	
中文系	16	15	1	1	1		6	1	1		3				4				2		
外文系	18	16	2	2		2	5	1			6				2	1		2	3		
教育系	10	9	1	1		1	6							1	2				1	1	
人类系	5	5					3												2		
历史系	5	5					2				1								2		
哲学系	2	1	1				1													1	
理学院	108	91	17	1	1		33	1	1		15	1			13	4			30	11	
数学系	23	21	2				6				4				4	1			7	1	
物理系	23	20	3				6				3				3	1			8	2	
化学系	24	19	5				7	1			2	1			2	1			8	2	
生物系	20	15	5				6				3				3	1			3	4	
药学系	9	7	2				3				1								3	2	
地理系	9	9		1	1		5		1		2				1				1		

续 表

院系科		总计 专任 计	总计 专任 男	总计 专任 女	总计 兼任 计	总计 兼任 男	总计 兼任 女	教授 专任 男	教授 专任 女	教授 兼任 男	教授 兼任 女	副教授 专任 男	副教授 专任 女	副教授 兼任 男	副教授 兼任 女	讲师 专任 男	讲师 专任 女	讲师 兼任 男	讲师 兼任 女	助教 专任 男	助教 专任 女	备考
工学院	合计	81	75	6	1	1		25		1		11				10	2			29	4	
	电机系	18	15	3				5				3				2	1			5	2	
	化工系	15	13	2				3				3				2				5	2	
	土木系	17	17					7				1				4				5		
	机械系	20	20		1	1		4		1		4				2				10		
	航空系	11	10	1				6									1			4		
农学院	合计	75	68	7	1	1		28		1		11	2			8	2			21	3	
	农艺系	12	11	1				3				3	1			2	1			3		
	园艺系	10	10					4				1				1				4		
	农化系	10	8	2				3				1	1							4		
	病虫害系	10	8	2				4				1				3				3		
	蚕桑系	6	5	1				3				1					1					
	农经系	10	9	1	1	1		5		1			1			1				1		
	森林系	7	7					2				2								3		
	畜牧系	9	9					4				2				1				3		
	公共科目	1	1																			
法学院		8	8					5				3										

续　表

院系科	科	总计 计	总计 专任 男	总计 专任 女	总计 兼任 男	总计 兼任 女	教授 专任 男	教授 专任 女	教授 兼任 男	教授 兼任 女	副教授 专任 男	副教授 专任 女	副教授 兼任 男	副教授 兼任 女	讲师 专任 男	讲师 专任 女	讲师 兼任 男	讲师 兼任 女	助教 专任 男	助教 专任 女	备考
医学院		44	33	11			10	1			4				6	5			13	5	
	解剖科	4	4				2												2		
	生理科	2	2				1												1		
	生化科	4	3	1			1				1					1			1		
	寄生虫科	2	2				1												1		
	细菌科	3	1	2											1					2	
	病理科	2	2				1								1						
	药理科	1	1								1										
	内科	10	8	2			1	1			1				4				2	1	
	外科	5	5				1				1								3		
	妇产科	4		4												3				1	
	眼耳鼻喉科	4	3	1			1									1			2		
	小儿科	1	1																1		
	放射科	2	1	1			1													1	
公共科目		11	10	1			2				5				2	1			1		各院系共同

主办统计人：

行政主要负责人：　　　　　　　　　主办统计人：　　　　　　　　　年　月　日制

三、各学院及系概况

（一）文理学院

题浙大文理学院大门内标准钟台①
（1936 年）

竺可桢

勿谓长少年，
光阴未转毂。

《竺可桢全集》（第二卷），上海科技教育出版社，2004 年，第 388 页

文理学院增设史地学系
（1936 年 8 月 31 日）

浙大文理学院原设有外国语文（英文组）、教育（设教育及教育心理两组）、数学、物理、化学、生物等六学系。本年度增设史地学系，聘人地学专家张其昀先生担任系主任。本届新生投考该系者，凡百三十余人，约录取十分之一。该系教授亦多国内知名之士，如朱庭佑〔祜〕、景昌极、顾宜谷〔谷宜〕、王庸、苏毓棻、沈思屿〔玙〕诸氏。刻张主任正在拟计一切系务进行大纲。

《图书展望》第十一期，民国二十五年八月三十一日

史地学系之新工作
（1936 年 9 月 1 日）

（一）发起浙江学术演讲会

本校史地学系鉴于浙大所处地位，有宣扬浙省文化之任务，现与浙江省立图书馆合作，发起浙江学术演讲会，预定每二星期举行一次，演讲题目已经拟定，所请讲师均系对于各项问题有特殊研究者。闻第一次演讲俟本校开课后即将举行，讲题为"浙江省之现势"，由史地学系主任张其昀先生担任。

（二）参加浙江省文献展览会

浙江省立图书馆定于本年双十节起举行本省文献展览会，闻规模宏大，征品多甚名贵。本

---

① 原文注：摘自浙江大学校史编辑室编《竺可桢传》（1982 年）第 76 页，篇名为编者所加。

校史地学系亦在被邀参加之列。闻该系将贡献本省分类地图约四十幅,缩尺为百万分一与五十万分一两种,皆施彩色,可供悬挂,其中一部分系表示本省自然与人文环境,大部分皆系重要历史现象以地图表示之者,以符文献展览会之意义。现正在绘制中。该系并有精选浙省名胜史迹照片(放大至十二吋)四十幅,系张先生前年游览浙江时所摄取,颇有鉴赏价值。

《国立浙江大学日刊》第一期,民国二十五年九月一日

文理学院各学系级指导业经聘定
(1936 年 10 月 19 日)

本大学各学院各学系级指导,前已分别聘就,除工学院名单已载本刊第十五号、农学院名单已载本刊第二十号外,兹将文理学院各学系级指导名单列表露布于后:

级别／系别	一年级	二年级	三年级	四年级
外国文学系	林天兰	陈嘉	陈嘉	梅光迪
教育学系	庄泽宣 沈有乾	黄翼	黄翼	郑宗海 俞子夷
史地学系	景幼南			
数学系	朱叔麟	苏步青	陈建功	苏步青
物理学系	张绍忠	王淦昌	何增禄	束星北
化学系	储润科	于文蕃	李相杰	周厚复
生物学系	蔡堡	张肇骞	贝时璋	蔡堡

《国立浙江大学日刊》第四十一期,民国二十五年十月十九日

浙江大学史地学系规程
(1937 年 5 月 1 日)

本系分历史地理两组,两组课程规定与各大学史学地学单独成系者相仿,以期造成完美之历史学及地理学之人材。历史组兼重中国史与世界史,地理组兼重人文地理与自然地理,于气象学、地质学之功课均有相当分量。又历史组学生得以地理组为辅系,地理组学生亦得以历史组为辅系。本校毕业总学分规定除军训看护体育及党义外,须修毕一百三十二学分,主系学分至少四十学分,辅系学分至少二十学分。兹将本系四年全部课程列表如左:

		第一学年	第二学年	第三学年	第四学年
（一）史地二组公共必修	（甲）历史组	中国近世史（全年四学分）地学概论（全年四学分）	西洋近世史（全年四学分）本国地理概论（全年四学分）	中国文化史（全年四学分）世界地理（全年四学分）	
	（乙）地理组	中国近世史（全年四学分）地学概论（全年四学分）	本国地理概论（全年四学分）	西洋近世史（全年四学分）世界地理（全年四学分）	中国文化史（全年四学分）
（二）历史组必修			中国中古史（全年四学分）	中国古代史（全年四学分）西洋上古史（全年四学分）西洋中古史（全年四学分）	西洋文化史（全年四学分）史学史及阅读§历史研究（全年四学分）
（三）历史组选修			日本史下（半年三学分）	中西交通史上（半年三学分）中国近五十年史（半年二学分）历史地理下（半年三学分）中国政制史上（半年三学分）*印度史（半年二学分）世界经济史（全年四学分）*中国民族史上（半年二学分）	*人类学上（半年三学分）*考古学下（半年三学分）中国思想史上（半年三学分）西洋思想史（全年四学分）中国经济史上（半年三学分）俄国史下（半年二学分）英国史上（半年二学分）*美国史下（半年二学分）中学历史教育（半年二学分）
（四）地理组必修			普通地质学（全年四学分）制图学（半年二学分）	本国地理分论（全年四学分）气象学上（半年三学分）测量学下（半年三学分）地理实察下（半年二学分）历史地质学（半年三学分）	§地理研究
（五）地理组选修			矿物学上（半年三学分）	亚洲地理上（半年二学分）欧洲地理下（半年二学分）经济地理上（半年二学分）历史地理下（半年二学分）	气候学上（半年三学分）地形学上（半年三学分）水文学上（半年二学分）构造地质学下（半年三学分）地球物理学下（半年三学分）*人类学上（半年三学分）经济地质学上（半年三学分）*海洋学下（半年三学分）*国防地理下（半年二学分）*美洲地理上（半年二学分）地理学史下（半年二学分）中学地理教育下（半年二学分）

附注：

（一）"上"指上学期开设者，"下"指下学期开设者；

（二）有§记号者指毕业论文之预备，本系必修，但不给学分；

（三）有*记号者每二年开班一次。

《史地杂志》创刊号，民国二十六年五月

文理学院设备概况

（1937 年 9 月）

甲、校舍

本院现有校舍除三层教室一座系新建者外，余悉为求是书院及浙江高等学堂之旧，房屋类多破敝，蠹蠹丛生，倾塌堪虞，且各学系不集中于一处，化学、生物二系另在校外刀茅巷，教学管理均感不便。故计划拟改建数理馆、化学馆、生物馆数座以利教学，一俟经费有着，即可次第求其实现也。除院长办公室、普通教室在新建三层大厦外，兹将各系现有房舍列举如下：

外国语文学系有办公室一间，预备室四间，阅书及会议室一间。

史地学系有办公室一间，陈列室二间，预备室二间，绘图室一间。

教育学系有办公室三间，会议室一间，阅读室一间，心理教室一间，心理仪器室一间，心理实验室六间，暗室一间，另附设培育院有活动室一间，观察室一间，休息室及更衣室一间，盥洗室一间，办公室一间，餐室厕所厨房等。

数学系有办公室一间，阅书室一间，专用教室一间，研究室二间。

物理学系有专用教室一大间，一小间，实验室四大间，一小间，仪器室三间，研究室八小间，阅书室一间，办公室二间，仪器工场七间（内金工场三大间，木工场一间，材料室一间，玻璃细工二小间）。

化学系有阅书及办公室一（计二间），仪器药品室二（计四间），储藏室一（计一间），天秤室一（计一间），实验室九（计二十六间），研究室四（计四间），活性碳制造工场一（计五间）。

生物学系有实验室三大间，研究与预备室九间，图书室大小各一间，药品仪器室二间，切片室二间，消毒室一间以及贮藏室、花房、动物室等等。

乙、图书

外国语文学系有参考书八百余种。

史地学系有地图已裱成轴者二百零九辐〔幅〕，散页者一千另四十四页，装订成册者二十本；中日文参考书一千五百七十四册；西文参考书二百十册；中西文杂志四十六种，共三百十四册。

教育学系有中、日文参考书、西文参考书各千余种；中文杂志六十余种，西文杂志四十余种，其中自一九二六年后全备无缺者计有十余种。

数学系有杂志四十五种，合装八百八十余册，内全套者十七种；参考书五百余种，共五百三十余册。

物理学系有图书杂志约价三万元（一部分已划归浙江省图书馆，由本系借用），重要杂志成套者十四种，约值一万四千元；新杂志专属物理者现有二十八种，每年订费约一千四百元；其他科学杂志含物理论文者不计。

化学系有西文参考书一百七十九种，计三百六十二册；中文参考书十六种，计四十五册；西文杂志十五种，每年订费一千二百余元（内成套者有 *Berichte der Deutschen Chemischen*

Gesellschaft 及 *Chemisches Zentrablatt* 二部）。

生物学系有中西文参考书三百九十余种，计四百五十余册，定〔订〕自中、日、欧、美各国杂志共三十八种。

丙、仪器

史地学系有地理仪器、测量仪器、地质矿物实验仪器、绘图仪器、地质矿物标本模型等，合计价值二千七百余元。

教育学系有心理仪器百余种，测验仪器百余种。

物理学系有普通物理学仪器二百二十种，五百六十件，价约二万二千元；电磁学仪器八十五种，三百五十件，价约二万一千元；光学仪器五十种，二百一十件，价约一万九千元；高等物理仪器七十二种，一百四十件，价约一万一千元；近世物理仪器六十三种，二百一十件，价约一万五千元；研究用仪器二十种，一百件，价约二万六千元；修制仪器用之机械八十五种，二百五十件，价约一万一千元。总计五百九十五种，一千八百二十件，价约十二万五千元。

化学系有无机化学仪器三百八十余种，三万余件，价约一万余元；分析化学仪器四百余种，一万一千余件，价约一万八千余元；物理化学仪器一百七十种，三百三十二件，价约一万二千余元；普通有机化学仪器四百五十余种，一万三千余件，价约一万三千五百余元；有机分析化学仪器一百八十一种，三百四十余件，价约八千六百余元，有机化学特殊仪器一百三十余种，四百四十余件，价约九千八百余元；药品计一千三百余器，价约一万八千余元。

生物学系有仪器（显微镜、切片器、等温箱、消毒器、动植物生理仪器、解剖仪器等）六十三种，计二百二十六件；玻璃器三十四种，一万一千六百余件；药品三百余种；标本（显微标本、设制标本、剥制标本、骨骼标本、植物腊叶标本、模型等）三十八种，六千二百余件；饲养动、植物细菌五十余种、五百余件。价约三万余元。

文理学院沿革
（1937 年 9 月）

文理学院之设，实发轫于民国十年杭州大学之倡议。尔时浙江省议会以浙江全省中学数十所，学生万余人，能恃为升学之地者，仅法医两校，大学尚付阙如，遂建议筹设杭州大学。徒以时局变更，虽有此议，并未能实现。迨民国十六年四月，蔡元培先生复有创立浙江大学研究院之议，经国民党中央执行委员会政治会议浙江分会及浙江省务会议先后通过，并设立浙江大学筹备委员会及筹备处，积极进行。嗣以研究院需费浩繁，决先筹办大学，会中央试行大学区制，乃就原有之浙江公立农、工两专门学校改设农、工两学院，另开文理学院以为大学之基础，总称国立第三中山大学。七月十五日国立第三中山大学成立，中央任命蒋梦麟为校长，由蒋校长函聘邵裴子为文理学院筹备委员。十七年四月文理学院筹备完成，由校长蒋梦麟将文理学院计划及预算呈请大学院核准，定于十七年秋开学，聘邵裴子为院长，院址则设于前清高等学堂及陆军小学之旧址，其西即为大学行政部分。嗣后大学区制取消，国立第三中山大学复改称国立浙江大学，国立浙江大学文理学院至此遂告成立。

十七年文理学院成立之初,设本科及医药预修科,本科先设下列十个学门:(一)中国语文学门;(二)外国语文学门(先设英文组);(三)哲学门;(四)数学门;(五)物理学门;(六)化学门;(七)心理学门;(八)史学与政治学门;(九)体育学门;(十)军事学门,(一)(二)(四)(五)(六)(八)六个学门为主科学门(学生得任选各该学门之一为其修习之主科)。十八年度各主科学门改称学系,非主科学门改称学门以示区别,并增设生物学系、心理学系、经济学系及教育学系,连先设六学系,共成十学系。十九年中国语文学系改为学门(即不为主科),是年下学期因历年预算不能实现,各学系不能于四年内一律充实,将心理学系、史学与政治学系及经济学系三系停止,所有各该系学生分别送至北京大学及中央大学借读。二十年度因医药预修科历年投考人数太少,将其停止。二十一年,文理学院四个年级完成,理科各系设备稍具规模,图书亦略有基础,故于二十一年度先恢复政治学系,稍补文科缺陷。旋于二十二年度起,奉教育部令,复将该系停办。二十五年度,添设史地学系。故文理学院之学制组织,自二十五年度起共有外国语文、教育、史地、数学、物理、化学、生物七个学系。

本大学以历史关系,文理、工、农三院初各保持其半独立状态。用人、行政、学科、设备类多重复。自二十一年度,程天放长校,为谋集中事权、节省经费起见,特将行政方面彻底改革,力臻统一。行政既经改革,教务亦多更张,以前理科基本学程各学院设立重复者,至是均逐渐改隶本院理科各系,工、农两院理科教授亦转任本院教授。二十年度起工学院物理学程归本院担任。二十二年度起农学院物理,工、农两学院数学学程亦改由本院担任。至于化学学程则自二十年度起亦陆续将重复者完全归并,惟因校舍简陋不敷支配,实验室尚未能完全集中一处,无机化学、分析化学、{学}实验室仍设工学院旧址,物理、化学、有机化学、军用化学则另在校外刀茅巷租赁房屋一所,管理尚嫌未便,一俟计划中之化学馆建立,则可集中矣。

浙江大学档案馆藏 L053-002-0021

(二)文学院

国立浙江大学文学院、师范学院史地学系概况
(1940 年 4 月)

(二十九年四月)

一、沿革

本系系于民国二十五年八月成立,初隶于文理学院。二十七年八月,本校师范学院成立,内设六系,本系亦为其一。二十八年八月,文理学院分为文学院与理学院,本系隶属于文学院,文师二院之史地学系实相需相依,其行政与师资设备,现仍合一。

本校于二十五年十一月间曾奉行政院蒋院长复电,中有"史地学系之添设与我浙学术之继承与发扬实为必要"等语。二十八年七月,本校奉教育部训令设立文科研究所史地学部。同年八月,本系又奉教育部委托设立史地教育研究室,史地学部与史地教育研究室另有报告。

二、教职员学生

本系成立时聘张其昀君为主任，以迄于今，二十七年起兼任师范学院史地学系主任。

本系除主任外，现有专任教授四人，专任副教授三人，兼任教授一人，兼任副教授一人，专任讲师三人（其中有专任教授一人，讲师一人，在浙东分校；专任副教授一人，在青岩分校）。

本系学生自二年级起分为史学、地理二组，现文学院史地学系有四年级生六人（史组四人、地组二人），三年级生六人（史组三人、地组三人），二年级生六人（史组四人、地组二人），一年级生二十六人；师范学院史地学系有二年级生八人（史组一人、地组七人），一年级生十二人，共计六十四人。

三、课程

本系分史学、地学二组，自二年级起学生即须认定一组，每组课程编制与其他大学史学、地学独立成系者规模相仿，每组之分公共、必修科目，大体依照教育部所颁布之大学课程纲要。本系方针在造就史学与地学之完全人才，但仍注重史地二科之联系性，俾专精与通识得其平衡。史学组以国史为本位，兼重世界史之学程，养成比较研究之能力；地学组则地形、地质、气象诸学与人文地理并重，以充实其科学研究之基础。师范学院之史地学系亦采取分组原则，惟史、地二组间之联系性，更为密切，俾造就健全之中学师资。

四、设备

本系现有测绘仪器（缩放仪、罗盘仪等）价值一千四百元，气象仪器（旋转温度计、气压表等）价值三百元，地图、照片、幻灯片等价值一千一百元，地形模形、岩石矿物标本价值二千三百元，合计现有设备价值五千一百元。

五、刊物

本系在二十六年五月出版《史地杂志》，专载历史地理之著作，为双月刊，已出二期。嗣以抗战军兴，大学数度迁移，印刷困难，以致停顿，现定于本年暑期复刊。史地教育研究室所编辑之丛刊，另有报告。本系教授之著作，除在校外发表者外，散见于本校出版之《浙江大学季刊》《师范学院季刊》及《国命旬刊》等杂志。

六、史地学会

本系于二十六年三月开始举行读书会，由本系教授学生全体参加，推定教授一人或二人轮流担任讲述，每月举行二次。二十七年四月，本系学生组织之史地学会成立（时在江西泰和），本系教授为特别会员。其后读书会以史地学会名义举行，除教授讲演演讲外，并由学生报告读书心得，二者相间举行，内容除学理研究外，对于时事问题之讨论，亦甚注意。

七、奖学金

黄膺白先生奖学金委员会集款三万元，补助大学之贫寒优秀学生，名额十名，每名补助法币三百元，其中史地一名，即设本系。二十六年七月，此项奖金为本系女生赵冬君所得。

附文科研究所史地学部报告、史地教育研究室报告

呈教育部(第 262 号)
(1947 年 3 月 14 日)

　　查本校文学院史地学系各学年共同必修及分组必修科目暨学分数,业经参照部颁《修订文学院共同必修科目表》《修订历史学系必修科目表》暨《修订地理学系必修科目表》,拟订齐全,计史、地两组共同必修五十学分,分组必修各四十七学分。理合遵照《修订大学文、理、法、师范各学院分院共同必修科目表施行要点》暨《分系必修及选修科目表施行要点》第二之规定,列表呈送,仰祈核定示遵。谨呈

教育部
　　计呈送文学院史地学系选课指导单一份

全衔竺○○

文学院史地学系选课指导单

（卅六年三月系务会议决定）

		第一学年		第二学年		第三学年		第四学年	
		〈学程〉	学分	〈学程〉	学分	〈学程〉	学分	〈学程〉	学分
史	共同必修	三民主义	4	社会科学类一种	6				
		国文	6	西洋通史	6				
		英文	6						
		中国通史	6						
		普通理化一种	6						
		哲学概论	6						
		理则学	4						
	专门必修			中国近世史	6	中国断代史	6	中国断代史	6
				西洋近世史	6	西洋断代史	6	国别史	3
				中国地理总论	4	中国历史地理	3	史学方法	3
								史学通论	4
								历史名著选读	4

续 表

		第一学年		第二学年		第三学年		第四学年	
		〈学程〉	学分	〈学程〉	学分	〈学程〉	学分	〈学程〉	学分
地	共同必修（与史学组同）								
	专门必修	地学通论	6	气象学	4	测量（上）制图（下）	4	分洲地理	3
				地质学	6	地形学	4	野外实测	3
				本国地理总论	4	气候学	3	地学名著选读	4
						经济地理	3		
						分洲地理	3		

　　按以上排列公共必修及系必修，史学组与地学组各九十七学分（内公共必修50，系必修47），余35学分可以自由选读（如系师范生，则除系必修47学分外，加专业训练30学分。）

　　附注：

　　1.选修第二外国语者，以连续读毕二年为原则；

　　2.拟入史地研究所者，应选修第二外国语。

浙江大学档案馆藏 L053-001-0057

国立浙江大学文学院各系概况
(1947 年 9 月)

　　民国十六年七月十五日国立第三中山大学成立，当时实行大学区制，中央任命蒋梦麟先生为校长，由蒋校长函聘邵裴子先生为文理学院筹备委员。十七年四月，文理学院筹备完成，由蒋校长将文理学院计划及预算呈请大学院核准，于是年秋开学，聘邵裴子先生为院长，院址则设于前清高等学堂之旧址。国立第三中山大学于十七年四月一日改名为浙江大学，同年七月一日起，冠国立二字，称"国立浙江大学"。十八年八月大学区制取消。

　　十七年八月文理学院成立，本科先设十个学门，其中文科计五门：（一）中国语文学门；（二）外国语文学门（先设英文组）；（三）哲学门；（四）心理学门；（五）史学与政治学门。（一）（二）（五）三组为主科学门，学生得任选各该学门之一为其修习之主科。十八年度各主科学门改称学系，非主科学门仍称学门以示区别。文科并增设心理学系（心理学门改称）、经济学系及教育学系。十九年中国语文学系、心理学系、史学与政治学系及经济学系四系停办，所有各该系学生分别送至北京大学及中央大学借读。二十一年文理学院已达第四年度，理科各系图书设备均较文科为胜，故先恢复政治学系，以稍求平衡发展。旋于二十二年起，奉教育部令复将该系停办。二十五年度增设史地学系。二十七年在广西宜山恢复中国文学系。同年师范学院成立，教育系划归该院，其中文组添设国文、英语、史地等三系。史地系并设第二部，供曾任中学教师者之进修。二十八年文理学院分为文学院、理学院，另设文科研究所史地学部、史地教育研究室。同年龙泉分校成立,文学院设有中文、外文、史地三系。分校史地系旋于三十年停办。三十四年八月,敌人投降,本校自黔派员来杭筹备复员事宜,龙泉分校于十一月先迁回杭州,称校本部,所招收新生即首先在杭上课。至三十五年十月,遵义总校全部复员,乃与分校合并为一。三十六年二月,文科研究所史地学部改称史地研究所。八月添设哲学系及人类学系。同时师范学院国文、英语、史地三系分别归并于文学院有关学系。故文学院之学制组织,自三十六年度起共有中国文学、外国语文、史地、哲学、人类学五个学系。

本院在文理学院时期,先后由邵裴子、蔡堡、胡刚复三先生任院长。至二十八年度文学院独立后,由梅光迪先生任院长,凡七年。三十四年十二月梅先生逝世后,由张其昀先生继任院长。本院中国文学系与师院国文系设立后,系主任一职由郭斌龢先生担任,三十五年一月由祝文白先生继任。同年八月国文系改由郑奠先生担任,翌年八月师院国文系并入本院中文系,聘郑先生为系主任。外国语文学系自十七年八月至二十二年七月间由佘坤珊先生为系主任,凡五年。二十二年八月由戚叔含先生继任,翌年八月由熊正瑾先生担任,二十五年八月起聘梅光迪先生担任,三十四年十二月梅先生逝世后,由郭斌龢先生继任,次年八月起聘佘坤珊先生为系主任。师院英语系设立后,由梅光迪先生兼任,三十五年一月由郭斌龢先生兼任,八月起改聘佘坤珊先生兼任。文、师两院之史地系自创立迄今,系主任一职均由张其昀先生担任。三十五年度师院史地系曾一度由李絜非主持其事。本年度本院添设哲学、人类学二系,分聘谢幼伟、吴定良二先生为系主任。

国立浙江大学文学院图书设备
(1947 年 9 月)

甲、中国文学系

本校图书馆中文图籍原有庋藏,约七万余册,后经事变,辗转迁徙,损失过半,所存仅三万余册。复员后,亟谋征购,借事补充。浙江吴兴南浔刘氏嘉业堂自逊清末年以来,广搜海内藏书家善本历有年所,遂巍然为东南收藏之一重镇。此次大战结束,刘氏已将所藏宋本售归国立中央图书馆。其明刻善本四百余种,则归张君叔平。今春经本院院长张晓峰先生多方设法,并由徐森玉、蒋慰堂两先生作介,张君之书始得售归本校。复承教育部朱部长特拨专款,遂获购藏。浙省旧藏之物,永归浙省学府,殊足庆幸。该项图书业经图书馆整理编目完毕,计总数二万二千册,内明刊本五百五十七种,一万一千三百五十四册,又近代精印本金石、陶、瓷、甲骨书类,亦计有七十一种,二百八十九册,均编入特藏。其经名人批校,则有顾嗣立校资治通鉴纲目,吕留良批杜工部集,洵为书林瑰宝。他如姚元之、莫友芝等批校题识,尤非少数。且明刊本中,集部最富,计三百廿七种,三千八百四十八册,凡明代别集之见于四库著录者,大半具备,亦有罕见传本者。又普通书籍,一万零三百卅五册,方志丛书约占四分之一。今后学者参考,裨益当匪浅鲜云。

乙、外国语文学系

本校图书馆所藏西洋文学书籍,约计二千五百余册。

丙、史地学系

分见下述史地研究所与史地教育研究室。

丁、哲学系

哲学系为新成立之学系,图书、设备正谋积极扩充,现已向欧美订购中。惟谢幼伟及严群两先生私人藏书颇多,严先生且允以一部分藏书置哲学系办公室,供同学参考之用。

戊、人类学系

本系设立伊始,图书、设备至为简陋,兹将最近数月筹备情形略述如左:

1. 人类学西文杂志十余种,最近五年出版者,已向国外订购;参考书籍最重要者,亦已采购数册;大批西文书籍正拟分期订购中;

2. 人体测量最需要之仪器,已在国内采购数十件,关于骨骼与软体部分需用大批仪器,正拟向英、美、瑞士等国分期订购;

3. 人体标本已在本校华家池农场采集数十副,最近一、二年内拟在国内分区采集各种人类学与民族学标本。中央研究院全部人类学标本二千余副,委托本系整理与研究,不久可以运到。

浙江大学档案馆藏 L053-001-3825

国立浙江大学文学院刊物
(1947 年 9 月)

本院在战时曾创印《文学院集刊》,凡四期(创刊号,三十年六月出版),计论文二十五篇。现改称《浙江学报》,由本院与法学院、师范学院联合编辑,第一期于本年九月间集稿付印。《浙江学报》为季刊,每期约十万言,包含论文与书评。

史地系刊物有《史地研究所丛刊》,已出四期(第一期,三十一年四月出版)。《史地杂志》仅出至第四卷(第一期,二十六年五月出版)。史地教育研究室编辑之书籍、地图,以下另述。

《思想与时代》月刊由思想与时代社出版,于三十年八月创刊,现已出至四十六期。该社为一学术团体,由北大、中大、云大、浙大等校教授数人所合组,该社编辑部现附设于本院,每期均有本院各教授之论著。又本院同人受东南日报馆之托,编辑《每周论文》及《云涛周刊》,近来同人短篇论文散见于该报者颇多。

浙江大学档案馆藏 L053-001-3825

教育部训令(高字 14990 号)
(1948 年 3 月 19 日)

令国立浙江大学：

　　查该校人类学系成立伊始,仪器与试验用药品均需充实,将来配拨该校医学院之联总及日偿〔常〕物资,应照医学院及人类学系之需要,酌情分配。合行令仰知照。

　　此令。

部长朱家骅

中华民国三七年三月十九日

浙江大学档案馆藏 L053-001-0239

(三)理学院

呈教育部(第 701 号)
(1942 年 3 月 30 日)

　　查本大学理学院本年度除一年级在永兴外,全部迁移湄潭。该院物理学系除利用公用建筑双修寺之一部外,实验室殊感不敷应用,实有添建之必要。爰于双修寺附近勘测地址,拟定建筑计划,绘具图样,招商承包。结果以湖南同兴营造厂开价较为适宜。遂以总包价国币三万一千九百九十八元六角二分交由该商兴筑。该项工程计七开间楼房一幢,纯以朴实坚固为主,业经开始施工。理合检具建筑计划、估价单、建筑合同及图样等件备文呈报,恭祈鉴核备案。至该项建筑用款,并请准予在卅年度建设费项下开支。实为公便。谨呈

教育部

　　计呈送图样四份九张、估价单四份(抄本)、建筑计划四份、合同四份(抄本)

衔校长竺○○

图样

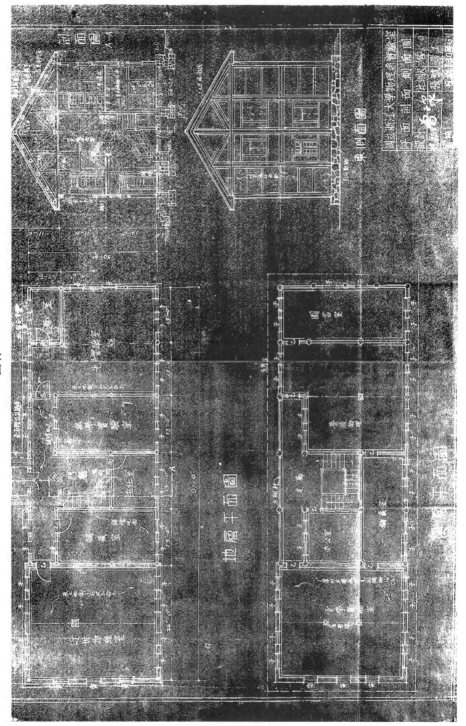

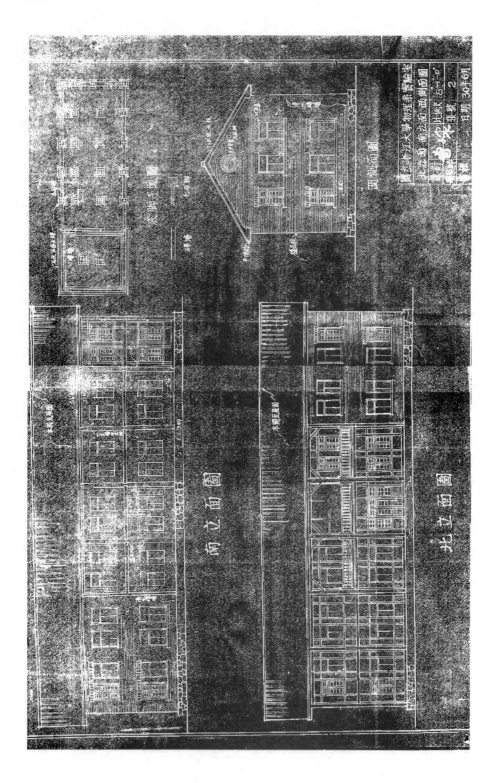

估价单（略）

建筑计划（略）

建筑合同

一、国立浙江大学（以下简称甲方）建筑湄潭校舍物理实验室工程交由湖南同兴营造厂（以下简称乙方）承造。

二、工程范围包括物理实验室七开间楼房一幢，由乙方供给一切人工、材料、器具，完成全部工程，通路、沟渠工程不包括在内。

三、自订合同日起乙方必须立即开工，限六十工作天全部完成，交甲方验收。

四、乙方如逾完工期限，每迟一日，罚国币三十元正，赔偿甲方因工事延迟之损失。

五、图样说明书及建筑师所供大样均与本合同具同样之价值。

六、担保期限为全部完工后六个月。

七、甲方得将已办材料尽量提供给乙方。如木料、石灰价格照市价，由甲、乙双方议定，在乙方总包价内由甲方分期摊扣。

八、总包价计物理实验室楼房一幢，国币三万一千九百九十八元六角二分整，由甲方分期付与乙方。

九、分期付款规定如左：

第一期　合同签订，付总包价百分之四十；

第二期　全部屋架竖立，四周砌平条石，付总包价百分二十；

第三期　全部屋架作完，付总包价百分之一十；

第四期　全部装修完成，付总包价百分之二十；

第五期　验收后一学期，付总包价百分之一十。

十、本合同一色〔式〕三份。正本二份，一存甲方，一存乙方；副本一份，存甲方总务处。

业主　国立浙江大学

负责人

承包厂商　湖南同兴营造厂

负责人　李春生

保证人

建筑师　曾子泉

中华民国三十年七月十四日签订

浙江大学档案馆藏 L053-001-0814

呈教育部(复字第 353 号)

(1947 年 5 月 28 日)

案奉钧令增设药学系造就高级制药人才以应建国之需,业经遵办,已历三载。查该系系属草创,基础未立,历年部拨购置设备经费除扣除行政费外,年仅百余万元,在目前外汇增涨之下,以之购置国外设备势不可能。兹据该系函,以学生已届第三年级,毕业为时甚促,基本实验室不容缓。特于今春向国外订购药仪一批,为数约在美金一万元之谱,本年秋间即可运华,而一部分之实验材料向由各教员慨解私囊贴补,既难持久、又非合理。此外,药圃与制药实验工厂之筹备亦属当务之急,俾学生早有实习之机会,以达学以致用之目的。经拟具计划与预算,请予转呈,为合理之调整,前来复核,洵属迫切需要。理合检同原件,备文呈请鉴核,准予照办。实为公便。谨呈

教育部

计呈药学系拟办药圃等之计划及预算一份

衔校长竺

浙江大学理学院药学系筹设药圃及制药实习申请书

本校奉令增办药学系造就高级制药人才以应建国之需,成立以来将届三载,历年部拨设备经费扣除行政费外年仅百万余元,将此数字与三年过程中之物价指数相较,其购买力之薄弱几等于零。本校复员之后,一切似较安定,学课基本实验之最低限度,即在经济万分困难之中亦得设备,且学生已届第三年级,转瞬行将毕业,为时太促。故特于今春向国外订购药仪一批,为数约在美金一万元之谱。该项药仪约在秋间运华,尚待付款,而一部分之实验材料等,承担任教员教学之热忱,每解私囊贴补。当此私人生活重重压逼之际,既难持久、又非合理。此外药圃与制药实验工厂之筹备,实属急不待缓,俾学生早有实习之机会,以达学以致用之目的。兹特拟具计划与经费于后,务恳钧座亮察,予以切实援助而利进行。又本系增班经费亦予以合理之调整,实为迫切待命之至。呈

郑代校长转

教育部部长朱

药学系主任孙宗彭谨
三十六年五月廿六日

一、药圃

由校拨地五十亩专供栽药试验之用。

(一)工

另〈零〉工年计工资约法币二千万元。

（二）种子

约法币二千万元。

（三）肥料

约法币三千万元。

二、制药实习工厂

专供学生制药实习之用。

（一）厂房

五十方,约法币一亿元。

（二）木器、金属用具

约法币五千万元。

（三）玻璃用具

约法币五千万元。

（四）原料

约法币三千万元。

（五）压片机、安瓶机等

约英金一千磅。

（六）美国药仪欠款

约美金一万元。

共计:法币三亿元;英金一千磅;美金一万元。

浙江大学档案馆藏 L053-001-0144(2)

呈教育部(第 590 号)

(1948 年 1 月 9 日)

查本校请拨药学系创立实习工厂、药圃等所需费用一案,前奉钧部电令,仰在部拨扩充改良及建训班经费中统筹匀支。当经以扩充改良及建训班经费皆有指定用途,而该项药圃及制药实习工厂所需费用数字较大,实难统筹匀支。请予另筹专款,以利进行。等情。于三十六年七月,以复字第三九一号呈请予另筹专款以利进行在案。迄今尚未奉令核示。查该系学生已届第四年级,所有研究及制造医疗药品之技术需要制药实习工厂及试植药材之药圃至为殷切,并经将该项工厂及药圃之计划暨经费各项分别拟就。理合备文呈送。敬祈鉴核,准予另拨筹专款,俾克早底愿成。实为公便。谨呈

教育部

附呈计划及经费一份

衔校长竺○○

计划及经费[①]

一、工厂

甲、蒸馏流浸等方法提炼药材之有效成分,合成治疗药品。

乙、化学综合药物合成治疗药品。

二、药圃

面积约五十亩用,以培栽各地药用植物,以作教材之用,并培栽各地特效药材。必须时加以进种之试验。如有成就即提倡推扩至民间,增加生产。

三、职员

设工厂主任一人,药圃主任一人,由本系教授兼任外,技术员五人、技工十人、农夫若干人。

四、经费

甲、开办费

1.设备

法币五亿元;

美金一万元。

2.屋宇

活动房屋四十方(已拨到),装置费法币三亿元。

3.材料(药材原料)

法币三亿元。

4.药品(化学药品)

美金五千元。

乙、经常费

除薪给外,希望一切自给自足。

共计:法币十一亿元;美金一万五千元。

浙江大学档案馆藏 L053-001-0144(2)

---

① 本附件原无题名,由编者拟取。

教育部代电

（1948 年 9 月 27 日）

国立浙江大学：

　　卅七年六月九日复字第七七二号呈件均悉。该校药学系修业年限应定为四年，并另拟科目表呈核。仰即遵照，件核销。

三十七年九月二十七日

教育部印

浙江大学档案馆藏 L053-001-1224（1）

呈教育部（复字第 868 号）

（1948 年 10 月 7 日）

　　案奉钧部三十七年九月二十七日高字第五二八六三号代电，饬知本校药学系修业年限应定为四年，并另拟科目表呈核。等因。自应遵办。惟查本校药学系学生修业满四年后第五年须加制药实习及其他技术课程，是以修业年限定为五年。奉电前因，理合呈请，敬祈鉴核，准予备案，实为公便。谨呈
教育部

（衔）校长竺○○

浙江大学档案馆藏 L053-001-1224（1）

代电教育部（第 972 号）

（1948 年 12 月 18 日）

教育部钧鉴：

　　案奉高字第六五七七九号代电饬知，本校药学系修业年限应仍定为四年。自应祗遵。至该系课程表，拟请钧部订定颁发，以便遵办。谨电复，敬祈鉴核。

（衔）亥○巧

浙江大学档案馆藏 L053-001-0057

（四）工学院

工学院各学系级指导业经请定

（1936 年 9 月 17 日）

电机系级主任	四年级请杨耀德先生担任
	三年级请毛掌秋先生担任
	一、二两级请王劲夫先生担任
化工系级主任	四年级请潘承圻先生担任
	三年级请程耀椿先生担任
	二年级请刘志平先生担任
	一年级请李乔年先生担任
土木系级主任	四年级请黄君理先生担任
	三年级请吴锦庆先生担任
	二年级请唐凤图先生担任
	一年级请吴馥初先生担任
机械系级主任	三、二两年级请周承佑先生担任
	四、一两年级请张逸樵先生担任

《国立浙江大学日刊》第十五期，民国二十五年九月十七日

工学院沿革概要

（1938 年）

　　本院创于前清宣统二年，定名浙江高等工业学堂，许炳堃氏为校长，宣统三年三月正式开学，设染织、机械两科，均以三年为修业期。民二年春，改名为浙江公立甲种工业学校，民七年添设应用化学科。次年又添设电机科，秋季增设一年预科。九年秋，升格添组专门部，设电机、化学两科，预科一年，本科三年。原有甲种工业〈学校〉改称甲种讲习班，将各工场艺徒组为乙种讲习班。十一年春，校长许炳堃出国考察，教员金培元代。十二年许炳堃回校复职，更订章程，专门本科增为四年，预科修业二年，毕业学生授学士学位，甲、乙种讲习班则改为五年期、三年期，职业学校设董事会为最高议事机关。改革甫竣，许炳堃因病辞职，教员徐守桢继任校长。十六年春，国民革命军入浙，董事会无形消散。四月，任李熙谋为校长，八月国府明令本校专门部与浙江省立农业专门学校合组为国立第三中山大学，设工及劳农两学院，任蒋梦麟为校长，李熙谋改任工学院院长，增设土木工程科。甲、乙种职业学校改称为浙

江省立高级初级工科职业学校，以工学院院长兼任校长，教员亦多由工学院教员兼任，实不啻一附属高中也。对内一切均归院长负责主持，全院行政事务则分设教务、事务、训育三部管理之。十七年四月，奉令改称中华民国大学院浙江大学工学院。同年六月始改称国立浙江大学工学院，高级工科部改称附设高级工科中学，初级工科部仍改为艺徒班。十九年七月，蒋校长辞职，邵裴子继任校长，预科停办，大学部各科依照法定一律改称学系。邵校长于廿一年三月辞职，由程天放继任，同年六月院长李熙谋辞职，院务由程校长兼。八月增设机械工程学系，聘薛绍清为院长，教务、事务、训育三部，均行裁撤，并归大学整个办理。高工科部所需经费由浙江省政府负担，代办浙江省立高级工业职业学校。至十二年八月始另设主任。艺徒班亦停止招生。二十二年三月，程校长辞职，郭任远来长本校，廿二年七月薛院长辞职，改聘朱一成为院长，增设军事管理处，一、二、三年级学生实施军事管理。又集中全校一年学生，另设一年级主任，单独办理该级训教事宜。至二十五年四月国府始任命竺可桢为校长，朱院长辞职，乃加聘本院教授李寿恒为院长，取消一年级集中训教办法，增行导师制。二十六年全面抗战发动，本校迁徙内地，代办高级工业职校于是由浙江省教育厅明文暂行停办焉。回顾本院自有清宣统二年创始浙江高等工业学堂迄今，屈指已三十年，中间迭经更张、改进、扩充，毕业学生遍及全国，多能本其所学贡献国家或游学欧美再求深造，其能获有今日之成绩者，固为创设人与主持者之苦心经营，要亦各界人士爱护赞助之力也。

次年因鉴于附设高中无独立之预算，有碍大学本身之发展，呈获教育部核准自十九年度起停止招生。尔时浙江省教育厅以浙江工业教育本不发达，浙省财政亦属困难而省立职校又付缺如，高工实有维持之必要，乃拨款辅助商请本大学继续招生。于是自十九年度起新招各班，定名为浙江大学代办浙江省立高级工科中学，以与原有附设高中工科各班相区别。

浙江大学档案馆藏 L053-001-4083

工学院各系设备概况

（1938 年）

一、电机工程学系

本系实验室凡七，兹就各实验室之主要设备概述如下：

1. 直流电机试验室

本试验室电源系由奇异五十马力三相感应电动机及二十八千瓦二百二十伏直流发电机所供给，附有奇异反电势式电压调整器。电机方面计有西门子复接电动发电机二座，串接电动机激励二座，复接机二座，并接机一座，沃司丁电动机二座，奇异电动机一座，霭益吉复接电动发电机两座，附有定制之保护电钥，B.T.H.复接电动机二座。此外尚有半马力电动机一座，汽车上用直流电气设备全套，及自动始动器，以作直流机开动之用。至电表方面，有西门子各式电流表、电压表、伟斯登电流表，及奇异、霭益吉交直流两用表、速度表、绝缘试验器及荷载电阻等等约五十余种。如各种并串及复接发电机电动机之特性，及并行、对行损失分析磁线测定等皆可正确试验，俾使学习者在理论上更得有实际之认识。

2. 交流电机试验室

本试验室有五千伏安,三相 220 伏,50 周,1500 转/分交流发电动机两座、交流电动机七座,一为西门子五马力三相 220/380 伏,50 周,940 转/分,线卷转子式;一为西门子三马力三相 220 伏,50 周,1470 转/分,鼠笼式;一为奇异三马力单相 220 伏,50 周,1445 转/分,鼠笼推柜式;一为霭益吉 3.5 马力三相 220 伏,50 周,730 至 2100 转/分,整流式;一为 0.3 马力悬挂式;一为建设委员会电机厂制 10 马力双笼式;一为霭益吉 3.5 马力,鼠笼式。又有 2.8KVA 单相 220 伏 50 周同期变流机一架,A.E.G. 感应电压调整器一具,奇异公司继电器三具。益中公司 15KVA3 变相压器一具,可以供给自 110 伏至 6600 伏高低不等之电压。其他单相、3 相各式变压器亦可供试验者共有十五具之多,尚有 5KW 16.6 安电流变压器一具,15KVA 复相变压器一具,表用变压器八具。电表有电流表、电压表、电率表、电功表、周期表、工率因数表、同期表及低工率因数电率表等六十余种。除交流电路试验外,关于交流电机试验方面,可作交流发电机效率之测定,电压调整之试验,平行运转之动作步骤,同期电动机之特性,各式电动机之速度旋力关系,感应电动机圆形图之测绘及计算,变流机效率与电压之测验,汞弧变流器动作特性之考察,感应发电机退移量,工率因数与负载之关系,变压器耗损与阻抗之测定,变压器之平行以及其他连接等,已包括主要交流机之各项试验矣。

3. 高压传输试验室

本室有 50KV 高压变压器一、摄波器一,伪线一,其他如火花隙,特制油松电晕装置与喷水装置等亦均备。高压试验,强半为试验绝缘体之性质,如空气隙之放电、油之绝缘强度、固体绝缘物之破损试验、电闪超越、绝缘物燥湿试验、固体绝缘物及电缆之绝缘损失测定、绝缘体之电压分配等。电输方面,有电晕试验、伪线之电压与电流分配等。

4. 电磁测定室

本室有 Leeds & Northrup 电流测电计二具、轻便电环测电计三具、冲击测电计三具、K 式电位计一具、磁化曲线试验器一具、地磁感应圈一具、惠氏桥二具、气冷式变阻器五具、标准自感及互感圈四具、标准云母电容器二具、四规面电阻器四具,其他若电阻器、电容器、自感圈、互感圈、标准电池、伏计、安计及各式电钥等,亦均完备,总共不下百余种,可作电流测电计与冲击测电计之校准、绝缘电阻与电池电阻之测定、K 式电位计之应用、安计与伏计之校准、磁化及磁滞曲线之测定、自感互感及电容之测定、地磁场之测定及容电器之充电与放电曲线等。

5. 无线电试验室

本室有交直流电表、真空长管电表、氧化铜交流电压表、输出电表、波长表、电桥振荡器、电容器、感应器多种,各种仪器均有标准精确者,可供校核试验。发射机除有 250 瓦之旋转隙火花发射机、500 瓦瞬灭隙火花发射机外,有 15 瓦小发报机一座,及 15 瓦小播音机一座,可供试验。收音机除自制各式直流机及各公司新式交流机、短波收报机多架外,有自制移动式发话机、发报机各一座,及移动式收报机一座,以供野外演习之用。电源方面有 Exiae 二伏,10,000Mah 之电池共四百只,可得八百伏之直流电压,及六伏蓄电池多只,以供真空管之用。并由本室按照真空管特性及常数之测定以及检波、放大、振荡等运用特性等试验之需要,配置试验板,装于木箱内,其外形与 G. R. 之真空管桥同,而便利经济过之。关于超短波方面亦有真空管数只,最短波之波长表一只,以备测定由一公尺至十五公尺之波长,并自制特超短波收发话机各一座,波长约十公尺左右,以供研究其推进之特性,使其适合军事上之需求。

实验方面,就现在已有仪器,配合之各种试验,约分三部,第一部为无线电线路之试验。如自由振荡、交流振荡、电感电容,及高周电阻之测定、波长表之校核、天线之测定等。第二部为真空管之试验,如特性曲线、常数测定、检波系数、放大系数之测定、振荡器、调幅器特性之试验及特种真空管之试验等。第三部为收发之实验,如火花式发报机、短波发报机、发话机、收报机、收音机之实习等。

6. 有线电试验室

本室可分电报、人接电话、自动电话、电信传输四部分。电报设备有单工机三座、互消式及桥式双工电报机二座、继电器声响器等零件。人接电话有磁石式、共电式各种机□。磁石式交换台、共电式甲乙台模型各一座,话机多具。自动电话有零件多种。步进式自动电话机模型二座。一系芝加哥自动电话公司千门式,一系西门子百门式,又有旋转式自动电话模型一座、电信传输机件,有电容电桥、低周率振荡器、消弱器、高漏、低漏、带漏滤波器各三具、真空管电压表、模线、模电缆等,足供电信传输试验之用。〈另有〉汞弧充电器用以充电。关于试验方面可分电报电话及电信传输二种,前者为单工双工电报各种接合法、报话机件之构造、磁石式共电式小交换机接线法、各式自动电话零件之结构、自动机线路之接合、自动电话警号试验、线路障碍测量等,后者包括绝缘常数测定、各式线网、中继线圈、成周率变压器、各式滤波器、听筒等之试验,及电话线路常数之测定等。

7. 电器修理工场

本工场设备有冲床一部、圆剪机一部、五匹马力交流电动机二部、车床四部及其他零星器具约百余件。可同时供二组学生实习,并可修理各种电机、变压器、电话、电报机、电扇及电表等。

二、化学工程学系

本系各试验室及工场之主要设备兹略述如下,所有关于纯粹化学方面者系隶属本大学文理学院,化学系不赘:

1. 工业化学试验室

工业化学试验,为试验制造各种重轻工业品。本室主要设备有高温电炉一只,最高温度能热至 $1100℃$,需要之温度可由一抵抗器自由调节,并附有高温量温表(thermometer)一只。又有试验电镀电解等用电解器一具,包括白金电极电流表、电压表及抵抗器等。又低温电炉一只,电热板二块,蒸气蒸发箱一只,蒸气保温室一间,陶制真空滤缸一只,压缩空气及真空两用(Glower & Vacuum Pump)唧筒一只等。此外零星仪种类琐多。从略。

2. 工业化学工场

本工场为小规模之制造工厂,包括油脂、制革、制纸三部。油脂部又分制皂及涂料两门。制皂方面,备有碱化锅六只,大者用煤火加热,约可盛油三百余磅,出皂八百余磅;容积较小者,用蒸气加热约可出皂一百数十磅。附有机械搅动锅,最小者用煤火及蒸气加热均可仅供试验之用。又有凝结箱十二只、切断台二具、打印机一具、切片机一具、压合机一座等。涂料方面有混和机两具,一为混和熟油及染料用,一为研磨皂片使成粒(状)再加色料香料研使均匀用。又研磨机一具、油类硬化机一套、手摇制烛机一具,及各种香料等。

制革部有回转鼓一只,凡脱灰、浸酸、鞣皮、染色、加脂等均赖之。又灰槽三只、脱毛床一座、刮肉台一座、鞣皮缸数十只、打光机一座、里磨机一座,及喷漆器,等等。

制纸部设蒸煮锅三只,内两只可至高压下煮之。打浆机一具,除打浆外,加胶、加料、加色均可用之。烘纸炉两只,一用煤火,一用蒸气。又有五匹马达一只、抄纸槽二只、抄纸帘四张、试验纸质强弱机一只、吸水性检定器一只、厚薄测定器一只等。

3. 工业分析试验室

本室计分煤之分析、水之分析、气体分析,及油类之分析四部。

煤之分析部,备有柏氏氧气法量热仪(Parr Adiabatic-oxygen-bomb Calorimeter)一具、柏氏过氧化钠法量热仪(Parr Peroxide-bomb Calorimeter)一具、柏氏量流仪(Parr Surfur Turbidometer)一具、总炭量测量仪器(Total Carbon Apparatus)一副、电气隔焰炉(Electric Muff Furnace)二具,及定挥发物电炉(Eletric Furnace)一具,炉内温度可任意调节作为测量煤挥发体之用。

水之分析部,该部仪器除应备各种普通仪器外,有白金锅及纳氏比色管(Nessler's Tube)数套。

气体分析部,有奥氏气体吸收仪(Orsat Absorbing Apparatus)两具,美国标准局煤气分析仪一具,二氢化硫测定仪一具(H_2S Absorption Apparatus)。

油类之分析部,备有韦氏天枰(Westphal Blance)两具,赛氏(Sagbolt)、雷氏(Redwood)、恩氏(Engler)粘度测定仪各一具,考氏式炭渣测定器(Caraolson Carbon Residue Apparatus)一具,开口式及闭口式火点器(Open & Close-type Fire Igniter Apparatus)各一具,塞氏油脂提取器(Saxhlate & Tractor)数具。又有分析用天枰数只、高真空抽气一只(Higher Vacuum Oil Pump),及药品零件,等等。

4. 化学工程试验室

本室试验设备系分化工单元作业、液体输送两部。化工单元作业方面,计有分级精馏器(Fractional Still)一具,由蒸发器分级精馏柱回流器及冷凝器等合装而成,蒸发器由高压蒸气加热,其容量约为十加仑。真空干燥器(Vacuum Dryer)一具,该器本身作圆筒式,内分数层,层板内有热器通过,以为加热用,层板上可置平槽式长盘,由此器接达冷凝器及真空唧筒器,内加热面积,约三十平方呎。板框式压滤机(Plate and Frame Filter Press)一具,装有加料筒、澄液筒及涤液筒等附件,板框用硬橡皮制成,作正方形。加料由唧筒输入机内,可连续不断。双效真空蒸发器(Double Effect Evaporator)一具,兼作单效用蒸发器一横一直,每效蒸发面积均十方呎。沙氏超速离心机(Sharpes Super-Centrifuge)一具,该机筐身回转速度可任意调节,最高速度能达25□。水力压榨机(Hydraulic Press- conver type)一具,该机加压平台可由电气加热,压力可达 20,000 牛/m²。颚式压碎机(Jaw Crusher)一具,此机由七匹半马力之马达牵引,出料之大小可任意配置。□□□粉研机(Disc-type Pulverizer)一具,磨片表面作菊花形,两片间距离可任意调节,最细出料约为□Mesh-□石弹研磨机(Pebble Mill)一具,均用马达牵引其出料细度达 200Mesh-□。

液体转送设备见土木工程学系水力试验室(第 页)。不赘。

5. 冶金试验室

本室系新近创设内部设备,尚有大部未经装竣。初步实习之范围,仅限试金术(Assaying)一部,故较为简单。查已装就者计有试金隔焰炉(Muffle Furnace)两具,每具内嵌隔焰穴(Muffle)两只,炉身内部系用耐火砖砌叠而成,穴下有火床,初步用煤火加热,将来拟改用气体燃料。高温弧电炉(Electric Arc Furnace)一具,附有炭极及电流调节器。又手式模型机(Hand-operated Molding Machine)一具,专为制造试金骨灰锅之用。高温测量仪(Pyrometer)有两种,电气接触式者三副,视力测定式者一副(Optical Type)。试金用精细天秤二架,可秤至十万分之一克。煤油高温炉及煤油喷射灯(Kerosene Furnace and Kerosene Blast-burner)各一具。试金用坩埚大小数百只。钳夹、钳锅、托盘、衡量瓶等,及其他零件不及详述。

6.药品仪器室

本室贮藏药品分普通及特纯两种。普通者有五百余种,特纯者有一百余种。酸液□□□等均常备一、二百磅,以供各试验室应用。仪器亦分普通、特种两种,本室仅贮普通者,如滴管、玻杯、漏斗及其他另〔零〕件等,均各有三五百件不等。特种仪器则依照其性质类别分存各试验室中,以便随时应用焉。

三、土木工程学系

本学系设有测量仪器室、材料试验室、水力实验室各一。兹就各该室之主要设备,概述如后:

1.测量仪器室

本仪器室有普通经纬仪十一架、蔡司(Zeiss)第三号一架、普通水准仪八架、克恩(Kern)精密水准仪一架、平板仪七具、罗盘仪四具、六分仪二具、流速仪二具、精密水准尺一支、普通水准尺十八支、钢卷尺二十四支、含金尺一支、求积仪一具、铁路曲线板一合、弹簧秤四把、接尺器一具、视距计算尺一支、寒暑表一支,他如花杆、视距尺、五尺杆等零件均备。上述仪器,足敷为六七组(每组五人)实习之用云。

2.材料试验室

本试验室有五万磅阿姆斯赖(Amsler)混合试验机一具、力来(Roche)拉力试验机二具、伟加(Vicot)水泥稠度试验器二具、格尔马(GilMore)稠度试验针二具、水蒸器一具、比重瓶五具、金属硬度球一具、金属剪力附件一具、木材剪力附件一具、木材弯屈仪一具、混凝土梁弯屈仪一具、金属引伸仪一具、混凝土圆柱压缩仪一具、胶泥压力铜模二十四具、胶泥引伸力铜模二十四具、混凝振台(Flow Table)一具、普通天秤四具。以上仪器系普通材料试验用。尚有试验石材所用者,如道采(Dorrv)硬度试验机一具、台尔佛(Deval)磨耗试验机一具、冲击机用作石材韧性者一具、用作石粉结合试验者一具,金刚钻一具、金刚锯一具等。至于柏油试验用具,则有纽约式□入仪、□式燃点试验器、柏油展延性试验器、柏油比重瓶、离心分析器、恩格(Enkler)稠度试验器。浮照试验等温电炉、分析天秤等各一具。环与球三具等。其余试验用各种重要材料亦均有常备,不多赘焉。

3.水力试验室

试验室之后备,可分普通水力试验、水力机试验两部。普通水力试验所用者,有铁水塔、铁水槽、马达(Motor)、打水机、万透利(Venturi)管、毕托(Pitot)管、量水孔各一具、量水表、量水门各三具、骤大骤小管一具等。水力机试验方面,有白尔登(Pelton)冲击水轮两具、法兰雪氏(Francis)涡轮一具、四匹马力发电机一具,四十呎、二百呎打水机各一具,马达连开关两具、电动发电机一具,及扬水机(Hydraulic Pump)一具等。余为河床方面等之设施,尚待扩充,俾臻完善也。

四、机械工程学系

本学系之成立,较其他学系为迟,惟设备方面,固承袭旧有,颇具根节,于各学系谋平均发展,乃将直接有关学理探研之机工实验室扩充完善。原有工场整理为金、木、锻、铸四场,设备规模,于焉大具。兹就各场室现有主要设备分述如次:

1. 机工实验室

本实验室设备约分蒸汽动力、自燃机、流体机械、制冰机械、工具、油类试验六部。

蒸汽动力部分,计有百匹马力双火门锅炉两具、三十匹马力卧式"D"电蒸汽引擎一座、二十匹马力直立式"D"电蒸汽引擎一座、六匹马力直立式活塞电蒸汽引擎一座、二十匹马力卧式双电蒸汽引擎一座、二十匹马力 Corliss 式蒸汽引擎一座、二十匹马力 Unoflow 式蒸汽引擎一座、汽轮发电机一座、计十瓩、二万磅蒸汽凝结机一座、大小式别不同之蒸汽唧水机四座等。该部仪器方面,计有西门子烬气指示表,此表纯用电阻原理,直接指示烬气内含有二氧化碳及一氧化碳之百分数,可知燃烧良否。另有蒸汽分析器,纯用化学溶液,以定烬气内之二氧化碳、一氧化碳及氧气之成份。至测定压力温度之仪器,则有大小式别不同之压力表三十余种,温度计亦有五十余种,视用处而异。又有蒸汽压力温度自动记录仪一具、定重校准压力表仪一具。测定马力有 Crosby 及 Thompson 示功图仪各一具、Prony 测能器三具。关于煤之分析有 Parr 氏热量仪一具,及分析用具全副。测定引擎速度,则有速度计三具、录速表五具。尚有蒸汽铁管、水管、凡尔等,均备。

内燃机部分,计有 Wolf 柴油引擎连有三十瓩发电机一座、十匹马力 National 柴油引擎一座、十匹马力 Deutz 式柴油引擎一座、六匹马力 Universal 式汽油引擎一座、六匹马力 Peter 式汽油煤油两用引擎一座、九匹马力 Peter 式轮船用柴油引擎一座、四匹马力 Deutz 式汽油引擎一座。试验机及仪器,则有六十匹马力电力测能机一部,是机为一电机,可接引擎发电,可将电推动引擎或其他机械,同时指出速度马力,马力纯用秤重权出,既便且准,速度可自零至每分钟四千转,马力可读出两位小数。另有水力测能机一部,能测定引擎马力,自零至四千匹且〈均〉准确,亦系秤重权出。又有英国皇家航空协会制定之电力高速引擎示功图仪,此仪可示高速引擎气缸内之压力变迁,柴油进入唧孔之压力变迁,气缸内燃烧之程序状态等,以作研究根据。此外则测定高温仪十二具,及校正高温仪之精细准确电势仪一具。其余零星附件配件俱全。

流体机械部分,计有大小式别不同之单级离心力唧水机四部,中一部有两种不同之卧轮,可以换用,以试验卧轮对于唧水量与压力之关系。另有三级高压离心力唧水机一部。平叶送风机两部。前曲多叶式离心力送风机两部。齿轮唧水机一部。空气压缩机一部。其他如量水,量气之气量表、水量表、流孔、Venturi 管、Pitot 管、水闸、水柜、水桶、磅秤、气筒、水银压力表等,不胜枚举。

制冰机械部分,计有 York 式半吨制冰机全部机械设备。

工具部分,有压气工具,如压气锤、压气铆、压气钻等。电焊机一座,此机为一高压电动机,连接低压发电机,以发生高温电弧,镕接各种金属。此外,另备十呎车床一部、钻床一部、精细量度器十数种,以及锉、钻、锤等,不及备载。

油类试验部分,计有□□□黏度仪全套、分析用天秤两具,测定比重、液体燃料润料挥发性、着〈火〉点、燃烧点、雾点、泻点、乳合性、含酸量等之用具,均备无遗。

2. 金工场

本工场钳床部分,设有阔四呎、长十二呎钳床五张,四吋老虎钳三十只、五吋者十二只,阔二呎、长三呎工作平台一张,阔十二吋、长十八吋及阔十八吋、长廿四吋工作平板各一块。

机械部分有五呎车床十二部、六呎车床八部、十呎车床一部、十二呎车床二部、十六呎车床一部,十四吋行程折动平削机五部,三十六吋行程、六十吋行程、七十八吋行程平削机各一部,十二吋行程纵削机一部,钻孔机三部、万能研磨机一部、万能旋刀机一部。各机附件以及零星工具,均备。

3. 木工场

本工场有五匹马力直流马达一具,带式、圆板锯床各一部,大车床一部、小车床八部、钻床二部,木虎钳三十二只、钳桌十张、长铇六十只、杂铇三十二只、凿四百余柄、木锉刀二百余柄、铁锉刀十八柄、钻子九具、锯子三十四把、角尺十六支、斧十六柄。模型分九种,计数千件。

4. 铸工场

本工场有移动起重机一座、鼓风机一部(与锻工场合用)、镕铜炉一座、镕铁炉三座、反射炉一座、烘型炉一座、盛铁汁桶六只、铁钳六把、水平尺二支、皮风锯六只、钳锅六十三只、砂铲六把、砂筛八面、磅秤二具、照型灯四盏、压铁三十块、实习工具七十套、铁型箱二百四十五只、金属实习模型一百七十八件、木质实习模型千余件、标本数十种等。

5. 锻工场

本工场有蒸汽锤一台、冲剪机一台、大小剪机各一台、方型炉一只、圆形炉八只、铁砧十一只。手锤三十七把、煤铲九把、方圆链二十四把、钳子一百余柄、凿子七柄、数码钢印及英字钢印各一套、虎钳三部、杂项工具二百数十件、标本百余种。

浙江大学档案馆藏 L053-001-4083

呈教育部

(1938 年 7 月 21 日)

案奉钧部□□第五五一八号训令,转发航空工程系调查表,饬即填报。等因。查本大学工学院机械工程学系内原有航空工程课程。兹照表填列,并附说明,理合具文呈送钧部鉴核存转。谨呈
教育部
计呈送调查表表一份

衔校长竺○○

中华民国二十七年七月 日

国内各大学及学院航空工程系调查表

一、学校名称	国立浙江大学		填写日期	二十七年七月二一日	
二、人员数目：	1.校长姓名	竺可桢			
	2.系主任姓名	周承佑			
	3.专任教授 副教授 讲师 助教	四人 三人 四人			
	4.现在肄业学生人数	八十人(本届毕业生十人在□)			
	5.已经毕业学生人数	廿四年度十一人，廿五年度十七人。			
三、学校费用(如属一系即填该系费用)	开办费	国币 100,000 元约	四、学生费用	1.学费	国币 20 元
	经常费	国币 30,000 元约		2.生活费	国币 200 元
	临时费	国币 20,000 元约		3.实习费	国币 10 元
五、科目及级别(航空工程之课程为机械工程系之双修课程计开如下)	1.飞机结构组之科目	飞机学 飞机动力学 飞机结构学			
	2.发动机组之科目	水动力学 内燃机学 内燃机(及飞机发动机)试验			
	3.其他各组之科目				
六、班次及学期	1.班次数目	四班			
	2.学程年限	四年			
	3.学期长短	每年两学期每学期十八至二十星期			
七、设备情形(包括风洞、试验室、仪器室等及其他设备情况)	1.现已有之设备	(1)Electric Dynamometer (2)Hydraulie Dynamometer (3)High Speed Electric Indicator (4)Aero Engine (5)Marine Diesel Engine (6)High Speed Diesel Engine (7)Lubricant Quality Testing set (8)Fuel (9)Material Testing Lab (10)Hydralic Testing Lab			
	2.本年度计划中之设备	(1)与资源委员会合作,扩充内燃机试验之设备; (2)扩充航空〈工〉程课程,正式成为一系。			
八、学生程度	1.入学时之程度	高中毕业			
	2.各班之程度	(请填写下表,如不敷用,可另表填写。)			

续　表

学期	科目	每周时数	课本	教授姓名

附注：如有详细章程或学程表请附寄一份。

浙江大学档案馆藏 L053-001-1224（1）

工程师节实验室开放
（1945 年 6 月 16 日）

本月六日工程师节，本校工学院放假一天，中国工程师学会遵义分会该日上午九时起，在本校举行年会，讨论各种与工程有关之问题，范围颇为广泛。下午一时至四时本校工学院各系实验室均有开放，并举行各种试验表现，欢迎各界参观。参观者至为挤拥，晚间机械系放映幻灯，多为科学映片，观众不少。又工院王院长代表工程师学会遵义分会参加总会年会，当于三日晨赴渝。

《国立浙江大学校刊》复刊第一百二十五期，民国三十四年六月十六日

本校航空系成立经过
（1948 年 6 月 14 日）

王国松

民国二十年，本校笕桥农学院邻近创办航空署航空学校，以训练飞行人员，规模甚大。航空署技术处亦在杭州，人才济济，当时曾建议本校添办航空系，对于人才及物资，均可协助，惜校方未能接受。否则，本校之航空系，将为国内大学办航空系之最早者。

二十七年学校西迁泰和，鉴于航空对于抗战之重要，曾有添办航空系之议，并经校务会议通过。惟以连年迁徙，未能进行，但航空课程在机械系内已逐渐加开，航空师资亦渐增多。至三十一年机械系中教授学航空者，达三分之二，于是再度筹商添设航空系，惜未得部中批准，因之一部分航空教授相继离校。迨三十三年夏，教育部为推行工业建设人才计划，八月令本校除增班之外，并添设航空系，遂于九月招生，建筑实验室。三十四年，系主任范绪箕先生到校。此时胜利消息已临，东归有日，在遵义方面辄作结束计划。三十五年复员以后，范主任擘划多端，煞费苦心，加以系中同人合作，并承空军军官学校及有关航空机关多方协助

和捐赠机器,使实验室得以成立。兹借此机会,一申感谢之意。

航空事业既新且巨,初创一系,非有大量经费,实属不易。顾本系初办时,经费仅一百万元,所有建筑设备以及教员薪给、学生公费均在其内。近年虽稍有增加,亦不过千余万。此外虽尚有美金设备费,为数更属细微,以之购置航空设备,实不知从何着手。故以本校今日之经费,能有今日之实验室,可谓已尽最大之努力。惟与理想中之实验室,相差尚远,深望教育当局多多拨给经费,使本系设备能到达一定标准,则对于教者、学者双方均有莫大之裨益。际此航空系第一班毕业之期,刊行通讯,用写数语,以志航空系成立之经过。

《国立浙江大学日刊》复刊新第七期,民国三十七年六月十四日

(五)农学院

国立浙江大学布告(第二一号)
(1936 年 9 月 12 日)

查本大学自二十五年度第一学期起,农学院原有之三学系及其十分组分别改并为农艺、园艺、蚕桑、病虫害及农业经济等五学系,业经呈奉教育部核准在案。合亟布告周知。

此布。

校长竺可桢
中华民国二十五年九月十一日

《国立浙江大学日刊》第十一期,民国二十五年九月十二日

教务处通告(第十六号)
(1936 年 9 月 15 日)

农学院分系办法业已变更,校长并已布告在案。惟学程组织得按文理学院史地、教育两系之例,凡农艺系下之学程得归纳为作物与农化两组,病虫害系下之学程得归并为昆虫与植病两组,凡该两系各生功课得相当集中于某组,并得以同一系之另一组为副组,本处得视为与主系、副系,同其功用。此项办法系从学术需用及本校人才设备着想,与行政系统无涉。

特布。

〈二十五年〉九月十四日

《国立浙江大学日刊》第十三期,民国二十五年九月十五日

农学院成立后之情形

（1940 年）

子、战前状况

本院自民八年一月改定今名，而学系仍旧。当时院址位于省垣东北之笕桥，为杭州市之第一区，纯二〔属〕农村环境。全院建筑约四十余所，计有礼堂、办公室、教室、化学及动植物等实验室、生物作物及园艺等研究室、农产及林产等制造室、养蚕室、温室、冷藏库、图书馆、测候所、储藏室、教职员学生及农夫等宿舍。图书约一万四千余册，仪器标本都凡三千余件。此外，实验农、林场所计有：农场（湘湖农场）、林场（临平林场、凤凰山林场）、园艺场（皋亭山园艺场）、蚕场、畜牧场等处。至十九年度，浙江教育厅委托本大学代办浙江省立高级农科中学，设农艺、森林两科。二十年七月，遵部令停办大学预科，本院原设之补习班即于是年停办。是年春，省立女子蚕桑讲习所停办，省立蚕桑改良场亦改组，本院遂收编讲习所学生，成立附设女子蚕桑讲习科，而以改良场为地址开始上课。讲习科因经费支绌，旋至二十年起停止招生。二十二年十一月，浙江教育厅委托本大学代办之浙江省立高级农科中学改名国立浙江大学代办浙江省立高级农业职业学校。二十三年，以本院笕桥院址出让于飞机场，乃在杭州市东郊华家池购地千亩，建新院舍，实行迁移。斯时以原有五学系改为农业植物、农业动物及农业社会三学系，农业植物学业中分作物、森林、园艺、农业化学及植物病理五组；农业动物学系中分昆虫、蚕桑及畜牧三组；农业社会学系中分合作、农政二组。二十五年，三系又改为五系，即农艺学系、园艺学系、病虫害学系、蚕桑学系、农业经济学系。是年夏，代办农职校高级部学生全部毕业，遂停办。

以上为本院在战前八年之变迁概况。其他详细情形可见于本大学一览，兹不具述。

丑、战后状况

二十六年七七事变发生，展开全面抗战，本大学因此西迁。是年十一月迁建德，代办之农职校初级部得浙江教育厅令暂行停办。二十七年春，迁江西泰和，本院假华阳书院布置各系实验室，复于附近租民地为农场。是年秋，迁广西宜山以该县区农场为院址。二十八年秋，添设农业化学系。十一月，以南宁失陷，桂南形势紧张，遂于二十九年春迁贵州遵义。本院在此迭次播迁期间，院务虽未中断，实亦难有发展。惟在泰和，曾与江西建设厅合办沙村垦殖示范场，规模略具。在宜山接办标营区农场，并计划小龙乡农场，但以时局关系均未及从容布置即舍之而去。本年六月，本院图环境上之发展，乃迁湄潭，筹备院舍及试验场，颇费经营。五个月来，略行就绪。农场设于该县西郊旁湄河两岸，面积约二百余亩，畜牧场在城南，各系实验室位于农场中心。此外，复于本年秋添设农业推广部，从事于各种农产事业之推广，同时受农业促进委员会补助推广马铃薯经费一万元，自九月起即着手进行，预计明年暑期可生产大量马铃薯，作食粮补充兼为酒精原料。目下本院六系共有教授、副教授及讲师二十五人，助教十七人，其他职员七八人，学生约二百人。

寅、现行组织

本院设院长一人，秉受〔承〕校长主持院内一切事务。

本院设农艺、园艺、农业化学、植物病虫害、蚕桑、农业经济六学｛分｝系，各系设主任一人,商承院长处理各该系之教务、学术、设备等项事务。每系设教授、副教授、讲师、助教、助理员若干人,担任研究及课务。

关于重要院务,举行院务会议,由院长召集各系主任、教授、副教授及讲师出席,共同商讨议决施行。

院长办公室设文牍员一人,秉承院长办理文书事宜。

农场设主任一人,秉承院长办理农场一切事宜。

农业推广部设主任一人,秉承院长办理该部一切推广事宜。

兹将本院现行组织图示如左:

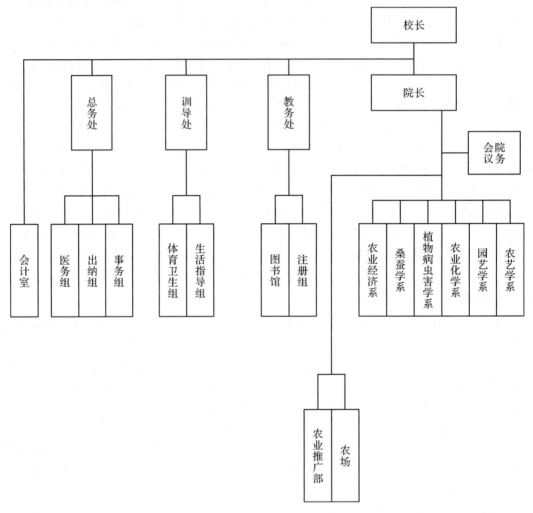

农学院各系近况

（1940 年）

一、农艺系

本系数经迁移，运湄仪器计二十四箱重要设备，尚敷教学研究之应用。就中作物方面，如稻麦研究用之谷类，电力水分测定器、谷粒脱落难易测验器、容量测定器、硬度测定器、谷粒横断纵断器、茎秆劲度测定器，纤棉作物用之棉纤维分析机、象形天秤、电气烘箱及其他考查之零件等，生物统计用之计算机，实验用之高倍显微镜、扩大镜、大小天秤等以及各种通常应用中式小农具应有尽有。惟抽水机、十行条播机、垦荒机、中耕器、耕□器等大型新式农具因迁校关系遗留战区，殊属可惜耳。

本系农场计分水田及旱田两部，约百余亩，位于湄潭西门外湄河之畔，中有土丘牛郎背风景甚佳。□作本系及园艺系实验用之贺氏宗祠即在农场中心，本系占用房屋八间，分稻、麦、棉研究室各一间，学生实验室、统计室、阅览室、工作室、贮藏室各一间，由教授兼系主任卢守耕博士主持一切，并担任稻作食用作物及育种等教学研究事宜，教授徐陟先生主持麦作并兼任农场主任，教授孙逢吉先生主持棉作、特用作物及生物统计，外有助教胡式仪、过鑫先、陈锡臣三君分别协助教育及试验栽培等事宜。

二、园艺学系

本系迁湄仪器约有二十箱，其重要者有显微镜三架、显微镜照相机一架、测微器六个、放大镜二十三个、切片机一架、切片刀三把、天秤两架、温箱两只、幻灯一具、经纬仪七架、罗盘仪六架、水平仪两架、钢尺四匣、温湿度自记机一架；玻璃器皿类中计有染色玻瓶、染色皿量筒、干燥器、玻璃漏斗等物品百余件，药品类计有细胞研究及标本制作等。药品五十余瓶，农具类有移植馒、三齿钗、下种锥、铁耙、锄头、刮子、十齿钉耙等五十余件。

本系试验场计有八十余亩，位于农艺系试验地之北，内划分为菜园、果园、花园及苗圃等部。园艺系实验室八间，设于贺氏宗祠内，分蔬菜及果树、花卉及观赏树木研究室各一间，学生实验室、阅览室、工作室、标本室、贮藏室及暗室各一间，由教授兼系主任吴耕民先生主持一切并担任蔬菜、果树等学程之教授及研究，教授熊同龢先生主持庭园学及普通园艺之教授研究，林汝瑶先生主持花卉及观赏树木之教授研究，另有成汝基、储椒生、黄佩文三君协助教学及试验栽培等事宜。

三、农业化学系

本系成立未久，又值抗战时期，充实设备颇为困难，但原有物品尚敷应用。计运湄重要设备约七十五箱，就中仪器类有酸度电力测定器、电力真空器、电力干燥器、酸度电力测定器、土壤有机物分析器、巴斯达氏过滤器、□糖器、比色计等各一套，显微镜二架、精细天秤三架、普通分析天秤二架、白金锅一个、白金蒸发皿二个、油脂分析器五套，及其他应用物品等。药品类有无机及有机药品二百余种。

本系实验室现暂设湄潭西门外，距本院农场百余步之禹王宫另有一部分房屋在计划建筑中，计分土壤肥料实验室、生物营养实验室、农业分析化学实验室、农产制造厂（该厂包括农产物酿造、农业加工、农药制造部等，除作学生实习外，并从事实际之生产。厂内附设有一农业微生物实验室)、消化室、物品储藏室、办公室等,由教授兼系主任杨守珍博士主持一切,并担任农产农药制造及农业分析等学程及研究事宜。教授彭谦博士主持土壤及肥料,并设肥料试验地于农场之南端。教授罗登义先生主持生物化学及营养化学。教授曾慎博士主持酿造及农业微生物等部分,现正从事于酱油、酒精等制造事宜。助教有白汉熙、朱祖祥、吴志华三君,及助理陈洪基君协助教育及试验事宜。

四、植物病虫害学系

本系运湄仪器约六十箱,计有大、小显微镜二十八台,大、小解剖镜十八台,切片机一具、养虫缸一百二十个、大小干燥器四十个、电气冰箱、定温箱、消毒器、天秤、自记温湿度器、喷雾器、照相机、幼虫吹胀器、计数器及其他标本制作研究用具数百件,药品二百余种、经济昆虫标本二百余种、昆虫分类标本五十余盒、昆虫玻片标本四十盒、真菌及植病标本四大木箱。

本系分植病与昆虫两组实验室,暂设于湄潭城内广源宫,大殿三间。唯在城外贺氏宗祠后新建实验室,约于十二月初可完工,届时可与本院图书馆及农经系等部分一同迁入,则本院教学、实习均可集中郊外,研究、试验必更较便利也。本系由教授兼系主任陈鸿逵博士主持一切,昆虫方面有教授蔡邦华、刘淦芝、陈家祥诸先生,植病方面教授除陈主任外,及〔有〕王云章博士,及讲师杨新美,助教有张薀华、张慎勤及王铨茂三君。

五、蚕桑学系

本系运湄仪器计二十五箱,其重要者有高压杀菌器、蒸馏器、电力发动机、一颗缫丝试验机、切片机、显微镜、天秤、照相机及玻璃用具等数百件、药品四百余种。暑前曾在距遵义十二公里之老蒲场上水庄租房借地饲育榨〔柞〕蚕及家蚕一次。目下实验室已移于湄潭西郊贺氏宗祠侧屋,计有八九间,内分养蚕室、实验室、调蚕室、上簇室、仪器室等,由教授兼系主任夏振铎先生主持一切,教授王福山先生分任课程及研究事宜,助教郜寿峒、郑蘅协助之。目下工作除整理本春实验材料及检验蚕种外,并从事培植桑苗,调查湄潭附近野蚕及柞蚕饲料等问题。

六、农业经济学系

本系设备计陈列图书约五六千册,就中属于农业经济学会及教职员捐赠者约二百余册,本系主任梁庆椿先生私藏者二十五箱,助教钱英男先生藏书三百册,均一并陈列本系图书室,供浏览参考之用。至仪器用具,计有孟禄手摇计算机二架(一架存农艺系,作两系合用)、孟禄电动计算机一架、照相机一架、绘图用具全套、剪报厨一架、指南针四只、打字机一架、算盘十具、帆布床三张、帆布凳二十只、调查旅行炊事用具全套、油印机全套、订书机一架等。

本系实验室目前暂设于湄潭城内广源宫,唯新舍建筑将近完工,位于贺氏宗祠后,将与植物病虫害系等部分一同迁入,计分研究室、统计室、工作室、阅览室等部分,由教授兼系主系梁庆椿博士主持一切,教授石坚白、谢哲邦及讲师陈豪楚三先生分任功课及研究调查事宜,助教钱英男、赵明强及李秀云三君协助之。

农学院迁湄上课

（1940 年 6 月 29 日）

本校农学院在杭时有广大之农场以供实验。离杭以来,该院师生颇感无适当之农场以供实验所需之苦。在泰和及宜山时,虽均有实验农场,但因场地狭小,不敷应用。至遵后曾努力寻觅,总以限以地位,不克充分展布。后在湄潭勘得相当地点,该县人口较少,而农产颇多,殊足为研究实验之用,且地方当局与社会人士对本校印象甚佳,关于本校迁湄极表欢迎,组织有"欢迎浙大迁湄校舍协助委员会",所有校舍之划拨、农田之购买均予以协助。现该地本校校舍已渐布置就绪,故农院自六月初即行停课开始迁湄。校长室当限令该院同学于六月十日前到湄,并于十日正式复课。近该院全体师生已到湄复课有日矣。

《国立浙江大学校刊》复刊第四十八期,民国二十九年六月二十九日

呈教育部（第 758 号）

（1942 年 5 月 27 日）

案奉钧部三十一年四月十八日径发本校农学院、工学院及师范学院中字第一四五七一号训令,检发《三十一年度大学师范、农、工学院辅导中等学校办法大纲》《三十一年度师范学院辅导各地公私立中等学校区域表》《三十一年度大学农、工学院辅导农、工职业学校分配表》,仰遵照办理。等因。奉此;自应祗遵。查分配表内指派本校农学院辅导贵阳高级农业职业学校,师范学院辅导遵义、安顺两地各中学校。《办法大纲》第四条规定,应先将辅导人员姓名、资历、辅导计划及旅费概算等列表呈部。兹经本校农学院商得农艺学系主任卢守耕、园艺学系主任吴耕民、师范学院商得英语学系教授佘坤珊、数学系教授钱宝琮、国文系主任郭斌龢、副教授缪钺、史地学系主任张其昀、教授顾谷宜等,同意依照指定区域定前往贵阳、遵义、安顺各地担任辅导工作。除已咨请贵州教育厅转令各该校知照外,理合检具农学院辅导人员资历、辅导计划、旅费概算一览表,暨师范学院辅导人员名单,备文呈送,恭祈鉴核备案,并迅发川旅费,实为公便。至工学院及师范学院辅导人员旅费等表正在赶办,容即续送,合并陈明。谨呈

教育部

　　计呈农学院辅导人员资历、辅导计划、旅费概算一览表一份

　　师范学院辅导人员名单一份

衔校长竺

国立浙江大学农学院辅导人员资历、辅导计划、旅费概算一览表
(三十一年五月)

姓名	资历
卢守耕	美国康乃尔大学科学硕士、哲学博士 曾任实业部中央农业实验所技正 本大学农学院院长 现任本院农艺学系教授兼系主任
吴耕民	国立北京农学业专门学校毕业 日本兴津园艺试验场研究三年 曾任各大学教授 现任本院园艺学系教授兼系主任

辅导计划

拟于五月底以前往贵阳高级农业职业学校作五日间之辅导工作。每日进行之辅导范围约列如下:

第一日,参观该校设施,注意于农艺、园艺、森林学各科之必要仪器、标本、实验场所及有关教材,并经费、师资等之分配问题;

第二、三日,两日听取各教员讲演及实习课程,并查询学生之平时生活与活动;

第四日,考查各教员教材,调阅讲义、教本、笔记等项,尤注意是否适合于实际情形;

第五日,召集有关各科教员举行座谈会,发表辅导等意见,解答疑问,并商定改进办法。尤注意下列各问题:(1)编订教材;(2)选择教本;(3)教学方法;(4)教学设备;(5)实习技术;(6)工作进度;(7)实习方法;(8)生产设施;(9)成品处理;(10)教员进修。

本项辅导完毕后,当于一个月内制成报告书,将辅导情形、改进意见、建设事项及旅费报销、工作日记等一并呈送备核。

旅费概算

由湄潭至贵阳往返车费一百九十九元(一人计);膳费每日二十三元(以十四日计),为三百二十二元;宿费每夜十二元,合为一百六十八元;杂费每日以十元计,合为一百四十元。共计约八百二十元,二人总计一千六百四十元。拟定概算如上数。谨呈

校长竺存查

国立浙江大学农学院担任辅导教授:卢守耕　吴耕民

国立浙江大学农学院最近三年来之设施与研究概况
(1943 年 3 月 10 日)

蔡邦华

本院改隶大学始自民国十六年八月,迄今已垂十六年,而其前身则创于民元前二年,整

个史实已历三十四载。前在杭州时代,经历届前进惨淡经营,规模日具,二十六年秋倭祸暴起,仓卒西迁,三十年心血付诸灰烬,所幸其中重要图仪俱经抢辇,尚少损失耳。年来受时局影响,一再播迁,流离辗转,艰苦备尝。自二十九年六月迁移湄潭,三载于兹,对于各项设施及工作稍得苏息与滋长。兹谨将其概况分别略陈如次:

一、迁湄后设施概况

本院于二十九年二月间仓卒由桂迁黔,初驻遵义,后因迫于环境,乃有转移湄潭之议,至五月杪而实现,六月十日正式在湄复课、惟农场之筹备,则早于是年三月间即开始在湄进行矣。当时情形,本院员生唯一据点为文庙,其他场所类为破寺败墙或民地荒坡,先后经本大学筹备及本院同仁努力经营,辟置圃圃,现已粗粗就绪;就中除办公室及教室均与本大学其他院系同设城内外,本院特殊设施有二百余亩之农场,农艺、园艺、农化、病虫害、蚕桑及农经等六系之实验研究室,及大小六、七幢新建房屋,如农化及病虫害两系之实验室、农艺系工作室、农场办公及贮藏室、农夫宿舍及七七亭等。此等设施,除农经研究部暂在城内外,其余均位于西门外本院农场及其附近,形式虽间朴,惟配置于青山湄水之间,特具风格。至今来湄人士对于浙大农场之风光无不先有胜景在望之慨。当代教育前进江问渔先生登本院农场牛郎背顶之七七亭,赠联云:"一亭坐揽溪山胜,满路争看桃李春。"是亦乱难期间一段佳话也。

二、三年来工作概况

本院共设六系,另有农科研究所农经学部、农场及农业推广部。兹就各部系及农场三年来研究大概情形述之如次:

甲

农艺系三年来对于优良品种之育成,特加注意。就中如稻、麦、玉米等食粮作物及油菜、棉、麻等特用作物均得有相当结果。水稻方面,由卢守耕先生主持,经三年间之努力试验,品种达一千二百余种,已获得较本地产优良土种"盖水白"为更优良之品种五。兹列举其成绩如下:

优良品种	较"盖水白"收获超出%	试验成绩
黔农二号	一五.三二%	(二年成绩)
遂昌乌谷	一二.五七〈%〉	(三年成绩)
浙大七二八	一〇.九〇〈%〉	(二年成绩)
浙大七二一	一〇.六一〈%〉	(二年成绩)
浙大六〇五	一二.一四〈%〉	(一年成绩)

在水稻栽培法方面,经三年间之试验,又发见〔现〕以相当之密植为有利,据估计本省植稻因密度不适,损失产量达 5—15%,如以 5%计,全国总产量以十万万市担论,每年损失谷量当达五千万市担。现今谈增产者,往往因农民经济之贫乏,对于多施肥料等方法运用为难,而此项栽植疏密等之方法上之改良,仅一举手之劳,行之较易,而获益则多,以之推行,殊适于目下增产之条件也。

关于小麦方面,试验品种亦达一千四百八十三种,经陈锡臣君等数年间试验,已获得 14—68—18(即浙大 32 号)与中农 28 号,均优于遵义 136。过去本院在杭州时代所选得之优良麦种浙大 46 号,在四川等省生长成绩极佳,但在湄潭则并不显著。

油菜方面,有孙逢吉先生之研究,其结果中在实用上最足道者,如大油菜与形态大异之葱菜杂交下,种子产量超过亲本 129.2—161.5%。此项杂交种子,如能获得大简便方法大量产量后,大可运用于实际之推广也。

关于棉花问题,本省最为严重,据过兴先君之研究,本省气候,对于棉花生产最大缺陷有二点,即当地早秋之夜寒为限止棉株生长之主要因子,秋季阴雨对于棉铃发育及开裂极有妨碍,故当地植棉宜求早熟品种,并于栽培方法中使得优良之早期生长最为必要。

乙

园艺系三年来对于优良土种之选定尤为注意,盖此等良种一经选定,径可用于推广也。此项工作,由吴耕民先生主持,进行殊速。现果树中已选得之优良土种,如云南呈贡之宝珠梨、麻梨,遵义之大冬梨,湄潭之金盖梨,思南之糖梨、地瓜梨等均负盛名;至于湄潭之李,以桐李设最大,品质亦佳,青胞李品质最佳,御黄李产量最丰,均有推广价值。

向非本地出产而新行试栽之园艺作物,有西瓜、甜瓜、草莓、洋葱等,经试验结果:知洋葱、甜瓜在本地极有希望而有经济价值,洋葱最大者每个重达一斤许。番茄优良品种在本地试栽以来,成绩亦佳。

关于园艺增产方面,有甘薯多收栽培已获圆满结果,盖甘薯在普遍农家每亩收量不过一二千斤,依吴耕民、赵荣琛两先生方法栽培时,每亩可获五千余斤之收量。

园艺品加工,年来经熊同龢先生提倡,成绩斐然,例如皮蛋本为当地所不可求得者,今殆已家喻户晓。此外,如利用本地野生洋桃(猕猴桃)制成之果浆,尤为各方人士所赏识。湄潭有特殊价值之奇花异卉,经林汝瑶先生搜集,得有二百余种,在学术上有兴味者亦不在少数,现已选择一部分植于本农场,以供观赏实习之用。

园艺与园庭布置关系密切,本地公私庭园凡建设稍具科学见地者,类由本系熊同龢、储椒生诸先生之设计,例如中正公园、湄江江畔诸设施是也。

本系定期刊物《浙大园艺》络续发表研究成绩,目下已出至第三卷第四期。

丙

农化系工作可别为土壤肥料、生化营养、农业分析、农用药剂、及农产制造等方面述之;土壤肥料方面已有彭谦及朱祖祥两先生发明粉状土壤酸度试剂一种,为各方所采用,并就实地调查研究结果发见〔现〕本县茶场茶树发育不良之原因为碱性土垠所致,引起国内农学界及茶叶界极大之注意。人粪尿为我国之主要肥料,为防止其有效成份损失计,据朱祖祥君研究,谓以加过磷酸石灰为最佳云。

生化营养方面,三年来由罗登义先生研究所作成之报告,不下十七八篇,其主要工作如研究米、爬豆、小米、叶菜类等植物之蛋白质,调查黔北民众及本大学生之营养,研究各种果蔬中维生素 D 等问题,尤以后项问题极为新颖。罗先生之发见〔现〕亦殊多,据其研究知含维生素 D 最多者为一般果品,就中以枣及茨梨为最丰,蔬菜类较少,而钼、镍两原素对于此项维生素之生成关系最为密切。

关于农产分析及药剂方面,由杨守珍先生主持研究,发现地瓜种子杀虫毒质为一种白色六角柱体,颇似鱼藤酮,惟鱼藤酮融点为 163℃,而此物在 190℃ 发生灼焦分解现象,故断定此项毒质为鱼藤酮之一新类似物。此项毒素杀死疟蚊能力较强于非疟蚊,惟留种之地瓜根部缩小殊甚,不堪食用耳。

关于虫白蜡之提取,据杨守珍先生研究,用水煮法可得白蜡 62％,质不纯洁,融点 78—82℃,如用气蒸法可得较纯白蜡 55％,融点为 79—82℃。

农产制造方面,白汉熙君曾从事全国酒曲微生物之调查,已发见〔现〕遵义威守之甜酒由二种优良新种酒曲菌所酿成云。

丁

病虫害系分植病与昆虫两组,其重要工作,除一部分已发表于该系所刊之《病虫知识》外,在植病组方面,近有陈鸿逵、杨新美二先生之白木耳人工栽培之研究,已分离得其纯种,在蓖麻园下作平地栽培,已获成功。据试验结果:以纯种接种产量较土法高 23.58 倍,较日人松甫氏改良法亦高 21.0 倍,不久将来或为白木耳业创造新纪元也。

湄潭茶树病害已由葛起新君调查得一八九种,就中以茶苗上之白星病(Cercosporq sp)及茶树上之红锈病(Cephaleuros Viporq)最为普遍。

昆虫方面有祝汝佐先生所研究之桑树害虫计调查全国所得,已知种类 188 种。食粮害虫方面,调查有益寄生虫,以资防治,发现亦颇多,具有二新种及中国新纪录之种类四种,均于实用上有密切之关系。

关于五倍子之研究,过去国人重于化学及植物方面,兹经本人及唐觉君就湄潭一地调查所得,已有十种不同昆虫寄生于盐肤木、红肤杨及黄连木三种植物之上,生成形状不同之五倍子、倍蛋、倍花、红倍花、角倍、圆角倍、铁蛋、铁枣、小铁枣、铁花及黄连枣等十种,关于各种昆虫学名,除已知者外,至少有新种三四种,不日可刊出于《病虫知识》。至于各种五倍子之含丹宁酸量,正与农化系合作分别分析中。

马铃薯在湄潭推广以来,发见〔现〕两种重要害虫,即黄蚂蚁与马铃薯蛀虫是也。关于此二虫之生活史及防治法,作者与陈效奎君正在研究调查中。

本省水稻大害虫非螟虫,而为稻苞虫,俗称灭虫,经本人及张宗旺君之考查,如插秧期迟者为害较烈,糯稻较灿稻亦烈,以本年情形论,永兴盛于湄潭城郊,在六月十日以后插秧者,概不齿免於其侵害。

戊

蚕桑系于本院初迁遵义后,即开始在老浦场试行柞蚕饲养及家蚕留种饲育,至湄潭后首先着手桑苗之育成,三年以还已郁郁成林矣。同时每年注意优良品种之育成,家蚕种计得纯褐圆斑及油蚕等品种,此外又与中农所合作黄皮蚕(中农 29)等,饲育成绩颇不恶。

关于研究方面,最近有夏振铎先生柞蚕寄生蝇之观察,谓该虫寄生率大者能达 47％,故设法防治殊属必要。

上簇吐丝中蚕儿绢丝物质之增长现象,经王福山先生之研究,知绢丝物质之成长,不如一般人所谓止于熟蚕时期,乃于上簇吐丝期中亦有继续分泌之现象,故今后对于五龄末期蚕,应给以叶质佳良之桑较为合理。

以柘叶饲蚕在我国历史上最早约一千五六百年前后,魏贾思勰著《齐民要术》中即有记载,至今川黔农民犹多沿用,虽经各方研究,大旨谓桑叶不足时可以代用。近据吴载德先生试验所知,以柘叶饲育,期间愈久,则蚕儿发育经过愈缓,减蚕率亦愈大。惟收茧量无显著之差异,茧层量则以饲柘期愈长而愈重。惟夏、秋蚕期不宜饲用柘叶云。

柞蚕卵方面,近经王福山、郑薦两先生研究,知初期产卵者,卵之大小、孵化率较后期者为优,一般第三日以后所产之卵,概不适于应用云。

己

农经系方面重要工作有遵义、湄潭、德江三县之农经调查。斯项工作曾受农林部及遵义、德江两县府经济上之补助,具体报告已陆续完成。其他研究,本系出有《农经学报》为之发表。自去年度成立农科研究所后,首先即成立农经学部,现有教授五六位,研究生数名,专事研究,不久将来当有丰富材料报告也。

三、推广工作

本院迁湄后,初以地方情形诸未了解,对于推广工作自不便盲目进行。以后因受农产促进会之委托推广马铃薯,本院亦以实验性质试行推广之方式,积二年来之经验,深知马铃薯推广工作,在本县有最大困难两点:(一)黄蚂蚁问题;(二)干燥贮藏加工问题。本年度与农产促进会方面曾以此意相约,有继续委托之准备。

其他关于黔北推广问题急待研究实验方克解决者,有柞蚕之留种问题。此种问题与生态学关系密切,本院受黔农改所委托,将开始研究,以便将来之应用之。

《农报》第八卷第十三至十八合期,民国三十二年六月十日

农院恢复森林系
(1947 年 6 月 11 日)

本校农学院以森林学系亟有恢复之必要,经呈奉教育部本年六月二日高字第三〇一七三号代电准予恢复,原电略云:

二月廿八日复字第二五三号呈件均悉。该校森林学系姑准自三十六学年度起,恢复办理,所有该系增班及设备等费,应在部拨增班及扩充改良费内匀支,增加员额亦应在师范学院调整后剩余名额内统筹分配,仰即知照件存。

《国立浙江大学校刊》复刊第一百五十七期,民国三十六年六月十一日

农学院成立农事试验场
(1947 年 10 月 27 日)

本大学农学院所有各场园地为谋分工合作计,拟订场务管理办法纲要,于本年八月间经华字第五次院务会议通过,成立农事试验场,将原有农艺场、园艺场、蚕桑场、林场、畜牧场、农产制造场、湘湖农场、临平林场、凤凰山林场、植物园及其他各试验地,辖属于该场之下,设场长一人,由农学院院长兼任场务主任一人,各场、园、地主任各一人,由农院教授、副教授或讲师兼任,下设技士管理员若干人,合作进行,颇著成效。

《国立浙江大学校刊》复刊第一百六十六期,民国三十六年十月二十七日

国立浙江大学、中国蚕桑研究所合作规约

(1948 年 12 月 8 日)

(本规约经浙江大学于卅七年十二月八日第一○二次行政会议修正通过)

国立浙江大学(简称甲方)

中国蚕桑研究所(简称乙方) 合作规约

甲乙两方为便于合作研究蚕桑问题起见,特订立本规约如下:

一、乙方为便于研究蚕桑问题起见,特向甲方租地念〔廿〕九市亩以便建筑蚕室、员工宿舍及栽种桑苗等用。

二、上项土地四至如附图。

三、上项租地以十年为限,纳租金金圆一元。

四、乙方保证上项土地不作蚕桑研究所叶〔业〕务范围以外的使用。如有此项情由,甲方得以第九项规定办理。

五、乙方建筑房屋其数量及式样须先征得甲方同意始可兴工。

六、甲、乙两方为研究蚕桑问题得相互使用房屋、图仪及桑园等,其详细合作办法另订之。

七、乙方不得将本规约所产生之权利、义务移转于第三者,否则依第九项规定办理。

八、十年期满后,如双方同意,得将租期延长,但以一次为限,展期最长不得过五年。

九、期满不行续订,或租〔租〕期延长有〔又〕期满时,或乙方停止工作迁移他处时,该项及全部建筑物、附着物、桑园等,概由甲方无条件并无报偿接收,归甲方所有。

十、本规约一式两份,分别保存,并呈报教育部备案。

国立浙江大学校长 竺可桢

中国蚕桑研究所长 蔡堡

浙江大学档案馆藏 L053-003-0027

(六)师范学院

本校师范学院成立

(1938 年 12 月 5 日)

教育部鉴于中等学校师资全国尚无专门训练之所,健全师资极感缺乏,特遵照全国临时代表大会决议,并根据实际需要,参酌目前情形,拟定调整国立专科以上学校办法。其中一事即为增师范学院六处,于八月间令饬本大学自二十七年度起,将文理学院之教育系扩充为师范学院。旋奉颁发《师范学院规程》《国立大学设立师范学院办法》等件,令促积极筹设。当经遵照规程,筹备就绪,于本学期正式成立,计设国文、英语、教育、史地、数学、理化六系,

遴聘本大学教务长郑晓沧先生(宗海)为师范学院院长。兹将各情分志于次。

(一)聘定各系主任。师范学院各系主任业经聘定,国文系主任为郭斌龢先生,英语系主任为梅光迪先生,教育系主任为孟宪承先生,史地系主任为张其昀先生,数学系主任为苏步青先生,理化系主任为王季梁先生。

(二)主任导师到校。依照师范学院规程之规定,大学师范学院设主任导师一人,由校长遴选孟宪承先生为主任导师,孟先生已到校矣。

(三)院长赴川公毕回校。郑院长于十月十一日出发赴重庆出席第一次全国高级师范教育会议,并衔竺校长命,代向教育部接洽要公,借便请示一切。闻本校师范学院经费,本年度由教育部拨五万元,以资补助。郑院长归途道经贵州时因公小作勾留,于十一月五日返校视事云。(全国高级师范教育会议之议决案,俟下期续志。)

《国立浙江大学校刊》复刊第一期,民国二十七年十二月五日

国立浙江大学师范学院院务报告
(1940 年 4 月)

(民国二十九年四月王院长提出于全国第二届高级师范教育会议)

一、概况

(一)成立经过

国立浙江大学原设文理、农、工等三学院。民国二十七年七月,奉教育部令添设师范学院,将原属文理学院之教育学系改属于师范学院,另设国文、英语、史地、数学、理化等五系,全院共计六系。聘请本大学前教务长郑宗海教授兼任本院院长。二十八年二月郑院长赴浙江筹备并主持本大学浙东分校,函请辞职,乃于二十八年十一月经教育部核准更聘本院理化系主任王琎教授继任院长。本院成立时浙江大学校址尚在江西泰和,后迁至广西宜山,因桂南战事转紧,于二十九年春再迁贵州。现本院院址在贵州遵义,唯一年级与本大学其他各院一年级生暂在贵阳青岩乡上课。

(二)行政组织

依照部颁师范学院规程之规定,除院长暨主任导师之外,另有教务主任及事务主任等职,本院因创立之始,学生不多,一切设施较为简单,故仅暂设秘书一人,由本院教员兼任,商承院长,佐理院务。院务会议每学期举行约二三次,商议重要院务之进行。一般教务、训导、及事务方面之例行工作,悉与本大学有关各部分共通处理。

(三)教员及学生

本院所属六系之系主任,国文系为郭斌龢教授,英语系为梅光迪教授,史地系为张其昀教授,教育系为陈剑翛教授,理化系为王琎教授,数学系为苏步青教授。教授方面,因学生仅一、二年级二班,且人数不多,所设学程亦大多为共同必修科目,故均由文、理二院各有关系教授兼任。今后学生班次渐多,年级渐高,故自二十九年度起拟各系先聘定专任教授、讲师、助教各一人,以后逐年增聘专任教员。唯因课程及研究之便利,与文、理二院仍当保持密切之合作。学生人数本年度实到注册者共九十九人,其中一年级五十人,二年级四十九人,各

系之分配如下：

国文系	七人	教育系	三七人	英语系	十五人
数学系	一一人	史地系	二〇人	理化系	九人

二十七年度统一招生分发本院之新生共一六五人，是年度第一学期实到注册者七十九人，仅达录取人数二分之一。因投考志愿之不合，或学力过差（照本大学定章，凡学生学期成绩不及格学分超过三分之一者应令退学），而转学退学者，三学期来凡达第一学期学生十分之四。二十八年度统一招生分发本院新生共五十人，因投放志愿与分发院系已较前注意，故实到学生百分比业已提高，实到者已占分发人数百分之七十。

（四）经费状况

二十七年七月本院创始之际，教育部规定第一年经常费为五万元。二十八年新会计年度施行后，浙江大学重编预算，本院经费奉令合并于大学总预算内，总预算系照旧预算数并未增加，唯教育部于二十八年分发本院学术研究费及学生膳费二万五千元，此外又于建设事业专款中拨给本院建筑费二万元，及图书仪器设备费一万元。二十九年度本院经费依旧列入大学总预算中，总预算数仍未增加，本院一年级增班费在大学增班费七万二千元中开支。本院实验学校经费因未列入大学总预算中，现正在专案呈请中。关于学生纳费，遵照师范学院规程之规定免收学膳费。自二十八年度起本院又规定免收杂费、医药费、及体育费。又一年级新生入学时，制服费亦免缴，制服被单由本院发给。凡战区学生尚可申请贷金每月三元。为奖励操行及学业成绩优良之学生起见，本院现正草拟奖学金办法，最近即可施行。

二、课程

本院于民国二十七年秋季成立之初，即奉教育部颁发各系必修选修科目表草案，经各系分别详加研究后，一面签署意见呈复教育部鉴核采纳，一面因开课关系，姑将本院根据教育部草案所拟之课程，暂时付诸实施。此项本院暂拟课程，前后实行三学期，尚觉无甚重大不妥之处。迨二十八年十月初奉教育部正式颁发师范学院各系必修选修科目表及施行要点，本院自当遵照实施。唯查部颁科目表与本院已往所施行者，并无多大出入，部颁科目表目标明确，科目精审，本院现正从事研究施行办法，以期贯彻教育部颁发此项科目表之初旨。根据本院实际情形及各系同人之意见，下列二点于实行部颁科目表时实有详加研究之必要：

（一）分组问题

本院鉴于史地、理化等系学生于毕业后或服务于规模较大之高级中学，其历史、地理、物理、化学等科往往分别由一教员专任、且程度亦较一般为高，准备自不得不较为充分。又以师范学院学生虽毕业后以充任中学教员为其本职，唯为培植其教学与研究同时并重之志趣，似应于求学时期先植其能独立探讨专门学术之始基。因此本院最初即主张于分系必修科目中，如能将一部分必修科目分组教学，似较妥善。部颁科目表施行要点之第七条亦示此意之可能，唯限于各系必修科目之外酌量指定分组修习之科目，换言之，即于选修科目中可以酌行分组之办法。查现行师范学院课程，各系学生于五年中以修满一七〇学分为度，其中共同必修科目及专业训练科目已占七十四个学分，如史地系分系必修科目又占六十三至六十八个学分，两共为一百三十七至一百四十二个学分，所余仅二十八至三十三个学分。如再指定一部分为分组必修科目,学生自由选修之机会则甚少。是以如分组为事实上有此需要,是否必须限于分系必修科目之外酌行分组,则尚待研究也。

(二)副系问题

此则为顾虑毕业学生于服务时,或则〔者〕学校规模不大,或则〔者〕任课未必能如其在学时所习科目而引起之问题也。故国文、英语、教育、数学等系,均感有增设副系之需要,例如教育系毕业学生,担任师范学校教员自为其理想之工作,唯师范学校之教育及心理学科不多,每人专任教育学科似不可能,其势不得不兼任行政工作或分任一部分其他学科,然担任其他学科又乏适当准备,故教育系毕业生常有学非所用之感。今为补救此缺陷,每生选定一副系实为一可行之办法。唯亦如分组问题,其要点乃在必修科目之学分能否酌予减少,而规定为修习副系之学分,否则亦只能于选修学分中匀配副系之学分,则学生自由选修之机会又受相当之影响矣。

关于课程方面,上述二问题,本院甚盼能获一适切之解决。其他科目名称、学分及修习时期等,悉当遵照部颁科目表办理。

三、训导

本院学生训导之实施悉依部颁师范学院规程第三章之规定,及二十八年十一月教育部印发之训育纲要办理。导师制之实行,因本院学生较少,凡本院任课之教授及讲师均聘为导师,每导师所训导之学生最多不过四五人,因此导师与学生接触较频,收效稍著。每学期始末会集全院导师学生举行谈话会各一次,此于学生进德修业亦不无助益。一年级新生与全大学一年级生同受军事管理,对于团体生活之训练,尤较注意。自二十八年八月起,本大学奉令成立训导处,分生活指导、军事管理、体育卫生等三组,本院主任导师于训导行政上亦属该处之一员,并日常至该处办公室处理属于本院之一切例行事务。本年三月本大学训导处订颁《国立浙江大学训导实施纲要》,举凡作息、敬礼、服装、膳食、宿舍、自修、服务、集会、请假等方面,根据训导目标及日常生活应注意事项,条举四十九项,指导学生实行,用意甚善。本院学生活动,因全大学学生活动方面较多,故颇能适应个别学生之好尚与志趣,自由参加,获益较多。本院学生参加之活动,除各种学术性质之集会,如中国文学会、英文文学会、史地学会、教育学会、物理学会、化学学会、数学学会等以外,他如从事民众教育、加入假期乡村服务,亦尚踊跃。此次本大学学生组织桂南前线服务团,本院亦有学生多人参加,服务成绩深为校内外人士所赞许,学生身历战场之最前线,耳目所接,对于抗战意义之体验亦较亲切,其影响固非浅鲜也。

四、研究

本院深感研究工作之重要,及学术陶冶与师资训练关系之密切,故虽当创立之始,即于此方面加以深切之注意。去岁全国教育会议于开会时,以今日一般学校史地教育之设施亟待研究改进,以应抗战建国时期急切之需要,乃向教育部建议专设研究机关,从事于史地教育教材、教法、教具以及实验示范等各方面之探讨,以期对于中小学史地教学能谋切实之改进。会后本院史地系即奉部令添设史地教学研究室,由本院史地系主任张其昀教授兼任主任,教育部且拨发专款以利进行。该室最近进行状况,另详于后。又本大学理学院数学系,历年购置杂志图书甚为丰富,对于研究工作素极注意,自本大学理科研究所数学部成立以后,人才设备较前更多便利,该部主任兼本院数学系主任苏步青教授对于中等学校数学教学之改进亦甚为重视。今后拟于该部分组中专设一数学教学研究组,并注重关于教学方法专门杂志图书之增置,并添聘教授,多致力于中学数学教学方面之各种研究。此外本院教育系因向属本大学前文理学院,图书仪器之设备可供专深研究之处甚多,国文、英语、理化等系亦均注重添置专门研究之设备,并加聘富有中学教学经验或研究之教授,从事专门之探讨。本院为促进学术研究,并讨论有关师范教育之各种问题起见,拟于本年内创刊院刊一种,刻已组织编辑委员会,正在积极进行中,第一期约于今年六月间可以出版。

史地教学〔育〕研究室最近进行状况

本校史地学系史地教育研究室系奉部令委托于去年九月间成立,当时本大学校址在广西宜山,警报频传、工作困难。本校在城北十里小龙乡建筑新校舍,本室亦在其地建筑平房三间,至十二月间桂南战事勃发,本校迁至黔北遵义,于本年二月下旬复课,故本室实际工作亦于是时开始,稽延之故,良非得已。

本室由史地学系主任张其昀君兼任主任,本系教授任美锷君兼副主任,均不支薪,另聘李絜非君为专任副研究员,除担任编辑工作外,处理室内日常事务。其余研究员则特约本校及校外专门学者任之,亦不支薪。惟实际担任撰述者,则按字数致送稿费(每千字五元、七元两级)。本室每月经费规定千元,行政费及杂费尽量节省,以充裕编辑费用。本室现租赁遵义北门外洗马滩二十八号为办公处,与本校文科研究所史地学部合在一处,俾符部令二者密切合作之指示。一切参考资料,系利用本系图书及本系同人所收藏者。

本室工作计划拟以每四个月为一期,第一期(本年三月至六月)已在编辑中之书籍,列举如左:

(甲)历史类

(一)通史

《国史鸟瞰》 缪凤林编

(二)国史教材研究

《疆域篇》 张其昀编

《民生篇》 张其昀编

(三)乡土地理丛书

《东北历史》 李絜非编

《四川历史》 柳定生编

(四)传记

《中国历代名将传 》王焕镳编

《西洋历代名将传》 顾谷宜编

(五)挂图

《中国历代疆域挂图》 谭其骧等编制

(乙)地理类

(一)教材研究

《地理教学法》 叶良辅等编

《中国地理地形篇》 黄秉维编

(二)地理小丛书

《地理学概论》 任美锷编

《人文地理学要义》 李旭旦编

《气象学》 涂长望编

《欧洲地理》 任美锷编

(三)乡土地理教材

《贵州地理》 黄秉维编

《广西地理》 张其昀编

(四)挂图

《中国气候挂图》 涂长望等编制

本室编辑书籍拟由中国文化服务社出版,已与该社社长刘百闵先生接洽,得其赞助,印刷费由该社负担。现已有书籍脱稿陆续付印,期于本年六月底先刊行第一期书籍约十五种。此外,已经特约即可着手或能于本期内完成者,尚有数种,兹不备列。又本系抗战以前所出之《史地杂志》,拟于本年暑期恢复,内容当益注重史地教育之研究与讨论。

五、推广教育

本院自成立后即就部颁关于师范学院应行兼办社教各项设施之规定,着手计划。二十八年度本大学在广西宜山时,经商承本大学开始办理成年失学补习教育,督率本大学夏令讲习会与教育学会之学生,设立宜山永庆镇成人班,计有学生二百四十名,共分六班,教学时间以二月为限,对于教材之编用,抗战漫画之张贴,及集体生活之指导,靡不注意。同时指导学生在宜山县怀阳镇举办妇女班,学生约计一百三十余人,分为四组,并为该镇军政部第一七二后方医院组织伤兵教育班一班,收容负伤官兵四十人,授以国语、歌咏、抗战讲话等科目。其后大学迁至贵州遵义,兼办社教事业更谋积极推进,由本大学聘定教务、训导、总务三长,各院院长及本院教授陈剑翛、李相勖等组织社教推行委员会负责主持一切,目前已经举办之社教事业:

(一)公开学术讲演

每二周一次,由各院教授分别担任,讲题大都属于地方文献与史地、国际关系、我国宪政运动、战时工业农业、民族教育、科学发明与卫生防疫等问题,每次听讲人数颇众。

(二)民众学校

暂设四班,现有学生一百六十余人,由县政府转饬保甲长等强迫入学,教科书亦由县政府转发部颁成年民众课本,教学负责人均为本院各系学生,刻正在积极进行中。

(三)中小学教育辅导工作

本院遵照部令在黔桂两省拟多所尽力,前乘四月四日儿童节,曾邀集本城中小学教职员及省立民教馆馆长开座谈会,讨论儿童教育问题,本院院长及教育系全体教授讲师均出席,本院教授多人相继讲述教学训育及儿童心理卫生等问题,并由中小学教员提出实际困难共同讨论,此种集会以后拟继续举行。

(四)对于指导公共卫生之设法改进

拟请本大学主任医生训练小组学生分向当地民众宣传普通医药知识与清洁卫生常识,以期预防疫疠而保健康。

（五）设置实验区

此为本院在宜山时原有之计划，今本大学迁移妥定，仍宜积极进行，现拟择一相当地点，设置小规模实验区，除继续成人识字教育外，拟会同农学院办理农业推广，并督率本院高年级学生协助地方公民训练与卫生改进等各种事业，期收救愚、救贫、救私、救弱之效。但此种计划，至少年需经费四五千元，须俟本大学呈部请准拨给经费后方能实现。

（六）映放教育及抗战电影

启牖民众知识，甚为有效，现亦正在向部请发影片及发电机。将来拟令学生利用课余分往城乡各地映放，并将影片内容详细解释，俾使一般民众增加爱国热诚与抗战情绪。

六、实验学校

（一）创校经过

民国二十八年夏，本大学师范学院成立已一载，而实验学校尚付阙如。竺校长及师范学院同人咸信实验学校与师范学院有密切之关系，苟无完备之实验学校，实不足以增进专业训练之效能，完成师范学院所应负之使命。因根据部颁《师范学院规程》第六条"师范学院须附设中小学借供学生参观与实习"之规定，拟定实验学校计划及经费预算，呈报教育部，经奉部令准予设立在案。是时本大学尚在广西宜山，奉令后即聘请师范学校教育系教授胡家健先生兼任实验学校主任，于宜山郊外勘定校址，兴建校舍，购置设备，聘请教师。经两月之筹备，于同年十月一日正式成立。本校成立伊始，即规定其设立之主要旨趣为指导教生实习、实验教育方法及辅导地方教育。本校一切实施均本此旨趣，积极进行。本校之组织原分中学、小学及幼稚园各部，惟值兹学校初创之际，筹备不及，乃先设小学部，分高、中、初三级复式编制。本校校址在距宜山城二里许之蓝靛村，背山临水，风景甚佳，且附近多山洞，可避空袭。时宜山警报频仍，城内小学几无形停课，而本校则地址安全，独能弦歌不辍，师范学院学生不时相率前往参观，并参与本校各种教育活动，同时儿童家长亦亲送其子弟入学，借避警报。故本校成立未久，即与师范学院及儿童家庭发生密切之联系，因而取得各方面对于本校之认识与协助。所惜者本校开学未及三月，规模粗具，一切工作计划正拟开始，而敌军忽大举犯桂，南宁失守，宜山震惊，本大学既已奉部令迁黔，本校遂亦不得不在宜山暂告结束矣。

（二）今后计划

本校于本年二月随大学迁黔后，即积极进行筹备工作，期于本年暑后中、小学各部及幼稚园均正式招生开学。兹将今后进行计划简述于次：

1. 确定预算

确定经费预算为学校行政之先决问题，欲谋本校师资标准之提高，设备之充实，及教学效能之增进，均非有充裕之经费预算不可。本校预算案在本大学二十九年度预算案内尚未列入，致一切计划无从进行，现重编本校二十九年度经、临两费预算案，呈请教育部准予追加，甚盼教部能迅予核准，俾利校务。

2. 建筑校舍

为便于师范学院学生之参观实习及从事各种教育问题之实验研究起见，本校校址与师范学院似不宜距离过远。本校第一步校舍建筑计划业已拟定，建筑图样亦经聘请专家设计完竣，拟俟建筑费有着，师范学院院址确定后，本校校舍亦即可依照计划，招工承建。

3. 充实设备

本校创办伊始,对于图书仪器标本模型以及其他各项必需设备,均力求充实,以期增进教学之效能,并为一般中小学之楷模。关于图书设备方面如万有文库、小学生文库及小朋友文库等,均已置备,此外如中、小学各科参考书及各种小学补充读物,均正在分别选购中,关于标本模型及理化仪器方面,现亦正根据部颁标准并斟酌中、小学学生之需要,充分购置,以备教学上之应用。

4. 选聘教师

本校教师除担任教学任务外,并负有示范教学、批评指导及从事实验研究之种种使命,故本校对于各科教师现正多方物色,慎重选聘,同时并拟提高教师之待遇标准,务期优良教师能乐意来归。

5. 实验研究

从事教育上之各种实验及研究,原为本校预定主要目标之一,本校今后对于中小学教育之诸问题,如六年一贯制之课程编制,中学导师制之实施,中小学间之沟通,及中小学各科教材及教法之改进等问题,均将与师范学院各系密切合作,拟定实验计划,循序进行,期得客观的结果及论断,以为改进中小学教育之依据。

浙江大学档案馆藏 L053-001-0470

本院自二十九年度起增设第二部
(1940 年 4 月)

查部颁师范学院关于第二部之设置,曾于第一章总纲第九条有如下之规定:"师范学院得设第二部,招收大学其他学院性质相同学系毕业生,授以一年之专业训练。期满考试及格,经教育部复核无异者,由院校授予毕业证书,并由教育部给予中等学校某某科教员资格证明书。"本院于二十七年七月奉令筹设之初,即同时奉令筹办第二部,当时以本院方始创办,经费设备均感不敷,曾经呈请教育部准予缓办在案。迨二十九年一月间,本院又奉教育部训令并附发第二部二十九年度招生办法一件。本院当即遵照部令着手筹划进行。依照部令之规定,本院第二部应行招生之学系为国文、英语、史地、数学、理化等五系,每系各招学生二十名。经详细筹划,以本院自开办二年以来,经费增益极微,且学生仅有一、二年级各一班,所开学程大多为公共必修科目,均与文、理二院合班教学,高级课程尚未开设,如五系同时招收第二部学生,势所不能,乃经二十九年五月十六日第五次院务会议商议决定,二十九年暂以招收史地系为限,并经史地系张主任拟具预算,呈请教育部核示,旋奉部令准予照办,所需经费由部就各师范学院第二部经费统筹核给。本院奉令后即着手筹备招生并计划应设课程及添聘教授,同时为顾及各省现任史地教师之进修起见,特分函浙、赣、黔、桂、川、滇等省教育厅酌派现任教师来院深造,借以逐渐推行辅导工作。至于其他各系应行招收之第二部学生,此后当逐年扩充办理。兹将二十九年度第二部史地系招生简则录后:

国立浙江大学师范学院第二部史地系招生简则

本院现奉部令设立第二部招收史地系学生二十名（史学、地学两组各十名）。

一、入学资格

国立或已立案之私立大学史学系、地学系或史地系毕业，（甲）经考试及格者，（乙）曾任中学史地教员三年以上由各省教育厅保送者。

二、呈缴各件

甲、毕业证书如由教育厅保送者并缴教育厅公函。

乙、履历书。

丙、体格证明书。

丁、二寸半身像片三张。

三、报名期限及地点

即日起至八月廿日止，至贵州遵义本大学注册课报名。

四、考试日期及地点

八月二十五日在遵义本校考试。（由各省教育厅保送者，得免试，每省以一名为限。）

五、考试科目

甲、笔试分中国通史、中国地理、外国史地三门。

乙、口试。

六、待遇

学费免收供给膳宿。（由各省教育厅保送之学生，得领受本省所规定之津贴。）

浙江大学档案馆藏 L053-001-0470

本院设置品学优良学生奖学金
（1940 年 4 月）

本大学各种公、私奖学金不下十数种，唯大多或限于省籍、科目或指定某种范围，本院学生虽亦可同样享受，唯以各项限制，获取机会未甚普遍。本院鉴于开办二年以来，学生勤勉向学，为砥砺此种纯美之学风起见，特自二十九年度起设置奖学金一种，其实施条例业经二十九年六月二十七日第六次院务会议通过，并呈奉校长核准，于是年七月四日公布。一俟实施著有成效，以后当再谋增加名额或扩充范围。兹将此项奖学金简则录后：

国立浙江大学师范学院奖学金简则
（二十九年七月）

第一条　本院为奖励品学优良之学生起见，特设奖学金。其名额以不超过全院学生人数百分之五为标准，并以各系平均分配为原则，每名每年给奖金国币一百元。

第二条　本院奖学金之审查标准规定如下：

一、操行优良

须经导师出具证明书，并经所属学系主任及本院主任导师之同意为合格。

二、学业成绩

以各学系成绩最优者为合格，唯上学年所修各科目均须及格且平均成绩须在八十分以上。

第三条　本院奖学金之审核，由本院院长、主任导师会同各学系主任担任之。审核结果送经本大学公费、免费奖学金委员会通过，送呈校长核准公布之。

第四条　本院奖学金分两次发给，于每学期开始时各给五十元。

第五条　本简则经本院院务会议通过，呈请校长核准公布施行。

浙江大学档案馆藏 L053-001-0470

国立浙江大学教育系近况
(1940 年 6 月 29 日)

(遵义通讯)国立浙江大学教育系成立颇早，在民国十七年该大学创办之始，即已成立。初隶属文理学院，以学生不多，与国文、英文等学系合为第一组。越年郑宗海、孟宪承、俞子夷应聘来校任教，郑氏兼系主任。十九年后黄翼、沈有乾两博士继至，所有教育及心理等课程皆逐渐开设，并购置大宗心理仪器、图表及测验材料，创立心理实验室。廿二年孟教授辞职，聘中山大学教育研究所主任庄泽宣博士继任。自是搜集国内外教育及心理书报，辟图书室陈列，以供学生自由阅览与参考。复设培育院，以试验儿童行为发展之历程与训导诊疗之方法。廿三年起该系分为教育及心理两组，任学生就性情所近分别选习。

廿五年秋，竺可桢氏膺任为浙大校长，聘郑晓沧为教务长，本系主任改请庄泽宣兼任。尔后抗敌战事起，该校西迁，辗转三处始稍定，教授亦多他徙。庄泽宣主任赴港讲学，改由孟教授继任，旋孟去，又由黄教授代理。雷沛鸿、章颐年、蒋振均曾一度任该系教授。迨廿八年秋，竺校长从渝、沪、昆明、桂林等处先后约聘陈立、胡家健(兼实验中学主任)、李相勖(兼师范学院主任导师)、姜琦(兼大学训导长)、陈剑脩(兼大学主任导师)、彭百川(兼一年级主任)诸氏为教授，并因黄翼辞兼代系主任职，改请陈剑脩继任。至是该系始恢复往昔规模，正向正常教学与学术研究两途迈进，以期造成中等学校良好师资、地方教育行政干部及少数继续研究教育心理学科人材。幸原有仪器、表册、图书及英、美、德各国杂志均尚丰富，携出后亦无甚损失，刻仍在继续补充中。且在该校所在地遵义大营沟六号租定房屋为实验室，由教授引导学生从事关于学制、训导、统计、测验、中小学教材教法等研究，并作儿童心理、学习历程与情绪发展等实验。

凡上所述现均布置就绪，工作已有相当进展。虽设备方面，因战时经费与时间所限，未能踵事增华，尽各工作之需要，但以该系固有之良好基础，加以目前师生之努力，日形紧张，以求适应环境，敢信其前途为无量也。目前该系教授共有七人、讲师一人、助教三人、学生五十七人。已往毕业生约七十余人，供职于浙、苏、赣、港、渝各种教育机关，成绩甚著。本年夏有毕业生四人,均已介绍工作。

惟该校廿七年秋奉教育部令添设师范学院,自是年起该系所招收学生归入师范学院,已往招收者仍归入文学院,该系分隶两学院相得益彰;而将来对于师院国文、英语、史地、数学、理化各学系关于教育专修科目之供给及黔桂中小教育之辅导,该系尤属责无旁贷也。该校文学院梅院长光迪、师范学院王院长〈季梁〉于教育皆有丰富之学识经验,陈主任又系教育专门学者,必能合力发展该系无疑矣。

《教育通讯》(汉口)第二十四/二十五期,民国二十九年六月二十九日

呈教育部(第 764 号)
(1942 年 5 月 30 日)

查本校师范学院奉令辅导遵义、安顺各中等学校之辅导人员名单业经呈送在案。兹据该院函报,此项辅导工作,遵义部分即日开始进行,安顺部分已商定之,佘坤珊、钱宝琮二教授亦定期出发,开具旅费概算请转呈核发前来。理合检同原件,备文呈送,敬祈鉴核,准予迅拨。实为公便。谨呈
教育部
附呈师范学院辅导人员旅费概算一份

衔校长竺○○

国立浙江大学师范学院辅导安顺中等学校教授二人旅费概算

第一款　辅导旅费总数一九一○.○○元
教授二人,奉令赴安顺辅导中等学校往返十五日,川资膳宿各费合计如上数。
第一项　车费五六○.○○元
教授一人自遵义至安顺往返,计二三○元;教授一人自湄潭永兴场至安顺往返,计三三○元,合计如上数。
第二项　膳费六九○.○○元
教授二人,平均每人每日以三十三元计,往返十五日,合计如上数。
第三项　宿费三六○.○○元
教授二人,平均每人每日以十二元计,往返十五日,合计如上数。
第四项　杂费三○○.○○元
教授二人,平均每日以十元计,往返十五日,合计如上数。

师院教学实习指导委员会开会
(1943 年 1 月 10 日)

师院教学实习指导委员会第二次会议,于十二月三十日下午举行。讨论五年级学生三十年度第二学期实习成绩考查办法及教学实习集中第五学年,其他科目尽于四年内结束等议案。

《国立浙江大学校刊》复刊第一百一十五期,民国三十二年一月十日

教务处致文学院
(1947 年 4 月 9 日)

径启者:

本校于三十四年七月奉教育部令,须改进师范学院办法,凡文、理、工、农各院系学生志愿于毕业后从事教育工作者,得申请为师范生。兹查该立法第五条规定:"师范生之分系必修科目均照文、理、工、农学院分系必修科目修习。惟各系专为研究工作而设之科目与中等学校教学关系较少者,应予免修。另,应修习教育基本科目二十二学分,及分科教材教法教学补习八学分。"所有是项教育基本科目及专业训练科目之名称、学分数及应修年级,已由师范学院编送到处。兹特附录于后,即请察阅。又,本校教务会议常务委员会第八次会议第七条:"各院系各年级修习科目表请各系于四月底以前排定,由院转教务处案议决通过,并请文、理、工、农四学院各学系将师范生得免修之学程注明。"除分函外,用特录案,并请查照办理为荷。此致
文学院○○学系
　　附师范生应修教育基本科目及专业训练科目

教务处启
三十六年四月九日

附师范生应修教育基本科目及专业训练科目如后:

学程名称	学分数	修习年级
教育概论	全年六学分	二年级
教育心理学	全年六学分	二年级
普通教学法	全年四学分	三年级
中等教育	全年六学分	三年级或四年级
教材教法研究	全年四学分	四年级
教学实习	半年四学分	四年级第二学期

以上共计三十学分。

代电教育部(第 929 号)

(1948 年 10 月 27 日)

教育部钧鉴：

案奉钧部三十七年九月四日中字第四八○三七及四八○五六号两训令,为饬改进师范教育指示各点,均经敬悉。自应遵办。当经交由师范学院拟具计划,切实实行。本校于奉到训令之前,本有集中训练师范生之拟议,经于卅七年八月廿八日以复字第八四三号呈请特拨金圆券二万元建筑师范学院办公室一座,以利本校师范生管训事宜之推进,作未来集中训练师范生之初步。旋奉中字第五二四八一号指令,令就本校下半年度扩改费二○○二亿〈元〉内,由校统筹分配。令到之日,上项扩改费已另作支配师范学院建筑费,无法分配。兹钧部令将师范生宿舍膳厅等设置一处,集中管训,自应遵办。特由师范学院扩充以前计划拟具集中训练师范生办法,拨地建筑院舍第一期建筑,经费需金圆券二十万元。敬祈特准拨给。是项建筑费或于下期临时费内划定师范学院院舍建筑费,俾本校师范生管训计划得以从速实施。除师范学院院舍图样另呈核夺外,理合检具师范学院所拟集中训练师范生及管训部暂行办法两种,一并电呈。敬祈鉴核备案。

附集中训练师范生办法及管训部暂行办法各一份。

(衔)(廿七)西

浙江大学师范学院集中训练师范生办法

一、本院遵照部令集中训练师范生,为单独设置师范生宿舍、膳厅及自修室起见,拟划定校内某区约二十亩为师范学院院址,兴筑院舍,集中训练全校师范生。新院舍包括学生宿舍、膳厅、导师宿舍、教育馆、附中及附小各单位,自成一体系,实施专业训练。

二、上述院舍拟分两期建筑完成。第一期拟兴筑学生宿舍(容纳学生二百八十人)、膳厅、导师宿舍及教育馆各一座,约需建筑费二十万金元;第二期兴筑附中及附小。待第一期建筑计划完成后,再行估计所需经费。

三、师范生之管训采行导师制度,于修学指导及人格感化之中兼收管训之效。除由师范学院现任教授、副教授、讲师及文、理两院有关学系之教授担任外,拟增加师范学院院额四人至六人(专任导师三人,职员一至三人)。

四、设置导师会议及管训部负责师范生之学行指导事宜,其办法另定之。

五、本办法呈准校长呈部核夺施行。

浙江大学师范学院管训部暂行办法

一、本院遵照部令,设立管训部,办理本院学生之学行指导事宜。

二、管训部设主任一人,暂由师范学院院长兼任,管训部内暂设专任导师二人,办事员一人。

三、聘请导师十八人,成立导师会议,现任师范学院教授、副教授及讲师为当然导师,余就其他各学院有关学系聘请。师范学院院长为导师会议主席。

四、管训部之组织系统如左表:

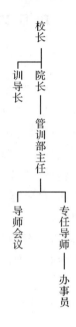

五、导师会议每月举行一次。

六、学生指导侧重个别指导,并采取团体谈话及个别谈话两种方式。全体谈话会每学期两次,分组谈话会每月一次,个别谈话由导师自定。

七、导师指导学生分组名单由管训部拟定后,连同学行记载表分送各导师。

八、本办法呈奉校长核准施行,并呈教育部备案。

附注:依照部令师范学院学生须共同食宿在本院所拟建筑新院舍,集中训练师范生之计划未能实现以前,共同食宿难以实施。

浙江大学档案馆藏 L053-001-0521

(七)法学院

代电杭校本部

(1945 年 5 月 25 日)

杭州浙大校本部:

卯支杭字第二一〇号代电悉。法律系增班费,部已汇遵。惟由遵汇杭,汇水过昂,已暂收入遵总校,俟后划账。至该款分配预算,已由总校编呈,并已核准,可毋再编。特复。

附法律系增班费分配预算二份

遵义总校

辰〇艳

浙江大学档案馆藏 L053-001-0144（1）

本校院系稍有增改 增设法学院 龙泉分校改师范学院
（1945 年 7 月 1 日）

本校近奉部令，增设法学院，须先成立法律系。前议政治经济学系，令〔今〕夏招收一年级学生一级，不便先行单独办理。又，部令本校龙泉分校自下学年度起，改为本校师范学院，校本部师范学院各系学生改由文理两学院代办。龙泉分校既改为师院，自三十四年八月起，经费加倍发给，每月为二十六万元，已电分校方面知照。至教育学系，原属文学院，令〔今〕师范学院既移设龙泉分校，教育学系仍回隶文学院，今夏继续招收新生云。

《国立浙江大学校刊》复刊一二六期，民国三十四年七月一日

国立浙江大学医学院、法学院、文学院哲学系编制表
（1946 年）

一、医学院

甲、医学院	开办费	一〇二，〇〇〇，〇〇〇元（建筑费在外）
	经常费	二四，〇〇〇，〇〇〇元
乙、附属医院	开办费	三九二，〇〇〇，〇〇〇元
	经常费	三六，〇〇〇，〇〇〇元
丙、护士学校助产学校	开办费	七四，〇〇〇，〇〇〇元
	经常费	可不增加

〈签注〉已与李宗恩先生商谈，另行编列。详〈见〉另笺二纸，抄缮时请注意。

二、法学院

开办费		一五〇，〇〇〇，〇〇〇元（西文书五千册，每册均平均美金五元，中文书五千册，每册平均一万元，合计如上数。）
经常费	（1）俸给费	九二，〇八〇元（教授二人、助教三人、职员二人，工友四人。院长、系主任暨为旁系开政治、经济、法律课程教员在内。）
	（2）办公费	一二，〇〇〇，〇〇〇元

续 表

经常费	(3)购置费	二,四〇〇,〇〇〇元
	(4)学术研究费	六,〇〇〇,〇〇〇元
	(5)特别费	二,六〇〇,〇〇〇元
合计		二三,〇九〇,〇八〇元

三、文学院哲学系

(1)俸给费	二三,五〇〇（教授三人,助教一人）
(2)学术研究费	三,〇〇〇,〇〇〇元
合计	三,〇二三,五〇〇元

浙江大学档案馆藏 L053-001-0144(1)

教育部指令（渝高字第 12531 号）
（1946 年 5 月）

令国立浙江大学：

　　卅五年四月廿日到本遵字第二二一三号呈报,本校法学院卅四学年度及卅五学年度增设教员名额,祈鉴核备案由。呈悉。该校法学院设立法律学系,准自本年一月起增教员四人,已另令饬知。经济系系何时奉准设置？仰申复。至卅五学年度应增员额,俟核准招生后再呈核办,并仰知照。

　　此令。

部长朱家骅

卅五年五月

浙江大学档案馆藏 L053-001-0013

国立浙江大学法学院致会计室函
（1947 年）

敬启者：

　　兹呈上法学院卅六年度概算,即请查照呈部为荷。此致

会计室

　　附法学院卅六年度概算一纸

〈国立浙江大学法学院〉

启［印］

法学院卅六年度概算

法学院三十六年度教员：教授兼院长一人；教授兼法律系主任一人；教授九人（包括为其他院系开设法律、政法、经济、社会等课程教授四人）；助教二人。

法学院三十六年度图书设备：拟购西文书五千册，每册平均美金五元，计需美金二万五千元；又拟购中文书五千册，每册平均一万元，计需国币五千万元。

法学院三十六年度院址建筑费：需国币五亿元。

浙江大学档案馆藏 L053-001-0144(1)

代电教育部（第 440 号）
（1947 年 2 月 12 日）

教育部钧鉴：

本校法学院法律学系开办伊始，经缜密商讨，拟依北大、武大、中大等校法律学系成例，皆采混合制，并设置司法组，一俟教授及设备充实后再行筹改分组制。理合电陈，敬祈鉴核备案。

国立浙江大学叩

丑〇文

浙江大学档案馆藏 L053-001-0057

教部拨给法学院购置图书专款
（1947 年 5 月 5 日）

法学院创办伊始，图书尚感缺乏。前经本校呈请教部拨给专款，以资购备。此次朱部长莅校视察，承告已准拨国币五千万元。法学院正计划购书中。

《国立浙江大学校刊》复刊第一百五十期，民国三十六年五月五日

法学院法律学习采用分组制
（1947 年 5 月 5 日）

本校法学院法律学系去年开办伊始，根据教部前颁布之修正大学法律学系科目表通令，暂定为混合制。前以师资设备均有充分设备，拟改采分组制，逐就推进，近已设立司法组，呈部备案，并请求拨款为买办图书及建筑教室学公室等之需，俾将所定分组计划，得以扩大完成，以造就法律人才云。

《国立浙江大学校刊》复刊第一百五十期，民国三十六年五月五日

呈教育部(第 481 号)

(1947 年 10 月 9 日)

案查钧部颁布之法学院法律学系课程及学分稍有疑义。谨陈如下:

一、宪法

依卅四年十月六日部颁法律学系科目表,既未定为必修,亦未定为选修,此课似应定为必修四至六学分,于第二学年修习。本校法律学系学生均于第二学年修习宪法四学分,拟请钧部准以必修学分计算,且宪法之应列为法律学系必修课,理论上似绝无问题,拟请钧部并准通令全国各大学法学院法律系施行。

二、世界通史

依部颁修订法学院共同必修科目表系必修课,而依卅四年十月六日部颁法律学系选修科目表为选修课,法律学系究应视该课为必修或选修,不无疑义,拟请钧部予以解释。

三、依修订法学院共同必修科目表备注,法律学系免习自然科学及法学概论,但如法律学系学生选修该两课时,似应仍以选修课论,予以学分。本校前年秋季入学之法律学系学生,几均选修该两课,惟以该各年度之学生,均未选修该两课,拟请钧部准予认定其选修学分。

以上三点,理合备文,呈请鉴核,赐予指示,俾资遵循。谨呈

教育部

全衔校长竺○○

浙江大学档案馆藏 L053-001-0057

法学院四年级同学明日举行首次审判实习

(1948 年 10 月 4 日)

法学院四年级同学,将于本星期二(五日)假该院型式法庭,举行第一次审判实习。案件及各推事律师等人选已分别筹备就绪,并由该院司法组主任邵勋先生担任审判长云。

又,教育部二十九日电校,谓法律系混合组转司法组之学生学籍已核准。然原案拟请一律公费,则未便照准。司法组同学闻讯后,已于二日下午一时召开大会讨论,会议结果:

一、请校方继续垫发十一月份公费;

二、请校方允请李浩培院长、赵之远主任及孙祁先生,再度晋京请愿;

三、选定陈全华、陆以德、李之菲、方为良等七同学负责交涉。

《国立浙江大学日刊》复刊新第四十三期,民国三十七年十月四日

郑烈荪先生奖学金经法学院院务会议通过

(1949 年 3 月 30 日)

郑烈荪先生奖学金经法学院院务会议通过,奖给该院法律系学业成绩优良之各级学生:

四年级:倪耀雄　张国治　徐良咏

三年级:丁仁方　吴元英　贾祥校

二年级:丁铭源　高铭暄　俞元任

一年级:季厚生　李富干　汪家华

是项奖品已于三月二十八日晚在该院全体导师学生谈话会中当场颁发。

《国立浙江大学日刊》复刊新第一百二十五期,民国三十八年三月三十日

(八)医学院

第一次医学院筹备会议

(1947 年 1 月 7 日)

日期	三十六年一月七日下午三时
地点	校长公舍会议室
出席	谢家玉　贝时璋　王琏　孙宗彭　李天助　郑宗海
列席	王国松　章定安
主席	郑〈宗海〉代校长
记录	章定安

开会如仪

报告事项

主席报告

1.医学院及附属医院亟须筹办成立之缘由。

2.主任委员李宗恩先生书面建议传观。

谢家玉先生报告孩儿巷夏、熊两家房屋接洽情形。

王国松先生报告虎林公司房屋接洽情形。

讨论事项

一、孩儿巷 169 号房屋是否购置案

决议:熊宅拟购,夏宅拟租,速函市府及浙审计处会同勘估,限五天内决定,购价最大数限定二亿元,租价最大数限定三千美元,租期须有十年。

夏熊两宅屋主全权代表周冠三先生适来校,当经请其到会报告,说夏宅现只愿售,不愿

租,希将两宅全购。等语。当经议定左列条款交周先生持往征询屋主意见,于三日内答复再行讨论:

1. 房屋限国历一月底,而阴历正月初十日出空;
2. 房价总数最大限四亿元;
3. 成契日先付定洋四千美元;
4. 房屋出空交屋之日付总价四分之二(定洋抵充);
5. 成契后满六个月,再付总价四分一,满一年付清房价。

浙江大学档案馆藏 L053-001-0473

第二次医学院筹备会议
(1947 年 1 月 9 日)

日期	三十六年一月九日下午五时
地点	校长公舍会议室
出席	郑宗海　谢家玉　孙宗彭　李天助　王珽　吴钟伟
列席	王国松　章定安
主席	郑〈宗海〉代校长
记录	章定安

开会如仪

报告事项

主席报告

1.孩儿巷房主代表已有态度,与本校条件相差大远,对房屋问题不能负责。

2.虎林公司房址出售事,已与邵裴子先生、顾文渊先生一再接洽。房价二亿〈元〉,可有六折优待,并有闻家堰及临安少数地亩可以附赠。因知本校需要购买,特为稍待至阴历正月十五日,如未定局,即须另行标卖。

讨论事项

一、虎林公司房址是否决定购置案

决议:从速购置,积极进行。

浙江大学档案馆藏 L053-001-0473

第三次医学院筹备会议

(1947 年 1 月 30 日)

日期	三十六年一月三十日下午二时
地点	校长公舍会议室
出席	王琎　吴钟伟　李天助　谢家玉(林汝瑶代)　孙宗彭　贝时璋　郑宗海
列席	王国松　章定安
主席	郑〈宗海〉代校长
记录	章定安

开会如仪

报告事项

主席报告

虎林公司房屋已由蔡谅友先生前来接洽,约有三种方式:(一)仅据地十亩售与本校;(二)全部租与本校,但以一年为限;(三)全部售与本校,但非一部分人所愿云。

讨论事项

一、虎林公司房屋宜采何种方式,万一不成如何办理案

决议:

1.复蔡谅友先生,最好全部由本校受买;其次,全部承租,请延长租期;

2.子弹库西部房屋暂保留,备作医学院附属医院之用。

浙江大学档案馆藏 L053-001-0473

浙大医学院筹备招生

(1947 年 2 月 12 日)

　　(申时社南京十一日电)教育部为造就一般医务人才起见,曾令浙江大学筹办医学院。嗣该校即成立筹备委员会,聘请李宗恩氏为主任委员,王季午、谷镜研、李天助、戴天右、谢家玉、朱章赓、王季梁、贝时璋、孙宗彭诸氏为委员。除成立医学院外,并附设教学实习医院。刻该校医学院部分已筹备完竣,即开始招生开学云。

《中华时报》民国三十六年二月十二日）

第四次医学院筹备会议
(1947 年 2 月 23 日)

日期	三十六年二月十三日中午
地点	校长办公室会议室
出席	吴钟伟　王珏　孙宗彭　李天助　陈崇礼　贝时璋　谢家玉
列席	庄俊　诸葛麒
主席	郑〈宗海〉代校长
记录	诸葛麒

主席报告

一、医学院院址

熊家大宅未能出屋,虎林公司恢复营业,各处洽购未成经过。

二、现拟收购武林铁工厂基地,业请庄工程师来杭设计建筑工程。

庄工程师报告

一、虎林公司建筑医学院设计草图经过。

二、视察武林铁工厂建筑医学院基地情形。

三、最近物价飞涨,进行建筑工程之困难。

讨论事项

请暂据子弹库已接收部分为医学院附属医院院址案

决议:提请校舍委员会拨屋,同时仍向校外进行购买,或借租房屋为医院院址。

浙江大学档案馆藏 L053-001-0473

第五次医学院筹备会议
(1947 年 3 月 20 日)

日期	三十六年三月二十日上午十时
地点	校长公舍会议室
出席	王慎之　吴钟伟　陈崇礼　吴征凯　贝时璋　谢赓　李天助　孙宗彭　王珏　谢家玉(孙恒代)
列席	章定安　陆子桐
主席	王〈珏〉代校长
记录	章定安

报告(略)

讨论事项

一、本市田家园六号、九号房屋,六号计房屋 156 方,地 246 方;九号计房屋 134 方,地 122 方,是否决定购置案

决议:对方索价照时值估计已有协议可能,推孙季恒、王国松、李天助三先生向出主协议,商同审计处需代表决定。

浙江大学档案馆藏 L053-001-0473

第六次医学院筹备会议与经费稽核委员会联席会议
(1947 年 4 月 8 日)

日期	三十六年四月八日下午三时
地点	校长公舍会议室
出席	谢家玉(孙恒代) 江希明 储润科 贝时璋 孙宗彭 李天助 王珽
列席	谈家桢 王国松 章定安
主席	郑〈宗海〉代校长
记录	章定安

报告(略)

讨论事项

一、本市田家园六号、九号房屋购价数目及付款条件请讨论案

决议:

1. 价目可依出主之意;

2. 九号住户须由出主负责,限令出屋;

3. 价格须分期付清。

以上三项速与出主商洽定局。

二、医学院附属医院人事应速决定案

决议:电请王季午先生速来杭,商筹一切。

浙江大学档案馆藏 L053-001-0473

第七次医学院筹备会议

(1947 年 7 月 16 日)

日期	三十六年七月十六日上午十时
地点	校长公舍会议室
出席	谷镜研　王季午　李天助　王琎　谈家桢　孙宗彭　谢家玉(孙恒代)　戴天右　李宗恩(天右代)
列席	章定安　陆子桐
主席	王季午
记录	章定安

开会如仪

宣读上次会议记录

主席报告

1. 本人担任浙大医学院筹备委员会经过。

2. 浙大医学院一年来筹备情形。

3. 行总允供给医学院附属医院二百五十病床之设备。

4. 医学院业经招生一班,下年度拟继续招生。

5. 附属医院已购有田家园房屋。

讨论事宜

一、医学院及附属医院院址应如何计划案

决议:

1.医学院及附属医院永久院址,拟全部在华家池,分期建筑完成;

2.田家园房屋及拟购附近空地,配合行总赠奖物资为临时医院用途,待华家池永久院址建成后,作为门诊部及产院助产学校等用途。

二、关于医院及门诊部开诊日期应如何规定案

决议:

1.门诊部定十月初旬开诊;

2.医院定十二月一日开幕。

三、田家园房屋修理进程应如何规定案

决议:田家园医院全部工程及布置,限十二月一日以前完成,其进程如下:

1.先修门诊部,并洽租田家园五号房屋,酌加修理后作为医院职员宿舍,同时定制医院全部家具;

2.修建病房,并洽购头发巷五号及田家园三号空地作为医院正门,并筹建永久门诊部及手术室、检验室等。

四、关于医院临时修建费应如何制定的款案

决议:教部前拨专款,余数约二亿四千元,请校方画〔划〕出归医院修建门诊部及购置家

具之用；如不敷时，请校方先行垫付。至其余续需款项，已专案呈部请拨。建议校方设法向部催拨。

五、医学院修业期限应为何规定案

决议：建议学校定医学院为六年制，外加实习一年。

六、为配合以后各年级之课程起见，医学院前二年之课程应如何办理案

决议：

1. 第一、二年级为推进习医本科之准备，其应修基本科学课目应以单独授课为原则；

2. 为整个课程之联系配合起见，建议校方设置医预科主任一人，由医、理两院会商适当人选，荐请校长聘任，隶属理学院。

〈三十六年〉七月十八日

浙江大学档案馆藏 L053-001-0473

医学院迎新大会记
(1948 年 10 月 13 日)

医学院在二年前创办，那时，真可说是从零开始的。可是短短的二年，这七位兄弟中最小的弟弟已经长得相当苗壮了，他似乎已经在跟随着其他的六位哥哥开始在学习开步——走上那辽远而崎岖的前程。

迎新会就在第四十教室举行，时间是十一日晚上七点钟左右开始的，教室里布置得像个大议会会场，却仍又有那份应有的愉快轻松的感觉。

新同学先师长们到达会场。进场时，先得在门口抽个签。他们的位置是新旧混合而坐的，因为可以更容易互相熟悉，于是领一张标签别在胸口，那上面就写有他自己的名字。

七点钟左右，王院长、医院李副院长、解剖名教授王仲侨……都络绎到临了。

在鼓掌欢迎后，主席陈宜张君随即宣布大会开始。他简单的讲了几句话，大概说是，医学院还太年轻，希望负责管理这位小宝宝的褓姆们多费点心思，而新来的师长们，尤其该可怜这孩子，不要心急了，看得气馁，而觉得不高兴……下面照程序是新同学致答辞了，可是他们还没有开始有级会组织罢，一时挑不出人讲话。再下面是师长讲话。第一位是王季午院长。他安慰、勉励了大家几句，大概说："在这边山头容易觉得对面山头美，可是真的到了对面，哎，你又觉得还是原来的好了……"一时哄堂大笑。另外再讲些与院务有关的事。他的话就是他的笑容里点头完结。下去是解剖教授王仲侨先生讲话。一立起来，他就笑着说："我今天几乎不能到这里来……"大家都给吓了一跳，以为车子在湖边闯过祸。等他说明白后，才知他晚饭后从罗苑出来，因为叫不到车子，一直走到东南报馆，太远了，他预备打回头……大家又哄笑了一阵。于他说话了，他盛赞浙大医学院能在二年后的今天有这样的规模，实在是太不容易的。他保证，以这样的建设速度下去，浙大医学院有他不可限量的前程。他又说，"新来的同学是保险可是〔以〕享受到这成功的，二年级同学稍为吃亏些了，三年级同学当然……可是还是可以享受到极大部分……"大家又笑了起来。等他讲完，下去〔面〕是李副

院长。李先生是医学院筹备委员之一,所以他是完全知道这孩子的出世至今的经过的。一样的,他告诉同学可以放心下来,因为过去的一切已证明了事实;此外他又说明学医是要背红十字架的——牺牲的代表,只有不断努力才行。他看看同学,又特别对身体不好的同学表示关切,希望大家保重身体,因为学医是吃苦不过的事……

最后是余兴了。节目很多,最精彩的"赛马""请你看我怎样做"等节目,可谓真到达了师生同乐的目的。节目进行中,同时又配合有许多唱片的歌曲,直到九点钟左右才尽欢而散。(贤)

《国立浙江大学日刊》复刊新第五十一期,民国三十七年十月十三日

(九)龙泉分校史料

参见浙江大学专题史料丛刊之《国立浙江大学龙泉分校史料》,浙江大学出版社,2019年。

四、教学活动

（一）招生考试

1. 招生组织

保送限期及注意事项（二十五年度）

（1936 年 9 月 29 日）

一、平、津两市各校院保送东北勤苦学生限于本年十月十二日截止。

二、平、津以外省市之专科以上各校院及平、津以外各市之中等学校保送东北勤苦学生，限于本年十月二十日截止。

三、各省、县中等学校保送东北勤苦学生，限于本年十月二十六日截止。

四、各校院保送文件，请径寄北平宣内市党部街本处驻平办事处。

五、北平内各校院之保送文件是否逾期，以到达日计算；北平以外省、市各校、院之保送文件是否逾期，以寄发之日计算（即以邮戳为凭）。

六、本校设于平、津两市而分校在其他省、市者，其保送文件应分别寄送，各按所在地应截止之日期核算。

七、各校保送学生应按各生勤苦程度及学业操行成绩，排列保送名册，即最勤苦而学业操行成绩最优良排列在前，其较次者递次列后，以便考核。

八、前条所称排列名次，除第六项之规定外，应以校为单位，不得以院、系、级或男生部、女生部各为一单位；但一校兼有大学、高中、初中、小学学生者则应各立一单位，即各级学生分别单立一保送名册。

九、各校、院对于非东北籍或未予以免收学费待遇之学生，请均勿予保送。

十、经部指定之专科以上学校特别保送学生，须查明其家境是否确达赤贫之程度，及学业操行是否均在八十分以上。

十一、二十四年度补助费生截至二十五年七月底止，已失去受补助之资格（即补助费仅发至七月底为止）各校、院对于是项学生应连同其他各生一并考核保送，以凭核办。

十二、保送书、表须填写完全，学生在签名处限用毛笔签名并加盖名章，作为将来领取补助费之印鉴。

《国立浙江大学日刊》第二十五期，民国二十五年九月二十九日

本校下年度招生委员会委员业经聘定

（1937 年 5 月 25 日）

本校下年度招生与南京中央大学、武昌武汉大学合并举行，消息已志本刊。（日前中央

社一度误本校为师大,顷该社已通电更正。)至本校下年度招生委员会委员,顷已聘定,其名单如下:

郑晓沧先生(主席)　沈鲁珍先生　胡刚复先生　李乔年先生　卢亦秋先生　梅迪生先生　苏步青先生　沈有乾先生　周明祥先生　梁庆椿先生　潘承圻先生　费巩先生　张闻骏先生　周仲琦先生　徐谷麒先生　孙祥治先生

《国立浙江大学日刊》第一百九十五期,民国二十六年五月二十五日

国立浙江、中央、武汉大学联合招生简章(二十六年度)
(1937年)

一、院系及年级

甲、一年级新生

各校本届招收下列各院校系科一年级新生:

	院系	修业年限
中央大学	文、理、法、教育、农、工学院各系科	四年
	医学院	五年,另加实习一年。
	牙医专科学校	连实习四年
武汉大学	文、法、理、工、农学院各学系	四年
浙江大学	文理、工、农学院各学系	四年

乙、转学生

中央大学

(甲)文学院

(1)中国文学系;(2)外国文学系;(3)哲学系;(4)史学系

(乙)理学院

(5)算学系;(6)物理系;(7)化学系;(8)地质系;(9)地理系

(丙)教育学院

(10)教育系;(11)心理系;(12)卫生教育科;(13)体育科;(14)艺术科

(丁)农学院

(15)农艺系;(16)森林系;(17)园艺系

(戊)工学院

(18)航空工程系(须曾在机械工程系或电机工程系肄业学生方得应试。)

(己)(19)医学院

(庚)(20)牙医专科学校

(以上各院校系科招收二年级转学生)

武汉大学

（甲）文学院

(1)中国文学系;(2)外国文学系;(3)哲学教育学系;(4)史学系

（乙）法学院

(5)法律学系;(6)政治学系;(7)经济学系

（丙）理学院

(8)数学系;(9)物理学系;(10)化学系;(11)生物学系

（丁）工学院

(12)土木工程学系;(13)机械工程学系;(14)电械工程学系

（以上各院系招收二、三年级转学生）

（戊）农学院

(15)农艺学系（只招收二年级转学生）

浙江大学

（甲）文理学院

(1)教育学系;(2)外国语文学系;(3)物理学系;(4)生物学系

（以上各系招收二、三年级转学生）

(5)史地学系;(6)数学系;(7)化学系

（以上各系只招收二年级转学生）

（乙）工学院

(8)土木工程学系;(9)电机工程学系;(10)机械工程学系;(11)化学工程学系

（丙）农学院

(12)园艺学系;(13)蚕桑学系;(14)病虫害学系

（以上各院系招收二、三年级转学生）

(15)农艺学系;(16)农业经济学系

（以上各系只招收三年级转学生）

二、投考资格

甲、凡报名投考一年级者,须具有左列资格之一:

1.毕业于公立或已立案之私立高级中学者;

2.毕业于高级中学同等程度之学校者;

3.毕业于大学预科,其修业年限与中学修业年限合计满六年者;

4.高中师范科或与高中同等程度之师范学校毕业而有服务一年以上之证明者。

乙、凡报名投考二、三年级转学生者,须具有左列各项资格:

1.在公立或已立案之私立大学或学院本科修业满一、二年以上之正式生;

2.每学期所习各课目成绩均及格,而有正式证明书及成绩单者;

3.品行端正,经原校证明者。

三、报名

甲、报名证件

凡报名投考者,须按照规定程序,于报名时,随缴左列各件:

1.报考履历志愿书及其他各项应填表格

投考生填具志愿书时,须填具分校、分院、系之志愿四个,如填某大学某院某系、科为第一志愿,某大学某院某系、科为第二志愿等。凡选定某组某院、系、科为第一志愿之学生,只能选择属于该组之其他院、系、科为第二及第二以下之志愿。惟以第二组理、工两学院之院系为第一志愿者,得以第三组之院、系、科为第二、第三、第四志愿,但须加考生物学。各院、系、科之分组列表于后:

大学组别	第一组	第二组	第三组	第四组
中央大学	文学院 　中国文学系 　外国文学系 　哲学系 　史学系 法学院 　法律系 　政治系 　经济系 教育学院 　教育系	工学院 　土木工程系 　电机工程系 　机械工程系 　建筑工程系 　化学工程系 　航空工程系 理学院 　算学系 　物理系 　化学系	理学院 　生物系 　地质系 　地理系 教育学院 　心理系 　卫生教育科 医学院 牙医专科学校 农学院 　农艺系 　森林系 　园艺系 　畜牧兽医系 　农业化学系	教育学院 　艺术科 　　绘画组 　　音乐组 　体育科
武汉大学	文学院 　中国文学系 　外国文学系 　哲学教育学系 　史学系 法学院 　法律学系 　政治学系 　经济学系	工学院 　土木工程学系 　机械工程学系 　电机工程学系 理学院 　数学系 　物理学系 　化学系	理学院 　生物学系 农学院 　农艺学系	
浙江大学	文理学院 　史地学系 　外国语文学系 　教育学系 　　教育组 　　心理组	文理学院 　数学系 　物理系 　化学系 工学院 　土木工程学系 　电机工程学系 　机械工程学系 　化学工程学系	文理学院 　生物学系 农学院 　农艺学系 　　作物组 　　农化组 　园艺学系 　蚕桑学系 　病虫害学系 　　植病组 　　昆虫组 　农业经济学系	

2.毕业证书

凡在高级中学师范科或与高中同等程度之师范学校毕业者,除缴毕业证书外,并须呈缴服务一年以上之证明书,经所在服务学校暨原校校长签名盖章。以上各件经审查合格后,于证书背面加盖戳记,随即发还。一经录取,仍须将原缴验之证书交存录取大学注册组保留,方得入学注册。

其报考转学试验者,并须将转学证明书及其他证件一并呈缴。

3.最近四寸半身相片三张

切勿粘于硬纸板上,背后须注明姓名及履历。如证书上未粘有相片者,须于相片背后,加盖原校校印。

乙、报名费

报名费三元。(应试与否,概不发还。)

丙、报名日期

自七月二十四日起,至七月二十八日止。

丁、报名地点

定在南京中央大学、北平师范大学、杭州浙江大学、上海交通大学、武昌武汉大学、广州中山大学等六处。但投考第四组艺术科新生,须在南京中央大学报名应试;投考体育科新生,须在南京中央大学或北平招考处报名应试。

四、试验

甲、试验日期

八月一日至三日。

乙、试验地点

与报名地点同。

丙、试验课目

(一)一年级投考生试验课目

第一组	第二组	第三组	第四组
一、公民或党义	一、公民或党义	一、公民或党义	一、公民或党义
二、国文	二、国文	二、国文	二、国文
三、本国史地	三、本国史地	三、本国史地	三、本国史地
四、英文	四、英文	四、英文	四、英文
五、数学乙(代数、平面几何、三角法)	五、数学甲(高等代数、平面几何、解析几何、三角法)	五、数学乙(代数、平面几何、三角法)	五、数学乙
六、外国史地	六、物理	六、生物	(于下列三科中任选其一) 六、物理、化学、生物

续　表

第一组	第二组	第三组	第四组	
(于下列三科中任选其一) 七、物理、化学、生物	七、化学	(于下列两科中任选其一) 七、物理、化学	七、 体育科加试 　术科(田径赛、球类器械) 艺术科绘画组加考 　素描及国画、绘画理论、口试 艺术科音乐组加考(除普通乐学外)	
			钢琴班 投考提琴班　者加试 唱歌班	钢琴曲之演奏 提琴曲之演奏 曲调之歌唱
附注	投考中央大学艺术科者,得免考数学;投考中央大学心理系学生志愿学教育心理者,得与教育系学生同受第一组全部课目之试验。			

口试:于入学前分别举行,其办法由各校分别订定之。

(二)转学生须先受一年级投考生之入学试验,经录取后,由各校自行举行编级试验,编级试验课目如次:

中央大学

文、理、教育、农、工、医六学院,及牙医专科学校转学生编级试验于开学前一星期内在本校举行,其试验课目列表于后:

院别	系科别		加试课目
文学院	中国文学系		1.作文;2.国学概论;3.小学纲要
	外国文学系		1.英文作文;2.英国文学史;3.第二外国语(初级法文或初级德文);4.英语会话(口试)
	哲学系		1.哲学概论;2.西洋哲学史;3.伦理学
	史学系		1.中国通史;2.中国近世史;3.西洋通史;4.西洋近世史
理学院	算学系		1.微积分;2.普通物理学
	物理系		1.微积分;2.普通化学;3.普通物理学
	化学系		1.无机化学;2.微积分;3.普通物理学;4.口试
	地质系		1.普通地质学;2.普通矿物学
	地理系		1.自然地理;2.气象学
教育学院	教育系		1.普通生物学;2.中国教育史;3.论理学;4.教育通论;5.口试
	心理系	普通心理组	1.普通生物学;2.普通化学;3.普通心理学;4.口试
		教育心理组	1.普通生物学;2.教育通论;3.教育心理学;4.口试
	卫生教育科		1.普通生物学;2.教育通论;3.个人卫生;4.口试
	体育科		1.普通生物学;2.体育史;3.教育通论;4.应用解剖;5.卫科;6.口试

院别	系科别		加试课目
教育学院	艺术科	绘画组	1.素描;2.国画;3.透视学;4.图案;5.人体解剖学;6.口试
		钢琴班	1.音阶与和音序之演奏;2.钢琴曲之演奏;3.琴谱之初视奏;4.普通乐学;5.口试
		音乐组唱歌班	1.发音之测验;2.音别与音阶及和音序之试唱;3.曲谱之初视唱;4.普通乐学;5.口试
		提琴班	1.提琴曲之演奏;2.琴谱之初视奏;3.普通乐学;4.口试
农学院	农艺系		1.普通物理学;2.普通化学;3.普通植物学;4.普通动物学;5.口试
	森林系		1.普通物理学;2.普通化学;3.普通植物学;4.普通动物学;5.口试
	园艺系		1.普通物理学;2.普通化学;3.普通植物学;4.普通动物学;5.口试
工学院	航空工程系		1.微积分;2.普通物理学;3.口试
医学院			1.普通化学及化学分析;2.普通物理学;3.普通动物学
牙医专科学校			1.牙体学;2.解剖学

武汉大学

编级试验概于开学前一星期内在本校举行,其试验课目依其所转入学系之性质,由校届时公布之。

浙江大学

各院系转学生编级试验定于九月二、三、四日在本校举行,其办法如下:

1.编级试验以该生志愿编入本校某院系之某年级所已经修过之全部课目为范围,例如欲编入二年级者,须考一年级全部课目,但各系主任得就该生过去成绩,免除其一部分,并酌量予以学分。

2.志愿编级者从前修过之课目,在本大学非为必修者,无庸考试,经所入学院院长及系主任审查后,视其成绩之优劣,得酌量予以学分。

3.编级试验对于本校规定某年级必修之课目必须及格,否则须退入下一年级肄业。但如不及格之课目不多,则各系得酌量情形,量予变通。

浙江大学规定转学生名额如次:

院系别	级别 人数	二年级	三年级
文理学院	教育	5	5
	外国语文	3	8
	史地	3	无班级
	数学	3	不收
	物理	5	5
	化学	4	不收
	生物	5	3
工学院	电机	2	2
	化工	2	2
	土木	3	2
	机械	4	3
农学院	农艺	不收	4
	园艺	3	5
	蚕桑	2	4
	病虫害	4	4
	农业经济	不收	3

五、揭晓

甲、本届录取新生定于八月二十日揭晓,并自揭晓之日起,连登南京《中央日报》、上海《申报》、天津《大公报》、杭州《东南日报》、汉口《武汉日报》、广州《民国日报》二天。

乙、录取编定校别之后,不得请求转入他校。

(凡录取中央大学卫生教育科、艺术科、体育科及牙医专科学校之学生,概不得请求转院系。如系师范学校毕业之教育学院学生,不得转院。录取其他各院系学生请求转系亦以修满一年级者为限。)

六、检查体格

凡录取之一年级新生及转学生,于入学前,须由录取大学严格举行体格检查,如发现其有重要疾病认为不合格时,不得入学。(录取中央及浙江大学者,即取消其入学资格。录取武汉大学者,得延期一年,俟再度检查合格后,方得入学。)

七、入学

甲、录取新生应于二十六年度于录取大学第一学期开学时,准备入学报到,听受体格检查,经认为合格后,准予照章办理入学注册、选课手续。逾规定期限不到校者,录取大学即取消其入学资格。

乙、新生入学后,其所缴证书及他项文件,如发现有伪造情事者,录取大学随时按照学则,开除其学籍。

八、纳费

中央大学

1.学费	十元	注意:
2.宿费	(六/三)元	甲、本表为新生第一学期应缴各费; 乙、寄宿本部者,每学期缴费六元;寄宿农学院者,每
3.讲义费	五元	学期缴费三元;
4.损失费	三元	丙、凡有实验及实习之课目,每课目每学期缴损失费 三元;
5.军事制服费	(男/女)生(四十/十二)元	丁、体育科新生及转学生须缴体育制服费;各系科新 生及转学生须缴普通体育制服费;农学院新生须缴农
6.普通体育制服费	六元	场实习制服费;
7.体育制服费	二十元	戊、凡一年级新生及未受军事训练之转学生均须缴军 事制服费;
8.农场实习制服费	五元	己、军事制服费,包括呢大衣、呢制服、军用鞋、球鞋、 被单皮带、绑腿、内务箱等费在内; 庚、3、4、5、6、7、8等各费,均盈还亏补。

武汉大学

1.学费	十元	注意:
2.体育费	一元	甲、本表为新生第一学期应缴各费;
3.杂费	一元	乙、膳费每月约七元; 丙、实验赔偿准备金,每学期五元,无实验者免缴;
4.制服及被单费	十五元	丁、物品损坏赔偿准备金,每学期三元;
5.实验赔偿准备金	五元	戊、4、5、6等费,均盈还亏补。
6.物品损坏赔偿准备金	三元	

浙江大学

1.学费	十元	
2.杂费	五元	
3.体育费	一元	
4.医药费	一元	注意:
5.制服费	十七元	甲、本表为新生第一学期应缴各费; 乙、制服费包括军服在内,男女生须一律照缴。第二
6.运动服费	五元	学期仍须缴制服费,男生十七元,女生五元;
7.讲义费	四元	丙、5、6、7、8、9等费,均盈还亏补。
8.军训被单、枕套费	二元	
9.损失赔偿费	五元	

九、免费及公费生

(一)中央大学本学年于录取名额中设置:

1.免费生约三十名,免缴学费宿费及讲义费;

2.公费生约十二名,每名每学年给予一百五十元,分两学期发给。其分配办法,于审查录取人数及成绩后决定之。

(二)武汉大学本学年于录取名额中设置:

1.免费学额约二十名,免缴学费体育费及杂费;

2.公费学额四名,公费学生之待遇,除免收杂体育费外,每名给予膳食、制服、书籍等费一百五十元,分两次发给,每学期开始时,发给七十五元。

(三)浙江大学本学年于录取名额中设置:

1.免费生约二十五名,免缴学费、医药费及体育费三项;

2.公费生十五名,每名每学年给予二百元,分两学期发给。

附录各校关于录取新生免费公费生规则

中央大学免费公费学额暂行规则摘要

1.本大学为奖助家境清贫、体格健全、资禀颖异、学行优良之学生起见,设置免费学额及公费学额,凡本大学正式学生及投考一年级新生合于上列规定者,皆得申请之。

2.免费学额免除学费、宿费及讲义费,公费学额由本大学每学年给予国币一百五十元,分两学期拨付,但规定应缴各费,仍须照缴。

3.一年级新生免费及公费学额,以分院不分系为原则。公费学额每院以一名为原则,其超过五十人之学院增加一名,一百人之院加二名,依此类推,以入学试验成绩比较优良列在全院新生人数前六分之一以内者(如录取六百人其列在前一百人以内者),为有提出免费公费学额委员会交付审查之资格。

一年级免费学额暂定为三十名,每院以三名至五名为原则,以入学试验成绩比较优良列在所属学院一年级生前三分之一以内者,为有提出免费公费学额委员会交付审查之资格。

4.一年级学生须于投考报名时随同其他证件呈缴家境清贫证明书,其申请手续及证明书种类及样式另定之。(申请书及证明书可在各报名处领取)。

5.申请免费及公费学额学生除呈缴上条规定各种证件外,并须觅请在京有固定职业人员用书面负责保证各该生家境清贫状况。

6.凡在本大学外领有津贴补助或奖学金,其数额每年满国币一百元者,不得享受免费待遇;满一百五十元者,不得享受公费待遇。

7.获得免费或公费待遇之学生,如操行不良或一学期终了总成绩不及乙等者,得随时停止其免费或公费待遇。

8.获得免费或公费待遇之学生,如有冒称清贫诈取证明文件等情事发现,经查明属实者,除由本大学向保证人追缴所免及所给各费外,并得取消其学籍。

武汉大学免费公费学额规则摘要

1.凡学生家境清贫其家庭无力担负子弟就学费用者,得依左列规定向本大学申请予以免费或公费之待遇;

(1)投考学生应于报名时呈缴申请书,及原籍县市长所给予之家境清贫证明书;

（2）在校学生应于每学年开始前二星期至开始后一星期内呈缴申请书及原籍县市长所给予之家境清贫证明书。

家境清贫证明书，须遵照教育部规定格式填具。

2.本大学各年级所设置之免费学额，由本大学免费学额委员会依左列办法分别审定提请校务会议核定给予：

（1）一年级免费学额

就录取新生曾经呈缴申请免费书及家境清贫证明书者，审查给予，如申请学生录取人数超过本大学所设免费学额时，依录取成绩次第选定之。

（2）在校学生免费学额

就各年级学生，曾经呈缴申请免费书及家境清贫证明书者，分别年级审查给予，如该年级申请学生人数超过本大学所设该年级免费学额时，即择其成绩较优者选补之。（原第六条）

3.本大学所设置之公费学额，由本大学公费学额委员会，依左列办法分别审定，提请校务会议核准：

（1）一年级公费学额

就曾经呈缴家境清贫证明书，并申请公费待遇录取学生中，选择其成绩优良者给予。倘是年申请公费待遇之录取学生，其成绩优良人数超过公费学额时，则依次选定，但如成绩优良人数不足规定公费学额时，并得保留其学额。

（2）在校学生公费学额

就各年级学生曾经呈缴家境清贫证明书并申请公费待遇之学生中，分别年级审查给予，倘是年各年级学生申请公费待遇人数超过该年级公费学额时，应择其操行及学绩成绩较优者选补之。（原第七条）

4.凡上年度受有公费或免费待遇之学生，其操行及学绩平均在乙等以上者，次年度得继续申请（家境清贫证明书每届两年换缴一次），听候本大学依照六、七两条规定审查；凡受免费或公费待遇之学生，在学年中有违规致受警告记过处分者，得停止其公费或免费待遇。

5.凡受有公费或免费待遇学生，如有冒充清贫或伪造家境清贫证明书等情事，经查明属实者，本大学即向该生或其保证人追赔各费，并停止发给成绩证明书，或毕业证书。

浙江大学招收公费生办法

1.凡报考公费生者，须有毕业学校证明书，负责证明其家属确系贫寒，不能担任大学教育费。

2.报名投考公费生之学生，其成绩名次须在全体录取学生六分之一以内，始得录取为公费生。（例如全体录取学生为六十名，则公费生之名次须在前十名之内。）

3.各级公费生学额不得超过该级学生人数百分之五。

4.报考公费生及格之学生，每年由学校给与二百元之津贴，分作两期，各于开学时交付；惟校内规定应缴各费，均在此项津贴内扣除。

5.凡学期平均成绩在所属院同年级最优学生之三分之一以下者，即取销〔消〕其公费生资格。

6.公费生给与津贴之时期，至多不得超过四年。

附则

凡询问有关本三大学招考入学事项,及公费免费待遇规则者,自七月一日起,应向南京中央大学、武昌武汉大学、杭州浙江大学招生办事处接洽。凡索取招生简章或公费免费待遇规则者,须附邮票一分;如有询问事项,请求答复者,本埠须附邮票二分,外埠五分。

国立浙江大学新生报名单　　　　　　　　　年　字第　号

1.姓名:			6.在____省(市)____县(市)____立____学校____科毕业:	
			7.毕业后曾任_____职务_____	
2.性别:	3.	已婚 未婚	8.第 (一) 志愿投考本大学 ____学院____学系 (二) ____学院____学系 选考	
4.现年____岁:			9.就学费用由本人之____供给	
5.____省____县人			10.供给费用人职业:	
11.最近通讯处:				
随缴:毕业证书____纸　证明书____纸　成绩单____纸　相片二纸〔张〕　报名费二元				
发给:凭证收据____字第____号准考证第____号				
备注:				

中华民国　年　月　日

注意:

1.表内第1至第11各项,除第7项及第8项第二志愿可不填外,余均须详细填注,否则认为报名手续不完,不生效力;

2.第8项分(一)(二)两志愿,如投考者成绩及格,而第一志愿投考之学系因额满不能录取时,可录入第二志愿投考之学系;又,投考文理学院者,应查照招生简章中入学试验科目之规定,就(一)(二)两志愿分别填明选考物理或化学、历史或地理。

浙江大学档案馆藏 L053-001-4124

浙大、西南联大、中大、武大三十年度联合招生会议
(1941 年 4 月 10 日)

时间	三十年四月十日
地点	中大校长室
出席	竺可桢、潘光旦、罗家伦

议决事项

一、三十年度联合招生,以最初发动之四大学为限。

二、考试地点定为重庆、成都、贵阳、昆明、丽水、衡阳(或耒阳)。

重庆:中央大学负责。

贵阳、丽水:浙江大学负责。

成都:武汉大学负责。

昆明:西南联大负责。

衡阳(或耒阳):浙大与联大联合负责,联大负办理考试之责,浙大负阅卷之责。

遵义、乐山、合川(或白沙)由浙大、武大、中大分别酌情形办理。

三、登报时应声明学生取录后分赴各校,无论路途远近,不给旅费。

四、考试题目,各处一律,由各校分科担任,其所分科目以抽签方法决定之,抽签结果如下:

浙大:国文、中外历史、中外史地;

中大:英文、生物、中外地理;

武大:公民、数学甲、数学乙;

联大:化学、物理、理化。

各科题目应于五月十日出齐,于六月一日前相互送达,由各校校长亲收,每种题目应出两份,以备空袭。

五、报名与考试日期,暂定八月一日至十日之间,报名手续应由考生亲自到考试地点办理,报名费暂定为五元。

六、试卷之评阅,由主持考试之各校分别担任之(衡阳或耒阳之试卷详阅,由浙大担任,见上议决事项二)。

七、学生考试科目按照廿九年度教育部所定办法径定组别。

八、应考生得填四个志愿,并认定校别与院别(师范学院考生并须认定组别)。

九、各校新生之分配,以依照各生所填志愿为原则,但招生委员会得就其所学习相近之科目及所在地点作适当调整。

十、组织联合招生委员会,由各校推定代表一人组织之,其它有关人员开会时得请其列席。

十一、招生简章于四月三十日以前,由中大负责拟就,于五月三十日以前,由各校分别印就。

十二、各校转学考试及研究院考试可于同时举行,由各校另派人员或委托它校办理之。

十三、所有招考一年级新生费用,由各校于考试完毕后一个月内清结,依照各校预算比例分别摊派之。

浙江大学档案馆藏 L053-001-3759

国立浙江大学三十四年度招生简章

(1945 年)

一、招收院系

文学院	中国文学　外国语文学　史地　教育
理学院	数学　物理　化学　生物　药学
工学院	电机工程　化学工程　土木工程　机械工程　航空工程
农学院	农艺　园艺　农业化学　植物病虫害　蚕桑　农业经济学系

二、修业年限

均为四年。

三、投考资格

1.曾在公立或已立案之私立高级中学毕业、得有毕业证书或升学证明书者。

2.曾在公立师范学院或前高中师范科毕业、得有毕业证书或升学证明书并于毕业后服务三年期满者。

3.曾在公立或已立案之高级职业学校得有毕业证书者,但限于报考与原毕业学校性质相同之学系。

4.曾受前未立案私立高级中学毕业生升学预试及格,得有升学预试及格证明书者。

5.具有高级中学毕业同等学力者,惟应受下列各项之限制:

(1)同等学力学生录入人数不得超过录取总额百分之十;

(2)以同等学力报考学生,限于自战事关系失学一年以上并于失学前曾修满高中二年级课程,缴验原肄业学校系第一第二两学年全部成绩单,经审查合格者;

(3)曾在职业学校或师范学校肄业或现在中等学校肄业学生,不得以同等学力资格报考。

四、报考手续

投考学生须于规定日期内至后列报考地点亲自报名,填写报名单两纸,并须缴验左列各件:

1.毕业证明文件;

(师范学校毕业生除毕业证书外,应缴验服务三年证明书。)

前项毕业证明文件及服务证件验毕加盖印章后,即行发还,但录取入学时仍应呈缴。

2.最近大二寸半身相片二张,背面填明姓名;

3.报名费三百元(概不发还)。

五、报名地点

1.遵义本大学

2.贵阳本大学招生处

3.重庆国立中央大学、国立交通大学

4.北碚国立复旦大学

5.乐山国立武汉大学

6.成都国立武汉大学招生处

7.昆明国立西南联合大学

六、报考日期

七月廿二至廿四日报名。

廿六至廿八日考试。

七、试验科目

1.笔试

初试科目如下:

甲组:

理(生物、药学二系除外)、工学院:

(1)国文;(2)英文;(3)数学甲(高等代数、解析几何、三角)。

乙组:

文、农学院及理学院生物、药学二系:

(1)国文;(2)英文;(3)数学乙(高等代数、平面几何、三角)。

2.口试

初试录取后到校参加再试时举行口试。

八、录取

录取以成绩为准,如第一志愿之院系已满名额时,得取入第二志愿之院系(如成绩未达录取标准而愿入先修班者,应于报名单上自行注明)。初试录取学生须于开学后到校参加再试;再试合格者,编入一年级,肄业成绩较次者暂予试读或令入先修班肄业。但以同等学力应试学生,初试合格而再试不合格者,不予录取,并不准试读或入先修班肄业。

九、揭晓

在遵义、贵阳报考者,登载贵阳《中央日报》,不另通知。在其他各处报考者,悉照各该处办法办理。

十、入学

初试录取学生应于规定期内至贵州遵义本大学检查体格,不合格者不准入学。(学生于赴校前应自行先请医师诊断,如患肺病、痼疾、暗疾等症者,毋须赴校,以免徒劳往返。)合格者暂时办理入学手续,并参加再试(以同等学力应考学生如再试不合格应即离校)。凡再试不到者,不准入学。

十一、纳费

初试录取后,另行通知。

十二、公费

照部章办理。

十三、本简章未尽事宜,临时在各招生处通告

附注:考生得在遵义本大学及贵阳本大学招生处报考、国立中央交通、复旦、武汉、西南联合、云南大学。

浙江大学档案馆藏 L053-001-3795(2)

国立浙江大学招收优良中学保送毕业生免试升学办法(三十四年度)

(1945 年)

一、被保送学生由各保送学校完全负责,如保送人数与将来实到人数比额较低,或在本大学之成绩欠佳时,下届即减少其保送名额。

二、被保送学生以卅二年六月至卅四年七月毕业者为限。

三、被保送学生成绩以毕业总平均之名次(本学期应届毕业者,得代以五学期总平均之名次)在前____分之____者为限,其不在前____分之____者,概不录取。

四、成绩合于规定标准之学生少于设置名额时,宁缺毋滥。

五、身有痼疾、肺痨、心脏及传染花柳诸病者,请勿保送。

六、被保送学生须填写所附之申请书一份,如该生第一志愿为工学院者,必须以其他学院为第二志愿。

七、保送函件及申请书须一并于六月十日前寄到本大学。

八、被保送学生须缴审查费国币三百元。

九、被保送学生本大学不给来校旅费。

十、其他与本大学卅四年度审查成绩招收一年级新生简章同。

浙江大学档案馆藏 L053-001-3795(2)

招生办法研究报告之二

(1945 年 5 月)

陈立

自上次报告后招生研究委员会已裁撤合并于招生委员会。然教务处仍进行此一问题之研究,责王君芝堂专司其事。王君除一部分时间用于报告注册暨其他有关考试事项外,余尽全力于各种资料之计算,孜孜翼翼,殊为难得。立因忝司指导,特就渠一年工作之已得结果稍加整理,撮述其大意,以备参考。

一、大学成绩预测之多项回归方程

根据卅二年审查新生办法之已有纪录(共九十人),计算各种入学之条件及复试之结果对于大学一年级上学期成绩之影响。该条件为:

子、心理测验分数

丑、各科测验分数

寅、复试分数

卯、理论分数（即根据中学成绩及中学等第而化成之分数）

该四条件与

辰、学期成绩之关系如下：

第一表　各项相关系数表

	丑	寅	卯	辰
子	0.76	0.64	0.00	0.65
丑		0.73	0.62	0.28
寅			0.07	0.26
卯				0.22

注：复试分数系将原有分数加以标准化者。换言之，各科分数盖化成同一平均及标准差。

根据上列系数乃求得学期成绩与该条件之多项回归方程如下：

$$辰＝0.56×（子）－0.15×（丑）＋0.24×（寅）＋0.27×（卯）$$

上列公式中之各项分数皆为标准分数，即每项分数皆以平均分数为零分而且以标准差 Standard deviation 为计算单位者。

该方程式中之各项权数实为检讨之最好标准。该结果表示卅二年度由审查办法录取之新生，如欲预测其一年级成绩，则以心理测验为最有效，理论分数次之，复试成绩更次之，而各科测数为最差。依据师范学院第一届卒业生章汝骏君之研究结果，则理论分数应最可靠。然卅二年度实施之结果，似与该项预期不符。该年度审查办法之不妥，已见于去年之报告，其不符预期之效果，殆为必然。故招生研究委员会去年曾建议改良审查办法凡三端：

（一）职业学校与师范学校因课程特殊，故不适用审查成绩办法。

（二）多数偏僻学校办理情形无从巡查，亦不适用审查成绩办法。

（三）招生以成绩为标准，不因院系不同而改变入学之标准。

卅二年度审查办法虽不见特别优异，然似较诸复试尚稍为满意，仅不如心理测验耳。卅二年度心理测验应用文字、数学与图案三类测验共九种，篇幅较长，信度、效度皆高，自意中事。各科测验形式与心理测验雷同（相关系数为〇.七六），而内容与复试重复（相关系数为〇.七三），直等赘疣，宜无作用。卅三年度即已废去该项测验。

该四项条件与学期成绩之多项相关为〇.六六，较心理测验之一项与学期成绩之相关为〇.六三者，轶出不多。换言之，卅二年度入学之一般条件似以心理测验最有效果，此一条件即可压倒其它一切矣。

二、卅三年度各项招生办法之比较

卅三年度新生之来源凡七种：

（一）审查成绩录取；

（二）遵、筑报考录取；

（三）遵、渝二次招考录取；

(四)中大代招;

(五)教〈育〉部分发;

(六)黔、鄂、教〈育〉厅保送;

(七)复学与借读等。

兹依该七项分类统计其复试与学期成绩如下:

第二表　各项招生办法成绩比较

学生来源	人数		复试成绩	学期成绩
	复试	学期考试		
(一)	69	46	60.03	68.06
(二)	78	56	62.72	67.20
(三)	78	54	59.83	65.66
(四)	21	15	60.30	67.52
(五)	45	31	57.44	65.79
(六)	24	17	60.60	64.81
(七)	51	42	56.90	67.29

故就上列统计之结果言,卅三年度之审查成绩招生办法较卅二年度显有长足进步。就学期成绩言,该项办法录取学生之平均成绩已跃居第一位。至于复试成绩则审查录取诸生恰居中间位置,其原因已经去年报告指出,即该项学生由审查成绩录取,不必经过考试,因少一番复习机会,故复试成绩较平庸,亦殆理之必然。

简言之,审查成绩招生办法,经去年之严格限制,成绩甚好,至少不让于一般经过入学考试之招生办法,是或大可注意者。

三、学校等第之研究

兹将本校学生来源较多之若干校,就其原来等第及卅二年度复试平均成绩、大学一年级上学期平均成绩及卅三年度平均成绩表列于后:

第三表　各级学校等第统计表

中学校名	原列等第	卅二年复试	卅二年学期成绩	卅三年复试
浙大附中	1	3	2	2
中大附中	3	3	2	2
十四中	1	3	3	2
武昌文华	3	1	1	2
渝清华中学	2	1	2	3
国立二中	2	2	2	3
国立三中	2	3	2	2

中学校名	原列等第	卅二年复试	卅二年学期成绩	卅三年复试
国立八中	3	3	3	3
国立十一中	3	3	3	3
国立十二中	3	3	2	3
国立十三中	3	3	3	3
筑清华中学	3	3	3	2
黔江中学	3	3	1	3
贵阳女中	3	3	1	4
南开中学	1	1	2	1

成绩在六十分以上者列 1 等,五十三至六十分者列 2 等,四十五至五十三分者列 3 等,四十至四十五分者列 4 等,不及四十分者为 5 等。卅二年度学期平均成绩在七十分以上者列 1 等,六十五至七十分者列 2 等,六十至六十五分者列 3 等,五十五至六十分者列 4 等,不及五十五分者为 5 等。卅三年复试平均成绩在六十五分以上者列 1 等,六十至六十五者列 2 等,五十五至六十分者列 3 等,五十至五十五分者列 4 等,不及五十分者列 5 等。

学校等第之评定大多怀疑为太主观者,然累年结果出入不大,是该项工作已有相当结果,堪为成绩审查之根据。其它学校虽亦经确定其等级,但因历年人数不多(无一年在五名以上者)兹不备录。

四、卅三年度复试结果之研究

卅三年度新生除各科复试外,又曾举行心理测验。

兹将各该成绩与学期成绩之相关表列于后:

第四表 复试与学期成绩相关表

	心理测验	学期成绩
复试成绩	0.37	0.54
心理测验		0.16

注:复试科目各院不同,故复试成绩皆系先经标准化者。

故卅三年度之心理测验似不可用。卅二年度心理测验凡九种,而卅二年度只四种;卅二年度心理测验费时约二小时,而卅三年度则不过四十分钟,考卅三年度之心理测验效度 Validity 特低或非无因。而根据心理测验之结果,则卅三年度各种来源之学生平均成绩如下:

第五表　卅三年度心理测验成绩统计表

学生来源	人数	心理分数
(一)	52	51.3
(二)	57	55.4
(三)	62	54.0
(四)	19	48.4
(五)	33	46.6
(六)	20	51.4
(七)	33	46.2

　　该心理测验包括四种测验,其中之一问题测验信度为〇.七〇,最低其它三种测验信度各在〇.八、〇.九以上,故技术上可称无大问题。然根据上列相关系数表及卅三年度各种学生心理测验分数之统计表吾人可断定该项测验之效度不高。原因何在,尚待研究。

　　五、其它〔他〕问题

　　在进行中之研究问题,尚有卅二年度取录新生之继续研究 Follow—up study,兹已在计算二年级成绩与入学标准之相关。本研究中之各项原始材料皆系王君计算颇费周折,需时甚多。立仅将其结果综合比较稍加绅绎,俾略具头绪而已。该项工作之结论如何,是在〔否〕高明自为裁夺,不敢强同。其它枝节问题,尚乏头绪者,只好待他日详细报告时再为叙述。

浙江大学档案馆藏 L053-001-3795(2)

国立浙江大学三十五年度招生简章
(1946 年 8 月)

　　一、招考院系

　　(一)一年级新生

院别	系别
文学院	中国文学系　外国语文学系　史地学系
理学院	数学系　物理学系　生物学系　化学系　药学系
工学院	电机工程学系　土木工程学系　机械工程学系　化学工程学系　航空工程学系
农学院	农艺学系　园艺学系　农业化学系　植物病虫害学系　蚕桑学系　农业经济学系
法学院	法律学系
师范学院	国文系　英文系　教育学系　史地学系　数学系　理化学系
医学院	不分系别

(二)转学生

(各院二、三年级人数较少的学系不招收)

院别	系别
文学院	中国文学系　外国语文学系　史地学系
理学院	数学系　物理学系　生物学系　药学系
工学院	土木工程学系　航空工程学系
农学院	农艺学系　园艺学系　农业化学系　植物病虫害学系　蚕桑学系

(三)研究部招考简章及招考日期另订之。

二、修业年限

新生入学后,其修业年限除师范学院五年(最后一年充任实习教师)、医学院六年(最后一年实习)外,余均四年。

三、应考资格

(一)投考本大学一年级新生,须具下列资格之一:

1.曾在公立或已立案之高级中学毕业,得有毕业证书或有升学证明书者;

2.曾在公立师范学校或前高中师范科毕业,得有学业证书、并于毕业后服务三年期满者,得投考任何学院;如服务满一年,成绩优良,呈经省市教育行政机关核准升学,得有证明书者,只准报考师范学院;

3.曾在公立或已立案之高级职业学校毕业,得有学业证书者,只限于报考与原毕业学校性质相同之院系;

4.曾受前未立案私立高级中学毕业生升学预试及格,得有升学预试及格证明书者;

5.具有高级中学毕业同等学力者,但须受下列各项之限制:

(1)同等学力学生录取人数不超过录取新生范围百分之十,惟修满高中二年级课程之从军退伍学生,如以同等学力报考时,不受比额之限制;

(2)因战事关系,失学一年以上,并于失学前修满高中二年级课程,缴验原肄业学校成绩单,经审查合格者;

(3)曾在职业学校及师范学校肄业或现在中等学校肄业学生,不得以同等学力资格报考。

6.曾在伪校毕业或肄业,经各省市教育行政机关甄试及格,得有甄试及格证明书者,可适用上列各项之规定。

(二)转学生须曾在公立或已立案之大学修满相衔接之年级,并预缴原肄业学校之转学证明、各学期成绩单及体格检查及格证,经审查合格者。

四、报考手续

(一)投考一年级新生,除填写报名单二份外,并须缴下列各件:

1.学业证明文件(师范学校毕业生除毕业证书外,应缴验服务三年证明书,或服务一年核准投考证明书);

2.以同等学力报考各生,应缴验修满高中二年之成绩单(或家长及授课教师之证明书);

3.最近同式半身脱帽二寸相片二张,背面填写姓名;

4.报名费一千元(录取与否,概不发还)。

(二)转学生应缴各项证件(转学证书、各学期成绩单及体格检查及格证)须于八月十五日以前缴到杭州本大学(逾期不收)。经审查合格后,准予报名参加新生入学考试。

五、报考区域

(一)杭州区(杭州本大学)

(二)南京区(国立中央大学)

(三)广州区(国立中山大学)

(四)重庆区(国立重庆大学)

(五)汉口区(国立武汉大学)

投考转学生及研究生,仅限于杭州区。

六、报名日期及地点

(一)日期

杭州区自八月二十日起至八月三十一日止,其余各区由代办各大学另订之。

(二)地点

与报考区域同。

七、体格检查

杭州区报考新生一年级定于九月八日起排定日程,凭准考证至指定公立医院检查体格,其他各考区照代办各大学规定办理。

八、考试日期及地点

(一)日期

杭州区及南京区定九月五、六、七三日举行,其他各考区由代办大学另订之。

(二)地点

与报考区域同。

九、考试科目

(各科考试时间均为两小时。)

(一)甲组(理、工、师范学院理组)

国文、英文、数学(高等代数、解析几何、三角)、公民、物理、化学、中外史地

(二)乙组(文、法、师范学院文组)

国文、英文、数学(高等代数、平面几何、三角)、公民、中外历史、中外地理、理化

(三)丙组(农学院、医学院及生物学)

国文、英文、数学(高等代数、平面几何、三角)、公民、中外史地、理化、生物

十、报考志愿

报考学生应认定某一组、某一院系为第一志愿,并得认定同组其他院系为第二志愿(其以本大学为第一志愿者本,亦得以中央大学为第二志愿,反之亦然)。

十一、揭晓

新生录取结果除由各地著名报纸登载揭晓外,并由本大学招生委员会分别通知录取学生。

附注:

一、国立中央大学在杭招生之日期、地点与本大学杭州区之规定全同,简章另订备案;

二、本简章可向各报考区传达室索取,每份收回印刷费五十元,函索附邮票七十元。

浙江大学档案馆藏 L053-001-0034

国立浙江大学招一年级新生简章
(1948 年)

(每年均有增删,临时向浙江大学教务处购索即寄。)

一、招考院系

一年级新生

文学院	中国文学系　外国语文学系　史地学系　哲学系　人类学系
理学院	数学系　物理学系　化学系　生物学系　药学系
工学院	电机工程学系　化学工程学系　土木工程学系　机械工程学系　航空工程学系
农学院	农艺学系　园艺学系　农业化学系　植物病虫害学系　蚕桑学系　农业经济学系　森林学系
师范学院	教育学系
法学院	法律学系(混合制)及法律学系司法组。
医学院	

报考文学院中国文学系、外国语文学系、史地学系及理学院数学系、物理学系、化学系、生物学系,学生得申请为师范生,享受师范生待遇,但应于报考时填具志愿书,入学后不得再行申请。(师范生录取人数不得超过各该学院所招新生总数百分之十。)

二、修业年限

师范学院五年(最后一年充任实习教师),医学院六年,余均四年。

三、投考资格

1.曾在公立或已立案之私立高级中学毕业,得有毕业证书或升学证明书者。

2.曾在公立师范学校或前高中师范科毕业,得有毕业证书,并于毕业后服务三年期满者。

3.曾在公立或已立案之私立高级职业学校毕业,得有毕业证书者,只限于报考与原毕业学校性质相同之院系。

4.未立案之私立高级中学毕业生,曾受升学预试或甄审考试,得有及格证明书者。

5.具有高级中学毕业同学〔等〕学力者,但须受下列各项之限制:

(1)修满高中二年级课程后失学一年以上,须缴验原肄业学校贴有相片之肄业证明书及第一、第二两年成绩单,经审查合格者;

(2)同等学力学生录取人数不得超过录取新生总额百分之五;

(3)曾在职业学校及师范学校肄业,或现在中等学校肄业学生不得以同等学力资格报考。

四、报名手续

投考学生须到报名处填写报名单二份,并须缴下列各件:

1.毕业证明文件(师范学校毕业生,除毕业证书外,应缴验服务三年期满证明书);

2.以同等学力报考各生,应缴验原肄业学校贴有相片之肄业证书,及第一、第二两年成绩单;

3.最近半身脱帽二寸相片二张,背面填写姓名;

4.报名费、考卷费若干元临时订定(录取与否,概不发还);

5.师范并应加填志愿书。

五、报名及考试区域

临时酌定公布。

六、报名日期及地点

临时酌定公布。

七、考试日期及地点

临时酌定公布。

八、考试科目

(各科考试时间除公民半小时外,余均为两小时)

(一)甲组(理:生物、药学两系除外;工学院)

国文、英文、数学甲(高等代数、解析几何、三角)、公民、物理、化学、中外史地

(二)乙组(文、法、师范学院)

国文、英文、数学乙(高等代数、平面几何、三角)、公民、中外历史、中外地理、理化

(三)丙组(农、医学院及理学院生物学系、药学系)

国文、英文、数学乙(高等代数、平面几何、三角)、公民、中外史地、理化、生物

九、笔试录取

以成绩为准,如第一志愿已额满,得取入第二志愿。

十、体格检查

凡笔试录取新生应于到校前就近自往任何左列医院检查体格,取得健康证明书方准入学(医院名称临时公布)。

十一、揭晓

录取新生除在杭州本大学榜示暨个别通知外并登载京沪杭及指定考区之主要日报。

本校三十八年度招生委员会委员业已分函聘定
（1949 年 3 月 25 日）

本校三十八年度招生委员会委员业已分函聘定如下，为：

王季梁（召集人）、李乔年、储润科、何增禄、郑石君、张晓峰、胡刚复、王劲夫、蔡邦华、郑晓沧、李浩培、王季午、王爱予、朱仲翔诸先生。

《国立浙江大学日刊》复刊新第一百二十三期，民国三十八年三月二十五日

2. 入学考试

国立武汉、中央、浙江大学二十六年度联合招考试题
（1937 年 6 月 1 日）

国立武汉、中央、浙江大学二十六年度联合招考
公民或党义试题

一、说明我国民族主义消失之原因，并条举其恢复之方法。

二、试依"以党建国"之原则，说明中国国民党与国民政府之关系。

三、说明资本主义之特殊性质及其流弊。

四、"知难行易"学说何以能促进中山先生建设计划之成功？

国立武汉、中央、浙江大学二十六年度联合招考
国文试题

一、作文

甲、孔子、释迦、耶稣同为圣人而道不同说。

乙、孟子言："天将降大任于是〔斯〕人，必先苦其心志、劳其筋骨、饿其体肤、空乏其身、行拂乱其所为。所以动心忍性，曾益其所不能。"试申其义。

丙、如何消弭汉奸。

注意：

1. 以上三题任作其一；

2.凡考国文系者限作文言;

3.自加标点。

二、下文译为今语

良尝闲从容步游下邳圯上。有一老父衣褐,至良所,直堕其履圯下,顾谓良曰:"孺子,下取履!"良愕然,欲殴之。为其老,强忍下取履。父曰:"履我!"良业为取履,因长跪履之。父以足受,笑而去。良殊大惊,随目之,父去里所,复还,曰:"孺子可教矣,后五日平明,与我会此。"良因怪之,跪曰:"诺。"五日平明,良往,父已先在,怒曰:"与老人期,后,何也?"去,曰:"后五日早会。"五日鸡鸣,良往,父又先在,复怒曰:"后,何也?"去,曰:"后五日复早来。"五日,良夜未半往。有顷,父亦来,喜曰:"当如是。"出一编书,曰:"读此,则为王者师矣。"遂去,无他言,不复见。

注意:

1.不写原文;

2.译文自加标点。

国立武汉、中央、浙江大学二十六年度联合招考本国历史试题

一、张骞通西域、郑和下西洋,其动机不同,结果亦异,试比较言之。

二、唐代兵制,初为征兵,后改为募兵,试略言其制度及改变之关键。

三、喇嘛教、回教与基督教,盛行于元代,其原因为何? 三者之中,当时在政治上以何者为最有势力? 试分述之。

四、明季流寇之祸,其成因为何? 其与明室覆亡之关系又何若? 试略言之。

五、甲午之役,我国败于日本。试就军事及外交两方面,申言其失败之原因。

(五题全作)

国立武汉、中央、浙江大学二十六年度联合招考本国地理试题

一、试作关东三省与新疆省地形气候之比较。

二、试举丝、茶、大豆、桐油、棉花重要之产地。

三、试就沿海七省依次列举最重要之港口十五处。

四、说武汉发展之原因。

五、最近五年国内新建或扩展之铁道有几? 试举其名及其起讫之点。

(五题全作)

国立武汉、中央、浙江大学二十六年度联合招考外国历史试题

1.罗马文化对于后世有何贡献? 试略言之。

2.试略述文艺复兴(Renaissance)对于欧洲之影响。

3.法国大革命对于欧洲民族主义之发展有何影响? 试举例明之。

4.美国参加大战之原因安在？对于欧洲所生之政治影响如何？

5.下列名人以何著名？

(1)阿育王(Asoka)。

(2)亚理斯多德(Aristotle)。

(3)马哥·波罗(Marco Polo)。

(4)倍根(Francis Bacon)。

(5)马萨里克(Masaryk)。

(五题全作)

国立武汉、中央、浙江大学二十六年度联合招考
外国地理试题

1.试述南洋各地之特产及华侨现状。

2.试述世界煤铁石油之主要产地。

3.试述亚洲雨量分布之概况。

4.英、日地理及产业发展颇多相似之点，试比较其同异。

5.略述苏联之主要富源。

(五题全作)

国立武汉、中央、浙江大学二十六年度联合招考
物理试题

1.由高 122.5 米之塔顶，以每秒 1000 米之速度，向水平方向发射一弹丸，问弹丸着地须时若干？又着地处距塔基若干米？

2.高 20 米之瀑布每分钟之流量为 1000 立方米，求其功率〔单位为(kilowatt)〕。

3.一称长 30 寸，重 1 斤，其钩(重量甚微不计)在离端 1 寸处，钮离端 2 寸，锤重 5 斤，问称 100 斤之物时，其锤应在何处？

4.何谓摩擦系数(coefficient of friction)？若一物在斜平面上将滑下时，证其斜角之正切(tangent)等于其摩擦系数。

5.将水银气压计之玻璃管加长一倍时，管中水银柱之高度有无变动？如将玻璃管内之径加大一倍时，管中水银柱之高度有何变动？试解释之。

6.今有水 10 克，其温度为摄氏零下 5 度，使化为水，其温度为零上 10 度，应加热若干？(设冰之比热为 0.5，溶解潜热(latent heat)为 80 卡/克(cal/gm)，水之比热为 1。)

7.试举声波及光波在空气中速度之约数，波长(wave length)及频率(freguency)之关系若何？中央广播电台所发电波之频率每秒为 660 千周(kilocycles)，求其波长。

8.试详述电流之各种效应。

9.求经过以下每个阻力线之电流及其电功率(Power)。

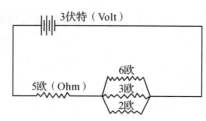

10. 试述测定凸透镜(convex lens)焦距之方法，若物在凸透镜前之距离为 15 厘米(cm)，其像在镜后 30 厘米，求此镜之焦距(focal length)。

（十题全作）

国立武汉、中央、浙江大学二十六年度联合招考
化学试题

1. 试简述三种方法，可将空气中氮气变为硝酸。

2. 原子序数系根据何种试验而定？ 与原子量有何区别？ 何者对于化学性质最有关系？

3. 如欲制备 40c.c. 之当量溶液(normal solution)，须用下列各物之量几何？

(a) NaCl

(b) $Na_2SO_4 \cdot 10H_2O$

(c) $Al_2(SO_4)_3 \cdot 18H_2O$

若将 6.66 克氧化钙，溶于 600c.c. 水中，则此溶液之当量浓度(normality)为何？ 如欲将此溶液中之钙完全沉淀，应需上述之硫酸钠溶液之容积几何？ （Al＝27，S＝32，Cl＝35.5，Na＝23）

4. 试写以氯与下列各物相作用时之反应方程式：

(a) 铜

(b) 二硫化碳

(c) 一氧化碳

(d) 硫化氢

(e) 氢氧化钾

(f) 碳酸钾

5. 叙述下列各术语之意义，并各举一例以明之：

(a) 水解(hydrolysis)

(b) 电解(electrolysis)

(c) 可逆反应(reversible aeaction〔reaction〕)

(d) 氧化作用(oxidation)

(e) 醋化反应(esterification)

(f) 原子蜕化(atomic transmutation)

6. 在 20℃与 740mm 压力下所收集之氢一公升，如以之制造氨气(ammonia)，所需之氮气在标准情形下之容积为何？ 制成之氨气，如与硫酸化合，则所需纯净硫酸之重量为何？ （Na＝14，S＝32）

7.如加热或压力于下列反应时有何影响？试述其原理：

(a)$2CO+C_2 \rightleftharpoons 2CO_2+Cals$

(b)PCl_5(气体)$\rightleftharpoons PCl_3$(气体)$+Cl_2-Cals$

(c)H_2+I_2(气体)$\rightleftharpoons 2HI+Cals$

8.

(a)何为重水？

(b)血色素中有何金属？

(c)何种维生素(vitamin)可治软骨病？

(d)气体中不能燃烧而最轻者为何？

(e)指出重要之炸药三种。

(f)金刚钻为何物？

(g)酒久藏后何以变酸？

(h)井水煮沸，有时发生沉淀，系属何物？

(i)汽水中有何气体发生？

(j)米中之主要成分为何？

(八题全作)

国立武汉、中央、浙江大学二十六年度联合招考
生物试题

1.试作图表明细胞减数别裂。

2.试分别作图并注明双子叶植物叶及茎(一年茎)之构造。

3.植物光化作用与呼吸作用之比较，试列表以明之。

4.淋巴与血液有何不同？动脉管与静脉管之区别何在？

5.何谓同原器官？何谓同功器官？举例以明之。

6.试作图及注明脊椎动物眼球之构造。

7.何谓温血动物？常人之体温约有几度？脉搏由何而成？一分钟约有几何？何谓血压？常人约有几何？

8.解释以下各名词：

(a)酵素(enzyme)

(b)共生(symbiosis)

(c)基因(gene)

(d)直接分裂(amitosis)

(e)复生(regeneration)

9.略述下列诸人对于生物学上之贡献：

(a)Darwin(达尔文)

(b)Schwann(施完)及 Schleiden(许赖登)

(c)Mendel(孟德尔)

(d)Linnaeus(林鼐)

(e)Pasteur(巴斯德)

10. 红花紫茉莉与白花紫茉莉相交,第一代(F1)之花色如何? 第二代(F2)之花色如何? 若第一代与亲代之红花者相交,其子代之花色如何? 第一代与亲代之白花者相交,其子代之花色如何?

(十题全作)

国立武汉中央浙江大学二十六年度联合招考
英文试题(附解)

I

(1)Fill the following blanks with appropriate of forms the verb to be

A. It would be a pity if you were to fail after these long years of toil

B. There was no well,we had to get water from a creek.

C. It〔If〕she had been here,she would have given us her assistance.

D. Be of good cheer.

E. It is high time something being done.

F. I have been gone before you wak〔wake〕up in the morning.

G. The temple was building when I visited the city.

H. O that I were a man!

(2)Fill each of the following blanks with a suitable relative pronoun.

A. The man and his dog that we found in the mountain were both tired and hungry.

B. The man who you thought was dead is really living in Peiping.

C. What man has done man can do.

D. Who was the man that said,"Give me liberty or give me death?"

E. Stories should be such as we can tell pleasantly at dinner.

F. There are as good fish in the sea as ever came out of it.

G. The old man had two daughters,one of whom married my brother.

H. We shall welcome whomever you send to represent yourself.

(3)The following sentences are not clear. Improve them.

A. The lost dog was found to belong to Mrs. Wang with white fore feet and a short black tail.

The lost dog with white fore feet and a short black tail was found Mrs. Wang's.

B. Can you tell me he is at home?

Can you tell me whether he is at home?

C. I am doing what he has.

I am doing what he has done.

D. He knew no English till toward the end.

He knew no English till the end.

E. I treated him as kindly as anyone in the village.

I treated him as kindly as any one else in the village.

F. She looked at my sister as she finished her piano lesson most sweetly.

Having finished her piano lesson most sweetly, she looked at my sister.

G. He spoke fast and no one knew what he was □□□.

He spoke fast and no one knew what he was □□□.

h. While attempting to save the ship, the sea became more and more turbulent.

While they were attempting to save the ship, the sea became more and more turbulent.

Ⅱ Translate the following passages into Chinese：

(1)In respect of language, it is the French national language, not any local speech on dialect, which is read, written, and studied, and this instruction serves not only to familiarize all French boys and girls with the same French poems and stories, but also to tell them about French heroes, with their noble and immortal deeds. French alone may be the medium of instruction in the primary schools of France; no forlig〔foreign〕 language is taught in them; and few if any, examples of ancient or foreign literature, even of the literature of neighboring Italians Spaniards Englishmen, or Germans, are read in French translation in these French schools.

(2)Art is another method of our minds for dealing with phenomena; and religion is get another. Any one of these ways can be more or less good and true in its own sphere; but however true they may be in their own sphere, they do not and cannot apply to the others inhteir〔in their〕 sphere. And of course, that being so, life is more than science or art or religion alone, and indeed more than a mere addition of them and other separate faculties of life.

(3) There is written clearly on each page of the history of scienee〔science〕, in characters which can not be overlooked, the lesson that no scientfic truth is born anew, coming by itself and of itself. Each new truth is alawys the offspring of something which has gone before, becoming in turn the parent of something after. In this aspect, the man of science is unlike, or seems to be unlike the poet and the artist. The poet is born, not made; he rises up, no man knowing his beginnings, when he goes away, though man after him may sing his songs for centuries, he himself goes away wholly, having taken with him his mantle, for this he can give to none other. The man of science is not thus creative; he is created. His work, however gread〔great〕 it〈may〉 be, is not wholly his own, it is in part the outcome of the work of men who have gone before.

(1)关于语言：则供读写研究者，唯法兰西国语而已，不用任何其他之土与〔语〕方言。此种教导不但在使学童熟悉同一之法国诗文故事，且亦借以将法国英雄之伟烈不朽之事迹昭示彼等，故在法国小学校中，法文为其唯一之教授媒介，而他国语言概不教授，间或有少数古文学或外国文学选授，在此等学校内，即如相邻之意大利、西班牙、英吉利、德意志人民之文学均系译成法文，然后讲授。

(2)艺术为吾人身心适应环境之一法,而宗教信仰则为另一法,此数法中之任一法,在其本身活动范围之内,虽属真实,而施之于他人,则不复适用矣。因此可知生命实较科学艺术或宗教为要,较之于此等方法之增进与其他之生命能为要也。

(3)在每页科学史上,皆以显明文字书有科学真理非突生自创之教训。任何新发现之真理罔非已往事实之结果,又轮替衍为未来发现之渊源。故以此而论,科学家与诗人及艺术家之间有一不同之点。诗人系天然创造,而非人力造作当其逸兴遄飞之时,无人能探其端源,方其行进之时,人虽尾随其后,读其诗歌,历久而不止,然彼亦恰然自去,竟无所顾,携其外衣不以与人。科学家则无如此之独创能力,不过实属制造而已,其工作诚然伟大,非出自人,其一部分实系前人研究之结果也。

Ⅲ Translate the following passages into EngIish:

(1)七月十六日的清晨,约莫是五点钟,住在隔壁的两位老太太就来催促我动身,草草用了早餐,便相率上了轮船。这一回李先生没空来引导我们了,即如那位昨天同去的朋友,也因上任伊始,不能再事一游了。

(2)我们对于国家社会以至于世界人类,都负有很大的责任,如果没有健全的身体,就没有健全的精神,在学校时既不努力求学,出校以后对于社会国家的事情,又不能充分尽责,就有很大的志愿,也不会实现,这不但愧对自己,并且愧对国家社会。

(3)我们的年龄未尚满二十,只能算是中华民国的人民,而不能算是公民,但是我们四年后大学毕业,已是二十多岁了,所以我们现在就要培养政治的知识能力,熟练民权的行使,并且要明了各种集团生活中群已的关系,在学校、在家庭、在社会中,如何可以达到完善的境地,努力学做一个好人,能做好人就能做好公民,也就能担当得起公民所应负的政治上的责任。

(1)At five O'clock or thereabouts on the morning of the sixteenth of July, the two old women who lived in the next room came to expedite my setting forth. Having taken our simple breakfast, we went on board a steamer. In this journey, Mr Li was not at leisure to guide us, and even that friend who accompanied us yesterday could not make a journey again on account of his proceeding to post.

(2)We have a grave responsibility to our country, society and even the human beings in the world. We cannot have complete spirit, if we are in lack of a strong body. Then in school we are not able to study hard, and leaving school, we can't do our duty to our society and country. Great as our ambition may be, we cannot materialize it. Therefore, it is a shame not only to ourselves, but also to our country and society.

(3)We have not attained the age of twenty, so we are not citizens, but people of the Republic of China. As we graduate from the university after four years, ovr〔our〕 age will be over twenty. For this reason, we should begin to train our political knowledge and faculty, exercise the Practice of people's rights and know the relation between individual and mass in life of parties. In school, family, and society, we should think how to make ourselves perfect, and how to learn to be good. A good people is a good citizen, and, if so, we can bear on our shoulders the responsibility that a man should perform.

——The End——

国立中央武汉浙江三大学二十六年度联合招考试题
乙组试题

A. 代数

1.已知 $1+\sqrt{-1}$ 为 $x^4-3x^2+6x-2=0$ 之一根求其他之根。

(解)$\because 1+\sqrt{-1}$ 为 $x^4-3x^2+6x-2=0$ 之一根 $\therefore 1-\sqrt{-1}$ 亦为其一根，

设其余二根为 A,B，

$1+\sqrt{-1}+1-\sqrt{-1}+A+B=0\cdots(1),(1+\sqrt{-1}+-\sqrt{-1}+A+B=0\cdots(2)$，

$(1)^2-2\cdot(2)$:得 $A^2-2AB+B^2=8(A^2-B)^2=8A-B=\pm\sqrt{8}\cdots(3)$。

解$(1),(3)$:$A=-1\pm\sqrt{2}$　$B=-1\pm\sqrt{2}$，

故此方程之四根为 $1\pm\sqrt{-1},-1\pm\sqrt{2}$。

2.试证自然数立方之和等于自然数平方之和之平方。

(解)(1)用逐差法(Methodof Difference)

求证:$1.+2^3+3^3+\cdots\cdots+n^3=(1+2+3+\cdots\cdots+n)^2$。

证: 由公式 $Sn=na.+\dfrac{n(n-1)}{2!}D+\dfrac{n(n-1)(n-2)}{3!}D_2+\cdots\cdots\cdots\cdots\cdots+\dfrac{n(n-1)(n-2)\cdots(n-r)}{(r+1)!}D_r$，

今 $a.=1,D.=7,D_2=12,D_3=6$，

$\therefore Sn=n+\dfrac{n(n-1)}{2!}7+\dfrac{n(n-1)(n-2)}{3!}12+\dfrac{n(n-1)(n-2)(n-3)}{4!}\cdot6$

$=\dfrac{4n+14n^4-14-8n^3-24n^2+16n-6n^3+11n^2-6n}{4}$

$=\dfrac{n^4+2n^3+n^2}{4}=\dfrac{n^2(n+1)^2}{4}=\left(\dfrac{n(n+1)}{2}\right)^2=(1+2+3+\cdots\cdots+n)^2$。

(2)用数学归纳法(Mathematical Induction)

求证:$1^3+2^3+3^3+\cdots\cdots+n^3=(1+2+3+\cdots\cdots+n)^2$。

证:$1^3+2^3+3^3+\cdots\cdots+n^n=(1+2+3+\cdots\cdots+n)^2=\left(\dfrac{n(n+1)}{2}\right)^2\cdots(1)$。

于上式两端同加$(n+1)^3$，

$1^3+2^3+3^3+\cdots\cdots+(n-1)^3+n^3(n+1)^3=\left(\dfrac{n(n+1)}{2}\right)^2+(n+1)^3$

$=(n+1)^2\left(\dfrac{n^2}{4}+n+1\right)=\dfrac{(n+1)^2(n^2+4n+4)}{4}=\left(\dfrac{(n+1)(n+2)}{2}\right)^2$。

此式即相当以$(n+1)$代(1)式中之 n,故若(1)式成立,则以$(n+1)$代 n 亦必成立。今以 $n+1$ 代入(1)式则(1)式成立,故以 $n+2$ 代入亦必成立。如此递推则 $n=1,2,3\cdots\cdots$ 均能成立。故(1)式为真。

B. 几何

1.直角三角形内切圆之直径与斜边之和,等于其他两边之和。

(解)设 O 圆为直角三角形 ABC 之内切圆,切其三边于 DEF,

求证:$AC+OD+OE=AB+BC$。

证:∵O 圆为直角三角形之内切圆,D,E,F 为切点,

∴$AD=AF$·········(1),

$CE=CF$·········(2),$DB=EB$·········(3)。

又∵$\angle ABC=\angle ODB=\angle OEB=\angle R$,

∴$ODEB$ 为正方形。

∴$OD=DB=BE=OE$。

∴$OD+OF=DB+EB$。

由(1)+(2)+(3):

∴$AC+OD+OE=AB+BC$。

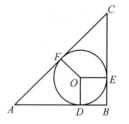

2.已知一边及两中线之长,求作三角形。

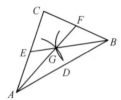 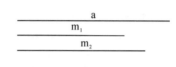

(解)此题有下二种情形。

(a)已知两中线为已知边外之二边上之中线。

设:m_1,m_2 为已知中线长,a 为已知边长。

求作:作此三角形。

作法:作 $AB=a$,以 A,B 为圆心 $\frac{2}{3}m_2$ 及 $\frac{2}{3}m_1$ 为半径作弧交于 G。

联 AG,BG 并各延长其 1/2 得 E,F,

联 AE,BF 并延长,之得交点 C 则△ABC 为所求之三角形。

证明:∵$AB=a$　$AF=m_2$　$BE=m_1$,

∴△ABC 为所求之三角形。

(b)已知两中线.为已知及另一边上之中线。

假设同前(但 m_1 为 a 边上之中线),

作法:作 $AB=a$.以 A 及 AB 中点 D 为心,$\frac{2}{3}m_2$ 及 $\frac{1}{3}m_1$ 为半径画弧交于 G,联 DG 而延

长 $\frac{2}{3}m_1$,得 C 点。

联 AC,BC,则△ABC 为所求。

证明:∵$a=ABCD=m_1$,

延长 AG 过 BC 于 F,AG 过重心 G 故必为中线,且 $AG=\frac{2}{3}m_2$,

∴$AF=m_2$。

∴△ABC 为所求。

C. 三角

已知三角形三边之长为 $5,7,8$，求中边 7 所对之角度及此三角形之面积：

(解)设为 $\angle A$ 中边 7 所对之角，

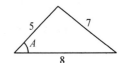

$\because a^2 = b^2 \; c^2 - 2bc \; cosA$，

$\therefore 7^2 = 5^2 + 8^2 - 2 \times 5 \times 8cosA$。

$\therefore cosA = 1/2$。

$\therefore A = 60°$。

又 $\because \Delta = \sqrt{s(s-a)(s-b)(s-c)}$，

$\therefore$ 此三角形之面积 $= \sqrt{20 \cdot 15 \cdot 13 \cdot 12} = 60\sqrt{8}$。

《中国青年》民国二十六年第一卷第六期；《学生半月刊》第三、七期

国立浙江、西南联合、中央、武汉大学三十年度联合招生试题
(1941 年)

国立浙江、西南联合、中央、武汉大学三十年度联合招生
公民试题

(一)简述中国农村衰落之原因。

(二)说明孙总理所创权能划分的民主政治。

(三)试述合作的意义及其种类。

(四)领事裁判权与所谓治外法权之区别。

国立浙江、西南联合、中央、武汉大学三十年度联合招生
国文试题

一、作文

自述在中学学习国文之经过。

二、文言译语体

儒有不宝金玉，而忠信以为宝；不祈土地，立义以为土地；不祈多积，多文以为富；难得而易禄也，易禄而难畜也。非时不见，不亦难得乎？非义不合，不亦难畜乎？先劳而后禄，不亦易禄乎？其近人有如此者。

儒有可亲而不可劫也，可近而不可迫也，可杀而不可辱也。其居处不淫，其饮食不溽，其过失可微辨而不可面数也：其刚毅有如此者。

儒有今人与居，古人与稽；今世行之，后世以为楷；适弗逢世，上弗援，下弗推，谗谄之民有比党而危之者，身可危也，而志不可夺也；虽危起居竟信其志，犹将不忘百姓之病也：其忧思有如此者。

儒有闻善以相告也，见善以相示也，爵位相先也，患难相死也，久相待也，远相致也：其任

举有如此者。

儒有合志同方,营道同术,并立则乐,相下不厌,久不相见,闻流言不信,其行本方立义,同而进,不同而退;其交友有如此者。 （节录《礼记·儒行篇》）

三、语体译文言

我们今后教育的目的既是要教出一般能担当建设国家复兴民族责任的健全国民,究竟要教他做怎样一种人才能达到这个目的呢。简单说一句,就是要造就他们成为一个真正的中国人。这句话大家听了或许要觉得惊异,以为过去一般学校所教的学生,本来就都是中国人,还要如何才是真正的中国人呢? 其实从前学校教育教出来的学生,有许多尽管名目上是中国人,而一考其思想和精神,就没有一些中国人的气质,很痛心的说一句,简直不知道他是那一国人! 这人既不明了本国的历史文化,和民族地位的重要,也不尊重本国固有的德性,和立国精神的特点,更不知道做一个国民对于本国应负有如何的责任;他不知道自己的国家和文化应当如何爱重,只是盲目的接受外国的一切;凡是本国的都可以适便吐弃,毫不顾惜,凡是外来的似乎都可以随便模仿不加别择。而且只讲表面,徒袭皮毛,浮动浅薄,随人俯仰,完全丧失了独立国家的国民精神,这种人既然根本不知道有国家,敌国外患如此严重,也激动不起他们真正的民族意识和爱国的良知,还不是和无耻的汉奸一样,只讲自私自利,不惜出卖国家,出卖民族吗? 这样的人,还配作中国人吗? 要知道:我们中国人是有我们祖先遗留下来的固有的德性,是有我们中国人确乎不技独立不惧的特性和品格,我们中华民族有中国整个一惯的民族精神,所以中国国民,必须要有中国人所固有的品格德性和精神,才可以算为一个真正的中国人,换句话说,中国人不仅要以"中国"为他的生命,而且要以"中国"为他的灵魂,所谓中国的灵魂,就是国魂,这个国魂,就是包括中国一切固有的历史文化、风俗习惯和道德思想,以及五千年来一切精神物质的创造和积累。

（录自总裁廿七年八月廿八日出席中央训练团第一期毕业典礼训词）

国立浙江、西南联合、中央、武汉大学三十年度联合招生 英文试题

I. Write a composition of about 350 words on tne following topic.

My English Teacher (60 minutes)

II. Translate the following paragraph into Chinese.

The old conditions of travel and one new conditions of most travel of today are precisely opposite. For in old travel, as on horseback or on foot now, you saw one country, while you travelled. Many of your stopping-places were for rest, or because night had fallen, and you could see nothing at night, Under the old system, therefore, an intelligent traveler might keep in motion, from day to day, slowly, indeed, but seeing something all the time, and leaning what the country was through which he passed by talk with the people. But in the new system, he is shat up with his party and a good many other parties in a tight box with glass windows, and whirled on through dust if it be dusty, or rain if it be rainy, under arrangements which make it impossible to converse with the people of the country; and almost impossible to see what that country is. (30 minutes)

III. Translate the following paragraphs into English：

拿破仑带了六十万大兵侵入俄国，俄国人自己知道敌不过拿破仑就把自己的村镇完全毁去，使敌军无处住宿。

法军到了莫斯科，城里忽然起了大火，连烧了好几天，于是整个的莫斯科变成了一片焦火。

法军在莫斯科城里，既没有房屋可住，又没有粮食可吃，再加大火之后，又下大雪，饿死、冻死则不知多少。拿破仑只得下令退兵。到了中途，又被俄兵袭击，六十万大兵没有剩下多少。（三十分钟）

国立浙江、西南联合、中央、武汉大学三十年度联合招生
数学（甲）试题

1. 二次方程式

$$x^2 + px + q = 0,$$

有二相异实根时，若 K 为不等于 0 之常数，则方程式

$$x^2 + px + q + K(2x + p) = 0,$$

亦有二相异实根且仅有一根在前式二根之间。试证之！

2. 试证：

$$\begin{vmatrix} \text{Cos}(a-b) & \text{Cos}(b-c) & \text{Cos}(c-a) \\ \text{Cos}(a+b) & \text{Cos}(b+c) & \text{Cos}(c+a) \\ \text{Sin}(a+b) & \text{Sin}(b+c) & \text{Sin}(c+a) \end{vmatrix} = -2\text{Sin}(a-b)\text{Sin}(b-c)\text{Sin}(c-a)。$$

3. 设 P 点至椭圆所引之二切线与其长轴之夹角为 $Q1, Q2$，试就下列二情形分别求 P 之轨迹：

(i) $\tan Q1 + \tan Q2$ 为一定值。

(ii) $\cot Q1 + \cot Q2$ 为一定值。

4. 近年以来初等几何学中产生一种所谓扩大法，以一最简之例言之，即由定理"三角形 ABC 二边 AB、AC 上中点 M, N 之连结线必平行于第三边 BC 而与其外接圆必交于两点"，扩大其点为圆，其直线为二直线，其圆为二圆，得一新定理曰："若三圆 A, B, C 有三外公切线对其中切于 A、B 之一对及切于 A, C 之一对顺次与二圆 M, N 相切于其二外公切线之中点，则 M, N 之二外公切线，必分别平行于 A, C 之二外公切线，……"，试就下列二方式之一作本题：

(1) 若知其一般方法，可即画出上述新定理之全部而证明之；

(2) 若不知其一般方法，则可用解析几何学之方法，仅证明上述新定理已画出之部分。

国立浙江、西南联合、中央、武汉大学三十年度联合招生
数学（乙）试题

1. 设 n 为正整数时□□□□□□①

试用数学归纳法证明，下列二项式之推广定理：

---

① 此处原稿有一个数学公式，字迹模糊无法辨清。

$$d(a+b)^n = {}^d a^n + n^d a^{n-1} b + \frac{n(n-1)^d}{2!} a^{n-2} d b^i + \cdots na^d b^{n-1} + {}^a b^n$$

2.设 W 为□之一虚的立方根,试证

$$\begin{vmatrix} 1 & W & W^2 & W^3 \\ W & W^2 & W^3 & 1 \\ W^2 & W^3 & 1 & W \\ W^3 & 1 & W & W^2 \end{vmatrix} = -27$$

3.二飞机 A,B 各距地平面 a 公尺、b 公尺,沿同一水平方向飞行,有一观测者与之同方向进行时,若以每秒 u 公尺之速度,则该二机常在一视线内,设二机速度之差为 C 公尺,观测者之眼距地平面 h 公尺,试求二机之速度。

4.△ ABC 之内心及重心分别为 I 及 G,且 G、I 与其一边平行时,试证其三边之长为等差级数。

国立浙江、西南联合、中央、武汉大学三十年度联合招生
中外历史试题

一、下列各时代我国首都位在何地? 请并举其当时之名称与现今之名称;

(1)南宋;(2)北宋;(3)东晋;(4)东周;(5)西汉。

二、墨子为何时何地人? 其主要贡献为何?

三、《马关条约》为我国在何时与何国所缔? 其内容之要点为何?

四、近代日本之外交,初有英日同盟之订立,其目的何在? 及华盛顿会议时,日本所受之限制为何? 近日本有德、意、日三国同盟之订立,其用意何在? 试分别说明之。

五、十七世纪以来英国与大陆国家争霸而酿成大战者,迄今曾有几次? 试略举历次英国之主要敌国及后者之领袖人物,并略述历次大战之结果。

国立浙江、西南联合、中央、武汉大学三十年度联合招生
中外地理试题

一、四川定为民族复兴根据地,其故安在? 试就地位、地形、物产、人口诸端分别说明之。

二、试由广州乘火车赴胪滨,列举沿途所经重要城邑十处。

三、日本在贸易经济方面依赖于美国者甚多,试略说之。

四、目前在德国控制下之欧洲国家有几? 试列举其名。

国立浙江、西南联合、中央、武汉大学三十年度联合招生
中外史地试题

一、试解释下列诸名词:

(1)法家;(2)西域;(3)青苗;(4)吐蕃;(5)色目。

二、《南京条约》为我国在何时与何国所缔? 其内容之要点为何?

三、拿破仑对于法国革命之贡献为何? 失败之原因安在? 试分别述之。

四、略述我国几种重要经济作物大豆、油桐、棉花、蚕丝、茶叶之分布及其与地理环境之

关系。

五、在此次欧战以前,德国国防资源最缺乏者为铁矿与石油,粮食亦不足自给。近来德国几囊括全欧,此种缺憾已稍得补救。试举被占领区域内铁矿与石油产地及粮食有余之地域,并略论矿区与农区之地理情形。

国立浙江、西南联合、中央、武汉大学三十年度联合招生
物理试题

1. 将一质量为二十克(gram)之子弹水平射入于一重五千克(kg)之木块,当子弹未射入前,木块静止位于一粗糙之平面上,而当子弹射入后木块即沿平面前行三糎米而停止,已知平面与木块间之摩擦系数为 0.2,问子弹射入木块前之速度为若干?

2. 以 490 糎米秒(cmsec)之初速,垂直向上抛掷一球,3/4 秒后又以同速度向上抛掷第二球,问二球将相遇于何时何处? 如第二球之质量为第一球之两倍,且于撞击后,二者粘合成一体,试计算正撞击后二者之共同速度(大小及方向)?

3. 一电池供给一百个并联之灯泡之电流,每灯泡之电阻为 200 奥姆(ohm),灯丝两端之电位差为 1.20 弗打(volt),若将五十个灯泡关闭,此电位差则升为 124 弗打,问电池之内电阻(internal resistance)为若干? (联线之电阻可略而不计)当一百个电灯全亮时,每灯各消耗功率(power)若干?

4. 一水当量为十克之量热器(calorimeter),内蓄水及二十克之冰加十克之蒸汽(温度＝100℃)后,则温度升为 50℃,问量热器内原蓄水若干克?

　冰之融解热＝80 卡/克(cal/gm)

　水之汽化热＝540 卡/克

5. 简单之放大镜可使一长约 2.5 厘米之物体成一长为 10 厘米之虚像于距镜 25 厘处,问镜之焦距及物距各为若干? 试绘图以表明之:

一玻璃块,对红光之折射率为 1.57,对蓝光之折射率为 1.61,若令红光及蓝光各以 60°之入射角射于此玻璃块上,试求此二种光在玻璃内之速度及折射角。

国立浙江、西南联合、中央、武汉大学三十年度联合招生
化学试题

1. 何谓盖鲁萨克(Gay Lussac)体积定律? 亚佛加特罗(Avogadro)氏之解释云何? 由此理论之结果试证明氢、氧及氯之分子均含有二个原子。

2. 试描写自然界中氢、氮及碳三种元素之循环。

3. 某石灰石含有 95％纯碳酸钙。今以此石灰石 50 克与适量之盐酸作用,问在压力 720 □及温度 20℃时,能生二氧化碳若干公升? (原子量:Co＝40,C＝12,O＝16)

4. 铁之腐蚀在工业上为极严重之问题,试自学理上讨论铁何以易腐蚀,锌、铜、锡等金属何以不然? 通常防止铁器腐蚀之重要方法为何? 各别论之。

5. 批评下列实验之仪器装置及化学方法:

(a)制氢:$Cu+2HNO_3(6N)\longrightarrow Cu(NO_3)_2+H_2\uparrow$

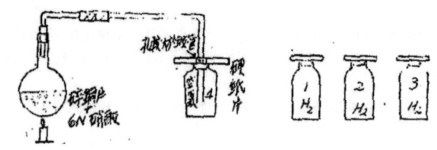

(b)制氯:$4HI+4NaCI+MnO_2 \longrightarrow 4NaI+MnCl_2+CL_2\uparrow+2H_2O$

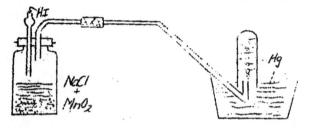

(c)制不含水气之氨:$(NH_4)_2SO_4+2NaOH \longrightarrow NaSO_4+2NH_3\uparrow+2H_2O+H_2SO_4$

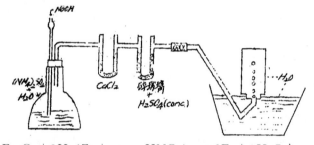

(d)制还原铁:$Fe_2O_3+3H_2(Zn+conc.\ HNO_3)\longrightarrow 2Fe+3H_2O\uparrow$

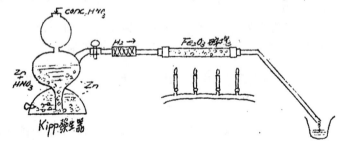

国立浙江、西南联合、中央、武汉大学三十年度联合招生
生物学试题

1. 羊齿植物之生活史如何? 试作图并说明之。
2. 种子植物茎之构造如何? 试作图并说明之。
3. 脊椎动物之眼构造若何? 试作图并说明之。
4. 哺乳动物之血液如何循环? 试作图并说明之。

国立浙江、西南联合、中央、武汉大学三十年度联合招生
理化试题

甲、物理(一小时)

1. 沿垂直方向抛□□克质量之物体,历 4 秒钟后,复返于其出发之点,问其初速几何? 又问当该物体离手向上抛时,其动能若干? 当其开始复返时,位能若干? 其动能若干?

2. 一中国旧式杆秤,杆重 11 两,载物之盘重 18 两,锤重 45 两,提绳与悬盘相距 4 寸,杆之重心与悬盘相距 8 寸,问杆上标度应从何处开始? 又 100 两之标度,应刻在何处?

3. 有 0℃之冰 100 克与 0℃之水 100 克,欲将此混合物之温度,升至 30℃,须加热若干?

4. 今有复显微镜,其物镜之焦点距离为之 2 糎,实物与物镜间之距离为 2.4 糎,假定目镜之□□率为 20,问此显微镜之总放大率几何?

5. 一电灯泡上标明为 220 伏特及 50 瓦特,需要几何电流? 其电阻几何? 如每晚用灯 4 小时,每用电一瓦千时,须付费 4 角,问一月(以三十天计)内须付电费若干?

乙、化学(一小时)

1. 试用电离学说解释

(a)酸与盐基之强弱。

(b)中和作用。

(c)电解作用。

2. 试述元素周期系之梗概。

3. 绘图并说明启普(Kipp)氏气体发生器之原理及其应用。

4. 工业用之浓盐酸,比重为 1.18,含氯化氢百分之三十八(以重量计)。计算配制五公斤之 3N 溶液,需要此项浓盐酸若干公升? 制成之盐酸溶液若用氢氧化钠中和之,共需氢氧化钠若干克?

(原子量:H＝1,Na＝23,Cl＝35.5,O＝16)

5. 今有气罐六个,内分盛氢、氨、一氧化碳、二氧化碳、一氧化氮及二氧化硫,罐上的标志脱落,问用何项简单试验可以辨别之?

浙江大学档案馆藏 L053-001-0916

国立浙江大学卅五年度在黔招生考试试题
(1946 年)

A

(一)作文(任择一题)

学术建国

我升大学择校选系的志趣

(二)文言译语体

良尝闲从容步游下邳圯上。有一老父衣褐,至良所,直堕其履圯下,顾谓良曰:"孺子,下取履!"良愕然欲殴之。为其老,强忍,下取履。父曰:"履我!"良业为取履,因长跪履之。父以足受,笑而去。良殊大惊,随目之,父去里所,复还,曰:"孺子可教矣,后五日平明,与我会此。"良因怪之,跪曰:"诺。"五日平明,良往,父已先在,怒曰:"与老人期,后,何也?"去,曰:"后五日早会。"五日鸡鸣,良往,父又先在,复怒曰:"后,何也?"去,曰:"后五日复早来。"五日,良夜未半往。有顷,父亦来,喜曰:"当如是。"出一编书,曰:"读此,则为王者师矣。"后十年,兴。十三年,孺子见我济北谷城山下,黄石即我矣。遂去,无他言,不复见。旦日视其书,乃太公兵法也。良因异之,常习诵读之。

(节录《史记·留侯世家》)

B

Ⅰ. Translate the following into Chinese:

1. Battles, however, do not always decide causes, as the greatest command have found to their cost.

2. In the cottage he found a man and his wife sitting quietly by the fire. Can not be said that they were especially pleased to receive the travelers. They made all sorts of excuses: the guest chamber was cold and they had no bed or bedclothes suitable for a gentleman. All the same they were persuaded. The woman brought in wood and made up a fire in the □ the man took the spade and helped Tom clear away the snow.

3. The question for the future is not, shall there be revolution, but shall be beneficent or disastrous?

Ⅱ. Translate the following sentences into English:

1. 他昨天来的,但我还没有看见他。

2. 楼上有什么人吗?

3. 约翰来了,其余的都在家里。

4. 三百多中学毕业生要来投考。

5. 他告诉我他一点都不喜欢这本书。

6. 他和我说,"我一点都不喜欢这本书"。

7. 这些橘子中你要哪一个呢?

8. 你知道谁来看过我吗?

9. 我还有一点点钱。

10. 交了卷的就可以出去。

Ⅲ. Write a composition on the following subject:

The Dog

(Write 3 paragraphs. Give, in the first paragraph, a general description; in the second paragraph, its characteristics; in the third paragraph, its uses.)

C

1.在复素数之平面上解不等式 $\left|\dfrac{2x-1}{x-2}\right|<1$.

2.$a^3=1$,求行列式

$$\begin{array}{cccc} 1 & a & a^2 & a^3 \\ a & a^2 & a^3 & 1 \\ a^2 & a^3 & 1 & a \\ a^3 & 1 & a & a^2 \end{array}$$ 之值。

3.解方程式 $4\sin^2 X=1$。

4.试求二次曲线 $5x^2-4y^2-20x-24y+4=0$ 之中心、渐近线、焦点、准线。

5.设圆 $x^2+y^2=a^2$ 与 x 轴相交于 A,B 两点,M 为圆周上任意一点。自 A 作 M 点切线之垂线交 BM 之延长线于 P,求 P 点之轨迹。

D

1.当 x 为正数时:

$(m-2)x^4+2(2m-3)x^2+5m-6$,

当为正数,问 m 为何种数值?

2.方程式 $x^4+4x^3+5x^2+2x-2=0$ 之一根为 $-1+i$,求其余三根。

3.以一定之半径,求作一圆,使其相交二直线相切。

4.两圆外切于 c,一外公切线,切两圆于 A 及 B,试证 $\angle ACB$ 为一直角。

5.设 $\cos A=\dfrac{3}{4}$,求 $\sin\dfrac{A}{2}\sin\dfrac{5A}{2}$ 之值。

E

1.我国目前如即实行土地公有制,其利害得失如何? 试各抒所见。

2.问领事裁判权与治外法权有何区别?

3.问市场上实际物价,如何决定? 管制物价,如何方能收效?

4.试举例以说明道德行为之时间性及空间性。

F

一、试解释下列名词

(a)互补色;(b)摩擦系数;(c)相对湿度;(d)弹性限度;(e)自感应(self-induction)

二、何谓音色(quality)? 并举例以明之。

三、试述以化学的方法测定电流之强度,及以磁性的方法测定电流之强度,并述各根据何种原理。

四、隔青色玻璃视物,白色之物体呈青色,何故? 隔青色玻璃视黄色之物体当呈何色? (设定青色、黄色各为单色)

五、一石块在 19.6 公尺之塔上向水平面方向抛出石块之质量为 200 克,初速度为 20 公尺,问:(a)石块落地所需之时间;(b)石块着地之点距塔基若干远?(c)石块将着地时之动能为若干?

G

1.解释下列名词并举例以明之：

(a)自燃 spontaneous combustion

(b)原子序数 atomic number

(c)当量 equivalent weight

(d)电离 electrolytic dissociation

(e)同系 homologous series

2.写出下列各物质之化学式

(a)蔗糖 sucrose

(b)石膏 gypsum

(c)水玻璃 water glass

(d)蚁酸 formic acid

(e)硝酸亚汞 mercurous nitrate

(f)甲醇 methyl alcohol

(g)亚铁氰化钾 potassium ferrocyanide

(h)石英 quartz

(i)过氯酸 perchloric acid

(j)石灰石 limestone

3.使有下列六瓶气体如何辨识之：

(a)氢；(b)氧；(c)甲烷；(d)碘之蒸汽；(e)氨；(f)二氧化硫。

(4)试述工业中制造硫酸之方法二种。

(5)设有含磷之化合物四种，其一为黄磷，其二为五氧化磷，其三为磷酸，其四为磷酸钙，(a)试写其化学式；(b)用化学方程式表示从前一种连续制备后一种之方法；(c)说明此四种物质体性之不同；(d)说明此四种物质化性之不同。

(6)加多量的硫酸溶化50克的锌，设溶完后将所得的液体蒸干，试计算：(a)所发生的氢重；(b)所发生的氢占多少容积；(c)蒸干后剩余物质的重量。（原子量：一氢＝1.008；氧＝16.00；硫＝32.06；锌＝65.38；在标准情形下，一升的氢重0.09克）

H

一、试阐述秦皇、汉武两朝事功对二千年国家民族之影响。

二、解释：永嘉之乱　靖康之祸　均田制　府兵制　租庸调　军机处　总理各国通商事务衙门　预备立宪

三、试述法国大革命发生之时代背景及其历史意义。

四、湖南本年焚荒严重，试述该省平日粮食之产销概况。

五、注释下列十处地方所在之国家：

旧金山　珍珠港　汉城　汉堡　海防　马赛　海参崴　古巴　巴西　马尼剌

I

一、何谓贞观、开元之治？

二、中国哲学史上所谓程朱陆王,文学史上之所谓唐宋八大家皆举其名否?

三、下列诸书何时何人所撰?

史记 后汉书 三国志 史通 资治通鉴

四、试述下列诸人之事业:

1. Dante

2. Gladstone

3. Pericles

4. Jefferson

5. Mazzini

6. Lloyed George

7. Pompey

8. Pasteur

9. Themistocles

10. Voltaire

五、试案下列各项解释初期基督教流播之原因:

1. 基督教之特长;

2. 当时传教最得力之基督教徒;

3. 罗马帝国晚年政治社会状况;

4. 最初提倡基督教之罗马皇帝。

J

一、试绘我国北部主要铁路之路线略图(平津、平包、平汉、陇海、同蒲、胶济诸线)。

二、略述新疆省天时、地形、人文三者之特点。

三、北冰洋四周有领土之国家为何国。

四、斐律宾独立之重要意义,试略述之。

五、请释下列十处之所在省份及国家:

玉门 鞍山 宜昌 西昌 塘沽 基隆 冰岛 开罗 乌克兰 芝加哥

L

一、试历举脊椎动物之消化酵素,各记其产地、性状及其功能。

二、试述下列诸人对生物科学之贡献:

1. Johannes Müller

2. Louis Pasteur

3. Jacobus Hendricus Van't Hoff

4. Hans Spemann

5. T. H. Morga

三、伴性遗传因何而起?试举例说明。

四、试述叶绿素之性状及其功用。

五、苔藓植物、羊齿植物及种子植物之生殖有何异同,试分别比较之。

六、试述碳素及氮素之循环情况。

浙江大学档案馆藏 L053-001-0034

(二)教学管理

国立浙江大学布告(第十二号)

(1936 年 6 月 20 日)

兹将本大学二十五年度第一学期开学、注册、上课等日期,分别改订如左:

二十五年度第一学期开学	九月一日
转学生编级试验	九月二三四五日
新生注册	九月七八日
旧生注册	九月九十日
旧生补考	九月七八九日
上课	九月十一日

合行布告周知。

此布。

校长竺可桢
中华民国二十五年六月十二日

《国立浙江大学校刊》第二百五十四期,民国二十五年六月二十日

注册课通告(第五九号)

(1936 年 10 月 5 日)

自下星期一(五日)起各教室点名事宜由本课派人办理,所有各教室学生席次当由本课定指,商请各教员于第一次上课时宣布。嗣后各学生每课座位务宜牢记勿忘,尤不得任意更动,否则以后点名缺席时,本课概不负责。至于各同学中或因故迟到者,亦须于某课下课时,径向关系教员请求代填本处备制之学生迟到证明单,当日送交本课;否则,本课亦不负其任何责任。再,各教室内之桌椅均有固定位置,希勿擅自移动。仰各分别知照。

此布。

〈二十五年〉十月一日

《国立浙江大学日刊》第三十期,民国二十五年十月五日

训育处通告(第二十七号)

(1936 年 11 月 10 日)

查本大学请假学生,两月以来为数至多,任意缺课,致荒学业。此种现象自应及早防止,设法纠正。嗣后学生请假,仰各郑重考虑,如非万不得已,切勿任意请假为要。

〈二十五年〉十一月九日

《国立浙江大学日刊》第六十一期,民国二十五年十一月十日

呈教育部

(1937 年 12 月 9 日)

查本大学本学期一年级新生全部迁移西天目山临时校舍上课,业经呈报在案。兹遵令将学生人数及教学状况随时查报,除二、三、四年级部分俟迁建德上课后及再行呈报外,理合先将迁西天目〈山〉一年级部分,编具概况报告,具文呈请钧部鉴核。谨呈
教育部
计呈送一年级生概况一本

衔校长竺〇〇
〈二十六年十二月九日签发〉

一年级概况

本学期于九月十日开始,十六日上课。惟以时局紧张,杭州空袭警报日有所闻,乃遵部令作迁校之计,就浙省内地考察,惟西天目山重峦叠嶂、地位偏僻,且禅源寺屋宇宽畅,又有天目旅馆,均可借用。计划已定,略事布置,于九月二十一至二十六日,一年级师生全体迁至西天目山。自二十七日起,照常上课,迄今一月有余。以山居安谧,故学业、训育、军训等各部工作得循序进行。兹述其概况如左:

一、房屋

本校租定房屋,系禅源寺一部,及天目旅馆之大部。除后者作教职员宿舍外,如办公室、教室、实验室、图书室、学生宿舍、餐室、医药室、疗养室、一部分教职员宿舍等,均设在禅源寺内。关于各部分房屋之支配及面积已表示于附图中。教室有八,能容百人以上者二,六十人者二,余各容三四十人。礼堂与餐室合并,能容三百人以上。

宿舍分第一、第二二处,各容百余人。化学与物理实验室,每室可容六十人以上。生物实验室可容三十余人,工场实习室又〈可〉容三十余人。各部房屋尚能适合一切需要。

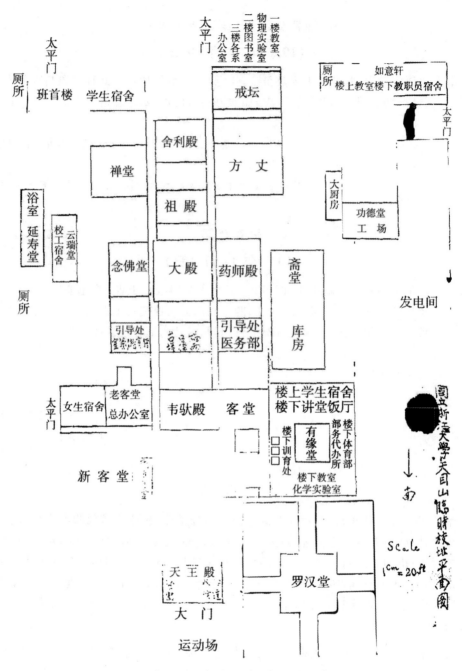

国立浙江大学天目山临时校址平面图①

---

① 原图字迹模糊难辨，编者尽量释读原文字迹。另见张淑锵主编：《国立浙江大学天目山分校史料》，浙江人民出版社，2021年，扉页第7页。

二、学生人数

本届招收录取新生共计三百八十人。以时局关系照道远不能到校者在百人以上。除申请休学者外，在校学生计二百四十八人。兹将学生性别、系别、借读及休学、退学等项列表于后。

国立浙江大学天目山分校一年级学生人数统计表

（二十六年第一学期）

院别	系别	在学									休学			总计
		正式生			借读生			合计			正式生			
		男	女	共	男	女	共	男	女	共	男	女	共	
文理学院	外国语文学系	5	2	7	2	2	4	7	4	11				11
	教育学系	5	6	11				5	6	11				11
	史地学系	14	4	18				14	4	18				18
	数学系	3	1	4				3	1	4				4
	物理学系	6			1		1	7	2	9				9
	化学系	8	2	10		2	2	8	4	12				12
	生物学系	3		3				3		3				3
	小计	44	17	61	3	4	7	47	21	68				68
工学院	电机工程学系	29	2	31	3	1	4	32	3	35				35
	化学工程学系	26	2	28	1		1	27	2	29	1		1	30
	土木工程学系	29		29	1	1	2	30	1	31	1		1	32
	机械工程学系	27		27	1		1	28		28				28
	小计	111	4	115	6	2	8	117	6	123	2		2	125
农学院	农艺学系	24	3	27				24	3	27				27
	园艺学系	8	1	9	1		1	9	1	10				10
	病虫害学习	8		8				8		8				8
	蚕桑学系	3		3				3		3		1	1	4
	农业经济学系	9		9				9		9	1	1	2	11
	小计	52	4	56	1		1	53	4	57	1	2	3	60
合计		207	25	232	10	6	16	217	31	248	3	2	5	253

三、课程

课程系根据部颁标准照例由教务处与各院院长、各系主任及各教授商定之。一年级学科原重基本训练。本届以迁校之故，各系功课务求集中，即本系必修之功课，质量加重，如国文之增加钟点，尤为显明。其选修之课，则酌量减少，兹将课程表列后。

国立浙江大学各院一年级课程表
(二十六年度第一学期)

学程	教室	担任教员	每周时数		每周上课时间						学分	教授期数	备注
			讲演	实习	星期一	星期二	星期三	星期四	星期五	星期六			
国文甲	11	祝廉先	5			11—12	11—12 / 1—2(9)	11—12	11—12		3	2	
国文乙	23	王焕镳	5			11—12	11—12	11—12	11—12	11—12	3	2	
国文丙	9	陈大慈	5			11—12	11—12	11—12	11—12	11—12	3	2	
国文丁	11	陈大慈	5			1—2	1—2	1—2	1—2	1—2	3	2	
国文戊	23	王焕镳	5			1—2	1—2	1—2	1—2	1—2	3	2	
英文A	11	林天兰	3		11—12		9—10		9—10		3	2	土
英文B	9	林天兰	3			8—9		8—9		8—9	3	2	电、物
英文C	11	林天兰	3			9—10		9—10	9—10	9—10	3	2	文、生、农
英文D	9	郭斌龢	3		11—12		9—10				3	2	化、化工
英文E	8	郭斌龢	3			8—9		8—9		8—9	3	2	机、数
英文F	9	郭斌龢	3			9—10	9—10	9—10		9—10	3	2	农
初等数学A	8	毛信桂	4		11—12		9—10 / 2—3		9—10		3	2	文、生
初等数学B	9	毛信桂	4		10—11 / 1—2		10—11		10—11		3	2	农
初等微积分甲、乙	23	朱叔麟	4	1	8—9	8—9	8—9	9—10	8—9	9—10(1)	3	2	土、化工
初等微积分丙	23	朱叔麟	4	1	11—12	10—11	10—11	10—11		10—11	3	2	机、电

续 表

学程	教室	担任教员	每周时数		每周上课时间						学分	教授期数	备注
			讲演	实习	星期一	星期二	星期三	星期四	星期五	星期六			
初等微积分及微分方程	11	冯乃谦	5	1	1—2	10—11	2—3	10—11		10—11 2—3	4	2	数、物、化
普通物理	1	何增禄	3			8—9		8—9		8—9	3	2	文、化
物理学 A	1	朱福炘	4		10—11		10—11		10—11		4	2	土、化工、化
物理学 B	1	朱福炘	4		8—9		8—9		8—9		4	2	机、电、数、物
物理实验				3	2—5(机) 3—6(文)	2—5,3—6(数、物、土)	2—5(农)	2—5(化、化工)		2—5(电)			
无机化学 A	23	储润科	4		2—3	8—9		8—9		8—9	4	2	土、化工、化
无机化学 B	23	储润科	4			9—10	9—10		9—10	9—10	4	2	机、电、数、物
无机化学 C	9	储润科	4		8—9	8—9	8—9	10—11	8—9		4	2	文、生、农
无机化学实习				3	3—6(数、物、化工、土)	2—5,3—6(文、农及电一部分)	2—5,3—6(化、电机及电其他一部分)						
普通生物	8	张孟闻	3	3	10—11	3—6	10—11		10—11		4	2	教、生
普通动物学	9	张孟闻	3		11—12	10—11	10—11			10—11			农
普通动物实习	9	费巩		3	(甲)2—5			(乙)2—5		(丙)2—5			分三组实习
政治学	9	费巩	3				3—4	3—4		3—4	2	2	外、教、数
经济学	9	费巩	3				4—5	2—3		4—5	3	2	农、经
西洋近世史	1	费巩	3			10—11	10—11	10—11		10—11	2	2	史地
地学概论	8	朱庭祜	3		8—9	8—9	8—9		8—9		2	2	史地

续　表

学程	教室	担任教员	每周时数 讲演	每周时数 实习	星期一	星期二	星期三	星期四	星期五	星期六	学分	教授期数	备注
中国上古史	11	张荫麟	3		10—11		10—11		10—11		2	2	史地
英文名著			3		10—11		10—11		10—11		3	2	外文
体育甲		舒鸿		2	10—11				10—11		1	2	数、物、机、电
体育乙		舒鸿		2		10—11		10—11			1	2	土、化工
体育丙		舒鸿		2			8—9		8—9		1	2	化
体育丁		舒鸿		2	2—3					2—3	1	2	文、生
体育戊		舒鸿		2			9—10		9—10		1	2	农
女生体育		舒鸿		2		2—3			2—3		1	2	全体女生
投影几何甲		赵仲敏		3			2—5				1	2	土、化工
投影几何乙		赵仲敏		3				2—5			1	2	电
投影几何丙		赵仲敏		3	2—5						1	2	机
工场实习甲		阮性咸		3					2—5		1	2	电
工场实习乙		阮性咸		3						2—5	1	2	化工
工场实习丙		阮性咸		3					2—5		1	2	土
工场实习丁		阮性咸		3		2—5					1	2	机
诗词概论	8	祝廉先	2		1—2			4—5			1	2	文
军事训练甲				3					2—5				外、教、史、数、化、电、化工、农经、农（史及农均为一部分）

续　表

学程	教室	担任教员	每周时数		每周上课时间						学分	教授期数	备注
			讲演	实习	星期一	星期二	星期三	星期四	星期五	星期六			
军事训练乙				3				2—5					史、物、生、土、史、机、农均为一部分（史、农均为一部分）
看护学	9	朱诚中	1						3—4		1	□	女生必修

四、训育

本校一年级训育进行情形可分为训练与管理二项,述之于后:

(一)关于训练者

(甲)新生之调查

训练之方端在因材施教。一年级新生来自各地,个性环境与夫从前所学之教育,彼此互殊。故本校于新生入学之时,即制就表格,举行调查,冀于各生情形,先得相当了解。然后施以训练,较易着手。附新生调查如左。[①]

(乙)导师制之施行

一年级新生之管理原由训育委员与军事教官共同负责,惟学生人数甚众,管理者不易周详,势必各教授全体参加,难以为功。本校有鉴于斯,乃决于一年级采行导师制。除一年级主任与训育委员为当然导师外,更聘请本级各教授兼任导师,分组负责,暂无系别。导师一人约指导学生自十余人以至二十人,庶几人数无多,指导较易。举凡学生思想之矫正、品性之熏陶、学术之切磋,皆可于日常晋接之时,以验其效。施行至今,甫及一月,固未获显著之成绩,然假以时日则功效当为不鲜也。

(丙)操行之评定

一年级学生操行之优劣由担任导师于学期结束时负责评定之。盖因导师与学生,平日既常接近,观察自易精详,则品评当为正确也。其评定之方法如下:

1. 操行成绩,共分为公正、礼貌、整洁、服务、爱群、互助、纪律、忠诚、勤俭、勇毅十项,导师评定操行时,须分上、中、下三级计分,上级十分,中级七分,下级四分。例为甲生最有礼貌,则在礼貌一项,甲生应列入上级者,得十分,乙生稍欠礼貌,应列入中级者,得七分,丙全无礼貌,应列入下级者,得四分。余仿此;

2. 十项分数之和为操行成绩总分,再由总分列为等第;

3. 操行成绩,计分甲、乙、丙、丁四等第。各等第分数之标准,为甲等甲上 91—100、甲中 86—90、甲下 80—85,乙等乙上 77—79、乙中 73—76、乙下 70—72,丙等丙上 67—69、丙中 63—66、丙下 60—62,丁等不满 60 分不给分数。

附学生操行成绩表如左。[②]

(二)关于管理者

(甲)寝室

男生寝室分第一、第二两处,因校舍不敷应用,床均上下双铺。照军事管理,床铺位置分队编摆,所有被褥及什物,概由训育委员与军事教官轮流检查,以期清洁整齐。每日自上午八时至十二时,下午一时至五时、七时至九时皆关闭加锁。在锁闭时间,学生如因事欲进寝室者,须向训育处领取开门证,始得入内。女生寝室则另行分开,不受军事管理。床为单铺平排,管理之责由女生指导员负之。

(乙)自修室

男生自修室以校无余屋,不能另开,即以教室兼作自修之用,计分六处,大小不等,学生

---

① 该表缺失。
② 该表缺失。

坐〔座〕位均依军事管理分队编定。每晚自七时至九时上自修课，由训育委员巡视督课。女生自修室则附设于女生宿舍内，由女生指导员负责管理之。

（丙）膳厅

男生膳厅二所共摆廿八席，依军事管理，将坐〔座〕位分队编定。临膳之时，先行集合，鱼贯而入，由值日生分队长发"立正"口令，全体肃立。俟一年级主任答礼后，再由值日生分队长发"坐下"口令，然后就座。闻"开动"口令，乃始进食。一年级主任、训育委员与军事教官，均在膳厅会食。女生膳厅则附在女生宿舍内，坐〔座〕位亦依次编定，由女生指导员莅厅会餐，并负管理之责。

五、军事管理及军训

（一）关于军事管理者

1.组织：一年级男生计二百一十六人，按照军管办法之乙程编制编为一队，计分三区队，各区队为三分队，各级干部均选曾受高中集训及成绩优良者充之。

2.服装：服装分冬、夏二季，其式样为中山服，并一律戴帽、束皮带、扎绑腿、佩用领章及胸章。

3.管理：本学期虽因暂移〈西〉天目山，校舍较简，然关于会餐、寝室、讲堂、操场、野外等之管理尚能按照军管办法勉力施行。

（二）关于军训方面者

1.学科：按照军事教育方案甲项表之二及根据学生曾受高中集训之程度，酌增适宜之内容，并依其性质与术科确取连〔联〕系。

2.术科：按照军事教育方案甲项表之四，并依学生曾受高中集训之程度，酌减各个教练之时间，而增多野外演习之次数。

3.野外演习：依甲项表之四所规定进度实施，并增加两次为实兵动作，及遇敌之处置与排之攻击防御等。

4.其他：除在射击演习时间实施持枪体操及榴弹预习外，并利用早操时间施行刺枪术。

六、特种教育执行委员会与战时后方服务队之组织

本校特种教育执行委员会与战时后方服务队系根据部令组织成立，值兹时局严重，一年级虽已移至〈西〉天目山，实有组织分会之必要。浙大特种教育执行委员会于第五次会议时通过《天目山分会简则》六条。益聘一年级主任为分会主席，又依环境之需要，先成立警卫、消防、防毒、救护等四股，分请教职员负责办理，同时由全体学生及工警编成警卫、消防、防毒及救护等四队，每队又分若干区分队，由特委会各股负责人员领导训练，并定期举行演习。

七、学生课外活动

大一学生自迁至西天目山上课后，生活简朴，精神紧张，课外团体极形活跃，各种团体之情况，分述如左：

1.浙大学生自治会西天目山分会

该会以发扬自治精神，分担总会之工作为主旨。设干事会以解决同学中各种切身问题，并随时向学校当轴建议改善膳宿及设备等项。又设特种服务委员会，专筹划传递战事情报及服务后方民众等特种工作，以适应非常环境。

2.民卅级公会

该会以联络校友感情,砥砺学术为主旨,举办级际球类、演说、论文等各项比赛,并与自治会学术股联合编行壁报以供同学相互切磋。

3.黎明歌唱队西天目山分队

该队共有队员四十余人,专门研究救亡歌曲及激发抗敌情绪。定每星期六晚会唱一次,并设法传布民间,作最有效之宣传利器。

4.课余无线电研究会

该会共有会员五十余人,专研究电码收发,每人于晚膳后分别练习外,并每周集合研究二次。

5.时事讨论会

该会以研究时事之精义及动向,以求更深切之了解及国际情形,发起未久参加者甚众云。

6.其他

如认购救国公债及捐赠棉背心等之狂热,均并证明学生活动之精神。

浙江大学档案馆藏 L053-001-1080

规定廿八年度上学期开学及上课日期
(1939 年 8 月 4 日)

本校廿七年度下学期学期考试业于七月二日竣事。一年级补授各学程及其他各科实验亦均于七月下旬结束。兹已按照部章规定,廿八年度上学期于十月一日开学,十一日上课,业经布告周知云。

《国立浙江大学校刊》复刊第三十一期,民国二十八年八月四日

本校招收转学生办法
(1940 年 6 月 22 日)

本校二十九年度招收转学生之系级及办法如下

一、系级

以下各系招收二、三年级转学生:

文学院	中国文学系　外国文学系　史地系
理学院	数学系　物理系　化学系　生物系
工学院	化工系　土木系
农学院	农艺系　园艺系　蚕桑系　病虫害系　农业化学系(本系只招三年级转学生)
师范学院	国文系　英语系　教育系　史地系　数学系　理化系

二、手续

转学生须于六月三十日以前,将附有最近相片之转学证书、学行成绩单及医生检查体格书,并注明报考统一招生区名,寄到本校教务处审查,其所请转之学系以原校所入之院系为限。

三、考试

审查合格后,先经教育部统一招生之入学考试(凡曾经统一招生录取者,可以免考)取录后,于开学后再受编级试验。

四、附告

转学生报考统一招生之入学考试时,报名单上务应注明"报考浙大转学生"字样

《国立浙江大学校刊》复刊第四十七期,民国二十九年六月二十二日

念〔廿〕八年度未入学学生来校变通办法
(1940 年 6 月 29 日)

本大学兹为再予二十八年度统一招考录取分发本校,因特殊事故未能入学学生之求学机会起见,特订变通办法。凡具有上项资格,并曾于三月八日前来函申请保留学籍者,准予延至下学年,与二十九年度录取新生同时入学。惟须于七月十日前(以邮戳日期为凭)预缴高中毕业证书、二寸半身照片四张及保证金十元,以便登记。保证金于将来入学后得移作缴费之用。以上办法,逾期不再通融云。

《国立浙江大学校刊》复刊第四十八期,民国二十九年六月二十九日

二、三年级学年考试于十九日开始考试 日程已由注册组公布
(1940 年 8 月 17 日)

本学年第二学期考试除四年级毕业考试,已提前于八月五日至十日考试完毕外,二、三年级将于十九日开始至二十四日完毕,每日上午七时至十时,下午二时至五时,考试日程,亦已由注册组于十三日公布。青岩一年级学期考试须延至九月二十三日开始举行。湄潭农学院学期考试,则定于八月十九日开始举行。

《国立浙江大学校刊》复刊第五十五期,民国二十九年八月十七日

二、三、四年级生缴费注册及选课须知(三十年度第一学期)

(1941 年)

甲、缴费注册

日期:十月九日、十一日两天

时间:上午八时至十一时,下午二时至四时半

地点:

1. 遵义新城何家巷三号注册组,老城楼四中学会计、出纳两室。

2. 湄潭

一、先到会计、出纳两室缴费,并领取缴费收据。

(如有欠费贷金,须先清偿,方给缴费收据。)

二、凭缴费收据至注册组注册,并领取学生成绩薄及空白选课单、学程证。

(此项表格务须妥存,如有遗失,概不补给。)

三、复学生须先至注册组呈验核准复学函件,并领取体格检查证至医务组检查体格,由医务组发给体格及格凭单后,向注册组领取缴费证,至会计出纳室缴费,再照(二)项办理各项手续。

乙、选课

日期:十月十一日

时间:上午八时半至十一时,下午二时至四时半。

三、地点:

1. 遵义新城何家巷三号第一、四教室

2. 湄潭

一、随带空白选课单及学程证,先至系主任席前选课。

二、各学程选定后,送呈院长核准并盖章。

三、二、三、四年级学生体育每周任选二小时,以不在连续两天为原则。各生选课后须至体育组办公室选定上课时间,选定后非经注册组主任查明确因其他学程上课时间更改而与体育冲突、准予更改者,一律不得更改。

四、再将选课单、学程证、学生成绩薄呈缴注册查验,由注册组将选课单甲、乙二联及学程证存根留存,同时发给注册证及学程证。学程证于第一次上课时呈缴任课教员收存。

五、凡学生于选课后如欲更改学程,须于十月二十日以前将加选改选手续办妥。未经更改手续擅自更改者,概不生效。

六、凡学生于选课后如欲退选学程,须于十一月十三日以前办毕退选手续。凡未经退选手续擅自退选者,其退选之学程以零分计算。

七、各生填写选课单及学程证务须将应填各项一一详填,并不得潦草,学程名称更不得简写,各学程组别亦须填明。

浙江大学档案馆藏 L053-001-0916

转学生及新研究生入学缴费注册须知（三十年度第一学期）

（1941 年）

一、按照规定日期至遵义总校注册组领取体格检查凭单。

二、凭体格检查凭单至医务组检查体格，再持体格检查证交注册组注册，并缴验证件，及本人最近二寸半身相片四张（相片背面务须楷写本人姓名及学院、学系、研究所、学部名称）由注册组指给学号，并发给缴费凭单（研究生另给注册通知单）。

三、持缴费凭单至会计、出纳室缴费（研究生免交）。

四、凭缴费收据（研究生免验）领取选课单及空白学程证（此项表格务须妥存，备选课时应用，如有遗失，概不补给）。

五、选课手续与二、三、四年级学生同。

浙江大学档案馆藏 L053-001-0916

三十二年度开学开课日期规定 审查成绩录取新生名额已予揭晓

（1943 年 8 月 10 日）

本校三十二年度开课日期现已规定为：八月二十七日开学，九月十日开课。又，九月九日为选课之日期。一年级新生十月一日开学，一日至十四日入学训练，十五日开课。

又讯：本校今年度招收新生除考试外，兼采审查中学成绩办法。自该项办法在渝筑各大报公布后，送请审查者凡千余件。兹已审查竣事，计共录取该项新生二三四名；计文学院、理学院各四一名，工学院一四〇名，农学院一二名，师范学院一〇名。又，贵阳举行高中毕业学生会考，本校亦录取新生六十名。

《国立浙江大学校刊》复刊第一百二十二期，民国三十二年八月十日

新生入学须知

（1945 年 8 月 9 日）

径启者：

兹规定本年度一年级及先修班新生自九月十五日起，先至遵义本大学报道后，再赴永兴分部入学，十月一日、二日再试及复试。凡再试或复试不到者，不准入学。又，新生于赴校报到前应自行先请医师检查，如患肺病、性病等症者，毋须赴校，以免徒劳往返为要。此致

〇〇〇君

国立浙江大学注册组启
三十四年八月九日

新生入学须知

一、报到及注册

一年级及先修班新生自九月十五日起先至遵义本校报到,并检查体格,及格者持暂准注册证往距遵义九十三公里之湄潭县属永兴场本校分部办理缴费入舍等手续。

二、应缴证件

报到时应随缴高中毕业证书(师范生除缴毕业证书外,应加缴服务证明书;同等学力学生应缴修满高中第一、第二年级学行证明书及第一、第二年级两学年全部成绩单)及二寸半身脱帽照片五张,无证件或证件不完全者不准报到注册。

三、再试及复试

定于十月一日、二日在永兴分部举行再试或复试,不到者不准入学;成绩合格者,编入一年级肄业;较次者暂予试读或令入先修班肄业。但以同等学力应试学生再试不合格者,不予录取,并不准试读或入先修班肄业。

四、缴费

学费十元,体育费二百元,杂费二百元,证章费一百元,讲义费一十元(盈还亏补),损失赔偿费五百元(盈还亏补),共二千零十元。膳费、书籍、灯油等费自备。

五、本年初试及保送、审查成绩、录取新生一律不准保留学籍。

浙江大学档案馆藏 L053-001-3795(2)

浙江大学下月开课
(1946 年 11 月 25 日)

(杭州讯)国立浙江大学原定于十一月初上课,现已一部分校舍修建不及,将延期至十二月初开课。本学期除已招收一部分新生外,余均由青年军、大学生修班分发,亦同时于十二月初注册开学。新生校舍,闻已勘定东街底,正在积极赶修中。

《益世报》民国三十五年十一月二十五日

国立浙江大学历年学生人数统计表

(1947 年 4 月 1 日)

院别	系别	十六年度	十七年度	十八年度	十九年度	二十年度	二十一年度	二十二年度	二十三年度	二十四年度	二十五年度	二十六年度	二十七年度	二十八年度	二十九年度
文理学院	史学及政治学系		7	8	9	9	16	14	2	2					
	经济学系		2	3	4	4									
	教育学系		7	12	21	32	55	64	66	47	35	24	28		
	心理学系		1	1	1	1									
	外国文学系			1	4	6	16	26	25	16	25	18	32		
	数学系		1	5	8	13	23	23	24	30	26	15	33		
	物理学系		3	9	11	21	25	25	35	23	22	12	41		
	化学系		3	7	10	17	24	34	39	36	36	31	50		
	生物学系					2	14	20	25	18	15	11	18		
	史地学系										6	16	42		
	中国文学系												4		
	共计		24	46	68	105	173	126〔206〕	216	172	165	127	248		
文学院	中国文学系													18	9
	外国文学系													40	43
	教育学系													17	12
	史地学系													46	58
	共计													121	122
理学院	数学系													26	30
	物理学系													32	42
	化学系													45	76
	生物学系													12	26
	共计													115	174
工学院	电机工程学系	49	45	52	56	66	108	113	103	86	72	63	114	141	163
	化学工程学系	21	27	30	35	47	67	79	80	69	57	42	91	121	187
	土木工程学系	14	39	61	86	91	99	91	86	75	65	62	102	108	122
	机械工程学系					11	19	37	48	59	63	58	108	151	157
	测量学系						12	12							
	共计	84	111	143	177	215	305	332	317	289	257	225	415	521	629

续 表

院别	系别	十六年度	十七年度	十八年度	十九年度	二十年度	二十一年度	二十二年度	二十三年度	二十四年度	二十五年度	二十六年度	二十七年度	二十八年度	二十九年度
农学院	农艺学系	9	11	5	18	15	55	58	34	32	67	54	80	47	47
	森林学系	6	6	6	14	11	20	19	8	2					
	园艺学系	5	6	5	14	9	27	29	21		7	13	30	27	27
	蚕桑学系	14	13	14	22	22	13	11	3		6	6	14	10	10
	农业社会学系	6	8	8	8	7	18	19	27	18					
	农业植物学系							22	46	72	2				
	农业动物学系							2	8	11	2				
	病虫害学系										14	10	31	11	14
	农业经济学系										26	25	56	61	93
	农学化学系													36	55
	一年级									18					
	共计	40	44	38	76	64	133	160	147	153	124	108	211	192	246
师范学院	教育系												30	39	62
	国文系												13	9	10
	英语系												9	15	21
	史地系												12	21	38
	算学系												13	12	14
	理化系												11	9	23
	共计												94〔88〕	105	169〔168〕
总计		124	179	227	311〔321〕	444〔384〕	611	618〔698〕	680	614	549〔546〕	481〔460〕	968〔962〕	1054	1340〔1339〕
附注	（一）文理学院于十七年度成立，至卅八年度起分设为文学院及理学院； （二）自廿七年度起增设师范学院，文理学院教育系自本年度停止招收一年级新生，改由师范学院办理； （三）机械、化工二系自廿八年度起奉部令增设双班； （四）自廿七年度第二学期起设大学先修班之人数未计入； （五）自廿八年度起增设文科研究所史地部、理科研究所数学部、师范学院及龙泉分校，各该部学生人数均未列入； （六）自廿九年起增设附属中学，其学生人数未列入； （七）本表人数系根据每年度第一学期注册人数计算。														

考场规则

（1947 年 4 月 1 日）

一、依时入场，题目揭晓十分钟后不得进场与试，既入场后不得借故出场。

二、须按规定席次就座，不得擅易或离席。

三、除少数某项科目特经规定之表册外，一切非考试时需用之文具、书籍不得携带入场。

四、对于试题字迹，如有不清楚时，限于发完试题后十五分钟内，向原授课教员询问，逾时拒不受理。

五、试场内必须肃静。

六、草稿纸由校发给随卷附缴，毋须另行自备。

七、交卷后，不得逗留试场内。

八、限时一到，即行收卷，逾时拒收。

违以上各条之一者，得勒令其出场，并将试卷作废。

九、不得夹带，违者即予除名。

十、不得传递，不得枪替，违者双方均予除名。

十一、不得交谈，不得窃看，违者除该科试卷无效并不得补考外，再记大过一次用以示惩。

十二、考试时间内，须绝对服从监试人员之指导，违者除试卷无效外，并予相当惩戒。

十三、本规则，无论平时试验、定期试验、学期考试均通用之。

浙江大学档案馆藏 L053-001-0916

国立浙江大学历届毕业人数统计表

（1947 年 4 月 1 日）

毕业年度	文学院	理学院	工学院	农学院	师范学院	法学院	医学院	研究院	总计
民一三级			29						29
民一四级			23						23
民一五级			20						20
民一六级			12						12
民一七级			17	3					20
民一八级			14	14					28
民一九级			22	2					24
民二十级			33	42					75
民二一级	18	5	47						71
民二二级	8	10	50	11					79

续　表

毕业年度	文学院	理学院	工学院	农学院	师范学院	法学院	医学院	研究院	总计
民二三级	13	5	60	36					114
民二四级	23	17	68	29					137
民二五级	21	19	97	41					178
民二六级	18	11	77	24					130
民二七级	8	16	38	25					87
民二八级	6	21	37	11					75
民二九级	18	16	77	38					147
民三十级	18	20	87	45					170
民三一级	12	19	79	57	1				168
民三二级	32	32	168	55	40				327
民三三级	34	32	173	75	21				335
民三四级	19	7	158	54	31			55	324
民三五级	26	40	137	74	7				283
总计	274	270	1523	634〔636〕	100			55	2856
备注	1.前求是书院及浙江省高等学堂毕业生五十八名不计在内； 2.前甲二高工毕业及附中毕业者不计在内。								

浙江大学档案馆藏 L053-001-3825

国立浙江大学布告(第五十四号)
(1947 年 6 月 22 日)

　　查本学期一年级生开学较迟,上课时期亦少,本校长不忍诸生旷误过多,定本星期三(廿五日)起照常上课,仍照学校历之规定举行学期考试,必要时并得延长一星期,以免局促,以资温习。诸生应以学业为重,务勿观望再误为要。

　　此布。

校长竺可桢
〈三十六年〉六月二十三日

《国立浙江大学校刊》复刊第一百五十九期,民国三十六年六月二十二日

浙大已开学 十四日上课
(1949 年 2 月 12 日)

（中央社杭州十一日电）浙大已于七日开学，现办理补考注册选课等手续，十四日正式上课。

《中央日报》民国三十八年二月十二日

（三）课程设置

国立浙江大学课程委员会第一次会议记录
(1937 年 1 月 9 日)

时间	二十五年六月五日下午三时
地点	校长公舍会议室
出席者	胡刚复　李寿恒　吴福桢　郑宗海
列席者	沈有乾（前学行委员会主席）　徐谷麒（注册课主任）

议决事项

一、关于博通考试办法

请沈有乾教授研究起草（偏重"Honor System"）。

二、关于积点制或毕业学生至少限度之成绩

请徐谷麒主任研究起草。

三、关于举业总学分应如何规定案

议决：毕业总学分仍照原规定，除军训、看护、体育及党义外，须修毕一百三十二学分，并请农、工两学院加以注意。

四、关于公共必修科目之项目学分及修习办法应如何规定案

议决：

1.国文、英文

国文：每学期二学分，每周三小时，修习一学年，共四学分。

英文：每学期二学分，每周三小时，修习两学年，共八学分。

国文、英文两科目，举行会考，必须在升入三年级前修习完毕；不及格者，应令补习至及格为止，考试办法及最低及格标准，另组考试委员会规定之。

2.第二外国语

第二外国语以必修为原则，时间规定为两学年，如一年级英文不及格者，不得修习。

3.党义

共二学分,一年级修习。

4.体育

第一、二、三学年,每学期一学分。

5.军训

共三学分,一年级男生修习。

6.看护学

共二学分,一年级女生修习。

7.民族健康问题

本问题甚为重要,请训育委员会及医务卫生部加以注意,但不得另设科目。

8.人文学科中及自然学科中以至少各选九学分为原则。

五、原订一年级社会学科考试,应否举行案

议决:本年一年级社会学科考试照常举行,不及格者应选习人文学科六学分补足之,其及格一门者选三学分,及格两门者免修。

六、关于主系及辅系办法应如何规定案

议决:主系学分至少四十学分,辅系学分至少二十学分。

因个别需要,辅系科目不可限于一系,但须各有关联学系主任及院长之认可。又,此项声明与认可,至少须在四年级开始以前,方为有效。

(工学院另行办理)

《国立浙江大学日刊》第一百〇九期,民国二十六年一月九日

致教育部公函(大学增设气象学课程)[①]

(1937年4月23日)

径启者:

查气象学科为研求保护农林、水利、飞航、渔捞之要道。先进诸国际积极实施气象观测外,并作普遍研究;各大学均有气象学课程,借宏造诣。吾国气象事业及研究均称落后,一般国民固无此项常识,即规模较大之大学校,对于气象学科,亦多略而不备。大学为最高学府,其内容既未臻完善,则中等以下之学校,欲求灌输气象常识之师资,自必无所取给,宁非建设现代化国家之一大缺憾!

近者本院为推进气象事业及研究计,曾于本年四月二日举行第三届全国气象会议。维时出席代表均感于国内气象人才缺乏,亟应有培植之必要。经由青岛观象台及厦门大学气象台等机关提请《各大学应一律添设气象学课程》一案,当即议决"由会函请教育部通令各大

---

① 原文注:刊于《第二届全国气象会议特刊》第160页。函文前记:"为函据全国气象会议议决案,请令各大学酌增气象学课程,敬希查见复由。"

学酌量增设"，记录在卷。交由本所办理，相应函达，至祈查酌办理见复，实纫公谊！此致
教育部

所长竺可桢

《竺可桢全集》（第二卷），上海科技教育出版社，2004 年，第 413 页

本学期新开课程

（1939 年 4 月 3 日）

本校二十七年上学期各级所开课程表曾志本刊。本学期各院系所开课程，文理、师范两院以多为一年学程，故大抵赓续，无多变更。惟工、农两院几全改动。兹分志于下：

文理学院中、外文学两系仍旧。教育学系新开普通心理学、实验心理学、高等教育心理学（黄羽仪先生）、儿童训导、教育书报、师范教育（胡健人先生）、初等教育、小学学科教学法（吴智瑶先生）、专题研究（全系教授）、教育社会学、社会教育（雷宾南先生）。史地学系新开中国上古史、地理学史（王以中先生）、中国近古史、中国交通史（向觉明先生）、史科选读（贺昌群先生）、文化地理（张晓峰先生）、历史地质学（叶佑之先生）。数学系新开数学研究甲、乙（苏步青先生、陈建功先生）。物理系新开实验技术（何增禄先生）、物理研究（全系教授）。化学系新开定量分析、化学设备（王季梁先生）、有机选论、有机定量分析（周厚复先生）、高等无机化学（储润科先生）。生物学系新开下等植物学（罗世嶬先生）、植物解剖学（王曰玮先生）、动物胎学（蒋天鹤先生）、动物生理学（蔡作屏先生）、动物鉴定与野外采集（张孟闻先生）、原生动物学、细胞学（谈家桢先生）。

工学院电机工程学系新开电磁测定、无线电纲要、电工选论、有线电实验、无线电实验（毛燕誉先生）、材料强弱（万一先生）、热工学（钱钟韩先生）、平面测量（陈仲和先生）、直流实验（程祖宪先生、谢志公先生）、电话、自动电话（毛掌秋先生）、电工教学、配电工作（王劲夫先生）、材料实验（陈仲和先生）、机械设计（赵仲敏先生）、电厂设备设计（杨耀德先生）、工业管理（顾谷宜先生）、机工大意（徐叔渔先生）。化工学系新开无机工业化学、化工计算、工业化学实验（廖文〈毅〉先生）、工业分析、燃料学（李寿恒先生）、化学工程原理、化工实验、有机工业化学及实验（程耀椿先生）、论文（全系教授）。土木工程学系新开材料强弱、钢桥设计（吴钟伟先生）、工程地质学（叶良辅先生）、平面及大地测量、水文学（竺士楷先生）、道路工程、给水工程（唐凤图先生）、土石结构及基础应用、弹性学、高等结构原理（徐芝纶先生）、工程契约（董中先生）、高等水力学、防潦工程、木工设计、水工模型原理（刘光文先生）、最小二手方（诺模术、钱宝琮先生）、铁道测量实习（补，严自强先生）。机械工程学系新开应用机构学（朱亮臣先生）、机构设计（赵仲敏先生）、机械画（张闻骏先生）、飞机学、飞机结构、汽车实习（余克缙先生）、铁路机械工程及设计（金秉时先生）、动力厂设计（钱钟韩先生）、汽轮机（徐叔渔先生）、论文（全系教授）、工程材料、材料试验（陈仲和先生）。

农学院农艺学系新开课程：普通分析（王季梁先生）、农业分析化学（杨守珍先生）、肥料（彭谦先生）、农业设计实习、农业微生物学（黄本立先生）、稻作学（卢亦秋先生）、栽培通论、

特用作物（徐陟先生）、育种学、田间术（孙逢吉先生）、农具学（吴留青先生）、农化讨论、农产讨论、论文（全系教授）、农化设计实习（全组教授）。园艺学系新开园艺（章恢志先生）、蔬菜园艺、蔬菜促成栽培（冯言安先生）、花卉园艺（熊同龢先生）、设计实习、论文（全系教授）。蚕桑系新开蚕桑学、养蚕学、柞蚕学（顾莹先生）、蚕体生理、蚕体病理（夏振铎先生）、蚕桑讨论、设计实习、论文（全系教授）。农业经济学系新开合作原理（丁炜文先生）、农村调查、农业金融（梁庆椿先生）、农业会计（陈寿衡先生）、农经讨论（全系教授），又垦殖学、土地经济、农业地理。病虫害系新开经济昆虫（蔡邦华先生）、气象学（沈思屿〔玙〕先生）、植病防治、高等植物（陈鸿逵先生）、普通昆虫、昆虫防治、昆虫生态（李凤荪先生）、细胞学（谈家桢先生）、植病组设计实习、昆虫设计实习、植病讨论、昆虫讨论、论文（全系教授）。至一年级课程，则与上学期同，并无更动。先修班课程详下期另息〔志〕。

《国立浙江大学校刊》复刊第十七期，民国二十八年四月三日

全校各学院共同修习科目表
（1940 年 9 月 9 日）

（二十九年九月九日第六次教务会议通过）

科目	院组系	第一学年 学分 上	下	每周时数 上	下	第二学年 学分 上	下	每周时数 上	下	第三学年 学分 上	下	每周时数 上	下	备注
国文	文（必）师（必）	3	3	4	4	1	1	2	2					国文：（1）一年级国文每学期须会考一次；（2）文、理、师一年级国文每周讲演三小时、讨论各一小时；（3）二年级国文讲演与国文系同，文系不必修，文、师二院文组各系，可以免修，二年级国文在七十五分以上者，但须另选校定之国文科目至少 2 学分。
国文	理（必）	3	3	4	4									
国文	工（必）农（必）	2	2	3	3									
英文	文（必）理（必）农（必）师（必）	3	3	3	3	1	1	2	2					英文：（1）一年级英文每学期须会考一次；（2）二年级英文每周讲演及讨论各一小时，外国语文学系及英文系均不必修；文、理、农、师其他各系，如一年级免修，但须另选英文在七十五分以上者，可以免修，校定之英文科目至少口学分。
英文	工（必）	3	3	3	3									
第二外国语	文（必）理（必）					3	3	3	3	2	2	3	3	化工系必修德文；第三学年每周时数内均有一小时为讨论。
第二外国语	工（选）农（必）									1	1	2	2	
历史 中国通史	文（必）理（必）师（必）	3	3	3	3	3	3	3	3					中国通史：理学院及师范学院第二学年设置，理化学系得在第三学年设置；西洋通史：师范学院之英语、理化二学系得在第三学年设置。
历史 西洋通史	文（必）师（必）	3	3	3	3	3	3	3	3					

续 表

科目	院组系	第一学年				第二学年				第三学年				备注
		学分 上	学分 下	每周时数 上	每周时数 下	学分 上	学分 下	每周时数 上	每周时数 下	学分 上	学分 下	每周时数 上	每周时数 下	
论理学	文(必)	2	2	2	2									师范学院文组得与普通数学二者中任选一种。
哲学概论	文(必)、师(必)					3	3	3	3					
政治学	文(必)、师(必)	3	3	3	3									政治学与经济学:文、师两院须于第一年及第二年各修一种,讲演须于第二年任选一种。
	理(必)					3	3	3	3					
经济学	工(必)、农(选)					3		3						同前注。
普通数学	文(选)、理(必)、师(文组选)	3	3	3	3									普通数学(包括高等代数、解析几何、三角及微积分):倘人数过多,分两班授课;理学院数学系微积分及微分方程式按 4 计,全年八学分。
微积分	理(数理化必)、工(必)、师(理组必)	4	4	4	4		3		3					
普通物理学	文(选)理、农(选)					3		讲3 实3	讲3 实3					理学院生物系向修普通物理学。
物理学	文(选)理(必)、工(必)、师(理组必)	4	4	讲4 讨1 实3	讲3 讨1 实3									

续　表

科目	院组系	第一学年 学分 上	下	每周时数 上	下	第二学年 学分 上	下	每周时数 上	下	第三学年 学分 上	下	每周时数 上	下	备注
化学 普通化学	文（选）□□ 农（必）	3	3	讲3 实3	讲3 实3									理学院生物系改修普通化学，农学院农业化学系改修无机化学。
无机化学	理（数理化必）工（必）农（理组必）师（理化必）	4	4	讲3 实3	讲3 实3									
生物 普通生物学	文（选）师（选）					3	3	讲3 实3	讲3 实3					
生物学	理（必）					3	3	讲3 实3	讲3 实3					生物学较部定少二至四学分，必要时可另选其他生物科目补足。
普通动物学	理（□□）农（必）	2	2	讲2 实3	讲2 实3									
普通植物学	理（□□）农（必）	2	2	讲2 实3	讲2 实3									

增开《国父实业计划研究》学程

(1942 年 5 月 10 日)

本学期工学院增开《国父实业计划研究》一学程,由李〈熙谋〉院长及张其昀教授担任教授,医学院四年级同学必予选读云。

《国立浙江大学校刊》复刊第一百〇七期,民国三十一年五月十日

第一次课程委员会会议记录

(1947 年 2 月 11 日)

日期	卅六年二月十一日下午三时
地点	校长公舍会议室
出席	张绍忠　王珊　储润科　钱宝琮　蔡邦华　郑宗海　王国松 公推张绍忠先生为主席
记录	石作珍

报告事项(略)

讨论事项

一、请教务处迅编全校中文及英文学程纲要案

决议:通过。

二、严格执行预修学程应先修习案

决议:通过。

浙江大学档案馆藏 L053-001-0474

国立浙江大学三十七年度选课一览
（1948 年）

文学院中国文学系一年级

学程号数	学程名称	学分		每周时数						先修学程
		上学期	下学期	上学期			下学期			
				演讲	讨论	实习	演讲	讨论	实习	
必修	三民主义	2	2	2			2			
	国文	3	3	3			3			
	英文	3	3	3			3			
	中国通史	3	3	3			3			
	哲学概论	3	3	3			3			
	理则学	2	2	2			2			
	自然科学一种	3	3	3			3			
选修										
总计		19	19	19			19			
备注		自然科学：地学通论、普通地质学、气象学、人类学或普通理化任选一种。								

文学院中国文学系二年级

学程号数	学程名称	学分		每周时数						先修学程
		上学期	下学期	上学期			下学期			
				演讲	讨论	实习	演讲	讨论	实习	
必修	社会科学一种	3	3	3			3			
	西洋通史	3	3	3			3			
	读书指导	2	2	2			2			
	文字学	2	2	3			3			
	文选及习作	3	3	3		1	3		1	
	国学专书选读	3	3	3			3			
选修										
总计		16	16	17		1	17		1	
备注		社会科学：政治经济学、社会学或人文地理任选一种。								

文学院中国文学系三年级

学程号数	学程名称	学分 上学期	学分 下学期	每周时数 上学期 演讲	讨论	实习	下学期 演讲	讨论	实习	先修学程
必修	声韵学	2	2							
	国文文法	3		3						
	中国文学史	4	4	4			4			
	*诗选及习作	3	3	3			3			
	国学专书选读	3	3	3			3			
	*小说戏剧选	2	2	2			2			
	国文学科教材教法		2				3			
选修										
总计		17	14〔16〕	15			12〔15〕			
备注	*本年暂停。国文学科教材教法,师范生必修。									

文学院中国文学系四年级

学程号数	学程名称	学分 上学期	学分 下学期	每周时数 上学期 演讲	讨论	实习	下学期 演讲	讨论	实习	先修学程
必修	训话学	2		2						文字学、声韵学
	词选及习作	2	2	2		1	2		1	诗选
	曲选及习作	3		3		1				
	国学专书选读	2	2	3			3			
	*世界文学史	2	2	2			2			
	毕业论文	1	1			1			1	
	教学实习					2			2	
选修										
总计		12	7	12		5	7		4	
备注	教学实习,师范生必修。									

选课一览

学程名称	学分		每周时数				选修年级
	上学期	下学期	上学期		下学期		
			演讲	实习	演讲	实习	
目录学	3		2		2		三、四
古文字学	2	2	3		3		三、四
中国修辞学研究		3					三、四
中国文学批评	2	2	3		3		三、四
国学专书选读	2	2	3		3		二、三、四
中国语言文字专书选读	2	2	3		3		四
文家专集	2	2	3		3		三、四
诗家专集	2	2	3		3		三、四
词家专集	2	2	3		3		三、四
新文学概论（本年未开）							三、四
国学概论	2	2	3		3		二
备注	国学专书选读所开课程除修满十二学分以外，得再选修。						

文学院外国语文学系一年级

	学程号数	学程名称	学分		每周时数						先修学程
			上学期	下学期	上学期			下学期			
					演讲	讨论	实习	演讲	讨论	实习	
必修		一年英文（一）	3	3	3			3			
		一年国文	3	3	3			3			
		中国通史	3	3	3			3			
		文院规定自然科学一种	3	3	3			3			
		哲学概论	3	3	3			3			
		理则学	2	2	2			2			
		三民主义									
		伦理学	3		3						
选修											
总计			20	17	20			17			
备注											

文学院外国语文学系二年级

学程号数		学程名称	学分		每周时数						先修学程
			上学期	下学期	上学期			下学期			
					演讲	讨论	实习	演讲	讨论	实习	
必修		二年作文	3	3	3			3			
		英诗	3	3	3			3			
		语音学	3	3	3			3			
		一年法文	3	3	3			3			
		政治经济或人文地理	3	3	3			3			
		小说	3	3	3			3			
选修											
总计			18	18	18			18			
备注											

文学院外国语文学系三年级

学程号数		学程名称	学分		每周时数						先修学程
			上学期	下学期	上学期			下学期			
					演讲	讨论	实习	演讲	讨论	实习	
必修		戏剧选读	3	3	3			3			
		十六七世纪文学	3	3	3			3			Poetry
		名著选	3	3	3			3			Sophomore Composition
		二年法文	3	3	3			3			
选修											
总计			12	12	12			12			
备注											

文学院外国语文学系四年级

学程号数	学程名称	学分		每周时数						先修学程
		上学期	下学期	上学期			下学期			
				演讲	讨论	实习	演讲	讨论	实习	
必修	莎士比亚	3	3	3			3			
	文学批评	3	3	3			3			
	十八九世纪文学	3	3	3			3			
	名著选	3	3	3			3			
选修										
总计		12	12	12			12			
备注										

选课一览

学程名称	学分		每周时数				选修年级
	上学期	下学期	上学期		下学期		
			演讲	实习	演讲	实习	
专题研究	3	3	3		3		三、四
比较文学	3	3	3		3		三、四
专集研究	3	3	3		3		三、四
现代文学	3	3	3		3		三、四
法文选读	3	3	3		3		四
备注							

文学院史地学系一年级

学程号数	学程名称	学分		每周时数						先修学程
		上学期	下学期	上学期			下学期			
				演讲	讨论	实习	演讲	讨论	实习	
必修	三民主义	2	2	2			2			
	国文	3	3	3			3			
	英文	3	3	3			3			
	中国通史	3	3	3			3			

续　表

学程号数	学程名称	学分		每周时数						先修学程
		上学期	下学期	上学期			下学期			
				演讲	讨论	实习	演讲	讨论	实习	
必修	自然科学	3	3	3			3			
	哲学概论	3	3	3			3			
	理则学	2	2	2			2			
	地学通论	3	3	3			3		(地组)	
选修										
总计		22	22	22			22			
备注	地学通论、普通地质学、气象学、人类学或普通理化均可作为本系学生所应修之自然科学论。									

文学院史地学系二年级

学程号数	学程名称	学分		每周时数						先修学程
		上学期	下学期	上学期			下学期			
				演讲	讨论	实习	演讲	讨论	实习	
必修	社会科学	3	3	3			3			
	西洋通史	3	3	3			3			
	中国近世史	3	3	3			3	史组		
	西洋近世史	3	3	3			3	史组		
	中国地理总论	3	3	3			3	史地二组共同必修		
	气象学	2	2	2			2	地组		
	地质学	3	3	3			3	地组		
选修										
总计		20	20	20			20			
备注	政治学、经济学、社会学或人文地理均可作为本系学生所应修之社会科学论;本系地组各学程之实习时间另有规定。									

文学院史地学系三年级

学程号数	学程名称	学分		每周时数						先修学程
		上学期	下学期	上学期			下学期			
				演讲	讨论	实习	演讲	讨论	实习	
必修	中国断代史	3	3	3			3			史组
	西洋断代史	3	3	3			3			史组
	中国历史地理	3		3						史组
	测量学	2		2		2				地组
	制图学		2				2			地组　地学通论
	地形学	2	2	2			2			地组　普通地质学
	气候学		3				3			地组　气候学或地理通论
	经济地理		3				3			地组　地学通论
	分洲地理	3		3						地组
选修										
总计		16	16	16		2	16			
备注		史地两组之师范生必须修习本学科之教材教法,四学分。								

文学院史地学系四年级

学程号数	学程名称	学分		每周时数						先修学程
		上学期	下学期	上学期			下学期			
				演讲	讨论	实习	演讲	讨论	实习	
必修	中国断代史	3	3	3			3			史组
	国别史	3		3						史组
	史学通论	2	2	2			2			史组
	历史名著选读	2	2	2			2			史组
	分洲地理	3		3						地组
	野外实测		3				3			地组　地学通论、地形学、制图学、测量学
	地学名著选读	2	2	2			2			地组
选修										
总计		15	12	15			12			
备注		史地两组之师范生必须修习本学科教学实习,四学分。								

选课一览

学程名称	学分		每周时数				选修年级
	上学期	下学期	上学期		下学期		
			演讲	实习	演讲	实习	
商周史	3	3	3		3		史三、四
秦汉史	3	3	3		3		史三、四
魏晋南北朝史	3	3	3		3		史三、四
隋唐史	3	3	3		3		史三、四
宋史	3	3	3		3		史三、四
元明史	3	3	3		3		史三、四
西洋上古史	3	3	3		3		史三、四
西洋中古史	3	3	3		3		史三、四
中国哲学史	3	3	3		3		史三、四
日本史	3	3	3		3		史三、四
中日关系史	3	3	3		3		史三、四
英国史	3	3	3		3		史三、四
美国史	3	3	3		3		史三、四
俄国史	3	3	3		3		史三、四
中国文化史	3	3	3		3		史各、级
中国经济史	3	3	3		3		史各、级
日本文化史	3	3	3		3		史三、四
历史研究法	3	3	3		3		史四
法国大革命史	3	3	3		3		史三、四
中西交通史	3	3	3		3		史三、四
备注	自商周史至元明史均为中国断代史,本系史组学生必须修足十二学分;西洋上古史与西洋中古史均为西洋断代史,史组学生必须修足六学分;日、俄、英、美诸国史均为国别史,史组学生必须修足三学分。						

选课一览

学程名称	学分		每周时数				选修年级
	上学期	下学期	上学期		下学期		
			演讲	实习	演讲	实习	
人文地理	3	3	3		3		地三、四
世界地理	3	3	3		3		地三、四
亚洲地理	3	3	3		3		地三、四
欧洲地理	3	3	3		3		地三、四
北美地理	3	3	3		3		地三、四
疆边地理	3	3	3		3		地三、四
岩石学	3	3	3	2	3	2	地三、四
工程地质	3	3	3		3		为工院开
农业地质	3	3	3		3		为农院开
农业气象	3	3	3		3		为农院开
地质实察	2			3			地三、四
国际学	3	3	3		3		史地三、四
太平洋地理	3		3				
澳洲地理		3			3		
地球物理	3		3				地三、四
海洋学		3			3		地三、四
天气预告学	3		3	2			地三、四
中国气候	3		3				地三、四
世界气候		3			3		地三、四
大气物理			3			3	地三、四
植物地理	3		3				地三、四
政治地理	3	3	3		3		地三、四
地图读法		3			3		地三、四
历史地质	3	3	3		3		地三、四
备注	亚洲地理、欧洲地理、北美地理等属于分洲地理,本系地组学生必须选习六学分。						

文学院人类学系一年级

	学程名称	学分		每周时数						先修学程
		上学期	下学期	上学期			下学期			
				演讲	讨论	实习	演讲	讨论	实习	
必修	三民主义	2	2	2			2			
	国文	3	3	3			3			
	英文	3	3	3			3			
	中国通史	3	3	3			3			
	理则学	2	2	2			2			
	生物学	3	3	2		2	2		2	
	社会学	3	3	3			3			
	普通人类学	3	3	3			3			
选修										
总计		22	22	21		2	21		2	
备注										

文学院人类学系二年级

	学程名称	学分		每周时数						先修学程
		上学期	下学期	上学期			下学期			
				演讲	讨论	实习	演讲	讨论	实习	
必修	第二外国文(德、法)	3	3	3			3			
	体质人类学	3	3	2		2	2		2	生物学、人类学、解剖学概论
	*人体学	3	3	2		3	2		3	人类学、生物学
	文化人类学	3	3	3			3			人类学、社会学
	普通心理学	3	3	2		2	2		2	
	普通语言学	3	3	3			3			普通人类学
选修										
总计		18	18	15		7	15		7	
备注		*第一学期为人体解剖概论;第二学期为人体组织与胚胎与脑神经概论。								

文学院人类学系三年级

	学程名称	学分		每周时数						先修学程
		上学期	下学期	上学期			下学期			
				演讲	讨论	实习	演讲	讨论	实习	
必修	第二年第二外国文（德或法）	3	3	3			3			
	化石人类学	3		2		2				人类学、体质人类学
	种族生理学	3	3	2		2	2		2	生物学、人类学
	人种志	3		3						普通人类学、体质人类学
	人类学方法	3		2		2				人类学、体质人类学
	考古学		3				2		2	普通人类学、体质人类学
	文化论		3				3			人类学、社会学、文化人类学
	史前学		3				3			人类学、考古学、史学通论
选修										
	总计	15	15	12		6	13〔16〕		4	
	备注									

文学院人类学系四年级

	学程号数	学程名称	学分		每周时数						先修学程
			上学期	下学期	上学期			下学期			
					演讲	讨论	实习	演讲	讨论	实习	
必修		人类遗传学	3		2		2				生物学、人类学
		人类进化学	3		3		3	2			生物学、普通人类学

续　表

学程号数	学程名称	学分		每周时数						先修学程
		上学期	下学期	上学期			下学期			
				演讲	讨论	实习	演讲	讨论	实习	
必修	优生学		3				3			人类学、体质人类学
	民族志		3				3			人类学、地学通论、文化人类学
	民俗学	3		3						人类学、社会学、文化人类学
	工艺学	3		3						普通人类学、文化人类学
	人类学史		3				3			
	论文		3							
选修										
总计		12	12	11			2〔5〕	9〔11〕		
备注										

选课一览

学程名称	学分		每周时数				选修年级
	上学期	下学期	上学期		下学期		
			演讲	实习	演讲	实习	
遗传细胞学(同生物系)							三、四
人体解剖学(同医学院)							三、四
种族病理学		3			3		三、四
血型论	3		2	2			二、三、四
指纹学		3			3		三、四
种族心理学	3		3				三、四
智力测验	2		2				三、四
哲学概论	3	3	3		3		三、四
中国民族史	3		3				三、四
民族地理学		2			2		三、四

学程名称	学分		每周时数				选修年级
	上学期	下学期	上学期		下学期		
			演讲	实习	演讲	实习	
比较语言学		3			3		三、四
初民艺术	2		2				三、四
初民社会学	2		2				三、四
初民经济学		2			2		三、四
宗教学		3			3		三、四
统计分析法	3	3	2	2	2	2	二、三、四
备注							

文学院哲学系一年级

	学程号数	学程名称	学分		每周时数						先修学程
			上学期	下学期	上学期			下学期			
					演讲	讨论	实习	演讲	讨论	实习	
必修		国文	3	3	3			3			
		英文	3	3	3			3			
		中国通史	3	3	3			3			
		哲学概论	3	3	3			3			
		理则学	2	2	2			2			
		政治学或社会学	3	3	3			3			
		三民主义	2	2	2			2			
选修											
总计			19	19	19			19			
备注											

文学院哲学系二年级

学程号数	学程名称	学分		每周时数						先修学程
		上学期	下学期	上学期			下学期			
				演讲	讨论	实习	演讲	讨论	实习	
必修	普通心理学	3	3							
	西洋通史	3	3	3			3			
	中国哲学史	3	3	3			3			哲学概论
	西洋哲学史	3	3	3			3			哲学概论
	孔孟荀哲学		3							中国哲学史
选修		6	6							
总计		12	15	9			9			
备注										

文学院哲学系三年级

学程号数	学程名称	学分		每周时数						先修学程
		上学期	下学期	上学期			下学期			
				演讲	讨论	实习	演讲	讨论	实习	
必修	印度哲学史	3	3	3			3			
	美学	2	2	2			2			哲学概论
	知识论	2	2	2			2			哲学概论
	老庄哲学	3		3						中国哲学史
	柏拉图哲学	3		3						哲学概论、西洋哲学史
	亚里士多德哲学		3				3			哲学概论、西洋哲学史
选修		6	6							
总计		13	10	13			10			

文学院哲学系四年级

学程号数	学程名称	学分		每周时数						先修学程
		上学期	下学期	上学期			下学期			
				演讲	讨论	实习	演讲	讨论	实习	
必修	西洋哲学专家研究	3	3	3			3			哲学概论、西洋哲学史
	形上学	2	2	2			2			哲学概论、理则学
	高等理则学	2	2	2			2			理则学
	现代哲学	2	2	2			2			哲学概论、西洋哲学史
	康德哲学	3		3						哲学概论、西洋哲学史
	黑格尔哲学		3				3			哲学概论、西洋哲学史
	毕业论文	1	1							
选修										
总计		13	13	12			9			
备注										

选课一览

学程名称	学分		每周时数				选修年级
	上学期	下学期	上学期		下学期		
			演讲	实习	演讲	实习	
程朱哲学	3		3				二
陆王哲学		3			3		二
价值论	3						三
历史哲学		3					三
大乘经论研究	2	2	2		2		三
数理理则学	2	2					三
备注							

理学院数学系一年级

学程号数		学程名称	学分		每周时数						先修学程
			上学期	下学期	上学期			下学期			
					演讲	讨论	实习	演讲	讨论	实习	
必修		三民主义	2	2	2			2			
		伦理学	1	1	1			1			
		国文	3	3	3			3			
		英文	3	3	3			3			
		中国通史	3	3	3			3			
		初等微积分及微分方程式	4	4	5		△1	5		△1	
		普通化学	4	4	3		3	3		3	
		初等代数方程式论	2	2	2			2			
	以下师范生必修										
		教育概论	3	3	3			3			
选修											
总计			25	25	25		4〔9〕	25		4	
备注		(1)凡学程上有*记号者,师范生不修; (2)凡实习栏内有△记号者,系习题时间数。									

理学院数学系二年级

学程号数		学程名称	学分		每周时数						先修学程
			上学期	下学期	上学期			下学期			
					演讲	讨论	实习	演讲	讨论	实习	
必修		*高等微积分	3	3	3		△2	3		△2	初等微积分
		级数概论	3	3	3		△2	3		△2	初等微积分
		立体解析几何学	3		3						
		座标几何学上		3			△2	3		△2	立体解析几何学
		物理学	4	4	4		3	4		3	
		社会科学	3	3	3			3			
		*第二外国语	3	3	3			3			

续　表

学程号数	学程名称	学分 上学期	学分 下学期	上学期 演讲	上学期 讨论	上学期 实习	下学期 演讲	下学期 讨论	下学期 实习	先修学程
	以下师范生必修									
必修	初等几何学		3				3			
	高等微积分	3		3		△1				初等微积分
	中等教育	3	3	3			3			
选修										
总计		25	25	25		10	25		9	
备注										

理学院数学系三年级

学程号数	学程名称	学分 上学期	学分 下学期	上学期 演讲	上学期 讨论	上学期 实习	下学期 演讲	下学期 讨论	下学期 实习	先修学程
必修	座标几何学下	3		3		△2				立体解析几何学
	*复变数函数论	3	3	3		△2	3		△2	高等微积分 级数概论
	近世代数学	3	3	3		△1	3		△1	初等代数方程式
	*第二外国语	2	2	2			2			
	理论力学	3	3	3			3			
	以下师范生必修									
	三角法	3		3						
	复变数函数论		3			△1	3			高等微积分
	教育心理	3	3	3			3			
选修										
总计		20	17	20		6	17		3	
备注										

理学院数学系四年级

学程号数	学程名称	学分		每周时数						先修学程
		上学期	下学期	上学期			下学期			
				演讲	讨论	实习	演讲	讨论	实习	
必修	＊实函数论	3	3	3		△1	3		△1	高等微积分级数概论
	微分几何学	3	3	3		△1	3		△1	座标几何学
	数学研究甲	1	1			3			3	见内容表
	数学研究乙	1	1			3			3	见内容表
	以下师范生必修									
	中等数学教育法	3		3						
	微分几何学		3				3		△1	
	教育实习	2	2			6			6	
选修										
总计		13	13	9	6	8	9	6	9	
备注										

选课一览

学程名称	学分		每周时数				选修年级
	上学期	下学期	上学期		下学期		
			演讲	实习	演讲	实习	
综合几何		3			3		三
数论	3		3				三
数学史		3			3		三
群论	2	2	2		3		三
综合几何	(3)		(3)				四
微分方程式论	3	3	3		3		四
形势几何学	3	3	3		3		四
代数几何学	3	3	3		3		四
解析数论	3	3	3		3		四
以下师范生选							
实用数学	3	3	3		3		
备注							

理学院数学系研究生

学程号数	学程名称	学分		每周时数						先修学程
		上学期	下学期	上学期			下学期			
				演讲	讨论	实习	演讲	讨论	实习	
必修	（解析组）									
	三角级数论	3	3	3			3			函数论
	（几何组）									
	高等微分几何学	3	3	3			3			微分几何学
	数学研究甲	2	2	3			3			
	数学研究乙	1	1	3			3			
选修										
总计		每组6	每组6	每组6			每组6			
备注										

理学院物理学系一年级

学程号数	学程名称	学分		每周时数						先修学程
		上学期	下学期	上学期			下学期			
				演讲	讨论	实习	演讲	讨论	实习	
必修	物理学及实验	4	4	4	1	3	4	1	3	
	无机化学及实验	4	4	4		3	4		3	
	初等微积分	3	3	4			4			
	或初等微积分及微分方程	4	4	4＋1			4＋1			
	一年国文	3	3	3			3			
	一年英文	3	3	3			3			
	中国通史	3	3	3			3			
	伦理学	1	1	1			1			
选修										
总计		21或22	21或22	23或21		6	23或24		6	
备注										

理学院物理学系二年级

学程号数	学程名称	学分 上学期	学分 下学期	每周时数 上学期 演讲	上学期 讨论	上学期 实习	下学期 演讲	下学期 讨论	下学期 实习	先修学程
必修	理论力学甲	3	3	3	1		3	1		物理学、微积分
	电磁学	3	3	3	1		3	1		物理学、微积分
	电磁学实验	1	1			3			3	物理学实验
	微分方程*	3		3						微积分
	高等微积分	3	3	3		1	3		1	
	二年英文	2	2	2			2			
	德文(一)	3	3	3			3			
选修										
总计		18 或 15	15	17		5	14		5〔4〕	
备注	* 一年级已修"初等微积分及微分方程"者免修。									

理学院物理学系三年级

学程号数	学程名称	学分 上学期	学分 下学期	每周时数 上学期 演讲	上学期 讨论	上学期 实习	下学期 演讲	下学期 讨论	下学期 实习	先修学程
必修	光学	3	3	3			3			物理学、微积分
	光学实验	1	1			3			3	物理学实验
	热学	3	3	3			3			力学、微积分
	物性及热学实验		1						3	力学、哲学
	理论物理	3	3	3			3			
	无线电乙	3		3						
	电讯实验	1				3				
	*社会科学	3	3							
	德文(二)	3	3	3			3			
选修										
总计		20	17	17〔15〕		6	12		6	
备注	*经济学、政治学及社会学任选其一。									

理学院物理学系四年级

学程号数		学程名称	学分		每周时数						先修学程
			上学期	下学期	上学期			下学期			
					演讲	讨论	实习	演讲	讨论	实习	
必修		近世物理学	3	3	3	1		3	1		力学、光学 电磁学
		近世物理实验	1	1			3			3	
		实验技术	1	1			3			3	
		物理讨论甲	1	1	3			3			
		物 理 研 究 甲 （酌给）									
选修											
总计			6	6	6		6	6		6	
备注											

理学院物理系研究生年级

学程号数		学程名称	学分		每周时数						先修学程
			上学期	下学期	上学期			下学期			
					演讲	讨论	实习	演讲	讨论	实习	
必修		波力学	4		4						光学
		量子力学		4				4			波力学
		相对论 A	4		4						光学
		相对论 B		4				4			
		理论物理选论	3	3	3	1		3	1		
		高等微分几何	3	3	3			3			
		原子核物理	3	3	3			3			
		物理讨论乙	1	1	一次			一次			
		物 理 研 究 乙 （酌给）									
选修											
总计			18	18	17	1			17	1	
备注											

理学院物理学系师范生

学程号数		学程名称	学分		每周时数						先修学程
			上学期	下学期	上学期			下学期			
					演讲	讨论	实习	演讲	讨论	实习	
必修		(一)免修学程									
		1.理论物理	6								
		2.德文	12								
		3.高等微积分	6								
		4.物理讨论甲	2								
		5.物理研究甲									
		(二)加修学程									
		1.教育概论	3	3	一年级修						
		2.教育心理	3	3	二年级修						
		(二)加修学程									
		3.中等教育	3	3	三年级修						
		4.物理教学法	3		四年级修						
		5.物理教学实习		3	四年级修						
选修											
总计											
备注											

选课一览

学程名称	学分		每周时数				选修年级
	上学期	下学期	上学期		下学期		
			演讲	实习	演讲	实习	
补习物理及实验			3	一次	3	一次	补习班
普通物理及实验	3	3	2+2	3	2+2	3	一或二
理论力学(乙)	3	3	3		3		二
二年物理及实验*	3	3	3	3	3	3	二
高等物理(一)(二)	3	3	3		3		二
高等物理(三)(四)	3	3	3		3		三

学程名称	学分		每周时数				选修年级
	上学期	下学期	上学期		下学期		
			演讲	实习	演讲	实习	
高等物理实验(一)(二)	1	1		3		3	二
高等物理实验(三)(四)	1	1		3		3	三
注备	上列学程及学分均系本系为他系学生所开选; ＊特为医预科及生物、药物〔学〕系学生而设。						

选课一览

学程名称	学分		每周时数				选修年级
	上学期	下学期	上学期		下学期		
			演讲	实习	演讲	实习	
投械几何	1	1		3		3	一二
机械画	1	1		3		3	一二
物理数学	3	3		3	3		二三
法文(一)	3	3	3		3		二三
气象学	3		3				二三
地质学		3			3		二三
物性及声学		3			3		三
法文(二)	3	3	3		3		三
原子核物理	3	3	3		3		四
波力学	4		4				四
量子力学		4			4		四
相对评 A,B	4	4	4		4		四
物理教学法		3			3	3	四
备注	以上为物理系学生选修之科目。						

理学院化学系一年级

学程号数		学程名称	学分		每周时数						先修学程
			上学期	下学期	上学期			下学期			
					演讲	讨论	实习	演讲	讨论	实习	
必修		国文	3	3	3			3			
		英文	3	3	3			3			
		初等微积分及微分方程	4	4	4			4			
		无机化学	4	3	4+(1)			3+(1)			
		无机化学实验	2				2×3				
		物理学	3	3	4	1		4	1		
		物理学实验	1	1			3			3	
		无机定性分析		2				2			
		定性实验		2						2×3	
		三民主义									
		伦理									
		体育									
选修											
总计			20	21	18	2	5×6	19	2	9	
备注											

理学院化学系二年级

学程号数		学程名称	学分		每周时数						先修学程
			上学期	下学期	上学期			下学期			
					演讲	讨论	实习	演讲	讨论	实习	
必修		二年英文	2	2	2			2			
		德文一	3	3	3			3			
		中国通史	3	3	3			3			
		无机定量分析	2		2						无机化学、定性分析
		定量实验	3				3×3				
		有机化学	4	4	4	1		4	1		无机化学

续 表

	学程号数	学程名称	学分		每周时数						先修学程
					上学期			下学期			
			上学期	下学期	演讲	讨论	实习	演讲	讨论	实习	
必修		有机实验		2					1	2×4	有机化学（一）上、有机化学甲上、普通有机化学
		物理化学		3				3	1		
		物化实验		1						4	
选修											
总计			17	18	14	1	3	15	3	6×8	
备注											

理学院化学系三年级

	学程号数	学程名称	学分		每周时数						先修学程
					上学期			下学期			
			上学期	下学期	演讲	讨论	实习	演讲	讨论	实习	
必修		德文（二）	3	3	3			3			
		经济学	3	3	3			3			
		物理化学	3		3	1					普通物理定量分析、微积分
		物化实验	1				4				
		无机分析（二）		4				2		2×4	有机化学、定性分析、定量分析
		有机化学（二）	3		3						有机化学（一）下
		有机实验	2				2×4				
		工业化学	3	3	3			3			有机化学（一）下、有机化学甲下
选修											
总计			18	13	15	1	6×8	11		2×4	
备注											

理学院化学系四年级

学程号数	学程名称	学分		每周时数						先修学程
		上学期	下学期	上学期			下学期			
				演讲	讨论	实习	演讲	讨论	实习	
必修	化学文献甲	1	1	1×2			1×2			
	化学文献乙	1	1	1×2			1×2			
	研究论文	无定	无定							
选修										
总计		2	2	2×4			2×4			
备注										

选课一览

学程名称	学分		每周时数				先修学程
	上学期	下学期	上学期		下学期		
			演讲	实习	演讲	实习	
无机化学(二)		2			3		二
有机定性分析		4			3	2×3	三
化学史		2			2		三
燃料化学	1		2				三
染料化学					2	2	三
染料化学实验		1				1×3	三
有机综合法		1			2		三
物理化学(二)		2			3		三
商品检验	1			1×3			四
微量分析		2			2	1×3	四
有机定量	2		2	1×3			四
物化选论	2		3				四
物态化学	2		2	1×3			四
电化学		2			2	1×3	四
药物化学	3	3	3	(1) 1×3	3	(1) 1×3	四
化学教学法及教学实习	3	3	2	3	2	3	四

学程名称	学分		每周时数				先修学程
	上学期	下学期	上学期		下学期		
			演讲	实习	演讲	实习	
有机天然产物		2			3		四
无机化学选论	2		3				四
实验技术	1		1	1×3			四
备注							

理学院生物学系一年级

	学程号数	学程名称	学分		每周时数						先修学程
			上学期	下学期	上学期			下学期			
					演讲	讨论	实习	演讲	讨论	实习	
必修		一年国文	3	3	3			3			
		一年英文	3	3	3			3			
		普通数学	3	3	3			3			
		普通物理	3	3	2	1	3	2	1	3	
		普通化学	4	4	3	1	3	3	1	3	
		生物学	3	3	2	1	3	2	1	3	
		伦理学	1	1	1			1			
选修											
总计			20	20	17	3	9	17	3	9	
备注											

理学院生物学系二年级

	学程号数	学程名称	学分		每周时数						先修学程
			上学期	下学期	上学期			下学期			
					演讲	讨论	实习	演讲	讨论	实习	
必修		二年英文	2	2	2			2			
		一年德文	3	3	3			3			
		普通分析化学	4		3		6				
		有机化学寅	3	5	4	1		4	1	6	

续　表

学程号数		学程名称	学分		每周时数						先修学程
			上学期	下学期	上学期			下学期			
					演讲	讨论	实习	演讲	讨论	实习	
必修		脊椎动物比较解剖学	3	3	3		3	3		3	生物学或普通生物学或普通动物学及植物学
		植物形态学	3	3	3		3	3	1	3	普通植物或普通生物
		生物学技术	1	1	1		仗	1		3	生物学或普通生物学或普通动物学及植物学
选修											
总计			19	17	19	1	15	16	1	15	
备注											

理学院生物学系三年级

学程号数		学程名称	学分		每周时数						先修学程
			上学期	下学期	上学期			下学期			
					演讲	讨论	实习	演讲	讨论	实习	
必修		二年物理	3	3	2	1	3	2	1	3	
		二年德文	2	2	2	1		2	1		
		中国通史	3	3	3			3			
		动物组织学	3		2	1	3				生物学或普通生物学或普通动物学及植物学
		动物胚胎学		3				2	1	3	生物学或普通生物学或普通动物学及植物学
		无脊椎动物学	3	3	2	1	3	2	1	3	普通生物或动物学
		遗传学	3	3	2	1	3	2	1	3	生物学或普通生物学或普通动物学及植物学

学程号数	学程名称	学分		每周时数						先修学程
		上学期	下学期	上学期			下学期			
				演讲	讨论	实习	演讲	讨论	实习	
选修										
总计		17	17	13	5	12	13	5	12	
备注										

理学院生物学系四年级

学程号数	学程名称	学分		每周时数						先修学程
		上学期	下学期	上学期			下学期			
				演讲	讨论	实习	演讲	讨论	实习	
必修	书报讨论	1	1	1	1		1	1		
	＊社会科学	3	3	3			3			
	植物生理学	3	3	2	1	3	2	1	2	普通植物学普通化学
	动物生理学	3	3	2	1	3	2	1	3	比较解剖
	×动物分类学	3		2	1	3				普通生物学或普通动物学
	×植物分类学		3				2	1	3	
选修	本系或他系所开课程	6—9	6—9							
总计		13	16	10	4	9	10	4	9〔8〕	
备注		＊政治、经济、社会学任选一种； ×任选一种。								

理学院生物学系师范生一年级

学程号数		学程名称	学分		每周时数						先修学程
			上学期	下学期	上学期			下学期			
					演讲	讨论	实习	演讲	讨论	实习	
必修		一年国文	3	3	3			3			
		一年英文	3	3	3			3			
		普通数学	3	3	3			3			
		普通化学	4	4	3	1	3	3	1	3	
		生物学	3	3	2	1	3	2	1	3	
		中国通史	3	3	3			3			
		伦理学	1	1	1			1			
选修											
总计			20	20	18	2	6	18	2	6	
备注											

理学院生物学系师范生二年级

学程号数		学程名称	学分		每周时数						先修学程
			上学期	下学期	上学期			下学期			
					演讲	讨论	实习	演讲	讨论	实习	
必修		二年英文	2	2	2			2			
		普通物理	3	3	2	1	3	2	1	3	
		普通有机化学		5				4		6	
		脊椎动物比较解剖学	3	3	3		3	3		3	
		植物形态学	3	3	2	1	3	2	1	3	
		教育概论	3	3	3			3			
		动物组织学	3		2	1	3				
		生物学技术	1	1	1		3	1		3	
选修											
总计			18	20	15	3	15	17	2	18	
备注											

理学院生物学系师范生三年级

学程号数	学程名称	学分		每周时数						先修学程
		上学期	下学期	上学期			下学期			
				演讲	讨论	实习	演讲	讨论	实习	
必修	动物胚胎学		3				2	1	3	
	无脊椎动物学	3	3	2	1	3	2	1	3	
	普通遗传学	3		2	1	3				
	＊社会科学	3	3	3			3			
	教育心理	3	3	3			3			
	中等教育	3	3	3			3			
选修	本系或他系所开选修课程	3	3							
总计		15	15	13	2	6	13	2	6	
备注		＊政治、经济、社会学得任选一种。								

理学院生物学系师范生四年级

学程号数	学程名称	学分		每周时数						先修学程
		上学期	下学期	上学期			下学期			
				演讲	讨论	实习	演讲	讨论	实习	
必修	书报讨论	1	1	1	1		1	1		
	＊植物生理学	3	3	2	1	3	2	1	3	
	＊动物生理学	3	3	2	1	3	2	1	3	
	动物分类学	3		2	1	3				
	植物分类学		3				2	1	3	
	生物学教育法	3	3	2	1	3	2	1	3	
选修	本系或他系所开选修课程	6	6							
总计		13	13	9	5	12	9	5	12	
备注		＊任选一种。								

理学院生物学系研究生一年级

学程号数		学程名称	学分		每周时数						先修学程
			上学期	下学期	上学期			下学期			
					演讲	讨论	实习	演讲	讨论	实习	
必修		书报讨论	0	0	1	1		1	1		
		生物学研究	2	2	无定时			无定时			
选修		本系所开合于研究生选修之课程	6—9	6—9							
总计			8—11	8—11	1	1		1	1		
备注		(一)研究生倘未读生物学(或普通动物及普通植物)、比较解剖及植物形态,应补修,但不给学分; (二)本系所给予学分之研究生可修之学程除列在本系选课一览外,尚有动物生理学、植物生理学、动物分类学、植物分类学四学程。									

理学院生物学系研究生二年级

学程号数		学程名称	学分		每周时数						先修学程
			上学期	下学期	上学期			下学期			
					演讲	讨论	实习	演讲	讨论	实习	
必修		书报讨论	0	0	1	1		1	1		
		生物学研究	2	2	无定时			无定时			
选修		本系所开合于研究生选修之课程	3—6	3—6							
总计			5—8	5—8	1	1		1	1		
备注											

选课一览

学程名称	学分		每周时数				选修年级
	上学期	下学期	上学期		下学期		
			演讲	实习	演讲	实习	
微生物学	3	3	3	3	3	3	生四及研究生
进化学	3		3				生四及研究生

续 表

学程名称	学分 上学期	学分 下学期	每周时数 上学期 演讲	每周时数 上学期 实习	每周时数 下学期 演讲	每周时数 下学期 实习	选修年级
细胞学		3			3	3	生四及研究生
植物生态学	3		3	3			生四及研究生
生物数学		3			3		生四及研究生
实验形态学	3	3	3	3	3	3	研究生
通生理学	3	3	3	3	3	3	研究生
细胞遗传学	3	3	3	3	3	3	研究生
生理化学		3			3	3	研究生
维他命及内分泌	3		3				研究生
生物学研究	4	4					研究生一、二年级
备注	为本系所开。						

选课一览

学程名称	学分 上学期	学分 下学期	每周时数 上学期 演讲	每周时数 上学期 实习	每周时数 下学期 演讲	每周时数 下学期 实习	选修年级
普通生物学	3	3	3	3	3	3	文、师各年级
普通动物学		4			4	3	农一必
普通植物学	2	2	2	3	2	3	农必一
普通植物生理学	3	3	3	3	3		农二必
植物学	3		3	3			医预二
普通遗传学	3		3	3			园艺、病虫、蚕桑三必
药用植物	3	3	3	3	3	3	药学二必
胚胎及遗传学		3			3	3	医预二
备注	为他系所开而本系学生不给学分。						

理学院药学系一年级

学程号数	学程名称	学分		每周时数						先修学程
		上学期	下学期	上学期			下学期			
				演讲	讨论	实习	演讲	讨论	实习	
必修	国文	3	3	3			3			
	英文	3	3	3			3			
	数学	3	3	3			3			
	普通物理	3	3	3		3	3		3	
	无机化学	4	4	4		3或6	4		3或6	
	动物学	3		3		3				
	动物解剖（哺乳类）		3				3		3	
选修										
总计		19	19	19		9	19		9	
备注										

理学院药学系二年级

学程号数	学程名称	学分		每周时数						先修学程
		上学期	下学期	上学期			下学期			
				演讲	讨论	实习	演讲	讨论	实习	
必修	有机化学	3	4	3			3		6	
	定性分析	3		2		6				
	定量分析		3				2		6	
	药用植物	3	3	3		3	3		3	
	药用拉丁	2		2						
	细菌学		3				3		3	
	组织学	3		3		3				
	英文	3	3	3			3			
选修										
总计		17	16	16		12	14		18	
备注										

理学院药学系三年级

学程号数	学程名称	学分		每周时数						先修学程
		上学期	下学期	上学期			下学期			
				演讲	讨论	实习	演讲	讨论	实习	
必修	药物化学	4	4	3		6	3		6	
	生药学甲	3	3	3		3	3		3	
	生理化学	6	6	4		6	4		6	
	制药学甲	3	3	3		3	3		3	
	第二外国语	3	3	3			3			
	药律	1		1						
选修										
总计		20	19	17		18	16		18	
备注										

理学院药学系四年级

学程号数	学程名称	学分		每周时数						先修学程
		上学期	下学期	上学期			下学期			
				演讲	讨论	实习	演讲	讨论	实习	
必修	制药学乙	3	3	3		3	3		3	
	药理学	6		4		6				
	理论化学		3			3	3	3		
	药物分析	4		3		6				
	寄生虫学		3				3		3	
	第二外国语	3	3	3			3			
	生药学乙	3	3	3		3	3		3	
	卫生化学		3				3		3	
选修										
总计		19	18	16		18	18〔15〕		15〔12〕	
备注										

理学院药学系五年级

学程号数	学程名称	学分		每周时数						先修学程
		上学期	下学期	上学期			下学期			
				演讲	讨论	实习	演讲	讨论	实习	
必修	药物综合	4		3		6				
	毒物分析	4		3		6	医院、药房、药厂实习			
	化工原理概要	3		3						
	工业管理	2		2						
	书报讨论	1		1						
选修										
总计		14		12		12				
备注										

选课一览

学程名称	学分		每周时数				选修年级
	上学期	下学期	上学期		下学期		
			演讲	实习	演讲	实习	
伦理学							
中国通史							
经济学							
植物生态							
药物培植							
植物生理							
制药工业							
有机综合							(年级及学分另定)
植物化学							
生物鉴定							
生物制剂							
普通医学							
病理学							
公共卫生学							
药史							
机械画							
备注	由第四年起可分为生药、药化及药理三组,学生任选一组内之相关课程,五年毕业,给予药学学士学位。						

工程院电机工程学系一年级

学程号数	学程名称	学分		每周时数						先修学程
		上学期	下学期	上学期			下学期			
				演讲	讨论	实习	演讲	讨论	实习	
必修	国文	2	2	3			3			
	英文	3	3	3			3			
	微积分	4	4	4			4			
	普通物理	3	3	4			4			
	物理实验	1	1			3			3	
	普通化学	3	3	4			4			
	化学实验	1	1			3			3	
	工场实习	1	1			3			3	
	投影几何	1	1			3			3	
	机械画	1	1			3			3	
选修										
总计		20	20	18		15	18		15	
备注										

工程院电机工程学系二年级

学程号数	学程名称	学分		每周时数						先修学程
		上学期	下学期	上学期			下学期			
				演讲	讨论	实习	演讲	讨论	实习	
必修	微分方程	3		3						
	应用力学	4		4						
	经济学	3		3						
	工程材料	2		2						
	机械画	1				3				
	金工	1	1	1					3	
	电工原理	3	3	3	1		3	1		物理学、微积分
	材料力学		4				4			
	机动学		2				2			

续　表

	学程 号数	学程名称	学分		每周时数						先修 学程
			上学期	下学期	上学期			下学期			
					演讲	讨论	实习	演讲	讨论	实习	
必修		平面测量		2				1		3	
		电磁测定		2				1		3	物理学
		热工学		4				4			
选修											
总　计			17	18	16	1	3	15	1	9	
备注			电讯组可免修热工学,改修高等微积分。								

工程院电机工程学系三年级

	学程 号数	学程名称	学分		每周时数						先修 学程
			上学期	下学期	上学期			下学期			
					演讲	讨论	实习	演讲	讨论	实习	
必修		交流电路	4		4						电工原理
		直流电机	3	3	3			3			电工原理
		直流电机试验	1	1			3			3	直流电机、 电磁测定
		热工学	3	3	3			3			
		电子学	3		3						电工原理
		交流电机		4				4			交流电路、 直流电机
		电工数学		3				3			交流电路
		机工实验		1						3	
		电力组									
		水力学	3		3						
		电照学		2				2			交流电路
		电讯组									
		电报	2		2						直流电机
		电话		2				2			
		电讯原理		3				3			交流电路、 直流电机

学程号数	学程名称	学分		每周时数						先修学程
		上学期	下学期	上学期			下学期			
				演讲	讨论	实习	演讲	讨论	实习	
选修										
总计	（力）	17	17	16		3	15		6	
	（讯）	16	20	15		3	18		6	
备注		本系三、四年级选修课得以他组必修课为选修，三年级电讯组得减修热工学三学分，改选其他功课。								

工程院电机工程学系四年级

学程号数	学程名称	学分		每周时数						先修学程
		上学期	下学期	上学期			下学期			
				演讲	讨论	实习	演讲	讨论	实习	
必修	交流电机	4		4						
	交流试验	2	2			3			3	交流电机、直流电机实验
	阅读报告	1		1						
	国父实业计划	1	1	1			1			
	电力组									
	发电厂	3		3						
	无线电	3		3						交流电路、电子学
	机工实验	1				3				
	电机设计	2	2			3			3	交流电机、直流电机
	电力传输		3				3			交流电路
	配电		2				2			
	原动力厂或工业管理		3				3			
	电厂设计		1						3	
	电讯实验	1				3				无线电乙同读

续　表

学程号数	学程名称	学分		每周时数						先修学程
		上学期	下学期	上学期			下学期			
				演讲	讨论	实习	演讲	讨论	实习	
必修	电讯组									
	电讯原理	3	3	3			3			
	无线电	3	3	3			3			交流电路、电子管理
	无线电实验	1	1			3			3	无线电
	自动电话		2				2			
	电报电话实验		1						3	电报电话及自动电话
选修	（力）		3				3			
	（讯）	2	3	2			3			
总计	（力）	18	17	12		12	12		9	
	（讯）	17	16	14		6	12		9	
备注										

工学院化学工程学系一年级

学程号数	学程名称	学分		每周时数						先修学程
		上学期	下学期	上学期			下学期			
				演讲	讨论	实习	演讲	讨论	实习	
必修	国文	2	2	2	1		2	1		
	英文	3	3	3			3			
	微积分	4	4	4			4			
	无机化学	4	3	3	1		3	1		
	无机实验	2				6				
	定性分析		4				2		6	无机化学及实验
	投影几何	1	1			3			3	
	机械画	1	1			3			3	
	工场实习	1	1			3			3	
选修										
总计		18	19	12	2	15	14	2	15	
备注		＊凡学年学程,下学期课程均以上学期课程为先修学程。								

工学院化学工程学系二年级

学程号数	学程名称	学分 上学期	学分 下学期	上学期 演讲	上学期 讨论	上学期 实习	下学期 演讲	下学期 讨论	下学期 实习	先修学程
必修	物理	3	3	3	1		3	1		
	物理实验	1	1			3			3	
	有机化学	4	4	4	1		4	1		
	有机实验		1						3	
	定量分析	5		2		9				定性分析
	微分方程	3		3						
	机构学		2				2			
	应用力学		4				4			微积分、物理
	经济学	3		3						
	理论化学		3				3			定量分析
	理论化学实验		1						3	
选修										
总计		19	19	15	2	12	16	2	9	
备注										

工学院化学工程学系三年级

学程号数	学程名称	学分 上学期	学分 下学期	上学期 演讲	上学期 讨论	上学期 实习	下学期 演讲	下学期 讨论	下学期 实习	先修学程
必修	工业化学	3	3	3	1		3	1		
	工化实验	1	1			3			3	
	理论化学	3		3						
	理论化学实验	1				3				
	热工学	3		3						
	热工实验		1						3	
	材料强弱	4		4						
	化工计算	3		3						

续 表

学程号数	学程名称	学分		每周时数						先修学程
		上学期	下学期	上学期			下学期			
				演讲	讨论	实习	演讲	讨论	实习	
必修	工业分析		3				2		3	
	化工原理		5				5	1		
	冶金		3				3			
	有机实验	1				3				
选修	选科		3				3			
总计		19	19	16	1	9	16	2	9	
备注										

工学院化学工程学系四年级

学程号数	学程名称	学分		每周时数						先修学程
		上学期	下学期	上学期			下学期			
				演讲	讨论	实习	演讲	讨论	实习	
必修	化工原理	5		5	1					微分方程理化上
	化工实验	1	1			3			3	与化工原理同读
	化工热力学	3		3						理论化学
	电工学	3	3	3			3			
	电工实验		1						3	
	杂志报告	1	1		1			1		
	化工设计	3		2		3				化工原理
	论文	1	1							四年级
	工厂管理		3				3			
选修	选科		6				6			
总计		17	16	13	2	6	12	1	6	
备注										

选课一览

学程名称	学分		每周时数				选修年级
	上学期	下学期	上学期		下学期		
			演讲	实习	演讲	实习	
可塑物工业	2		3				四
化工数学	3		3				四
金相学	3		3				四
应用电气化学	3		3				三、四
制革学		2			3		三、四
燃料及燃烧		3			3		三、四
液体燃料		3			3		四
非铁冶金		2			3		四
备注							

化学工程研究所学程一览

学程名称	学分		每周时数				选修年级
	上学期	下学期	上学期		下学期		
			演讲	实习	演讲	实习	
热之传导	3		3				
分级蒸馏	3		3				
高等化工热力学		3			3		
吸收与萃取		3			3		
杂志报告	1	1	1		1		
研究论文	3	3					
选科	研究生得选修三、四年所开各选修学程。						

工学院土木工程学系一年级

学程号数	学程名称	学分		每周时数						先修学程
		上学期	下学期	上学期			下学期			
				演讲	讨论	实习	演讲	讨论	实习	
必修	国文	2	2	3			3			
	英文	3	3	3			3			
	微积分	4	4	4			4			
	物理	3	3	4			4			
	物理实验	1	1			3			3	
	化学	3	3	4			4			
	化学实验	1	1			3			3	
	工场实习	1	1			3			3	
	投影几何	2				6				
	机械画		2						6	
选修										
总计		20	20	18		15	18		15	
备注										

工学院土木工程学系二年级

学程号数	学程名称	学分		每周时数						先修学程
		上学期	下学期	上学期			下学期			
				演讲	讨论	实习	演讲	讨论	实习	
必修	工程材料	2		2						
	机动学	2		2						
	平面测量	5	5	3		6	3		6	
	微分方程	3		3						
	应用力学	4		4		1				普通物理学上、初等微积分
	经济学	3		3						
	工程制图	1				3				机械画
	材料力学		4				4		1	应用力学
	热机学		3				3			

学程号数	学程名称	学分 上学期	学分 下学期	每周时数 上学期 演讲	讨论	实习	下学期 演讲	讨论	实习	先修学程
必修	地质学		2				2			
	最小二乘方		3				3			微积分、平面测量同读
	水力学		3				3			应用力学
选修										
总计		20	20	17		10	18		7	
备注										

工学院土木工程学系三年级

学程号数	学程名称	学分 上学期	学分 下学期	每周时数 上学期 演讲	讨论	实习	下学期 演讲	讨论	实习	先修学程
必修	大地测量	3		2		3				平面测量、最小二乘方
	结构学(1)(2)	3	3	3			3			材料力学、结构学(一)
	钢筋混凝土学	3		3						材料力学
	道路工程	3		3						
	电工学	3		3						
	水文学	2		2						
	材料试验	1				3				材料力学、工程材料
	结构计划		2						6	结构学(一)
	电工实习		1						3	
	铁道工程		3				3			铁道测量及实习
	铁道测量		3				2		3	平面测量
	土石结构学		3				3			钢筋混凝土学
	钢筋混凝土计划		2						6	同上
	暑期野外测量		2	六星期						平面测量、大地测量、铁道测量

续　表

学程号数	学程名称	学分		每周时数						先修学程
		上学期	下学期	上学期			下学期			
				演讲	讨论	实习	演讲	讨论	实习	
选修										
总计		18	19	16		6	11		18	
备注										

工学院土木工程学系四年级

学程号数	学程名称	学分		每周时数						先修学程
		上学期	下学期	上学期			下学期			
				演讲	讨论	实习	演讲	讨论	实习	
必修	结构学(3)	2								结构学(二)
	杂志报告	1	1				1		1	
	河工学	3		3						水力学、水文学
	水工设计	2				6				水力学、钢筋混凝土学
	工程契约及规范		1				2			
	房屋建筑		3				3			
	水力工程		3				3			水力学、水文学
选修										
总计		8	8	5〔3〕		7	8		1	
备注										

选课一览

学程名称	学分		每周时数				选修年级
	上学期	下学期	上学期		下学期		
			演讲	实习	演讲	实习	
论文	1	1					
铁道经济	2		2				
土壤力学	3		3				
高等水力学	3		3				

续　表

学程名称	学分 上学期	学分 下学期	每周时数 上学期 演讲	每周时数 上学期 实习	每周时数 下学期 演讲	每周时数 下学期 实习	选修年级
都市给水	3		3				
运河工程	2		2				
海港工程	2		2				
弹性力学		3			3		
污水工程		3			3		
河工设计		7				3	
灌溉工程		3			3		
高等结构		3			3		
钢筋混凝土计划		2				6	
钢筋混凝土拱桥计划		2				6	
钢桥计划	2			6			
铁道管理		2			2		
水力机械		3			3		
水工设计		2				6	
备注							

工学院机械工程学系一年级

学程号数	学程名称	学分 上学期	学分 下学期	每周时数 上学期 演讲	每周时数 上学期 讨论	每周时数 上学期 实习	每周时数 下学期 演讲	每周时数 下学期 讨论	每周时数 下学期 实习	先修学程
必修	国文	2	2	3			3			
	英文	3	3	3			3			
	微积分	4	4	4			4			
	物理及实验	4	4	4		3	4		3	
	化学及实验	4	4	4		3	4		3	
	投影几何	2				6				
	机械画（一）		2						6	
	工场实习	1	1			3			3	

续　表

学程号数	学程名称	学分		每周时数						先修学程
		上学期	下学期	上学期			下学期			
				演讲	讨论	实习	演讲	讨论	实习	
选修										
总计		20	20	18		15	18		15	
备注		机械画(三)为经验设计;(6)热工学(一)包括热力学;热工学(二)包括蒸汽机;热工学(三)包括热力传输、燃料及燃烧;热工学(四)包括锅炉及设备;热工学(五)包括动力厂;热工学(六)包括汽轮机及气轮机。								

工学院机械工程学系二年级

学程号数	学程名称	学分		每周时数						先修学程
		上学期	下学期	上学期			下学期			
				演讲	讨论	实习	演讲	讨论	实习	
必修	应用力学	4		4						物理、微积分
	材料力学		4				4			物理、应用力学、微积分
	工程材料		2				2			
	微分方程	3		3						
	工程数学		3				3			
	机动学	3	2	3			1		3	物理、机械画
	热工学(一)	3		4						热力学
	热工学(二)		3				4			
	机械画(二)	2				6				工程画
	机械画(三)		2						6	
	工场实习	2	2			6			6	
	工业分析	2		1		3				
	平面测量		2				1		3	
选修										
总计		19	20	15		15	15		18	
备注										

工学院机械工程学系三年级

学程号数		学程名称	学分		每周时数						先修学程
			上学期	下学期	上学期			下学期			
					演讲	讨论	实习	演讲	讨论	实习	
必修		热工学（三）	3		4						
		热工学（四）		3				4			
		机械设计	3	3	3			3			物理机械画、机动学、应用力学及材料力学
		机械设计制图	2	2			6			6	物理机械画、机动学、应用力学及材料力学
		内燃机		3				3			
		水力学	3		3						
		电工学	3	3	3			3			
		材料试验	1				3				
		电工试验	1	1			3			3	
		机工试验	1	1			3			3	
选修		工具机	2	2	3			3			
总计			19	18	16		15〔18〕	16		12	
备注											

工学院机械工程学系四年级

学程号数		学程名称	学分		每周时数						先修学程
			上学期	下学期	上学期			下学期			
					演讲	讨论	实习	演讲	讨论	实习	
必修		热工学（五）	3		4						
		热工学（六）		3				4			
		经济学	3		3						
		工业管理		3				3			
		＊汽车工程	3		3						
		＊航空工程		3				3			

续　表

必修	学程号数	学程名称	学分		每周时数						先修学程
			上学期	下学期	上学期			下学期			
					演讲	讨论	实习	演讲	讨论	实习	
		＊引擎动力学	2		2						
		机工试验	1	1			3			3	
		杂志报告	1		1						
		论文		2							
		动力组									
必修		水力机	3		3						
		＊铁路机械	2	2	3			3			
		＊动力厂设计		2						6	
		制造组									
		机械制造	2	2	1		3	1		3	工场实习
		高等机械设计		2				1		3	
选修		金相学	2		3						
总计			22	20	23		6	15		15	
备注											

选课一览

学程名称	学分		每周时数				选修年级
	上学期	下学期	上学期		下学期		
			演讲	实习	演讲	实习	
高等材料力学		2			2		
＊流体动力学	3		3				
＊提士〔丝〕机		3			3		
＊成本会计及合约	1		2				
备注	有＊均为四年级共同选修。						

工学院航空工程学系一年级

学程号数	学程名称	学分		每周时数						先修学程
		上学期	下学期	上学期			下学期			
				演讲	讨论	实习	演讲	讨论	实习	
必修	国文		2				3			
	英文		3				3			
	微分方程		4				4			
	普通物理		3				4			
	普通化学		3				4			
	物理试验		1						3	
	化学试验		1						3	
	工场实习		1						3	
	投影几何		1						3	
	机械画		1						3	
选修										
总计			20				18		15	
备注										

工学院航空工程学系二年级

学程号数	学程名称	学分		每周时数						先修学程
		上学期	下学期	上学期			下学期			
				演讲	讨论	实习	演讲	讨论	实习	
必修	材料力学		4				4			
	水力学		3				3			微分方程、应用力学、普通物理
	热工学		4				4			
	金工		1						3	
	机械画		1						3	
	机动学		3				3			
	工程数学		3				3			微分方程、应用力学
选修										
总计			19				17		6	
备注										

工学院航空工程学系三年级

学程号数	学程名称	学分		每周时数						先修学程
		上学期	下学期	上学期			下学期			
				演讲	讨论	实习	演讲	讨论	实习	
必修	空气动力学乙		4				4			空气动力甲、内燃机
	飞机结构甲		3				2		2	材料力学
	飞机发动机		3				3			内燃机
	热力工程		3				3			
	电工学		3				3			
	热工试验		1						3	
	材料试验		1						3	
选修										
总计			18				15		8	
备注										

工学院航空工程学系四年级

学程号数	学程名称	学分		每周时数						先修学程
		上学期	下学期	上学期			下学期			
				演讲	讨论	实习	演讲	讨论	实习	
必修	空气动力学丙		4				4			空气动力学（乙）、飞机结构、飞机发动机
	经济学		3				3			
	工业管理		3				3			
	仪表试验		1						3	
	飞机结构		3				2		2	
	工业分析		3				3			
	冶金及金相学		3				3			
	热力工程		3				3			
	引擎力学		3				3			
选修										
总计			26				23〔24〕		5	
备注		本系工业分析一课与机四合冶金及金相学请化工系开。								

农学院农艺学系一年级（育种组）

学程号数	学程名称	学分		每周时数						先修学程
		上学期	下学期	上学期			下学期			
				演讲	讨论	实习	演讲	讨论	实习	
必修	国文	2	2	2			2			
	英文	3	3	3			3			
	普通化学	3	3	3		3	3		3	
	普通数学	3	3	3			3			
	普通植物学	2	2	2		3	2		3	
	地质学	3		3		3				
	农学概论	2	2	2			2			
	普通动物学		4				4		3	
	农场实习	1	1			3			3	
	经济学	3		3						
选修										
总计		22	20	21		12	19		12	
备注										

农学院农艺学系二年级（育种组）

学程号数	学程名称	学分		每周时数						先修学程
		上学期	下学期	上学期			下学期			
				演讲	讨论	实习	演讲	讨论	实习	
必修	英文	1	1	1			1			
	第二外国语	3	3	3		3				
	农业经济学	3		3						
	土壤学	3		3		3				
	肥料学		3				3		3	
	普通有机化学	4		4		3				
	气象学		3				3			
	植物生理学	2	2	2		3	2		3	
	昆虫学		3				3		3	

续　表

学程号数	学程名称	学分		每周时数						先修学程
		上学期	下学期	上学期			下学期			
				演讲	讨论	实习	演讲	讨论	实习	
必修	植物分类学	3		3		3				
	作物通论		3				3			植物学、土壤学
选修										
总计		19	18	19			13〔15〕	18〔15〕	10〔9〕	
备注										

农学院农艺学系三年级(育种组)

学程号数	学程名称	学分		每周时数						先修学程
		上学期	下学期	上学期			下学期			
				演讲	讨论	实习	演讲	讨论	实习	
必修	第二外国语	2	2	2			2			
	经济昆虫学	3		3		3				
	食用作物学	2	2	2		3	2		3	作物通论、肥料学、植物生理学
	特用作物学	2	2	2		3	2		3	作物通论、土壤学、肥料学、植物生理学
	遗传学	3	3	3		3	3		3	
	生物统计学	3		3		3				普通数学
	田间技术		3				3		3	生物统计
	作物育种学		3				3		3	遗传学、作物通论、生物统计
	植物病理学		3				3		3	
选修										
总计		15	18	15		15	18		18	
备注										

农学院农艺学系四年级（育种组）

学程号数	学程名称	学分		每周时数						先修学程
		上学期	下学期	上学期			下学期			
				演讲	讨论	实习	演讲	讨论	实习	
必修	稻作学		3				3		3	作物育种学
	麦作学	3		3		3				作物育种学
	棉作学		3				3		3	作物育种学
	作物育种学	3		3		3				遗传学、作物通论、生物统计
	农具学		3				3		3	
	农场管理学	3		3		3				
	作物育种专题		2				2			作物育种
	农艺讨论	1	1		3			3		
	作物专题研究	2	2							
选修										
总计		12	14	9		12	11		12	
备注		稻作学、麦作学、棉作学任选一课必修；作物专题研究一课各同学就其兴趣选定作物一种，从事实地工作并阅读有关文献，由本系各教授分别担任指导。									

农学院农艺学系一年级（栽培组）

学程号数	学程名称	学分		每周时数						先修学程
		上学期	下学期	上学期			下学期			
				演讲	讨论	实习	演讲	讨论	实习	
必修	国文	2	2	2			3			
	英文	3	3	3			3			
	普通化学	3	3	3		3	3		3	
	普通数学	3	3	3			3			
	普通植物学	2	2	2		3	2		3	
	地质学	3				3	3		3	
	农学概论	2	2	2			2			
	普通动物学		4				4		3	

学程号数	学程名称	学分		每周时数						先修学程
		上学期	下学期	上学期			下学期			
				演讲	讨论	实习	演讲	讨论	实习	
必修	农场实习	1	1			3			3	
	经济学	3		3						
选修										
总计		22	20	21		12	19〔20〕		12	
备注										

农学院农艺学系二年级(栽培组)

学程号数	学程名称	学分		每周时数						先修学程
		上学期	下学期	上学期			下学期			
				演讲	讨论	实习	演讲	讨论	实习	
必修	英文	1	1	1			1			
	第二外国语	3	3	3			3			
	农业经济学	3		3						
	土壤学	3		3		3				
	肥料学		3				3		3	
	普通有机化学	4		4		3				
	植物生理学	3	3	3		3	3		3	
	气象学		3				3			
	昆虫学		3				3		3	
	作物通论		3				3			植物学、土壤学
	普通分析化学	3	3	3		3	3		3	
选修										
总计		20	22	20		12	22		12	
备注										

农学院农艺学系三年级(栽培组)

学程号数	学程名称	学分		每周时数						先修学程
		上学期	下学期	上学期			下学期			
				演讲	讨论	实习	演讲	讨论	实习	
必修	第二外国语	2	2	2			2			
	经济昆虫学	3		3		3				
	食用作物学	2	2	2		3	2		3	作物通论、肥料学、植物生理
	特用作物学	2	2	2		3	2		3	作物通论、肥料学、植物生理
	遗传学	3		3		3				
	生物统计学	3		3		3				普通数学
	田间技术		3				3		3	生物统计
	作物育种学		3				3		3	遗传学、作物通论、生物统计
	植物病理学		3				3	3		
	土壤化学	3		3		3				
	作物生态学		3				3			作物通论学
	植物营养学		2				2			植物生理、普通有机化学
选修										
总计		18	20	18		19〔18〕	20		16〔15〕	
备注										

农学院农艺学系四年级(栽培组)

学程号数		学程名称	学分		每周时数						先修学程
			上学期	下学期	上学期			下学期			
					演讲	讨论	实习	演讲	讨论	实习	
必修		稻作学		3				3		3	作物育种学
		麦作学	3		3		3				作物育种学
		棉作学		3				3		3	作物育种学
		农具学		3				3		3	
		农场管理学	3		3						
		农艺讨论	1	1			3			3	
		作物专题研究	2	2							作物育种
选修											
总计			9	12	6		6	9		12	
备注			稻作学、棉作学及麦作学任选一课必修;作物专题研究一课各同学就其兴趣选定作物一种,从事实地工作并阅读有关文献,由本系各教授分别担任指导。								

农学院各系二、三、四年级公共学程

学程号数		学程名称	学分		每周时数						先修学程
			上学期	下学期	上学期			下学期			
					演讲	讨论	实习	演讲	讨论	实习	
必修		普通畜牧学	3		3		3				
		乳牛学	3		3		3				
选修											
总计			6		6		6				
备注											

选课一览

学程名称	学分		每周时数				选修年级
	上学期	下学期	上学期		下学期		
			演讲	实习	演讲	实习	
农产制造	3	3	3	3	3	3	三

学程名称	学分		每周时数				选修年级
	上学期	下学期	上学期		下学期		
			演讲	实习	演讲	实习	
作物生态学		3			3		三
植物生态学	3		3	3			三
农田水利学	3						三
农业微生物	3	3					三
普通畜牧学	3	3	3	3			三
测量学	3		3	3			三
生物化学	3	3	3	3	3	3	三
土壤管理		2					三
物理学	3	3	3	3	3	3	二
禾谷类细胞遗传学	3		3				四
种子学		3			3		四
杂草学	3						四
农业动力学		3			3		四
生物技术	3			3			四
细胞学		3			3	2	四
进化学		3			3		四
牧草学	2		2				四
旱农学		2			2		四
农产品检验学	2		2	3			四
垦殖学	3		3				四
农业推广学		3			3		四
植病防治学		3			3		四
农用药剂学		3			3		四
农村合作	3	3	3		3		四
水土保持		2			2		四
园艺作物育种学	2	2	2	3	2	3	三
作物育种专题		2		2			四
备注							

农学院园艺学系一年〈级〉

学程号数	学程名称	学分		每周时数						先修学程
		上学期	下学期	上学期			下学期			
				演讲	讨论	实习	演讲	讨论	实习	
必修	国文	2	2	2		1	2		1	
	英文	·3	3	3			3			
	普通化学	3	3	3		3	3		3	
	普通数学	3	3	3			3			
	普通植物学	2	2	2		3	2		3	
	普通动物学		4				4		3	
	地质学	3		3		1				
	农学概论	2	2	2			2			
	农场实习	1	1			3			3	
	经济学(乙)	3		3						
选修										
总计		22	20	21		11	19		13	
备注										

农学院园艺学系二年〈级〉

学程号数	学程名称	学分		每周时数						先修学程
		上学期	下学期	上学期			下学期			
				演讲	讨论	实习	演讲	讨论	实习	
必修	英文	1	1	1		1	1		1	
	第二外国语	3	3	3			3			
	普通有机化学	4		4		3				
	植物分类学	3		3		3				
	植物生理学	3	3	3		3	3		3	
	昆虫学		3				3		3	
	气象学		3				3			
	土壤学	3		3		3				
	肥料学		3				3		3	
	园艺通论	2	2	2		2	2		2	农学概论、植物学

学程号数	学程名称	学分		每周时数						先修学程
		上学期	下学期	上学期			下学期			
				演讲	讨论	实习	演讲	讨论	实习	
选修										
总计		19	18	19		15	18		12	
备注										

农学院园艺学系三年级

学程号数	学程名称	学分		每周时数						先修学程
		上学期	下学期	上学期			下学期			
				演讲	讨论	实习	演讲	讨论	实习	
必修	第二外国语	2	2	2		1	2		1	
	植物病理学		3				3		3	
	经济昆虫学	3		3		3				
	测量学	3		3		3				
	遗传学	3		3		3				
	菜园蔬菜学	3	3	3		3	3		3	普通植物学、植物生理学、园艺通论
	果树园艺学	3	3	3		3	3		3	园艺通论、土壤肥料学、植物生理学
	观赏树木学	2	2	2		3	3		3	植物学、植物分类学
选修										
总计		19	13	19		19	13〔14〕		13	
备注										

农学院园艺学系四年级

学程号数	学程名称	学分 上学期	学分 下学期	每周时数 上学期 演讲	上学期 讨论	上学期 实习	下学期 演讲	下学期 讨论	下学期 实习	先修学程
必修	农业经济学	3		3						
	花卉园艺学	3	3	3		3	3		3	植物学、植物生理、植物分类
	造园学	2	2	2		3	2		3	测量学、花卉、观赏树木
	园产制造学	2	2	2		3	2		3	
	园艺作物育种学	2	2	2		3	2		3	遗传学、果树学、蔬菜、园艺、花卉学及观赏树木
	园艺讨论	1	1			3			3	
	农场管理学	3		3						
选修										
总计		16	10	15		15	9		15	
备注										

选课一览

学程名称	学分 上学期	下学期	每周时数 上学期 演讲	上学期 实习	下学期 演讲	下学期 实习	选修年级
普通园艺	3						四
柑橘学	3						四
果品处理学		2					四
果树修剪及整枝		2					四
害虫防治学	3						四
林学概论	3						二
造林学		3					四
农用药剂		3					四

学程名称	学分		每周时数				选修年级
	上学期	下学期	上学期		下学期		
			演讲	实习	演讲	实习	
普通畜牧学	3						四
兽医学	3						四
畜产制造		3					四
酪农学		3					四
普通作物							三
作物育种		3					三
田间技术		3					四
农产制造	3						四
植病防治		3					三
普通分析化学	2	2					三
生物化学	3	3					三
农业微生物	2	2					三
真菌学	3	3					四
昆虫分类	3	3					三
害虫猖獗学		2					四
蚕桑学	3						二
农业会计		2					三
蔬菜促成栽培		2					四
农具学		3					三
生物统计	3						四
细胞学		3					四
论文	1	1					
备注							

农学院农业化学学系一年级

学程号数	学程名称	学分		每周时数						先修学程
		上学期	下学期	上学期			下学期			
				演讲	讨论	实习	演讲	讨论	实习	
必修	国文	2	2	2		1	2		1	
	英文	3	3	3			3			
	无机化学	4	4							
	普通数学	3	3	3			3			
	普通植物学	2	2	2		3	2		3	
	普通动物学		4				3	4		
	地质学	3		3					1	
	农业概论	2	2	2			2			
	农场实习	1	1			3			3	
选修										
总计		20	21	15		10〔13〕	16〔13〕		8	
备注										

农学院农业化学学系二年级

学程号数	学程名称	学分		每周时数						先修学程
		上学期	下学期	上学期			下学期			
				演讲	讨论	实习	演讲	讨论	实习	
必修	英文	1	1	1		1	1		1	
	有机化学	4	4	4		3	4		3	
	植物生理	3	3	3		3	3		3	
	分析化学	3	3	3		3	3		3	
	土壤学	3		3		3				化学、地质学
	肥料学		3				3		3	土壤学、化学、植物生理学
	第二外国语	3	3	3			3			
	物理学	3	3	3		3	3		3	
选修										
总计		20	20	20		16	20		16	
备注		分析化学系授定性及定量分析。								

农学院农业化学学系三年级

学程号数	学程名称	学分		每周时数						先修学程
		上学期	下学期	上学期			下学期			
				演讲	讨论	实习	演讲	讨论	实习	
必修	第二外国语	2	2	2		1	2		1	
	物理化学	3		3		3				
	农产品分析	2	2	2		3	2		3	有机化学、定量分析、化学
	农业微生物	3	3	3		3	3		3	普通植物学、化学、植物生理
	农业制造	3	3	3		3	3		3	农业微生物学、生物化学、有机化学
	气象学		3				3			
	高级土壤	3	3	3		3	3		3	
	生物化学	3	3	3		3	3		3	有机化学、动物学、植物学
	经济学		3				3			
选修										
总计		19	22	19		19	22		16	
备注										

农学院农业化学学系四年级

学程号数	学程名称	学分		每周时数						先修学程
		上学期	下学期	上学期			下学期			
				演讲	讨论	实习	演讲	讨论	实习	
必修	农业经济	3		3						
	农化讨论	1	1			3			3	
	肥料分析	2		2		3				
	营养化学	3		3						生物化学
	胶体化学		3				3			普通化学、土壤学、物理或理论化学

学程号数	学程名称	学分		每周时数						先修学程
		上学期	下学期	上学期			下学期			
				演讲	讨论	实习	演讲	讨论	实习	
必修	论文	1	1							
选修										
总计		10	5	8			6	3		3
备注										

选课一览

学程名称	学分		每周时数				选修年级
	上学期	下学期	上学期		下学期		
			演讲	实习	演讲	实习	
土壤组选							
作物学	3						四
生物统计(乙)	2						四
土壤分类	2						四
土壤调查		2					四
水土保持		2					四
植物营养	2						四
作物生理	3						四
肥料学特论		2					四
地力检定		3					四
土壤管理	2						四
垦殖学		2—3 日					四
生物化学组选							
食品化学		2					四
动物生理	3						四
发酵素化学	3						四
发酵生理学		3					四
生理化学各论	3						四
农产制造组选							
农用药剂	3						四

学程名称	学分		每周时数				选修年级
	上学期	下学期	上学期		下学期		
			演讲	实习	演讲	实习	
化学机械	3						四
园产制造	2						四
林产制造	3						四
畜产制造		3					四
农具学	3						四
备注							

农学院植物病虫害学系一年级

学程号数	学程名称	学分		每周时数						先修学程
		上学期	下学期	上学期			下学期			
				演讲	讨论	实习	演讲	讨论	实习	
必修	国文	2	2	2		1	2		1	
	英文	3	3	3			3			
	普通数学	3	3	3			3			
	普通植物学	2	2	2		3	2		3	
	普通动物学		4			3	4			
	普通化学	3	3	3		3	3		3	
	农业概论	2	2	2			2			
	农场实习	1	1			3			3	
	地质学	3		3					1	
	经济学（乙）	3		3						
选修										
总计		22	20	21		13〔19〕	19〔13〕		11	
备注										

农学院植物病虫害学系二年级

学程号数	学程名称	学分		每周时数						先修学程
		上学期	下学期	上学期			下学期			
				演讲	讨论	实习	演讲	讨论	实习	
必修	英文	1	1	1		1	1		1	
	第二外国语	3	3	3			3			
	普通有机化学	4		4		3				
	植物分类	3		3		3				
	植物生理	3	3	3		3	3		3	
	气象学		3				3		1	
	土壤学	3		3		3				
	肥料学		3				3			
	植物病理		3				3		3	
	普通作物或园艺	3		3		3				
	昆虫学		3				3		3	动物学
选修										
总计		20	19	20		16	19		11	
备注										

农学院植物病虫害学系三年级

学程号数	学程名称	学分		每周时数						先修学程
		上学期	下学期	上学期			下学期			
				演讲	讨论	实习	演讲	讨论	实习	
必修	遗传学	3		3		3				
	作物育种		3				3			
	经济昆虫学	3		3		3				昆虫学
	＊植病研究法	3		3		3				植物病理
	＊昆虫研究法		3				3		3	昆虫学
	昆虫形态	2	2	2		3	2		3	昆虫学
	昆虫分类	3		3		3	3		3	昆虫学
	病虫害防治	3	3	3		3	3		3	
	第二外国语	2	2	2			2			
选修										
总计		19	16	19		18	18〔16〕		12	
备注		＊植病研究法学程,病组必修; ＊昆虫研究法,虫组必修。								

农学院植物病虫害学系四年级

学程号数		学程名称	学分		每周时数						先修学程
			上学期	下学期	上学期			下学期			
					演讲	讨论	实习	演讲	讨论	实习	
必修		生物统计	3		3		3				
		真菌学	3	3	3		3	3		3	植物学
		＊高级植病		3				3		3	植物病理学
		昆虫生态		3				3		3	
		病虫讨论	1	1			3			3	
		细菌学或农业微生物学	3		3		3				
		农业经济学	3		3						
		论文	1	1			3			3	
选修											
总计			14	11	12		15	9		15	
备注			＊高级植病学程,病组必修。								

选课一览

学程名称	学分		每周时数				选修年级
	上学期	下学期	上学期		下学期		
			演讲	实习	演讲	实习	
卫生昆虫	3		3	3			
昆虫生理	3		3	3			
桑树害虫	3		3	3			
普通植病		3			3	3	
普通昆虫	3		3	3			
备注	(1)本系自第三年级开始分植病及昆虫两组,凡学程上记有＊号者为分组必修学程; (2)普通植病或普通昆虫两学程专为农经系或农化系学生选习之用; (3)本系学生亦得选修他院系所开之有关课程,但须经指导选课人员之同意方为有效。						

农学院蚕桑学系一年级

学程号数		学程名称	学分		每周时数						先修学程
			上学期	下学期	上学期			下学期			
					演讲	讨论	实习	演讲	讨论	实习	
必修		国文	2	2	2		1	2		1	
		一年英文	3	3	3			3			
		普通化学	3	3	3		3	3		3	
		普通数学	3	3	3			3			
		普通植物学	2	2	2		3	2		3	
		普通动物学		4			3	4			
		经济学(乙)	3		3						
		农业概论	2	2	2			2			
		农场实习	1	1			3			3	
		地质学	3		3					1	
选修											
总计			22	20	21			13〔16〕	19〔16〕	11	
备注											

农学院蚕桑学系二年级

学程号数		学程名称	学分		每周时数						先修学程
			上学期	下学期	上学期			下学期			
					演讲	讨论	实习	演讲	讨论	实习	
必修		二年英文	1	1	1		1	1		1	
		第二外国文(二)	3	3	3			3			
		普通有机化学	4		4		3				
		普通分析化学	3	3	3		3	3		3	
		植物生理学	3	3	3		3	3		3	
		土壤学	3		3		3				
		遗传学	3		3		3				
		气象学		3				3		3	
		养蚕学		4						3	
		养蚕实习		1							

续 表

	学程号数	学程名称	学分		每周时数						先修学程
			上学期	下学期	上学期			下学期			
					演讲	讨论	实习	演讲	讨论	实习	
必修		昆虫学		3				3		3	
选修											
总计			20	21	20		16	20〔16〕		16	
备注		养蚕实习在暑期举行一次。									

农学院蚕桑学系三年级

	学程号数	学程名称	学分		每周时数						先修学程
			上学期	下学期	上学期			下学期			
					演讲	讨论	实习	演讲	讨论	实习	
必修		第二外国文（三）	2	2	2		1	2		1	
		蚕体解剖	3		3		3				养蚕学、昆虫学
		蚕体生理	3	3	3		3	3		3	蚕体解剖学
		农业微生物	3	3	3		3	3		3	
		桑树病理学		3				3		3	
		蚕体病理学		4				4		3	养蚕学、昆虫学
		生物统计	3		3		3				
		栽桑学		3				3		3	植物学、养蚕学、土壤肥料学
		蚕桑害虫	3		3		3				
		肥料学		3				3		3	
选修											
总计			17	19〔21〕	18〔17〕		16	21		17〔19〕	
备注		桑树病理或改选植物病理，蚕桑害虫或改选经济昆虫。									

农学院蚕桑学系四年级

学程号数		学程名称	学分		每周时数						先修学程
			上学期	下学期	上学期			下学期			
					演讲	讨论	实习	演讲	讨论	实习	
必修		蚕体遗传	4		4		3				遗传学、生物统计学
		蚕种学	3		3		3				养蚕学、蚕体生理学、栽桑学
		制丝学	3	3	3		3	3		3	养蚕学
		农业经济学	3		3						
		蚕业经营学		3				3			
		制丝实习		1						1	
		蚕桑讨论	1	1		3			3		
		论文	1	1			3			3	
选修											
总计			15	9	13		12	6		6〔7〕	
备注			制丝实习于暑期内举行一次。								

选课一览

学程名称	学分		每周时数				选修年级
	上学期	下学期	上学期		下学期		
			演讲	实习	演讲	实习	
＊蚕桑化学		3			3	3	四
＊普通蚕桑学		3			3	3	二(他系选)
普通作物							
普通园艺							
昆虫生态学							
切片学							
生物化学							
＊蚕桑泛论	3						四
＊野蚕学		3					四
细胞学							
合作经营							
纤维学							
畜牧学							
备注	有＊记号者为本系开班学程,余为选读其他院系之选课学程。						

农学院农业经济学系一年级

学程 号数	学程名称	学分		每周时数						先修 学程
		上学期	下学期	上学期			下学期			
				演讲	讨论	实习	演讲	讨论	实习	
必修	国文	2	2	2		1	2		1	
	英文	3	3	3			3			
	普通化学	3	3	3		3	3		3	
	普通数学	3	3	3			3			
	普通植物学	2	2	2		3	2		3	
	普通动物学		4			3	4			
	经济学	3	3	3			3			
	农业概论	2	2	2			2			
	农场实习	1	1			3			3	
选修										
总计		19	23	18		13	22		10	
备注										

农学院农业经济学系二年级

学程 号数	学程名称	学分		每周时数						先修 学程
		上学期	下学期	上学期			下学期			
				演讲	讨论	实习	演讲	讨论	实习	
必修	英文	1	1	1		1	1		1	
	第二外国语	3	3	3			3			
	土壤学	3		3		3				
	肥料学		3				3		3	
	普通作物	3		3		3				
	农业经济(甲)	3	3	3			3			经济学、农 业概论
	农业统计	2	2	2		3	2		3	
	会计学	3	3	3			3			
	普通昆虫	3		3		3				
	普通园艺		3				3		3	
	普通社会学		3				3			
选修										
总计		21	21	21		13	21		10	
备注										

农学院农业经济学系三年级

学程号数		学程名称	学分		每周时数						先修学程
			上学期	下学期	上学期			下学期			
					演讲	讨论	实习	演讲	讨论	实习	
必修		第二外国语	2	2	2		1	2		1	
		农村合作	3	3	3			3			经济学、农业经济
		土地经济	3	3	3			3			经济学、农业经济
		农产运销		3				3			
		农场管理(甲)	3	3	3		3	3		3	经济学、农业经济
		农业金融	3		3						
		农村社会	3		3						普通社会学
		农村调查		3				3		3	农业经济、农业统计
		普通植病	3		3		3				
		畜牧或蚕桑		3				3		3	
选修											
总计			20	20	20		7〔10〕	20〔17〕		10	
备注											

农学院农业经济学系四年级

学程号数		学程名称	学分		每周时数						先修学程
			上学期	下学期	上学期			下学期			
					演讲	讨论	实习	演讲	讨论	实习	
必修		中国农经问题	2	2	2			2			
		农业推广		3				3			
		农业政策	3		3						
		农产价格	3		3						经济学、农业经济、农产运销
		农经讨论	1	1			3			3	
		论文	1	1							
选修											
总计			10	7	8		3	5		3	
备注			表中所列普通社会学及农村调查两科系本系新订之必修科。								

选课一览

学程名称	学分		每周时数				选修年级
	上学期	下学期	上学期		下学期		
			演讲	实习	演讲	实习	
经济学说	3						四
垦殖学	3						四
农业教育		3					四
农业仓库		3					四
民法	3						四
土地法	3						四
财政学		3					四
备注							

农学院森林学系一年级

学程名称	学分		每周时数						先修学程
	上学期	下学期	上学期			下学期			
			演讲	讨论	实习	演讲	讨论	实习	
国文	2	2	2		1	2		1	
英文	3	3	3			3			
化学	3	3	3		3	3		3	
普通数学	3	3	3			3			
普通植物学	4		4		3				
普通动物学		4				4		3	
地质学	3		3						
农学概论	2	2	2			2			
经济学（乙）		3				3			
农场实习	1	1			3			3	
选修									
总计	21	21	20		10	20		11〔10〕	
备注	本系一年级课程系与农学院各系一年级课程完全一致。								

农学院森林学系二年级

学程号数		学程名称	学分		每周时数						先修学程
			上学期	下学期	上学期			下学期			
					演讲	讨论	实习	演讲	讨论	实习	
必修		英文	1	1	1		1	1		1	
		第二外国语	3	3	3			3			
		普通物理	3	3	3		3	3		3	
		普通分析化学	2	2	2		3	2		3	
		土壤学	3		3		3				
		气象学		3				3		3	
		测量学	3	3	3		3	3		3	普通数学
		树木学	3	3	3		3	3		3	植物学、植物生理学、植物分类学
		造林学(一)		2				2		3	树木学、土壤学、气象学
选修											
总计			18	20	18		16	20		19	
备注											

农学院森林学系三年级

学程号数		学程名称	学分		每周时数						先修学程
			上学期	下学期	上学期			下学期			
					演讲	讨论	实习	演讲	讨论	实习	
必修		第二外国语	2	2	2			2			
		造林学(二)	3	3	3		3	3		3	造林学(一)
		森林计算学	3	3	3		3	3		3	高等数学、测量学
		森林利用学	3	3	3		3	3		3	树木学、普通分析化学
		森林保护学	2		2						造林学
		森林管理学			2			2			森林保护学
选修											
总计			13	13〔11〕	13〔15〕		9	13		9	
备注											

农学院森林学系四年级

学程号数	学程名称	学分		每周时数						先修学程
		上学期	下学期	上学期			下学期			
				演讲	讨论	实习	演讲	讨论	实习	
必修	造林学(三)	2		2		3				造林学(一)(二)
	森林经理学	4	4	4		3	4		3	造林学、森林计算学
	林政学	2	2	2			2			经济学(乙)
	林产制造学	2	2	2		3	2		3	树木学、物理学、化学
	森林法规		1				1			
	林业讨论	1	1		2			2		
	论文	1	1							
选修										
总计		12	11	10	2	9	9	2	6	
备注	林政学包括林业经济学；森林经理学包括林业计划实习。									

选课一览

学程号数	学程名称	学分		每周时数				选修年级
		上学期	下学期	上学期		下学期		
				演讲	实习	演讲	实习	
选修	森林昆虫学		2			2	3	三
	树病学	2		2	3			四
	造园学	2	2	2	3	2	3	四
	森林工学	3	3	3	3	3	3	四
	森林地理	3		3				四
	林政史		2			2		四
	狩猎学		2			2		
备注	其他各院系学科须经系主任或选课指导人准许,始可选修。							

师范学院教育学系一年级

学程号数	学程名称	学分		每周时数						先修学程
		上学期	下学期	上学期			下学期			
				演讲	讨论	实习	演讲	讨论	实习	
必修	中国通史	3	3	3			3			
	社会学	3	3	3			3			
	哲学概论	3	3	3			3			
	教育概论	3	3	3			3			
	＊普通生物学	3	3	3		3	3		3	
	国文	3	3	3			3			
	英文	3	3	3			3			
	伦理学		2				2			
	三民主义									
	体育									
	音乐									
选修										
总计		21	23	21		3	23		3	
备注	＊普通生物学实习时数请生物系规定。									

师范学院教育学系二年级

学程号数	学程名称	学分		每周时数						先修学程
		上学期	下学期	上学期			下学期			
				演讲	讨论	实习	演讲	讨论	实习	
必修	西洋通史	3	3	3			3			
	政治学或经济学	3	3	3			3			
	理则学	2	2	2			2			
	中等教育	3	3	3			3			教育概论
	普通心理学	3	3	2		3	2		3	
	二年国文	2	2	2			2			
	二年英文	2	2	2			2			
	教育统计	4		3		2				
	伦理学		2				2			
	体育									
选修										
总计		22	20	20		5	19		3	
备注										

师范学院教育学系三年级

学程号数		学程名称	学分		每周时数						先修学程
			上学期	下学期	上学期			下学期			
					演讲	讨论	实习	演讲	讨论	实习	
必修		中国教育史	3	3	3			3			中国通史
		教育行政	2	2	2			2			
		国民教育	2	2	2			2			
		教育心理学	3	3	2		3	2		3	普通心理学
		训导原理及实施		3				3			
		发展心理学	3		3						普通心理学
		心理及教育测验		3				2		2	普通心理学、统计方法
		普通教学法	3		3						
		体育									
选修											
总计			16	16	15		3	14		15〔5〕	
备注											

师范学院教育学系四年级

学程号数		学程名称	学分		每周时数						先修学程
			上学期	下学期	上学期			下学期			
					演讲	讨论	实习	演讲	讨论	实习	
必修		西洋教育史	3	3	3			3			西洋通史
		比较教育	2	2	2			2			
		教育哲学	2	2	2			2			哲学概论
		小学各科教材教法	3	3	3			3			
		毕业论文									
		教育实习	3	3	2		3	2		3	普通教学法
		体育									
选修											
总计			13	13	12		3	12		3	
备注			本系五年离校任实习教员一年,仍有学分。								

法学院法律学系一年级

学程号数		学程名称	学分		每周时数						先修学程
			上学期	下学期	上学期			下学期			
					演讲	讨论	实习	演讲	讨论	实习	
必修		三民主义	2	2	2			2			
		国文	3	3	3			3			
		英文	3	3	3			3			
		中国通史	3	3	3			3			
		民法总论	3	3	3			3			
		刑法总论	3	3	3			3			
		政治学	3	3	3			3			
		经济学	3	3	3			3			
		社会学	3	3	3			3			
		体育									
选修											
总计			26	26	26			26			
备注											

法学院法律学系二年级

学程号数		学程名称	学分		每周时数						先修学程
			上学期	下学期	上学期			下学期			
					演讲	讨论	实习	演讲	讨论	实习	
必修		伦理学	3		3						
		理则学		3				3			
		哲学概论	3		3						
		债法总论	4		4						
		物权法	2	2	2			2			
		债法各论		4				4			
		刑法各论	3	3	3			3			
		罗马法	3	3	3			3			
		宪法	2	2	2			2			
		中国司法组织	2		2						
选修											
总计			22	17	22			17			
备注											

法学院法律学系三年级

学程号数		学程名称	学分		每周时数						先修学程
			上学期	下学期	上学期			下学期			
					演讲	讨论	实习	演讲	讨论	实习	
必修		亲属法	2		2						
		继承法		2				2			
		公司法	2		2						
		票据法		2				2			
		海商法	2		2						
		保险法		2				2			
		行政法	3	3	3			3			
		国际公法	3	3	3			3			
		土地法	3		3						
		民事诉讼法	4	4	4			4			
选修			4—5	4—5							
总计			19	16	19			16			
备注											

法学院法律学系四年级

学程号数		学程名称	学分		每周时数						先修学程
			上学期	下学期	上学期			下学期			
					演讲	讨论	实习	演讲	讨论	实习	
必修		国际私法	3	3	3			3			
		法理学	3	3	3			3			
		英美法	3	3	3			3			
		中国法制史	2	2	2			2			
		刑事诉讼法	3	3	3			3			
		毕业论文	2	2							
选修			6—7	6—7							
总计			16	15〔16〕	14			14			
备注											

选课一览

学程名称	学分		每周时数				选修年级
	上学期	下学期	上学期		下学期		
			演讲	实习	演讲	实习	
第二外国语	3	3					四、三、二
第二年英文	3	3					三、二
世界通史	3	3					二
近代欧洲大陆法	3	3					四、三
犯罪学	3						四、三
中国法律思想史	2	2					四、三
破产法	3						四、三
劳工法		3					四、三
证据法学		3					四、三
诉讼实务	2						四
强制执行	3						四
备注							

医学院医预科一年级

学程号数	学程名称	学分		每周时数						先修学程
		上学期	下学期	上学期			下学期			
				演讲	讨论	实习	演讲	讨论	实习	
必修	医预一年国文	3	3	3			3			
	医预一年英文	4	4	4	1		4	1		
	普通数学	3	3	3	3		3	3		
	普通物理	3	3	2	1	3	2	1	3	
	普通化学	4	4	3	1	3	3	1	3	
	生物学	3	3	2	1	3	2	1	3	
	伦理学	1	1	1			1			
选修										
总计		21	21	18	7	9	18	7	9	
备注										

医学院医预科二年级

学程号数	学程名称	学分		每周时数						先修学程
		上学期	下学期	上学期			下学期			
				演讲	讨论	实习	演讲	讨论	实习	
必修	医预二年英文	3	3	3	1		3	1		
	二年物理	3	3	2	1	3	2	1	3	
	普通分析化学	4		3		6				
	普通有机化学		5				4		6	
	脊椎动物比较解剖学	3	3	2		6	2		6	
	植物学	4		3	1	3				
	胚胎及遗传学		3				3		3	普通胚胎学、人体解剖
	社会学	3		3						
	生物学数		3				3			
选修										
总计		20	20	16	3	18	17	2	18	
备注										

（四）训育与训导

训育委员会第一次会议记录

（1936 年 10 月 1 日）

地点	校长公舍会议室
时间	二十五年六月十二日下午七时
出席	竺〈可桢〉校长　徐树人　王国松　李寿恒　庄泽宣　郑宗海　刘孝娴　蒋振　沈思玙　舒鸿　梁庆椿　吴福桢　诸葛麒　共十三人
主席	竺〈可桢〉校长
记录	诸葛麒

甲、报告

一、主席报告

本校军事管理处改组后,关于训育事宜,概交训育委员会负责办理。请拟定本委员会进行纲要。

二、训育主任蒋振报告

(一)本委员会组织方案系根据教育部颁布特种教育纲要之规定。

(二)本日召集学生代表谈话所贡陈之意见。

乙、议案

一、规定训育实施原则以资遵循案

决议:本训教合一之精神,提高学术兴趣,辅导课外活动,以培养高尚道德为原则。

二、设置各系各年级"指导"案

决议:通过。由各该院长呈请校长聘请之。

附参考事项:

1.调查(学生家庭状况、选习课程等);

2.多接触(取非正式方法如游艺、参观、远足等);

3.提高理想(介绍名人传记、著述等)。

三、公函全体教授阐明本委员会立场案

决议:通过。

四、每院规定每周有两日下午四至六时为运动时间案

决议:交注册课参考。

五、修正军事管理处各项规则案

决议:组织委员会修正之,并推定蒋振、徐树人、徐谷麒、诸葛麒、沈思玛、刘孝娴为委员。

六、恢复军事管理案

决议:俟教育部廿五年度军训方案公布后再定。

七、规定大学部学生宿舍分配原则案

决议:交事务课主任、训育主任、军事教官、女生指导员组织宿舍膳事委员会讨论之。

八、规定全体学生在大饭厅会食案

决议:通过。

九、规定女生宿舍会客时间案

决议:女生宿舍会客时间,规定如下:

星期一至五　下午四时至七时

星期六　下午一时至九时

星期日　上午八时至下午七时

《国立浙江大学日刊》第二十七期,民国二十五年十月一日

训育委员会第二次会议记录

（1936 年 10 月 1 日）

地点	校长公舍会议室
时间	二十五年九月四日下午三时
出席	竺可桢　蒋振　卢守耕　舒鸿（嵇沅代）　徐树人（黄云山代）　夏绮文　梁庆椿　李寿恒　庄泽宣　郑宗海　陈柏青　孙从周　诸葛麒
主席	竺〈可桢〉校长
记录	诸葛麒

开会如仪

宣读上届记录

甲、报告

一、校长报告

本校训育处业已成立，其与本会之系统关系，将交校务会议讨论之。次介绍新委员孙雅臣、陈柏青两先生。

二、蒋振训育主任报告

训育处成立以来工作情形，如寝室与食堂之分配等。

乙、议案

一、追认成立训育处案（郑宗海提议，李寿恒附议）

决议：全体通过。

二、通过训育处组织规程案

决议：交校务会议通过之。

三、新生各系指导应由系主任担任案（李寿恒提议，沈思玙附议。）

决议：通过。

四、各级指导工作步骤案

郑晓沧主张：(1)认识个性；(2)培养兴趣；(3)提高理想。

梁庆椿主张：趋重具体办法，(1)请训育处规定调查表格；(2)设置娱乐室。

决议：并交各级指导参考。

附训育委员会致全体教授书

径启者：

敝会成立于兹四月，同人不揣梼昧，谋所以端士习而淑校风，以副校长暨诸同仁之望者，不敢忽。谨以管见，陈诸左右，幸垂察焉。

按本校训育始则有生活指导员、斋务员，继则设军事管理处，以专责成。制度屡更，弊亦随见。盖以一校训育之重，责望于数人，其势难周，其情多阂，固无足疑者。洎竺校长莅任以来，鉴兹流失，以为数士之督责，不如多师之陶成，命令之强制，不如人格之感乎，因破觚为圆,斫瑚为朴,使吾莘莘学子咸浸润于大匠之化泽,翘然有自信、自治之精神,无待三令五申,而可收事半功倍之效。易所谓默而成之,不言而信者,此之谓也。斯诚本校训,导管理之正鹄,凡吾全体同仁所当黾勉赴之者也。

敝会既本斯指确定训育之原则与方针,深知欲达斯诣,端有赖于群策群力。惟教授为学生平日所仰望,其潜移默化之力,尤超于一切条文之上。讲授术业之际,间导以为之方,不须繁言而可深中人心。积渐既久人,自成良好之学风。此则同人所竭诚诉求者也。同人荷斯重任,时虞殒越。务希随时锡以明教,俾资遵循,实为厚幸。专此。祗颂
教安

《国立浙江大学日刊》第二十七期,民国二十五年十月一日

大一导师会成立大会志盛

(1937 年 10 月 16 日)

我国教育制度素重理论、轻于实践,尤以师生间思想行动不甚关切,故收效较薄。竺校长有鉴及斯,提议发起一年级导师会。承朱主任(仲翔)负责组织,经数度商讨,始得告成,爰于本月十二日(星期二)假有缘堂举行成立大会,到师生二百六十余人,济济一堂,盛极一时。

首由朱主任致开会词:"略述本会组织经过,及在教训合一之下,深望全体同学及时奋发,修养品学,将来贡献于国家。"词意深长,语多警惕。次由苏主任(叔岳)介绍师生见面,按名点唤,向导师致体〔礼〕,殊为隆重。复次由各导师相继训词,朱叔麟先生年高德劭,首当其请,略述吾人一切,须以谨慎从事。费香曾先生详述英伦导师制度情形,以及我国机械式教育急需补救,殊可引为借镜。林馨候〔侯〕先生勖以互助精神,郭治〔治〕周先生则言过去教育弊病,即轻于导师制,今日浙大成立本会,不啻为〔为〕中国教育一大转变。末由学生答词表示服从各导师之指示,并深感学校爱护之盛意。各导师每于训词时,同学均报以欢迎掌声,意义深重,情况热烈,直至灯火辉煌,始尽欢而散。

按导师会组织,不分系别及性别,计十四组,每组由导师一人担任十七人或十八人,随时由导师将学生思想行动个别记录,以为保存指正之根据。

《国立浙江大学日刊》第二百五十四期,民国二十六年十月十六日

本校实施导师制概况 本学期导师名录

(1938 年 12 月 26 日)

本校采用导师制始于二十三年秋季,中间曾以故停顿。至去年秋季开学后,又复加以推行。其时杭垣屡受敌机空袭,曾将二、三、四年级学生与一年级新生分途迁移,一年级迁往西天目山,二、三、四年级迁往建德。关于学生之训育,由训育部专司其事。惟管理既属难周,限制亦似偏于消极,因决议试行导师制,冀各教授于授业、解惑之余,对学生之思想、行为更予以适当之指导,而师生之关系亦可更臻密切。其办法系将学生十余人为一组,由一教授负

训导之责,课暇或召集谈话,或远足郊游,庶言谈由衷,情意融洽。试行未久,即以战区日益扩大,本校复迁于江西泰和,导师制赓续推行。兹者本校迁来宜山,僻处边远,学校生活已较安定,以前请假或休学学生,相率回校,而他校之前来借读者,为数亦多,学生总数大见增加。知识传授之外,品性之陶冶,尤觉急切,故开学之初,即聘任雷沛鸿先生为主任导师,孟宪承先生为师范学院主任导师,对于本年度导师制进行之方法,经数次会议,将学生重行分组。凡在三、四年级者,其导师为各本系之主任及教授,其在一、二年级者,则以担任功课之教授为导师,并规定各导师于每星期中指定时间,至学生膳厅会餐一次,餐后即集合本组学生举行谈话,借于饮食言笑之间,寓潜移默化之旨,亦或利用星期,师生郊聚,问难析疑,亲切无间,以身作则,示之典范。实施以来,颇著成效。近复遵照教育部颁发之导师制纲要及实施导师制应注意之各点,拟订训导方案并课外活动及社会服务之指导等项,以期每个学生成为学校中之好学生,家庭中之佳子弟,国家之健全公民,民族之忠勇战士也。

兹将本学期各导师姓名录志于后:

雷沛鸿　孟宪承　梅光迪　黄翼　张其昀　苏步青　张绍忠　梁庆椿

顾莹　金秉时　杨耀德　周厚复　王琎　蔡堡　王国松　陈鸿逵　毛启爽

钱宝琮　李寿恒　程耀椿　冯言安　麦利奥特　黄中　唐凤图　张闻骏

吴钟伟　钱钟韩　卢守耕　孙逢吉　杨守珍

以上系二、三、四年级学生之导师,尚有一年级生导师容后续志。

《国立浙江大学校刊》复刊第四期,民国二十七年十二月二十六日

二十九年度文、理、工、师范二、三、四年级导师暨学生名单
(1940 年)

文学院

郭斌龢先生	朱华铎(外文三)　徐允升(工土三)　解俊民(理物四)　裘克安(外文四) 华开进(师国三)　陈辉(师国二)　缪苏魂(师国二)
缪钺先生	何友谅(中三)　华慰曾(工土三)　霍少成(工机四)　薛世茂(工机四) 邵全声(外文三)　项宗沛(外文二)　洪珊(外文二)　叶显美(外文二) 周炳(外文二)　张澂修(外文二)　陈国砚(外文二)　邹笃钦(外文二) 宫锦云(外文二)　苏遐龄(外文二)　刘振邦(外文二)　贺善崇(外文二) 潘守先(外文二)　高桂泉(师国三)　蒋朝能(师国三)　茅于美(外文二)
王焕镳先生	顾时希(工电三)　沈家楠(工电四)　赵松乔(史三)　刘操南(中三) 萧学均(中二)　罗元诰(中二)　刘吉云(中二)　张叶芦(中二) 陈素子(师国二)　王鸿礼(师国二)
郦承铨先生	倪周民(师史二)　吴华耀(师史二)　李青贵(师史三)　刘晔(师史二) 游天池(师史二)　张钟慧(土木二)　詹溶庆(师史三)
梅光迪(迪生)	李精治(外文四)　裘克安(外文四)　支尽忠(外文四)　严家荫(外文四) 廖慕禹(外文四)　钱学中(师英三)　张续渠(师英三)　秦望峙(师英三)

佘坤珊先生	胡品清(外文三)　庞曾漱(外文三)　黄子才(师英二)　周惕扬(师英二) 葛文鸿(师英二)　陈焕文(师英二)　关景羽(师英二)　洪珊(外文二) 周炳(外文二)
黄尊生先生	宋超群(外文三)　罗振兴(外文三)　王振中(外文三)　谢觉(民史四) 虞德麟(化四)　姜昌炽(工电三)　曾超(外文二)　曾雁翔(外文二) 叶显美(外文二)　王道裕(化三)　黄植诚(外文二)　桂灿昆(外文二) 刘理鑫(外文二)　潘际坰(师数三)
黄川谷先生	于震天(史三)　曹裕光(化二)　吴能远(化二)　朱秀昌(化二) 伍鸿基(化二)　李名奎(化二)　钟受铭(化二)　吕荣山(化二) 胡维廉(化二)　金体敬(化三)　黄植诚(外文二)
陈剑翛先生	阮春芳(教四)　丁兆骐(教四)　沈衍圻(教四)　萧治渭(教四) 邬仲卿(教四)　谭淑柔(教四)　张思亮(师三)　宋景贤(师数三) 罗聚源(师理三)　周积和(教四)　宗铭奎(史二)　柳之窠(师教二) 张来仪(师教二)
李相勖先生	周积和(教四)　俞宗稷(师教三)　王政先(师教三)　王一明(师教二) 龙纪勺(师教三)
黄翼先生	汪湘(师教三)　张效盖(教四)　杨质斌(师教三)　程安吉(师教二) 陈素兰(师教二)
万一先生	周淮水(师教三)　佘以埙(教四)　梁绂生(师教三)　章如骏(师教三) 谭承荣(师教三)　林子勋(师教二)
王倘先生	陈立贤(师教一)　周文敏(师教二)　董服群(师教二)　胡淑姝(师教二)
卫士生先生	范祖珠(教四)　萧鑫钢(师教二)　叶宗直(师教二)　寿湖山(师教二) 吴菊芬(师教二)　胡维廉(化二)
(晓峰)张其昀先生	邓永璋(史四)　卢湛高(史三)　王树椒(师史三)　杨利普(师史三) 刘宗弼(师史三)　张世烈(师史二)　王世谟(师史二)　梅昌锦(师史二)
叶良辅先生	杨怀仁(史四)　施雅风(史三)　赵松乔(史三)　沈自敏(史四) 楼韵午(史二)　毛汉礼(史二)　庄严(史二)　裘兰珍(史二) 周家乾(史二)　祝修麟(史二)　苏燕海(史二)　杨利普(史二)
顾谷宜先生	胡玉堂(史四)　卢世琛(工土四)　李象惠(工机四)　沈自敏(史四) 刘纫兰(史二)　邹含芬(史二)　鲁毓秀(史二)　李敦仁(师史二) 孙经垣(师史三)　宋铭奎(师史三)　张汉松(师史三)　陈述彭(师史三) 孙鉴时(师史三)
涂长望先生	周恩济(史四)　沈健(史二)　蒋善百(史二)　佘守清(史二)
张荫麟先生	王树椒(师史三)　董化(师史二)
任美锷先生	谢觉民(史四)
李源澄先生	王蕙(史三)　王天心(史三)　张效乾(史三)　王树椒(史三) 于震天(史三)　钱炜师(史三)

续 表

费巩先生	刘操南(中三) 陈维昆(理物三) 董维宁(工土三) 周勤文(工土三) 萧潮(化工三) 俞成孝(工化三) 梁德荫(工土四) 裴远秋(化二) 戴粹新(化二) 蒋泰龙(化二) 文国珊(化二) 陈正师(化二) 吴良(化二) 李福平(化二) 唐成义(化二) 蔡钟瑞(师史三) 钱炜(师史三) 詹溶庆(师史三) 黄化(师史三) 何春华(师史二) 黄博施(师史二)
谢佐禹先生	陈仁贤(工电三) 张由椿(工电三) 沈庆垓(工电三) 罗燕生(工电二) 叶尹中(化二) 叶作舟(化二)
萧璋先生	许福锦(史二) 许蔚文(史二) 蒋以明(史二) 唐义溁(史二) 何重恒(史二) 范易君(史二) 徐规(史二) 管佩韦(史二) 吴惠(史二)

理学院

苏步青先生	郑锡兆(数四) 徐润炎(数四) 饶文华(师数三) 潘际坰(师数三) 赵泽寰(师数三)
陈建功先生	陈仲谦(数三) 曾繁平(数三) 崔士英(师数二) 林瑞湍(师数三) 张生春(师数三)
王福春先生	罗汝梅(数四) 邹建中(工机三) 劳瑞新(数二) 孙嗣良(数二) 周成慧(数二) 胡钦训(数二) 郭本铁(数二) 陈作凯(数二) 罗泰(数二) 秦元勋(数二) 苏及士(师数二) 李汝涛(师数三) 胡光惠(师数三)
孙泽瀛先生	邓励(数三) 方子真(数三)
(荩谋)张绍忠先生	赵泽寰(师数三) 许良英(理物三) 罗聚源(师理三) 韦华服(师理三) 赵元卜(工化二)
胡刚复先生	程开甲(理物四) 吴美淮(土木三) 马步源(工电二) 傅圣英(化四) 罗燕生(工电三) 陈天保(工电三) 郭大智(工电四) 萧治渭(数四)
束星北先生	程开甲(理物四) 李纪和(电机三) 孟寰雄(理物四) 胡永畅(理物二) 欧守机(理物二) 陈成琳(理物二) 金德椿(理物二) 黄生耀(理物二) 朱铭九(理物二) 唐增德(理物二) 王忠甲(理物二) 罗瑞寰(理物二) 龙槐生(理物二) 胡岳仁(理物二) 王兴廉(理物二)
何增禄先生	李馥声(理物四) 方蕲(理物四) 解俊民(理物四) 邹国兴(理物三) 周志成(理二)
王淦昌先生	梅镇安(理物三) 张泽琏(理物二) 黄德昭(理物三) 黄国璋(工电四) 金德桥(理二) 蒋鸿宾(工电四) 周颂德(电机四) 韩望云(化四) 许良英(理三) 陈维昆(理三)
周厚复先生	杨士林(化四) 卢德麟(化四) 杨存富(化四) 周敏先(化四) 章臣懿(化四) 何葆善(化四) 傅圣英(化四) 徐庆凤(化四) 周嘉鹏(化四) 陈宁馨(化四) 王敬惠(化二) 丁时范(化四) 徐修治(化四) 张粹新(化四) 陈树鏐(化三) 施亚夫(化三) 袁慰堂(化三) 王通裕(化三) 陈效威(化三) 陈德清(化三) 罗家琅(化四)

续　表

(季梁)王琎先生	陈履寿(化三)　顾时希(工电三)　沈衍圻(教四)　赵祖钰(工土三) 王裕强(工化二)　王伯裕(工化二)　方圣斌(工化二)　何秉柽(工化二) 叶祖游(工化二)　冯宗道(工化二)　吴寿松(工化二)　陈道运(工化二) 朱葆琛(工化二)　毕磺(工化二)　金增义(工化二)　景径(工化二) 宋鹏飞(工化二)　朱祖鳌(化二)　李昌永(师理三)　林仁钦(师理二) 石之琅(师理二)
吴微铠先生	韩望云(化四)　沈仁权(化三)　王世文(化三)　周鸣勋(工化二) 吴祥(工化二)　张式(工化二)　崔曙英(工化二)　冉猷(工化二) 赵元卜(工化二)　蔡淑华(工化二)　林季隽(工化二)　江淞(工化二) 龙瑞人(工化二)　周承衍(工化二)　谭启同(工化二)　路琼华(工化二) 戴祖圻(工化二)　何惧(工化二)　陈绍先(工化二)　葛康吉(工化二)
王序先生	张生达(工化二)　聂仕坤(工化二)　张巨材(工化二)　徐显采(工化二) 谭炳煜(工化二)　李为驷(工化二)　张长椿(工化二)　段奇铣(工化二) 虎羆(工化二)　胡鹤(工化二)　程杰(工化二)　李道桢(工化二) 毕家铭(工化二)　童祖谟(工化二)　欧世常(工化二)　华倜(工化二) 皇甫圻(工化二)　王明华(工化二)　舒其茂(工化二)　吴葆华(工化二)

师范学院

胡健人先生	徐学明(师教三)　孔宪强(师教三)　饶钦文(师教三)　李象伟(师教三)
丰子恺先生	张正骅(师教三)　林荣曾(师教三)　游锦文(师教三)　李文协(化工二) 冯宗选(化工二)
吴志尧先生	黄友松(师教三)　应炯卓(师教三)　陈秀来(师教二)　金松寿(化工二)

工学院

王国松先生	顾时希(电二)　杭炳坤(电四)　孙华(电二)　梁钧(电三)　萧崇岳(电三) 熊大慰(电三)　丁成章(电三)　黄乃良(电三)　陈国光(电三)　施祖述(电三) 杨治祥(电三)　郑尚文(电三)　王化南(电三)　徐传效(电二)　郭以造(电二) 徐宝华(电二)　杨有余(电二)　刘永叶(电二)　林滋霖(电二)　韩泽民(电二) 黎国庆(电二)
李熙谋	卢成春(电四)　王绍先(电二)　徐明镇(电三)　周家义(工化三) 胡汉章(机四)　孙钧(机四)　赵修贤(电二)　苏隐芦(电二)　董春光(电二) 张如藩(电二)　张光裕(电二)　应绳武(电二)　林开坻(电二)　徐钟英(电二) 杜如玼(电二)　游德清(电二)　楼仁海(电二)　王伯西(电二)　张馨鸿(电二) 薛蕃荣(电二)
杨耀德先生	陈时新(电二)　郝守谦(电三)　费燧生(电三)　杨家祥(电二)　田致和(电四) 高广龄(电四)　田春荫(电三)　吕醒民(电二)　陈海鸣(电二)　古维新(电二) 萧赋诚(电二)　卞坤(电二)　刘有森(电二)　吴继宗(电二)　薛家楹(电二) 李芬辰(电二)　杨源庆(电二)　方受观(电二)　王佑儒(电二)　吴士宣(电二)
沈尚贤先生	彭日知(电四)　沈家楠(电四)　王兴蔚(电四)　虞承藻(电四)　姜昌炽(电三) 顾贻训(电四)　陈天保(电三)　沈庆垓(电三)　束广树(电四)　张德晔(电四) 甘石泉(电四)　陈仁贤(电三)　楼维照(电三)　周隆畏(电三)　罗燕生(电三) 马步源(电三)　李纪和(电三)　萧学恺(电三)　陈鲤(电三)　毛振琮(电四)

刘纯俅先生	郭大智(电四)　陶定中(电四)　袁可志(电四)　杨游之(电三)　叶畲丰(电四) 孙百城(电四)　林宝煦(电四)　黄焕焜(电四)　周颂德(电四)　刘隆士(电四) 唐尚志(电四)　黄国璋(电四)　沈崇焕(电四)　钱泰(电四)　郭以连(电三) 陆道邦(电四)
李寿恒先生	蔡思齐(工化四)　陆福臻(工化四)　黄宗麟(工化四)　丁培墉(工化四) 张宗骥(工化四)　沈善炫(工化四)　李盘生(工化四)　吴济华(工化四) 郑乃瑜(工化四)　庄自强(工化四)　徐炳猷(工化四)　蔡骅(工化四) 徐鸿方(工化四)　唐文虎(工化四)　赵善成(工化四)　赵梦环(工化四) 俞成孝(工化三)　徐恒普(工化三)
刘馥英先生	姚凤仙(工化四)　徐立成(工化三)　刘敬礼(工化三)　郑明涛(工化三) 陈伯衡(工化三)　吴正西(工化三)　李应生(工化四)　曹蓉江(工化三) 张履垓(工化三)　庄裘(工化三)　张季良(工化三)　邓颂九(工化三) 黄柠初(工化三)　萧潮(工化三)　陈慕群(工化三)　曾宏(工化三) 潘涛烈(工化四)
吴钟伟先生	周邦立(土四)　张福范(土四)　皋学炳(土四)　孙祺荃(工四)　吴美淮(土三) 熊大枚(土三)　陈家振(土三)　任葆珊(土四)　忻仲信(土三)　彭世勖(工三)
吴明愿先生	顾仁康(土四)　徐品高(工四)　萧绍统(土三)　吴琅白(土二)　陈葆真(土二) 周森康(土二)　吴皋声(土二)　王惠亭(土二)　祝健(土二)　王志远(土二) 张明显(土二)　夏志斌(土二)　郭忠煊(土二)　卓锡培(土二)　刘同茂(土二) 刘凤起(土二)　吴兆祥(土二)　张钟慧(土二)　董伯陶(土二)　欧阳青(土三) 杨传尧(土二)
徐芝纶先生	求良槐(土四)　吴汝棠(土四)　陈嘉猷(土四)　陈益焜(土四)　梁德荫(土四) 朱寿恒(土四)　盛和(土四)　王和生(土四)　刘颂尧(土四)　董钟渭(土四) 刘昌汉(土四)　王铠(土四)　朱照锷(土四)　彭世勖(土三)
孙怀慈先生	朱葆珊(土三)　蒋立中(土三)　王国权(土三)　庹世袭(土三)　吴廷瑮(土四) 胡泰成(土四)　陈家谟(土四)　龚先芬(土四)　朱鹏程(土四)　刘世勋(土三) 李子器(土三)　何福照(土三)
杨钦先生	顾家镥(土四)　吴光铣(土三)　熊修懿(土三)　陈裕良(土三)　吉上宾(土三) 赵祖钰(土三)　卢世深(土四)
陈崇礼先生	陈德珊(电三)　董维宁(土三)　华慰曾(土三)　周勤文(土三)　张锁庆(土三) 朱耀艰(土三)　共孝仑(机二)　金农南(机二)　曾志耀(机二)　谢子朴(机二) 李金长(机二)　冯国均(机二)　王庆蕊(机二)　王文斌(机二)　刘佐尧(机二) 欧阳有春(机二)　周廷规(机二)　郑佩芝(机二)　邓瑞璇(机二) 彭拔奴(机二)　郭春荣(机二)　方贤毅(机二)　李瑶苏(机二)
张树森先生	项锦西(土二)　杨寿眉(土二)　徐允升(土三)　周钟才(土二)　张阳生(土二) 石家修(土二)　叶于兰(土二)　沈紫峰(土二)　皇甫苹(土二)　朱博鸿(土二) 谷长骙(土二)　林启敏(土二)　施学海(土二)　钱鸿缙(土二)　唐继善(土二) 杨连昌(土二)　梁尚斌(土二)　胡亦狄(土二)　涂传桂(土二)　陈婉颜(土二) 金乃昌(土二)　孙志远(土二)　王衢亭(土二)

钱钟韩先生	张由椿(电三)　陶瑞麟(机四)　孙聘三(机四)　陆颂强(机四)　吴恕三(机四) 霍少成(机四)　纽因美(机四)　陈绍荣(机四)　郑芝书(机四)　马松涛(机二) 马元骧(机二)　周方先(机二)　王樾林(机二)　王永鈞(机二)　戴锦轩(机二) 陈逸樵(机二)　王则明(机二)　陈宝惧(机二)　曾庆和(机二)　凌家辉(机二) 吕春霖(机二)　陈立(机二)　周公道(机二)　张江永(机二)　蒋鸿宾(机二)
万一先生	张宝书(机四)　刘奎斗(机四)　董维良(机四)　鲍乃鼎(机四)　王兆有(机四) 赵梯熊(机四)　朱伯欣(机三)　何顺康(机三)　周有钱(机三)　戴鑫隆(机三) 陈天枢(机三)　涂翔甲(机四)　陈炳炘(机三)　郑化石(机三)　余昌震(机四) 李元石(机四)　童景炎(机四)　俞震益(机四)　吴官熙(机二)　沈维义(机二) 管心吾(机二)　胡全法(机二)　石化田(机二)　王光萍(机三)　马毓义(机三)
王宏基先生	余伯祺(机四)　陶光业(机四)　李象惠(机四)　茅维庆(机三)　曾繁平(机三) 翁家潮(机三)　徐修治(机四)　刘世骅(机四)　柳克令(机三)　邹辅侯(机三) 朱沅浦(机四)　庞燮(工化二)　巫宁陲(工化二)　杨慎修(工化二) 徐家骥(工化二)　郑长基(工化二)　于锡奎(工化二)　萧朝旭(工化二) 李文彬(工化二)　邓志杰(工化二)　丁熙康(工化二)　何鑫荣(工化二)
王仁东先生	薛世茂(机四)　俞懋旦(机四)　李克寅(机四)　叶枬(机三)　梁允奇(机三) 陈运铣(机三)　顾吉衍(机三)　陆万荣(机三)　王养常(机三)　吴公治(机二) 刘育如(机二)　戴树本(机二)　沈泽堃(机二)　赵乃骞(机二)　黄孝述(机二) 吴祖康(机二)　程月初(机二)　郑会持(机二)　余承叶(机二)　伍怀生(机二)
杜清宇先生	徐道观(机三)　邹建中(机三)　杨昌勋(机三)　吴作和(机二)　黄时城(机二) 蔡锡导(机二)　陆豫如(机二)　汪永绪(机二)　谢小安(机二)　梁之桓(机二) 钟海筠(机二)　郑尚熙(机二)　梁颂棠(机二)　徐师复(机二)　黄盛智(机二) 张遐年(机二)　洪传述(机二)　任桐(机二)　刘祖律(机二)　李厚德(机二)
钟兴锐先生	陆昌德(工化二)　李德春(工化二)　杨浩芳(工化二)　韩定国(工化二) 李道纯(工化二)　孙庆曾(工化二)　李良翼(工化二)　谢启元(工化二) 李康诩(工化二)　李树藩(机二)　周森沧(机二)　章肇汉(机二) 赵伯鹿(机二)　谭申福(机二)　王雪松(机二)　陈洪钟(机二)　倪步青(机二) 徐绍唐(机二)　张刚(工化二)　乔新民(工化二)　王炳炎(工化一) 刘纯祖(机四)　何钟叡(机三)

师范学院二、三年级导师及受训导学生名录

(1940 年 12 月)

一、国文系

郭洽周先生	华开进　陈辉　缪苏魂
缪彦威先生	高楼泉　蒋朝能
王驾吾先生	陈素子　王鸿礼

二、英语系

梅迪生先生	钱学中	张续渠	秦望峙	蔡显瑾	钟国洪	张宣三
佘坤珊先生	黄子才	周惕扬	葛芝鸿	陈怀文	关景羽	

三、史地系

张晓峰先生	王树叔	汤利普	刘家弼	张世烈	王世谟	梅昌锦
费香曾先生	蔡钟瑞	钱炜	詹溶庆	黄化	何春华	黄博施
顾谷宜先生	李敦仁	孙经垣	宋铭奎	张汉松	陈述彭	
郦承铨先生	倪周民	吴华耀	李青贵	刘晔	游天池	

四、教育系

陈剑翛先生	张思亮	宋景贤	柳之榘	张来仪
黄羽仪先生	孙盘寿	杨质斌	程安吉	陈素兰
李相勖先生	俞宗稷	王政先	王一明	龙纪勺
胡建人先生	徐学明	孔宪强	饶钦文	李象伟
陈立先生	梁绂生	章汝骏	谭承荣	林子勋
卫士生先生	萧鑫钢	叶宗直	寿湖山	吴菊芬
王倘先生	陈立贤	周文敏	董服群	胡淑姝
丰子恺先生	张正骅	林荣曾	游锦文	
吴志尧先生	黄友松	应炯卓	陈秀来	

五、数学系

苏步青先生	饶文华	潘际坰	赵泽豪
陈建功先生	崔士英	林瑞湍	张生春
王福春先生	苏及士	李汝涛	胡光惠

六、理化系

王季梁先生	李昌永	林仁钦	石之琅
张荩谋先生	罗聚源	韦华服	

浙江大学档案馆藏 L053-001-1205

导师会议第一次会议记录

(1941 年 3 月 3 日)

日期	三十年三月三日下午二时
地点	柿花园俱乐部
出席导师	黄尊生　胡刚复　卫士生　王序　缪钺　王焕镳　陈剑脩　吴徵铠　孙怀慈　郦承铨 李相勖　万一　王师羲　谢佐禹　黄翼　张其昀　吴明应　顾谷宜　王倘　佘坤珊 王仁东　梅光迪　李熙谋　王国松　王珽　吴钟伟　杨钦　沈尚贤　诸葛麒　刘馥英
主席	张〈其昀〉训导长
记录	诸葛麒

开会如仪

报告事项

一、主席报告

校长因公不能出席原因。

二、训导处报告

(另见书面报告)

三、演说、喜剧、歌咏□□□主席报告

(一)会议经过及会务进行情形。

(二)分组情形。

甲、演说组王季梁主席报告(另见演说组会议记录)

乙、戏剧组梅迪生主席报告(另见戏剧组会议记录)

四、出版委员会张晓峰主席报告

(一)《浙大学生》报刊将出版大学介绍特刊。

(二)本大学刊物调查(另卷传阅)。

(三)壁报审查办法。

五、贷金委员会诸葛振公主席报告

(一)本大学贷金情形。

(二)川滇各大学膳食情形。

(三)本大学膳贷与米价比率。

(四)自膳生超过膳费十八元以上贷金办法。

六、工读委员会费香曾主席报告(诸葛振公代)

(一)工作待遇之提高:以膳费增减为比率。

(二)工作机会之扩充:青年会酒精厂等。

(三)工作时间之限制:每周甲种不得超过十小时,乙种不得超过十四小时。

讨论事项

一、请举行《青年修养》讲演案

决议:通过。

参考记录:(一)本讲演应注重举行座谈会;(二)应编行青年必读书目;(三)应编行青年修养书目或各书精华录;(四)应用格言制贴标语。

二、请举行各科学术要旨演讲案

决议:通过。关于自然科学部分,酌与中华自然科学社遵义分社联合举行

参考记录:第一、第二两案,应多敦请校外名人演讲。

三、拟请同学各写自传一篇汇存本处以供导师参阅案

决议:通过。一年级请国文教师征集,二、三、四年级由训导处试行。

四、本学期师生联欢会应如何办理案

决议:参加节目之导师由训导处洽请。

五、全体学生每年拟举行会文一次案

决议:提请教务会议拟订会文具体办法。

参考记录:(一)请图书馆增购各科教科书以利清寒同学阅览;(二)教室宿舍以集中为原则应予暑假中实行。

浙江大学档案馆藏 L053-001-4003

介绍新任训导长①
(1943 年 3 月 1 日)
竺可桢

张训导长晓峰先生顷以美国外交部之约,即将赴美讲学。训导长一职,已请郭洽周先生主持。查美国此次约中国六大学教授赴美讲学为由直接邀请。彼邦深感一向对我国认识之不足,而外国大学教读中文之教师,如传教师〔士〕之流,对华虽有相当认识,然多不能阅读中国书,深刻体认中国悠久之文化。兹鉴于此次中国之五年抗战,坚强不屈,自必有其深厚之文化背景,因有兹次之约,借以弥前次之憾,而得地道之介绍。郭洽周先生在校历有年所,而训导一职,任劳任怨,重以当此时空,欲为同学多谋幸福,殊非易易。今得洽周先生不辞劳怨,出任斯职,殊深感激。

《竺可桢全集》(第二卷),上海科技教育出版社,2004 年,第 566 页

---

① 原文注:本文摘自《国立浙江大学校刊》复刊第一百一十七期(1943 年 3 月 10 日)"校闻·本学期第一次国父纪念周校长训话"一文。篇名为编者所加。

国立浙江大学训导工作报告书

(1943 年 7 月)

一、导师制之实施

(一)过去实况

本校自二十七年起曾自行试办导〈师〉制,同年三月三十一日奉钧部汉教字第一五二号训令,自二十七年度第一学期开始正式遵章办理,迄今已有五年。抗战以来,校内教师逐渐减少,每员负指导一人至四五十人不等,平均每员分配导生均在十五人以上。以此无法遵照五人至十五人之规定。故实际指导之效果,自亦无法全部获得必期之进度。训导会议于每学期开始前开会一次,决定导师指导计划及导生人数、分配标准,各院导生得事先自选导师,交由训导处斟酌,并请校长审定之,最后由训导处缮印全校导师、导生名单,连同部颁《中等以上学校导师制纲要》各一份,及训导证若干份(每导生一张),送请各导师查核。各导师所采用之指导方式,听由各导师自行选择。每月由导师将导生之思想、行为、学业及身心摄卫各项体察个性,分别训导,并分别登记。每学期终了,将各导生训导证分月计算平均分数,再加考语,签章送训导处,作为学期之操行成绩。训导处汇计全体导生操行成绩,加以核签,请训导长提交训导会议,作学期全体学生操行成绩之最后核定。

兹将历年办理导师制成绩列表统计如下:

年度	二十七年		二十八年		二十九年		三十年		三十一年	
学期	一	二	一	二	一	二	一	二	一	二
导师数	五四	五二	九一	九三	六三	六三	五四	五四	五一	五一
学生数	七五二	七四五	九八八	九八〇	七三九	七三九	六九四	六九四	八四六	八四六
每一导师指导最少数	5	5	2	2	1	1	3	3	1	1
每一导师指导最多数	22	25	42	42	25	25	25	25	45	46
每一导师指导平均数	14	15	11 弱	10 强	12 弱	12 弱	13 弱	13 弱	16.5	16.5
各导生操行成绩分析 甲	40	40	56	50	45	45	64	64	64	64
乙	622	625	782	780	550	530	500	500	612	612
丙	86	86	130	146	101	101	128	128	167	167
丁	4	4	3	3	3	3	2	2	3	3
备考			本年度试行自由选定导师,结果仅有三人系仍由校长指定。		一年级及农学院各年级学生导师均不在内。		本年度遵义校本部文、师、工三院一、二两年级学生,湄、永分部除外。		同前。	

说明:

一、自民国二十九年之导师指导之学生,为一年制,以期对每一学生之操行能获得充分之了解;

二、自民国二十九年起,各部分导师归各部自行选定之,交由校长聘定之,湄潭、永兴资料未及齐备,故未列入。

（二）今后计划

三十一年度第二学期导师名单颁发，核于三十二年四月间，复奉钧部三月十二日训字第一一六九三号训令颁发《专科以上学校导师制纲要》计十二项，内容要点在：

1. 导生得斟增至二十人；

2. 学期开始，训导处应拟具训导计划；

3. 导师指导应依据训育标准及训导计划；

4. 各组导师每月应出席训导会议一次，研究改进意见。

下年度（三十二年度）即将开始，训导计划正在订拟，有关导师制部分计划拟先由训导处根据部颁各有关章则法令及过去实施经验妥拟计划要点，由训导处提出于校训导委员会商讨决定后提出于本校训导会议，再由各导师商讨决定后交训导处详拟实施计划，由校长核准，分别公布，按照实施。本校湄潭、永兴各分部训导计划均须送请□□□实施，至于内容要点则有如下述：

1. 导生之分组力求合乎规定数目，使导师易于进行指导；

2. 每年度开始，各导生均须填写学生调查表二份（一份存训导处，一份送主管导师处），以为指导时之参考；

3. 学生调查表载有学生家庭概况、学生体格检查概况、学生自述己身之优点及缺点及学生在校最熟悉之师友等项；

4. 原有训导证增加"仪容"一项，并增加"备考"一栏，学生操行合为五项，分数一律改为三等九级颁发（即甲：上、中、下；乙：上、中、下；丙：上、中、下），以期划一而利统计；

5. 增辟"导师办公室"一间，俾各导师轮流到室办公，并可作为学生"个别谈话室"之用，以期增进导师、导生接触，及检讨改进之机会；

6. 在预算上增列"训导活动费"一部分，作为每月召开导师会议时办公各费及茶点之用；

7. 聘请心理学及哲学教授按月举行学生心理、生理及道德知识之测验，以补导师平时指导之不足；

8. 训导处与导师间之密切联系。

二、新生入学训练之实施

（一）过去实况

本校自迁贵州遵义、湄潭以来，一年级学生在湄潭属永兴场上课。永兴地处偏僻，交通困难，远道学生多不能如期到达，故过去新生入学训练均未遵照部令举行。自三十一年九月起，乃开始决定自新生入学时开始举行并组织新生训练委员会，自十月十九日起至二十五日止为训练周，并拟定各种实施计划及组训办法，延聘本校教授分别担任有关新训演讲。唯以遵、湄交通不便，多未能莅临为憾耳。兹为便于浏览起见，分项述于后：

1. 组织情形

新生组织悉照军训编制。本部主任为队长，教官为队附，训导人员为指导员，全体男生共分为三中队，女生为直属分队，先修班学生为附属分队。各级中、分队长及小队长均选优秀学生充任之。各种集会、集合及日常生活行动，悉依照军事管理办法办理之。

2. 课程内容

新训课程系遵照部令拟定，计分为军事训练、政治训练、道德修养、修学指导、校史章则及音乐、体育等课目,分别由有关各先生担任讲授。

3.纪律及秩序

a.升旗降旗均集合排队,由总值星官总负其责,各级值星官协助之,尚能做到整齐严肃之要求;

b.会食上下饭堂均须集合。会食时,队长、队附、指导员均一律参加,以表师生甘苦与共之精神;

c.上课时上下教室均须集合。先生莅临课堂讲授或下堂时,由值星中队长呼立正口令后,到指定地点集合解散;

d.内务每日检查一次。按照部颁规定办法,惟以设备不适,尚不能做到合乎理想之要求;

e.就寝须按时间熄灯号以后,宿舍灯火均皆熄灭,且无谈话之声;

f.礼节按照陆军礼节规定实施,新训学生多数均能做到;

g.新生入学所填各项调查表及自传、感想录均能准时送达。

4.课外活动

如《新训壁报》、音乐会、球类比赛等均能踊跃参加。

5.其他

此次新训系属创举,缺点在所不免。今后若能本此经验努力改进,则其成效定可倍增于往昔也。

(二)今后计划

1.组织

将新生编为"新生训练队",设队长一人,由本部主任任之,负全队一切事宜;队附一人,由主任教官或资深教官任之,协助队长办理新训一切事宜。新生训练队之下设若干中队,由教官或助教分别任之,每中队设三分队,每分队设三小队,每小队以学生十个至十六人(连小队长在内)为原则,各级分队长、小队长概选优秀学生充当,由队长任命之,负各种传达勤务之责。训导人员及党义导师等为指导员,负全队学生思想考核之责,如个别谈话、小组讨论事宜。

2.训练目标

a.在使新生对于国家民族有正确之观念;

b.在使新生对于三民主义有坚定之信仰;

c.在使新生对于本校校史规章及内容有深刻之了解;

d.在使新生对于本校各院系之性质有明确之识别;

e.在使本校教职员对于新生之个性有深切之认识。

3.训练方法

a.严格实施军事管理,使学生生活、行动纪律化,而合乎现代国民之要求;

b.应用亲切之态度、积极之精神,以期建立学生自觉、自动、自治之基础,养成活泼蓬勃之朝气;

c.注重个性调查、思想指导、生活指导、修学指导,养成品学兼优之人才,以为国家社会之用。

4.训练时间

原订一周为时过短,此后应增为两周或三周。

5.训练服装

训练服装以草绿色中山装为原则,并须打绑腿、系皮带、佩符号、戴制帽等,以振精神而便训练。

三、一年级生军事管理之推进

(一)过去实况

1.学生宿舍内务

学生宿舍分江馆、楚馆两处,相隔约三四百公尺,每处均住有教官负责。寝室共有十六个,均按院系分住,每室设正、副室长一人,专负寝室公共卫生之责,及应新〔兴〕应革事宜。女生宿舍设江馆,其组织及管理与男生同,内务按照规定办理,由值星教官逐日检查,于周末分别优劣公布,以为学生操行之一部。

2.升降国旗及国父纪念周

升降国旗及国父纪念周不得无故缺席,队形与新生入学时同,各级干部均选优秀学生充任之。闻集合号音后,均在指定地点集合排队,并由教官检查人数。缺席次数除周示公布外,并列入操行分数计算。

3.学生请假升降国旗

国父纪念周学生请假由值星教官转呈主任教官核准,但是项请假除公假外,病假须经本校医生证明,否则概不准假;其余课假,由永兴分部训导主任核准。

(二)今后计划

1.学生宿舍

拟不分院系混合住宿,俾各院系学生相互熟识,感情融洽,不致有院系分工之不良现象。

2.升降国旗及国父纪念周

拟不分院系,以寝室为单位混合编队,并由教官担任中队长之职务,俾便确切管训,各有专责。

3.内务检查

逐日严格检查,周末公布优劣,同时拟请事务处修理宿舍,添设男、女生储藏室数个,以为学生储藏之用。

4.学生仪容

拟请筹办学生制服与白被褥等。

5.学生请假

降升国旗、国父纪念周仍由教官准假外,关于学生课假拟请转由教官办理,俾办事简单,而收实效。

6.关于学生病假

拟请医务组认真办理,用特不准补假,以免发生弊端。

四、学生团体之指导

(一)过去实况

本校学生团体除遵部令设有代表学生全体性质之"学生自治会"外,各级有级会,各系有系会,另有各种学友会(即同乡会)、各种学术研究会等名称。本校因分设四处,训导人员极端分散,不敷分配,各种学生团体除于成立或改组时到训导处登记,开会时到训导处声请外,极少加以妥切指导。唯对学生自治会一团体因关系本校整个学生思想、行动及校风诸问题,故对于每学期改选以及选举方法,及选举标准等,均有限制。当选学生自治会代表及干事会干事、各种委员会委员之学生,其操行成绩须在乙等以上,而学业成绩则须在七十分以上者,方有被选资格。选举时由训导处派员指导,选出后每半年由校长召集学生自治会全体代表训话一次,各代表如对学生□□□施行,学生自治会内各会开会□□□,训导处处员指导会内一切;课外活动及社会活动等均由训导处指导之。五年以来校风得以维持不坠者,均以此故。

(二)今后计划

目前本校对校内所有学生团体因训导处人员过少,未能尽妥切之指导。今后拟采用法治精神,利用表格,划一登记,使学生养成习惯,同时对校风亦能有所建树。计划要点有如下述:

1.学生自治会组织力求健全,人事力求整齐;

2.各系代表即为各该系系会之主席,俾各系得与学生自治会密切联系;

3.学生团体中如有异党或为异党所把持时,即令改组。另外,通知导师加紧其思想训导,直至改正后乃止;

4.学生团体之主席或代表均应于每学期改选或成立时到训导处遵章办理登记,以为指导之依据;

5.对于学生团体开会期间应约加规定,俾训导人员得分配时间,有参加指导之机会;

6.学生自治会中心工作予以规定。

五、劳动服务之推行

(一)过去实况

二十六年"七七"抗战开始以后,杭州危急,本校奉命迁移天目山,再迁建德,继又迁江西之吉安,旋移泰和,再迁宜山。未几,敌攻广州湾,敌机轰炸宜山,校舍多毁,乃再迁遵义。抗战迄今,尚未满六年,而本校已六迁其居,劳动、服务、工作无形中已作得不少。学校迁遵、湄、永后因校址狭小,附近又少荒地,故校内本身无校园。校外方面,关于替征属割稻、修城、筑路诸工作,以当地县府既未倡导,本校不便自动兴办,故六年来可称极少推行。

(二)今后计划

中央自今年颁布裁员减俸后,本校员工一再裁减,而薪俸则未能增加,物价飞涨,教职员及学生生活日感痛苦。复以本校系租用民房作教室及学生宿舍,租屋以年久失修,亟待修理。今后拟对劳动、增产进行以下两种计划:

1.拟利用教职员、学生、工役之劳动服务养猪、种菜,拟利用此次总裁拨付各大学之十万元流通资金为资金,与县府商借或商租荒地,辟作校园,以为种菜、养猪及其他生产事业之用,由教职员、学生合组校园经理委员会,分批轮流教职员、学生、工役前往经营与管理,以解决师生、工役菜蔬及营养补给问题;

2.拟利用暑期之休假,俾学生担任建筑校舍之技师及木工。本校因租用民房,以致校舍散漫而湿陋,非特影响管理与训导,且影响学生精神与健康。今夏学生宿舍数处屋柱倾斜,人人自危,非自建校舍难以维持。拟请钧部拨修建费二百万元,在地方募百万元,学生自身利用暑期假日担任技工、木工、瓦工或小工,使学生义务劳动得以减少开支,而使新校舍在节省经费之原则下早日完工。

六、学生思想之指导

（一）过去实况

本校为国立学校，而本校固有校训则为"求是"。故本校精神可称为"求是精神"。按我国国定教育宗旨及训育目标，均以三民主义为最高原则，理想人生为最高标准，故本校对于学生思想之指导亦分直接与间接两种方式。在课程方面，除一班〔般〕的或特殊的而外，则有"三民主义"与"实业计划"。前者可称为国父全部遗教之精华，后者可视为国父全部经济建设之计划，直接、间接对学生之思想均发生密切关系，而尤以前者更为重要。今年春，并根据钧部颁发之三民主义教程，编制二十万言之讲义随堂讲授，计将国父遗教、总裁言论及与国民党五十余年来奋斗有关重要文献均参酌列入。至间接训练，则有纪念周之名人讲演，及学生自治会编审股之《生活壁报》。前者由校长聘请教授及校外名人，按期演讲；后者则由训导处于事前加以审查关于免登稿件并亲约投稿者，予以详细说明，直至心服意可。而后此种间接训练指导旨在使学生养成坚强不移、合理正确之判断力及悟解力，实行以来影响颇大。

（二）今后计划

本校对于思想训练，三十二年度□□□：

1."人生哲学"一课对学生思想之训练作有系统的讲授，并列为各院系学生必修科目；

2.纪念周应本校□□指定有关国父遗教及国策讲叙系统表，并规定□□□之"名人演讲"应另开列时间，以免冲突；

3.学生发行之各种刊物，如《浙大学生》及各系壁报等均系经由训导处审查；

4.指定国父遗教及《中国之命运》等书为全体学生课外必读之书刊，限期开会研讨，并编选报告，列计学分，俾收成效；

5.本校区党部及青年团应与训导处取得密切联络；

6.本校中山室及中正室应再增购并征集有关思想训练之新书籍及刊物。

七、学生礼节之训练

（一）过去实况

过去学生礼节除少数而外，其余均能按照规定做到。

（二）今后计划

1.新训开时严格实施管训；

2.平时训练与新生训练须连续不断，保持一致；

3.随时对学生精神讲话，并请本校教职员讲演有关道德修养及做人做事之基本课题，同时以身作则，以德感化，以收潜移默化之效。

八、课外活动之指导

（一）过去实况

本校课外活动之项目较多，有一部分为应政府之指定或协商而活动者，一部分则为本校经常必有之活动，另一部分则因临时需要而发动者。六年来，因校址屡迁，举行活动之后每少记录。自三十二年起可得而述者，为三月七日由学生自治会举行筹赈豫灾义卖；同月十五日举行豫灾球类竞赛；同月二十日复举行赈灾话剧公演，发动全校学生及团体共募集法币十万余元,均如数汇渝《大公报》代转;五月一日在黔八大学于贵阳举行竞技运动会及国、英语演讲竞赛,本校获得运动会冠军,国、英语竞赛亦取得第二、三名;六月间并举行第一、二届毕业同学会欢送会;九日举行音乐晚会;十三日举行话、平剧公演,均博得师友及校外之同情与赞助。至关于政府指定之募捐及其他宣传工作,均照例举办。唯以当地政府少予协助,成效不大耳。此外,学校有社会教育推行委员会,地方政府无经费支拨,本校又无的款,故除在校内举办工役民众夜校外,殊少校外活动。本校复有基督教青年会全国学生救济总会遵义分会附办之学生服务处,对课外活动颇具成绩,训导处与之联络极为密切。

(二)今后计划

本校学生课外活动因缺少全盘计划,故虽已举办而成绩未著,如今年暑期举办之暑期补习学校原由本校规划一切,人才全由本校同学担任。然名义上则由□□□三十二年度开始拟照下列计划要点妥拟办法□□实施:

1.筹与遵义县政府合商举办城区□□民众学校,□期肃清文盲;

2.规定学生自治会每月课外活动中心项目及时间,并编制课外活动历;

3.远足旅行拟于今秋全体举行一次,事前拟具详密计划,分别调查并采访有关资料;

4.训导处应为全校各种课外活动之核心,草拟与各部门联系原则。

九、学校清洁之设施

(一)过去实况

本校校址除湄潭分部稍见整齐外,其余既系租用民间旧屋,故环境卫生方面极难适合标准。关于清洁方面,在教室、办公厅等皆由工役负责;在学生宿舍方面,皆由学生自己打扫;复以宿舍、教室、饭厅、礼堂设备异常简陋,清洁整齐极难严格。学生自治会虽设有公共建筑改进委员会之组织,因学校限于经费,除少数简易设备外,他如地下潮湿,无款装设地板;楼顶与屋瓦相接,无款装设天花板,故夏日酷热而冬日极冷。此种缺陷,实无法补救,影响学生极大。卫生方面,虽现有医务组,然仅有简单药品,而无住校医生。疗养室亦极简陋,故学生染病及身体缺乏纠正等项工作,均不易办到;而学生肺病疗养亦因离校过远,且无看护照料,故肺病调治迄亦无良善办法。

(二)今后计划

大学生之生活指导应注意其能自主、自动、自强、自治之精神,期能在学校求学时间即养成良好习惯。故除在一年级有良好之军事管理外,在三十二年度开始时拟照下列计划要点,妥拟办法。

甲、关于清洁方面

1.所有有关学生环境卫生及清洁整齐诸工作,除一年级外,完全交由学生自治会办理,并由训导处加以督导,逐期举行区域检查及清洁整齐竞赛;

2.学生宿舍及个人床铺、行李及衣冠之整齐与否,列入操行成绩(五分之一),随时由训导处派员抽查指导,并举行登记与竞赛。

乙、关于医药卫生方面

1.增设疗养室;(拟在□五号楼下)

2.增聘住校医师并提高其待遇;(另呈请示)

3.肺病疗养室增设护士并呈核发足量鱼肝油等补品;

4.每年度开始举行全校师生、工役身体总检查。

十、训导与党团之联系

(一)过去实况

本校自奉命成立区党部后,区党部书记由前任训导长张其昀先生担任,另外成立区分部,一则为本校教职员党员之一个全体组织,学校学生则有青年团之组织,而团主任则由工学院院长李熙谋先生担任。党与团之本身及与训导处之联系方法则为:

1.团部时时敦请区党部书记演讲;

2.区党部一切公文函件,由训导处一组员担任之,直接向□□□即系训导处本身之书记,半日在处办公,半日在团办公。

(二)今后计划

今后改进计划要点,应□□进之步骤:

1.先密切党与团之关系

(1)党部书记必须为训导长;

(2)训导长应为团部当然主任指导;

(3)党、团高级负责人每周应举行会报或联席会议一次;

(4)党员与团员每月应举行联合座谈会一次。

2.再密切训导与党、团之关系

(1)训导长得连任区党部书记,并连任青年团团部当然主任指导员;

(2)党、团部重要文件应通过训导处,以便明了新法令;

(3)训导、军训与党团高级负责人每两周应举行联席会议一次,以资检讨工作。

3.训导与党、团工作之展开

(1)请部令各大学教师均应研究三民主义;

(2)介绍党员与团员。

浙江大学档案馆藏 L053-001-0003(2)

训育委员会第一次会议记录

(1947 年 1 月 20 日)

日期	卅六年一月卅日下午三时
地点	校长公舍会议室
出席委员	李宗恩(李天勖代) 诸葛麒 王焕镛 朱庭祜 王琎 张绍忠 杨耀德 钱宝琮 张其昀 李浩培 顾谷宜 郑宗海 蔡邦华 王国松 朱正元
列席	孙祁
主席	郑〈宗海〉代校长
记录	徐振东

报告事项

一、部颁训育委员会组织要点及本会成立情形。

二、本会聘定委员人选。

三、最近本校学生响应抗议美军暴行罢课经过情形。

四、学生生活状况以及宿舍、膳食、水灶等困难情形。

五、缺乏体育活动及其他休闲娱乐,学生生活枯燥情形。

六、复员后校舍设备不敷影响学生生活之严重情形。

七、最近学生自治会活动情形。

讨论事项

一、关于学生纪律

(一)此次罢课学潮事先教员绝未知道,其中显有少数学生从中煽动,学生纪律应予严密注意。

(二)学生生活壁报迹近谩骂,应责成其必须重建设性,而负言论责任。

(三)学生与学校界限甚深,双方俨然对立,此种观念实为不当,今后当设法彼此信仰,使双方合而为一。

(四)学校物质艰难,学生应首重纪律,团体生活才能圆满,学生触犯校规,应照章处罚,不能姑息。

(五)各项训导章则应重行审查整理,务使切实可行,订定以后应严格执行。

(六)前项训导章则由训导处先行检齐材料,推定张晓峰、李浩培、朱仲祥〔翔〕、杨耀德、顾谷宜五位先生审查(由顾先生召集),然后提会讨论。

(七)民主之意义与精神,学生颇多误解,应尽量讲解宣导。

(八)训导学生"明是非,定像疑",使团体活动不为少数操纵。

(九)教员之意见对学生极有力量,以后遇事有重要事故,应即召集会议,表示教员之意见。

(十)学生多不长于言辞辩论,大会中不能发表是非意见,常受少数长于言辞者所操纵,拟多举行演说辩论等会,以训练学生口才,由训导处设法鼓励学生举行。

二、关于增加训育效能

(一)增加训育委员会委员。

(二)积极鼓励学生课外活动,使其自动聘请教授参加(不必用导师名义),无形增加师生接触机会,借收训导之效。

(三)每月请校外名人演讲(可在文化讲座费项下酌贴旅费),亦可增加训导效力。

(四)由各院院长、训导长分请各系教授,除学术以外对学生训导多加注意。

三、关于学生操行成绩

(一)由训导处根据学生奖惩记录及各方面报告评定之。

散会

浙江大学档案馆藏 L053-001-0482

训育委员会常务委员会第一次会议记录

（1948 年 9 月 13 日）

日期	卅七年九月十三日下午三时
地点	校长公舍会议室
出席者	杨耀德　江希明　顾谷宜　朱庭祜
列席者	李浩培　苏步青
主席	苏〈步青〉训导长
记录	徐振东

主席报告

一、常务委员推定经过。

二、学生宿舍分配经过情形。

三、改进疗养室患病学生生活及诊治。

四、卅六年度以前因不及格学生达三分之一而留级者，前经取消公费报部在案，本学期未便准予恢复公费。

讨论事项

一、学生自治会组织问题

决议：代表会之组织，部颁修正学生自治会规则所无，斟酌本校实情，本学期仍准其存在试办。

二、学生自治会选举监督问题

决议：

1.系代表之选举应由学生自治会劝告该系同学踊跃参加，参加人数百分比愈高愈好，各系选举应规定时间、地点，过半数到会方可选举，由本会函告学生自治会；

2.代表理事应选举成绩比较优良者担任。

三、本会常会之期

决议：每两星期开会一次。时间星期一下午四至六时。

散会

浙江大学档案馆藏 L053-001-0482

（五）体育与军训

训育处布告(第四号)
(1936 年 9 月 9 日)

凡本校一年级受军事训练学生,须一律将头发剪成光头,仰各遵照毋违。

此布。

〈二十五年〉九月七日

《国立浙江大学日刊》第八期,民国二十五年九月九日

体育部二十五年度各年级体育课程实施择要
(1936 年 9 月 10 日)

按本校体育实施大纲体育课程本分为正课及课外运动。惟按照本年度各年级学生其他课程之分配情形,兹决定按以下各条施行:

1.一年级男生因有军事训练关系,体育课程只规定每周正课二小时,免除课外运动,惟女生不在此限;

2.二年级和三年级体育课程,正课每周二小时,课外运动每周二次;

3.四年级体育课程,正课免修,课外运动每周二次;

4.高工、高农各年级体育课程,正课每周二小时;

5.凡体育正课及课外运动均按时点名。缺席之管理按照本大学学则第八章对缺席办法之规定办理之。

《国立浙江大学日刊》第九期,民国二十五年九月十日

体育部通告
(1936 年 10 月 12 日)

本校课外运动定于本星期一(十二日)起实行,兹将应行事宜条列于左,希各知照。

此布。

一、各院同学第一次课外运动,须各按日时齐集健身房,以便编队。

二、各院课外运动日期时间:

甲、文理学院

星期二、五下午四时一刻至五时半。

乙、工学院

星期三、六下午四时一刻至五时半。

丙、农学院

星期一、四下午四时半至五时半。

三、凡未选课外运动项目各同学,兹经本部分别派定,"另单附后"。如有遗漏未派者,仅于本月十二日起一星期内,亲来本部声明,过期则不得参加本届课外运动。

各院未选课外运项目诸同学,兹经派定列左:

文理学院	（男）	胡鹏　张运枢　李德埙　钱克仁　徐绍唐 以上五名均派入排球组。
	（女）	刘导涝　施莲香　周赓和　陆素心 以上四名均派入篮球组。
工学院	（男）	蓝履安　黄延豫　虞正光　龚圻　沈环　苗树腴　华宏德　蒋福龄　王文望　洪鲲　彭日知　王天一　许乃茂　许宝骏　陈国符　吴珣　张格　宗秀楠　陈东　王勤曾　杨从仁　孙赓年　林循经　孙士宏　王克钧　李培金　姜劲　李杰　张哲民　李赓懔　陈梦麟　吴钟琦　王义道　钱茵　陈洪达　顾金梅　徐守渊 以上三十七名均派入篮球组。
	（男）	汤家和　姚永耀　卞华年　陈宗德 以上四名均派入排球组。
	（女）	俞文玖　王青娥　严怡和 以上三名均派入篮球组。
农学院		龚弼　朱懋荣 以上二名均派入排球组。
		陈文彬　张象震 以上二名均派入篮球组。

《国立浙江大学日刊》第三十五期,民国二十五年十月十二日

体育课通告(第一号)

(1937 年 2 月 17 日)

本学期课外运动实施简则兹特通告如左,希各知照为要。

二十五年度第二学期课外运动实施简则

一、施行范围

本学期课外运动施行之范围为大学部各院二、三、四年级(各院一年级及职校暂缓施行),各院四年级即以此运动代体育正课。

二、项目

本学期课外运动项目为适应气候之变化,规定以下各项:

(一)男生

1.跑步;2.篮球;3.排球;4.游泳。

(二)女生

1.球类;2.游泳。

以上各项约每月更换一次,由体育课临时布告之。

三、编制

自二月十六日起至二月二十五日为课外运动编队时间,每队十二人(跑步、游泳不分队),以自行组织为原则,但必须在截止日以前将全队名单及正、副队长姓名报告体育课,过期未交,或未自行组队者,概由体育课编派之。经公布后,不得更改其正、副队长,亦由体育课指定之。

四、请假及缺课

本学期课外运动自三月一日起至六月十二日止,凡缺课超过举行次数四分之一以上者,不给分。如因事或病不能出席者,须事前向体育课请假(事后补假须有证明文件),否则以旷课论。每旷课一次,作缺课五次,迟到或早退每三次作一次缺课计算。

附跑步办法

1.文理、工两学院学生自本校健身房持自己之白色名牌出发,至农院大楼前换本人之红色名牌,跑回至健身房为完程。农院学生自农院大楼前持自己之白色名牌出发,至健身房换本人之红色名牌,跑回至农院大楼止为完程。其往返时间以一小时为限,过时未交即作一次缺课论。

2.中途如发觉有用车马代步者,除本课以其旷课外,并呈请学校予以惩戒。

3.途中以跑为原则,但如感体力不足时,得步行少许路程,但不得越过规定之往返时间。

《国立浙江大学日刊》第一百一十九期,民国二十六年二月十七日

本校男女生标准运动项目表

（1937 年 3 月 25 日）

性别	项目	测验方法	附注
女生	五十公尺	以速度计	
	三千公尺走步	以速度计	
	垒球掷远	以远近计	
	立定跳远	以远近计	
	游泳二十五公尺自由式	以速度计	本学期以绳梯代
男生	二千公尺	以速度计	
	百公尺	以速度计	
	跳远	以远近计	
	手溜弹掷远	以远近计	
	游泳五十公尺自由式	以速度计	本学期以吊杆代

《国立浙江大学日刊》第一百四十八期，民国二十六年三月二十五日

体育课订定男女生球类竞赛规则

（1939 年 1 月 16 日）

体育课为提高学生体育兴趣、增进运动技能及联络感情起见，特订定男女生球类竞赛规则。全文录志于后：

国立浙江大学男女生球类竞赛规则

第一条 本竞赛以提高校内体育兴趣、增进运动技能及联络感情为宗旨。

第二条 锦标及参加单位

（一）男生分篮、排、足球三种锦标，参加单位以各院之年级为单位（例如师一、工二、农三）。

（二）女生分篮、排球二种锦标，参加单位以年级为单位，由各院同年级混合组成之（例如大一、大二、大三）。

第三条 比赛方法

男生各项比赛采用淘汰制，女生各项比赛采用单循环制。

第四条 比赛地点及日期

各场比赛均在标营球场举行比赛，日期与时间由体育课另行通告。

第五条 比赛规则

本竞赛除第七条特定外，均以全国体育协进会审定之最近规则施行之。

第六条　报名须知

（一）日期：

1.男生篮球赛自即日起至一月十八日下午五时止；

2.足球赛自即日起至一月廿二日下午五时止；

3.男女生排球赛自即日起至一月廿五日下午五时止。

（二）地点：标营体育课办公室。

（三）手续：凡报名之年级须先期由队长签名，将全队队员人数及空暇时间表一并缴至体育课办公室。

第七条　比赛特定简则

（一）比赛时间经规定后，不得无故要求更改，如遇特殊情形必需更改时间者，亦须先一日由该队自向对队接洽允许后，同到体育课申请。

（二）比赛队须按时到场，如迟到十分钟，即作弃权论，时间以裁判员计时表为标准（按此项比赛原系提倡校内普遍运动而设，故不论球艺高下，均盼踊跃登场，以重运动精神）。

（三）比赛时须服从裁判员之判决，并避免不规则举动，以重运动道德。

（四）每队队员男生篮球队十二人，女生篮球队十二人，男、女生排球队十五人，男生足球队十五人为限。

（五）排球比赛男生采用五局三胜制，女生采用三局二胜制。

（六）篮、足球比赛若在和局时，须照规则延长时间以决胜负。

（七）男生篮球比赛每局分前后两半时，每半时为廿分钟，延长时间每次为五分钟。

（八）足球比赛每局分前后两半时，每半时为卅五分钟，延长时间每次为十五分钟。

（九）女生篮球比赛每局分四节，每节为八分钟，延长时间每次为五分钟，在两次延长时间终了时，若仍为和局，则计算全局比赛中以投中次数多寡分胜负；如仍相等时，则以罚中次数多寡分胜负；如仍相等时，即以犯规较少之一队为胜。

（十）凡参加比赛者应绝对遵守一切比赛规则。

第八条　本规则经呈奉校长核准，由体育课公布施行之。

《国立浙江大学校刊》复刊第七期，民国二十八年一月十六日

一年级学生军训计划概况

(1939 年 1 月 23 日)

本校军训部以政府有于民国廿七年度始，将全国大专学生军训办法改进之议（其原则系将平训一年改为两年，集训在第三学年第一学期举行，得依学生志愿给以分科教育），故该部拟在政府改进军训方案未颁发前，先将本学年军训内容酌量增加，以期适合两年平训为原则。兹摘录该部第一学年军训计划大要如左：

一、学科

以战术、战史、筑城、兵器、地形、交通、通信等教程为主，以军制、后方勤务、防空、防毒、军队卫生为辅，典范令等则仅在实施术科及野外演习时提要讲授。

二、术科

以小部时间实施各个至班、排、连之密集教练，而以大部时间实施各个至班、排、连之战斗教练，特注重战斗教练之演习，就中尤以养成学生之指挥能力为主眼。

三、野外演习

注重斥□步哨之基本演习，更严密实施班、排、连之攻防与追击、退却等，且假设夜间状况，养成学生之夜战能力。

四、其他

关于筑城、实施射击、教育通信演习亦配合在术科时间内实施，并拟于本学年终结时施行基本射击，至手榴弹投掷之演习，及劈刺术、军刀术、持枪与器械体操等，均在早操时间内实施，俾增强学生之技术能力与体力。

再，该部以抗战日亟，军训自应加紧，正拟向校长接洽，除每周军训时间三小时外，更请增进野外演习之时间，每学期约四次至六次，以增多学生实际演练之机会。又，该部为查阅学生之军训进度及鼓励学生之研究精神起见，拟于每学期末举行校阅一次，演练术科及野外演习之动作，成绩优异者，则予以各项奖励，并在本校举办之运动大会参加军事技术比赛一项，借更提高学生对于军事之兴趣云。

《国立浙江大学校刊》复刊第八期，民国二十八年一月二十三日

国立浙江大学军训报告书
（1943 年 7 月 1 日）

甲、新生入学训练之实施

一、过去概况

1. 筹备经过

本校自迁贵州遵义、湄潭以来，一年级设于永兴，地处偏僻，交通困难，远道学生多不能如期到达，致过去新生入学训练，均未遵照部令举行。自卅一年九月前樊主任来校后，深觉长此下去，殊非所宜。为欲使学生有优良之学行及习于本校校风等符部令起见，遂决定于卅一年度新生入学时开始举行。

当卅一年十月之初，由前樊主任召集永兴分部全体教职员会议，征询意见均表赞同，乃组织新训委员会，后据多次会议决定，从十月十九日起至廿五日止，为训练周时间，并拟订各种实施计划及组训办法，分别延聘本校教授讲演有关新训课题，惟以遵、湄各地交通不便，多未莅临为憾耳

2. 组织情形

新生组织悉照军训编制，本部主任为队长，教官为队附，训导人员为指导员，全体男生共分为三中队，女生为直属分队，先修班学生为附属分队，各级中分队长及小队长，均选优秀学生充任之，各种集会、集合及日常生活行动悉照军事管理办法办理之。

3. 课程内容

新训课程，系遵照部令拟订，计分为军事训练、政治训练、道德修养、修学指导、校史章则

及音乐、体育等课目,分别由有关各先生担任讲授

4.纪律及秩序

A.升旗降旗均集合排队,由值星官总负其责,各级值星协助之,尚能做到整齐严肃之要求;

B.会食上下饭堂均须集合,会食时,队长、队附、指导员均一律参加,以表师生甘苦与共之精神;

C.上课时,上下教室均须集合,先生莅临课堂讲授或下堂时,由值星中队长呼立正口令后到指定地点集合解散;

D.内务白日检查一次,按照内务规定办理,惟设备不周,尚不能合乎理想中之要求;

E.就寝均按时间,熄灯号以后,宿舍灯火均皆熄灭,且无谈话之声;

F.礼节按照陆军礼节规定实施,新训学生多数均能做到;

G.新生入学时,所填各项调查表及自传感想书均能准时送交。

5.课外活动

课外活动如新训壁报、音乐会、球类比赛等,均能踊跃参加。

6.其他

此次新训系属创举,缺点在所难免,今后若能本此经验,努力改进,计划周到,则其成效定可倍增于往昔也。

二、今后计划

1.事前应注意事

A.学生未到校之先,须在报端规定学生来校时应携带之物品,如被褥(以白色为原则)、服装(以草绿色中山服为原则)等,其他笨重箱物禁止携带来校,俾内务容易整洁;

B.学生报到时限,须在报端严格规定,以俾同时到齐,而便新训;

C.学生到校一切手续,须按照规定办理;

D.关于学校方面,如各种教材器材之充实、人员之配当、宿舍之修整与分配等,均须事先计划周到,务使受训学生满足,精神兴奋,而收新训之宏效。

2.组织

将新生编为"新生训练队",设队长一人,由本分部主任任之,负全队一切事宜;队附一人,由主任教官或资深教官任之,协助队长办理新训一切事宜。"新生训练队"之下,设若干中队,由教官或军事助教分别任之,每中队为三分队,每分队为三小队,每小队学生以十人至十六人(连小队长在内)为原则,各级分队长小队长概选优秀学生充当,由队长任命之,负各种传达勤务之责,训导人员及党义先生等为指导员,负全队学生思想考核之责,如个别谈话,小组讨论等事宜。

2.训练目标

A.在使新生对于国家民族有正确之观念;

B.在使新生对于三民主义有坚定之信仰;

C.在使新生对于本校校史规章及内容有深刻之了解;

D.在使新生对于求学有坚定之志愿;

E.在使新生对于本校各院系之性质有明确之识别;

F.在使本校教职员对于新生之个性有深切之认识。

3.训练方法

A.严格实施军事管理,使学生生活行动纪律化,而合乎现代国民之要求;

B.应用亲切之态度,积极之精神,以期建立学生自觉、自动、自治之基础,养成活泼蓬勃之朝气;

C.注重个性调查、思想指导、生活指导、修学指导,养成品学兼优之人才,以为国家社会之用。

4.训练内容

A.军事训练——军事学术科及各种演习等;

B.政治训练——三民主义,总理遗教,总裁言行训词等;

C.道德修养——共通校训"礼义廉耻"及做人作事之修养;

D.修学指导——本校各院系性质;

E.校史章则——使学生了解本校光荣之历史及现在概况与应守各项规则;

F.音乐体育——使学生熟唱校歌及体育之重要性。

4.训练时间

原订一周时间过短,应增为两周或三周。

5.训练服装

训练服装以草绿色中山装为原则,并须打绑腿、系皮带、佩符号、带制帽等,以振作精神,而便训练。

乙、军事管理之推进

一、过去实况

1.学生宿舍内务

学生宿舍分江馆、楚馆两处,相隔约三四百公尺之远,每处均住有教官负责。寝室共十六个,均按院系分住,俾同院系者得有互相研讨之机缘,每室设正、副室长一人,专负寝室公共卫生之责,及应兴、应革事宜。女生宿舍设江馆,其办法与男生同,内务按照规定办理,由值星教官逐日检查,于周末分别优劣公布,以为学生操行之一部。

2.升降国旗纪念周

升降国旗纪念周不得无故缺席,队形与新生入学时同,各级干部均选优秀学生充任之。闻集令号音后,均在指定地点集合排队,并由教官检查人数,缺席次数除周末公布外,亦列入操行分数计算。

3.学生请假

升降国旗纪念周学生请假由值星教官转呈主任教官核准,但是项请假,除公假外,病假须经本校医生证明;否则概不准假;其余课假,由永兴分部训导主任核准。

二、今后计划

1.学生宿舍

拟不分院系混合住宿,俾各院系学生相互认识,感情融洽,不致有院系分立之不良现象。

2.升降国旗纪念周

拟不分院系以寝室为单位混合编队,并由教官担任中队长之职务,俾便确切管训,各有专责。

3.内务检查

逐日严格检查,周末公布优劣,同时须请事务处修理宿舍,添设男、女生储藏室数个,以为学生储藏之用,以免寝室内衣箱堆积,而生无法整洁之弊。

4.学生仪容

拟请筹设学生制服与白被褥等。

5.学生请假

除升降旗、纪念周仍由教官准假外,关于学生课假,拟请转由教官办理,俾办事简单而收实效。

6.关于学生病假

须请医务组认真办理,同时不许补假,以免发生弊端。

丙、学生礼节之训练

一、过去实况

过去学生礼节除少数而外,其余均能按照规定做到。

二、今后计划

1.新训时严格实施管训;

2.平时训练与新生训练须连续不断保持一致;

3.随时对学生精神讲话,并请本校教职员讲演有关道德修养及做人作事之基本课题,同时以身作则,以德感化,以收潜移默化之效。

完

代主任教官徐绸

卅二年七月一日

于永兴浙大

浙江大学档案馆藏 L053-001-1559

代电教育部(复字第 402 号)

(1947 年 12 月 3 日)

教育部钧鉴:

查专科以上学校军事训练前奉钧令,自卅四年起停止。惟本校尚有若干学生缺修军训,究应如何办理?敬祈明示,俾有遵循为祷。

国立浙江大学印

亥○支

浙江大学档案馆藏 L053-001-0057

（六）各种奖助贷学金

国立浙江大学"工程奖学金"施行办法草案
（1936 年 9 月 7 日）

第一条 本奖学金系纪念民国二十五年中国工程师学会、中国电机工程师学会、中华化学工业会、中国化学工程学会及中国自动机工程学会五工程学术团体在杭州举行之联合年会，及纪念在年会时成立之中国机械工程师学会及中国土木工程师学会而设，定名为"工程奖学金"。

第二条 联合年会提拨国币三千元为基金，以每年所得之利息充作奖学金。

第三条 工程奖学金由联合年会指定捐赠国立浙江大学工学院土木、机械、电机、化工四学系。

第四条 工程奖学金规定每年由上述四学系中两学系承领，翌年即由其余两学系承领，按年轮流。其顺序如次：

第一年：土木系、机械系；

第二年：电机系、化工系。

第五条 每届学年终了时，承领工程奖学金之两学系各就该三年级学生中择其成绩最优者一名，领受本奖学金之半数。

第六条 工程奖学金特设立保管委员会，由浙大校长、工学院院长及联合年会主席、中国工程师学会会长分任委员组织之，并指定浙大校长为主任委员。

第七条 工程奖学金保管委员会负责保管本奖学金基金本息及审查得奖学生成绩，并办理一切有关事项。

第八条 工程奖学金保管委员会每年开会一次，由主任委员负责召集之，遇有特殊事故得召开临时会议。

第九条 工程奖学金得奖学生之揭晓期间规定为每年七月，除在浙大校刊公布外，并应由保管委员会将得奖学生姓名、成绩通知七工程学团体备查。

第十条 领受工程奖学金之学生由浙大准予免收学、宿等费一年（大学四年级），以示奖励。

第十一条 领受工程奖学金之学生加入任何有关之七工程学术团体时，免收入会费。

第十二条 本办法经浙大及七工程学术团体之同意，得修改之。

《国立浙江大学日刊》第六期，民国二十五年九月七日

国立浙江大学贷学金总则
（1937 年 6 月 9 日）

第一条 本大学为辅助本校清寒学生求学起见，设贷学金。

第二条　本大学为贷学金办法之施行,得收受校内外贷学金之捐助;所捐助之贷学金亦得另立,称为某项贷学金;条件中如有规定,须以与本总则不相抵触为限。

第三条　凡本大学三年级以上学生具备左列资格而未受领其他各项补助金者,得请求贷学金:

(一)家境清寒;

(二)品端勤学;

(三)上两学期学业成绩总平均在七十分以上。

第四条　请求贷学金之学生应先缮具请愿书及家族状况报告表,于每年五月底及十一月底以前送请审核;经审核及格后,由本大学将允贷款敷目通知该生,并附发空白借约及保证书,该生应即依式填具,分别签章送请复核。

第五条　借约及保证书经审查合格后,方准给予贷学金。

第六条　贷学金数额依各人之需要而定,但每人每年至多以国币一百元为限。贷款于学期开始时交付。

第七条　贷学金应计年息四厘,以贷款给予之日起算。

第八条　贷款学生应于每年按期缴纳利率所规定之全部贷款息金。

第九条　关于贷款之贷予结算、收息、保存等事项由本大学委托总务处会计课办理。

第十条　请求贷学金如不足支付时,则按请求者年级之高下为贷予先后之次序,如年级相同时,则照其家境清寒之程度核定之。

第十一条　享受贷学金之学生若因操行不良或学业成绩欠佳,致中途受停学或退学之处分者,以及因病或因事中途辍学者,应将全部贷款及利息于六个月内偿还,逾期不缴应由保证人负责。

第十二条　享受贷学金之学生除照第八条之规定,按年、按期缴纳贷款总额息金外,至迟应自毕业之次年起,将全部贷款及利息于三年内偿清,其愿先期清偿者不在此限。逾期不缴应由保证人负责。

第十三条　本总则如有未尽事宜,得酌行修改之。

第十四条　本总则经校务会议通过,校长核准后,公布施行。

(其余家庭状况报告表、借约、保证书等,从略。)

《国立浙江大学日刊》第二百〇八期,民国二十六年六月九日

膺白奖学金会在中大等校设奖学额 中大、武大、浙大各一名

(1937 年 7 月 17 日)

膺白奖学金委员会近受董事会之托,在中央大学工学院建筑工程系招考一名,武汉大学文学院哲学、教育学系招考一名,浙江大学文理学院史地系招考一名。该项考试与该校等招生试验同时举行,有志应考该项奖学金者,可直接向各该校招生报名处报名。报名时除须办理各该校一切手续外,并须呈缴母校证明书应考申请书及四寸半身相片二张,证明书不限格式,惟须切实证明二点:

(一)高中毕业确系无力升入大学之贫寒优秀学生；

(二)体格健全(须经医院或正式医生证明)。

申请书有一定格式,可向本市市中心区膺白奖金董事会索取云。

《民报》民国二十六年七月十七日

国立浙江大学招收公费生办法

(1938 年)

第一条　凡报考公费生者,须有毕业学校证明书,负责证明其家属确系贫寒,不能担任大学教育费。

第二条　报名投考公费生之学生其成绩名次须在全体录取学生六分之一以内,始得录取。(例如全体录取学生为六十名,则公费生之名次须在前十名之内。)

第三条　报考公费生而不及格者,不得录取为普通缴费之学生。

第四条　各级公费生学额不得超过该级人数百分之五。

第五条　报考公费及格之学生,每年由学校给与二百五十元之津贴,分作两期,各于开学时交与。惟校内规定应缴各费,均在此项津贴内扣除。

第六条　凡学期平均成绩在所属同年级最优学生之三分之一以下者,即取消其公费生资格。

第七条　公费生给与津贴之时期至多不得超过四年。

浙江大学档案馆藏 L053-001-4083

本大学二、三、四年级声请序补公费学额办法

(1938 年)

第一条　二、三、四年级,各设公费学额一名。

第二条　此项公费学额之序补,应以家境清贫、确有需要公费补助、而成绩特优(最后两学期之成绩均在八十分以上)者为限。

第三条　凡声请公费待遇之学生应备具声请书,历述家庭境况,并随缴教育部规定之家境清贫证明者,在规定声请期间内送请审核。

第四条　经审核及格者,每名年给公费补助国币二百五十元。

浙江大学档案馆藏 L053-001-4083

发起送梁述明先生赙仪移充并入纪念抗战奖金启事①

(1938 年 12 月 19 日)

本校教授梁庆椿先生前接家报,得悉其尊人述明先生在乡遇难,惨膺大故,痛愤逾恒,捐金百元,定名为"梁述明纪念抗战论文奖金"。《小雅》寥我之哀,《春秋》复仇之义,可桢等伤悼老成,钦迟孝思,拟征集赙仪,咸充奖金。既申故旧之情,兼成锡类之美,麦舟助葬,缵高躅于前,修薪胆无亡冀治吴之有日,凡我同志,共襄义举。

赙仪请送农学院院长办公室文牍路任先生,以二月底为截止期。

李寿恒　郑宗海　竺可桢　胡刚复　卢守耕　陈鸿逵　梅光迪
冯言安　顾蓥　章诚忘　杨耀德　陈训慈　郭斌龢
谨启

《竺可桢全集》(第二卷),上海科技教育出版社,2004 年,第 458 页

中央信托局重庆分局便函(第 1617 号)

(1939 年 4 月)

贵校三月二日函,为侠魂女士奖学金,拟在本局存储,并开列办法数项,嘱查复。等由;准此。查本局原有存本取息储蓄存款一项,储户可约定支取利息日期,本局各地分局及代理处均可办理。相应检附储蓄存款章程一份,即予查照为荷。此致
浙江大学

中央信托局重庆分局[印]

浙江大学档案馆藏 L053-001-1334

中央信托局驻渝储蓄处便函

(1939 年 5 月 6 日)

准贵校交由宜山中央银行临时办事处汇来竺可桢先生捐赠奖学金储款国币一千元,嘱查收给折过处。查贵校现设宜山,为提息及接洽便利起见,该款可由本局梧州分局照收入帐给折,将来为事实需要,必须改存本处或其他分局处时,由贵校随时通知移转手续,亦甚便易。除将原款交由重庆中央银行汇梧局存储,并另函梧局给折外,相应函达,即希查照,径与该分局接洽办理为荷。此致

---

① 原文注:本启事刊于《国立浙江大学校刊》复刊第 3 期,启事署名为竺可桢等十三人。

国立浙江大学

中央信托局驻渝储蓄处［印］

国立浙江大学侠魂女士奖学金规程
（1939 年 6 月）

侠魂女士奖学金乃本校竺校长纪念故夫人张侠魂女士而设。侠魂女士生前积学懿行、仁慈好义，对于清寒学子素为关怀，尤留意于周给学费不济之女生，不幸于民国廿七年八月三日在江西泰和病故。竺校长本其故夫人遗志，以国币一千元作侠魂女士奖学基金，以加惠在校家境清贫、学行优良、体格健全之女生。此侠魂女士奖学基金之所由来也。

第一条　本奖学金之基金先以原有国币一千元专款存储，每学期以其利息支给，以动利不动本为原则。

第二条　本奖学金之受理与发给，由本大学公免费奖学金委员会主持之。

第三条　本奖学金自廿八年秋季开始发给，在同一时期内以女生一名为限，每学期得领法币约五十元。

第四条　凡拟申请本奖学金之学生须在校一年以上，确系家境清贫、成绩优良、操行端正、体格健全，且未得他种奖学金或公费者为合格。

第五条　凡拟申请本奖学金之学生须俟有缺额时及于学期结束前二星期内，自备申请书送交侠魂女士奖学金委员会（教务处转）申请之。

第六条　凡领受本奖学金之学生，得享有免缴学费之权利。

第七条　本奖学金以补助学生完毕大学学业为原则，惟其学期成绩总均，除因特殊情形外，不及七十五分或操行不良者，得中途停止之。

第八条　凡领受本奖学金之学生休学一学期者，其资格得仍保留，应得之奖学金即移入基金项下存储；如继续休学一学年者，其领受本奖学金之资格即行取消。

第九条　本规程由公免费奖学金委员会通过，呈准校长核准公布施行。

学生费用及各种奖助贷金
（1943 年）

浙、黔两省生活标准大致相埒，浙大学生每学期应缴纳于学校之费用不过国币十九元五角而已，其中之七元系代管性质，学期终了时清算，盈还亏补（即①学费十元；②杂费两元；③体育费五角；④讲义费两元；⑤赔偿损失预存费五元，其中④⑤两项系代管性质，盈还亏补）。膳食由学生自理、学校协助之。以三十年各月份之物价平均估计，每月约须膳费八十元。其他制服、书籍等费各以其人所需而异，大约每年须国币四百元至六百元。清寒优秀学生得申请公费或免费待遇,战区贫苦学生得请求贷金,师范学院学生由校供给膳食及制服津贴,并每月另给公费。

迄民国三十年十二月止,国立浙江大学设有左列各项公费免费及奖助贷金:

一、由本大学设置者

公费学额

免费学额

师范学院奖学金

二、由本大学设置呈奉教育部核发者

甲种膳食贷金

乙种膳食贷金

甲种补助膳食贷金

乙种补助膳食贷金

师范学院学生公费

师范学院学生制服津贴

三、由教育部核定分发者

中正奖学金

林主席奖学金

四、由各省奖助或贷给者

河北省补助费奖学金、临时补助金

山东省奖学金

山西省补助费

陕西省奖学金、贷金

甘肃省奖学金

四川省奖学金、助学贷金

湖北省救济金、鄂籍优秀生津贴、师范学院生奖学金

湖南省学生救济贷金

江西省奖学金、贷金

安徽省助学贷金

福建省清寒奖学金

广东省战区粤籍生贷金

广西省定额贷金、特别贷金

贵州省公费贷金、补助费

云南省奖学金

五、由各县奖助者

江西临川县奖学金

浙江永嘉县贷学金

六、由各机关捐设者

侨务委员会奖学

金华侨公费生

东北青年教育救济处救济费

国民革命军遗族学校校董会遗族学生救济费

七、由各团体捐设者

东北抗战建国协进会"九一八"奖学金

梁士诒先生奖助金

膺白奖学金

铭延奖学金

徐新六先生奖学金

张自忠将军奖学金

□德□先生奖学金

上海银行社会事业补助委员会补助金

东莞明伦堂留学津贴及奖励金

贵州日报社会福利部奖学金

新嘉坡华侨李复承奖学金

泰国华侨蚁光炎奖学金

国立中央研究院丁文江/杨铨奖学金

八、各机关团体或个人为浙大特设者

工程奖学金：系纪念民国二十五年中国工程师学会、中国电机工程师学会、中国化学工程师学会、中华化学工业会及中国电机工程学会五工程学术团体在杭州举行之联合年会,及纪念在年会时成立之中国机械工程师学会及中国土木工程师学会而设。

侠魂女士奖学金：国立浙江大学校长竺可桢先生为纪念其故夫人张侠魂女士而设。

梁述明先生抗战论文奖金：国立浙江大学教授兼农业经济学系主任梁庆椿先生为纪念其封翁梁述明先生在广州珂里被敌机轰炸遇难,鼓励浙大学生对抗战前途作系统的、具体的计划与研究所设。

徐学韩女士奖学金：国立浙江大学教授兼教育学系主任陈剑翛先生为纪念其故夫人徐学韩女士而设。

资源委员会奖助工矿业技术专门人才奖学金：系特为浙大机械系学生而设。

以上各项申请之资格各不相同,金额亦互有差异。惟目的则咸为奖助清寒优秀学生,扶助文化教育而已。浙大设有公费、免费奖学金委员会及贷金委员会分别审核其事,其于华侨归国就学学生、革命功勋子女或抗战功勋子女求学,则概照教育部颁布之规定办法办理。

浙大于上列各项奖贷金外,并实施工读制度,由工读委员会主持,清寒学生均可申请为工读生,其工作种类分甲、乙两种,较繁重而须应用技术者为甲种,其较简单者为乙种。甲种工读时间每星期不得超过十小时,乙种工读时间每星期不得超过十四小时,每月合计不得超过四十小时,超过之时间不予承认。盖时间过多,深恐妨碍学生本身之学业。工作报酬因工

作种类及每月膳费数额不同,工读委员会每月厘订标准,是以清寒优秀学生如能勤俭自励,经济问题不难解决也。

国立浙江大学公费生办法施行细则

(1944 年)

根据公费免费奖学金委员会第十七次会议之议决案:

一、自部颁非常时期国立中等以上学校及省私立之专科以上学校规定公费生办法施行后,本校三十一年度公费生照章按照规定之学院,分别给予甲种或乙种公费生;三十一年度免费生同样分别给予甲种或乙种公费。

二、本校原定之公费生每学期除免缴学杂等费外,并给予一百三十元;及免费生免缴学杂费等,自遵照部颁新办法办理后,一律不再给予或免收。

三、部颁非常时期国立中等以上学校及省私立专科以上学校规定自费生办法第十七条规定"甲、乙两种公费生操行不良或学期成绩不及格、应行留级者,停止其公费"。本校之标准规定如下:

1.操行不良者,停止公费一学期;操行不良之标准由训导处规定之。

2.学习成绩不及格、应行留级者,停止公费一学期。

3.凡记小过一次者,自记过之下一月起停止公费一个月;记大过一次者,自记过之下一月起停止公费三个月;余类推。

四、定有名额之乙种公费生,以同院级为计算乙种公费生人数标准,在同院级中并以依照各系人数比例分配为原则。

五、一年级新生乙种公费生学业成绩,以入学试验成绩为准;其情形特殊时,亦得以复试成绩为准。

代电遵义参议会、县政府

(1946 年 11 月 19 日)

贵州遵义参议会、县政府公鉴:

本校为纪念迁校,特按年设置遵义公费生名额。经拟定,该项公费生名额办法除电遵义县政府、参议会外,相应检具该项办法送达,敬请查照办理为荷。

附办法一份

国立浙江大学

成○皓

国立浙江大学设置遵义公费生名额办法

一、本大学为纪念迁校遵义,特按年设置遵义公费生名额。卅五学年度暂设一名。

二、遵义县政府及参议会应设委员会办理招考事宜,并至少以本大学现任或曾任教职员或毕业生一人为委员。

三、凡遵义籍高中毕业生其毕业名次在全班总人数前列十分之一以内者,均得应考;以考试成绩最优者为合格。

四、遵义公费生自遵义至杭州往返川旅费,应由遵义县政府及参议会指定的款供给之。

五、遵义公费生与本大学其他公费生同等待遇,其成绩不合格时,依照规定取消其公费资格。

浙江大学档案馆藏 L053-001-0385

专电遵义县政府
(1947 年 8 月 15 日)

遵义县政府:

文电悉。可保送公费生一名。余函详。

浙大删

浙江大学档案馆藏 L053-001-0385

(七)先修班概况

呈教育部
(1939 年 4 月 15 日)

案奉钧部敬电内开:育密。兹为救济云云,呈候核奉。等因;奉此。当于四月一日先以东电陈复:校址已派员察勘,预计年需五万元,恳如数拨款,以利进行。谅蒙鉴察。兹经拟具计划,详加预算,五万元实属不敷,计需经常费六万元,开办费约二万元,其中开办费由本校经费内匀拨,连同钧部另拨六万元,共合八万元,差足敷用。理合缮具计划书及经常临时概算书,呈送钧部鉴核。务恳俯念江南失学青年亟待救济,设法准如所请,指令祇遵,实为公便。谨呈

教育部

计呈送计划书二份

经常及临时概算书各二份

衔校长竺○○

国立浙江大学在浙南设大学先修班并招各科一年级新生计划书

查本大学自敌军犯浙,鉴于军事变化,非可逆料,为保全国家重要之文化设备计,为与中央政府联络交通计,不得已筹迁出省,奉令西移。顾现在浙东局势安定如恒,此属军事胜利,自足庆幸,而江浙皖赣诸省数千高中毕业青年远游未便,升学无从,实确有救济之必要。本大学顾念故土,实属义不容辞,责无旁贷。适奉教育部饬往浙南专招各科一年级新生,并设置大学先修班之令,仰见中央对于江浙青年关怀綦切,不惜增拨国款,以为救济之至意。爰决遵令前往办理。业经派员勘定浙江省龙泉县为分校校址,谨拟具计划如左:

一、名称

拟命名为"国立浙江大学龙泉分校"。先招各科一年级新生,并设置大学先修班。

二、地点

拟定浙江省龙泉县。

三、学额

拟定一年级生一百名,先修班六十名。

四、招生

拟提前于七月初专在浙江招生一次。

五、科目

拟设国文、英文、数学、物理、化学、生物、史地、社会科学(包括党义)、体育、军训等科。

六、组织

右列各科拟各聘教授一人、助教一人。行政及教务方面,拟设置主任、训育、注册、会计、文书、庶务、校医、图书管理、无线电收发及女生指导各一员,书记二人。

七、经费概算

开办临时费拟定二万元,经常费拟定每年六万元,共八万元。呈请部拨六万元,本校匀拨二万元。(附概算书)

八、借读

各年级借读生拟俟分校成立,就地举行登记,审查合格,送大学本部分级借读。

九、通讯

分校拟设置无线电收发机,与大学本部自行通电。

国立浙江大学概算书

编制机关：国立浙江大学　　　中华民国二十八年度　　　岁出经常门

第一款国立浙江龙泉分校经费	60,000.00	
第一项俸给费	51,600.00	
第一目俸薪	48,000.00	教授十人月薪一百五十元至三百元，助教十人月薪六十元至八十元，职员十人月薪 40 至 400 元，月如约 4000 元，年如上数。
第二目工资	3,600.00	校工二十人平均月各 15 元，月共三百元，年共如上数。
第二项办公费	6,900.00	
第一目文具邮电消耗印刷	1,200.00	自设电台，电报费可省，故印刷费约□合在内。
第二目房租	2,000.00	房租尚不知若干，□预算如上数。
第三目修缮	500.00	修缮大部分应归房主，平日小修缮约计如上数。
第四目交通	2,000.00	总校拨给汽车一辆，约需每年汽油如上数。
第五目杂支	400.00	
第六目旅费	800.00	
第三项购置费	1,000.00	
第一目器具	500.00	开办伊始，大部分器具、设备均归开办临时费项下开支，上列设备陆续添□之用。
第二目学术设备	500.00	
第四项特别费	500.00	

国立浙江大学概算书

编制机关：国立浙江大学　　　中华民国二十八年度　　　岁出临时门

第一款国立浙江大学龙泉分校开办费		20,000.00	
第一项器具设备	8,000.00		
第二项无线电发报机	3,000.00		军事旁午之际，普通电局难免积压，依照现在情况，有自设电台通报之必要。
第三项图书	2,000.00		
第四项物理、化学、生物仪器及药品	7,000.00		

教育部指令
（1939 年 5 月 16 日）

令国立浙江大学：

廿八年四月十五日呈一件，遵令呈送浙江大学先修班暨一年级计划书及概算书，祈鉴核指令由。呈件均悉。查核所拟计划尚无不合，准予备案。所需经费，除先修班每月规定七百元，应另行开列，呈部备案，转请核准外，其余准由该校建置费项下移拨四万元，俟呈奉核准后，再行令知。不足之数，应仍在该校经常费内匀支。仰即知照。件存。

此令。

部长陈立夫

浙江大学档案馆藏 L053-001-1459

国立浙江大学三十学年度第一学期先修班概况报告简表
（1942 年 11 月 9 日）

	教员数			职员数			学生数			
	共计	专任	兼任	共计	专任	兼任	共计	文组	理组	医农组
共计	11	11		（大学部各处组室职员兼理）			19	6	12	1
男	10	10					17	6	11	
女	1	1					2		1	1

附班级数及修业期满学生数简表

学年度	班级数	修业期满学生数			备注
		计	男	女	
三十年度		—	—	—	
二十九年度	1	15	15		
二十八年度	1	32	27	5	
二十七年度	1	43	33	10	

说明：兼任教员及职员系指由他校教职员及其他机关职员兼任者。

三十年三月　日填报
班主任：＿＿＿＿＿（签章）
主办统计人员：赵风涛（签章）

浙江大学档案馆藏 L053-001-0982

三十学年度第二学期国立浙江大学先修班概况报告简表
(1942 年)

	学生数				教员数			职员数		
	共计	文组	理组	医农组	共计	专任	兼任	共计	专任	兼任
总计	21	8	12	1	11	11		(大学部各处组室职员兼理)		
男	17	5	12		10	10				
女	4	3		1	1	1				

尚有旁听生十二名未统计入内。

	班级数	学生数	备注
总计	1	21	旁听生十二名未统计在内
男		17	
女		4	

说明:兼任教员及职员系指由他校教职员及其他机关
职员兼任者。

三十年三月 日填报

班主任:＿＿＿＿(签章)

主办统计人员:赵风涛(签章)

国立浙江大学三十一年度遵义区第二次续招先修班录(录、未)取人数统计
(1942 年)

区别	名额	备考
录取	16	
未取	5	
未到考	5	
共计	26	
附记		

国立浙江大学续招先修班新生通告
(1942 年 11 月 3 日)

(三十年十一月三日)

一、修业年限

一年。

二、投考资格

曾在公立或已立案之私立高级中学或同等学校毕业得有毕业证书者。(同等学力不收。)

三、校考手续

考生须于规定日期内亲自至报名处填写报名单二张,呈验毕业证书,并缴二寸半身相片二张,报名费十元(录取与否概不退还)。

四、报名日期

十一月五、六两日。

五、考试日期

十一月七日。

六、考试科目及时间

时间	上午		下午
	七时至九时	九时至十一时半	二时半至四时半
科目	数学	英文	国文

报名及考试地点:遵义本大学。

国立浙江大学招生委员会

浙江大学档案馆藏 L053-001-1205

三十一学年度第一学期国立浙江大学先修班概况报告简表

（1942 年 11 月 9 日）

	班级数				学生数				教员数			职员数		
	共计	文组	理组	医农组	共计	文组	理组	医农组	共计	专任	兼任	共计	专任	兼任
共计	1	0	0	0	13	2	7	4	11	11		（大学部各处组室职员兼理）		
男					8	1	5	2	10	10				
女					5	1	2	2	1	1				

〈附注〉文理农三组合班上课；卅一年度第一学期截至十一月九日止，注册先修班学生十三名，尚可续到若干名。

附历年度班级数及修业期满学生数简表

学年度	班级数	修业期满学生数			备注
		计	男	女	
三十年度	1	20	14	6	
二十九年度	1	15	15		
二十八年度	1	32	27	5	
二十七年度	1	43	33	10	

说明：兼任教员及职员系指由他校教职员及其他机关职员兼任者。

三十一年十一月九日填报
班主任：_____（签章）
主办统计人员：赵风涛（签章）

浙江大学档案馆藏 L053-001-0982

先修班任课教员及时数表

（1943 年）

教员姓名	担任时数	每周上课时间
詹锁	国文六时	星期一、三、五、六，十至十一时〈星期〉二、六，九至十时
成章	英文三时	星期一、三、五，八至九时
宋雪亭	英文三时	星期二、四、六，八至九时
周茂清	数学（代数）三时	星期二、四，十至十一时〈星期〉六，一至二时
徐润炎	数学（三角）三时	星期一、三、五，十一至十二时

续　表

教员姓名	担任时数	每周上课时间
储润科	化学三时	星期一、三、五,九至十时
侯德齐	物理三时	星期一,二至三时 〈星期〉二、四,一至二时
黎子耀	历史三时	星期一,三至四时 〈星期〉三、五,二至三时
王凯基	生物三时	星期二、四、六,十一至十二时
包和清	体育二时	星期三、五,三至四时
詹行旭	军训二时	星期二,三至五时

教员十一人俱是兼职。钱宝琮。

三十一学年度第二学期国立浙江大学先修班概况报告简表
(1943 年)

	班级数				学生数				教员数			职员数		
	共计	文组	理组	医农组	共计	文组	理组	医农组	共计	专任	兼任	共计	专任	兼任
共计	1				32				11	11				
男					25									
女					7									

说明:兼任教员及职员系指由他校教职员及其他机关职员兼任者。

附注:

1.本班不分组别;

2.本班系与大学一年级同设于湄潭县之永兴场,行政方面由大学部统一办理,无专设之职员,教课亦由大学部之教员兼任。

三十二年 月 日填报

班主任:　　　　(签章)

主办统计人员:赵风涛(签章)

国立浙江大学先修班上课时间表
（1943 年）

民国三十一年度下学期

学程时间＼星期	1	教室	2	教室	3	教室	4	教室	5	教室	6	教室
8—9	英文	5	英文	5	英文	5	英文	5	英文	5	英文	5
9—10	化学	5	国文	5	化学	5			化学			国文	5
10—11	国文	5	数学	9	国文	5	数学	9	国文	5	国文	5
11—12	数学	9	生物	5	数学	9	生物	5	数学	9	生物	5
1—2	纪念周	礼堂	物理	9			物理	9	数学	9		
2—3	物理	9			历史	2			历史	2	化学实习	6
3—4	历史	2	军事训练	操场	体育	运动场			体育	运动场	化学实习	
4—5			军事训练								化学实习	
5—6												
备注											化学实验：随同一年级生□□□□□	

浙江大学档案馆藏 L053-001-0982

三十二学年度第一学期国立浙江大学先修班概况报告简表
（1944 年 3 月 2 日）

	班级数				学生数				教员数			职员数		
	共计	文组	理组	医农组	共计	文组	理组	医农组	共计	专任	兼任	共计	专任	兼任
共计	1				68	15	39	14	11	11				由本大学各处组室职员兼任
男					51	7	36	8	9	9				
女					17	8	3	6	2	2				

〈附注〉文理农三组合班上课，但设选修科。

附历年度已办班级数及修业期满学生

学年度	班级数	修业期满学生数			备注
		计	男	女	
三十一年度	1	30	23	7	
三十年度	1	20	14	6	
二十九年度	1	15	15		
二十八年度	1	32	27	5	
二十七年度	1	48	33	10	

说明:兼任教员及职员系指由他校教职员及其他机关职员兼任者。　　　　三十三年三月二日填报

班主任:＿＿＿＿(签章)

主办统计人员:赵凤涛(签章)

浙江大学档案馆藏 L053-001-0982

三十二学年度第二学期国立浙江大学先修班概况报告简表
(1944 年 4 月 20 日)

	班级数				学生数				教员数			职员数		
	共计	文组	理组	医农组	共计	文组	理组	医农组	共计	专任	兼任	共计	专任	兼任
共计	合一组				43	9	25	9	12		12	(大学部各处组室职员兼理)		
男	34				34	8	23	3	11		11			
女	9				9	1	2	6	1		1			

〈附注〉文理农三组合班上课,另设先修班课目。

附历年度班级数及修业期满学生数简表

学年度	班级数	修业期满学生数			备注
		计	男	女	
三十一年度	1	30	23	7	
三十年度	1	20	14	6	
二十九年度	1	15	15		
二十八年度	1	32	27	5	
二十七年度	1	43	33	10	

说明:兼任教员及职员系指由他校教职员及其他机关职员兼任者。　　　　三十三年四月二十日填报

班主任:＿＿＿＿(签章)

主办统计人员:赵凤涛(签章)

浙江大学档案馆藏 L053-001-0982

浙大停办先修班 竺可桢今返杭

（1947 年 7 月 19 日）

（神州社杭州十八日电）浙大校长竺可桢因事赴沪业已公毕，定十九日下午四时由沪返杭，处理校务。

（中国社杭州十八日电）国立浙江大学本年秋季招生业已开始，计各院各系招收新生四百名，南京方面委托中央大学代办，决定本学期除教育部分发暨青年军复学者外，各系插班生刻经校务会议决定，一律停止招收，先修班亦决定不予续办。

《前线日报》民国三十六年七月十九日

三十五学年度第一学期国立浙江大学先修班概况报告简表

（1947 年）

性别	班级数			学生数				教员数		兼任		职员数		兼任	
	共计			共计				共计	专任	（一）	（二）	共计	专任	（一）	（二）
共计	1			37								9			（由本大学职员兼任）
男				31								9			
女				6								0			

说明：
1. 兼任（一）系指由他校教职员及其他机关职员兼任者；
2. 兼任（二）系指由大学部分教职员兼任者。

校长：_____
主办统计人员：_____

浙江大学档案馆藏 L053-001-0096

三十五学年度第二学期国立浙江大学先修班概况报告简表
(1947 年)

性别	班级数				学生数				教员数		兼任		职员数		兼任	
	共计				共计				共计	专任	(一)	(二)	共计	专任	(一)	(二)
共计	1				36							9				(由本浙江大学职员专任)
男					30							9				
女					6							0				

说明：
1. 兼任(一)系后指由他校教员及如其他机关职员兼任者；
2. 兼任(二)系后指由大学部分教职员兼任者。

校长：＿＿＿＿＿＿
主办统计人员：＿＿＿＿＿＿

浙江大学档案馆藏 L053-001-0096

(八)学生志愿从军

三十一年度本校应征译员学生名单
(1942 年)

吴熊之	外二	卅三年度返校
张澂修	外三	卅三年度返校
王涌祥	英三	
潘守先	英四	
蔡昌荣	英三	
方受观	电三	

浙江大学档案馆藏 L053-001-3729(1)

湄潭通译员名单

（1944 年）

王文成　王就光　谈元汉　许冠仁　王宗溥　潘立猷　欧守机　黄世民　程嘉钧　李焱昌　刘家仁　胡金麟　俞祥风　张仁寿　阚仲元　章朝宗　周崇酉　许国华　陈铭浚（□□□）　张元亿　陈成琳　陆瑞庭　谌贻荪　李蔚如　赵德承　孙以翺　敖启瑞　夏儒士　撒显曾（未录取）

共计二九名。

浙江大学档案馆藏 L053-001-3729（1）

译员学生名单[①]

（1944 年）

（三十三年五月三十一日出发）

物理系	32126	鲍亦钟
化学系	32162	唐士培
电机系	32241	庄正德
电机系	32263	潘建中
电机系	32266	王宝坤
电机系	32237	孙原
化工系	32319	阮孟明
化工系	32322	王锐中
化工系	32332	章维学
化工系	32335	袁乾安
化工系	32336	储惠民
化工系	32349	徐子龙
化工系	32357	刘坤尊
土木系	32419	李夏初
机械系	32477	崔明辉
机械系	32482	龙振熙

---

① 本文所列名单系第三批译员学生中的浙大永兴分部应征译员学生名单；第三批译员另有浙大在遵义总校的文广智（30281）、向克强（30053）、刘壮翀（31039）三位学生，还有在湄潭分部的汪闻虎（31523）、顾以浚（30502）、徐廷廉（30147）三位学生。

续　表

机械系	32500	王意宽
农艺系	32553	谢瑞璋
农化系	32617	毛重斌
农化系	32624	伍龙章
先修班	6026	余则良①

浙江大学档案馆藏 L053-001-3729(1)

致资源委员会运务处遵义站公函(第 2518 号)

(1944 年 12 月 22 日)

径启者：

　　本校有从军学生颇多,亟须赴渝入伍。除已函达知识青年志愿从军指导委员会外,拟请于贵会运务处,有驶渝过遵便车,凡余空位尽量准予本校从军学生搭乘,以利遄行而免误期。兹嘱由胡新君趋前面洽,即请查照,惠予照办为荷。此致
资源委员会运务处遵义站

〈国立浙江大学〉

　　〈郭斌龢签注〉
祥治先生：

　　从军学生接洽车辆非常困难,请尊处备一公函,请遵义资源委员会运务分站设法帮忙。余由胡新同学面陈。专渎。顺颂公安

弟郭斌龢
〈三十三年〉十二月廿二日

浙江大学档案馆藏 L053-001-0655(1)

---

① 原文中,该学生被划去,其他学生姓名后均打"√"。

国立浙江大学应征译员学生数报告简表
(1944 年 12 月 23 日)

（三十二学年度）

| 院别 | 学系别 | 共计 | 被调应征译员学生人数 | | | | | | | | | | | 自愿应征译员学生人数 | | | | | | | | | |
| | | | 第一学期 | | | | | 第二学期 | | | | | | 第一学期 | | | | | 第二学期 | | | | |
			小计	四年级	三年级	二年级	一年级	小计	毕业生	四年级	三年级	二年级	一年级	小计	四年级	三年级	二年级	一年级	小计	四年级	三年级	二年级	一年级
	总计	109							1	56	14	18	21										
文学院	外国语文学系	11								8	1	2											
	史地学系	2										2											
理学院	数学系	1										1											
	物理学系	6								4	2												
	化学系	1											1										
工学院	电机工程学系	9								3		2	4										
	化学工程学系	17								3	1	6	7										
	土木工程学系	8								7			1										
	机械工程学系	24								16	4	1	3										
农学院	农艺学系	8								5	2	1											
	农业化学系	6								1	2	1	2										
	植物病虫害学系	2								1	1												
	蚕桑学系	1										1											
	农业经济学系	9							1	6		2	1										
师范学院	教育学系	2								2													
	史地学系	1									1												
研究院	理科研究所生物学部	1										1											

三十三年十二月廿三日填表

〈签注〉本件根据教育部统计室卅三六廿九函收文一二三六九号。涛，十二月廿三日

代电全国知识青年从军指导委员会(第 906 号)
(1944 年 12 月 27 日)

重庆全国知识青年从军指导委员会公鉴:

　　查本校志愿从军学生前赴綦江集中训练人数业经电达。惟目下遵义至綦江交通困难,觅车不易,除已嘱各生先期陆续赴綦江集中入伍外,特电奉告,即希查照为荷。

国立浙江大学
(亥俭)

致青年从军扎佐接待处公函(第 7430 号)
(1944 年 12 月 27 日)

径启者:

　　本校兹有志愿从军学生七十人,亟待前赴綦江入伍。除已函达全国知识青年志愿从军指导委员会外,惟目下遵义至綦江间交通困难,搭车不易,而入伍日期已迫,拟请贵站惠予派车如期送往綦江,以免延误。相应函达,即烦查照办理。如派车有期,呈请先行通知,以便准备为荷。此致
知识青年从军扎佐接待处

中华民国三十三年十二月 日
国立浙江大学[印]

　　附注:顷已由校长室另发一电。

知识青年从军扎佐接待处:

　　本校从军学生七十人。□派车送綦江入伍。请电复。

浙江大学

代电全国知识青年从军指导委员会(第 909 号)

(1944 年 12 月 30 日)

重庆知识青年志愿从军指导委员会公鉴:

　　亥感遵字第九〇二号代电计达。本校知识青年志愿从军学生除前报李家镇等五十四名外,兹尚有王季明等五十五名,业经检验体格,核发旅费,陆续前往綦江入伍。相应开具名单,随电送达,即请查照为荷。

国立浙江大学

(亥江)

附名单一份

　　本校志愿从军学生经由校于十二月二十五日至三十日检查体格合格,核发旅费,业已首途前往綦江集中训练者计有:张开炎、虞才印、袁功镛、陈明达、王季明、潘维白、薄学文、李熊标、茅及铨、俞茂松、童子锜、葛维堪、谭盈科、易钟熙、陈术良、李声金、萧家沅、潘亮、蓝邑庠、袁慰亮、田子文、汪波若、范辅弼、陈隆宝、田万钟、崔承慰、周政歧、刘祖德、章炎胄、傅理宜、戚叔纬、余宗杨、程士伟、刘耀曹、刘长庚、林承志、周春波、王育庭、覃东方、顾以佺、郭可信、胡旭东、杨达伟、孔祥玑、陈积焘、章阜康、朱继健、陈贵耕、陈强楚、谢芳庭、楼谦、徐鸿昌、万瑞芝、方昌焰、裴尚权、王家楠、袁家斌、徐铭曾、罗伯鹏六十名,连前报五十五名,共计一百一十名。用特电闻,即希查照为荷。此致

全国知识青年从军指导委员会

国立浙江大学志愿从军学生征集委员会

〈三十三年〉十二月三十日

浙江大学档案馆藏 L053-001-0655(1)

国立浙江大学三十四年一月志愿从军学生统计表

(1945 年 1 月)

项别	人数	通讯处	备注
骑兵	15	綦江农场搜索连	内有九人录取译员
辎重兵	7	綦江农场辎重营	
工兵	17	綦江桥填河工兵营	内有一人考取译员
炮兵	18	綦江桥坝河山炮二营	内有三人考取译员

续　表

项别	人数	通讯处	备注
战车防御炮	14	綦江镇江街三号	内有六人考取译员
通讯兵	30	綦江	内有六人转译员者
政工人员	3		内有一人已去任译员(见册)
化学兵	1	綦江农场特务连防毒□	
高级机械班	8	成都上察里空军□□□	
体格不合返校复学者	13		
体格不合已休学者	5		
地点未详者	16		
合计	137		

浙江大学档案馆藏 L053-001-3729(1)

代电知识青年志愿从军指导委员会(第 911 号)

(1945 年 1 月 6 日)

重庆全国知识青年志愿从军指导委员会公鉴：

　　查本校志愿从军学生名单业经先后电达在案。兹又有张澄亚等廿一名,业于本月三日检验体格,发给旅费,首途前赴綦江入伍。合计前后共一百三十名。特电奉阅,即请查照为荷。

国立浙江大学
(子佳)

　　附名单一份

　　本校志愿从军学生经由校于三十四年一月三日检查体格,核给旅费,业已首途前往綦江集中训练者计有:张澄亚、石剑生、茅以智、金德椿、陈鉴、欧阳忻、高鉴明、黄蕴璞、王香耕、徐容章、黄浩明、易德伦、何大堪、王作新、戴元法、吴汝铭、向敦予、郦伯瑾、朱德震、吴仁铨、曹锡华等二十一名。连前报一百零八名,共计一百二十九名。用特电闻,即希查照为荷。此致
全国知识青年从军指导委员会

国立浙江大学志愿从军学生征集委员会
卅四年一月四日

浙江大学档案馆藏 L053-001-0655(2)

湄潭录取通译员名单

（1945 年 4 月 12 日）

卅四年四月八日考试,九日发榜。计初试和复试录取廿四名。

冯慈珍	1	陈星焯	2
宓乐群	3	薛玉麟	4
廖应运	5	洪士楲	6
余叔文	7	李忠福	8
吴维均	9	卢叔杰	10
李文铸	11	谈元汉	12
朱泽承	13	赵桂潮	14
刘宝楚	15	陈明敏	16
武景文	17	陈懋良	18
沈德绪	19	于力文	20
周壬	21	吴开运	22
谭家岱	23	张中盛	24

数目字即录取次第。 　　　　　　　　　　　　　　　　卅四年四月十三日抄录

浙江大学档案馆藏 L053-001-3729(1)

本校志愿从军学生统计 考取之译员五十名业已赴渝

（1945 年 5 月 16 日）

去秋政府为谋改良军士素质、提高知识水准起见,曾于十月中,发动全国知识青年志愿从军运动。本校员生激于爱国热忱,投军请缨者至为踊跃,当时报名参加者计达一七一人。其中除少数同学因体格不合,未能参加训练者外,其余一三七人,当于今春分批前往指定地点入伍受训。现经统计:

綦江二○二师九○四团六三人,干训团通讯大队二八人,高级机械班八人,渝昆政工人员二人,地点不详者二○人。余一六人则因体格不合,返校复学。至教职员及附中学生从军者,亦不乏其人,概未列入上项统计中。

本年四月中旬本校应征译员学生获隽者五十人:计遵义本部三二人,湄潭分部一一人,永兴分部七人。候车多日,后以得美军运输队俞允随 SOS 车北行,行色匆匆,当于五月一、六两日分别离遵。行前并张贴向教师及同学告别书,一往情深,倍感敦厚。

《国立浙江大学校刊》复刊第一百二十三期,民国三十四年五月十六日

入伍后学业照章办理

(1945 年 7 月 1 日)

从军学生于入伍后,改入航空委员会高级机械班,或政工训练班,或译员训练班等者,其学业方面,照其他学生入同样训练班者,同样办理。

《国立浙江大学校刊》复刊第一百二十六期,民国三十四年七月一日

志愿从军学生毕业优待办法

(1946 年 4 月 25 日)

(教育部三十五年四月二十五日函送本处)

一、中等以上学校在学学生志愿从军者,其学业方面之优待,依本办法之规定办理。

二、中等以上学校学生从军期间,一律保留原有学籍。

三、上项学生如学籍有问题者,从军期满后,由主管教育行政机关追认其学籍。

四、从军学生退伍时,得依本人志愿仍回原校原级,并特许参加升级考试,中等学校学生届毕业时,并准免试升学。

五、中等学校从军学生已修满最后一学年第一学期课程,在复学后经过短期补习,准免除会考,给予毕业证书,准免试升学。

六、大学先修班从军学生退伍时,得免试升学。

七、专科以上学校从军学生退伍复学时,其肄业时期得减少一学期,其入伍时已修满最后一学年第一学期课程,在退伍时准由原校发给毕业证件。

八、从军学生如系公费生、免费生及领有奖学金者,复学时一律继续予以公费、免费及给与奖学金之待遇。

九、从军学生参加留学考试,得予以优先录取之机会。

十、从军学生志愿参加国内外军事学校,以及出国研究国防科学者,得由政府择优优先保送之。

浙江大学档案馆藏 L053-001-0066

译员与从军同学定期举行总补考

(1947 年 12 月 1 日)

本校因曾任译员及从军后转任译员或其他军事工作之学生尚有未曾补考者,兹为结束起见,特定于明年第一周星期一举行总补考,并定十一月二十四日起至二十九日止,一星期内先向注册组申请登记,以便审核,逾期不得补行登记,或登记后而不参与考试者,即作为放弃论,以后不得再予补考。

《国立浙江大学校刊》复刊第一百七十期,民国三十六年十二月一日

五、科学研究

（一）研究院的成立与管理

教育部训令（高字第 17330 号）
（1939 年 7 月 24 日）

查国立各大学研究院所自抗战军兴以后，因各校迁移关系，人材、设备、经费各方面颇受影响，各研究院所研究工作殊少进展。现因政府统制外汇，限制学生出国留学，一般具有研究兴趣之大学毕业生，苦于无处研究，而当此抗战建国工作正在迈进之际，学术研究工作极关重要，本部为推进国立各大学研究院所之研究工作起见，特斟酌各校原有设备及经费情形，分别令饬各校就原设研究所科部添招新生或增设科部。该校应即成立文科研究所史地部、理科研究所数学部，并由部核给每学部全年补助费二千元，每学部新招之研究生，内中五名由部核给全年生活费，每名四百元，其余各生生活费用，由该校自筹。本部补助费俟该校各学部招生呈报备案后核发。合亟令仰该校于文到一个月内将办理情形呈报备核。

此令。

部长陈立夫

浙江大学档案馆藏 L053-001-1540

呈教育部
（1941 年）

案奉钧部三十年十月二十四日统字第四〇〇四六号训令节开：查三十学年度业经开始，各校研究所概况亟须查明。检发研究所概况简表二份，仰就实际状况依式填报。等因。正办理间，后奉三十一年二月二十四日统字第〇六九一五号训令，检发三十学年度第二学期研究所概况同表二份，仰依式样填报。等因。自应祗遵。兹经将三十学年度第一、二学期文、理、工三研究所概况简表分别据实查填完竣。理合呈送。恭祈签核。谨呈
教育部

计呈送本校卅学年度第一、二学期研究所概况报告简表各一份

衔校长竺〇〇
中华民国卅一年三月 日

三十年度第一学期国立浙江大学研究所概况报告简表

所名	部名	所长及部主任姓名	教员数					研究生数												
			共计	专任 一	专任 二	兼任	内女性教授数	共计			第一年			第二年			第三年			第四年	
								计	男	女	计	男	女	计	男	女	计	男	女	计	男	女
文科研究所	史地学部	张其昀	10	2	8			14	13	1	6	6		5	4	1	3	3				
理科研究所	数学部	苏步青	2		2			3	2	1				3	2	1						
工科研究所	化学工程部	李寿恒	3		3		1	3	2	1	3	2	1									

说明:

1. "专任一"指专任研究所部教授者;
2. "专任二"指由大学部教授兼任者;
3. "兼任"系指由其他校教教员及其他职员兼任者;
4. 本表尽开学后两星期内填报。

三十年 月 日填报

校长或院长 　　　(签章)

主办统计人员 　　(签章)

三十年度第二学期国立浙江大学研究所概况报告简表

所名	部名	所长及部主任姓名	教员数					研究生数														
			共计	专任一	专任二	兼任	内女性教授数	共计			第一年			第二年			第三年			第四年		
								计	男	女	计	男	女	计	男	女	计	男	女	计	男	女
文科研究所	史地学部	张其昀	10	10			0	14	13	1	6	6	0	5	4	1	3	3	0			
理科研究所	数学部	苏步青	2	2				3	2	1				3	2	1						
工科研究所	化学工程部	李寿恒	3	3			1	3	2	1	3	2	1									

说明：
1. "专任一"指专任研究所部教授者；
2. "专任二"指由大学部教授兼任者；
3. "兼任"系指由其他校教员及其他职员兼任者；
4. 本表尽开学后两星期内填报。

三十年　月　日填报

校长或院长　　（签章）
主办统计人员　（签章）

呈教育部(第 571 号)

(1941 年 11 月 24 日)

查本大学文科研究所与理科研究所成立已久,本年复奉令成立工科研究所,业经呈报在案。自本年度起三研究所同时并进,以期平均发展。按大学研究院暂行组织规程第二条"凡具备三研究所以上者,得称研究院"。今本大学实已具备三研究所,亟应成立研究院,以符定章。惟事关组织学术高深机关,是否可行,理合具文,呈请钧部鉴核指令祗遵,实为公便。谨呈
教育部

国立浙江大学校长竺〇〇
中华民国三十年十一月 日

呈教育部(第 823 号)

(1942 年 7 月)

查本校原有文科研究所史地学部、理科研究所数学部、工科研究所化学工程学部,卅一年度复奉令增设农业经济学部,业经筹备组织成立,计本校本学度起已有文、理、工、农四研究所。依大学研究院暂行组织规程第二条之规定:"凡具备三研究所以上者,始得称研究院。"是则三十一年度第一学期起,国立浙江大学研究院自应宣告成立。理合呈报,敬祈鉴核备案,并请核聘该院院长,以昭郑重。本校各科研究〈生〉所研究生奖学金规则业经呈奉,钧令施行。兹将该规则略加修正,理合将修正条文一并附呈,并祈核备,实为公便。谨呈
教育部
    附呈修正研究生奖学金规则条文一份

衔校长竺〇〇
中华民国三十一年七月 日

国立浙江大学各科研究所研究生奖学金规则

第一条   本规则依照部颁大学研究院暂行组织规程第十一条订定之。
第二条   本大学各科研究所研究生之奖学金每学年给予一次。
第三条   研究生奖学金计分甲、乙、丙三种,每名甲种五百元,乙种三百元,丙种两百元,依其成绩给与之。
第四条   研究生成绩优异者,得由各研究部主任于每学年分别考定,呈请校长核给奖学金。

第五条　本奖学金宁缺毋滥,如无相当成绩之研究生时,即停止发给。

第六条　本规则如有未尽事宜,得随时增改之。

第七条　本规则自本部核准备案之日施行。

浙江大学档案馆藏 L053-001-1545

国立浙江大学研究院章则委员会第一次会议记录
(1942 年 7 月 14 日)

日期	卅一年七月十四日上午八时
地点	校长办公室会议室
出席者	竺可桢　胡刚复(何增禄代)　张其昀　蔡邦华　苏步青　罗文晖　李寿恒　李熙谋(王国松代)　梅光迪
列席者	孙祥治
记录	孙祥治
主席	竺校长

甲、报告事项

一、主席报告教育部颁布关于研究院各项规程及学位授予法与硕士学位考试办法等章则。

二、文科研究所史地部张〈其昀〉主任报告史地部成立经过、设施情形及修学指导、研究概况、成绩考查、奖金给予等办法。

三、理科研究所数学部苏〈步青〉主任报告数学部成立经过、设施情形、教学与研究概况、学分规定、成绩考查、奖金给予等办法。

四、工科研究所化学工程部李〈寿恒〉主任报告化工部成立经过、设施情形、教学与研究概况、学分规定、成绩考查等办法。

乙、讨论事项

一、研究生应习之课程及论文工作应如何规定案

议决:研究院之通则三项如左:

1.各研究部研究生除论文外,至少应修足研究院课程二十四学分;

2.研究生修业期限二年,必要时得延长一年;

3.研究生必须通晓外国语至少一种,入学时由如所隶属之研究部会同外国语文学系考试,如不及格应于一年内补习之。

二、研究生奖学金应如何规定案

议决:依照呈请教育部核定之本大学研究生奖学金规则办理,惟第三条应予修正如下:

第三条　研究生奖学金计分甲、乙、丙三种,每名甲种一千元,乙种五百元,丙种三百元。依其成绩给予之。

三、如何奖励年青教员推进学术研究案

议决:设研究院奖金,在经常费之学术研究费项下支出。凡本校教授、副教授、讲师年在三十岁以下,有特殊贡献,由各院系推荐给校外委员三人审查通过者,给予之。奖金之名额及金额暂定:

自然科学、人文科学、应用科学各一名,每名各给国币二千元。

四、研究部经费如有盈余可否请予保留流用案

议决:由各关系部分商同会计主任办理。

五、各研究部主任致送聘书案

议决:请校长致聘。

主席:竺可桢
记录:孙祥治
卅一年七月十四日

浙江大学档案馆藏 L053-001-1545

教育部指令
(1942 年 8 月)

卅一年七月十八日呈一件,呈报三十一年度起应成立所研究院,祈鉴核备案,并核聘该院院长由。呈悉。准予自三十一年度起成立研究院。关于该院院长一职,仰由该校遴聘报部。

此令。

浙江大学档案馆藏 L053-001-1459

研究生须知
(1943 年)

一、入学

1.研究生经试验录取后,应于规定日期内向注册组正式注册,凭注册证始得入舍住宿,领取生活费及图书馆借书证。

2.新研究生注册时须呈缴毕业证明文件及最近二寸半身相片四张。

3.研究生如因病或因事不能于规定日期内到校注册者,应先于书面向教务处请假。

二、选课

1.各研究生于每学期规定选课日期内,按照选课程序选课(选课程序另订之)。其不办理选课手续者,以不注册论。

2.凡因故须加选或退选者,均须照章办理加选或退选手续。

三、成绩考核

1.各研究生所修各学程,按照各学部规定给予学分及成绩。于每学期终由指导教授将各生成绩报告注册组登记。

2.全部修业期满经考核及格者,依照部章给予证书。

四、修业年限

1.研究生修业年限至少二年。

2.研究生兼任半时助教者,修业年限至少三年。

五、待遇

1.研究生于暂免收学杂费外,并在修业期内,每人每月给予生活费二百四十元。

2.凡成绩优良各研究生,于每学年终给予奖学金。

3.研究生除得任本校半时助教外,不得兼任他项职务。

4.研究生担任半时助教者,仅给予半时助教薪及各种津贴,不另给研究生生活费;成绩优异者,仍得领受奖金。

六、休学及退学

1.休学

研究生因故中途退〔休〕学者,应呈请教务处办理休学手续。休学年限不得超过二年。

2.退学

研究生因故自行退学者,应呈请教务处核准。有下列情形之一者,应令退学:

a.成绩不良;

b.身体欠健全或得有危险症候,经校医证明不能求学者;

c.品行不良,违犯校规者;

d.休学期满不来校复学者。

七、附录

1.研究生须遵守本校一切章则。

2.其他未尽事宜,随时公布之。

浙江大学档案馆藏 L053-001-3825

本大学研究院各研究所属学部
(1943 年)

一、文科研究所

史地学部,二十八年八月成立,下设史学组、地形组、气象组、人文地理组。

二、理科研究所

数学部,二十九年八月成立,下设解析组、几何组。

生物学部,三十一年八月成立,下设动物学组、植物学组。

三、工科研究所

化学工程部,三十年八月成立,下设油脂工业组、燃料工业组、纤维工业组(包括染料及染色)。

四、农科研究所

农业经济学部,三十一年八月成立,下设农场管理组、理论农经济组、农业金融与合作组、土地经济组、农产营销与价格组、农村社会组。

现各学部主任皆由各系主任兼任,姓名如下:

史地学部　张其昀(在假,叶良辅教授代)

数学部　苏步青

生物学部　贝时璋

化工学部　李乔年

农经学部　吴文晖

浙江大学档案馆藏 L053-001-3825

教育部指令(高字第 17800 号)
(1943 年 4 月 12 日)

三十二年三月五日呈一件,关于大学本部与研究院之行政系统当无明文规定,祈指示祗遵由。呈悉。分别核示如下:

一、依照大学组织法第八条之规定,研究院应为大学之一部;

二、研究院得设院务会议;

三、研究院长、所主任、学部主任得比照大学各院长、系主任出席校务会议;

四、无故中途退学之研究生,应追回公费及生活津贴。

以上各节仰即知照。

此令。

浙江大学档案馆藏 L053-001-0610

教育部训令(高字第 23455 号)
(1943 年 5 月 12 日)

查该校三十一学年度第二学期及三十二学年度第一学期各科研究所经费业经分别核定,计文科研究所三万元、理科研究所六万元、工科研究所四万元、农科研究所四万元,共十七万元。除已由部核发农科研究所经费二万元外,余款经函请国库署分两期径拨该校在案。仰即编具预算分配表十份,呈候核转知照。

此令。

呈教育部（第 1356 号）

（1943 年 12 月 6 日）

查本大学研究院自成立以来，业已积极进行，所有各学部教员尤应极力充实以资研究。前经该院章则委员会决议，每一学部暂定聘任教授一人至六人，助教一人至六人，研究生修业年限拟得延年至四年。等语。兹据该院函称，可否准予照办，请转呈核示前来。理合具文转陈，敬祈鉴核示遵。谨呈

教育部

衔校长竺○○

国立浙江大学研究院招考研究生简章（三十四年度）

（1945 年）

一、本院现设五学部，其组别如左：

1.文科研究所史地学部内设：

（甲）史学；（乙）地形；（丙）气象；（丁）人文地理四组。

2.理科研究所数学部内设：

（甲）解析；（乙）几何两组。

3.理科研究所生物学部内设：

（甲）植物；（乙）动物两组。

4.工科研究所化工学部内设：

（甲）工业化学；（乙）化学工程两组。

5.农科研究所农业经济学部内设：

（甲）理论农学经济；（乙）农场管理；（丙）土地经济；（丁）农业金融与合作；（戊）农产运销与价格；（己）农村社会六组。

依人事更动或他种关系各学部所设组别容有变更，投考学生须填明部别及组别。

二、名额

每学部以十名为限。

三、投考资格

国立或省立或已立案之私立大学，及独立学院毕业，并有以下之限制：

史地学部	1.历史系、地理系、史地系、地学系、地质系毕业者； 2.其他学系毕业,经原校教授特别介绍者； 3.年龄须在三十岁以下。
数学部	1.数学系毕业者； 2.其他有关学系毕业对于数学有相当研究或著作者。
生物部	1.生物学系毕业者； 2.其他有关学系毕业,对于生物学或动植物学有相当研究或著作者。
化工学部	1.化学工程或化学系毕业,并曾修毕下开学程者： 甲、数学(包括微积分及微分方程式)十学分； 乙、物理十学分； 丙、理论化学六学分； 丁、工程(包括电工、机工,如未修习应补修)六学分。 2.年龄须在三十岁以下。
农经学部	农学院或经济学系或社会学系毕业者。

四、报考手续

投考学生须将下列各件自七月一日起至七月底止,寄到贵州遵义本大学教务处审查：

(1)报名单一纸

(2)毕业证明文件及其在校四年之成绩单

(3)最近二寸半身相片二张

(4)毕业论文(如有其他译著一并呈缴)

(5)体格证明书

并应参加考试。在考试地点须另填报名单一纸,并须缴最近二寸半身相片一张,及报名费三百元。

五、报考地点

1.遵义
本大学

2.贵阳
本大学招生处

3.重庆
国立中央大学

4.成都
国立武汉大学招生处

5.昆明
国立西南联合大学

六、报考日期

七月二十二日至二十四日,报名。

七月二十六日至二十八日,考试。

七、考试科目

史地学部	史学组	(1)英文；(2)中国通史；(3)西洋通史
	地理各组	(1)英文；(2)地学通论；(3)本国地理
数学部	解析组	(1)高等微积分；(2)复变数函数论；(3)实函数论
	几何组	(1)高等微积分；(2)座标几何学；(3)微分几何学
生物学部		(1)英文；(2)生物学(甲)(包括遗传细胞,动植物形态及分类)；(3)生物学(乙)(包括动植物生理及近代生物学)
化工学部		(1)英文；(2)化学(甲)(包括无机分析、有机、理论化学)；(3)化学(乙)(包括应用化学或化学工程)
农经学部		(1)英文；(2)经济学；(3)农业经济学

八、录取

经审查,原毕业学校四年成绩及入学考试合格者,个别函知。

九、修业年限及待遇

1.研究生修业年限至少二年。

2.研究生一律为甲种公费生,免收学膳杂费,供给住宿,每月另有补助生活费,其金额由教育部规定。

3.修业满一年,成绩特优者,酌给奖学金；成绩不及格者,停止修业。

4.修业期满,考试及格者,遵照部章授予硕士学位。

浙江大学档案馆藏 L053-001-3795(2)

研究各所预算已核定
(1945 年 5 月 16 日)

本校本年度(三十三年八月至三十四年七月)研究院各学部,预算款额业经规定,计:文科研究所史地学部五万元,理科研究所数学部与生物学部各四万五千元,工科研究所化学工程学部七万元,农科研究所农业经济学部六万元。

《国立浙江大学校刊》复刊第一百二十三期,民国三十四年五月十六日

国立浙江大学研究院在黔招考研究生简章(三十五年四月)
(1946 年 4 月)

一、本院现设五学部,其部别组部如下:

1. 文科研究所史地学部内设:

(甲)史学;(乙)地形;(丙)气象;(丁)人文地理四组。

2. 理科研究所数学部内设:

(甲)解析;(乙)几何两组。

3. 理科研究所生物学部内设:

(甲)植物;(乙)动物两组。

4. 工科研究所化工学部

5. 农科研究所农业经济学部内设:

(甲)理论农业经济;(乙)农场管理;(丙)土地经济;(丁)农业金融与合作;(戊)农产运销
与价格;(已)农村社会六组。

依人事更动或他种关系,各学部所设组别容有变更,投考学生须填明部别及组别。

二、名额

每学部以十名为限。

三、投考资格

国立或省立或已立案之私立大学或独立学院毕业并有以下之限制:

史地学部	1.历史系、地理系、史地系、地学系、地质系毕业者; 2.其他学系毕业,经原校教授特别介绍者; 3.年龄须在三十岁以下者。
数学部	1.数学系毕业者; 2.其他有关学系毕业,对于数学有相当研究或著作者。
生物学部	1.生物学系毕业者; 2.其他有关学系毕业,对于生物学或动植物学有相当研究或著作者。
化工学部	1.化学工程或化学系毕业或者修毕下列学程者: (甲)数学(包括微积分及微分方程式)十学分;(乙)物理十学分;(丙)理论化学六学分; (丁)工程(包括电工、机工,如未修习应补修)六学分。 2.年龄须在三十岁以下者。
农经学部	农学院或经济学系或社会学系毕业者。

四、报名手续

投考学生须于五月五日以前,将毕业证明文件,及在校四年之成绩单与毕业论文送呈所
拟入之学部审查(如有其他译著一并呈缴),并于五月十三日至遵义或湄潭本大学注册组,亲
自填写报名单两纸,随缴最近二寸半身相片两张,背面填写姓名,及报名费三百元。

五、体格检查

投考学生须于五月十三日,凭准考证至遵义或湄潭本大学医务组检查体格。

六、报考地点

史地、化工两学部在遵义,数学、生物、农经三学部在湄潭。

七、考试日期

五月十五日、十六日。

八、考试科目

(各科考试时间均为两小时)

史地学部	史学组	(1)英文;(2)中国通史;(3)西洋通史
	地形组	(1)英文;(2)地学通论;(3)地质学
	气象组	(1)英文;(2)地学通论;(3)气候学
	人文地理组	(1)英文;(2)地学通论;(3)人文地理
数学部	分析组	(1)英文;(2)高等微积分;(3)函数论
	几何组	(1)英文;(2)高等微积分;(3)几何学
生物学部	(1)英文;(2)生物学(甲)(包括遗传细胞动植物形态及分类);(3)生物学(乙)(包括动植物生理及近代生物学)	
化工学部	(1)英文;(2)化学(甲)(包括无机分析,有机、理论化学);(3)化学(乙)(包括应用化学成化学工程)	
农经学部	(1)英文;(2)经济学;(3)农业经济学	

九、录取

经审查,原毕业学校四年成绩及入学考试合格者,个别函知。

十、修业年限及待遇

1. 研究生修业年限至少二年。

2. 研究生一律免收学、膳、杂费,供给住宿,每月另有补助生活费,其金额由教育部规定。

3. 修业满二年,成绩特优者,酌给奖学金;成绩不及格者,停止修业。

4. 修业期满,考试及格者,遵照部章授予硕士学位。

浙江大学档案馆藏 L053-001-0034

教育部训令(发字高字第 25330 号)

(1946 年 10 月 14 日)

令国立浙江大学:

查该校卅四学年度第二学期及卅五学年度第一学期各科研究所经费业经分别核定,计文科研究所史地学部一,二〇〇,〇〇〇元,理科研究所数学部一,二〇〇,〇〇〇元,生物学部二,五〇〇,〇〇〇元,工科研究所化工学部二,五〇〇,〇〇〇元,农科研究所农业经济学部一,二〇〇,〇〇〇元,共八,六〇〇,〇〇〇元,并已另函国库署,径拨该校在案。仰即编具预算分配表十份,呈候核转。又,研究生生活费自本年八月份起酌予调整为每生月支五千元。仰即册报请领,以凭核发。

此令。

部长朱家骅

第一次研究设计与各研究所招生联席会议记录
(1947 年 8 月 15 日)

日期	卅六年七月十七日下午三时
地点	校长公舍会议室
出席	王季午　谈家桢　叶良辅　张其昀　孙逢吉　雷男　李寿恒　苏步青　朱庭祜　竺可桢
主席	竺校长
记录	石作珍

开会如仪

报告事项(略)

讨论事项

一、如何修正研究所招生简章案

决议:根据卅五年研究生招生简章修正通过(修正简章待整理后付印)

二、拟如何支配研究生宿舍案

决议:建议校舍委员会在可能范围内予以二人一间。

三、拟增加研究设计委员会会员案

决议:研究设计委员会扩大包括各研究所所长在内。

四、请推定本会主席案

决议:推请竺校长为主席。

散会

〈三十六年〉七月十七日

《国立浙江大学校刊》复刊第一百六十三期,民国三十六年八月十五日

国立浙江大学各研究所招考研究生简章

（1948 年）

（每年均有增置，临时向教务处购索）

一、本大学现设九研究所组，其组别如下：

1. 中国文学研究所

2. 史地研究所内设：

甲、史学；乙、地形；丙、人文地理；丁、人类学四组。

3. 数学研究所内设：

甲、解析；乙、几何二组。

4. 物理研究所

5. 化学研究所

6. 生物学研究所

7. 化学工程研究

8. 农业经济研究所内设：

甲、农场管理；乙、土地经济；丙、农业金融与合作；丁、农村社会四组。

9. 教育研究所

投考学生须道明所别、组别。

二、投考资格

国立或公立或已立案之私立大学或独立学院毕业，并有以下之限制：

1. 本系毕业；

2. 其他有关学系毕业，对于本系学科有相当之研究或著作者。

三、报名手续

在规定日期内将毕业证明文件、在校四年之成绩单及毕业论文，呈缴本大学教务处转各研究所审查，随缴报名单一张，最近二寸半身相片三张，及报名费五十万元（不论审查合格与否，或录取与否，概不退还）。

四、体格检查

投考学生于录取后须往就近都市之公立医院检查体格，随带健康证明书，方可来校报到。

五、考试科目

（各科考试时间均为二小时）

中国文学研究所		1.国文;2.英文;3.中国文学史或文字学
史地研究所	史学组	1.英文;2.中国通史;3.西洋通史
	地形组	1.英文;2.地学通论;3.地质学
	人文地理组	1.英文;2.地理通论;3.人文地理
	人类学组	1.英文;2.人类学;3.系〔统〕计学或社会学
数学研究所	解析组	1.英文;2.高等微积分;3.函数论
	几何组	1.英文;2.高等微积分;3.几何学
物理研究所		1.英文;2.理论物理;3.近世物理
化学研究所		1.英文;2.化学(一);3.化学(二),见附注(一)
生物研究所		1.英文;2.生物学甲;3.生物学乙
化学工程研究所		1.英文;2.化学甲;3.化学乙,见附注(二)
农业经济研究所		1.英文;2.经济学;3.农业经济学
教育研究所		1.英文;2.国文;3.教育概论(四)教育心理学

六、考试日期及地点

经审查成绩合格后,由本大学通知。

七、录取

经考试后,录取与否,个别通知。

八、修业年限及待遇

1.修业年限定为二年。修业期满,考试及格者,遵照部章授予硕士学位。必要时得延长一年,不得再行延长。

2.研究生照前章规定,免收学杂经费,并得住宿校内,另有生活补助费,其金额由教育部规定。但膏火有限,各人仍应行先有经济上之准备或来源,并不得兼有给职务。

3.投考化工研究所者注意:

中国植物油料厂在本校化工研究所设有奖学金名额数名,待遇与初任助教同,专作植物油类之研究。凡报考奖金学生须在报名时另购申请书。

附注(一):化学(一)及(二)包括有机化学、无机化学、分析化学、物理化学。

附注(二):化学甲包括无机化学、有机化学、分析化学、理论化学;化学乙包括工业化学或化工原理,化学系毕业者,考工业化学;化工系毕业者,考化工原理。

浙江大学档案馆藏 L053-001-3825

（二）各研究所（室）

1. 文科研究所

国立浙江大学文科研究所史地部招考研究生暂行办法
（1939 年 8 月）

一、名额

本部招收研究生五名,研究范围暂分左列四组:

1.史学组

由向达先生指导。

2.地形学组

由叶良辅先生指导。

3.气象学组

由涂长望先生指导。

4.人文地理学组

由张其昀先生指导。

二、资格

应考人需具有左列之资格:

1.国立、省立或已立案之私立大学与独立学院史学系、地学及史地学系毕业(他系毕业,如经原校教授特别介绍,亦得应考);

2.著有论文者;

3.年龄在 30 岁以下,身体强健者。

三、报名及考试

1.应考人于报名时须填具报名单,随缴:

(甲)毕业证明文件

(乙)二寸半身相片三张

(丙)论文

(丁)原校系主任或教授之介绍信(如无可缺)

(戊)体格检查证明书

2.本部收到 1 项规定各件后即付审查,初审合格,给予准考证者,方准应试。

3.考试就应考人所愿研究之范围与所著论文之性质,命题笔试。

附注:初审及录取时均注重论文。

四、修业及待遇

1.研究生修业期限至少两年。

2.研究生学费、杂费暂免。

3. 在第一年修业期中,每人每月给予生活费五十元,并由本校供给住宿。

4. 在第一年修业期满后,其成绩及格者,继续给予生活费。其成绩优等者得另给奖金,成绩不及格者,停止修业。

5. 全部修业期满后考试及格,依照部章给予证书。

五、报名及考试日期

报名自即日起至九月三十日截止,十一月一日考试。

六、报名及考试地点

1. 报名地点

无论在何处应试,概须依照手续,先向广西宜山本大学注册课报名。

2. 考试地点

可于左列四处就便任择其一:

(1)广西宜山本大学;

(2)浙江龙泉本大学浙东分校;

(3)重庆中央大学理学院——由院长孙鎕(光远)先生主持;

(4)昆明云南大学——由校长熊庆来(迪之)先生主持。

国立浙江大学招考研究生报名单 报名号数 字第 号

姓名		籍贯	省市县	年龄	岁(民国 年 月生)	性别		已否结婚
毕业学校		毕业年月		毕业后服务概况				
毕业论文题目								
报考学部组别			应试地点					
著作		题目		在何刊物发表		发表年月	粘相片处	
通讯处	永久							
	临时							
附缴证件								
备注								

注意:

一、此报名单须用墨笔正楷按格详填;

二、毕业证书、毕业论文及医师出具之体格检查证明书,及二寸半身相片三张等件,无论在何地点应试,概须与此报名单同时寄交广西宜山本大学注册课;

三、应试地点分(1)宜山;(2)龙泉;(3)重庆;(4)昆明四处。报考者如愿在重庆应试则于"应试地点"栏内填明"重庆"两字,如愿在宜山应试则填"宜山"两字,余类推。一经认定不得更改。

浙江大学档案馆藏 L053-001-1540

国立浙江大学文科研究所史地学部招考研究生简章
(1940 年 6 月)

一、名额

本部招收研究生十名,研究范围暂分左列四组:

1. 史学组

由张荫麟、顾谷宜先生指导。

2. 地形学组

由叶良辅、任美锷先生指导。

3. 气象学组

由涂长望先生指导。

4. 人文地理学组

由张其昀先生指导。

二、资格

应考人须具有左列之资格:

1. 国立、省立或已立案之私立大学与独立学院史学系、地学系及史地学系毕业者(他系毕业,如经原校教授特别介绍信亦得应考);

2. 著有论文者;

3. 年龄在三十岁以下,身体强健者。

三、报名及考试

1. 应考人於报名时,须填具报名单,随缴:

甲、毕业证明文件

乙、二寸半身照片三张

丙、论文

丁、原校系主任或教授之介绍信(如无可缺)

戊、体格检查证明书

2. 本部收到 1 项规定各件后,即行审查,初审合格,方准应试。

3. 考试就应考人所欲研究之范围与所著论文之性质,命题笔试,以通讯方法举行之。

附注:初审及录取均注重论文。

四、修业及待遇

1. 研究生修业期限至少两年。

2. 研究生学费、杂费暂免。

3. 在第一年修业期中，每人每月给予生活费五十元，并由本校供给住宿。

4. 在第一年修业满后，其成绩及格者，继续给予生活费；其成绩特优者，得另给奖学金；成绩不及格者，停止修业。

5. 全部修业期满后，考试及格，依照部章给予证书。

五、报名日期

报名日期自即日起至八月十五日止。

六、报名地点

贵州遵义本大学注册组。

浙江大学档案馆藏 L053-001-1540

文科研究所史地学部概况

(1944 年)

一、指导教授略历

姓名	别字	籍贯	学历	经历	职务	到校年月	通讯处	
							现在	永久
叶良辅	左之	浙江杭州	前农商部地质研究所毕业；美国哥仑比亚大学研究院毕业，得硕士学位	前农商部地质调查所技师；中山大学地质学教授兼系主任；中央研究院专任研究员，又评议员	地质学教授	廿七年四月十七日	遵义浙江大学	
陶元珍	云孙	四川安岳	国立武汉大学史学系毕业；国立北京大学文科研究所研究	中央政治学校大学部讲师；国立中山大学教授；国立东北大学教授	文学院史地系教授	卅二年九月廿四日	文化街十四号	四川安岳救济院转
陈乐素		广东新会	日本明治大学政治经济科肄业	日本研究月刊社主编；教育部派赴日本考察专员	史学教授	卅一年十一月	本校	广东新会第五区石须富岗里
谭其骧	季龙	浙江嘉兴	国立暨南大学毕业；燕京大学研究院毕业	辅仁大学讲师；北京燕京大学讲师；广州学海书院导师；浙大教授	史学教授		本校	
李絜非		安徽嘉山	国立中央大学史学系毕业	中等学校教职员五年；浙大教职员七年	史学副教授	二十五年八月	遵义大仕阁二十四号	

续　表

姓名	别字	籍贯	学历	经历	职务	到校年月	通讯处	
							现在	永久
黄秉维		广东惠阳	国立中山大学地理系毕业；Rockefeller Foundation 研究员	实业部地质调查二所研究；国防设计委员会及教育部委托编著高中本国地理	地学教授	二十六年	本校	
顾谷宜	俶南	江苏无锡	国立交通大学毕业；莫斯科中山大学史地科毕业；莫斯科国家研究院毕业	国立中央大学史学系教授兼主任	史学教授	二十四年九月	本校	
张其昀	晓峰	浙江宁波	国立南京高等师范学校毕业	中央研究院评议员；中央大学地理教授	人文地理教授、史地系主任	二十四年八月	本校	

二、研究部课程

课程名称	担任教授	上课钟点	学分	内容大概	最近重要工作
欧美地形	叶良辅	每周讲述三小时，另加阅读	四学分一学期	本学程内容系就欧美地形区之特性与问题讲述而讨论之。	
本国地形研究		每周二小时，另加参考编述	每学期四学分	在于本国地形材料之搜集、讲述与讨论。可与研究生之实地工作、相辅而行。	
明清史	陶元珍	每周三小时	三学分一学期	由明太祖开国起至鸦片战争止，首述明之制度，次述明之兴亡，次述清之制度，次述鸦片战争前清之盛衰，尤重制度。	广搜元明之际重要史事，拟编元明之际月表。
校勘学	陈乐素	每周三小时	四学分一学期	为历史研究上之便利，特重中国史籍之校刊，而兼及目录、避讳等之研究。	《宋史·艺文志》考证、宋代国家藏书考、日本史纲要之完成。
罗马史	顾谷宜	每周三小时	三学分一学期		俄国政治文化史论、俄国史、西洋历史挂图。

三、国立浙江大学文科研究所史地学部三十一年度工作报告

（三十年八月至三十二年七月）

本校于廿八年八月奉部令设立史地研究部,招收研究生。研究部成立之始,即侧重于训练大学毕业生作进一步之修习,期达于外国硕士之程度。研究部并未添聘专任研究教授指导学生,概由史地学系教授兼任。诸教授在环境许可范围之内,各自略作研究,或与研究生及史地学系高年级生共同工作。本学部并遵循部令,与校外性质相同之学术机构合作,以谋联系与促进工作。兹追述一年来之工作项目如左:

甲、研究生工作

研究问题	人名	指导教授
西北之垦殖	周恩济	张其昀
中国棉作与气候	余泽忠	黄秉维
贵州天气与气候	谢义炳	涂长望
湄潭之大气电位	叶笃正	涂长望、王淦昌
元初汉军考	余文豪	钱穆
贵州开发史	王爱云	谭其骧

以上诸文均经结束。学生亦于七月间毕业。一俟论文副本录出,将由本校教务处连同成绩一并呈部。

研究问题	人名	指导教授
贵州西北之地形地质矿产调查(此项工作与资源委员会矿产测勘合作;第一学期在实地工作,第二学期在校编著论文;已成《贵州西北部之地形发育》与《黔西金河修文各县之地质矿产》二文。)	杨怀仁 施雅风	叶良辅 刘之远
古代雅典民主政治之党争	胡玉堂	顾谷宜
贵州之经济	梁企善	黄秉维
缅甸地理资料	赵松乔	张其昀

乙、教员工作

研究问题	研究人及说明
遵义附近土地利用调查	任美锷教授率领研究生施雅风、赵松乔,四年级生杨利普、陈述彭为之。考察面积计一千二百余方公里,报告尚在编著中。所得材料,大致已在三十二年度中国地理学会年会宣读。
遵义附近之聚落	任教授指导四年级生陈述彭、杨利普写成。已在《中国地理学报》第十卷发表。
遵义团溪锰矿再研究	讲师刘之远与兵工署合作,实地考察,继续发见矿层多处。
中国地理讲演稿	张其昀、卢鋈、黄秉维诸教授编著,备张教授赴美讲述。
俄国史	顾谷宜教授
西洋史挂图	顾谷宜教授,已编成十二幅。
中国历史地理图说附图十幅	谭其骧教授,尚在编制中。

此外,本学部附设之遵义气候测候所,作长期观测记录,与中央气象局中央研究院及各地测候所交换情报,以资实用。

浙江大学档案馆藏 L053-001-3825

代电国防部
（1947 年 5 月 19 日）

国防部钧鉴:

　　查史地学颇多与国防有关。本校史地研究学部兹拟具与国防有关之研究计划三种,请与钧部合作,以利研究之进展。特托由该学部主任张其昀趋前面洽,敬祈赐允为祷。

国立浙江大学叩
（卅六）辰

浙江大学档案馆藏 L053-001-0067

呈教育部
（1947 年 5 月 19 日）

教育部钧鉴:

　　本校史地研究所奉钧部委托,从事于边疆之研究。兹该所拟着手编辑《台湾图鉴》及《东北图鉴》二种,共需要经费一千万元,敬祈赐拨,以供购备图书、充实设备之用为祷。

国立浙江大学叩
（卅六）巳〇陷

浙江大学档案馆藏 L053-001-0067

国防科学委员会代电
（1947 年 5 月 29 日）

国立浙江大学公鉴:

　　交下贵校辰皓复字五一六代电,为拟具有关国防研究计划三种,嘱予合作办理。等由。兹核复如次:

　　一、查军用方面之地图原设有专门机构,训练大量技术人员办理,其测绘方法均系利用精密仪器,至为精确,勿庸另外委托研究;

　　二、水道系统研究与国防直接影响甚微,限于条例不便补助;

三、各省士兵素质之调查,本部材料丰富且有长时间研究之经验,不需另行调查。用特复请查照为荷。

国防部国防科学委员会辰

(艳)(卅六)莱

浙江大学档案馆藏 L053-001-0067

国立浙江大学史地研究所研究生名录及其论文目录表
(1947 年 9 月)

姓名	组别	论文题目	毕业年度	原读大学	学位
刘熊祥	史学	清季联俄政策之始末	三十	西南联大	硕士
丁锡祉	地形	遵义地面的发育	三十	西南联大	
严钦尚	地形	贵阳附近地面及水系之发育	三十	中央大学	硕士
沈玉昌	地形	湘江附近地形初步研究	三十	本大学	
郭晓岚	气象	大气中之长波辐射	三十	西南联大	硕士
胡善恩	人文地理	遵义附近之地理环境与人生之关系	三十	西南联大	
王爱云	史学	贵州开发史	三十一	本大学	硕士
余文豪	史学	元初汉军考	三十一	西南联大	硕士
叶笃正	气象	湄潭之大气电位	三十一	西南联大	硕士
谢义炳	气象	贵州之天气与气候	三十一	西南联大	硕士
周恩济	人文地理	西北之垦殖	三十一	本大学	硕士
余泽忠	人文地理	中国棉作与气候	三十一	中山大学	硕士
胡玉堂	史学	古代雅典民主政治与雅典帝国	三十二	本大学	硕士
杨怀仁	地形	贵州中北部地形发育史	三十二	本大学	硕士
施雅风	地形	华中区水理初步研究	三十二	本大学	硕士
梁蕲善	人文地理	贵州之经济地理	三十二	中山大学	硕士
徐规	史学	宋代妇女的地位	三十三	本大学	硕士
袁希文	史学	唐代税法之嬗变及其因果	三十三	光华大学	
孙守仁	史学	后金汗国社会经济与政治	三十三	东北大学	
赵松乔	人文地理	中缅政治地理上几个问题	三十三	本大学	硕士
蔡钟瑞	地形	恩施地形研究	三十四	本大学	
倪士毅	史学	赵宋宗室中之士大夫	三十五	本大学	

姓名	组别	论文题目	毕业年度	原读大学	学位
程光裕	史学	茶风与唐宋思想界	三十五	本大学	
宋晞	史学	士大夫势力下宋代商人的活动	三十五	本大学	
文焕然	史学	秦汉时代黄河中下游气候之蠡测	三十五	本大学	
陈述彭	地形	螳螂川流域之地文与人生	三十五	本大学	
陈吉余	地形	杭州湾地形之演化	三十五	本大学	

国立浙江大学教育研究所概览
（1948 年 6 月）

国立浙江大学教育研究所招考研究生简章

一、本所暂设

（甲）教育史与比较教育；（乙）课程教法；（丙）基本教育；（丁）测验与测量；（戊）发展心理五门。

二、投考资格

甲、公立或已立案之私立大学或独立学院教育学系、心理学系、社会学系、哲学系及其他学系毕业生对于教育学术具有浓厚之兴趣者。

乙、师范学院毕业生或师范生须服务期满方得应考。

三、报名手续

甲、报名单一纸

乙、毕业证明文件及在大学四年之成绩单

丙、原校教授关于学历及品性之介绍书

丁、毕业论文

戊、最近二寸半身相片三张

四、体格检查

投考生于考试时须在本大学医务组检查体格。

五、考试科目

国文、英文、教育概论、教育心理学。

六、考试日期及地点

经审查成绩合格后，由本大学通知考试日期，至杭州本大学考试。

七、录取

经考试后,录取与否,再行个别通知。

八、修业年限及待遇

甲、研究生修业年限定为二年,必要时得延长一年。

乙、研究生一律免收学、膳、杂费,供给住宿,每月另有生活补助费,其金额由教育部规定。

丙、修业期满考试及格者,遵照部章,授予硕士学位。

国立浙江大学教育研究所规程

一、本所奉教育部令设立,就本所现有师资,暂设下列各门:

甲、教育史与比较教育

乙、课程教法

丙、基本教育

丁、测验与测量

戊、发展心理

二、本所设主任一人,每门设导师一人或二人,负指导研究生之责。

三、本所每年招收研究生若干名,每名遵照部章,给予公费待遇及生活补助费。

四、本所特设公共必修学程四种,各门专门学程两种,每学程各四学分。学程名称如左表:

		教育研究法
公共必修学程		高级教育原理
		高级教育心理学
		高级教育社会学
专门学程	教育史与比较教育门	教育思想史
		教育制度
	课程教法门	课程研究
		教法研究
	基本教育门	国民教育研究
		社会教育研究
	测验与测量门	高级统计学
		心理测量法
	发展心理门	高级儿童心理
		变态心理学

五、本所每两月举行所务会议,由主任及各门导师组织之。

六、本所得接受其他政府机关之资助,及学术团体或私人所捐助之奖学金。

七、本所得受公私团体之委托,研究教育上之特殊问题。

八、本所得应研究之需要,举行调查及考察。

九、本所导师及研究生之著作,经所务会议认可,得由本所出版。刊物分为二类:甲类为专刊,内容系专题研究;乙类为丛刊,汇集性质相似之论文。皆为不定期刊物。

十、本所研究生指导细则另订之。

十一、本规程呈奉校长核准施行,并呈教育部备案。

国立浙江大学教育研究所研究生指导细则

一、本所暂设(甲)教育史与比较教育;(乙)课程教法;(丙)基本教育;(丁)测验与测量;(戊)发展心理五门,每门设导师若干人,由导师一位负责。

二、研究生须有导师一位担任指导。

三、研究生研究期间规定为二年,必要时得延长一年。

四、研究生专题研究应于第一学年第二学期开始;进行时,至少每两星期应按规定时间与导师谈话一次。

五、研究生必须按照部章修习二十四学分;考试成绩满七十分者,始给予学分;如成绩不及格,其研究期限应酌予延长;如在三年内不能结束,即予退学。

六、研究生应一律遵守本大学章则,否则照章处罚。

七、研究生不得担任任何职务。

八、本细则经所务会议通过施行之。

图书统计

(三十七年六月止)

中文书九五四册,西文一〇三六册,共计一九九〇册。

(详细书名略)

仪器举要(略)

国立浙江大学教育研究所教职员名录

主任	郑宗海
教员 (兼任)	郑宗海 孟宪承 俞子夷 陈立(休假) 王倘(休假) 朱希亮 潘渊 王承绪 赵□傅 吴志尧 沈金相 赵端瑛 陈学恂 周淮水

浙大设国文研究所

(1948 年 7 月 12 日)

(大江社讯)国立浙江大学奉教育部令,准自卅七学年度起增设国文研究所,现已开始招收研究生,七月十日至十七日报名,八月十日考试,均在杭州该校举行。

《和平日报》民国三十七年七月二十日

人类学研究所

(1948 年 12 月 19 日)

一、需要

1.国内人类学人才至为缺乏,为适应社会需要计,该系拟请设立研究所培植高级研究人才。

2.国立与私立大学设有人类学系者虽有数校,但迄今尚无研究机构,较之他种科目颇为落后。该系拟请设立研究所,以资提倡并罗致专才担任各项重要研究,为全国领导斯学之中心。

二、设备

1.图书

该系上学期由本校设备委员会通过成立人类学图书馆,现藏有中文人类学书籍四千余册,西文人类学书籍八千余册,西文人类学杂志五十余种,成套之杂志达二十余种,共计书籍杂志计一万六千余册。

2.标本与模型

该系自本学期起,设有标本陈列馆,计分人类与民族学两部分。人类学部现有各地华族颅骨与体骨二千余副,其他人种标本二百余件;民族学部藏有台湾高砂族、苗族、亿佬、仲家、罗罗等数十民族服饰器具,二千余件各地史地前化石,猿人与原始民族模型达数百件。

3.仪器

依其性质分人体测量与软体两部。测量器械最近由瑞士楚列须购到最新式器械二百余种,软体部分如解剖、血型、组织、胚胎等与有关人种生理与人种病理床用之仪器三百余件,均甚完备。

4.研究资料

经历年调查,国内各地人类学测量资料百余组,各地边疆民族学调查资料约三十余组,一部分为其他学术机关委托研究之材料,现正从事整理编成报告。

5.研究人才

该系教授与副教授已到校与已聘定者约十余人,均为国内体质人类学与文化人类学之权威学者。

6.刊物

该系现正编《中国人类学专刊》与《人类学志》两刊物即将付印。

〈签注〉

振公兄：

人类学研究所事已与教育部洽妥。公事请于二三日内办妥，亲交弟转去。费神至感。此请著安。

弟吴定良拜启

〈三十七年十二月十九日〉

浙江大学档案馆藏 L053-001-0569

呈教育部（第 971 号）
（1948 年 12 月 28 日）

查本校人类学系于三十六年度第一学期奉准成立，迄今已历三个学期，教学成绩颇有可观。近鉴于国内各大学之有人类学系者，虽有教授而研究机构尚付阙如，较之他种科目，殊为落后。欲培植该项科学之高级研究人才，以适应需要，非有专门研究之机构不可。本校爰拟自三十七年度第二学期起成立人类学研究所。就本校人类学系目前之情形而论，成立该项研究所当堪应付。兹分析于下：

一、图书方面

该系上学期由本校设备委员会通过成立人类学图书馆。现兹有中文人类学书籍四千余册，西文人类学书籍八千余册，西文人类学杂志五十余种，成套之杂志二十余种，计书籍杂志共一万六千余册。

二、标本与模型

该系自本学期起设有标本陈列馆，计分人类学与民族学两部门。人类学部现有各地中华族头颅骨与体骨二千余副，其他人种标本二百余件；民族学部藏有台湾高砂族、苗族、仡佬、仲家、罗罗等数十民族服饰，器具二千余件，各地史前化石猿人与原始民族模型达数百件。

三、仪器

依其性质分人体测量与软体两部测量器械，最近由瑞士楚列须购到最新式器械二百余种。软体部分如解剖血型组织胚胎等与有关人种生理与人种病理床用之仪器三百余件，均甚完备。

四、研究资料

经历年调查国内各地人类学测量资料百余组，各地边疆民族学调查资料约三十余组，一部分为其他学术机关委托研究之材料，现正从事整理编成报告。

五、研究人才

该系教授与副教授已到校与已聘定者约十余人，均为国内体质人类学与文化人类学之权威学者。

六、刊物

该系现正编《中国人类学专刊》与《人类学志》两刊物,即将付印。

综上以观,本校人类学研究所之成立,其条件业已具备,进行自无困难。成立之后,并将罗致专才,权任各项重要研究,为全国领导斯学之中心,益使发扬光大。所有拟成立人类学研究所缘由,理合具文,敬祈鉴核,照准明示遵行,实为公便。谨呈

教育部

衔校长竺○○

浙江大学档案馆藏 L053-001-0569

人类学研究所核准设立
(1949 年 2 月 16 日)

本校文学院人类学研究所之设置,曾于前月由校务会议议决,一致通过。上月初本校备具公文寄部请求核准。业于一月二十六日由陈部长批示"准予设立",复文不日到校。该系现正扩充设备,罗致人才,加强工作云。

《国立浙江大学日刊》复刊新第七十九期,民国三十八年二月十六日

2. 理科研究所
国立浙江大学理科研究所数学部招生暂行办法
(1939 年 10 月 27 日)

一、名额

本部招收研究生五名,暂分左列二组:

解析组:由陈建功先生领导;

几何组:由苏步青先生领导。

二、资格

应考人须具有左列资格:

1.国立、省立大学或经教育部立案之私立大学、独立学院数学系毕业;

2.无前项资格而有数学著作,经本部主任认可者。

三、考试之程序如下

1.考试人须于报名时缴付毕业证明文件,或著作,及二寸半身相片三张。

2.本部收到后即付审,初审合格者,通知在宜山、龙泉(浙东分校)、重庆或昆明应试。

3.考试科目如下:

甲、口试

乙、笔试(解析组须考高等微积分、复变数函数论;几何组须考高等积分、坐标几何及微分几何。)

丙、体格检查

四、修业及待遇

1.研究生修业期限为两年。

2.在第一年修业期中,每人每月给予生活费五十元,并由本校供给住宿。

3.在第一年修业满期后,考核成绩;其成绩及格者,继续给予生活费;其成绩优良者,得外加奖金;成绩不及格者,停止修业。

4.全部修业满期后考试及格,依照部章给予证书。

五、考期

接收著作于九月三十日截止,十一月一日考试。

报名处:广西宜山本校。

国立浙江大学招考研究生报名单　　　　报名号数　字第　号

姓名		籍贯		省　市 县	年龄		岁(民国 年　月生)	性别		已否 结婚
毕业学校			毕业年月		毕业后服 务概况					
毕业论 文题目										
报考学 部组别				应试地点						
著作		题目			在何刊物发表			发表年月		粘相片处
通讯处	永久									
	临时									
附缴证件										
备注										

注意:

一、此报名单须用墨笔正楷按格详填;

二、毕业证书、毕业论文及医师出具之体格检查证明书及二寸半身相片三张等件,无论在何地点应试,概须与此报名单同时寄交广西宜山本大学注册课;

三、应试地点分(1)宜山;(2)龙泉;(3)重庆;(4)昆明四处。报考者如愿在重庆应试则于"应试地点"栏内填明"重庆"两字,如愿在宜山应试则填"宜山"两字,余类推。一经认定不得更改。

国立浙江大学理科研究所数学部报告

(1940 年 4 月 15 日)

一、设置源起

本数学部于民国廿八秋奉部令创办,同年十月成立,解析组与几何组分别由陈建功教授与苏步青教授担任指导。

二、历年发展概况

本部成立以来为时甚暂。廿八年十一月招生志愿招考者六人。经审查,结果录取解析组郑健汉、卢运凯二名,几何组杨荣宝一名。郑、卢二君一时因交通阻梗,未克到校,杨君则因职务关系,请假半年。目前,所开课程仅射影微分几何学一门,由苏步青教授担任。听讲者除熊、全治君(中英庚款研究员)与张素诚君(本大学助教)外,尚有数学系员生数人。一年来研究成绩颇佳,所著论文多篇,均已投登国内外数学专刊。委细请参照第七项。

三、行政组织

本部置主任一人,由大学部数学系主任苏步青教授兼任,教授三人、副教授一人、助教二人,均由大学部数学系职员兼之,其余行政如会计文书、图书等课亦均隶属于大学部。盖本部经费甚微,无力另起一处,拟借此期收事半功倍之效用也。

四、经费来源及支配

本部每年经费仅二千元,悉数购置图书。际此抗战期间,利用此项微款添设内容,尤觉匮易。不敷之处,仍向大学部数学系借用参考书籍暨杂志等,勉强维持研究上之需要。至于教职员薪俸,概归大学部支给,不另致送。

五、设备概要

本部图书设备大致向大学数学系借用,目前有新刊专门杂志六十种,全套杂志十八种,参考书二千余册。委细请参阅大学部数学系报告。

六、主要负责人及略历

本部现分解析与几何二组,负责人员及略历如下:

甲、苏步青教授

担任几何组指导兼本部主任,专攻近代微分几何学。民国十六年以降,曾著论文百篇,业已登载欧美及日本数学专门杂志。民国廿七年被聘为中央研究院物理组数学委员,同年任《中国数学会学报》(国际刊物)总编辑,迄今数载。

学历:日本东北帝国大学理学士,日本文部省理学博士。

所著论文概要:请参阅德国数学机关报(原名 *Zentralblatt für Mathematik*)。

乙、陈建功教授

担任解析组指导,专攻近代解析学。民国十二年以降,曾著论文三十余篇,分别登载国内外数学专刊。曾任武昌大学数学教授兼主任,国立浙江大学数学系主任,现任教授。

学历:日本物理学校数学科毕业,日本东北帝国大学理学士,日本文部省理学博士。

所著论文概要:请参照前项所列之机关报。

七、各部门工作成绩

兹将本部人员最近半年来之研究论文分条列举于次:

甲、苏步青教授(西文名字 Buchin Su)

1. On the Planar Point of a Surface, *Annuals de l' Univ*. le Tucumán (República Argentina), vol. 1 (1939).

2. Plane Sections of the Tangent Surface of a Space Curve, *Annuals di Matematica*, Serie IV, Vol. 19(1939).

3. An Extension of Bompiani's Osculants for a Plane Curve with a Singular Point, *Tohoku Math Journal*, 45(1939).

4. Contributions to the Projective Theory of Curves in Space of N Dimensions, Ⅰ, Ⅱ, *Journal Chinese Math*, Soc. 2(1939).

5. Certain Pencils of Quadrics and the Canonical Pencil, *Annali di Mat.*, under press.

6. On the Projective Differential Geometry of a Non-Holonome Surface in Ordinary Space, *Annali di Mat.*, under press.

7. Some Arithmetical Invariants of a Curve in Projective Space of N Dimensions, *Annuals de l' Univ*. le Tucumán, under press.

乙、王福春教授(西文名字 Fu Traing Wang)

1. On Riesz Summability of Fourier Series, Ⅰ, Ⅱ, *Proc. London Math. Soc*, under press.

丙、熊全治研究员(西文名字 C.C. Hsiung)

1. On the Curvature Form and Projective Invariants of a Curve in space of 4 dimensions, *Journ. Chinese Math. Soc.*, 2(1939).

2. On the Contact of Plant Curves, Ⅰ, Ⅱ, *Annali di Mat.*, under press.

丁、张素诚助教(西文名字 S.C. Chang)

1. On the Cusp of a Plant Curve, *Annali di Mat.*, under press.

2. Plant Sections of the Developable Hyperspace of a Curve in Hyperspace, *Annali di Mat.*, under press.

八、出版刊物

本部成立为时不久,除大学部原有之《理科报告》外,尚无其他刊物。

九、将来工作计划

本部仅有二组,已详前文。目前正物色专家,担任代数学指导,希望不久添设代数组。又际兹抗战建设之秋,数学之应用尤见广泛,本部急需添置"实用数学组",内容包括统计学、军用数学等门,于可能范围内,又拟创办《数学研究专刊》,俾学者得随时发表论文,且为中国争夺学术上之国际地位。

十、推广事业

中等数学教育不论中外,系极重要工作,历年所用高、初中之数学教材是否适宜,教授法有无改善余地,均须积极探讨。本部有鉴于兹,除努力研究外,常与中学取得联络,或办补习班,或参与咨询,不遗余力。

十一、所感困难

本部创立未久,既无创办费,专仰部发年费二千元,只能购置书籍数十册,新刊杂志二三种而已。然研究一途,日新月异,欲与世界诸数学研究所并驾齐驱,赖此微款,实感维持匪易。本部希望利用现任之人材,力期上进,急需经费,以备随时应付研究之需。年费至少需要二万元,方可布置,否则欲期良好结果,恐非人力之所能及矣。

编制者:苏步青

廿九年四月十五日

数学部概况
(1944 年)

一、课程[①]

课程名称	担任教授	授课时间	学分	内容
三角级数论	陈建功	二年	每年 4 学分	求和论、共轭函数论、派司代定理及其逆等
高等微分几何学	苏步青	二年	每年 4 学分	黎曼空间几何学、芬斯拉几何学及挽〔晚〕近之扩充、线形联络等
数学研究甲	解析几何组陈建功 几何组苏步青	二年	每年 4 学分	选读最新出版之有关论文
数学研究乙	解析几何组陈建功 几何组苏步青	二年	每年 4 学分	选读中外数学名著
解析数论	陈建功 王福春	二年	每年 4 学分	质数之分布等
射影微分几何学	苏步青	二年	每年 4 学分	曲线论文及曲面论、网论等
微分方程式论	蒋硕民	一年	每年 6 学分	常微分方程式论、偏微分方程式论等。

---

① 本表由编者依原内容编制。

二、研究工作概况

数学部自民廿八遵部令成立以来，迄今已盈五载，研究生工作未曾或辍。本大学数学系之图书设备尚称完善，本部同人之研究实赖乎是。惟晚近二三年间限于国际交通之阻梗，最新刊物除少数图书影片外，无法入手，知识来源几乎断绝。然本部同人并不以为此患，继续努力。抗战七年间之成绩颇为显著，所成数学论文一百二十三篇，已先后登载中外专刊。在吾国则有《中国数学会学报》及《科学纪录》，国外在英则有《伦敦数学会纪事》及学报二种，在美则有《美国数学会学报纪要》《美国数学杂志》《数学年刊》《杜克数学杂志》，及《美国数学月刊》六种，在南美则有《阿根廷都姑曼大学数理专刊》及《阿根廷数学年刊》二种，在意则有《全意大利数学会纪要》及《数学年刊》二种。教学部学术审议会第二届及第三届审查论文之结果，本部苏步青、陈建功二教授之论文均获一等奖。又王福春教授、熊全治副教授、卢庆俊讲师之论文获三等奖。

三、指导教授略历

姓名	性别	年龄	学历	经历
陈建功	男	五十二岁	日本国家理学博士	曾任武大、浙大教授二十五年，现任浙大教授兼任中央研究院数学研究员。
苏步青	男	四十三岁	日本国家理学博士	历任浙大教授十三年，现任部聘教授、浙大教授兼数学系、部主任、兼任中央研究院数学研究员。

浙江大学档案馆藏 L053-001-3825

生物学部概况
（1944 年）

一、生物学部指导教授

姓名	担任指导	学历	经历
贝时璋	动物组指导	德国天滨根大学理学博士	曾任天滨根大学动物学助教。
罗宗洛	植物组指导	日本北海道帝国大学博士	历任中山大学、暨南大学、中央大学生物学教授。
谈家桢	遗传细胞学指导	美国加州理工研究院哲学博士	历任东吴大学、燕京大学生物学助教、讲师，美国洛氏基金研究员、加州理工研究院研究助教。
孙宗澎	生理学指导	美国本雪尔凡尼亚大学哲学博士	历任英国爱丁堡大学、美国兰金那医学研究所生物学研究员，兼斯贵白药学研究所内分泌学专员，国立中央大学生物学教授兼生物学系主任。
江希明	副教授	德国明兴大学哲学博士	

二、生物学部课程纲要[①]

课程名称	授课时间与学分	担任教员	纲要
实验形态学	二年学程,每周讲演三小时,实验示范或讨论三小时,每学期三学分,总共十二学分,实验形态组研究生必修。	贝时璋 江希明 姚鑫	1.细胞及组织之超视结构; 2.细胞内、细胞间及细胞表面之分化; 3.生命触媒素及形体发生之原理; 4.基型之分化(端极体轴及相称问题); 5.分化潜能之体系; 6.组织中枢之本性及其作用; 7.激动素及其效应; 8.基因及其作用; 9.变态之生理; 10环境与形体发生。
植物生长生理学	半年学程。每周讲演三小时,讨论三小时。共六学分,专攻植物生理学研究生必修。	罗宗洛	1.总论; 2.种子发芽; 3.生长素微量元素及其他; 4.根之生长; 5.整个植物之生长; 6.生长之内因及外因; 7.受精作用; 8.开花; 9.结实; 10.生长运动。
高级细胞遗传学	隔年开设,每周讲演三小时,实习讨论三小时,全年六学分,专攻遗传细胞研究生必修。	谈家桢	首论细胞遗传之发展情形及晚近各国主要细胞遗传研究之概况;次述两性生殖物体之染色体之分裂、循环与其遗传机能,复详晰〈细〉阐明变态生殖方式,异状之体细胞与生物细胞之分裂,以及各式染色体变异形成之杂种体所引起之特殊细胞遗传之事实等诸问题,最后综论染色体之交换之机构及其理论。实习则注重各项细胞遗传技术之训练,并轮流报告细胞遗传之重要著作,尤重其方法与结果。
实验进化学	隔年开设,每周讲演三小时,半年三学分,专攻遗传细胞研究生必修。	谈家桢	依据细胞遗传学上之原理,探究生物进化之可能机构而分之为三大步骤讨论引证之:1.种族间基因及染色体之异同形成生物进化之原料;2.各种因素,如突变速率、适应系数、交配群体之大小与环境变迁等单独或相互地影响新遗传之命运而决定其存在;3.新遗体借地理上、生理上与杂种不妊性等各种隔离方式与其原来种族绝缘而自成新种。

① 本表由编者依原内容编制。

续　表

课程名称	授课时间与学分	担任教员	纲要
生物遗传学	隔年开设,每周讲演三小时,半年三学分,专攻遗传细胞研究生必修。	谈家桢	以论述基因与表现之关系为主。首述各式突变基因经发生过程可能发生效力之事实及理论,次述基因与细胞质之相互作用,然后讨论晚近有关基因本质之各工作与学说。
高级生理学(上、下)	每周讲演三小时,实习三小时,各半年,每学期三学分,生理学研究生必修。	孙宗彭	本学程讨论生物之生活机能,以原生质为主体检讨其生活程序中之理化性物质之代谢与体能之消长等。
内分泌学	半年三学分,每周讲演二小时,实习三小时,生理学研究生必修。	孙宗彭	本学程检讨内分泌腺体之生理与病理及各腺体生理上之相互联系并应用。

三、生物学部研究工作概况

本学部计分植物生理、植物生态、植物形态及分类细胞遗传、脊椎动物生理及实验动物学等六研究室。兹将各室研究所现况分述如后:

1. 植物生理研究

注重于锰及其他微量元素对于植物早期生长之影响,及对于碳水化合物与氮素代谢作用之关系,并用生长素及秋水仙素作比较试验。例如锰之引起燕麦子叶鞘之弯曲生长,锰促进种子发芽及早期发育,其对玉蜀黍根之生长,尤有显著之促进;锰生长素及秋水仙素之促进花粉发芽及花粉管之生长,微量元素中除锰外,锌、铜、镍、钴等促进植物早期生长之研究,锰促进叶内淀粉之加水分解,最近自杨柳插枝及四季豆幼茎生长之试验,更知生长素之抑制生芽并同时促进生根之作用,其基本原因或由于生长素能引起植物体内食物之不正常分配所致。至于锰生长素及秋水仙素对于叶内综合作用之关系正在探讨中。

2. 植物生态部分

开始①研究湄潭及其附近天然植物组合之调查;②峨嵋山生态工作之整理;③国内高山植物组合之比较分布情形。

3. 植物形态及分类方面

注重于湄潭及邻县植物之调查(特别注意药用植物)及以相近种属之单子叶植物作比较解剖之研究。

4. 细胞遗传学研究概况

可分:

甲、关于细胞遗传有蝗虫染色体之构造、行为,并染色体交义与基因交换之关系,以及马铃薯不妊性之细胞与生理现象之研究;

乙、关于实验进化方面有各地果蝇形态及染色体之比较分析,以便进一步作杂交试验。此外,借瓢虫色斑基本之多面变化,分析基因之地理分布;

丙、生理遗传有瓢虫新嵌镶显性现象之研究,瓢虫雄性致死基因之生理与遗传,以及从发生上探讨果蝇杂交不妊性之原因。

5.实验动物学之研究

计分:

甲、涡虫侧片再生之研究,注重由母虫各不同生理阶段所得仔虫于再生过程中,其体形及其他构造相称情形完成之相对速率,并仔虫再生早期所表现之不相称现象与母虫体构基型之关系,以探讨再生现象之一般机构。涡虫之移殖试验正在进行中。在环节虫之再生研究,发现有二重再生阶段之存在及其对于自然分裂之关系;

乙、水螅组织中枢之研究,除以移殖方法已证明口缘为水螅体构中唯一有诱导生芽之能力外,今复进行诱导作用与呼吸作用关系之试验及自然生芽过程中,口缘决定之临界时间等,以探讨口缘诱导生芽之机构;

丙、线虫体细胞分化与染色质消失之关系;

丁、卵割之速率与韵律问题,以及形体物如中心体、粒线体卵黄粒等对于卵割及早期胚胎发生之关系;

戊、无脊椎动物变色机构之机构;

己、以染色及微量化学反应与其他试验研究染色体之超越结构。

6.脊椎动物生理室

注重于内分泌生理之研究。

浙江大学档案馆藏 L053-001-3825

何增禄致王琎转呈郑代校长

(1947 年 5 月 14 日)

敬启者:

本系为应我国物理研究之需要,及为同人研究工作上之便利,经于本年五月十二日系务会议决议:建议校方呈请教〈育〉部,本校应即增设物理研究所。窃本校物理学教学方面已有相当成绩,例如,本系毕业学生除尚在国外进修者外,几全部服务于教育界及研究机关,又如去年钧部举行第二届公费留学生考试,天文及物理二门共八名中,本系毕业学生有四名入选。且于研究方面亦年有进展,即以最近三年(民国三十四年至三十六年)之研究成绩择要在国内外专门学术期刊发表者而言,已有三十余篇(另附详单及单印本),可作参考。其内容价值或可媲美于国内外大学中之有物理学研究所者。该系设备方面,原有图书约值四万四千元(系抗战前币值计算,下同),内参考书约值三万元,共一千八百余册;专门期刊约值一万四千元,成套者十四种,均有二十年以上,订阅者二十五种,其他尚有理学院公共专门期刊十五种。原有仪器及机械约值十二万五千元。抗战期间虽有损失,然如稍加补充及修理则仍可供研究之需。师资方面,本校现有物理学教授十人、副教授三人、讲师四人,共计十七人(其中在国外考察进修者三人),内多全部心力从事研究者。

综上所述,本校似已充分具备增设物理研究一部之条件。拟恳(即予转呈教部)准予增设物理研究所,以增进研究工作上之便利,并确定额外经费专供研究之用,使该系研究得以继续发展,而于中国物理学前途期有贡献,则幸甚焉。此上

王〈琎〉院长转陈
郑〈宗海〉代校长

物理学系何增禄敬启
三十六年五月十四日

浙江大学档案馆藏 L053-001-0565

教育部准予增设浙大物理研究所
(1947 年 6 月 9 日)

（申时社南京八日电）教部顷核准国立浙江大学增设之物理研究所，并发专款以充研究经费，约于本年度下半年起开始成立招生。按该校原有物理系，所藏普通图书约值战前四万余元，参考图书约值战前三万余元，出版已廿年之刊物有廿五种，设备仪器约值战前十二万元，教授有十人，连同副教授及讲师共有十七人，各方面皆达到研究所之标准。

《前线日报》民国三十六年六月九日

本校增设化学研究所
(1947 年 10 月 6 日)

本校化学系设备完全师资充实教学研究素极重视，昨奉教育部三十六年九月二日发高字第四七六一〇号指令，饬本年自三十六学年度起增设化学研究所，并准拨该所本年度设备补助费七百万元云。

《国立浙江大学校刊》复刊第一百六十四期，民国三十六年十月六日

3. 工科研究所

国立浙江大学工程研究所化学工程部规程草案
(1941 年 8 月)

一、本学部奉教育部令设立，每年由部拨助设备消耗经费及研究生生活费。

二、本学部暂设下列二组，各组就学科性质得分为若干门：

1. 单位处理组

2. 化学工业组

三、本学部暂定每年招收研究生五名，每名给予生活费每月一百元。

四、本学部设主任一人，每组、每门设导师一人或二人，均不另支薪给或津贴。主任得由

化学工程系主任兼任,处理所内事务,其所任本系功课钟点得酌量减少。每组、门导师负指导研究生之责,于必要时亦得减少其授课时间。

五、本学部至少每二月举行部务会议一次,由主任及各组、门导师组织之。

六、本学部至少每月举行讨论会一次,导师及研究生须全体参加商讨关于研究上之一切问题。

七、本学部得接受其他政府机关之资助及学术团体或私人所捐助之奖学金。

八、本学部得受公私团体之委托,研究化学工程上之特殊问题。

九、本学部得应研究之需要,举行学术调查及考察。

十、本学部导师及研究生之著作,经部务会议认可,得由本部出版。

十一、本学部研究生得导师之允许,可在本大学选修学程,惟每周不得过六小时。

十二、本学部研究生不得兼任其他职务,惟研究生兼任本系助教或类似工作者不在此例。

十三、研究生修业期限为两年,但成绩优良而工作未能结束者,得延长一年。在第一年修业期满考核成绩,其成绩及格者,继续给予生活费,成绩不合格者停止修业。全部修业期满后,考试及格,给予证书。

十四、研究生招生简章另订之。

十五、本学部办事细则另订之。

浙江大学档案馆藏 L053-001-3756

本校增设工程研究所 本学期先设化学工程学部
(1941 年 11 月 10 日)

教育部为扩充大学研究院所培育高级学术人才起见,特令本校自三十年度起,增设工科研究所化学工程学部。同时并增加本校原有文科研究所史地学部、理科研究所数学部之经费,以事扩充。除文、理两科研究所招生简章,已志本刊第九十九期外,兹将工程研究所化学工程部招生简章,录载于后。

《国立浙江大学校刊》复刊第一百〇一期,民国三十年十一月十日

国立浙江大学工程研究所化学工程部招考研究生简章
(1941 年 11 月 10 日)

(三十年八月)

一、组别

本部研究范围暂分下列三组:

1.油脂工业组

由刘馥英先生指导。

2.燃料工业组

由李寿恒先生指导。

3.纤维工业组（包括染料及染色）

由苏元复先生指导。

二、名额

十名。

三、应试资格

应试人须具下列资格：

1.国立、省立或已立案之私立大学，或独立学院化学工程系，或化学系毕业者；

2.年龄在三十岁以下者。

四、报名手续

应试人须缴验下列各件：

1.报名单一纸

2.毕业证明文件及在大学四年之成绩

3.最近二寸半身相片三张

4.论文

5.体格检查证明书

本部于收齐上列各件后即付审查，合格者函告。

五、报名

1.日期：自即日起至九月十五日止。

2.地点：贵州遵义本大学注册组。

六、修业年限及待遇

1.研究生修业期限

至少二年。

2.研究生学费杂费

暂免。在修业时期每人每月给予生活费一百元并由校供给住宿，修业满一年成绩不及格者停止修业。

3.全部修业期满经考试及格者依照部章给予证书。

《国立浙江大学校刊》复刊第一百〇一期，民国三十年十一月十日

化学工程学部概况

(1944 年)

一、课程[1]

学程名称	学分	学程内容	担任教员
分级蒸馏	3	Fractional Distillation 蒸馏之原理,蒸馏塔之设计,尤其着重于复成分体系之设计。	李寿恒
吸收与浸取	3	Absorption and Extraction 吸收与浸取之原理及设计双成分及多成分体系化学工业上之应用。	李寿恒
液体燃料	3	Automotive Fuels 各级液体燃料之制造及性能重油热裂之化学及方法热裂汽油之性质及处理合成汽油	李寿恒
燃料及燃烧	3	燃料化学、燃烧之原理、固体燃料及气体燃料之处理,高温及低温炼息 Fuels and Combustion。	李寿恒
热之传导	2	Heat Transfer 传导对流辐射之基本原理,工业应用之设计,尤着重于对流系体。	苏元复
高等工业化学	1/1	对各种化学工业之最近发展作有系统之研讨。	苏元复
化工热力学	3	Chemical Engineering Thermodynamics 热力学之基本原理在化学工程上之应用。	吴徵铠
杂志报告	1/1	选择最近关于纯粹或应用化学及化学工程上之文献,作口头报告,并探讨。	苏元复
应用电气化学	3	Applied Electrochemistry 电气化学之原理及应用。	吴徵铠
高等有机化学	3/3	光学及几何同素异性体之主体化学问题,有机化合物之物理性与化学构造。	侯毓芬
应用酿造学	3	各种酵素之性能,工业酒精、丙醇、丁醇、乳酸、丁酸、柠檬酸、醋酸、丙酮、甘油等之制造,靛青烟草等之发酵处理。	侯毓芬
应用染料化学	3	染料中间物,各种综合染料之制造与化学组成之关系。	侯毓芬

二、化工学部指导教授

姓名	字别	性别	履历
李寿恒	乔年	男	美国伊利诺大学哲学博士
苏元复	滢平	男	国立浙江大学工学士 英国曼哲士德大学工学院硕士
吴徵铠		男	金陵大学理学士 英国剑桥大学研究大国大学理论学士[2]

[1] 本表由编者依原文内容编制。
[2] 此处内容似有误,但原文如此。

续　表

姓名	字别	性别	履历
刘馥英		女	德国明兴大学哲学博士
侯毓芬		女	美国米希干大学硕士

三、研究工作概况

1. 研究生论文题目

姓名	论文题目
王翊亭	酵素法油脂水解之研究
汤永谦	高压法油脂水解之研究
杨善济	铁盐鞣革
戴祖圻	遵义锰矿之利用
马昂千	综合醋酸之试制
朱葆琳	松脂之热制

2. 指导教授研究工作

姓名	论文题目	发表刊物
李寿恒 S. H. Li	The Oxidation of Pyrites as a Factor in Spontaneous Combustion of Coal	*Ind. Eng. Chem.*, Vol. 18, No. 12, 1926.
李寿恒、陆怀祖 S. H. Li & H. J. Loh	Classification of Chinese Coal	*Engineering Quarterly University of Chekiang*, Vol. 2, No. 1, 1935
李寿恒、李盘生	木油之压热分解	
李寿恒、屠振权	土碱提制苛性钾之试验	《工程》第十五卷二期
李寿恒、赵善成	遵义白土活性化试验	《化学工业》第十四卷第一期（民国卅二年）
苏元复	无机工业化学	《大学丛书》，一九三五年
	两种一氧化铝之氧化率（The Rate of Oxidation of Massicot and Litharge)	*J. Chinese Chem. Soc.* 1935.
	人造纤维中微晶体排列之测定（Measurement of Orientations of Crystallites in Regenerated Cellulose Fibres by Polarised Fluorescence)	
	纤维素透明纸中微晶体之排列（Orientation of Crystallites in Cellulose Fibres)	1937

续 表

姓名	论文题目	发表刊物
苏元复	纤维素透明纸染色后对紫外光线之异向吸收效应(The Dichroic Absorption of Ultra-Violet Light by Dyed Cellulose Fibres)	1937
	吐氏油脂水解法之工业研究(The Technical Study of Twitehell Process)	1939—1940
	经表面处理后之木材在化学工程上之应用(The Use of Surface-treated Wood as Chemical Engineering Construction Material)	1939—1940
吴徵铠	The Isotope Effect of the Vibration Spectrum of CCl4	*J. Chem. Phys.* by. 114(1938)
	The Infrared and Roman Spectra and the structure of Using Group	*Trans. Faraday Soc.* 341483(1938)
	The Infrared Spectra of AsH3，AsD3 and PD3.	*Trans. Faraday Soc.* 351366(1939)
	The Dimension of PH3 and AsH3 Molecules and the Possibility of Optically Active Derivatives	*Trans. Faraday Soc.* 35 1373(1929)
	Experimental Methods Investigations on the Roman Spactra〔Spectra〕of Certain Condensed Gases at the LiquidNe Temperatures	*Pro. Royal Soc.* （London） A176 493(1940)
	The Infrared and Roman Spectra of HCl and DCl at Liquid N2 Temperatures	Proc. Roy. Soc. A176 493(1940)
	The Relation between the Ferce〔Force〕Constant and the Interatonic〔Interatomic〕Distance of Diatomic Linkage	To be Appeared in *J. Phys. Chem.* (1944)
侯毓芬	Rnep of Yeast Powder	
	Butyric Acid by Butyric acid Bretenc Fermentation	
	Extraction of Phenol and Cresol from Sian-Min(宣明) Coal Tar	
	The Manuf. of Micamite Insulating Materials (Patent)	
	利用五信子制造有机药物及染料	
	土福林皮革染料试验	

4. 农科研究所

农科研究所农业经济学部规程草案

(1942 年 3 月)

第一条　本学部奉教育部令设立,每年由部拨助图书设备、调查研究经费及研究生生活费。

第二条　本学部暂设下列六组:

(一)理论农业经济学组

(二)农场管理学组

(三)土地经济学组

(四)农业金融与合作学组

(五)农产运销与价格学组

(六)农村社会学组

第三条　本学部设主任一人,每组设导师一人或二人,主任得由农业经济学系主任兼任之。

第四条　本学部得聘请校外专家为特约导师,其办法另订之。

第五条　本学部至少每学期举行部务会议一次,由主任及各组导师组织之。

第六条　本学部得接受其他政府机关学业机关之资助,及学术团体或私人所捐助之奖学金。

第七条　本学部得受公私团体之委托,研究农业经济之特殊问题。

第八条　本学部得应研究之需要,举行学术调查及考察。

第九条　本学部导师及研究生之著作,经部务会议认可,得由本部出版。

第十条　本学部暂定每年招收研究生十名,每名酌给生活费。

第十一条　研究生修业年限至少两年;在第一年修业期满后考核成绩,其成绩及格者,继续给予生活费;其成绩特优者,得外加奖金;成绩不及格者,停止修业。全部修业期满后,经依照教育部颁布硕士学位考试规则考试及格者,由本校授予硕士学位。

第十二条　研究生招生章程另订之。

第十三条　本学部办事细则另订之。

《浙大农业经济学报》第一卷第二期,民国三十一年三月

农业经济学部概况

(1944 年)

一、指导教授

姓名	别字	性别	年龄	籍贯	职务	学历	经历
吴文晖		男	35	广东梅县	部主任兼导师	英国伦敦大学农业经济学博士	国立中央大学教授兼农学院农业经济组主任,兼农科研究所农业经济组主任; 中国乡村建设研究所特约教授; 农林部专门委员,财政部整理田赋筹备委员会委员
沈文辅	友仁	男	41	浙江杭州	导师	国立中央大学农学士; 美国加利福尼亚大学农业经济学硕士; 美国康奈尔大学爱克华大学研究院研究	国立西北联合大学教授; 国立中央大学兼任教授; 国立四川大学教授兼农场主任
许道夫		男	34	安徽合肥	导师	国立中央大学毕业; 英国牛津大学农村经济学院研究部毕业	金陵大学农业经济系讲师; 江西省燃料管理所主任; 江西省平价购销处经济社会部合作事业管理局科长
罗凤超		男	36	广东兴宁	导师	国立清华大学毕业; 英国伦敦大学政治经济学院研究	国立清华大学教员; 国立武汉大学教授

二、农业经济学部主要研究题目一览

研究题目	担任者
一、耕者有其田之理论与实施	吴文晖
二、土地债券之研究	吴文晖
三、组织农村之基本原则与方法	吴文晖
四、黔北农业经济之比较研究	吴文晖
五、我国农业区域与农艺方式之关联性	沈文辅
六、中国实行合作农场经营制的理论与实践	沈文辅
七、粮食增产问题之批判	沈文辅
八、地租理论之发展	罗凤超
九、计划经济之理论与实际	罗凤超
十、不完全竞争之理论体系	罗凤超
十一、我国战后之粮食政策	许道夫

续　表

研究题目	担任者
十二、计划经济下之农业合作制度	许道夫
十三、农业生产成本之研究	罗凤超、张约翰
十四、湄村土地问题之社会学的研究	吴文晖、吴稚雄
十五、粮食价格统制政策	许道夫、范少卿
十六、贵州农业区域之研究	沈文辅、李光治

三、农业经济学部已开及拟开之学程纲要[①]

学程名称	担任教授	学分	先修学程	学程纲要
高等经济学	罗凤超	三学分	经济学	本学程之目的在使学生对于现代经济理论得到相当了解，不重讲授，而以训练学生阅读能力为主。凡选修本学程之学生，必须于一学期内精读下列各书，并须按时呈缴报告： 1. J. N. Keynes, *The Soope and Method of Political Economy.* 2. L Robbins, *An Essay on the Nature and Significance of Economic Science.* 3. A Marshaff, *Principles of Economics.* 对于经济理论有兴趣之研究生，除精读上列各书外，可于下列各书中选读若干： 1. P. H. Wicksteed, *The Common Sense of Polical Economy.* 2. K. Wicksell, *Lectures on Political Economy.* 3. A. C. Pigou, *Economics of Welfare.* 4. F. H. Knight, *Risk, Uncertainty and Profit.* 5. J. Robinson, *Economics of Imperfection.* 6. E Chamberlin, *The Theory of Monopolistic Competition.* 7. F. G. D. Allen, *Mathematical Analysis For Economists.* Etc.
经济学说	罗凤超	六学分（全年），每周上课三小时	经济学	本学程主旨在阐明经济科学发展及其演化之过程。上溯重商主义、重农学派，下及现代经济理论之发展及其趋势，而以正统学派经济理论之发展、衰落、重建为纲领。
农业经济研究法	沈文辅	三学分，每周上课三小时，设计实习一小时	农业经济学、农场管理学、农业统计及农村调查	本学程注重农业经济问题，各种研究法之原理、技术及其应用。举凡专题研究之设计、进行顺序、资料搜集、制表原则、调查方法、整理分析、铨〔诠〕释及研究报告之撰述等，均分别详加讨论。

① 本表由编者依原内容编辑

续　表

学程名称	担任教授	学分	先修学程	学程纲要
中国农村问题	吴文晖	三学分,每周上课三小时,设计实习一小时	农业经济学、农村社会学、中国农业经济问题	本学程分别讨论中国农村人口、土地、金融、劳动、运销、组织、生活等问题及其对策,尤着重研究: 1.本国各农业区域内问题之特征; 2.中国问题与他国问题之异同; 3.战时农村动态; 4.战后农村建设之途径。
高等土地经济学	吴文晖	三学分,每周上课三小时	土地经济学	本学程讨论土地利用之原理与设计,地租学说之发展,土地估价之原理与实施,地税之理论与实际,各国土地制度与土地政策之比较。
高等农场管理学	沈文辅	三学分,每周上课三小时,设计实习一小时	农场管理学、会计学或农场簿记学	本学程讨论个别农场之组织与经营,生产因素与农事修业之选择结合,田场业务之均衡(Farm Balance);田场组织之调整,农艺方式之成因、启示、经营成败及影响田场利润诸要素,经营之特质,计划生产方案及设计,田场经营组织之方法多种:原理与实施;次述及田场实务(Farm Pratctice),田场资产估价,经营业务之分析;各种利润成果之计算;中国特殊之农场管理问题,以及国内已出版之农场管理、研究报告之检讨,等等。
高等农产价格学	许道夫	三学分,每周上课三小时	农场价格	本学程研究物价变动之因素,尤注重各国平时与战时物价变动实况之分析,以寻求物价决定与预测之基本条件。
各国合作制度	许道夫	三学分,每周上课三小时	农业合作	本学程阐述世界主要国家合作运动之发展及其制度之形成,并分析其合作组织与国家经济机构之关系。
高等农村社会学	吴文晖	三学分,每周上课三小时,设计实习一小时	农村社会学	本学程讨论农村社区研究方法,农村社会之起源与演进,现代农村与都市之区别,农村组织之原理与实际,农村社会过程及农村社会控制之形相,尤注重中外农村之比较研究。
农场记载记账学	沈文辅	三学分,每周上课三小时,实习一小时	农业经济学、会计学	本学程讨论农场簿记及工作组织之原理,其实地练习记载记账之方法,适合于中国田场之记载记账格式之设计,关于农场管理技术之应用与抉择,于记载簿记经分析后所获之结论成果,足以指示田场组织及经营上诸因素之得失,及决定生产成本之方法。
农产统制	许道夫	三学分,每周上课三小时	农产运销、农产价格	本学程论述各国农产统制之发展,尤注重产量统制技术之研究。

续　表

学程名称	担任教授	学分	先修学程	学程纲要
农经问题讨论	全体教授担任指导	四学分（两年），每周或每两周举行一次。		本学程由各生轮流报告,在导师指导下之专题研究结果,报告后随即讨论。
货币银行	罗凤超	六学分（全年）,每周上课三小时	经济学	本学程内容分货币制度,银行制度,货币理论及货币银行政策,为农业经济学部研究生共同选修。
毕业论文	全体教授担任指导	二学分（一年）		

浙江大学档案馆藏 L053-001-3825

农业经济学系研究所拟订《浙江省农业经济调查研究计划纲要》
（1948 年 12 月 29 日）

（三十七年十一月五日第五次系所务会议通过）

一、目标

本系、所为浙江省农业经济研究最高学术机关,对于本省农业经济之调查研究及报导,负有相当责任。目前此项工作零碎,缺乏系统,故系统之调查研究与报导,实有必要。惟本系、所人力财力有限,从事此一工作,如无政府及社会各方面之协助,至少有一部分不克进行。对于本计划之实施自为一种限制。但本身力所能及仍将赓进进行。拟订此计划之目标有下列之项：

（一）供给学术上研究之资料；

（二）供给政府施政之参考；

（三）供给企业及社会组织决定营业与工作方针之参考。

二、调查项目

（一）农村人口农村社会以及农家经济之一般调查。

（二）农业土地制度及土地利用之调查。

（三）农业金融之调查。

（四）主要产品之产销调查：

甲、农产品

1.米

2.麦

3.杂粮

4.棉

5. 丝

6. 麻

7. 茶叶

8. 桐油

9. 烟草

10. 蔬菜

11. 果树

乙、木柴及薪炭

丙、渔产

丁、畜产

1. 猪

2. 牛

3. 羊

4. 鸡鸭

戊、农村手工业产品

(五)经常调查:

甲、种类

1. 主要产品之产销数量

2. 主要产品之需求情形及价格

3. 地价

4. 农业行政之设施

5. 农业研究之成绩

乙、建立调查网

在主要产区及主要农产品市场设置调查员或委托有关机构合作。

三、研究计划

(一)编制农村人口农村社会及农家经济之调查。

(二)编制土地制度及土地利用之调查报告。

(三)编制农业金融调查报告。

(四)编制各种主要农产品产销调查报告。

(五)编制浙江省农业年鉴。

(六)编制农情报告。

四、调查研究步骤

(一)根据本大纲,由系、所各导师分别拟订详细调查研究计划,包括经费之估计。

(二)成立调查统计资料编辑室,分别由教授及讲师、助教主持工作之进行。

(三)先就本系、所人力、财力所及,分别依次进行。

(四)依据各项计划与省政府或有关机关接洽合作办法。

五、与省政府或其他机关联系方式

(一)请省政府指定有关机构,例如统计室、省银行农改所、垦务委员会、物资调节委员会等共同组织一机构，研究分工合作办法。

（二）全部或一部由省政府津贴经费，交由本系、所主办。

（三）社会方面，某一专题之津贴及合作，亦可接洽进行。

《国立浙江大学日刊》复刊新第九十五、九十六期，
民国三十七年十二月二十九日、十二月三十一日

5. 史地教育研究室

史地教育研究室规程草案
（1939 年 9 月 15 日）

一、本室由教育部指拨经费，委托国立大学史地系代办，其任务专为史地教育之研究、参考书及地图编纂及应用工具之设计、制造等事，至出版、印行事宜则由教育部负责。

二、本室工作计划定为二年半，即自民国二十八年九月起至三十一年三月止，必要时得延长期限。

三、本室经费总数三万元，由教育部一次拨足，但为求工作内容之充实计，得接受其他政府机关之资助。

四、本室设主任一人，副主任一人；主任由国立浙江大学史地系主任兼（不支薪），副主任由本室研究员兼，对内日常事务由副主任处理之。

五、本室聘请研究员、助理研究员若干人，以专任为原则，并得聘请特约研究员及通讯研究员，视工作之性质酌送报酬。又应事务之需要，酌请书记若干人。

六、本室工作计划经教育部核定后，以每半年为一段落，应将工作经过及成绩呈报教育部。

七、本室随时举行室务会议，以主任、副主任、研究员、助理研究员等组织之，本室主任为主席。

八、本室研究员、助理研究员在任期内向外投稿，须得本室主任之同意。

九、本室得利用浙江大学史地系之图书设备，至由本室经费以添购之图书设备，俟工作期满应即赠送浙江大学史地系。

十、本室办事细则另订之。

《国立浙江大学校刊》复刊第三十七期，民国二十八年九月十五日

国立浙江大学文学院师范学院史地系附设史地教育研究室计划书
（1939 年 9 月 15 日）

一、本室受教育部之委托，从事于有关史地教育之研究编纂等工作，借谋今后史地教育之改进与发达。

二、本室以本系现有之人才与图书设备为基础，并联络国内同志，由教育部拨给经常费，以供工作所需之费用。

三、本室专任研究编辑事宜,至于所编刊物图表之印制出版与发行,统由教育部另筹办法,惟印刷时设计与校对,本室当派员协助进行。

四、本室为适应史地教学之迫切需要,先定工作三年计划,其纲要举例如左:

甲、史地读物

以发扬国魂、振起民族精神为主旨,编辑合于中学程度之史地课外读物。历史类拟编辑历史人物传记,选择国史上历代民族英雄以及政治家、思想家、教育家等,足资今日抗战建国中国民之模楷者若干人以性质分类,分册出版(例如历代名将传为一类)。地理类拟编辑新中国游记,先从西南、西北各省入手(如川江游记、西兰线游记、滇缅线游记等),分册出版,详述所经各线之地文、人文,及抗战中之新建设,借以唤发学生爱国之情绪,与参加建国工作之毅力,假定一年中编成此项传记十册,游记十册。此外各战史与各战区地理等读物,亦拟择要量力编辑。

乙、定期刊物

本系原有《史地杂志》,曾出二期,八一三以后因编印困难而暂停。现拟继续出版,改归本室主持编辑,并拟特别注重于供给史地教学上之新资料,期为史地教育改进之一助。此刊假定每二月出版一期,其内容暂定下列各类:

1.史地教学法;

2.史地教材研究;

3.中外时事讨论;

4.新著介绍与批评;

5.史地论文摘要;

6.史地界消息。

上列各项,除注重本国材料外,凡英、美、德、法、苏、日本各国之各种史地专门期刊,均拟择要译述,借收观摹、印证之效。

丙、教科设备

鉴于各级学校史地科教科设备之忽视与缺乏,拟从事自行绘制,内容暂定为挂图、画片与模型等三类:

1.挂图

包括历史地图与专门地图,并注重中国部分。其性质注重分类(例如气候图中之温度、雨量、风向等分为数幅,以表示之),其绘法则注意显著,务使教室中全班学生能一目了然,而印刷则求其简单,减低印刷成本,以期售价廉而推行广。

2.画片

在历史类如名人肖像、史迹之留影及文化制作之形状,大部分拟从中西图籍中搜寻材料影印,地理类则注重显示各种地形、物产、民族、城市等之照片,自采自专书外,并拟从旅行实察所得摄影,或向海内同志征集之。此项画片,并可择要放大以备悬挂,或制片以供幻灯显示之用。

3.模型

在中国史地教育上向少应用,现拟就比较重要、简易及成本较轻者先制;历史类模型如重要古物之仿制,地理类如国防上要塞之模型等(例如山海关之地形)。

丁、史地参考工具图籍

近年各种专门辞书、工具书等出版不少,惟史地方面此项出版物尚多阙如。兹经斟酌缓急,拟编次《中外大事年表》一种、书本式之历史地图一种、《地理辞典》一种、史地手册〈一〉种。史地手册内容拟搜载史地各部门之重要图表、统计与基本参考书目,专供中小学教师平日教学上之参考,并为增益新材料计,拟每年修订再版一次。此外,并拟编辑有系统的地理入门书籍一套。此项书籍除包括一切地理原理外,并须注重乡土地理研究之方法。

戊、社会教育史地材料

实施民众教育莫如利用无线电广播与活动影片,同时亦可辅助中等以上学校教育之用。本学系拟为此两途,选辑材料,以备采用。摄取影片之时,可派员实地指导,以求得当(现在我国乡镇,往往用柴油发电碾米或制油,且可供给电灯,故装置收音机与放映影片,并不十分困难。况近来影片放映机,日益简便,尤易于携带)。

以上五项,本室预定三年中分别进行,每年分四次将工作成绩呈报教育部考核。至各类工作详细计划,则由各部分主编者临时订定之。

五、本室为进行上述工作,除本系原有教授、讲师、助教均负有协助设计及协助工作之任务外,拟聘任专任研究员、助理研究员、绘图员、书记、技工若干人。

六、本室主任由浙江大学史地系主任兼任之。

七、本室经费,暂定每年预算如次:

(从略)

八、本计划书俟教育部核准后,于民国二十八年九月后施行。

《国立浙江大学校刊》复刊第三十七期,民国二十八年九月十五日

史地教育研究室报告
(1940 年 4 月)

(二十九年四月)

本校史地学系史地教育研究室系奉部令委托,于本年九月间成立。当时校址在广西宜山,警报频仍,工作困难。本校在城北十里小龙乡建筑新校舍,本室亦在征地,建筑平房三间。至十二月间,桂南战事勃发,本校迁至黔北遵义,于本年二月下旬复课。故本室实际工作亦于是时始。稽延之故,良非得已。

本室由史地学系班主任张其昀君兼任主任,本系教授任美锷君兼任副主任,均不支薪;另聘李絜非君为专任副研究员,除担任编辑工作外,处理室内日常事务,月薪一百六十元;其余研究员则特约本校及校外专门学者任之,亦不支薪。惟实际担任撰述者,则按字数致送稿费(每千字五元、七元两级)。本室每月经费规定千元,行政费及杂费尽量节省,以充裕编辑费用。本室现租赁遵义北门外洗马滩二十八号为办公处,与本校文科研究所史地学部合在一处,俾得部令,二者密切合作之指示。参考资料系利用本系图书及本系同人所收藏者。

本室经费曰史地专款(两年半共三万元,已由部一次拨付本校)保管委员会负责管理,按月支领。该会遵部令,由校长、史地研究室主任及会计主任,并另推教授二人(现为教务长张绍忠及本系教授叶良辅二君)组织之。

本室工作计划拟以每四个月为期,第一期(本年三月至六月)已在编辑中之书籍列举如左:

甲、历史类

(一)通史

《国史鸟瞰》 缪凤林编

(二)国史教材研究

《疆域篇》 张其昀编

《民生篇》 张其昀编

(三)乡土历史丛书

《东北历史》 李絜非编

《四川历史》 郭定生编

(四)传史

《中国历代名将传》 王焕镳编

《西洋历代名将传》 顾谷宜编

(五)挂图

《中国历代疆域挂图》 谭其骧等编著

乙、地理类

(一)教材研究

《地理教学法》 叶良辅等编

《中国地理地形篇》 黄秉维编

(二)地理学丛书

《地理学概论》 任美锷编

《人文地理学要义》 李□□编

《气象学》 涂长望编

《欧洲地理》 任美锷编

(三)乡土地理教材

《贵州地理》 黄秉维编

《广西地理》 张其昀编

(四)挂图

《中国气候挂图》 涂长望、郭晓岚编制

本室编辑书籍拟由中国文化服务社出版,已与该社社长刘百闵先生接洽,得其赞助,印刷费由该社负担。现已有书籍数种脱稿,陆续付印,期于本年六月底先刊行第一期书籍,约十五种。此外,已经特约即可着手或能于本期内完成者,尚有数种。兹不备列。又,本系抗战以前所出之《史地杂志》,拟于本年暑期恢复,内容当益注重史地教育之研究与讨论。

浙江大学档案馆藏 L053-001-1540

国立浙江大学史地教育研究室概况

（1947 年 9 月）

一、沿革

本室系第三次全国教育会议后之新设施，于民国二十八年九月由教育部委托本校史地系设立，以传布史地学术之最近贡献，改进史地学科之教材教法，搜集专题研究之参考资料，编制史地教科之图书设备为主旨。教部并指示本室应与本校史地研究所保持密切联系，历年均由张其昀教授主持其事。民国三十六年八月至三十七年七月本室经费一次拨给一千五百万元。

二、设备

本室图书杂志利用史地研究所之藏书，其自有设备包括下列诸项：

幻灯玻璃片	一,三七〇片
地理照片	一,三八一帧
民族图画	四八幅
名人书画	二,一四五幅
人物像片	二五七帧
史迹图片	九五八幅
碑帖	六四幅
单行本	一九九册

三、工作

本室工作多采合作方式，现在进行中者，计有下列诸项：

（一）教育部边疆教育司委托本室编纂《台湾图志》，特拨经费八百万元，于一年内完成。现由谢布德君在本系教授指导之下负责编纂。

（二）国立编译馆委托张其昀教授编纂《黄河志》（人文地理篇），定三十七年七月以前完成。由本室陈吉余、李赓序二君协助编纂。陈、李二君由编译馆支薪。

（三）京沪区铁路管理局委托本校研究京沪、沪杭两路沿线之名胜史迹，著成专书，借为吸引游客发展客运之一助。预定于一年内完成杭州之名胜史迹与南京之名胜史迹二书，由宋晞君负责编辑，其薪额及调查费用由本校所存路局研究基金内支付。

（四）全国渔业协会资助经费委托本室编纂《中国渔业地理》，现先搜集资料，并拟赴舟山群岛实地考察。

（五）本室在战时曾出版石印史地教科挂图五十幅，业已售罄。现拟与华夏图书公司合作出版中学地理教科挂图，现已编成十幅（1.中国政治区域挂图；2.中国地形挂图；3.中国气候挂图；4.中国水文区域挂图；5.中国经济区域挂图；6.中国农产挂图；7.中国矿业挂图；8.中国交通挂图；9.中国人口挂图；10.中国民族语言挂图）陆续付印。又编纂《百国图鉴》一书,由全国各大学地理教授三十余人合撰,文稿在整理中,亦将由该公司出版。

(六)本室编成各书现分别由各书局出版,计有下列各种:

竺可桢等编	《地理学家徐霞客》	商务印书馆	(印刷中)
张荫麟	《中国史纲》	正中书局	(印刷中)
	《通史原理》	正中书局	(印刷中)
	《宋史论丛》	正中书局	(印刷中)
	《论中西文化》	正中书局	(印刷中)
张其昀	《中国军事史》	正中书局	(已出版)
	《中华历代大教育家史略》	大东书局	(已出版)
	《中国人地关系概论》	大东书局	(已出版)
叶良辅	《瀚海盆地》	正中书局	(印刷中)
	《世界矿产》	正中书局	(印刷中)
任美锷	《欧洲政治地理》	中国文化服务社	(已出版)
	《太平洋国际关系》	本室自印	

本室又曾出版石印书籍数种,现均售罄,其中如叶良辅等合编之《地理学研究法》等书,修订后均可付印。

(七)本室前在贵州遵义曾举行史地教材展览会,现与浙江省教育会合作,筹备再度举行。展览品选择二千余件,均由本室供给,将定期在该会举行。

浙江大学档案馆藏 L053-001-3825

(三)研究生名录

国立浙江大学三十年度研究生名册
(1942 年 1 月 27 日)

姓名	所部别	到校年月	备注
郭晓岚	文科研究所史地学部	二十八年三月	
丁锡祉	文科研究所史地学部	二十八年三月	
胡善恩	文科研究所史地学部	二十八年三月	
沈玉昌	文科研究所史地学部	二十九年八月	
严钦尚	文科研究所史地学部	二十九年九月	

续　表

姓名	所部别	到校年月	备注
王爱云	文科研究所史地学部	二十九年十月	
叶笃正	文科研究所史地学部	二十九年十二月	
陈树仁	文科研究所史地学部	三十年一月	三十年十月起休学
刘熊祥	文科研究所史地学部	三十年二月	
周恩济	文科研究所史地学部	三十年八月	
胡玉堂	文科研究所史地学部	三十年八月	
谢义炳	文科研究所史地学部	三十年八月	

〈签注〉径启者：兹奉之三十年度研究生名册二份，请报校收文 6386 号。

浙江大学档案馆藏 L053-001-1541

三十三年度研究生一年级生名单
（1944 年 10 月）

姓名	性别	年龄	籍贯	学历	入学年月	研究所科别及部门组别	证件名称、号数	备考
文焕然	男	二五	湖南益阳	国立浙江大学毕业	卅三年十月	文科研究所史地学部	临时毕业证明书	
倪士毅	男	二六	浙江乐清	国立浙江大学毕业	卅三年十月	文科研究所史地学部		
蔡钟瑞	男	二七	湖北广济	国立浙江大学毕业	卅三年十月	文科研究所史地学部		
戎文言	男	二九	浙江慈溪	国立浙江大学毕业	卅三年十月	文科研究所史地学部		
王连瑞	男	二三	安徽淮安	国立浙江大学毕业	卅三年十月	文科研究所史地学部		
陈述彭	男	二四	江西萍乡	国立浙江大学毕业	卅三年十月	文科研究所史地学部		
程光裕	男	二六	安徽绩溪	国立浙江大学毕业	卅三年十月	文科研究所史地学部		
项维	男	二四	浙江青田		卅三年十月	理科研究所生物学部		

续　表

姓名	性别	年龄	籍贯	学历	入学年月	研究所科别及部门组别	证件名称、号数	备考
朱维巧	男	二八	广东梅县		卅三年十月	理科研究所生物学部		
左国金	男	二四	湖北钟祥	国立浙江大学毕业	卅三年十月	农科研究所农业学部		
金能旺	男	二七	福建闽侯	国立浙江大学毕业	卅三年十月	农科研究所农业学部		
樊守聚	男	二五	河南南阳	国立西北农学院	卅三年十月	农科研究所农业学部		
汪经方	男	三二	浙江江山	国立中央大学毕业	卅三年十月	农科研究所农业学部		
薛得全	男	二五	福建	本大学毕业	卅三年十月	工科研究所化工学部		
徐僖	男	二三	南京	本大学毕业	卅三年十月	工科研究所化工学部		
马诒纶	男	二四	江苏吴县	本大学毕业	卅三年十月	工科研究所化工学部		
陈希浩	男	二五	浙江新昌	本大学毕业	卅三年十月	工科研究所化工学部		
陈南阳	男	二五	福建厦门	国立厦门大学毕业	卅三年十月	工科研究所化工学部		
岑卓卿	男	二三	浙江余姚	本大学毕业	卅三年十月	工科研究所化工学部		

浙江大学档案馆藏 L053-001-3825

研究院各部学生名册

(1946年)

文学院史地学部

姓名	性别	年龄	籍贯	学历	年级	学业	导师	成绩			备考
								成绩一	成绩二	成绩三	
毛汉礼	男	25	浙江诸暨	本校		地质地形					
苏均炜	男	25	广东新会	岭南大学		历史					

续　表

姓名	性别	年龄	籍贯	学历	年级	学业	导师	成绩			备考
								成绩一	成绩二	成绩三	
梁薪善	男	25	广东	中山大学		人文地理					
施雅风	男	26	江苏南通	本校		地质地形					
杨怀仁	男	27	安徽宿县	本校		地质地形					
胡玉堂	男	26	浙江余姚	本校		历史					
陈吉余	男	25	江苏灌云	本校	一	地理					
宋晞	男	25	浙江丽水	本校	一	历史					论文:宋代商人之政治地位
孙守仁	男	23	江苏宿迁	东北大学		历史			79		毕业论文:后金汗国社会经济与政制
徐规	男	25	浙江平阳	本校	二	历史			82.5		毕业论文:宋代妇女的地位
袁希文	男	28	江苏吴县	光华大学	二	历史			81		毕业论文:租庸调至两税法之过渡期间税制研究
赵松乔	男	25	浙江东阳	本校		人文地理				80	毕业论文:中缅政治地理上几个问题
程光裕	男		安徽绩溪		二	历史		77、76			论文:茶与唐宋社会生活之关系
文焕然	男		湖南益阳		二	历史		80、82			论文:秦汉之气候
陈述彭	男				二	地理		88.3、89.5			卅五、二、一申请休学一学期
王连瑞	男		安徽淮安		二	地理		72、69			毕业论文:思施地形研究
蔡钟瑞	男		湖北广济		二	地理		79、79			校外评阅□□□ 任美锷（中大）
戎文言	男		浙江慈溪		二	历史		76.5、76.5			论文:十九世纪英国宪政发展

续　表

姓名	性别	年龄	籍贯	学历	年级	学业	导师	成绩			备考
								成绩一	成绩二	成绩三	
倪士毅	男		浙江乐清		二	历史		83.2、85.5			论文:赵宋宗室中之士大夫
许福绵	男	26	浙江天台	本校		历史					
刘熊祥	男		湖南衡山	西南联大		历史					毕业论文:清季联俄政策之失败
丁锡祉	男		浙江吴兴	西南联大		地形					毕业论文:遵义附近地形
严钦尚	男		江苏无锡	中央大学		地形	卅三年毕业				毕业论文:贵阳附近地面水系之发育
沈玉昌	男		浙江吴兴	本校		地形					毕业论文:湘江附近地形初步研究
郭晓岚	男		河北满城	西南联大		气象	卅三年毕业				毕业论文:大气中之长波辐射
胡善恩	男		四川成都			人文地理					毕业论文:遵义人文地理
王爱云	女		安徽桐城			历史					毕业论文:贵州开发史
余文豪	男					历史					毕业论文:元初汉军考
叶笃正	男		安徽怀宁			气象	卅三年毕业				毕业论文:湄潭之大气电位
谢义炳	男		湖南新田			气象	卅三年毕业				毕业论文:贵州之天气与气候
周恩济	男		浙江杭州			人文地理	卅三年毕业				毕业论文:西北之垦殖地理
余泽忠	男		福建闽侯			人文地理	卅三年毕业				毕业论文:中国棉作与气候
方正三											
徐尔灏											

理学院数学部

姓名	性别	年龄	籍贯	学历	年级	学业	导师	成绩一	成绩二	成绩三	备考
吴祖基	男		安徽婺源			几何					毕业论文:曲面射影微分几何之贡献
程民德	男		江苏吴县			解析					毕业论文:三角函数论之研究
许海津	男	29	浙江瑞安	兵工学校			陈建功				
魏德馨	男	23	福建建瓯	中央大学		数学	陈建功		82		毕业论文:弥性运算与极数求和。□□□(及格),致酬 5,000 元(卅五、卅元),卅四、八、廿签发英文成绩单。
郭本铁	男	25	浙江鄞县	本校			苏步青				
王绥旗	男	27	安徽东流	四川大学			苏步青		80		
项黼宸	男	25	浙江瑞安	厦门大学		数学	陈建功		78		毕业论文:On the Jummabllity(C-Rdol)& Fouries series。□□□卅五、卅、廿九签发英文成绩单。
余亚枋(Said Mahamed Aimal)	男	24	印度	MD. Muslin Univ			陈建功				评阅论文(及格),致酬 5,000 元(卅五、元、卅)。
王东汉											
胡国础											

理学院生物学部

姓名	性别	年龄	籍贯	学历	年级	学业	导师	成绩			备考
								成绩一	成绩二	成绩三	
金成忠	男	26	江苏阜宁	本校		生态理论化学	罗宗洛		78		
项维	男	26	浙江青田	本校	二			76.5			
朱维巧	男	26	广东梅县	广西大学	二			78.6			研究题目：Chemical Vernalization of Cereal-Samd Negetables
陆定志	女	24	浙江吴兴	本校			罗宗洛		79.5		
陈瑞棠	女	22	广东新会	岭南大学			谈家桢		77		
陈启鎏	男	28	广东阳江	中山大学			贝时璋		80		卅四、十、廿签发成绩单，论文及格。
冯淇辉	男	24	广东番禺	中山大学			孙宗彭		62.5		
刘祖洞	男	28	浙江镇海	广西大学			谈家桢		86		
崔道枋	男	26	河南商丘	河南大学			贝时璋				
周本湘	男	24	安徽合肥	本校			江希明		79		
徐学峥	男	25	浙江临安	本校		生理内分泌	贝时璋		82		
应幼梅	男	22	浙江绍兴	本校	二		谈家桢				
施履吉	男	26	热河承德	本校			谈家桢				论文题目：Pklacoba 染色体之研究
吴起亚	男		安徽桐城	中央大学		植物生理	罗宗洛				
李焱昌	男		河南	本校			谈家桢				
徐祥浩	男			中山大学		植物	罗宗洛				
甘尚澍	男	24	印度	B. SC.□□. Univ							
王家清	女			湖北医学院	一	动物	柳支英				

工学院化学工程学部

姓名	性别	年龄	籍贯	学历	年级	学业	导师	成绩			备考
								成绩一	成绩二	成绩三	
陈南阳	男		福建厦门		二			77.09			论文:中国漆制造□□之研究
陈希浩	男		浙江新昌		二			86.5			论文:□□之利用
徐僖	男							75.5			
薛得全	男							79.7			该生于卅四、十一、七呈请休学一年,已批准。
岑卓卿	男		浙江余姚		二						论文:本质可塑物之研究
马昂千	男	23	江苏无锡	□医学校							卅四、十、廿签发成绩单。
戴祖圻	男	23	江苏无锡	本校					79.2		
邓琼华	女	23	湖北黄陂	本校			工业化学				卅四、九月五日呈准休学一年。
夏纪鼎	男	25	江苏江阴	本校							论文:Synthelic Woal From Vegetable Proteins
谢慧叶	女		江苏吴县	暨南大学							
杨善济	男		浙江临海	大夏大学							卅三、二、十四签发成绩单,论文合格。
王翊亭	男	24	福建闽侯	协和大学							论文及格、经□□□评阅及格,致酬5,000元
汤永谦	男			本校							
容应沂	男	25		中山大学							
袁慰堂	男	23		本校							
张建文	男	24	广东新宁	广东石油化工学院							

续　表

姓名	性别	年龄	籍贯	学历	年级	学业	导师	成绩			备考
								成绩一	成绩二	成绩三	
李盘生											
朱葆琳											
陈福梅				本校							卅五年元月十六日呈请休学。

农学院农业经济学部

姓名	性别	年龄	籍贯	学历	年级	学业	导师	成绩			备考
								成绩一	成绩二	成绩三	
范少卿	男	25	云南蒙自	本校		□销价格	许道夫	79、80	79.6、79.8		论文题目:粮价统制之方法
左国金	男				二	农村社会学	吴文晖	83、85			
金能旺	男				二	农业金融与合作	邹念鲁	82.3、80			
樊守聚	男				二	土地经济	吴文晖	80、80			
汪经方	男	26	浙江江山	中山大学	二	理论农业经济	张人价	82.3、85			
郎敦铨	男	25	浙江杭县	本校		农场管理	沈文辅	81、77.6	82、及〈格〉		论文题目:湄潭稻作经营的生产力与生产成本
廖士毅	男	24	广东龙川	中山大学		土地经济	吴文晖	72、72.5	79.3、及〈格〉		临时证明书已发。论文题目:芭蕉村之土地经济(请刘世超评阅)
何朝勋	男	26	四川万川	西北农学院		农村社会	吴文晖	72、73.5	及〈格〉		
李金铎	男	23	河南叶县	西北农学院		土地经济	沈文辅	73.5、71.5	82.6、82		论文题目:湄潭庙塘乡之地主与佃农(刘世超评阅)
周继颐	男	25	湖南耒阳	本校		农场管理	沈文辅	77、77	82、及〈格〉		论文题目:思南塘头乡小农经营之业务分析

姓名	性别	年龄	籍贯	学历	年级	学业	导师	成绩			备考
								成绩一	成绩二	成绩三	
王永吉	男	23	浙江黄岩	本校		农场管理	沈文辅	89.6、75.3	80.6、及〈格〉		论文题目：湄潭庙塘乡茶农经济之分析
王伟民	男	24	广东栋县	本校		农村社会	吴文晖	76、74	82.5、及〈格〉		论文题目：塘头农村社区
吴士维	男	25	江苏江阴	中央大学		土地经济	吴文晖	及〈格〉、及〈格〉	89、80		论文题目：湄村农地
李光治	男	29	四川郫县	四川大学		农场管理	沈文辅	86.8、85	76.5、82.6	86、86	论文题目：遵义近郊农场经营之业务研究
张约翰	男	24	湖南长沙	本校		理论经济	罗凤超				
廖悦											
王福增											
易申瀛											

六、国际交流

（一）国际学者来校访问交流

艾温斯即来本校讲演
(1936 年 10 月 14 日)

英伦各大学中国委员会为沟通中英两国文化,特约聘送中英两国学术专家交换讲学,业于去年实行,先后聘送我国李四光、张彭春两先生赴英讲学,即系实践此约。本年度来华讲学者为伦敦大学外国语文系主任艾温斯教授(Prof B. Ifor Evans),并已由我国中英文化协会排定讲演秩序及题目。艾氏于九月中旬抵平,自九月十八日起至十月二十四日止,先后在北平、天津、南京、苏州、上海等处讲演,十月二十六日在杭州本校讲演。本定一日,嗣以本校函请允多留一日,艾氏讲题共备三类,凡十二种,本校所请讲者,二十六日为《文学中所反映之近代英国》,二十七日为《近代英国诗》。闻艾氏在本校讲演后,仍前往武昌、厦门、广州等处讲演云。

《国立浙江大学日刊》第三十七期,民国二十五年十月十四日

倪德尔教授前日在本校演讲
(1936 年 11 月 19 日)

美国纽约大学化学教授倪德尔氏(Prof T. B. Niederl〔Nieder〕)顷因事过沪,因交大之介绍,由本校与之江大学文理学院合请其来杭讲演。氏于前日下午三时至四时,在本校物阶教室讲演,听者不下二百人,以化学系化工系同学为多。首由工院李院长致介绍辞,继氏讲演,讲题为"微量化学",指陈详尽,穷极深微,同时并放映幻灯表解,对于同学研究实习方面,颇多兴感云。

(又讯)纽约大学化学名教授倪德尔(Dr. Nieder)博士此次来华观光,本大学遂敦请倪氏于本月十七日下午三时莅校讲学。会场在新教室三楼物阶教室。听讲者有化工系、化学系全体教职员、同学,及其他各系职教员、同学共约二百人。三时二十分,郑教务长引导倪氏莅会,一时掌声四起,以表欢迎。嗣经李院长致简略之介绍,遂请倪氏演讲。讲题为"微量分析化学"。倪氏凭其十年来之研究心得,对微量分析化学之发展的历史,与其原理,设备,应用各方面,均作简明扼要的阐述,极为清晰动听。同时又放映照片四十余张,帮助听众领悟。迄四时半,倪氏始于热烈掌声中毕其演词。当由李院长代表听众致谢后,始各欢散云。(金)

《国立浙江大学日刊》第六十七期,民国二十五年十一月十九日

美加利福尼亚大学哲学教授亚历山大氏来校演讲
(1936 年 11 月 24 日)

本月二十二日(上星期六)下午四时,亚历山大博士在本校新教室大教室内演讲,题为 International Culture and Civilization。听讲者数百人。首由竺校长致介绍辞,复由郑教务长将亚氏履历略述后,亚氏即于群众掌声中登台演讲。氏本为美国著名之哲学家,对于近代文明,阐发至为详尽,以为二十世纪之今日,物质文明已登峰造极,而精神文明则一落千丈,两者已失其平衡,颇为可惧云云。(德)

《国立浙江大学日刊》第七十一期,民国二十五年十一月二十四日

昨日总理纪念周孟禄博士演讲"教育问题"
(1937 年 5 月 10 日)

昨日总理纪念周,由竺校长主席领导全体参加人员行礼如仪后,当由主席介绍孟禄博士演讲,并致欢迎之辞。继孟禄博士演讲关于教育上之四问题,对于毕业学生失业问题、成人教育问题、休闲教育问题及青年报国之道,多所启发,繁征博引,滔滔不绝,历时四十分钟,精神矍铄,略无倦容。博士以此四者为世界教育上普遍之问题,然吾人当如何以中国为本位而解决之,故听众至为兴奋。末由竺校长致答辞,并代表本校致谢。讲稿大意请由沈有乾教授整理,不日刊出云。

(编者按:博士尚于一九二八年撰有《演变中之中国》(*China:A Nation in Evolution*)一书,又传略至一九一四年为止,其后事迹详郑教务长一文,特此补志。)

《国立浙江大学日刊》第一百八十三期,民国二十六年五月十一日

波尔教授昨日讲演志盛
(1937 年 5 月 25 日)

波尔教授昨日下午五时二十分,在本校文理学院教室三楼大教室讲演,听讲者不下五百人,该室一时告满,并由广播电台安设专线广播。波氏讲题为"原子核"。首由胡院长致词介绍,继波氏始讲,对于原子核构造,彼叙述其最先之创造与假设(见日前本刊所载),曾影响于原子物理学者;与解释原子内部之现象,及其最近研究所得之新理论,盖尚待完成,而将对于原子物理学再造一新纪元者也。随氏演讲所及,并放映幻灯,以助听众之了解。尤以最后所阐述者:以原子核内外电子之异,与核内微细粒子,其蒸发当为热力学所左右一点,为引人入胜。直至七时二十分始告毕讲。听众乃报以极热烈之掌声云。

《国立浙江大学日刊》第一百九十五期,民国二十六年五月二十五日

中英文化协会致浙江大学便函
(1943 年 1 月 17 日)

径启者：

　　英国学者陶德斯、尼德汉二氏将由英国文化协会(British Council)聘送来华作学术讲演,冀借文化之联系,加强两国之□□,拟于今年一、二月间先后抵达。留华期间约为一年。兹转将其详细履历备函检奉,预为介绍,敬希察阅为荷。此致

国立浙江大学

中英文化协会启

三十二年一月十七日

浙江大学档案馆藏 L053-001-1109

杭立武致竺可桢函
(1943 年 1 月)

藕舫先生大鉴：

　　奉读大函。敬悉关于英国来华教授陶德斯、尼德汉二氏来华讲学事。按照现时假定秩序,均拟请其赴贵校参观、讲演。尼德汉教授或可盘桓数日,惟各项程序统须彼等到华以后,始能作最后确定。先电布复,并颂

著祺

弟杭立武再拜

〈签注〉应请两教授各留本校数日。光迪、十九。

浙江大学档案馆藏 L053-001-1109

致中英文化协会便函
(1943 年 1 月 21 日)

　　接奉贵会卅二年一月六日大函,以英国学者陶德斯、尼德汉二氏将来华作学术讲演,预为介绍。等由。查该二氏来华讲学,本校无任欢迎。拟请其来华后,惠临本校讲学,并勾留数日。先此函复,即请查照,届时代为介绍为荷。此致

中英文化协会

国立浙江大学(校戳)启

浙江大学档案馆藏 L053-001-1109

中英文化协会便函
(1943 年 4 月 19 日)

径启者：

牛津大学陶德斯教授应本会之请，由英国文化协会聘送来华讲学。前已将其经历专函介绍，谅邀察及。陶氏于二月间抵渝，曾赴蓉嘉等地，现或于本月底下月初，遄赴贵校讲演。兹将其讲学演题目列单附送，敬祈届时径与接洽并惠予招待。是为企荷。此致
国立浙江大学

中英文化协会启
〈三十三年〉四月十九日

陶德斯教授讲题内容

甲、一般性 General

一、英国教育之传统及最近实验
The Tradition and Experiment in Recent British Education
二、英国人民观点之改变
The Changing Outlook of the English People
三、英国两时代知识份子（关于文学）
Two Generations of British Intellectuals (Literature)

乙、学术性 Academic

一、柏拉图之社会与政治哲学——连续四次讲演
The Social and Political Philosophy of Plato——Four Lectures
二、德国自由教育之失败及其原因（短评与讨论）
The Breakdown of the German Liberal Education and its Reasons.
三、最近之英国诗（talk and discussions）
Recent English Poetry

校长布告

(1943 年 4 月 30 日)

兹定于本日(三十日)下午三时,在播声电影院敬请英国牛津大学陶德斯教授演讲"英国近代教育之趋势"。本校全体员学生停课听讲。特此布告周知。

校长竺○○

卅二年四月三十日

致中英文化协会便函

(1943 年 5 月 5 日)

敬复者:

接诵四月十九日大函。祇悉。英国牛津大学陶德斯教授应贵会之邀来华讲学,将到本校讲演,嘱接洽招待各节,事关外宾惠临讲学,自应照办。查陶德斯教授已于四月廿九日抵遵。当经竭诚招待。连日请其讲演并开座谈会,相得甚欢。经于五月二日离遵赴筑,相应函复,即请惠察为荷。此致
中英文化协会

〈国立浙江大学〉校戳启

教育部高教司函

(1943 年 5 月 12 日)

查英国科学访问团代表尼德汉教授近来华访问,该教授系英国剑桥大学生物学系教授,系经本部洽商请其于我国各大学讲学,其日程暂定如下:

四月底至六月中旬赴成都嘉定及李庄,访问各专科以上学校,并考查各地工厂;六月中旬赴贵州、广西、广东省参观各大学及工厂;七月□□□;八月□□□至嘉蓉间各大学及工厂参观。该教授到达时,拟请各校妥予招待,惠予讲演便利。除分函外,相应函呈,即希查照□□□为荷。此致
国立浙江大学

教育部高等教育司启

三十二年五月十二日

茅以升电竺可桢
（1944 年 2 月）

浙江大学竺校长：

伊顿教授 25 日自渝启程来遵演讲，约 26 日到。

弟茅以升敬

〈签注〉卅三年二月廿六日上午到，已登记。

浙江大学档案馆藏 L053-001-0927

教育部函（字第 252 号）
（1944 年 3 月 28 日）

径启者：

查中英科学合作办事处主任李约瑟博士（Dr. Joseph Needham）将于四月中旬作东南之行，途经各地，拟参观贵校。希于李博士到达时妥为招待，并惠予指导协助为荷。此致
国立浙江大学

教育部（印）启
〈三十三年〉三月廿八日

浙江大学档案馆藏 L053-001-0927

尼德汉教授赞扬我科学家 联大、浙大不啻牛津、剑桥、哈佛
（1944 年 12 月 16 日）

（中央社伦敦十四日专电）居华达两年之久、数日前返英之尼德汉教授，应"中国大学委员会"之请，发表演说称，中国之科学家及技术工程人员，虽处于战时物资缺乏、设备简陋之环境下，然彼等竟能以大无畏之精神，最勤劳之努力，获致极光辉之成就，今意引用"英雄的"一词，以形容中国之科学家及技术工程人员从事工作时所持之态度。战时英国之科学家及优良完善之设备，被强迫疏散至苏格兰之北部，余颇怀疑彼等若处于中国之科学家及技术工程人员所受战争之压力及阻碍之艰难环境下时，是否能有同样之成就。

尼氏述及中国理工科教育之情形称："昆明之西南联合大学与贵州之浙江大学，及其他数大学学生之程度，堪与英国之剑桥、牛津，美国之哈佛、耶鲁等大学相比。至于中国之科学研究机构及团体，均对中国工业经济之发展有极大贡献。例如战争开始时，中国颇感显微镜

之缺乏,现中国科学仪器制造所已能自行制造,且效果极佳。"尼氏绪论称:"余甚愿中英两国之科学家携手密切合作,中国对于世界科学方面之贡献,前途光明,不可限量。"

《贵州日报》民国三十三年十二月十六日

中国银行遵义办事处与渝行为浙江大学结购外汇的往来函
(1945 年 3—4 月)

遵义办事处致渝行函(渝字第 22 号)

渝行钧鉴:

顷准浙江大学遵字 2615 号函,略以该校函须向印度购买药品,拟以国币 15 万元结购印币,又购橡皮塞一宗,拟结购印币 182 盾 8 安,又须向美国购置史地教育幻灯映片,拟结购美金 1,000 元,附下渝管一字第 215 号财政部外汇管理委员会准购外汇通知书一份、教育部高字第 11155 号训令一份、汇条三纸,请予查照,如数照结。等由。相应检具,该校附来第 215 号准购外汇通知书一份、教育部商字 11155 号训令抄底一部、汇条三纸随函转奉,即请钧洽赐理妥,祈分别划支敝册,并将汇款回单及水单一并赐下为荷。此颂
公绥

义处启(印)
中华民国三十四年三月二十三日

渝行致遵义办事处函稿(致义处字第 29 号)

义处台鉴:

接渝字第 22 号函及附件。收悉。关于浙江大学申请外汇,兹据国行称已接外汇管理委员会通知,所有国币 15 万元,部分按国行牌价 6⅝ 计算,可给印币 24,937 盾 8 安。又该校购买橡皮塞所需之印币 182 盾 8 安,按国行牌价计算,应合国币 1,097.74 元,即希将上述两款国币数划收渝册,并将上项外汇之收款人英文姓名或商号名称及国外地址(原开收款人国内住址及中文姓名似不适用)函告,以便代为结汇购取国行汇票寄奉。再该校购置史地教育幻灯映片所需结购之美金 1,000 元,应请转嘱该校补送外汇管理委员会准购外汇通知书寄渝,以便代为结汇,用特函达,即希查照办理为荷。此颂
公绥

渝行启(印)
民国三十四年四月二日拟

遵义办事处致渝行函(渝行第 22 号)

渝行钧鉴:

奉义字 29 号大函,以关于浙江大学申请结购外汇事。兹据国行称,已接外汇管理委员会通知,所有国币 15 万元部分按国行牌价 6⅝ 计算,可结印币 24,937 盾 8 安。又该校购买橡皮塞所需之印币 182 盾 8 安,按国行牌价计算,应合国币 1,097.74 元。嘱将上述两款国币数划收尊册,并将上项外汇之收款人英文姓名或商号名称及国外地址(原开收款人国内住址及中文姓名似不适用)函告,以便代为结汇购取国行汇票寄下。再该校购置史地教育幻灯映片所需结购之美金 1,000 元,应请转嘱该校补送外汇管理委员会准购外汇通知书寄尊,以便代为结汇等因。敬悉。兹将该校以国币 15 万元结印币 24,937 盾 8 安及以国币 1,097.74元结印币 182 盾 8 安之国币数 151,097.74 元,以 314 号划收单划收尊册,即祈查收转账,并将上项外汇之收款人英文姓名单随函附奉。再该校购置史地教育幻灯映片所需结购之美金 1,000 元之外汇管理委员会准购外汇通知书,据浙江大学面称现存教育部,请就近与教育部接洽,否则仍请凭教育部商字 11155 号训令抄底,代为结购为荷。此颂

公绥

附件①

义处启

民国三十四年四月十七日

王钱国忠:《李约瑟文献 50 年(1942—1992)》,贵州人民出版社,1999 年,第 76—77 页

SCIENCE IN KWEICHOW AND KUANGSI(科学在黔桂)

(1945 年 10 月 27 日)

李约瑟

By DR. JOSEPH NEEDHAM. F. R. S.

British Scientific Mission in China

After some lapse of time, the opportunity again presents itself of continuing the series of articles on science in China in war-time, of which seven have already appeared in *Nature*. In this and the following article, on China's far south-east, I shall be describing an area which I visited in the summer of 1944, just before the tide of war overwhelmed nearly all of it, wrecking many scientific installations and forcing many of the scientific workers. I met to take to the roads in evacuation or to the mountains in dispersal.

Taking the city of Chungking as the central point of China, this area is China's south-eastern quarter, To enter it, the traveller must follow the southern road from the capital,

---

① 原文注:附件从略。

winding over half a dozen passes through the protecting mountains, until he reaches Kweiyang, the capital of the relatively barren and rocky province of Kweichow. A few hundred kilometres south-east of this city is Tushan. The railhead of the uncompleted Kweichow-Kuangsi railway, and here he may entrain for the descent through mountains wreathed in cloud to the fertile plains and rolling hills of Kuangsi around the city of Liuchow. The capital of Kuangsi is, however, farther east, at Kweilin, amidst that extraordinary scenery of Karst limestone pinnacles arid sugar-loaf hills rising abruptly out of the plain, which justifies to the incredulous foreigner the fidelity of Chinese scroll-paintings. Thence the railway goes on the east, bearing north to Hengyang and then south to the temporary railhead at Kukong in Kuangtung.

Between Chungking and Kweiyang at a small town called Tsunyi is to be found Chekiang University, one of the best four in China. Housed largely in old and dilapidated temples, there is not enough room for all of it at Tsunyi, so the scientific faculties are situated at a very pretty and very small town, Meitan, some 75 km. away to the east. It is typical of the present transport situation in China that although the University started with three trucks and a car to maintain its communications, all have long ago broken down and are unrepairable and unreplaceable, so that eminent and aged scholars such as the deans of faculties on their necessary journeys have to perch on the top of loaded army trucks on a trip which may take two days, over a road passing through very few inhabited places.

The president of Chekiang University is Dr. Chu Ko-ching, China's leading meteorologist, who is concurrently head of the Academia Sinica Meteorological Institute. At Meitan one finds a hive of scientific activity. The Biological Department, headed by Dr. Bei Shih-Chang, a pupil of Spemann, Harms, and Hertwig, has been working on induction phenomena in regeneration in coelenterates, insect hormones, etc. Here also at the time of our visit was the eminent geneticist Dr. Tan Chia-Chen, whose work on the curious colour-pattern inheritance in ladybird beetles is now arousing much interest in the United States, where he has gone for a year's visit. In chemistry there are Dr. Wang Bao-Rjêng (a pupil of J. F. Thorpe's), working on sulpha-drug derivatives (some of which have been found to be active as plant-growth hormones), and Dr. Wang Chin, a specialist on microanalysis and the history of Chinese alchemy. This very active-minded group is completed by Chang Chi-Kai, a German-trained specialist on local anaesthetics, and by Sun Tsung pêng, American trained biochemist.

In physics, work is proceeding mostly on theoretical lines owing to lack of apparatus in nuclear physics, geometrical optics, etc. ; but the level is distinctly high (Drs. Wang Gan-Chang, an Edinburgh man, Ting Hsu-Bao, Ho Tsêng-lu, a pupil of Millikan's, and the promising Cheng Kai-jia). There is a special mathematical institute directed by the geometer Dr. Su Bu-Chin.

The Agricultural Research Institute, with a large area of experimental plots, is also doing much work. Dr. Lo Têng-Yi, in biochemistry, has discovered a high vitamin content in the large hips of the local wild rose *Rosa multiflora* (20 mgm. ascorbic acid per gm., and 30 mgm. Vitamin P per gm.), and some 35 mgm per gm. of vitamin P in the Chinese 'date' or 'jujube' as it should be called, *Zizyphus vulgaris*. Dr. Bai Han-His in the fermentation division, is studying the interesting Kweichow 'barm' used in making the famous 'mao-tai' wine, which, besides its yeast, contains no less than twenty-eight special added drugs, some of which accelerate saccharification while others probably inhibit contaminating micro-organisms. This recipe is an extraordinary example of a procedure with centuries of trial and error work behind it, ensuring good results under country conditions where no sterilization precautions are taken. It even has a war importance, for a certain proportion of the power alcohol used by Allied military trucks upon the roads of China is distilled from spirits prepared in the traditional way by the farmers, and brought to central distilleries. In soil science under Dr. Pêng Chien, investigations on soil pH are in progress, and on trace elements, nickel, zinc, etc., with special reference to tea, legume, and vegetable culture.

In Tsunyi, there is also the All-China Sericultural Research Institute, where very solid work, led by Dr. Tsai Bao, goes on.

At Kweiyang, a larger town than either Tsunyi or Meitan, we found a number of scientific organizations. The largest was the Army's Emergency Medical Service Training School in a beautiful wooded valley among hills called Tuyünkuan; but besides this, there were two civilian medical schools, Hsiangya Medical College and Kweiyang Medical College. There was also the Kweichow University, situated some 20 km. to the west of the town in the famous park of Huachi.

There was a branch vaccine laboratory of the National Epidemics Prevention Bureau, a branch of the National Agricultural Research Bureau, a number of important industrial enterprises including a low-temperature carbonization plant and a chlorate plant, and several plants of the Ordnance Administration. About 150 km. to the west, at a pretty town called Anshun, there was the regular Army Medical College. Finally, within Kweiyang city, there was the Provincial Science Institute. Among such a wealth of worthwhile institutions, there is space to mention only a few salient points of interest.

The Tyünkuan College was originally organized by Lieut.-General Robert Lim (Ling Ko-Hsing), the internationally known Edinburgh physiologist. It trains all grades of medical workers for the army, alternating laboratory courses with experience in the field. Dr. Chen Wên-Kuei's model vaccine plant and bacteriological laboratory deserve mention; Dr. Ling Fei-ching is studying the penicillin production of the indigenous strains of *Penicillium*. An interesting and valuable X-ray apparatus repair station (the only one in China) is directed by her husband. Dr. Rjung Tu-Shan. In teaching chemistry, Dr. Li Kuan-Hua has organized extremely ingenious Semimicro methods which it was a pleasure to see in use by his classes. The reagent sodium tungstate was being manufactured here. The Hsiangya Medical College (Dean Chang Hsiao-Chien, a pupil of Krogh's) had some wretched buildings ; but excellent men, such as Dr. Chêng Wên-sse the pharmacologist, studying the Chinese drug 'Yadantze' which has an emetine-like action in dysentery. The Kweiyang Medical College (President Li Tsung-En, trained at Glasgow) has the distinguished pathologist Dr. Li Yi, and among her colleagues the American-trained embryologist Dr. Chang Tso-Gan. The psychiatrist Ling Ming-Yo represents a field hitherto little cultivated in China. Both these medical colleges were running up-to-date teaching hospitals.

Two of Zinsser's pupils in Kweiyang, Dr. Wei Hsi, of the National Epidemics Prevention Bureau branch laboratory, and Dr. Liu Pin-Yang of Hsiangya, were engaged upon a very interesting project, namely, the cultivation of typhus Rickettsia bodies in the coelomic fluid of silkworm larvae and pupae (in which good growth is obtained) instead of the yolk-sac of the chick embryo. If this method could be used successfully, it would greatly simplify the preparation of the Cox vaccine under Chinese conditions, where incubators are not available but silkworms are.

The regular Army Medical College at Anshun (director, Lieut. General Chang Chien) is located outside the town on an airy moorland in a spacious old Ching dynasty barracks, with the various institutes scattered around in scenery like that of the Scottish Highlands. The most important institutes are those of bacteriology, directed by Major-General Li Chen-Pin, and of nutritional science, under Dr. Wan Hsing, Li Chen-Pen, when at the Rockefeller Institute in younger days, carried out classical work with T. M. Rivers. Rivers and Goodpasture were the first to cultivate viruses on the chorio-allantoic membrane of the chick embryo; Rivers and Li were the first to cultivate them (vaccinia and yellow fever) on explanted fibroblasts. Yellow fever vaccine is still prepared in this way. Unfortunately, lack of equipment prevents much research in these institutes, though manufacture of vaccine goes on. The pharmaceutical institute maintains a model factory in which there is a certain production of drugs, and there is a good pharmaceutical garden and farm under Dr. Kuan Kuang-Ti. The Army is planting in Szechuan hundreds of thousands of saplings of the tree *Dichroa febrifuga*, from which is derived the drug 'changshan' known in the Chinese pharmacopoeia at least as far back as the Sung dynasty, and recently found in both London and Chicago to have a parasitocidal action in animal malaria.

One of the best types of institution in the Chinese development of the sciences has been the provincial science institute. Reference has already been made to certain of these seen in other provinces; but the one at Kweiyang, directed by Dr. Ling Shao-Wên, from the Emergency Medical Service Training school, was extremely good. For popular education, there were really good exhibits of parasitology, highway engineering, war gases, embryology (including man) geology and mineralogy, and nutrition. A splendid room, prepared by Mr. Liu Ting-Wei, a great authority on the subject, demonstrated the life-cycle of the Kweichow wax-insects, allied to aphids. This indigenous industry gives a large annual production of highest-quality wax, and both the insects lifecycle and the industrial methods are very curious. The Provincial Science Institute also manufactured scientific apparatus for schools, and had been planned with spacious centralized laboratories for school practical work; but in war-time it had proved impossible to equip them.

If the exhibitions at the Kweiyang Science Institute were the best I had seen the apparatus manufactured at the Kuangsi Science Institute was the best of its kind. A good many reading machines, for use with the microfilmed journals sent out by the British Council and the State Department of the United States, have been made here. The Institute, which had an excellent building, adjoined those of Kuangsi University (president Li Yün-Hua, a chemical engineer) around a sloping patch of grass in the hills, rather resembling an English village green, at Liangfêng, some 25 km. south of Kewilin. Near by, among groves of pine trees, were the wooden buildings of the Academia Sinica Institutes of Geology (under the internationally known Dr. Li Se-Kuang (J. S. Lee), of Physics (under Dr. Ting Hsi-Ling), and of Psychology(under Dr. Tang Yueh).

When I was there, Dr. Li was particularly interested in the distortions produced in stone under glaciation, analogous to the 'bending' of tombstones, etc. Work was proceeding on palaeobotany (Sse Hsing-Chien), *Kleintektonik* (Chang Shou-chang), and mineral ore structure (Wang Yin-Chih). Associated with Dr. Ting was Dr. Parker Chen (Chen Tsung-Chi), the well-known former colleague of Sven Hedin. Away in the hills a very fine terrestrial magnetism station was working ; located in a specially built non-magnetic and thermostatic house, it took continuous photo graphic recordings of all three elements, and possessed excellent apparatus, some of it made in the Institute's own workshops. The smallest of the three Institutes was that of Psychology (really developmental physiology of the nervous system); Dr. Tang was carrying out transplantations on the beautiful transparent tadpoles of Microhyla ornata. There was a particularly good library of neurology and experimental morphology, housed in a separate building.

Probably the best scientific department of Kuangsi University was that of chemistry. Here Dr. Amos Pêng (Pêng Kuang-Chin) was working hard with his group on the indigenous plants which contain rubber in their sap. Several useful new sources in Kuangsi have been found, notably the climbing *fig Ficus pumila* and the giant vine *Chonomorpha macrophylla*. Many experimental articles have been made from these rubbers.

The other most outstanding scientist institution in Kuangsi province was probably the Ministry or Agriculture's Experiment Station at Shatang, near Liuchow, covering 7,000 acres and comprising many good laboratories. Directed by Dr. Ma Bao-Chih, the translator of 'Sturtevant and Beadles' and other important books, it was a scene of great activity.

Choosing at random from among the divisions, Dr. Huang Liang (economic entomology) demonstrated the bamboo comb designed for use by the farmers to get the caterpillars of the rice skipper, *Parnara guttata*, off the rice plants, and the box coated inside with a sticky mixture of pine resin and teaseed oil, for getting the flea beetle, *Phylloireta vittata*, off the cabbages. Dr. Chang Hsin-Chêng (a pupil of Waksman) demonstrated the production of inoculum of root-nodule bacteria. Particular attention was being paid to sugar-cane improvement, tung-oil tree (*Aleurites fordii*) culture, rice selection, and storage of citrus fruits. Dr. Huang Rjui-Lun had shown that during the storage of the pomelo or 'yudze', the ascorbic acid content actually rises, up to a maximum. Attention was being paid to naturally occurring insecticides.

Circumstances have forced me to make considerable use of the past tense in this article. It will be remembered that in law year's campaign, the Japanese starting from Changsha as a focus on the southern edge of the Japanese-held north east quarter of China, pushed down to Hêngyang, cutting off the far southeastern provinces, and then successively down to Kweilin, Liuchow, and Nanning, thus acquiring a corridor with Indo-China. From Liuchow they pushed up the railway to railhead at Tushan and a little beyond, but stopped at the frontier of Kweichow, not however without having caused a partial evacuation of Kweiyang, What happened to the scientific workers?

It is sad to have to record that Liangfêng centre was practically destroyed. The Academia Sinica Institutes evacuated their personnel to Chungking, but lost a great deal of apparatus which could illu be spared. The Library of the Institute of Psychology was almost completely lost. Kuangsi University personnel were evacuated into the mountains west of Liuchow and have not been heard of since. Both the Provincial Science Institutes were ruined, that at Liangfêng by the Japanese, and that at Kweiyang, with its laboriously arranged exhibitions, by having Chinese troops quartered in it and being 'put in a posture of defence'. The Shatang agricultural station was overrun; but it is believed that the records were evacuated in time. It is to be feared that some scientific workers and their families were caught in the congested refugee areas at railhead, where the mortality was appalling. I myself met Mrs. Chou, the wife of the Fukienese physicist Chou Chang-Ning (a Cavendish man), on the station platform at Liuchou just before the fall of Kweilin, and did what I could to assist the onward journey of her and her children. Fortunately, Tsunyi, Meitan, and Anshun were not affected; but Kweichou University was, the students and professors simply setting out to walk, carrying what books and apparatus they could, as if it were thousand years ago. This University has now reassembled at Huachi. Hsiangya and Kweiyang Medical Colleges, however, managed to secure some truck transport and moved to Chungking, where they are remaining for the time being.

Western Kuangsi was recaptured early this year from the Japanese, but in a ravaged state. The city or Liuchow, for example, was burnt to the ground. The scientific development of these provinces was just in its opening phase, stimulated by the evacuation from the coastal cities; it has been distressing to see so cruel a frost nip it in the bud.

Nature, Oct. 27, 1945, Vol. 156

美国法学家庞德即可来校讲演

(1948 年 6 月 18 日)

美国法学家庞德(Pound)经司法部之聘请为本国之法学顾问,近来组织司法考察团来华考察,日前在南京、中大、政大均曾专题讲演,本校竺校长曾数度请其来校演讲,现已蒙承诺启程来沪,不日即可到校,所讲题目为:

1. Methods and Schools of Jurisprudence
2. The Nature of Law
3. Theories of Justice

此三题约三次讲演,每次约二小时。据法律系主任云,Pound 为当今世界上极有地位之法学名流,关于法律哲学方法造诣,在美国为最高之地位,以前为哈佛大学之教授,并担任过许多重要之职务,现已七十余岁,记忆力之强,几能达到过目不忘之程度云。(蕫)

《国立浙江大学日刊》复刊新第十一期,民国三十七年六月十八日

(二)海外进修

美国文化联络官致竺可桢校长函

(1946 年 5 月 7 日)

THE FOREIGN SERVICE OF THE UNITED STATES OF AMERICA

American Embassy, Nanking, May 7, 1946

President Chu ko-Cheng,

National Chekiang University

Tsunyi, Kweichow.

Dear President Chu:

Reference is made to the Embassy's letter of March 12, 1946, transmiting a copy of a letter, dated Novermber 19, 1945, from Prof. Cloundius o. Johnson, Chairman of the Committee on Foreign Schorlorships, State College of Washington, Washington, and a copy of its enolosure quoting an act of the Legislature of the State of Washington relative to scholarships for foreign students.

In the same connection, the Embassy has now received from Prof. Johnson some forms for application to the State College of Washington of which two copies are enclosed for your information and use.

Sincerely yours,

（签名）

Wilma Fairbank

Cultural Relations Officer

Enclosure：

2 copies of forms for application to the State College of Washington.

THE STATE COLLEGE OF WASHINGTON
Pullman, Washington, U. S. A

By Act of the Legislature of the State of Washington approved March 16, 1945, the State College of Washington is an authorized to exempt a limited number of students or graduates of foreign universities or college from the payment of tuition, library and incidental fees, provided that the State College of Washington obtains satisfactory assurance that these foreign educational institutions will grant, now or in the future, reciprocal privileges to the same number of students or graduates of the State College of Washington.

The State College of Washington invites your co-operation in the reciprocal scholarship agreements contemplated by the Act of the State Legislature. For your convenience, application blanks are enclosed for the use of your students.

The College offers a wide variety of course, for both graduates and undergraduates, and for both men and women. A printed list of the several schools and colleges, together with degrees offered in each, is enolosed.

The academic year begins about September 20 and ends about June 10.

Very sincerely yours,

The Committee on Foreign Scholarships

The State College of Washington

THE STATE COLLEGE OF WASHINGTON
Pullman, Washington, U. S. A
APPLICATION FOR FOREIGN STUDENTS SCHOLARSHIP
(Return to the Registrar of the State College of Washington)

1. Name in full. . _____ _____ _____ .
Address _____ _____ _____ _____ _____ .
Permanent address, if different from above

2. Proposed major field of study _____

3. Place, month, and year of birth _____

4. Nationality of parents _____ Race _____ .
Your citizenship _____

5. Height _____ Weight _____

6. State of health _____

7. Do you have any physical defects? _____ If so, explain nature of these defects. _____

8. Married or single _____

9. Name, address, and occupation of father _____

10. Academic training:

	Name of Institution	Years attended	Degrees(Diplomas)
High school			
Colleges or Universities			
Technical, Professional, or Speoial Study			

11. What academic honors have you received? _____

12. Subjects of specialization in undergraduate work _____

13. Professional positions held:

School or Organization	Position	Dates

14. What reading knowledge of English have you?...

15. What speaking knowledge of English have you?...

What other language do you speak with facility?...

16. State briefly your purpose in studying in the United States of America ...

17. Give information below concerning persons whom you have asked to write in support of this application. (please ask those recommending you to write to the Registrar of the State College of Washington.)

Name	Position	Address

18. An official transcript of all work completed and a list of courses to be completed during the current year must be submitted with this application.

Item 19 must be filled out and signed by the President or Rector of the college or university of which you are a graduate or in which you are now a student.

19. IF THE STATE COLLEGE OF WASHINGTON GRANTS THIS APPLICATION(name) _____ _____ _____ _____ _____ A SCHOLARSHIP INCLUDING TUITION, LIBARY AND INCIDENTAL FEES, THE(name of foreign college or university of which the applicant is a student or graduate)... AGREES TO MAKE A SIMILAR GRANT TO A STUDENT OR GRADUATE OF THE STATE COLLEGE OF WASHINGTON DURING THE SAME ACADEMIC YEAR OR IN SOME FUTURE YEAR.

(Signature of President or Rector of
foreign college or university)

Application should be received at the State College of Washington before March 15. The sending of this application gives you no assurance of appointment, you will be notified in April. A scholarship gives no award of money, unless by special arrangement. It includes only the Exemptions specified in Item 19 above. The student must pay the cost of board, room, bookds〔books〕, and incidentals, which per academic year (September to June) varies from $600 to $1000.

浙江大学档案馆藏 L053-001-0388

致美援华联合会函

(1947 年 3 月 8 日)

案准贵会本年二月廿四日大函附本年度全国公、私立大学及独立学院研究机关选派正教授、研究员出国讲学、进修、研究、考察、参加会议计划调查表,嘱查填寄复。等由。自应照办。兹经依式查填完竣,相应函达,即请查照办理,□□奖励为荷。此致
美国援华联合会
　　附调查表一份

〈国立浙江大学〉(校戳)启

本年度全国公私立大学、独立学院、研究机关选派正教授、研究员出国讲学、进修、研究、考察、参加会议计划调查表

说明:

(一)本年度指民〈国〉三十六年历年度。

(二)调查范围限于大学及独立学院正教授及研究机关高级研究员(其资历相当于大学正教授者)。

(三)"出国"指前往欧美、东亚及其他各国,惟香港、澳门除外。

(四)"学科名称"勿写笼统名称,如文科、理科等,请尽量切实填写,如经济学、化学、农林学、土木工程学等。

(五)填妥请即用最快邮递方法寄至上海市西藏路三一六号美国援华联合会。

机关名称	国立浙江大学	地址	杭州
主管人职务及姓名	校长竺可桢	填表人____	(签章)

(一)现时贵校(院、所)共有正教授、高级研究员若干人?

一三六人。

其中医药科占若干人?

二人(本校医学院方始筹备)。

(二)本年度拟选派若干名出国?

(三)出国人员名额按学科如何分配?

	学科名称	人数
文学院	文学	一人
	史学	一人
理学院	化学	一人
	物理学	一人
工学院	工程学	二人
农学院	农学	二人
师范学院	教育学	二人
法学院	法律学	二人
医学院	生理学病理学	各一人

(四)按国别如何分配?金额每年若干?

未定。

国别	人数	金额(每名每年)
未定		

(五)出国人员旅费及在外国费用由谁供给?

希望贵会奖励补助。

民国卅学年度以来全国公私立大学、独立学院正教授、研究机关高级研究员
出国调查表

(1)凡在民卅年暑假出国者,拟入卅学年度计算,现已确定出国而尚未启程者,拟入本学年度计算。

(2)本表所填人员以大学及独立学院正教授,或研究机关研究员(其资历相当于大学正教授者)为限。

(3)"出国"指前往欧美及其他各国,惟香港、澳门除外。

(4)"专长学科"勿写笼统名称,如文科、理科等,通常下写所属学科名称,如经济学、化学、农林学、土木工程学等。

(5)"出国任务"指"讲学""进修""研究""考察""参加会议"等。

(6)"经济来源"指出国人旅费及在国外费用之供给者。

(7)本表如不敷用,请仿制填妥,即用最快邮递方法寄至上海西藏路三一六号美国援华联合会。

机关名称		国立浙江大学		地址		杭州	
主管人职务及姓名		校长竺可桢(郑宗海代)		填表人			(签章)
年度	姓名	性别	专长学科	前往何国	出国任务	经济来源	备注
卅五	竺可桢	男	气象学	法、英、美	参加会议及考察	教育部	现尚在美
卅五	胡刚复	男	物理	美	研究、考察	教育部与航空委员会	现尚留美
卅四、卅五	郑宗海	男	教育学	英、美	休假、进修与考察	教育部	
卅二、卅四	张其昀	男	人文地理	美	讲学、研究	美国务院	
卅五	朱福炘	男	物理	美		教育部	
卅五	王仁东	男	机械工程	美	研究	教育部	
卅六	贝时璋	男	生物学	丹麦、英	参加会议、研究	教育部	
卅五	卢庆骏	男	数学	美	研究	美国务院	
卅五	赵松乔	男	地理	美	同上	美国务院	

浙江大学档案馆藏 L053-001-0093

致美国援华联合会公函
（1947 年 4 月 20 日）

　　案准贵会三十六年三月十五日大函，为增强学术研究及大学教学工作，并沟通中美文化起见，设置大学教授及高级研究员赴美进修奖金，附奖金办法中计分推荐书、体格检查表等件，嘱转知有关教授或高级研究员，如愿申请者，即按教学、研究成绩推荐三人。等由；准此。当经召集全体正教授当场选举，计王淦昌教授得票最多（六十票），次多数为孙逢吉教授（卅四票），又次多数为李寿恒教授（卅三票）。后经本校医师作体格初步检查。兹据各该教授填申请书、进修计划，并检同著作选交前来，相应填其推荐书，连同原件，函请查照核定为荷。此致
美国援华联合会
　　附申请书附推荐书三份、进修工作计划中英文各三份、体格检查表三份，并作十件、证件二件①

校长〇〇〇

中华民国三十六年　月　日

美国援华联合会设置
大学正教授/高级研究员赴美进修奖金申请书
USC Fellowships for College Professors and Research Workers Application Form

申请书号码 No.＿＿＿＿

收到日期 Date Received ＿＿＿＿

分类 Division ＿＿＿＿

姓名 Name	孙逢吉（字） Von Gee Sun	照 片
通讯处 Address	杭州浙江大学 The National University of Chekiang，HangChow	
进修工作题目 Proposal Topic of Refresher Work	芸薹属多元体种之人工合成 Synthesis of Polyploid Species of Brassica	

上列各项由申请人用中英文填写，下列各项请勿填写。
The Applicant Should Fill in Chinese and English. Don't Write in the Blank Below.

1	
2	

① 原档案中缺王淦昌的申请书和体格查表等。

3	
4	
5	
6	
7	
8	

备注 Notes

初荐 Recommendation	决定 Decision	日期 Date	签章 Signature

以下各项除外国专名外请用中文填写：

姓名	孙逢吉	性别	男	年龄	四十四	籍贯	浙江省杭州市县
已婚否	已	须供养之家属		妻子二、女三		永久住址	杭州头发巷一号
现在服务 机关名称	国立浙江大学					机关地址	杭州大学路
现在职务	农艺教授		若系教授证 教育部审定否		已审定，证书号码 401		
现读学科或 研究范围	特用作物学、棉作学、牧草学，研究油菜育种方法。						

学历(请列举专上学校名称，修业起讫年份及注明已毕业否，所领学位或其他学术荣誉)
国立东南大学农科学士，民国十年入学十五年七月毕业。
美国明尼苏塔大学科学硕士
Master of Science (1936)，University of Minnesota，U. S. A.

经验(请列举服务机关所任职务及起止年份)
江苏省立农教员　民国十五年九月至民国十六年七月
国立第三中山大学劳农学院教员兼技术员　民国十六年至十八年
国立浙江大学农学院教员兼技术员　民国十八年至二十一年
国立浙江大学农学院讲师兼技师　民国二十一年至二十二年
江苏省立无锡教育学院农教系讲师　民国二十二年至二十三年
国立中央大学农学院植棉训练班讲师兼主任　民国二十三年至二十四年
国立浙江大学农艺系副教授　民国二十五年至二十六年
国立浙江大学农艺系正教授　民国二十六年至三十年
国立浙江大学农艺系正教授兼农场主任　民国三十二年至三十五年
国立浙江大学农艺系正教授　民国三十五年至三十六年

续　表

出国经过（请列举出国次数、年份、国名及任务。所谓任务包括任何任务，勿论与学籍有关否。所谓外国，香港、澳门除外）

1935 年九月自费至美国 Minnesota 州，入该州大学研究院植物遗传及农艺系读硕士，1936 年七月毕业。

教学及研究成绩（请具体开列于下。如有任何刊物与文件或学者介绍函足以证明教学或研究成绩者请随本申请书附寄）

著有大学用书编辑委员会审定大学用书《棉作学》一部，由国立编译馆交正中书局排印中。

专门研究芸苔属之分类，遗传与育种著有：

《芸薹属之杂种优势》，《中华农学会报》，175 期

《芸薹属花粉粒之形态》，《中华农学会报》，175 期

《芸薹属分类特征之评价》，*Bull of the Torrey Botanical*（Club 73:3:244—28);73:4:3:70—377

擅长何种外国语言？	英文	能对读英文学术杂志及用英语谈论否？	能
能用英文写作学术论文否？	能		

赴美进修计划（请用另纸缮写，其尺寸大小与本申请书相同，中英文各一份，英文本若能用打字机缮写更好计划以详细具体及个人特点为佳，宜说明研究考察之对象，往何处研究考察，如何进行，预期结果对中国物质建设或社会建设之关系等。）

另附。

有同时向政府或国内外其他机关申请出国进修奖金否？		无
向何机关？	无	已有结果否？	无

出国进修期满后是否回原校（院，所）服务？（如不拟回原机关服务须附寄回国后服务机关聘请之证明文件）	回原校

申请日期：三十六年三月卅一日　　　　　　　　　　　　　申请人：孙逢吉（签章）

（推荐书在下月必须由服务机关主管人填写，无推荐书之申请书无效）

体格初步检查记录表格

体格初步检查，应由申请人服务机关之医师举行。

如无此项医师，则由当地公共卫生机关之医师举行。

（表格略）

美国援华联合会设置
大学正教授高级研究员赴美进修奖金申请书
USC Fellowships for College Professors and Research Workers Application Form

申请书号码 No _____

收到日期 Date Rceived _____

分类 Division _____

姓名 Name	李寿恒（字乔年） Sheo-Hen Li	
通讯处 Address	杭州浙江大学 The National Chekiang Univ，Hanghow	照片
进修工作题目 Proposal Topic of Refresher Work	考察美国近年来化学工程教育之进展 A Study of Recent Developments of Chemical Engineering Education in U. S. A.	

上列各项由申请人用中英文填写，下列各项请勿填写。
The Applicant Should Fill in Chinese and English. Don't Write in the Blank Below.

1

2

3

4

5

6

7

8

备注 Notes

初荐 Recommendation	决定 Decision	日期 Date	签章 Signature

以下各项除外国专名外请用中文填写：

姓名	李寿恒	性别	男	年龄	四十九	籍贯	江苏省宜兴县
已婚否	已婚	须供养之家属		九人		永久住址	江苏宜兴湖后
现在服务机关名称		国立浙江大学				机关地址	杭州
现在职务		化工系教授兼主任	若系教授证教育部审定否		已审定，证书号码 434		

续　表

现读学科或 研究范围	化工原理,燃料学等。

学历(请列举专上学校名称,修业起记年份及注明已毕业否,所领学位或其他学术荣誉)
B. S. University of Illinois 1922
M. S. University of Illinois 1923
Ph. D. University of Illinois 1925
Active Member of Sigma Ⅺ,Honorary Research Fraternity
Active Member of Phi Lambda Upsilon, Honorary Chemical Fraternity

经验(请列举服务机关所任职务及起止年份)

前国立东南大学化学教授　民国十四年至十六年
国立浙江大学化学工程教授兼系主任　民国十六年迄今

出国经过(请列举出国次数、年份,国名及任务。所谓任务包括任何任务,勿论与学籍有关否。所谓外国,香港、澳门除外)
1920—1925 在美国读书;
1920—1921 在 Univ. of Michigan;
1921—1925 在 Univ. of Illinois。

教学及研究成绩(请具体开列于下。如有任何刊物与文件或学者介绍函足以证明教学或研究成绩者请随本申请书附寄)
附 Reprint 二册。

擅长何种外国语言?	英语	能对读英文学术杂志及用英语谈论否?	能
能用英文写作学术论文否?	能		

赴美进修计划(请用另纸缮写,其尺寸大小与本申请书相同,中英文各一份,英文本若能用打字机缮写更好计划以详细具体及个人特点为佳,宜说明研究考察之对象,往何处研究考察,如何进行,预期结果对中国物质建设或社会建设之关系等)
另附。

有同时向政府或国内外其他机关申请出国进修奖金否?		否
向何机关?	已有结果否?	
出国进修期满后是否回原校(院,所)服务?(如不拟回原机关服务须附寄回国后服务机关聘请之证明文件)		回原校

申请日期:三十六年三月卅一日　　　　　　　　　　　　申请人:李寿恒(签章)

(推荐书在下月必须由服务机关主管人填写,无推荐书之申请书无效)

体格初步检查记录表格

体格初步检查,应由申请人服务机关之医师举行。

如无此项医师,则由当地公共卫生机关之医师举行。

(表格略)。

浙江大学档案馆藏 L053-001-0093

<h2 style="text-align:center">呈教育部(复字第 308 号)</h2>
<h3 style="text-align:center">(1947 年 4 月 30 日)</h3>

查本校化学工程学系助教屠振权最近受英国诺丁汉大学医药学院奖学金,须于本年九月以前出国到校研究。查该员自民国三十一年二月起任本校化学工程学系助教,迄今已逾五年,工作努力,研究成绩颇为优实。兹据请予转呈核发出国护照,并附送诺丁汉大学原函,及体格检查表、服务证明书、相片等件前来,理合检具原件,备文转呈。敬祈鉴核,准予转咨外交部,签发出国护照,以利遄行,并将诺丁汉大学原函验毕发还,以便入学,实为公便。谨呈
教育部
　　附呈诺丁汉大学原函二件、服务证明书一纸、体格检查表一纸、相片四张

衔校长竺○○

University College
Nottingham

Mr. C. C. Tu
National Chekiang University
Hangchow，China

Dear Sir，

I regret that there has been some little delay in replying to your letter of 20th Dec. 1946 addressed to Mr. G. E. Trease, the Head of the Department of Pharmacy, enclosing a form of application for a fellowship to this University College in October this year. The reason for this delay is，that the decision as you deserved，could be determined until the Heads Conference of this term herd.

Now we have decided to give you a Fellowship. It was passed through the Heads Conference，held at 1st Feb. 1947. We are very glad to have you with us and hope you coming here before September.

Yours Faithfully，
Registrar

University College
University Park
Nottingham

School of Pharmacy
Mr. C. C. Tu
National Chekiang University

Hangchow，China

Dear Mr. Tu，

I have received your letter dated on 29th. Dec. 1946，inclosing a form of application for a Fellowship of our University College in Octorber this year. Personally，I have asked Prof. P. S. Lin，National Chekiang University，to tell you my permission already. Do you know about it?

Now，officially，Mr. H. Pickbourne，the registrar，gave you the Admission，and I am sending it to you. Would you to like come here before September? I wish I could discuss the topic of your research and some events of a part time job of what a demonstrator like you should do.

We are granting you 250 £ each term as long as you carry on your graduated degree with sufficient running expense and scientific supplements. I am glad to have you work with us.

Sincersly yours

浙江大学档案馆藏 L053-001-0051

致美援华联合会公函
（1947 年 5 月 9 日）

查前准贵会大函嘱推荐正教授及高级研究员赴美进修一案，当经推荐王淦昌、孙逢吉、李寿恒等三员，于四月廿二日以复字第六七一号公函奉达在案。迄今未准函复，相应函请查照，迅予决定并希赐示，以作准备为荷。此致
美国援华联合会

校长竺○○

浙江大学档案馆藏 L053-001-0093

美援华联合会致国立浙江大学便函
（1947 年 5 月 12 日）

敬复者：

五月十日大函奉悉。前承推荐三教授申请进修奖金各件均已收到。查全国各校院申请人共达二百余人，须由敝会分别门类聘请专家审查，恐非短时间内即可决定，惟当尽促办理。俟有结果，即行分别通知各校，尚希亮察为荷。此致

国立浙江大学

美国援华联合会启
〈三十六年〉五月十二日

浙江大学档案馆藏 L053-001-0093

呈教育部(复字第 358 号)

(1947 年 6 月 2 日)

案奉钧部三十六年五月二十日高字第二七五三四号指令,为本校呈请转咨外交部签发化工系助教屠振权出国研究护照一案,嘱将该员大学毕业证书连同申请书一并报部核办。等因。当经转知奉复。兹据该员遵令填具申请书,连同毕业证书缴呈前来,理合备文转呈。敬祈鉴核转咨签发护照,实为公便。谨呈
教育部
　　计呈送申请书一份、毕业证书一纸

衔校长竺○○
中华民国三十六年 月 日

浙江大学档案馆藏 L053-001-0051

代电外交部

(1947 年 7 月 8 日)

外交部钧鉴:
　　本校前以教员屠振权获得英国诺丁汉大学奖学金,亟须出国研究。当经呈请教育部转咨钧部发给出国护照在案。顷奉六月廿一日文字第三四七八六号指令,该案已电请钧部核发,仰转知迳洽。等因。兹嘱该员赴部洽领,敬祈将该项出国护照径发该员收执为祷。

国立浙江大学叩
(卅六)年

浙江大学档案馆藏 L053-001-0051

美国援华联合会致王淦昌公函
(1947 年 7 月 14 日)

敬启者：

　　敝会设置大学正教授、高级研究员赴美进修奖金，荷承贵校推荐三人，经最后审查决定，王淦昌先生为十位获奖人之一。兹有英文通知函及中文附件各一件，尚希转致。又，其余申请人拟俟明年有款、确定续办时，乃再行复选，敬祈代致歉忱为荷。此致
国立浙江大学

美国援华联合会启

〈中华民国三十六年〉七月十四日

UNITED SERVICE TO CHINA, INC
(China Office)
July 14, 1947

Head Office：

1790 Broadway

New York City, U, S, A

    Prof. Wang Kan-Chang

    Department of Physics

    National Chekiang University

    Hangchow

316 Thibet Road

Shanghai, China

Dear Prof. Wang,

I take great pleasure in informing you that you have been awarded a fellowship by United Service to China for refresher work in your field of interest in the United States for the academic year 1947—48. Enclosed please find a copy of the announcement indicating the conditions under which your fellowship is awarded and you are requested to note two points of revision, as follows：

1. Article is concerning the length of the fellowhip has been revised to read：

The fellowship period is ten months. If the fellowship holder wants to stay a month or two longer on his own financial responsibility, USC will have no objection but it will not pay to the holder any stipends for living expenses beyond the 10-month period. The period may not be shortened without USC agreement. If the period is shortened, living expenses will be paid only up to the time when the fellowship holder cease to carry out his plan of refresher work.

2. Article 3 has been revised to read

The value of the fellowship is not more than US $4,000 to cover the following expenses：

(a) Travel from Shanghai to San Francisco and return $ 950

(b) Stipend：$ 250 per month for 10 months   2,500

(c) Domestic travel in U. S. and Contigent coverting health insuarence, travelling expensess，etc.   550

Total 4,000

Item(b) is an outright grant. The other items are drawing account up to the maximum indicated. An allowance for travel outfit and clothes up to $ 200 to be chargeable against (a) and/or （c）, depending where any surplus may be. Any excess of the maximum indicated in (a) and (c) combined shall be borned by the fellowship holder. "

In addition to the conditions laid down in the revised announcement，the fellowships are awarded on condition that the holders promise to return to China to work in some institution of higher learning upon expiration of the fellowship period or 12 months at the most.

Please reply immediately informing me whether you accept the fellowship under all the conditions appertaining thereto. When we receive your letter of acceptance，we shall send you a statement certifying to the award of the fellowship, which wil be of use to you in applying for passport and visa.

All fellowship holders are to sail for America this summer. No fellowship may be held over until next year.

Sincerely yours,
Dwight W. Edwards
Director of Field Program

浙江大学档案馆藏 L053-001-0093

本校教授多人自美载誉先后归国
(1948 年 9 月 13 日)

本校物理系出国进修教授朱福炘先生于七月间由美返国消息,已志本刊。秋间开学期届,新近来华美轮更为本校载来大批教授,计八月十七日到沪之美琪将军号,本校去年出国进修之数学系教授陈建功先生、史地系教授严德一先生,本校校友农化系朱祖祥先生、农经系赵明强女士,以及本年机械系新聘教授徐化楠先生均同乘该轮返国,先后到校,朱、赵两位校友且为贤伉俪,联袂回母校任教农学院。九月七日到沪之威尔逊总统号,又载来本校校友赵松乔先生,赵校友此次饱经两次台风风浪,旅途畅游珍珠港、马尼拉、香港等处,已于十日晚七时返抵母校,任教史地学系。又理学院院长胡刚复先生出国已两年,先在英国研究近代物理学,复绕道新大陆,已于八月二十七日乘戈登将军号轮离美,闻本月二十日即可抵沪云。

《国立浙江大学日刊》复刊新第二十五期,民国三十七年九月十三日

(三)出国留学及实习

英国工业协会征求本校工院毕业生应考工厂实习
(1936 年 10 月 14 日)

英国为工业先进之国,其著名工厂设备新颖、规模宏大,断非国内工厂所能比较。以前本校工院毕业生常有应考获取前往实习者,其得益殊非浅鲜。兹又来函征求,凡有志工程学术者必不肯失之交臂也。附录华文通告乙份如后:

英国工业协会上海考选委员会通告

本会今年仍选送中国学生前往英国工厂实习,以一年为期,惟有延长可能。凡有意申请应考者,其申请书须仅一九三六年十一月十五日以前投交本秘书收接。本年制造厂家方面计有空额不下七名,至各厂家出品计有:

第则尔发动机、电气厂、自来水装配及水表、铁路列车、机器用具、镕矿炉、铁路空气制动机等。凡有意请求应考者须注意下列各项:

(一)年龄以三十岁为限;

(二)须通晓英文,并曾在中国专门学校毕业;

(三)须能胜任艰巨手工,并能长时间工作者;

(四)选后须经医生检验体格;

(五)须预备往返旅费英金八十磅〔镑〕及抵英后之意外费用;

(六)将来实习期间当由英国制造厂家按照惯例给予练习生工资。

申请书须填正副二份,空白申请书可向本秘书处索取。

秘书 P. ayton
上海外滩十七号英公馆内

《国立浙江大学日刊》第三十七期,民国二十五年十月十四日

国立浙江大学布告(第四十六号)

(1937 年 5 月 14 日)

为交换留德学生事。曾组织交换留德学生审查委员会议定标准,征集调阅学业成绩、著作品、服务成绩证明书等,并考试德文能力及检查体格。业经开会集议决定:王曰玮当选。除呈报教育部外,特此公布。

校长竺可桢
中华民国二十六年五月十四日

《国立浙江大学日刊》第一期,民国二十六年五月十四日

教育部训令(高字第 33787 号)

(1942 年 8 月 22 日)

案查英国工业协会历年资助我国工程学员赴英入工厂实习,后因我国抗战发生,乃暂行中止。近准英国大使馆函,该会复允于本年内继续资送我国大学工学院电机、机械、土木工程学系毕业生二名入英国工厂实习,期限一年。如成绩优良,可酌予延长一年。在实习期内每名每周由该会津贴生活费英金四镑。经本部呈请行政院核准,并由部补给每名每月生活费十二镑,合为每月二十八镑。另给出国旅费每名二百四镑,治装费三十镑。兹检发英国工业协会所定资助中国工程研究生赴英实习计划一份,仰即根据该计划中所定赴英实习员应具备之资格,就该校最近三年电机、机械、土木工程学系毕业生中,每系甄选成绩最优良者二名,于九月底以前连同该生中英文申请书、详细履历表(包括姓名、性别、年龄、籍贯、毕业学校〔中学与大学〕及学位经历等项)。毕业及服务证件、各年级各学科成绩单、体格检查表暨最近半身照片三张,保〈报〉送到部,听候甄选。除分令外,合行令仰遵照。

此令。

附发英国工业协会资助中国工程研究生赴英实习计划一份、中英文申请书式样一份、体格检查表式样一份

部长陈立夫
中华民国三十一年八月廿二日

英国工业协会资助中国工程研究生赴英实习计划

宗旨

(一)沟通中英文化,并发展中英商业。

（二）谋使中国工程研究生能适于中国工程界负责地位，特给彼等在英各种工程实习之机会。

经费

该项工程研究生实习经费系由下列各处担负：

（一）伦敦英国各大学中国委员会、伦敦英国文化协会，及各处中英庚款董事会相助费。

（二）英国各制造厂之生活津贴。

（三）英国酒店及企业家大之捐款。

（四）□□□派实习员之捐款。

再，实习员来英船票，伦敦□□□与利物浦 Alfred Half Co. 允给予折扣优待办法，由工业协会负责拨给。

实习奖学金之性质

此项计划限于机械、电机、土木各种工程方法之训练，目的在使实习员回国后有实用之技能，每年实习奖学金之名额，视英国各工厂所有空额而定。每名实习员每周生活费定为英金四镑，按后列契约申请。

办法（视当时情形酌予变更）

候选人须按一定方式，向上海英国工业协会派选委员会申请，并须得有肄业大学之保荐。派选委员会则按英国工厂所定名额，考虑各种申请，并派成员在沪港或中国其他地方约候选人面谈，并将合格人员之详细情形转发至英伦工业协会中国实习奖学金委员会，作最后之认可，然后再通知在中国之派选委员会（此项已不适用）。

奖学金条例

（一）候选人须中国籍，申请时年龄在三十岁以下（按西法计算）。

（二）候选人须在一认可之大学取得一工程学位。

（三）候选人须具有领导才能与负责精神，并有可在英受训之准备，候选人□□读英国语文。

（四）每名候选人可受训练之范围、类别，视候选人之及志愿委员会之认可而定。

（五）候选人须于训练完成后归国，务向教育部报到，听候指派工作。

（六）候选人均初选及格后，须由一认可之医生证明书其身体健康。

（七）候选人于当选后，离华前，须缴纳保证金六十镑。

（八）伦敦中国实习员委员会认为实习员身染重病，或有不法行为，或荒废学业时，得随时停止其奖学金。

实习员在英国之待遇

英国工业协会根据此项训练计划，在英为实习员接洽各种实习机会，务期各实习员得受广博之训练，在英国社会得受相应之待遇。

FEDERATION OF BRITISH INDUSTRIES
SCHEME FOR ENGINEERING STUDENT APPRENTICES.
FORM OF APPLICATION.

1. Name(Chinese)	(English)
2. Date of Birth	
3. Name of Father(Chinese)	(English)
4. Province in China：	Town or Village
5. Present Address： (in Chinese and English)	
6. Graduate of what Middle School?	
7. Graduate of what University's Engineering Department，or what College of Engineering?	
8. Year of graduation：	Grade：
9. Have you taken any other University Course?	
10. Have you done any research or post graduate work? Give subject and place and date of work.	
11. How many years have you studied English，and in what schools or colleges?	
12. State previous experience in any workshop，business or profession.	
13. Are any of your relatives trained engineers，and if so what posts do they hold?	
14. Have you any agreement or expectation of employment with family or other interests?	
15. Have you any other scholarship or source of income apart from your family?	
16. Have you Specialized in (1) mechanical engineering or (2) electrical engineering?	
17. What type of engineering training do you desire?	
18. What kind of engineering career are you thinking of following?	
19. Do you undertake to come back and practise your profession in China?	

I declare that I have answered the above questionnaire fully and accurately.

Signature

Date

申请书式样

（一）	姓名(中文)		(英文)	
（二）	生日		年　月　日生	
（三）	父名(中英文)			
（四）	籍贯		省县或乡	
（五）	现在住址(中英文)			
（六）	在何中学毕业			

（七）	在何大学工科或工学院毕业				
（八）	何年毕业		成绩分数		
（九）	曾否选习其他大学课程				
（十）	曾否作研究或研究生工作		题目		地方及日期
（十一）	曾习英文若干年		在何学校或校院		
（十二）	略述曾在任何工厂商业或其他职业界实习之经验				
（十三）	有无亲属担任工程师职务				
（十四）	曾与家庭或其他关系人协议将来工作性质否？				
（十五）	除家庭外有否其他奖学金或经济来源？				
（十六）	曾实习（一）机械工程或（二）电机工程否？				
（十七）	志愿受何种工程训练？				
（十八）	将来拟从事何种工程职业？				
（十九）	是否学成后愿回国服务？				

余对上列各问题均已充分正确答复。

签字
日期

英国工业协会中国实习员奖学金当选实习员所订合同样式

合同：中国英国工业协会考选委员会代表伦敦英国工业协会（下称协会）与某某处某某人（下称实习员）合订

本实习员承受本协会所给在英国实习工程十二月的奖学金一项，经考虑后同意下列数端。

本协会同意：

（一）在战时限制条例之下，为实习员□□□在英实习十二个月，并尽量使实习员所受之训练范围广泛，且适合其志愿；

（二）保证给予实习员每周生活津贴英金四镑，自其抵英工作之日起至训练完成、动身归国之日止，或按下文第（四）条获得工作之日为止；

（三）实习员较初始有长足之进步，请求延长训练期限时，可考虑续发给奖学金，惟不得超过十二个月之期；

（四）各实习员训练完成，因交通工具之困难，不能动身返国，在适当期内可代其觅一适当临时之职业。

本实习员同意：

（一）在英时勤于所学，并遵守研究实习员之一切规章，遵守被指定之工作，并遵守协会之契约；

（二）签订本契约时，预缴英金二十镑于协会，作为在英时该员所遭遇之临时意外费用。惟未动用之存款，于离英前全部发还于该实习员；

（三）担负本人在英国之一切旅费；

（四）对于协会本身、协会职员、协会工役或代理人，以及与实习有关之公司及其职员、工役或代理人，绝无妨碍行为；又，在英实期间如遇意外损失、灾难等不幸事件时，不得按习惯法或其他法律，向上述当事人要求负赔偿之责任；

（五）俟训练完成后，速回国，如按上述条文由协会代觅得临时工作时，俟工作完毕后即行返国；

（六）回国后在中国就职。

本合同签订时，双方同意，如协会认为实习员健康不适、行为不轨或不勤于所受之训练时，协会有权随时终止其奖学金。

　　　　　　　　　　　　　　　　　　　年　　　月　　　日

　　　　　　　　　　　　　　　协会签字　　证人
　　　　　　　　　　　　　　　实习员签字　　证人

呈教育部(第 897 号)
(1942 年 10 月 8 日)

查本校奉令甄拔电机、机械、土木工程毕业生赴英国工厂实习，业经选送丁成章等六名，并将中英文申请书廿件于九月卅日以遵字第八九○呈附送在案。惟查钧部原令内开英国工业协会资助本届赴英实习各生只限于电机、机械、土木三之工程学系。兹有化学工程系毕业生汤永谦、张胜游二名，呈称拟自费赴英国化学工业公司实习，请转呈钧部，咨请英大使馆代向该会接洽，准其于自费外，得与此次选送电机各系毕业生享受同等之待遇等情前来。复核所称各节殊属努力深造，似应照准，理合检具该生等中英文申请书、履历表、毕业及服务证件、成绩单、体格检查表、相片等件一并备文呈送，敬祈鉴核准予转咨，以宏造就，实为公便。谨呈
教育部

　　附呈中英文申请书各二件、毕业证书二件、成绩单二张、详细履历表二份、服务证件四份、体格检查表二份、相片六张

　　　　　　　　　　　　　　　　　　　　　　衔校长竺○○

本校留英学生选出
（1943 年 2 月 10 日）

本届教育校〔部〕□遣留英实习学生，本校计四名，为：土木系周存国、机械系梁允奇、电机系丁成章、沈庆垓四名。

《国立浙江大学校刊》复刊第一百一十六期，民国三十二年二月十日

教育部指令（昌字第 34303）
（1943 年 7 月 14 日）

令国立浙江大学：

案查关于选派工科毕业生赴英实习一案。前据各院校遵令保送到部，该项实习生名额原为十二名，嗣准英大使馆函请，增加十九名，合共三十一名。兹已甄选完毕，除甄选结果由部登报宣布。暨录取各生另行示遵外，合将该校未经录取学生原呈证件随令发送，仰即分别转发为要。

此令。

附抄发该校原保送学生清单一份、发送证件二份

部长陈立夫

中华民国卅二年七月十日

保送学生姓名	归还证件	备注
丁成章		录取
沈庆垓		同
史汝楫	一份（毕业证书一张）	
梁允奇		录取
周存国		同
朱鹏程	一份	

浙江大学档案馆藏 L053-001-1125

卅五年度本校自费留学考取学生名录
(1947 年 7 月 2 日)

教育部三十五年度自费留学考取学生,本校占六十名之多。计:

文学院十名	王尚德　桂灿昆　姜淑君　茅于美　项宗沛　潘维洛	(以上外国文学系)
	谢觉民　司徒钜勋	(以上史地学系)
	姚方瀛　范祖珠	(以上教育学系)
理学院十名	朱润祖	(以上数学系)
	端木镇康　忻贤杰	(以上物理学系)
	干同隐　顾学民　韩望云　陈宁馨　冯慈珍　沈嗣唐	(以上化学系)
	吕家鸿	(以上生物学系)
工学院二十七名	葛果行　沈家楠　徐明镇　杜海鋐	(以上电机工程学系)
	蔡敦基　赵则优　林廷珊　李盘生　丁培镛　王裕强　张式　朱葆琳　朱祖培　林正仙　余勃东　傅举傅　周政岐　杨光华	(以上化学工程学系)
	谢汶　朱鹏程　王铠　钱鸿缙　钱家欢	(以上土木工程系)
	俞懋日　陶光业　陈立　王光喜	(以上机械工程学系)
农学院十一名	蒋书楠　杨守仁　余学熙	(以上农艺学系)
	万良柴	(以上园艺学系)
	张慎勤　萧刚柔　袁嗣令	(以上植物病虫害学系)
	张堂恒　吴大炘　范少卿　杨玉昆	(以上农业经济学系)
师范学院二名	黄友松	(以上教育学系)
	李敦仁	(以上史地学系)

以各院为单位,则工学院为最多。以毕业年度为单位,则卅年度及卅二年度各占十二名,廿三至廿五年度各占四名或五名,二十年度一名。

《国立浙江大学校刊》复刊第一百六十期,民国三十六年七月二日

李秀云致国立浙江大学总务处文书课函
(1948 年 2 月 1 日)

谨启者:

前奉卅六年十月十三日大函,附校长致美国华盛顿州立学院交换留学生介绍函一件,嘱将洽办结果通知贵组。等因。查秀云已于本年元月廿二日来美国华盛顿州立学院报到,所请交换留学生奖学金一节,已蒙接受。奉函前因。相应将办理经过函达,并请鉴核备查为

祷。此上
国立浙江大学总务处文书课

李秀云谨启
卅七年二月一日

浙江大学档案馆藏 L053-001-0388

教育部国际文化交流处函
（1948 年 4 月 10 日）

　　卅六年十一月廿六日呈部文件均悉。查杨霞华君所获密歇根大学奖学金年仅五百美元，不合规定标准，所请准予该员结汇出国一节，未便照办。如该员能自备不敷费用之外汇，并提出有力保证书，可准出国。相应检还原呈各件。函复查照转知为荷。此致
国立浙江大学
　　附还原件六件

教育部国际文化教育事业处启
〈中华民国三十七年〉四月十日

浙江大学档案馆藏 L053-001-0388

七、学生活动

(一)学生自治会

本校学生自治会第一次代表大会记录
(1936 年 10 月 21 日)

时期	〈二十五年〉十月十八日下午七时
地点	工院大讲堂
出席者	周鸿本等二十人
临时主席	吴怡廷
记录	许乃茂

主席报告(略)

一、修改章程

第十条改为:"干事会由代表会提出干事三倍以上之人数为干事候选人;再由全体会员圈定干事十三人,候补干事四人组织之。"

第二十八条添"大四会员在最后一学期不得任职"一句。

二、选举职员

(一)

代表会主席　李永炤

秘书　许乃茂　吴怡廷

(二)

干事候选人(以姓名笔划多少为次)

丁文霖　丁而昌　王以仪　王益良　田丽菊　沈仁湘　向墙　吕家鸿　吕高超　李永炤　李如南　李培金　吴廷怀　沈婉贞　宋鸿淳　周家骥　邱璧光　邵瑞珍　姜劭　洪鲲　姚元恺　候〔侯〕焕昭　纪纫容　胡广家　孙士宏　孙翁孺　许超　许乃茂　陈克新　陈俊雷　张禄经　黄钟华　黄继武　喇华崐　程羽翔　邹元燨　杨道专　虞承藩　刘作霖　刘奎斗　刘达文　刘森华　刘霖棠　潘家吉　潘凤韶　薛秋农　应广鑫　魏夏泉

以上共计四十八人

三、临时动议

(一)关于参加十月廿九日蒋院长寿诞典礼,杭州市中等以上学校庆祝会案

议决:

1.追认参加;

2.追认吴怡廷为该会筹备第一次会议本校合法代表；

3.当时吴怡廷请王以仪为私人代表,杭州各报未加注明,不必再往更正；

4.正式推选本届代表会主席及秘书,为该会本校代表；

5.庆祝播音亦由代表会主席及秘书办理之；

6.庆祝会应全体参加；惟须请求学校给予相当便利及应有休息时间。

(二)关于组织校友会案

议决:保留。

散会

记录布

〈二十五年〉十月十九日

《国立浙江大学日刊》第四十三期,民国二十五年十月二十一日

国立浙江大学学生自治会简章草案
(1936 年 10 月 26 日)

本简章草案由筹备会交来,经第一次代表大会修改通过。今将公布于日刊,备诸会员研究。举行全体大会时,不再印发,务希妥为保存为盼。

代表会秘书启

〈二十五年十月〉二十四日

第一章 总则

第一条 本简章依据学生自治会组织大纲,及组织大纲施行细则订定之。

第二条 本会定名为国立浙江大学学生自治会。

第三条 本会本三民主义之精神,作成同学在本大学以内之自治生活,并促进其智育、德育、体育、群育之发展为目的。

第四条 本会会址设本大学内。

第二章 组织

第五条 本会以本大学全体在学同学组织之。

第六条 本会组织系统如左表:

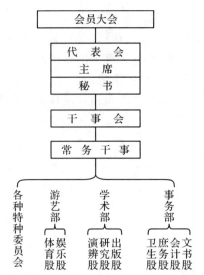

第七条　本会之最高权力机关,为会员大会;在会员大会闭会期间,为代表会;在代表会闭会期间,为干事会。

第八条　代表会由文理、工两院之系代表,及农院之级代表组织之。各单位满三十人者,得选出代表一人,多则类推,不满三十人者,亦得出一人。

第九条　代表会设主席一人,秘书一人,由各代表互选之。

第十条　干事会由代表会提出干事三倍以上之人数为候选人,再由全体会员圈定干事十三人,候补干事四人,组织之。

第十一条　干事会设常务干事一人,各部设部长一人,各股设股长一人,其职务由干事互选分掌之。

第十二条　干事会各股遇必要时,得聘股员若干人,由各股长提出人选,经干事会通过聘请之。

第十三条　本会于必要时,由会员大会或代表会之议决,均得设立特种委员会,隶属于干事会下。

第三章　职权

第十四条　会员大会之职权如左:

1.通过会章;

2.决定会务进行;

3.接受代表会之建设及报告;

4.决定特种委员会之设立;

5.受理合法之弹劾案。

第十五条　代表大会之职权如左:

1.执行会员大会之决议及一切会务;

2.接受干事会之建设及报告;

3.受理合法之弹劾案;

4.选举干事候选人；

5.通过预算决算；

6.审核干事会之工作及财务报告；

7.决定特种委员会之设立。

第十六条　代表会主席有召集代表会之权，并经代表会之决议，亦得召集会员大会。

第十七条　代表会秘书司记录及保管印信等事项。

第十八条　干事会之职权如左：

1.对外代表本会，并执行本会一切会务；

2.造具预算决算；

3.支配经费；

4.执行会员大会及代表会之决议；

5.接受会员之建议。

第十九条　干事会常务干事处理本会日常事务，指导并督促各部股工作，且有召集干事会之权。

第二十条　干事会各股之职掌如左：

（一）总务部

1.文书股掌理会议记录、起草文电及保管印信等事项；

2.会计股掌理经费出纳、编制预算决算等事项；

3.事务股掌理购办布置等事项；

4.卫生股掌理膳食、清洁及一切关于卫生等事项。

（三）学术部

6.出版股掌理出版刊物等事项；

7.研究股掌理学术研究等事项；

8.演辩股掌理演说、辩论等事项。

（三）游艺部

9.娱乐股掌理娱乐、游艺等事项；

10.体育股掌理各种运动及球类比赛等事项。

第二十一条　特种委员会之职权，在设立之前，由代表会规定之。

第四章　会议

第二十二条　会员大会每学期开一次，在开学后三周内举行之。

第二十三条　会员大会主席及记录，由代表大会主席及秘书兼任之。

第二十四条　会员大会须有会员二分之一以上出席，为法定人数。

第二十五条　临时会员大会得由会员五分之一以上连署之要求，经代表会之议决，由代表会主席召集之。

第二十六条　代表会每月开会一次，遇必要时得经干事会之请求，或代表会代表三分之一，或会员五分之一以上之建议，由主席召集临时会议。

第二十七条　干事会每二星期开会一次，遇必要时得开临时会议，由常务干事召集之。

第五章　任期

第二十八条　本会职员任期以一学期为限,连选得连任之。惟大四会员在最后一学期不得任职。

第六章　经费

第二十九条　本会经常会费每学期每会员缴纳法币五角;遇必要时,得由会员大会或代表会之议决,向会员征收临时会费,或请求学校补助之。

第七章　附则

第三十条　本简章有未尽善处,得在会员大会中修改之。
第三十一条　本简章经会员大会通过后施行。

《国立浙江大学日刊》第四十七期,民国二十五年十月二十六日

学生自治会代表已经选出
(1937 年 9 月 27 日)

本校本学期学生自治会各学系代表,已经选出,兹将负人〔责〕人吴怡廷君公告及选举结果列后:

敬启者:

本学期因战事关系,同学到校参差不齐,此次各系代表之人数,暂根据注册课二十三日之调查而定,以后各系同学如有增加达到章程上之规定额时,得以后补代表补充之。现将本学期当选代表公布于后,诸希公鉴。

吴怡廷启
〈二十六年〉九月二十五日

外国语文学系	郭志嵩(八票)	候补沈宛贞(五)
教育学系	汪湘(十三)	候补张启权(五)
史地学系	张行言(五)	候补赵冬(三)
数学系	钱克仁(七)	候补周佐年(五)
物理学系	洪宝三(六)	候补曹萱龄(二)
化学系	杨道专(七)	候补纪纫容(五)
生物学系	李述明(三)	候补应广鑫(二)

续　表

电机工程学系	刘奎斗(二九) 杨治平(一五) 虞承藻(一五)	候补洪鲲(一四)
化学工程学系	许乃茂(一三) 黄宗麟(七)	候补孙翁孺(六)
土木工程学系	李如南(一三) 周宗汉(八) 梁涛(七)	候补周存国(六)
机械工程学系	孙士宏(二一) 沈宗埔(一八) 胡天爵(一四)	候补江思华(一三)
园艺学系	吴俭农(七)	候补唐福圃(二)
蚕桑学系	刘守绩(三)	候补李成章(一)
农业经济学系	解翼生(四)	候补邱午庭(三)
病虫害学系	杨平澜(三)	候补唐觉(二)
农艺学系	陈光新(一〇) 盛家廉(七)	候补冷福田(五) 徐达道(五) 陈锡臣(五)

注：票存仁斋二〇九，三日内待查。

《国立浙江大学日刊》第二百三十七期，民国二十六年九月二十七日

学生自治会全体会员大会记录

（1937年10月5日）

日期	十月二日下午七时
地点	总务处大礼堂
出席人数	二百余人
列席	陈训育主任　党部方先生
主席	刘奎斗
记录	李如南　刘守绩

行礼如仪

甲、主席报告

一、暑期留校同学组织抗敌后援会，曾联合医专等校，办理慰劳工作，希本届抗敌后援会继续以往工作。

二、本届选举代表,因到校人数甚少,代表名额未满,俟到校人数增多后再按照人数增加。

三、本届全体会员大会因一年级同学已迁往天目山,以车辆关系仅请其派代表出席。

四、本校委托代收学生救国公债,由抗敌后援会募集股办理,数目按照教育部规定。

乙、讨论会章

一、第三条应否增加军育一项案

议决:维持原案。

二、学生自治会在非常时期内应否改为浙江大学抗敌后援会案

议决:维持学生自治会名义。

三、第八条"每系满三十人者得选出代表一人"应否修正为"每系满二十人者得选出代表一人"案

议决:维持原案。

丙、讨论书面提议

一、民二九级及潘家吉等提应否将抗敌后援会合并于干事会案

议决:维持原案。

二、本会应否讨论学校迁移问题案

议决:应讨论。

三、本会应否建议本校立即迁移案

议决:建议本校请现时暂不迁移。

四、大一同学提在天目山组织学生自治会分会案

议决:通过。

五、分会应如何组织案

议决:由天目山同学决定采照本会组织大纲,并当地需要,由负责人向总会报告。

六、孙翁孺等六十余人提改组现在消费合作社案

议决:通过。

七、吴俭依提每星期每人至少有四小时抗敌工作案

议决:由本会督促厉行之,不必规定为四小时。

丁、接受议案

一、请干事会组膳食委员会以便改进膳食案

二、请求本校规定杭州天目山间开车班次案

三、请求本校于天目山赶筑浴室案

四、设法传递当日时事消息及自治会情报至天目山案

五、请求本校设立消费合作社分社于天目山案

六、建议学校请购买大量战时研究书籍并设一大规模之阅览室案

七、建议本校:

(一)请注意迁校时应以全校为原则;

(二)若本校决定搬移,则请迁至一较安全之处,俾得一劳永逸,不致有再迁情事。

戊、散会。

秘书布

〈二十六年〉十月二日

《国立浙江大学日刊》第二百四十四期,民国二十六年十月五日

学生自治会各部负责人员名录
(1938 年 12 月 26 日)

本校学生自治会,本届于十一月十一日举行全体大会,照章于会前由各院系推出代表,并选定干事会各部股长。兹将本届新选代表及干事会负责人员,探志于次:

代表会

孙翁孺(主席)　盛家廉(秘书)　纪纫容(秘书)　王文珏　胡玉堂　汤马伟　钱克仁　曹萱龄　张本华　虞承藻　顾时希　庄自强　王义道　周存国　马文农　解俊民　徐伯仲　唐福圃　王铨茂　刘守绩　王章麟

战时学生干事会

总干事:陶光业
总务部长:王德昌
文书股长:梁德荫
事务股长:汤兰九
会计股长:孙士宏
膳食股长:蔡骅
康乐股长:洪鲲
服务部长:高昌瑞
宣传股长:皋学炳
出版股长:滕维藻
组织股长:凌德洪
研究股长:吴俭侬
募集股长:王爱云

《国立浙江大学校刊》复刊第四期,民国二十七年十二月二十六日

本校学生自治会响应中央日报社书报劳军
(1942 年 8 月 10 日)

本校学生自治会干事会于上月三日招〔召〕开第五次会议,议决事项多起。首决议以前

出演《雷雨》剩余款项一,一三一元,作响应贵阳中央日报社书报劳军之用。闻该款业经汇筑,并{月}致函该社云:"敝会议响应贵社所发起之书报劳军运动,转捐款一千一百三十七元七角六分,由中国银行汇上,请烦代购适当书报,转送前方将士为感。"又,前自治会捐款一千四百五十二元六角四分,充地方戒烟所补助经费,嗣以遵义戒烟所未能成立,干事会乃议决该款转助遵义卫生院,事已于上月送交该院云。

《国立浙江大学校刊》复刊第一百一十期,民国三十一年八月十日

国立浙江大学学生自治会三十四年度第一学期代表会代表名单
(1945 年 11 月)

主席	郑文炎						
秘书	薄学文	周治平					
审核委员	金天齐	刘美藩	王丰镰	朱佩真	葛云英	夏玲华	施毓英
	费坤华	林作圻					
法制委员	范运南	赵家骞	周德禄	郑康德	蔡佑黄	姚茂生	陆燕翼
	孙瑞科	林兴统					
奖惩委员	薛一民	赵石麟	舒兴汉	王良莆	曲树棠	殷小沅	黄兆铭
	林华文	叶光天	程邦芸	甘华舜	方厚芝	朱开光	丁尹谐
	李增荣	薛兴儒	许邦士	沈佩璋	沈坩卿	谭炎政	管麦初
	李镇南	王亲来	申勉	李仍元			
常务理事	曾守中						
秘书	周开封						
收发	吴伯翔						
联络	金孟达	陈凤珍					
资料	程杰						

服务部	〈部长〉	萧锡璋
	社会教育股	岳修明
	膳务股	徐名冠
事务部	〈部长〉	唐冶夫
	会计	张令谋
	出纳	程义庆
	事务保管	缪祖桐
学艺部	〈部长〉	哈瑜文
	研究股	陈强
	出版股	郑乃林

续　表

健康部	〈部长〉	周辅荣
	公共卫生股	李国华
风纪部	〈部长〉	陈耀文
	检察股	杨斐
防护委员会		冯绍先
迁校促进委员会		

浙江大学档案馆藏 L053-001-0583

学生自治会规则

（1946 年 11 月）

第一条　学生自治会以根据三民主义培养学生法治精神并促进其德育、智育、体育、劳育之发展为目的。

第二条　学生自治会为学生课外活动之唯一组织，以在学校以内组织为限，不得有校与校间联合组织，并不得以会参加校外各种团体组织或活动。

第三条　凡中等以上学校学生不分性别，应一律参加本校学生自治会。

第四条　学生自治会之名称应冠以各校校名，学校设有分部、分校或分院，距离本院过远者，得组织分部、分校、分院学生自治会。

第五条　学校校长及主管训导人员负学生自治会指挥监督之责，学生自治会之各种活动，应由学校选聘教职员分别担任指导。

第六条　学生自治会之组织应由学校训导处，或教导处指定每年级或每院系学生二人至三人，先成立筹备会，由筹备会于成立二星期内，登记会员召开大会，通过办事细则，及选定职员，正式成立学生自治会。

第七条　学生自治会应于成立后两星期内，缮具办事细则及职员履历，会员人数，报由学校转呈主管教育行政机关核准备案。职员履历表式样如左：

职员履历表

一、会员号数

二、姓名

三、籍贯

四、性别

五、年龄

六、学历

七、现任职务

八、是否中国国民党党员或三民主义青年团团员

九、住址及通讯处

第八条　学生自治会之权力机关为会员大会,在会员大会开闭会期间为理事会。全校学生人数在五百人以上得以代表大会代替会员大会;代表大会由各年级或院系按照人数比例选出代表组织之,代表人数由各校自定。

第九条　理事会设理事十一人至十七人,候补理事三人至五人,并由理事互选常务理事一人至三人。

第十条　理事会之理事,由各年级或各院系推举候选人三人至九人,提请会员大会,按照规定名额选举之,任期定为半年但得联任一次。

第十一条　理事会分设服务、学艺、健康、风纪、事务五部,各部设总干事一人,干事若干人,总干事由理事会推选理事兼任,干事由理事会指定会员充任,各部之任务如左:

一、服务部　关于学校服务、社会服务及生产劳动事项;

二、学艺部　关于学术研究、书刊出版及艺术表演事项;

三、健康部　关于卫生及体育活动事项;

四、风纪部　关于新生活规律之实践,及秩序与纪律之促进事项;

五、事务部　关于文书、庶务、会计及会员之登记事项。

第十二条　学生自治会理事总干事有左列各款情事之一者应即解任:

一、有不得已事故,经会员大会议决准其离职者。

二、旷废职务,经会员大会议决令其退职者。

三、违背校规,受学校惩戒处分,经会员大会议决令其退职,或由学校令其退职者。

四、经学校核准休学或退学者。

干事之解任除上列第四款外,由理事会决定之。

第十三条　学生自治会理事及总干事中途解任者,理事以得票较多之候补理事补充,总干事由理事会另行推定,均以补足前任之任期为限,学生自治会干事有解任者,其缺额由理事会另行指定其他会员充任之。

第十四条　会员大会于每学期之始及每学期之终,各举行一次,遇必要时经理事会之决议或会员四分之一以上之建议,经学校之允许,得由理事会召开临时大会。

第十五条　理事会每两星期开会一次,遇必要时,得由常务理事召开临时会。

第十六条　学生自治会举行各项会议时,即应先期请求学校派员指导。

第十七条　学生自治会之决议,以在规定之任务范围以内为限,并不得干涉学校行政,有违反上项情形者,学校得撤销之。

第十八条　学生自治会会员在会务范围以内,具有选举、罢免、创制、复决之权。

第十九条　学生自治会如违背校规情节重大时,学校得解散之。

第二十条　学生自治会之经费以会员会费充之,必要时请学校补助。

学生自治会理事名单
(1948 年 3 月 15 日)

职务	姓名
正常务理事	杨振宇
副常务理事	李德容
副常务理事	高亮之
主任秘书	李景先
秘书	张令詧
学术部长兼出版股长	刘万甸
文化股长	金陈莲
总务部长兼事务股长	包洪枢
会计股长	吴明竹
保管兼出纳股长	徐曼琛
膳务部长	胡则维
膳务理事	向惟浍
膳务理事	张申
服务部长兼福利股长	杜横亭
社会服务股长	陆廷琦
康乐部长	陈明达
体育股长	姜之篦
游艺股长	沈效良
候补理事	方子夷
候补理事	钟伯熙
候补理事	蒋建华
候补理事	戴知贤
候补理事	方友敦

《国立浙江大学校刊》复刊第一百七十七期，民国三十七年三月十五日

本校学生自治会三届普选日程

(1948 年 9 月 16 日)

（九月十四日理事会通过）

日期	星期	上午	下午	晚上
九月十六日	四	(一)公布本届普选日程； (二)张贴会章； (三)公布会员名单； (四)声请更正名单开始(九时)		
十七日	五		声请更正名单截止(六时)	
十九日	日	发代表选票(八时起)	发代表选票	代表选票(十时止)
二十日	一	继续发代表选票		
二十一日	二		(一)缴代表选票(十二—一时)； (二)代表选票开票(同右)	(一)缴代表选票(五时半—八时)； (二)代表选票开票
二十二日	三		同二十一日	同二十一日
二十三日	四	(一)公布当选代表名单； (二)当选代表无理事候选资格声请登记开始(九时)		当选代表无理事候选人资格者声请登记截止(九时)
二十四日	五	(一)公布理事候选人名单； (二)理事推荐开始； (三)公布投票细则		
二十六日	日	(一)八时正鸣钟开始普选理事投票； (二)公布开票办法	(一)一时五十分预告即将截止投票； (二)二时正鸣钟截止普选理事投票； (三)二时十分鸣钟开始理事选举开票	宣布普选理事开票结果
二十七日	一	公布新理事名单		
二十八日	二	发补选代表选票		
三十日	四		(一)缴补选代表选票(十二—一时)； (二)补选代表选票开票	(一)缴补选代表选票(五时半—八时)； (二)补选代表选票开票
十月一日	五	同三十日	同三十日	同三十日
二日	六	(一)公布当选补选代表名单； (二)公布全部新代表名单		

附注：新同学选举代表日期另定。

《国立浙江大学日刊》复刊新第二十八期，民国三十六年九月十六日

学生自治会办理第四届普选竣事

（1949 年 2 月 28 日）

本校学生自治会前日举办第四届普选，经过颇为热烈。即夕六时在健康房开票完毕，统计结果如下①：

全校同学人数		一，五〇八人	有投票权者	一四六二人
发出票数	校本部	九四六张		
	华家池	八六张		
	共计	一，〇三二张	占有投票权总人数	70.5％
收回票数		九八五张	占有投票权总人数	67.4％
			占发出票数	95.4％
有效票数		九一一张	占有投票权总人数	62.3％
废票		七四张	占收回票数	7.5％
弃权者	未领选票	四一〇人	占有投票权总人数	29.4％
	领而未投者	四七人	占发出票数	4.5％
共计		四七七人	占有投票权总人数	32.6％

新理事名单如下：

张淑改	657 票	刘肖竹	470 票	华天宝	379 票	宁奇生	635 票
陈年	454 票	王永清	368 票	王文阁	545 票	倪珪如	441 票
汪家华	356 票	杨锡龄	526 票	李云卿	436 票	郭尚汉	346 票
陈全华	526 票	姜之箎	416 票	袁永生	346 票	李秉宏	515 票
周本省	410 票	钟伯熙	344 票	李友仁	478 票	张泉根	395 票
朱德宗	335 票	丁国祥	474 票	裴荣安	382 票		

新理事中，以院别分：

文学院	二人	8.7％
理学院	三人	13％
工学院	十一人	48％
农学院	二人	8.7％
法学院	三人	13％
医学院	无	0％
师范学院	二人	8.7％

---

① 统计表由编著依原内容改制。

以年级分:

四年级	三人	13%
三年级	五人	21.8%
二年级	九人	39.1%
一年级	六人	26.1%

《国立浙江大学日刊》复刊新第八十一期,民国三十八年二月二十八日

(二)学生社团

黄继武同学等发起组织时事研究会
(1936 年 11 月 26 日)

顷有本校同学黄继武等九人,发起组织时事研究会。其宣言刊录于后:

亲爱的同学们:

在我们身上已背了无数个血的纪念了,每一次斗争失败后的伤痕像千万根尖锐的针一样刺在我们的心里! 同学们,我们不要失望地抓住这些苦痛的记忆吧,我们要牢牢记住这些深刻的教训,积极地探索着将来的路。拯救我们的民族于水深火热中的这个千斤重担是紧紧地压在我们的肩上啊! 我们是站在暴风雨前面的民族的战士,我们要向敌人猛掷我们的铁链搏斗!

请看看在我们的前面的和后面的道路吧! 先向后看看从我们的祖先遗留下来的,孕藏着无尽的宝库的土地,在被敌人的铁蹄蹂躏着,无耻的奴才们被敌人牵了鼻子,在我们的国土上做着傀儡戏! 在敌人的野蛮的武装走私的暴力下把我们的尚未成熟了的民族工业摧毁了,在甜言蜜语的"中日经济提携"之下,我们的农村正在一天一天地加速地败落下去! 而现在,"华北特殊化"和"共同防共"这两张卖身契约又无情地投在我们的面前了! 同学们,这还不够哩,看看绥东、绥北又在敌人主使下驱使着伪匪军攻击了。这个狠毒恶辣的"以华灭华"的把戏又在更迫近地被扮演着了。但是,同学们,别只悲伤地看着我们走过来的路上的荆棘吧,我们放眼看看前面,在我们的前面是一条"生"的康庄大道,尽管也有"死"的路在引诱着我们,我们应当将无疑地选择这条生路的,这是最后一个关头了,不是"生",便是"死",我们应当毅然决然地向我们的光明走去吧! 我们将张着两臂热烈着迎着光明! 同学们,看,我们的不愿做亡国奴的忠勇的将士们已经在开始血肉的搏斗了,这些从枪刺和刀尖迸发出来的火花,那就是"光明",也就是我们的生路。

再看得远一点吧! 在这个弱肉强食的血腥的世界上,战争的怒潮正在一天一天地膨胀着呢! 别的例子不必举吧,只要看看疯狂地怒吼着的德国的凶狮希特勒刚和世界的魔王墨索里尼称兄道弟,现在又和我们的敌人携手了。这一群制造战争的凶犯正在制造出无数明

的和暗的吃人的武器,要向全世界渴望和平的公正的人们和被压迫的殖民地半殖民地国家
迫攻哩! 而,在德日一纸协定之下,首先受到毒焰和祸害的将是我们的中国吧。我们的敌人
从此更可以为所欲为了。但是,我们将怎样呢? 斗争? 只有斗争,无论怎样凶残的手段都不
能打断我们! 只有斗争才是我们的生路。

前方的战士们已经站在斗争的第一线了。援助和鼓励我们的战士的扩大的运动,已经
普遍地展开。这是全中国不愿做奴隶的人们的心的呼声啊! 但是,同学们,在现代的战争中
生和死的搏斗中,前线和后方是不能够明确地区分开的,我们要参与这个斗争,我们便也是
站在救亡的前线上了。我们每一个站在救亡线上的青年们,应该要怎样才能胜任地承下这
个责任来呢? 我们需要:

(1)认清我们的世界动态!

(2)充实我们的斗争论理!

(3)握住我们的正确目标!

因此,我们需要广大的知识和积极的研究;我们的时事研究会就是为了适应这个需要而
发起的。

在上学期,我们也有过时事研究会的组织,它是附属于学生自治会的。这个会的性质和
宗旨可以不必再介绍了,因为在这个宣言中已很清楚地报告给同学们了。过去时事研究的
工作还是非常不够的,所以这学期这个团体更是迫切地需要了,但因为学生自治会为了经济
和其他的原因,不能帮助我们,因此我们就自动地发起这个组织。我们希望同学们踊跃参
加,使我们在集体讨论和研究之下,能够得到更充分的知识(那就是我们的武器)更坚决地走
向我们的标鹄! 也希望使我们能有差强人意的工作成绩贡献给同学们! 每一个志愿加入这
个团体的同学请从今日起向各发起人那里签名,我们矢诚地欢迎着新的和旧的同学们! 原
来的时事研究会会员更望不要忘记了你们的工作!

发起人	黄继武　侯焕昭　李永炤　薛秋农　潘家吉				同启
	张行言　陈怀白　李培金　胡广家				

《国立浙江大学日刊》第七十三期,民国二十五年十一月二十六日

本校歌咏团组织成立

(1937 年 3 月 15 日)

本校歌咏团自王政声先生发起组织以来,报名加入者颇为踊跃,医专一部分同学以震于
王先生名,亦闻风而至,要求加入,王先生慨然许之。前晚(十一日)该团在音乐室举行首次
练习,以人数过多,致后至者无立足地。旋即开始练习"Neapolitan Night"全曲,由王先生详
为解释指示;加之各同学之精神饱满,故结果非常良好。练习毕,当由全体团员中选出五人,
为该团委员。闻此后王先生当纯处指导地位云。

该五人之姓名、职务探录如次:

主席:卞华年(工学院)

副主席:张澄(医专)

文书:寿宇(农学院)

会计:田丽菊(女生宿舍)

干事:黄继武(文理院)

(仁者)

《国立浙江大学日刊》第一百三十九期,民国二十六年三月十五日

学生农村服务团简则
(1937 年 5 月 5 日)

第一条　(一)鼓励学生服务农村事业,改善农民生活,以巩固复兴民族之新基础;(二)利用学生之闲暇以激发农民之精神,增进农民之知识,使能努力建设。

第二条　农村服务纯为爱国之行动,除农村服务研究会会员得加入外,并欢迎各大学学生自动参加。

第三条　农村服务团团员应以各返本省农村工作为原则。

第四条　服务工作由本会编印之农村服务手册所规定之项目,或按各人之兴趣,选择数项,担任进行。

第五条　本会除供给团员各种服务工作材料外,一切膳宿等费,概由学生自理。

第六条　服务团员于工作时,每日应作日记,每周另作一简略之报告,寄交本会。至工作结束时应作一总报告,由本会发行专刊。团员写报告时,应注意下列各项:

(一)地方上之历史背景、地理及普通社会状况,非必要时,勿列入报告;

(二)非个人之实际工作,及服务经验,勿列入报告;

(三)报告须简洁扼要,文字须缮写清楚;

(四)编制报告一律用本会所发稿纸。

第七条　凡团员因路途遥远者,或其他特种困难不能返本省农村服务者,请得求本会介绍至各地农运机关或其他推行农村事业之地方行政机关参加工作,但须遵行下列各点:

(一)请求介绍者,务于服务一月前,填具请求单,寄交本会,接洽介绍;

(二)介绍团员到乡服务,应充分与当地行政或农运机关及农民团体联络进行,以发挥其原有机构之服务效能为原则;

(三)介绍服务之团员须绝对服从各该机关主持人员之指导。

第八条　团员在乡服务之时间,最少应以一个月为限,并须实际工作。

第九条　服务团员于工作发生困难时,可直接函达本会商洽解决办法。

第十条　本会为使学生服务前获得充分之准备计,举办农村服务讲习会,其办法另定之。

第十一条　服务团员工作成绩优越者,得由本会总干事呈请会长分别奖励之。

第十二条　本简则如有未尽事宜,得由本会修改之。

第十三条　本办法自公布日施行。

附学生农村服务研究问题纲要(民国二十六年四月)

一、农村服务之理论与实际

(一)农村领袖之名著

(二)农村改造家之经验谈

二、农村服务材料

(一)农村公民之常识

○甲、总理遗教；

○乙、会长教训；

丙、革命史料；

○丁、民族国家观念；

戊、农民宗教。

(二)农村社会之改造

甲、协助政府取缔地方恶势力；

乙、取缔烟赌；

丙、组织民众。

(三)农村卫生之常识

甲、个人卫生；

乙、家庭卫生；

丙、公共卫生。

(四)农村民众之体育及娱乐

甲、教育电影或幻灯；

乙、歌谣；

丙、戏剧——话剧、国剧、土戏；

丁、运动——球类、田径、游泳等；

戊、国术。

○(五)农村教育之推进

甲、协助固有乡校；

乙、组织夏令识字班；

丙、农民领袖训练班；

丁、通俗演讲。

○(六)农村经济之建设

甲、鼓励生产；

乙、提倡节约运动——废物利用；

丙、宣传合作社意义，协助组织合作社；

丁、宣传及鼓励农村仓库；

戊、家庭教育；

(子)婚姻问题；

(丑)家庭经济。

(七)农村农事之指导

甲、推行良种；

乙、驱除病害虫；

丙、园艺；

丁、森林；

戊、牧畜；

庚、蚕桑；

申、农具改良。

(八)农村自卫之组织

甲、健全保卫团之组织；

乙、协助壮丁训练。

(九)农村村容之整理

甲、组织劳动服务团——造桥修路；

乙、植树种花。

(十)农村政治之训练

甲、协助巩固保甲制度；

乙、协助政府对于地方上之建设。

三、农村状况调查

(一)家庭调查

(二)卫生调查

(三)合作调查

(四)教育调查

(五)农业调查

附注：

(一)表中有○者即指定题目与贵会研究者；

(二)贵会如愿意增加研究他项题目者,请先通知本会。

《国立浙江大学日刊》第一百七十八、一百七十九期,民国二十六年五月五日、六日

本校同学潘家吉等发起组织浙大话剧社

(1937 年 4 月 27 日)

本校同学潘家吉、杨道专、徐道览、许乃茂、汪湘、唐淑昭、沈宛真、纪纫容、范文涛、贵畹兰等发起组织浙大剧社,极盼本校教职员、同学踊跃加入,兹将发起人发起组织浙大剧社缘起刊后：

依美国现代戏剧批评家 Clayton Hamilton 和 Brander Mattews 的意见,以为戏剧的定

义是："由演员在舞台上,借客观的动作,以情感而非理智的力量,当着观众来表现一段人与人间的意志冲突。"由之,而曼衍为戏剧是综合的艺术,因近代戏剧包括文学、音乐、绘画、雕刻、建筑、舞蹈而独立的成为一种艺术。其在艺术中居至为重要的部门。站在纯艺术研究的立场,我们是不可轻觑于戏剧的。而尤其重要的是近代戏剧任职之不容忽视,近代人大都认戏剧可以教导人生和宣扬文化的,所以萧伯讷曾说:"戏剧是学校。"莎士比亚更说:"全宇宙是一个大舞台:全人类都是演员。"相当于中国一句旧话"人间事无非是戏"。借戏剧以指示人生,使观众于不知不觉之中,由模仿和暗示的作用,对于狭隘的经验和认识而有所启发。宣传文化,更为今日欧美国家所乐为引用。

我国近二十年来,新剧运动方兴未艾,究其策源的地方,大都在中等以上学校。而对于当日鄙视戏剧的观念和戏剧真正的意义,已能加以扬弃和体认。"九一八"以后,更有了实质的变易,艺术对人生和时代是不可脱辐的,反之,更应肆其伟大的力量,以解除人生的时代的苦痛。这在中国已见萌蘖,而戏剧尤有实际的表现和成功,是一件至为可喜的现象。

浙大是东南半壁的最高学府,理、工、农是我校的特长。但我们知道,在广义上讲,人生是多方面的,艺术尤其若戏剧是一种有意义、有价值的研究对象。我们抑且要借之以教导人生、宣扬文化,在我们这般最高学府里,是须要负起这种积极的责任来的。复次,在生活上讲,我们的日常生活,似乎太嫌枯瘠了! 我们不仅要生活着,更要丰富的有意义的生活着,而最能有意义和丰富我们的生活法门,是无有过于戏剧的了。

不揣简陋和冒昧,我们来发起组织浙大剧社,我们虽无戏剧的素养,但有认清任职点滴努力的决心,希望我校的师友踊跃参加,俾得早日成立,幸甚!

《国立浙江大学日刊》第一百七十一期,民国二十六年四月二十七日

浙大话剧社正式宣告成立
(1937 年 5 月 4 日)

浙大话剧社自发起人公开征求以来,虽为时不过一周,而加入者竟达四十一人之多。该社于上月三十日晚开成立大会于秘书处大礼堂。除成立会章、推选职员外,并产生演出委员会,积极筹备下学期公演事项。该会日来正忙于聘请顾问导演,选择剧本,审核人才,决定于暑假前完成筹备计划,行见昔日浙大剧社之活跃与繁荣,又将呈现于吾人之眼前矣。(敏)

《国立浙江大学日刊》第一百七十七期,民国二十六年五月四日

"黎明"唱歌队成立大会纪略
(1937 年 5 月 18 日)

一个星期以前,本刊曾登载了一篇《××歌唱队发起宣言》。由于发起人的努力,同学们的赞助,这歌唱队迅速地成立了。

十五日(星期六)晚上七时,总务处大礼堂聚集了三十多个男女同学,他们欣欣地团团坐

下以后,歌唱队成立大会就正式开幕。

到会的人数虽然不算少,但只占了队员全体的五分之三(队员已加入者有五十余人)。所以有这么多人不到的缘故,据主席说是受了《日出》公演的影响,这大约是不错的。一个爱好歌唱的人,自然也欢喜戏剧。

到会人数虽不十分多,但他们却都十分兴奋,欢忭。这种奋发的精神,预示了这歌唱队前途的光明。

主席代表发起人致辞之后,就开始讨论会章。首先是决定队名,那个"××"用什么来代替它?结果一致议决,定名"黎明",表示他们对于光明的憧憬,对于前途的确信。其次讨论宗旨,结果是"歌唱时代歌曲,发扬民族精神。"本来,他们并不是为歌唱而歌唱的。

经过了热烈的讨论,通过了会章。此后就选举职员,讨论提案。结果自然用不着在这里多说。

会场的空气十分欢畅,队员的精神尤其兴奋。他们大多发表了许多意见,对于以后队务的进行,讨论得很充分,很热烈,也很高兴。一直到九点半钟,大家才踏着轻快的步调,走出了会场。

这成立大会不过是歌唱队的一个前奏,但已显示了前途的远大了。此后,这歌唱队将会迅速地发荣、滋长、进展,是无可怀疑的事。"黎明"来临了,太阳是会以万丈光芒的雄姿出现的。(青)

黎明歌唱队成立大会记录

日期	〈二十六年〉五月十五日
地点	总务处大礼堂
出席	卅一人
临时主席	周存国

决议案

一、通过会章。

二、职务分配:

队长:周存国

文书:毕拱华

会计:杨治平

干事:田丽菊　张行言

三、本会歌唱每周二小时于每星期五晚六时半至八时半举行之。

四、歌唱地点,暂定总务处大礼堂。

五、创制队歌。

《国立浙江大学日刊》第一百八十九期,民国二十六年五月十八日

黑白文艺社简章

(1937 年 9 月 28 日)

第一章　总纲

第一条　本社定名为黑白文艺社。

第二条　本社以研究现实性文艺、从事一切有效之救国工作为目的。

第三条　本社社址暂设国立浙江大学内。

第二章　社员

第四条　凡与本社志趣相合、目的相同，经本社社员二人介绍加入者，皆得为本社社员。

第三章　组织

第五条　本社以社员大会为最高权力机关，下设干事会处理会务。

第六条　干事会由社员大会选出七人组织，另设候补干事三人。

第七条　干事会分常务、文书、宣传、出版事务、研究，及流通图书馆[①]七股，各股主任由各干事兼任之，股员由各股主任聘请。

第八条　为便利工作及研究计，得将社员全体分为若干小组，直属于干事会；每组设组长一人，组员若干人，组长由社员大会选出。

第九条　每小组为讨论问题时提案之单位与创作作品之小集体。

第四章　会议

第十条　本社一切行动原则由社员大会决定，交干事会筹划执行。

第十一条　社员大会每半年开会两次，必要时由干事会临时召集。

第十二条　社员大会由干事会召集，大会主席由常务干事担任。

第十三条　干事会每四星期开会一次。

第十四条　为谋本社工作进行便利起见，于必要时，得由干事会召集组长会议。

第五章　任期

第十五条　干事会干事及各组组长每半年改选一次，得连选连任。

第六章　经费

第十六条　本社经费来源分社费、稿费及其他收入三方面。

第十七条　本社经常费暂定每人每半年一元。

---

① "图书馆"三字原文为"圕"字，即图书馆。

第七章　附则

第十八条　本社工作大纲及研究程序由干事会另订之。

第十九条　本简章得经社员大会动议修改。

第二十条　本简章经成立大会通过施行。

《国立浙江大学日刊》第二百三十八期,民国二十六年九月二十八日

本校浙江同学会简章
(1939 年 3 月 22 日)

一、定名

本会定名为国立浙江大学浙江同学会,以下简称"本会"。

二、宗旨

本会以联络感情、砥砺学行,发扬母校固有精神、促进会员共同福利为宗旨。

三、会员

本会会员分为基本会员及特别会员二种:

甲、基本会员

凡本大学各学院以及前甲工、甲农、高工、高农、工专、农专等校毕业或肄业同学留居浙江省各县者,均得为本会之基本会员。

乙、特别会员

凡曾任本大学及以前甲工、甲农、高工、高农、工专、农专等校教职员留居浙江省各县者,均得为本会特别会员。

四、组织

本会由全体会员选举理事七人组织理事会,处理本会一切会务,并互推一人为常务理事办理日常会务。

理事会分事务、文书、会计、通讯、调查、介绍六股,各股理事一人,由各理事互推之。

五、职权

本会以会员大会为最高权力机关,会员大会如因故未能召集时,得召开代表大会;会员大会及代表大会闭幕后,即由理事会处理一切会务。

常务理事综理理事会一切会务,对外代表本会。

各股理事掌握各该股事宜,并协助常务理事办理各项会务。

六、职员任期

本会各理事职任定为一年,连选得连任。

七、会期

本会会员大会历〔每〕年举行一次代表大会,各半年举行一次,由理事会决定召集之;遇

有必要时，得由理事会召开临时会。

理事会各月举行一次，由常务理事召集之；遇必要时，得由常务理事召开临时会。

八、会费

本会经费来原〔源〕分为左列三种：

甲、入会费

各人大洋一元，于入会时缴纳之由各地分会经收，汇交本会。

乙、常年费

每人大洋一元，于各年召集每年大会后缴纳之，由分会征收，半数为分会经费，其余半数汇交本会。

丙、临时费

遇必要时，经会员大会或代表大会通过，由理事会通告全体会员，临时捐募之。

九、会址

本会会址未确定前，暂设通讯处于丽水城区消费合作社。

十、分会

本会会员同在一地有五人以上时，得组建分会，其章则另订之，但不得与本会会章相抵触。

十一、附则

本简章由全体会员大会通过后施行，修改时亦同。

《国立浙江大学校刊》复刊第十六期，民国二十八年三月二十七日

本校本学期各学会各团体一览
（1940 年 7 月）

名称	宗旨	负责人姓名	工作概况
学生自治会	学生自治会以本三民主义之精神，促成学生在学校以内之自治生活，并促进其智育、德育、体育、群育之发展为目的。	陶光业	
学生自治会干事会		沈自敏	出版《浙大学生》，举办民众学校。
临时工作委员会		潘傅烈	从事抗战工作。
机械工程学会	研究机械工程学术，促进本大学机械系之发展。	顾全梅	出版《机械通讯》，举行学术讨论。
土木工程学会	促进学术，聊〔联〕络感情。	梁德荫	出版《土木通讯》，举行学术讨论。
化工学会	研究学术，联络感情。	黄宗麟	出版《化工通讯》，举行学术讨论。
浙大化学学会	研究学术，联络感情。	何葆善	出版《化学通讯》，举行学术讨论。
教育学会	研究教育学术，联络会友感情。	汪湘	出版《教育论坛》（甲、乙）二刊，推行民众教育。

续　表

名称	宗旨	负责人姓名	工作概况
农化学会	研究学术,联络感情。	张学元	出版《农化通讯》
举行学术讨论作物学会	研究学术,聊〔联〕络感情。	乔礼秋	出版《作物通讯》,举行学术讨论。
病虫害学会	聊〔联〕络感情,砥砺学术。	唐觉	举行学术讲演及讨论会。
民卅级级会	聊〔联〕络感情,研究学术。	孙祺荃	筹出级刊,举行级友联欢会。
农学院二九级级会	聊〔联〕络感情,砥砺学术。	汤冠熊	
农学院民卅一级级会	聊〔联〕络感情,切磋学术。	陈猷	
浙大青年文艺座谈会	研究文艺,聊〔联〕络感情。	邵全声	出版壁报《海燕》一种,并定期召集座谈会。
铁犁剧团	研究戏剧。	刘昌汉 赵梦環	排演抗战宣传名剧,练习剧本之写作。
回声歌咏队	学习歌唱。	范文涛	定期举行歌唱。
大家唱歌咏会	学习歌咏。	刘颂尧	出版《吹号者》壁报一种,并定期举行唱歌练习。
黑白文艺社	研究文艺,聊〔联〕络感情。	何友谅	出版壁报《卫星》一种。
塔外画社	绘画之学习与工作。	胡玉堂	出版图书及木刻壁报。
文学院系联会	砥砺学术,联络感情。	胡玉堂	出版《文联》半月刊一种。
外文学会	研究学术,联络感情。	宋超群	定期举行阅读、翻译讨论会。
史地学会	研究学术,聊〔联〕络感情。	沈自敏	定期举行谈论会及杂志阅读。
生物学会	聊〔联〕络感情,砥砺学术。	谈家桢	定期举行谈论会及杂志报告。
中国文学会	切磋学术,聊〔联〕络感情。	何友谅	定期举行研究会及讲演会。
物理学会	研究学术,聊〔联〕络感情。	程开甲	定期举行杂志报告及讨论会。
电机学会	研究学术,聊〔联〕络感情。	虞承藻	出版《电杭通讯》。
农学院级联会	联络感情,切磋学术。	乔礼秋	定期举行会员大会及联欢会。
江苏省立杨中校友会浙大分会	聊〔联〕络感情,沟通校友信息。	臬学炳	举行校友座谈茶话会。
江苏省立淮安中学校友会浙大分会	联络感情。	潘际炯〔烔〕	举行校友茶话会及联欢会。
南昌一中同学会	聊〔联〕络感情。	熊金治	举行会员大会。
两广同学会	聊〔联〕络感情,砥砺学术。	赵鸿举	举行会员大会。
江西同学会	聊〔联〕络同乡感情。	黄友松	举行联欢会。
浙大基督教团契	崇奉基督,培养灵性。	陈裕明	定期举行祈祷。
国乐研究会	研究吾国古乐。	周本湘	举行国乐会,练习乐曲演奏。

《国立浙江大学校刊》复刊第五十一、五十二期,民国二十九年七月二十日、二十七日

三十五年度第一学期学生团体集会登记

（1946 年）

团体名称	负责人	集会名义	时间	地点	备考
外文学会	张维	第一次演讲会	十一月四日下午六时	新教室三楼	主讲：美国哥伦比亚大学教授 O. S. Moryan
教育系民三七级分会	王绮		十一月十七日下午六时	教职员膳厅	
女同学励进会		第一次全体大会	十一月十八日下午六时	新教室三楼十五教室	
浙大四川同学会	宋定芳	同右	十一月十六日下午七时	新教室三楼十五教室	
浙大省立宁波中学校友会	马独见	同右	十一月二十日下午二时	新教室三楼十五教室	
史地学会	舒兴汉	第一次演讲会	十一月廿五日下午七时	新教室三楼	主讲人：李思纯先生
外文系戏剧班	潘润智	第一次全体大会	十一月廿三日下午六时	新教室第十三教室	
史地学会	舒兴汉	全体大会	十一月廿九日	文理学院教室三楼十五室	
外文系系会□□□等	郭桂庭、张□等	联合会议	十一月廿二日	文理学院二楼第七教室	
金中校友会	郭文杰、倪三祥、胡寿延	临时会议	十一月廿七日	文理院三楼	
湖北同学会	王杰英、贺锡璋	全体全员大会	十一月卅日	文理院三楼十四教室	
浙大台属同学会	朱大松	全体全员大会	十二月一日	文理学院三楼	
教育学会	姚梅生	全体全员大会	十二月七日	文理学院三楼十五教室	
农艺系三年级级会	龚文新	杭、黔系友联谊会	十二月四日晚六时	文理学院三楼十四教室	
电机二联谊晚会	薛国玺	联谊会	十二月七日晚六时	十四课室	
江西同学会	罗聚源	成立会	十二月十五日上午九时	十五教室	

续　表

团体名称	负责人	集会名义	时间	地点	备考
安徽同乡会	张有清	成立大会	十二月廿二日上午八时至十二时	十五教室	
苏北同乡会	夏積滋	成立大会	十二月廿八日下午六时	十四教室	
化学学会迎新会	顾以健	迎新会	十二日廿七日下午五时	十五教室	
湖北同学会迎新会	舒兴汉	迎新会	十二月廿一日下午六时	第十教室	
史地学会演讲会	夏積滋	演讲会	十二月廿二日下午六时	十五教室	
两广同学迎新会	余宏苹	迎新会	十二月廿一日下午六时	十四教室	
教育学会	张□□	欢迎会	十二月廿日下午七时	文理学院女生□□	
四川同乡会	雷学时	迎新会	卅廿元月四日下午六时	文理学院第十五教室	
土木工程学系全体大会	沈坩卿	全体大会、迎新会	元月十六日下午六时	文理学院第十五教室	
电工学会全体大会	任亚冠	全体大会、迎新会	元月十日下午六时	十五教室	
宜兴同乡会	吴士敏	联欢暨迎新	元月十一日下午六时	十四教室	
师院同学会	祝耀楣、姚梅生	欢迎郑院长	元月十二日下午一时半	十五教室	
物理学会	雷学时	迎新会	元月十二日下午一时	十四教室	
外文学会联欢迎新	李冠勇		元月十八日下午六时	十五教室	
机工学会全体大会及迎新	朱传□	迎新会	元月十六日下午六时	十五教室	
天佑级会	李永杰	同学会	元月十八日下午六时	十五教室	
华北同乡会	于子三	迎新会	元月廿一日晚除夕六—十	文理学院十四教室	
教育学会、教育研究会	孙开源	教育问题座谈会	元月卅一日晚六时	文理院第六教室	
农经学会	储凤书	迎新会	元月十九日下午六时	十五教室	
两广同学会	余宏苹	欢送毕业会友	二月二日下午七时（或下午二时）	十四教室	
武进同乡会	吴国钧	同乐会	一月卅一日下午六时	十四教室	
理化学会	吴仁铨	学术研讨会	二月八日下午五时半	二十三教室	

团体名称	负责人	集会名义	时间	地点	备考
教职员平剧社	李启明		二月八日下午六时卅分	二楼十教室	
教职员平剧社	李启明		二月十五日下午六时卅分	二楼十教室	
□□团契小组联欢会			三月廿六日下午六时正	三楼十四室	
自治会理事会	任知恕	请吴耀宗先生演讲	三月五日晚六时正	十五教室	三月三日至九日止,十五教室补课,开会不能登记。
机工学会	朱傅鼎	王院长训话	三月十日下午七时正	十五教室	
学生代表会全体理事会	训导处	郑代校长训话	三月十一日下午七时	十五教室	
理化学会	吴仁铨	学术演讲会	三月二十日下午六—八时	二十三教室	
教育学会	刘季会	欢送毕业同学会	六月十一日下午八时	四十八教室	
电工廿四级会	曾昭文	临时会议	十月四日下午七时	北教室第十八室	
国文学会		迎新	十月□日下午七时	报国厅	无灯
福建同学会	李英	迎新会	十月廿五日下午七时	文理学院第八教室	
机工学会	李镇南	干事会	十月廿七日下午七时	文理第八教室	
浙大嘉兴同学会	潘福祥、计士雄	全体大会	十一月一日下午七时	文理第八教室	
永康旅杭同学会	胡显风	全体大会	十一月廿三日下午二时	报国厅	
兰溪旅杭同学会	胡寿延、方宝庆	全体大会	十一月廿三日下午二时	诚朴厅第一教室	
化工学会	向惟泆	系干事会	十一月廿二日下午六时半	北教室二十四教室	
史地学会	李景先	全系迎新大会	十一月卅日下午六时	大礼堂楼上	
土木工程学会	楼宗汉	迎新会	十二月二日下午六时	大礼堂楼上	
教育系	王懋鑫	迎新会	十一月廿六日下午七时	第一教室	
基督教团契	潘昌本	弥赛暨唱片晚会	十一月廿九日下午六时半	报国厅	
化工系	向惟泆	迎新会	十一月十九日下午六时	勤朴馆楼上	冲突

续 表

团体名称	负责人	集会名义	时间	地点	备考
数学系	谷超豪	迎新会	十一日四日下午六时	诚朴馆楼上	
杭高校友会	章岳松	同乐会	十二月五日下午六时	同上	
华北同学会	曲旭东	迎新会	十二月六日下午六时	同上	
化学分会	杨士林先生	迎新	十二月十三日下午六时	诚朴馆楼上	
宁中校友会	王昌尧	迎新	十二月十七日下午六时	诚朴馆楼上	
常州同乡会	薛国玺	同乡会	十二月廿七日下午六时	同右	
基督教团契	潘昌本	庆祝圣诞	十二月廿四日下午六至十二时	报国厅	
两广同学会	罗勤生	迎新大会	十二月廿九日下午六时	工院大教室	
温州同乡会	赵槐	迎新	元月二日下午一时	工院大礼堂	
外文系戏剧班	叶立义	除夕	十二月卅一日晚六时	第一教室	
国乐会	陈效□	迎新	四月六日晚六时	大礼堂	
□浦校友会	陆以德	联欢会	四月六日晚六时	大礼堂楼上	
浙大合唱团	毛昭晰	唱片晚会	五月十四日晚七时起	大礼堂楼上	
东阳同乡会	郭士龙	欢送毕业同乡	五月十五日晚七时起	大礼堂楼上	
安徽同学会	吴炳智	欢谈会	五月廿二晚七时半	第十教室	
浙大师院民三三龙泉入学同学会	郑启良	成立大会	五月廿八日晚八时	大礼堂楼上	
外文系会欢送毕业同学	武樾	欢送会	六月三日晚七时起		
温州同乡会	黄文敏	欢送会	六月十二日晚八时起	报国厅	
师院同学会	孙开源	理监事联席会议	六月二十三日晚七时起	文学院大教室	
教育系同学联谊会	召集人孙开源	联谊会	九月二十七日晚七时起	第三教室	
教育系联谊会	丁国祥	联谊会	十月四日晚七时起	第一教室	
机械系迎新会	高承煜	迎新会	十月十三日晚七时	第一教室	

浙江大学档案馆藏 L053-001-0583

浙江大学学生团体、会社登记办法要点
（1948 年）

一、各学生组织团体、会社须经本处核准。

二、各学生组织团体、会社须确实遵守《浙江大学学生团体登记审查办法》，如有违反，本处得吊销所发之"登记认可证"，并就其情形与事实予负责人以处分。

三、凡申请登记各种团体、会社，其会员及会务均限于本校以内，如会务扩展至校外而有所活动者，与本校无涉。

四、申请登记各种团体、会社如欲发行刊物，须向有关机关依法立案，壁报不在此例。

五、本认可登记证有限期为一学年，期满须凭原证掉换新证。

六、本《浙江大学学生团体会社登记办法要点》如有修正，当由本处另行通知。

××院××系×××学生等所组织　　会，经查尚无不合，暂准登记备查。

训导处

民国卅七年　月　日

第　号

国立浙江大学学生团体会社登记认可证

兹以×××等为组织"×××"申请登记并依章附会章及会员职员名单各乙份陈报前来。查该会组织与《浙江大学学生团体登记及壁报刊物审查办法》尚无不合，暂准登记，备查，随证附《浙江大学学生团体会社登记办法要点》，希予遵照。

右发给

×××××××会收执

训导处

民国卅七年　月　日

（三）抗战服务

战时后方服务队今日编队
（1937 年 10 月 1 日）

本校为求全体同学严密组织、应付非常起见，依照部令办法，全体同学一律加入战时后

方服务团,由特教执委会主持办理其事。该队暂设警卫、消防、救护、防毒等四股,各股工作纲要见二三三期本刊。前日已由特教执委会布告全体同学自前日起,至昨日下午四时止,在训育部签名参加股别。复订于今日(十月一日)上午七时,男女一律穿着制服,齐集工学院操场,听候编队。嗣后两星期内,每逢星期二、五晨七时,仍在原操场集中训练,如逢天雨或空袭警报时,则顺延一日。俟集中训练两星期后,再行按照各股分别训练云。

《国立浙江大学日刊》第二百四十一期,民国二十六年十月一日

浙大女生抗敌服务团征集股报告
(1937 年 10 月 2 日)

敝团自发起献金银运动后,蒙全校师长同学之源源输将,尚称不乏。兹将近日征集所得先作一概略之报告:金戒十二只,金器三件,银戒六只,纹银二十六两二钱,银器二十二件,硬币三十五元,双角六十七枚,单角十四枚。金戒十二只中四只为教职员所捐,八只为女同学所捐。金器,教职员、女同学、男同学各一件。至于详细报告,俟结束后再当公布。

〈二十六年〉十月二日

《国立浙江大学日刊》第二百四十二期,民国二十六年十月二日

国立浙江大学战时后方服务队请假细则
(1937 年 10 月 13 日)

一、学生请假次数占训练总次数三分之一者(本学期定为六次),或占值日值夜总次数三分之一者,均令休学。

二、训练不请假而缺席两次者,值日值夜不请假而缺席三次者,均予开除学籍。

三、学生因婚丧大故,得请事假外,其余事假一概不准。

四、学生本人因疾病经医生证明者,得请病假。

五、各股学生缺席,由各股主任逐日开具学生缺席名单,送交请假组主任办公室(暂设训育部内)登记查核。

六、各学院学生请假地点分配如左:

1. 文理学院学生向徐谷麒先生请假(在注册课办公室);

2. 工学院学生向陈柏青先生请假(在训育部办公室);

3. 农学院学生向林汝瑶先生请假(在农学院训育部驻院办公室)。

七、本细则适用于本大学战时后方服务队各股训练班。

八、本细则经特种教育执行委员会常务委员会通过施行。

《国立浙江大学日刊》第二百五十一期,民国二十六年十月十三日

国立浙江大学特种教育执行委员会布告（第九号）
(1937 年 10 月 13 日)

兹依战时后方服务队规则第五条订定请假奖惩细则，业经本会常务委员会通过。特公布之。此布。

计粘附请假奖惩细则乙份

主席竺可桢
副主席张绍忠
中华民国二十六年十月十二日

国立浙江大学战时后方服务队奖惩细则

一、学生对于训练班之训练或服务成绩优良者，记功或书面嘉奖，其有特殊劳绩者，给予奖状或奖章。

二、学生不守纪律或不服从命令者，轻则记过，重则休学、退学，或开除学籍。

三、小过三次作大过一次算，记大过三次者，即令退学或开除学籍。

四、学生对于训练班之训练或值日值夜，经准假而不到者称缺席，不请假或未经准假而不到者称旷席。

五、学生对于训练班之训练，每学期缺席次数，超过该学期训练次数三分之一者，即令休学；旷课两次者，开除学籍。

六、学生对于值日或值夜（各作一次算），每学期缺席次数超过该学期值日及值夜次数三分之一者，即令休学，旷席三次者，开除学籍。

七、本细则经特种教育执行委员会常务委员会通过施行。

《国立浙江大学日刊》第二百五十一期，民国二十六年十月十三日

女生抗敌服务团近闻
(1937 年 10 月 19 日)

自从《日刊》上公布了代表会取消女生抗敌服务团的议决案后，大众也许想要知道一点关于她们的消息吧！她们的组织现在怎样了？是"取消"了吗？那么她们的工作呢？我想关心救亡工作的先生、同学们一定都很想知道的。

现在我得了一点关于她们的消息来报告：她们的组织并没有"取消"，工作也很紧张，而且在天目山的女同学们还成立了分团，一样地努力工作。她们是自己的一个组织，并不是代表会产生的。代表会当然没有取消她们组织的权利，但为了增加工作效率起见，愿与她们取得联络，以便一同进行，这一点她们也是很乐于接受的。至于所谓"议决案"，原是记录的错误；经过一番解释后，她们的组织已与代表会更是团结一致了。

现在,她们在忙着替战士们制寒衣,她们曾多方奔走,向先生们同学们捐款,她们自己也尽力捐助。那些预备送到前方去的棉衣,白天由雇来的女工们裁制,晚上便是她们自己动手。每天晚膳后,就可看见她们成群地集合在办公室里,大家做着集体的工作,兴致非常高,工作非常紧张。假使你去看一看的话,你可以见到每一个愉快而紧张的面孔,剪刀声和谈笑声合成一片挺有劲的空气。她们手不停地做着,预备赶快送给前方杀敌的将士。

先生们,同学们! 你们听了这消息一定也会很兴奋吧! 愿她们的工作永远紧张,愿她们的精神永远愉快!(泉)

《国立浙江大学日刊》第二百五十六期,民国二十六年十月十九日

致汤司令长官公函
(1944 年 12 月 12 日)

径启者:

倭寇肆虐侵扰黔边,本校学生为适应战时之需要起见,爰组织战地服务团。该项学生约五六十人,拟即赴前方,为关于救护、通讯、宣传等工作,热诚□属可嘉。惟目下前方是否需要此项工作,相应函请查照,即希见复,以便转饬遵照为荷。此致
第十三战区司令长官汤

校长竺〇〇
中华民国卅三年十月 日

浙江大学档案馆藏 L053-001-1376

致国际协济会贵阳总会公函
(1944 年 12 月 26 日)

径启者:

本校学生战地服务团以前方将士浴血抗战,特出发黔桂前线,为宣传、救护等工作。惟以药品缺乏,诸□困难。兹特嘱该团代表支德瑜、余彦人赴前面洽,即请查照,惠予拨给救护之药品若干,以利服务为荷。此致
国际协济会贵阳总会

校长竺〇〇

浙江大学档案馆藏 L053-001-1376

黔桂湘边区总司令部公函(政宣第一〇号)

(1945 年 2 月)

敬启者：

　　查贵校组织学生战地服务团经令配属第十三军,在青岩工作。该团团员热心服务工作努力,迄今月余,成绩卓著,对于军民合作之增强,民气士气提高,贡献尤大,足见贵校训练有素,教导优良。斯有此硕果,功在国家,曷胜感佩。余除赠该团锦旗一面随函附送,请予转致以资纪念而昭激励外,特函布谢忱。即希查照为荷。此致
浙江大学
　　附锦旗一面

总司令汤恩伯

中华民国三四年二月　日

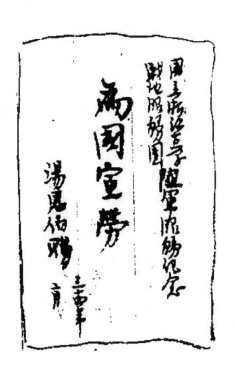

〈签注〉支德瑜代收

浙江大学档案馆藏 L053-001-1376

国立浙江大学战地服务团工作报告书
(1945 年 5 月编印)

壹、组织筹备

一、组织缘起

三十三年是抗战史的黯淡年。中原战役我军败绩后,敌骑又迅速侵入湘桂,积月之间,我丧地千里。十一月底,敌□挟其骄盛,进窥黔省,整个西南顿时动荡不宁,国家命运危如累卵。贵阳西门外阵亡将士纪念碑上,这时挂起了一大幅白布,上面写着八个大字:"民族存亡,在此一战!"正可以说明这时的情势。救兵如救火,在此紧急关头,我大军由□□纷纷南下,水陆兼程,道出贵州遵义,便遇到了一件如火如荼,为全国首倡的劳军运动。原来这时国军连战连北,兵败如山,敌骑狼奔豕突,处处得到,一时人心惶惶,大有中国虽大却是茫茫无可归处之概。此时有人起来倡导,自然便能产生出可歌可泣的历史事迹;因为爱国之心,人人有之,一经倡导,老百姓的力量便表显出来。这劳军运动,其后由中央发起,遍及各省,对于士气民心俱有一番激励□□的作用。

遵义正当川黔交通要道,城市不大不小,大得是可成为一个□□□□,而却又小得□□□驻有国军,一时满街满屋,尽是杀敌壮士,不像重庆、贵阳,虽有过境军队,老百姓无法都看得见、接触得到。所以在此时,处此地,发起这样一种运动应是极合情理的事,这运动连续了一个月,直到大军过尽了才罢。在这一个月间,我校的师长、同学与工友,□在一种兴奋的情绪下工作。过去我们与战时生活脱节,此时却与壮士们增加许多接触,自然间滋生了诚恳的感情。而我们担任将士服务工作愈多,便愈加感到□□□工作的重要。他们拼头颅洒热血,为国家民族尽忠,却很少获得人民的尊敬。□□军民日益隔膜,渐渐分歧,终于在三十三年许多事实就表现出可耻的后果来。想起这事,我们自感身为国民一份子,并且幸而得有读书机会,却不曾负担起应当负担的军民合作的工作。因此,一当局势稳定,过境国军日少,我们便有战地服务团的组织。将士们都到前方牢牢守他们的岗位去了,留我们在后方安居乐业。我们衷心的感谢他们,爱戴他们,也愿上前线去亲近他们,为他们服务,替他们工作。首倡此议的〈是〉农学院蔡院长邦华,经校务会议全体师长热烈赞助,遂由我校遵、湄、永三地学生自治会秉校方意旨,正式组织战地服务团。

二、筹备经过

战地服务团虽然只是一个较小的组织,工作时间亦仅预定二个月,而它的筹备,却也费了不少的时间和力量。筹备情形有如以下几点:

(一)宗旨的决定

战地服务团的宗旨经多方考虑以后,决定以促进军民合作为第一义;此点亦与日后黔桂湘边区汤总司令特别指示之中心目标相符合,其次则为服务将士并激励民气。

(二)团员的甄选

一个团的成立,第一件大事便是产生团员。我校分在遵义、湄潭、永兴三地,团员的产生以各地人数比例为准,经校方决定,遵义三十人,湄潭十五人,永兴十五人,共六十人。当时黔桂战事已渐趋平静,但劳军的热情尚澎湃,有同学胸中动荡的,人心尚未稳定,大家都颇有上前线意趣,亦有为将士服务的热诚,故报名极踊跃。在遵义校方□□□选,以体格技能、工作兴趣等项为准,湄、永两地则由报名同学□选,再经校方同意,于是团员先后选定。

（三）内部的联络（略）

（四）经费的筹办

假使没有钱,一始便□□□,三地都为此焦急。于是遵义出演评剧,向各方劝募,派团员二人去筑,向汤总司令请示,并求发补助费等;在湄、永,由两地团员合力主持一晚会,除歌咏等节目外,又演出罗曼罗兰话剧《爱与死的搏斗》,以演出收入充工作经费,□□□。同时又向各方募集慰劳金及□□□献给将士。

（五）组织和训练

从自甄选后,训练工作便于三地分别进行。其后贵阳接洽成功,□□□。十日晚,第一次团员大会,即决定组织机构（见首页）,产生人选并于次日计定团章,通过团员守则等。留遵的几天,继续各种训练,□□□李天助医师讲解救护知识,从事救护实习,并定时练习歌咏,曾由沈思岩先生指导。

（六）事务准备

三地团员未集中时,各有事务方面的准备,到一月十日总务股成立,更积极工作,每晨八时召集服务会议,筹备一切出发事项,如应用物品的购置,购物、领物办法及膳食、值日条例之拟定,并订定□□报销条例、领款办法等,当时买布、购纸、买笔等一切工作,器具、材料均在匆匆数日内添置完毕。

（七）工作准备

工作计划大致拟定后,各股各组便分别准备,资料组搜集大批资料,戏剧组挑剧本、搜集剧本,音乐组印行歌集,通讯组装置无线电收音机,文艺组绘制六张宣传画、编制壁报,医药组登记药品、安装包扎,秘书组又编印团员手册等,慰问组募集慰劳品。如此筹备,自创议至一月廿日启程,前后共计两月。

三、贵阳接洽

内部的联络组织大致就绪,当时最大的问题便是对外接洽了——我们的工作是否会被接受?几个基本的要求,如粮食、交通等是否能够获得完满的答复,以及工作的对象等,件件都待去黔桂湘边区总司令部接洽请示,才能决定。所以在去年十二月□□□□派团员二人去贵阳接洽一切,他们因偶然的机缘,认识了廿九军一九三师萧师长重光,得到他许可,随乘该师的汽车赴筑,却没想到这次同车的机缘,为来日我们去摆金的工作播下了一粒种子!

二人于廿五日抵达贵阳,此后便在贵阳各处奔走,先后曾晋谒汤总司令部政治部刘主任漫天、社会部谷部长正纲,及陪都慰劳团梁寒操、诸大文、陈逸云诸氏,他们都给我们极大的鼓励与帮助,特别应当感谢的是政治部两位秘书王德昭氏与梁庆煜氏,他们过去都曾在教育界服务,对我们分外关照,先后给我们的助力实在太大了。

我们上了签号,后来经总司令批定,准予配合十三军工作,随军行动,由石军长指挥,受总部政治部督导,并允许拨给膳食所需食物,往来交通三县,资助经费三十万元,准备服装,一切都非常优厚,令人感激!

二人在贵阳与其他慰劳团体、新闻界等取得联系,工作完毕,于次年一月五日返校。

四、欢送握别

当湄、永团员启程赴遵时,曾受到师长同学热烈的欢送,湄潭教授会特设茶会话别,给我们很多指点和无尽的鼓励。

在遵义,学校当局特为本团制绿色团旗一面,上有本校鹰徽、"国立浙江大学战地服务团"十一字。临行举行授旗典礼并茶会送别,竺校长、张教务长、郭训导长、蔡院长、诸葛秘书等均有谆谆训词,要我们认识责任,努力工作,尤以校长训讲语重心长,相期最切,我们唯愿以工作来报答他们的愿望。会中亦有九十三军王营长讲述战地景象,对军中情形加以剖析,于我们日后工作不无裨益。

十四日晚,本团假遵义社会服务处告别各界人士。

贰、青岩工作

一、军中访慰

(一)综述

我们此行主要目的还是去访慰弟兄,但在这方面所作的工作却特别少,且多失败之处,这固然由于我们本身经验缺乏与低能,然环境之因素不甚理想,亦无容讳言。

十三军计辖三师,分驻于贵阳、惠水、孟关一带,在青岩者仅军司令部及军直属部队,我们抵青时恰值他们接受新配备,各师干部均调集青岩训练,当时即欲分一部分人至惠、孟一带工作,亦以各长官离职,恐无人负责之关系,□□□暂缓,故工作范围更形狭窄,兹将所有工作择要分述于后:

1.军民联欢大会

到青后我们即想举行一次军民联欢集会,以为沟通军民情感之阶梯,但因青岩民众平日较形散漫,镇公所方面复不甚得力,故经多方周折始于旧历初三举行。到军民约五千余人,石军长暨美军联络处马瑞诺上校(Col. Mc-Reynolde)均亲自出席主持,民众方面除向两长官各献锦旗一面外,并捐献食物五十余万元慰劳各弟兄,本团亦同时代遵义各界向军部训练班诸员献毛巾及万金油各十五打。晚间由本团戏剧组与十三军特党部联合演出五幕剧《狂欢之夜》,至十二时许始散。

2.各种晚会之举办

军队生活颇形单调,本团时举办各种晚会,以为各官长精神之调剂与慰安,计前后举办六次,每次除略备茶点外,并益以戏剧、音乐、游戏等,尚颇得好评。

3.军人服务部之成立

军人服务部为经常工作之一,内分娱乐、服务、书报三室,其目的在服务弟兄,并供给其一正当之休闲所与进修之地,其详情已另有专文报导。

4.营连之访慰

因奉特党部令"本团应尽量减少个人活动",故原来之弟兄个别访问工作,不得不停止开展,至于各营访慰,则按党部所派定之日程,按日前往,至各处时多系列队相迎。在如此场面下,我们只能唱几只歌,演一个独幕剧而已,形虽明〔名〕曰"访慰",实际上不过赴各处开了一次游艺会罢了。

5.实物访慰

本团前后发动民众三次劳军,第一次为五十万元之猪、牛肉劳军,第二次为糍粑劳军,第三次为草鞋劳军。本团离遵时曾携有遵义各界托带之毛巾五十打,万金油二百打,均分别于各营、连访慰时赠送,虽云□□□,亦礼轻人意重也。

总之,我们所有一切工作,皆由军中访慰工作诱导而来,我们虽在这方面甚少成就,但工作之本身实深饶意义。抗战八载,弟兄们在辛艰中战斗,除责难纷纷之外,甚少鼓励与慰借。此影响士气颇巨,尚望继起有人,则国家幸甚,战士幸甚,更望党部方面能多指导多合作,而在监督中稍放宽尺度,则工作者当□踊跃了。

（二）营连访慰

访问、慰劳是访慰组的工作,起初只会想到口头访问和实物慰劳的两种方式,没有想到以后全团的对外工作,都假着这个组织表现出来!因此访慰组只是一种形式,访慰却成了一种综合的工作。

刚到青岩,军中访慰、民间访慰立刻都在访慰组下一齐展开,而军人服务部却脱离访慰组另成一支工作,一个静的形式,到后来民间访问又因为工作繁重,与军中访问分道而驰,虽有失却配合的缺点,但正因为性质不同,各有千秋。此处只拾述几次军中访慰的实情了。

十三军突击连的访慰,是本团工作的开始,也是军中工作的试炼。在一所祠宇中,弟兄们早列队相迎,整齐严肃是我们第一个印象。起初我们站在台上,好像一个慰劳团似的,由致词唱歌到演剧,虽然同在一个院宇中,却分出深远的鸿沟来。后来□□□小组举行分别的访问,并分赠一些慰劳品,但始终不能减少那既成的严肃空气。许多旁的单位的长官,都川流不息的来参观,我们自己也能紧张中,整理{的}一下□大家疲乏的四肢,每个人都怀着失败的心情,因为我们不希望这样。我们是希望与兄弟们建立起顶好的感情,我们没有做到。第一次工作检讨会应时举行,有人会觉得这是十三军御林军应有的庄严,我们却犯着不守时、太紧张、节目太抗战、八股化和工作时间过长的毛病,□□□以后工作的改善来。

特务营是我们预定的第二次慰问,临时发生了变故,我们改由通讯营工作。凭着第一次的经验,当我们一到营地后,个别慰问便立即开始,一边客套的问话,慢慢现场的攀谈起。国家□□家庭生活,我们是无话不谈。同样是一个祠堂里,每一处地方荡漾着令人兴□的情绪。我们都被那些忠厚的来自农村的弟兄感动了。是的,他们在抗战中有着不能形容的贡献,锄头、枪杆,为我们的国家支持了八年。歌声四起,同情心的共鸣,分不出是愉快或悲戚来,最后几曲欠整齐的歌和一个□□的戏,好象锦上添花似的完成了我们的期望,大家安慰起来。

山炮营、辎重营、骑兵排,同样去访问过,有着不同的反映,但总是差强人意的。在山炮营,弟兄们竟站起来唱山歌,和我们互相应和,是融洽的表示。

旧历年节的前几天,大雪遮掩着青岩所有的田麓和□地,军民都庆祝着这廿年罕有的瑞雪。我们踏雪到谍报队去访慰。谍报队的驻地离市镇有五六里,是个汉苗杂居的村落,一行十人,在风雪中前进,□□□,但并未影响我们的决心。二时不到,走近一所小溪环绕的村庄,跨过小桥,路径弯处一个配着短枪的弟兄向我们嚷起来:"你们找谁?""找夏队长,我们是浙大战地服务团的□□□的。"我们答话未毕,他似乎早有□□似的,引我们走进一条弯曲的小巷。每个人心里都怀着神秘,因为这是谍报队,他们曾间接授意,希望我们不要麻烦。我们结果是来了。几十个少年小军士,四处从营房中探出头来。我们异常的激动着,这是我们工作的好对象,一群纯洁的孩子。在与长官们寒暄后,大家围坐在一间教室中,传观时事照片,领玩团体游戏,和谐活泼的歌声充满室中,每个孩子掀起愉悦的面孔,我们在暗庆这生长中的中国少年军人。归程时村庄中远远传来我们留下的声音,我们忘记了风雪和泥泞。

驻地无伤兵,这应当是战时可称颂的事情。其实不久以前的豫湘桂黔的战地,又有几所野战医院呢?受伤的士兵,就躺在野地中,呻吟而去。青岩的野战医院养着几十个病兵。我们进行了最后一次的军中访慰工作——这并不是我们预定的。这一次的访慰,没有娱乐节目,携去了几打毛巾,和一些信封信纸。大家静静地出入病房中,与病人作了极体贴的谈话。他们的思家诉苦,引起我们无限的乡□来。许多军中离奇的事情和体罚非人道的可怕,听的人莫不毛发直竖。然而我们能为他们做什么呢?有两位病重预备送往贵阳就医的弟兄,向我们说出心腑的话——他们没有一个铜子吃药了。傍晚,我们悄悄送去私人捐凑的两千元,愿望他们健康。

军中访问就此停止,以后采取联谊会的方式和军官们接近,在青岩、惠水、摆金一共举行了六次联谊晚会,在情感和娱乐的立场看来,我们是获到相当效果的,但与我们和士兵更亲切接触的愿望相去太远了,相去太远了。

访慰组的工作还只做完第一步,时间便催促我们回来。这样谁不说太表面了呢?当此报导和检讨的时候,已尽心的自慰和未尽力的惭愧,交织在我们心里。

(三)军人服务部

到青岩的第二天,我们就将军人服务部成立了。因为房屋的关系,仅能分为三:

娱乐室——内陈列有时事照片数百张,象棋八副,军棋五副,跳棋四副,二胡、锣鼓、箫、笛全套。

书报室——内陈列有大小报纸八种,其他书刊四百余本。

服务室——内分代写书信、缝补、军人问事三组。

军队的生活,在紧凑中时常流露出许多单调与平凡。我们建立军人服务部,望能成为弟兄们一个休闲所,一个温暖的家,所以我们把它布置得特别轻松。房子原来是贵阳女子师范的宿舍,楼上一大间,楼下两小间,前面一个大天井,虽然窄一点,倒颇像一个小家庭。每逢下操后,弟兄们就三三两两的来了,有人下棋,有人拉着团员聊天,这里给他们打破了阶级观念,一个小兵和一个官长下军棋,为着一子的得失,大家吵着笑着,毫无忌惮的。参谋长规定在这里看见长官可不必敬礼,因此更觉得轻松了。

书报室颇像所学校,长官们在看书,小兵们悄悄拉着我们的团员问:"这是咱家?"我们的书籍全部采信用借出的办法,签一个名就可以拿出借去,前后一个月都很少遗失书,这点是值得特别赞扬的。

"书信"在弟兄中是一个严重的问题,会写字的人永远不会晓得不会写字的人竟会有那样的痛苦。当我们代某一个弟兄把他心里想说的话写好,寄给他心里所耽念的人时,他那质朴的脸上流出异样的喜悦,更得出他内心的感激,使我们只有惭愧平日伏在象牙塔里的自私。

军人服务部成立了一个月零五天,代弟兄们写出一千多封信,供给了他们一个正当的休闲所,虽然后来因某种关系而致门前冷落车马稀,但这些不是我们应当负责的。

我们走后将一切移交了青岩战时服务委员会,希望这个战士之家,仍在健旺的成长!

二、民间工作

(一)综述

青岩是贵筑县的一个大镇,原本是县府所在,后县署迁花溪,留下了环绕六七里的城墙,房室街道都很整洁,居民有千户以上。当地一向文风很盛,前清曾出状元。现在也还有许多学者在外乡做事。城里没有一点战时气象,看不到一张壁报,一纸标语,由此很可想像人民平静的生活。

二月廿三日——我们到青岩的第二天——我们派出三组团员作士绅访问,这次的收获出人意外。十位老先生都有丰富的热情、清冷的头脑和高超的见解。他们感到国家危急、军队重要以及士兵生活的困苦,人民的负担过重。有几位更比拟外国、引证古今,都是痛快淋漓,针针见血。有几位曾做过县长及县长以上的职务的,更是有声有色,口若悬河。他们说:"老百姓确是困苦,他们能尽最大的力量忍受痛苦,他们懂得国家与人民的关系,更懂得这个时期军事的重要,可是有些因生活骤变,他们无暇想到这种,他们能够献给国家和军队的都愿和盘托出。可是吃完第一餐挣第二餐食粮的一些人们,却很难做到奉公守法了。所以军民合作是需要切实提倡,民生的注重也不可忽视。"十多位士绅很快访问完毕,便进〈行〉党政访问。此间的负责人只是一位党务办事处主任罗大勋先生,他不单是党团的主管,而且是工商的领袖,其人年龄仅四十上下,言语行动颇形忠厚。

关于保长访问方面,成绩不能令人满意,许多保长都不曾会面,往往被一两位妇人女子站在门口挡驾。后来才知道保长被一般乡镇公事累苦了,不得不尽量的躲避,同时旧历年关到了,各家都有些琐事,所以保长老爷们也照样挂起免见牌了。

从士绅们口里听到好多地方行政不健全的事,如优待征属方面、征粮纳税方面颇有弊端。镇长周大启殊有营私舞弊之嫌。士绅们告诉我们一件值得注意的事,就是去年贵筑县府来青岩欲收军粮,省政规定九五折实收,但是征粮者不行此法,老百姓疑问则以"你去贵阳解决"为答。彼时又当时局紧张,老百姓自无可奈何,只得照实应征。其后经当地人士去至县府询问,及贵筑县党部杨书记长之查询,方知系县府吴秘书所为。县府知事已发觉,乃允将原浮收军粮退回,现交青岩县参议员白兰森先生保管,并任便人民处置。燕楼区发回米粮总数近一百五十余老担,合市价百数十万元。据各方意见,拟拨售此米合二十余万元趁春节犒赏十三军直属部队,以三四十万为修葺及充实当地之贵筑县中用费,余款则划□创办县立高中之基□□□,我们即去见商于罗大勋先生,请念将士出征的功劳以及寒冻中所急需的温暖,而请增拨春节劳军款项,罗先生一口便答应拨到总数三十万元,并云事情最后的决定还得到县里去请示杨书记长。本团于是派团员一人去贵筑访谒杨书记长,请其成全此事。结果也很园[圆]满,杨书记长答应可在原定数字上再加二三十万元。接着我们又大举访问士绅,略提此事,请其赞助,□请设立军民合作机构,举办军民联欢大会,同时拟请当地发起春节糍粑劳军,挨户的约略捐献。以上各项,本团欲出人力,并全用青岩镇主办名义。访问结果,各方均表赞同,约定六日下午在慈云寺楼下、军人服务部楼下请开党政士绅座谈会。因为距离旧历年关太近,且并希望军民联欢大会能在春节前一两天举行,所以也积极访问保甲长,宣传糍粑劳军,且将此劳军运动推广到凤鸣乡去。六日下午座谈会,镇长来出席□□□说话方便。一班老先生们的牢骚融会于一炉,大骂政治的腐败,及镇长的专权和贪污。在这种兴奋的场合下,很快的,战时服务委员会筹备会成立起来了,我们提出成立此会,为两点着想,第一人民应有一个权力机关,以督促战时军政事宜,第二,中央战时服务训导团曾有规定,前方城市均应有战时服务委员会之成立,所以为顾及中央规定及做事方便,乃定各为燕楼区各界战时服务委员会筹备会。当推定筹备委员十一人。本团只占一席,拟定工作分三部分,一为军民合作站,二为慰劳团,三为知识青年辅导委员会。至于春节劳军及糍粑劳军,则为该会的开始工作,应即在数日内推行并举行军民联欢会。

保长座谈会于八日下午举行,青岩镇到十二保长。会间尽述做事之痛苦,乡长之逼熬,令人同情。对于糍粑劳军,保长们一致赞同并允协助,至后糍粑劳军得以顺利完成,应谢这十数位保长。糍粑劳军风声满布青岩、凤鸣二乡镇,我们的标语和"告民众书"都成了民众战时读物,老百姓和我们互相亲信极了。十日开始一保一保的送糍粑,虽然大雪,虽然路滑,每一个挑的人都挺起颈。送来的糍粑有不同的色彩和成分,表现着各层老百姓的赤忱,我们只得代表将士们向他们作了廿万分的谢意。到十二日全数收到,约一千五百个,值三十余万元,遂即与战时服务委员会筹备会主委按十三军各直属营连平均分配,直接送交。

旧历年初三,大批新兵过青。时大雪纷飞,兵士周身泥泞,面色苍白,每排随有若干病兵。问其所由,乃是铜梁师管区新兵,往一九三师补充,自四川步行多日,适才由筑抵达。当夜我们发动工作,一面代找居处,一面请罗大勋先生略事慰劳,但以仓猝不及,仅买香烟若干、蜡烛多支,往各宿处一一慰问。走出很长一段路,泥浆阻步,罗先生丝毫不倦,并每至一处,向士兵简短讲话,声泪俱下,以表示青岩全体人民之热心。二千多人至七时方慰劳完毕,这次的精神痛快也属空前。

周镇长的营私舞弊,没有一个士绅保长不供给许多材料,我们早想除此害虫,但不能很主观和武断,很想在镇长身旁获得一夹子实证据,可是没有适当机会。等到旧历十二月廿六听到镇长调人的消息,乃趋众士绅商访,许多忠厚长辈主张令镇长交账与地方财务保管委员会审账,□□□,倘周镇长认错并赔偿侵蚀各款,当以教训方法了结,希望下次他能成个好人。我们觉到教恶为善确是良法,同时倘使一味依法诉到县里,因不少他的同流污吏,而不易清办,决定顺地方公见。同时我们将参考资料供与审委会,内容约有七端:(一)公教食谷自去岁黔桂战事紧张后停办,乃拨至乡公所,成立自卫队,队中仅七名士兵,官长一人,且元月底自卫队奉令撤销,不知此笔糊涂账贪钞多少;(二)公教食谷除正式规定数额外,浮派若干(据周自认浮收四十担),并且票据无存根,均系临时出具收据,于法不合;(三)公粮迟纳罚粮,贵州无此规定;(四)供应市场捐、筵席捐不按法收纳,且收款无收据,收款不报公;(五)出征军人家属未发,优待未照行;(六)保长薪津从不发放(周三十二年到任);(七)遗产捐乱收,无根据,且不报公。

周镇长账目审查完毕,十六日青岩镇民代表会于下午一时举行,镇公所前厅坐满士绅、保长,吴区长及新镇长均出席。据吴区长报告,奉令监交镇务,原来新旧交代式亦在同时举行。公物店册监交以后,青岩代表即开始讲话,审核主委张德温先生提出账目疑问十二点,一一要周镇长立复。周镇长即起而粉饰,终被张老先生敬民咬住最大疑问,公粮迟纳罚金,国无此法,县无此例,何故产生此草行法规。于是故,抱定此端痛责镇长,其实周镇长早已知风,所以处处□顺不置,并口口道歉,自认做事无经验,万请原谅。不过谈到这项,他却声明彼乃赤心为公,希望百姓早日缴粮,至于此种草行法规乃是县长批授。张老先生怒火横生,但是仍保持着教育家的态度,他说:"民法上有一条,图充国库,苛征于民者,处以三年以上之有期徒刑,而况你们这一批筹款未报,无据,不知舞弊到了什么程度,看不要砍头? 即使县府乃是行政机关,立法机关只有立法院,照此说来,县长私行立法,亦当坐罪。"后经多方调解,而多数老者主张宽处,提出罚赔七十担稻谷了结。此事始告一段落。

(二)征属慰问

到青岩后,我们就一直惦念着这被遗忘的一群,但因其他工作的牵累,延到离开青岩前两星期未去访慰他们,□□□。今天我提笔的时候,仿佛更看见许多苦痛的脸在我眼前晃动,我要代他们控诉,希望这些能引起一部分人的同情与共鸣,更希望为当轴所注意。

照规定一个壮丁出征后,镇公所方面即应有一张出征军人家属调查表,何年出征,家属人数,所发慰劳金数等,均应详细填明。据当地士绅告诉我们,青岩共有三百多户征属,但镇公所的名册,自廿八年起至卅三年止,仅列有七十户,而且所填多略而不详。周镇长说很多户数被遗漏的原因,一则由于上届移交颇多疏忽,一则由于公事烦忙,无暇详查。因为这十六个字,抹杀了多少抗属的利益呢?

我们走遍了名册上载有的七十家,每个团员都洒了一把同情的眼泪,百分之九十以上的苦得你不敢相信这是"人在生活"。本来当兵就是穷人的事,有钱的尽可发发国难财,让自己的儿女一步步进学校、避兵役;没有钱的朋友除出了他仅有的钱以外,还贡献了他仅有的一条生命,把血肉挡在前面,让人家藏在后方酣饮狂歌,但他们自己的家呢? 却在挨着冻饿,这是一个如何悲哀而又沉痛的画面呢?!

一个七十多岁的老婆婆,她的两个儿子,一个被征去,一个被拉去,留下了一个十四岁的孙子,来养活这老祖母。当你看到这副"孺子养亲图"时,你也会为着时代的苦难而替她唏嘘的!

我们是一群穷大学生,一个穷战地服务团,我们只能把带来的一些衣服、毛巾,一点现款,送给他们,这当然是杯水车薪,不过显示我们一点同情罢了!

乡下拉丁的风气仍在盛行,可以说是变本加厉。地方行政人员也有他的苦处,一位保长告诉我,虽然抽签是那么公平,但中签的壮丁多半是早被拉走了,或游到外乡去了。上面不管这些,派人坐催,为着公事咮急,县长发火,镇长、保甲长就不得不拉人抵数了。记起杜甫的《石壕吏》,深觉今日中国乡村颇有当时景象!

壮丁少了,耕地面积也接着紧缩,如果不是本着欣赏风景的心情在乡下跑跑时,你会为这四□被荒芜的土地担忧,今年就很少人冬耕,我们去时已时近旧历的年关,乡村的院落里,间或也有休息闲谈的农村家庭,气象都是相当沉郁。他们所说的不是如何快乐的过年,而是如何应付那些放高利贷的债主。而他们对军队、机关……的供应仍是有增无减。今年农村朋友的生活实颇成问题,尤其是那些征属们。

优待征属,政府迭有明文规定,经过许多阶层的剥削时,真正优待到征属身上的已等于零了。尤其有些莫明其妙被拉的,他们在不法的举动下被拉去,一样在替国家效力,一样在端着枪作战,他们没有过怨言,更没有过反抗。他们的家属却连名义上都不能称为抗属,镇公所不承认,国家不承认,但这是谁做的事呢?

优待抗属不是在城市中间开几次会,演几次讲就够了,他们需要的不是动听的言词,不须再晓以大义,这些〈话〉他们听腻了,他们更给人精神慰劳腻了,他们需要的是他把自己的儿子给了国家,谁人再来养活他们。

而慰劳的先生又老在城市中盘旋,实在呢,还有比市中人更苦的乡下人呢!!!

(三)糍粑劳军

将近旧历年关,虽然风在吹,雪在下,乡村的农民还是在艰难中想办法过年。大道尽是熙来攘往的人们,忙着在买一点过年用品还家。我们一行六十人,虽都是久经漂泊的老将,到这时怅望云天,也不免有点寂寥,尤其在农业社会中生长的弟兄,更容易发生怀念故乡的观念,特别在有节气的日子。

青岩人喜欢在这时打点糍粑,"拍""拍"的捣臼声,□出许多过年的滋味。我们曾数度集议,希望能让弟兄们在陌生的地{城}里过一个快乐的年,去除他们一点思乡的感想。同数位士绅和保长磋商的结果,除在青岩积款中拨出五十万元买点猪、牛肉给军队外,还发动各户乐捐点糍粑,权代年糕,乡土风味更足以使人感到温暖,对老百姓讲也不算是一个很重的负担。

这时已经是年廿四,距除夕不到一个星期,全体团员立刻动员,写标语,挨户宣传……从这中间我们得到很热情的反应,我们深深地觉得军民不能合作并不是人的问题,仅仅是技术上的问题,绝对没有不爱军队的民众,可惜的是没有一个人去让民众来同军队接近。一位老先生说:"军就是民,民就是军,民众本应当帮助军队,只有我们中国才谈甚么'军民合作'。"这质朴的句子表现了中国老百姓一颗赤诚的心。他又感叹的说:"军人披上一张老虎皮后也太凶了一点!"这语重心长的话是令人深省的!

我们决定廿六日起开始收粑。廿六、廿七、廿八三天内差不多都整天飞雪,但送粑者还是连续不绝的来了。这推动他们的不完全是年青小伙子的一股热情。到廿八晚,我们已收到一千五百余斤,照青岩的市价计算,总值三十余万元,平均每一弟兄可获七两半。

除夕的清晨,特党部将各单位分配的斤数算好,共分做十一组,每组由两位老先生、本团两团员及特党部一位代表送往。这时天在括〔刮〕风飘雪,地下尽是泥泞。老先生们都逾五十高龄,挂着拐杖,银须上粘着雪花,跟着糍粑担子在冰雪中滑行,这图画当如何令人激动!沿途有些老百姓抢着把粑加上去,在这寒风与热情交织中,更令人觉得国家前途是太可乐观了,老百姓的赤诚太可敬了,可惜的没有人能够好好地培育他们。到部队后,弟兄们用着惊异的感激的眼光迎接着我们,一位长官对我们说:"八年了,我们没有看见过这样好的老百姓,我们一直在艰苦与不被原〈谅〉中作战,今天我太感动了,我要拿拼死反攻来报答你们。"

晚上,我们走过各军营,弟兄们都在煮着糍粑,我回头望望壁上我们贴的标语:

"一个糍粑,一颗心,慰劳将士打敌人!"

"一个糍粑也能给战士们无限的温暖!"

而对着北风微笑了。

三、社教工作

一月三十一日的团员大会,议决了要在服务股里添设社会教育组,并包括知识青年辅导队、儿童训练队和英文讨论班等三个部分。

早在二十五日的访慰组座谈会上,大家就有对青年、儿童、妇女群众中做工作的意思。当晚团务会议就指定团员八人分别从事知青队与儿训队的筹备工作。从这天开始,我们就着手跟当地党政、士绅、教育各界取得联络。

廿七日下午,我们邀请青岩各界举行了一个座谈会,在这个会上通过了由本团和青岩各界合办知识青年辅导队和儿童训练队，和两队的计划草案，并推定贵阳女师教务主任佘以埙校友为知青队队长，青岩中心小学白兰森校长为儿训队队长，两队自即日起在慈云寺军人服务部办理招生报名。

但是三天报名的结果，儿训队报名的有八十余人，从小学一年级到六年级各级程度都有，知青队报名的却只有十七人，除了一位高一、一位高二以外，其余的都只有在贵筑县中念过初一，甚至只念过小学五年级的也来报上了。当时我们觉得很奇怪，女师和筑中从黔南战役以来一直停着课，为什么两校的学生来报名的这样少？后来仔细一打听，两校在镇上的学生本来就不多，天是这样冷，旧历年又快到，他们就根本不大想来念书，有些年龄较大的男同学因为兵役关系，都不住在青岩，有些女师的同学则认为要她们站在被辅导之列，有点不好意思，所以虽然有两位报了名，后来也没有来！

"一件事情先要做开了头，做开了头，后来人自会多起来的。"女师佘先生常常这样激励我们。因此在三十日就不顾一切地开学了。卫生院的礼堂（一座佛殿）被十三军特党部借了来还没用过，桌凳是现成的，只要向女师借几块黑板，和党、国旗，总理遗像挂上就行。那天上午，儿训队举行口试和智力测验，录取了六十几位小朋友，知青队零零落落地来了十一位同学。没有举行开学式，只通知他们明天要来上学。

课程方面，儿训队有国语、常识、数学、音乐，知青队因为最初成立时是想发动当地青年做一点战时服务工作，所以除了英文、国文之外，有音乐、戏剧理论、时事常识和政工常识，后来觉得跟小朋友们谈戏剧与政工毫无效果，就爽性取消，添上了一门数学。知青队不用课本，只抄笔记，儿训队的课本是向女师的社教区里借的。从二月一日起，知青队从十一时到二时，儿训队从二时到四时，都在卫生院上课。

然而上课上得并不顺利，毋宁说是困难重重。第一，特党部的先生们在上课时间总到教室里来看，还翻动学生的书籍，我们并不反对他们这种寓监督于参观的办法，只是学生的注意力却大大地被分散了；第二，儿训队的小朋友们往往一吃早饭就来，在教室外面一直闹到两点钟才上课，老是跟他们说"两点钟来"，老是不听；第三，知青队的程度不齐，很难教，高中程度的那两位来上了两天又不来了；第四，儿训队有六班，教室还嫌不够，有几班只得在走廊上上课。

为了解决教室问题，因此动员我们团员大量人力把慈云寺大殿布置成两个教室和一个办公室，右侧的楼上也布置成了一个教室，并由服务股长向女师借来了大批桌、凳、黑板。这卫生院总共布置成了四个极漂亮的教室，从此知青队、儿训队英文班可以尽量使用，而前述的第一、二、四项困难也应该可以解决了。然而事实上并不，两队的学生往往因弄不清教室，记不清楚时间而来得很少。有一天逢到赶场，儿训队就连一个人也没有来，而找不到教室在街上啼啼哭哭的儿童也遇到好几回，因此着实麻烦了担任导师的团员们，做了好几次家庭访问。

旧历新年来了，两队的学生都给了三天假期。二月十八日（年初六）要分一半团员去摆金工作，留在青岩的团员要支持社教工作，困难没有解除，而人力的支配愈益□济，工作更形艰苦了。当大家启程回贵阳时，很多家长学生来送行，有一位还拿了一瓶青岩名产的茨藜酒来送给一位团员，青岩的下一代们已经跟我们热爱着了。

此外还有英文讨论班。它成立的初机是在于十三军无线电排一个同志给我们的一封信，他希望我们能够教他英文。经过讨论后，决定正式成立一英文讨论班，分高、中、初三级。报名的人颇多，于是便大批编印讲义，高级用《步兵操练》（*Infantry Training*）作教本，中级用《开明英文》第一册,初级则由字母讲起,高、中两级另编会话讲义辅助。自成立到停止,经过时间相当长,但是后来借到的桌凳一张张遗失,不得不渐渐停顿了。

又有无线电排的小弟弟们曾经要我们去教授英文和音乐。他们都在中学念过书,程度是相当不坏的,但是后来他们连长说他们立刻就要派出去工作了,我们无法替他们尽一点力。这是令人非常惋惜的事!

在青岩时,我们也在冰冻的雪夜里赶印了三四百本《战士手册》,在大年初三的军民联欢会上分发,内容除掉本年的日历以外,政治、军事、经济、时事、救护和对待民众、对待盟军各方面的常识都有一点。只可惜油墨凝冻,抄写得又不好,印得不清楚!

短促的四十几天一下子过去了,令人回忆起来觉得又甜蜜又怅惘,事实上我们的社教工作到处都只开了一个头,还没有半点的效果,但是我们只得走了。最后让我提出一点从工作中得来的感想:要启迪我们中国人民的知识,一定要〈普〉遍地发动,更要持久地去教育他们,而能支持这二者的则是崇高的传教士似的牺牲精神!

四、文艺工作

任务

团的主要任务是:"鼓舞士气、慰劳、给军队服务、促进军民合作。"那末文艺组的任务便是将上面的任务用文艺方式达成。所谓文艺方式,团的草章曾明白规定过:包括文字、图画,以及口头宣传三种。

美丽的幻景

根据此定的目标,在团员的互相讨论中曾给理想中的文艺组任务虚构成一个美丽的幻景。比如,在一个靠近前线的旷野里,在闪耀着点点星光的黑色天幕下,我们为着前线刚换防下来的将士举行一个洗刷艰辛疲困的晚会。在轻盈的歌声与嬉笑的短剧完毕之后,我们可以放映轻松而有教育性的幻灯画片,或是由一个同学用说书方式去讲一代〔段〕津津有味的历代民族英雄英勇事情;比如,另外得有两、三个同学他们必须每晚蜷伏在经过敌人炮弹光顾过的破黑屋子里,一直到深夜,仅借一豆青光□□,编辑,为着明日的"快讯"。

工作的准备与计划

(一)文字方面

壁报(对民众),配合通讯组出刊《每日快讯》(每日出)及《将士之友》(每三日出),配有漫画、歌谣与传单。

(二)图画方面

大幅布画、连环画、小幅漫画、壁画、石印图画、小传单。

(三)其他

幻灯、时事照片展览、口头宣传。

在青岩的工作

是由于汤总司令的爱护,也许是由于前线战事沉寂,真正的不需要我们,我们被指派在十三军工作。十三军军部驻在离贵阳不远的青岩,一个完全与后方无异的地方,这是我们没料到的,因此使得我们团的组织与准备几乎无用。我们每晚差不多都开全体团员的工作检讨会,时常猛烈的争辩,时常变更组织,极力想适应环境。那时团体的主要工作集中于军中访慰与联络组织民众,文艺组除出了一次壁报和按期出刊《每日快讯》与《将士之友》外,余都配合在前二大栏目下工作着。

后来,我们曾利用赶场期作了一次街头漫画与时事照片展览及口头宣传的尝试,目的是借进攻黔边的危急,阐明军民合作的必需。时事照片多是盟军战绩,不过借以增加民众国际知识而已。

这次显然是归于失败,场中虽是熙熙攘攘,可是被我们吸引来之人,只是半数的小孩,少数的老头以及几个闲汉,他们——是忙着照顾自己的生意去了,要是不利用场期,多数的民众更难得找到。

最后,我们试配合着歌咏组与戏剧组(出演街头剧)作一次同样的展览与宣传,结果成绩亦复未值。

我们只有这样希望,希望我们已给他们种下了种子,这种子在急需的时候,它会萌芽成长。其实也只有这样希望,才似乎合理,因为大部分的中国人民都被急待解决的明天逼得非常的现实化了,因为敌人的来到没有比明天的来到更迫近,所以他们不能不先为明日打算,反正他们应付的战时税,应服的战时役,都毫无抵抗的由乡镇长变本加厉的征收征用着。我们只希望能在敌人比明日更迫近来到的那天,他们也会与平时设法解决明日来到的一样来设法解决敌人,便是我们任务达成。我们告诉他们的设法解决敌人便是军民合作。

其实我们觉得,假如能把集中在都市里的肥胖人物宣传动心,收效远比向他们宣传□□了。

映幻灯画片,本是计划给军队中弟兄们的娱乐,结果因种种关系,也只作了招待宣传晚会中的余兴。

到摆金之后

由于团员在团员大会中数次的提出与廿九军一九三师的邀请,及十三军军长的允许,二月中,团里正式决定了进与留的二队分割。

留青队因为鉴于文艺组前项工作无再继续的价值,还索兴〔性〕取消文艺组而转移主力于通讯及将士之友的出刊,这本是供给军中精神食粮的实际工作,可惜因为了弟兄们识字的百分率低,也减低了它的价值。

前进队因为将转入新环境,所以仍保持着尝试它前途的新开展。

叁、摆金之行

一、开条新路

全团到青岩后一周,人力便觉得过剩,固定的工作像军人服务部成立以后,只要几人便能维持;军中访慰进行了数天便完;而且军队正在整训,平常似乎很忙,我们的动作反而像是骚扰,官长所指定的工作是演戏唱歌,供娱乐的资料,使他们枯燥的生活能得调剂,然而他又很忙,只希望我们每周表演一次。至于士兵,他们没有活动的自由,我们不晓得他们的需要,亦没有服务的机会。在这种情形下,我们一方面尽力练歌排戏,一方面向民众那里找工作,而前者有限度,本团的组织目的并非想成功一个巡回剧团;后者虽有线索,工作是一串结,要一个个打开,不是五十八人所能共同从事。因此我们人力还是觉得过剩,只得想到别处去找条出路。

当时十三军的三师分驻在贵阳、惠水、孟关附近,青岩不过军部所在,所以本团便想分一部分人力到各师去,工作可以展开,为士兵服务机会可以加多。团员们曾为此问题有过周密的讨论和计划,求人力能够经济的而合宜的支配,以得最大效率。但是计划都被十三军当局拒绝了,理由是干部都在青岩受训,各师只有副长官,会招待不周。我们不禁深深感激主人,太以客人看待我们了。

正在愁眉不展,对此"失业"问题毫无办法的时候,却接到了别处来的一个邀请。原来在惠水以下便是第二十九军驻地,其一九三师驻在惠水县之摆金镇(明浪),彼师师长因为一个偶然的同车机会,和本团二团员相识,知道有此组织,摆金那里在二月十八日想举行军民联欢会,所以来信希望本团参加节目。得此邀请,正是高兴非凡,乃在二月七日先派一人去接洽。

二、军队和民众

自青岩南下,公路平坦,直至惠水;两侧大都农田,居民似颇殷实。惠水原名定番,县城规模尚不小,城内有十三军八十九师驻扎,以现钱换实物,军民相安无事,但似尚未能彼此了解合作。出惠水城东行,渡河便是高山,高山叠岭,层障无穷,步行其间,只觉得身已入蛮荒之区,脚下是乱石,左右无树木,四望绝人烟,路人甚少,偶遇一二,大都苗胞,衣饰迥异,更引起客地荒凉感觉。行二十余里到滥木桥,才见一二十户人家,其后山势稍为开朗,路亦较平坦,但终不出群山范围。又行二十余里而抵摆金,镇并不大,一条直街,一个市场,几百户人家,真是一望而尽。家家户户都见一二黄衣弟兄活动其间,店门都半开,一付萧条景象。在这种环境中,真想不到军民竟能体谅互助,尽善相处。

原来一九三师很注意民众工作,师长萧重光先生更有丰富的学识经验,一到摆金,把当地环境认清后,便即召开摆金镇士绅座谈会议,询问民间困难,彼此交换意见。第一件□□□问题,设立瞭望哨,巡查值夜,调查在乡军人和私有武器的无业游民,四周渐趋平静;第二件解决的是柴草、马料供应问题,为减轻民众负担,柴由师部出资包山砍伐,马料都按定量定价购买;第三样规定了军民冲突的解决办法,一切按照平等公允的原则,这样军民携手互惠,军队保卫了民众,民众□助了军队,军队□□□甚至有老百姓打士兵,而士兵不还手的美谈。民众常是吝惜的,在此却踊跃输将,砍柴弄草。□□□忙碌的。一切都和惯例不同,却都合乎道理。

同时在那里又有明浪镇知识青年假期服务队的成立,经萧师长倡导,当地青年集合在一起,做简单的社会教育工作,像刊行简报,报告时事消息,举行口头宣传,创立升初补习班,为士兵写家信等,以后当团一部分团员来此工作,便得到他们很大的协助。

第一个来摆金的团员,一面和军队当局接洽联欢节目,一面和民众往还,举行了一次士绅座谈会,成立了一个劝募劳军委员会。在联欢会上献出了上百斤糍粑和六万余现金,这并非出于强募,而是士绅慷慨乐捐而来。他又开设了一个小小的英文讨论班,和军官们互相切磋学习。

在二月十四日,第一批团员九人来摆金。他们过惠水的晚上,还举行了一次和八十九师军官的友谊晚会,事先忙得没有一点准备,临时布置,口头通知,居然来了百余个军官挤在惠水招待所的礼堂里,欢乐了一晚。

三、军民联欢会

是在这样一个偏僻的苗区,苗胞和汉人向来结着仇恨的地方。一九三师到来不久,居然有那样一个感情洋溢的联欢大会,这确是值得兴奋庆祝的。

这大会的成功,细观其前后,可以晓得它不是偶然,亦不是敷衍文饰,而真正表现了军民合作的精神。在事先虽经过了周密的筹备,由一九三师师部、地方绅士和当地知识青年服务队组织了一个委员会,以师参谋长王德宪先生担任主任委员,分配了工作,编排了节目,把一种庞大的工作处理得有条有理,那样许多不同籍贯、不同职业、素相隔膜的人□□□都为了一种共同的工作而努力。本团在其中除参加表演节目外,还担任了慰劳出征军人家属和受伤荣誉军人的职务。在联欢前后萧师长特地召集所有筹备会工作人员举行谈话。他除了对工作步骤加以指点以外,特别提出了大会的两个目的:一是要消除苗胞的恐惧心理,消除汉人对苗胞的歧视,消除民族的不平等和隔阂;二要使负伤军人觉得荣誉,使出征军人家属得到慰借和□□。萧师长对本团又再提起了这两点意思,希望我们和苗胞接触,并好好地慰劳,团员每人都深为感动了。

大会在十七日九时开幕,多少天的阴雪竟在那时透出了晴阳。开会议式庄严肃穆,由师长任主席,简短致辞后,当地父老和苗胞代表都恳切地讲出了心内的高兴和希望。接着地方人士向一九三师献慰劳金及糍粑,本团向一九三师献锦旗,带着前方和后方的人民对将士们崇高的敬意。其后便是表演节目了。

最初是军事表演,在田野中演习。几千兵士和民众奔过田冈,穿过丛林,大约走了二里路,方到演习的地方。弟兄们利用地形,沿着起伏的田陇匍匐前进,子弹尖锐的叫声,机关枪连续不断的震响,迫击炮在空中爆炸,一时震耳欲聋,每个老百姓都显得十分紧张,看着那活靶一个个跳起,又一个个倒下,怀疑已身临战场。这次耗费虽大,百姓都在此中体历到了战争,将来真的战时便不致于恐惧,可免去许多无谓的牺牲。□□□。

演习完毕,军队和民众数千人又回到广场。最初苗胞来的很少,我们颇担心他们会过于恐惧。前又听说四乡有谣言,传说军队想趁这机会掳掠苗民的女同胞,虽然萧师长在会前已召集过保甲长谈话,把这种谣言分析指斥,但是仍担心苗胞们脱不了历史堆积的□□,宥于那恐惧的成见。然而无用忧虑了,就在那时候,一群群苗人、夷人从四方八面集来,苗胞满身都带着银子的装饰,穿着那白色的衣裙,尤其小女孩子,脸庞圆圆的像一群当代的公主。每个参加节目的苗夷,都赠以白毛巾一块和食盐半斤。他们拿到白毛巾后,立刻拿出手里或扎在头上,更增加了风姿。天时正午到会的民众也愈来愈多——因为他们家里散在数十里附近的村落里——只见整个广场塞满了人,整齐的行列,是黄衣的弟兄,一群群乱站立的是青衣民众,兵士和民众都那末狂热地喜笑。有一个老人家笑倒去士兵的身上,他轻轻地把他扶起,说道:"老太公真壮呵!"老太公点头,抚摸一下那黄衣的孩子,彼时相视而笑,你我本来是一家人呵!

在苗胞跳月之前□□□本团团员兄弟演了一节羌人舞,男女同学都披着灰毡子和白被单,头上裹着白毛巾,就从一老百姓家里跳出来,载歌载舞的在人群围着的大圈内,配着鼓声盘旋□,博得掌声不少。其次便是苗人的跳月。一群群围成一个大圆圈,八九十个女苗胞按高矮分作九层,男的站在最后,吹着他们特有的乐器——名芦笙或六声,不知究以何名确当,是用几根长短竹竿(二到四尺)作成,结构似颇简单——配着笙的节奏,一两舞蹈,女的在简单的步伐之外,配以身体的扭动,男的则举着笙,走着另一种步伐,笙的音调和舞蹈的步伐,都只有简单两三种,就这样重复的绕着圈子,大家在其中欣赏到原始的情调。接着便是夷族女郎唱山歌,她们长得比苗人高大,肌肤雪光,衣服鲜艳,摆挪着长辫,又是一种风度,男女分坐一排对唱,音调并不十分软,而那种欢乐悠妙的表情,却能促人领会到人生的青春,在那花草红绿的大地,歌声在柔风中飘荡,生命该是何等丰沛!

下午有河南弟兄的高跷戏,男扮女装,真看不出是一个"丘八"。最后一个节目是本团表演的话剧《秋阳》,演得尚佳,军民都有好评。

次日有本团的歌咏节目,师部特请马戏团的技术表演。当地学生的舞蹈和弟兄们的河南高台曲,一个复杂的内容,包含着两个时代,调合了北方、南方。这都是摆金老百姓可梦想不到的事,而竟随着素不相识、素相隔膜的□□俱来,他们都一面欣赏,一面感激,不竟〔禁〕吐出"中国亦有好军队"的赞叹!

大会在千万个笑脸中闭幕了,忙碌了多天的军官和士绅都会心的微笑了,我们亦不禁欢欣鼓舞,尤其那一幅图画,军民毫无间隔的混合在一起,小孩和士兵们拉拉扯扯的笑闹,到如今还浮映在我们眼前。

四、两次交谊会

就利用这十人的力量,大队未到以前的时间,以交谊会的方式来填充没有真〔正〕式展开工作的空隙。

第一次就在那联欢会到来的晚上——十八日之夜,对象是师部军官,就在一间小厅内,搭起一个简单的台,排几排板凳便成了会场了,一盏汽灯□□□,照得每个人脸上满是光辉,主席表达了一点后方民众的敬意后,萧师长有一段训话,其中可说出的是他一贯的作风和对我们的热望。

《珍珠》在台上演出了。饰珍珠的惊人的成功,竟博得不断的赞美和掌声。其后是团体游戏、歌咏、幻灯等节目。在团体游戏时,大家没有彼此,不分阶级,都仿佛一个个天真赤子,学着羊叫,做着手势,腾出了一片欢笑。

次夜,又和当地士绅和知识青年联欢,节目和昨日差不多,演出了另一个剧本《压迫》,描写单身男女在社会中的苦闷,又得到不少赞誉。

这几天真是感情在交流。就在那天,大队同学到摆金,准备积极开展工作,正热情狂涨的时候,却在青岩团部传来了一周间还去的消息,希望只得争取这仅有的时光了。

五、五天的军中工作

大队团员于十九日晚到达,二十日一早,师长召集全体员商讨工作计划,他希望我们与师政治部配合工作,并告诉我们他的经验。当天拟定了一个工作计划大纲,内容分对部队和对民众两大方面。对部队工作分:一、部队政训——士兵识字教育、三民主义、党史及其他国际史地、救护等常识之灌输;二、军民娱乐——歌唱、游戏之类;三、军中服务——代写士兵书信、慰问伤病官兵、成立英文讨论班等。对民众工作则分:一、民众组织——户口调查、举行保长会报、社会通讯、帮会联络、地方武力及物产调查等;二、社会教育——儿童识字、升初补习等;三、民众宣传——讲解民族英勇故事、化装及图画宣传、慰问抗属等。这大纲内对此诸项的实施办法,都有详细规定,只可惜本团可能逗留的时间已没有几天,这很好的计划亦不能全部实行了。

二十一日起正式展开工作,有四个团员派到甲浪(离摆金十里的一个小村),在五七九团中工作(待后述)。师部直属部队和五七七团中,白天有团员到部队去上课,讲谈三民主义的真谛,并有国际情况的报导、自然科学的介绍等。傍晚,当暮色爬上大地的时候,须全体出动到广场中教士兵唱歌及游戏,场上活跃着一千多个战士,外面又围着一大群观众。当地的老百姓便这样在笑声中扬出歌声,在歌声中夹着欢笑,直到天黑了,看不见动作方才离去。途上常能听到孩子们学会了的歌声,我们不禁高兴,一重教育却收到了双重的效果。

此外我们又办了两个英文讨论班,着重在简单的会话和军用名词的介绍,以便将来接受新配备和美军合作。又成立一个军人服务部,内容和青岩差不多,范围却更小,并在廿一日成立师部士兵读书会,参加的有师部识字的勤务及卫兵共廿一人,他们有些曾进过高小,有些曾在私塾里读过书,教的是贵州省民众教育课本,并发给教部的士兵读物,他们都年青〔轻〕而真诚,临别不禁黯然。

这几天中,又穿插了一个欢迎军政部张部附和二十九军副军长的一个晚会,人人总感觉不敷分配,而心里又充满了想努力干一下的热诚,因为主人待我们太好,那末真诚坦白的态度,□使我们感激。由于这几天的工作,我们深刻的接触到军队的内部蓬勃的朝气到处显出,细究其原因,得到以下几点:一、领袖才能的优秀和做事的认真,一切都是亲自督察,并且出于一番爱国至诚;二、各级干部的优良;三、民主作风的□□□,士兵的苦衷可以直接上达,士兵膳食都□□理,所以一切分配均匀,没有个人的好恶与偏见,尤其这最后一点,常〈是〉其他部队所没有的,特别觉得可贵。只是新兵的健康太差,从四川到摆金,路上便走了很久,一般兵役机关对待新兵,直是非人的苦刑。新人到摆金时差不多已失人形,不知要经过几个月的休养,才能复得原来。部队长官说:"要养三个月才能和老兵一样扛枪上阵。"然而在这三月之中万一有战争呢?兵役的不健全予作战的影响太大了,像这样一个好军队,受新兵的牵累,作战力要降低好多,想其他部队本身已差,再加上如此新兵,又那能希望其作战?更何谈胜利?因而不禁高呼:兵役第一,唯有兵役办好,才有胜利。

六、和士绅座谈

在摆金那末短的时期里,民间工作简直没有展开,不过开了那次士绅座谈会,晓得一点民间情形,乃今把它报道于下:

一提到民生,便想到困苦,一幅艰难□□的图画,浮现在眼前。摆金本来不是一个富足的地方,民食仅足以自给,在田赋重〈压〉之下,民众的主粮便完全送公,自己吃的是禄粮,如包谷、黍米之类。他们所负担的才是抗战的重压,一切苦的他们忍受,〈过〉那种非人的生活,没有最低的营养,却有过分的劳动,就在这□□中贡献了一份能力,完成了八年抗战的成就,不过民众太苦了。

自从军队开到摆金,民众更苦了,这不是军队所□□□的,一九三师弟兄都是顶守军纪的,而是在□中无形产生。老绅士们向我们诉着种种"□□□我们每天要赔出□万元",因为供给的□□□市价和官价相差数十倍,□□□每天损失即在十万之谱,但这赔折还不算什么,少拿点钱还好,而玉米却是民众的粮食,□□□又因军队都系消费者,引起物价高速上涨,而米价则稳定如旧,此中又有大量损〈失〉。我们所最怕的还是预征,假如政府只顾补给军粮,而无预先征纳的处置,则老百姓都完了。老百姓如今已有挖草根以为预防。所以心□本团为之下情上达,将此种情形,提请县政府或省政府的注意。他们都嗟叹而忧虑,□□□有的却预言着假如长此以往的话□□必乱。

民众们初或许会过甚其词,然而无论如何民食终是一个严重问题,政府不能仅管了军队便算完事,还应该顾到民食的调剂。假如前线一带民生不足维持,匪乱横生的话,便无从作战。因为民是军的根本,军不能离民而独立,尤其在我们这样一个国家,输送不便,军队物资大都赖当地供给,如农民经济根本崩溃的话,便无法作战而胜利。特为附之。

这是一个大问题,本团有鉴有此,不禁提出,愿各方注意。

七、苦难中的苗夷

在贵州民众教育的课本上倒曾提及苗夷,但多少年来的地方政治却没有顾到他们,他们是一群被遗忘的,尚不能考为中华民国的国民,仿佛是另一阶层,受压迫者之群,上次黔边战事的混乱,与这种情形不无因果。

苗民种族很多,在其衣着上能够辨别,有的汉化较深,有的较浅,在摆金附近的苗胞大都已接收〔受〕汉化较深□□□。

□税征收当然以极高税率,日常行竟亦不得自由,常遭凌夺,譬如买盐,价格较汉人高得多,质又劣,□□□而在返途中尚有被强夺之〈虞〉。因此他们生活中充满了恐惧,什么事情都不敢做,性情中养成了懦性,对汉人亦只有惧怕,怀恨那种狡猾的欺骗和压迫,所以苗汉之间根本说不上感情。

夷族一名仲家,生活境况似较苗族佳,受汉族压迫稍轻,精神便显得活泼,男的衣饰和汉人无大别,女子则多天蓝上衣,留长辫,那是一种风度。夷人虽较好,还是没有独立和自由,一切还由汉人支配调度。

这种被压迫的原因由于文化的落后,苗、夷都只有言语而无文字,一种语言又往往只能通用于周围数里的小部落内,所以种族本身没有团结力,只得受欺侮了。要拯他们出此苦难,当然只有依赖教育,使他们彻底汉化,接受各种知识,在平等的立场上与汉人贸易,亦更要破除汉人的歧视。苗夷的自卑和懦性,这实是贵州省地方政治所应积极做的事。苗胞、夷胞都诚实纯洁,假如经过一番教育之后,我国必增加无数优良的国民。

一九三师在那边曾想到办苗民小学,和苗民保长合力,并利用苗胞中有知识的分子。萧师长更特别注意到这个问题,初到摆金的时候便下乡去访问苗胞,赠送盐块,去除他们对士兵的恐惧。市面方恢复了常态,苗民和士兵亦就能和好相处。由此可见,一种事情只怕无人做,实做起来,亦非万难也。

八、甲浪的五七九团

一九三师有一团驻在甲浪,离摆金十里路的地方。本团派了四位同学去工作,前已提及。

甲浪纯粹是一个苗民的乡镇,房子疏疏落落的散在四野,只有场坝上才比较集中些,亦不过二三十家,围成个长方形。团部就设在一个矮小的民房中,除掉直属部队在甲浪外,二营分布在以甲浪为中心的半径六里的范围内。团部普通只作原则上的决定,一切细则都由营长讨论施行,所以营长的良否,对于一营是有决定作用的。

根据密切观察,老兵的体格都相当好,新兵则多病弱。新兵大概总人数的五分之二,因中原会战的损失太重,人数至今尚感不足,后方兵源的补充实太缓慢。新兵的训练,长官们都非常注意让他们休养一个月,训练两个月,这样除战场上实际经验外,素质上便□和老兵不相上下。

膳食情形相当令人满意,并不是因为待遇已提得很高——这样靠通货膨胀而来的待遇提高,是绝对不能和市场物价平衡的——能满意的是他们努力的精神和方法,他们确已尽了人事。当时情形大概是每天十二元的柴火费,四十□元的油、盐、菜蔬及肉类(多为牛肉),伙食以连为单位办理,每天连长是当然采买,另外□□□士兵轮值,每天吃饭的时候则由这位弟兄报告当天食米数量、菜价及采买情形,这样防止了舞弊,士兵彼此都有了信任,连、排长均和士兵同食,营长亦常到各连吃饭。

每一营都有浴室,另外还有灭虫室,士兵经常每周洗澡一次。如今医官最感缺乏,全团只有一个,每天往三营跑,忙得不可开交,营里想找个有训练的看护兵都很困难。为了水土不服,病兵相当多,营里有病室,官长去看病兵的时候,照例都带些东西去慰问,同时病兵饭吃得少些,余米折价每天可吃到一个鸡蛋,所以营养还不错。

士兵教育可以说最成功,每天晚上有识字课,老兵差不多都认得字,有些才入伍一个月的,已懂得记采买账了。虐待士兵是绝对禁止的,团员们更亲眼看到一个官长被禁闭一星期,为了打了一个士兵。士兵都有机会直接和营长谈话,甚至建议。军队不是专制横行的所在,在此却见到如此开朗的风气,确实可喜。

军民合作的情形,颇令人感动。借东西一定要营部批准,要借条,士兵不拉入民屋。有一次营里无柴烧,士兵不敢上山乱砍,由特务长找保长指定了个地方割了些草,胡乱的烧一顿饭,第二天用三万元买了些树木才算解决。所以他们和苗民处得很好,苗民常有烧点菜请当地长官去吃的,和谐不分军民。

四位团员在那里所做的工作,亦是教课讲三民主义、教唱歌游戏等和摆前做无异,不赘评述。

九、我们的生活

由于长官的爱护,我们尝到了军队生活的乐趣,有一定的秩序,丰富的内容,使我们恋恋不愿离开。

早晨在六点起来,那时弟兄们的歌声已早过去,而可遥听到他们在山上的呼喊了。起来以后便集队到方场那边,跑步一圈后,练习骑马,师长常陪着我们骑。在那清晨,阳光刚透出平地的时候,在那田野间驰骋,该是多末有意思的事呵!对于这群去过摆金的团员,这晨骑的印象将永远留着记忆的资料,很多初学的都从马上摔了下来,痛苦更引起了兴趣。每逢星期三,规定在七至八时操习步枪和轻机枪,星期天实弹射击。我们在那里步枪射击了一次,其快乐真不能言说。

十点钟吃饭,内部工作大都在十点钟以前料理。吃饭后都纷纷出外,去到自己的岗位。四点钟又还来,晚饭后便集队去教唱游。在小小的天井中集合后,就向广场前进。虽然天气是那末严寒,然而在我们每个人都没有觉得这里严冬的傍晚,唯有笑声、歌声与步伐声相互地呼应着,激荡着山谷里的静空,村中孩子常在我们前后左右唱跳。直到天色已黑,我们才回到居所,而这不是休息的时候,我们还要开会检讨这一天的工作和明日的开展。开会时常因一点小事,争辩得面红耳赤,但在摆金,大家的精神终还是愉快的。

肆、归来整理

一、被欢送归来

在摆金的团员们接着青岩团部的命令,只得于廿七日黯然离开摆金(有几位团员觉得工作还没有尽兴,而主人又是那末好,舍不得离开,便决定继续留在一九三师工作,另成立了一个学生工作队,他们希望真实的去战地服务,如今已践愿了)。与一九三师长官们和当地民众们离别之一幕,彼此都觉得深深惋惜。本团举行了一次惜别晚会,当场大家说不出话来,只互相祈祷平安和进步而已。临行之前夜,甚多长官饯别,尝着各种滋味,更觉恋恋不忍别。当天早晨,在师部园中,萧师长对我们讲了几句临别赠言,希望我们在建设新中国的各方面努力。语重而心长,予我们安慰,亦予我们鼓励。

二十八日,全体团员集中青岩,受到十三军盛大的欢送,就在本团团部所在,布置了伟大的场面,四面贴着"欢送浙大战地服务团载誉荣归"的标话,中间悬着党国旗和总理遗像,并挂着所赠给本团的布制的锦旗,上面织有"共为祖国命运奋斗"八个字,不禁使团员们感动。会在夜里举行,宾主们严肃的分位而坐,石军长响亮演说,诚恳祝别,团员们在当地士绅的致词中得到了温暖,他们每一个虔挚的脸□□□工作究竟有了一点收获!

三月一日下午乘汽车离开青岩回贵阳,车上又是载誉荣归的大红字,我们就这样被欢送归来了,每个心里都回荡着"共为祖国命运奋斗"的警句。

二、归后的清理

回来了,重回到校里,五十个团员顷刻便消逝于同学群中了。去时的满箱满筐的物品已剩余无几,大部分工作物品都已分赠给十三军特党部、青岩县立中学、青岩战时服务委员会和一九三师,余下的一部分折价卖给遵义学生服务处。又其余则三分给遵、湄、永三地的战时服务队,药品送还学校医务处,两天便了结清楚,全部物账颇有糊涂处□的管理□□困难,以后当需改良。

金钱账目结算数天后才清理完毕,送名誉团长竺可桢先生稽核,一切无误。余下约十三万元,分赠给三地战时服务队,继续作劳军工作经费。

本团便从此结束了。团员们对于此行都充满了感想,限于篇幅,不备载了,那共同的心声是"祝忠勇的将士们健康,祝苦难的老百姓快乐"。

团员名单

团长	支德瑜
副团长	丁儆
会计	王侠
团员名单	支德瑜　余彦人　丁儆*　于子三*　于用德*　张人杰　潘道皑　邵柏舟*　皇甫煃*　周兴国*　李志凤*　夏惠白*　尤天健　司徒巨勋　常亚雄　陈皓　万廸秀*　陆星南　李忠福　杨慧莹*(女)　张天虹　葛云英(女)　郑□淇　马秀卿*(女)　曾守中　哈喻文*≠　叶玉琪　温毓凌*　陈耀寰*　谢福秀(女)　赵致康*　张承炎*≠　费坤华*≠(女)　严刘祜　王侠　陈尔玉*(女)　刘赓书(女)　温邦光*　陈明皍*　朱葆洵　王涌祥*　刘纫兰*(女)　蔡南山(女)　李正心*　石必孝*≠　黄源荣*　张瀚*≠(女)　章作藩*　钟一鹤　张尚怡　赵桂潮　雷学时*≠　郑国荣*　胡金麟*　王志铿*≠　段秀泰*(女)　安粤*　顾明训(女)　姜国清*　强德华*≠

注:*曾去摆金者;≠继续留一九三师服务者。

（四）学生爱国民主运动

国立浙江大学全体学生为促进民主宪政宣言
（1945 年 5 月 20 日）

"火已经烧到了眉睫"。这是当前每个人对于国事的共同感觉,因之救火也就成为我们每个人所急不容缓且不容旁贷的责任了。

一年来由于英、美、苏诸盟友的密切合作,使整个反法西斯战争已进入到蓬勃热烈的胜利阶段,克里米亚会议不单以最民主的精神解决了欧洲的国际问题,而且更进一步地奠定了盟国在政治和军事上的团结合作。在欧洲,轴心已经瓦解,法西斯野兽即将在他的老巢被剿灭;在太平洋,美军的越岛攻势,已使菲律宾解放了,琉璜岛占领了,东京在饱尝着炸弹的滋味。眼看着法西斯强盗即将崩溃,四月二十五日召开的旧金山会议,将计划着如何结束战争,如何维持战后的世界和平。瞻望前途,摆在全世界民主力量面前的,真是一幅多么光辉灿烂的美景。

然而我们中国呢? 一年来由中原会战的失败,直到湘桂沦陷、黔南告急,整个抗战心脏的西南濒于动摇。为时不过数月,而丧地千里,造成了历史上空前未有的败绩,演出了人世间惨不忍闻的悲剧。而今敌人又将完成东南割裂区的扫荡,加紧布置沿海防务,使东南各省所有足资反攻的空军基地尽陷敌手,增加了美军在华登陆的困难,延缓了我们反攻胜利的时机。试问我们将何以对盟友? 将何以言配合反攻? 而行将举行的旧金山会议,必将决定今后数十年乃至于数百年的国际秩序,决定全世界各国的命运与前途,英、美、苏诸盟友正在广征民意,作充分之准备,组织全国一致的代表团,以图在会议中争取其地位。我们中华民族,究竟是要求在国际上复兴,抑是沉沦,这正是大好时机,时乎不再,试问我们的政府又将作何准备?

为什么当全世界反法西斯战争进入到蓬勃热烈的胜利阶段的时候,而我们反遭到如此重大的失败,造成了如此严重的危机呢? 这根本的关键就在于政治的不民主。由于政治的不民主,使国内至今还陷于四分五裂的局面;由于政治的不民主,使国家在财政上陷于极端的穷困,以致通货在高度的膨胀,物价在飞跃的上涨;由于政治的不民主,使国家在经济上陷于破产,一方面是生产的萎缩,一方面是官僚奸商的投机垄断,以至于民不聊生,社会混乱;由于政治的不民主,造成了政治上的腐败无能,贪赃枉法的习风;由于政治的不民主,造成了士兵生活的极端的恶劣,招致了军事上惨痛的失败;由于政治的不民主,在外交上遭受到盟友的猜疑、轻蔑、谴责;由于政治的不民主,在文化教育上,遭遇到种种扼制;由于政治的不民主,七八年来陷全国广大青年于极度的苦闷中……情势既已如今日之严重,若再不急图改革,则国家的前途,将何以想象? 因此,我们认为要挽救当前危机,只有立即改弦易辙,停止一党专政,实行民主政治,只有在民主政治中,才可以完成全国一致的团结,使全国一切力量为反攻而集中。因此我们站在国家青年的立场,站在大学青年的立场,必须要求国共两党在"国家至上""民族至上"的最高前提下,捐除成见,精诚合作,共同挽救民族国家当前的危机。

我们认为在今天,如果谁还把个人或党派的利益置于民族国家的利益之上,则必然是民族国家的叛徒,全国人民的公敌,必为全国人民所共弃。

其次,我们觉得若干年来,政府既已屡次向国人发出召开国民大会、实施民主宪政的诺言,则诺言应该立即兑现。在今天,时间既已如此紧迫,空言民主,固属画饼充饥,预约民主,也只是望梅止渴,犹豫拖延,实毫无补于事实。同时国民大会之召集,绝不容为一党一派或少数人所操纵、把持。因此,首先必须产生一公允合理的新组织,负责召集国民大会,欲使其公允合理,其成员必须包括各党各派的代表,及无党无派的才高望重的人士,只有这样,才可以产生真正代表人民的国大代表,才可以制定真正代表人民利益的宪法,才可以保证国民代表大会不致为少数人所把持操纵利用。同时为了增强反攻力量,保证民主宪政之迅速实现,我们要求政府立即实行下列各端:

一、确切保障人民言论、出版、通讯等之自由,废除军事秘密以外的一切检查制度;

二、确切保障人民身体、集会、结社之自由,停止一切除了对敌人和汉奸以外的特务活动;

三、取消一切党化教育之措施,切实保障人民思想与学术研究之自由;

四、无条件承认各党各派之合法地位,并保障其公开活动;

五、释放一切爱国政治犯及爱国青年;

六、军队国家化,改善士兵生活,使全国各部队获得平等之待遇,以增强反攻力量;

七、废除二十六年前所选之国大代表,并从速公布国大代表之新选举法,在新选举法中,不得有"指定""圈定""当然"之类的规定;

八、裁撤并严惩一切腐化官吏,以刷新吏治;

九、取缔一切囤积操纵,严惩奸商,开发资源,以挽救财政经济之危机;

十、党务费不得在国库中支取。

"天下兴亡,匹夫有责"。我们忝为今日国家之大学青年,受国家之护育与培养,更鉴于几十年来,青年在民族革命史上的光荣事迹,目睹国家当前之危机,岂容再缄默无言。而实施民主,实属燃眉之急。因此本校全体同学,在一致的要求下,不揣微声薄力,特向政府及全国各大中学同学、全国同胞作如上之呼吁,愿我全国各大、中学同学及全国同胞共起响应之。

民国三十四年三月

《抗战时期国共合作纪实(下卷)》,重庆出版社,2016 年,第 994—996 页,原载一九四五年五月二十日延安《解放日报》

浙江大学学生自治会致蒋介石书
(1947 年 1 月 3 日)

国民政府蒋主席钧鉴:

抗敌求存,争取与国,为外交之正道。我国联合四强,击败暴日,亦正为钧座前期外交政策之成功。乃胜利以还,形势渐异。美军来华原为协助受降,遣送日俘,其任务自有其时间性。一年以来，日军已分别为中国军队所瓦解，不复成为侵华抗华之力量，而日俘问题，麦帅亦已正式宣布遣送完成。如此，美军早应撤退，今仍继续留华，眷属纷至沓来，准备久驻，任务如何，即柯克上将亦早谓"尚待发现"，政府于国人要求美军退出之际，亦只系属"邀请"为词不加解释，全国人民疑惧环生，致盟邦有军事干涉占领之嫌，政府蒙软弱借外之讥，美军留华原则上已早非国人所同意矣。加以一年以来，美军到处奸淫虐杀，任意横行，足迹所至，惨案迭生，国格人格遭受侮辱，值视我为战败国，而在战败国之日本亦未有此暴行，视我为殖民地，即殖民地亦只能安抚怀柔，嗟乎，我国抗击侵略，血战八年，其对盟国胜利世界和平，功劳苦劳，举世周知，今乃换得战败国、殖民地实际不如之地位，血性国民，情何以甘！盟帮〔邦〕助我，凡为中华国民，自应顶礼加额，感激图报，若竟乘我内战，贪求无厌，辱我国民，弃好崇仇，义始利终，为德不卒，中美之传统友谊势将毁损，全国人民亦难无限忍受。北大奸案以来，如钧座所知，全国各地于忍无可忍之中，发为怒吼，抗暴运动风起云涌，势非美军离华，不足以息民怒。窃思政府为人民代表，政策即人民意志，世无脱离人民而独存之政府，亦无不符民意动向一成不变之政策。钧座倡行民主，一切以民意为依归。当此时移〔已〕势易，客观上美军留华已无必要，主观上美军暴行已引起举国一致之反感，则政府依照民意，改变政策，对暴行事件依法处理，对留华美军立即促请全部撤退，一面从速恢复和谈，挽回分裂局面，自谋和平，杜人觊觎垂涎。如此中美友谊始可确保，政府威信始得提高。学生等身受高等教育，爱国不敢后人，特为此奔走呼号，为民请命，敢冒斧钺，愿作陈东[①]，血性良心，自觉责无旁贷也。钧座高明，定能俯察民意，停止内战，解人民于倒悬，防止外侮，挽国家于重危，英明果断在此一举，谨此呈闻，企翘待命。

国立浙江大学学生自治会谨上
一九四七年一月三日

《抗议美军驻华暴行运动资料汇编》，北京大学出版社，1992 年，第 259—261 页

致司徒雷登大使转杜鲁门总统书
（1947 年 1 月 3 日）

司徒雷登大使转
杜鲁门总统阁下：

　　我们——浙江大学 2000 余学生，敢代表全中国学生的意志，向阁下提出沉痛的要求，立即撤退全部驻华美军。

　　抗日战争胜利后 16 个月的今天，贵国军队继续无理驻华，本来就是个大错，而贵国军队在驻留地所进行着的撞踢殴打、奸淫杀戮种种加诸中国人民的骄横暴虐行为，更是无可饶恕的罪恶。为了往日并肩作战的友情，我们一直忍受至今，但是忍受是有限度的。当这次驻华

[①]　原文注：陈东，北宋太学生，屡次上书，主张抗金。钦宗在位，对金求和，他率太学生并京城居民十余人上书，要求坚持抵抗。高宗继位后，又上书三次，后被帝所杀。生平事迹见《宋史》本传 455 卷——编者。

美军在大街上公然强奸大学生的消息传来时,我们已忍无可忍,我们不得不向阁下提出严重抗议,同时.我们提出沉痛的要求:立即撤退全部驻华美军!

中国国立浙江大学学生自治会

1947 年 1 月 3 日

《浙大简史》,浙江大学出版社,1996 年,第 127—128 页

浙大复员青年军反对内战
(1947 年 5 月 23 日)

(本校杭州二十二日专电)浙江大学二〇二师复员青年军为了内战不已,社会混乱不安,响应北平清华大学复员青年军反对内战,并发表告全国复员青年军同志书。他们认为不管野心家之奴才们想用"反对内战即反对政府"之帽子在压着我们,可是我们不怕,我们要高呼:

(一)抗战军人不打内战!

(二)在抗战中贡献了我们的血肉和生命,现在我们有权反对内战!

(三)我们要大家有饭吃!

(四)我们要实行民主政治!

上海《文汇报》民国三十六年五月二十三日

告同学书
(1947 年 6 月 6 日)

同学罢课业已三周。今诸校纷纷复课,完成学业。独吾校同学未遵劝告,尚继续罢课。不知将何所待?夫国事至繁,非咄嗟所可办;政情至杂,非辍学所能解。有志青年,当自爱景光,以学业为重,努力研钻,庶几可以学术救国,岂可坐送日月? 长此不变,四年级将不得毕业,一、二、三年级将不得升级。自误误人,宁不可惜? 近日报载各校惨案数见不鲜,吾校以力加维护,同学至今幸获安全。若长期罢课,在校内则以纠察侵害自由,已违民主之精神;在校外则以宣传引起纠纷,更滋社会之误会,难保不发生意外事件。纵诸同学不惜以身为牺牲,其何以对父母师长? 同人爱同学如子弟,终日为同学担忧。谊不应默,聊尽言之。凡行事宜一本理智,毋为亲者所痛。务盼迅复常轨,即行上课。愿同学三思之。

国立浙江大学校务会议

〈三十六年〉六月六日

浙江大学档案馆藏 L053-001-0003(1)

训育处布告(第六十一号)
(1947 年 8 月 15 日)

查本校此次学潮为时颇久,荒废学业,殊堪痛心。兹为整肃本校风纪,经第三次训育会议议决,将此次学潮中情节较重者,分别处分如下:

农经系二年级学生崔兆芳,夸大事实,故作煽动言论,企图延长罢课,应予停学一年。

农经系一年级学生朱元明,当一年级级会时阻止教师言论,侮辱师长,应予停学一年。

数学系学生许殿英、法律系一年级学生陈金华,曾阻止学生上课,妨碍教室秩序,应予停学一年。

其他附从学生姑予从宽,不加深究。嗣后诸生务各尊重师长教诲,恪守校规,向心力学,以副学校优容爱护之至意。

此布!

《国立浙江大学校刊》复刊第一百六十三期,民国三十六年八月十五日

国际学生联合会声援于子三运动发来的函件
(1947 年)

Dear friends and respected professors:

We have learned from the report of the National Student Federation of China from the recent issue of your "Kun-Pao"(公报)from the declaration of your professors' Association and from photographs received of the death of the President of Chekiang University Students Council in prison after 90 hours illegal arrested.

The Secretariat of the International Union of Students sends you its deepest regrets on this occasion which is got one more example of shameless atrocities which the Kuomintang Government is inflicting against Chinese democratic and peace loving students.

We take this opportunity to assure you that the IUS will do all it can do support the heroic struggle of the Chinese students.

Your sincerely
For and on behalf of the
International Union of Students
Joset Grohman Thomas A. Madden
President of the IUS Secretary of the IUS

国际学联声援函件的译文

亲爱的朋友们和可敬的教授们：

我们从中国学联的报告、你们的公报、你们教授的宣言和收到的照片中,知道浙大学生会主席于非法被捕后的 90 小时后在狱中被害了。国际学联深表关切,这表示国民党政府对民主的及爱好和平的中国学生的又一次暴行。我们在此向你们保证:国际学联愿尽一切力量支援中国学生的英勇斗争。

国际学联主席格罗曼
总书记马登

《踏着血迹前进:于子三运动纪念刊》,国立浙江大学自刊,1948 年,第 38—39 页

教授会为学生于子三惨死事宣言
(1947 年 11 月 3 日)

查本校学生于子三、郦伯瑾,毕业生陈建新、黄世民于十月二十五日夜在延龄路大同旅馆被杭州市警察局逮捕。黄、郦两生,羁押于警察局,于、陈两生羁押于保安司令部。本校闻讯,即向主管机关一再要求依法于二十四小时内移送法院,警局以审问未毕迁延逾九十小时。至二十九日下午九时,本校始知于子三已于是晚六时二十分惨死于保安司令部。竺校长、顾训导长及校医、学生代表当即趋视,见于生倒卧床上,咽喉有创口,早已气绝。于时保安司令部负责人出示染有血迹之玻璃片,据称此片即系用以自杀之凶器,并已由法院初步检验,系属自杀身死,尸体仍存保安司令部。于三十日再由杭州地院委法医详细检验,检定书已见十一月一日《东南日报》。至于陈、黄、郦三生,则甫于二十九日夜移送杭州高等法院。

同人等对于监守情形及如何在监守之下至今惨死,多所不解。特于三十一日召集全体教授大会,请竺校长、顾训导长、校医就经过事实向大会报告。根据法医检定书及已知材料,同人等认为有可异者数点:(一)顾训导长前往探视该生时,见其常带之眼镜已卸除,送去纸烟一包。据看守人员云,眼镜是玻璃,吸烟用火柴,皆所不许,则是防其自杀颇为周密,何以反致容其用长达五六寸之玻璃自杀;(二)竺校长于二十九晚到保安司令部,其负责人出示玻璃片,竺校长曾询问此玻璃片从何而来,则或答不知,或云是房内窗玻璃,而室内一窗残余之破玻璃又与此染有血迹之玻璃不能拼合,详阅法医检定书,其中所刊事实对于该生自杀之推测,亦不能自圆其说。同人等以绝对超然之立场,为维护宪法保障人权,有不能已于言者。……在负责治安机关逮捕嫌疑人犯固属职所应为。惟既为治安机关,则尤应严守法律,尊重人权,方足以安定地方,而乃违反法律,迁延时日不送法院,此应任其咎者一,既不能迅速办理移送法院,而又监守不谨,致今惨死羁押之所,此应任其咎者二;综合事实,其是否出于自杀颇多疑窦,如非自杀,则治安机关有草菅人命之嫌,此应任其咎者三。故同人等基于尊重政府,拥护行宪之赤忱,不得不以骨鲠吐于邦人君子之前,冀我贤明政府彻查其事,使真情大

白,将此事负责人员严加惩处,而申法纪。另在押之陈、黄、郦三生则应从速审判,俾是非昭然,则人权得有保障,是我国家法制前途之至幸也。

《国立浙江大学校刊》复刊第一百六十七期,民国三十六年十一月三日

国立浙江大学布告(第七十三号)
(1947 年 11 月 17 日)

查本校学生被捕一案,已移送法院解决,本校除仍竭营救外,凡一切校外集队游行募捐宣传,际此戒严期间,势所不许,我同学幸勿轻举,免滋事端,是使至要。

此布。

校长竺可桢

《国立浙江大学校刊》复刊第一百六十八期,民国三十六年十一月十七日

国立浙江大学校务会议通告
(1947 年 11 月 17 日)

查本校学生于子三、郦伯瑾,毕业生陈建新、黄世民等四人,以政治嫌疑被捕。治安机关未能于法定期内移送法院,于子三惨死狱中。本会议同人均深骇痛。诸生请求依法办理,同人等亦屡有正义之表示。惟大学之使命,在培养人才,研究学术。我校尤以学风醇正见称。诸生负笈来校,自以求学为唯一目的。任何政治运动,实非同人之所愿闻。今该案已移送法院,依法审理,深信当获公平处断。诸生务应静候解〔判〕决,勿生枝节。乃自本日起,又继续罢课,实属不当。务望即行复课,勿荒学业,否则于事无补,徒陷学校于危难。诸生与学校休戚相关,同人责在师保,亲同骨肉,心所谓危,不得不告,诸生其各自懔省!

国立浙江大学校务会议
三十六年十一月十一日

《国立浙江大学校刊》复刊第一百六十八期,民国三十六年十一月十七日

国立浙江大学布告(第七十六号)
(1947 年 11 月 24 日)

查本市现值戒严期间,我校学生不得出外活动,如游行演讲等,业经慎重申诫在案。自布告之日起,如各生等自由行动,应由该生等自行负责,本校难负保护责任。

此布。

校长竺可桢

中华民国卅六年十一月二十二日

《国立浙江大学校刊》复刊第一百六十九期,民国三十六年十一月二十四日

国立浙江大学学生自治会为抗议一月四日特务暴行事告同胞同学书
(1948 年 1 月 4 日)

各位同胞同学:

在这充满着残杀迫害的日子里我们又要来宣布一件我们所亲自领受的无耻特务暴行。

我们想不到在政府宣布行宪的今天,竟然会发生这样殴打学生、残害无辜人民的卑鄙下流的暴行,我们的身体安全毫无保障。我们不懂究竟要宪法何用? 我们究竟要政府何用?

一月四日是我们准备替二月前惨死监狱里的于故主席子三奉行迎灵安葬的日子。当我们集合在子三广场上,听取学生自治会向同学报告学校与地方当局对于墓地与迎灵路线交涉经过。(因为我们是早已失去了安葬与送殓一个忠贞烈士的自由的啊!)大家正准备开始讨论的时候,突然自校外冲进暴徒数十人,纠察前往拦阻不果,他们都手执铁棒木棍,见人就打,一时秩序混乱,同学前推后挤,扑地无数。暴徒等将挽联、丧杖尽行撕毁,并高举椅桌向避散同学掷去,按住扑地不起之同学继续毒打,迄□会场被破毁殆尽后始扬长而去。当时有警察二十余人,殴打时袖手旁观,事后则保护暴徒逸去。

我们不知道一纸空言的宪法有什么用? 我们更不知道这个政府是否还需要人民? 我们不知道葬送一个已故同学是犯了什么罪? 我们不知道做今天中华民国的国民是否还像一个人?

同时我们今天严正地提出两点抗议政府当局:一、我们正当讨论出殡而未具体决定之前,为何进行捣乱? 二、开会在校内举行,并非校外行动,守卫警员数十人何故任暴徒进来?

我们痛愤政府空喊实施宪政,而允许暴杀人民之阴谋却明目张胆地执行,人权保障在那里,人民自由在那里?

但是我们知道烈士的血决不白流,我们现在忍住自己今天所遭受遍身毒打的剧痛,我们向全国同胞,我们向全世界正义人士高喊奋斗! 我们切齿控诉今天特务的暴行。

中国不应永远在黑暗里。暴徒的日子不会太长久的,自由民主不会太远了,因为我们看

见杀人者已经露出他的最狰狞的面目,已经施出最无耻的手段。

国立浙江大学学生自治会□启

廿七年一月四日

《于子三事件史料图片集》,浙江人民出版社,1957年

本校学生自治会呼吁挽救当前教育危机
(1949年2月16日)

本校学生自治会日前发表一文,文曰:

浙江大学全体学生为呼吁挽救教育危机,发表告社会人士书称:自时局逆转,政院南迁,政府对人民之责任无关切,亦悉数隐灭,江南号称文物荟萃,全国精华首区,于今和平之声响彻云霄,"拯救人民于痛苦"高呼之际,文化教育界人士已濒朝不保夕、坐以待毙之绝境,诚为举世莫大惨象。

自本月份来,本校经费先后领到之数仅及一百七十万元,而全校师生工友数达五千,杯水车薪,无济于事,校中教授最高薪额仅只二千,换购袁洋不足二枚,备购食米则不足四斗,一家数口嗷嗷待哺,区区之数将何以活命,况同学、工友,其苦况更无论突。

政府一日存在,应不中断其支持教育事业之义务。文化教育为国家命脉,而今政府播迁,置江南于不顾,教授同学已临绝境,日杞断炊,政府果漠视教育如故,必致全国文化人士尽成饿殍。

今日政府果拟争取人民,尚愿继任先人文化,为中华保存元气,如其历项所声言者,则应立即中止将全国资金南迁之行动,迅速拨文化教育机关巨款以作紧急救济,应立即停止其"和平"之空号,迅速注意文化教育机关之危状,以实物偿付全国教授之薪给。浙江大学全体同学目睹学校所临难关与师长生活苦况,深以为政府目前之措施,为舍本逐末之愚举,谨向地方父老、各界人士及全国同学呼吁:群起支援,挽救教育危机!

《国立浙江大学日刊》复刊新第一百〇七期,民国三十八年二月十六日

八、图书、设备与校舍

(一)图书管理与出版

1. 图书管理

国立浙江大学学生借书规则
(1937 年 3 月 3 日)

第一条　各学院学生于每学期开始时,须将注册证送至所属学院图书馆,领取借书证然后方可向各院图书馆借阅图书,此后凭证借还图书。

第二条　借书证不得转借应用。

第三条　借书证如有遗失应立即报告图书课,转知各院图书馆作废,于一星期内如无冒名借书情事,即行补发。在未声明前,被拾得者冒借之书,仍归原领借书证人负责。

第四条　用拾得之借书证来馆借者,一经查觉,即报告训育部,予以惩罚戒。

第五条　补证须纳银二角。

第六条　借书须先填写索书卷交管理员取书,书还时,将索书卷取回。

第七条　大学部学生每人借阅图书以四册为限,代办高中部学生每人得借书两册。

第八条　旧杂志在书库内者,只四年级生可借,仍须教授签示并以两星期为限,一次续借以二星期为限。

第九条　借阅图书以两星期为限,倘届期仍未阅毕,而又无他人需要,得来馆声明续借一次,续借以一星期为限。

第十条　学生借书期满不缴还者,自公布日起,每本每日处以罚金五分,以至五角为限。逾期之书未还前,不准再借他书。

第十一条　借出图书至寒暑假假期前三日,或接各该馆索书通知时,无论已未满期均须缴还。

第十二条　图书借出时借书人须细加检查,如有损污、脱落或已有涂改之处,可向各该馆办事人员声明,以免借出后负责。

第十三条　图书借出以每日上午九时至十二时,下午二时至五时为限,星期日及休假日停止出借,寒暑假中临时酌定公布之。

浙江大学档案馆藏 L053-001-0610

国立浙江大学图书馆教职员借书规则
(1937 年 3 月 3 日)

第一条　教职员借书证由本馆制发,新任教职员须持校长办公室介绍函,向所属各院图书馆领取借书证。其不隶于各院者,可向文理学院图书馆领取。以后每次向各院图书馆借还书籍时,须将此证缴验。此项借书证借书人须留意保存,倘有遗失,应立即通知图书课转告各院图书馆作废,否则他人拾得冒借之图书,仍归原领借书证人负责。

第二条　借阅图书十种,西文书每种以二册为限,中、日文书每种以五册为限(图书之装成帙幅者,以一帙一幅为一册)。

第三条　借阅图书以一个月为限,惟因编述讲义而需常月参考者,借用期限得与各该馆管理员另行商定之,但以三种为限。

第四条　每届寒暑假开始时,借出图书必须缴还,以便清理。

第五条　教职员所借各书,各院图书馆因特别原因得随时通知取还。

第六条　教职员借阅图书须遵守本大学各院所订之通则。

第七条　图书借出以每日上午九时至十二时,下午二时至五时为限,星期日及休假日均停止出借,寒暑假中临时酌定公布之。

浙江大学档案馆藏 L053-001-0610

国立浙江大学各院图书馆阅览室规则
(1937 年 3 月)

第一条　各院图书馆阅览人取阅指定参考书时,须签名于借阅证上,离室归还,不得携出。

第二条　室内书报、杂志阅毕后,即须归还原处,以免凌乱。

第三条　室内之书报杂志均不得携出室外。

第四条　各院图书馆阅览室开放时间如下:

每日　上午八时至十二时　下午一时至五时　晚间七时至九时

星期日　上午九时至十一时　晚间七时至九时

第五条　例假中各院图书馆阅览室开放时间随时酌定公布之。

浙江大学档案馆藏 L053-001-0610

图书仪器运输近讯
(1938 年 12 月 5 日)

本大学由赣迁桂,所有图书仪器共计一千七百余箱,除其中最急要之一百余箱系由泰和直达车装运,业经运抵宜山外,共余一千六百余箱,为减轻运费起见,原定循水道装运,第一批二百余箱系于八月二十六日由泰和出发,经赣州、南雄、曲江、三水、梧州,现已抵柳州。第二批计八百八十箱,系于八月卅日由泰和出发经赣州、南雄、曲江,现已过砰石。其余五百余箱则于九月中旬,由泰和出发至韶关,因华南战局紧张,中途折回泰和。此外,尚有一部分文件、簿据等一百七十余箱,则以在泰和时不能及早结束,抵宜山后,又以急待应用,于九月下旬由泰和出发,经永新、衡阳,由湘桂路已达桂林。竺校长为慎重校产计,特决定由胡院长、诸葛秘书、沈总务长前往主持运输事宜,一面已将本校自备卡车三辆集中装运。兹据电告,在砰石图书仪器均已由粤汉车运赴衡阳;泰和方面,已由胡院长前往主持,亦已起运。各路车辆均已接洽就绪,路局允为尽先调拨,随到随运。是以本大学之图书仪器,不久即将次第到达云。

图书馆近讯(一)
(1938 年 12 月 12 日)

本校图书以交通阻难,至今犹大部未到。图书课为应付教授学生目前之需要,已规设阅览室。兹探得图书运送及选购图书等消息,分志如次:

一、图书运输情形

本校中西文图书于离开泰和时共装三百五十余箱,雇船南运;惟以船舶缺乏,重以逆水上驶,甚稽时日。甫抵粤境,即有军事发生,不得已一部分仍退回赣省,现已由樟树上车往衡阳。惟其中大部分约计二百箱则已溯北江过乐昌,拟由湘入桂,惟交通多阻,到达恐尚需时日云。

二、阅览室现状

本校自泰和迁宜山,教授学生自九月杪后陆续到达。图书课为应阅览需要,特于十月十六日在文庙先设一临时阅览室,陈列新寄到宜山之中、西文杂志约二百种。十月中该课职员过桂林来宜山时,在桂配购中文图书杂志约千册,经登记分类后,现已分组先后陈列。期刊以时局与交通关系,未能按期寄到,惟已将较近各种之西文期刊分成文、理、工、农四类与中文期刊分别陈列。该室开放时间暂定为每日上午八时至下午五时半,星期日上午八时至十二时。

三、选购图书近讯

本校各系所用教科书及参考用书,大部分多为西文书,值此外汇高涨,财部对于购买外汇多方限制,教部亦颇有统制购买外国图书之倾向(如最近拟订各大学协同购买西文书办法),因此向欧美订购西书殊感困难,且交通多阻,邮递亦甚需时,因此该课本学期对各科必需之基本参考书,或将常托上海商务代为购配,惟粤局变后,沪桂邮寄亦颇迟滞。此外普通课本在国内有翻版书,亦拟酌量采购翻印本,以备同学之参考。现闻各系主任已分别选定若干,交由该课向昆明等处邮购。此外本校中文新、旧图书尤多待补充,本学期亦拟多购必要中文书,现已就各系开列及该课自选者,陆续向桂林等处选购云。

至图书课主任一职,七月间王以中先生辞职,经校长改聘为史地系专任教授,并聘史地系教授陈叔谅先生(训慈)兼任此职,已于八月初接事,并加聘陈豪楚君为课员,担任选购及内部设计各务云。

图书馆近讯(二)
(1939 年 1 月 9 日)

图书馆书籍运输及征购阅览情形,曾志本刊二期。兹从图书课探得该馆近讯,分志如次:

一、原有图书运输消息

图书馆全部图书共装三百余箱,其最后一批至一月二日为止,已完全自衡运到桂林,密藏乡间,其一部分先到者,并经以舟运往阳朔,然后再由汽车向阳朔接运。十二月运到者,仅有十箱,其中为工学院方面期刊之一部分,已开箱应用。闻此后须自一月五、六号后,可以陆续运送。该课为书库布量〔置〕未就,及城郊不宜集中置放等关系,已向各系主任商洽,请其就装箱清单圈选重要各箱,以备到时分别开箱,酌提应用(整理后分别陈列,及出借办法俟后定)。又该课以办公用品各箱亦未全运到,于除夕前二日派职员曹礼德赴桂林,已于三日携同卡片用品及工具书等八箱返校,并与沈总务长及阳朔办事人员洽定运送图书之次第云。

二、现有图书先行出借

该课以大宗图书未到,先在桂林、贵阳各地采购大批中文一般图书及各系专门参考书等,陆续陈列,惟因书少未正式出借。兹以该项图书编目粗毕,原任出纳职务押运图书之职员,亦于上月二十九日到齐,爰将阅览室东偏新辟小室,充作临时书库与出纳室,将现有图书,除辞典等工具参考书外,不复公开陈列,存放室内,于一月二日起,订定临时借书办法,先行出借。至制发借书证等手续,尚须稍待云。

三、续订西文期刊

本校各系订购专门期刊不下三百种,多甚珍贵,惟一部德国及欧陆各国期刊,德国某公司以续订价款未到(未能请到外汇),以致停寄已久,而英美之期刊公司亦催款颇急。该课于十二月上旬请准校长,特予设法陆续汇还一九三八年期刊欠款,一面已发信欧美原订公司,照旧续订一年,不复减少,其国际问题及教育方面期刊,八月间并发信增订十余种。惟最近交通阻滞,外国期刊多未能按期寄到,已分函香港广州湾邮局请其查寄云。

《国立浙江大学校刊》复刊第六期,民国二十八年一月九日

图书馆近讯(三)
(1939 年 1 月 23 日)

图书馆为便利阅览书报及一年级同学自修起见,自一月九日增加晚间开放(时间七至九时半,暂不借书)。昆明所买翻版书现已到校。惟大宗图书先后运到者,至今尚只三十余箱(期刊为多),除一部分曾先提应用外,以原十一号教室至最近始充书库,故自廿一日起从事开箱,择要陈列整理,以备出借。又该馆为购书及洽理应先运之书箱各事,于十五日派由陈豪楚君赴桂林,于十九日返校。

《国立浙江大学校刊》复刊第八期,民国二十八年一月二十三日

图书馆近讯（四）
（1939 年 5 月 15 日）

本校图书馆在泰和时期，假萧氏遹观楼（原为藏书楼）为馆舍，布置半载，阅室书库种种环境设备，几胜于在杭之时。自迁宜以来，原定兴建馆舍以故中辍，至今仍假用不甚适宜之房屋，图书既未克以时全到，书库又不敷容纳，以致馆务进行与师生应用之便利，颇受影响。惟图书课于征集编目等工作仍循序进行。兹将一月来进行各要端，探志于次：

一、改定借书时期

前以办公时间改易，阅览室虽仍日夜开放，借书时间减短。八日起本校改定作息时间后，该馆借书时间已改定为上午八时至十一时半，下午二时至五时半。惟阅览室则竟日继续开放，晚间除因开会借用该室外，亦每晚开放至十时，兼供同学自修云。

二、新到西文图书

西文图书之订购与寄送，因外汇之限制与交通之不便，皆感困难，故年向沪托购已陆续付邮之西文图书，历久未到。至一月份姚卓文君自沪返校，商务托便寄来新书九十余本。而去年十月三日上海付邮之西文书，亦于四月十号左右先后寄到（在途约一百九十天之久），计一百五十八本。此项图书皆去年春夏间订购，内容以地理、游记、教育与国际问题之性质为多，现正赶行编目。除有一般兴趣之书保留公阅一星期再行入库外，余皆陆续入库备借。尚有未到之书，正在查询。二月间寒假期中，该课收集各系订购之书目，仍函托商务购办。现以财部于请购外汇每多困难周折，分次去请，更多不便，故拟综为收集各系选购之书目，总请购一次云。

三、印赠书刊新目

该课于新到西文图书，向例每隔相当时间编印《新书报告》一次，曾印十四期。一年来，西文图书到馆较少，故久未续编。四月初于新到书未编以前，由该课主管西文书目之课员姚佑林君编写《新书报告》第十五期（廿七年六月到廿八年三月之新到书目），分赠各教授。又以西文期刊续订增定已告一段落，特编印现定西文期刊目一份，循字母排列，计共三百余种，亦经分赠并在阅览室公布。闻此项西文期刊，因外汇牵制而未收到刊费，因而暂未续到者多种（德法文方面为多），现在到馆陆续陈列之西文期刊计二百七十种（内计工学院四系六十一种，农院四系五十五种，文理学院数学、自然科学合计七十七种，一般问题与文学、史地、教育合计七十七种），旧到期刊虽无地承受装订，现正加以董理并补缺，为以后合订之准备云。

四、筹建期刊书库

各种西文期刊多系继续，且有数十年之全份者，实为本校珍贵之设备，虽以辗转运输，一部分略受潮损，一部分尚未全到。而现时书库虽经增一披屋，仍不足容纳，以致旧本期刊日久未能开箱陈列。现除一部分为学程参考必需，已略有开箱应用外，其余正在向总务处接洽，在适当地点另建临时书库一所，以资排架陈列，约须一月后可以实现云。

五、新订借书规则

该课以旧有借书规则未能尽晓,且有与现状不合者,特修订《教职员借书规则》与《学生借书规则》各一种,已经四月二十二日章则修改委员会详加讨论修正,将在最近一次校务会议提出通过施行,以期共同切实遵守。此外,并订有指定参考书阅借规则,以供目前环境下之应用云。

《国立浙江大学校刊》复刊第二十三期,民国二十八年五月十五日

图书馆近讯(五)
(1939 年 11 月 30 日)

国立浙江大学图书馆自暑假以来,一面清理旧借图书,一面施行暑期借书,同时关于征购新书,编订目录,亦照常进行。兹将其工作情况,分别择要录后:

一、施行暑期借书办法

该馆向例于学生暑期借书,另订办法,与平时借书规则,稍有不同,今年暑期借书办法已于七月七日起施行,凡下学期继续肄业而暑期留校之学生,均得填就请求领用借书证,惟毕业同学、补习班同学及旧借图书未还清者,暂停借书权。至借书册数,改为限借二种五册,俾利流通。截至七月三十日止,领用借书证者约四百人,借书频数且较平时为高。

二、疏散书箱与另辟书库

该馆图书箱子已于上月到齐。惟为避免意外危险,原置于城区之次要书箱以及旧刊,酌为疏存乡间。至各系必需应用之图书,一年来虽已陆续开箱插架,惟因书库溢溢,不敷储藏,最近已在文庙另搭一草棚,拟作临时书库之用。

三、征购图书

近来外汇高涨,而向政府请购外汇,又常遭稽留迟延,故购置西文图书,极为困难。最近财政部限制外汇之请求,且规定凡非与国防有关之图书,一律从缓购置。故一年来,该馆因征购西书而向财政部请购外汇亦有多起。至最近二月来,各系开列书单请求购置作为下学期教学参考之用者,第一批英、美图书已于七月底发出,共计美金六百五十余元,英金九十镑,均由上海商务转向国外购置,而直接由国外各公司寄至该校,至向德、法及欧陆各国征购之书,则先已于七月初发函订购矣。

四、编订目录

该馆四月以后之新到西文图书,已于六月底编印第十六期目录一份,分送各教授。最近因奉教部令,嘱造具全部藏书目录,该馆亦已于八月一日起开始,其中中文图书因杭变时携出较少,须就各院分别核对编造外,西文部分拟将各院图书合并编目,俾便查检。惟因人手关系,完成约须在二、三月之后云。

《中华图书馆协会会报》第十四卷第二、三期合刊

蒋复璁、朱国璋二先生致张〈其昀〉院长书
(1947 年 3 月 10 日)

奉读惠书,远劳关注,至深铭感。承嘱一节,查书籍杂志之分配,系由部方另组委员会统筹办理,本处仅负提运清理之责。贵校应得美赠书十箱(三五六—三六五),已由严任于去年九月廿一日交由上海同和运输公司运杭。至美国会图书馆赠送史地系图书数箱,尚未收到,亦未接得此项通知。知念奉闻。

(上海长宁路三十号教育部驻沪图书仪器接运清理处,电话二三一〇三号)

浙江大学档案馆藏 L053-002-0020(1)

国立中央图书馆出版品国际交换处致国立浙江大学文学院函
(1947 年 5 月 6 日)

径启者:

本处依据出版品国际交换公约办理出版品国际交换事宜,中以抗战军兴,即告停顿。今兹胜利复员,自应赓续办理,以期沟通国际学术,树立文化建设。素仰贵院出版丰富,内容精湛,拟恳将中、西文出版品每种惠赐三十份,以备分赠各协约国,借利国际文化之交流。事关履行国际公约,即希察照办理见复为荷。此致

国立浙江大学文学院

附交换办〈法〉一份

国立中央图书馆出版品国际交换处启
卅六年五月六日

浙江大学档案馆藏 L053-002-0020(1)

范祖淹致张其昀函

（1947 年 8 月 26 日）

晓峰吾师函前：

　　手谕奉悉。贵系拟购之杂志约共美金五十三元五角，当函美订购，并向中央银行办理申请外汇手续。该款俟外汇批准后，按照市价结算，万一驳斥，损失外汇数额亦殊有限。现拟请贵系备委托书（附杂志单）两份，以便径向美订购及申请外汇之用。又代向中央银行购申请书表格及手续费共十万元，便乞惠寄为荷。专复。顺叩
崇安

受业范祖淹拜上
〈三十六年〉八月廿六日

浙江大学档案馆藏 L053-001-0281

致中央银行业务处公函

（1947 年 9 月 10 日）

径启者：

　　本校史地教育研究室为研究参考，须向美国订购杂志五种，计需美金五十三元五角。兹托由上海华孚实业公司代洽，并兹附书目清单一份，即请查照，惠予按照官价结购美金外汇。至纫公谊。此致
中央银行业务处
　　附书单一份

校长竺〇〇

浙江大学档案馆藏 L053-001-0281

致华孚实业公司公函

（1947 年 9 月 10 日）

径启者：

　　本校史地教育研究室为研究参考，须向美国订购杂志五种，计需美金五十三元五种〔角〕。兹备具向中央银行业务处申请外汇公函一份，书单一纸，拟请贵公司代洽，如数结购外汇，并请向美方直接代为订购杂志为荷。此致
华孚实业公司

附致中央银行业务处公函一份、书单一纸

校长竺〇〇

国立浙江大学图书调查表
(1948 年 6 月)

类别	科别	册数			备注
		共计	中文	外文	
总类		三四,三一二	二七,六二四	六,六八八	
	目录学	九六六	六五九	三〇七	
	图书馆学	二四八	四九	一九九	
	类书	一,七四四	一,六四六	九八	
	论丛	七三〇	七三〇		外文书分入各类。
	普通期刊	六,九七九	九〇七	六,〇七二	
	会社	一五	九	六	
	新闻学	七	一	六	
	普通丛书	二一,六一四	二一,六一四		西文丛书分入各类。
	群经	二,〇〇九	二,〇〇九		
哲学类		二,一五二	一,一五〇	一,〇〇二	
	哲学概论	五二	一〇	四二	
	形而上学	一四五	八	一三七	
	哲学派别	一五	八	七	
	心理学	六七二	一一一	五六一	
	论理学	三九	一二	二七	
	伦理学	七六	三四	四二	
	中国哲学	一,〇〇三	九五〇	五三	
	各国哲学	一五〇	一七	一三三	

类别	科别	册数			备注
		共计	中文	外文	
宗教类		二,四八五	二,三四三	一四二	
	宗教概论	二四	二	二二	
	比较宗教学	六		六	
	佛教	二,二二三	二,二一九	四	
	道教	一〇	一〇		
	基督教	一二六	二八	九八	
	回教	三	三		
	犹太教	六		六	
	术数迷信	八七	八一	六	
社会科学类		五,五二八	二,七三一	二,七九七	
	社会科学概论	二二九	一〇四	一二五	
	统计年鉴	二二七	九二	一三五	
	政治	一,一一七	八〇七	三一〇	
	经济	一,〇九〇	五〇一	五八九	
	法律	三九〇	六七	三二三	
	行政	四〇三	二九五	一〇八	
	财政	二三〇	一九二	三八	
	教育	一,五九〇	五五四	一,〇三六	
	交通	一五六	六一	九五	
	礼俗	九六	五八	三八	
语言学类		一,四二〇	一,〇〇七	四一三	
	语言学概论	三七	一一	二六	
	比较语言学	七		七	
	中国语言学	九八八	九八八		
	英语学	二四三		二四三	
	德语学	四〇		四〇	
	法语学	六八		六八	
	意语学	四		四	
	拉丁语学	一〇		一〇	
	希腊语学	二		二	
	其他语学	二一	八	一三	

类别	科别	册数			备注
		共计	中文	外文	
自然科学类		五,八五八	六〇五	五,二五三	
	自然科学概论	一六九	二九	一四〇	
	数学	一,二八二	一〇八	一,一七四	
	天文学	二三一	九四	一三七	
	物理学	一,四三一	六九	一,三六二	
	化学	一,〇二六	五六	九七〇	
	地质学	二六三	六七	一九六	
	古生物学	一五	二	一三	
	生物学	四七七	一〇五	三七二	
	植物学	四九九	四二	四五七	
	动物学	四六五	三三	四三二	
应用科学类		六,三一五	七九七	五,五一八	
	应用科学概论	三七	七	三〇	
	医药卫生	一,一八〇	二二四	九五六	
	工程	二,七〇一	一二五	二,五七六	
	农业	一,四五五	三二一	一,一三四	
	家事	三二	三	二九	
	商业	一一七	二六	九一	
	应用化学	五六〇	七一	四八九	
	制造	二一一	二〇	一九一	
	手工业	二二		二二	
美术类		七四〇	三六五	三七五	
	美术概论	一八三	一三七	四六	
	风景园艺	四八	一	四七	
	建筑	四六	一一	三五	
	雕刻	一二	四	八	
	图案装饰	二〇	四	一六	
	书画	二〇二	一六七	三五	
	摄影术	二一	二	一九	
	音乐	一一五	三一	八四	
	游艺	九三	八	八五	

续　表

类别	科别	册数			备注
		共计	中文	外文	
文学类		一一,七三〇	八,八七八	二,八五二	
	文学总论	二七四	三三	二四一	
	中国文学	八,八二九	八,八一六	一三	
	英美文学	一,一五四	二	一,一五二	
	德国文学	一三三		一三三	
	法国文学	九六	二	九四	
	意大利文学	一五	三	一二	
	西班牙文学	三	一	二	
	拉丁文学	二二		二二	
	希腊文学	七〇	一	六九	
	其他	四三	二〇	二三	
	小说	一,〇九一		一,〇九一	用本国文翻译小说入各国文学。
史地类		一三,〇〇五	一一,六七二	一,三三三	
	史地总论	一八七	七〇	一一七	
	地理	二六九	七五	一九四	
	中国地理	三,〇二一	二,九五〇	七一	
	考古学	四六八	四六一	七	
	传记	九四七	五九九	三四八	
	上古史	七一	四	六七	本国在外。
	欧洲史	四八九	九五	三九四	
	亚洲史	八二	四四	三八	
	中国史	七,三七八	七,三六二	一六	
	非洲史	一		一	
	美洲史	八五	一〇	七五	
	大洋洲史	七	二	五	
总计		八三,五四五	五七,一七二	二六,三七三	

2.图书收藏

中央图书馆长函
(1947 年 1 月)

张叔平藏嘉业堂书四千余种,内有明本四百余种。嘉兴藏全部普通书不少,尚有存杭书若干,甚可合用,大约六、七千万可以购得。如贵校能全部入藏,生色不少。目录即托夏君带上。敬乞公察。弟下周回京,当与洽周兄商洽。希望款能即得,以张氏急需钱也。如延至明年,价格或又有不同矣。

（卅六年元月）

浙江大学档案馆藏 L053-002-0020(1)

代校长郑晓沧致朱部长书
(1947 年 1 月)

骝先先生部长鉴:

兹敬陈者吴兴刘翰怡先生藏书十余万册(其中二万余册由张叔平先生收购后转售浙大)有即出让与学术机关说。闻沪上某大学已储款以待,而吾浙大人士及旅京沪乡绅均亟愿其归诸浙大。如成事实,则据蒋慰堂兄言,为数须二亿。本校经费支绌,实非力所能任,而时机又万不可错过,为特具笺奉闻,请即核发此数。斯胜举,兹慰吾浙人士殷切之望。临颖毋任迫切待命之至。

〈国立浙江大学代校长郑晓沧〉

浙江大学档案馆藏 L053-002-0020(1)

教育部周鸿经先生函
(1947 年 1 月 17 日)

一月八日赐函敬悉。浙大购嘉业堂书费一亿元,业签奉批准,刻拟先筹拨若干,作为定费,余款俟新预算核定后再拨。款未到前,请先在校内筹用。大函所示,拟以节省之款购张荫麟君遗书,可由兄斟酌办理。

〈周经鸿〉
(〈三十六年〉元月十七日)

浙江大学档案馆藏 L053-002-0020(1)

夏朴山先生函

（1947 年 1 月 18 日）

　　购书事，经遵嘱与张叔平、蒋慰堂、郑西谛三君函洽。兹得西谛函复已与慰堂面洽，以六千五百万元成交。想慰堂早亦奉达矣。特未知部中款项已否领得汇沪乎？张叔平君原嘱弟于十四五号到杭，点收其在杭州书。今西谛函告，彼卧席不起已有周余。弟决在舍度岁，于农历正月初赴杭。届时当再趋前承教。

〈夏朴山〉
（《三十六年》）一月十八日

浙江大学档案馆藏 L053-002-0020(1)

陈布雷致张其昀函

（1947 年 4 月 14 日）

晓峰我兄大鉴：

　　嘉业堂第二批书仍在接洽否？教部日前来函，以无款分配，容徐徐设法为词，弟顷闻尚非绝对无望，而暨大亦尚未购成，故不辞冒渎，再函朱部长，恳切续请，务于极难设法之中转拨二亿，专购此项书籍。昨并与骝先兄面谈，其语气已松动，或有允准之望。特函奉达，即请察照。如校中无公事去，望速去一电，径为陈请，不必提及由弟接洽也。即颂时绥。盼示复。

弟畏垒谨上
卅六年四月一十四日

浙江大学档案馆藏 L053-002-0020(1)

郑宗海、张其昀致朱家骅电

（1947 年 4 月 16 日）

南京教育部朱部长勋鉴：

　　南浔嘉业堂全部藏书十万册出让，机会难得，恳准另拨二亿元，由浙大保藏，成此美举，亦较安全。盼复。

浙大郑宗海、张其昀铣

浙江大学档案馆藏 L053-002-0020(1)

伦慧珠致张晓峰函
(1947 年 4 月 21 日)

晓峰先生：

前接舍弟润荣由平来信，说荫麟先生遗书经由贵校派陈仲益先生取去，未审已运抵学校否？日前承示，由校方拨回书价五百万元，以为小儿女等教养费之助，可能时尚请早赐汇下。币值日落，再迟时更遭损失也。专此。即颂
教祺

伦慧珠敬上
〈三十六年〉四月廿一日

浙江大学档案馆藏 L053-002-0020(1)

陈布雷致张其昀函
(1947 年 4 月 24 日)

晓峰我兄大鉴：

十七日惠翰诵悉。顷接骝先兄复函：浙大为收购嘉业堂藏书一事曾一再要求特拨两亿元，部中因无法筹得此数，经再三设法，已付过一亿。唯此事确甚重要，弟极关切。前函重以尊嘱，兹当于无可设法之中另筹一亿以助其成。等语。特此函达，诸希察洽转告校中诸公为荷。祗颂
台祺

弟陈布雷顿首
卅六年四月廿四

陈布雷致张其昀函
(1947 年 5 月 1 日)

晓峰我兄大鉴：

日前晓沧学长见访，已将关于嘉业堂书籍收购事与之商谈。弟以兄来书示，及需款二亿，而教部只能续拨一亿，则仍不能成事。故特函托潘公展兄转约钱新之、徐寄顾、李馥孙、秦润卿先生等筹募。兹公展兄来京，谓已与新之先生商定，约集在沪之浙江乡人合力认捐，期得一亿之数，大体已有眉目，当可如愿。惟浙大方面领款者何人？嘱弟先为函洽。兹请兄将此事转告校中，即速向嘉堂书籍之售主进行商购手续，一面并请指定去沪接洽领款之人，即日来函告弟为要。祝颂

时绥

晓沧兄及诸友均此。

弟陈布雷谨上
卅六年五月一日

周鸿经致张其昀函
(1947 年 5 月 1 日)

晓峰吾兄道席：

拜诵四月十五日惠书，祗悉。种种关于购买嘉业堂藏书费用事，部长已允特拨一亿元。晓沧师前在部时示知弟，以未奉交下迄未查得。嗣询之贺司长，始知确有此事。弟已函禀晓沧师矣。专复。敬颂
道绥

弟周鸿经拜启
〈三十六年〉五月一日

伦慧珠致张晓峰函
(1947 年 5 月 8 日)

晓峰先生：

数日前接奉惠函(未记月日)，敬悉。贵校行政会议已议决捐赠荫麟先生遗孤教育基金一千万元。高谊隆情，存殁均感。第一批汇款五百万元经于昨日收到。下次来函或汇款请径寄广州市西湖路八十四号三楼舍下是祷。此次收得之款，仅能买八九百元港币。若在一个月前寄到，当可买二千元港币。国币逐日低折，一个月间，无形中损失一半。第二批汇款务请始终成全，商请学校提早汇下，俾免再度损失为祷。专复。即颂
教祺

伦慧珠敬上
〈三十六年〉五月八日

邵裴子先生藏书现归本校

(1947 年 12 月 22 日)

杭州邵裴子先生学贯中西,夙负时望。于本校创始时,即任文理学院院长,后又任本校校长,悉心擘划,勋劳久著。近以年高屏俗,然仍关心本校,乃出其所藏中文书之一部分,让归本校,总数凡五千余册,中以小学、别集两类为多,且有原刊及精刊本,以平时护持甚勤,故绝无损蚀尘染者。本校因于文学院中文系特辟一图书室庋藏之,该系师生,均感参考之方便云。按本校藏书劫后所存,为数未丰,自本年春间曾在沪购得吴兴嘉业堂所藏明刊书,今又获邵先生藏国学书籍,彼已列为善本,此则极合实用,可称先后媲美矣。

《国立浙江大学校刊》复刊第一百七十二期,民国三十六年十二月二十二日

3.刊物出版

《国立浙江大学日刊》发刊词

(1936 年 9 月 1 日)

民国十九年二月二十二日,本刊的前身《校刊》——周刊——第一期发刊的时候,蒋前校长梦麟在发刊词里曾经说到:"这个校刊,现在还是一种周刊,我们希望在很短时期内,依于材料的充实,能够改为三日刊。将来要发表的材料愈多了,或许改为日刊,也说不定。"六年后的今日,我们不曾经过三日刊阶段,而越级似的改为日刊了。本校发表的材料,虽然比起六年前来要充实,但相差也并不多。我们每日只出版一张,出版次数虽增,而篇幅比较以前的周刊是减少了。我们为什么要越级似的出版日刊呢? 这最大的原因:是因为本刊的内含,一部分属通告校闻,一周首尾的时间距离,似乎太远了,明日黄花之感,讵所能免? 复次,本校三学院分在两处,全体师生接触机缘较少,周刊固可通其声气,但比起日刊来究有不逮。因之,为缩短时空的距离,而增益其效用起见,我们便改周刊为日刊了。

诚如蒋前校长在发刊词中所说的:"我们希望在这个校刊里面,能够看得出一点本大学内部的逐渐充实,一点一滴地在那里进步,使得外间同情于本大学,愿意赞助本大学发展的,看了这一点一滴进步的方向,充分地加以助力;全校的教职员、学生,都本着这一点一滴进步的方向,共同朝着这个方向努力;使得本大学怀抱的一点希望,能够逐渐实现,那便是中国教育之幸,也便是我们发行这个校刊的本意。"

《日刊》仍本此旨,为朴实的表曝本大学的希望,和其逐渐之已实现者,更凭此一点一滴的进步,使校外人士愈增其同情与赞助,校内的教职员、学生,更日求本大学内部的充实与孟晋,斯不仅本校之麻,抑亦本刊之幸。

本刊出版次数既然增多,一周篇幅的总计自然较前此增广不少,除掉一部分属通告校闻外,另一部分则供为教职员、学生发表生活记录、研究心得的园地,我们希望在这里面,也能同赴于上述的意义,桴鼓相应,而得到很圆满的结果。

《国立浙江大学日刊》第一期,民国二十五年九月一日

梅光迪先生等发起刊行《国命旬刊》

（1937 年 9 月 24 日）

本校教授梅光迪、张其昀、钱基博、郭斌龢、陈训慈、梁庆椿、王庸、张荫麟、贺昌群、费巩、王焕镳诸先生等，最近发起创刊《国命旬刊》，根据我国固有之文化精神，以解释目前抗战之意义，对于我国民族过去之光荣与现在及将来之使命，当尽力阐发。行文出以精密明辨之思想，缠绵悱恻之情感，而供献于国人之前，务使读者于四万万华胄之同胞，增其亲爱之心，于五千年历史之祖国，增其信仰之心，于千秋万祀而永存之我民族前途，增其无限希望之心。内容除关于战争者外，其他重要问题亦兼为讨论。又该刊具有永久之性质，故虽抗敌成功后，仍当继续出版。创刊号定于双十节出版，每月三次，逢十发刊云。

《国立浙江大学日刊》第二百三十五期，民国二十六年九月二十四日

《国立浙江大学校刊》复刊弁言

（1938 年 12 月 5 日）

竺可桢

《国立浙江大学校刊》创始于民国十九年二月，原系周刊。二十五年五月，余来长本校，以周刊篇幅有限，于九月起改为日刊，凡皆以宣达校闻，通内外之声气也。去年十一月，本校迁建德，为灵通时事消息之需要，乃汇每日所得之要讯，印为《浙大日报》，而重要校闻，间或附丽其后，原有日刊遂告至是中缀。今岁在泰和学期，循行无改。惟日报性质迥异，学校行政与教学上进行消息，每苦无从充分公布。以致对内对外，俱有不能互通声气之缺憾。

今秋本校迁来宜山，校务继续推进。鉴于国内各界，多有欲明本校情形而无由；而对全校师生，亦不能无传达校务之刊物。爰决定十二月起，重复编行校刊，预定每周发刊一次，其体例大抵多仍前轨；主要为记载本校各部分之进行消息，间亦酌布重要文件与讲稿。榷言其旨：一则使学生于校情更多明了，且以增进师生间之沟通；二则俾教职员详悉各部分校务，借为观摩合作之一助；三则期散处之毕业校友得时闻母校消息，且还以其现状借本刊以告诸同学；四则国内各大学多有校刊，本校亦以此为与各大学学术机关互通消息之资；五则本校以时局关系而西迁，仍得因此刊传达校况于浙江；在桂为时不久，复需向广西各界以文字代口舌之宣导；而扩而言之，实亦向全国各界作忠实与继续之报告，而进求其匡导焉。

方今敌氛犹张，国步多棘，国家犹以巨费维持若干大学；凡大学之师生，安得不及时倍自奋励？吾人于此，尤愿假斯刊之恢复，益发挥全校共力合作与爱校报国之精神，期使本校日见精进，对国家为多量之贡献。幸我同事同学，对此刊共予爱护，时惠材料，助其充实。则本刊所以惕励策进之效，固犹有过于对内联络、对外宣导之使命也。

《国立浙江大学校刊》复刊第一期，民国二十七年十二月五日

《国命旬刊》复刊

(1939 年 1 月 16 日)

《国命旬刊》自去年五月中在江西泰和复刊后,曾出版十期(第五期至第十四期)。嗣以时局关系,本校奉命迁校宜山,迁校前后,公私冗繁,以致该刊中止出版至今。现本校迁移事宜,已告段落,各方事务,亦次第恢复。惟该刊以印刷困难,又不得不一再延宕,最近决计在柳州印刷,日前已派员携稿前往柳州与大华印刷公司接洽妥当,由该公司承印。第十五期日内即可出版,该期计有竺校长之《王阳明先生与大学生的典范》,梅迪生先生之《英美合作之必然性》,贺昌群先生之《归蜀行纪》,本校中国文学系所拟之《国立浙江大学中国文学系课程草案》全文等篇,内容极为充实云。

《国立浙江大学校刊》复刊第七期,民国二十八年一月十六日

《国立浙江大学师范学院院刊》弁言

(1940 年 9 月 1 日)

吾国自民国以来,教育制度数事改进。虽未俱收成效卓著之功,惟改弦更张,实具有因时制宜之义。高级师范制度盛于民国初年,旋因专科学校竞改大学,高师之制,亦遂因之而废。兹者教部重颁设置师范学校之令,全国已设立者共为七院,浙江大学亦设师范学院一所。难者每谓各大学既有文理学院,则师院似无添设之必要。不知操刀未习,尚惧伤人,美锦学制,亦虞损物,小至一技,无不应使学者对于彼终身所欲从事之业,深加讨论,多事熏陶,方能于任事之时,胸有成竹,不至操切将事,成效难期也,一切学术,无不皆然。何独于百年树人大计,可无专门之探讨。今者士趣不定,士习未纯。执教鞭者既乏作育人材之宏愿,亦无发扬学术之深思。学校无异传舍,教育已成市道。积习因循,狂澜莫挽,无事时无昌明之学说,有事时无可用之人才。欲匡此失,师道宜明。最近高级师范制度之复活,其目的即在于此。若果能推行得法,使将来之从事于教师事业者,俱能高其品,励其志,养其趣,醇其习,坚其操,宏其学,精其艺,则其所至之学校,所授之生徒,俱将潜移默化,而全国风气亦将随之转移,则其影响于吾国之前途岂不深且巨哉。浙大师院同人远承政府教育当局建国植人之宗旨,近体本校校长求是朴学之精神。本教学相长之意,为切问近思之功。于讲学之余,作著述之事。凡问题之有关于教育、学术、文化、科学者如有所见,不惮详加讨论,发为文篇,冀以其一得之真解,贡献于社会,就正于国人,且借此与国内人之共同从事于教育者,互通消息,以收切磋琢磨之益。此则浙大师院同人刊行师范学院院刊之意也。至于与中等教育有关之文字,则将依其性质发表于七国立师范学院联合编辑之《中等教育季刊》中,爰于本院院刊创刊号出版之时,特志其缘起焉。

中华民国二十九年五月
王琎瑾识

《国立浙江大学师范学院院刊》第一集,民国二十九年九月一日

《思想与时代》征稿启事
（1941 年 8 月 1 日）

一、本刊内包涵哲学、科学、政治、文学、教育、史地诸项，而特重时代思潮与民族复兴之关系。

二、本刊欢迎下列各类文字：

1. 建国时期主义与国策之理论研究；

2. 我国固有文化与民族理想根本精神之探讨；

3. 西洋学术思想源流变迁之探讨；

4. 与青年修养有关各种问题之讨论；

5. 历史上伟大人物传记之新撰述；

6. 我国与欧美最近重要著作之介绍与批评。

三、本刊文字大都为通论，不载考据纂辑之作，但穷理力求精密，立论务期征信，以要言不繁、深入显出者为尚。

四、投稿手续请参阅本期底页所载投稿简章。

《思想与时代》创刊号，民国三十年八月一日

《文学院季刊》编辑委员会第一次会议
（1942 年 8 月 22 日）

时间	二十九年九月二十六日下午三时
地点	遵义柿花园一号教职员俱乐部
出席者	梅光迪　费巩　缪钺　张其昀　王焕镳　郭斌龢
主席	郭洽周
记录	许绍光

开会如仪

讨论事项

（一）本刊内容应予规定案

议决：本季刊纯系学报性质，专载有关学术之文字。

（二）本季刊究用铅印或石印案

议决：待详细调查后再行决定。

（三）文稿取去如何决定案

议决：由编辑委员会决定。

（四）封面字请人题写抑集碑帖案

议决：集碑帖，请郦衡叔先生办理。

（五）如何征集稿件案

议决：分自由投稿与特约撰述，并即订定投稿简则。

（六）本刊编辑委员投稿应否规定案

议决：各编辑委员每两期内至少撰稿一篇。

（七）集稿期应否规定案

议决：第一期本学期上课前集稿，第二期在寒假中集稿。

（八）稿纸应否规定案

议决：用毛边纸，即速定印，格子宜较师范学院季刊所用者大。

浙江大学档案馆藏 L053-001-4003

《浙江学报》征稿启事
（1947 年 5 月）

本大学出版委员会曾议决本大学学术性期刊，分为三大类：一、人文学科；二、自然科学；三、应用科学。关于人文学科者拟定名为《浙江学报》，并由校长延聘教授七人，组织《浙江学报》编辑委员会。本会已于五月九日举行第一次编辑会议，议决定名为《浙江学报》，每季刊行一册，创刊号定九月份出版，七月十五日集稿，每篇字节不超过二万字。深盼各位教授源源供稿，如需稿纸请向文学院办公室索取（附注请列于全篇之末或列于每一段落之末。又人名、地名、书名、标识可以省去）。兹将《浙江学报》的章程列于后，敬请
公鉴

《浙江学报》编辑委员会敬启
〈民国三十六年〉五月 日

一、本学报以发表人文学科之著作为主旨，由国立浙江大学同人担任撰述，校外学者撰稿并所欢迎。

二、本学报年出四期，并得临时增刊专号。

三、本学报刊登之稿不致稿费，惟酌送单行本若干份。

四、来稿请寄杭州国立《浙江学报》编辑委员会收。

浙江大学档案馆藏 L053-002-0020(1)

《国立浙江大学日刊》复刊牟言
（1948 年 6 月 7 日）

本刊于前二十五年九月一日创刊。抗战事起，本校流徙内地，颠沛流离之次，本刊时遭停顿，或改每周印行，旨在保存本校史料，视为校闻，不免有明日黄花之感，但本校在抗战中

成长起来,八年历时更不可谓不长,其中艰难困苦与夫奋斗成功的经过,要亦赖以记录保存,为今后撰述校史之所取资。

本刊初创意在沟通当时三院(文理、工、农)间的消息,和表章〔彰〕本校师生研究的学术成绩。十二年之后的今日,本校的院系增加,师生人数的众多,视谓当日已不啻倍蓰,其间消息需待传导,研究之业需待发布,以相观摩者,视诸当日更形迫切万分。本刊因无顾筹备时间的匆促和好多条件的困难,即日复刊。

在本刊发刊词中,编者曾重〔强〕调校刊的本意。为朴实地表曝本大学的希望,和其逐渐之已实现的,更凭此一点一滴的进步,使校外人士愈增其同情和赞助,校内的教职员、同学更日求本大学内部的充实和孟晋。于今,校内外的关系视前更为深切和互为影响,可是本校自有学术的使命和立场,不容其荒忽,向应有所卓尔自树。我们置身其中,自应时时以爱护和发扬光大为念。两年前本校在遵义时所举行的改历后之第一届校庆纪念日(原为八月一日,自该年起改为四月一日),同人曾热烈地表示要竺校长再领导同人十年,进一步地使浙大在国际内奠定其学术的地位。复员两年以来,另有一番忧患,但身为学人的我辈,不容以环境艰楚而遽损初志,益应以心忧天下为奋志学养。瞻言今后,本刊方应执笔以事凡百生活表现、研究心得的记录,其间成败利钝,小则个人,大则一校,竭在我国同仁同学们好自为之。百年一瞬,身与俱逝,然记录常新,本校永存。惟相期以"求是"精神,述今后业绩期于不朽而已。

《国立浙江大学日刊》复刊新第一期,民国三十七年六月七日

4. 保护四库全书

教育部致电浙江大学快邮代电(廿七年发汉教第二五八号)
(1938 年 1 月 31 日)

江西吉安国立浙江大学览:

希派员协同浙省府将四库全书运往安全地点,费用可由部支给,并希迅将办理情形电呈教育部。

汉世印

浙江大学校长竺可桢关于西运四库全书事致教育部章益函
(1938 年 3 月 9 日)

友三先生大鉴:

汉滨别违,倏已弥月,比维台侯,胜常为颂。径启者:昨接教部鱼电悉。库书运黔事,业

已解决,殊深快慰。李絜非君已于今日起程东下,拟先约浙省图书馆馆长陈训慈先生同至永康、丽水,与浙省政府当局暨许教育厅长一洽,然后赴龙泉将该书点收运出。其路程拟先雇汽车经浦城装至江山或玉山,自由浙赣铁路与粤汉铁路运到长沙,到达长沙后,以李君从未去黔,路途不熟,拟请教部另派专员前往点收,接代完毕其未竟任务(长沙接洽地点定在教育厅)。其运费自龙泉至江山汽车费约需千元,由江山或玉山至长沙火车费约需五六百元,如由教部直接与交部接洽,运费或可全部蠲免,至少可打一折扣,请即日进行。此外李君与襄助员等往返路费暨各项杂费约需五百元,各项总计约需二千元,现已由敝校垫交李君应用,一俟日后运毕总结报部后,即希汇归。又敝校经费向较其他国立大学为少,此次一再迁移,所费已浩,目下甫抵泰和,各种布置建设所需尤巨。前接浙省财厅公函,谓敝校每月补助费一万元(现以对折拨给),自本年一月份起,经省委员会议通过停止拨发。在此敝校需款孔殷之日,影响实深,现正与该省交涉,如该省实以精华之区多沦敌手,经济困难而无可挽回时,拟具呈教部声请每月浙省协助费一万元,归由中央照拨,将来正式公文到部,甚望台端鼎力扶持,以底于成,事关敝校前途,特以附闻。又中央研究院等一月份经费闻已发出,敝校一月份经费亦希即日汇出,以应急需为荷。此颂
公安

弟竺可桢谨启

廿七年三月九日

《民国档案》2015 年第 2 期

章益为已请交通部拨车装运四库全书等致竺可桢函
(1938 年 3 月 19 日)

藕舫先生大鉴:

顷得惠书,借悉兴居佳胜为慰。关于库书运黔事,已由本部一面咨请交通部拨车装运,一面电饬黔教厅妥觅安全房屋,以备庋藏。运费及运送人旅费,既可由校方代垫,事后当然由部照数归垫。至于省拨校款万元,现省府停拨,拟请由国库照拨补足一事,以目下形势论,恐难办到,仍希向省府力争为便。贵校一月份经费业已照汇。知注特详。专此。敬颂
教祺

弟章○敬启

〈二十七年〉三月十九日

《民国档案》2015 年第 2 期

贵州省政府教育厅公函

(1940 年 8 月 24 日)

查文澜阁四库全书庋藏地母洞内,潮湿堪虞。自应每年曝晒一次,俾免有损。兹值雨季已过,亟应开箱曝晒,相应函请派员协助,俾能如期举行,实纫公谊。此致
国立浙江大学

厅长欧九怀
民国二十九年八月 日
贵州省教育厅[印]

浙江大学档案馆藏 L053-001-0663

致黔省教育厅公函(第 532 号)

(1940 年 8 月 30 日)

案准贵厅本年八月廿四日公函,以文澜阁四库全书潮湿堪虞,极应开箱曝晒,嘱派员协助。等由。自应照办。兹嘱本校祝教授文白前往协助,相应函请查照转知管理人员洽办为荷。此致
贵州省教育厅

校长竺〇〇

浙江大学档案馆藏 L053-001-0663

致祝谦先便函(第 283 号)

(1940 年 8 月 30 日)

径启者:

案准贵州省教育厅公函,以文澜阁四库函请派员协助曝晒。四库全书庋藏地母洞内,潮湿堪虞,兹值雨季已过,亟应开箱曝晒,请派员协助。等由。自应照办。兹请先生前往会同办理,除函该厅查照外,特此函达,即希就近向该厅洽商为荷。此致
祝廉先先生

校长办公室

浙江大学档案馆藏 L053-001-0663

贵州省政府教育厅公函
(1940 年 9 月)

　　事由:密不录由。

　　案据省立图书馆本年九月十日呈称,案查文澜阁四库全书庋藏地母洞内,每年均应开箱曝晒一次,以免受潮。今岁雨季已过,奉令即日开箱曝晒,除呈报晒书所需临时费预算书核发外,已于九月五日由保管员夏定域开箱主办晒书一切事宜,本馆派职员姚梦锡协助办理。至浙江大学所派职员犹未到筑,拟请转咨浙江大学,即日派员监晒,以昭郑重。理合备文,呈报开箱晒书日期,并恳转呈教育部,及转咨浙江大学、浙江省立图书馆备案。等情。据此,除转呈教育部鉴核备查外,相应函达,即请查照为荷。此致
国立浙江大学

厅长欧九怀
二十九年九月 日
贵州省教育厅[印]

浙江大学档案馆藏 L053-001-0063

贵州省政府教育厅快邮代电(字第 311 号)
(1942 年 9 月 27 日)

遵义国立浙江大学公鉴:

　　案据浙江省立图书馆四库全书保管员毛春翔本年九月十五日签呈,以四库全书已于九月十一日开始曝晒,请转电贵校,派员莅筑指导。等情。相应电请查照办理,见复为荷。

贵州省政府教育厅教
三厅申筱印
中华民国三十二年九月 日发

浙江大学档案馆藏 L053-001-0663

代电黔教厅（第 467 号）

（1942 年 10 月 7 日）

贵州教育厅公鉴：

申筱教三厅霜字第三一一号代电奉悉。兹嘱本校史地系教授方豪先生参加曝晒四库全书。除通知即日前往外，特复请转知浙省图书馆保管员为荷。

国立浙江大学（虞）

中华民国卅一年十月 日

浙江大学档案馆藏 L053-001-0663

国立浙江大学代电（遵字第 881 号）①

（1944 年 11 月 30 日）

教育部钧鉴：

浙江文澜阁四库全书原存贵阳地母洞，兹以战局渐紧，此书为我国仅有之精华，似应及早择地迁运，以存国粹。谨此电陈，敬祈核夺。

国立浙江大学校长竺可桢叩（陷）

《民国档案》2015 年第 2 期

（二）设备与设施

体育部计划改建农院运动场

（1936 年 10 月 29 日）

本校运动场地，因学员人数增加，已感不敷应用，本学期开始以来，实行课外运动尤增不便，体部当局除先后改建各旧有场地，以资需用外，近复计划在农学院方面增辟大运动场一方，业经与农院当局及总务处接洽妥当，将农院前大池之东旁空地一方，计长七百余尺，阔二百余尺，测量完毕，合计在场之南部建筑篮球场三块，网球场二块，约占三百尺，场之北部建田径场一所，中设大足球场一块，闻已在接洽包工中，一俟平土完毕，即日开工，以供农院同学课外应用云。（抱德）

《国立浙江大学日刊》第五十期，民国二十五年十月二十九日

---

① 原文题名为《国立浙江大学关于请速运四库全书代电》。

本校扩充校址业经呈准 军械库全址及住屋拨归本大学应用
(1936 年 11 月 6 日)

本校文理学院、工学院与农学院散在两处,而文理、工两院不但校址狭隘,抑且房屋窳陋。本校当局有鉴及此,曾拟具呈文呈送国民政府行政院暨教育部等上级机关,请将杭州军械库原址及房屋拨归本大学应用,顷已奉到行政院秘书长翁文灏先生公函,称及已蒙院长谕准。其原函抄录如次:

奉院长谕:

国立浙江大学校长竺可桢呈请准令军政部将杭州军械库原址及房屋拨归本大学应用,祈鉴核一案,应准照办。除已由院令饬军政部遵照办理暨分行教育部知照外,应由处函知竺校长。等因。相应函达查照。此致

国立浙江大学竺校长

行政院秘书长翁文灏

蒋院长自上月十五日视察本校并垂询一切后,虽政务旁午,而对于本校,仍异常关怀,本校扩充校址事,前于蒋院长视察时,已由竺校长面呈,其后本校随即具呈院部两方,除以上所录赐准公函外,蒋院长更于洛阳行次,电复本校竺校长。其原电亦抄录于后:

杭州浙江大学竺校长藕舫兄鉴:

接诵十月二十八日函呈及节略,具见擘划周详,忠于所职,深为佩慰。史地学系之添设,于我浙学术之继承与发扬,实为必要。今后并望对于中国文学及中国哲学方面多聘良师,充实学程,以立学术之基础为要。至于扩充校址一节,请依正式手续办理可也。专复。顺问教绥

中正江侍秘洛印

《国立浙江大学日刊》第五十七期,民国二十五年十一月六日

浙江大学设置广播电台
(1936 年 12 月 1 日)

(杭州通讯)浙江大学鉴于播音教育效力宏大,拟装置一百瓦特播音台一座,除播送教育节目外,并播高尚音乐,现已委托杭州市雷电华无线电公司代装,两月后可开始播送。

《立报》民国二十五年十二月一日

本校在文理学院设标准钟一座 弗谓长少年,光阴来转毂
(1936 年 12 月 10 日)

本校作息时间向乏比较准确之标准,以致鸣号响钟往往出入甚大。驯至校内同人所用钟表亦各为先后,漫无准则。本校当局感于此种缺憾,最近乃由总务处向上海亨得利公司定购钢钟一只,设在文理学院大门内坪地之中央,钟座系一高约八尺之坛,外加修雕,甚属秀美。竺校长并于坛之西面,题"弗谓长少年,光阴来转毂"十字。业经雕成铜版,即将嵌入。该标准钟每日系依上海无线电报告之时间,故准确可靠。嗣后本校作息依为号令,增进时效,整齐步伍,功用实大。闻约费去二百余元云。

《国立浙江大学日刊》第八十五期,民国二十五年十二月十日

体育设施进行汇志
(1938 年 12 月 19 日)

本校近年来对于体育运动尽力提倡,成绩颇多进步。于泰和一学期中,虽以场地种种限制,而上课仍严格规定,各项比赛亦时有进行。迁桂以来,于场地积极布置,已将竣事;其他如早操、体育课程,及测验分组各事,在体育课主任舒鸿先生与各教师主持之下,亦着着进行,逐步实现。兹从该课探知各重要消息,分志如次:

一、整理场地竣事

本校宜山校舍之运动场,即利用标营大操场。该处面积辽阔,可足应用。体育课当局详为规划,拟设篮球场七方,排球场四方,网球场三方,田径场一,内设正式足球场一,开工多日,至今皆已就绪。惟以经费关系,一切布置均以简略够用为原则。预料一周以后,当可装备各项器具,足以勉应全体师生之需云。

二、举行标准测验

本学期对于旧生拟一律举行标准测验,其项目甲分百公尺、乙千五百公尺、打靶、急行跳远、双臂伸屈游泳等种,女生分五十公尺、四百公尺、立定跳远、打靶、篮球掷远、(游泳)等种。二、三、四年级业于正课时内开始测验,该项测验即作学期终时标准测验之项目,希望诸同学随时训练,以期成绩优良增进体力云。

三、筹划能力分组教育

体育教育,新的教育理论及趋势均主张体力体能分组教育,教育部前年亦曾通令全国各级学校采用。所惜国内学校设备简陋,经费短少,师资不足,致课程编排时间上窒碍殊多,此种办法尚少实现。本校本学期体育课程时间均集中于一点,决定致力实现此项计划。闻体育课当局将利用标准测验,实施体力分组,预定各级以体力高下分五组,则教材之繁复轻易可饶有伸缩余地;三、四年级除此以外,于一学期之内,复得任选两种专习科目,以期适合个性成就较多,惟以设备关系,于选习上不得不稍加限制云。

四、添聘教师

体育讲师,除由吾舜文、胡士煊二先生继续担任外,本学期并新聘高尚志先生担任。高先生曾任本校体育讲师,二十六年度膺浙江教育厅之聘,担任体育视察员,今春浙省创办青年训练团及政治工作人员训练团,高先生受聘筹备委员职务。不料三月间因公自永康赴丽水,被前来汽车撞伤颇重,疗治半年,始告康复,近已膺聘到校,精神转见饱满云。

五、全校开始早操

竺校长有鉴于当此国难期间亟宜振奋精神,锻炼体魄,故规定本学期内全校一律早操,体育课当局奉命后,即准备一切。二、三、四年级男女生均于十一月二十日开始,精神甚佳云。

又,体育课现规定自本学期起,规定学生必须于四年内修足体育八学分方得毕业,现四年级皆已注册完毕,与三年级混合授课云。

《国立浙江大学校刊》复刊第三期,民国二十七年十二月十九日

致国立贵阳师范学校公函(第 418 号)
(1940 年 3 月 11 日)

敬启者:

本分校于一月十五日时,曾以贵阳浙大办事处名义派员前往接收前省立青岩师范学校。当经按册逐一点收完竣。现该校来函称,以呈报关系,应请本校补具校舍接收及校具借用文件,俾便作一结束。等语。本分校以对外公文应由校本部办理较为完善,相应另缮具接收校具清册,并附该校原函,一并函达贵处。敬烦查照办理为荷。此致
校长办公室

国立浙江大学青岩分校启
〈二十九年〉二月廿九日

国立贵阳师范学校存留青岩校具清册

品名	数量	备考
大小黑板	一〇	特务团第二营第六连借一块,有条据
讲桌	四	
单人课桌	二〇四	特务团第二营六连借五十一张,有条据
双人课桌	五三	
长书桌	一八	

续　表

品名	数量	备考
办公桌	一五	
黑办公桌	一	
餐桌	一	
乒乓桌	一	
方桌	三八	特务团第二营六连借一张，有条据
圆桌面	一	
黑漆圆桌	一	
洋式椅	一五	
长木板凳	一〇六	
长洗面板凳	一	
新小板凳	九九	
黑腰凳	四	
黑排凳	一六	
衣箱架	五	
洗面架	一〇	
书架	五	
木图画架	五	
饭桶架	二	
洋式床	一一	
单人床	一二三	特务团第二营六连借五张，坏三十三张，床上无板
双人床	八一	特务团第二营六连借十九张，床上无板
学生书柜	八	特务团第二营六连借二个
黑西床	一	
文件柜	四	
黑书柜	二	
黄文件柜	一	已改做碗柜
黑玻璃柜	一	
茶柜	二	
药柜	一	
玻璃药箱	一	
测量气候箱	一	

续　表

品名	数量	备考
发芽箱	一	
木长箱	一	
投稿箱	一	
大小木盆	七	
澡盆	一	
木水缸	八	特务团第二营六连借二个
木盆	二	
大饭甑	二	
水桶	一二付	一付半改做便桶,小一付
土大碗	一一付	
土小碗	一七付	
土茶杯	一二	
瓦水缸	一	
缸钵	五	
大铁锅		全坏
炒菜锅	二	坏一
大铁铲	一	
小炉桥	一	
火钳	一	
篮球架	一付	
跳高架	一付	
双杠	一	
挂洋灯	二	
玻璃台灯	二	
灯壶	一〇	
藤椅	四	
竹凳	一八	
痰盂	一三	少一个
铁火盆	一〇	
木旗杆	一	
讲台	一	已拆毁

续 表

品名	数量	备考
小黑牌	一	
土茶壶	一	坏
瓷茶壶	一	坏
土笔筒	一	
竹席	六	坏
竹甑底	二	
筷子	一〇把	
洋油提及漏	各一个	
校牌	一	
教室牌	七	
寝室牌	五	
铁条圈	二	
木纸篓	四	
功课牌	一	
升降旗绳	一	
油漆播种标识牌	四	
童军棍	七四	
畚箕	二二	
菜油灯	二九	
扁担	二	
竹杠	五	
洗脚盆	二	
粪勺	二	
大小淘箕	三	全坏
挑篮	一付	坏
大茶壶	一	
小茶壶	一	
汤匙	一二六	少八九个
饭瓢	一〇	
水瓢	二	
小便桶	一付	

续　表

品名	数量	备考
饭箕	二	坏
盐碟	二〇	
油盐罐	二	
水壶	一	
火钩	一	
床板	二五丈	
油篓	一付	

点收人:许仁章
移交人:

浙江大学档案馆藏 L053-001-0732

陈剑翛致竺可桢、王琎函
(1941 年 1 月 14 日)

查本校社教推行工作亟需电影设备,以利施行。前奉教部指令及陈司长私函,均称俟新购电影发电机运到后,准拨给本校师范学院一架,并附发抗战及教育电影片若干套。事隔数月,未见发下,拟请备文向部重申前请,俾达目的为幸。此上
竺校长、王院长

陈剑翛上
卅年一月十四日

浙江大学档案馆藏 L053-001-0582

竺可桢赴杭勘察浙江大学校址　张其昀已离美返国
(1945 年 10 月 16 日)

(本报讯)国立浙江大学校长竺可桢已于十四日飞沪转杭,勘察该校校址,计划整理及建筑校舍,并将接洽收并之江大学事宜,在杭作短期勾留后,即返重庆。

(又讯)前年首批赴美讲学五教授之一、浙大史地系主任张其昀在哈佛讲学已告结束,业于上月底离旧金山,经印返国,最近即可抵渝。

《中央日报》(重庆)民国三十四年十月十六日

竺可桢畅谈浙大近况

(1946 年 10 月 22 日)

（中央社南京二十一日）国立浙江大学校竺可桢氏，来京参加中央研究院评议会，今（二十一）日于中央研究院中央气象研究所接见中央社记者，并答复所询各项问题。竺氏谓：浙大目前最大困难为校舍问题，至十二月一日，将有五百五十名新生入学，以后预计三千方面积之校舍始可容纳，而浙大现有校舍，则仅一千三百方也。教育部分发浙大学生，校方决定予以编级试验，盖浙大规定每学期有三分之一功课不及格留级，二分之一不及格开除，入学时，稍为严格，亦即减少将来学生留级或开除之机会，教职员方面，文学院院长梅光迪逝世后，由历史系主任张其昀担任，理学院院长胡刚复刻再英伦，师范学院院长郑晓沧在自英返国途中，法学院新聘李浩培教授原系武汉大学法律系主任。张其昀先生目前研究工作之中心仍为政治地理，彼所主编之《思想与时代》杂志复员以还，因经费拮据，未能继续出版，校方决尽最大努力，使之于最短时间复刊。

《和平日报》民国三十五年十月二十二日

航空系充实设备

(1947 年 3 月 10 日)

本校前承航空总司令部拨赠报废之航空仪器一批，日内即可由沪运。又，该系近向行总再度订购器材，不日亦可到校。航空工程学系之设备{杭}当可略为充实矣。

《国立浙江大学校刊》复刊第一百四十四期，民国三十六年三月十日

航空器材第二供应处配拨本校航空器材 杭州空军军官学校亦有一批允赠

(1947 年 4 月 21 日)

日前接准北平南苑航空器材第二供应处通知，配拨本校爆击照准器等航空器材十五箱。又杭州空军军官学校允赠本校报废航空器材，为教学研究之用，本校已分函问询拨付时间，以便洽领云。

《国立浙江大学校刊》复刊第一百四十九期，民国三十六年四月二十一日

各院系图书仪器实验消耗分配百分数草案

(1947 年 9 月)

院系别		图书	仪器	实验消耗
文学院	中国文学系	4	—	—
	外国语文学系	4	—	—
	史地学系	5	2.0	1.0
	哲学系	4	—	—
	人类学系	3	1.0	0.5
理学院	数学系	4	1.0	—
	物理学系	4	8.0	5.0
	化学系	4	9.0	15.0
	生物学系	4	5.5	5.0
	药学系	3	3.5	4.5
工学院	电机工程学系	3.8	8.5	8.0
	化学工程学系	3.8	8.5	10.0
	土木工程学系	3.8	6.0	3.0
	机械工程学系	3.8	8.5	8.0
	航空工程学系	3.8	6.0	3.5
农学院	农艺学系	3	3.5	3.5
	园艺学系	3	3.0	2.5
	农业化学系	3	4.0	5.0
	植物病虫害学系	3	3.5	3.5
	蚕桑学系	2	3.0	2.5
	农业经济学系	4	1.0	0.5
	森林学系	3	2.5	2.0
师范学院	教育学系	5	1.0	1.0
法学院	法律学系	8	—	—
医学院		8	11.0	16.0

竺校长慨赠放映机

（1947 年 11 月 17 日）

竺校长此次出席联合国教育科学文化组织会议,载誉归来,以校中对于电化教育设备,尚付阙如,特购有声电影放映机一部慨赠本校。昨该项映机运到杭州,已由校中正式接收。按此项映机,为美国柯达克厂出品,为 FS-10-N 型,系最新式之放映机云。

《国立浙江大学校刊》复刊第一百六十八期,民国三十六年十一月十七日

（三）校舍

临时校舍支配委员会会议记录

（1938 年 3 月 19 日）

日期	廿七年三月十九日下午二时
地点	老村郑寓
出席	徐谷麒 卢守耕 梁庆椿 陈柏青 李寿恒 王庸 沈思玠(滕熙代) 郑宗海
缺席者	张荩谋 周承佑 胡刚复
主席	郑宗海
记录	陈汉兴

甲、主席报告（略）

乙、讨论

一、实验室支配问题

决定：根据前三院长会商结果,分配如下：

1.大原书院：A 总办公室、B 后进储藏室,为一年级及其他不限年级化学、物理、生物实验室之一部；

2.空屋：为工学院各系实验室,又化学(包括农化)之一部；

3.趣园：遐观楼后面,为物理、化学、生物实验室之一部；

4.华阳书院：为农院各系实验室(参阅下第七案第四项)；

5.每一单元中各系面积之分配,由有关院长与有关系主任会商办理。

二、男女生宿舍问题

决定：目前男生宿舍,均感过挤,除一年级宜尽楼上扩充外,二、三、四年级男生宿舍应即扩充为三座,女生宿舍则迁于现教职员第二宿舍之后。

三、总办公室迁移问题

决定：总办公室为接洽事务上之简捷,自以迁移为便,三地点最好□□□为原女生宿舍

等,请由总务处向萧氏负责人接洽相借)

四、教室增开问题

决定:暂时不必增开。

五、图书馆阅览室、自修室问题

决定:图书馆楼上全开为阅览室,尽量扩充座位,便利学生自修,但须顾及安全限度,将来如感拥挤时,拟另开一、二大教室并作自修之用。

六、图书馆底下分配问题:

决定:照王以中主任所拟甲图(图仍在王主任处)办理,各系所藏图书,请校长分函一律收回,由图书馆集中储藏较为妥便。

七、各院系办公问题

决定:

1.现训育部与注册课间开辟一文理学院办公室;现训育部则迁入于待新开之总办公室,原址移作工学院办公室;现医务课另迁,原址移作农学院办公室;

2.注册课不迁,楼上开辟为外文、教育、史地、数学、农业经济等五系工作室;

3.图书馆楼下开一教员预备室(不分院系);

4.农学院各系实验室,除华阳书院及农业经济系工作室外,为教学上之便利,并在晨熹阁后十四、十五、十六三教室楼上开辟各系工作室;其余本校有实验室各系,不再另辟工作室。

八、大水时之安全问题

决定:

1.一、二年级在大原书院;

2.三、四年级在华阳书院;

二处先准备粮食及日用必需品。

3.准备船只(最好为汽艇);

4.各种图书、仪器、材料及其他物件等,以尽量放高为宜,如必要时由各系、课自行计划徙移,仍先与总务处接洽,以便临时物有定所;

5.来前多准备水缸及水桶;

6.向泰和县府接洽多处避水处所(先调查前未被灾之各地点);

7.以上各条请校长转告总务处注意,并预为布置一切。

九、下学年招生问题

决定:际此非常时期,招生时应考者想不甚多,如招收约百人之数,适抵四年级毕业生之额,且本校下学年校址仍须随时局为转移,故从缓讨论。

浙江大学档案馆藏 L053-001-4045

本校计划增建校舍

(1938 年 12 月 5 日)

本校原有文理、工、农三学院十六学系,本学期增设师范学院,内分六系。又,文理学院增设中国文学系。故全校现有四学院二十三学系,课目与学生激增,教室与宿舍及膳厅、图书馆等容量必须加大。现在宜山校舍不足应用。兹悉拟分别缓急,次第增建。第一期为图书馆、膳厅、男生宿舍、女生宿舍,业已招标承建,不日开工。第二期为适合教学原则之教室,及教职员宿舍,亦经计划就绪。第三期为合于各科性质而有专门设备之实验室,现正在计划中。以上各种建筑物,均以坚朴适用,切合卫生兼及安全防护暨社会经济状况为原则云。

又讯,本校建筑委员会自在泰和成立,迁宜山以后,曾先后开会三次,各委员对修建各事多所商决云。

《国立浙江大学校刊》复刊第一期,民国二十七年十二月五日

致宜山县政府函
(1939 年 10 月 21 日)

敬启者:

本校建筑小龙乡房舍,收用莫村、坝头村等处土地,业于九月卅日经该乡乡长召集该乡评价委员、乡民代表暨各村村长开评价委员会,详定价格标准及等级,并编号插扦标识,各在卷。现在该处房舍业经开工,所有收用土地及一切手续亟应清理。拟请转致小龙乡乡长转告各该村村长转知各业主,迅速将所插标扦携至本校小龙乡莫村办事处登记,以便分别定契约收用。惟本校建筑校舍急于兴工,在上项收用土地手续未曾办理清楚前,所有先行建筑之土地上倘有青苗,当另给价,其价值拟请转饬该乡与各村村长会同本校派员共同议定,以昭平允。相应函达,即希查照办理见复为荷。此致
宜山县政府

浙江大学档案馆藏 L053-001-0848

浙大迁湄临时校舍会议记录
(1939 年 12 月 18 日)

时间	廿八年十二月十八日午后二时
地址	〈湄潭〉县政府会议室
出席人	严溥泉　吴应榜　冉懋森　袁仲益　杨光浩　唐德福　唐德华　冯孝伯　何介三 黄龙渭　彭耆寿(代)　王健伦　张绍农　吴昭明　傅衡川　关泽民　孙仲樵 王元麟　卢炯然　刘吉皆　杨翰夫　何平之　郑守昌　彭达夫　冉懋材　杨国藩
主席	严〔溥泉〕县长
记录	杨国藩

行礼如仪

主席报告

此次浙大迁湄,本县叠奉省令饬即尽量协助。本县地方各界向来亦极表欢迎,但对于房屋一项最低度要一百五十间以上方能合用。现在本县的房屋完是各机关学校住满的。若照前次划勘地点而论,各机关学校几于全部退让方能应用,究应如何划拨? 请各位切实表示,免得临时仓促。今天从各界的报告,请各位尽量发表意见。

提议事项

一、可否组织浙大迁湄校舍协助委员会以资接洽案

决议:推孙效仪、冉懋森、冉懋坤、唐德福、冯开宗、卢炯然、杨斡夫、孙仲樵、关泽民、张绍农、陈德夫、何介三、杨国藩、刘吉皆、田孔皆等为协助委员,并由杨委员国藩负责召集。

二、校舍如何划让案

决议:

1.中学划武庙一部分(约十一二间);

2.圣庙全部(约三十五间);

原有党部拟暂移男小。民教馆拟暂移鲁班庙,或栖留所。城区短小,拟暂移区公所。

3.财神庙全部及庙外公地民房共二十八、九间;

协进处拟暂移万天宫,工程处拟移城外。

4.朝贺寺约十间,佛教会移天齐宫;

5.合江寺约五间;

6.贺家祠堂约十间,常备队移县政府;

7.唐家祠堂约七间;

8.禹王宫约三间;

9.双修寺约十间;

10.释慈寺约十间;

11.玉皇阁约八间;

12.周家祠堂约三间;

13.杜康庙约三间。

上列房屋约一百五十间左右,外有公地如刘家祠堂、孙膑庙等及民房可租用者并未算入。

三、塔坪公产可否详细调查案

决议:推关泽民、孙仲樵、张绍农从事调查。

散会:午后四时。

浙江大学档案馆藏 L053-001-0709

致遵义县政府函(遵高第 7 号)

(1940 年 2 月 14 日)

案准贵县政府函开:案奉贵州省政府教育厅号电开:据报浙大入住遵师,逼遵师迁让。

查遵师并未奉令疏散,两校学生逼处,恐多纠纷。如浙大另觅校舍,妥予协助为荷等因。查敝校借用遵师空余房间为学生宿舍,事前曾征得该校万校长同意。厅电所传逼遵师迁让一节,全非事实,敝校亦绝无此意。兹避免两校学生发生纠纷计,敝校拟将遵师借与之房屋,使之隔离,自成一部,另辟旁门出入。相应函复,即希查照为荷。此致
遵义县政府

办事处(戳)启
〈廿九年〉二月十四日

浙江大学档案馆藏 L053-001-0710

教育部电
(1940 年 3 月 2 日)

遵师迁移困难,已准免迁让。仰另择相当校舍。

教育部
寅冬

浙江大学档案馆藏 L053-001-0710

湄潭县政府公函(湄[三]教 970 号)
(1940 年 5 月)

径启者:

前奉贵州省政府训令,饬协助筹备贵校校舍事宜一案。经于二十八年十二月十八日召集地方各界,组织欢迎浙大迁湄校舍协助委员会,俾策进行。同时并推定冉懋森、冉懋坤、冯开宗、卢炯然、杨幹支、孙众樵、唐均兴、关泽民、田孔皆、何介三、张绍农、陈德夫、杨国藩、刘吉皆等为协助委员,经将办理情形及划拨附城房屋绘具图说,呈报贵州省政府教育厅鉴核备查在案。相应将划拨房屋列表,抄同会议录一份,随函送上,即希查照为荷! 此致
国立浙江大学筹备处

县长严溥泉
科长杨国藩代行
中华民国廿九年五月 日

浙大校址协助委员会会议记录

时间	〈二十九年〉五月七日
地址	县政府会议室
出席人	严溥泉　卢炯然　冉懋森　田孔皆　何介三　孙仲樵　严持强
主席	严溥泉
记录	关泽民

主席报告

讨论事项

一、党部地址迁让修制费应如何办理案

决议：党部迁城隍庙，由浙大补助修理费，以五百为度。

二、浙大需用城内校址之贫民住宅应如何迁移救济案

决议：贫民住宅迁移西门，城墙附近公地并由浙大津贴每户迁移救济费三十元。

三、浙大职教员住宅需用民房至少二百五十间应如何办理案

决议：由区公所调查可让房屋造册交浙大分配，所有房屋自造册之日起限三个月内迁移，租金验物作价并由县府督饬办理。

四、湄潭县中与浙大实验学校应如何合并办理以期提高教学效率案

决议：以合办为原则。由县府召集地方士绅及教育界人士议决呈请教育厅核办施行。

五、民众教育局馆及救济院迁移地址应如何办理案

决议：迁移地址以巧圣宫栖留所北门城楼及南门东岳庙选择修制救济院，由浙大归还原有费用二百二十元，民教馆补助费三百元。

六、商会短小如何补助修葺案

决议：各由浙大补助洋三百元。

七、区公所迁移修葺费如何补助案

决议：由浙大补助修葺费八百元。

八、县党部迁移何处案

决议：迁移区公所(即义民祠)。

湄潭县政府划拨国立浙江大学房屋表

地点名称	房屋间数	附注
文庙	三五	
男小	五三	一部分
财神庙	二五	
姜天宫	二五	外有民房二四间当借用。

续　表

地点名称	房屋间数	附注
孙膑庙	六	
理幽寺	一〇	
城隍庙	一〇	
天主堂	二〇	此系以地方人名义,通融一部分。
朝贺寺	一八	
周家祠	六	
杜康庙	六	
玉皇阁	一六	
释慈寺	二〇	
双修寺	一二	
唐家祠	一二	
贺家祠	一八	
禹王宫	六	
水府寺	七	
女小	一八	
初中	二一	
冯魏家	一八	
万寿宫	三一	

新建完成庙宇数幢尚可拨作校舍

一、禹王宫一幢六间。

二、杜康庙一幢六间。

三、孙膑庙一幢六间。

四、双修庙一幢十二间。

五、释慈寺一幢二十间。

以上纯系新建,均在附城一公里以内。

六、天主堂。

可借用一部分约二十间。此系以地方人名义私与通驻。

浙大湄潭校舍及指定使用地略图

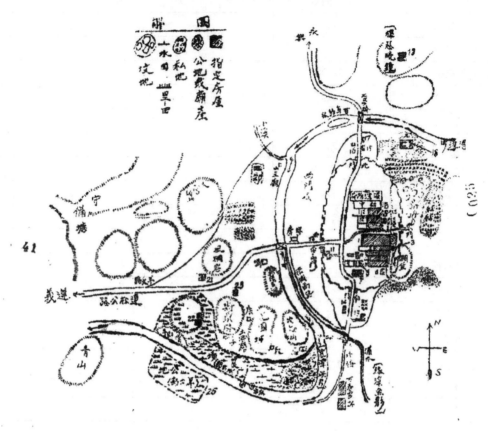

致遵义师范学校公函

(1940 年 5 月 19 日)

径复者:

接准五月十四日大函,以本校借用贵校宿舍一部分为学生居住,不便军事管理,嘱即恢复原状。等由。查本校迁遵,荷蒙贵校惠予赞助,借让一部分宿舍,俾本校学生得以借安栖止,至深感纫。兹承嘱交还一节,本应照办,惟本大学迁遵,以时间仓卒,一时难觅大部校舍,现在所租借之各处房屋,均已拥挤不堪,是以借用贵校之宿舍,刻下实无法移让,一俟暑假放假时,定当另行设法,以副台命。好在贵校暑期在即,本学期为时亦甚短也。相应函复敬希鉴谅为荷。此致
贵州省立师范学校

国立浙江大学启

致湄潭县政府地方士绅公函(第 454 号)
(1940 年 5 月 19 日)

敬启者:

本大学择定贵县地方为临时校址,业经面洽,荷承贵县政府、○○○先生惠予赏助,无任感纫。兹委托本校迁校筹备主任胡健人先生到湄,主持一切迁校事宜。特此具函介绍,敬祈随时接洽,鼎力劻勷,至纫公谊。此致
湄潭县政府、○○○先生(分缮)

校长竺○○

教育部专电
(1940 年 5 月 20 日)

据电陈,湄潭城内校址一节已转咨军政部。

教育部
辰号
(中华民国廿九年五月卅日收到)

致陆军大学万教育长公函
(1940 年 10 月 15 日)

径启者:

本大学工学院应需之实验室尚待兴建,兹以遵义市面工、料两缺,而该室又为实验上亟须应用,缓不济急。顷闻贵大学已大部迁渝,所遗新街西侧岳家庙之印刷所草房二十余间势必腾空,极合实验室之用,拟请惠予移让,以济需要。夙承关爱,当祈本军、学两校合作之旨,允如所请,实纫公谊。特此函恳,即烦查照办理见复为荷。此致

陆军大学

校长竺〇〇

〇〇先生赐鉴:

日前致上一电,计尘左右。关于贵大学所遗岳家庙印刷所请予移让作敝校工学院实验室一事,兹具备公函一通,请烦察照转知照办,无任感荷。想吾兄素本军学两校合作之旨,必当允如所请也。专此奉恳,伫候福音。敬颂

伟安

弟竺〇〇拜上

浙江大学档案馆藏 L053-001-0711

陆军通信兵第三团第三营公函(第 637 号)
(1940 年 12 月 1 日)

径启者:

顷准贵校十一月廿九日公函略开:敝校本学期人数激增,原有宿舍不敷应用。闻贵营第十二连阿家寺驻所行将迁移,祈将此屋让与敝校。敬希惠允见复,以便派员晋洽为荷。等由;准此。自应照办。相应函请查照,希即派员来营接洽为荷。此致

国立浙江大学

营长郭海乐
中华民国二十九年十二月一日

浙江大学档案馆藏 L053-001-0711

湄潭建筑委员会议记录

(1940 年 12 月 5 日)

日期	〈二十九年〉十二月五日下午三时
地点	校长室
出席	胡刚复　蔡邦华　竺可桢　王琎(朱正元代)　胡家健
列席	孙怀慈　张百丰　马宗裕　王葆仁　孙祁
主席	竺校长
记录	孙祁

(一)主席报告(从略)

(二)讨论事项

1.关于农院贮藏室之建筑如何监工案

议决:请化学馆监工员张百丰先生负责监工,张鸿谟先生等则从旁协助之。

2.关于科学馆或化学馆之建筑如有变动时应经如何手续案

议决:原合同或图样如有变更必须经孙怀慈工程师之签字。

3.关于化学馆农院贮藏室之工程(包工)如何付款案

议决:须经孙工程师与张监工员签字后始得付款。

4.关于工程进行应如何查改案

议决:令包工余金生按日作书面报告以查考之。

5.所有化学馆工程由校方自办之材料应如何对包工人扣算案

议决:材料按时价计算(请胡刚复、胡建人、孙怀慈三先生审定)并以分期扣算为原则。

6.化学馆工程木料如何供给案

议决:所需要之木料其长度在二丈三尺以上者得由校方供给之。

7.化学馆何日施工案

议决:定于本月九日为施工开始日期。

浙江大学档案馆藏 L053-001-4006

致陆军通信兵第三团第三营第十二连公函
(1940 年 12 月 6 日)

径启者：

本大学前请拨借贵营阿家寺营房作为校舍之用,经蒙俞允,无任钦感,并开送该营房平面图及家具清册到校。查派本校马宗裕君前往接收去后,兹据该员报称:阿家寺营房均经按照图册分别点收无误前来,除将营房移交,图册由接收人签盖名章留存一份外,另余一份相应备函送达,祇希查照为荷。此致
陆军通信兵第三团第三营第十二连
　　附送营房平面图及家具移交清册各一份

校长竺

陆军通信兵第三团第三营第十二连营房移交平面图

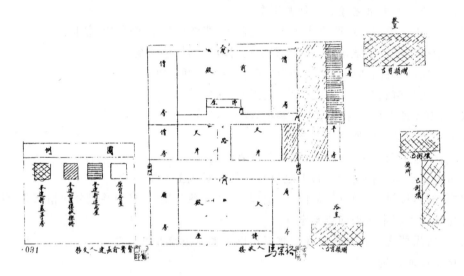

陆军通信兵第三团第三营第十二连士兵双层统铺移交清册

品名	单位数	数量	备考
三分铺板	丈	一五	
床柱	根	二一	
床横档	根	一九	长短不一
床栅	根	一二六	

移交人:连长俞宝贤[章]
接收人:马　宗　裕[章]

浙江大学档案馆藏 L053-001-0711

致军政部兵工署署长公函
（1941 年 1 月 15 日）

径启者：

　　本大学由桂迁黔以时间仓卒，所有教室宿舍皆由借用或租赁而来，局促已极，且零星散处，管理殊难。查遵义子弹库房屋原为遵义府中学校校址，规模宏大，适于学校教室及实验室之用，近有防护大队三十五无线电台及步兵学校等部分借用，但大部均仍空虚，所借用之部分亦多住家眷，间有作马厩等部分。此项广厦长此空闲，殊属可惜。本大学叠经查勘极为合用，拟请贵署派员来遵将该处房屋加以调查清理，其各部分借用之房，令其迁让，由本大学将全部加以整理，以为教室宿舍之用，则广厦万间皆庇寒士，造福匪浅，相应函达，请烦查照办理见复，至纫公谊。此致
军政部兵工署署长俞

校长竺〇〇

中华民国三十年一月十五日

浙江大学档案馆藏 L053-001-0711

致遵义子弹库苏库长公函
（1941 年 2 月 22 日）

径启者：

　　本校迁抵遵义以来，因学生众多，校舍狭窄不敷容纳，后以实验开始，尤感不敷应用。比经商承兵工署俞署长，允许暂时拨借贵库一部分房屋作为本校实验室及宿舍之用。兹定于本日下午先将仪器等件移入，特函奉达，祗希查照为荷。此致
遵义子弹库库长苏

校长竺〇〇

中华民国三十年二月廿二日

浙江大学档案馆藏 L053-001-0711

俞大维致竺可桢函
(1941 年 2 月 28 日)

可桢吾兄校长赐鉴:

接奉贵校遵字第七二五号公函,嘱敝署暂行拨借遵义老城中学库房以应贵校急需,一俟贵校新屋落成,即行让还。事关教育,自应遵办,惟以现途中尚有运交该库军用品,未能全部拨借。兹拟以一部分遵命暂行借用,已电苏库长知照矣。查战时军品运输储存,全随战局转移,无法事前一一推测。如因军事需要,仍须利用该库全部时,务请随时拨还为荷。专复。
敬颂
勋绥

弟俞大维敬启
〈三十年〉一月十八日

浙江大学档案馆藏 L053-001-0711

致军政部兵工署署长俞大维公函
(1941 年 3 月 11 日)

大维吾兄署长勋鉴:

接奉伟札关于商借遵义老城库房一部分房屋为敝校学生宿舍及实验室一节,滢荷俞兄拨借,弥深感篆。兹已将仪器移入,学生亦经迁往住宿,从兹诸生德〔得〕广厦之庇,格物有实验之所,缅怀高谊,感纫良深,爱护教育之意,鼎力之功。特□寸笺,用申谢悃。敬颂
勋绥

弟竺○○谨启

浙江大学档案馆藏 L053-001-0711

增开新寝室与新教室
(1942 年 9 月 10 日)

本校本年度遵义总校学生人数将增至八百人。寝室教室不敷甚多,故将何家巷三号第一、二、四、五、六诸教室及五号一、二、三、四诸教室与楼上,一律增辟为新寝室,而将桃源洞旁之忠义庙稍事修饰,辟为新教室。

《国立浙江大学校刊》复刊第一百一十一期,民国三十一年九月十日

遵义县私立豫章初级中学董事会致浙江大学总务处函

（1943 年 3 月 3 日）

　　兹查贵校所租本会豫章小学楼房租期已于二月廿八日届满，是否继续租用？未见来会交涉，相应通知，即希查照见复为荷。此致
浙江大学总务处

遵义县私立豫章初级中学董事会启

〈三十二年〉三月三日

浙江大学档案馆藏 L053-001-0712

致豫章小学校董会便函

（1943 年 3 月 4 日）

　　接准贵会三月三日大函，以本校所租贵会豫章小学楼房租期已满，是否继续租用？嘱查照见复。等由。查本校继续预〔欲〕租用豫章小学一事，曾与贵会陈校长震多次磋商。除楼上五间外，连同操场全部及操场右角二间一并承租，业经商妥。准函前由。除嘱由本校冉主任懋森前往代表订约外，相应函复，即希查照为荷。此致
遵义私立豫章中学校董会

国立浙江大学（校戳）启

浙江大学档案馆藏 L053-001-0712

在杭视察经过^①

（1945 年 11 月 26 日）

竺可桢

　　本人离此赴杭，迄今共六十九天。今日与诸君相见，极为快乐。本校复员已一部分成功，在杭新生已于本月八日开学，开学典礼时极为热烈，为空前未有。

　　参加教育善后复员会议经过。该会所讨论者有四项：（一）大中学教育之复员；（二）沦陷区教育之复员；（三）台湾教育之复员；（四）东北教育之复员。而我人最关切者为第一问题。浙大复员地点仍在杭州；至于复员时间，教部以交通工具缺乏，非短期所可能，决定于明年暑假。惟交通大学因特殊原因，已先东迁。又，复员经费现尚未确定。

---

　　①　原文注：摘自《国立浙江大学校刊》复刊第一百三十六期（1945 年 12 月 1 日）"校闻·国父纪念周"。篇名为编者所加。

本校杭州校舍。自八月十日胜利后,即电龙泉分校,遣人去杭勘察。九月初四,进入杭城时,日军未退,满街乱跑,本校驻有日俘虏二百余,马三百匹。九月十二日,日军撤退,地痞流氓一千余人乘机打劫,本校因事先已有准备,尚能安全。估计此次校舍毁坏甚多,约六七百间。华家池之农院为四层洋楼,夷为平地。闻此为人民所拆毁,首领为鼻涕阿猫,拆得之玻璃、钢条等皆售与日人。城中大礼堂亦被拆,仅存柱栋与屋顶。今尚存者有文理学院大教室、校长办公室、物理大楼及宿舍数间而已。报国寺前为日人子弹库,及工学院近尚有我军驻扎,不久即可搬出。哈同花园前租予艺专,现已收回,并借得艺专仓库数间。今一年级新生四百余人业已开课。龙泉分校以交通较便,本学期定十一月十日结束,下月起在杭上课。一、二年级约共七百余人。师范学院在哈同花园,文、理、工在大学路。教职员方面,除龙泉分校外,已聘得英文、数学二教授,电机、化工、土木均聘得数位。

又,本校奉教部增设医、法二学院,法院法律系一年级已于一月〔疑为"十月"〕底招生,下月上课,教授亦已聘定。至于医学院,闻医专极愿与本校合作。

本校将来计划欲成五千人之大学,地基约需二千亩,故永久校址非短期所能决定,萧山、华家池二处皆不适当,松木场、凤凰山无大平地,现吴钟伟、沈思屿〔玙〕、胡刚复诸先生皆在杭详细计划中。

贵州部分(遵、湄、永)何时迁回,此为吾人正急切之问题。教部规定各大学明暑假迁移,本人在渝询问交通情形及与各大学校长谈及,一时尚恐难成行。

《竺可桢全集》(第二卷),上海科技教育出版社,2004年,第642页

贵州省第五区农场致浙江大学工学院函
(1946年5月22日)

案查贵院所租用敝场宾阳关田地建筑实验室合同早经满期。近闻贵院全部机件即将迁杭,而敝场对于田地房屋均感不敷,拟请贵院于迁离后,将该处房屋惠予移交敝场保管,俾可广为利用,发展事业。相应函请,查照见复为荷。此致
浙江大学工学院

场长王祝春
中华民国三十五年五月廿二日

国立大学没有校舍 浙大校长叫苦连天 政府应设法从速代为解决
(1946年6月28日)

(杭州讯)国立浙江大学竺可桢氏前曾赴黔主持该校复员事宜,刻已返杭。据云,该校贵州遵义总校奉令复员者计有文、理、法、农、工及研究院等六院。本部学生一千六百名,附中

学生四百余名,教授亦有四百余人。现经教部发给复员费三亿七千万元,已分发各教授,每人十五万,学生每名十二万。刻大部均离遵义,经长沙、汉口东下。惟以杭地校舍颇成问题,且杭分校尚有师范学院及文、理、工、农一年级生九百余人,故校舍不敷甚巨,除华家池农学院须重建外,连同大学修建房舍〈需费〉三千五百万〈元〉,下学期又将添建医学院,需费非数十亿不办,而教部拨到之建置费为数甚微,于事无济。惟总校全体师生十月间均可到达点,无论如何,必须设法勉渡难关,俾得于十一月间开学上课。

《中华时报》民国三十五年六月二十八日

舜水馆、黎洲馆即落成 文学院月中迁入办公
(1947 年 10 月 6 日)

文理学院广场前新建之二层楼洋房,双十节前全部可以竣工,并经定名为"舜水馆"与"黎洲馆"。据悉文学院拟于本月中迁入舜水馆办公。又,龙泉馆内部不日可以整理完工,法学院亦将迁入办公。

《国立浙江大学校刊》复刊第一百六十四期,民国三十六年十月六日

国立浙江大学校舍设备概要
(1948 年)

本校面积连萧山湘湖农场、临平林场、凤凰山林场在内,占地约六千余亩。校舍分布于杭州市之大学路,占地约四百亩,西湖白堤占地数亩及近郊之华家池占地一千一百亩,其余零星分散于城内者,尚有田家园之浙大医院,吴牙巷之附属中学,等等。文理、工、法、医等学院在大学路,农学院在华家池,师范学院在西湖白堤,交通尚称便利。惜抗战期间,华家池农学院三层钢骨水泥巨厦全部及城内文、理、工校舍之一部已毁于敌,虽自复员以来,经积极恢复增建,但离理想中所需之黉宇相差尚远也。

一、实验室与工场

各实验室及工场原有者既一部分毁坏,加以院系增添,学生人数激众,教职员待遇菲薄,无力租赁房屋,遂增建舜水、梨洲、存中、神农、嫘祖、后稷等馆,水力实验室,及学生宿舍,教职员住宅多幢。近又计划增建解剖、生理、生化等实验室,以特殊之设备适应特殊之需要。但胜利以后,建筑材料缺乏,故新建类多因陋就简,不能与战前农学院大厦相提并论也。

二、农事试验总场

农学院之农林场地总称谓农事试验总场,内分总场、园艺场、畜牧场、林场、湘湖实验农场等,就中最大者为湘湖实验农场,在萧山县境,近所经营者为三千余亩,举凡农田水利、渔牧耕作、农村调查、品种改良,以此为推广起点,并指定为农经系实习研究场所。林场以凤凰山林场为最大,临平林场次之,凤凰山林场包括杭州市之万松岭,敷文书院旧址亦在场内。

惜凤凰山与临平沦陷期内，林木斩伐殆尽，牛山濯濯，森林系正着手重行种植，以期恢复旧观。华家池农学院附近有田地一千亩作为总场本部，凡农艺场、园艺场、畜牧场、林场苗圃及植物园等，都设置于是。畜牧场为复员后所重整者，现饲有外国奶牛三十余头，除供学生实习外，目下月产鲜牛奶二百余磅，供给本校员生饮用。

三、教室办公室及员生宿舍

教室大小共七十三间，办公室五十二间，教职员新建住宅分甲、乙、丙、丁四种，可住一百二十家，再加龙泉馆、罗苑与单身宿舍，大部分教职员差堪容膝，然尚有一部分教职员无法容纳，故仍不得不在校外居住。学生宿舍原只{六}一幢，可容六百人，新建五幢，因人数较战前增至三四倍之多，故觉拥挤，刻尚在筹划添建中。

四、图仪标本设备

本校除借用大学路浙江图书馆馆舍外，另有图书室十五间，而若干院系复辟有图书专室。自购得吴兴嘉业堂丛书及蒙瑞安孙氏慨赠玉海楼藏书后，中文书籍益形充实；至西文书刊亦酌量购备，计现有书籍中文约六万八千余册，西文三万九千余册，玉海楼藏书另辟专室，尚不在内。仪器标本以理、工、农各院较为完备。医学院系民国三十五年新设，故尚在草创之中，复员后承联总及教部驻沪接运图仪处等机关拨发大批新颖器材。际此外汇紧缩，征购不易之时，洵有"雪中送炭"之感。

五、运动场

本校对于体育素极重视且以提倡普遍健康为原则，不以制造少数选手为目的。现有运动场计地二十八亩，体育馆旁设游泳池，长二十五公尺，磁砖碧水，为杭市城内唯一之佳构，此外网球场、篮球场、排球场等无不具备。

六、附属中学及附设医院

附中原为师范生实习之所，创立于民国二十九年，时犹在播迁中之贵州。翌年，贵州中等学校会考名列第二，斯时已略具基础。复员后以校址难觅，困居于杭州盐桥之吴牙巷，物质条件虽未能尽合理想，而教学认真已为杭垣各界所公认。近虽有迁华家池之议，而经费困难，一时难以实现。附中现有高中三级四班，初中三级七班，六年制级二班，有教职员五十二人，学生四百九十三人。附属医院为复员后成立，地址在杭州市之田家园，拥有最新式之设备，除供学生实习外，兼营业务，造福病者殊匪浅鲜。

九、总务与经费

（一）经费预算与管理

1. 经费预算

国立浙江大学二十六年度概算书及提要①

（1937 年 1 月 23 日）

概算书提要

第一号

中华民国26年度国家教育文化岁入经常门

编制机关教育部国立浙江大学　　　26 年 7 月 1 日起至 27 年 6 月 30 日止　　　　　　　　第＿页

科目				本年度概算数	上年度概算数	比较增减数		核定本年度概算数	核定理由
款	项	目	摘要			增	减		
1			国立浙江大学	17,040	17,040				
	1		正项收入	10,000	14,400		4,400		
	2		杂项收入	7,040	2,600	4,400			

编制机关长官校长竺可桢　　　　　　　　　　　　　　　审核机关长官＿＿＿＿＿
　　会计主任孙　恒　　　　　　　　　　　　　　　　　审核者＿＿＿＿＿

概算书

（第一号）

中华民国 26 年度国家教育文化岁入经常门

编制机关教育部国立浙江大学　　　26年7月1日起至27年6月30日止　　　　　　　第＿页

前年度决算数	科目	本年度概算数	上年度预算数	比较增减数		说明
				增	减	
23,805.38	第一款　国立浙江大学	17,040	17,040			
10,856.68	第一项　正项收入	12,000	14,400		2,400	

---

① 由于原文中各表格篇幅较大，为适应排版需要，编者依原文表格作了适当改制。

续 表

前年度决算数	科目	本年度概算数	上年度预算数	比较增减数 增	比较增减数 减	说明
10,856.68	第一目 学费	12,000	14,400		2,400	文理学院学生约二百人,工学院学生约二百七十人,农学院学生约一百三十人,每人年纳二十元,合计如左数。
12,948.70	第二项　杂项收入	5,040	2,640	2,400		
7,612.09	第一目　农院售品收入	1,500	2,400		900	
3,420.47	第二目　湘湖售品收入	1,500		1,500		
	第三目　出版物售价	240	240			
7,916,14	第四目　其他收入	1,800		1,800		
		17,040	17,040			

编制日期 中华民国26年1月23日　　　　　　　　　　编制机关长官校长竺可桢
　　　　　　　　　　　　　　　　　　　　　　　　　　会计主任孙　恒

概算书提要

第二号

中华民国26年度国家教育文化岁出经常门

编制机关教育部国立浙江大学　　　　26年7月1日起至27年6月30日止　　　　　　　第　页

科目 款	科目 项	科目 目	科目 摘要	本年度概算数	上年度概算数	比较增减数 增	比较增减数 减	核定本年度概算数	核定理由
1			国立浙江大学经费	999,810	769,095	230,715			
	1		俸给费	595,200	552,000	43,200			
	2		办公费	99,300	66,996	32,304			
	3		购置费	191,160	99,600	91,560			
	4		营造费	45,000	5,400	39,600			
	5		特别费	22,350	9,915	12,435			
	6		实验研究费	46,800	35,184	11,616			
				999,810	769,095	230,715			

编制机关长官校长竺可桢　　　　　　　　　　　　　　审核机关长官＿＿＿＿＿＿
　　会计主任孙　恒　　　　　　　　　　　　　　　　　审核者＿＿＿＿＿＿＿

概算书

第二号

中华民国26年度国家教育文化岁出经常门

编制机关教育部国立浙江大学　　　26 年7月1日起至27 年6月30日止　　　　　　第1页

前年度决算数	科目	本年度概算数	上年度预算数	比较增减数		说明
				增	减	
768,214,38	第一款　国立浙江大学经费	999,810	769,095	230,715		本大学自十六年度成立以后,先就原有之工业专门、农业专门两校改组工农两学院,旋复添设文理学院,内分六学系;又于工学院内增设土木工程、机械工程两学系。历届毕业学生服务社会尚多贡献。可桢就任后,复自上年度(二十五年度)起呈准钧部,在文理学院内增设史地学系,延请积学教授主持其事,并随后举办边疆图籍展览会、广场演讲边疆各地之近状,及其他学术讲演,俾一般民众知所警惕。本年度(二十六年度)起拟再添设理科研究所数学部,俾国内各大学数学毕业生更有深造之机会。惟是学系尚有接充,教职员之薪修不能不逐年增益,图书仪器之设备不得不逐年添购。顾自十七年度以迄今者九年来预算□□增加,与未来本大学实际需要相差过远。其尤感困难者历年实收经费,复以本省省款支绌,往往未能□益核定预算各数领齐。截至二十三年度终了时为止,本大学应领未销经费竟达八十七万一千四百余元之巨,以致积欠各教职员薪修及国内购置货款为数亦颇不少。本来以本大学经费大半已由国库拨给,按月照发,省款□□无多,情形似已较昔略胜,旧债经陆续整理清偿,亦已过半。至对于教授之增聘,房屋之改建,图书仪器之添购,更复不遗余力。第预算未增,财力有限,挪移借垫,倍形竭蹶。本年度爰就实际需要情形,再四酌减,计列全年度岁出经常费总额如左。际兹国难日深,国库支绌,万不敢稍事铺张虚縻,国帑较上年度增列之数,委属省无可省,恳请照案通过。庶东南健全之学府得以渐次完成焉。

编制日期 中华民国26年1月23日

编制机关长官校长竺可桢

会计主任孙　恒

概算书

第二号

中华民国26年度国家教育文化岁出经常门

编制机关教育部国立浙江大学　　　26年7月1日起至27年6月30日止　　　　　　　　　第2页

前年度决算数	科目	本年度概算数	上年度预算数	比较增减数 增	比较增减数 减	说明
527,537.81	第一项　俸给费	595,200	552,000	43,200		
463,074.67	第一目　俸薪	535,200	492,000			
82,887.72	第一节　职薪	99,000	99,000			照上年度预算分配数列入。
380,186.95	第二节　教薪	436,200	393,000			本大学本年度文理学院设有外国语文学系四、三、二、一年级各一班,教育学系四、三、二、一年级各一班,史地学系二、一年级各一班,数学系四、三、二、一年级各一班,物理学系四、三、二、一年级各一班,化学系四、三、二、一年级各一班,生物学系四、三、二、一年级各一班。工学院计有电机工程学系四、三、二、一年级各一班,化学工程学系四、三、二、一年级各一班,土木工程学系四、三、二、一年级各一班,机械工程学系四、三、二、一年级各一班。农学院计有农艺学系四、三、二、一年级各一班,园艺学系四、三、二、一年级各一班,桑蚕学系四、三、二、一年级各一班,病虫害学系四、三、二、一年级各一班,农业经济学系四、三、二、一年级各一班。全校共分十六学系,计六十二班。除照上年度预备分配全年计列393,000元外,数学部增聘教授一人,月薪400元。史地学系上年度新设,本年度须增聘教授二人,月薪每人340元。又添国文、经济、数学教授各一人,各支月薪340元。又拟仿照其他国立大学成例,在本大学继续任聘各教授每七年得休假一年,是项星期年薪俸全校六人,每人拟给予三千元,全年一共一万八千元。故本年度须增列43,200元,合计年列如左数。

编制日期 中华民国26年1月23日　　　　　　　　　　　　编制机关长官校长竺可桢
　　　　　　　　　　　　　　　　　　　　　　　　　　　会计主任孙　恒

概算书

第二号

中华民国26年度国家教育文化岁出经常门

编制机关教育部国立浙江大学　　　　26 年 7 月 1 日起至 27 年 6 月 30 日止　　　　　　第 3 页

前年度决算数	科目	本年度概算数	上年度预算数	比较增减数 增	比较增减数 减	说明
64,463.14	第二目　工资	60,000	60,000			
64,463.14	第一节　工资	60,000	60,000			照上年度预算分配数列入。
84,988.11	第二项　办公费	99,300	66,996	32,304		
8,111.29	第一目　文具	9,960	7,800			
5,052.03	第一节　纸张	6,720	4,800			每月平均约支五百六十元，年计如左数。
1,279.66	第二节　笔墨	1,200	960			每月平均约支一百元，年计如左数。
509.79	第三节　簿籍	600	600			每月平均约支五十元，年计如左数。
1,269.81	第四节　杂品	1,440	1,440			每月平均约支一百二十元，年计如左数。
3,525.58	第二目　邮电	3,660	2,700			
930.21	第一节　邮费	1,020	720			每月平均约支八十五元，年计如左数。
2,595.37	第二节　电费	2,640	1,980			每月平均约支二百二十元，年计如左数。
35,733.28	第三目　消耗	37,320	28,200			
15,338.17	第一节　灯火	18,600	15,000			每月平均约支一千五百五十元，年计如左数。

编制日期 中华民国 26 年 1 月 23 日　　　　　　　　　　　编制机关长官校长竺可桢

　　　　　　　　　　　　　　　　　　　　　　　　　　　　会计主任孙　恒

概算书

第二号

中华民国26年度国家教育文化岁出经常门

编制机关教育部国立浙江大学　　　　　26年7月1日起至27年6月30日止　　　　　　第4页

前年度决算数	科目	本年度概算数	上年度预算数	比较增减数 增	比较增减数 减	说明
3,826.02	第二节　茶水	3,600	3,000			每月平均约支三百元,年计如左数。
10,726.42	第三节　薪炭	9,720	6,900			每月平均约支八百十元,年计如左数。就中以工学院用煤为大宗。
5,842.67	第四节　油脂	5,400	3,300			每月平均约支四百五十元,年计如左数。
6,666.44	第四目　印刷	10,200	4,200			
2,419.51	第一节　刊物	6,600	1,800			日刊年需一千八百元,年刊、系刊、科学报告及丛书一览等年需四千八百元,合计如左数。
4,246.93	第二节　杂件	3,600	2,400			每月平均约支三百元,年计如左数。
1,300.00	第五目　租赋	3,000	2,076			
1,300.00	第一节　房屋	2,040	1,560			租用民房两处,月租一百七十元,年计如左数。
	第二节　土地	408	240			全校应纳粮赋月约三十四元,年计如左数。
	第三节　场圃	552	276			农学院租用实验场每月租金四十六元,年计如左数。
17,771.42	第六目　修缮	21,120	13,500			
13,822.41	第一节　房屋	16,200	10,500			本校旧有房屋因陋就简,年久坍败不堪,致各处应修理需费浩大,全校每月平均约需一千三百五十元,年计如左数。
2,058.07	第二节　车辆	2,280	1,800			公用汽车、人力车、脚踏车等修理费每月平均约支一百九十元,年计如左数。
1,890.94	第三节　器械	2,640	1,200			每月平均约支二百二十元,年计如左数。
4,479.23	第七目　交通	5,640	3,060			
3,798.16	第一节　旅费	4,800	2,400			津贴三四年级学生实习旅费及教职员因公旅费,合计如左数。
681.07	第二节　运费	840	660			每月平均约支七十元。

编制日期 中华民国26年1月23日　　　　　　　　　　编制机关长官校长竺可桢

会计主任孙　恒

概算书

第二号

中华民国26年度国家教育文化岁出经常门

编制机关教育部国立浙江大学　　　　26年7月1日起至27年6月30日止　　　　　　第5页

前年度决算数	科目	本年度概算数	上年度预算数	比较增减数		说明
				增	减	
7,400.87	第八目　杂支	8,400	5,4600①			
539.08	第一节　广告	1,020	960			每月平均约支八十五元。
790.95	第二节　报纸	1,020	960			每月平均约支八十五元。
6,070.84	第三节　杂费	6,360	3,600			每月平均约支五百三十元。
89,489.50	第三项　购置费	191,160	99,600	91,560		
21,075.07	第一目　器具	24,900	13,200			
8,854.93	第一节　家具	12,000	6,000			本校旧有家具已不敷用,且多半损坏,必须陆续添置,每月约支一千元,年计如左数。
1,254.61	第二节　器皿	1,500	1,500			照廿五年度预算分配数列入。
389.44	第三节　机件	1,800	900			因须添购消防机件,故列如左数。
5,474.51	第四节　杂件	4,800	2,400			每月平均约支四百元,年计如左数。
5,101.58	第五节　车辆	4,800	2,400			本大学本年度拟添购汽车一辆,行驶农学院与本大学本部之间,约价四千八百元。
68,414.43	第二目　学术设备	166,260	86,400			本大学成立未久,基础过于薄弱,图书、仪器、机械、标本等类均感缺乏。又上年度起新设史地学系,举凡图藉及地理地质之标本设备以前毫无根基,尤应急须添置,年计如左数。
22,920.93	第一节　图书	54,600	30,600			每月拟添购图书四千五百五十元,年计如左数。
26,345.30	第二节　仪器	93,360	48,000			每月拟添购仪器七千七百八十元,年计如左数。
16,183.05	第三节　机械	9,600	4,800			每月添购八百元,年计如左数。
161.92	第四节　标本	4,800	1,500			每月添购四百元,年计如左数。
2,803.23	第五节　体育用品	3,900	1,500			每月添购三百二十五元,年计如左数。
16,327.69	第四项　营造费	45,000	5,400	39,600		

编制日期　中华民国26年1月23日　　　　　　　　　　　　编制机关长官校长竺可桢

　　　　　　　　　　　　　　　　　　　　　　　　　　　　会计主任孙　恒

---

① 该数字似误,依该目下三节合计应为5520。

概算书

第二号

中华民国26年度国家教育文化岁出经常门

编制机关教育部国立浙江大学　　　　26年7月1日起至27年6月30日止　　　　　　　　　第6页

前年度决算数	科目	本年度概算数	上年度预算数	比较增减数		说明
				增	减	
15,727.69	第一目　房屋	36,000	3,600			本大学职教员宿舍不敷居住,租赁民房颇感不便。本年度拟在本大学附近购置民地若干亩,建筑职教员宿舍,约需如左数。
600.00	第二目　场圃	9,000	1,800			前项宿舍基地地价约须如左数。
15,396.49	第五项　特别费	22,350	9,915	12,435		
2,400.00	第一目　特别办公费	2,400	2,400			每月约支二百元,年计如左数。
18.23	第二目　汇兑费	150	150			照上年度分配数列入。
1,298.25	第三目　医药费	1,800	300			每月平均约支一百五十元,年计如左数。
874.72	第四目　招待费	600	600			每月平均约支五十元,年计如左数。
1,306.92	第五目　奖赏费	6,600	600			本校本年度公费生约有二十四名,每名每年给二百五十元,又全年奖学金六百元,合计如左数。
9,498.37	第六目　其他	10,800	5,865			抚恤、保险、毕业典礼、国庆纪念等等以及其他不能归入上列之特种费用每月平均约支九百元,年计如左数。
34,474.78	第六项　实验研究费	46,800	35,184	11,616		
1,100.00	第一目　研究调查费	1,200	600			
600.00	第一节　研究费	600	480			每月平均约支五十元,计如左数。
500.00	第二节　调查费	600	120			每月平均约支五十元,计如左数。
33,374.78	第二目　实验费	45,600	34,584			
7,287.39	第一节　实验用品	12,000	17,304			每月平均约支一千元,年计如左数。
26,087.39	第二节　实验消耗	33,600	17,280			每月平均约支二千八百元,就中以化学药品消耗为最大,年计如左数。

编制日期 中华民国26年1月23日　　　　　　　　　　　编制机关长官校长竺可桢

　　　　　　　　　　　　　　　　　　　　　　　　　　　会计主任孙　恒

概算书提要

第三号

中华民国26年度国家教育文化岁出临时门

编制机关教育部国立浙江大学 　　　26 年7月1日起至27年6月30日止 　　　　　　第　　页

科目				本年度概算数	上年度概算数	比较增减数		核定本年度概算数	核定理由
款	项	目	摘要			增	减		
1			国立浙江大学临时费	628,000	80,000	548,000			
	1		建筑费	560,000	80,000	480,000			
	2		购地费	40,000		40,000			
	3		分年偿还建设厅欠款	28,000		28,000			
				628,000	80,000	548,000			

编制机关长官校长竺可桢 　　　　　　　　　　　　　审核机关长官＿＿＿＿＿
　　　会计主任孙　恒 　　　　　　　　　　　　　　　审核者＿＿＿＿＿

概算书

第三号

中华民国26年度国家教育文化岁出临时门

编制机关教育部国立浙江大学　　　26年7月1日起至27年6月30日止　　　第1页

前年度决算数	科目	本年度概算数	上年度预算数	比较增减数		说明
				增	减	
	第一款　国立浙江大学临时费	628,000	80,000	548,000		本大学原有校舍均系二、三十年以前之建筑物,本已陈旧不堪,复以历年经费奇绌,未能切实修葺,遂致日就倾圮,苟非亟图重建,殊无策安全而利教学,叠经呈明钧部在案。可桢到校之始,目击一部分校舍已属无可修葺,员生处此岌岌可危,深觉有急切改建之必要。曾拟具分年改建本大学校舍计划及经费估计,呈请钧部追加预算,未蒙核准。本年度仍本前项计划,斟酌缓急,计列建筑及购地费六十万元,分别如下:计开 文理学院　160,000.00元 工程馆　　200,000.00元 学生宿舍　60,000.00元 图书馆　　120,000.00元 疗养室　　20,000.00元 购地　　　40,000.00元
	第一项　建筑费	560,000	80,000	480,000		因文理学院学生宿舍、图书馆、疗养室等建筑费原属第一年计划,工程馆亦因各工场日就危殆,亟须兴建。
	第二项　购地费	40,000		40,000		购地费因须贴补军械库款项及征购邻近民房,故一并列入。

编制日期 中华民国26年1月23日　　　　　　　　　　　编制机关长官校长竺可桢
　　　　　　　　　　　　　　　　　　　　　　　　　　　会计主任孙　恒

概算书

第三号

中华民国26年度国家教育文化岁出临时门

编制机关教育部国立浙江大学　　　26年7月1日起至27年6月30日止　　　　　　　　　第2页

前年度决算数	科目	本年度概算数	上年度预算数	比较增减数		说明
				增	减	
	第三项　分年偿还建设厅欠款	28,000		28,000		本大学农学院原设杭州市笕桥地方,二十二年十月间准航空委员会函商,决定在笕桥建设航空学校及飞机场,须征用该处民地。该院院址房屋及所属植物园苗圃、林场等土地亦在被征之列。旋经双方商定,农学院全部迁让院址、院房等,合并作价二十三万元。惟内有建设厅蚕丝改良场,房地产作价八万四千四百三十六元四角五分,并计在内。该项价款八万四千余元,由本大学全数借用,自二十四年度起以七年为期至归还,办法拟自二十五年度起分六个年度,在岁出临时费概算数内分期列入,陆续拨还。上年度因经费无着,未曾偿付,本年度除应偿一万四千元外,尚须补偿上年度一万四千元,故列二万八千元。
		628,000	80,000	548,000		

编制日期 中华民国26年1月23日　　　　　　　　　　　　编制机关长官校长竺可桢
　　　　　　　　　　　　　　　　　　　　　　　　　　　　会计主任孙　恒

呈教育部

(1939 年 6 月 8 日)

　　案奉钧部二十八年二月二十四日费一1字第4403号训令,为饬将关于二十九年度岁入、岁出概算书,仰即克日编选,以凭汇编。此令。等因;奉此。查本大学廿九年度岁入、岁出概算书已编制齐全,理合备文呈送钧部,仰祈鉴核汇编,指令祗遵。谨呈
教育部
　　附呈二十九年度岁入、岁出概算书三份。

概算书提要①

中华民国二十九年度国家教育文化费岁入经常门

编制机关教育部国立浙江大学　二十九年一月一日起至二十九年十二月三十一日止　　第1页

科目				本年度概算数	上年度预算数	比较增减数		核定本年度算数	核定理由
款	项	目	摘要			增	减		
1			国立浙江大学收入	12,120	9,720	2,400			
	1		国有事业收入	8,760	6,360	2,400			
	2		其他收入	3,360	3,360				

编制机关长官竺可桢(章)　　　　　　　　　　　　　审核机关长官＿＿＿＿＿＿
　　会计主任马裕蕃(章)　　　　　　　　　　　　　　　审核者＿＿＿＿＿＿

概算书提要②

中华民国二十九年度国家教育文化费岁出经常门

编制机关教育部国立浙江大学　二十九年一月一日起至二十九年十二月三十一日止　　第1页

科目				本年度概算数	上年度预算数	比较增减数		核定本年度算数	核定理由
款	项	目	摘要			增	减		
1			国立浙江大学经费	749,938	636,184	113,754			
	1		俸给费	473,022	436,080	36,942			
	2		办公费	79,596	79,596				
	3		购置费	29,680	29,680				
	4		营造费	15,000	7,200	7,800			
	5		学术研究费	98,100	45,600	52,500			
	6		特别费	54,540	38,028	16,512			
2			国立浙江大学龙泉分校经费	69,720		69,720			
	1		俸给费	51,600		51,600			
	2		办公费	8,400		8,400			
	3		购置费	600		600			

编制机关长官竺可桢(章)　　　　　　　　　　　　　审核机关长官＿＿＿＿＿＿
　　会计主任马裕蕃(章)　　　　　　　　　　　　　　　审核者＿＿＿＿＿＿

---

① 由于原文表格篇幅较大,为适应排版需要,由编者依原表内容进行适应改制,表中经费数单位:元。

② 同上。

概算书提要

中华民国二十九年度国家教育文化费岁出经常门

编制机关教育部国立浙江大学　二十九年一月一日起至二十九年十二月三十一日止　　　第2页

科目				本年度概算数	上年度预算数	比较增减数		核定本年度算数	核定理由
款	项	目	摘要			增	减		
	4		学术研究费	6,600		6,600			
	5		特别费	2,520		2,520			
3			国立浙江大学师范学院附属中学经费	51,960		51,960			
	1		俸给费	36,900		36,900			
	2		办公费	4,860		4,860			
	3		购置费	3,000		3,000			
	4		学术研究费	6,600		6,600			
	5		特别费	600		600			
4			国立浙江大学兼办社会教育经费	39,840		39,840			
	1		俸给费	9,300		9,300			
	2		办公费	6,540		6,540			

编制机关长官竺可桢(章)　　　　　　　　　　　　　　审核机关长官＿＿＿＿＿
　　会计主任马裕蕃(章)　　　　　　　　　　　　　　　　审核者＿＿＿＿＿

概算书提要

中华民国二十九年度国家教育文化费岁出经常门

编制机关教育部国立浙江大学　二十九年一月一日起至二十九年十二月三十一日止　　　第3页

科目				本年度概算数	上年度预算数	比较增减数		核定本年度算数	核定理由
款	项	目	摘要			增	减		
	3		事业活动费	24,000		2,400			
			四款合计	911,458	636,184	275,274			

编制机关长官竺可桢(章)　　　　　　　　　　　　　　审核机关长官＿＿＿＿＿
　　会计主任马裕蕃(章)　　　　　　　　　　　　　　　　审核者＿＿＿＿＿

浙江大学档案馆藏 L053-001-0827

本校经费概算决定
(1943 年 2 月 10 日)

本年度教育经费概算业已确定。本校包括龙泉分校附属中学经费之一部在内,已有定额,如何分配,已决定先由总务处会计室编造三十一年度薪工消耗等项统计表,再行查核云。

《国立浙江大学校刊》复刊第一百一十六期,民国三十二年三月二十七日

国立浙江大学三十五年度教育文化事业费岁入预算书
(1946 年 4 月 12 日)

经常门　常时部分

科目			本年度概算数	上年度预算数	增	减	备考
款	项	名称					
一		本校国有事业费	一一,七〇四,九四一.七四	九三一,一四〇.四七	一〇七,七三,八〇一.二七		本预算系按本年度实收数编列
	一	规费收入	一,三〇〇,七五〇.〇〇	三七三,四〇〇.〇〇	九二七,三五〇.〇〇		
	二	利息收入	九,九六二,六一〇.九四	四三四,七二三.四七	九,五二七,八八七.四七		
	三	物品售价	四四一,五八〇.八〇	一二三,〇一七.〇〇	三一八,五六三.八〇		

校长:竺可桢(章)

会计主任:谢　赓(章)

浙江大学档案馆藏 L053-001-0144(2)

国立浙江大学三十五年度岁出经常〈费〉分配表
(1946 年 5 月 7 日)

款	项	科目	预算数	一至十一月份每月分配数	十二月份分配数	备考
		全校经费	四三,六一五,〇〇〇	三,六三四,五八〇	三,六三四,六二〇	
一		总校经费	三六,七七五,〇〇〇	三,〇六四,五八〇	三,〇六四,六二〇	
	一	俸给费	二,三〇二,五六〇	一九一,八八〇	一九一,八八〇	6.26%

续 表

款	项	科目	预算数	一至十一月份 每月分配数	十二月份分配数	备考
	二	办公费	一六,五四八,〇〇〇	一,三七九,〇〇〇	一,三七九,〇〇〇	45%
	三	学术研究费	九,一九三,二〇〇	七六六,一〇〇	七六六,一〇〇	25%
	四	购置费	三,六七六,八〇〇	三〇六,四〇〇	三〇六,四〇〇	10%
	五	特别费	五,〇五四,四四〇	四二一,二〇〇	四二一,二四〇	13.76%
二		补助龙泉分 校经费	四,六八〇,〇〇〇	三九〇,〇〇〇	三九〇,〇〇〇	
三		附中经费	二,一六〇,〇〇〇	一八〇,〇〇〇	一八〇,〇〇〇	

本预算分配表系奉教育部三十五年三月十五日渝会字第一五一八九号代电编制。

浙江大学档案馆藏 L053-001-0144(1)

呈教育部(复字第 110 号)

(1946 年 10 月 3 日)

　　案奉钧部三十五年八月三十一日会字第一五五六号代电,饬知本校三十五年度追加经费核定为一三〇,八五〇,〇〇〇元,嘱参照本年规定分配标准,编具分配预算呈核。等因。自应祗遵。兹将本校三十五年度追加经费分配预算编造完竣,理合备文呈送,敬祈鉴核。

谨呈

教育部

　　计呈送本校卅五年度追加经费分配预算八份

衔校长竺〇〇

国立浙江大学三十五年度追加经费分配预算

款	项	科目	预算数	一至五月份 分配数	六至十一月份 分配数	十二月份	备考
		全校经费	一三〇,三五〇,〇〇〇	一〇,五八六,二〇〇	一一,一三一,二〇〇	一一,一三一,八〇〇	
一		总校经费	一二七,〇三五,〇〇〇	一〇,五八六,二〇〇	一〇,五八六,二〇〇	一〇,五八六,八〇〇	
	一	办公费	六三,五一七,二〇〇	五,二九三,一〇〇	五,二九三,一〇〇	五,二九三,一〇〇	50%

续　表

款	项	科目	预算数	一至五月份分配数	六至十一月份分配数	十二月份	备考
	二	学术研究费	三一,七五八,〇〇〇	二,六四六,五〇〇	二,六四六,五〇〇	二,六四六,五〇〇	25%
	三	购置费	一二,七〇三,二〇〇	一五八,六〇〇	一,〇五八,六〇〇	一,〇五八,六〇〇	10%
	四	特别费	一九,〇五六,六〇〇	一,五八八,〇〇〇	一,五八八,〇〇〇	一,五八八,〇〇〇〔一,五八八,六〇〇〕	15%
二		附中经费	三,八一五,〇〇〇		五四五,〇〇〇	五四五,〇〇〇	

本预算分配表系奉教育部三十五年八月卅一日会字第一六五六五号代电编制。

校长:竺可桢(章)

会计主任:谢　赓(章)

浙江大学档案馆藏 L053-001-0144(1)

呈教育部(第 192 号)

(1946 年 12 月 30 日)

　　查本校呈复三十五年度经费分配预算一案,奉钧部三十五年十月二十二日会字第二六九五六号代电,分别核示各点,仰遵照重编分配预算呈候核转。等因。除第一点增设秘书一员,缘由案奉核准外,兹遵照指示各点,将分配预算重编完竣,理合备文呈送,敬祈鉴核。
谨呈
教育部
　　计呈送卅五年度岁出经常分配预算十份

衔校长竺〇〇

国立浙江大学三十五年度岁出经费分配预算书

款	项	科目	预算数	一至十一月份每月分配数	十二月份分配数	备注
		全校经费	四三,六一五,〇〇〇	三,六三四,五八〇	三,六三四,六二〇	
一		总校经费	四一,二七五,〇〇〇	三,四三九,五八〇	三四三,九六二〇	

续　表

款	项	科目	预算数	一至十一月份每月分配数	十二月份分配数	备注
	一	俸给费	一,五二三,〇四〇	一二六,九二〇	一二六,九二〇	3.70%
	二	办公费	一七,七四八,〇〇〇	一,四七九,〇〇〇	一,四七九,〇〇〇	43.00%
	三	学术研究费	九,一九三,二〇〇	七六六,一〇〇	七六六,一〇〇	22.30%
	四	购置费	三,六七六,八〇〇	三〇六,四〇〇	三〇六,四〇〇	8.80%
	五	特别费	九,一三三,九六〇	七六一,一六〇	七六一,二〇〇	22.20%
二		附中经费	二,三四〇,〇〇〇	一九五,〇〇〇	一九五,〇〇〇	

　　本预算分配表系奉教育部三十五年三月十五日渝会字第一五一八九号代电编制,复奉三十五年十月二十二日会字第二六九五六号代电重编。

浙江大学档案馆藏 L053-001-0144(1)

国立浙江大学三十六年度第三次追加经常费分配预算

（1947 年 2 月 14 日）

款	项	科目	全年度预算数	十一至十二月份每月分配数	备考
		全校经费	二五七,七四〇,〇〇〇	一二八,八七〇,〇〇〇	奉教育部卅六年十二月廿九日会字第七〇五九〇号训令核定编列。
一		大学部经常费	二四六,五四〇,〇〇〇	一二三,二七〇,〇〇〇	
	一	办公费	二四六,五四〇,〇〇〇	一二三,二七〇,〇〇〇	
二		附中经费	一一,二〇〇,〇〇〇	五,六〇〇,〇〇〇	

校长：竺可桢（章）

会计主任：谢　赓（章）

浙江大学档案馆藏 L053-001-0144(2)

朱家骅致陈布雷函

（1947 年 2 月 22 日）

布雷吾兄勋鉴：

　　本月十一日手书早经奉悉,以适因事赴沪,稽复为歉。浙江大学经费问题向极注意,去年复员以来先拨发复员费四十二亿二千余万,嗣又拨发建筑扩充改良费六亿元,连同学术研究特别补助费等,共为五十三亿五千余万元,除中央大学为全国各大学所得经费最之校。现部中复员费早经分配无余,并奉院令不再拨款。兹承尊嘱,当于本年度各校修建设备等临时费统案分配时,再行设法尽力从优核拨也。专此奉复。顺颂

勋绥

弟朱家骅

〈三十六年〉二月廿二日

浙江大学档案馆藏 L053-002-0020(1)

三十六年度国立浙江大学经常费分配预算

(1947 年 3 月)

(三十六年三月 日编制)

款	项	科目	全年度预算数	一至十二月份每月分配数	备考
一		经常费	二二〇,九二〇,〇〇〇	一,八四一〇,〇〇〇	奉教育部卅六年二月七日会字第〇六八一八号代电核定
	一	俸给费	一,七七〇,〇〇〇	一四七,五〇〇	附说明表(一)(二)
	二	办公费	九五,〇九四,〇〇〇	七,九二四,五〇〇	
	三	购置费	一六,九〇五,六〇〇	一,四〇八,八〇〇	
	四	学术研究费	六三,三九六,〇〇〇	五,二八三,〇〇〇	
	五	特别费	三四,一五四,四〇〇	二,八四六,二〇〇	附说明表(三)
	六	附中经费	九,六〇〇,〇〇〇	八〇〇,〇〇〇	附呈分配预算表
附记		本校现有七院共有学生二,二〇八名,附中共有十二班学生四一一名。			

校长:竺可桢(章)

会计主任:谢 赓(章)

浙江大学档案馆藏 L053-001-0144(2)

国立浙江大学三十五年度追加经常费分配预算
（1947 年 4 月）

（三十六年四月 日编制）

款	项	科目	全年度追加预算数	十二月份分配数	备考
一		本校追加经常费	八三四,八四一.五四	八三四,八四一.五四	奉教育部卅六年三月廿日会字第一二五四八号代电核定。
	二	办公费	八三四,八四一.五四	八三四,八四一.五四	

校长：竺可桢（章）

会计主任：谢　赓（章）

浙江大学档案馆藏 L053-001-0144（2）

三十六年度国立浙江大学追加经常费分配预算
（1947 年 6 月）

（三十六年六月编制）

款	项	科目	全年度预算数	一至十二月份每月分配数	备考
一		追加经常费	五五二,三〇〇,〇〇〇	四六,〇二五,〇〇〇	奉教育部三十六年六月二日会字第三〇二四七号代电核定。
	一	俸给费			
	二	办公费	二三七,七三五,〇〇〇	一九,八一一,二五〇	
	三	购置费	四二,二六四,〇〇〇	三,五二二,〇〇〇	
	四	学术研究费	一五八,四九〇,〇〇〇	一三,二〇七,五〇〇	
	五	特别费	八九,八一一,〇〇〇	七,四八四,二五〇	
	六	附中经费	二四,〇〇〇,〇〇〇	二,〇〇〇,〇〇〇	分配预算表另呈

校长：竺可桢（章）

会计主任：谢　赓（章）

浙江大学档案馆藏 L053-001-0144（2）

国立浙江大学三十七年上半年度经常费分配预算
(1948 年 3 月 22 日)

款	项	科目	上半年预算数	月份分配数		备考
				一至五月份 每月分配数	六月份分配数	
一		经常费	一,七五四,七五〇,〇〇〇	二九二,四五〇,〇〇	二九二,五〇〇,〇〇	奉教育部卅七年二月廿八日会字第一一四八八号代电核定。
	一	俸给费	一,六五七,九二〇	二七六,三二〇	二七六,三二〇	附说明表(一)(二)(三)(四)
	二	办公费	七八九,六一五,〇〇	一三一,六〇二,五〇〇	一三一,六〇二,五〇〇	
	三	购置费	一四〇,三七六,〇〇	二,三三九六,〇〇	二三,三九六,〇〇	
	四	学术研究费	五二六,四一〇,〇〇	八七,七三五,〇〇	八七,七三五,〇〇	
	五	特别费	二一九,八九一,〇八〇	三六,六四〇,一八〇	三六,六九〇,一八〇	附说明表(五)
	六	附属中学经费	七六,八〇〇,〇〇	一二,八〇〇,〇〇	一二,八〇〇,〇〇	附呈分配预算表
附记		本校现有七院共有学生二一六三名,附中共有十四班学生四九三名。				

校长:竺可桢(章)

会计主任:谢 赓(章)

浙江大学档案馆藏 L053-001-0144(2)

国立浙江大学三十七年度第三次追加经常费分配预算表
(1948 年 7 月 9 日)

款	项	科目	追加预算数	五至六月份每月分配数	备考
		经常费	一,七五四,七五〇,〇〇〇	八七七,三七五,〇〇〇	奉教育部三十七年六月十二日会字第三二三四三号代电核定
	一	俸给费			

续　表

款	项	科目	追加预算数	五至六月份每月分配数	备考
	二	办公费	一，一一一，五四〇，〇〇〇	五五五，七七〇，〇〇〇	
	三	购置费			
	四	学术研究费	五二六，四一〇，〇〇〇	二六三，二〇五，〇〇〇	
	五	特别费	四〇，〇〇〇，〇〇〇	二〇，〇〇〇，〇〇〇	附说明表
	六	附属中学经费	七六，八〇〇，〇〇〇	三八，四〇〇，〇〇〇	附分配预算

校长：竺可桢（章）
会计主任：詹咏梅（章）

浙江大学档案馆藏 L053-001-0144（2）

2. 经费管理

三十学年度浙江大学经费报告简表

（1942 年 5 月 10 日）

1. 岁入

岁入项目		共计	第一学期 三十年八月至十二月预算数	第二学期 三十一年一月至七月预算数
总计		二，一〇三，九七〇.〇〇	六四四，三〇八.〇〇	一，四五九，六六二.〇〇
国省库款 及庚款	小计	二，〇八五，二八六.〇〇	六三八，二二五.〇〇	一，四四七，〇六一.〇〇
	国库款		六三八，二二五.〇〇（包括龙泉一、二年级经费及追加经常费在内，师范生公费不在内）	每月拨龙泉经费一五，三三三.〇〇在内
	省库款			
资产收入 及捐赠	小计			

岁入项目		共计	第一学期 三十年八月至十二月预算数	第二学期 三十一年一月至七月预算数
学生缴费	小计	一八,六八四.〇〇	六,〇八三.〇〇	一二,六〇一.〇〇
	学费	一五,〇〇〇.〇〇	五,〇〇〇.〇〇	一〇,〇〇〇.〇〇
	宿费			
	杂费	三,六八四.〇〇	一,〇八三.〇〇	二,六〇一.〇〇
事业收入	小计			
本校其他收入	小计			
附属学校收入	小计			

2. 岁出

岁出款		共计	第一学期 三十年八目至十二月预算数	第二学期 三十一年一月至七月预算数
总计		二,〇八五,二八六.〇〇		
经常门	小计	二,〇八五,二八六.〇〇	六三八,二二五.〇〇	一,四四七,〇六一.〇〇
	俸给费	一,〇六六,〇〇〇.〇〇	四一五,〇〇〇.〇〇	六五一,〇〇〇.〇〇
	办公费	五五一,〇〇〇.〇〇	一八七,〇〇〇.〇〇(包括购置费在内)	三六四,〇〇〇.〇〇(购置费在内)
	学术研究费	二九八,二〇〇.〇〇	一八,二〇〇.〇〇	二八〇,〇〇〇.〇〇
	特别费	七六,七五五.〇〇	一八,〇二五.〇〇	五八,七三〇.〇〇
		龙泉分校九三,三三一.〇〇		龙泉分校九三,三三一.〇〇

续　表

岁出款		共计	第一学期 三十年八日至十二月预算数	第二学期 三十一年一月至七月预算数
特殊门	小计			
	一般〔有〕永久性财产之购置费用			
	学术研究费项下〔有〕永久性财产之购置费用			
	其他			

说明：

1.俸给费包括俸薪、饷项及工资；

2.办公费包括文具、邮电消耗、印刷、租赋、修缮、旅运、杂支等；

3.学术研究费包括实习、实验、讲义印刷、体育军训及研究调查等项；

4.一般有永久性财产之购置费，包括土地、建筑、器具、服装、械弹、舟车、畜牧等；

5.学术研究费项下有永久性财产之购置费用，包括图书、仪器、标本、机械及体育军训设备等；

6.经常门内之特别费系指不属于俸给、办公、学术研究等项费用外之用途而言；

7.特殊门内之其他费用系指不属于一般有永久性财产之购置费及学术研究费项下有永久性财产之购置费用。

三十一年五月十日填报

校 长 或 院 长_____（签章）

主办会计人员_____（签章）

浙江大学档案馆藏 L053-001-0985

呈教育部（第 822 号）

（1942 年 7 月 18 日）

查本校三十年一至九月份教职员临时生活补助费及特别生活补助费收支对照表,暨工务员临时生活特别生活补助费分表,业经编造完竣,至十至十二月份,因奉钧令一律普加临时生活补助费二十元,惟迄未准国库署照发,上项收支对照表及分表,本应俟各该费拨到转发后再行填送。兹为造报整齐起见,已预将奉准加给之临时生活补助费一并列入,理合将全年上项收支对照表及分表备文呈送,敬祈鉴核。

又,查三十年一至九月份两项补助生活费计尚不敷二,四六七元一角四分,十至十二月补助费计尚欠发一九,八八五元二角六分,两共应补发三一,三五二元四角,计有教职员三八七人,应支三二,二七四元。十一月份共有三九八人,应支三三,二四四元,十二月份共有三八七人,应支三二,七七四元;合计欠发二二、六四四元。兹既已列表呈报,敬请钧部迅予转咨财政部饬署补发,以清年度而慰喁望,实为公便。谨呈

教育部

计呈三十年度教职员临时、特别生活补助费收支对照表、公务员临时、特别生活补助费

分表各四份

衔校长竺〇〇
中华民国卅一年七月 日

国立浙江大学收支对照表

（中华民国三十年 1—12 月份）

收入（元）	摘要	支出（元）
	收入	
10,065,000	收财政部 30 年度一至九月份临时生活补助费	
4,872,000	收财政部 30 年度十至十二月份临时生活补助费	
3,858,000	收财政部 30 年度一至九月份特别生活补助费	
1,269,000	收财政部 30 年度十至十二月份特别生活补助费	
	支出	
	支出教职员 30 年〈度〉一至九月份临时生活补助费	10,409,443
	支出教职员 30 年度十至十二月份临时生活补助费	6,447,667
	支出教职员 30 年度一至九月份特别生活补助费	4,660,271
	支出教职员 30 年度十至十二月份特别生活补助费	1,681,859
	余绌	
344,443	一至九月份临时生活补助费超支	
802,271	一至九月份特别生活补助费超支	
1,575,667	十至十二月份临时生活补助费超支	
412,859	十至十二月份特别生活补助费超支	
23,199,240		23,199,240

机关长官　　　会计主任　　　　　　出纳　　　　　　　复核

附注：

1. 收入包括龙泉分校一至九月份部发两项补助费在内；
2. 支出包括龙泉分校一至十二月份实支或应支数在内；
3. 临时生活补助费，奉命在十月份起每员增发二十圆（原五十元，应加至七十元）。因校中经费窘绌，所加二十元尚未发给，但表内支出已将二十元列计在内。

国立浙江大学 30 年度公务员生活补助费及临时生活补助费分表（略）

浙江大学档案馆藏 L053-001-0774

三十一学年度国立浙江大学经费数报告简表

（1943 年 3 月 31 日）

1. 岁入

岁入款目		共计	三十年八月至十二月预算数	三十二年一月至七月预算数
总计		3,798,769.00	1,770,739.00	2,028,030.00
国省库款及庚款	小计	3,770,149.00	1,758,119.00	2,012,030.00
	国库款	3,655,149.00	1,728,119.00	1,927,030.00
	省库款			
	庚款	115,000.00	30,000.00 中美文化基金	30,000.00 中美文化基金 55,000.00 中英庚款
资助收入及捐助	小计			
学生缴费	小计	20,000.00	10,000.00	10,000.00
	学费	20,000.00	10,000.00	10,000.00
	宿费			
	菜费			
事业收入	小计			
本校其他收入	小计	8,620.00	2,620.00	6,000.00
	利息或利润	4,800.00	1,400.00	3,400.00
	其他	3,820.00	1,220.00	2,600.00
附属学校收入	小计			

附注：

1. 分配栏龙泉分校及附中者未列内；
2. 临时部分收无从分月份者未列内；
3. 卅一年度经常费追加预算列入卅一年八至十二月份内。

2. 岁出

岁出款目		共计	三十年八月至十二月预算数	三十二年一月至七月预算数
	总计	3,770,149.00	1,758,119.00	2,012,030.00
经常门	小计	3,190,749.00	1,468,119.00	1,722,630.00
	俸给费	1,330.560.00	525,000.00	805,560.00
	办公费	1,252,600.00	750,000.00	502,600.00
	学术研究费	325,400.00	100,000.00	225,400.00
	特别费	282,189.00	93,119.00	189,070.00
特殊门	小计	579,400.00	290,000.00	289,400.00
	一般永久性财产之购置费用	165,400.00	60.000.00	105,400.00
	学术研究费项下有永久性财产之购置费用	414,000.00	230,000.00	184,000.00
	其他			

说明:

1.俸给费包括俸薪、饷项及工资;

2.办公费包括文具、邮电消耗、印刷、租赋、修缮、旅运、杂支等;

3.学术研究费包括实习、实验、讲义印刷、体育军训及研究调查等项;

4.一般有永久性财产之购置费,包括土地、建筑、器具、服装、械弹、舟车、畜牧等;

5.学术研究费项下有永久性财产之购置费用,包括图书、仪器、标本、机械及体育军训设备等;

6.经常门内之特别费系指不属于俸给、办公、学术研究等项费用外之用途而言;

7.特殊门内之其他费用系指不属于一般有永久性财产之购置费及学术研究费项下有永久性财产之购置费用。

附注:

1.分配栏龙泉分校及附中者未列内;

2.临时部分收无从分月份者未列内;

3.三一年度经常费追加预算列入三一年八至十二月份内;

4.三十二年一至七月份办公费根本不敷甚多,限于案例抵得如此分配。

三十二年三月卅一日填报

校长或院长竺可桢(签章)

主办统计人员吴静山(签章)

呈教育部 (第 2135 号)

(1946 年 2 月 16 日)

查本校杭州本部临时修建费,业奉钧部核拨三千万元在案。兹据本校杭州校本部报告,杭市物价随京沪市面增涨不已,而工料费较胜利之初已涨至一倍以上,如原工价每工为四百元,现涨至九百元,松板为每丈四千元,现涨至八千五百元,其他物价称是,且有继续增涨之势。本校迁杭之初,最低限度须置教学用具约五千万元,添建普通教室及学生宿舍至少须一千方,照目前估计每方须十三万元;另加修理及零星建筑至少须四千方,合计约共需二万万余元。原拨之数相差甚巨。兹为免受物价增涨之影响起见,拟请增拨该项临时修建费两万万元,迅予一次汇拨杭州本校校本部,以便应用。理合具呈,敬祈鉴核,准予照办。实为公便。谨呈
教育部

衔校长竺〇〇

浙江大学档案馆藏 L053-001-0486

代电教育部 (第 1193 号)

(1946 年 3 月 7 日)

教育部部长朱钧鉴:

本校请拨杭州校舍临时修建费二万万元一案,业奉钧座指示,先拨五千万元,并已准总务司先行汇拨二千万元至杭。惟校舍建筑待款孔殷,敬祈嘱司将应补拨之三千万元即行汇拨本校杭校本部,以应急需,至其余之一万五千万元,并祈速筹为祷。

国立浙江大学校长竺〇〇叩
寅〇齐

浙江大学档案馆藏 L053-001-0486

代电教育部 (第 1198 号)

(1946 年 3 月 14 日)

教育部部长朱钧鉴:

查本校临时修建费业于三月八日以遵字第一一九三号代电,请予补发在案。兹接杭州校本部报告杭市物价飞涨,校舍修建待款甚急。等情。除已奉拨该款五千万元外,敬祈将原

请拨一万五千万元全数补拨,以免受物价之影响为祷。

国立浙江大学校长竺〇〇叩

寅〇删

浙江大学档案馆藏 L053-001-0486

呈教育部(第 2199 号)
(1946 年 3 月 28 日)

查本校复员在即,〈本〉校杭州校舍亟须预筹分配,以免临时棘手。计抗战以前本校杭州校舍原有四五七五.四三方,当时学生仅只五百余名。抗战时期损失二四〇〇方,现仅存二一七五.四三方,而历年院系增加学生人数已添至六倍,除应补足二四〇〇方外,势须添建四〇〇〇方。兹以杭市物价计算,每方应需五十万元,合计共需三十二万万元。虽为数颇属不货,祈为应目前之需要计,亦属不得已之举。理合具呈吁恳,敬祈鉴核,准予如数筹拨,以利进行。实为公便。谨呈
教育部

衔校长竺〇〇

浙江大学档案馆藏 L053-001-0486

国立浙江大学三十四学年度第二学期经费报告简表
(1946 年 10 月)

1. 岁入

岁入项目		共计	上年八至十二月预算数	本年一月至七月预算数
总计		2,264,454.57	946,980.52	1,317,474.05
规费收入	学费	782,750.00	364,500.00	418,250.00
利息或利润	利息	1,358,867.57	481,143.52	877,724.05
物品售价		122,837.00	101,337.00	21,500.00

三十五年十月 日编制

校长:竺可桢(章)

主办统计人员:谢赓(章) 编

2. 岁出

项目	共计	上年八至十二月预算数	本年一月至七月预算数
总计	117,758,300	13,697,240	104,061,060
俸给费	2,293,060	949,900	1,343,160
办公费	51,419,700	4,715,000	46,704,700
学术研究费	25,459,700	1,517,500	23,888,200
购置费	10,321,500	766,500	9,555,000
特别费	15,144,040	1,079,040	14,065,000
先修班	18,800	18,800	
研究院	112,500	112,500	
增班费（建设技术人员训练班）	11,950,000	4,250,000	7,700,000
机电工程师训练班	1,039,000	234,000	805,000

三十五年十月 日编制
校长：竺可桢（章）
主办统计人员：谢 赓（章） 编

浙江大学档案馆藏 L053-001-0096

呈教育部（复字第 100 号）

（1946 年 11 月 23 日）

查本校复员完竣后，以距离开学之期甚迫，校舍不敷应用，虽经统筹修建，而一时缓不济急，不得不将开学之期稍加展缓。现在亟待竣工之工程需款极为迫切，计除已奉拨之修建费，及此次向中央银行借支之复员费外，尚不敷四亿元。拟请钧部俯念本校环境困难，使应用之校舍早观庙成，以免影响课业。理合具文，敬祈鉴谅，准予照拨。无任屏营之至。谨呈
教育部

衔校长竺○○

浙江大学档案馆藏 L053-001-0486

代电国库署（复字第 485 号）

（1947 年 4 月 14 日）

财政部国库署公鉴：

顷奉教育部三月廿五日高字第一六五一七号代电，饬知本校本年度建筑及扩充改良费

核定十五亿元。除已拨发外,尚余八亿元,由国库径拨。等因。兹以需款孔殷,特电奉达,即请查照,迅拨为荷。

国立浙江大学(卅六)叩

○删

呈教育部(第 317 号)

(1947 年 5 月 8 日)

查本校三十六年一至三月份已未核定本校教员学术研究补助费清册,业于四月十一日以复字第二八五号呈附送在案。兹将四至六月份上项清册填造完竣,理合赓续呈送。敬祈鉴核并将五、六两月份该项补助费七千二百万元迅予拨发,实为公便。谨呈
教育部

计呈送四至六月份已未核资格教员学术研究补助费清册各一份

衔校长竺○○

财政部国库署快邮代电

(1947 年 5 月 9 日)

国立浙江大学公鉴:

卅六年四月十五日复字第四八五号代电敬悉。查贵校本年度建筑及扩充改良费余款八亿元,兹准教育部总字第二一八八二号代电,为据贵校报称请将上款分在四月份拨发四亿元,五六两月份各拨二亿元以济急用。等情。转请照拨,并见复。等由。到署。自可照办。除将四、五两月份应拨款共计六亿元,照填晋拨字第五○一二号支付书,饬由浙江分库拨付,暨另通知径向洽领,并电复外,相应复请查照为荷。

财政部国库署

经三 4824/0509 印

国立浙江大学三十五学年度第二学期经费报告简表

(1947 年 8 月)

1. 岁入

项目	共计	上年八至十二月份预算数	本年一至七月份预算数
总计	10,650,817.22	10,494,757.22	156,060.00
规费收入（学费）	940,000.00	965,500.00	24,500.00
利息或利润（利息）	9,110,176.42	9,110176.42	
物品售价	600,640.80	420,080.80	180,560.00

三十六年八月 日编制

校长：竺可桢（章）

主办会计人员：谢 赓（章）

2. 岁出

岁出项目	共计	上年八至十二月份预算数	本年一至七月份预算数
总计	525,872,900.00	73,827,900.00	452,045,000.00
俸给费	1,663,100.00	630,600.00	1,032,500.00
办公费	228,010,750.00	33,860,500.00	194,150,250.00
学术研究费	146,496,500.00	17,063,000.00	129,433,500.00
购置费	41,340,600.00	6,825,000.00	34,515,600.00
特别费	85,061,950.00	11,748,800.00	73,313,150.00
附中	23,300,000.00	3,700,000.00	19,600,000.00

三十六年八月 日编制

校长：竺可桢（章）

主办会计人员：谢 赓（章）

代电国库署(复字第 587 号)
(1947 年 8 月 26 日)

财政部国库署公鉴:

案奉教育部会字第四三八九三号代电,增拨本校卅六年度建筑及扩充改良费二十五亿元,已函贵库于八月内一次径拨。等因。该款迄今尚未准汇拨,待款孔殷。敬请查照,迅予电拨为荷。

国立浙江大学
未〇寝

浙江大学档案馆藏 L053-001-0486

本年度应由临时费支出急办修建事项约计预算表
(1947 年 12 月 14 日)

款次	项目	约计修建预算数	备考
1	药学系房屋修费	一亿六千万元	以二亿二千万为限,包括水电装置。两系之支配照原比例。
2	人类学系房屋修理费	九千万元	
3	药学系定制木器费	九千五百万元	
4	汽油库二大间建造	六千万元	加运费四千万元。
5	外文系木器	四百七十万元	
6	钟楼	七百万元	
7	药学系□□活动房屋一座	一亿五千万元	砌高十吋砖墙十呎。
8	工学院修水泥路费	二千万元	
9	求是桥至汽车间筑路费	三千万元	
10	华家池汽车改修筑路面费	二千万元	
11	刀茅巷建德村建造大间	八百万元	
12	华家池活动房屋补紧地板	五百八十万元	
13	淋浴室装火炉五只	一千八百万元	
14	淋浴室装天花板	一千二百万元	
15	文理学院大门房屋拆造	三千万元	
16	病虫害学系定制木器	两千四百万元	
17	昆虫组定制铜纱橱	三百五十万元	

续　表

款次	项目	约计修建预算数	备考
18	刀茅巷九幢宿舍配玻璃	一千万元	
19	由庆春路接杭笕路自来水管	三亿元	问联总索管子,一面与水公司交涉。
20	其他零碎修理	二千万元	
21			
总计	十一亿四千万〔十亿六千八百万〕元		

具报人:陆子桐

浙江大学档案馆藏 L053-001-0478

美金 26,000 元分配表

(1948 年 1 月 13 日)

	1.图书	2.仪器	3.消耗	4.一年级	5.新院系	2、3、4、5 小时	总计
公共	8,000＋2,000 还款	8,000	4,000	2,000	2,000		
	560＋2,000 还款						2,560
文学院							2,151.6
中文	288						288
外文	288						288
史地	360	160	40	200		400	760
哲学	288				97.6	97.6	385.6
人类	216	80	20		114	214	430
理学院							6,765.8
数学	288	80				80	368
物理	288	640	200	700		1,540	1,828
化学	288	720	600	700		2,020	2,308
生物	288	440	200	400		1,040	1,328
药学	216	280	180		257.8	717.8	933.8

续　表

	1.图书	2.仪器	3.消耗	4.一年级	5.新院系	2、3、4、5 小时	总计
工学院							6,013.4
电机	273.6	680	320			1,000	1,273.6
化工	273.6	680	400			1,080	1,353.6
土木	273.6	480	120			600	873.6
机械	273.6	680	320			1,000	1,273.6
航空	273.6	480	140		345.4	965.4	1,239
农学院							4,118.7
农艺	216	280	140			420	636
园艺	216	240	100			340	556
农化	216	320	200			520	736
病虫	216	280	140			420	636
蚕桑	144	240	100			340	484
农经	288	80	20			100	388
森林	216	200	80		186.7	466.7	682.7
师范学院							480
教育	360	80	40			120	480
法学院	240(公共)						1,011.1
法律	576				195.1	195.1	
医学院	576	880	640		803.4	2,323.4	2,899.4
							$ 26,000.00

浙江大学档案馆藏 L053-001-0478

预算委员会报告

(1948 年 10 月 2 日)

一、经常费分配如下：

1.学术研究费 30%：

A. ＊图书 4%；

B. ＊仪器 4%；

C. ＊实验消耗 15%；

D. 调查实习费 3.5%；

E. 训育活动费 1%；

F. 体育费 2.5%。

2. 办公费 45%：

A. 印刷费 5%；

B. *各部门文具消耗等 10%；

C. 邮电、旅费、杂支 30%。

3. *购置 8%。

4. 特别费 16.2%（内医药费 2.5%）。

5. 薪给 0.8%。

凡有 * 者均已有分配比例表。

本年一、二月每月 2.9 亿，三、四月四倍，五、六月七倍。下半年 567 亿，增加三倍，合每月 378 亿，即金圆一二.六○○元，附中 10.08 亿，增加三倍。

二、建筑、设备及扩充改良费上半年 80 亿，下半年 2002 亿。

1. 扩充改良费 702 亿：

A. 附中 28 亿；

B. 扩充设备费 274 亿内 * 100 亿分配各院系；

C. 修膳费 200 亿；

D. 杂支 200 亿。

2. 添建校舍费 1100 亿内 ※ 拨附中 4%，计 44 亿，其余为建筑医学院及教职员宿舍用。

3. 联总补助工科器材装置费 200 亿。

三、附设医院经常补助费 12.89 亿。

四、药科实验药厂修建费 180 亿。

五、学生暑期实习考察、材料补助费 10 亿。

六、美金上半年 5000 元暂作订购期刊之用，俟下半年度美金拨到后再行分配。

七、员工名额核定教职员 742 名，技工 1 名，工役 493 名，增加教职员 8 名，工役 20 名。各院系教职员名额本会已拟有分配表。

部拨 37 年度上学期美金 $ 5000 分配预算表

（暂拨作为图书费）

院系别	图书费	
	百分比	金额
图书馆	7%	US $ 350.00
中文系	4%	US $ 180.00
外文系	4%	US $ 180.00
史地系	5%	US $ 225.00

续　表

院系别	图书费	
	百分比	金额
哲学系	4％	US＄180.00
人类系	3％	US＄135.00
数学系	4％	US＄180.00
物理系	4％	US＄180.00
化学系	4％	US＄180.00
生物系	4％	US＄180.00
药学系	3％	US＄135.00
电机系	3.8％	US＄171.00
化工系	3.8％	US＄171.00
土木系	3.8％	US＄171.00
机械系	3.8％	US＄171.00
航空系	3.8％	US＄171.00
农艺系	3％	US＄135.00
园艺系	3％	US＄135.00
农化系	3％	US＄135.00
病虫系	3％	US＄135.00
蚕桑系	2％	US＄90.00
农经系	4％	US＄180.00
森林系	3％	US＄135.00
教育系	5％	US＄225.00
法学系	3％	US＄150.00
法律系	8％	US＄360.00
医学系	8％	US＄360.00
合计		US＄5000.00
备考	图书费共计美金 US＄5000.00,提10％作为公共图书费,内7％归图书馆,3％归法学院,其余(90％)即美金 US＄4500.00 照前图书费分配比例分配。	

出纳组通告

(1949 年 2 月 25 日)

　　兹定于本月二十六日(星期六)暂发薪俸七十五倍(内扣送陆翔伯先生赙仪)。又,三月份薪俸仍照向例于三月一日起致送,敬希惠临敝组印领为荷。此致
本校教职员先生

出纳组谨启

(三十八年二月二十五日)

《国立浙江大学日刊》复刊新第一百十一期,民国三十八年二月二十五日

人事组启

(1949 年 4 月 15 日)

径启者:

　　前奉校长交下教育部颁发《国立专科以上学校教员支给学术研究补助费暂行办法》,各校各等教员人数由校按照教职员总人数在规定限度(教授占教职员人数百分之十五,副教授占百分之十二,讲师占百分之十二,助教占百分之十六)以内,先行依法严格审查,经审定等别后,即按照规定支给学术研究补助费,同时呈报教育部审查。又,各校各等教员人数除助教外,超过规定限度时,其超过人数,在资格未经教育部审定以前,支给次一等学术研究补助费。等语。自应照办。嗣以实行稍有困难,曾呈请教育部解释,迄今未奉回批,而各级教员先生纷纷催请照发,复由校长提交行政会议讨论,议决支给办法三条(详本期会议录),除查案提名交出纳组自本年三月份起照发外,并将各级提名教员另表公布。如有合于上项议决案而未经提名者,务请从速提出证明,以便提升。诸希察照为荷。此致
教员先生

人事组谨启

卅八年四月十三日

可以按照聘任等级支给学术研究补助费教员说明表

(卅八年四月)

姓名	职别	已核定等级及证书号码	现任等级送审阶段	支给学术研究补助费等级
孙鼎	教授	副教授三四三一	教授资格业奉部指令准予汇交审查	教授
严德一	教授	副教授资格奉部令核定	教授资格业奉部指令准予交付审查	教授

续　表

姓名	职别	已核定等级及证书号码	现任等级送审阶段	支给学术研究补助费等级
岳劼毅	教授	副教授四一四	教授资格奉部训令准予交会审查	教授
黎子耀	副教授	讲师九九九	副教授资格奉部训令在审查中	副教授
陈庸声	副教授	讲师一〇一一	副教授资格奉部训令在审查中	副教授
白正国	副教授	讲师一五七五	副教授资格奉部指令准予交付审查	副教授
吴载德	副教授	讲师五一七	副教授资格奉部指令准予交付审查	副教授
沈金相	副教授	讲师补字六号	副教授资格奉部指令著作尚在审查中	副教授
许仁章	副教授	讲师一〇〇八	副教授资格奉部指令著作尚在审查中	副教授
沈思岩	副教授	讲师一〇一〇	副教授资格奉部指令准予交付审查	副教授
郭本铁	讲师	助教一八二七	讲师资格奉部指令准予交付审查	讲师
徐贤议	讲师	助教一六二〇	讲师资格奉部指令即可提常会决定	讲师
龙槐生	讲师	助教一八二四	讲师资格奉部指令准予交付审查	讲师
胡步青	讲师	助教补字第二号	讲师资格奉部指令著作尚在审查中	讲师
周本湘	讲师	助教二二七五	讲师资格奉部指令准予交付审查	讲师
孙树门	讲师	助教二七七九	讲师资格奉部指令准予交付审查	讲师
陆承祖	讲师	助教二一一九	讲师资格奉部指令著作尚在审查中	讲师
徐规	讲师	助教二四二七	讲师资格奉部指令准予交付审查	讲师
黄焕焜	讲师	助教二一二一	讲师资格奉部指令准予交付审查	讲师
刘祖洞	讲师	助教二四二三	讲师资格奉部指令准予付审	讲师

《国立浙江大学日刊》复刊新第一百三十一期,民国三十八年四月十五日

3.中华教育文化基金补助

中华文教基金会通过本校下年度补助费二万五千元

(1937 年 5 月 5 日)

中华教育文化基金董事会于上月三十日晨九时在上海举行十三次年会,出席:蔡元培、孟禄、周诒春、胡适、贝诺德、任鸿隽、李煜瀛等,教育、外交两部及美大使皆派员列席,由蔡元培主席,议决要案三起,并通过下年度(甲)办公费及自办合办事业费,(乙)各教育文化机关补助费,后者本校补助费已得通过,其总数为二万五千元。

该款补助费为补助各系设备之用,计数学系为参考书及杂志(数学系于二十六年度起,开办数学研究所,极拟添购所需之参考书及全套杂志,如美国数学会会刊及其丛书、法国数

学杂志等类);电机工程学系为电钥板、水银矫流器 50 千瓦、标准信号发电机、阴极线示波器及旋转式自动电话模型;化学工程学系为奥立夫式滤机、二级真空蒸发器、离心机及六级压气机;土木工程学系为亚司仑混凝土二十万磅压力试验机及力来公司一万吋磅扭力试验机;机械工程学系为拔柏葛式水管锅炉连附件及冷气工程及空气调节全部设备云。

《国立浙江大学日刊》第一百七十八期,民国二十六年五月五日

中英庚款董事会助本校科学馆建筑费十五万元
(1937 年 6 月 16 日)

本校各项建筑计划业经先后刊布本刊。竺校长本周应教育部教育广播之聘赴京,顷自京来函,告以中英庚款董事会最近在京开会结果,业已通过本校所请求科学馆建筑费及设备费十五万元,且属该会本届所通过补助费之最高额者,计分三年拨付。益以本校筹措之半数十五万元,合计三十万元,当可建造一轮奂新颖与完美设备之科学馆,以为本校师生讲授实习之用,其有助于本校国家学术事业之进展者,当非浅鲜。

又,本校当于最近期间,积极着手计划兴建云。

《国立浙江大学日刊》第二百一十四期,民国二十六年六月十六日

致中华教育文化基金董事会便函
(1937 年 11 月)

径启者:

兹承贵会汇发敝校二十六年度第二期补助费国币六千二百五十元业经照收,相应缮具收据,备函送达,即希察存为荷。此致
中华教育文化基金董事会
附收据一纸

〈国立浙江大学〉(校戳)启
廿六年十一月 日

浙江大学档案馆藏 L053-001-0851

中华教育文化基金董事会公函
(1937 年 11 月 9 日)

径启者:

查贵校前经敝会第十三次董事年会议决通过二十六年度补助费国币二万五千元,除第一期应发款项业经拨讫外,兹将第二期应发补助费国币六千二百五十元,由中央银行电汇寄奉,

至祈查收,将空白收据由贵校长(或负责人)签章并加盖校印后,挂号寄还敝会存查为荷。此致
国立浙江大学台鉴
　　附空白收据一纸

　　　　　　　　　　　　　　　　　　　　　　中华教育文化基金董事会启
　　　　　　　　　　　　　　　　　　　　　　中华民国廿六年十一月九日

致中华教育文化基金董事会公函(第 679 号)
(1937 年 12 月 7 日)

　　案准贵会廿六年十一月九日笺函,略开:查贵校前经敝会第十三次董事会年会议决通过二十六年度补助费国币二万五千元,除第一期应发款项业经拨讫外,兹将第二期应发补助费国币六千二百五十元由中央银行电汇寄奉,至祈查收,将空白收据签章加盖校印寄还。等由。并附空白收据一纸。准此。查该期补助费国币六千二百五十元业经照收,相应填具收据,签盖印章,函送贵会,即希察存为荷。此致
中华教育文化基金董事会
　　附收据一纸

　　　　　　　　　　　　　　　　　　　　　　　　　　校长竺○○

致中华教育文化基金董事会函
(1937 年 12 月 17 日)

径启者:
　　前奉贵会汇发敝校二十六年度第二期补助费国币六千二百五十元,经于十一月廿二日缮具收据备函复达。嗣于十一月廿七日,接准十一月九日大函,略以二十六年度第二期应发之补助费,已交中央银行电汇,嘱收到后即将所附之空白收据填复。等因。当即照办。于十二月七日以第六七九号公函复请察存,各在案。兹查敝校具领二十六年度第二期补助费,前后缮填收据,已有两张,其十一月廿二日所缮寄交收据一纸,务请迅赐检还,以清手续,不胜盼感。此致
中华教育文化基金董事会

　　　　　　　　　　　　　　　　　　　　　　　　　　文书课谨启
　　　　　　　　　　　　　　　　　　　　　　　　　　廿六年十二月十七日

致中华教育基金董事会便函
（1938 年 4 月 4 日）

径复者：

　　前准贵会函请将敝校自廿六年七月一日起至廿七年二月底止，所有接受补助费项下各种工作状况，照章编成中英文报告各一份寄会，以便汇制报告。等由。当即转知接受补助各系照办在案。兹查是项补助费已准汇发至第二期，当有两期未准汇发。其已收之款，当即外汇订购仪器，现所购数学书籍已有一部到校，电机化工仪器运抵香港正待提取，土木机械仪器尚在途中，是以接受补助各系工作状况，尚难报告。应请俟仪器图书到齐后，再将各该系工作状况汇齐报告。缘准前因，相应先行函复查照。再，敝校自迁转江西泰和后照常上课，一切工作亦均按照原定计划继续进行。尚有两期补助费应请仍行按期汇发为荷。此致
中华教育文化基金委员会

〈国立浙江大学〉（校戳）启

二十七年四月 日

浙江大学档案馆藏 L053-001-0851

中华教育基金董事会便函
（1938 年 9 月 21 日）

径启者：

　　查关于前代贵校向 K. F. Koehlers Antiquarium 订购图书事，曾将该商来函录副于十五日专函寄上，度邀台察矣。兹将该商前函所附收据一纸，补行寄上，至希查收见复为荷。
此致
浙江大学

中华教育文化基金董事会启

廿七年九月廿一日

K. F. Koehlers Antiquarium, Leipzig

August 5, 1938

0348

The China Foundation

Room 404, National City Bank Building

45, Kiukiang, Road

Dear Sir：

　　We beg to acknowledge the receipt of RM 24.5. and 101.52，you have kindly remitted by cheques on July 7th 1938.

　　We have placed this amount to your credit in settlement of...

　　With best thanks for prompt payment，we remain，dear sir.

Very truly yours,

K. F. Koehlers Antiquarium

浙江大学档案馆藏 L053-001-0851

致中华教育基金董事会函(第宜字卅三号)
(1938 年 12 月 28 日)

　　查廿六年度本大学补助费尚有余款,已由贵会代购美金专款存储在案。兹有应汇还美国 F. W. Faxon. Co. 美金一二五.五五元,McGraw-Hill Publishing Co. 美金二十二元, American Society for Testing Materials 美金十五元,Thomas Nelson and Series 美金六元, 以上共计美金一六八.五五元,皆系科学与工程用书之价款,拟即在此项补助费项下开支。请烦贵会代为汇付。相应开单函达,即希查照,迅赐办理见复。至纫公谊。此致
中华教育文化基金董事会
　　附单一纸

校长竺〇〇

浙江大学档案馆藏 L053-001-0851

(二)战时损失

呈教育部
(1939 年 2 月 21 日)

　　查本大学于二十八年二月五日被敌机轰炸,业经电奉钧部佳电,饬对被难者,妥予抚慰, 并盼具报详情。等因。遵奉在案。此经查明,被毁一部分校舍及器具,约计损失三万元。二年级学生百二十二人之衣被书籍荡然无存,已暂由校拨款二千五百元,先为代购衣被济急, 一面请由教职员全体捐俸周恤,并于巧日急电呈请拨款补济,谅蒙鉴察。兹特拟具当日被炸详情报告、测绘落弹区域详图,并开具校舍损失约数单。理合具文呈送钧部鉴核,迅予拨款

补济,并赐指令善后办法,俾有遵循,实为公便。谨呈

教育部

　　计呈送校舍被炸详情报告一份,落弹区域图一帧,校产损失单一纸

衔校长竺○○

国立浙江大学宜山校舍被炸纪实

　　宜山僻邑,自抗战以来,警报虽时发,敌机至者甚鲜。二月四日贵阳被炸,敌机十八架过境南飞,居民渐有戒心,乃次午果有敌机十八架大炸宜山之事。自晨十一时十五分闻机声,四十五分离去,半小时内,环行四匝,轰炸三次,城内外掷弹百五六十枚,机关枪更自西而东,鸣声如雷,无片刻停息。计毁县党部、图书馆、乐群社及西街、南街、西南城厢汽车站民房百数十间,死二十余人,伤七十余人,而国立浙江大学标营宿舍方隅之地,独中烧夷弹爆裂弹百十八枚之多(已点查明白之数),其为蓄意破坏文化机关,殆无疑义。

　　标营为旧营房,位城东郊三里许,浙江大学迁宜后,辟为二、三、四年级宿舍,寄居学生凡三百三十有九人,北接大操场,广数十亩。宿舍东侧,新建大礼堂,操场西侧,则建新教室二十二座,在此授课者太半。五日虽系星期而补课者尚数班。警报既发,师生奔避于附近乱壕石山中,而轰炸数四,巨声震天,其势惨烈。东宿舍着弹火起,体育课诸教师俟机声稍息,率诸生扑救,复至又走避,一往复间,驰去渐远,有不忍去者,数人掖而走,俄顷间视故所匿处,则皆烟尘迷乱,立成巨穴。某生伏处,迫近一弹,泥秽瘗其身至不可见,同匿者环而泣,某生伤固微,闻声跃起,执手大慰。其他弹裂衣者,石决踵者,沙土被面者,巨石击其背至仆者,铁片摩肩越顶而过者,不一而足,唯徐生嘉淼,为碎弹击伤后颈,高生昌瑞伤指,较重,越日亦愈。计全校师生员役眷属居宜山城内外者逾千五百人,而皆获保全性命,实大幸也。全校房屋器物被毁者,计标营东宿舍一座八间,大礼堂一座,新教室三座,十四间,体育课办公室、导师办公室、训育处、事务课办公室、阅报室各一间,校工室三间,桌椅杂物称是。四周厨房、宿舍、储藏室、饭厅、门房及杂屋数十间,亦毁损不能居人。又毁钢琴一具,跃去数十丈外,又体育场三十亩,巨穴密列,如植园蔬,不可用,一弹入地未炸,球架平台等体育设备全毁,总计校产损失约值三万元。

　　东宿舍所居为二年级生,共二百二十二人,除身所衣者外,其书籍、衣被、箱箧荡然无存,有积储亦皆焚去,总计学生损失又约值二万元。即夜辟教室为寝所,师生家属行装稍裕者,皆出其余以赒急,粗可寝处。复由校拨二千元,教职员捐俸三千元,为购衣被之需。停课两日,修葺教室,八日起照常授课。教职员被祸者,则工学院李乔年寓所全毁,文理学院胡刚复院长及诸葛振公秘书寓所毁一部。

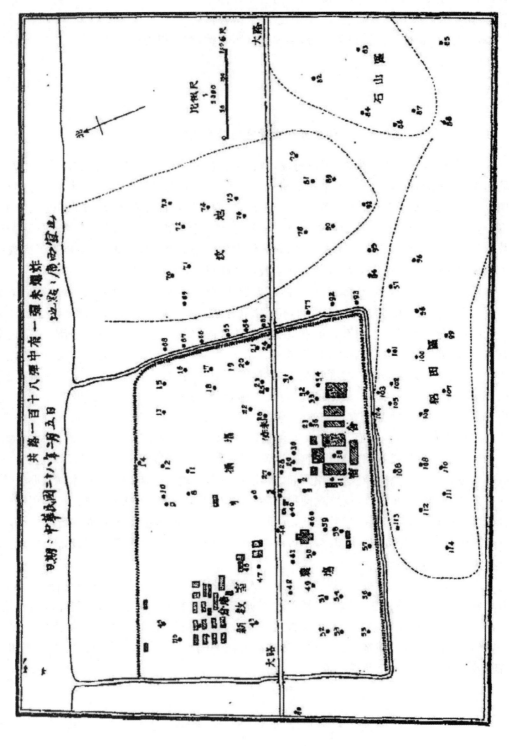

国立浙江大学校舍附近落弹图

共落一百十八弹中有一弹未爆炸

日期：中华民国二十八年二月五日

比例尺

校产损失单

房屋	共计损失约＄8,000元
器具、仪器、设备	损失约＄20,000元
场地及整理修缮	＄2,000元
〈合计〉	＄30,000元

〈签注〉学生122人,书籍行李之损失约＄20,000元。

浙江大学档案馆藏 L053-001-0678

呈教育部

（1946 年 1 月 9 日）

　　案奉钧部三十一年十一月十八日统字第五六一〇六号训令,略以接奉行政院训令,检发《抗战损失调查委员会组织规程》《抗战损失调查办法》及《查报须知》。等因。仰详细查阅已往未具报之事项,查清具报,以照汇编。等因。附该项规程及办法一册。奉此。除本校抗战以来历年所受损失业经具报备案外,所有杭州校舍家具损失,最近方能清查,理合列表,备文补报,敬祈鉴核,并案汇编。实为公便。谨呈
教育部
　　附表一份

衔校长竺

国立浙江大学杭州校舍家具损失表

项别	数量	单价	总价	备注
总办公厅	一八方	三,〇〇〇元	五四,〇〇〇元	包含家具设备
礼堂及会议厅	三四方	三,〇〇〇元	一〇二,〇〇〇元	包含家具设备
校长公舍	三〇方	三,〇〇〇元	九〇,〇〇〇元	包含家具设备
文理学院教室及实验室	一四〇方	五,〇〇〇元	七〇〇,〇〇〇元	包含家具设备
图书馆及办公室	四〇方	五,〇〇〇元	二〇〇,〇〇〇元	包含家具设备
教职员学生宿舍	六〇方	五,〇〇〇元	三〇〇,〇〇〇元	包含家具设备
工学院图书馆及办公室	六〇方	五,〇〇〇元	三〇〇,〇〇〇元	包含家具设备
工学院教室及办公室	二五〇方	五,〇〇〇元	一,二五〇,〇〇〇元	包含家具设备
教职员学生宿舍	二〇〇方	五,〇〇〇元	一,〇〇〇,〇〇〇元	包含家具设备

续　表

项别	数量	单价	总价	备注
农学院教室及办公室	四〇〇方	四,〇〇〇元	一,六〇〇,〇〇〇元	包含家具设备
图书室及办公室	四〇方	四,〇〇〇元	一六〇,〇〇〇元	包含家具设备
教职员学生宿舍	六〇方	五,〇〇〇元	三〇〇,〇〇〇元	包含家具设备
总计	一,三三二方		六,〇五六,〇〇〇元	

附注:本表所列单价均照战前价格估计。

浙江大学档案馆藏 L053-001-0839(1)

呈教育部清理战时文物损失委员会公函
(1946 年 1 月 12 日)

敬启者:

查本校教职员战时文物损失业经列表呈送在案。兹查本校于民国廿六年十一月退出杭州,以及二十八年二月在宜山遭受轰炸,计损失书籍中日文三一八八〇册,西文一一八二册,杂志装订本一四二一册,未装订单本二四八八本,均属有关文化作品。相应开具中、西文目录各一份,函请查照汇办为荷。此致
教育部清理战时文物损失委员会
　　附中西文图书籍目录各一份

校长竺

浙江大学档案馆藏 L053-001-0839(2)

国立浙江大学抗战损失暨复原经费一览表
(1946 年 3 月)

损失/复原物名称	损失/复原地点	损失年月	损失价值(国币)	复原费用(国币)	备考
总务处					
总办公室	浙江杭州	二十六年十二月	10,000	1,000,000	一座
校舍修理	浙江杭州	二十六年十二月	15,000	1,000,000	

续　表

损失/复原 物名称		损失/复原 地点	损失年月	损失价值 （国币）	复原费用 （国币）	备考
全部 家具	床	浙江杭州	二十六年十二月	5,000	1,500,000	五百张
	桌椅	浙江杭州	二十六年十二月	96,000	1,200,000	八百套
	课桌凳	浙江杭州	二十六年十二月	5,000	1,000,000	五百套
	杂件	浙江杭州	二十六年十二月	5,000	500,000	五百件
	红木家具	浙江杭州	二十六年十二月	3,000	200,000	五十具

总务处

电灯设备	浙江杭州	廿六年十二月	6,000	500,000	
□□器材	浙江杭州	二十六年十二月	20,000	1,000,000	
小计			165,000	7,900,000	

图书馆

西文书籍	浙江杭州	廿六年十二月	5,000	500,000	二千本
中文书籍	浙江杭州	廿六年十二月	25,000	500,000	五千本
小计			30,000	1,000,000	

体育组

健身房	浙江杭州	二十六年十二月	19,500	200,000	
游泳池	浙江杭州	二十六年十二月	21,000	220,000	
各项器具	浙江杭州	二十六年十二月	15,000	150,000	
小计			55,500	570,000	

文学院

一、外国语言文学系

西文书籍	浙江杭州	二十六年十二月	60,000	600,000	
小计			60,000	600,000	

二、教育学系

心理仪器	浙江杭州	二十六年十二月	5,380	35,860	附清单（内仪器五九件，书籍约八十余册）。
教育图书	浙江杭州	二十六年十二月	9,000	60,000	
培育院设备	浙江杭州	二十六年十二月	6,000	40,000	房屋未包括在内。
小计	浙江杭州	二十六年十二月	20,380	135,860	

损失/复原 物名称	损失/复原 地点	损失年月	损失价值 （国币）	复原费用 （国币）	备考
三、史地教育研究所					
房屋	广西宜山	廿九年二月	1,300	40,000	
图书	广西宜山	廿九年二月	150	4,000	
家具	广西宜山	廿九年二月	500	80,000	
小计			1,950	124,000	
四、史地学系					
中西矿物、岩石、古生物标本	宜山至 遵义途中	廿九年春	1,500	40,000	五百件
玻璃结晶模型	泰和至宜山途中	廿七年夏	4,800	128,000	二百个
大小挂用地图四十种	宜山至 遵义途中	廿九年春	1,800	48,000	
中西史地参考书与杂志	宜山至 遵义途中	廿九年春	12,000	320,000	
小计			20,100	536,000	
五、师范学院史地系					
仪器标本	广西宜山	二十九年二月	300	8,000	
图书	广西宜山	二十九年	600	16,000	
家具	广西宜山	二十九年二月	150	4,000	
小计			1,050	28,000	
理学院					
一、物理学系					
房屋	浙江杭州	二十六年十二月	60,000	600,000	
仪器图书	浙江杭州	二十六年十二月	90,000	600,000	
木器	浙江杭州	二十六年十二月	6,000	40,000	
小计			156,000	1,240,000	
二、化学系					
房屋	浙江杭州	二十六年十二月	78,000	520,000	包括全部电气及水管设备。
家具	浙江杭州	二十六年十二月	18,000	120,000	
仪器标本	浙江杭州	二十六年十二月	15,000	100,000	附详单

损失/复原 物名称	损失/复原 地点	损失年月	损失价值 （国币）	复原费用 （国币）	备考
二、化学系					
特殊仪器（一四八件）	浙江杭州	二十六年十二月	28,271	188,460	
无机化学玻璃仪器 （五二件）	浙江杭州	廿六年十二月	5,476	36,500	共一五〇组，每组附详单。
无机化学定性分析玻璃仪器（四二件）	浙江杭州	二十六年十二月	503	3,340	共二〇组
无机定量分析玻璃仪器（七五件）	浙江杭州	廿六年十二月	1,678	11,180	共二〇组
有机化学玻璃仪器 （九十件）	浙江杭州	廿六年十二月	2,859	19,060	共三〇组
有机定性分析玻璃仪器（九一件）	浙江杭州	廿六年十二月	1,509	10,060	共二〇组
有机定量分析玻璃仪器（九七件）	浙江杭州	廿六年十二月	2,283	15,220	共二〇组
有机研究玻璃仪器 （一〇四件）	浙江杭州	廿六年十二月	3,065	20,420	共二〇组
小型活性炭制造工场	浙江杭州	廿六年十二月	15,000	100,000	各项设备
药品	浙江杭州	廿六年十二月	21,000	140,000	种类繁多，不及备列。
小计			192,644	1,284,240	
工学院					
房屋	杭州及沿途	廿六年至廿九年	178,200	3,500,000	
仪器标本	杭州及沿途	廿六年至廿九年	157,042	3,000,000	
图书	杭州及沿途	廿六年至廿九年	66,670	700,000	
家具	杭州及沿途	廿六年至廿九年	106,600	2,000,000	
小计			508,512	9,200,000	
土木工程学系					
道路材料试验仪器	浙江杭州	廿六年十二月	30,000	300,000	
水力试验仪器及设备	浙江杭州	廿六年十二月	90,000	800,000	
各种模型	浙江杭州	廿六年十二月	3,000	20,000	
小计			123,000	1,120,000	

续　表

损失/复原物名称	损失/复原地点	损失年月	损失价值（国币）	复原费用（国币）	备考
农学院					
一、农艺系					
农艺实验研究室	浙江杭州	廿六年十二月	66,000	550,000	
农艺场贮藏室与农夫宿舍	浙江杭州	廿六年十二月	15,600	130,000	
农艺温室	浙江杭州	廿六年十二月	48,000	400,000	
育种铁钞室	浙江杭州	廿六年十二月	6,000	50,000	
家具	浙江杭州	廿六年十二月	6,000	50,000	
仪器	浙江杭州	廿六年十二月	60,000	500,000	
大农具	浙江杭州	廿六年十二月	6,000	50,000	
图书	浙江杭州	廿六年十二月	12,000	100,000	
小计			219,600	1,830,000	
二、农经系					
图书	浙江杭州	廿六年十二月	30,000	200,000	
仪器	浙江杭州	廿六年十二月	15,000	100,000	
家具	浙江杭州	廿六年十二月	6,000	40,000	
小计			51,000	340,000	
三、园艺系					
温室及洋菌栽培室	浙江杭州	廿六年十二月	9,000	100,000	
植物标本及喷雾器	浙江杭州	廿六年十二月	15,000	200,000	
园艺图书及家具	浙江杭州	廿六年十二月	12,000	160,000	
办公室二座及电灯水汀	浙江杭州	廿六年十二月	21,000	280,000	
小计			57,000	740,000	
四、蚕桑系					
房屋（蚕室）	浙江杭州	廿六年十二月	9,000	1,200,000	
家具	浙江杭州	廿六年十二月	750	100,000	
仪器	浙江杭州	廿六年十二月	3,000	400,000	
图书标本	浙江杭州	廿六年十二月	1,500	200,000	
桑园、桑树、蚕具等	浙江杭州	廿六年十二月	750	100,000	
小计			15,000	2,000,000	

续 表

损失/复原物名称	损失/复原地点	损失年月	损失价值（国币）	复原费用（国币）	备考
五、农业化学系					
仪器药品、家具设备（280套）	杭州及沿途	廿六年至廿七年	65,730	525,040	房屋未计
小计			65,730	525,040	
总计			1,655,516	12,159,140	

附注：

1. 损失价值照战前物价估计；

2. 复原费用照呈报时物价估计；

3. 复原费用仅就原有产物列入，本校现有员生人数已较廿六年增加二倍。抗战结束本校迁回杭州应需扩充经费尚未列入。

特此登明。

浙江大学档案馆藏 L053-001-0839(1)

国立浙江大学填报财产损失之各教职员名单
（1946 年 5 月）

（三十五年二月已报过一次）

竺可桢、郦承铨、杨礼南、吴绍用、张启元、王子东、任旭圆、陈裕明、吴耕民、葛振华、何奎、曹礼德、王一元、庄雍熙、孙宗彭、章新汉、徐佩璜、高学洵、王福山、李相璧、蒋伯龙、高尚志、张宝莹、丁绪宝、祝汝德、孙祁、胡刚复。

浙江大学档案馆藏 L053-001-0839(1)

致京沪杭铁路局函（第 52 号）
（1946 年 10 月）

伯庄局长老兄勋鉴：

久违。雅范时深倾渴即维台侯胜常路政进展为无量颂。此次敝校复员有图书仪器一批，计一百五十一箱，在贵路周王庙附近覆车，其中七十八箱完全散失，业经电达在案。此次覆车，本校损失惨重，购置补充殊感困难。此案症结所在，实因贵局车辆破旧失修，当日负责人员不加审慎，遽予装载，以致酿成巨变。务恳吾兄究明责任，予以相当赔偿，俾资补充而重公物，不胜感荷。其损失详单，俟另以公函开送，现大约估计共值美金十万元。一切由敝校谢总务长面达不一。专此。敬颂

勋祺

弟竺可桢拜启

中华民国三十五年十月 日

浙江大学档案馆藏 L053-001-0510

致京沪杭铁路局公函(第 450 号)

(1946 年 11 月 13 日)

案准贵局十二月十一日亥运字第二二四号公函,关于本校复员图、仪装载贵路货车在周王庙覆车损失一案,承予转令该站站长出具证明,甚感。惟该案公文,兹由本校函致贵局时,将关于会计部分之簿据遗失清单漏未附入,未便转报,相应检具该项清单附函送达,即请查照,迅予转令周王庙站长在该清单上盖章证明,以便转呈为荷。此致
京沪杭铁路局
　　附清单一纸

校长竺○○○

国立浙江大学第一批物资由沪运杭周王庙覆车会计室损失清单

总编号	箱内物品概要	件数	总(国币)价
T0619	33 年度亏欠数单据	2 包	6,661.73
T0619	32 年度亏欠数单据粘存簿	18 本	532,391.13
T0619	32 年现金日记账 （经常）	1 本	
T0619	32 年暂付款账 （经常）	1 本	
T0619	32 年总账 （经常）	1 本	
T0619	31 年总账 （经常）	2 本	
T0619	32—33 年度现金日记账接续 （经常）	1 本	
T0619	33 年现金日记账 （经常）	1 本	
T0619	33 年保管款账 代收款、暂收款	1 本	
T0619	32 年保管款账 代收款、暂收款	1 本	
T0619	33 年总账 （经常）	1 本	
T0619	33 年暂付款账 （经常）	1 本	
T0619	32 年俸薪借支账	1 本	

续　表

总编号	箱内物品概要	件数	总（国币）价
T0619	32 工饷借支账	1 本	
T0619	33 年专款账 （总账）	1 本	
T0619	34 现金日记 （战时）	1 本	
T0619	34 现金日记账 （经常）	1 本	
T0619	34 年临时费现金日记账	1 本	
T0619	34 年战事总账 （战时）	1 本	
T0619	32 经费明细账簿	2 本	
T0619	33 年经费明细账簿	1 本	
T0619	34 年临时总账	1 本	
T0619	学生贷金账	50 本	
合计			539,052.86

浙江大学档案馆藏 L053-001-0510

呈教育部（第 215 号）

（1947 年 2 月 1 日）

查本校复员图仪搭载沪杭路火车,在周王庙倾覆一案,迭经呈报。旋奉钧令,嘱向该路局交涉赔偿。等因。业经遵办。迭具公函,开送损失估价表及图书清册,并另函该局陈局长伯庄,请优予赔偿去后,兹准该局陈局长伯庄函复,略以本路近来修复费用浩大,财力困难,补助数额无法超出国币一千万元。等语。查此项图仪损失,以目下价格估计为数甚巨,该局只允赔偿一千万元,若以之向外洋购置补充相差甚远。理合检具该项损失估价统计表,备文呈送,敬祈钧部俯念本校教学设备需要甚殷,由部核酌予特拨专款,籍期规复,而由部径函〈京〉沪杭路局陈局长,于核允予国币一千万之外补助若干。谨呈

教育部

　　附呈损失估价统计表一份

衔校长竺○○

国立浙江大学周王庙覆车损失估价统计表

图书馆		(1)国币 3,850,530 (约合 US＄1,144.00) (2)US＄7,101.28 (3)16 磅 18 先令 (约合 US＄82.00) (4)707.4 马克 (5)238 日元 61 钱
数学系		US＄903.00 美金
物〈理〉学系		US＄4,256.00
生物系		US＄1,380.00
化学系		US＄37,593.02
会计室		US＄702.33
无线电试验室		US＄2,280.00
化工系		US＄2,720.00
土木系		US＄2,000.00
机械系		US＄27,430.00
农化系		US＄6,022.00
病虫系		US＄2,200.00
师院		US＄220.00
教育系		US＄3,710.00
教员托运书籍		US＄899.00
内	陈鸿逵	US＄480
	杨有楙	US＄78
	张启元	US＄36
	萧辅	US＄35
	韩康琦	US＄50
	王葆仁	US＄60
	张人价	US＄30
	杨士林	US＄40
	杨浩芳	US＄40
	吴文晖	US＄30
	萧伯龙	US＄20

续　表

体育课及军训组	US＄1,155.63
共计	US＄102,701.26 707.00 马克 238 日元 61 钱

（三）基建

农学院开始筑路工程

（1936 年 10 月 21 日）

农学院本学期自成立场务管理处以来,积极整理场地。近日开始筑路工程,干路宽一丈七尺,支路宽亦丈许,预计将来可通行汽车及大塌车,以利试验工作之进行。惟在此整地期中,各系田间试验,因现筑之支干路横跨试验区,不免稍受影响,然为顾全该处完成理想计划起见,不得不将试验工作延迟举行,闻亦无大妨碍云。

《国立浙江大学日刊》第四十三期,民国二十五年十月二十一日

本校游泳池已积极兴造

（1937 年 6 月 5 日）

本校建筑游泳池一事,拟议甚早,去年曾请工程师制图后,以过于简陋,改请高启明建筑师另制图样,屡经修改,又以高建筑师离杭公干,致中间又经延宕,上月图样制就,后由建筑委员会详细审查后,随即登报召标,结果由厚记建筑公司承包,造价一万六千八百元,合同业已签订,限三个月内完工,即自六月一日起至八月三十一日止。该池全用水泥钢骨,上铺白色优等磁〔瓷〕砖,坚固美观并为顾及下学期开学时,当可应用云。

《国立浙江大学日刊》第二百〇五期,民国二十六年六月五日

致宜山县政府公函（衔公函第宜六十六号）

（1939 年 3 月 3 日）

查本校迁宜以来,布置粗定,二月五日寇机狂炸宜山城区,不无损失,本大学员生固决不因一炸而有一所畏葸。本大学为避免无谓之牺牲,及使员生可以安心上课起见,拟即就乡村疏散,以期改换集体之目标,兹查有城北坝头、莫村、流河、马安等村附近地区,尚堪作为校

址,已派员生前往测量。一俟测就,再行计划指定地点自建校舍。相应先行函达贵县府,请烦查明,希将上述各村地区暂为本大学保留,不作别用,并令各该村长等随时协助并予以相当之便利,至纫公谊。此致
宜山县政府

校长竺〇〇

致广西省政府公函(衔公函第 143 号)
(1939 年 7 月 14 日)

查自抗战军兴以来,敌机肆虐,漫无目标,对于不设防之城市滥肆轰炸,本年春季,宜山亦被侵袭,本大学物质上遭受相当损失。兹为安定课业,避免无谓牺牲起见,拟实行疏散办法,即利用暑假时间,就宜山北郊小龙江一带,征地建筑校舍,以期环境较优,危害较小。相应函达,敬希贵省政府惠予赞助,即日转知宜山县政府派员会同本大学勘定地点,迅予征收,俾便建用,仍希见复为荷。此致
广西省政府

校长竺〇〇

广西省政府公函(教字第六四八号)
(1939 年 7 月 16 日)

案准贵校本年七月十五日宜字第一四四号公函,以利用暑假时间,就宜山北郊小龙江一带征地建筑校舍,嘱转饬宜山县政府派员会同勘定地点,以便征收。等由。自应照办。除饬县派员外,相应函复察照。此致
国立浙江大学

主席黄旭初

致小龙乡乡长函

（1939 年 10 月 19 日）

径启者：

关于本校收用贵乡莫村、坝头村等处土地，经于九月卅日由在贵乡公所召开评价委员会评定价值，记录在卷。现在本校建筑工程业已招商承建，诚恐收用手续于最短期间未能完毕。拟先行开工建筑，以利工程。此项紧急工作，请烦贵乡公所转饬莫村、坝头、洞口三村公所及各业主一体知照。至地上种植物，如青苗之类补偿，另行给价，应由双方商定，由本校直接赔偿。特此函达，即希查照办理为荷。此致

小龙乡乡长

浙江大学档案馆藏 L053-001-0848

宜山县政府公函（教字第三九号）

（1939 年 11 月 15 日）

国立浙江大学：

案据敝县小龙乡公所本年十一月五日呈报，关于贵大学收用土地评价委员会议录二份请核，分别存转。等情。同月三日，准贵大学本年十一月宜字第二〇八号函暨宜字八十七号函，以收用土地一事，民众怀疑，并有莫村民妇覃陈氏戚党借租喧嚷，请迅派员解决。各等由；准此。当派敝府科员韦善举前往莫村实地查明劝导去后，兹据该员回称，遵于是日抵达莫村，当即召该乡村甲长暨评价委员会各业户，集中村公所，详加劝导。虽间有稍涉怀疑，经剀切晓谕后，尚无异言。惟该乡各民众以莫村等处土地租价租额太低，不无损失，致表示不满，似应增加少许，以资劝慰。各等情前来。除将会议录抽存，并布告开导外，相应备函，连同会议录送请查酌办理。如何之处，仍希见复为荷。此致。

附送小龙乡召开关于浙大收用土地评价委员会会议录一份

县长区岳生
中华民国二十八年十一月十五日

宜山小龙乡召开关于浙江大学收用土地评价委员会会议录

时间	二十八年九月三十日正午十二时
地点	小龙乡莫村村公所教室内
出席者	覃德辉　覃启蕃　卢华章　潘荣生　覃文宽　吴日开　吴开林（乡民代表） 谢家林（乡长）

续 表

列席者	戚致祥 覃启俊 韦国耀 （以上三人是村长） 贺熙 马裕蕃 胡家健 勇叔颐 简直
主席	谢家林
记录	戚致祥

行礼如仪

报告事项

主席宣布开会理由。（略）

主席请浙江大学贺总务长熙报告关于圈地建校经过,并对于征用土地发表意见。（略）

讨论事项

一、关于畲地是否视地质分为等级案

决议:畲地应视地质分为上、中、下三等级。

二、地价之高低亦应依照地质分为上、中、下三等级

决议:地价之高低亦应依照地质分为上、中、下三等组。

三、畲地分为三等级其各级之卖价应评定若干案

决议:根据莫村畲地鱼塘二十八年二月造报调查表,第一甲韦家芳白路土地所报亩数价值为标准(据报一亩半,价值国币四十八元),定为中等地,并照中等地价分别加减评定上下二级之价值,复以豆本每十个为一亩计算,每亩卖数价值如下:

(一)上等地　国币三十九整

(二)中等地　国币三十二元整

(三)下等地　国币二十五元整

四、关于畲地租价每亩应评定若干案

决议:畲地租价照卖十分之二给予。

五、关于稻田应否分别等级并如何评定租价案

决议:稻田应视地质水利分为上、中、下三等,其各级之价,评定如下:

(一)上等每亩年租国币三十四元整;

(二)中等每亩年租国币二十八元五角整;

(三)下等每亩年租国币二十二元八角整。

六、关于荒地地卖价应如何评定案

决议:照评定下等畲地地价减半定为每亩国币一十二元五角整。

七、关于田地之等级应如何评定案

决议:田地之等级须召各委员会代表亲到该处审视地质水利等环境,公允评定之。

散会

评定小龙乡莫村、霸〔坝〕头村一带土地等级

号数	土地类别	业主姓名	亩类等级
1	畲地	吴宝田	下
2	畲地	吴宝田	中
3	畲地	吴宝田	中
4	畲地	吴宝田	中
5	畲地	李启庆	中
6	畲地	吴宝田	荒地
7	畲地	覃启龙	中
8	畲地	梁宝忠	上
9	畲地	何文贵	上
10	畲地	何文贵	中
11	畲地	覃启隆	中
12	畲地	覃兆寒	下
13	畲地	覃兆宽	中
14	畲地	韦志通	中
15	畲地	何文贵	上
16	畲地	李尚金	中
17	畲地	覃光亮	荒地
18	畲地	覃光耀	中下
19	畲地	覃大鳌	中下
20	畲地	覃兆林	中下
21	畲地	覃光耀	中
22	畲地	吴光龙	1/3 中；2/3 下
23	畲地	吴光龙	中
24	畲地	莫子贝	上中
25	畲地	李启荣	荒下
26	畲地	李尚金	下
27	畲地	李尚金	1/3 上；2/3 下
28	畲地	吴长隆	中下
29	畲地	覃志安	下
30	畲地	周子亮	1/3 下；2/3 中

续　表

号数	土地类别	业主姓名	亩类等级
31	畬地	谢代洋	中
32	畬地	谢代洋	中
33	畬地	覃芳举	3/4 荒地；1/4 下
34	畬地	吴宝田	荒地
35	畬地	覃兆祥	中下
36	畬地	朱庆才	荒地
37	畬地	朱庆才	荒地
38	畬地	朱庆才	中
39	畬地	朱庆才	中
40	畬地	朱庆才	中
41	畬地	朱庆才	中
42	畬地	李启祥	中
43	畬地	朱庆才	中
44	畬地	周子亮	中
45	畬地	陆建凤	下
46	畬地	覃鸿昌	下
47	畬地	覃光和	下
48	畬地	覃仁祥	上
49	畬地	覃鸿昌	下
50	畬地	覃仁祥	中
51	畬地	覃光明	中
52	畬地	覃光和	下
53	畬地	覃启蕃	中
54	畬地	覃大康	上
55	畬地	覃启瑞	上
56	畬地	覃启凤	上中
57	畬地	启吴氏	中
58	畬地		中
59	畬地	覃大金	中
60	畬地	覃大纪	上
61	畬地	覃大纪	上

号数	土地类别	业主姓名	亩类等级
62	畬地	韦家芳	下
63	畬地	覃大朴	中
64	畬地	覃云标	上
65	畬地	覃启瑞	上
66	畬地	覃大杰	下
67	畬地	覃大朴	中下
68	畬地	覃大杰	荒地
69	畬地	覃大杰	中下
70	畬地	覃启勋	中
71	畬地	覃启勋	中下
72	畬地	韦家齐	中
73	畬地	贲学英	中
74	畬地	覃大杰	中下
75	畬地	韦家齐	中下
76	畬地	韦家齐	中
77	畬地	覃启文	中
78	畬地	覃大杰	荒地
79	畬地	韦家勋	中
80	畬地	李健刚	中荒地
81	畬地	黄光勤	3/4 中；1/4 荒地
82	畬地	覃启才	中下
83	畬地	覃大康	下
84	畬地	覃启凤	下
85	畬地	覃大琨	下
86	畬地	何启蕃	中下
87	畬地	韦国安	中
88	畬地	覃启珍	上
89	畬地	覃启昌	中下
90	畬地	韦家芳	下
91	畬地	覃启蕃	荒地
92	畬地	覃启昌	下

号数	土地类别	业主姓名	亩类等级
93	畬地	覃启芬	中
94	畬地	覃大纲	中下
95	畬地	覃启俊	荒地
96	畬地	覃启隆	中
97	畬地	覃启瑞	荒地
98	田	覃启勋	中
99	畬地	覃启才	中
100	田	黄世昌	上
101	田	韦国安	上
102	田	覃大瑞	上
103	田	覃大廉	中
104	田	覃启林	中
105	田	贲作储	中
106	田	贲作储	中
107	田	贲作储	上
108	田	贲作储	中
109	田	覃启才	中
110	田	覃启才	中
111	田	彭善杰	中
112	田	韦家烈	中
113	田	韦国珍	中
114	田	韦国珍	中
115	田	韦家烈	中
116	田	韦家烈	中
117	田	覃大用	中
118	田	覃启恒	中
119	田	覃启恒	中
120	田	韦国安	上
121	畬地	彭善述	中下
122	田	覃启才	中
123	田	刘书仁	中

号数	土地类别	业主姓名	亩类等级
124	田	刘书仁	中
125	田	韦家芳	中
126	田	何兆元	上
127	田	何兆凤	上
128	田	黄世昌	上
129	田	刘书仁	上
130	田	彭善述	上
131	田	覃启蕃	中
132	畲地	覃启荣	中
133	田	覃启蕃	中
134	田	何启蕃	中
135	田	覃启蕃	中
136	田	覃启蕃	中
137	田	覃启蕃	中
138	畲地	韦家芳	下
139	畲地	何启蕃	上
140	畲地	韦国安	上
141	畲地		上
142	畲地		上
143	畲地	覃家华	中
144	畲地		中
145	畲地		中
146	畲地	覃宝祥	下
147	畲地	韦国安	上中
148	畲地	覃启珍	中下
149	畲地	韦文林	中下
150	畲地	覃家华	中
151	畲地	何覃氏	中
152	畲地	刘名荣	中
153	畲地	棠国珍	上中
154	畲地	何启蕃	上

号数	土地类别	业主姓名	亩类等级
155	畲地	何兆元	中下
156	畲地	覃启嵩	中下
157	畲地	何兆凤	中
158	畲地	何兆元	下
159	畲地	何覃氏	下
160	畲地	何覃氏	荒地
161	畲地	何兆元	荒地
162	畲地	覃大纲	荒地
163	田	刘名荣	上
164	畲地	刘名荣	下
165	畲地	刘书仁	上
166	畲地	何兆元	中
167	畲地	覃家华	中
168	畲地	何覃氏	下
169	畲地	覃家华	下
170	畲地	覃家华	荒地
171	畲地	黄代森	下
172	畲地	何启蕃	下
173	畲地	贲作储	中下
174	畲地	贲作储	中
175	畲地	何覃氏	下
176	畲地	刘名亮	下
177	田	刘名秀	中
178	畲地	韦文英	中下
179	田	韦家芬	中
180	田		中
181	畲地	何启蕃	中
182	畲地	彭广祥	中
183	田	覃大瑞	中
184	畲地	韦国安	中
185	畲地	覃启典	中

续 表

号数	土地类别	业主姓名	亩类等级
186	田	刘名亮	上
187	田	黄代森	中
188	田	刘名亮	中
189	田	刘名亮	中
190	田	刘名亮	中
191	田	刘名亮	中
192	田	吴日开	中
193	畲地	谢家贤	
194	畲地	黄代森	
195	畲地	吴日开	
196	畲地	吴日开	
197	畲地	刘名荣	上
188	畲地	贡作储	上
199	畲地	刘书仁	上
200	畲地	刘名亮	下
201	畲地	何启文	下
202	畲地	刘名秀	下
203	畲地	覃启芬	下
204	畲地	刘名亮	中
205	畲地	黄代森	中
206	畲地	谢家贤	中
207	畲地	彭代荣	中
208	畲地	刘书仁	中
209	畲地	覃善猷	上
210	田	覃大纲	中
211	畲地	覃善猷	中
212	畲地	覃善猷	下
213	畲地	覃善猷	下
214	田	覃大阜	上
215	畲地	覃启恒	中
216	畲地	韦家芬	中

号数	土地类别	业主姓名	亩类等级
217	畲地	覃善猷	中
218	畲地	覃善猷	上
219	畲地	韦家芳	上
220	田	覃元标	中
221	畲地	覃元标	下
222	畲地	覃元标	中下
223	畲地	韦家芬	上
224	畲地	覃大廉	上
225	畲地	覃启芬	中
226	畲地	韦家芳	上
227	畲地	韦家芬	中
228	畲地	覃陈氏	中
229	畲地	覃启秀	中
230	畲地	覃大廉	上中
231	畲地	覃大邦	中
232	畲地	覃吴氏	中
233	畲地	覃吴氏	中下
234	田	覃大邦	下
235	田	覃大邦	中
236	田	覃大邦	中
237	畲地	覃大杰	中
238	田	覃大邦	中
239	畲地	覃启勋	中下
240	畲地	覃大端	上
241	畲地	覃启钧	上
242	畲地	覃启辉	上
243	畲地	覃文秀	上
244	畲地	覃芳举	上
245	畲地	覃启文	上
246	畲地	覃芳举	上
247	畲地	覃善猷	上
248	畲地	覃启辉	上

号数	土地类别	业主姓名	亩类等级
249	畲地	覃善猷	上
250	畲地	覃善猷	上
251	畲地	覃文宽	上
252	畲地	覃启辉	中
253	畲地	覃善猷	中
254	畲地	覃大廉	上
255	畲地	覃启珍	上
256	畲地	覃启珍	上
257	畲地	覃启钢	上
258	畲地	覃文宽	上
259	畲地	覃文宽	上
260	畲地	覃启勋	上
261	畲地	覃启恒	上
262	田	覃启珍	上
263	田	覃陈氏	上
264	田	韦家芳	上
265	田	韦家芳	上
266	田	覃文宽	上
267	田	覃启勋	上
268	田	覃启恒	上
269	田	覃陈氏	上
270	田	覃启荣	上
271	田	覃启芳	上
272	田	覃大端	上
273	地	覃文宽	上
274	地	覃陈氏	上
275	地	韦家芳	上
276	地	覃吴氏	上
277	地	覃陈氏	上
278	田	覃善猷	上
279	田	覃启珍	上

致贵州省政府公函(第 479 号)
(1940 年 6 月 26 日)

查本大学迁移湄潭一案,自开始筹备以来荷承贵府鼎力赞助,并承该县县政府暨当地士绅组织欢迎浙大迁湄校舍协助委员会划拨城厢房屋多所,俾充校舍,并指定附郭青山及守备塘以东湄潭河附近为本大学各种试验场及建筑使用地,一切进行极为顺利。缅维盛情,良深感谢。兹经将农学院学生于六月十日迁往上课,至其他学院员生,于本年暑假中,亦拟继续迁往。相应将该县地方政府所划拨房屋,指定之城厢附近与永兴镇房屋及建筑使用地,分绘略图,备函送达,敬希查照备案为荷。此致
贵州省政府
　　附图二张

校长竺○○

中华民国二十九年六月 日

〈签注〉惟在此抗战时期,内地工、料两缺,全部计划之完成,势非假以时日不可。查离城二十公里之永兴镇,尚多公共余屋场地可资借用,前经地方士绅延请同去察看,颇觉满意,并经该县欢迎浙大迁湄校舍协助委员会记录在卷。故本年暑中,永兴余屋场地,亦拟在借用之列。

浙大湄潭校舍及指定建筑使用地略图

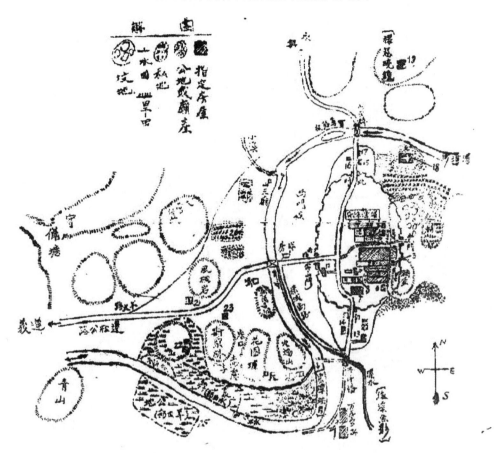

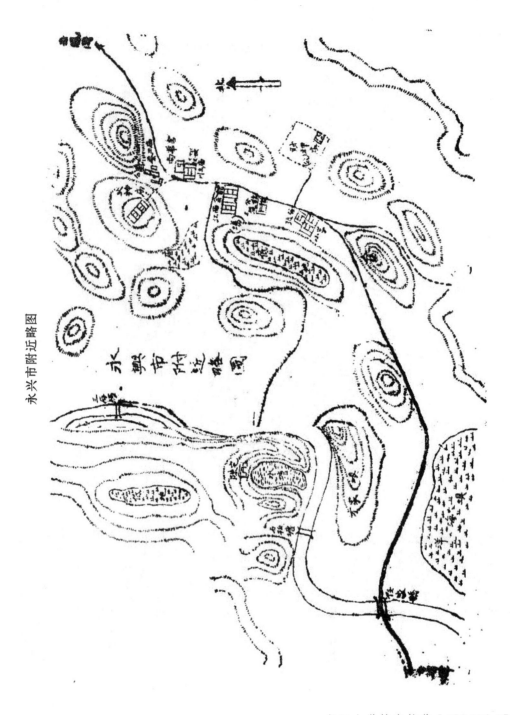

永兴市附近略图

浙大暑期筑校舍下 学期延至十一月开学 是否招考新生尚未决定

（1946 年 6 月 30 日）

（杭州讯）暑假将届，各方对浙江大学下期招生问题颇为关切。顷据该校负责人谈称，本校复员以来，以大学路校舍大多敌占期内破坏，龙泉分校迁杭学生七百余人已感不敷，贵州本校师生一千二百余人今已启程迁返，总计该校学生已近二千人，如校舍不即添建修造，无法容纳。故决定于暑期内尽速修建，下月当可动工。复员费教部准拨十三万万元，一部分已拨到校。就校舍容量计，下期估计能招收新生五百名，但临时大学遣散分发之学生及青年军复学学生估计至少占数百人，故实际招考学生之数及招考日期现尚难确定。近福州、温州方面均致函请派员就地招考，恐限于学额及经费未能照办。至下学〈期〉开学日期预定延至十一月一日。能否如期开学，尚须看校舍能否修复为定。又贵州本校迁校学生一千余人，现在途中，因校舍利用暑期修筑，限定于十月十一日报到。杭校本期定月底结束。

《中央日报》民国三十五年六月三十日

致杭市府周市长

（1946 年 7 月 29 日）

敬启者：

敝校复员以还，校舍不敷，又因下学期院系增多，亟须添建校舍，以备应用。兹悉西湖岳王路灵庆里小学旧址宅地一亩八分六厘五毫，荒芜未用，拟请惠允，将该基地租借敝校建筑师范学院宿舍之用，为期廿年，期满后如不续订，即将地面建筑物赠与贵市府拨充小学校舍。素稔贵市长热心教育，对此建议，谅荷采纳。谨特函达，即请查照见复为荷。此致
杭州市市长周

校长竺○○

浙江大学档案馆藏 L053-001-0515

王琎致竺可桢函

（1946 年 7 月 29 日）

敬启者：

查师范学院学生宿舍急待建筑。兹有西湖岳王路灵庆里小学旧地宅地 735 号，计一亩八分六厘五毫，荒芜未用，可为师范建筑宿舍之用。此事已由本校吴志尧先生与杭市教育局长钟伯镛先生非正式接洽。据云可以租借，并得周市长同意。因此特请校长核准，通知文书组即具公文至杭州市政府接洽，请予借用（公文可仍由吴志尧先生带去）。借用之期可暂定为二十年，期满时如师范不用时，即将该地面上建筑物赠与市政府，作为小学校舍。此种办

法对于双方俱属有利,应请核办,以利进行。此呈
竺校长

弟王琎上

民国卅五年七月廿九日

呈教育部
(1946 年 10 月 19 日)

呈为请迅拨复员建筑费五亿元事。窃职校自贵州遵义湄潭迁回杭州原址,前承钧部第一次拨十六亿七千万元,第二次拨十亿元,但以川江水路运输困难,自黔至湘一段改用公路,耗费甚多。现生员及全部仪器书籍均已到杭,计用运输费约九亿元,超出原预算三亿七千万,几达两倍之巨。而杭州原有校舍原只敷六百学生之用,现职校学生已激增至二千一百余人。华家池及大学路房屋已大部毁坏。教职员四百九十余人,因杭州房屋奇缺,大部均须由校中供给住宿。前曾呈钧部,请速拨二十亿元以济眉急。近虽复蒙拨给三亿,但与需要相差尚巨。现距十一月十一日开课之期甚近,请即期开学,不胜迫切待命之至。敬呈
教育部长朱

国立浙江大学校长竺可桢

卅五年十月十九日

本校游泳池即将兴工整理
(1947 年 6 月 2 日)

夏令已届,本校游泳池已待积极整理,业由杭州自来水厂估价承包,装置进水管及接水等工程。一俟浙江审计处审定工料价格手续完毕,即可兴工办理,以应需要云。

《国立浙江大学校刊》复刊第一百五十五期,民国三十六年六月二日

（四）其他

1. 募集捐献

机械工程学会发起援绥运动

（1936 年 11 月 18 日）

本校工学院机械工程学会干事会十六日晚会议,议决案四起,发起捐助绥东抗敌将士募捐运动,兹将该干事会议纪录及《捐助绥东抗敌将士募捐运动启事》汇刊于次。

讨论事项

一、本会会员自动捐助,慰劳绥东抗敌将士。

二、联合各系共同办理。

三、推定本系各级负责募捐人员。

四、去电前线慰劳。

《国立浙江大学日刊》第六十六期,民国二十五年十一月十八日

农学院的援绥运动 今日起在民教馆开援绥菊花展览会三日

（1936 年 11 月 20 日）

绥远将士在冰天雪地中奋斗着。不论士农工商,只要是居住后方的,假使高兴的话,闭起眼睛来想一想,在同一时间为我们民族奋斗的那些将士们,那种慷慨激昂、坚〔艰〕苦卓绝的精神,足使我们这些安居后方的人士够惭愧的。现在,我们在后方的,除了尽量给我们忠勇的将士们物质的精神的接济外,实在没有更好的办法。所以,本大学农学院方面,除了院当局卢院长等领衔发起的教职员一日捐薪运动外,再准备举行一个援绥菊花展览会。

农学院的菊花是以科学方法育成的,只要看了前几天农学院菊展时的拥挤状况,购买菊花者的踊跃情形,就可以想像到农院菊花的佳妙了。本来农院菊展预定一星期,现已展览四天,参观者仍路〔络〕绎不绝。现为便利艺菊者并开援绥菊花展览会起见,特将余下的三天移到城内展览,一方面更将留种之名贵品种(农院菊展时未陈列者)全部参加,俾万人共赏。

援绥菊花展览会的工作人员是总干事吴恪元,总务魏夏泉,贩卖黄肇曾,宣传李文周、龚弼,运输陈文彬、叶德盛,布置李世慎、吕高超,交际许超、寿宇等。此外再请了程世抚先生做顾问,储椒生帮忙。以上诸君俱为农院师生,因为没有经费,所以各工作人员工作多很紧张。展览会地点定湖滨民众教育馆,展览期为十一月廿日、廿一、廿二三天,必要时得延长。门票售铜元十枚,菊花亦以平价出售,门票收入,同菊花费全数,充作绥远接济。此项办法农学院卢院长与园艺系主任已经许可,校当局并供给大汽车搬运大批名贵菊花进城,各工作人员日夜在布置会场,将来轰动杭市,定可预卜。开该会为优待本大学教职员学生、工友起见,凭校徽免收门票。但深望能多多捐助,并多购菊花,既可以得名贵的菊花,又援了前方的将士,想

本校同仁皆人同此心云云。(凤子)

教育部训令(二十六年发费一第 10120 号)
(1937 年 6 月 8 日)

令国立浙江大学:

案奉行政院二十六年五月二十五日第四一三〇九三号训令内开:案奉国民政府二十六年五月二十日第三九六号训令内开:为令遵事。案准中央政治委员会二十六年五月十四日函开:据本会秘书处签呈称:准行政院函称:据本院秘书处签呈中国航空建设协会总会函,以航空建设为目前当务之急,公务员飞机捐期限,瞬将届满,拟请延展一年。等情。查续征公务员飞机捐办法,原定捐款期限自二十五年七月起,一年为限。该项办法于去年六月经院会决议,函请转陈核定通行在案。兹据前情,复经本院第三一二次会议决议通过,送请中央政治委员会核定,嘱转陈察核,谨签呈鉴核。等情。当经提出本会第四十四次会议讨论并经决议"准延期一年"。除函请中央执行委员会遵令饬遵外,相应录案函达,请烦查照通饬遵照。等由;准此。自应照办。除函复并分令外,合行令仰遵照,并转饬所属一体遵照。此令。等因;奉此。除分令行外,合行令仰遵照,并转饬所属一体遵照。此令。等因;奉此。除分令外,合即令行遵照。

此令。

竺校长夫人等发起 募集伤兵棉被成绩优异
(1937 年 9 月 23 日)

竺校长夫人张侠魂女士、郑教务长夫人王蕙女士、胡院长夫人华昭复女士等,前以伤兵就医,服食不周,时届秋令,棉被俱无。爰发起募集伤兵棉被于校内,其经过及启事,已见本刊。自发起以来,于今不过十日,登高一呼,响应云集,足征校内诸夫人、诸小姐以及诸先生热心爱国,踊跃输将之一斑。现已集有成数,计收到棉被二百十五条,捐洋一百三十二元一角云。

又,竺夫人除一面在校〈长〉内募集外,一面在浙省妇女自卫抗战将士慰劳会时,建议发起捐募棉被运动,当经该会通过。近以抗敌后援会发起三千条棉被、五万件棉被心运动,故决定加入合作,先在校闻扩大募集,然后汇送后援会分配云。

竺校长、竺夫人捐献结婚金戒

（1937 年 9 月 27 日）

自本校女生抗敌服务团发起献金银运动以来，全校师生，均慷慨输将。闻连日收到金银饰品及硬币，已不下数十件。竺校长、竺夫人并将所御十八年之结婚金戒捐出，交该服务团收管，俾汇集所有捐物献与政府。吾人闻讯之余，感奋有加，想全校师长同学，亦将更为踊跃捐献也。

又，闻该团献金银运动原拟于本星期日结束。嗣因时期匆促，恐全校师生不及捐献，将展期结束云。（务）

《国立浙江大学日刊》第二百三十七期，民国二十六年九月二十七日

本校募集背心万件 上周已捐得千余件

（1937 年 10 月 25 日）

本校先后由女生战时服务团及应本省抗敌后援会之议决，为前方将士募集棉背心万件。上周遂由特种教育执行委员会特制捐册，送请全体同人写捐，该册前附有弁端。兹录如下：

径启者：

秋气已肃，前方将士，急需寒衣。本大学女同学发起棉背心运动，捐募已有成数。顷复接浙江省抗敌后援会公函请本大学认捐棉背心一万件。闻杭市合为廿五万件，浙省共为一百万件，足见前方需求之切。兹际患难，义不后人，务望全体同仁各本热忱，尽量捐助，务期集成巨数，克济艰危。谨开列简章数条于后，统希鉴察：

一、此项应捐棉背心数额甚巨，以全体同仁普遍认捐为原则；

二、同仁薪额在百元以上者，希望认捐至少在十件以上；

三、棉背心拟委托女同学监制，成本约每件七角，认捐者以签捐法币为便；

四、本会募捐与女同学棉被心运动已商得统一办法；

五、凡已向女同学认捐者，仍请在本册内签署数额，注明"已捐"字样，以凭核对；

六、其愿重捐者，尤所欢迎。

国立浙江大学特种教育委员会

又，该捐册已于上周分送各院处募集，计上周收到成数，已在千余件以上。计有文理学院张绍忠先生百件，束星北、王淦昌两先生各五十件，梅迪生先生三十件；工学院李寿恒先生五十件，吴钟伟、麦利奥特两先生各二十元，王国松、毛启爽先生等各二十件。临时校址潘承圻、朱庭祜、林天兰、郭斌龢、张荫麟等先生各二十件。其余尚有已捐诸先生大名，稍后再为登载。并希其他同仁于捐册送到后，即为签署数额，以便早日完成，有以借慰前方将士，庶于最短期间杀敌致果。预料一两周内，全校师生，定可签署蒇事，乐观其成云。

《国立浙江大学日刊》第二百六十一期，民国二十六年十月二十五日

浙大一万元献金运动

(1941 年 3 月 16 日)

高标

学期刚开始,学生会的干事们便着急:"今年的寒衣献金运动可难办啦! 大家都干得起火。能捐多少呢!"特别是募集股,眼看看〔着〕教授先生在叹生活难,同学在喊米价又涨了,想起了募款献金更急,然而偏会想到前二任的功绩:一次是二千,一次三千。"唉! 砻糠里榨油! 来上三千算是大家光荣。"

募集的缘起是贴出来了,替前线的将士呼吁:"既然他们决心为祖国而死战;我们是决不能让他们死于冻寒。"于是决定了举行义卖和募捐,工作便开始了。

一、万象皆春

平日静得如死水,这几天像蜜蜂在花里转,闹哄哄,热和和——是一个春天!

竺校长可桢先生对于同学的社会服务,总是鼓励倍至。每次捐义卖品总是非常精彩,这次他在纪念周也鼓励过:"这件事不单是学生会职员的事情,每个人都要尽义务……每个人都要出最大的力量,西方有句俗话说:Pay it until it pains you! 出钱捐东西要出到自己肉病〔痛〕才算得上'义'……"

工友们也起劲,女生宿舍厨子捐板鸭两只,×宿舍厨房捐鱼,全体工友捐排骨和红烧肉,在义卖的情报上,同学们大大地宣扬。

生活壁报上起劲地讨论,学生会工作室穿〔川〕流不息的人们,义卖情报上瞬息变异的彩色……于是义卖品多起来了,《浙大日报》上每日像宣布公债猛涨似地报导着义卖品登记号数,到除夕的晚上,红色的数字出现了——一千一百件。

二、荣誉鸡

教授先生们说浙大同学义卖经验丰富! 真对,干事们总喜欢絮絮地叙说去年是怎样的热闹,编号要怎样的编,价钱怎样抬……说起来头头是道。最好的例子自然是竞卖:"第一次校长题字的日记本卖五十元,手杖卅五元,第二次……这次要多弄几样……"的确,这次的竞卖更是花样翻新,不到元旦,竞卖的争夺战已经在饭厅里展开,红烧蹄膀、徽州母鸡、女同学烧的鸭都在饭厅里大出风头。区区一只鸡,价钱倒会卖到三十三元。

江西、湖南同学会都成立劲旅,准备荣誉竞买。可惜荣誉鸡没有出现,他们便慨捐了"百元",在义卖情报上便出现了大红纸的广告:"湖南同学会参加献金捐款百元。"于是华北同学会、江西同学会、湖北同学会……都来了——这是百元献金。

三、异想天开

遵义的家庭时常要请家庭教师,于是有二个同学发表联合通电:"家庭教师参加献金,一月所得献与国家,报酬、课程、时间由义卖者指定。"可谓别开生面,一时传诵。

有一位同学把医务课的磅秤捧了出来,设了一个摊头名叫科学磅秤,劝人家磅磅体重比去年重了多少,收费一角,遵义民众、中小学的小朋友都愿意尝尝滋味,并且得着体重记录的纸条,这里生意最好,收入有四十多元。

有许多二年级同学是新从浙东分校来的。因为早知道内地物价腾贵,所以此行都是备货充足,准备够三年的。到此时便灵机一动,把日用品、文具都捐了出来,组织了一家奖券公司,资本三百元以上,发行奖券一千张,每张价格一元,以头奖三十元货物及每券有奖为号召。果然发行后生意兴隆,特别吸引了校外人士的注意,此〔比〕航空奖券的光头还旺。

四、义卖风景

年青〔轻〕人真淘气,硬要把内燃机和发电机远远地从工场搬来,装起了播音机和电灯播音机,不断地播送消息。单是这一来,结彩的门前,就聚了不少行人,机器旁边满是好奇的孩子和大人,这使义卖场更热闹;而且无形中这是一种社会教育。

义卖场的门口,是奖券公司的办公室,你一跨入门槛,就有人客气地劝你买张奖券。过去是日用品部,有景德瓷器、英国碗、杯子,还有化工系赶制的药皂和浆糊,销路最广。上楼是服装部,衬衫、领带、衣料都有,还有珍奇的战利品、邮票、最名贵的红豆。尤其是竞卖部,使你流连不肯遽离,象牙球、名画、纪念章、橡皮枕、二寸长的木展、玉老鼠,还有女教职员〔洋〕做的〈洋〉娃娃,精奇百出。假如你看中,可以在标识上定下价钱来,若是无人和你竞争,便是归你,到下午三时竞卖时便可分晓。不过据门槛精明人谈:最聪明的办法还是不要作声,到竞买时你再参加,这样不会预先漏风,免得那些专门抬价的人来和你作难。还有是书籍和文具部,此中自然应有尽有,不会使你失望。最后是最热闹的食品部,二粤茶室的"堂倌"便会高声吆喝,灵巧地把刚出笼的赤烧包送上,女同学又把年年出名的番茄饼送来……

学生固然顽皮,敲竹杠也是拿手,但总不及商人老练,因此定价往往比市上公道,所以竹筒里钞票总是不断的多起来。

下午一时义卖奖券便开奖了,滑梯架成了开奖台,主持者又顽皮又公正,下面的老先生、老婆婆、小朋友、同学们,都把奖券捏在手里,希望头奖是自己而不是别人。不过这奖券公司信誉好,不中奖的也可以得到一个字好笔尖。因此热烈景象,也不亚于航空奖券的开奖。

这次义卖募捐所得的结果,共计是九千三百〇三元七角五分。

学生会讨论了,因为湄潭分校同学赶不及举行义卖,再请他们发动一次寒衣运动。

大家的要求:"来一个一万元献金"。

信已发出去了。

《读书通讯》第二十二期,民国三十年一月十六日

2. 灯油食粮卫生安保等

国立浙江大学特种教育执行委员会布告(第八号)
(1937 年 10 月 9 日)

一、本会警卫股现改推齐学启先生为正主任,陈柏青先生为副主任,舒鸿、杨浚中二先生仍为副主任。

二、本学期内,本会主办之战时后方服务队各股训练班学生对于训练虽经准假而缺席六次者,应予休学。其未请假或请假未准而缺席两次者,即予开除学籍。

三、兹订定战时后方服务队规则粘附于后。

四、战时后方服务队督察请假奖惩主任人员如左：

督察主任

（正）齐学启

（副）舒鸿　陆大京　杨浚中

请假主任

（正）陈柏青

（副）徐谷麒　林汝瑶

惩奖主任

由本委员会常务委员会主持之。

五、查本星期三（十月六日）战时后方服务队各股训练班编队时，尚有少数学生未到，限本星期六（十月九日）下午五时前亲至各该股主任处声明理由为要。

此布。

主席竺可桢
副主席张绍忠
中华民国二十六年十月八日

国立浙江大学战时后方服务队规则

一、本队系奉教育部部令，依军训团队之编制组织之。全体学生均须加入，不得规避；并须严守纪律，服从命令。

二、本队由本大学特种教育执行委员会主持办理，以该委员会主席为总队长，副主席为副总队长。

三、本队设警卫、消防、救护、防毒等训练班，由特种教育执行委员会所属各股，分别办理。

四、本队得聘请或指派人员办理全队督察、请假、奖惩等事宜。

五、督察请假奖惩及各股所属训练班等细则另行订定，经特种教育执行委员会常务委员会通过施行。

六、本规则由特种教育执行委员会通过经校长核准施行。

《国立浙江大学日刊》第二百四十八期，民国二十六年十月九日

特教执委会增聘白人凤先生为警卫股副主任

（1937 年 10 月 18 日）

本校特种教育执行委员会，前日起新聘白人凤先生为该会警卫股副主任。

《国立浙江大学日刊》第二百五十五期，民国二十六年十月十八日

致建德县警察局公函（衔公函第 625 号）

（1937 年 12 月 4 日）

查浙江省立严州中学校舍业经借与本大学应用，其内部亦经整理就绪。本大学原在天目山部分之员生现正迁入，继续上课。务希贵局鼎力维护，借维学业，无任公感。此致
建德县警察局

校长竺○○

浙江大学档案馆藏 L053-001-1006

医务课杂讯

（1939 年 1 月 16 日）

本校迁抵宜山后，对于医务卫生事宜，医务课积极推进，成效颇有显著。兹将该课所诊疗之症候及防治方法与最近设施情形汇志于次：

一、疟疾

我国西南诸省古称瘴区，行旅视为畏途。自民国廿四年卫生署派员分赴瘴区，从事研究，发现所谓瘴气者即系恶性疟疾。本校迁宜之初，即购备是项特效药，到宜后，以流行过烈，致供不应求，一时颇有谈疟色变之概。遂由校长电沪，请毛启爽先生代购大批疟涤平及扑疟母星针药，一面更请钱英男先生赴梧州购买应急，总计本校到宜后至去年十二月止，共购药品一千四百余元，其中三分之二即用于治疗疟疾者，流行之烈，于此可见。自十月十日起至十一月底止，共诊治疟疾病人共一百四十六例，就中恶性者占百分之七七点四，良性者占二二点六，发热最高者达摄氏四十一度五分，最低三十八度六分，平均三十九度八五。发热稽留日数最久者十四日，最短者一日，平均三点三日。药费最多者三十九四角，最少者七角五分，平均每人六元一角三分（金鸡纳霜尚不在内）。死亡率百分之零点六八，复发者占百分之十点九（多系良性而未服疟涤平或扑疟母星者）。目下其势稍杀，然仍未绝迹。按日本之统计，在台湾、琉球等处，疟疾终岁不断，尤以雨季最烈，宜山殆亦如此。关于是项特效药之供给问题，常为诸同仁、同学所关切，除上海定购者将由毛启爽先生来校时带来外，此次沈仁湘先生赴港亦请渠购买一批。最近沈总务长由赣回校，亦购来一批。故暂时不致发生问题。关于疟疾之症候、预防、最新疗法及其他问题，拟于下期在本刊刊出。

二、肺结核及心脏病

本校同学之患肺结核及心脏病者，数不在少（现尚未统计，未能报告确数）。其中一部分之心脏病，原因于维生素乙之缺乏。自令其改良膳食后，已逐渐轻减，希望膳食委员会提供面食。此外，已病者固应休养，未病者宜注意户外运动。

三、肠寄生虫

最近发现同学及教职员家属等患肠寄生虫者颇多。最普遍者系蛔虫,其排出之蛔虫,有长达四十仙米者。此项虫之来源尚未阐明,惟仍有一例,在去年六月间检查大便,仅有姜片虫卵。最近则仅有无数之蛔虫卵。是则,此项蛔虫当在去年六月后感染,然决非到宜后传染,殆无疑义。关于本病之来源,现在调查中。

四、健康检查

医务课药品器械已络续运到。现正印制健康检查表,拟于最近期内,举行全校健康检查。此后,并拟每学期举行一次,借瞻同学之健康状况云。

《国立浙江大学校刊》复刊第七期,民国二十八年一月十六日

医务课布种牛痘
(1939 年 3 月 27 日)

本校医务课刻以新春伊始,天花流行,特于本月二十二日起,开始布种牛痘。全体教职员同学每日下午三时至五时,皆可前往该课注射痘苗云。

《国立浙江大学校刊》复刊第十六期,民国二十八年三月二十七日

致宪兵营营长沙公函
(1940 年 3 月 7 日)

径启者:

本大学在遵义江公祠之总办公处连日迭有城成小学学生及地痞流氓喧扰,昨竟闯入校长办公室、院长办公室、教务处、会计室及注册课等处,肆意捣乱,毁坏公物,显系受人指使。在此抗战期间,后方秩序尤应注意。敬请贵营长迅派宪兵前来以维治安,实纫公谊。此致
宪兵营营长沙

校长竺○○

浙江大学档案馆藏 L053-001-0710

滇黔绥靖副主任公署代电(省粮管一字第一三六号)
(1940 年 10 月)

国立浙江大学:

本年九月佳代电及十月十二日遵字第五八一号公函均诵悉。贵校所需米谷,应请派员

前往湄潭,照当地市价自行收购,并于起运之前先将载运数量报由本署府核发护照,以符规定。如采购确有困难,需要地方协助时,再由贵校说明困难情形,径函该县政府洽商办理。除令知湄潭县政府外,特复查照。

滇黔绥靖副主任公署贵州省政府回省粮管印
中华民国二十九年十月

浙江大学档案馆藏 L053-001-0719

致湄潭县政府公函
(1940 年 10 月 11 日)

案奉教育部训令略开:前以各校需要食粮,经函全国粮食管理局协助并代购代储。兹准函复,关于代购一节,现在以陕、赣、黔、桂设有购粮委员会,诸省之学校如资金备有的款,可事先将各校购粮地点、数量等函局转各购粮委员会代办。末又开复,准该局函知,以准贵州政府电该省前经规定。凡机关赴各县购运食米在一石以上,应一律呈准省府及后副署发给护照,以资限制。除贵阳各校已廉价供给食米,无庸再行购储外,其余外县各学校如需大量购储,应按上项规定,先将购粮地点、数量呈核,如需地方协助时,可饬县照办,请查照转知。等由。合仰查照,迅将购粮地点、数量分别电陈黔省府,并呈部为要。等因。自应遵办。查本校员生现时单在遵义者共约一千人,以每人日食米一斤,每石作三百斤计,每月须一百石。兹拟在贵县地方采购食米,足敷遵义本校两月之用,计二百石,又购新谷一千石,以备在湄存储。除经函请贵州省政府及滇黔绥副主任公署发给护照,并呈教育部外,敬请贵府惠予协助,并召集地方大户婉为开导,将存谷开放,俾易收集。实纫公谊。此致
湄潭县政府

校长竺○○

浙江大学档案馆藏 L053-001-0719

食米运费本月起照扣
(1943 年 6 月 10 日)

本校教职员学生工友领月食米已议决,均照扣运费。员工食米,仍由总务处接洽。

《国立浙江大学校刊》复刊第一百二十期,民国三十二年六月十日

致湄潭、永兴分部函
(1943 年 10 月 18 日)

查本校前以时有军队占驻校舍情事,经电陈教育部请予转陈军事委员会,填发禁止驻军条示,免妨学务在案。兹奉教育部十月微日高字第四八四八〇号代电,准军事委员会办公厅转陈,奉谕准发该项条示三张到校。除分别张贴外,合将条示一张随函转发,即希查收、张贴,并将收到日期报查为要。此致
湄潭、永兴分部
　　附发禁止驻军条示一张(缺)

校本部启

浙江大学档案馆藏 L053-001-0712

致卫生暑医疗药品经理委员会公函
(1945 年 3 月 8 日)

径启者:
查本校最近向贵会请购药品一批,其品名清单业经函达,并已将价款八万元汇奉在案。兹托由国立中央研究院高玉怀君洽提,即请查照点交为荷。此致
卫生署战时医疗药品经理委员会
　　药品清单(略)

〈国立浙江大学〉(校戳)启

浙江大学档案馆藏 L053-001-0688

致卫生暑医疗药品经理委员会公函
(1945 年 3 月 8 日)

径启者:
本校最近又向卫生署战时医疗药品经经理委员会请购药品一批,除药品清单业经开寄,药款八万元并已如数汇去。兹因需用甚殷,除旅运费币五千元另汇外,特备函一通,连同运输证明书一纸,请烦查照,费神洽提,暂存为荷。此致
高玉怀先生
　　附运输证明书一纸

〈国立浙江大学〉(校戳)启

国立浙江大学运输证明书

本校最近向卫生署战时医疗药品经理委员会购到药品一批（详见清单）。兹托由中央研究院高玉怀君代运至遵义本校应用。查该项药品系本校医疗之需，希沿途军警关卡查照放行。

此证。

校长竺○○

浙江大学档案馆藏 L053-001-0688

教部配拨医疗用具与前行总拨赠之 250 套床位分别待领
（1947 年 4 月 21 日）

教育部电知本校，核定配拨美国红十字会捐赠医疗用之橡皮手套一百九十二付，嘱即持据前往具领。本校已经朱正元教授赴京洽领。再，行总前拨赠本校教学医院二百五十套床位设备，兹已准上海善救总署电示，向就近浙江分署洽领。已由本校医务组李主任天助径向该分署洽办待领云。

《国立浙江大学校刊》复刊第一百四十九期，民国三十六年四月二十一日

浙大应变 竺可桢指示方针
（1949 年 2 月 4 日）

（本报杭州二日电）竺可桢对浙大学生发表时局谈话，认为中国问题为世界问题之一部，美苏关系已有好转迹象，世界能和平，则中国和平希望极大。在战争浪潮来时，浙大学生应自助自保，校方已组织安全委会，主持救护、储粮、发电，留校员生每人必有一工作。

《新闻报》民国三十八年二月四日

浙大员工生活苦 竺可桢有钱即发
（1949 年 2 月 12 日）

（本报杭州十一日电）浙大竺可桢校长鉴于员工生活之困苦，采取有钱即分主义，二月份薪津先发二十五倍。该校已于七日开学，正办理补考、注册、选课等手续，十四日正式上课。前总务长舒鸿已由台返杭。

《新闻报》民国三十八年二月十二日

教授会代表李浩培、胡刚复两教授赴京 晋谒李代总统速拨补助费
(1949 年 2 月 28 日)

本校教授会近以物价飞涨,薪俸过微,不足以维持最低限度之生活,因议决推请李浩培先生为代表赴京,晋谒李代总统,请援上海各校例,速拨补助费,以资救济。嗣本校第一一七次行政会议决议,再添请诸葛麒先生偕往。惟诸葛麒先生以事,改请胡刚复院长代表。两先生原拟早日成行,乃以李代总统有粤桂等地之行,故一再羁延。刻以李代总统返京有期,两先生因于日前连翩赴沪转京矣。

又,本校竺校长前以教授会议之邀聘,一度赴沪,参加上海国立大专院校联合组织。该联合组织当于本月十五日决议,以后经常包括本校及苏州社会教育学院在内。顷该组织内之十二校校长,已决议为请求改善待遇,增加经常费,亦定于二十七日夜车赴京,向李代总统请愿。本校竺校长业于昨赴沪,以便参加沪地各校长之行云。

《国立浙江大学日刊》复刊新第一百一十二期,民国三十八年二月二十八日

总务处通告(总发字第二九七号)
(1949 年 3 月 10 日)

兹定于本月十一日起,分发各教职员同仁三十七年十二月份之中央代金糙米,每人三市斗。该项代金米系向海盐提取,除运碾费以九二折计算外,实发二市斗七市升六市合,做九折白米,计二市斗四市升八四市合,计重三十七市斤四市两,即请各同仁凭章先向事务组洽领米条,再凭条向保管股领米,盛器均希自备。特此通告。

总务处谨启

《国立浙江大学日刊》复刊新第一百一十七期,民国三十八年三月十日

浙大应变执行委员会警卫组致秘书组函
(1949 年 4 月 26 日)

径复者:

所指定航空系办公室为本组办公室事,因与该系应变会办公地点冲突,无法照办,请另行指定适当地址。祷即惠示。此致
执行会秘书组

浙大应变执行委员会警卫组启
〈三十八年〉四月廿六日

应变执行会储购组通告

（1949 年 4 月 27 日）

　　查总务处公告登记收购同仁公粮事，因现钞缺少一再展期。现经决定，一、二月份中央贷金米票四张作价黄金一钱（即糙米一石一斗二升八合换黄金一钱），凡愿出让该项米票同仁，请自行组织合成足够换取一钱之数（因本组存金最小单位为一钱），自本月二十六日至二十八日止，凭米票来本组换取黄金为荷。此致
教职员同仁公鉴

应变执行会储购组启

〈三十八年〉四月二十六日

《国立浙江大学日刊》复刊新第一百三十六期，民国三十八年四月二十七日

浙大应变执行委员会救护组致秘书组函 联合消防组举行大演习

（1949 年 4 月 30 日）

径启者：

　　敝组为加强实地训练，兹定于明日（五月一日）下午三时联合消防组举行大演习。届时请贵会莅临指导批评为幸。此致
应变执行委员会秘书组鉴

浙大应变执行会救护组启

〈三十八年〉四月三十日

浙江大学档案馆藏 L053-001-0581

国立交通大学等十六院校呈陈代部长

（1949 年初）

谨签呈者：

　　自去年年底时局动荡，物价直线上升，国立各校院员工、学生生活费用以及学校经费虽略有调整，然与实际需要相距过远，师生濒于饥馁，学校濒于停顿。全校员工役圜请救济，校长等苦于无力支撑，迫不获已，只得渎陈实况，并胪举急待解决诸端。敬祈鉴核转呈行政院，迅予核准施行，不胜迫切待命之至。谨呈
教育部
陈〈雪屏〉代部长

国立交通大学等十六院校

请求事项

一、教职员待遇请自二月份起照原薪额不加抵扣,乘每月当地职工生活指数发给。

二、教员学术研究费原分教授、副教授、讲师、助教四级发给,惟迄今最高额尚仅金圆券五十元,不足购买报纸一份。请自二月份起按教授一百元,副教授九十元,讲师八十元,助教七十元,基数乘每月当地职工生活指数发给。

三、主管人员办公费自二月份起,请按原规定数额乘每月当地职工生活指数发给。

四、公费生膳费每月每人请发给银圆六元。

五、校工工资基数请定为六十元,技工工资基数请定为一百元,俱乘每月当地职工生活指数发给。

六、学校经常费请以去年十二月份数额为基数乘每月当地物价指数发给。

七、公费名额近年逐渐减少,但在校清寒学生尚不在少,尤以西部各省物价远较京沪为低,其家庭收入不足以供给在京沪杭学生费用。为救济起见,请照全校学生人数十分之二设工读生名额。

八、上项各费二月份补发数与三月份应发数请即紧急拨付,由校长等携回应急

九、请按前列各项标准之三倍,一次预发临时费,以作特殊情况发生时应付之准备。

浙江大学档案馆藏 L053-001-0324

十、西迁与复员

（一）组织西迁

1. 迁西天目山和建德

迁校谈话会记录

（1937 年 9 月 5 日）

时间	二十六年九月五日下午
地点	校长公舍会客厅
出席	竺可桢　胡刚复　张绍忠　沈思屿〔玙〕　张其昀　陈柏青 朱庭祜　王国松　卢守耕　梁庆椿　诸葛麒
主席	竺校长
记录	诸葛麒

本大学迁移西天目山禅源寺商定办法如左：

一、交通

1.试洽水运至苕溪再改由本校小工陆运。

2.接洽公路局公共汽车专开天目班。

3.就地雇工办理公私运输。

二、校舍

1.学生宿舍及饭堂拟有缘堂。

2.课堂拟戒坛。

3.办公室、职教员宿舍拟来青楼。

4.女生宿舍及其他部分待定。

三、食粮

1.米粮在于〔於〕潜有积谷。

2.疏〔蔬〕菜在天目农场自种。

3.肉食较难,交农场试办。

4.与天目农场商订合同供给食物。

四、水电

1.饮水、用水筑坝蓄储。

2.设洗衣作于龙潭,减少禅源寺用水。

3.消防用水待设计。

以上请朱仲翔先生负责办理。

4.本校自备有大小发电机三具。

5.先移送一小机,立装电线。

以上请王劲夫先生负责办理。

五、安全

1.自设监视哨。

2.与於潜县政府接洽警报办法。

3.设专用电话通於潜县政府。

4.警报后可分散于森林岩洞中。

5.学生特种教育交军事教官办理。

6.备价领用步枪二十支,先函商朱主席。

六、迁移

1.以全体迁移为原则。

2.最近期间先迁一年级。

3.二、三、四年级继后续迁。

浙江大学档案馆藏 L053-001-0349

致一年级各教授便函
(1937 年 9 月 8 日)

径启者:

本大学奉部令筹备安全地点,已择定西天目山禅源寺为临时校舍,一俟筹备就绪,即将一年级新生先行迁移,其余陆续再迁。并已聘定朱庭祐先生为一年级主任。抄附各教授名单相应函达查照,即希先事准备为荷。此颂

教绥

计附名单一节

校长办公室
〈二十六年〉九月八日

名单

一年级主任	朱庭祜
国文教授	王驾吾　陈大慈
英文教授	林馨侯　郭洽周
数学教授	朱叔麟　毛路真　冯乃谦　朱良璧
物理教授	张绍忠　朱福炘　李立爱
化学教授	储润科　潘承圻　张复生
生物教授	张肇骞　张孟闻
政治教授	费香曾
地理教授	朱庭祜
历史教授	张荫麟

浙江大学档案馆藏 L053-001-1006

致一年级各教员便函
(1937 年 9 月 18 日)

径启者：

本大学奉部令筹备安全地点，经择定西天目山禅源寺为临时校址，将一年级新生先行迁移各节，曾于九月九日函达在案。兹定于九月二十日前将一年级全部迁往，即请台端准备行装，以利遄行。又该处地面狭窄，房屋不敷分配，只供单身住宿，并希亮察为荷。此致

○○○先生（照附单填）

校长办公室
廿六年九月十一日

浙江大学档案馆藏 L053-001-1006

新生明日始迁临时校址
(1937 年 9 月 20 日)

本校一年级新生迁往临时校址，业经校务会议议决在案。自明日起开始运输，事务课已公布通告办法四则如下：

一、自本月二十一号（星期二）至二十三日，每日十八号大汽车开往临时校址两次，上午六时，下午一时，每次人数限三十五人，各按编定班次乘车，乘车地点在文理学院门口。

二、二十三日下午一时,开教职员专车。

三、凡每日上午乘车者,须将行李于上午五时至六时,送交运输处(文理学院消防股办公室)登记;下午乘车者,行李须于本日上午九至十时,送交运输处登记。

四、凡行李箱、网篮,每件酌收运输费洋五角,将来统由会计课代扣。

(学生姓名及车次表,另有油印公告,本刊略)。

《国立浙江大学日刊》第二百三十一期,民国二十六年九月二十日

关于迁校之意见

(1937 年 10 月 5 日)

郑宗海

第一、主张迁校理由:

1.警报频传,不能上课(数日空警,以后仍旧难保飞机袭击之妙用或恶毒,便有其倏忽飘渺而不可测);

2.教育部已有通令发表,杭州为"已被袭击"之都市,本校地处冲要且为"易被袭击"之地点;

3.学生时时询问,窥其意向,极想早迁;

4.家长亦有来函,询问安全处置者。

1 为事实问题,2、3、4 为责任问题,迁移以后,如校舍等能免于难,他日事平以后,得安然迁回,此日虽感烦费,回思犹属幸事,为安全计宁可"曲突徙薪",毋为焦头烂额。

此议如果决定,则

第二、对天目与建德之比较鄙见有如下述:

1.如在杭州之安全为 40%,则建德之安全约为 80%,天目之安全约为 85%,天目地势较好,但事实上敌机经过建德至今不过一二次,而天目则以比邻广德(大目标),闻敌机飞越之时颇多云;

2.建德交通远胜天目,万一日兵登陆进扰浙江,则至建德,尚可退至淳安,徽州,且有水道可通屯溪,普通民船亦可行驶,又同一公路,杭徽(即天目一段)较杭严为更冲要,杭严稍僻,避地较宜;

3.建德运输较便,水程自杭州行一日一夜可达(水大时当日可达);

4.建德虽不大,究系府城,品物较多,房屋亦易设法,有数处即可应用。换言之,可备立即迁移之应用也。

(教职员如欲带眷同住,去建德亦可较便,此节虽非甚要,但于教学进行亦自有其利益。现在同仁中送眷前来建德者,已有黄瑞纶、周明牂、顾谷宜、王淦昌诸先生等,又闻尚有预定住宅者。)

(天目与建德之往来,可由界首,约六小时可达,于行政亦便。)

第三、如果决定迁移建德:

1.学生教职员及职员之一部,即可前来(房屋自须再有一度之接洽,如材场、绍兴会馆、

叶宅等。又何宅整理,但需三四天云),床铺等由水运,人由陆路前来,来时宜着便服,以避目标。

2.来后,一面布置教室,一面每日可有一二次讲演或讨论,如此当胜于每日上不到数课,或竟上不到一课也。

3.到了建德,可即研究建德,一面研究天目,过了若干时后,由本大学师生之努力,可成两部方志稿,倘亦浙大在战时之一种有价值的副产品也。

以上所述但就所见,备供参考。

致浙江省建设厅厅长公函(衔公函第 641 号)
(1937 年 10 月 9 日)

查本大学奉令暂迁比较的安全地区,现拟取散开迁移办法,已将数部分另迁他处。前承贵厅借给湘湖种子场为敝校高工校址,至纫感荷。兹拟将一部分迁移建德地方,查有贵厅所属建德林场,颇堪适用,拟恳惠允暂借作为本大学临时校舍,相应函商,即希贵厅长查照,顾念际此非常时期,事非得已,特予通融将建德林场暂借本大学使用,盼即见复,至纫公谊。此致
浙江省建设厅厅长王

校长竺○○

竺可桢致伍叔傥函
(1937 年 10 月 9 日)

殊傥先生大鉴:

敝校奉令暂迁比较的安全地区,现议散开迁移办法。兹拟将一部分迁移建德县城,已选定中山厅、孔庙、府城隍庙、乌龙庙、林场、严子陵祠、中山厅旁之何宅,温、台、处同乡会,绍兴同乡会等处,拟即日前往,略加修理,以便速迁。□闻近将有伤兵多名,移送严德,诚恐上列各处或被借用,则敝校全部计划将难实现。爱特函达,务恳鼎力主持,设法保全上列地址勿被借用,不胜纫感!仍希惠复数行,以慰恳恳。专此布恳。敬祈
勋祺

弟竺○○顿首

浙江省建设厅厅长王徵复函
(1937 年 10 月 15 日)

案准贵校函开:以本厅所属建德林场房屋拟暂借为临时校舍。等由。查该场房屋,本厅须备自用,原难照借,既承谆嘱,姑以一个半月为期(至十一月底止),届期仍请迁让。除令省林场转饬该场知照外,相应函复,即希查照为荷。此致
国立浙江大学

厅长王徵

浙江大学档案馆藏 L053-001-1006

迁校问题须待部令最后决定
(1937 年 11 月 5 日)

本大学迁移问题原已部署齐备,根据筹备各员之决议,定于本星期日出发,并经电呈教育部报告。顷接部电,以本大学各院学系,实科占其大部,实验与实习最关重要,嘱将实验实习办法妥筹呈核,方能作最后决定,再令遵行。故七日迁移之期势难实行,决予展延,静候部令办理。兹将教育部原电录下:
浙江大学竺校长鉴:

化密。江午电计达。该校各院多属实科,迁移后教学效率必受影响,希迅照前电,将实验实习办法呈部,以便作最终决定。

教育部江申

《国立浙江大学日刊》第二百七十一期,民国二十六年十一月五日

致各教授讲师助教便函
(1937 年 11 月 9 日)

径启者:

本大学决将二、三、四年级暂迁建德临时校舍上课。诸教授讲师助教,除特约留校者外,务请先为准备。关于迁移日期及运输事项,业经订定办法。兹特检附一份,即希察阅洽办。又,将来迁移后,倘有实验之课不能举行实验时,务希酌加授课钟点,以重学业,无任企盼。此颂
教祺

附办法一份

校长办公室启
廿六年十一月九日

本校迁移建德运输办法

本校因时局关系,暂迁建德,业由校务会议议决在案。刻已筹备就绪。兹将运输办法,拟定如左。惟时局与天气变化莫测,如有更改,临时再行通知。

一、由杭州至建德,乘船一昼夜可达,教职员及各级学生乘船日期排列如左:

本月十一日 二年级全体男女学生

领队及事务人员:陈柏青、夏绮文、许昌已

本月十二日 三年级全体男女学生及教职员

领队及事务人员:陆子桐、刘博六

本月十三日 四年级全体男女学生及教职员

领队及事务人员:杨教官、姚赵伟

二、各级学生须按照指定班次乘船,不得先后混乱。

三、各日下午五时起,由本校备大汽车送往三廊庙码头(乘车地点一律在文理学院门口)。

四、由三廊庙乘船夜十二时启碇,次早至桐庐换船,下午五时前可达建德。

五、铺盖(指被褥)一件,各人随身自带,以备夜宿船中之用,舟车上下铺盖各自照料,衣箱、网篮均交本课(运输处设文理学院阅报室)代运。

六、出发前,各人须自备饼干、面包若干,备作次日之早餐与午餐。

七、教职员限乘十一、十三两日船,凡有眷属及他种原因,自乘公路局汽车或三联公司轮船者听便。

八、教职员及学生乘学校所备舟车者,一概免收费用。

九、教职员及学生之行李交本课代运者,每件收费五角,须当时付清,凭收据在建德交取。

十、船至桐庐换船时,可以上岸饮茶或吃饭,但耽搁至多一小时,须各注意,不得远行。

十一、教职员如因公务或特别关系不能按照上列日期启行者,请至本课签名,另行设法。

十二、本校除规定轮船、汽车外,不得再供给舟车或津贴旅费,希各教职员、学生按规定班次启行。

附注:由湖滨公路局乘汽车(平时每日六班)至桐庐班车,计五小时可达建德;由三廊庙乘三联公司轮船,晨七时启碇,下午二时至桐庐,换船至建德,夜十一时或次早八时可达。

总务处启

〈二十六年〉十一月十日

竺可桢致教育部王部长便函

(1937 年 11 月 27 日)

雪艇部长勋鉴:

在歙县时曾上一电,谅蒙钧览。迩来时局紧张,江浙两省感受敌人威胁,本校除一年级尚在天目山临时校舍外,均已迁至建德。际兹国难严重之时,中央各院部迁地办公后,对于国立大学办学方针,谅已有所决定,敬乞迅赐指示,俾资遵循,不胜企祷! 专肃敬颂
勋安

竺○○谨启

廿六年十一月廿七日

浙江大学档案馆藏 L053-001-1224(2)

电教育部

(1937 年 11 月 29 日)

汉口教育部鉴:

中央迁渝,对于国立大学如何方针,乞电示祗遵。

浙江大学校长竺可桢叩号

浙江大学档案馆藏 L053-001-1224(2)

2. 迁吉安和泰和

电教育部王部长

(1937 年 12 月 2 日)

急

长沙教育厅转教育部王部长钧鉴:

东电敬悉。本校择吉安为临时校址,正积极筹划先将仪器起运,必要时再将员生迁往,祈赐洽。

竺○○叩冬

浙江大学档案馆藏 L053-001-0842

致江西省政府公函(衔公函第 674 号)
(1937 年 12 月 3 日)

径启者:

本大学为策安全起见,经呈奉教育部电饬,于必要时迁入赣南一带安全地点。兹查贵省吉安县白鹭洲、青原山两处地点适中,交通称便,且为我国文化名城之一,本大学暂迁于此,允称得宜。相应函请贵省政府准拨吉安鹭洲书院及青原山农校旧址等处为本大学临时校舍,俾于要时得以迁入继续维持课业。事关教育,务希惠允。并祈见复为荷。此致
江西省政府

校长竺〇〇

浙江大学档案馆藏 L053-001-1006

复电教育部
(1938 年 1 月 19 日)

汉口教育部陈部长钧鉴:

本校本学期设(180)学程已上课十三周,自养日(一月二十二日)起在吉安再上课两周即大考,结束本学期课程。

浙大校长竺可桢叩皓

浙江大学档案馆藏 L053-001-1006

致泰和县府胡范丞先生公函
(1938 年 2 月 23 日)

谨启者:

浙校此次由浙移赣,员生全部现均陆续抵达泰和上田村,匆促部署,幸能如期开学。惟此毋叙校内部组织綦繁,农学院为垦殖及实习关系,需地尤广,现时校舍殊感狭隘不敷分配。贵县华阳学校房舍较多,且该处附近毗邻荒地亦众,以作员生垦殖及实习之需,允称恰当。致为函达,务恳台□转商县府及该校当事人恳允借用,以利教学,至纫公谊,并祈允复为荷。此致
胡范丞先生

〈国立浙江大学〉(校戳)启

浙江大学档案馆藏 L053-001-1006

3. 迁宜山

致假回诸生通函
(1938 年 8 月 23 日)

本大学奉令西迁,兹定九月中下旬起程,先至广西宜山县集合,再赴贵州安顺县。对于旧生经济困难者,得津贴每人川资国币二十元正。足下如愿加入学校团体前往,务希至迟于九月十日以前来泰和报到,如愿径自前往者听。特此函告。即颂

学祺

〈国立浙江大学〉(校戳)启

〈二十七年〉八月廿三日

浙江大学档案馆藏 L053-001-1006

致离校各教授等便函
(1938 年 9 月)

径启者:

本校暂迁广西宜山,图书、仪器装运在途,员生亦分批出发,预定十一月一日开学,即希台驾径赴宜山为荷,特出通知。顺颂

台绥

〈国立浙江大学〉(校戳)启

〈二十七年〉九月 日

浙江大学档案馆藏 L053-001-1006

国立浙江大学通告
(1938 年 9 月 15 日)

本大学迁往广西宜山,定于十一月一日开学,凡在浙江省之本校学生,可取道浙赣路至株州,换粤汉路至衡阳,转湘桂路至桂林。本届新生俟教育部统一招生委员会决定,取录揭晓后,其分发本校者,应于十月二十日至卅日至本大学桂林办事处(在桂林环湖路二十号中央研究院内),或宜山本校报到。学生行抵桂林后,可向本大学桂林办事处接洽车辆,转赴宜山。再,在外借读期满一年各生,本年度概须回校,否则应即申请转学。

特此通告。

〈签注〉请总务长决定：登《东南日报》、汉口《大公报》、江南《民国日报》、吉安《明耻日报》，各于文到之翌日起，登封面广告三天。

浙江大学档案馆藏 L053-001-1006

本校迁宜山经过记略
（1938 年 12 月 5 日）

本校自浙迁赣至今年暑假已逾半载。五六月间赣战紧张，本校奉令于必要时得以迁移。竺校长于七月间偕胡院长赴汉，旋又由湘入桂，察勘校址。讵七八月间，校长先后遭丧明与鼓盆之戚，于其间遄返泰和，留胡院长在桂、黔两省接洽。旋经决定迁移宜山，一面组织迁校委员会协助总务处负责办理迁校事宜。八月十七日，派李絜非、滕熙两君先赴宜山修葺校舍；八月十九日，第一批图书仪器起运；八月三十日教职员第一次启程；九月十五日第一批学生启程；至十月中旬全体员生均抵宜山。校舍亦逐渐布置就绪，遂遵照教育部之规定，于十一月一日开学，图书、仪器现亦陆续运到矣。

（关于本校自杭转建迁校之经过，参看《国命旬刊》第七期所载《浙江大学迁校略纪》，本年六月十日出版。）

《国立浙江大学校刊》复刊第一期，民国二十七年十二月五日

遭轰炸而反更能深省奋励[①]
（1939 年 2 月 6 日）
竺可桢

昨日之空袭，将使吾人永远不能忘怀，敌人灭绝人道，破坏文化之行为，今乃亲尝目睹。惟全国各大学过去多有被炸，浙大之在此次虽云首遭，而标营附近投弹竟达百十五枚之多，则日寇之欲蓄意破坏中国教育文化，其残酷之阴谋，尤可大暴于世。或疑寇机此次轰炸目标究何在，实则根据全国多数大学之被炸，证明日寇以文化机关为目标而企图毁灭之，殆无足疑。惟日寇若以为用此种狂炸不人道之行为，可以摧毁我国高等教育，威胁中国之屈服，则徒见其心劳日拙，甚且适得相反之结果。时至今日，不仅受高等教育者，决不致稍遇挫折而颓丧，而反更能深省奋励；抑且全国军民亦因日寇残暴之日加而愈见勇敢，愈见坚定，并未在此破坏政策下表示气馁。至于对衣物被毁各同学，校中已考虑救济办法，其方式或将一部分商请各教职员捐助。至于今后安全问题，为设法校舍与员生疏散，及使防空更趋周密，增筑防空壕，或架设到达北岸之浮桥。课程方面，对于中午前后之各课，亦拟即另定适当之时

---

① 原文注：摘自《国立浙江大学校刊》复刊第 11 期（1939 年 2 月 13 日）"校闻·第十一次纪念周"，篇名为编者所加。

间。一切务求增进安全之方,而维持校务之进行。

《竺可桢全集》(第二卷),上海科技教育出版社,第 465 页

致宜山县政府、安马乡公所公函
(1939 年 2 月 16 日)

　　查本大学奉令迁黔,其大部分仪器业经陆续起运,其小部分仪器共四百三十箱,以时间匆促不及起运,已择定贵属安马乡暂时存放,稍后再行运黔。除已派员章德清、谢云二君及校工二名负责保管外,特请贵县政府、乡公所转饬所属,予以协助,随时保护。实纫公谊。相应函达,请烦查照办理为荷。此致
宜山县政府
宜山安马乡公所

校长○○○
中华民国二十八年二月　日

致各机关便函
(1939 年 2 月 16 日)

　　查本大学迁宜以来,瞬逾一载,诸承教益。复荷劬勷缅维盛情良深纫感。兹者奉令西迁入黔,部署粗定。桂黔密迩,仍希时赐南针,以医不逮。临歧布臆,并鸣谢忱,当祈察照。此致
庆远区民团指挥部
高等法院分院
宜山地方法院
宜山县政府
黔桂铁路局
广西船舶总队部宜山分处
宜山县党部
宜山县参议会

国立浙江大学启
中华民国二十八年二月　日

致柳州区指挥部公函(第 1050 号)

(1939 年 2 月 22 日)

查本大学奉令迁黔,所有一部分图书仪器业经起运。兹以宜山地方汽油缺乏,驶车困难,尚有一部分图书仪器亟待运输。拟派人赴柳购办汽油以济需用。闻在柳购用汽油须在贵部登记方合手续。兹派本大学职员□家纯、阮乐烳二君赴柳购办汽油　箱。敬请贵部准予登记并请协助以便购用而利运输,实为之便,相应函达,即希查照办理为荷。此致
柳州区民团指挥部

校长○○○

国立浙江大学证明书

兹派本大学职员□家纯、阮乐烳二君赴柳州购办汽油　箱以便运输图书仪器入黔。合行证明,即希沿途军警查照放行。

此证。

校长○○○
中华民国二十八年二月　日

浙江大学档案馆藏 L053-001-0843

致湄潭、赤水县政府公函(第宜字一百号)

(1939 年 5 月 1 日)

径启者:

本大学拟在贵州筹设分校,兹特委托工学院李院长寿恒,农学院占院长守耕,前赴贵县察勘校址,相应函达贵县政府,即希查照惠予便利,并赐赞助为荷。此致
湄潭县政府
赤水县政府

校长竺○○
中华民国二十八年五月　日

浙江大学档案馆藏 L053-001-0842

教育部指令

(1939 年 5 月)

事由:据呈为宜山环境不良拟亟迁滇建水指令知照。

令国立浙江大学:

廿八年四月十日呈一件,据呈为宜山环境不良拟亟迁滇建水祈鉴核示遵由。呈悉。查专科以上学校迁移云南者已多,该校所请亟迁建水一节,碍难照准,仍仰遵照去年迁黔前令,先在贵州省预择适当地点,以备本校学期结束后必要时迁往之用。仰即遵照。

此令。

部长陈立夫
中华民国二十八年五月 日

浙江大学档案馆藏 L053-001-0842

本校在宜山文庙学舍立纪念碑

(1940 年 6 月 22 日)

本校在宜山一年,蒙当地人士之协助,拨文庙、工读学校及标营等处房屋场地以为校舍之用,得以弦诵不辍,虽竹庐茅舍,而研读如故,因特在文庙"宜山县城池图"碑旁(物理实验室平台前)立本校学舍纪念碑一方,以为永久纪念,该碑原文如下:

国立浙江大学宜山学舍记

将欲抗顽房,复失壤,兴旧邦其必由学乎!丁丑之秋,倭大入寇,北自冀察,南抵闽粤,十余省之地,三年之间,莫不被其毒。惟吾将士,暴露于野者,气益勇;民庶流离于道者,志益坚。其学校师生,义不污贼,则走西南数千里外边徼之地,讲诵不辍。上下兢兢,以必胜自矢。噫!此岂非公私义利之辨,夷夏内外之防,载在圣贤之籍,讲于师儒之口,而入于人人之心者,涵煦深厚,一遇事变,遂大作于外欤。当军兴之四月,国立浙江大学以杭县且危,尽其有以迁建德;逾二月,桐庐告急,徙泰和;二十七年七月,虏犯九江,复之宜山而校焉。宜山之为县,当黔桂孔道,其长吏若民,多通材达识,喜多士之至也,画县中之文庙,东郊之标营,暨工读学校以与焉。乃鸠工庀材,修其蔽坏,涤其黔污,取蔽风雨,务绝华靡,故工不劳而集,费不侈而完。又择隙地,结茅架竹,为屋数十椽以益之。凡讲艺之堂,栖士之舍,图画、仪器之馆,校长百执事之室,以至庖湢之所,电工之厂,游息树艺之场,莫不备具。于是五院之师生千有余人,皆得以时讲贯于其中,应变以常,处困以亨,荡丑房之积秽,扬大汉之天声,用缵邦命于无穷,其惟吾校诸君子是望乎!

中华民国二十八年八月
校长竺可桢撰

《国立浙江大学校刊》复刊第四十七期,民国二十九年六月二十六日

4. 迁遵义和湄潭

致贵州独山、三合、都匀、湄潭、麻江、瓮安、遵义公函（宜字第 225 号）
（1939 年 11 月 20 日）

径启者：

本大学现以桂局紧张，警报频传，不能上课。业经校务会议议决迁黔。惟校舍一层，亟须先行觅定。兹委托本大学工学院院长李熙谋、史地系主任张其昀两先生前赴贵县寻觅校址。用特函介，即希惠予赞助，给以一切便利。至纫公谊。此致

独山县政府

湄潭县政府

都匀县政府

瓮安县政府

麻江县政府

遵义县政府

三合县政府

校长竺〇〇

中华民国二十八年　月　日

浙江大学档案馆藏 L053-001-0843

急电教育部
（1939 年 11 月 28 日）

重庆教育部陈部长钧鉴：

育密。南宁失守，宜山震惊，职校照常上课。万一敌过宾阳北来，依原定计划入黔。图书、仪器如实无法运输，暂存宜山乡间。如何之处，恳速电复，俾遵循。

竺可桢叩感

浙江大学档案馆藏 L053-001-0844

专电桂省府黄主席

(1939 年 12 月 1 日)

桂林省政府黄主席勋鉴:

　　本大学有图书仪器二百吨,亟运三江。请速饬柳船舶队拨船至宜装运,并电复。

浙大叩冬

中华民国二十八年十二月一日

浙江大学档案馆藏 L053-001-0844

致本校各院便函

(1939 年 12 月 2 日)

径启者:

　　目下桂局紧张,本校准备移黔,业经校务会议议决在案。惟以交通工具缺乏,所有校具亟应择要陆续起运。贵院各系仪器一项,请分为最要、次要、最次要三种,以便分别起运。如需要添做木箱,请将式样大小及数目先行开示,俾得赶造。至运输方法,拟订于下星期开会讨论,每院各系请派员一人出席,其出席人员名单亦请于本星期内送来敝处。统希查照办理为荷。此致
文学院
工学院
理学院
农学院
师范学院

总务处启

浙江大学档案馆藏 L053-001-0844

致庆远民团指挥部公函(第 229 号)

(1939 年 12 月 5 日)

　　查迩来时局紧张,警报频传,本大学不能上课,影响学生学业非浅。经召集校务会议,金主移黔,刻在呈请教育部核示中,一俟令到即行迁移。惟西南公路车辆缺乏,将来本大学学生将沿西南公路经河池、南丹、六寨一带步行入黔,其停宿问题则拟向停留所在地公所或学校临时借用,届时应请烦贵部以电话通知沿路各乡村长一切给予便利,并祈赐给公函,俾便接洽。又,教职员眷属此次入黔,路经芒场、六寨,所携行李当然甚多,亦请转饬所属免予查

验,以利遄行,尤为便捷。相应函达,即祈查照先行赐复,实纫公谊。此致
庆远区民团指挥部

校长竺○○

广西庆远区民团指挥部代电(副字第 7759 号)
(1939 年 12 月)

国立浙江大学勋鉴:

宜山、河池、南丹各县政府均览:

案准浙江大学第二二九号函开,查迩来时局紧张,警报频传,本大学不能上课,影响学生学业非浅。经召集校务会议,佥主移黔,刻在呈请教育部核示中,一俟令到即行迁移。惟西南公路车辆缺乏,本大学学生将沿西南公路经河池、南丹、六寨一带步行入黔,其停宿问题则拟向停留所在地公所或学校暂行借用。请烦贵部以电话通知沿公路各乡村长一切给予便利,并祈赐给公函,俾便接洽。又,教职员眷属此次入黔需经芒场、六寨,所携行李当然甚多,亦请转饬所属免予查验,以利遄行。等由;准此。自当照办。惟免验行李一节,除贴有浙大封条之行李免予检验外,余仍遵自绥令办理,合电查照仰各遵照。

指挥官岑兆熊
副指挥官沈治虞、刘三印
中华民国二十八年十二月

瓮安县绅耆曾春如等致浙江大学公函
(1939 年 12 月 5 日)

径启者:

本日本县政府召集会议,宣示接准贵校来电,拟将校址选移敝县。等由。全县各界民众闻此信息,靡不欢欣鼓舞,极表欢迎!

夙稔贵校成绩优良,誉满全国,将来对于敝邑文化谅荷鼎力提挈,教育前途,正未有艾也。承询敝县房屋能否容纳一节,兹条列如下:

1.县城西门外有扩大地土一幅,距城一千公尺,附近依山带水,风景至佳,可建大规模之校舍及多种实验场所,且山麓森林翳荫,中有天然巨石洞,宽涧曲折,最宜防空。本年春,邑人宋麟生由省亲来查视,并已函请贵校派员复勘;

2.平越至遵义公路全线,刻经交通部选派吴工程师到县测定督修,克日兴工,可愿速成。

但自马场坪达瓮城一段,修筑工程已逾十分之八,各处桥梁涵洞亦已完善,只须略铺砂石,即可通车;

3.县城内公地可暂时腾让者,有城南小学一所,现有教室七间,宿舍多间。又,江西馆可作教室两间,宿舍多间;川会馆可作大教室一间,宿舍多间,且三处相连成片,共能容二千余人;

4.县城南门外,有省立瓮安中学一所,局面宏敞,房舍颇多,如能与教厅商洽掉〔调〕用,尤为佳妙;

5.瓮安生活极低,物产丰富,各项物价比较,邻封各县倍减。

上列各点,均系实际情形,究为如何酌定(交财委会转),敬祈衡裁示复为盼! 此致
浙江大学公鉴

瓮安县绅耆	曾春如	朱愿荣	宋名扬	王大章	袁缅仲
	雷天申	刘建北	戎恕平	王资竹	赵述之(押)
	冷绍荃(押)	袁思波(押)	袁春波	袁祥麟	
	胡殿臣	袁启相	商余三	陈立中	商足三
	周光前	罗大琛	陈镜明	代雄傍	邱兆奎 启

〈二十八年〉十二月五日

瓮安县政府代电(教字第一四零号)
(1939 年 12 月 6 日)

宜山浙江大学竺校长鉴:

大电奉悉。贵校迁设敝邑,地方绅民亟表欢迎,需要房屋当尽力移让。除详情另由地方绅耆函陈外,特此电复,即希先行派员勘查接洽布〔部〕署为盼。

瓮安县县长胡玉书叩
鱼印

教育部九日密电
(1939 年 12 月 9 日)

(二十八年十二月廿二日到)

浙江大学:

育密。东电悉。该校应否即迁,已电黄主席。仰迅派员径往洽商后再定,不必需之图

书、仪器可先迁移。

教育部

亥佳印

致庆远区指挥部公函(宜字第 340 号)
(1939 年 12 月 11 日)

查本大学行将西迁所有学生须沿公路,经河池、南丹、六寨一带,步行入黔,拟借用停留所在地公所学校暂时停宿,请转饬所属,一切给予便利一事,业经本月五日宜字第二二九号函达在案。目下学生行将出发,其停宿问题,亟待解决,请烦贵部速电沿西南公路沿线各县转饬各乡镇知照,凡本大学学生过境,须加以招待保护,实纫公谊。至沿线停留各站,业已拟定表格,油印完竣后,兹特附奉相应再行函达,即祈查照办理并见复为荷。此致
庆远区民团指挥部

校长〇〇〇

中华民国二十年十二月十一日

致黔桂铁路局公函(第 239 号)
(1939 年 12 月 12 日)

查关于本大学迁黔前经函请惠予赞助在案。现在运输事宜,分为陆运、水运两种,其所经过,贵路设有车站及办事处之地点甚多,有须请予特别关照者:

(一)沿途借用贵路电话以便通讯;

(二)沿途停留地方所有什物、图仪,必要时拟借贵路堆栈,以便安置;

(三)停留地点一切什物之装卸,拟借贵路货运,以期便捷。

敬烦贵局转饬沿线所属知照。如本大学运输人员有上项请求时,务于照办。不情之请,当祈惠允为荷。此致
黔桂铁路局

校长竺〇〇

中华民国二十八年十二月十二日

学生行程沿线停留各站一览表

第一日	独山镇	怀远
第二日	太平	德胜
第三日	三江口	六圩
第四日	凉水均	河池
第五日	坡前村	
第六日	卓河	南丹
第七日	关上　新店	芒场
第八日	巴平	六寨
第九日	南平小学	下司
第十日	上司	
第十一日	严关	独山

（照此单抄送指挥部）

自宜山至南丹六日行程

	尖		宿	
第一日	独山镇	计行九公里	怀远	计行十一公里
第二日	太平	计行十一公里	德胜	计行十一公里
第三日	三江口	计行廿一公里	六圩	计行十二公里,第四军校有二茅蓬及厨房,又有中心小学,持有宜山指挥部公文可借住距车站一公里,注意指路牌。
第四日	凉水场	计行九公里	河池	计行十二公里
第五日	坡前村(宿)	是日计行廿六公里		□□峒不在公路沿线,改坡前村宿(在十里长坡西三公里),为民房,可借住,与村公所商量无问题。
第六日	卓河	计行八公里	南丹	计行廿一公里,可住中心小学,中山、同济学生均曾住过,即一百人亦无问题。有房屋六、七间可供设站用,但须加修理。

以上夜宿之地膳食均无问题。

(一)宜山至南丹间各地状况

三江口:离马路约半里,有□□村,村长蓝保君,村内有军校宿舍两间,可住四五十人。村内民房亦可住宿,有村公所可住四十人左右,米、菜最好预先派人准备。

六圩镇:镇长莫仲衡,街市离马路约三华里,有中心校及军校宿舍,皆可住四五十人,米、菜、肉类常有。

河池:

坡前村:村长卓全,有一村公所勉强可容四十人,但民房皆可住,村内米常有,惟菜甚缺乏,须预先准备。村内陆文斋当日详细告诉各种情形,并允如同学到时可帮助一切。

卓河乡:乡长陆□魁,有中心校可容五六十人,米、菜常有。

南丹:县长徐居。

芒场镇:副镇长卓文光,有中心校、民房、客栈皆可住,米、菜常有。

巴平乡:乡长黄国桢,有中心校可容五、六十人,米、菜常有,惟肉类缺之。

六寨区:区长李玉麟,有中心校可容五、六十人,米、菜常有。

(二)南丹至独山五日行程表

	尖		宿	
第七日	关上	计行十公里。或新店,计行十□公里。	芒场	计行十二公里,可与镇公所接洽,有镇公〈所〉及学校可宿住。
第八日	巴平	计行十公里。	六寨	计行十五公里。镇长□□,可借一大间,供设站之用。
第九日	南平小学	计行□公里	下司	计行十六公里,可与镇公所接洽,借住客栈不出钱。
第十日	自下司出发时如无适当进中餐处,宜备点心。		上司	是日计行十九公里。可与联保主任杨□山接洽,有民房可借住,不出钱。
第十一日	严关	计行十一点五公里	独山	计行十八点五公里,可与县政府接洽,借住学校。

将来一部分校舍如在三合,学生可在独山分发。独山至三合步行三天,第一天宿鸡场,第二天宿大河(两天亦可到,但中途住宿之地不计)。

浙江大学档案馆藏 L053-001-0843

呈教育部(宜字第一百十八号)

(1939 年 12 月 12 日)

查本大学以桂局紧张,经校务会议议决移黔,业经上月感日、本月东日电呈在案。目下情势仍在风鹤震惊之中,移校似不容缓。惟陆运一层,则西南公路车辆缺乏。若由水运,由柳州北上以达三合,又因桂省船只均由公家统制,雇佣尤难,且水程迟滞,恐亦无补。似此情形拟请钧部转呈军委会,准予拨用车辆若干,以利运输。

如此须由宜迁黔全属陆运,需费甚巨。查去岁由泰和西迁,奉部拨给迁移费八万元,业已用罄,现况需款孔亟,而他处又无可挹注,恳请钧部再拨八万元方敷应用。

以上各节均属实际情形。敬祈钧部俯念时值非常,迅予办理,电示祗遵。实为公便。

谨呈
教育部

衔校长○○○

致贵州省政府、教育厅, 都匀、独山、瓮安县政府公函(第 355 号)
(1939 年 12 月 16 日)

本大学以时局紧张,在宜山不能上课,影响学生学业匪浅,特依原定计划移黔。惟仓促之间欲觅能容千余学生之校舍颇感困难,惟诸生已整装待发,勘定校址亟不容缓。兹特委托本大学师范学院教授暨一年级主任胡家健先生前赴贵省各县、贵县觅定校址,嘱其留谒左右,敬祈惠予指导,给以一切便利。俾校舍得以早日勘定,则嘉惠多士,则不仅本大学感纫已也。相应函达,即烦查照办理为荷。此致
贵州省政府、教育厅
独山、都匀、瓮安各县政府

校长○○○
中华民国二十八年 月 日

国立浙江大学公函(宜字第三六三号)
(1939 年 12 月 27 日)

查本大学因迩来宜山警报频传,不能上课,经校务会议议决迁黔,曾派工学院李院长熙谋、史地学系张主任其昀前赴贵厅洽勘校址在案。兹为加紧工作,以期早日实现起见,特再派训导长姜琦、理学院胡院长刚复、农学院蔡院长邦华、师范学院王院长琎会同李、张两君办理其事,相应函达,祗希查照惠予鼎助为荷。此致
贵州省教育厅厅长张

校长〈竺可桢〉
(中华民国二十八年十二月二十七日发)

专电教育部陈部长

(1940 年 1 月 9 日)

重庆业余电台朱其清先生转教育部陈部长钧鉴:

亥佳删养电敬悉。各电均迟到。桂省府黄主席已与洽谈,答无成见。宜山警报繁多,影响课业非浅。兹拟将一年级迁青岩,二、三、四年级迁遵义。图仪已有七百余箱运黔。祈鉴洽。

浙大校长竺○○叩

子齐

宜山县政府代电(教字第五六三号)

(1940 年 2 月)

国立浙江大学勋鉴:

安马乡公所览:

案准浙大本年二月十七日公函开:查本大学奉令迁黔,其大部分仪器业经陆续起运,其小部分仪器共四百三十箱,以时间匆促不及起运,已择定贵县属安马乡暂时存放,稍缓再行运黔,除已派员章德清、谢云二君及校工二名负责保管外,敬请贵县政府转饬所属,予以协助随时保护。实纫公谊,相应函达,请烦查照办理为荷。等由。合行电仰该乡遵照办理,并希查照。

岳生叩县长区皓敔印

民国廿九年二月 日

国立浙江大学公函

(1940 年 5 月)

敬启者:

本大学择定贵县地方为临时校址,业经面洽,荷承惠予赞助,无任感纫。兹委托本校迁校筹备主任胡建人先生到湄主持一切迁校事宜,特此具函介绍。敬祈随时接洽,鼎力劻勷,至纫公谊。此致

〈国立浙江大学〉校长〈竺可桢〉

廿九年五月 日

《竺可桢日记》中记载的浙大西迁节录[①]

(1937—1940 年)

1937 年 8 月 2 日

星期一〔南京〕 有阵雨。

五点半至玄圃晤外婆、六嫂,据谓军事当局已议决令南京居民迁移他往。如不愿迁将强迫之,使全城只留二十万能留守之人。外婆拟于星期四赴湘。

七点至史语所。孟真请客,到张伯苓、胡适之、王文伯、陶希圣、梅月涵、曾昭抡等十三人。据何淬廉言,则强迫迁移之说确系事实。此种庸人自扰办法,可见军事家之头脑不清,亦亡国之征也。要知目前须教育国人使之头脑镇静,视死如归,不然皮之不存,毛将焉附?我们大家何所逃于天地之间?告诫居民以迁徙则可,强迫何谓?九点至玄圃,接侠回寓。

1937 年 8 月 6 日

星期五〔上海—杭州〕 晴。82—84°F。

闻上海搬家者日来甚多,大抵由闸北、南市搬至租界,租界屋均人满。闻此〈系〉闸北警察劝人搬迁。

1937 年 8 月 13 日

星期五 晨昙。80°F。下午雨。

中午邀请之江李培恩、艺专林风眠及医专王吉人在校中膳。之江等各校均未迁移。之江将仪器等移往山后,艺专移西湖中之黄庄,故浙大移湘湖实为较远矣。

1937 年 8 月 22 日

星期日 晴。午 29℃。

中午至孤云草舍晤骝先,知渠肠中出血,以渠消化素不佳也。余告以南京日来情形,渠亦不主张中央研究院一哄而散,并谓浙省府仍照常办公,惟对于大学则主张迁移。

1937 年 8 月 25 日

星期三 晨晴。下午微雨。

十一点偕晓峰至九里松翼如墓地,拍一照。至唐庄晤梦麟、文伯及樊济苍。余询梦麟,以迁地为良,拟有湘湖与西天目两地,梦麟极不赞同湘湖。

1937 年 9 月 5 日

星期日 晴晨。27℃。

三点开会讨论迁移天目山各类问题,到柏青、荩谋、仲翔、刚复、亦秋、庆椿、劲夫、鲁珍诸人,谈及交通、房屋、水电、警卫各问题,六点散。

[①] 原文中关于华氏度和摄氏度的温度标记不尽全面,现由编者统一添注;原文中括号"〈 〉"和"〔 〕"的用法与本书不一致,已由编者统一校正。

1937 年 9 月 10 日

星期五 晴晨。23℃。

上午荩谋来,决定请承圻为驻天目山临时办事处主任,并定于明后日即成立办事处。高工学生决于十六以前移往湘湖,大学一年级生则于廿号以前移莫干山。因昨得报国寺军械库许库长电话,谓该库目前只让北库,东西各库暂作野战军械局,因此自昨起又移入许多军械,故校中不能不早日迁移也。中午与迪生、刚复等谈,决定租赁莫干山六十一号屋,于日内即迁移。并作函与江太太,问询价目。

1937 年 9 月 12 日

星期日

鲁珍已自天目回,知潘承圻已在天目成立办事处。胡鸣时来,谈及高工迁移湘湖事。该处以姜片虫及疟疾之故,卫生大成问题,拟请周仲奇所介绍之陈医生前往。

1937 年 9 月 15 日

星期三 晨 23℃。

晚潘承圻来,知天目山宿舍已整理就绪,惟待床铺而已。膳食方面,米粮无问题,菜蔬则无可购,须即派人至临安、余杭采办。

1937 年 9 月 18 日

星期六 晨微雨,寻止。午后晴。

晚六点潘承圻来,谈在西天目之情形。据云厨房尚无人负责,此为最可虑之事,同时菜蔬问题亦未解决云云。

1937 年 9 月 20 日

星期一 晴。晚月色甚佳,八点低云渐起,高云渐浓。

唐凤图来,报告测量鲍家站至禅源寺之路线,知有三线可通:其一为由白滩溪之线,路较平,但有两桥梁,长十公里;第二线则经天目农场,经旱桥,长为八公里;最短则为利用现有经朱陀岭之路线,四公里已足矣。……午后三点工学院教授开会,决定双十节以前不迁天目山,另觅地点作为后步。二、三、四年级如欲另觅宿舍,由学生出寄宿费,学校代为觅定。五点散。

1937 年 9 月 22 日

星期三 上午阴,下午雨。

中午荩谋、齐学启在办公室同中膳。膳后讨论二、三、四年级校址问题,适王劲夫、周承佑及吴馥初来,讨论迁移地点约一小时。关于钱江上游如建德、桐庐,以省立学〔校〕多已捷足先登,故引为不宜。最后决先往绍兴,明日出发,由刚复、亦秋、劲夫、承佑、馥初五人前往,余打电报与王子余及绍兴区督察专员沈士华,嘱设法指导。

1937 年 9 月 23 日

星期四 雨。23℃。

中午邀钱子泉、贺昌群、郭洽周、张荩谋等在校长官舍中膳。膳后一年级教授朱叔麟、张荫麟等一行于雨中赴天目山。

1937 年 10 月 1 日

星期五 晴。

中午邀常务委员中膳,到刚复、晓沧、乔年、亦秋及前次赴严州之吴馥初、王劲夫及周承佑、张芸谋诸人。膳后讨论校址问题,决定为天目及建德二处。二地不能决定,周承佑赞成全体移天目,而刚复则主张以三、四年级迁建德,最后决定二年级先于双十节前迁天目山。余与刚复、乔年明日赴建德。

1937 年 10 月 5 日

星期二 晨阴。晨 21.5℃。

四点开校务会议,谈迁移校址问题,至八点始散会。当时提出者有三种意见:一庄泽宣,在杭州不迁移;二周承佑,全体移天目;三郑晓沧、黄羽仪,二、三、四年级移建德。在杭不动之提案,余颇心善其说,但许多教授在警报后不能居校内,如晓沧即其一例。故若目前故示镇静,万一城站受炸,则必致一哄而散,故非有大多数之赞成不行。但庄之提议留杭不迁,赞成者只八人,而反对者却有十五人。维持原案移天目,则以潘承圻之报告对于天目〈印象〉不甚好,且大多数教员又以赴天目不能挈家眷,故移建德之议遂得以十五票通过。

1937 年 10 月 11 日

星期一 晨雾。上午晴,下午三点后雷雨,晚见星月。

中膳后开会讨〈论〉特种教育委员会常务会,惟亦秋未到,听取昨日建德回来潘承圻等之报告。承圻、鲁珍、馥初等三人均以建德地方分散,不甚相宜,结果目前暂时不移迁,拟于紧急时二年级移天目,三、四年级移建德。接徐学禹之电话回复,谓建德绍兴会馆不能出让,因有二十余人居住在内,且新近购四十万 Gallon 加仑之汽油拟移往建德云云。

1937 年 10 月 14 日

星期四〔南京〕 阴。17℃。

十一点出,至朝天宫教育部临时办公室晤王雪艇。渠主张浙大留杭州,分散于各地上课,不主张迁移地点。并谓中央大学之迁四川,渠甚不以为然,将来势必迁回云云。

1937 年 10 月 20 日

星期三 晴佳。晨 16.5℃,午后 18℃。

中午开特种教育委员会常务委员会,知数学系苏步青拟带三、四年级生明日出发赴建德。苏昨日曾来谈,余不允,嘱其留待一星期。今日忽有此消息,即电苏嘱其转致学生不得自由行动。上次校务会议苏出席时,尚主张炸弹临头亦须上课,今又忽然改变态度。据章用云,系陈建功胆量小,不能居杭,故欲早迁云云。与陈柏青、沈鲁珍谈,决请滕熙为庶务员,刘文翮为训育员。中午时决请刚复、乔年、亦秋与陆子桐明晨赴建德。

1937 年 10 月 24 日

星期日〔杭州—天目〕 晴。晨 18℃。

七点三刻至校。开会讨论迁校址问题,到乔年、亦秋、芸谋、振公及刚复,稍晚仲翔亦来。决定二、三、四年级全移建德,预期于一星期内开始迁移。……二点偕仲翔、承圻、鲁珍赴天目。二点出发,四点至鲍家站,偕仲翔与鲁珍往龙潭一行。龙潭在鲍家站东北二里许,系山中一深沟流成一潭。潭深作深绿色,近来虽经久不雨,但水尚不少,激湍成瀑布。此沟蜿蜒数里始能达其源。回至鲍家站,由朱陀岭而至天目旅馆。朱叔麟、林馨侯、舒鸿等来谈。渠等均对天目环境认为满意,惟所吃菜蔬须自杭州,鱼虾、水果亦不出。晚膳后偕承圻与鲁珍至禅源寺,与叔岳及仲翔赴自修室及寝室巡视一周。自修室即在教室中,每人均有指定之位置,甚至方丈〈室〉亦坐学生若干人。女生自修室在寝室旁,光线均尚充足。遇柳定生、胡璞。八点半回天目旅馆,住五号房。

1937 年 10 月 31 日

星期日 阴,晚有雨意。19℃。

八点至校。途遇鲁珍,知于昨由建德返,云该处筹备情形甚详,大致于七号或可迁移。二十九号渠等在建德时,曾有日机七架至建德。

1937 年 11 月 1 日

星期一 雨。晨 18℃。

十一点作纪念周,余报告暂定十一月七日移建德之决定,陈叔谅讲"中日战争之回顾"。午后开常务委员会,到刚复、苊谋、亦秋诸人。决定致一电与王雪艇,告以迁移校址,嘱其电复。余以此事关系浙大前途极大,且迁建德安全问题未可知,而杭州校舍将受大损失,故又作一书与〔与〕雪艇详告之。

1937 年 11 月 2 日

星期二 雨。

寄雪艇电及快信,告以本月七号拟移建德,嘱其电复。前在京时渠颇不赞同是议,但亦无坚决表示,但余以此事关系浙大前途至大,且迁移则建德之安全未必胜于杭,而本校校舍必被损失,故不得不考虑再三也。

1937 年 11 月 3 日

星期三 雨。晨 18℃。

昨下午去电报,以为信或可与电同到,孰知雪艇今日即复电,允准迁校,显然未接余去一函,可见振公之延缓误事也。为说明迁校之利弊计,唯有明日打一电话与雪艇耳。

1937 年 11 月 4 日

星期四 晨雨,下午晴。66°F。

晨七点三刻至校。得教育部第二电,嘱将迁建德后实验、实习之计划呈报,作最后决定云云。此电殆接余信后始发者。乃邀亦秋、承佑、馥初(乔年在睦)及刚复、厚复、苊谋等谈复呈教部计划。大致下学期起物理、化学可以全部作实验;工程、土木无问题,机械大部不能实验,电机稍好;农院则野外工作可集中于夏季,故尚不成问题。

十二点偕刚复回寓。陈应雄及昭复在寓中膳。据陈应雄云,艺专虽已勘定江西贵溪为避难之所,但以迁移至少须二三千〈元〉,且无教职员住家之地,故不能实现。所筑壕沟在公园旁,内有水,天下雨时可数寸,故渠颇羡吾校之地下室也。因今晨陈至浙大,适遇警报也。

1937 年 11 月 8 日

星期一 晴。晚 14℃。

七点半方欲赴校已有警报,乃电话校中,嘱开四号车来接至校,九点解除。未几又有警报,十点半解除。决定二、三、四年级生于星期四、五、六各日移往建德,因敌兵登陆以后一时不易剿灭,倭机将每日扰武林,无法上课,故不如早移建德为得计也。

十一点作纪念周,余即报告迁建德之计划,请季梁讲"战争时之化学工业"。午后与张荩谋、卢亦秋、鲁珍等谈移建德后之问题:一为学生训育问题,一则为校舍保管问题。招徐谷麒及王以中来,谈注册股及图书馆大部人员须留杭垣。

1937 年 11 月 9 日

星期二

八点一刻至校。作函数通。决定职员留校名单,去建德者职员不多,庶务、会计、文书、图书馆及注册多留杭,教员则全体去睦。张荩谋以不愿去睦,故辞去特种教育委会副主任之职。因渠主张严格训练学生,而去睦则多少须放任也。任乃玲因须留杭,故假名神经衰弱留职停薪,遗职以邵传志继。

中午听广播,始悉我军已退出浦东、南市,上海遂告失守。昨上午九点太原亦陷落,此真大堪痛心者也。五点胡鸣时来,谓高工学生因听方志超之言,谓杭州危险,因之群惊怕,有纷纷要求迁建德或回家。此真庸人自扰也,杭州若干中学尚不如此惊慌。下午与周承佑、王劲夫及程耀椿诸人谈工学院迁移后保存办法。

1937 年 11 月 10 日

星期三 晴。58°F。晚雨数点。在 Ac. cu 中下雨,同时见月与星。

七点半至校。今日出布告,令学生于十一、十二、十三三天移建德。由大轮拖民船赴桐庐,每次可容一百八十人,由桐庐换小轮赴建德,每次价约一百元之数。晚十二点出,次晨八点可抵桐庐,下午四五点可至建德。

十一点至省府晤骢先。初晨间蔡作屏来报告,谓许绍棣语渠,谓省政府即日离杭,并有放弃杭、嘉、湖三郡之意,谓许本拟于昨晚打电话与余,后乃托渠转达云云。余询骢先,知省府毫无此意,纯属许绍棣捏造事实,不知是何用心也。据骢先又谓五日敌兵上陆,由于刘建绪迁调一师兵赴浦东之故。渠亦赞同浙大迁移学生。十二点回。陆大京〈来〉,余嘱其为农学院留守主任。

1937 年 11 月 13 日

星期六 阴。

七点半乘校车赴浙大。今日云甚高,故虽阴而天气仍不妨碍飞机之轰炸,但竟一日未来,疑别有作用也。至工学院一走,知乔年、承佑等均于日昨赴睦。教职员宿舍中物件甚多,均未腾清。晨荩谋来谈,谓职员方面至建德后应合各院办公,可以减少人员或至少不添人员,余甚韪其言。适会计处任乃玲自请留职停薪,查绍伯又因军械局不许辞而离职,拟调圉之蔡君担任会计事。

中午承圻来,渠家中小孩本分住于诸暨、崇德,现拟均迁往天目。午后得晓沧电话,知二年级生已于昨日下午五点到建德。昨晚三年级生出发较〈迟〉,至晨二点始开船,故今日到达亦必稍迟矣。昨教职员家属去者颇不少,故秩序不甚佳。下午将行李送校中,约二十余件,剩随身可带之物在寓,明晨乘汽车行。

1937 年 11 月 16 日

星期二〔建德〕 晴。

九点召集孙翁孺、汪湘等二年级代表二十人谈话。余首述迁校后定于星期四上课,宿舍中应注意消防,因万源当〈铺〉屋老,均系木板,路又狭,一旦失火不堪设想;二则膳厅须由学生自己监督;此外关于训育问题,亦须与导师谋合作。谈一小时即散。

午后严济宽来。自昨日起嘉兴失守之谣言甚炽,并有谓日兵已至临平者。但据今日《东南日报》,则知我军扼守乍浦、嘉兴、吴江、昆山一线。午后三点,十八号汽车来,知我校行政人员均来睦,如孙祥治、孙泅、徐谷麒、王以中及刚复等。知前、昨两日杭州纷乱异常,迁居者络绎于途,因之人吓人的谣言极盛,有谓警察已全退、城内派张载阳为维持会委员等语。而昨日骝先又召集中央人员,嘱各退往浙东,人心更形动摇。故教职员以余不在校又均蠢蠢思动,鲁珍亦不维持,因之遂将留校之人员大部退建德,惟留鲁珍数人而已。

三点半开特种教育常务委员会,到乔年、刚复、晓沧、周承佑及余。请承佑代理建德分校总务长;指定毛启爽、戎昌骧、徐谷麒三人为情报委员,出壁报或校刊;指定吴馥初、齐学启、陆子桐三人为壕沟设计委员。六点散。

晚听无线电广播,因四号车上之机天线太短,不能收上海之英文报,只能收金陵与台北。二者相较,台北声音清楚,新闻充实;而金陵则声音混浊,专广播政府公报,如派某某为贵州建设厅长之类,闻之使人厌倦。又今日决定方针:非日兵至富阳则建德不移,非日兵至余杭则天目不移。

1937 年 11 月 17 日

星期三〔建德—杭州〕 建德 67°F。建德晴。杭州晨大雨,晚雾,见月,十点又雨。

十点召集系主任会议。余说明开会目的,原欲谈学生训育问题,但尚有更重要事件,即临时发生杭校仪籍迁移问题。因所移出之仪器在湘湖三百箱,日来所移出者四百箱。留存校中者尚有四百箱,其中化学系九十箱未动,生物系及文理学院、图书馆、农化各系均有,而校中只留警察及仆人及吕文望及化学系助教等三数人。事务已停顿,故非回校不可。嘱各院推人去,计化学、化工、电机、生物均指定人,约于下午一点出发。次谈及明日开课问题。十二点散会。

下午二点二十分因待刚复,故出发已迟。与鲁珍、林汝瑶、刚复同车,十八号车则载李絜非等一行七八人之谱。三点廿分至桐庐,遇电话局中职员,知骝先及赵真觉尚在杭,且自杭来逃难者人渐少,故知前方无碍。五点至转塘时在雾中,五点半抵校。杭州秩序尚佳,由保安队站岗。余即电话与伍叔傥、徐学禹、周企虞等等,据伍云一星期内可无事云。

1937 年 11 月 19 日

星期五〔杭州—天目山〕 雨。

一点廿分由杭出发。同车马宗裕、刚复及张孟闻太太与二孩。别鲁珍出城时,18 号车尚未回。二点至余杭,因欲晤孙季恒,遂至城内询宏裕布庄,不在,亦并不知其住何处,余等遂回车站。据邮局中人云,余杭人并不恐慌,惟见杭州人纷纷迁移,杭州信件不通,乃始紧张耳。三点出发,四点半抵鲍家站,则苏叔岳及潘承圻二人均已在站。在茶楼上稍坐。据潘与苏二人报告,天目山学生曾极度惊慌,因十五日有三学生赴杭州,见杭州迁家现状,以为大难即在目前,当夜逃回报告同学,一时空气顿形紧张。十六日学生召集大会,主张迁校。教职员开会,张孟闻、储润科、郭洽周三人先后发言,均主张速搬,因是恐慌更甚,十七八日几至不能上课,今日则出发练习爬山云。五点半至禅源寺,途中遇仲翔。晚膳后召集教职员谈话。

1937 年 11 月 20 日

星期六〔天目山—歙县〕 雨。

昨晚谈话时,郭洽周亦颇以镇静学生为言,张孟闻、储润科发言亦多。化学系沈仁湘述及开教职员会议事,有人主张速搬,因之人心摇动。朱叔麟指斥洽周作是语,略有辩论。余主张过去不谈,希望以后和衷共济,并说日兵不至富阳则建德分校不移,不至余杭则天目分校不动。今晨七点召集学生谈话,大意亦同。嘱学生安心读书,并报告江西吉安校址之接洽经过,与天目情报方面、交通方面之布置。三千元款交与承圻。仲翔欲辞主任职,殊不可解。广东籍学生林荣庆来报告,此次人心动摇由于苏叔岳与学生谈话,谓可自由告假云。舒鸿、夏济宇等来。并至天目旅馆晤郭洽周。十二点回。至禅源寺中膳。膳后即偕仲翔、刚复离禅源寺,承圻、叔岳送至天目旅馆。

二点由藻溪乘车出发,徐成美同车。至於潜,为电话事与於潜县政府接洽。三点至昌化,略停。至民众教育馆,遇叶作垣馆长及周声德,知县长名毛皋坤,据〈云〉馆中可容一二百人住宿。则异日天目学生如往歙,在此可以宿一晚。

1937 年 11 月 30 日

星期二〔建德〕 晨雾。晨 46°F。

下午三点开特种教育执行委员常务委员会,到刚复、乔年、晓沧、鲁珍、亦秋、荩谋诸人,决定助教于校址再迁时停职,听调迁;教授授课三小时以下者可不必同去;学生之困苦无可告贷者,拟以棉背心项下 188 元暂时救济;浙大于杭州不失守暂不离建德,但江西吉安方面则积极进行。

1937 年 12 月 5 日

星期日〔补注:星期六〕〔建德〕 阴 50°F。

八点至校。得周承佑电索款,即电汇五百元。查周等去金华后,余于廿七号即汇出二百元,交由南昌张宝龄转,今得周电知此款尚未收到也。自前日接周承佑电,知吉安鹭洲可容全校,又同时得教育部电,赞成浙大移赣南,则吉安之议势必成为事实。迁移事以人手众多,迁移费用较大,不得不缩小范围。故已决定,凡助教既在建德无工作可做,初移吉安时可不必同去,俟吉安地方布置就绪后,再酌量指令前往。其余暂时留职停〈薪〉,听候调迁。……下午李絜非等自金华、衢州回,据〈云〉浙赣路运输情形稍佳,衢州现可得车五节;金华方面与柴志明、张慕聃接洽,可得五六节。价目寻常每吨自金华至南昌十一元七角八分,大批运可减三分之一,四十吨车一节约费三百元之数。运人可购团体票,作半价,自金华至南昌半价约四元云云。

1937 年 12 月 7 日

星期二〔建德〕 晨重霜。晨房中 5℃,外间-0.5℃。

经大南门回校,知周承佑已回。与承佑、刚复、荩谋、鲁珍等谈一小时。据承佑报告,谓白鹭书院现办吉安中学,有学生六百余人,校长徐君愿迁入城中至乡村学校与阳明中学,而此二校则迁至城东十五里之青原山。但白鹭洲长仅里许，广半之，面积既小，且每年霉〔梅〕雨期间校舍有二三尺之水，故决非长久计。青原则校舍较小，仅可容三四百人，且无处可住家眷。叔纲主张青原山。

1937 年 12 月 12 日

星期日〔吉安〕　晴。

晨六点即起，时天尚昏黑。昨晚轿子未定就，今日临时讨轿子，每架索价二元五角，由大同旅馆至青原山来回。待轿久不至。八点半余等至凌渡，待至九点出发。九点半，余与周、胡、滕四人徒步行往青原山，因最初只有轿子三顶。循新辟之马路行一小时半至青原山，第四顶轿甫来。先至青原寺，中有文天祥书"青原山"三字，余为拍一照。在大殿前由住持高光和尚招待，视察寺屋一周，适第五后方医院亦在彼看屋。屋尚称完好，惟厢房须修理。大殿后树木颇佳，数百年古松多株。后有七祖塔，上有王阳明书"梅溪正宗"四字。在边屋有宋宣和间武阳李纲诗，系梁溪伯纪书。在此进面食后遂至阳明书院，即在左邻，正在修理，其中可住学生 180 人之数。而青原寺则可作教室，颇适于一年级之用。阳明书院建于道光年间，民 19—23 年共党占此，曾为红军学校。

十二点半由此出发，取小道至平湖。因昨胡县长谓平湖有屋也。一点半至平湖，至中心小学。由教员某君陪同往观徐氏宗祠，不甚适用，且平湖离吉安十里、吉水卅，不通水道与公路，一无可取，故决定放弃。由此回吉安已四点半，资源委员会钨铁矿之唐大纲来。据云杜殿英现在此主持。并知咏霓已迁长沙，询及程义法之女源如现在浙大借读，久不得消息，因来电相询。

五点偕胡、周、滕诸人至乡村师范，适校长不在，乃视察一周。现有学生 160 人，共四班。阳明中学即在其旁，因阳明中学之新屋将成，故阳明中学及师范之一部可以借用。盖乡村师范学生之卧室与自修室均分开，且系单人铺，大可合并也。次赴白鹭洲，须经一渡，地在洲上，系宋江文忠公（万里）所立，然常遭大水冲坏，今年水亦没上岸二三尺之多。至校后视察一周。该校有学生六七百人，以借读者多，故极拥挤。未几校长徐君〈来〉，因教育厅之电令允借教室四间，但于浙大殊乏用处也。六点半回至吉祥晚膳。膳后再往晤刘专员，嘱其电话泰和鲁县长于明晨招待，并嘱电省说明浙大需青原山。

1937 年 12 月 13 日

星期一〔吉安—泰和—南昌〕　晴。

晨六点起。七点半偕刚复、承佑、滕和卿四人乘四号车由大同旅馆出发赴泰和。途经吉安之飞机场，见有 4 发动机新自俄国来者，在场上露置，一无保护，颇怪当局之不注意。八点二十分车抵泰和。由和平门即北门进城，至县署晤县长鲁绳月，湖北人，在任两年余。余等约其同赴上田看萧家屋，只离城六里许。称萧百万，以盐业起家，名萧炳南。子名绍典，孙名葡春，曾登两榜，并喜搜罗书籍、造图书馆。葡春为绍典之长子，尚有弟三人，各占一屋，以是屋宇鳞比。葡春之子居沪，据保长萧开元云，系〈在〉大夏读书云。余等偕鲁县长及保长至萧屋环视一周。屋之结构甚佳，高敞，而梁柱门窗均有精细之雕刻，惟楼板及窗均毁。非毁于共产党，而毁于共党去后之兵士。共党占泰和河西不过六月，而河东至六年，因来往兵士迭次迁调，故楼板等尽作薪炭。萧家子孙现有二家已回。即在此进面食。据鲁绳月云，泰和出酱油、纸、粮食、蔗糖等，全县人口十九万，共乱前二十六万。田赋九万元，共乱前廿一万。钨矿税三万元，每吨抽税二元。曾向河南省移民数百人，但未得效果。河东一带迄今尚极荒凉，有田无人耕。十一点至附近村落一观，计有五村落，均属萧氏。其中以萧百万屋为最大，亦最空，计九幢（连祠堂在内），离马路及赣〈江〉均里许而已。交通方便，出产丰富，兼有屋宇，故颇适宜于大学暂避也。

次至两里外之大原书院，亦系萧百万家所建而被毁于兵者。但屋宇均尚完好，惟楼板、窗户无存而已。据县长云，伤兵委员会派泰和县住六百伤兵，拟以此为伤兵院，但为浙大计，则相距咫尺极不相宜，故非兼有之不可。由此回至泰和县已十二点半，适遇警报，在电话中询得日机方轰炸吉安飞机场。在泰和汽车站旁之仁义旅馆中膳。至二点解除警报。乃别鲁县长回吉安，途经飞机场，见二机已毁，尚有余烬而已，盖此二机不及上升也。至大同客栈收拾行李后别周承佑，三点半出发向北，五点半至樟树，留滕和卿在中西旅馆。七点四十分至南昌，则洪都已人满，由叔纲托周承孜在花园饭店膳厅搭铺得下榻所。晚膳后晤叔纲、柏庐。

1937 年 12 月 17 日

星期五〔建德〕 晴。晨 52°F，午 60°F。

午后三点召集特种教〈育〉委员会常务委员会，到晓沧、荩谋、刚复、乔年、鲁珍，决定提早迁赴吉安。因照原拟寒假中迁往，如是则学生课业无妨碍，而吉安方面之房屋亦可从容预备，但南京失落以后，日人有侵武林之趋势，杭州如失守，则公路必断，而浙赣或不通，故不得不先迁也。即派人赴玉山接洽车辆，以便定期停课。教授、学生运费均自理，助教非有指定工作留职停薪，发至一月份为止，对半发薪。

1937 年 12 月 18 日

星期六〔建德〕 阴。中午雨数点，未几止。晨 52°F。

八点半至校。请齐学启来，约其赴玉山与浙赣路局接洽车辆事。因浙大既决定提早迁移，则车辆不得〈不〉与浙赣路总局直接接洽，以便收指臂之效。故拟派齐在玉山驻扎，以至全体移毕为止。预计学生四百人，教职眷属等三百人，需车十四辆，此外仪器四百三十箱，行李千余件，尚须十余辆，故共须廿七八辆，此项车辆须源源拨给。即托齐前〔往〕，并派助教程祖宪同往，明日出发。

李锋来，知水利局目前在兰溪十一二月之经费均发，但定海之经费须待该台经费收据始发。如是势必旷日持久，而吴永庚到定后，需款孔急，故拟校中先汇款，以后由建厅拨还。林汝瑶来报告杭校近况，余嘱其在杭留守，直至省政府离杭为止。寄程柏庐电，请借用床、桌、椅各六百。

1937 年 12 月 19 日

星期日〔建德〕 晴。

八点至校。送齐学启、程祖宪赴玉山，并嘱宝兴开车至常山修理厂修理四号汽车。作函与洪芬，嘱由沪寄函与金陵女子大学薛铁虎，嘱至珞珈路廿二号视察屋宇是否完好，因南京无从通消息也。今日《浙大日报》尚载南京尚在混战，已成焦土云云，可叹之至。

中午剃头。刚复、荩谋来。三点至中山纪念厅召集教职员会议，讨论迁移校舍及结束课程问题。课程决暂不结束，至吉安后再继续上课，两星期后大考，此与英美之放外国冬至〔圣诞节〕无异。晚膳后途遇韩祖德与郑晓沧,知金润泉已来建德。据云日人已进兵至临平,故中、中、交、农四行于明日退兰溪,恐省政府亦将于短期内迁金华或永康,因是人心惶惶。实则日兵于上月十六七号已进兵过长安(杭州与海宁之间一小镇),彼时余等迁建德认为安全。现第二度至长安,则人心摇动,可见我们的胆量越弄越〈小〉,愈吓愈怕,实则日人决不进兵向钱江上游。吾校既决移吉安,可照原计划进行也。

1937 年 12 月 25 日

星期六〔建德〕 阴,较冷。晚晴。

晨因言定陈大(湖北船)于今晨六点出发,故衡与津二点即起身,但实嫌太早,嘱其再睡。五点半起。至七点船尚未到埠。八点房东孙太太来,不肯受房金。余等先后共住四十天,予房金四十元,坚请始受,并备早餐,可感也。九点偕侠、梅等由府前街三号出发,至总办事处一转。齐学启尚无电报,想目前特快车尚可依期开出,由金华至南昌,但不识星期二以后何如耳。至小南门,则昭复、晓峰太太、童女士及丁炜文均已在船,希文等亦早到。船颇大,共只十八人,临时又加入三年级学生二人。船夫名陈大,湖北籍,但系建德本地人。

九点半船始开。十点至三元坊商务办事处,遇田益民,知商务杭州分馆之件多移建德,原拟在此开张,但因浙大迁移而罢云。派沈仁湘赴兰溪雇小船,为生员在兰换船之用,因今晨四点二年级在建德启行,于晚间可到也。今日下午四点又有三、四年级学生与教职员出发;明晨第三批学生一年级共约一百五十人,以夏济宇、储润科领队,于十点左右可以出发。故至明日全校员生可以全部开拔矣。

据夏济宇所得张发奎手下某军官言,及前日下午四点由杭州本校出发之校警报告,知杭州发生抢劫,农校已被抢,工人均逃,惟余△△一人,而大学路则尚未被抢。自杭州至富阳路已毁去数段,新登附近之路亦毁。余恐桐庐至白沙一段公路若毁,则金华将被禁围,不得不用水路,而汽车乃不得出,故托建德夏警察局长及李德储教官于事先通知。自侠等上船后,家声即将行李移至方宅,余今晚住方宅。又二、三、四年级离睦后,十九师兵即陆续住入何宅与乾源当铺矣。

1938 年 1 月 3 日

星期一〔玉山〕 雨。

九点偕梁庆椿赴路局,晤周处长良相及课员范凤笙,知今日之车无希望,但路局亦拟迁往醴陵,如拨车,浙大必先于路局云云。次晤金士萱、吴镜清及杜镇远,知杜与吴将于今晚赴南昌,金则留玉山。遇朱履中,知铁路医院拟并入浙赣,已得杜之同意,材料大半已在上饶,而院则将设醴陵云。

回大东后即赴车站晤武书常与马少平,渠等均允帮忙。但军人扣车太多,马于今日接事,云嗣后当可改良。昨在郴江因军人行车不慎,致二机车互撞云云。回中膳。膳后路局会计主任田定庵来。三点再与亦秋至路局,知明日机车仍无着落。至三里街张宅,系昨胡光灯所介绍,晓沧已住入。学生于今日已到三百余人。惟管行李者尚未到耳。病者土木二朱天表病胃将愈。物理四朱光世则自金华即患疝,又在车中淋雨三日,至衢州,由衢雇舟至常山,昨到玉山即病倒。今日余曾探视,知系宿疾,或无妨。后据周仲奇、朱诚中诊断,谓小肠五寸落外五日,病人呕吐,系险症。遂决由丁邦平、刘敬礼二人陪同赴南昌,由朱履中之介绍入南昌医院施手术。请储润科往见武书常,得杜之允许搭其专车赴赣。

1938 年 1 月 15 日

星期六〔吉安〕 晴。较暖。

四点半至乡村师范开会,到刚复、乔年、亦秋、茝谋、承佑及鲁珍。决定二十二号先在吉安开学,一星期后考试,于二月七、八号左右迁泰和。

1938 年 1 月 16 日

星期日〔吉安—泰和—吉安〕 晴。渐暖。

九点学生张宜书、张世璘、俞懋旦等三人来,述彼等愿助理学校将校具及学生行李迁往白鹭洲。十一点至乡村师范,晤张三元校长及刘专员振群。十一点半回寓。

十二点偕刚复、昭复及侠乘四号车赴泰和。一点抵泰和城,即在太和春中餐。见本地人中餐均食荞麦饺子,内包少许之红糖,每只铜板二枚,三分钱即可果腹矣。翁寿南及陶戢哉来。二点半往大原书院,遇滕熙及陆子桐等。知平面图已绘就,决定一年级在大原书院,二、三、四年级在萧宅。偕泽宣、唐凤图至萧宅,指定课堂及宿舍地点。至晚六点始别唐、庄诸人,回时车上已无余胎,幸未在途中抛锚。

1938 年 1 月 22 日

星期六〔吉安〕 上午继续降微雪,下午阴。

午后二点至白鹭洲,晤丁炜文、钱子泉等。三点二十分至乡村师范。决以大原书院为一年级教室及住宿所,萧宅住二、三、四年级生。

1938 年 1 月 25 日

星期二〔吉安—樟树—南昌〕 上午阴,下午雨。

据沈之调查,此次浙大由浙赣路运仪器共十一车,计 209 吨。如每吨以十元计,亦二千元矣。三点至中西旅社晤齐学启,时齐尚睡,方知 TP163 在向塘遗落后杳无消息。齐至樟树知尚未到樟,遂回南昌,询得在向塘住民宅,既无车头又无车皮。遂嘱张参谋长设法,作两次开行,女生与一部分行李于十八号先行,其余行李及齐则于今晨始由向塘启行,昨晚一夜未睡云云。

1938 年 2 月 8 日

星期二〔吉安〕 42°F。天气久雨后雾。晨即有阳光,为旬日来所仅见,至午略有云。

九点半至校。因明日派卡车赴建德,故今日打一电报与振公,嘱其赴建德,乘卡车来吉安。昨日已寄电与朱仲翔,并转黄本立,嘱同往建德。此次赴建,其动机在于余前月二十边致教育部一电,报告文澜阁《四库全书》留建德实不安全。教部韪其议,拟迁贵阳,由浙大协同运迁。但昨接陈叔谅回电,知浙省府拟将其移处州。但校中派人往建并不专为此事,因校中尚有仪器在建德、天目,待运至吉安也。明日去建德者为李絜非,运《四库全书》;马宗裕赴天目;胡鸣时至丽水索浙省财厅协款及教厅十一、二月份高工、初农费,此外尚有校工等。

1938 年 6 月 28 日

星期二〔泰和〕 80°F。992mb。上午晴,下午雨,晚晴。

午后三点开改组后第一次特种教育委员会,到刚复、晓沧、亦秋、乔年、掌秋、馥初、承佑、庆椿及鲁珍。议决前方将士慰劳会由教职员捐款,百元以上者月薪百分之十,百元以下者五分之一(?),决定浙大单独向金华或永康招生。次谈及迁校问题,因日来敌人攻马当甚力,若敌舰上驶九江,则泰和即有恐慌矣。六点散。

1938 年 7 月 4 日

星期一〔汉口〕 晴。热。

十点偕刚复、晓峰赴教部。教部已移德界汉中路第六小学。晤吴俊升、张子明、章友三等。据子明云,浙大会计主任已新派赴任。前派各处视察员均回部报告,知浙大最能安心上课,闻浙大近亦有迁移之说,颇为不安云。……十二点回。中膳。膳后睡二小时。五点晤陈立夫,渠不主张浙大迁移,但目前如不移,则日后紧急时虽欲迁而不得矣。

1938 年 7 月 6 日

星期三〔汉口〕 上午雨,下午阴。

中午约张子明、马继援、张晓峰在罗吉〈旅馆〉中膳,知教部有添设师范学院于浙大之意。关于迁移问题,余告子明,若目前不移,则永不能移动,不要临时抱佛脚,故余主张由浙大自定之。

1938 年 7 月 7 日

星期四〔汉口〕 晨雨。

晨七点半起。九点半至日界河街四号中央党部晤朱骝先,渠于前日由香港回。关于浙大,渠甚主张迁移。并允以英庚〈款〉近两年所存留之浙大建筑费移作新建筑之用。

1938 年 7 月 10 日

星期日〔汉口〕 晴。

午后五点至教部晤立夫,渠赞成于必要时浙大可迁,但希望赴贵州。

1938 年 7 月 22 日

星期五〔祁阳—桂林〕 晨 85°F,午 92°F。晴。

十点一刻至零陵,即永州。永州专员公署秘书易肇基(铸僧)系益阳人,熊亨灵(先毓)之同乡,得熊介绍往晤,询东安状况,渠为打电话至东安询县长许松圃。据云,前清东安人席楚霖曾为少保,在芦洪司及塘田市(属武冈)均有大屋,可居数百人。近有私立濂溪中学拟迁往,如浙大需往,即须与芦洪司席氏子孙接洽。塘田寺有屋十幢,每幢三间。出至附近南京迁来之工兵学校晤毛漱臬教官,并询张哲民。

1938 年 7 月 23 日

星期六〔桂林〕 晨 85°F。

十点教育厅邱昌渭(号范我)来,商及桂省可迁大学地址。据云,南宁省府已拨归军医学校,惟宜山即庆远尚有标营,足以敷千人之用。未几君武来,又仲揆亦来,皆以电话通知者。在仲揆处得章诚忘转来振公、鲁珍电催回,并云侠病痢未愈,或因校中离别太久,故催归也。

1938 年 9 月 11 日

星期日〔泰和〕 晨晴,78°F。

七点半至大原。今日莒谋等出发赴衡阳,施昭仁随往,驻扎桂林,赵仲敏驻扎衡阳。

1938 年 9 月 12 日

星期一〔泰和〕 晨 78°F,(?)83°F。

八点至大原书院。接刚复电,知桂省府已拨宜山标营与本校。下午又得宜山九日李絜非电,知标营团部已迁移,正在着手修缮。学生、教职员去宜无问题矣,心为之大慰。

1938 年 9 月 18 日

星期日〔泰和—衡阳〕 晨 80°F。晴。午后雨。

晨六点起。时天方黎明,即收拾行李。因车小,行李不能悉带,除上月廿三已由校中迁眷委员会运去十件外,今日又托鲁珍于校中卡车赴宜山时再运十五件,随身只能六七件而已。梅、彬、宁三人及胡太太与琦同行。乔年、馥初等十八人一行乘卡车亦于今日出发。四号车于八点启行,因拟赶衡阳,故在吉安并不停留。振公、鲁珍、诚忘均在泰和送别。

1938 年 9 月 26 日

星期一〔宜山〕

九点絜非来,偕刚复往东城文庙、湖广会馆及岳庙,三处地相比邻,有房屋八九十间。文庙系被服库,正在迁移;湖广会馆办交通训练班,于二个月后始可交出;岳庙在建胡文虎小学,建筑费七千元,由学校贴还此数另建。出至东门外标营,遇株州厂实习学生孙士奇等,知株州机厂于上月廿二、三被炸,损失极大。标营前有操场,大五十余亩,面临龙江。现政府费十余万将石凿〈去〉,拟行轮,由柳至宜可达怀阳云。次至隔壁农场,遇白汉熙及场长叶君。

1938 年 10 月 5 日

星期三〔宜山〕 雨。晚霁。

上午九点嘱徐芝纶、吴馥初、张荩谋及刚复、絜非与滕和卿谈宜山房子分配事,决定先造礼堂(与膳厅两用)、图书馆及住四百人之宿舍,第二步造教室与实验室等,并派徐仁骅赴柳州购办木料及椅桌等。……三点至余在宜山所赁屋西一街 32 号广安西服铺内,房东郭姓,系宜山金库库长,因怵于敌机,避难下乡,故愿出让,但价奇昂,只二楼二底索月租五十元,且须押租 150 元。四点半至庆远中学,晤教务长苏达及校长裴邦佐,知柳州、桂林近有疏散学生之命令。在寓晚膳。膳后八点回乐群社。

1938 年 10 月 12 日

星期三〔宜山〕 晨 79°F。

晨九点偕吴馥初、林汝瑶、滕和卿至文庙及标营,指定课室,并决移女生于文庙西庑。

1939 年 3 月 19 日

星期日〔重庆〕 阴,时有微雨。53°F。

五点吴士选来,余告以浙大将迁云南建水,以交通工具与房屋均尚有办法,入黔则二者均无着落为言,请其与陈立夫接洽,并约期会晤。

1939 年 3 月 21 日

星期二〔重庆〕 上午阴,下午晹。晨 53°F。

至川东师范晤吴士选、陈石珍,询浙江协款。据云,部中已决计由拨浙省款项中扣除。关于迁校问题,吴等已为余约于今日下午六点晤陈部长立夫。……六点晤立夫于其寓,渠伤风不能下楼。谈及浙省协款、浙省设分校及迁移问题。关于迁移,渠主张不动。

1939 年 3 月 22 日

星期三〔重庆〕 晴。晚 60°F。

十一点至教育部晤吴士选,告以昨与立夫谈之结果,谓渠虽不主张迁移,但若有迁移必要时,将来有不得不入滇或黔之势。

1939 年 3 月 25 日

星期六〔贵阳—平越〕 晨阴,晨 47°F。昨晚雷雨,今日晴。

偕唐臣至平安。据湛溪云,织金为丁葆桢故里,菜馆所称宫保鸡丁即以丁著名也。谓其地出鸦片,年三千担,每担五千元,可值一千五百万元,故其富甲于全省云云。〈至〉餐馆晚膳,到谌湛溪、何术、鲍志澄、杨静志等。唐山〈交大〉课室为平越中学,屋尚新而适用,有教室 12 个,宿舍学生住两级小学,屋亦整齐,但均嫌小耳。平越城仅五百户,但街道甚宽,粮食亦廉,每百斤米六元。谌湛溪怂恿浙大迁织金。

1939 年 3 月 28 日

星期二 日中阴,晚雨。62°F。

四点开行政会议。关于迁校问题及校舍置配问题有所商讨。

1939 年 4 月 8 日

星期六 晨阴,62°F。P751。桔子、柠檬花盛放,柚子亦将开花。据周承澍云,广西油桐开花,四川初出苞,而贵州全未。四川油菜花落,贵州正黄,而广西将收子矣。

八点开校务会议。到卅人,决定迁校,拟定云南建水,即日筹备。散会已侵晓二点矣。

1939 年 4 月 9 日

星期日 晴。晨 66°F,P748mm。晚 748mm。下午四点微雨。

八点一刻至校。……派冯言安、程耀椿、张孟闻、张晓峰、吴馥初、梁庆椿、雷宾南、沈鲁珍等为迁校委员会。

1939 年 4 月 10 日

星期一 雨。晨 66°F。P747。

作函与吴士选、张梓铭,为浙大将迁云南建水事,并电教育部,同时亦去一呈文,均交周承澍带至桂林,由飞机递往重庆。

1939 年 4 月 13 日

星期四 雷雨,天将明时大雷雨,晨 64°F。P745。日中雨。

午后四点开迁校委员会。因教育部电未到,故目前暂时不能进行迁移事务,但可各方询问,如各教员所需之房屋及询全曦堂以建水木器之价目等。开会时到雷宾南、张孟闻、程耀椿、梁庆椿、吴馥初等。张晓峰、冯言安二人告假。晚费香曾来。

1939 年 5 月 15 日

星期一 晨阴 76°F,746mm。午 84°F,晚 82°F,744mm。

八点一刻至校。接教育部公文,准本校成立农化系,又于暑期中迁移入黔。

1939 年 5 月 17 日

星期三 晨阴 74°F,743mm。茉莉开花(寓中盆花)。Jasmine 茉莉来自波斯南方,草木状,称为耶悉茗,又称素馨,香片茶即加此而成。

三点至校开迁校委员会,决定于乔年、亦秋返校后派人去黔。

1939 年 6 月 2 日

星期五 雨。晨 75°F。744mm。

午后四点开迁校委员会,迪生报告去渝之经过情形,以大体而论,赞成湄潭。桐梓专员刘千俊极赞成湄潭。赤水则以治安不佳兼之公路一时亦不能通,天气又热。程耀椿主张在威宁,该处交通甚方便,但是否适宜,非一往视察不可。六点散。

1939 年 6 月 12 日

星期一 由贵阳至遵义 晨阴。晨 64°F,667mm,1200m。晚 72°F,遵义 1000m。

余等于下午一点三刻至遵义,即至平津馆中膳。此处陆军大学及外国语校学生来者颇多。三点半至县政府晤县长刘慕曾及专员刘千俊叔侄,即与孟闻及刚复及〔于〕县政府下榻,托督学夏禹平觅轿子四顶于明晨赴湄潭。晚膳在县署,刘请三科科长陶昌隆(武高毕业,与蔡绍牧同班)、张杰孙同席。据刘县长云,遵义人口六十万,每年田赋六万,出壮丁往前方者近二万人。出产以稻米为主,玉蜀黍次之。出口则有柞蚕与白木耳。柞蚕于嘉、道时代称极盛,近来以鸦片遍地〈而〉几绝迹,至民廿六年,刘始再谋复兴。去年出产值三四十万元,本年亦可百万元,较之前清则远逊矣。白木耳亦生于柞树上,树如碗大,每年亦可百万云。

1939 年 6 月 19 日

星期一〔贵阳〕 晨阴,晚晴。晨 71°F。晚 75°F,1230m。

晨五点咳嗽颇剧。七点起。王克仁及曹刍来,曹现为新闻办之安顺国立中等师范学校校长,由英庚款出资筹办者。早餐后曹、王别去。偕刚复、孟闻至省府晤周寄梅,周对于浙大迁黔之运输问题极悲观。谓农本局借五十万元与西南公路局购车辆,原期可以尽农本局之件先运,但过去西南公路局只为运二三千吨,尚有二三千吨在沿海未能运入内地,长沙尚有三四百吨衣料亦未能运入。红十〈字〉会近向英国购四乘烧煤汽车,载重四五吨,不用油可省维持费至 1/20。省府亦购二乘,八月可到。次晤郑道儒,谈及省方补助,据云吴主席所允之一万元当无问题,但欲增则不易。美国公使 Johnson 于十四〈日〉过贵阳,认英苏协定甚难成立。在省府遇刘千俊、刘慕曾等,谓绥阳房屋虽少而地亩较多。余嘱彼等催路能早筑成。绥阳、湄潭二地,只要有屋宇、地段均可,惟先决问题为运输入黔耳。

十二点至太平洋餐室应彭百川等之邀,到蒋伯谦、王冠英、刘启烈。刘系贵阳湖南省银行行长,而王则为本届参政会议员也。三点至财厅晤王惜寸。四点至贵州公路局晤陈汝善、姚局长,据云运件自贵阳至遵义或都匀可有办法,因有四五十辆运盐车可以装载也。运费客〈车〉自六寨至遵义每车四百八十元,载二十人货车自贵阳至遵义 201 元重二吨云。五点至罗文刚牙科补右下 Incisor&1st Premolar。

1939 年 6 月 22 日

星期四〔贵阳〕 阴。晨 72°F,1230m。午 78°F,1230m。

晨六点一刻起。七点半至省府。偕刚复、孟闻晤主席吴达铨（鼎昌），渠年不过四十五六。谈及浙大校址，渠亦赞成湄潭，谓其地文化尚高，物价廉，而交通虽便，不在大路上，惟运输亦无办法。谈至黔省状况，渠以为黔省并不穷，惟乏人力开发而已，故贵州问题首在人口与人力。次谓自交通便利后，黔省将失其重心，因以后去滇者不必入黔也。此说余颇疑之。谈一小时半，出至财政厅晤王惜寸，谓黔省廿八年度预算为九百万元，其中央津贴以鸦片捐四百余万，连其他合六百余万元，对于浙大迁校，补助一二万元终可商量云。次至西南公路局晤王世坼，谓乌江桥由法国公司包造，预期明年二月可成。车运方面，允于日内估计一时间运费表交来。次至中山路 159 号兵工署办事处晤杨处长，商车运。据云只西南公路处宋子良或有办法。又谓现国内有汽车 7000 辆，加所购一万辆，以用半数，计 7500，每日用 20gallon 即十五万 gallon，即 300 吨也。现进口由安南到同登只能装一百吨一天，滇越装三百吨，合不过 400 吨，全数运油尚不够，故三五月以后，油将成大问题云云。

1939 年 6 月 24 日

星期六〔贵阳—都匀〕　阴。晨 74°F，1240m。晚雨。晚都匀 82°F，968m。

八点别贺壮予，偕刚复及孟闻乘四号车自贵阳招待所出发回宜山。

1939 年 6 月 26 日

星期一〔河池—宜山〕　晨阴。晨 82°F，河池 460m。晚宜山 88°F，340m。

八点别陈方之及招待所乐俊德君，偕孟闻、刚复出发回宜山，马路路面甚坏，未曾经具体之修理。昨据陈方之报告，谓三江口与怀远渡均有六七十辆车子，但余等至三江口（64 公里）及怀远（距宜山 20 公里）均不见有车辆，随到随渡。

于十一点抵宜山。

1939 年 8 月 29 日

星期二　晴。午晴，晚六点 87°F。

晚八点张孟闻、晓峰、洽周、左之等来，渠等以宜山警报众多，故又主张迁黔。余则以迁黔交通困难，事实上所难能，故只能积极进行小龙江建筑。

1939 年 11 月 26 日

星期日　晨微雨。北东北风。晨 6h50°F，1013mb。午 52°F，1011mb。天阴。A. st.

学生代表虞承藻来谈学生会活动、工作及膳贴，最后问及企沙上岸南宁危急，学校善后处置。余谓学校曾〔仍〕继续从前计划，预料寇虽得南宁，并无北上企图，盖其目的无非欲切断国际交通线而已。……七点在寓开行政会议，到刚复、荩谋、姜伯韩、振吾、壮予、诚忘及季梁，蔡邦华最后到。决定目前照常上课，小龙乡建筑继续进行；俟敌人进占宾阳时始停课，书籍、仪器等不得已时即留存小龙乡，女生由校车送至相当地点，男生步行。

1939 年 11 月 27 日

星期一　雨。下午阴，晚微雨。晨 50°F，1010mb。晚 52°F。

晨六点起。七点至校。张孟闻及苏叔岳来，均云学生自治会于七点在标营开会，讨论迁移问题。十点余至标营，原定请李凤荪讲"害虫之重要"，但以时局紧张，改至下星期一。余报告昨日行政会议所议决各条，即照常上课，俟敌过宾阳后即出发赴黔。并述南宁与宜山相距等于沪宁,宜山与宾阳相距等〈于〉沪杭。南宁之易于失落由于我军之疏忽,因师长、军长均不〈在〉场,而目前则夏威在宾阳、蔡廷锴在武鸣,指挥有人。且已调大军前往阻塞,决不致于短期内有危及宜山之事。余报告后,一般学生即欲自治会主席虞承藻召集自治会重开会议,且不许到会教职员离室,余等即坐定。虞承藻报告学生自治会议决案五条,其中二条,一为立即停课,一为筹备迁移,要余即答复。余谓,立即筹备迁移并无冲突,因过宾阳即须出发,不能不立即筹备,惟上课则须照常进行。关于迁移何地点与时间问题,可由校务会议决定之。

1939 年 11 月 28 日

星期二 晨雨 50°F,1004mb。云极低。午 52°F,阴雨,1006mb。

午后一点半至校。四点开临时校务会议,到会员卅二人,讨论应付时局问题,议决迁校,立即筹备。由校派筹备委员会七人,余派定张晓峰、吴馥初、梁庆椿、贺壮予、胡刚复、李振吾、蔡邦华七人,由委员会定紧急处置办法,于敌人侵入武鸣、宾阳线时实行。通知各系将图书、仪器分为紧急与不紧急两部,不紧急者先行起运。对于学生自由停课表示痛心,嘱训导长纠正。直谈至十一点始散。学生自治会虞承藻等请求旁听未准。余离会〔时〕代表十一人尚在外相待,询会议消息。余告以会中已授权姜伯韩训导长转告会中经过。

1939 年 11 月 29 日

星期三 晨阴,日中晴。晨 51°F。

六点开迁校委员会,到晓峰、邦华、刚复、振吾、壮予、庆椿、馥初,及余与马裕藩,余主席。决定派晓峰、振吾二人至贵州独山、都匀、瓮安等等地方,觅得 150 间房屋可为暂避之所,二人有全权决定。派刚复至长安、三江、合江等地,探运行李之路线。教职员家属及女教职员、女生由学校派车运送至相当地点,由黔公路局接送。

1939 年 11 月 30 日

星期四 晨阴。八点雨。晨 51°F,1013mb。晚晴 52°F,1011mb。

晨六点起。七点半至校。在阴雨中仍有警报。余知敌人目标在于宾阳、武鸣,决不来宜山,故亦不动,继续作函与允敏述浙大又决计迁移之事。晨余招叔岳来谈,知学生星期一开会时,二年级学生曾有少数人拟假纪念周包围余,即日停课迁校,否则辞职。后以余在会场之态度虽和平而极坚决,故未能贯彻彼等之主张。昨开会二年级多数学生仍不欲上课,以三、四年级学生力争得以通过。但二年级生仍有二星期后必须罢课出发。至于学生对于伯韩反对更烈,因伯韩作事极为积极也。张荩谋来,余告以昨日迁校委员会议决各事。伯韩来。

十一点回。虽在警报声中,余与士楷仍在家中膳。膳后余往校中,第二〔次〕警报解除。学生代表虞承藻、沈自敏来询迁校委员会进行状况。余告以校中已请梁庆椿、周厚复、王劲夫、胡建人、姜伯韩五先生为指导学生迁移组委员,积极与学生以接洽与指示矣。

1939 年 12 月 1 日

星期五 晨雾。晴。晨 48°F,1011mb。

晚振吾、晓峰、洽周、王培德、刘之远、叶左之等来,又学生代表叶自仪、刘守绩、姚文琴及一年级新生若干人,均为迁校事。余允在学校可能范围内可用汽车送女生、女教职员及教职员眷属。

1939 年 12 月 2 日

星期六 晴。晨 52°F，晚 56°F。

五点开行政会议、建筑委员会及迁眷委员会联席会议，到刚复、蔡邦华、姜伯韩、季梁、荩谋、洽周、壮予、馥初、梁庆椿、王劲夫等诸人。建筑仍照原议，新美西与吴中记已建屋架者继续完成，余则缓建。汽油尽量购买，现价为十元至十一元一加仑，悔不于从前五六元一加仑时多买二三千加仑也。现校中只有五百加仑而已。次讨论新生入学问题及应付紧急问题等。

1939 年 12 月 4 日

星期一 晴。晨 49°F，1011mb。午 60°F，晚 56°F。

蔡邦华及舒鸿在寓相候，谈雇汽车赴贵州，由阿根介绍得一车，至都匀需 1550 元，载重二吨半。适叶自仪来，为载四年级学生行李需汽油事。壮予来，知指挥部消息，谓武鸣与宾阳已陷落云。未几陈炎盘（圣生）亦来，谓得西南公路局工程司周汝潜消息，谓宾阳已失落。

1939 年 12 月 5 日

星期二 晴。晨 50°F，1010mb。

余徒步赴九龙洞黔桂路局，一小时到达目的〈地〉。与侯家源谈，知局中有船四十艘，大者可载十吨，中者可载五吨，至柳城下水 16.20 元，三天可到。回空之船赴柳城者浙大可以利用。至于汽车则因路局走向与校中同，故难利用。渠并允为修理校车。三点回校。

五点开行政会议及迁校委员联席会议，到刚复、邦华、劲夫、梁庆椿、洽周、伯韩、荩谋、壮予、馥初、振公、诚忘、季梁诸人。议决职教员月薪在 100 元以下者，迁遵义、湄潭单身给津贴 40 元，带眷 80 元；迁都匀、独山单身 10 元，带眷 20 元。男生步行者，贷金生各给廿元（湄、遵）与十元（独、匀），其余学生亦可请特贷金。女生有学校车送，贷金生免费，非贷金生公路局半价。职员押送仪〈器〉每人给 150 元水运，押车则免费送达地点。教员薪水在 100 元下者得预支十二月份薪水。课程于本周内告一段落，下周起另排课程表。派刚复至罗城、大河。散会已十一点半。

1939 年 12 月 7 日

星期四 晴。

七点至校。作函数通。吴馥初来，知渠明日亦将送眷赴独山，同时走者尚有黄羽仪、梁庆椿、陈鸿逵等。据蔡邦华来报告，谓农学院已几于不能上课，单身教职员如王云章等亦去都匀，学生方面对于贷金数目至都匀、独山只十元认为不足，因鞋、帽、袜等需钱已多，而费用每日七角尚嫌不足。但以余度之，学生最大问题尚在行李也。黔桂路局送来柳江运输报告，现已决定派杜清宇先生主持水运，故余即交与杜君。水运自宜山经柳城、长安、三江、榕江（古州），三合登陆至都匀，据现估计每吨需二百五十元，如由车运则须八百元，相差三四倍之谱也。

晚五点开迁校委员会及行政会议联席会议，决定旧杂志及重要仪器雇利通公司车运黔。该公司有车 15 部，价至都匀 1513 元，到贵阳 2250 元。共有车十五部，水运同时并进。在此时适二年级生朱祖鳌来，谓据柳州宪兵队马队长来谓，武鸣已于三日失落，宾阳四日失落。余电韩平夷，不能证实，但谓武鸣我曾一度退出而已。又谓蒋有命令，武鸣、宾阳线不必坚守云云。余等讨论至学生贷金问题。学生请求 41.90，其中挑力 18 元，而会议中只准 15 元，行李水运约费五六元之数，学生不满。渠等正开大会，由刘守绩报告大会，嘱全体来工读学校。

未几虞承藻率学生约百人来,秩序尚佳,但其中有孙祺荃等数人出言无理、形同要挟。余嘱彼等外出再讨论。结果给与公路局车资(都匀 24 元左右)而散。

1939 年 12 月 8 日

星期五 晴。晨 50°F,午 62°F,1003mb。

上午八点至校。接朱诚中自都匀电,谓齐学启介绍旧黄平可容本校。得振吾三电,谓都匀南 28 公里之墨冲地方有小学一所并余屋共七十间,又都匀南五公里之良亩地方有小学一所,可容一年级云云。但只能住人而不能上课,且房子亦须修理。

1939 年 12 月 9 日

星期六 晴。午 64°F,1003mb。

下午五点余开行政会议及迁校委员谈话会。

1939 年 12 月 10 日

星期日 晴。午 63°F,晚 60°F。

八点至校。开迁眷委员会,到蔡邦华、陈鸿逵、赵〈 〉、钱琢如、孙祥治诸人,推蔡邦华为主席。大部眷属均已迁都匀、独山,留者只 24 家而已。

1939 年 12 月 11 日

星期一 晴。晨 51°F,Ci. cu 风向 S。晚 58°F。

七点半至校。接振吾、屠达、晓峰等长电及函,知渠等在贵阳亦得宾阳、武鸣失落〔消息〕,并有二日宜山被炸消息,乃长安被炸之误传也。振吾等于十日去湄潭。同时接蔡作屏来函,谓遵义有屋足容浙大,因师范学校可以迁移而子弹库亦可让出云云。湄潭则已有中央机关,尚余之屋甚少。而湄潭县长严溥泉则来函要校中派人前往接洽。

十点作纪念周,余作简单报告,谓一年级已定暂在墨冲,预期于一个月后能开课,并谓本星期起概属自由上课。二、三、四年级已上二个月之课,上礼拜告一段落,而一年级新生则尚未上过课,故不得不从速觅定点。二、三、四〈年级〉拟在遵义或湄潭。讲半小时即散。余又谓近来两次包围,一为迁移校舍,一为增加贷金,均属无聊之至。因无此包围,同属一样结果。浙大势在必迁,而原来校中所拟津贴办法,即每人步行者各十五元,再加二十公斤行〔李〕由校中负责运输,实不亚于目今得一西南公路局之票价也。现在学生得到票价而失去人之同情,亦大不值得矣。

1939 年 12 月 12 日

星期二 晴。晚 58°F,1010mb。市上橘子红且多。

十点半至标营,晤有病学生陈延富、彭凤廷。渠等以校将迁颇恐慌,余慰之,谓校即迁,余必设法为彼辈安顿。据王医(王禹昌)云,彭尚可行动而陈则以肺病过久不能走远路,但彭亦尪瘦不堪,殊可怜也。在标营中膳。膳后至武汉〈测候〉所,遇曾广琼。回。钱琢如来,谈及王禹昌医生来而周仲奇去主任〈职〉,周颇不平。余谓朱诚中假校医地位而作药房营业应停职,但周名为主任而事实不负责,故应去主任职,如能周、王二人能负起全校职务,则朱即停职,朱去,陈炎盘亦必走,因二人系连襟且同为公务员而营业也。

晚五点开迁校委员、行政会议联席会议,到荩谋、邦华、劲夫等诸人。报告派舒鸿等为六寨临时办事处主持人,胡建人为代理一年级主任,并决派许侠武前往墨冲。至八点半散。

1939 年 12 月 13 日

星期三 晴。晨 50°F,晚 53°F。

今晨第一批船载仪器赴柳城转长安、三江。晚第一批书籍装上汽车二部。……中午遇刚复自罗城回,极言罗城四乡之佳,谓罗城有六百户,而北乡黄金龙岸寺门诸垆,其富庶皆过城内,全校移往可以上课。余以迁校为已决之事,往罗城不过为危险时万一之计而已。

1939 年 12 月 14 日

星期四 晴。晨 48°F,午 55°F,1009mb。院中石榴树叶尽落,桂花又开。

五点开行政会议、建筑委员会谈话会,决以墨冲或瓮安为一年级集中地点,请胡建人不日赴黔。事务许侠武今日已动身。

1939 年 12 月 16 日

星期六 晨阴,A.cu,下午晴。晨 52°F,1009mb,晚 56°F。

十一点至标营。因姜伯韩昨接家函,谓部中对于浙大迁校不甚赞同,以为日人不能深入,故今日余作长函与吴士选,并令伯韩作函与陈立夫。……接乔年电,知墨冲房屋一年级勉可敷用,即电齐学启,嘱缉私营让屋。接屠达电,知校车已为振吾等坐往遵义矣。晚五点开行政会议、迁校委员联席会议,决定一年级在宜山上临时课。八点余散。

1939 年 12 月 19 日

星期二 晴。晨 52°F,1010mb。午 56°F,晚 56°F。

七点至校文庙。送别胡建人往都匀,舒厚信赴六寨。校中今晨有三车仪器载都匀,每车价 1500,可称贵极。余以王政声所赠之二白鸽交建人带都匀。

1939 年 12 月 22 日

星期五 晴。晨 54°F,晚 58°F,1010mb。

八点方欲至工读学校,至办公室门口即有警报。余至文庙与王劲夫、王师羲等谈移时,钱琢如、佘坤珊来。因拟一电稿与晓峰,嘱其至渝接洽教部并索款。……五点半晚膳,闻警报声,时天色已将黑,有 A.cu 云而月不甚明。刚复来,渠主张校迁融县,以迁遵义则费大,所有学校之存款将用罄,故不如移地较近。但融县决不能容浙大,且地亦过近,警报频仍,不能安居。

1939 年 12 月 23 日

星期六 晴。晨 53°F,午 56°F,1010mb。

晨六点起。七点至校。遇叶克勤等方待车欲发往都匀,余交以士楷及胡建人函,及十二月份《科学画报》交与士楷。今日有汽车七部出发,载约 180 箱左右。有三车车价 1200 元,余四车 1500 元,迄今运往都匀共十六车 405 箱,费 23,204,即每箱须 $57.3。截至现在止,连汽油 5600 元、水运 1000 元、车站 2900,又胡建人带 3000,汇李振吾 5000,共费 38,600 元,而尚有一千二百箱未运出。以上四万元乃自新到建设费八万中开支,余四万寄浙东分校。校中现款可作迁家用者尚有 26 年度建设费二万、高工初农 38000、技术合作 9000、中英庚款 18,000,共八万五千。而教育部应拨未到之款则有机械、化工两班合三万元,师范膳费等 25,000,合 55,000。但此十四万元之数,亦不能将全部学校搬往遵义,故不得不留一部仪器在宜山也。

7:15即有警报。十二点解除后回寓中膳。二点至校。3:35又有警报,未五分钟即有紧急警报,偕佘坤珊、钱琢如至河边。4:20有敌机九架过宜山。六点始解除。晚开迁校委员会及行政会议联席会议,决定请刚复、振吾、邦华三人为遵义新校舍筹备委员,即日赴遵。又吴中记依照原合同建筑十七座教室。九点散。

1939 年 12 月 25 日

星期一 晴。晨50°F,1010mb,A.cu薄。N缓。晚53°F。

七点至校。接振吾廿三电,知青岩乡村师范屋已被教厅支配为别的用途,故一年级之屋又落空矣。9:55有警报。余至标营,偕壮予同往,遇佘坤珊、张苤谋诸人。

1939 年 12 月 27 日

星期三 晴。午59°F,晚54°F。

午后又接部中电,谓战局转佳,暂可不移云云,乃十六所发电。三点余偕叔岳、壮予、伯韩、邦华等至江边,未几警报解除。余告伯韩以其将赴重庆,嘱报告浙大之所以不得不迁,以及余于明春三四月一俟遵义迁定以后必去浙大而回气象研究所。

1939 年 12 月 28 日

星期四 晴。无片云。晨47°F。

晨六点起。往西门外车站送蔡邦华、季梁、伯韩赴都匀转遵义。伯韩恐一去不复回矣。走县署前有警报,余仍出外,至车站不见蔡、王诸人,以为车已开行,因彼等定6:30启行也。后知车在站内,余未得一面,怅然回寓早餐,整理箱子。八点解除,赴办公室。9:30又有警报,10:10紧急警报,乃至河边。十一点回寓中膳。

午后二点至校。五点开行政会议迁校委员会谈话会,决定向部请款为运费,计仪器、书籍廿五万,教职员津贴二万,学生四万五千,合315,000元。八点散。偕壮予至西二街广西高等法院晤院长张达材,询其关于吴中记半途弃未成之建筑而走之事。彼以为如校中欲中止建筑,应予吴中记以赔偿;如校中欲完成建筑而吴中记潜走,则屈在吴中记,可向其劝告,劝告不听可由省府拘留云云。别后回寓。杨耀德来,余请其往柳州,因闻军事委员会西南公路处有车数百部,由柳运物赴筑,可以搭学生,每车三四人,则可以解决运输问题矣。因主持人为吴琢之故,托杨君往,以其素旧也。九点半睡。

1940 年 1 月 2 日

星期二〔宜山〕 晴。温度晨50°F,午60°F。气压晨七点1011mb。CK。

晨六点起。七点至校。作电数通,即有警报,余至江边一走。得吴士选函,知部中对于浙大迁移非得广西省主席黄旭初等之谅解不可,因此余之桂林之行乃不可缓矣。俞念慈因与壮予闹意见,决计辞去。但电丁祖炎来宜山,浙东分校因会计楼可成告假结婚,丁遂暂不来。虽已二次去电,但尚无复,而俞以重庆已觅得一事来电催促,又不得不去,故天天催交代。余觅陆缵何、戴宗岳,均不愿暂代。最后遂拟以姚寿臣暂代。

下午接侯家煦电,知黔教育厅不允借遵义师范校址,而子弹库尚无着落,因此遵义尚无一间屋可以靠得住,可称焦急之至。请章恢志接洽农本局车辆。又杨耀德自柳州回,报告接洽西南公路处车辆。五点开迁校委员会,至八点半散。

1940 年 1 月 3 日

星期三 由宜山至桂林。晴。温度晨 51°F,晚八点 56°F。

晨五点三刻起。漱盥后六点一刻宝兴开车来。徐谷麒、勇叔颐及简直三人同行。余稀饭后即上车,时在 6:30 分也。四号车虽经黔桂路局之修理,但 carburetor 化油器仍不灵,一停即不能发动,须各人下车推之始能动也。9:30 至柳州,至交通大旅馆晤杜清宇。适杜已回宜山,遇胡凤初。10:00 复出发。一路甚平顺。过三门江及雒容渡均未等。雒容桥已造成,汽车、火车均可走。柳州、桂林间已通车,惟不卖客票耳。闻通车始于十二月廿四。十二点半过榴江,至离荔浦 38 公里处,在三江附近闻机声。余等停十分钟又前进。

至 1:30(下午)在荔浦旅宾饭店中膳,吃"一鸡三位〔味〕",即一鸡作三小菜也。时警报尚未解除。荔浦水果多而价贵,橙子三角一斤,柿饼 50 一斤,金橘 40 一斤。大抵系欺过路人也。阳朔附近均有橘。4:00 即至良丰,至科学实验馆,见屋已造就,长九十尺,费六万元而已,但内部尚空无所有。至仲揆家,在此别谷麒,遇王恒守及其夫人,即东大学生秦素美也。未几仲揆及夫人回寓,其夫人又以余与允敏之婚期为问。余告以浙大方事迁移,未能定婚期也。仲揆闻教部电黄旭初以浙大事相询,亦颇以为怪。四点半复出发。谷麒介绍一湘乡王女士同车入城。

5:00 至桂林环湖酒店。王女士告别。余寓 19 号。六点出至城中,知三教咖啡馆已关门。乃至乐群社,适黄主席宴请孙仁林等。至七点出。散席时余与黄主席□,渠允于九点过余寓相谈。在乐群社遇教育厅朱尧元。八点回。九点黄主席至环湖酒店谈一小时。余先述浙大须迁校之经过,并述小龙江屋可送给省府。渠对于浙大迁校并无意见,允电教部将余意陈述,并催宾南至宜山。

1940 年 1 月 6 日

星期六〔桂林—宜山〕 晴。无片云。有霾。晨桂林 50°F。晚四点宜山 65°F,气压 997mb。一路油菜开花,豌豆亦有开花者。

晨六点起,即检理行装。七点简家纯乘四号车来。遂别简,自乐群社出发。一路甚平安。今日天气仍佳,草上未见霜,似较来时为热。自桂林经荔浦至柳州沿途田野中均荒废。广西天气虽不冷,而冬季不种麦与豆子,岂因雨量缺乏之故?本冬自十二月一日起迄今未下点雨,空中尘埃甚多。农家此时无事可做,惟近城市间有种菜而已。8:30 至阳朔。本有二处须用渡船,今则均已有桥。永福之公路尚未全通。9:30 至荔浦。此间以出大芋艿著名,亦为水果集中地。购得柿饼三斤,每斤五角;荔枝二斤,每斤一元一角。橘子、金橘亦佳,价较宜山稍贵。柑子 30 ¢ 一斤,金橘 40 ¢ 一斤。雒容附近甲板州之桥亦已造就,故自桂至柳仅雒容与柳州附近之三江口两渡而已。因桂柳段火车已通,故此段之汽车较少。

十二点三刻至柳州乐群社中膳。餐未毕,有警报。嘱宝兴前往觅胡凤初、杜清宇,知均已离柳。遂乘车回宜山。二点至大塘,询车站站长,知曾有紧急警报,但已解除云。

3:30 至宜山。洗去尘埃后至校。阅来往信件,知姜伯韩等已抵贵阳,有强占青岩乡师之意。遵义房屋仍无着落,而屠达、陈剑修等均甚乐观,不可解。湄潭县士绅则来函欢迎。胡刚复已于今日回。渠谓融县兵工厂将迁往遵义。吾校移融县则可利用兵工厂之屋。但该校〔厂〕有物件五千余吨,决非短期内所能移动,且军政部亦决不肯轻易让屋,故晚间开行政会议时均不赞同此计划。

1940 年 1 月 7 日

星期日〔宜山〕 晴,无云,有霾。晨 53°F,午后 66°F。

阅蔡邦华来函,知青岩师范屋教厅已允让,故一年级即可往。

1940 年 1 月 9 日

星期二〔宜山〕 晴,Hazy。晨 53°F,999mb。

七点半至校。接伯韩、剑修电,主张全校移遵义,并放弃青岩乡村师范。对于遵义究有房屋若干,能否敷用,毫未顾及。余等均推想系张孟闻、储润科等已将家眷移至遵义,不愿再迁青岩,故怂恿陈剑翛出此主张也。即复一电,嘱作详细考虑再定。接允中函,知已购得方手表六号方长三针 Doxa 手表一只,费 166 元,由亨达利购得,交由费香曾带来云。十点四十分有警报。余返寓中膳。

膳后过江至武汉测候所晤许鉴明。据云,广西乡村长之弊端甚多,如蓝靛村覃村长以吞没出征军人家应得之谷米数千斤,家中娶媳费五百余元,又买牛三只,为人告发而撤职。此外乡村长之鱼肉乡民者不一而足。自浙大、军校两机关抵宜山以后,每月骤增二十万元之收入,故宜山乡民均蒙其利。宜山乡人在山割草一担可得六七角,柴一担一元五,皆不费本钱。有屋可租人。乡人喜吃火锅,以煮牛肉、牛肚等,凡养犬、牛、豕等皆关闭在屋内云。

二点回校。接姜伯韩等自贵阳来电,知立夫部长已抵黔,迁校事已答允。但剑修抵贵阳后坚决要一年级至遵义,故姜伯韩、季梁等联名来电主张放弃青岩乡村师范。余复电嘱弗放弃。四点洗浴。五点开行政会议迁校委员会联席会议,决定余偕刚复于日内赴贵阳转遵义。关于一月起薪水发八折问题亦有讨论。目前打七折,每月月薪为三万二千四百,若打八折,则要三万五千三百,每月加二千八百,年须三万四。目前经费每月五万三千元。讨论结果,由余主张决定之。余则主张加至八折,因本年教部已预备加此一笔经费也。据俞念慈报告,昨日库存二十五万五千,其中有十二月份薪水约二万五千元,故净存廿三万元。仪器等已运甲、乙重要者 588 箱,共用三万五千元。水运 182 箱。尚需运甲、乙两种 405 箱,总务、教务 214 箱。此皆急须运出者,须二十八车子。丙、丁两种尚有五百箱云云。

1940 年 1 月 11 日

星期四〔宜山〕 晴。晨 54°F,1005mb。晚 60°F。

五点半开行政会议,决议一年级于二月一日前集中于贵阳。自十五起,此间停课二三日,于三月一日前集中于遵义。旅费一年级每人 35 元,二、三、四每人五十元。现在校学生尚有四百三四十人,其中女生五十余人。

1940 年 1 月 12 日

星期五〔宜山—独山〕 晨 60°F。晚独山寓高 1005m,62°F。

八点别余坤山〔珊〕、壮予等,偕子桐、刚复乘四号车出发赴贵阳。……11:45 又出发,一点半过南丹,路仍不佳。15:00 至六寨,在金华饭店遇舒厚信(鸿)。渠与吴士煊在此设站,现寓竣昌旅馆。遇毕业生王义道及学生若干人。

三点半又开〈车〉。在途因上山时车力不足停数次。至六点始抵独山。先至"亦桃源",因已无房间,遂出。拟至吴馥初寓,适遇孙祥治太太,介绍至中国旅行社招待所,得三个房间。余与刚复寓 104 号。招待所主任王德文昔在贵阳曾相识。偕子桐、祥治太太等晚膳。后有学生赵松乔、罗振兴、戴鑫隆、吴汝棠、陈述彭、李汝涛、吴大炘、丁成章、罗汝梅、王章麟等来。余谈迁校近况。据彼等云,此〈处〉警报不多,米每百斤十八元,菜蔬等近逐渐昂贵云。又有化工系毕业生〈 〉来谈迁移柳州、融县〔的〕40、41 兵工厂状况。

1940 年 1 月 13 日

星期六〔独山—贵阳〕　晨阴 55°F。下午晴。

八点偕刚复、子桐出发赴贵阳。……十点至都匀,即至师范浙大办公处,遇陈鸿逵、夏振铎、贝时璋诸人。……六点至贵阳。进南门,至贵阳招待所,偕刚复住 106 号,子桐住 102 号胡建人房。

今晚陈立夫部长在省党部招待贵州教育界同人。七点,余等至党部大礼堂,时方入席。季梁、邦华、建人、剑修均在此相遇,并晤立夫及士选、教育厅厅长张志韩及大夏大学欧元怀等。席间与立夫谈迁校问题,渠对于浙大迁校需款至卅一万之多颇为惊异。余谓只要能设法有车辆,则费可省至二分之一。

1940 年 1 月 14 日

星期日 在贵阳。晨昙。中午雨数点。晚阴。晨 56°F。下午四点 54°F,1040m。

晨七点起。七点半彭百川偕青岩乡村师范校长黄同义即黄质夫来。黄,镇江人,曾在栖霞办乡村师范多年,现将长乡村师范于青岩。去冬改成国立,以收苗民为目的,有学生二百人,拟迁往榕江,以该处苗民较多,且生活低也。青岩房屋家具可以移交与浙大接收,将于明日出发,故今日特来拜访。晨偕至"大路"早餐后,八点半偕黄质夫、刚复至西门外同乐社,邀蔡邦华及陈剑翛赴青岩,遇蔡太太及季梁等。九点半抵青岩,即至真武宫,为乡村师范原址。内有办公室三数间,教室六十人者二,四十、三十人〈者〉亦各二。现已有保育院拟移入,但该院陈院长谓随时可以停止。次至慈云寺,内有三进,可以住三百人之谱,但教厅拟给与此间女师附小,尚当与交涉。青岩昔为县城,故有城墙,但今则成贵阳之一镇,生活程度与贵阳相若,学生膳〔费〕每月须十元,乡师学生吃八元一月觉太苦,故亦为移动原因之一。

在天津第一馆中膳。膳后至赵氏宗祠方言讲习所(住通讯兵团)、赵公专祠(内有中心小学、卫生事务所等)及彭宅(前盐务稽核所)等处。内以赵公专祠为最大,但已为三四机关所占,不能利用。赵系青岩人,有急公好义之善。其子四人,一为状元,一为县令,县人德之,故为之造专祠也。二点余偕黄质夫等乘渠车回。与剑修谈青岩之屋勉可容一年级,校具均有,所缺不多,而黄质夫明日即行,必须交出,故决计嘱许侠武于明天来接收。如梧村之屋可用,则放弃青岩亦属易事也。

1940 年 1 月 16 日

星期二 自贵阳至遵义。晨昙雾,46°F,1080m。下午晴。晚遵义 52°F,820m。

晨六点起。七点半至交通银行送陈立夫部长赴重庆。来者有欧元怀、李宗恩、张志韩及吴主席、秘书长郑道儒等。据立夫云,为迁移事部中于救济费项下可拨六万元。余谓此数只作救济学生、教员迁移之用,于搬运仪器则毫无补益也。北大自北平至昆明只用十一万元,但北大无仪器可运,而浙大则有二千箱之设备也。余请吴鼎昌主席能于短期内完成遵义湄潭公路。八点,立夫等出发。九点偕刚复、建人至大什子早餐,遇夏振铎与刘遵宪。膳毕偕刚复、建人至南京路敦仁里财部盐务局运输处晤朱康伯及陈科长,适士楷已先到,遂与接洽回空车辆至都匀接教授事。据云赴都匀之车不多。若有空车,需每二吨 403 元,即每吨每公里 1.20 也。昨士楷挈彬等十一人(七票)及五百公斤行〈李〉须付 280 元,较公路车尚贵卅元。余回招待所。剑修来。

十二点一刻由招待所出发,乘四号〈车〉赴遵义,同行者刚复与剑修。三点半过乌江渡。现因水小,已有桥梁矣。水面高度为 660 公尺,贵阳 1080,扎佐 1380,至遵义则 900 左右。息烽附近雾甚低,过此则又晴明矣。

五点抵遵义。至环球旅馆,遇晓峰、振吾、屠达诸人。据晓峰云,知立夫于中午过此,即赴遵义师范,全城士绅欢迎。立夫即谓此屋甚佳,可让与浙大,而遵师则可迁至梧村。士绅胡宪之等均表赞同。余疑此乃刘县长慕曾之主张也。六点至成都餐室中晚膳。因今日余等未有中膳,故中晚膳合而为一也。膳后至县署晤县长刘慕曾,据云四十与四十一两兵工厂确拟迁至桐梓傅家洞与遵义熊家洞,但刘已嘱在湄潭、绥阳另行物色云。九点半回。

1940 年 1 月 20 日

星期六 在贵阳。晨霠 48°F,1090m。午 59°F,晴,1130m。晚北风。48°F,1060m。

晨七点半起。九点至财厅晤周寄梅不值。遂至禹门〔路〕西南公路局晤莫葵卿。据云,中国运输公司有车十五辆,本拟于运兵至柳州后回宜山为浙大运物件,但将军需运往宾阳,应托后方勤务部部长俞飞鹏打一电报与柳州副线区司令蒋锄欧。又谓西南公路管理局有车五辆,其号码为 5861、5868、5872、5874、5867,于昨出发载水泥赴三江口,已嘱其到目的地后即赴宜山为浙大装载仪器之用,嘱浙大即派人至三江口押车回宜山。余出至贵州公路局〈晤〉陈汝善及汽车修理厂陈玉麟,均未值。中午偕建人、尚志二人赴北方食堂中膳。膳后回。作函二通。

四点偕侯家煦、胡建人至西门外川黔路上八公里处之玉龙山后方勤务部办公室晤俞飞鹏,托其设法拨车运浙大图书仪器。俞一味推诿,谓军用繁重,万无法为浙大运件,劝用水路,由柳州转衡阳,赴沙市,上重庆云云。余谓河池曹营长已允设法,只要俞去函电,渠始允去函。此外对于致电与蒋锄欧亦认为非必要,因不知该十五车现在何处也。

六点回。六点半教育厅张志韩来。余首述遵义方面经过情形,谓浙大并无强迫遵师迁移之意,但前日之事全由陈部长自动。张述遵师之困难,最后谓俟得部令后再谈云云。偕建人等至松鹤园晚膳。

1940 年 1 月 26 日

星期五〔贵阳〕 霠晨。38°F,1000m。

八点半至绥靖公署晤参谋长王天鸣,约其函军政部通讯兵团第三团团长王涛(为生),为迁让青岩方言讲习所驻扎之通讯兵事。该屋原由乡村师范借与通讯兵团者。出至禹门路晤莫葵卿。十点回寓。作函与陈鸿逵,并另函鸿逵转交留都匀四十位同事函。渠等希望校车去接,实际则欲校中雇车送彼等到遵义耳,此事安能办到?若如此则留宜山、独山者亦一例要送到遵义,即已到遵义之人亦全家须发旅费也。何不识大体至于如此!故余决意在宜出发诸教职员单身者一律发五十元,有家眷同行者一律发一百元,并以此意告葰谋与壮予。……六点至交〈通〉银行,时周寄梅、彭湖、叶纪元、皮作琼等适在开会。今晚余请交通界人,到郑熙、莫葵卿、谢文龙、姚思濂、陈汝善、李宗恩及建人、侯家煦与高尚志。菜系交行厨子所办,费卅元,合水果、酒、饭、烟共费三十八元,加小账七元。姚允开青岩及都匀专车,郑则允将宜山仪器悉数运黔。十点睡。

1940 年 1 月 31 日

星期三 在遵义。晨雨 39°F,800m。晚 43°F,800m。雨终日。

九点至老城,刚复等均尚未早餐。十点徒步往城北陆军大学。途遇外国语学校吴光杰,渠有女已考入云南中正医学院习医,未满一学期因畏解剖中途回家,欲入浙大。余颇难之。至陆军大学,遇万耀煌教育长。据〈云〉陆大决于六月移重庆,原校址已由军令部给步兵学校,而子弹库则给与测绘学校。余嘱其将周副军长宅让租与浙大,渠允楼下可让。渠亦认遵义空袭堪虞,谓城中〈仅〉一尊高射炮云云。

十二点回。中膳。膳后至城中看屋。初至老城何家巷,系三楼三底屋,但楼不高,无厨房,且出路坏。索价五十元,无一顾价值。次至文化路玉皇观十号蔡邦华其屋,亦三楼三底,较高大,且为新屋,但蔡已移入。余告以价尚廉,故不愿再迁矣。出至石家堡李姓屋,新造屋,亦为三上三下,但索价八十元,嫌太贵。遂至南门,有潜龙井,城外有胜龙泉,为全城饮水之源也。至南泉寺。三点,余至江公祠,见驻兵未退。办公室只一间,且有职员七八人住在内,实嫌逼仄也。

《竺可桢全集》,上海科技教育出版社,2010 年

抗战以来的国立浙江大学

(1941 年)

孙祥治

引言

溯自抗战军兴以来迄今已逾三载。我人回忆此三年余之艰苦奋斗,与夫所缔造之伟绩,弥觉兴奋感慰。浙大处此大时代中,差能略尽其所应尽之职责,举其大要约有数端:(一)为国家保持元气,避免无谓损失,辗转迁移而不损及课业;(二)迁入内地后,与地方政府及当地民众密切合作,实行大学"亲民"的使命;(三)迭被日机轰炸而愈奋发淬励,国家愈战愈强,浙大愈炸愈勇;(四)大学事业年有推进,举凡院系之扩充,设备之充实,学生之激增,研究空气之蓬勃,黜华崇实淳朴学风之继长,虽在颠沛流离,益复动心忍性,充分表现"求是精神",此其所以在抗战建国之程途中,依时序而迈进也。兹分述之。

迁校之经过

国立浙江大学原在杭州,设文理、工、农三学院及代办浙江省立杭州高级工业职业学校及高级农业职业学校并附设初农部。校址面积占地一千八百余亩;又有林场四区,计一千余亩;农场一区,在湘湖,约万亩,已垦熟者三千余亩;图书仪器二千余箱,重二百余吨。此皆民国十六年创校以来,历年辛苦经营之成果也。"八一三"淞沪战起,杭州空战激烈,浙大设天目山分校,为移置重要图书仪器及一年级生教学之所。二十六年十一月五日,日在全公亭,

金山卫登陆,东战场形势严重,于是西迁建德,租民房假公舍,上课。十二月二十四日,杭州失守,杭富路上战事异常紧张,大学乃举奉令西迁赣南。代办之高工、农职两校遂于此时依教育厅意暂行结束。二十七年一月抵吉安时,白鹭洲吉安中学适放寒假,遂假其地上课,并结束二十六年度第一学期之课业。白鹭洲为文文山先生读书处,景行其地,弥增高山仰止之感。同时,在吉南四十公里之泰和赶修校舍,至二月而迁往。在泰和凡九阅月,对于地方建设及教育文化事业,不无贡献。嗣因赣北粤南,相继闻警,奉令西迁安顺,乃车辆缺乏,运输困难,于二十七年十月暂驻宜山,及至二十八年十一月二十四日南宁失陷,桂南迭受日机威胁,宜山空袭频仍,影响课业匪浅,遂于二十九年二月迁至遵义,而于青岩设一年级分校,一面复在湄潭经营新校址,期于该地作较永久之计划焉。

课业之维持

迁校事宜,备极繁重,且交通运输工具在在仰给于人,按期开课,困难殊多,惟浙大则尽其最大之努力,往往迁抵临时校址后,即于最短期内恢复课业,延长学历,展期考试,甚且取消星期、例假、春假、寒假及缩短暑假以补课,是以每学期上课周数,远超部定限度之上(教育部订颁二十六年度专科以上学校学生学业成绩结束办法,规欲每学期上课时间须在十二星期以上,或并计全学年上课时间须在二十四星期以上),试列表以明之。

年度	学期	学校驻在地	实际上课起讫日期	实际上课周数	
				各学期	各周数
二十六年度	第一学期	杭州	二十六年九月十二日上课 二十六年十一月十一日停课	十六星期	三十四星期
		建德	二十六年十一月十九日复课 二十六年十二月二十二日停课		
		吉安	二十七年一月二十二日上课 二十七年二月三日至九日学期试验		
	第二学期	泰和	二十七年二月二十一日上课 廿七年六月廿二至二十九日学期试验	十八星期	
二十七年度	第一学期	宜山	二十七年十一月一日上课 二十八年三月十一至十九日学期试验	十八星期	三十七星期
	第二学期	宜山	二十八年三月二十七日上课 廿八年六月廿六至七月三日学期实验 二十八年七月四日至八月十五日补课	十九星期	
二十八年度	第一学期	宜山	二十八年十月十一日上课 二十八年十二月二十日停课	十八星期	三十四星期
		遵义	二十九年一月二十二日复课 二十九年四月十五至二十一日学期试验		
	第二学期	遵义	二十九年四月二十九日上课 二十九年八月十九至二十五日学期试验	十六星期	

又见右表,浙大虽迭经播迁,而每学期实际上课之周数,平均在十八星期左右,若加缴费、注册、选课等时日计之,则近二十星期矣。

至于各科实验,虽校舍异常简陋,均能按照预定计划,次第举行。其或因运输关系,仪器迟到,不克如期进行时,则于假期内补足之,是以三年来之教学实验,工作弥觉紧张,诚以大学为探求真理,培养专才之所,人文教育与科学教育俱不容或忽也。

事业之展布

当抗战发动之第一年(二十六年度),浙大文理学院设外国语文、教育、史地、数学、物理、化学、生物等七学系,工学院设电机工程、化学工程、土木工程、机械工程等四学系,农学院设农艺、园艺、蚕桑、植物病虫害、农业经济等五学系。抗战进入第二年(二十七年度),浙大于原有之各院系外,增设师范学院,而将原隶文理学院之教育学系改隶师范学院,复添设国文、英语、史地、数学、理化等五学系。抗战进入第三年(二十八年度),浙大增设文科研究所史地部、理科研究所数学部,并奉令另设史地研究室。文理学院扩充分立为文学院及理学院。农学院增设农业化学系。工学院之化工、机械两系奉令设双班。又为救济东南各省失学青年给予就近获受高等教育之机会起见,特于浙东设立龙泉分校。抗战进入第四年(二十九年度),浙大师范学院增设第二部,及实验中学,而于工学院之电机、机械两系,奉令设双班。至于学生人数,二十六年度仅四六〇人,二十八年度增至一〇五四人,而研究生与先修班学生犹不与焉。其分配情形,略如下表:

院别	系别 \ 人数 \ 年度	二十六年度	二十七年度	二十八年度
文理学院	中文		四	
	外文	一八	三二	
	教育	二四	二八	
	史地	一六	四二	
	数学	一五	三三	
	物理	一二	四一	
	化学	三一	五〇	
	生物	一一	一八	
	计	一二七	二四八	
文学院	中文			一八
	外文			四〇
	教育			一七
	史地			四六
	计			一二一

续　表

院别 / 系别 / 人数 / 年度		二十六年度	二十七年度	二十八年度
理学院	数学			二六
	物理			三二
	化学			四五
	生物			一二
	计			一一五
工学院	电机	六三	一一四	一四一
	化工	四二	九一	一二一
	土木	六二	一〇二	一〇八
	机械	五八	一〇八	一五一
	计	二二五	四一五	五二一
农学院	农艺	五四	八〇	四七
	园艺	一三	三〇	二七
	蚕桑			一〇
	农化	六	一四	三六
	病虫害	一〇	三一	一一
	农经	二五	五六	六一
	计	一〇八	二一一	一九二
师范学院	教育		二〇	三九
	语文		一三	九
	英语		九	一五
	史地		一二	二二
	数学		一三	一二
	理化		一一	〈五〉九
	计		〔七八〕	一五〇
总计		四六〇	九六〇	一,〇五四

二十九年度一年级新生由统一招生录取分发及保送升学者计六五二人,奉令自行添招者计一三五人,另加二年级生四四五人,三年级生二四八人,四年级生一八二人,先修班学生一八人,尚有分发借读及复学生、研究生等,犹不计在内,总数当在一千八百人以上,超出抗战第一年之学生数四倍矣。

设备之现状

大学之事业,既与年俱进,其设备状况,自不能不有所记述。浙大之素旨,不仅注意量之精选,尤特别注意质之改进。是以虽受种种物质条件之限制,教学设备往往远胜于生活设备。其因战事影响,员生流离转徙,一迁再迁,而各项仪器、机器、标本、药物、图书、杂志得能完整无缺者,初非偶然者也。因此迁抵一地,研究实验即于短期间内恢复,其影响于教学效率,实非浅鲜。兹就目前现状言之:教育系有心理实验室。史地系有史地研究室。物理系有普通物理学、近世物理学、电磁学、光学诸实验室。化学系有无机化学、有计化学、物理化学、军用化学、药物化学、有机分析、燃烧分析、高等有机化学、有机定性分析、有机定量分析诸实验室。生物系有形态、生理、细胞、细菌诸实验室及切片室等。电机系有电学、无线电、电报电话、电磁测定诸实验室,并附设无线电台。化工系有化学工程、工业化学、工化分析、定量分析、定性分析诸实验室,并附设制革工场、制纸工场及工业化学制造场。土木系有材料实验室及测量仪器室,并组有测量队。机工系有机工实验室(包括气轮机、内燃机、压气机、测能机等多种设备),并附设金工场、木工场、铸工场、锻工场、汽车修理实习工场。农艺系有谷分类分级室、生物统计室、作物实验室等,并附设农场。园艺系有园艺实验室,并设园艺场。农化系有农化实验室、农业分析室等,并附设农产制造场。蚕桑系与植物病虫害系俱有特种实验室。农业经济系有农业统计室。凡此种种皆为配合教学研究之需要而设置。尚有其他普通实验室及特种研究室,兹不具述。各系复有特辟之图书室。各实验室于原有设备之外,无不逐年充实,最近三年来以增购理科仪器及工场机器为大宗,盖适应时代之需求,不得不分别缓急也。

图书馆为全校精神食粮之储库,二十六年度原有中西文书籍六九,七〇〇册,杂志六,二〇〇册。其后逐年增添。除中文书籍杂志系以国币随时购买暂不计入外。二十七年度增购西文书籍三,一五〇册,西文杂志四七〇册;二十八年度增购西文书籍一,三五〇册,西文杂志三二〇册;二十九年度增购西文书籍五,六五〇册,西文杂志三〇〇册。此皆可为浙大于物质飞涨,经费支绌,外汇紧缩,运输困难之际,犹能勉力供应孜孜努力于学术研究之明证也。

日机之轰炸

浙大于抗战中成长,遭受侵略者之嫉视。二十八年二月五日,上午十一时一刻,日机十八架,侵入宜山上空,在浙大校舍上盘旋,俄顷机枪声与炸弹声齐作,迄下午一时,始解除警报。是日浙大在宜山东郊标营原址之校舍被炸,在四八四,〇〇〇平方公尺内落弹一百一十八枚,东宿舍全毁,大礼堂、训育部、导师室、体育课、园艺系工作室,及新教室,均一部分被毁。学生二人微伤,余皆安然无恙。

当东宿舍起火时,日机偶稍远飏,在附近防空壕中之同学,即齐集抢救,当时勇敢敏捷之情形,有非笔墨所能形容者,是以损失尚不甚重,惟一部分之被服已遭焚如,即由教职员及其他同学争相借用,其慷慨侠义之精神,可谓罕见,惟学校经此次猛烈轰炸后,不得不加以整理,于是停课三日,于二月九日照常上课。

二十八年九月十五日下午二时半,日机八架,轰炸宜山城市,浙大在东城之校舍(文庙旧址)被震坍一角,其中适为物理实验室,内藏教学必需之仪器多种,尤以精制之仪器,多被震损,损失约值国币十二万元。

自被日机两次轰炸后,浙大员生工役对于日机之暴行,无不义愤填膺,而于防护设施,益复加紧训练,侵略者处处暴露其丑恶,适足振奋我人之敌忾精神,此所以国家愈战愈强,浙大愈炸愈勇也。

工作之检讨

关于浙大毕业生对抗战建国之贡献,社会上自有定评,本文姑置不论。兹就校中三年来之课外工作,作一约略之检讨。

(一)关于抗建工作者

战事初起时,浙大在杭州即刊行《抗日导报》,组织防护团,领导浙省民众抗日卫国。迁建德后,出版《浙大情报》,报道抗战消息。尔时有学生四十余人,教导壮丁训练,又有学生十二人,参加东战场游击战。抵泰和后,复有学生十五人,参加各部门战斗,其中十人加入机械化部队,三人加入兵工部队,二人加入化学部队。在校各生亦于同时展开救亡工作,如征募寒衣,宣传兵役,救护伤兵,慰劳将士等不胜枚举。在宜山时益复加紧工作,除举办上述各项外,并曾举行义卖献金及献金公演各两次,募集款项超越历届记录。南宁失守后,又有学生六十三人组织战地服务团,赴迁江、滨阳、昆仑关一带服务,举凡桂南兵站、野战医院等处,无不有此辈团员之足迹,而救护伤兵,唤起民众,激发抗战情绪,实现军民合作,尤为该服务团之最著效率者也。

(二)关于地方建设者

浙大对于地方建设事业之贡献,最著者有三:(1)泰和之堤防;(2)沙村之垦殖;(3)遵湄马铃薯之推广。

(1)泰和原为赣南一小县,地临赣江,每届山洪暴发,江水泛滥之际,月池村、上田村、梁家村一带尽成泽国,居民苦之。浙大迁抵其地后,即着手测勘地形,筑堤防洪,自泰和县城起,至大原书院前转循泰三县道至上田村,再转至梁家村,南山脚止成一弧形,长凡五.二公里,都一万九千市方,筑水闸两处,以节制堤线内外渠道之沟通,阅四月而蒇事。二十八、二十九两年春,江水暴涨,堤防所在,田禾无恙,庐舍安然。

(2)江西可垦之荒地颇多,而泰和为尤甚,浙大迁抵泰和后,亟思有以开发之。于是有沙村示范垦殖场之组织,调查农村,分析土壤,测量地亩,厘定计划,甄选各行业之难民,实行集体垦殖,使耕地沟洫化,农业技术科学化,农民生活合作化,乡村社会组织化,农业经营多角形化,借以增加农业生产,实施新村建设,经营迄今,已历两载,昔之颓垣荒草,今已为欣欣向荣之村社矣。

(3)遵义位于山岳地带之黔北,对于马铃薯之繁殖,最为适宜。浙大现已进行马铃薯之推广,即在遵义、湄潭择定地点为推广之中心区,栽培优良品种,集中推广指导,俟有相当成绩,进而转至其他各处,依次推广以及于全省隙地,盖马铃薯既可为凶岁之食粮,又可为制造酒精之原料也。

以上仅就三年来对于国家社会较有特殊贡献者,约略言之。至若社教之推行,民校之组设,学术讲座之设置,民众知识之牖启,文化水准之提高,乃学校之经常工作,概不具述。

结语

浙大经二千六百公里之"长征",其所获得者为刻苦之精神,坚强之意志,诚毅之行动,是以迭经播迁而物资无缺,历经艰辛而弦歌不辍,屡遭轰炸而益勇敢猛进。际此抗战接近最后胜利之期,吾人缅怀过去,策励将来,凡为贯彻抗战之胜利,奠立国家强盛之新基者,大学实负有相当之责任,允宜倍加努力,以完成其使命焉。

《浙大学生》复刊第二期,民国三十年九月

国立浙江大学黔省校舍记
(1945 年 6 月)

岛夷之患兴,区内俶扰,徙都重庆,学多内移。士陷贼中者,辄冒险阻,间道来归。国家增学校,延师儒,优其廪给,收而教之。由是西南之名都繁邑,僻区奥壤,往往黉舍相望,弦歌之声洋洋。然顾庶事草创,师资图籍,弗备弗精,亦其势然也。当是时,国立浙江大学迁徙者数矣。民国二十九年春始抵贵州之遵义,而别置一年级生于青岩。既而以理、农二院处湄潭,文、工二院留遵义,师范学院则分布两县间。湄潭有镇曰永兴,一年级生复徙居之。盖积时六稔,而以学院名者五,析系至二十有五;以研究院名者一,析部至五。其隶而附者,若工厂、农林之场,中学、小学之属,又不一而足。师弟子之在校者总三千人。其讲堂、寝室、集会、办公、操练、庖湢之所,取诸廨宇寺观与假诸第宅之羡者十八九。故其材不庀而具,其功不劳而集,其新筑者取苟完而已。凡为屋之数,千有余间。其书自《四部》《七略》暨声、光、电、化、算数、农艺、工程之著作,不下五万余册;其仪器以件计者三万;机器以架数者七百有奇;标本都万二千。凡所以安其身,养其知,肄习其能者如此。遭时多故,世不复以简陋见责,甚或有从而誉焉者。可桢窃独忧之。夫至变而莫测者,事也;至赜而无竟者,学也。守先哲之所以明,而益穷其所未至,以应方来之变,犹惧或蹶焉!况区区但袭故迹,无所增进,而谓可与一世角智力,竞雄长,幸存而不替,何其慎欤!校故在杭县,清季为求是书院。院废,为高等学堂。民国十六年易今名。

余乃揭"求是"二字,以与多士共勉焉。军兴以来,初徙建德,再徙泰和,三徙宜山,而留贵州最久,不可以毋记也。故记之以谂后之人。

校长竺可桢
中华民国三十四年六月立

(王焕镳教授撰文,竺可桢删改审定,罗韵珊先生楷书刻石)

国立浙江大学黔省校舍碑记

（二）复员回杭

1. 复员筹划

本校组织复员委员会

（1945 年 6 月 16 日）

依据第四十六次教务会议议案，本校复员委员会业经组织成立。公推五学院院长、总务长、一年级主任及佘坤珊、张绍忠、李寿恒、卢守耕四先生等为委员，以总务长为负责人。

《国立浙江大学校刊》复刊第一百二十五期，民国三十四年六月十六日

国立浙江大学湄潭分部复员会议记录

（1945 年 8 月 15 日）

时间	三十四年八月十五日下午三时
地点	总务分处
出席人	蔡邦华　胡刚复（王葆仁代）　王琎　卢守耕　高学洞
主席	蔡邦华
记录	高学洞

报告事项（略）

决定事项

一、希望回到杭州过阳历年。

二、请校长赴渝随同政府当局先行□杭主持大计。

三、多派干员赴渝（遵、湄、永应各有代表），组织重庆办事处准备随政府返杭布置一切。

四、复员路线取道重庆、上海回杭。

五、员生及图仪集中重庆，估计需要三百辆卡车开行一次，约需汽油一万二千加仑，另需小包车五十辆开行一次。

六、湄潭应成立复员委员分会，拟请校长聘请委员立即组织，委员人选拟定如次，以供参考：

蔡邦华　王季梁　胡刚复　卢守耕　高学洞　朱希亮　王葆仁　苏步青
吴耕民　贝时璋　陈鸿逵　江希明　朱正元　罗登义　王淦昌

七、各院复员计划之工作应立即开始

八、散会

国立浙江大学复员委员会委员名单

(1945 年 9 月 30 日)

(三十四年九月三十日发聘)

复员委员会委员名单

竺可桢(召集人)

张绍忠　郭斌龢　梅光迪　胡刚复　王国松　蔡邦华　王琎

储润科　谢家玉　佘坤珊　李寿恒　卢守耕

复员委员会遵义分会委员名单

竺可桢(召集人)

张绍忠　郭斌龢　谢家玉　梅光迪　王国松　佘坤珊　李寿恒　陈立

苏元复　李絜非

复员委员会湄潭分会委员名单

胡刚复(召集人)

蔡邦华　王琎　卢守耕　王淦昌　王葆仁　陈鸿逵　王一元

复员委员会永兴分会委员名单

储润科(召集人)

高尚志　钱宝琮　许仁章　胡哲敷　冯乃谦　陆翔伯

朱家骅致竺可桢函

(1945 年 12 月 29 日)

藕舫先生大鉴:

十二月三日大函敬悉。浙大复员迁移费已由部□□□两千万元交由该校谢总务长家玉具领矣。待复。顺颂

教祺

弟朱家骅启

〈三十四年〉十二月廿九日

浙大复员委员会遵义分会与遵义各系主任、图书馆长、庶务组主任联席会议记录
(1946 年 1 月 25 日)

日期	三十五年一月二十五日下午三时
地点	遵义总校校长办公室
出席	王国松　李寿恒　张绍忠　苏元复　皮高品　孙怀慈　谢家玉(孙恒代)　佘坤珊 郭斌龢　□□□　张其昀　易鼎新　竺可桢　魏春孚　李絜非　范绪箕
主席	竺〈可桢〉校长
记录	李絜非

报告

杭州方面路、吴、沈三先生时有来书报告近况。据云，工院西斋一、二楼图书馆，新教室及门前小屋九间皆已修竣，分校同仁眷属具已住入西斋，大礼堂义斋即可收回。现计修理总办公厅、女生宿舍、饭厅及体育馆为面积约三百七十方，估计修理费须一千五百万元。又，罗苑已收回。惟对面艺专房屋似须交还。

前议函交大吴校长本校复员过渝时，商借该校房屋暂住，以便候船。现交大及吴校长公私皆有复函报可。又，商议购油，亦得全国液体燃料管理委员会复函，云定期减价碍难办理，惟油料供应使先期预示，似不甚难，凡有油站设立之处，皆可就近取用。特本校所请复员经费至今未定，关系一般情形，非限本校一校云。

本校接□□各系图仪表册，除一二外，俱经送到，惟尚未能划一。

讨论事项

一、关于木器等件应列丙等，各系间有报告拟请总务处予以重行登记案

决议：通过。

二、图仪视重要性区分甲、乙、丙三款，前虽有商决，惟有若干系不能依照比例，请明应如何办理案

决议：每单位甲种以百分之四十为限，并通知各系，但装箱时应加以注意。

三、装箱办法应如何规定案

决议：箱外请注明所属、款第等项，每一箱内所装之物应尽可能有清单四份。凡总务处、主运者，所属课系及箱各一份，以便稽核。

四、拟备文呈请政府于四月底课业结束时，预发各教师五、六、七三月薪俸案

议决：通过。

五、本委员会拟予扩大组织并分组负责案

决议：

(一)设运输、调查、供应、卫生及公物处理五组；

(二)除现已被聘之复员会委员及卫生组委员应予指聘专家外，其他四组共推十六人，由全体教师公选之；

（三）会计主任为公物处理组当然委员,医务主任为卫生组当然委员。

散会

国立浙江大学复员委员会总会、分会联席会议记录
（1946 年 2 月 21 日）

日期	三十五年二月廿一日午后三时
地点	柿花园教职员俱乐部
出席	王国松　王珽　管佩韦　王启东　皮高品　□□□　谢赓　吾舜文　赵家骞　高学洵　竺士楷　孙恒　郭斌龢　俞国顺　储润科　苏元复　李寿恒　沈尚贤　佘坤珊（代）　易鼎新　陈立　□□□　李天助　黄尊生　陈鸿逵　胡哲敷　竺可桢　谢冶英　李絜非　□□□　诸葛麒
列席	曾守中　王□□　朱希亮　陈乃扬
主席	竺校长
记录	李絜非

报告事项（从略）

讨论事项

一、增设分配组（包括优先与纠察）案

决议:通过。

二、推定各组主任委员案

决议:分配组——易鼎新;运输组——谢家玉;调查组——王国松;供应组——魏春孚;卫生组——李天助;公物处理组——陈立。其余委员由各组主任分别聘任之。湄潭、永兴及附属中学皆照以上各组分配办理之。

三、试行先后凡有要公疾病、本人五十岁以上、生产在即者,皆有优先权案

决议:通过。

四、其余师生试行次第交由分配组办理案

决议:通过。应即自由组织小组,规定等级,同级而发生冲突时一律抽签决定之。

五、调查分配各组可规定一切办法以便提交下次会议通过案

决议:通过。

六、复员委员会办公地点暂设总务处案

决议:通过。

七、下届本会联席会议请由王国松先生召开案

决议:通过。

散会

复员委员会遵义分会第三次会议记录

(1946 年 3 月 9 日)

日期	〈三十五年〉三月九日下午二时
地点	遵义柿花园教职员俱乐部
出席人员	皮高品　孙恒　谢冶英　王国松　苏元复　魏春孚　李絜非　李天助　竺士楷　黄尊生　李寿恒　卢守耕　易鼎新　吾舜文　王启东　管佩韦　俞国顺　□□□　郭斌龢　张绍忠　佘坤珊　竺可桢　孙怀慈　万一　张其昀　诸葛麒　沈尚贤　严德一　陈立
列席人员	吴伯翔　赵家骞
主席	竺校长
记录	李絜非

报告事项

〈校长竺可桢报告〉本人此次参加教育部召集之中等以上学校之迁校会议,二月二十五日上午报到,下午二时正式闭幕。出席者九十余单位,皆由教育部方面报告,未加讨论。二十六日上午、下午分组讨论,二十七日又开大会,高等组有提案二十余起,以教育部提出者为最多,约可分为:(一)组织机构;(二)迁校次第;(三)经费;(四)交通事工具,四项。

关于组织机构。教育部原设有还都委员会,拟为迁校总办事处,又教育部将通令各省,行文各县,各校五月以后迁校员生过境时,予以炊事及住宿上之协助。

关于迁校次第。教育部大致已予规定,结果通过:

(一)在渝乘轮依照各学校及社教文化机关距渝路程之远近,决定先后次序,离渝近者先行。

(二)同一地点迁移次序以学校在先,社教机关在后等四项原则。

本人以担任主席,对第一条只能署予订正,无法变更,以参加者多属在渝学校及文化机关。依该项次序,浙大排第三十七,武大更后,在四十一位。本人事前曾访交通部龚学遂次长,函侯家源、罗英诸先生,金谓浙大迁校以入湘为便捷。排定次序既如此,似以另循一途为利;继访公路总局萧局长及西南公路局谢局长,谓要车者当无问题云。

关于迁校经费问题。讨论届时最长。教育复员经费通过六百亿元,今运输费增加,又形不足,像沪地生活高涨,影响俸薪,由俸薪而影响运费,□□胀百分之六十,而尤关重要者为救济总署一月二十日至四月二十日三阅月全额运输每公里 30 元之贴补办法,拟不予继续;而专办一律免费之难民运输,则届时预算非大事增加不可。总之,复员经费与资源所占数目相差甚远,而救济总署之贴补与教育部之增加预算二者必居其一。闻浙大可得十四万元运费,摊得若干不得而知。新预算中之纯运输费约八万至十万左右,通过与否尚在不可知之数。本校复员经费已领得一部分,计三批,凡七千五百万元,惟其中一千万元为龙泉分校迁徙费,六千五百万元为杭校建设费。综之,各校预算照实际开销,而本校关于长、衡一带,仍须查勘。教师五、六、七三月兼编生活津贴及学生五、六、七三月公费,拟于四月发给。校四月底必须领得该款不可。

关于交通工具。迁校会议最后之决定，希经教育部能获得水、陆、空三方面真正三分之一之运量以事支配。本人在渝，得晤西南公路局（拟改为第四区，辖境较今为大）新旧负责人，俱称早三周或一月前通知拨车，可以照办。以十车为一组，三日、五日或一周一次。该车用油，或包车、或买票，约略计之湄、长（沙）间全校人员租车办法，〈一〉次一万八千万元，惟买票则不过八千万元，但救济总署若停止津贴，则亦须一万八千万元。至于取道入湘，有衡阳、长沙乃至常德三途。

顷农院派林世成助教携带种籽回杭布种，已属〈嘱〉□□函告□□湖大胡校长已允过长时□□□本校曾请购车，救济总署已允购两辆十轮卡车，在沪交货。现去函请予改买卡车两辆，吉普车一辆，在沪取车，拟即就便买七吨或六吨之汽油，内运至重庆设站，中大亦示欢迎。惟中大、交大孰后，已请谢总务长查勘。其他迁校会议中次要之问题，如患病学生各校皆有。飞机各校分得座位，以教职员人数为比例，最少一机关得三人。又，该项人员以要员为限。机器运量依还都办法，十人一吨，则四百名教职员不过四十吨。惟学校不在该办法内，应□予改订，以校产目录上者为度，不知得通过否？造屋以各校编妥增建之。家眷同行，直系亲属者外，旁系亲属以向由本人保养者可带，学生无眷属可带之规定。行李每人准带一百公斤，六岁至十二岁半之同学四十公斤，校工如之，少口亦得照上比例计之。汽车每人只许带十五公斤，其余通筹办理。运费亦在预算内支付。又，学生父兄为公务员者，不得两方并领；雇员与校工不继续任职者，发俸薪三月，教师则以聘约为定，安家费亦另有规定。

分配组易鼎新主任报告已聘李乔年、王仁东等先生主持组务，本日上午已有讨论结果：

甲：拟印发比较详细之全校员生复员人口之调查表，内分：（一）本人姓名、年龄；（二）直系亲属及由本人一向保养之旁系亲属之姓名、年龄及与本人之关系；（三）在遵住址；（四）出发日期；（五）路线；（六）迁校期间之通讯地点（以下讨论补充）；（七）行李以箱笼、网篮、铺盖为限；（八）公务员子弟不得重报；（九）回杭后开学前有否住址。因此，期间杭校不克供应宿舍。又，表中注明二点：1.此项表格请于定限内送到，否则作弃权论；2.此项表格送出后，本人如另有办法成行，请通知，以便取消。

乙：优先及分组事项：（一）分组以自由为原则；（二）视车辆之大小而定人数之多少，小口两人作大一人计，行李应予严格限制，大口每人十五公斤，小口六岁至十二岁间者，半之；（三）乘车日期由登记各组妥为分配，乘车时发给乘车证，行李除随身携带者外，交校代运。（讨论事项并后）

调查组王国松主任报告初步调查结果：

一、重庆线：依迁校会议决议，以本校去渝较远，列第三十七位，须八九月间方克成行。

二、长沙线：自筑至长约九百七十公里，票价二万五千元，行李在十五公斤以内者免费。长汉间小火车每日运费以百二十人为限，故以轮船为主。有川湘公路局及苏浙皖轮驳事务所两家票价通舱九千八百卅元，房舱加价，行李三十公斤以内免费，船中餐费每次七百元；京汉间船运有商营及国营两种，国营票价统舱七千八百元（追加百分之六十），连伙食在内为一万一千四百元，商营船票费则须二万七千四百五十元。

三、梧州线：自筑至梧公路票价二万六千元，梧州至广州轮船票价一万二千元，广九铁路票价千二百元，港沪船票每人六千港币。

讨论事项

一、由运输组负责与西南公路局接洽,允许每人携带行李三十公斤(或以每车乘客照定额减少二人为条件,而策安全),或仍照规定随身携带十五公斤,其余十五公斤作特等(小口十二岁以下折半)交给□□□图仪之前运杭,其余七十公斤以内之行李分甲、乙二等,与图仪相同等第,同时启运案

决议:通过。

二、规定教职员及四年级毕业学生为原则共同组织乘车小组案

决议:通过。

三、疾病及须复员生产之优先权如何规定案

决议:须得经由医生证明及校长核准。

四、学生复员之次序以四年级在先,其余各级亦以班次高者在先为原则

决议:通过。

五、聘请助教帮同运输设站案

决议:由本校或复员委员会分向各院系依照比例聘请之。

散会

阅。竺可桢

复员委员会联席会议记录
(1946 年 4 月 2 日)

日期	〈三十五年〉四月二日下午二时							
地点	遵义柿花园教职员俱乐部							
出席人员	储润科	谢家玉	沈尚贤	王国松	舒鸿	苏元复	吾舜文	张绍忠	皮高品
	佘坤珊	严德一	黄尊生	陈立	谢冶英	赵家骞	鲍映澜	竺士楷	徐容章
	许国章	李絜非	李天助	李寿恒	孙恒	俞国顺	魏春孚	王启东	竺可桢
	郭斌龢	易鼎新	万一	诸葛麟	陈鸿逵				
列席人员	朱希亮　孙祥治							
主席	竺校长							
记录	李絜非							

报告事项

一、关于本校复员经费

得张晓峰先生自渝来函,谓在十四万万至十五万万之间。惟若干为建筑费用,若干为复员经费,尚未了了,而实际拨付又非催索不为功,故本人拟赴渝办理兹项事。(会后得教育部来文,知本校之旅运费三万七千七百万元,修建费一十三万万元。)

二、关于交通工具

救济总署复函,可改购卡车,惟索价三千四百美金,已再函折半,不识可否得减。另函蔡邦华院长购汽油,押运来遵。

三、西南公路局谢局长即可过遵,届时拟与交涉关于拨车一切事宜。

四、公物分配

已有数处房屋予以分配,其他房屋及家具在商洽中。

谢总务长报告

复员费已领出九千五百万元寄杭州。(同年七月十八日离校到渝,曾向教育部催拨杭校修建费四千万元,赴杭前曾请示校长工作范围:察看校址,调查杭校工作情形,杭校所有房数量及损失数量,何处应增建房舍,修建步骤等事。二月廿一日返渝后,随校长参加复员会议,并向教育部次长、司长等报告,及修订复员经费。又领得修建费五千五百万元汇杭,及向军委会军输局俞局长催促转转杭校尚余未运之数百吨炸药。顷得张主任书函,请即可运去。他如与西南公路局谢局长商车运与液体燃料管理委员会商购油及向行政院商拨飞机票等。)

杭州校舍经测结果共有二,一七三方,已修一,一〇六方(目下□又有增修),在修一二六方,将修一四一方,未修八〇〇方。已毁校舍则为二,四〇〇方,损失百分比为百分之五二点八,已修费用一千一百零六万元(已用八百八十七万),如□□□则应逾此数,□□□汇杭之九千五百万元内,五百万元作伙食费,一千万元作龙泉分校迁移费,余八千万元为修建费(月内即将用尽),其余未修部分估计须一万五千方。此次曾向部要求增建损失校舍之二千四百方,价款十二万万元,若再添建四千方,当须三十二万万元,计刀茅巷拟添建二八〇方,容教职员八百家,高工宿舍占地七亩,添建五百方,容学生千人。华家池除建二百四十方教室外,再添一五〇方。又,大学路添建教室五〇〇方以上。计一千五百二十方。又,呈书校长估计筑长运费价,系据拟油汽每加仑千五百元计,兹须改以每加仑四千元计。

校长报告

报国寺地方于抗战前曾费大力始得拨予本校,今后必须收用。一则庋存子弹,予浙大以不安之感;再则得此地面加多,可以增建校舍不少。

分配组易主任报告

遵义部分教职员估计大小人口五三三人(有极少数未交),填表之教职员单位为一七八,内中拟遵渝汉线复员者六九单位,二三四人;湘黔线者八八单位,二三八人;其他线者二一单位,五二人。又,希望得飞机者九人。时间若以五—七月列为早期,七—九月列为后期,计早期一二九单位,后期四九单位。

校长报告

杭校三月十五日开学,须七月十一日方克结束。在结束前,学校不能供给住处。凡员生拟进到杭州学校住宿者,非在后期不可。

附中朱校长报告

附中员生大约估计回杭之最高额为二三〇人,其中以遵渝汉线者为多,筑长线后之,启程时间自五月至七、八月间。该部同人要求启程次序拟在湄潭大学部之后,永兴分部之前,并被列为一单位。

永兴分部储主任报告

永兴分部教职员数五〇人,连眷属为一九七人,有三〇人属旁系亲属,其中愿自永兴乘车者一三一人(渝汉线一〇五人,筑长线二四人,桂粤线二人),自湄上车者三三人(渝汉线二三人,筑长线四人,其他六人),自遵上车者八人。又有二十五人拟中途加入,应予排定。

湄潭分部陈代院长报告

来此匆匆,未能将统计以供,湄部教职员约二二〇人,其中遵渝汉线者八十人,筑长及柳港线各六十余人,至启程日期,原皆急急,今以东南生活大涨,早迁已无可无不可矣。

供给组魏主任报告

三月二十一日该组曾一度召集,商量设站供应等事,约略计须教职员三七人,工友一六人,向长沙、汉口及重庆一地为重要。教职员分配办法:遵义部分拟聘二十人,继由湄、永两部聘约,如遵义部分聘请助教先生,文学院为一人,工学院为五人,师院及体育课为一人(总人数为比较)同学为十三人,以上作为供应站之人员,并须予以优待,用示奖借。

讨论事项

一、为维持全校公务职员出发日期应如何规定案

决议:职员出发日期须经由各该课系主管人员商决办理之。

二、凡非直系亲属及原□□□工役得纳旅费同行案

议决:通过。

三、本学期注册学生除被停学同除处分者外(先修班及□□不及格学生在内)一律予以复员权利案

议决:通过。

四、拟派人员沿途查勘以便设站案

决议:筑长汉线查勘,请舒鸿与宗裕两先生于最近期间出发办理。

(公物分配组已拟定办法,呈准校长核准施行。附油印办法三纸。)

散会

浙江大学档案馆藏 L053-001-4055

2.复员实施

复员接收杭州校产工作报告

(1945 年 9 月)

陆子桐

九月三日奉校长电派赴杭接收校产,遵即由绍兴启程,于五日抵杭。其时大学路校舍

尚驻日军,未便入内,暂在吴雪愚先生府中设临时通讯处,邀集数人临时帮忙。至十二日校中文理学院部分驻军撤去,始得进校办公。兹将截至九月三十日止进行之工作分项报告如左:

一、组织临时机构

接收校产以为筹备复校计,对内对外头绪纷繁。与省会各机关接洽交涉,或查询情形,或商请协助;与各商家经事交易,或订立契约,或购置物品。对外各方面在发生关系,总校与分校印信未来,名义未便遥用,私人决难活动,函电往返,又恐延误时机。爰从权宜行事,组织临时机构,定名为"复校办事处",赶刻木质图记及木戳等应用,电告总校与分校备案,一面通函各机关查照。

二、接收校舍校产情形

杭市曾被敌占,各产统须由第三战区司令长官司令部受降日军第一接管组接收,全部完竣后再行分别交还本校。原有华家池农学院及刀茅巷化学系、生物学系房屋、求是里宿舍、学生第一宿舍均成废墟,前军械局及工院大楼现储军用品,工学院房屋现有部队借住,西湖哈同花园房屋尚驻有日军,均一时未得交还。惟文理学院部分已函准接管,但暂以借用性质先行迁住,出具借条。又华家池农场前被敌伪占作各类农场,例由省府接收后始能管理。经与省府数度交涉,现已派员接管,开始整理调查,征收租金。又湘湖农场亦为伪县府出租与农民种植,经派杨其泳先生赴该场接收,委托黄麟云先生调查登记,嗣吴文照先生来杭,即由吴君前往主持,开始征收本期租稻,各方进行尚称顺利。

三、延用临时人事

龙泉分校先派杨其泳君前来,于九月三日到杭,继派董聿茂先生暨吴月峰君于九月二十六日到杭,指定董先生为副主任,吴君为出纳员,而路主任未能即来,董先生坚嘱子桐暂代主任,其余人手尚缺。爰邀本大学旧人章定安、吴雪愚二君协助,章君仍任文书并兼监修,吴君任庶务,杨其泳君任购置并兼庶务。又以农场调查登记办理需人,添邀裘永芳君办理华家池农场登记,黄麟云办理湘湖农场登记,各人于本职外对于他人职务仍通力合作,以期一人可得数人之用,至校工亦经觅招旧人以资熟手计,已录用者二十余人。

四、经济调度状况

奉令到杭时赤手空拳,杨其泳君自分校来杭仅带五万元,除已用旅费三万余元外,仅存一万余元。鉴于杭市物价之昂,接收工作之重,在在需款,爰向元丰钱庄息借法币五十万元应用,迨九月廿六日董聿茂先生到杭,由分校携款五十万元,除已用旅费十万元外,尚存四十万元。又接盐务局倪局长函转分校电,知由中央银行汇杭一百六十万元,以上共计实收二百零一万余元。除应还元丰钱庄五十万元外,实存一百五十余万元。嗣又由吴馥初先生交来五十万元,总计收款二百五十万元。除各项开支外,尚存六十余万元。

五、修理校舍进度

1. 原校长公舍;
2. 原医务室(拟用作女生宿舍);
3. 原外文系办公室(拟用作总务办公室),以上三处多系零星装拆,临时雇工搜采旧料修

理,业已竣工;

4.原新教室修理屋顶渗漏及拆卸各房内日军所装板坑,亦已竣工;

5.大门至文理学院及内部一带道路场地整理清除完竣;

6.文理学院前后总水沟正在逐步疏浚并加砌阴沟;

7.原培育院教育系、数学系办公室(拟用作教职员宿舍)正在包工修理;

8.原物理系房屋及学生宿舍招商承包修理;

9.日军铺设各处电线零乱异常,易生危险,全部加以拆卸改装,尚未竣工;

10.各处旧料拆卸搜集备用。

六、各方面接洽经过

1.关于接收事项,曾往访教育部巡回视察团浙江办事处郑振夏先生、两浙盐务局倪局长、哈同花园所驻伪护航队支队部及佛教会主办之小学、第三战区前进指挥所、省会警察局、前驻校内中美合作支队、省主席行辕沈秘书、省政府建设所驻工学院军监部卫生大队、军三分校方队长、第三战区司令部第一接管组等处。

2.关于商借房舍事项,曾有两浙盐务局、警备司令部、杭高法院、地方法院、省参会、军三分校先后来校商借房屋,除允盐务局短时住用外,余均婉却。

七、购置器具数量

已购置器物:(一)办公桌 11 张;(二)普通桌 20 张;(三)椅 80 把;(四)凳 8 件;(五)茶几 5 张;(六)铁床 1 张;(七)木架床 13 张;(八)棉被 5 条;(九)褥 5 条,时钟 3 具;(十)文具纸张及杂件具详账簿。

八、收发文件数量

1.收文共 22 件,发文共 23 件,非正式者不计。

浙江大学档案馆藏 L053-001-0501

谢文龙致竺可桢函([卅五]运业字第 03850 号)
(1946 年 4 月)

藕舫校长先生惠鉴:

接奉三月十九日大函,祗悉。承嘱代运贵校复员回杭一部分员生由遵义、湄潭运筑,转运长沙一节,自可照办。查湄潭至遵义(75)公里,遵义至贵阳(157)公里,贵阳至长沙(970)公里。目前由长沙回筑及由筑放车至湄潭均无客货,利用装载各车空放及回程空驶,应请负担空驶费用。兹按三千人计算,湄潭至贵阳、及贵阳至长沙,照客票计费每人公里(55)元;湄至筑约需三千八百二十八万元,贵阳至长沙约需一万万六千零零五万元。其长沙至贵阳回空及贵阳至湄潭放空,照供油租车办法计费,空驶按重车每加仑汽油行驶(25)吨公里九折,及空车租每吨公里(149.28)元,并以(25)人作三吨计算,长至筑约需汽油一万二千五百七十一加仑又四分,一车租五千二百一十二万八千五百七十六元,筑至湄约需汽油三千零零七加仑,车租一千二百四十六万七千八百六十六元。以上合计约需汽油一万五千五百七十八加仑又四分,一客车票及车租约需两万万六千二百九十二万六千四百四十二元。上项人员每人携带行李以四十五公斤为限,除十五公斤免费外,其余三十公斤照每五公斤每公里三元二角一分计算收费,至应供汽油一万五千五百七十八加仑,请由贵校向液委员订购,在汉口交货,可由本局派员代提,但由汉口至长沙水运运费及杂费应由贵校支付。又应供筑至湄空驶汽油约三千零零七加仑,由长运筑按每吨(300)加仑折合计(10)吨,照长沙至贵阳特价每吨三十八万元,约需运费三百八十万元。兹随函送上运费约数计算单一纸,相应复请查照为荷。此颂

教祺

　　附运费约数计算单一纸(略)

弟谢文龙转启

浙江大学档案馆藏 L053-001-0494

呈教育部(第 2233 号)

(1946 年 5 月 1 日)

　　查本校复员经费业经详加核计。兹将各项概算及说明编造完竣,理合备文呈送,敬祈鉴核。谨呈

教育部

　　计呈送还都经费概算及说明四份

衔校长竺○○

国立浙江大学还都经费概算

(三十五年四月)

地址	贵州遵义	职员人数	四五○	工役人数	三○九	学生人数	一七二○	教职员眷	一三五○	合计人数
		公物重量	四三○吨	私物重量	一二六吨	共计	五五六吨	工役眷	三○九	

款	项	科目	本机关预算数	行政院审定数	说明
1		还都费	一,二○四,一九八,一九三		另附详表
	1	车船费	一八,○○○,○○○		
	2	机船车票费	四八○,八五六,三一○		
	3	公物包装费	八,六○○,○○○		

续　表

地址	贵州遵义	职员人数	四五〇	工役人数	三〇九	学生人数	一七二〇	教职员眷	一三五〇	合计人数	
		公物重量	四三〇吨	私物重量	一二六吨	共计	五五六吨	工役眷	三〇九		

款	项	科目	本机关预算数		行政院审定数	说明
	4	公私物搬运费	一,一一二,〇〇〇			
	5	公私物船车运费	二二〇,七三三,三二〇			
	6	购置设备费	五四,二七〇,〇〇〇			
	7	膳宿费	二九一,一五六,〇〇〇			
	8	什支	一〇九,四七二,五六三			

校长:竺可桢(章)

会计主任:谢　赓(章)

国立浙江大学[印]

<h2 style="text-align:center">国立浙江大学还都经费预算说明</h2>

一、车船费

职教员四五〇人,眷属一,三五〇人,共一,八〇〇人。平均自湄潭起程(本校散处遵义、湄潭、永兴三地),经大站遵义、贵阳、长沙、汉口、上海,共五处,以每人每站二千元计算,共一八,〇〇〇,〇〇〇元。

二、机船车票费

全校职教员及眷属一,八〇〇人,工役及眷属六一八人,学生一,七二〇人,共计四,一三八人。

1. 自湄潭至汉口

一,六二七公里,汽车每公里票价五五元,每人全程八九,四八五元,四,一三八人湄汉汽车票价,共计三七〇,二八八,九三〇元。

2. 汉口至上海

简任及眷属三五六人,头等船票每人五二,六五〇元,共一八,七四三,四〇〇元。荐任及眷属五七二人,二等船票价每人三一,一〇〇元,共一七,七八九,二〇〇元。委任及眷属八一二人,三等船票价每人二三,四〇〇元,共一九,〇〇〇,八〇〇元。雇员及眷属六〇人,三等船票价每人二三,四〇〇元,共一,四〇四,〇〇〇元。学生一,七二〇人,三等船票价每人二三,四〇〇元,共四〇,二四八,〇〇〇元。工役及眷属六一八人,四等船票价每人一五,六〇〇元,共九,六四〇,八〇〇元。以上六类人员(简任、荐任、委任、雇员、学生、工役)汉口至沪船票价共计六,一〇六,八二六,二〇〇元。

3. 上海至杭州

简任及眷属三五六人,头等车每人票价二,〇七〇元,共七三六,九二〇元。荐任及眷属五七二人,二等车每人票价一,三八〇元,共七八,三六〇元。委任及眷属八一二人,三等车每人票价六九〇元,共五六〇,二八〇元。雇员及眷属六〇人,每人三等票价六九〇元,共四一,四〇〇元。学生一七二〇人,三等车每人票价六九〇元,共一,一八六,八〇〇元。工役及眷属六一八人,三等车每人六九〇元,共四二六,四二〇元。

以上三项(湄汉、汉沪、沪杭)车、船票价共计四八〇,八五六,三一〇元。

三、公物包装费

公物四三〇吨,每吨二〇,〇〇〇元,共计八,六〇〇,〇〇〇元。

四、公私搬运费

公物四三〇吨,私物一二六吨,共五五六吨,每吨二〇,〇〇〇元,共计一一,一二〇,〇〇〇元。

五、公私物车船运费

1.湄至渝四〇六公里,每公里每吨运费四〇〇元,五五六吨计九〇,二九四,四〇〇元。

2.渝至沪每吨运费一七五七□□□。

3.沪至杭□□□公里,运费每吨四〇□□元,计四二,七〇〇,八〇〇元。

以上三项(湄渝、渝沪、沪杭)车船运费二二〇,七三三,三二〇元。

六、购置设备费

职教员四五〇人,每人一〇〇,〇〇〇元,共四五,〇〇〇,〇〇〇元。工役三〇九人,每人三〇,〇〇〇元,共九,二七〇,〇〇〇元。共计五四,二七〇,〇〇〇元。

七、膳宿费

职教员及眷属一,八〇〇人,每人每天三,〇〇〇元,以一个月计算,共一六二,〇〇〇,〇〇〇元。工役及眷属六一八人,每人每天一,四〇〇元,一个月共二五,九五六,〇〇〇元。学生一,七二〇人,每人每天二,〇〇〇元,一个月共一〇三,二〇〇,〇〇〇元。

三项共计二九一,一五六,〇〇〇元。

八、什支

按上列各项总数百分之十计列(《中央党政机关还都办法》第六项第七条之规定),以上七项共一,〇九四,七二五,六三〇元,本项计一〇九,四七二,五六三元。

致各院、系、处、组室、各教职员通函
(1946 年 6 月 14 日)

径启者:

本校所包直达杭州汽车不日即可由遵开驶。惟运费甚昂,每公吨计需一百二十六万元,即自长沙出江,水运需百万以上,长江水运每吨亦需五十万以上。容量每四十立方尺即作一吨计算,本校担负匪轻。相应函达,即请查照斟酌。凡不值运杭之公物、行李,务希尽量减少,以免运费超出物价为荷。此致

各院、系、处、组、室、各教职员公鉴

校长办公室启

三十五年六月十四日

西南公路管理局电(运业 04459)

(1946 年 7 月 19 日)

遵义站。译送浙江大学。

密码来电祗悉。前派 $4\frac{1}{2}$T 车已起票装运者,仍应按车载吨位计费。自即日起派 $4\frac{1}{2}$T 车勉照 3.6T 计费,以示优惠,请查照。

公路总局直辖第三运输处

〈三十五年〉七月十九日

运业 04459

致江海关税务司公函(第 204 号)

(1946 年 8 月)

本校由黔迁回杭州,刻有图书 180 箱,仪器 125 箱,化学器械 115 箱,机器 20 箱,案卷 8 箱,账册 3 箱,共计 451 箱,由长沙装风贞轮船运抵上海,再装火车运经杭州,所有上列图书仪器皆系载战前旧物,请予免验放行,至为公便。此致

江海关税务司

校长竺〇〇

致江海关税务司公函(第 225 号)

(1946 年 8 月 17 日)

本大学自黔迁回杭州第一批启运图书、仪器、化学器具、案卷、账册等共 451 箱,由长沙装风贞轮运沪转杭,前于八月九日以复字第 204 号公函,请予免验放行。顷已由沪抵杭。兹因第二批自黔续运图仪等,共计 531 箱,仍由长沙装风贞轮运沪转杭,请仍准免验放行,以简

手续。相应函请查照为荷。此致
江海关税务司

校长竺可桢
中华民国卅五年八月十七日

浙江大学档案馆藏 L053-001-0494

《竺可桢日记》中关于浙大复员的节录
（1945—1946 年）

1945 年 3 月 8 日

星期四 渝　晨昙 12℃,31.80″。午后晴 13℃,31.70″。

午后《中央日报》访员张仲仁及祝修麟来。张曾于去年飞印度,自雷多公路乘车回。据云第一批有车一百卅余辆,中、美人各半,自雷多至密支那三天,自密支那至昆明六七天云。渠为复员后大学如何办理征求意见。余谓应向欧美购置仪器,充实人材,次则文、理、法、商、农、师各科并重云。

1945 年 8 月 11 日

星期六 遵义　晨阴,25℃,27.10″。久不闻黄莺,又闻鸣声。

日本正式投降,附有条件,即不损日皇之威严。惟陆相南次郎广播,令军士继续抵抗。……六点半起。彬彬与希文赴金顶山。八点至校。自治会代表程融巨来谈,定今日下午游行。余嘱其向警备司令核定。九点至何家巷三号,原定请王驾吾讲"耶教儒铨〔诠〕",顾谷宜主席。首由余报告胜利后学校行止,谓今晨已电分校路主任,嘱接收校产;并洽黄季宽收回城内报国寺、蒲场巷,城外哈同花园、华家池与临平、湘湖、万松林之产业,并嘱派陆子桐、杨其泳。但总校返杭须视交通工具与杭州交舍〔涉〕而定,至早亦须在明春。次述及抗战胜利对于我国政治及国际间之关系,讲约五分钟。次驾吾讲"耶教儒铨〔诠〕",述耶教宣传之主旨与孔子所说颇相合,惟既为宗教,故不但不避鬼神,且以鬼神设教。其次则儒为哲家,故为有教育人士说法,耶苏之门人目不识〈丁〉,故多比喻。次述耶苏复活之意义、修养功夫、博爱与天堂。以天堂在人心之中(Kingdom of Heaven within you),复活是比喻。修养主重信,博爱一视同仁,不如孔子所云"亲亲而仁民,仁民而爱物"的分阶限。讲凡二小时。十一点,余回办公室。

午后睡半小时。一点半至何家巷,学生将出发游行,警备司令部赵主任参谋来。二点半尚未出发。余回办公室开行政谈话会与复员委员会,到乔年、迪生、洽周、劲夫、家玉、欲为、振公等。五点散。回。六点半偕允敏、松至社会服务处。

1945 年 8 月 24 日

星期五 遵义　晨雾,十点后出太阳。晨七点家中 23℃,27.00″。校中十一点 24℃,下午晴。

晨七点起。八点至校。寄叔谅函,询复员次序。

1945 年 8 月 30 日

星期四 遵义 晴。晨七点家中 27.0℃,27.00″。热。午后一点阵雨。三点晴 30℃。

晨六点半起。八点半至校。孙逢吉自重庆回,谓目前复员轮只尚一无办法。又据浙大农院廿五级毕业生丁振麟报告,谓去年三四月间回杭州,过华家池时见原来校址已成平地,料系我军所炸平云。此实一大损失也。为基金会补助金气象部分审查申请书,计朱炳海、朱岗昆、顾震潮三员。结果主张朱炳海甲种六万元,朱岗昆乙种四万元。接赵九章函,谓月底月初或可飞沪。

1945 年 9 月 3 日

星期一 遵义(放假) 晨阴。十点 23.8℃,27.08″。

阅卅一号《大公报》社论《教育复员》,对于大学教育主张教育要与建国相配合,要充实内容,特实要注意理工科的扩充。对于科学要迎头赶〔上〕,对于大学发展方向不必求其相同,有名无实的大学一律不许恢复。关于大学的精神和风气,主张培养自由研究学术的空气。所有党派退出学校,学生不准加入任何政党。有许多处说来好象隔靴搔痒。有暇当为文论之。

1945 年 9 月 4 日

星期二 遵义 晨阴,下午晴。

据战时运输局运务处处长谢子龙云,美《租借法案》借给汽车 17,000 已运入国境,尚有 7000 辆在印度。局中以 3200 作为复员运输用,水陆复员委员会以俞飞鹏、卢作孚为正副主任。庆祝抗战胜利,晚火炬游行长达十里,为遵义空前之盛况。

1945 年 9 月 12 日

星期三 湄潭 晨阴,日中阴。

又谓教部有二十五万万元作为各校设备之〔用〕,渠已令部批五百万与理院作设备费云。复员计划均尚未定。

1945 年 9 月 14 日

星期五 湄潭 晨晴。晨 17.8℃,下午 28.1℃。

晨六点起。八点半至数学研究所开校务会议第四十七次。九点开会,到四十人左右,振公、洽周、迪生均以病告假。余举行仪式后即读上届纪录,报告校务会议选举结果,杨耀德(48)、钱琢如(44)、陈建功(43)、黄尊生(39)、叶左之(39)、顾俶南(35)、余坤珊(37)、诸葛振公(33)、孙逢吉(32)、江希明(31)、王爱予(30)、王淦昌(30)、王驾吾(27)、胡哲敷(27),次多数陈卓如(24)、苏元复(22)、舒鸿(22)、祝廉先(19)、萧辅(19)。今日候补委员亦列席。

首由余报告,述胜利临头,本月二十号教部召集会议讨论复员,故余须提出召集校务会议。次述龙泉方面已派人去杭州,惟交通工具缺乏,何日启行毫无把握。次则临行以前不能不忆及从杭州同来之黄羽仪及张荫麟均已物故,而香曾则仍然失踪,不能不为留念。并述以后办学之方针,法学院势必设立,将来须成 3000—3800 人之大学。成绩不能降低,而教授人才、设备与房子实为发达学校最要条件云云。苌谋报告现遵义已到校学生 553 人,湄潭 299

人,共 852 人。新生尚未到,预期 150 人。次家玉报告教职除中学外,大口 1455 人,小口 303 人。书籍仪器遵 700,湄 750,永 50 箱,共 1500 箱 150 吨。行李书籍属个人者 2000 件,约五十吨。人与随身行李亦算 200 吨,共需 400 吨,需车 170 辆。至海棠溪要酒精 11,600gal.,回途不算。添做木箱一千,各 25,000 元,要二万五千万元。需二百吨轮二只到杭。以上共需洋三万万至五万万。杭州房子以 2000 学生计,须一千方;二十五系、五研究所,每所 100 方,三千方。共四千方。十万元一方,共四万万元。2000 学生、廿四系木器一万万二千万元(胡估校舍十二万万、木器八万万元)。

次讨论提案,校址无决定,暂在旧址上课。上课第一学期至本年十二月底止,第二学期临时再定。增进同人福利计五点:(1)回家途中供给旅费膳宿;(2)拨衣、住二项救济费;(3)拨 300—500 美金为购书费;(4)请款建教职员住宅;(5)临行前发三个月薪津作预支。员工停职者另发遣散费。成立复员委员会,以校长为主席,共十三人,另设湄、永、遵三处分委员会,以校长、胡院长、储主任组织其各别分会。校产如有出售,由分会核准呈校长许可后行之。六点散会,计开会九小时。中午时拍一照。晚八点回。

1945 年 9 月 15 日

星期六〔湄潭〕〔晨〕晴,25℃,晚 27.25℃。

九点开复员委员会总会,到刚复、季梁、乔年、润科、邦华、亦秋(苌谋、劲夫以开升等委员〔会〕未到)。决定教职员托学校带书以大学教科参考为限,行李以数量限制,校产以不变卖为原则(否则经复员委员会通过,校长核准)等数案。余偕邦华晤林汝瑶,嘱渠赴杭为筹备之一人。此外又接洽馥初与刚复。回文庙,偕江问渔、邦华拍数照。

1945 年 9 月 19 日

星期三 重庆　晴。午后 35℃。北碚 6^{h}21.2℃,14^{h}35.2℃。

关于复员大学,据骝先以为至早于四五月间始能出发。

十点至部晤杭立武,为浙大派人去杭州〔事〕。作一函与骝先,嘱设法觅飞机票三纸,但以为至多能得一张,余二人须由轮船往。盖部院接收人员已于昨十八号出发,部中派彭百川与贺师俊,院中派吴化予、王仲济及高玉怀,因赵九章患心脏病不能往。以后要飞机座位更不易也。

1945 年 9 月 20 日

星期四 渝　晴。午后 32℃。北碚 6^{h}24.2℃,14^{h}33.6℃。

九点至中央图书馆开全国教育善后复员会议,到二百余人。骝先主席,讲一小时。述教育目的在配合社会之需要,并述国际联盟于民二十一年时所作报告。述大学分布之不合理,谓国立大学北京、上海各占其四,达全国之半数(共十五校,其中十一校设于三个城市。省立大学十七校,有九校亦设于另外三个大城),私立大学平、沪更多。故抗战后必须重行分配。又谓抗战以来迁入内地之学校有 208 个单位,教职员 25,000 人,学生卅万人。讨论议案将分五组,即:(一)内迁教育机关之复员;(二)收复区教育之复员;(三)台湾区教育之整理,(五)其它。报告毕,咏霓、戴季陶、陈立夫各演说半小时,李石曾讲积极之超然。……二点又开会,通过复员委员会议事规则、审查规则,推定梅月涵〈与〉〔为〕副主席并分组委员召集人。

1945 年 9 月 21 日

星期五〔重庆〕 晴。北碚 $6^h20.0℃,14^h34.4℃$。

九点至中央图书馆开分组委员会,余分在第一组(后方学校复员)。这一组共有七提案,以第一案为最要,通过原则六点:(1)集中力量充实现有校院,暂不增设新校;(2)建立文化重心,顾及地理上之平衡,酌予调整;(3)抗战期内已停办者视其成绩得予恢复;(4)一学校院系应在同一地点,不得设分校;(5)定全国文化重心若干区,尽量予以充实;(6)专科以上各由部派员视察,以其成绩定调整办法。

1945 年 9 月 22 日

星期六〔重庆〕 晴热。北碚 $6^h20.8℃,14^h35.3℃$。

九点至图书馆开第一组审查委员会,审查国立中等学校复员案,通过原则六条。次讨论复员各校将图仪一部留赠后方学校案。共十四案,进行颇速,中午即散会。……午后三点开第一次大会,讨论第二、三、四组审查案。关〔于〕收复区专科以上学校及教职员整顿办法,讨论极久,大多数时间均浪费。六点散会。

1945 年 9 月 25 日

星期二 渝 晨阴县。晚十点电光四闪,十二点大雨。北碚 $6^h25.4℃,14^h34.2℃$。

九点到中央图书馆参加第四次善后复员大会。今日提案通过极速,二、三、四组计四十二案之多,因累日开会大家厌倦也。临时提案章友三提出译员应由外事局送还学校,因外事局将译员发给十万元解散〔费〕,且解散以前集中昆明,使若干译员无法回校。因友三说话激昂,情绪高涨,不但通过,而且当晚要送节略交与委员长(今晚请客)。其次为余与鲩生所提关于知识青年从军提前退伍问题,此案原为大学员生,因其为数不过四五千,通过希望较大。经修改为全体知识青年从军,其数在四五万,包括中学生在内,故教育部欲与训练总监商得同意,亦不易也。……八点一刻蒋主席至军委会大礼堂,到全体会员。吃西餐。餐毕主席致辞,约半小时。述抗战时军事第一,而建国则教育第一。战后三年以内必须完成铁路二万公里。纺织方面,如由战前日、中二国之三百万锭增至五百万锭,衣的问题即可解决。食的问题,台湾、东三省收复,进口亦不多。中学学生以后须注意农与职业。最大问题为提高人民生活水准。西北、西南各校以能留后方为最好,复员时间能愈缓愈好。教育应使之与社会政治打成一片,不能学校自学校,社会自社会。鲩生答词,主张放弃统制。

1945 年 9 月 26 日

星期三 渝 雨。天气较凉。北碚 $6^h22.9℃,14^h26.0℃$。

三点至部开专科以上及大学校长会议。教育部会〔计〕主任廖国庥报告部定编制复员概算办法,谓复员预算将列入明年临时费,标准规定如下:包装运费每百斤每公里水运十元,火车十五元,汽车廿元。教职员每户150公斤,学生每人30公斤。工友同学生依报部数,教职〔员〕依核定数,工友照核定数三分之一,应于九月底交院,但各校均未到,故由部编。膳宿费教职员眷属以每户四口计,每月一万元,学生除公费照发外,每月补助1200元,工友1000元;什支按运费加3%,预备费5%;教部定每校平均500 tons。复员总在明夏开始,但广西大学以大水故,将先迁回柳州。中山因四散亦不能不提早。交大则上海校舍完整,设备有70%,且接收同文书院,故欲于十一月中以前出发,利用江华、建国二轮,正在修理云。安家费教员与公务人员一律办理。

1945 年 9 月 28 日

星期五　渝　晨雨。北碚 6^{h}23.1℃,14^{h}27.5℃。

余与骝先谈,谓本年部中二万五千万之设备费,武大、中央各得四千万元,殊不公允,且浙大理学院独得五百万元,余四院三百万,太不公允,使余为难。故要渠批拨浙大工学院五百万元,农院二百万元,并批先行汇拨,在复员费内支。又拨浙大赴杭接收旅费二百万元。

1945 年 10 月 20 日

星期六　杭州　阴。下午略有风。

九点至新民路兴业银行杭州警备司令〔部〕晤竺司令鸣涛。渠颇主张浙大缓复员,以杭州屋少而不敷分配也。实则第三司令部占屋至 210 处之多,占而不用,用亦不得其当,故有屋少之患。顾祝同在沪迄未返云。次至中国银行晤行长金润泉不值,遇其副手,亦为绍兴人。出至积善坊尚农里口之中央通讯社杭州分社,晤张明烈,适外出。乃至商务印书馆。十一点回。中膳后睡一小时。

下午三点偕馥初、鲁珍、子桐及李成卿等人察勘附近校址。由大学路之武林公司燕子弄,至庆春路之铜管巷、刀茅巷,出庆春门沿铁道至平民住宅尽头。始由马路回至华家池相近,折入城后下刀茅巷看化学系、生物系之屋,全被拆平。即医专之屋变为瓦砾之场,直至机神庙。凡私人产业,如仁爱医院保存完好,但公家产物夷为平地。蔡作屏之屋亦保存着,其可慨也。

1945 年 11 月 17 日

星期六　重庆　晨阴 19℃。

至教育部晤杭立武,知龙泉分校教育部所批者,仍然迁移费五百万元,复员费五百万元。余告以浙大在杭开〔课〕,龙泉开始迁移,再拨二千万元势不可少。杭谓须俟政院会议增加,谓教育〔部〕仍请各省及国立各校本年复员费一百亿,而实际只核准十一亿。余乃至高等教育司晤马小波,始知前已批准之一千万元亦未汇出,均搁在司中。余乃催其速汇杭州中央银行。

1945 年 11 月 26 日

星期一　遵义　雨。晨 15℃,晚 15℃。

八点至播声即湘江大戏园作纪念周,到劲夫、荩谋、振公及学生四五百人。余报告赴杭州复员经过情形一小时。

1945 年 12 月 22 日

星期六　遵义　冬至。晨阴雨 10℃,27.30″,校中 9℃。下午 27.10″。晚膳后大雨,寻止。

四点至柿花园一号,开复员委员会。到劲夫、季恒、振公、苏元复、李絜非、张荩谋、佘坤珊、陈卓如等,乔年、洽周二人未到。议决向交大借九龙坡校址为迁校落脚地点(自遵义赴渝时可留驻该地),教职员托带书籍运费照收等数项。

1946 年 1 月 29 日

星期二〔遵义〕　晨雨 8℃,27.30″。日中阴。晚 10℃,27.20″。

午后三点开行政谈话与公费委员会联席会议。余报告立法院已通过教育复员经费六百亿元。

1946 年 2 月 2 日

星期六 遵义 阴历元旦。晨晴,七点有阳光,8℃,27.80″。上午晴。十一点11℃。晚东方见四大星成平行四边形。

三点开会,尊生主席。余说数分钟,谈复员情形及预期办法,即进行各种玩耍。

1946 年 2 月 9 日

星期六 湄潭 晴佳。下午阴。晚又出阳光。晨外间3.7℃。下午13.9℃。

四点回。开湄复委员会及系主任会议,讨论复员迁家问题。到共十九人,朱善培、王爱予、王季梁、吴文晖、何增禄、王淦昌、吴润苍、祝汝佐、卢庆骏、孙稚荪、萧辅、舒厚信、翁寿南、王一宪、孙斯大等等。六点散。

1946 年 2 月 10 日

星期日 湄潭 上午阴,午阴,晚九点雨。晨外间8.7℃,下午9.5℃。

十点到小学进茶点,时附中全体教职员已先在。由小学看对面河岸桥梁,风景特佳。校外有柏树廿余株,皆百年以上物,尤增风景不少。小学门窗之雕刻亦不恶。湄潭有如此小学,亦属不易。习生并约小学女教员同来茶点。习生先报告约十分钟,询及迁校计划及经费、房屋等问题。次邀余讲。余首述附中停办与解散全为谣言。次述复员情形,杭州房屋之困难,停顿是不可避免,甚至大学亦有停顿一时之可能性。次述校务会议后,校中师范、理院、工院势必尚须派人前往。最后述及附中近来成绩较差,管理亦渐松,到浙以后必须更加努力云云。吴瑶卿、何大奎及教务长骆美贞均发言,并请季梁演讲,习生与余又再加解释。罗聚源、储笑天等又提出数问题。至一点散。

1946 年 2 月 12 日

星期二 湄潭—永兴 晨阴。下午有阳光。晚昙,有月光,不见星。晨6.1℃,下午11.1℃。路上油菜花开,杨柳抽芽,已绿。

一点在图书馆召集全体一年级教职员,余报告复员情形。

1946 年 2 月 15 日

星期五〔遵义〕 晨阴,地潮,10℃,27.50″,校中11℃。下午阴。晚阴12℃,27.55″。

今日下午得部中来文,知定本月廿五在渝开复员会,商量各校迁移之次序。因自五月起教育复员每月有6000人船位,3000人车位,1000人空运,是已占全部运输量1/3。重庆附近之学校将先行迁移云云。余即打电话与傅启学、谢耿民,请代定廿二号邮政车。

1946 年 2 月 17 日

星期日 遵义 阴历正月十六。晨阴9℃,27.52″,校中8℃。晚12℃,27.60″,月色大佳。告春莺鸣。

余至柿花园一号开教授会,到五十人左右。黄尊生主席。讨论复员费用、路径、回杭后之住宅,费香曾之行踪,学生在壁报攻击李相勖案,教职员子女在校得公费案,及增高教职员待遇与教授治校案。关于壁报(《生活壁报》)攻击李相勖案,讨论最为激烈,因大家同情于李,认为如自治〔会〕不交出攻击者人名,则壁报可不准出版。关于香曾失踪,拟再上书委员长。关于提高待遇,则拟作文登报。关于复员方面,郦衡叔主张组织公司,使银行投资建筑。教授治校无具体决定,沈尚贤主张将教授会成为校中公认之组织,佘坤珊主张教授在校若干年后应成为终身职。

1946 年 2 月 19 日

星期二 遵义　晨阴 13℃,27.30″。

七点至旧府中子弹库召集学生自治会代表会干事谈话,到曾守中、陈强、仲赣飞、周开封、赵家骞。由曾守中、赵家骞二人传话,此外教育学生亦有陈述。共到四十余人,到教职员莶谋、晓峰、劲夫、振公、尊生、谢冶英等。谈复员、费香曾及壁报攻击李相勖事。

1946 年 2 月 21 日

星期四 遵义　晨雾 13℃,27.40″。日中晴。晚满天星(九点),十一点五十分雨。

开湄、永、遵三处复员委员会,附中王道骅,学生自治会赵家骞、曾守中亦列席,絜非纪录,余主席。推定各组主任,公物处置陈立,运输谢家玉,调查王劲夫,卫生李天助,分配易修吟,供应魏春孚。五点散。

1946 年 2 月 23 日

星期六 重庆　晨昙,日中昙,午后阴。遵义今日晨 8℃,中午二点 25.8℃(外间)。

餐后至牛角沱 26 号骝先寓,遇教部秘书陈景阳,研究院总务王懋勤、钟道赞及骝先之侄朱伯陶。坐片刻,即见骝先于卧室。知渠胃疾复发,由张孝骞医治,乏明效。渠首谈及迁校,主张重庆附近者先搬。次述迁移,以为能由湘鄂回者,可去长沙。研究院主张用大陆制。法学院院长,以为范扬(在考试院)与李浩培(武大)二人可聘,医学院亦主设立,但不主张李伯纶。师院可以仍在浙大。余嘱批法学院开办费五百万元,又杭州修理费五千万元。据云复员经费通过六百亿,拟先拨六十亿元。余以其精神颇惫,乃告退。

1946 年 3 月 3 日

星期日 重庆　晨阴昙。

余至娄子沟十号梁庆椿家,适民卅一级范少卿亦在。余约梁于秋间回浙大,渠以李作敏继顾塑屏为中农经理后,坚留庆椿在行,故势难却。但渠愿来杭教课,不愿再任主任云。关于复员途径,渠以为走川陕公路,自渝至宝鸡,在此乘火车至潼关,换车至郑州、徐州南至南京,只费十五天,膳宿不算,五六万元可到。木船下江危险太大,乘大木船,载二百人,装 100吨货,连伙食 6000 万元。前日秦景阳云,小木轮装 40 吨,坐 80 人,价 500 万元,但伙食在外,日每人 500 元云。

1946 年 3 月 12 日

星期二 遵义　晨出太阳,但有低云如雾,8℃,27.55″。日中晴。晚 7:30,14℃,27.30″。晚月色佳。

三点开行政谈话会。讨论四月一日浙大创校十九周纪念,指定劲夫、莶谋、尊生、季恒、晓峰五人为筹备委员,拟拨款五十万元。关于学生家属随校迁移者,得自出费用。附小教员同。教员、学生所借书籍,于四月廿日以前一律交还。

1946 年 3 月 19 日

星期二 遵义 晨阴 8℃,27.50″,校中 7.5℃。

三点开行政谈话会,到洽周(代晓峰)、劲夫、欲为、季恒、荩谋,谈及复员时非直系亲属及毕业生随同偕行问题。

1946 年 4 月 2 日

星期二〔遵义〕 晨阴 17℃,27.45″。下午昙,晚有星光。

二点至柿花园一号开复员会议,到湄潭舒鸿、陈鸿逵及朱习生,永兴储润科,遵义(全部委员)易修吟、魏春孚、谢觉予、陈卓如、王劲夫、沈尚贤、李天助等等。学生赵家骞、徐含章、鲍映澜列席。议决第一批出发五月十号以前,四月十号以前派舒鸿、马宗裕赴汉口、长沙沿途观察,并勘定设站地点,先修班及二分之一不及格学生均带走。谢觉予报告杭州校舍 2717 方须修理可用,已修一半,报毁坏者 2400 方,如修理可以恢复之房屋需一万五千万。恢复全破坏者,以一方五十万计,十二万万元,若再加四千方,即廿万万。要开课须添 1500(即 2400 中之一部)。易修吟报告教职员愿走长沙者 69 家 234 人,重庆者 88 家 238 人,未定 24 家 52 人,湄潭方面愿走重庆者 180 人,长沙与柳州各 60〔人〕,永兴教职员愿走重庆者 105 人,长沙 24 人,广州 2 人。次魏春孚报告设站,陈卓如报告公物处理。至六点散。七点约王季午晚膳,到梅太太、郭洽周、黄尊生、谢觉予、舒鸿、陈鸿逵、储润科、王劲夫、张荩谋诸人。至九点散。

1946 年 4 月 3 日

星期三〔遵义〕 晨昙,日中晴佳。晚 20℃,27.30″。

二点半开行〔政〕谈话会。适教育部分配复员经费之公事已到,计建修费十三万万元,复员旅费三万七千万元,二数均不足,后者需要尤迫〈均〉〔切〕。次讨论设站问题、借车问题、公物处理问题、教职员离校领费问题、学生复学等等。教职员非因公赴杭,七月以前薪水照贵州待遇开支,八月以后全体依杭州待遇。决定五月十五、六〈日〉招收新生一次。一年级与研究生同时招,不再用审查保送办法。五点散。

1946 年 4 月 7 日

星期日 桐梓至渝 晴。下午在重庆研究院三点 28.5℃,六点半 27℃。北碚晨 23.4℃,下午 29.3℃。桐梓满山桐花,綦江桐花多落,川境内洋槐初开,樱桃上市。

在岭南晚膳后,七点至牛角沱廿二号晤骝先,谈一小时。知其胃溃疡,未十分痊愈。复员费不能增。

1946 年 4 月 8 日

星期一 重庆 晨晴 23℃,日中 24℃,晚六点阴 23℃。四点雨数点。子夜阵雨。北碚晨 18℃,下午 21.9℃。

八点半至贺师俊寓,与商分配飞机及复员费等问题。据云部中明知浙大员生旅费〔非〕单靠三万七千七百万元所能分配,但不足之数可向行政院追加。飞机,五月份教育部大概只能得二三百个票位而已,前说每月一千之数字全不可靠云。余至部,知立武已去京,周纶阁又不在。与韩帮办谈二事:一、法学院本年一月即须添六个名额,自八月份起添十二名额。

二、医学院添办要一万万至二万万元之开办费。据贺云,渠十号左右即须赴京,复员费概归国库司发给。

余即至国库司晤杨绵仲,适管理复员费之贺科长梦僧亦在。据云浙大修建费十三万万元一星期内可发,而旅运三万七千七百万先发二成,总数中须扣教育部所已发垫之九千五百万元。余嘱其以八万万元汇杭州,五万二千万汇至遵义。据云一星期内可以发出。余乃出至重庆村九号晤萧庆云,不值,遂回。与王勉仲谈研究院总办事〔处〕搬南京后,国府路 309 房屋交与浙大暂住二三个月事。此事昨与骝先、戢哉均谈及,应无问题。遇王文伯,途遇程万里,均浙省财政厅长也。

1946 年 4 月 13 日

星期六 北碚　晨阴。晨七点 20.8℃,下午一点 26.8℃。蟋蟀鸣,晚房中蚊子响如雷。

打电话与国库署杨绵仲,知复员费仍未汇出,且以教育部未将详细数目交来为借口,与星期一满口答应者又全不相〔同〕。中国官场做事敷衍,可恶之至。

1946 年 4 月 17 日

星期三 沙坪坝至重庆　晴。午后 23℃。晚月光佳,22℃。

偕蔚光至教育部晤周纶阁,询复员费事,知手续均已完备。余遂别纶阁、徐仲年、蔚光三人。至国库署晤杨绵仲,余责其何以不守信约。渠即召科长贺梦僧来阅底簿,知寄杭州之八万万元与遵义之尾数约四万七千万元,已于星期一(十五)发出支付书,始稍放心,乃辞出。

1946 年 4 月 26 日

星期五 遵义　雨。下午阴,晚九点 22℃。闻布谷之声。

九点开行政谈话会。决定复员费。学生九万九千元,连三个月公费(五、六、七),共每人先走者发十二万元。凡学生均须写明是否系中央公务人员之子,如系中央公务人员之子而冒领旅费,一经查明须开除学籍。公务人员之子而欲借支者亦行,于下学年上学时交还。教职员则教授发十五万,副教授十四万,讲师十三万,助教、雇员均十二。家属妻子与丈夫同,子女均各十万元。仆人亦十万,其家属半之。

1946 年 4 月 27 日

星期六 遵义　晨阴,校中 20℃。上午雨,下午阴。晚 27℃,27.05″。

三点至校。学生代表陈贵耕等又来,谈给复员费事,渠等恐十二万元不足用。余谓实际不够,但中央拨校经费甚少,只三万七千万,而公务员子弟亦须由校借支。浙大所发已较他校为多,将来收支如何适合大是问题。凡无家可归或无钱可借学生只能留黔,至九、十月间与学校同行耳。

1946 年 5 月 1 日

星期三 遵义　晨阴 23℃,27.10″。下午阴,晚阵雨。闻 Great Bush Warbler 鸣。

十点即偕舒厚信、谢觉予至何家巷,与学生谈话。在微雨中于何三号空地上,余报告复员费中旅费只拿到三亿七千七百万元,现学生每人十二万,1600 学生,即去一亿九千万。教授每人十五万,副教授十四万,配偶称是父母子女,与学生同,全校 450 人,亦达一亿六七千万元。故校中仪器、图书已无费可运矣。公务人员之能得还都费者,其子女必不能在校支取,如无款可暂借,其有冒领者必受开除。目前离校之员生只能回家,不能至杭州校中,因乏房屋也。下学期开学定十一月一日,回家者必须打防疫针,因汉口已有真性霍乱。

1946 年 5 月 3 日

星期五 遵义　晨昙 14℃,27.40″。日中昙。晚 16℃。

十点半至农民银行晤郑经理,嘱其于本月十号前发二万万元之钞票,六号前发一万万元。据云十号前二万万元无问题,行中存钞无几,自贵阳运钞票需三四天,故六号以前再发一万万有困难。余谓复员费四亿七千万元之通知既到,理应全数发给,目前已支六千万元,因员生知五月二十号以后 UNRRA(联合国善后救济总署)每公里卅元之津贴将取消,西南公路局且有收回空费75%之可能,故员生群欲于旬日内离去。所以六号以前尚要六千万元,十号以前八千万元,合成二万万元。郑允设法。

1946 年 5 月 10 日

星期五 遵义　晨晴,午后阴,晚有月光。23℃,27.00″。

丁浩生来,谈及浙江小学器具转让与遵师附小得十四万元,此款决以一半与浙江同乡会。浙大复员费四亿七千万元,已用去员生旅费约二万万元,尚余二亿七千万元。嘱自国库提出作农民银行活期存款,普通四厘,二万七千万元每月息金可得八九十万,若八厘即一百五、六十万元之数也。

1946 年 5 月 11 日

星期六 遵义　晨昙 22℃,26.95″。九点大雨,寻止。十点 23℃。晚月色大佳。闻蟋蟀之声。

今日有七车开贵阳,有尊生夫妇及其女公子、金梵音、陈庸声、蔡邦华夫人及为彬彬补课之黄兆铭等。……五点偕莐谋、皮高品至老城(标)小学,应遵义教育文化界之欢送会,到《民铎日报》杨伯雍、王保康,社会服务处吴世恕,省高高树森,县中崔可章,遵师张其昌及李仲明,教厅督学王健吾,干部训练〔班〕曾毓嵩,《民铎报》景剑峰及八十三岁耆绅蒋箎谱。由杨伯雍主席,蒋箎谱献旗,上写"善教继志,尊道救学,嘉贤容众,毁方瓦合。浙大复员返杭纪念。遵义文化教育界敬献"。

1946 年 5 月 24 日

星期五〔重庆〕　晨霁 22℃,晚 27℃。

今日直侯将复员费一万万自中央银行国库提出,存上清寺中国银行,利息六厘。

1946 年 5 月 25 日

星期六 渝　晨阴,微雨。午阴 26℃。

今日报载飞机票位因登记者过多已停止登记。余请陈德洪至中航公司购票,结果得180020、180021 两张。

1946 年 5 月 29 日

星期三 渝　晴。晨 23℃,下午 28℃,觉热。

得交〈通〉部第三运输处重庆分处主任韩茂一来函,知货运自遵义〈至〉长沙每吨运费约八十三万,至衡阳七十七万元云。此数仍极昂,较之自渝至京一百卅七万元者尤贵,后者每吨每公里 460,而前者在 700 以上矣。后询饶钦止,知福邦轮拖轮可〔载〕70 吨(Volume),木船载 120 吨,外载 250 人,租价九千八百万元。如二百五十人轮费作每人廿万,则除去五千万,尚有四千八百。装 190 volumetric Tons 约为 80 公吨,则公吨价六十万元,故货运轮船比汽车仍廉至一半或三分之一。

1946 年 6 月 5 日

星期三　渝　晨晴 25℃,下午 28℃,晚 27℃。

晚叔谅来,谈文澜阁四库书事。据云共 150 箱,载六车,每车五百万,计三千万元。而押车及警察等费用二百万元尚不在内云。

1946 年 6 月 8 日

星期六　南京　晨晴 27℃,十一点 31℃,二点阵雨,午后 33℃,晚有电闪。

偕厉德寅至教育部晤骝先,谈复员预算。据谓运费或可增加(浙大呈请自三亿七千万加至十亿五千万),而建筑费则极困难云。关于待遇方面,昨报发表南京为 380 倍,基数七万,江浙只 240 倍,基数五万五千,倍数相差如此之大,则浙大不能维持。骝先谓可觅梦麟,实则蒋梦麟又岂能作主乎?其次则交大教员因罢课,而教部拨一亿五千万作比期收利息,每教职员可得十万元一月以维持。浙大教员已纷纷来函问询,但据骝先则谓一亿五千万元因交大复员费本来太少,而复旦又以合并上海原有复旦,故各给一亿五千万元云云。贺师俊并以吴宝丰之函相示。实则交大教员之得有津贴乃系事实,此等函件不过是欺人之谈耳。

1946 年 8 月 30 日

星期五　南京　晨阴,下午晴。

九点至教育部晤周鸿经,询知复员费追加二倍迄今无答复,但闻追加至多可至一倍云。余告以浙大建筑至少尚需十亿元,因运输费已移用一部〈作〉建筑费也。中央大学学生八、九两月仍得公费,故将来浙大方面势得补发。……五点晤俞大维于交通部。渠谓部中只二十架飞机,为浙大拨专机极困难,嘱余开名单,渠来设法云。

1946 年 9 月 23 日

星期一　沪至杭　晴。晚 22℃。

与汪戢哉、叶企孙等九点晤教育部邝秘书。与骝先谈及经费问题,渠深知浙大建筑需要之迫切,但部中向院追加之一千二百亿复员费,数月以来仍无着落,故部中亦无办法。余又告以此次复员,浙大有仪器一百五十箱在沪杭路上周家店站,因火车出轨损失甚大,希望能拨美金二十万元。骝先以为此时向宋子文要美金等于索命,希望极少。因骝先客人极多,故余将校中所备之呈文二件,一要建筑二十亿,一要美金二十万,二纸交与骝先而出。料二者均无大用也。

1946 年 9 月 25 日

星期三　杭州　晨阴 22℃。晚八点起雨,寻大雨,风。

接高直侯函,知重庆办事处于卅日可结束,渠卅日飞京,遵义办事处十六日即可结束。湄潭,据庄雍熙来函,结束更早,在十四。遵义最后二车于十五开出,有孙季恒、李相壁、张伯川等。春孚与振公一家、厚信太太、周仲奇等于十六出发赴渝。士俊及二小孩随 3 校车至长沙,亦于十五出发,从此贵州复员可告完成。因仪器、行李走长沙者已于本月初全部起运,走重庆者亦于本月十三日随小江北轮东下,综计此次复员,连员生旅费,估计当在七万万元左右,遵义尚余二千万元,重庆余四千万元,故余当时分配之数与实际相去不远也。午后睡一小时。

二点开行政谈话会,到仲翔、邦华、家玉、晓峰、荩谋诸人。决定旧生于十月十一报到,二、三、四年级十一月一日开学,新生十二月一日报到(十二月一日开学)。预定于十〔一〕〈月〉底将义、礼、智、信各斋撤清,住学生,一方面购置房屋,积极进行推定福利委员会人选,及双十节庆祝复员委员会人选。

1946 年 10 月 10 日

星期四 杭州 晴。晚 20℃。

午后一点在省立图书馆开浙大复员庆祝联谊会。

1946 年 10 月 14 日

星期一 杭州 晨雨 20℃,下午雨。

浙大迁校复员,湄、遵、永、龙四处合并以后,人员过多,大事裁减,计龙泉部分已裁去教务处贺仪、吴时秋,文书孙祖康,庶务王子青,化学管理员陈廷莫,图书陈雄飞、许振东,校医徐庆诚,会计李明道,农场管理郑生和等共十人。遵、湄、永三处裁去校长室傅梦秋、勘德铨,教务处高宜祥,注册组寿锡璋、王芝堂、田舍、杨剑尘、谢海泉,图书馆曹礼奎、蒋伯龙、袁吉成、程道华,训导处谢冶英、徐伯谦、曾昭华、刘子超、刘济宇、王文亮、刘尊翔,医务吴廷桂、白静瑞、李学林、侯润芳、周威,会计邵怀珠、吴声沉,体育赵春桂,出纳皇甫达,文书潘波若,庶务章宝兴、戴绍霆、王光湘、李明渠、黄荣先、何奎、何治浔、董强、王杰、张光映、周家俊等四十人。两两相比,则龙泉所裁之人较少。……同时家玉自京来电,知复员费中大只加五亿、浙大三亿,而合共亦不过百亿,则浙大如何开课真大是问题也。

1946 年 10 月 15 日

星期二 杭州 晴。晚晴 20℃。

二点半开行政谈话会,……次谈经费问题,复员费国防委员〔会〕曾通过 1200 亿给教育部,但宋子文只肯给 100 亿,浙大、同济各得三亿,中大得七亿,因此浙大与中大均无法开学。

1946 年 10 月 17 日

星期四 南京 晴。最高 24.8℃,最低 13.9℃。

九点至教育部。遇新任次长田培林及药专孟心如、蒙藏司凌纯声诸人。偕骝先至院。余告以浙大复员费不足情形,谓现有 190 家教职员住校,在杭州不能租得房屋。若每家五方屋,每家需 150〔万元〕,即十五亿,再加筑实验室、教室各一幢,五亿元,故非有二十亿不办。骝先谓部中向院请追加 1200 亿,而院只拨了 100 亿,此数中大得七亿,浙大得三亿。余以单从此数即见得不公允,因中大情形胜于浙大也。骝先允打电话与梦麟,余即继续与梦麟谈。约四点至行政院。……四点至旧铁道部即行政院晤梦麟,询以复员经费能否增加。渠对于浙大情形甚明了,但以各方需款太多,无法应付。余告以尚需十六、七亿,渠允设法。对于活动房屋,谓已到 200 座,均与以分配,如新到当可给浙大若干。渠亦倦政,以早退休为快。次晤朱中道,询以晤子文是否有办法,渠谓子文亦不能单独给与浙大。

1946 年 10 月 20 日

星期日 南京 阴。

四点至琅玡路十一号之一晤杭立武,据云第二批复员费即可发给。

1946 年 10 月 25 日

星期五〔杭州〕 晴。晨 18.5℃。

午后二点半开四十九次校务会议,到代表廿八人,适过三分之二全体评议会人数。首由余报告迁移、建筑、法、医二院及附中筹备情形,教部召集会议时关于训导及研究院院长之修改与废除,今年招生及国际合作、UNESCO 等问题。次苃谋报告学生人数,可到者计旧生 1477 人,招生录取人数 556〈人〉,教育部分发 210 人,以上共 2243 人,又加保留学籍 21 人,为 2264 人。次总务报告,内有周王庙翻车时各系所损失之箱号共 87 箱,以化学系为最多 28 箱,机械系九箱,图书馆十七箱次之。次会计报告。本年度因九月间经常预算忽增四倍故,故本年度大学赢余一万二千四百万元,师院一千二百万元。复员费从前收到运输三亿六千七百万,所用超出此数甚多,计七万万余。还都补助,垫八千九百万元。修建筑费共收廿二万八千万,已付一万三千万,应付未付工程三亿元。又车辆等一万〇四百万,借房租二千三百万。故已用罄。近部又拨三亿元,借五亿云云。吴馥初报告建筑,林汝瑶报告房子分配情形。报告毕已六点,开始讨论提案至七点。

1946 年 10 月 30 日

星期三 杭州至上海 昙。上海最高 70.5°F,最低 55.0°F。

九点约学生谈话。余述浙大复员之迅速与安全出于意料之外,美中不足是同学周介民在汉口船上误走空洞而跌毙,及嘉兴附近周王庙沪杭路车出轨,一百五十箱(中七十八箱全散)之倾覆。

1946 年 11 月 1 日

星期五 南京晴 上海最高 70.6°F,最低 57.3°F。

四点半晤周纶阁,嘱其复员费到后务必要拨浙〈大〉十万万元。

《竺可桢全集》,上海科技教育出版社,2010 年

浙大复员及今后之瞭望
(1947 年)
孙祥治

国立浙江大学原设浙江杭州,校舍淳朴,风景清幽,师生孜孜矻矻,蔚成"求是"学风。民国廿六年十一月日寇进逼杭州,浙大西迁建德,是年十二月再迁吉安,廿七年二月迁泰和,同年九月又迁宜山,廿九年二月迁遵义,分布校舍于湄潭及其所属之永兴镇。全校员生随校辗转迁徙,咸能淬励奋发,□□环境,流风所及,对于地方之繁荣,教育之改进,不无贡献。卅四年八月,日寇无条件投降,遂胜利归来,安返基地。兵燹之后,百端待举,复兴工作,正有赖于群策群力也。

国土重光　普天同庆

民国卅四年八月十日,日本无条件投降,战事胜利结束,和平来到,薄海腾欢,浙大同人、同学、工友八年流浪,艰苦备尝,聆此消息,无不极度兴奋,欢欣若狂,于是相与计划复员,希望能于最短期间,安返基地,而杭州方面之接收工作,同时迅速展开,几经交涉,煞费经营,卒于是年十一月八日在杭州原址开学,先将一年级在此施教。时距杭州重光之日,仅两阅月也。

接收工作　及时完成

杭州受降系由第三战区司令部办理,其前进指挥所于九月五日到杭,浙大接收及筹备复校专员于九月四日抵达,当时大学路校舍尚驻敌军,防御工作,触目皆是,军事布置极为严密。其驻文理学院之一部敌军,于九月九日撤退,随即为中美合作支队驻入。尔时门房附近发现地雷,其他各处经中美合作支队详密搜索,将危险物品一一取出。迨九月十二日中美合作支队迁出,浙大始收回一部分之校舍,因即迁入办公,定名"国立浙江大学复校办事处"(旋于卅四年十月廿五日起改称"国立浙江大学校本部"),清除各种障碍物,整理电线,疏浚沟渠,而战前由军政部拨归浙大之军械库旧址,犹满储军用品,工学院大楼及西湖罗苑(原指定为浙大研究院院舍)于敌军撤退之后,复驻国军,迄十二月中旬,相继迁让。残旧校舍,破坏不堪,华家池农学院全部院舍、刀茅巷生物系、化学系、文理学院办公厅、女生宿舍,工学院仁斋及各工场均已夷为平地。

故址荒凉　不堪回首

求是里教职员宿舍及第一学生宿舍并为废墟。浙江图书馆地下室积水盈丈,臭秽不复可近。据邻人云,此室曾被敌寇作为水牢,忠贞之士被致在此杀害者,不知凡几,其后浙大修葺馆舍时,确于此处发现尸骨累累,足为敌寇残杀之明证。往事苍凉,不堪回首。

复员行动　循序而进

战时之强烈破坏,致使战后交通工具极度缺乏,复员行进往往不能适如预期。浙大为顾全学业计,曾决定三原则:(一)黔校路途遥远,人员物资较多,于卅四年度课业结束后开始迁移,取消寒假,延长上课时间,俾得于卅五年四月底成行;(二)龙校地近杭州,行程较简,又以当地金融机关相率复员,该校经济活动不无问题,可于卅四年内迁移。(三)卅五学年度第一学期起全校二年级以上各生在杭州汇合上课。

龙泉分校于民国廿八年八月创办,当时因浙东学子进入内地升学事实上颇多困难,浙大为适应当前需要,遂成立此战时浙东学府。经七年之艰苦奋斗,所有学生三三○人,教职员九三人,图书仪器五○吨。龙校自卅四年十一月十日开始迁移,至十二月中旬全部完竣,十二月二十日龙泉留守处结束,将所属之芳野中心小学让与龙泉县政府接办,而所自建之校舍如二部及风雨龙吟楼等移赠与龙泉福泽乡乡公所,借为相处七年和谐合作之纪念。

黔校有教职员及眷属一,七一二人,学生一,七二○人,校工及眷属六一八人,公物三○○吨,员生工友行李二六○吨。依教育部卅五年二月廿五日召开之迁校会议,以重庆为中心,依距重庆远近为迁移后先之标准,以水运言,浙大列在第四十七位,照此顺序,不但旷日持久,抑且船舶缺乏已甚,事实上无法成行。因改变计划,将湄永两地人员物资集中遵义,由遵义循公路直达长沙,再转汉口沿江西下,此行日程平均最迟约两星期可达。于是与交通部公路总局直辖三运输处特约设置浙大复员专车,集五辆为一组,按日行驶于遵长间,先后共开一〇六辆,计自四月二十日起至九月三十日止,全部人员物资安全迁抵杭州。其在遵、湄两县之校舍校产,分别酬赠各该县,由县参议会会同县政府接收并于遵义协台坝、子弹库立碑纪念。当浙大复员进行之时,遵义人士不胜依依惜别之意,地方文化教育界发起饯别宴,即席献旗,以志去思。其文曰:"善教继志,专道敬学,嘉贤容众,毁方瓦舍。"此可谓遵义地方人士对于浙大眷恋之情绪表现,浙大亦深感其厚意也。

安全到达　三处合流

龙校抵杭后,即于一月三日至三月十六日,补足第一学期之课,而将第二学期学历延展为四月十日至七月廿四日。尔时杭州已称校本部,龙泉分校之名义于卅五年一月取消。黔校抵杭后,即于卅五年八月六日将校本部名义取消,统一名称为"国立浙江大学",所有同院系各班级一律分别归并,于卅五学年度第一学期起(卅五年十一月一日开学)统一上课,三处合流,倍感亲切,以与十年前(一九三七)相较,则曩仅三院十六系,现(一九四七)则为七院廿六系、六研究所、一研究室、一附属中学,曩仅大学生四六〇人,现则有大学生二,二〇八人,浙大已于抗战中成长矣。

建设复兴　千头万绪

复兴之首要,厥为建设,其步骤有三:(一)修理残屋;(二)兴建新厦;(三)征购民房。残存校舍仅有"五木"择要修理,计为大礼堂、健身房、游泳池、总办公厅、学生宿舍、浙江图书馆及各实验室。新厦之兴建者计分四期:第一期为神农馆及嫘祖馆两幢(124方),学生宿舍七幢(512方),教职员丙种宿舍八幢(116方);第二期为后稷馆一幢(60.70方),一年级教室一幢(57.60方),膳室及厨房一幢(73.56方),单身教职员宿舍一幢(46.52方),教职员甲种宿舍两幢(75.04方),乙种宿舍四幢(170方),女生宿舍一幢(65.55方),水力实验室一幢(47.82方);第三期为教职员丁种宿舍四幢(176方);第四期为教室及实验室两幢(210方)。尚有亟待兴建而独于经费无法动工者,计科学馆、工程馆、人文馆及法学院与医学院之院舍。新建校舍所费甚巨而工作需时亦久,又以物价波动,厂商屡有申请调整工资之议,于预算支出颇难确定。为简捷计,因有征购民房之办法,现已购到六所,均仅因地制宜分配为附属医院、附属中学及教职员住宅之用。又大学路校舍,四邻民房栉比,甚难拓展,而体育场不能或缺,环军械局西库,有土山绵亘,因有平山为地之议托交通部公路总局第一机械筑路工程组队办理,计挖填三五,〇三二. 八公方,仅三月而竣事,广袤之体育场□马告成。

以上仅就校舍场地而言,增购设备,亦为浙大复员中主要议题之一。计自日寇投降以迄今兹,浙大向国外订购图书、仪器、机器及化学药品为数已极可观,而战时在国外订购之器材,近以海运畅通,又复源源而来,是以图书馆与实验室虽有"不虞匮乏"之远景,而与理想之标准,距离尚远,还有待于各方之协助也。

物价飞涨　困难重重

复兴工作,千头万绪,其最感困难者为物价飞涨,外汇递升,影响所及,学校经费简直穷于应付。浙大复员之后,学生增至四倍以上,原有校舍摧残过半,教学设备经过数次播迁,折旧极高,所以修建校舍、充实设备为复员后最急切之工作。而乃物价高涨,当卅四年十月间杭州重光之后,普通教室宿舍之建筑费每方可卅五万元,卅五年夏增至九十万元,同年冬增至一百五十万元,卅六年夏则跃至七百万元。外汇亦复如是,由美金一元折合国币二〇元,递增至二,〇二〇元,三,三五〇元,一二,〇〇〇元,且因申请外汇手续繁重,核准结购殊非易事,往往因时间迁延而遭汇率提高,或外货涨价,原有财力,无形中即被打一折扣,而奉拨之复员修建费为数有限,以有限之经费,应无穷之损失,殆矣。

文化合作　极所需要

浙大于复员之初即有五年计划,希望将校舍等项逐渐扩充,建立一个足以容纳五千学生之大学,而教学与研究设备积极增添,希望成为国内学术研究之中心,而与国际著名大学相抗衡。量的增加与质的精进,兼筹并顾。其所蕲求者为安定的生活,足敷支应的经费,与国际学术文化之密切合作而已。

生活之安定,经费之盈绌,齐赖整个的经济条件。国际学术文化之合作,浙大已具端倪,溯自一九四三年以来,浙大校长或教授参加世界学术会议或应邀出国讲学、进修及毕业生之出国研究者颇不乏人,综其大要列表如下:

项目	国别	年份	人数	附注
出席国际教育文化科学会议	法	一九四六—四七	一	竺校长出席联合国教育科学文化组织。
	丹麦	一九四七—	一	贝时璋教授出席国际生物科学联合会会议
教育部特派出国进修教授	美	一九四五—四六	一	
美国国务部〔院〕聘请教授	美	一九四三—四五		
美国国务部〔院〕赠送奖学金额	美	一九四六—	二	
美国援华会资助出国教授	美	一九四七—	二	
美国洛氏基金团特约教授	美	一九四六—		
美国大学赠予奖学金额	美	一九四七—	二	
美国租借法案资送留学	美	一九四四—	五〇	
英国文化基金会赠予奖学金额	英	一九四七—	二	
英国大学赠送奖学金额	英	一九四七—	一	
教育部选荐出国指导教授	英	一九四五—	一	
教育部选派出国研究人员	美	一九四五—	二	
教育部考取公费留学	英美各国	一九四六—	九	一九四六年考取,一九四七年出国。
教育部考取自费留学	英美各国	一九四六—	六〇	一九四六年考取,一九四七年出国。
复员译员考取留学	美	一九四七—	二	
国内学术机关资送留学	美	一九四五—	三	
自费留学	美	一九四四—	九	

努力迈进　建国使命

竺校长在卅四年十一月八日杭州复校开学典礼中曾谓："大学应负的使命有二：（一）要使国家民族乃至世界前哲的知识、技能、道德保留下来，流传永久，此为历史性的使命；（二）要着重研究能发现或发明新的知识、技能、事物，以贡献于世界，此为创造性的使命。"浙大员生正秉着一贯的"求是精神"，自强不息，向此两项使命努力迈进。

浙江大学档案馆藏 L053-001-0512